新城镇志

仪征市新城镇地方志编纂委员会 编

方志出版社
Publishing House of Local Records

图书在版编目（CIP）数据

新城镇志 / 《新城镇志》编纂委员会编.
— 北京 ：方志出版社，2017.4
ISBN 978-7-5144-2362-4

Ⅰ. ①新… Ⅱ. ①新… Ⅲ. ①乡镇－地方史－仪征
Ⅳ. ①K295.35

中国版本图书馆CIP数据核字（2017）第042030号

新城镇志

编　　者：《新城镇志》编纂委员会
责任编辑：李　静

出 版 人：冀祥德
出 版 者：方志出版社
地址　北京市朝阳区潘家园东里 9 号（国家方志馆 4 层）
邮编　100021
网址　http://www.fzph.org
发　　行：方志出版社发行中心
电话（010）67110500
经　　销：各地新华书店
印　　刷：南京凯德印刷有限公司

开　　本：787 × 1092　　1/16
印　　张：51.75
字　　数：1122 千字
版　　次：2017 年 4 月第 1 版　　2017 年 4 月第 1 次印刷
印　　数：0001~1200 册

ISBN　978-7-5144-2362-4　　　**定价：**360.00 元

《新城镇志》编纂委员会

（以任职先后为序）

主　任	丁雪海					
	杨广才					
副主任	史素明					
	杨永春					
	耿合元					
	丁雪峰					
	于华广					
	吴金和					
成　员	薛桂平	贾士清	王庆军	刘　凤	赵旭东	王秋月
	王　林	李晓峰	强雪辉	周　亮	王根斌	卞　炜
	郭秀芳	吴在兴	姚志荣	蔡家田	赵大东	杨恩富
	夏团年	王仁林	石远清	夏德林	陈庆萍	潘启君
	韩乐谕	王　勇	赵　斌	秦　明		

《新城镇志》编纂委员会办公室

（以任职先后为序）

主　　任　王秋月

副 主 任　赵大东　周云飞

《新城镇志》编纂人员

（以任职先后为序）

主　　编　丁雪海

　　　　　　杨广才

执行主编　俞宏松

副 主 编　史素明

　　　　　　杨永春

　　　　　　于华广

　　　　　　王秋月

编　　辑　俞宏松

　　　　　　王德钧

　　　　　　朱永亮

　　　　　　曹连华

文图录入　刘玮辰　夏　宇　万东风

特聘编审　帅国华

图片编辑　王秋月　俞宏松　朱永亮

摄　　影　周　同　俞宏松　万东风

封面设计　王秋月

《新城镇志》资料采编人员名单

（以姓氏笔画为序）

毛文华	王加飞	王志超	王　玮	王　勇	王　洵	王　晨	王高文
王乾林	王　雪	乔万林	任　杨	任晓燕	刘加松	刘正宏	刘庆林
刘定国	孙　艳	朱仁民	朱进珍	汤定江	许恩明	许　静	吴再兴
吴金凤	吴　俊	张长云	张永才	张有红	张　杰	张　俊	李元海
李加红	李国民	李金烨	李庭刚	杜爱斌	杜道兰	杨　林	杨恒信
杨恩富	肖振鹏	辛长龙	邹　健	陈安俊	陈庆萍	陈国平	陈道香
周习军	周　同	季国梁	宜恒伟	宜恒奇	杭阿静	俞信平	姚学立
姚　海	柏宏军	洪长禄	祝桂萍	赵　文	赵文江	赵孝东	鸦元昌
唐小美	唐永顺	夏团年	夏顺强	夏殿国	徐启勤	徐福稳	徐德金
殷志龙	殷周平	殷晓旭	殷新胜	秦长桃	袁　梅	郭玉祥	郭　俊
高仁礼	基天友	基良田	崔学勇	常广仁	曹元臻	曹正坤	曹德洲
曾国华	曾福顺	程　伟	谢庆林	韩士华	窦业波	窦学锋	解秋虹
詹仁如	臧志平	蔡文琴	潘灯来	薛　伟	薛有华		

新城镇行政区划图

2012年

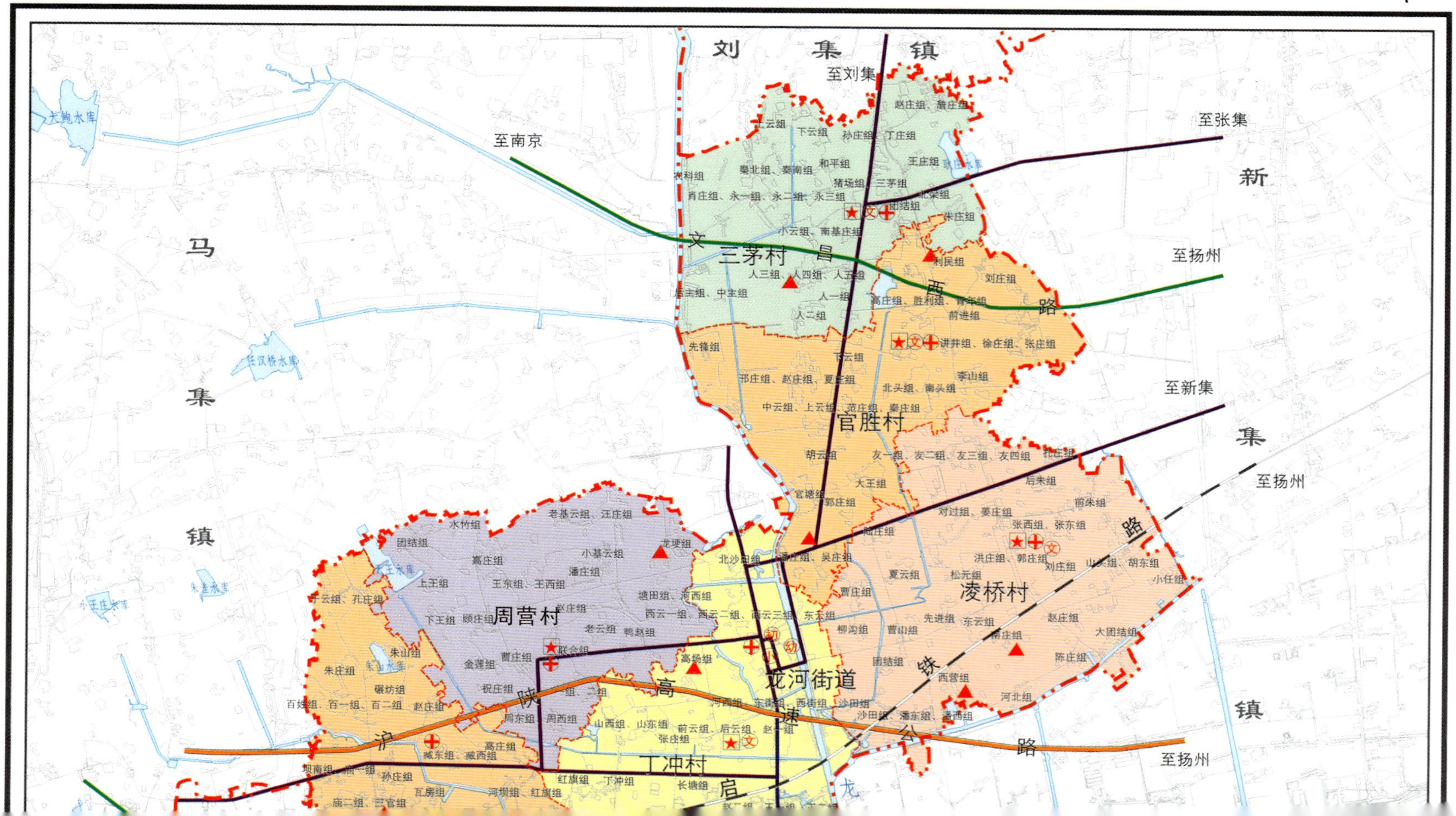

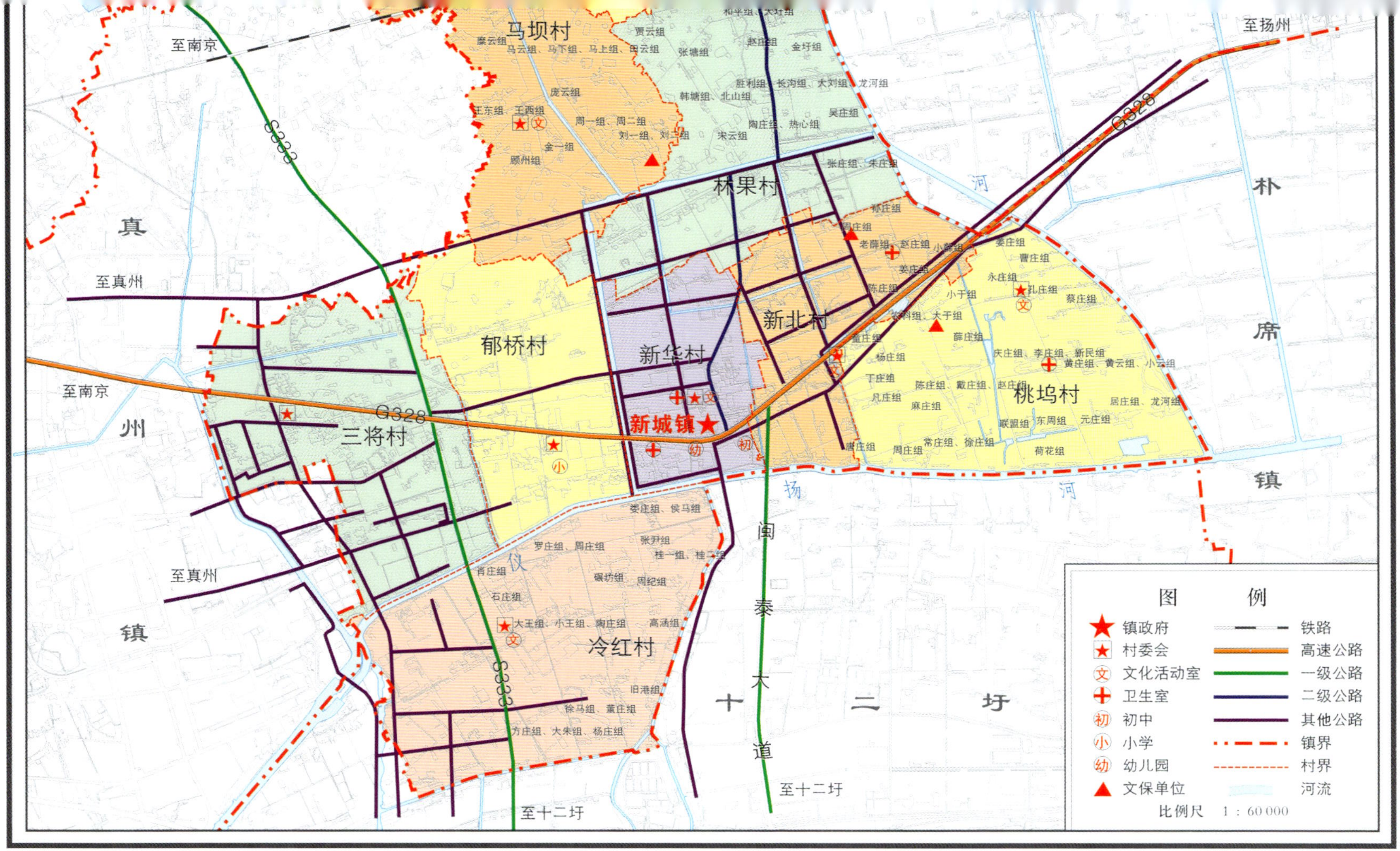

江苏易图地理信息科技股份有限公司 编制 新城镇人民政府 监制 审图号：苏K(2017)004号

江苏易图地理信息科技股份有限公司　　编制

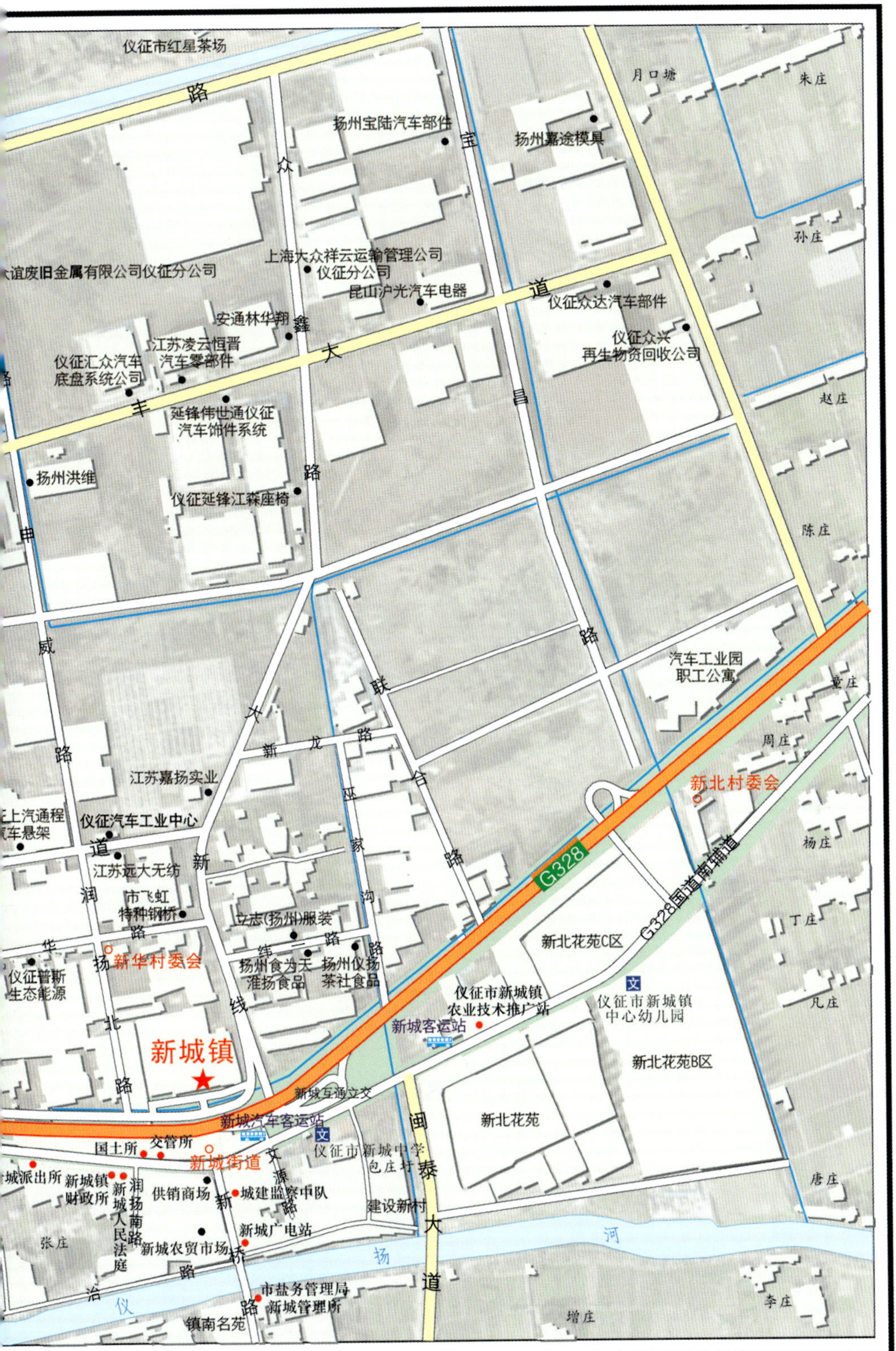

新城镇人民政府　监制　　　资料日期：2014年12月

领导视察

2016年7月14日，省委书记李强（左前一）到新城镇林果村视察党建工作

2011年9月8日，江苏省省长李学勇（左二）到郁桥村安置小区看望住户居民

2012年3月22日，扬州市委书记、市长谢正义（左二）视察境内上海大众整车项目建设情况

2015年6月4日，仪征市委书记张震宇（左二）在郁桥村调研人大工作

2016年8月29日，仪征市市长朱柏兴（左二）调研新城公园体系建设

新城镇人民政府办公大楼

新建成的滨江新城

玫瑰园居住小区

古镇街景

你买房
购指定户型，
中国移动
China Mobile

新北花苑安置居住小区

郁桥村农民别墅区

林果大圩庄

农家新屋

新农街一角

宁通（G328）高速公路

沪陕（G40）高速公路

S333省道纵贯境域

县道大新公路

宽敞的乡村道路

新城大桥

新城立交桥

龙河跨铁路大桥

江苏苏扬包装股份有限公司（2015年上市公司）

三茅农业园

万亩无公害粮田

新西缘生态农业园

上海大众江苏（仪征）项目落户境内

新城工业园

第100万辆轿车下线仪式

扬州（仪征）汽车工业园职工公寓楼

新城中学

龙河中心小学

新城镇中心幼儿园

学生乘坐校车上下学

"仪征好人"进万家文艺演出

新城踩高跷（2014年被列为扬州市非物质文化遗产项目）

新城威风锣鼓

广场舞

舞　龙

新城镇乡村少年宫木偶剧团

新城镇第十四届全民健身节

新城镇卫生院

新城镇敬老院

市民广场

新城康乐生态体育公园

刘德平作品《牡丹》
（2012年，获扬州市老年文艺大赛美术作品一等奖）

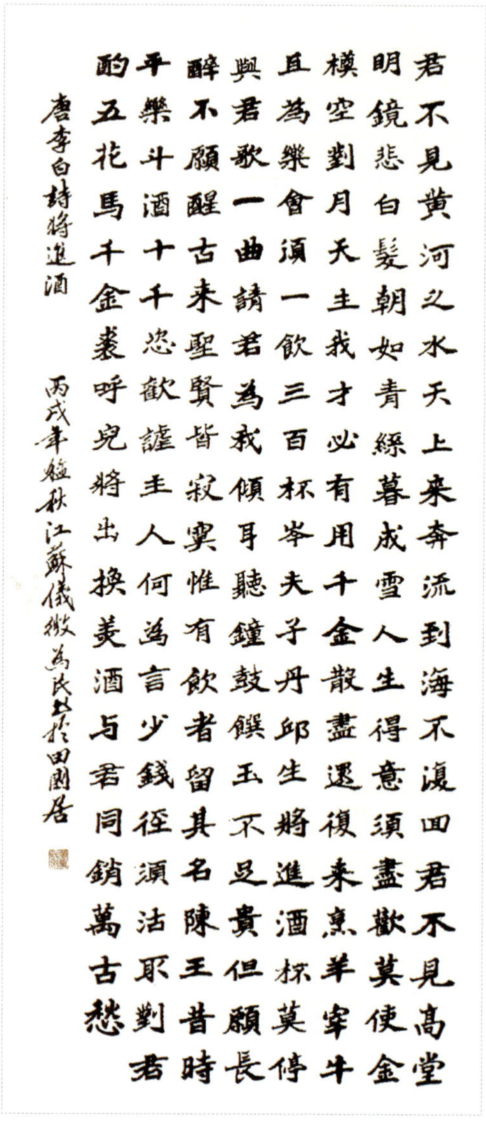

黄为民书法
（2007年，获“翰墨情深全国书画大赛”金奖，
为湖南省美术研究学院收藏）

风味美食

蟹粉狮子头

贵妃醉虾

新城猪头肉

龙河大京果

翡翠烧卖

柳叶蒸饺

出土文物

（1930年新城破山口出土的西周青铜器，属国家一级文物）

四凤铜盘

铜鼎

凤鸟纹铜盉

铜尊

铜鬲

乳钉雷纹铜瓿

鱼龙纹铜盘

蟠虺纹铜尊

饕餮纹铜甗

新城镇现任党政领导班子成员合影

左起第一排：刘　凤　王庆军　吴金和　丁雪峰　杨广才　杨永春　于华广　王秋月

左起第二排：王　林　王根斌　李晓峰　薛桂平　赵旭东　卞　炜　贾士清　葛慧敏

《新城镇志》评审会议人员合影

左起第一排：王慧敏（仪征市方志办）　曹云飞（邗江区方志办）　吴文山（仪征市方志办）　姚　震（扬州市方志办）　杨广才（新城镇）　陈　华（省方志办）　柏林林（扬州市方志办）　杨永春（新城镇）　刘扣林（扬州市方志办）

左起第二排：曹连华（新城镇）　王鼎良（宝应县方志办）　吴金和（新城镇）　丁雪峰（新城镇）　于华广（新城镇）　俞宏松（新城镇）　朱永亮（新城镇）　王妮珊（扬州市方志办）　王秋月（新城镇）

《新城镇志》扬州、仪征联合评审会现场

《新城镇志》编纂人员合影

左起：曹连华　俞宏松　朱永亮

1997-1998年度
江苏省创建
文明乡(镇)工作先进乡(镇)
江苏省精神文明建设指导委员会
一九九九年九月
2007-2009年度
江苏省创建文明乡镇工作
先进乡镇
江苏省精神文明建设指导委员会
2008-2010年度
全省预防青少年违法犯罪工作
先进集体
江苏省综治委预防青少年违法犯罪
工作领导小组办公室
创先争优·科学发展争一流
先进基层党组织
中共江苏省委组织部
二〇一二年六月
社会治安
安全乡镇
中共扬州市委 扬州市人民政府
二〇〇九年一月
实施教育现代化工程
先进乡镇
扬州市人民政府
二〇〇九年一月
全市纪检监察
先进集体
中共扬州市委员会
扬州市人民政府
二〇一一年七月
服务上海大众整车项目建设
先进单位
中共扬州市委
扬州市人民政府
二〇一二年六月

江苏省放心消费创建活动
先进（街道）乡镇
江苏省放心消费创建活动办公室
二〇一〇年三月
2010-2012年度
江苏省文明乡镇
Civilized Township in Jiangsu Province
江苏省精神文明建设指导委员会
JIANGSU PROVINCIAL STEERING COMMITTEE
FOR IDEOLOGICAL AND ETHICAL ADVANCEMENT
仪征市新城镇
江苏省诗词之乡
江苏省诗词协会
二〇一四年七月
扬州市“十一五”人口和计划生育工作
先进集体
扬州市人民政府
二〇一一年四月
2009-2010年度
扬州市文明乡镇
中共扬州市委
扬州市人民政府
2011-2012年度
扬州市文明乡镇
中共扬州市委
扬州市人民政府
双拥模范镇
中共扬州市委
扬州市人民政府
扬州军分区
二〇一三年七月

文化新城

忆明珠题

（忆明珠，又名赵俊瑞，著名作家，题于2008年）

序

盛世修志，存史资政。2012年7月，新城镇启动编纂《新城镇志》，历经四载，数易其稿，精打细磨，终成书卷。这是新城有史以来的第一部志书，也是新城社会主义精神文明建设的又一硕果。纵览全志，不胜欣喜，感受良多。

新城古名步丘，东晋时改称新城，其后建置数易，区划多变。元至元二十八年（1291年）为扬子县治地城关镇，明代建置新城镇，相沿至今。民国时期至解放初期为新城区政府（署）驻地。新中国成立后，特别是1978年中共十一届三中全会召开以来，乘着改革开放的东风，伴随着长三角经济圈发展战略的实施，古老的新城镇焕发出勃勃生机与活力，至本志下限的2012年，全镇实现社会总产值113.52亿元，地区生产总值34.28亿元，财政收入1.62亿元，农民人均纯收入15660元。

《新城镇志》纵贯古今，记自然地理，述历史沿革，叙社会变迁，说风土人情，展时代精神，是一部客观反映新城地情特点与时代特色的艰难奋斗史、勤劳创业史和创新发展史，从中能够重温新城在历史征途中前赴后继的峥嵘岁月，体会到改革开放大潮的澎湃震撼，感受到新城人民在新时期“团结，创新，求实，争先”的精神风貌。镇志涉及百业，包罗万象，是新城地方的百科全书，囊括了主要自然环境和大量的人文资料，涵盖了经济和社会发展史实，总结了物质文明、政治文明、精神文明和生态文明的宝贵经验，为新城各级干部科学决策提供可靠依据，为教育工作者提供生动的爱国主义乡土教材，为广大群众提供丰富的地情资料，为旅居他乡的新城籍人士提供家乡的信息，记住乡音，留住乡愁。所以本志具有“资政、存史、教化”之作用，是“一方之全史”。

修志是一项巨大的文化工程，《新城镇志》的编纂包含着全镇各级干部群众的支持和参与，各部门各单位的积极配合，以及修志人员的辛勤劳动。在此，我们代表新城镇党委、政府，向所有参与和支持镇志编纂的工作人员致以衷心的感谢！

历史，历久弥新。镇志不仅在于记录历史，更是昭示后人。如今站在新起点的新城人民，朝着加快建设汽车名镇、奋力推进高水平全面建成小康社会的目标前进。我们相信，勤劳智慧的新城人民一定会以史为鉴，凝心聚力，努力开创美好的明天，续写新城更加绚丽灿烂的历史篇章 。

中共仪征市新城镇委员会书记

仪征市新城镇人民政府镇长

2016年9月

凡　例

一、本志以马克思列宁主义、毛泽东思想、邓小平理论、“三个代表”重要思想、科学发展观为指导，贯彻落实习近平总书记系列讲话精神和治国理政新理念新思想新战略，实事求是地记述新城镇自然、经济、政治、文化和社会的历史与现状。

二、本志为新城镇首部志书，以新城镇现行境域为记述范围，坚持贯通古今，详今略古的原则，记事时间上限不限，追溯至发端，下限止于2012年12月。2000年龙河乡并入新城镇，镇志所有记述均包括原龙河乡；对驻镇部门单位，择其要从略记之，以反映历史变革和社会发展的完整性。

三、本志按照“事以类聚，类为一志”的要求，按社会分工现状，以章分类，横分门类，纵述史实，按章、节、目编排，目以下根据记述需要设子目、子子目。

四、本志采用述、记、志、传、图、表、录综合体裁，以志为主。志首列编纂机构及编纂人员、序文、凡例、地图和照片；志中设概述、大事记和各专章；志末设附录、索引和编后记。大事记采用编年体，纵贯古今。专章以类系事，记述始末。

五、本志行文采用语体文、记述体。执行《江苏省地方志行文规范》，以第三人称记述，述而不论，不使用褒贬词语。志书的语言文字，均为规范的汉字、词语，量词用阿拉伯数字表示。

六、本志1949年10月1日前用历史纪年并括注公元纪年，1949年10月1日后采用公元纪年。志书中的“解放前（后）”，指1949年4月23日仪征县境解放前（后）；以1949年10月1日为时间界点，分别称“新中国成立前（后）”；文中凡未注明世纪的年代，均为20世纪年代；“今”“现”等时态词，均指志书下限时间，“△”符号表示同月同日。

七、本志入志人物以本籍为主，兼收对本地发展有一定影响的客籍人物。分别以传略、简介和名录三种形式记载。根据“生不立传”的原则，革命烈士和已故典型人物，分别以“革命英烈名录”“人物传略”记述，并以卒年先后为序。对在世人物收入“人物简介”，或以事系人，人随事出。还分别以“先进人物名录”“高级职称人员名录”“在外乡贤名录”和“能工巧匠名录”列表记之。

八、本志涉及不同时期的组织机构、会议、文件、人物职务和地名等，均按当时称谓记述，一般采用全称，如用简称均需在第一次使用全称时予以括注。志文中简称的“党”均指中国共产党，简称的省委、市委、县委、区委，均指中国共产党的地方组织。历史地名使用当时名称，加注志书下限时标准名称。“境内”均指现新城镇、行政村区域内。

九、本志所用计量单位，采用国家法定计量单位，仅农业章计量单位仍沿用历史上当地习惯计量单位，如亩等。

十、本志所录入的照片，正文使用2012年12月以前的照片，并与文中内容相对应。志首彩页使用的照片，延至志书定稿时止。

十一、本志标点符号按《标点符号用法》使用。其中，年份（年代）后一般用逗号，文件年份用六角括号，文题用全称时加书名号，对企业单位及荣誉称号不加引号。

十二、本志采用的资料，以各类志书、文献和市（县）、镇（乡）档案资料为主，兼收少量口碑资料。多说并存的，以一说为主。各类数据以市（县）、镇（乡）统计部门提供的为准，人口数据以公安户籍资料为准，少数数据由镇（乡）相关部门提供，为节省篇幅，不注明出处。

目　录

第四章 土 地

第五章 镇村建设

第六章 汽车名镇建设

第七章 交通运输

第八章 电力 邮电

第九章 水 利

第十章 农 业

第十一章 工 业

第十二章 建筑业 房地产业

第十三章 商贸 服务业

第十四章 财税 金融

第十五章 经济综合管理

第二十一章 民 政

第二十二章 科学技术

第二十三章 教 育

第二十四章 文化 体育

第二十五章　历史文化遗产

第二十六章　卫　生

第二十七章　人民生活

第二十八章　民风　民俗

概　述

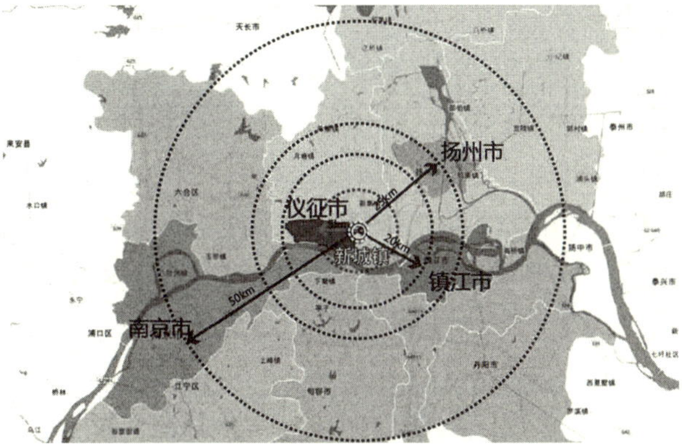

图概述-1　新城镇区位示意图

新城镇位于仪征市东郊、仪扬运河北岸，地界北纬32° 23′ ~32° 16′，东经119° 13′ ~119° 14′之间。北与刘集镇毗邻，南界十二圩办事处、仪征经济开发区，东隔龙河与新集镇、朴席镇相望。镇域南北长14.6千米，东西宽8千米，总面积67.86平方千米，占仪征市总面积的7.92%。宁通、江六高速公路、宁启铁路横贯镇域，仪扬运河、长江近在咫尺，是江苏省仪征市一座经济繁荣、生态文明的工业重镇、京杭大运河仪扬运河畔的千年历史文化古镇。2012年，镇辖13个行政村，2个街道社区居委会，居民15682户，总人口47940人，人口密度为每平方千米706人，人口以汉族为主，还有土家族、彝族、壮族、苗族、藏族、蒙古族、回族、满族、瑶族、布依族、傈僳族、哈尼族、羌族等13个少数民族，104人，占全镇总人口的0.22%。

（一）

新城山圩相间，地貌多样。镇域地处宁镇扬丘陵缓岗地带，地形地貌多样。有山有水，有丘陵有平原，地势西北高，东南低。以沿山河为界，南为长江冲积平原，地势平坦，土壤肥沃，适种稻麦作物，面积27.09平方千米，占镇域面积39.92%。沿山河以北为平岗地区，岗、塝、冲交错，谷长塘深，宜林宜牧宜发展多种经营，面积40.77平方千米，占镇域面积60.08%。其南沿与平原接壤处，由西向东横贯境域丘陵岗地蜿蜒绵亘数十里，古称蜀冈，最高点在马坝村孔庄，海拔高34.5米。

新城属北亚热带气候，四季分明。日照充足，雨量充沛，具有春湿润、夏雨热、秋干燥、冬风寒的季风性气候特征。据仪征气象站资料记载，1950年起至2012年，新城镇年均日照2085小时，日照率为48.8%，年均气温15.7℃，极端高温40℃（2002年7月15日），极端低温零下15.1℃（1969年1月4日）；年均降雨量1078毫米，其中夏季降雨量占全年56.7%。

镇域位于长江水系，河道纵横。境内自北向南流入长江的主要河道有三条。一条是龙河，干流源于江淮分水岭南侧西高营，境内长12.08千米，流域面积30平方千米。民国时期，丰水季为通江航道，沿河建有码头，80年代定为7级航道。第二条是梅家沟，明代开挖，境内长2.3千米，流域面积5平方千米，经不断治理疏浚，80年代定为7级航道。第三条是石桥河，宋代开挖成河，境内长1.2千米，流域面积3平方千米，80年代定为7级航道。自东向西流向的主要河道也有三条，一条是仪扬河，东晋永和年间（345~356年）开挖，隋时东连京杭大运河，西经旧江口、泗源沟入长江，境内长8.4千米，流域面积19平方千米，80年代定为6级航道。第二条是沿山河，分别于1959年冬和1975年11月两次开挖连接成河，境内长11.7千米，流域面积25平方千米。第三条是仪泗河，全长2.4千米，为南部圩区排灌河。

新城物产众多，资源丰富。地矿资源主要有泥炭、黏土等，储量较大，易于开采。唐宋时期林果一带的黄黏土，结构紧黏，色质黄棕，成为制砖、制陶的优质原料。镇域植物种类繁多，有85科300余种，银杏、龙柏、雪松、梅等名贵树种遍及城乡。丘陵岗地盛产野生药材213种，野生动物多达100余种，珍贵鸟类白鹭、灰鹭、牛背鹭等成群出现。清时，蜀冈一带森林茂密，仪扬河畔桃树成林，"十里飞霞绮"。圩区平原盛产稻米，沿江繁育鱼苗，成为"鱼米之乡"。民国时期特色名点龙河大京果久负盛名，被列入《扬州风物》。

新城位于水陆运道，交通便捷。隋时，新城向东经仪扬河与南北大运河贯通，唐宋后进入发展时期。元代向南开挖珠金沙河（明易名新坝河，今称沙河）至旧港进入长江，成为江淮运道之枢纽，出现"大舶连樯发，高楼列槛凭"之盛景。向北经龙河可达龙河集，形成纵横相连的水运河网，新城由此进入运河时代。民国时期，横贯境域东西的六扬公路建成通车，向西通达南京，向东可到达扬州，道路通畅。90年代至2012年，宁通高速和江六高速公路以及宁启铁路相继建成横穿全境，主干公路与乡村道路相联成网，四通八达，总长202千米。新城由此进入高速公路时代，轿车可直接开到农户家门口，从新城出发经高速公路到达上海不超过3个小时，到省会南京只需要半小时，融入长三角经济圈和"宁镇扬"半小时都市圈，交通便捷。

（二）

新城历史悠久，建置区划多变。西周时期，今林果、马坝村已有先民聚落定居，地域属徐国。春秋战国时，先属吴，后属越国、楚国。秦汉时，先后属楚、吴、江都、广陵、舆县等郡国属地。东晋太元十年（385年）广陵太守谢安在此垒土筑城，始有新城之名，亦称谢公城。隋唐时，先属江阳县、江都县，后属扬子县。宋属建安军和真州的扬子县，元时为扬子县治地。明属仪真县。清起先后属仪征县、仪扬县。新中国成立后属仪征县、仪征市。据旧《县志》记载，宋代新城地区就有行政建制，设“六都沙河里”“十一都珠金里”。元代为扬子县城关镇，明代嘉靖（1522~1566年）《仪真志》载：“惟有新城、朴树湾、石人头三镇”。由此可知，新城镇的建制至迟起始于明代。清代有新城都、新城里和新城坊的行政建制，民国17年（1928年）恢复为新城镇。新中国成立后，新城镇隶属新城区。1957年撤区并乡后改为新城乡，辖18个高级农业生产合作社。1958年成立新城人民公社，至1983年3月，新城公社辖15个生产大队。1983年4月政社分设，成立新城乡。1987年12月新城乡辖14个行政村、257个村民小组。2000年4月，十二圩镇红旗、沙河、沿河、蒲新、弓尾5个行政村和东风、胜利、工农3个居委会及龙河乡所辖区域并入新城镇，镇域面积增至94平方千米，辖5个居委会、30个村委会、521个村民小组。2005年2月，原十二圩镇东风、胜利、工农3个居委会和红旗、沙河、蒲新3个行政村划归十二圩办事处。2006年4月，越江村（除花亭组）、东升村划归十二圩办事处。至2012年年末，新城镇辖三将、郁桥、新华、冷红、桃坞、新北、林果、马坝、丁冲、周营、官胜、凌桥和三茅13个行政村，新城、太平2个居委会，镇域面积67.86平方千米。

（三）

新城人民勤劳勇敢，富有革命斗争精神。宋时境内曾发生过两次以陈公塘防御金兵入侵的壮举，绍兴四年（1134年），宋高宗下令关闭陈公塘闸，以绝塘水注入仪扬运河，防止金兵乘船南侵；开禧二年（1206年），金兵九路南侵真州，危急之时，守军总辖命决堤放水，真州城以北新城一带一片汪洋，金兵登焦家山望水兴叹，只得退兵。真州城内民众免遭屠戮，新城百姓死伤无数。明代，宋抗金为民而死的三将军墓由胥浦河畔迁葬焦家山，当地立庙祭祀，并改地名为三将，至今未变。太平天国时期的太平军一度在新城北官塘一带与清军浴血作战10年之久，新城人民踊跃助战，反抗清王朝。抗日战争爆发后，新四军苏皖支队在仪征建立抗日根据地，新城人民参军参战，先后开展围歼龙河集伪军，新城打援歼日军，围攻都天庙伪军，野鸭赵反击战等战斗，歼灭日伪军400余人。在新城、龙河建立两条连接大江南北的苏皖抗日根据地与苏南敌占区党组织地下交通线，建有联络点和交通站，负责传递党的文件、护送北上抗日人员。新城民众不畏强敌，自发抗击日本侵略者，新北村民李万清智杀日军，砖桥杀猪人孟德贵怒宰日本兵，新城商民生擒日军翻译，农民吴德桃舍命救护新四军战士，新城居民马文志、沈家宝奋不顾身为抗日传送情报，农民赵成宝、朱质彬参加农抗会，惨遭日军杀害。他们的英雄气节感天动地，为抗日战争的胜利做出了贡献。1949年1月，新城镇解放，新城人民积极支前，为人民解放军攻打县城侦察情报，购买军需物资，为渡江作战部队带路，做军鞋备军粮。新中国成立后，新城人民在中国共产党和人民政府的领导下，积极参加改造旧政权，除奸反霸，镇压反革命，土地改革等政治斗争。适龄青年踊跃参军，支援抗美援朝战争，有22人牺牲在朝鲜战场。在各个时期的抗洪救灾尤其在2003年抗击“非典”中，新城人民团结一致，众志成城，不畏艰难，战胜各种自然灾害。

这种大无畏的英雄精神，60年代被见义勇为精神弘扬传承。1967年10月15日，三将村四新生产队队长徐道义奋不顾身救起3名落水儿童，自己却因力竭不幸身亡。1999年2月2日，三将村严庄组蒋坤军听到邻居家有抓贼的叫喊声，立即扑上去相助，在与歹徒搏斗中手臂被刀划破鲜血直流，他全然不顾，终将窃贼抓获，交给公安机关。同年3月16日傍晚，郁桥村五年级学生董伟看到刘某某同学不慎跌入河中，立即跳入水中将她救起，并送她回家。10月21日，官胜村夏云组王秀英发现家中有窃贼立即呼喊，邻居们立即跑去帮助将窃贼抓获，扭送公安机关。

新城地灵人杰，英才辈出。新城凭借天时、地利和人民的勤劳智慧，繁荣兴盛近千年。东汉时期，新城的先民修建的大型水利工程陈公塘，被载入《中国水利史》。晋代由欧阳埭开渠引江水入邗沟，新城成为入江通道，商旅往来增加，入江口渐成商埠。一方水土，养育一方人。流淌千年的仪扬河是新城人民的母亲河，孕育出代代人杰。革命战争时期，新城地区涌现出一批革命先烈和英雄模范人物，朱鹏、潘良才、刘宝华、金福涛等70多名新城优秀儿女为了党和人民的事业英勇献身，被追认为革命烈士，名垂千古，流芳百世。从这里先后走出数百名著名教授、专家、高级工程师、作家、名医名厨、全国优秀教师和全国劳模等杰出人才，有150多名新城籍人士走上了县（处）、团级以上党、政、军领导岗位，57人获得高级技术职称。新城籍教授、著名学者吴静安历经30多年于1982年完成《春秋左氏传旧注疏证续》初稿，使刘文淇"三世一经"（意为三代人完成一部经典之作）形成完璧，该著作2005年5月出版后受到海内外学人的瞩目。

（四）

解放前，在漫长的岁月里，新城镇以农耕为主，农业生产水平低，工商不兴，城乡经济基础薄弱，发展缓慢，人民生活贫困。解放后，党和政府领导新城人民开展社会主义建设，各种优势得到较好发挥，各行各业在困难中拼搏发展，基础设施不断完善，人民生活水平逐年提高，特别是1978年中共十一届三中全会召开以后，经济和社会事业都有很大的发展，社会面貌发生翻天覆地的变化，1998年，新城镇通过扬州市小康镇验收，2010年通过全国生态文明镇验收。2012年，全镇实现社会总产值113.52亿元，比1978年增长314.33倍。实现地区生产总值34.28亿元，比2000年增长9.08倍，人均生产总值7.15万元，比全市水平高8.66%，比全省水平高18%。

农业全面发展，实现由落后农业向现代高效农业的转变，基础地位不断巩固。新城素有"鱼米之乡"之称，解放前大量土地集中在地主富农手里，无地少地农民生活十分贫苦。解放后，通过土地改革，农民成为土地的主人。1951年4月，古都乡王庄村张文年等12户农民率先办起全县第一个农业互助组。1953年4月，新城成立全县第一个农业生产合作社——凤麟农业生产合作社。1958年，境内先后成立新城人民公社和龙河人民公社。60年代，及时调整农业政策，纠正"大跃进"等"左"的错误，农村经济开始走上良性发展轨道。70年代，大力开展农田水利基本建设，引进和推广农业科学技术，完善耕作制度。发展多种经营，农村经济出现平稳持续增长的新态势。1983年，推行家庭联产承包责任制，农业生产进入快速发展新时期。1984年，全镇粮食总产达3.6万吨，创历史新高。80年代中后期，取消农产品统派购制度，调整农业结构，突破单一种植业结构，坚持各业特色发展；突破土地呆板沉积的管理模式，鼓励土地向种田能手集中；突破农村劳动力"离土不离乡"的陈规，引导农村剩余劳动力向工业、商业、建筑业、运输业和服务业转移，向大中城市转移。农村经济开始向商品化、专业化和市场化方向发展。90年代起，推行规模经营，发展优质高效农业。至1994年建成绿色无公害蔬菜地300公顷、荷藕54公顷，发展果树林100公顷，开辟10公顷苗木花卉基地，建成60公顷茶园，漂鱼花及成鱼养殖面积达350公顷。1995年起，在原有水利设施基础上进一步配套完善，开展丘陵地区小流域整治，改造中低产田。整治骨干河道4条，新开支河20多条，灌溉渠道120多条，总长60多千米，修建涵闸涵道70多道，开挖浚深当家塘39口，建起中小型排灌站300多个，全镇80%以上的农田实现旱涝保收，稳产高产。随着农业机械化的推广普及，传统手工种植、收割稻麦的方式被机械化所取代。1999年，粮食亩产达745千克，全镇农业产值9913万元，比1978年的1208万元增长7.21倍。2000年后，继续调整农业内部结构，大力发展现代农业、生态农业和外向型农业，引进外部资金和科技开发农业资源，先后建成马坝长江中下游低丘农业综合开发万亩科技示范园、绿海生态园和新西缘休闲农庄等，农业经济效益进一步提升。2012年，全镇实现农业产值3.06亿元，比1978年增长24.5倍，粮食总产2.49万吨，亩产达917千克，农业基础地位得到进一步巩固。

工业做大做强，实现由低端粗加工向科技创新型转变，主导作用越发突出。新城手工业历史悠久，经历兴衰曲折发展，至解放前夕，新城、龙河集镇有60多家手工业店铺和作坊，以及分布在农村"五小作坊"（碾坊、油坊、糟坊、粉坊、豆腐坊）、瓦木匠等手工业者，还有用木机织土布、织草席的少量农户，规模小、收入低、生存艰难。解放后，1954年，全县农村第一家地方国营企业——龙河油米厂建成开业。同年，新城、龙河铁木竹生产合作社成立，农村工业由此起步发展。1955年，在对手工业社会主义改造中，先后成立运输、缝纫、编织等生产合作社，但设施简陋，工艺落后，不成规模。1956年，两乡工业产值仅17.04万元。在1958年开始的"大跃进"中，上马一批社办工业项目。1960年，共有社办工业17家，产值53万元。60年代，国家调整社队工业政策，加之受自然灾害影响，社办工业出现回落。"文化大革命"时期，工业发展缓慢，企业有所减少。1978年，社队工业出现新面貌，企业发展到107家，职工4561人，拥有固定资产原值226万元，实现产值1277万元，利税178万元。80年代，农村"无工不富"政策，推动乡、村、组、联户和户办工业"五轮齐转"，工业渐入发展高峰期。1989年，工业产值增加到4787万元，占两乡社会总产值的61.32%。90年代，深化工业企业产权制度改革，增加技改投入，加快新产品研发，发展新、高、名、优产品，形成金属、化工、机械、建材四大产业及一批龙头骨干企业。1999年，工业企业发展到206家，职工4956人，实现工业产值3.1亿元，利税1395万元，工业产值在全市乡镇工业排名中位列第一，成为仪征市工业重镇。2000年起，镇党委、政府坚持以发展工业经济为首位，以做大做强工业园区为载体，以上海大众30万辆整车项目落户新城为机遇，不断提高园区吸纳力、承载力及管理服务水平，2003年2月新城工业园被列为扬州市乡镇工业示范园区。不断优化产业结构，向创新型方向发展，一批上规模、上水平的新兴产业脱颖而出，成为全市乃至全省颇具影响的明星企业。2012年，全镇各类工业企业645家，职工12217人，实现工业产值92.04亿元，占全镇社会总产值的81.08%，比1999年增长28.69倍，利税5.02亿元，年末固定资产原值总值20.91亿元。工业产品有30多个系列、2000多种，形成以机械制造、电子电器、金属制品、纺织和高新技术产业为主体，工业门类较为齐全，布局科学合理的现代化工业体系，在全镇经济发展中的主导地位更加凸显。

建筑业是新城的传统产业，从农村中走出一大批从事建筑业的能工巧匠。60年代，新城、龙河公社大队相继组建成立建筑工程站。70年代初，新城、龙河建筑业开始到县城承揽建筑工程，1984年开始到省外承揽建筑工程。1985年，新城建筑工程业承建的兰州市红玫瑰宾馆，建筑面积1.50万平方米，造价近千万元，创出当年全县外埠市场造价最大的建筑工程。龙河建筑业在南京承建两幢住宅楼，建筑面积近1万平方米，获南京市"全优工程奖"。1993年，新城、龙河建筑业竣工面积10.2万平方米，施工产值9650万元。1998年3月，新城、龙河建筑业承建的两幢24层大楼，均为当时全市在外埠最高层建筑工程。2000年后，进一步拓展外埠市场，承接工程项目由房屋土木建筑发展到古典建筑、装饰装潢、安装工程，建筑工程质量不断提高。2002年，新城建筑业承建的市公安局综合楼，被评为全省建筑业新技术示范工程，至2007年，两次获江苏省"扬子"杯奖。2012年，新城建筑业竣工面积64.1万平方米，完成施工产值11.6亿元，占全镇社会总产值的10.22%。

第三产业迅速崛起，实现由简单商业型向现代商业服务业延伸，综合服务功能日益增强。解放前，新城、龙河地区商业、餐饮业有250多家，但店面不大，时开时歇，市场萧条。解放后，党和政府努力恢复和发展商业。1950年起，供销合作社、国营粮站相继成立，商业网点增加。1955年，新城、龙河共有商业、服务业248家，职工448人。1956年，大部分私商组成合作商业店组，网点减少。60年代起，供销社和粮站逐渐占据农村商业主导地位。"文化大革命"中，集市贸易受到限制，一些服务项目被取消，商贸服务业在低谷中徘徊。1978年改革开放后，商贸服务业出现转机，流通市场逐步开放，个体商业由少到多，逐渐发展壮大。80年代，商贸服务业开始向农村扩展，1988年，新城、龙河共有商贸服务业448家，职工657人，行业门类齐全，网点遍布乡村各个角落，经营规模不断扩大。当年实现商贸服务销售（营业）额3749万元，比1978年的1121万元增长2.34倍。90年代，商业流通领域进行产权制度改革，公退民进，私营个体商贸服务业渐成主体。经营业态发生根本性转变，开始由传统的商店柜台、饭店、澡堂、旅社、理发店向开架自选商场、高档酒店、旅馆、洗浴中心、美容美发、休闲娱乐等新兴商业服务业发展。商业零售业趋向专业化、连锁经营，品种更加齐全，服务更加周到。1999年，新城、龙河商贸服务业共702家，职工2867人，实现销售（营业）额9979万元，比1988年增长1.66倍。2000年后，上海世纪华联、苏果超市、供销农资连锁等大型新型超市在新城落户开业。一批金融保险机构、中介业、快递业、物流业、租赁业、电信业相继建成开业，与传统的商贸服务业融为一体，服务业门类进一步拓宽，服务水平进一步提升。美容保健，婚纱摄影，婚庆礼仪，家政服务，信息服务，丧葬服务、互联网宽带服务以及文化娱乐KTV、网吧，洗车、出租车等现代服务业悄然兴起，逐步服务于千家万户人民生活。2012年，全镇有商贸服务业928家，职工4059人，实现商贸服务销售（营业）额5.97亿元，占全镇社会总产值的5.26%，比1999年增长4.97倍。

基础设施建设日新月异，实现了由老旧集镇向现代化城镇迈进，人民生活质量不断提升。新城集镇依运河而建，解放前，街道长不足千米，条石板路，房屋破旧矮小，没有公共设施，污水横流。1951年秋，新城小学新建3间教室，为新城首个公共建筑。同年12月，新城汽车代办站落成。1952年，新城乡和龙河乡广播站开播。1954年新城供销社门市房建成营业。1956年10月，改建后的龙河大桥通车。同年，新城、龙河邮电支局成立营业。1957年，新城、龙河乡村始通电话。1959年10月，新城人民大会堂动工兴建，翌年9月落成。12月，新城、龙河街道用上电灯照明，不久向村组供电。60年代，仪扬公路新城段铺设沥青路面。1971年5月改建扩建后的新城大桥建成通车。1984年全县首座乡镇自来水厂龙河自来水厂建成供水。龙河街道开始向西发展，沿仪圩曹公路新建商业门市房，形成新街道。1987年，新城居民开始饮用自来水。1988年，新城街道向西北发展，在仪圩曹公路与仪扬公路交会的丁字路口建立新街区，东西向新农街长1600米，南北向新桥街长400米。1991年，新城第一幢商业大楼新城供销商场落成开业。1992年，新城、龙河相继开通程控直拨电话。1994年，镇区大兴商住楼建设，街巷安装路灯，主街两侧人行道旁植行道树，设置环卫设施，集镇面貌焕然一新。1997年，乡村通达砂石路，全镇开通光纤有线电视。1998年，龙河卫生院住院楼建成使用。同年，1路公交线路胥浦至新城开通营运。1999年，境内第一个城市广场——新城立交桥公园建成开放。2000年，推出城镇亮化工程，街道主干道两侧楼房首次安装霓虹灯、轮廓灯。同年，仪征汽车东站建成营运，增开2条过境公交线路。2004年，横贯新城境域的宁启铁路建成通车。2006年，扬州（仪征）汽车工业园落户新城境内，实现基础设施互联互通，同年郁桥村建成镇内首个农民集中居住区。2009年，创建国家级生态镇，铺设工业污水管网和集镇生活污水管网，消除露天粪坑2128个，新建改造公厕86座，居民户厕无害化处理达96.8%，建垃圾中转站1座，农村垃圾池1460个，全面整治农村庄台、河道和庄道，实现“水清，岸绿，景美”，道路整洁，绿树成林。2010年，新城以仪征汽车名城建设主战场在境内为契机，开展汽车名镇建设，带动镇区基础设施建设，公用事业不断完善，城市功能日臻提升。2012年，建成区面积扩大到5.1平方千米。至年末，全镇居民住房总面积263.67万平方米，人均住房面积55平方米，建成居民居住小区11个，安置小区6个，建成主街道13条，总长31千米，城市公园2座，社区休闲广场9处，桥梁7座，架设路灯312盏，开通过境公交线路4条，绿化总面积4.35万平方米，人均公共绿地面积17.6平方米。自来水通达率100%，有线电视入户率98%。城镇职工年人均工资增至43996元，农村居民年人均纯收入达15660元，城乡居民消费水平也逐年提高，家庭住房装饰整洁、明亮，家用电器普及，3G手机、电动车、摩托车以及小轿车等高档消费品进入寻常百姓家。

（五）

民国时期，由于长期受封建制度的束缚，新城社会事业发展缓慢。抗日战争时期，新城传统文明被侵华日军粗暴践踏，后又遭受内战摧残，原有的优势丧失殆尽，到解放前夕，这座历史古镇已是满目疮痍，遍地瓦砾。解放后，在党和人民政府领导下，进行社会主义建设，各种优势得到较好发挥，国民经济和社会各项事业都有很大的发展，特别是1978年改革开放后，坚持以人为本，各项社会资源得到整合利用，社会事业从少到多，从小变大，发挥出越来越强大的社会效益，逐步建成开放、包容、文明、祥和的小康社会。

科技事业从无到有，形成新的生产力。50年代，党和政府举办夜校、识字班，宣传科学知识，破除迷信观念。1959年，新城公社成立科学技术委员会，组织开展技术革新活动。60年代，公社、大队、生产队三级农业科技队伍初步建成。70年代，工业开始大搞技术革新，农业大力推行科学种田，科学技术得到广泛应用和普及。1985年起，新城、龙河两乡分别成立科学技术协会，社办工厂建立生产技术科、质量检验科，新城、龙河农机修造厂成立新产品开发技术攻关小组。农村建立起乡、村和专业户组成的科普网络。90年代，农业科技开始在农村各种承包经营中得到应用，工业科技在新产品研发中得到推广，“科技兴镇”成为新城发展经济的战略决策并得到贯彻落实，科技推广取得实实在在的成效。1985~1999年，新城、龙河两乡共有37项科技成果获奖。2000年后，引进高端科技人才，走产学研合作之路，企业成立科研中心，推进以高新技术改造传统产业的转型升级，以调结构、创新驱动实现经济增长方式的转变。2012年，全镇从事各类科技人员935人，其中高级技术职称人员57人，有20家企业获省民营科技企业称号，25个产品获省高新技术产品称号，拥有省级科研技术中心1家。

教育事业蓬勃发展，教学质量逐年提高。新城有尊师重教的优良传统。清末民初，新城地区曾出现教育世家，走出不少教育精英。解放后，党和政府重视发展教育事业，1950年，新城创办7所民办小学，公办小学扩增20个班级，开办各种扫盲识字班100多个。1956年，全县第一个农村托儿所在新城古都乡成立。1958年，龙河初级中学成立并招生。60年代初，大力发展农村耕读小学。“文化大革命”开始后，学校停课，教育事业受到冲击。60年代后期，开始恢复教学秩序，新城中学开设高中班，但教学质量不高。70年代初，普及中学教育，这一时期教学质量仍无明显提高。1978年后，教育工作开始回归良性发展的轨道。1984年，新城、龙河两乡成立教育委员会，推行“分级办学，分级管理”教育体制，政府教育经费投入增加。1990年起，深入开展“双基”（基本实现九年制义务教育、基本扫除青壮年文盲）教育，强化师资培训，发展素质教育，开展教育达标、升级、创优活动，教育教学质量明显提高。1995年，新城镇和龙河乡基本扫除青壮年文盲，达到国家扫盲标准。1999年，不断深化教育改革，民营资本进入教育领域。2000年起，大力推进教育现代化建设，调整完善中小学布局，教育设施设备和教师待遇不断得到改善和提高。2005年，新城中学被评为省现代化教育示范初中，2007年又被评为省青少年科技教育先进学校。2010年，新城镇社区教育中心被评为省乡镇社区教育中心。2012年，全镇有初中2所，小学2所，幼儿园3所，在校学生1979人，教职工340人，其中高级教师130人，初中升学率达99.85%。

文体事业日益繁荣，历史文化名镇熠熠生辉。新城文化源远流长，文化积淀厚重，历史遗产丰富。新城破山口西周古文化遗址，烟袋山汉文化遗址，东汉时期大型水利工程陈公塘遗址等，向人们展示新城远古的文明。唐代温庭筠，宋代王安石、贡奎，明代王皞、蒋山卿、黄瓒，清代朱晴初、纪映鈡、吴锡麟、石涛、褚乃方、袁枚、阮元以及当代厉以宁、忆明珠等文化名人，吟咏新城风物人情的名诗佳作脍炙人口，广为流传。境内出土文物众多，1930年破山口出土的西周青铜器，为国家一级文物，分别被中国历史博物馆和南京博物院收藏。民俗文化绚丽灿烂。民间传说和传统民俗表演技艺，世代相传。50年代，新城、龙河两乡文化站以及有线广播站成立，后又相继建立图书室、电影放映场、大会堂（影剧院）等一批文化设施，丰富人民文化生活。1956年，全省首个农民体育协会在新城古都乡成立。“文化大革命”开始后，公社、大队和中小学先后成立毛泽东思想宣传队，自编自演歌颂毛主席、共产党的文艺节目。公社、大队广播站播送“革命样板戏”。70年代，新城、龙河电影放映队常年在农村巡回放映。学校体育运动正常开展，学生多次参加全县中小学运动会。1991年，新城文化中心成立，先后建立文化活动室、图书室、录像放映室。1993年，私人投资开办歌舞厅、电子游戏室、台球房等娱乐场所。1994年，新城、龙河开通有线电视。1997年，光纤传输有线电视进村入户。1998年，新城镇获省“群众文化先进乡镇”称号。1999年，新城镇文化中心成立，设有图书室、阅览室、综合展览室、乒乓球室、棋牌室、游戏室、桌球室、体育健身房和老年活动室。图书室藏书万册，订阅报刊20余种，供群众借阅。群众文化体育活动广泛开展，春节、国庆等假期送文艺下乡，开展猜灯谜、卡拉OK、象棋、篮球、拔河等比赛活动。2003年9月，在仪征首届现代秧歌舞汇演比赛中，新城镇代表队获优秀表演奖。2005年起，新城文化事业开始向产业化、社会化快速发展，网络文化兴起并迅速普及，多家网吧、电子游戏厅、KTV、歌舞厅开业。《新城水车制作工艺》《中医姚氏肝胃诊疗法》《葬礼习俗》入选仪征市非物质文化遗产名录。2007年，新城农民艺术团成立，自编自演乡土歌舞节目，丰富农民业余生活。在新农村建设中，社区文化活动功能增强，设施逐步完善。村和社区普遍建立文化活动室、篮球场、乒乓球室和健身房，群众性晨练活动点发展到20多处。2009年，新城镇被命名为江苏省体育强镇。

新城文学创作精彩纷呈，龙河小学教师王巨成从1991年起，每年都有五六万字的儿童文学作品在省以上刊物上发表，《七个少女与一只白鸽》先后获全国第三届冰心儿童图书新作大奖和江苏省首届紫金山儿童文学奖，小说《故事》获江苏《少儿文艺》优秀作品奖，《1978年的故事》获中国作协新世纪儿童文学作品奖。三将村村民蒋万忠在90年代起写作出版《苦涩的情思》《隐衷》等短篇小说和长篇小说《情祭》《白羊山之恋》。2012年，冷红村肖鹤梅出版的散文集《日子里的香味》，被选入仪征作家协会《心仪之城》文学丛书第四辑。2012年，新城镇地方志编纂委员会成立，组织编写《新城镇志》。同年，新城诗词社成立。年末，镇内有文化体育中心1个，13个农民健身俱乐部，1个农民艺术团、5支村（街道）艺术队，公共文化设施面积2000平方米，营业性文化娱乐场所27家，旅游、休闲娱乐、健身成为城乡居民日常文化生活。

医疗卫生事业持续发展，人口素质明显提高。民国时期，新城、龙河中医中药盛行乡里，设有私人诊所7家、药房5家。牛角山中医外科享誉一方。但仍缺乏医疗设施，每遇霍乱、天花、伤寒等疫病流行发生，则缺医少药，民众更是病困交加。解放后，党和政府重视医疗卫生事业。1951年建成新城、龙河联合诊所，农村联合诊所共11家，实行民办公助。1958年6月，龙河、新城卫生院建成对外门诊，后改为公社卫生院，农村大队建立卫生保健室，开展疾病预防宣传教育，查螺灭螺，防治血吸虫病。60年代，农村推行合作医疗制度，传统中医中药得到推广应用。中医姚鹏云创立姚氏肝胃诊疗法医治危重病者有奇效，声名鹊起。龙河卫生院中药工王幼川炮制的中药汤剂，享誉全县。桃坞大队卫生室中医于柏村主动献方、献书，参加中医学术活动。新城、龙河相继建立起公社、大队、生产队三级医疗保健网，倡导计划生育，流行性疾病得到较好控制。70年代，消灭血吸虫病取得重要进展，白喉、麻疹、伤寒、疟疾等传染病基本消灭。80年代，新城，龙河医疗机构设施更新，配备X光机、心电图机、B超机等先进仪器，逐步建立内科、外科、妇科、中医科和针灸推拿科等医疗门诊科室。相继开展妇女病普查、生育保健和爱国卫生运动。1991年，新城、龙河两乡被评为计划生育工作先进乡镇。1992年，龙河中心卫生院门诊楼落成。1994年，新城镇制订《农民住院医疗保险的意见》，农民大病住院有一定比例报销。1997年，新城卫生院门诊楼落成，翌年住院楼建成使用。2003年，新城镇被列为仪征市新型农村合作医疗试点乡镇。2006年，全镇整治农村环境卫生，消灭露天粪池，改造户厕，清理河道，填埋污水沟，增设环卫设施，建立长效保洁制度。2008年，家家饮用长江自来水。2010年，农村饮用水卫生合格率达100%，生活污水处理率82.40%，生活垃圾无害化处理率98.2%，农村卫生厕所普及率达96.8%，使用清洁能源的居民户达82%，工业污染源达标排放率100%。2012年，全镇参加新型合作医疗人数达97.39%，各类医疗保健机构21个，医务保健人员98人，医疗保健服务覆盖全镇乡村。

社会环境改善优化，社会保障逐步健全。1950年，贯彻实施"婚姻法"，包办婚姻旧习始有好转。1952年，新城、龙河始设公安特派员。1958年，建办敬老院。60年代初，对地主、富农、反革命和破坏分子（即"四类分子"）实行无产阶级专政，并要求社员"割资本主义尾巴"，不搞副业。"文化大革命"开始后，造反派当家，实行"群众专政"，公检法靠边站，社会处于无政府状态。1978年后开始整顿社会秩序，1982年新城法庭成立。1983年，新城、龙河乡设立司法科，翌年，成立公安派出所，开展"严打"斗争。1986年起，开展每五年一期的全民普及法律知识活动，村和企业成立治安联防队，开展社会治安群防群治，社会治安基本实现由乱到治。1989年，乡劳动服务公司成立，安置城镇人口就业，开始解决社会民生问题。1991年，两乡分别成立社会治安综合治理办公室，建立信访工作领导小组，各村成立人民调解委员会，接待人民来信来访，调处社会矛盾纠纷。1996年起，推进依法治镇，依法行政，实行政务公开、村务公开、一事一议制度。2000年后，开展创建"平安社区"活动。在主要公共场所，交通要道安置电子监控系统。建立村和社区警务室，开展社会矫正，完善社会综合治理机制。2003年，新城镇劳动和社会保障所成立，组织劳务输出，扩大就业门路，落实民生保障措施。

2004年，新城镇社会矛盾纠纷调处中心成立。2009年，全面实施农村新型社会养老保险制度、城乡居民最低生活保障制度和被征地农民基本生活保障。2012年，全镇参加新农保率达98.12%，城乡居民劳动、退休、医疗等权利受到保护，社会安定，人民安居乐业。

（六）

“又是一年芳草绿，依然十里桃花红”。沐浴着改革开放春风的新城人民，在镇党委、政府的领导下，解放思想，坚持改革不动摇，励精图治，勇于争先，推动经济和社会发展不断跃上新台阶。30多年来的改革开放，给新城注入了生机与活力，增强了实力与动力，提升了形象与魅力。

农村改革起步，推动新城改革开放。新城改革开放是从农村起步的。1978年后，新城有249个生产队、龙河有332个生产队开始实行“大段包工”“联产到组”“专业承包”等联产承包责任制。1982年，改行“包产到户”联产承包责任制，基本解决了集体生产“大呼隆”和分配“大锅饭”等弊端，农民生产积极性提高。1983年，全面实行家庭联产承包责任制，当年，新城粮食总产比1980年增产21%，龙河增产19%。1998年，实施土地二轮承包，新城镇、龙河乡分别有8320户和5065户签订续包合同，承包期为30年。2000年起，农业产业结构、种植业内部结构开始调整，向优势产业、高效农业转变，农村劳动力开始向非农业产业转移。2005年后，建立土地流转机制，各种农村合作经济组织成立，农业开始向产业化、社会化发展。2008年，扩大农业招商引资，发展现代农业，取得显著成效。2012年，完成农业投资1.16亿元，建成高效农业产业园30个，农民专业合作经济组织17个。农村年人均纯收入15660元，比1978年增长80倍。

深化经济体制及配套改革，市场活力激发。农村改革的经验实践，推动工业、商业及其他领域的改革。1983年，工业推行厂长负责制，1985年，商业服务业试行承包经营责任制。1988年起，全面推行全员经济承包以及改干部任命制为选聘制，改固定用工制为合同制，改固定工资制为浮动绩效工资制的“一包三改”，带动全乡经济的发展。1985年起，相继开展教育管理体制、金融财税体制改革，以及粮食购销制度和小城镇户籍制度等配套改革。1996年，推行企业产权制度改革，建立“产权清晰，权责明确，政企分开，管理科学”的现代企业制度，企业拥有经营自主权，以市场为导向发展生产，经济效益不断提高。2000年后，第二产业、第三产业相继转型升级、调结构，转变经济增长方式，综合经济实力进一步增强。通过一系列改革，先后建立劳务市场、土地转流市场和建筑工程招投标交易市场。市场经济体制不断健全完善，并发挥出越来越重要的调控作用。2012年，新城工业、商业服务业呈现持续发展的强劲势头，现代化、社会化工业和商业服务业体系基本形成。

简政放权，政府职能进一步优化。伴随着经济体制改革和经济的快速发展，新城镇积极进行以建设社会主义民主政治为目标的行政体制改革。1983年，实行政社分开，精简机构，完善民主监督制度。1984年，开展农村基层管理体制改革，撤队建村，实行村民自治，村民直选村委会主任。2000年起，干部提拔任用实行“公推公选”，党支部换届实行党员投票直选制，党委领导班子换届选举实行公推直选，在非公有制企业中建立党的组织。经过连续两轮乡镇政府机构改革，简政放权，定岗定职，建立起更加高效、精干的政府机关。2003年，新城镇便民服务中心成立，一站式为民服务。镇党委班子转变作风，走群众路线，敢于担当，有所作为，肩负起组织带领全镇人民深化改革，创新驱动，推进经济和社会发展的历史使命。

改革开放给新城带来新的机遇，新的发展活力，也为新城人民编织了一个更加美好的新城梦。新城梦与中国梦息息相通，成为新城人民新的追求与愿望。站在新的起点，总结经验，继往开来，新城人民将在镇党委、政府领导下坚持以毛泽东思想、邓小平理论、“三个代表”重要思想、科学发展观以及中共十八大精神为指导，坚持走群众路线，坚持改革开放不动摇，坚持调结构稳增长，与时俱进，和衷共济，推动全镇经济和社会常态化健康发展，努力把新城建设成为江苏汽车工业重镇，生态优美、宜居宜业的历史文化名镇，文明、和谐、富裕的小康强镇。

图概述-2 欢庆中共十八大召开文艺晚会（摄于2012年）

大 事 记

西周~清

周穆王年间(前976~921年)
徐国势力伸展至沿江丘陵地区,国君之子封于鄒(今市郊曹山一带)。
汉初(前200年左右)
长江泥沙淤积成滩,与蜀冈连接,滩上始有居民。
汉元狩六年(前117年)
建江都城。城在今新城与真州之间,三国时坍没于江中。
汉建安二年(公元197年)
广陵太守陈登在今新城龙河一带筑大型水利工程,后人称为陈公塘、元龙河。
东晋永和年间(345~356年)
"江都水断",由欧阳埭(今新城三条埂附近)开渠引江水入邗沟,欧阳埭成为江淮运口。
东晋太元十年(385年)
广陵太守谢安垒土筑新城,始有新城地名。
隋大业元年(605年)
隋炀帝征淮南民开邗沟,自山阳(今淮安境)至扬子(今新城东南)入长江。
唐贞元四年(788年)
淮南节度使杜亚大修陈公塘,筑塘堤,建斗门,引陈公塘水接济运河,灌溉农田。
唐元和年间(806~820年)
疏浚陈公塘、带子港、以塘水济运河。
宋大中祥符年间(1008~1016年)
江淮制置发运使修陈公塘,建斗门,石础各一座。

宋天圣七年（1029年）

设转搬仓，淮盐和南方漕米由真州转运，新城成为盐、漕运道必经之地。

宋熙宁年间（1068~1077年）

浚仪真运河。

宋熙宁五年（1072年）

冬，建恭爱庙（即陈公登祠，今官塘庵）。

宋熙宁九年（1076年）

修筑陈公塘，建斗门。

宋元符二年（1099年）

发运使疏仪真运河。

宋建炎年间（1127~1130年）

在仪真运河北建地藏禅寺，元时遭火焚，清康熙十五年（1676年）夏重修。1968年，拆毁。

宋绍兴四年（1134年）

金兵入侵淮南，诏宣抚使毁真扬一带堰闸，并毁陈公塘，以阻金兵舟船南进。

宋淳熙九年（1182年）

淮南漕臣钱冲之修复陈公塘，通漕济运。

宋开禧三年（1207年）

总辖唐璟决陈公塘堤，放水浸漫仪征东北境，金兵望之退却。

宋嘉定年间（1208~1224年）

建清源真君庙（俗称二郎庙，今新城仪扬河堤南）。

宋嘉定十四年（1221年）

州守吴机修陈公塘堤二百余丈，建石闸，沿西湫故道浚渠二十里，导塘水达城濠。

元至元二十八年（1291年）

扬子县治由真州附郭迁移至新城。

元大德十年（1306年）

疏浚真扬运河，以后屡淤屡浚。

元泰定元年（1324年）

十月，开挖珠金沙河（今沙河）。

明洪武元年（1368年）

在旧江口（今新城旧港）设巡检司。

明洪武二年（1369年）

撤销扬子县，新城不再为县治所。

明洪武三年（1370年）

始建新城都天庙。清康熙四十八年扩建，同治年间重建。1958年拆毁。

明洪武五年（1372年）

二月，修浚仪真运河。

明洪武八年（1375年）

修筑陈公塘，复塘堤，建减水闸。

明洪武十三年（1380年）

冬，致仕兵部尚书单安仁浚仪真运河。

明洪武十五年（1382年）

十二月，浚仪真运河九千一百二十丈，置闸十三处。

明洪武二十二年（1389年）

县编户十四里，设新城里。

明洪武二十四年（1391年）

诏令苏州数百户迁居仪真、新城。

明永乐五年（1407年）

陈瑄督浚真扬运河。

明宣德元年（1426年）

修葺都天庙，易名三茅祠。

明宣德十年（1435年）

改“扬州五塘”（包括陈公塘）属扬州府专门济运，嗣后塘坏，遂不可复。

明景泰五年（1454年）

工部主事郑灵浚新城至入江口的新坝河。

明天顺二年（1458年）

都督徐恭浚仪真运河。

明成化年间（1465~1487年）

浚仪真运河新城通江河（新坝河），置一坝二闸（即卧虎闸与二闸）。

明成化二年（1466年）

修浚仪真运河上的堰闸，以便漕运。

明成化八年（1472年）

八月，侍郎王恕修建陈公塘，造木闸一座，减水闸二座。

明成化十年（1474年）

疏浚通济河，建通济、罗泗、响水三闸。成化十四年（1478年），在通济河的入江口建挡浪闸。

明正德十年（1515年）

二月，甘露人柳珍捐献二十两金，在新城焦家山建三将军庙，又称焦山庙。

明嘉靖年间（1522~1566年）

修建三茅祠，复名都天庙。

明嘉靖二年（1523年）

五月，御史秦钺浚“扬州五塘”，令禁占种盗决。

七月，新城地区水灾，人畜溺死不计其数。

明嘉靖三年（1524年）

夏，新城大旱，运河井泉竭，人相食，殍尸无数。

明嘉靖十四年（1535年）

移建卧虎闸于仪扬河南堤新址。

明嘉靖十九年（1540年）

九月，运粮千户李显议疏浚仪真新城通江旧河（卧虎闸至旧港的新坝河）。

明嘉靖二十五年（1546年）

十二月二十二日夜，受宝应4级地震影响，新城地区有明显震感。

明嘉靖三十年（1551年）

将军仇鸾占塘废制，次年佃塘为田。管工高守一拆塘闸石料运瓜州建城，陈公塘废弃。

明嘉靖四十五年（1566年）前

新城始设为镇。

明隆庆四年（1570年）

修浚仪真运河自东关经新城至石人头（今朴席境内）长四十五里。

明隆庆六年（1572年）

建都天庙山门石牌坊，铺筑河边至庙门石板路（俗称神路）。

明万历六年（1578年）

浚仪真运河自高庙至东关一千五百余丈。

明万历十三年（1585年）

十一月二十六日，高邮以南发生4.5级地震，新城地区震感明显。

明天启三年（1623年）

十二月二十二日，申时三刻发生6级地震，震中位于扬州南，新城有震感。

明崇祯七年（1634年）

总河刘荣嗣复浚新坝河、重建卧虎闸，闸孔宽4.3米，双门槽，木叠梁门，条石垒砌。

明崇祯十四年（1641年）

大旱，斗米银4钱，民挖蜀冈白土（称观音土）充饥。

清康熙八年（1669年）

浚仪真运河。

清康熙十五年（1676年）

富贾李怀阳出资重修地藏禅寺，规模雄伟。

六月十六日，扬州发生4.8级地震，新城有震感。

清康熙三十年(1691年)前后

著名园林白沙翠竹江村(位于今十二圩东升村花园庄、桂花庄)建成。

清康熙三十四年(1695年)

旧港火灾,焚盐艘十数只,漂溺者甚多。

清康熙四十八年(1709年)

扩建都天庙。

清康熙五十一年(1712年)

十二月十二日,仪征地区发生5.3级地震,波及新城一带。

清乾隆四十年(1775年)

乡民重修都天庙,建神楼斗壇。

清乾隆五十三年(1788年)

重修都天庙殿宇。

清道光三年(1823年)

五月,江潮泛滥,新城南沿江农田、房屋多数被淹,九月大水始退。

挑浚仪征运河,复开新坝河,重建卧虎闸。

清道光二十年(1840年)

盐商盐工捐资重修古都天庙。

清道光二十四年(1844年)

挑浚卧虎闸河(今新坝河)。

清道光二十八年(1848年)

夏,大水,新城南沿江农田淹没水中,民间流传"道光道光,圩破年荒"谚语。

清咸丰三年(1853年)

二月,太平军攻占仪征县城后,至咸丰十一年(1861年),先后在新城、龙河等地多次与清军作战。

清咸丰六年(1856年)

大旱,粮食歉收,人食树皮草根,饿殍很多,当地民谣"针穿黄豆街前卖,手捧珍珠饿死人"。

清同治十二年(1873年)

两淮盐务总栈自瓜州移置十二圩,河工侯补道张富年监督疏浚仪征运河(今仪扬河)及新坝河通江故道,两淮产盐由此入十二圩。新城成为淮盐运至十二圩的主要运口。

清光绪十年(1884年)

重修三官庙,杭州吴人灏书三官庙额。

清光绪十三年(1887年)

浚仪征运河。

清光绪三十二年(1906年)

新城人始入长江猄捕鱼苗。

清宣统元年(1909年)

十月二十一日,10时10分仪征地区发生4级地震,新城有震感。

中华民国

民国2年(1913年)

新城镇始设邮政代办所。

民国3年(1914年)

8月,建成新城镇初级小学。

11月16日夜,龙河集程复泰等20余户商铺及居家遭持枪械劫匪28人抢劫。次年4月侦破。

民国7年(1918年)

平民工厂在旧港成立,厂内设织布、编织、木工、漆工等组。

民国12年(1923年)

10月,新城人吴粹一在十二圩创办仪征县第一所中学——十二圩扬子总栈公立初级中学(今十二圩扬子中学)。

民国14年(1925年)

盐商集资疏浚延寿庵(今冷红)至十二圩盐河。

民国17年(1928年)

撤销坊、市,全县设141个乡镇,新城复设为镇。

民国18年(1929年)

改良私塾教育,塾师需经考试合格后发给准予执教证书,新城、龙河31名塾师领获证书。

建成旧港初小和龙河集初小两所学校,随后又建成三条埂初小、三茅集初小。

民国19年(1930年)

破山口出土一批西周青铜器,部分青铜器现藏于中国历史博物馆和南京博物院。

民国21年(1932年)

废除闾,邻,推行保甲制。全县分设5区、44乡、22镇,龙河始设为镇。

民国23年(1934年)

挑浚新城至仪征南门运河(仪扬河),长13里许。

5月,六合至扬州公路动工修建,途经新城。翌年5月试通车,为境内首条公路。

10月10日,4时54分34秒扬州西南发生4.3级地震,新城有震感。

民国24年(1935年)

3月,浦口至扬州通行客运班车(烧木炭的黑色车厢),新城始有客车停靠,每日往返各两次。

是年,新城、龙河镇首置电话通话点。

民国26年(1937年)

12月15日,日军十三师团主力从镇江渡江经新城、六扬公路去天长。

12月16日，日军天谷支队从扬州侵占仪征县城，途经新城时，烧毁房屋400余间，杀死10余人。

12月18日，日军在新城西王家饭店枪杀24名国民党官兵。

民国27年（1938年）

1月18日，新北乡草塘村张家营村民李万清打死一个下乡扫荡的日本兵，日军疯狂报复，烧毁20户住房，打死3人，烧死2人。

4月，日军在原六扬公路基础上加以整修，新城段路基最宽处有6米。

6月7日，古都乡花亭庄村民刘兴州因拒绝到新集毛桥日伪据点做工，被日军汽车活活拖死。

6月，夏收时，驻仪日军又一次扫荡新华余家营，抢粮、寻找年轻妇女。

民国28年（1939年）

6月21日，驻十二圩日军到新城抢劫，枪杀商民8人，重伤1人，烧毁房屋3间。

12月，新四军苏皖支队司令员陶勇在新城金家洼金长标家临时歇脚，晚间赴十二圩团结地方势力联合抗日。

民国29年（1940年）

春，新四军苏皖支队在龙河设立办事处，姚一青任主任。

4月，仪征县抗日民主政府成立，辖一、二、四、五4个区，龙河属二区。以后县抗日民主政府在龙河设立仪征货检处龙河分所。

民国30年（1941年）

新四军独立四团奇袭龙河伪军，俘获70余人。

民国31年（1942年）

6月，路东军分区部队突袭龙河来仪庵伪军据点，全歼王子安两个分队。

7月，新四军二师六旅隐蔽埋伏于新城镇，在仪扬河上架设浮桥，夜袭十二圩日伪军，与仪征增援之敌展开了激烈的浮桥争夺战，歼敌200多人。

8月，仪征县抗日民主政府新建二五区，龙河属二五区。

9月，成立路东第九货检处，下设龙河分所，三茅集分处。

是年，仪征境内建立连接长江南北三条秘密地下交通线，其中两条经新城、龙河。

民国32年（1943年）

2月6日，伪军抢掠新城聚盛昌布店布匹100匹，时值5万元。

4月13日，伪军抢掠新城天丰号布店布匹200匹，时值8万元。

民国33年（1944年）

1月，甘泉支队深夜突袭新城都天庙伪军据点，战斗持续1个多小时。

7月，龙河区队组织各乡民兵，攻击围堵龙河的日伪军，收复龙河集。

9月，仪扬县抗日民主政府成立，新城镇北一部、龙河镇大部分属新城区和凌桥区管辖。

民国34年（1945年）

1月17日，砖桥村民杀死1个抢劫的日军。

春，仪扬县区武装在金家大桥打退来自仪征的伪军部队。

8月下旬，驻仪日伪军400余人袭击新城区署，新四军军部特别团三营奋起还击，击毙敌军20余人，俘虏日军小队长等2人。在战斗中，九连连长李明清等4人牺牲。

10月，新城人吴述之出任仪征中学第一任校长。

民国35年（1946年）

8月11日　中午时分新城区委驻地遭到国民党军及还乡团600余人围攻，区委副书记吴萍、区长费放天先后牺牲，副区长赵立仁身负重伤被乡亲吴老四隐藏，躲过搜捕。解放后赵找到吴老四，并每年探望。

9月，国民党军队进攻解放区，民主政府北撤，新城、龙河地区复为国民党统治。

民国36年（1947年）

2月，仪征县行政区划调整为5区、42乡镇。新城镇属二区，龙河镇属五区。

秋，新城教师参加罢教，抗议国民党区署克扣薪粮，抵制集体参加国民党。

民国37年（1948年）

8月2日，龙河镇解放。

8月14日夜，人民解放军东南支队一部配合地方武装共300人，攻下国民党新城警察分局，俘警长以下14人，缴获步枪2支，子弹30发。

8月29日，国民党县保安队百余人进占新城，并向四周和龙河集一带进行抢掠。9月2日人民政府东南支队反击，缴获手枪2支，驳壳枪及步枪各1支，收割电线四五公里。

民国38年（1949年）

1月，新城镇解放。

△　仪征县委任命徐纯任新城镇镇长。

2~4月，新城地区人民参加各项支前工作，支援解放军渡江作战。

5月20日，仪征县行政区划改为区乡制，新城镇和今属新城境内的三官乡、冷红乡、蒋圩乡、三将乡、桃坞乡及新北乡属新城区管辖。凌桥乡、三茅乡和龙河镇归凌桥区管辖。

5月，新城、龙河设税务稽征所。

6月，新城重新开通县城电话。

8月，新城、龙河开展反恶霸斗争，改造基层政权。

中华人民共和国

1949年

10月　新城镇及今属境内的行政小乡，根据县委、县政府提名，协商产生县人代会代表。

11月12日　新城镇及今属境内的行政小乡共9人参加县第一届各界人民代表会议。

1950年

2月　新城搬运工会成立。

4月　龙河搬运工会成立。

5月　仪征县委任命李起扬任新城镇公所镇长。

5月8~9日　仪征县召开第二届各界人民代表会议，新城、龙河人民代表参加。

6月17日　新城供销合作社成立，并开门营业。

7月6~10日　仪征县召开第三届各界人民代表会议，新城、龙河人民代表参加。

10月12日　新城地区土地改革工作结束，雇农人均分得土地0.92亩，贫农1.12亩，中农1.09亩，发放了土地证。12月30日，龙河地区土改结束，贫雇农、中农人均分得土地0.88亩，并分得部分农具、耕牛、粮食和房屋。

11月初　新城地区组织4000名民工参加治理淮河水利工程，各乡均按田亩出工参加。

11月24日　新城邮电代办所成立。

是年　新城地区农村大办冬学，组织农民学习文化。

1951年

4月12日　全县第一个常年互助组古都乡王庄张文年互助组成立，全组12户，劳力44人，耕地122亩。

8月20日　龙河供销合作社成立并开门营业。

11月29日~12月4日　仪征县召开第五届各界人民代表会议，新城、龙河共有10名人民代表出席会议。

12月3日　新城镇、龙河镇及各村分别成立金融委员会和金融小组，并配备1名银行职员，动员农民储蓄。

是年　仪扬客运班车开通，新城、金桥设代办站。

1952年

5月2~4日　仪征县召开首届农业互助合作代表会议，新北乡孙兆林等数人参加会议。

春，龙河、三茅一带发生白喉、脑膜炎、麻疹等传染病，乡村开展爱国卫生运动，村民普遍注射防疫针和接种牛痘疫苗。

6月上旬　新城等地发生蝗虫灾害，区乡组织动员农户全力灭虫，到7月初虫害基本扑灭。

9月13~17日　仪征县召开第六届各界人民代表会议，新城、龙河有10名人民代表出席会议。

11月　苏北行政区泰州专员公署血吸虫病防治指挥部调查组到新城调查，确认沙河、冷红、桃坞、带子等乡有钉螺和血吸虫病人。

是年　新城首次建立有线广播收音站。

1953年

1月12日　三茅、官胜等乡出工591人参加龙河潘庄至带子沟段浚河培堤，至3月底完成土方9.94万立方米。

3月上旬　官塘坝建成，建1米×1米泄洪道2孔，后因孔径太小阻水而弃用拆除。

4月10日　全县第一个农村信用互助组在古都乡成立。翌年，发展为信用合作社。

4月21日　仪征县第一个初级农业生产合作社——凤麟农业生产合作社在古都乡成立。该社由张文年和伍庆保两个互助组合并建成，共有农户18户83人，耕地208.9亩。

5月30日　县政府发文批准设立三茅集耕牛交易市场。

6月1日~7月30日　县选举委员会在新城镇进行普选试点。8月，新城地区划分为9个选区，年龄18周岁以上的选民有19075人。

7月22日　山洪暴发，龙河、小龙涧等河道决堤14处，倒涵15个，淹田9500亩。

7月24日　新城乡召开首届人民代表大会，选举纪永兴为乡长，嵇德昌为副乡长。

9月2~3日　陡降暴雨，山洪暴发，淹没农田近2万亩，倒塌房屋500多间，死伤10多人。

12月　龙河截弯疏浚工程动工，翌年春结束。

1954年

3月17日　龙河乡召开首届人代会，选举丁广德为乡长。

4月13日　古都乡8个常年互助组和凤麟农业生产合作社联合成立古都农业生产合作社，共有农户128户，劳力634人，耕地1231亩。

6月　新民区卫生所迁至龙河，更名为凌桥区卫生所。

6月28日~8月21日　连降大雨，累计降水量945毫米，长江水位7.19米，新城地区蒋圩、三将、新北、桃坞等乡和新城乡受灾严重，损失粮食763.5吨，损毁房屋7289间。

1955年

4月9~15日　新城地区开展接种牛痘预防天花工作，共有10个乡69个村，9253户、9448人接种和补种痘苗。

10月6日　晚10时许，冷红乡红星农业社发生火灾，烧毁9户房屋38间，稻谷2.7吨，水车6部及家具、衣服等，无人员伤亡。据查火灾是由草堆燃烧后殃及房屋。

冬　新城地区1.4万民工参加疏浚仪扬河，翌年6月完工。

1956年

1月　新城、龙河开展对私营工商业社会主义改造，大部分私营工商业户分别参加公私合营商店或生产加工店、组。

2月初　新城区在古都乡试点成立古都高级农业生产合作社，至次年春，新城乡成立高级社18个，龙河乡9个。

2月　江苏省首个农民体育协会新城古都农民体育协会成立。

3~4月　全县行政区划调整，新城乡、三将乡划属朴席区，龙河乡、三官乡、三茅乡仍属凌桥区，古都乡改为县直属乡。

4月　新城乡在农业社中推行常年包工、包本、包产、超产奖励的“三包一奖”制。

9月　新城乡及各农业社安装有线广播喇叭。

9月12日　新城乡召开第二届人民代表大会，选举李文朝为乡人民委员会主席。

10月17日　县委通知，新城乡划为县直属乡。

10月29日　龙河大桥建成，当日举行通车典礼。

11月　新城破山烈士墓建成，迁葬解放十二圩战斗中牺牲的117名烈士骸骨。

1957年

3月　仪征县委任命蒋秀松为新城乡乡长，彭鹤松为副乡长。

3~10月　撤区并乡，成立新城乡人民委员会，下辖18个高级社，乡人委驻新城街道。成立龙河乡人民委员会，下辖8个高级社，乡人委驻龙河街道。

4月27日　龙河乡召开第二届人代会，选举邵学桃为乡人委主席，夏天宝为副主席。

10月　县道公路曹圩线（邗江县曹家铺至十二圩）竣工，路基宽7~8米。

△　新城、龙河全面开展整风运动（反官僚主义、宗派主义和主观主义）。

12月　新城、龙河农村全面开展“五大运动”（兴修水利、积肥、绿化、灭螺、保养耕牛）。

1958年

1月　开展整风反右运动。新城、龙河有多名干部、教师、商人被错划为“右派分子”。1979年进行复查，全部予以改正。

2月7日　龙河乡召开首次党代会，宣布县委任命王如祯任党委第一书记。

4月　新城乡民工参加拓宽仪扬公路，路基5~6米，路面3.5米，工期一个多月。

5月　龙河联合诊所和龙河乡卫生所合并成立龙河卫生院，首任院长李寿天。

8月9日　龙河乡动员大搞农具改革，由于土法上马，手工制作，大部分不能使用，造成严重浪费。

9月初　创办龙河初级中学。

9月16日　撤销新城乡人委，成立新城人民公社，9月21日并入滨江人民公社。翌年2月5日恢复新城人民公社。

9月19日　新城公社召开首次党员大会，宣布县委任命吴有凤任党委第一书记，张鼎银、高开明、徐绍文、徐有余、吴志保任书记。

9月21日　成立龙河人民公社，9月27日并入白羊人民公社。翌年2月5日恢复龙河人民公社。

9月27日　新城、龙河公社开展突击“除四害”（苍蝇、蚊子、老鼠、麻雀）运动。

10月　农村大办公共食堂，至11月底，新城、龙河共办食堂287个，99%的农户到食堂吃饭。

△　新城、龙河农村社队集中劳力大搞土地深翻，秋收受到严重影响。

是年　仪征县在新城公社三将大队和尚庄建立麻风村。翌年5月迁入甘草庵成立县麻风病防治院。

1959年

3月15日　龙河公社召开第三届人（社员）代会，选举王如祯为管委会主任，李有照，王光明为副主任。

9月20日　新城公社召开第三届人（社员）代会，选举高开明为公社管委会主任，余振保、魏富涛、陈恒春为副主任。

10月28日　新城人民大会堂动工建设。

11月　扬州至仪征的35千伏供电线路工程经过新城，12月8日架成通电，新城始有高压电源。

12月　通新集电灌工程兴建，最高四级提水。翌年6月，建成投入使用。1971年后，调整为二级提水。

1960年

4月17日　新城公社召开第二次党员大会，宣布县委任命高开明任公社党委书记，李文朝，魏富涛、余振保、董正道、李龙保任副书记。

△　龙河公社召开第二次党代会，宣布县委任命花云龙任党委书记，徐庆宽、王光明、李有照、邬维宏任副书记。

6~10月　新城、龙河公社开展“新三反”（反贪污、反浪费、反官僚主义）运动，多人被揭发有贪污行为，分别受到行政处分和法律制裁。

12月　新城、龙河贯彻中共中央《关于农村人民公社当前政策问题的紧急通知》(即“十二条”),纠正“共产风”“一平二调”等错误,退还被平调的房屋、家具、树木,折价赔偿部分损坏财物。

1961年

2月　新城、龙河地区多人患浮肿病、青紫病,县政府采取集中治疗,对患者补助粮食,增加食油供应等措施进行防治。

4月12日　县人委决定将大兴、三将国营机灌站下放给新城公社管理,所属机工随机下放。

6月17日　新城公社召开第四届人(社员)代会。选举余振保为管委会主任,彭鹤松、魏富涛、毛盛朝、魏家信、韩文凤为副主任。

6月20日　龙河公社召开第四届人(社员)代会,选举王光明为主任,李庭昆、基良坤、夏士清、徐广福、孟子云、陆文榜为副主任。

是年　社队开始用电动机械加工粮食、饲料。

1962年

8月~9月　8号、14号台风过境,暴雨成灾,新城、龙河万亩水稻受淹,人员伤亡10多人,房屋倒塌4间,畜禽死伤无数。

是年　新城、龙河粮食产量降到1952年前的水平。

1963年

1月　新城、龙河农村开展社会主义教育运动,批判所谓“单干风”(指包产到户)、“翻案风”。

2月14~22日　新城公社召开第三次党员代表大会。

4月30日　龙河公社召开第五届人(社员)代会。

5月7~8日　新城公社召开第五届人(社员)代会,选举余振保为管委会主任,彭鹤松、魏富涛、郭应洲、屠国朝为副主任。

7月　扬州一批城镇知识青年到龙河农村插队落户,1978年以后陆续回城。

1964年

2月　县委书记龚松柏率工作组到龙河官胜大队蹲点树样板。此后,新城、龙河公社相继办起13个样板大队。

3月　仪扬公路新城段路基拓宽至10米,路面加宽至6米,路面铺设沥青。

4月　龙河公社三茅村发掘西晋砖室墓,出土“元康五年”铭文墓室砖。

△ 新城公社林果村发掘东晋砖室墓，出土“太和六年”铭文墓室砖。

7月 进行第二次全国人口普查，以7月1日零时为标准时间，新城公社人口为31637人，龙河公社人口27591人。

8月 新城、龙河农村开始进行面上社会主义教育，开展“四清”（清钱、粮、物、工分，后发展为清政治、清经济、清思想、清组织）运动。1965年4月结束。

1965年

8月21日 受13号台风影响，突降暴雨361毫米，仪扬河、龙河下游洪水倒灌村庄，造成金桥村一村民死亡。

10月 余家营木桥改建为双曲拱钢筋水泥桥，长9米，宽11米，单孔。

12月13日 龙河公社召开第六届人（社员）代会，选举刘西平为主任，陆文榜、金开彬、孟子云、夏士清、基良坤为副主任。

12月27~28日 新城公社召开第六届人（社员）代会，选举魏富涛为管委会主任，余振保、黄金才、郭应洲为副主任。

是年 县里发生流行性脑膜炎，新城、龙河有病员21人，后痊愈。

1966年

5月28日 仪征至扬州、仪征至龙河客运航班同日开通，每天各往返1班。在新城、大兴、龙河设有客运码头。1983年3月10日停航。

7月下旬 新城、龙河普遍掀起破“四旧”（旧思想、旧文化、旧风俗、旧习惯）浪潮，一些文物、古迹、字画作为“四旧”遭到破坏。随后，“文化大革命”全面展开。

10月 新城、龙河学校停课闹革命，部分师生去北京等地串联。

11月 新城、龙河地区部分工厂、企业、机关团体成立“造反”组织。

是年 新城、龙河动员大面积种植棉花，棉田面积比上年增长2.4倍。

1967年

3月18~29日 新城公社民工7599人疏浚仪扬河口。

10月15日 新城公社立新大队四新生产队队长徐道义为救3名落水儿童，溺水牺牲。

1968年

3月 新城、龙河公社成立革命委员会、生产大队和企事业单位相继成立革命领导小组。

△ 仪征县委任命魏富涛任新城公社革命委员会主任,余振保,黄金才任副主任。

3月底 新城、龙河各中小学相继复课。

5月12日 全国水稻专家陈永康到新城公社新华大队指导水稻育秧“落谷稀”技术,并现场演示。

9月 县革委会召开工人、贫下中农、红卫兵代表大会,新城、龙河代表100多人参加。

12月 新城、龙河推广农村合作医疗制度,要求医务人员当“赤脚医生”,为农民服务。

冬 开展冬季水利建设,整治龙河,修筑带子沟至官塘庵堤防,沿山河口至官塘庵段,截弯取直,缩短3千米,金桥、大兴两处弯道做块石护堤工程。

1969年

1月8日 新城公社召开精减下放动员大会,首批下放172人,其中知青19人,社会青年25人,街道居民35户、128人。

3月 拓浚龙河官塘庵至宣家湾段,按引水标准底宽5米,河底高程1米拓浚。

4月 县革委会召开活学活用毛泽东思想积极分子代表大会,新城、龙河代表23人参加。

7月21日 连日降特大暴雨,新城公社降雨量达540毫米,江潮水位达5.7米,出现历史上少有的内涝和洪水,全公社水稻受灾面积2066.67公顷(约合3.1万亩),颗粒无收的有300公顷(约合4500亩)。倒塌房屋624间,损失粮食6吨。

1970年

1月21日 龙河公社召开第三次党代会,选举产生新一届公社党委,沈坚当选为党委书记,孙健、丁在禄为副书记。

3月10~15日 新城公社召开第四次党代会,魏富涛当选为党委书记,任通为副书记。

7月10日 新城遭龙卷风暴雨袭击,倒塌房屋679间,死亡耕牛2头。

1971年

2月 马坝水利工地出土春秋吴国青铜剑1把。

5月1日 新城大桥改造工程竣工通车。原桥为木桥,始建于清初,1970年8月拆除后在原址重建成钢筋混凝土桥梁。

9月 新城开展大面积查螺、灭螺,消灭血吸虫病病源。

△ 县委宣传队进驻新城、龙河7个生产大队,帮助开展农业学大寨运动。

10月 新城、龙河公社召开党员、干部会议,传达中央关于林彪叛党叛国的文件。次月,向广大群众传达。

11月　全线整治仪扬河，加高培厚堤岸达十年一遇标准，新城段堤顶高程8米~9米，堤顶宽4米~6米。

是年　新城大面积推广种植双季稻，以后每年指令扩种。1979年后，不断缩减。

1972年

3月　新城、龙河交通管理站先后成立，属大集体事业单位。

5月25~30日　新城公社召开第五次党代会，选举产生新一届党委，魏富涛当选为党委书记，张玉林、钱斌、彭家德为副书记。

7月　新城、龙河卫生部门应对流行乙型脑炎，突击开展对易感人群普遍接种乙脑疫苗。

8月　新城、龙河公社传达中央文件，开展“批林整风”运动。

9月　新城水稻白叶枯病大量发生，水稻减产严重。

12月初　整治龙河带子沟至官塘庵段，长9.37千米。

12月27~29日　新城公社在省和扬州专区在仪征召开的血吸虫防治现场会上介绍血吸虫病防治经验。

是年　新城、龙河公社共青团组织恢复活动。

1973年

1月　新城、龙河公社妇联先后恢复活动。

△　新城、龙河基层工会恢复活动。

7月　仪扬公路新城段路面拓宽至9米，均用石灰土做底层，路面首铺沥青。

11月　扩建卧虎闸、沙河涵，兴建旧港闸和旧港地涵。1974年11月竣工，为十二圩翻水站配套工程。

1974年

1月　新城、龙河公社先后组织宣传、学习无产阶级专政下继续革命理论，在党员干部中引起思想混乱。

6月2日　下午，新城、龙河地区遭受9级以上风暴及冰雹袭击，部分房屋被毁，三麦油菜损失严重。

10月26~30日　县委书记陈淦之带领农业学大寨工作队进驻龙河公社开展试点工作，后在全县推开，翌年8月告一段落。

12月　新城、龙河公社推行四级农科网建设，公社建农校，大队有农技员，生产队有三结合科研小组。

△ 烟袋山木桥改建为双曲拱钢筋水泥桥，长10.5米，宽7米。

△ 新建龙河东大桥，为双曲拱3孔桥，全长85米，宽8米。

1975年

1月 新城公社从新华大队划出5个生产队成立公社农科站。

2月 新城公社组织千人参加江滩灭螺。当年，基本消灭血吸虫病。

6月20~30日 新城地区陡降特大暴雨590毫米，山洪暴发，河水猛涨，造成近1666.67公顷（约合2.5万亩）水稻被淹，133.33公顷（约合2000多亩）经济作物被洪水冲倒，倒塌房屋1000多间，1人死亡。公社迅速组织人力、物力抗洪排涝，至28日，灾情解除。

秋 新城地区水稻白叶枯病暴发，受灾严重，秋粮歉收。

12月 开挖新城沿山河烟袋山至石桥沟段，长7.5千米，造拱桥6座。

1976年

1月8日 周恩来总理逝世，新城、龙河公社干部群众自发佩戴黑纱、白花悼念。

3月 梅家沟河进行全线疏浚，先加高培厚堤身，6月，再拓浚，完成土方20万立方米。

4月5日 新城干部群众自发到破山口烈士墓献花圈，写标语，悼念周恩来总理。

8月 新城、龙河积极预防地震，24日，接省临震通报，居民大都迁出户外搭棚居住，半年后搬回室内。

9月9日 新城、龙河公社人民以各种形式哀悼毛泽东主席逝世，各大队也集中举行追悼大会。

10月11日 龙河公社召开第四次党代会，选举产生新一届公社党委，丁宝华当选为党委书记，薛志洲、忠守和、徐扬、王道明、王鹤平为副书记。

秋 曹圩线公路新城至龙河段铺筑泥结碎石路面工程竣工，该工程于1971年开工。

1977年

4月23日 龙河部分生产队遭受冰雹灾害。

5月1~3日 新城恢复传统庙会，庙会规模较大，吸引县商业局等部门、公司参加。

6月 新城、龙河三麦赤霉病大量发生，粮食减产。

1978年

5月16日 江苏省科学大会授予新城公社农科站先进集体称号。

6月　龙河木桥（龙河集镇南）改建为单孔石拱桥，长17米，宽7米。

7月9日　新城公社召开第七届人（社员）代会，选举张玉林为革委会主任，朱士顺、彭鹤松、赵清、张存德、邬维宏、孟子云为副主任。

9月8日　经县劳动局批准，龙河供销社实行计时工资加奖励工资制。

9月11日　龙河公社召开第七届人（社员）代会，选举丁保华为主任，薛志洲、董正道、郭应洲、徐庆宽、夏武军、郑德兴，殷立柱为副主任。

10月24日　仪征县龙河延伸工程指挥部成立。11月，宣家湾至高集桥段扩浚工程开工建设。翌年春竣工。

10月28日　宁扬公路胥浦十五里墩至新城马庄段改建一级公路工程施工。1987年12月竣工通车。

11月15~21日　新城公社召开第六次党代会，选举产生新一届党委，张玉林当选为党委书记，朱士顺、胡明云、钱斌为副书记。

11月26日　县革委会决定，撤销龙河税务所，并入新城税务所。

12月30日　86651部队驻防新城三将大队。

1979年

1月5日　县革委会批准设立新城工商管理所。

2月13日　新城、龙河公社、大队两级干部参加县三级干部会议，贯彻中共十一届三中全会精神。

3月29日　新城公社业余卫校试点班开学，随后在全县推广。

5月11日　仪征各界人士到新城大兴大队金庄生产队慰问金福涛烈士亲属。金福涛在云南边防保卫战中，带领全班战士打退敌人11次冲锋，英勇牺牲。3月31日省政府追认他为革命烈士。

5月24日　越江大队辛庄队陈有才家因小孩烧饭引发火灾，殃及邻居3户，共烧毁房屋14间及家具，造成损失约5000元。

6月9日　大风、冰雹袭击新城，大批电杆刮倒，部分地区停电。

9月　新建跨梅家沟至砖瓦厂团结桥，双曲拱单孔，长38米，宽5米。

11月2日　龙河公社欢送长春大队在云南边防保卫战中光荣牺牲荣立一等功的张才国烈士的妹妹张才兰参军。

是年　新城、龙河公社摘除“四类分子”（地主、富农、反革命、坏分子）“帽子”，其子女的家庭成分改定为公社社员。

1980年

2月6日　在江苏省农业先进单位劳模授奖大会上，新城公社越江大队、郁桥合兴生产队、龙河公社供销社被授予农业先进单位，新城公社郁桥大队合兴队陈开银被授予省农业劳动模范称号。

7月9日　新城沿江地区普降暴雨220毫米，农田积水成涝。

12月4日　新城公社郁桥大队李营队70岁老人李郁氏把收藏50年的一把西周青铜剑捐献给国家。

12月15日　扩建石桥河公路桥，为双曲拱3孔桥，长53.60米，宽23米。

1981年

1月15日　龙河公社召开第五次党代会，选举产生新一届公社党委，薛志洲当选为党委书记，忠守和、王道明、王鹤平、郑德兴为副书记。

1月23日　县普选试点单位新城公社按选区召开选举大会，19137名选民投票进行差额选举，选出县人大代表18人，公社人大代表98人。

1月26~27日　新城公社召开第八届人（社员）代会，选举朱士顺为管委会主任，张存德、孟子云、赵清、周自强为副主任。

1月29日~2月6日　新城公社召开第七次党代会，选举产生新一届党委，张玉林当选为党委书记，朱士顺、钱斌、胡明云为副书记。

3月29日　龙河公社召开第八届人（社员）代会，选举忠守和为主任，郭应州、徐庆宽、夏武军、汤泉、李兆森、唐文禄为副主任。

5月1日　下午2时，龙河地区遭受大风和两次冰雹的侵袭，冰雹密度每平方米为25.5块，最大的直径20厘米，重1.65千克（约合3.3斤），农作物受损严重。

12月7日　县政府批准龙河公社胜利大队恢复原名官胜大队，红光大队恢复原名三官大队，建设大队恢复原名庙山大队。新城公社跃进大队恢复原名冷红大队，立新大队恢复原名三将大队，人民大队恢复原名金桥大队。

1982年

2月1~4日　新城、龙河公社传达贯彻《全国农村工作会议纪要》，研究部署完善生产责任制。到3月底，各生产队落实承包责任制，签订合同352份。秋，全面推开家庭联产承包责任制（俗称“大包干”）。

2月8日　龙河公社勤丰村赵登芳家被评为全国“五好家庭”。

2月10日　县政府召开养兔生产经验交流会，会上龙河公社养兔生产受到县政府表彰。

5月1日　下午6时左右，龙河公社突遭台风、冰雹袭击，持续时间20多分钟，冰雹最大的约重0.5千克，15个大队、2000公顷（约合3万多亩）庄稼不同程度损毁，损坏公房121间、民房249间。

7月1日　第三次全国人口普查结束，新城公社人口33857人，龙河公社人口39325人。

夏　新城公社三麦大丰收，平均单产254千克，创历史最高纪录。

秋　疏浚石桥河新城段。

12月　新城、龙河公社的生产专业户、重点户、万元户共31人参加县代表大会，领取县政府颁发的“劳动致富光荣证”。

1983年

1月10日　县供销社在新城供销社进行体制改革试点，恢复“三性”（组织上的群众性，管理上的民主性和经营上的灵活性），进行清股分红，扩股增股，试行承包经营责任制。

1月27日　新城公社发生公社印章丢失事件。次日找回，此事受到县政府通报批评。

1月28日　新城公社和郁桥大队合兴生产队分别被省政府表彰为农业先进单位。

2月　经省政府批准，龙河公社划出9个大队（场），建立张集人民公社。

3月16日　县农村体制改革工作组进驻新城公社进行政社分设试点。

4月4日　全县第一个农村体制改革试点单位新城公社新华村村民委员会成立。

4月20日　经扬州市政府批准，撤销新城公社管理委员会，建立新城乡人民政府，下辖14个村、257个村民小组，并成立新城人民公社经济联合委员会。

4月24日　《新城乡乡规民约》公布实施。

5月10日　新城乡召开八届三次人代会，选举正副乡长。

6月7日　晚8时许，大楼村南电灌站发生火灾，烧毁机站房3间及部分电器设备，有关责任人受到党纪政纪处分并赔偿部分损失。

9月22日　经扬州市政府批准，撤销龙河人民公社管理委员会，建立龙河乡人民政府，下辖12个村、182个村民小组，同时成立龙河人民公社经济联合委员会。

12月20日　乡道龙（河）岔（镇）公路建成通车。

是年　仪征经新城、龙河至张集客运班车开通。

1984年

1月17日　连续大雪，新城、龙河交通、供电一度中断。

2月　新城、龙河开展中药资源普查，1986年春结束。

3月　新城、龙河开展文物普查，翌年春结束。

5月20~21日　新城乡召开第九届人代会，选举胡明云为乡长，宋鹏飞、赵清为副乡长。

6月3日　龙河乡召开第九届人代会，选举徐斌为乡长，夏武军、陈华苏为副乡长。

7月21日　龙河乡召开第六次党代会，选举产生新一届乡党委，陈有云当选为党委书记，徐斌、杨广荣为副书记。

7月24~30日　新城乡召开第八次党代会，选举产生新一届党委，张玉林当选为党委书记，李明荣、陈恒炳为副书记。

是年　新城、龙河电话总机扩容，农话与市话实行自动拨号。龙河乡建成自来水厂。

1985年

7月10日　新城、龙河乡党委相继部署整党运动，对党员进行党的宗旨、党风党纪和坚持四项基本原则教育，并进行党员登记。1987年3月结束。

7月14日　下午4时，新城、龙河遭受强风暴雨袭击，早稻产量损失一成左右，棉花、春玉米等高秆作物全部倒伏，刮倒树木5000多棵，倒塌房屋270多间，砸伤5人，遭雷击死亡2人，致死家禽2000多只、耕牛2头，生猪死伤18头。

8月13日　县政府批准新城乡建立乡一级财政，实行收支包干。

9月5日　县政府表彰新城乡为尊师重教先进单位，胡荣发为优秀园丁。

10月23~26日　烟袋山发掘出西汉早期大型墓葬，出土包括200件木俑在内的珍贵文物400件。

10月23日　中顾委常委陆定一参观烟袋山古汉墓。

1986年

4月　新城乡成人教育中心成立。4月21日新城乡村镇建设管理委员会成立。5月20日新城乡科学技术协会成立。

12月13日　新城乡开展清理村民宅基地和发放村民宅基地使用证工作。

12月16日　龙河集至高集坝的龙河疏浚工程完工，完成土方20万立方米。

12月21日　新城乡文化中心管理委员会成立。

1987年

3月30~31日　新城乡召开第十届人代会，选举陈恒炳为乡长，石远龙、周自强、赵清为副乡长。

4月12~13日　龙河乡召开第十届人代会，选举杨广荣为乡长，宋鹏飞、赵有锁为副乡长。

5月21日　新北村制订《红白理事会章程》。

5月　仪征汽车厂落户新城乡郁桥村。

8月21日　市政府确定新城虎山汉墓为仪征市第一批重点文物保护单位。

9月9日　新城乡党委、政府印发《关于加快经济发展的若干政策性意见》，制定25条促进对外开放，对内搞活经济的优惠政策和奖励规定。

9月11日　全市第一个村级党总支新城郁桥村党总支部成立，下设5个支部，共有党员70人。

12月26日　龙河乡集镇总体规划通过市政府首批乡镇总体规划技术鉴定。

1988年

3月10~14日　新城乡第九次党代会召开，选举产生新一届党委会和首届纪委，董志诚当选为党委书记，陈恒炳、贾有福为副书记。贾有福为纪委书记，朱福海为副书记。

3月11日　龙河乡召开第七次党代会，选举产生新一届乡党委和纪委，陈有云当选为党委书记，杨广荣、袁明辉、尚炳林、詹德智为副书记。詹德智兼任纪委书记，郭恩如为副书记。

6月29日　新城乡遭受龙卷风和暴风雨袭击，倒塌房屋491间，冲毁坝头19道，家禽死伤4000多只。

8月10日　新城、龙河乡水利站分别更名为水利管理服务站，为全民事业单位。

8月　省政府批准新城乡为第一批对外开放重点工业卫星镇。

11月23日　市委、市政府水利现场会参观新城疏沟、挖塘、低产田改造现场。

1989年

7月10日　新城、龙河乡组成专门班子做好承包耕地调整工作。

△　新城、龙河乡土地管理所成立，行使乡政府土地管理的职能。

10月　新城、龙河乡修复中小学危房基本结束，共投入资金317万元，修复危房1.12万平方米。

1990年

3月8~9日　龙河乡召开第十一届人代会，选举孙康惠为乡长，姚志明，赵广昌为副乡长，薛志洲为人大主席。

3月17~18日　新城乡召开第十一届人代会，选举陈有云为人大主席团主席，陈恒炳为乡长，陈玉高、郭光东、曾永贵为副乡长。

7月1日　第四次全国人口普查结束。新城乡常住人口8965户、34900人，龙河乡为5340户、20412人。

10月　新城乡被扬州市命名为体育先进乡（镇）。

12月10日　市政府表彰新城派出所为“严打”先进集体。

12月29日　全省首条全封闭高速公路胥浦桥至梅家沟段通过省级竣工验收。

1991年

1月　新城乡农民体育活动被省电视台录制成《毋须扬鞭自奋蹄》的专题片。

3月1日　龙河乡召开第八次党代会，选举产生新一届党委和纪委，杨广荣当选为党委书记，孙康惠、詹德智为副书记，马长宏为纪委书记。

3月5日　市委宣传部、组织部、农工部到新城乡进行农村社会主义思想教育活动试点工作，至20日结束。

3月5~7日　新城乡召开第十次党代会，选举产生新一届党委和纪委，陈有云当选为党委书记，彭元才、胡明云、贾有福、刘德平为副书记。贾有福兼任纪委书记，朱福海为副书记。

6月29日　新城税务所所长王向东被江苏省委授予优秀共产党员称号。

6月30日　市政府批准新城乡实施“核定收支、收支挂钩、超收全留、短收不补、一年一定”的财政体制。

7月11日　下午3时，大兴村大圩组河堤被洪水冲破，加之5月中旬起的连续阴雨，致使新城乡遭受特大洪涝灾害，全乡600公顷（约合9000多亩）秧苗受淹，倒塌房屋25户400余间，3家工厂受淹停产，直接经济损失约65.9万元。

1992年

2月26日　新城乡启动“以林代芦”血吸虫病综合防治工程。

4月28日　市地名委员会公布新城大桥以北至老仪扬路口的新街道命名为新桥街，以圩曹公路与老仪扬路交叉的丁字路口为中心路两端的新街道命名为新农街。

5月14日　横贯境内的宁通公路按高速公路标准改造工程开工。

7月　新城创作节目《逛新城》《采茶舞》参加全市农村文艺调演分获二、三等奖。

8月14日　新城乡党委、政府印发《关于加快经济发展的奖励办法》，制订引进资金、项目、人才、企业升级升档和帮助引进“三资”企业奖励等规定。

10月20日　新城乡政府印发《关于开展农村养老保险工作的实施意见》，要求全乡农村户口年满20周岁至60周岁的居民均应参保，投保费用由个人缴费和集体补助组成。

是年　新城乡普及初等义务教育。

是年　龙河中心卫生院门诊楼落成。

1993年

1月6~7日　新城乡召开第十二届人代会，选举彭元才为人大主席团主席，贾有福为乡长，郭光东、曾永贵、陈玉高为副乡长。

△ 龙河乡召开第十二届人代会，选举薛志洲为人大主席，詹德智为乡长，姚志明、赵广昌、吴春明为副乡长。

6月23日 新城中学进行校内管理改革经验在全市推广。

9月10日 新城乡政府印发《关于推行股份制和股份合作制企业工作实施意见》，改制分三个阶段进行，到11月中旬基本结束。

10月5日 仪征市委、市政府表彰新城乡新北村和龙河乡凌西村为拥军优属模范村。

1994年

1月14~15日 龙河乡召开第九次党代会，选举产生新一届党委和纪委，牛长山当选为党委书记，詹德智、刘金明、李兆森为副书记。刘金明兼任纪委书记，赵金林为副书记。

1月14~17日 新城镇召开第十一次党代会，选举产生新一届党委和纪委，彭元才当选为党委书记，贾有福、胡明云、刘德平为副书记。胡明云兼任纪委书记，朱福海为副书记。

1月15日 市政府通知，撤销新城乡人民政府，建立新城镇人民政府。

4月4日 新城法庭获江苏省先进人民法庭称号，在全市司法系统尚属首次。

4月10日 国家工商行政管理局副局长杨培青视察新城工商所。

4月19日 市政府表彰龙河乡为1993年度土地管理“三无”（无违法批地、无违法用地、无违法管地）乡镇。

5月26日 新城镇党委、政府印发《社会治安综合治理一票否决制的具体实施方法》。

9月20日 新城镇政府印发《关于推行农民住院医疗保险的意见》，要求保险费要单独建账，独立核查，公布账目，接受监督。

11月14~16日 龙河中心卫生院通过一级甲等卫生院评审。

1995年

3月9日 市法院开庭审理砖桥村太平组杨忠义告新城镇政府吊销其建设许可证决定一案。这是新城首起民告官行政诉讼案，经双方陈述案情，提供证据，最后判决杨忠义败诉。

10月 新城镇实现村村通达砂石道路。

12月28日 扬州市委副书记陈宝田到新城镇看望参加沿江光缆干线施工的南京军区83246部队官兵。

1996年

1月11~12日 龙河乡召开第十三届人代会，选举李兆森为人大主席，詹德智为乡长，薛桂平、吴春明、姚志明为副乡长。

1月15~16日 新城镇召开第十三届人代会，选举贾有福为人大主席，邵卫为镇长，马广勤、曾永贵、陈玉高、陆永余、朱宏（女）为副镇长。

3月7日 新城镇政府印发《关于开展农村社会养老保险工作的意见》，要求按1995年年底农村人口年报数人均10元投保，企业职工按人均120元投保。

4月13日 新城镇党委、政府印发《关于加速发展镇村工业的十项暂行办法》，明确企业升档升级，企业承包人奖励标准等具体规定。

6月24~27日 龙河中心卫生院通过扬州市“爱婴医院”验收。

7月14日 夜，市防指指令开启卧虎闸排放仪扬河水，缓解防洪压力。

7月15日 市政府授予严传瑞（女）、吴永桃、蒋应松仪征市劳动模范称号。

8月19日 市委、市政府在新城镇召开全市乡镇企业改制工作会议，新城镇政府作企业改制情况汇报。

9月25日 市政府责成严重污染环境企业新城越江电镀厂于30日关停。

1997年

1月10日 新城镇完成乡村公路“通达工程”。

1月15~16日 新城镇召开第十二次党代会，选举产生新一届党委和纪委，邵卫当选为党委书记，刘德平、王长田为副书记。王长田兼任纪委书记，朱福海为副书记。

1月23日 龙河乡召开第十次党代会，选举产生新一届党委和纪委，詹德智当选为党委书记，窦方年、张建庆为副书记。张建庆兼任纪委书记，赵金林为副书记。

5月12日 横贯镇域东西的宁通高速公路建成通车，新城段全长9千米。

8月16日 新城镇政府印发《关于实施农村医疗保险工作的意见》，要求做好资金筹集、村卫生室定编定员、定岗定酬工作，同时将“农民医疗保险证”发给投保农民。

9月30日 撤销越江初中，并入新城中学。

10月4日 新城镇体育代表队在仪征市首届体育运动会上荣获农民部团体总分第一名。

10月9日 新城镇举行光纤传输有线电视开通仪式，这是全市首家乡镇开通光纤传输有线电视。

12月15日 新城镇政府印发《关于建立新城镇农村最低生活保障制度的实施意见》。

1998年

1月7~8日 上汽集团总裁陈因达到地处新城境内的仪征汽车厂考察洽谈，确定仪汽为上汽整车生产基地。

3月17日　仪征市新城养猪协会成立，共有会员58人，这是全市首个乡镇养猪协会。

4月2日　江苏省副省长姜永荣、扬州市副市长潘湘玉、仪征市委书记陈明、市长吴厚昌一行到新城农佳养殖场调研。

5月12日　新城坡山茶场的秀峰茶在仪征市1998年度春茶评比中获名特茶特等奖。

6月1日　省委副书记许仲林到新城镇调研发展“三高”（高产量、高附加值、高科技含量的农产品）农业。

7月5日　新城镇土地二轮承包工作领导小组成立。

9月　马坝村利用荒山开发建设13.33公顷（约合200亩）梨园。

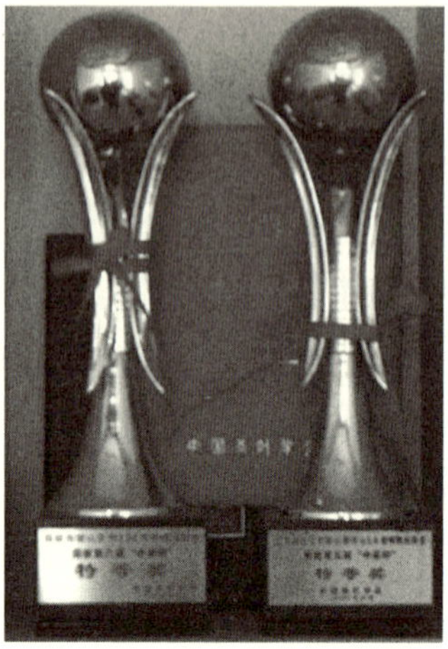

图大事记-1　坡山茶场获奖奖杯　（摄于1999年）

10月　新城交管所被扬州市政府命名为文明交管所。

11月　新城建筑公司被江苏省建工局评为质量管理先进单位。

12月初　新城、龙河农村电网建设与改造工程全面启动。

12月20日　新城卫生院门诊楼建成。

1999年

1月1日　新城镇政府印发《新城镇村账镇管工作意见》。

1月7~8日　新城镇召开第十四届人代会，选举刘德平为镇长，马广勤、陈玉高、陆永余、崔学锋为副镇长，贾有福为人大主席。

1月14~15日　龙河乡召开第十四届人代会，选举詹德智为人大主席，窦方年为乡长，吴春明、薛桂平、贾锡梅（女）为副乡长。

1月19日　扬州市政府命名新城镇为第三批扬州市新型小城镇。

2月2日　下午2时许，三将村严庄组蒋坤军听到邻居呼喊后立即跑来与窃贼搏斗，在搏斗中被歹徒刀子刺伤，蒋不顾伤痛将歹徒制服。4月7日，市见义勇为基金会嘉奖蒋坤军见义勇为精神，并颁发奖金。

3月16日　傍晚时分，郁桥村小学五年级学生董伟看女同学跌落河中，立即跳入河里，奋力将其救上岸，并把她护送到家。

4月17日　新城人民法庭被江苏省高级法院授予最佳人民法庭称号。

6月　新城、龙河完成农村土地二轮承包工作，发放“农村集体土地承包经营权证书”。

7月3日　新城镇配合市文化、公安、工商管理等部门对全镇音像市场进行集中专项治理。

7月10日　新城镇开展统计执法大检查。

7月12日　新城镇中心幼儿园进行体制改革，钱德铭以108万元拍得幼儿园经营权。

7月29日　在仪部分省、扬州市及仪征三级人大代表到新城镇、龙河乡视察《中华人民共和国土地管理法》贯彻执行情况。

7月30日　新城镇、龙河乡全面开展村镇房屋所有权登记发证工作。

8月1日　新城镇被省政府列入首批实施小城镇户籍制度改革试点乡镇。

8月11日　新城镇大楼村花二组盛印氏老人103岁生日。

8月25日　龙河乡政府通过公开招标，将中心幼儿园由公办改为民办。

10月18日　经市人大批准同意新城镇成立太平居委会，管辖建邺、砖桥和三将3个小区，居民300户、人口2000多人。

10月21日　上午10时左右，官胜村夏云组王秀英发现家中有窃贼，立即报警、呼喊并与之搏斗，邻居孙朝阳上前帮助，将歹徒擒获。王秀英等人见义勇为的行为受到龙河乡政府的表彰和奖励。

12月10日　新城、龙河完成第一次全国农业普查。

12月28日　位于三将村境内的宁通高速公路服务区建成投入使用。

12月29日　新城卫生院住院楼建成投入使用。

是年　新城镇完成工业总产值超过2.8亿元，龙河乡0.3亿元。

图大事记–2　宁通公路仪征（三将）服务区（摄于1999年）

2000年

4月9日　市政府通知撤销龙河乡、十二圩镇，将原龙河乡所辖区域和原十二圩镇的红旗、沙河、沿河、蒲新、弓尾5个村及东风、胜利、工农3个居委会并入新城镇。

4月12日　扬州大学教授王宗元投资到新城镇越江村兴办奶牛场，经济效益十分可观，由此带动当地奶牛业的兴起。

4月17~27日　市卫生防疫站到龙河人民村进行结核病流行性调查工作，确定人民村为全国结核病流行病调查点之一。

4月30日　第五届村委会选举全部结束，首次通过村民直接选举产生新一届村委会、正副村主任。

6月27日　扬州市委书记吴冬华、副书记徐益民、副市长潘湘玉到十二圩巡查长江堤坝防汛情况。

6月28~29日　新城镇召开第十五届人代会，选举窦方年为镇长，朱金宏、陆永余、吴春明、薛桂平、徐宏芳（女）、赵兵、贾士清为副镇长，刘德平为人大主席。

7月16日　凌晨2时28分，金桥村居庄组赵大胜家发生爆炸，造成1人死亡，1间平房和

1间披房被毁。经公安机关查明，村民王巧云将火药私藏至邻居赵家西厨房，凌晨突然爆炸，后王被公安机关拘留审查。

7月27日　镇政府组织实施农村贫困户危房改造计划，筹资112万元，改建危房174间。12月13日，92家危房户喜迁新居。

8月1日　新城小城镇户籍制度改革正式启动。

9月18日　镇政府召开现代农民教育工程动员大会，决定利用3年时间的学习教育，使全镇广大党员干部和职工群众成为有文化、懂技术、善经营、守法规的跨世纪农民。

9月20日　全镇组织开展"三禁一打"（禁娼、禁毒、禁赌、打击黑恶势力）专项斗争。

10月25日　中国林科院院长江泽慧及部省级代表500多人到新城马坝村考察长江中下游低丘流域治理万亩试验示范区建设情况。

10月30日　仪征市委宣传部、市文明委命名第二批爱国主义教育基地，新城镇林果村为现代化建设教育基地，驻新城94987部队为国防教育基地。

图大事记-3　中国林科院院长江泽慧视察马坝示范区　（摄于2000年）

2001年

1月11日　新城工商所和个协8人慰问驻仪86651部队，并参观军营。

2月13日　国务院专题办副主任李克穆及省农林厅副厅长刘立人到新城农村信用社调研储蓄贷款情况。

2月26日　扬州市委副书记李体明到新城镇调查了解挂钩联系点"三个代表"重要思想学习教育活动开展情况。

3月1日　新城镇政府印发《关于取消村级招待费用的通知》，规定村账不得列支任何招待费单据，或用其他票据冲账报销。

4月26日　扬州市委书记孙志军到新城马坝村察看长江中下游低丘综合治理开发试验区。

5月1~3日　新城五一物资交流会，客流量6万多人次，交易额创历史最高，达100多万元。

6月24日　省政协经济委员会主任包生华等10人考察越江奶牛场和马坝低丘综合治理开发试验区。

7月13日　6时，新城大桥下漂浮一具女尸，新城派出所接警赶到现场，并与市公安局组成破案指挥部，经过周密调查走访，于28日将嫌犯抓获。

8月23日　新城镇政府召开基干民兵营应急专业分队点验大会。上午8：30，3个应急分队107人在排长带领下，准时到会。

11月　市卫生局公开招聘龙河中心卫生院院长，周正彬被聘为院长。

12月12日　新城镇党委、政府印发《关于基层站所党风廉政建设的若干规定》，规定要求实行政务公开，禁止挥霍浪费，利用职权和工作之便谋取不正当利益，实行个人重大事项报告制度等。

12月12~13日　新城镇召开第十三次党代会，选举产生新一届党委和纪委，宋玉朝当选为党委书记，窦方年、孙章余、詹明祥、朱金宏为副书记。孙章余兼任纪委书记，胡义贵为副书记。

是年　浦新村后圩组种粮大户王国安购进韩国东洋PF-455S型插秧机，这是全镇首台高性能插秧机。

2002年

1月6日　一辆载有30吨液化气槽罐车在宁通公路新城境内发生侧翻，经及时抢救，排除险情，未造成环境污染。

3月11日　新城镇党委部署全镇开展公民道德教育读书活动，要求读好《公民道德读本》《公民道德教育知识三百题》两本书，并举办公民道德教育知识竞赛活动。

4月4日　宁启铁路仪征段前期征地拆迁工作在新城启动，征用凌桥、马坝、丁冲3个村20公顷（约合300多亩）土地，拆迁农户36户。

2003年

1月10日　新城镇便民服务中心成立，设有公安、民政、计生、村建、国土等服务窗口，开展一站式服务。

2月18日　总投资1000万元的空气分离制氧项目在新城工业集中区开工建设。

7月4~5日　新城地区遭遇百年一遇特大暴雨袭击，降雨量达284毫米，仪扬河、龙河超警戒水位，有2000公顷（约合3万亩）农田受淹。

8月15日　横穿境内的宁启铁路新城段开始铺设铁轨。

11月12日　市政府召开新型农村合作医疗试点工作会议，新城镇被列入试点乡镇之一。

2004年

4月18日　宁启铁路建成通车，横贯境域东西，长8.50千米，结束新城无铁路的历史。

7月24日　副省长黄莉新等人到新城调研石桥河整治工程。

8月11日　最高人民法院副院长曹建民到新城人民法庭调研。

2005年

1月13日　扬州市委副书记、代市长王燕文及副市长纪春明到新城调研丘陵山区经济林果科技示范园建设。

2月17日　新城中学校长方江在市委举行全市共产党员先进性教育活动典型事迹首场报告会上作宣讲报告。

2月26日　市政府决定将红旗村、蒲新村、沙河村以及十二圩街道3个居委会划归十二圩办事处。

3月4日　新城、龙河卫生院成为全市首批实行“两权分离”（经营权与所有权分离）改革单位，与市卫生局签订2005年度卫生及资产经营目标责任书。

3月19日　副省长黄莉新到新城镇深入田头查看夏熟作物生长和受灾情况。

3月26日　省委副书记张连珍到新城实地调研丘陵山区经济林果科技示范园建设。

8月28日　新城镇举行金秋招商月项目集中开工仪式。

10月22日　新城镇创建扬州市卫生镇通过扬州市检查组复查验收。

10月29日　市防空办在新城镇试鸣防空警报。

10月31日　当月开展“有线电视推进月”活动，新装有线电视1836户，提高有线电视入户率11.5个百分点。

11月3日　镇政府筹资200多万元，铺设自来水管道36千米，消灭自来水空白村，受益人口达6000余人。

2006年

3月26日　省委副书记张连珍参观新城镇越江村农业科技入户小麦示范方。

3月30日　新城镇召开第十四次党委会，选举产生新一届党委和纪委，刘春华当选为党委书记，詹明祥、陈礼斌为副书记。陈礼斌兼任纪委书记，吴金和为副书记。

4月22日　经市政府批准，将越江村（除花亭组）、东升村划归十二圩办事处，花亭组划归新城镇街道社区居委会。

9月18日　仪征市委、市政府在新城镇举行“金秋招商月”项目集中开工仪式。

9月20日　新城镇举行工业园区创业园揭牌仪式。

图大事记–4　创业园开园　（摄于2006年）

2007年

4月8日　中央政治局委员、中央书记处书记、中央组织部部长贺国强，江苏省委书记李源潮到新城视察。

4月17~18日　2007中国·仪征"绿扬春早"茶文化节暨经贸洽谈会的嘉宾们参观新城坡山茶场，该场生产的秀峰牌茶叶在"绿扬春早"名茶评比中获得银奖。

5月8日　市委、市政府举行茶文化节沿江乡镇招商引资集中开工典礼，在新城镇进行项目培土奠基。

图大事记–5　招商引资项目集中开工典礼（摄于2007年）

6月12日　市政府批准《仪征市新城镇环境规划》，要求严格按照规划组织实施，加快建设环境优美乡镇。

7月25日　全市村委会选举日，新城镇13个行政村同日进行村委会换届选举。市领导到新城镇郁桥村现场观摩选举过程。

8月17日　新城大桥改造工程开工，同年12月30日竣工通车。

9月28日　新城镇政府印发《新城镇产品质量和食品安全专项整治行动方案》，明确专项整治工作任务目标、具体实施步骤和工作要求。

10月25日　全镇开展第三次全国不可移动文物普查工作，新发现仪扬运河真州段（有部分在新城境内）故道遗址、马坝林果窑址群、马坝虎山遗址、新城三官庙等古遗址7处，其中上述4处遗址被公布为仪征市文物保护单位。

12月11日　新城坡山茶场秀峰牌绿扬春茶荣获第七届全国名优茶评比金奖。

12月12日　新城镇召开第十六届人代会，选举陈军为镇长，耿合元、贾士清、吴素琴（女）、王庆军为副镇长，朱金宏为人大主席。

2008年

1月26~31日　普降暴雪，路面积雪最深处达31厘米，对居民生产生活造成较大影响。

2月12日　市委书记卜宇到新城镇调研党群干群"连心卡"制度落实情况，并走访慰问困难群众。

5月20日　《仪征市城东新区控制性详细规划》通过省、仪征市论证。城东新区约占新城2.80平方千米面积。

△　位于镇东的东升桥建成通车，该桥南接闽泰大道，北连仪扬公路，为境内跨仪扬河的

第二座大桥。

5月21日　市委书记卜宇到新城镇企业调研。

9月15日　新建的龙河农贸市场对外营业，占地面积550平方米，棚屋面积1300平方米，内设200多个摊位。

10月8日　新城《水车制作技艺》被列为扬州市非物质文化遗产保护项目，夏巨恩、周德荣被确认为该项目技艺传承人。

图大事记-6　市委书记卜宇（右三）调研新城企业生产（摄于2008年）

10月13日　扬州高效农业现场推进会组织参观新城坡山茶叶试验场。

12月20日　新城镇农村饮水安全工程竣工，彻底解决林果村6个村民小组221户691人饮水安全问题。

2009年

4月10日　新城镇社区卫生服务中心创建成扬州市中医特色社区卫生服务中心。

5月8日　新城中学被市国教办和市教育局确定为国防教育示范学校。

8月17日　桃坞村联盟组张德才被市老龄委列为百岁老人后，领取每月150元尊老金和每年500元慰问金。

9月25日　镇政府印发《新城镇创建全国环境优美乡镇工作方案》。

10月20日　新城镇通过省体育局的检查验收，被命名为江苏省体育强镇。

11月10日　市地名办公布，新城镇石桥河以东，北起沿山河东路，南至仪扬路被命名为石桥河东路。

是年　仪征市慈善总会新城分会成立。

2010年

1月20日　全面推进新型农村社会基本养老保险工作。

2月8日　启动“家电下乡”工程。

3月6日　新城镇发放首批新型养老保险养老金及老年补贴。

4月10日　启动行政村信息建设工作。

4月18日　新城农民艺术团在2010“绿杨春”茶文化节上表演威风锣鼓、舞龙灯、女子高跷等民俗节目，受到欢迎。5月2日，受邀参加2010“中国芍药节”开幕式活动。

5月21日　新城镇党委印发《关于党委成员“十要、十不要”的规定》，要求党员干部遵纪守法，按照党员干部标准约束、规范自己，主动接受监督。

7月15日　上海大众年产30万辆整车项目落户新城镇。

9月20日　新城镇郁桥村村民韩恩霞被评为仪征市孝老文明好儿女，受到市文明办、市民政局、市妇联表彰。

10月16日　新城农民艺术团在仪征市第四届体育运动会开幕式上展演“威风锣鼓”“群龙竞舞”等大型民俗节目。

11月21日　新城镇通过全国环境优美乡镇省级考核组考核验收。

12月21日　龙河大桥建成通车。该桥位于龙河集北，是仪圩曹公路向北延伸后新建的跨龙河大桥。

12月31日　6名大学生村干部到村任职。

△　镇广播电视服务站改为市广电局垂直管理。

2011年

1月5日　新城镇召开“三个代表”重要思想学习教育动员大会，镇党委负责人作动员报告，扬州市委副书记李体明、仪征市委领导卜宇、刘本义参加会议并作辅导报告。

3月26~27日　新城镇召开第十五次党代会，选举产生新一届党委和纪委，丁雪海当选为党委书记，史素明、陈礼斌、耿合元为副书记。陈礼斌兼任纪委书记，吴金和为副书记。

7月16日　地处丘陵地带的马坝村打成一口60米深的水井，日出水量1400吨，接入龙河自来水厂供水管网，解决该村多年来吃水难的问题。

8月20日　在林果老虎山一带发掘有“白沙窑”“迎銮”“白沙窑董宾”等铭文窑砖，经考古推定为唐晚期至五代年间白沙窑群。

9月8日　省委副书记、省长李学勇视察新城中心小学。

9月21日　国家文化遗产研究所专家组一行8人，到新城考察陈公塘遗址，为大运河申遗挖掘配套水系。

12月30日　中国文明网公布12月份“中国好人榜”，新城供电所抄收班副班长周维忠成为全国20位“助人为乐好人”之一。

△　中组部领导到新城镇调研党建工作。

图大事记-7　中组部领导（左二）调研新城镇党建工作（摄于2011年）

2012年

1月6日　2012年江苏省“三下乡”文艺慰问演出在新城启动。

3月10日　新城镇召开第十七届人代会，选举丁雪海为人大主席，史素明为镇长，贾士清、王庆军、刘凤（女）、吴金和为副镇长。

3月14日　省“三创三先之星”新闻媒体采访团到新城镇，采访新城供电所电工周维忠的先进事迹。

7月5日　新城镇地方志编纂委员会成立，下设镇志编纂办公室。

7月20日　晚8点11分59秒，发生4.9级地震，震中位于高邮、宝应交界处，新城地区普遍有震感。

7月26日　位于境内的上海大众30万辆整车生产基地，正式投产运营。

7月28日　新城诗词社成立。

8月16日　三将村董庄组王端珍百岁生日。

8月23日　新城镇召开“好媳妇”评选暨表彰会，6名新城镇“好媳妇”受到表彰，另7名“好媳妇”提名人受到表扬。

9月11日　副省长何权率省村庄环境整治现场及观摩会与会人员，到新城镇参观林果村大圩庄台整治现场。

9月13日　新城镇政府组织实施低收入农户扶贫工作。183户低收入农户，通过政策扶持，促进就业，结对帮扶，社会保障等方式，增加收入，改善生活。

10月1日　郁桥村农民艺术队成立。

10月15日　龙河特大桥建成通车。该桥为江六高速公路跨龙河、龙河集镇南部和仪圩曹公路的特大高架立交桥，全长1368米，为仪征市内最大的公路立交桥。

图大事记-8　副省长何权（右二）到林果大圩庄调研（摄于2012年）

第一章　建置　区划

新城建置历史悠久，元代为扬子县城关镇，明嘉靖年间（1522~1566年）置镇，民国时为新城区政府和解放后区、乡镇人民政府驻地。镇域北依白羊山，南与仪征经济开发区、十二圩办事处为邻，东以龙河与新集镇、朴席镇为界，西以石桥河与真州镇分界，面积67.86平方千米。

汉时（前106~9年），镇域属舆县。隋唐时先后属江阳县、江都县和扬子县。宋属建安军和真州的扬子县。元是扬子县治所在地。明嘉靖年间始有镇建制，清有新城都、新城里、新城坊等建制，到民国17年（1928年）又恢复为新城镇。新中国成立后，新城先为新城区的小镇小乡，继扩为大乡，再建人民公社，1983年成立新城乡，1994年恢复为新城镇。2000年4月，龙河乡整建制及十二圩镇5个村和3个居委会并入。2005年2月，原十二圩镇3个村及3个居委会划出。

基层地方行政组织开始是都里、坊巷、闾邻和保甲制，后为村组制，继为农业合作社，后演变为生产大队、生产队，村民委员会、村民小组，以及街道社区居委会。2012年，全镇辖13个行政村、2个街道社区居委会、372个村民小组。

第一节　新城镇建置

一、沿　革

公元前11世纪，周武王建立西周后，始封诸侯国，至周穆王时（前976年）新城地属徐国。周敬王三十四年（前486年），吴王夫差始通江淮，地属吴。周元王三年（前473年），越王勾践灭吴，地入越。周定王二十四年（前445年），地属楚。

秦始皇帝二十六年（前221年），废除周朝分封制，改行郡县制，全国分为36郡，郡下设县，地属九江郡（亦说为东海郡）广陵县。

汉初，仍沿秦制。汉武帝时全国分设13个郡州，始行郡国并置，至东汉建武元年（公元25年）地属舆县。

三国时，江淮为魏、吴国争战之地，郡县俱废。其间，除魏文帝三次伐吴外，地皆属吴。

东晋建武元年（317年），置广陵郡，辖舆县，地属舆县。东晋太元十年（385年），谢安出镇广陵，筑垒新城，始有“新城”之名。

隋开皇元年（581年）废郡，新城地属吴州，九年（589年）改吴州为扬州，新城地属扬州广陵县，后属江阳县，继属江都郡江阳县、江都县。

唐太宗十年（636年），始行道制，全国分为10道。唐永淳元年（682年）划江都县地建扬子县，属淮南道扬州，新城地属扬子县，后扬子县改永贞县，新城地属之。

宋乾德二年（964年），升迎銮镇为建安军，至道三年，改道为路，全国分为15路，地属淮南路建安军永贞县，后属淮南东路真州扬子县。南宋时新城地域始有乡、都，里的行政建制。宋绍熙年间（1190~1194年）《仪真志》载："甘露乡（今三将村境内）：一都曰义域里，二都曰三域里。……六都沙河里（今旧江口一带）。……十一都曰珠金里（今旧江口附近）。"

元至元十三年（1276年），推行省制，全国划为中央直属中书省及11个行中书省，地属江淮行中书省真州安抚司扬子县，十四年改真州为路，置总管府，并设录事司，二十年，撤销录事司，并入扬子县，二十一年，恢复真州，辖扬子县，同城而治，隶属河南江北行中书省淮东宣慰司扬州路，新城地属扬子县。二十八年，诏移扬子县治新城。

明初，改行省为承宣布政使司，全国划为南北两直隶及13个承宣布政使司。地方政区废路改府，成为府、州、县三级制。明洪武二年（1369年），撤销真州及其所辖扬子县，设仪真县，新城地随属之。明嘉靖年间（1522~1566年），新城始有镇建制，嘉靖《仪真县志》载："惟有新城、朴树湾、石人头三镇。"

清康熙五十七年（1718年），《仪真志》载："新城都，辖里一：曰新城里。……城东诸坊……十里曰新城坊……。"雍正元年（1723年），改仪真县为仪征县，新城地属仪征县。宣统元年（1909年），改仪征县为扬子县，新城地随改属之。

民国元年（1912年），沿袭清末市（乡）、保制。民国10年（1921年），县以下实行市、乡制。民国14年（1925年）全县设2市3乡，下设53坊。坊既是行政建制，又是田赋征收单位。新城坊和都天庙坊属东区乡。民国17年（1928年）1月，取消保制，改行街村制，不久，改市、乡为区、乡（镇）制，乡以下设闾、邻。全县分为五区、106乡、35镇。新城镇及今属新城范围的新北乡、东桃坞乡、东都乡和西都乡等5乡属第二区，区公所驻朴树湾。民国21年（1932年）废除闾、邻，推行保甲制，10户为甲，10甲为保，保隶属乡（镇）。乡（镇）隶属于区，区隶属于县。全县仍为5区，原乡（镇）合并为44乡、22镇，新城镇及今属新城范围的寄运乡、桃坞乡属第二区；三将乡、先农乡、冷红乡属第一区；旧港乡属第三区。民国23年（1934年），全县缩编乡镇，推行保甲制，新城镇及2乡仍属第二区。民国26年（1937年）12月，日军侵占仪征，成立汪伪政权仪征县维护会（后改为自治会、县公署、县政府），新城镇及今属新城范围的寄运乡、桃坞乡、三将乡、冷红乡等5乡分属第二区和第一区。民国29年（1940年）4月，仪征县抗日民主政府成立，建立一区，辖3乡，其中有今属新城范围的三将乡。后抗日民主政府相继更名为东南办事处、冶山县。民国33年（1944年）9月，建立仪扬县抗日民主政府，向圩区汪伪统治区延伸建立抗日民主政权。翌年3月，建立新城区，辖9乡，其中有今属新城范围的三将乡、三官乡、陈塘乡和蒋圩乡。民国34年（1945年）8月，抗日民主政府仪扬县改称仪征县民主政府，新城区辖三将乡、蒋圩乡等4乡改属仪征县。民国35年（1946年）9月，仪征县民主政府北撤，新城区及所辖乡恢复为国民党县政府统治。民国36年（1947年）2月，民国县政府调整行政建制，全县设5区42乡、镇，新城镇属第二区。民国37年（1948年）4月东南县民主政府成立，向仪扬地区推进，11月新城区民主政府成立，辖今属新城范围的三将、三官、陈塘和蒋圩4乡。12月撤销东南县成立仪扬县。民国38年（1949年）1月新城镇全境解放。2月仪扬县更名为仪征县。4月，仪征全境解放，5~6月间全县废除保甲制，改为区、乡、村制，至9月调整结束。新城区辖1镇10小乡，其中辖新城镇及今属新城范围的三官乡、冷红乡、蒋圩乡、三将乡、桃坞乡、新北乡6个行政小乡，区政府设在新城镇。

1950年4月，新城区政府改称区公所，辖新城镇及今属新城范围的冷红、蒋圩、三将、桃坞、新北5个乡。新城镇政府改称镇公所。1953年1月镇公所改为乡人民政府。1956年4月撤销新城区并入朴席区，朴席区辖10个乡，其中新城乡及今属新城范围的三将乡属之。1956年10月新城乡划为县直属乡。1957年3月撤区并乡，至10月结束，全县调整为2个镇19个乡，村一级基层组织基本为新建立的高级农业生产合作社代替，成立新城乡人民委员会，下辖18个高级农业生产合作社，乡人委驻新城街道。1958年9月，成立新城人民公社，当月底并入滨江人民公社，1959年2月撤销滨江公社，恢复新城人民公社，人民公社是政社合一组织，下设生产大队，生产大队下设生产队。公社管委会驻新城老街道乔家大院。

1974年4月，新城公社迁址于新城大桥南新圩公路西侧。

1983年4月，农村政社体制改革，撤销人民公社，恢复乡镇制，成立新城乡人民政府，下辖14个村、257个村民小组。1986年4月，仪征县改为仪征市，新城乡隶属于仪征市。

1994年1月，改新城乡为新城镇，实行镇管村体制。9月，镇政府迁址于宁扬一级公路北、新城出口处西100米。

2012年12月，新城镇人民政府驻新城街道，位于宁通公路北辅道6号。

二、境 域

元代，新城地域位于仪扬运河南，在今越江村与东升村交界处。

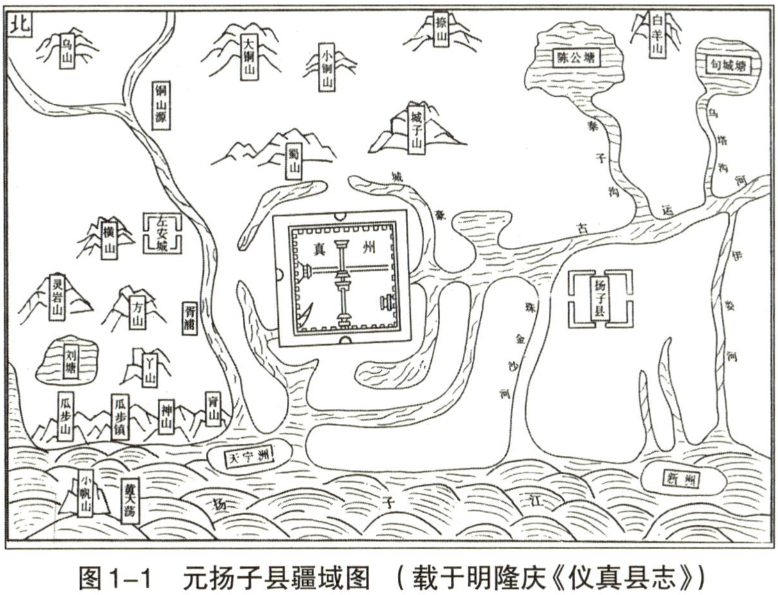

图1–1　元扬子县疆域图　（载于明隆庆《仪真县志》）

明代，新城建镇后境域扩大，为仪征东部三大镇市之一，面积约2平方千米。

清代虽有新城都、新城里、新城坊的建置，但境域情况未见史料记载。民国17年（1928年）恢复新城镇建置后，其四境是：东至马墙埂，西邻郁家桥沟，北界六扬公路，南到盐运河，面积约6平方千米。民国38年

（1949年）9月，新城镇境域扩大，其四境是：东至桃坞乡、带子乡，西邻冷红乡、永庆乡，南界沙河乡、蒲新乡，北到三将乡、蒋圩乡，面积约8平方千米。

50年代初，仪征县的建制，仍承原来的乡镇制，设区。新城镇为新城区所辖镇。其四境是：东至桃坞乡、带子乡，西临冷红乡，北邻三将乡、蒋圩乡，南界蒲新乡、沙河乡，面积约7平方千米。1956年3月，全县行政建制作较大调整。4月，撤销新城区，并入朴席区。撤销新城乡，与东桃坞乡、新北乡、冷红乡、蒋圩乡合并成立新城乡，为朴席区所辖乡，乡域面积增加约

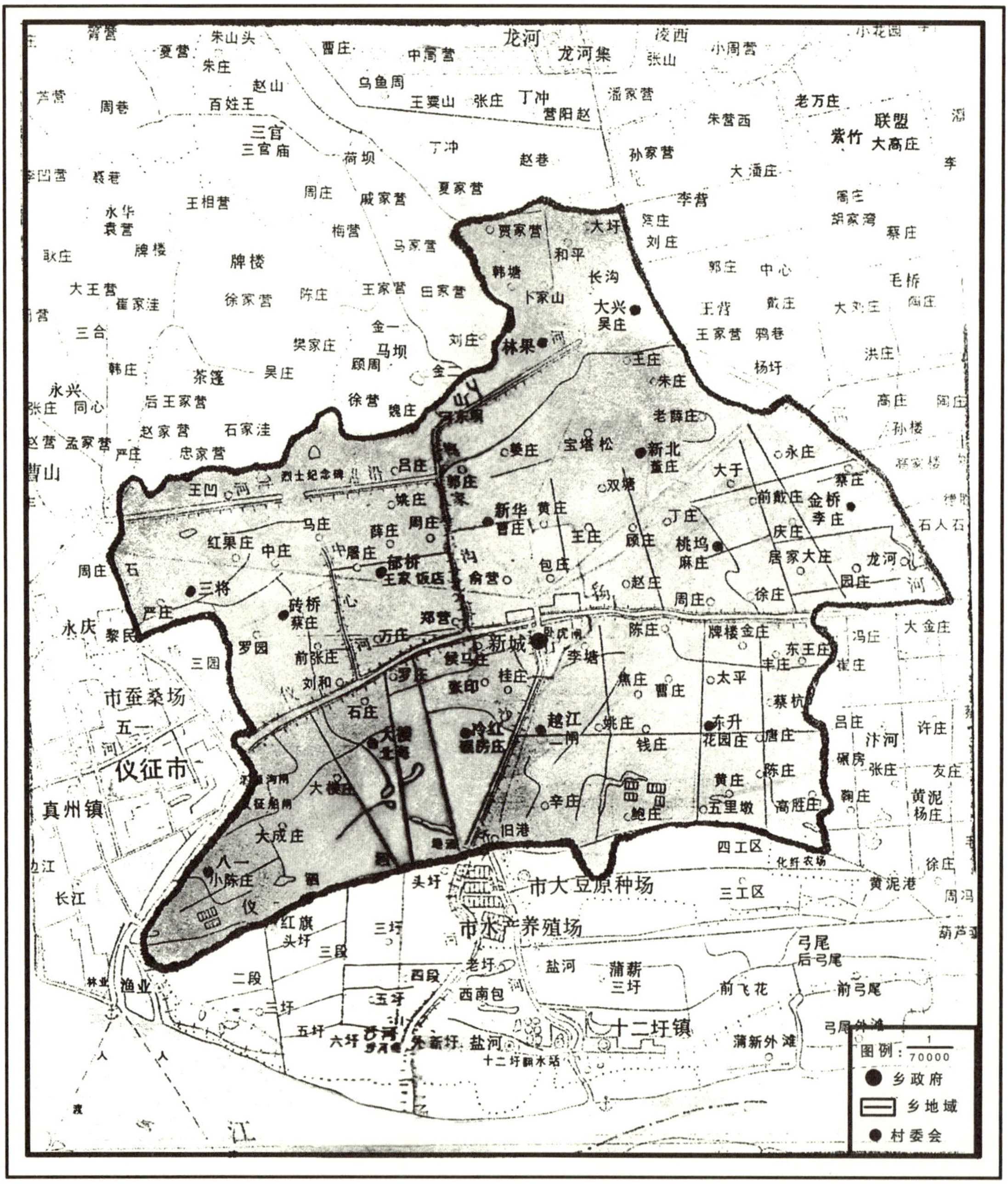

图1–2 1990年新城乡行政区域图

1倍,其四境是:东以龙河与带子乡为界,西至三将乡、真州镇,南到沙河乡,北临三官乡,面积约28平方千米。1956年10月,新城乡划为县直属乡,境域未变化。1957年3月,全县撤区并乡,撤销区的建制,原乡(镇)经2次调整合并,至10月为21个乡(镇),新城乡为其中之一。新成立的新城乡境域扩大,其四境是:东界龙河与新集乡、朴席乡为邻,西以石桥河与真州镇为界,南与十二圩镇接壤,北与龙河乡分界,面积约38平方千米。1958年9月成立新城人民公社,境域未变动,不久并入滨江公社。1959年2月,恢复新城人民公社,除保留原建制外,还并入十二圩镇街道。其四境是:东南与朴席公社汴河、黄泥大队为界,东以龙河与朴席王营、李营大队分界,西与真州镇为邻,南临长江黄泥涧至泗源沟一线,北至龙河公社丁冲、马坝大队,面积约43平方千米。

1964年10月,划出十二圩街道,划入真州镇八一大队,新城公社境域东南缩小,西南扩大至泗源沟入江口。1969年12月,划出沙河、弓尾、红旗、蒲新4个大队,南境收缩至大豆原种场北,东、西、北境址未变动,面积约41.60平方千米。

70年代至80年代,新城公社境域基本无变动。1983年4月,新城恢复乡制,境域仍无变化。

1994年1月,新城恢复镇制,以原辖区设立新城镇。

2000年4月,撤销龙河乡和十二圩镇,将龙河乡的所辖区域和十二圩镇的红旗村、沙河村、沿河村、蒲新村、弓尾村及东风居委会、胜利居委会、工农居委会并入新城镇,调整后的新城镇四境是:东与新集镇、朴席镇为邻,西以石桥河与真州镇分界,南至沿江一带,北到白羊山南麓,面积94平方千米。2005年2月,划出红旗村、蒲新村、沙河村和十二圩街道3个居委会。南境域面积减少16平方千米,全境域面积为78平方千米。2006年4月,越江村(除花亭组)、东升村划出,镇域面积减少10.14平方千米。2012年年末,新城镇境域东以龙河与新集镇为界,西以石桥河与真州镇分界,南与仪征经济开发区、十二圩办事处为邻,北至刘集白羊山。南北长14.6千米,东西宽8千米,面积67.86平方千米。

第二节 新城镇区划

新城地域古称步丘,东晋太元十年(385年)改称新城。元至元二十八年(1291年)为扬子县县治,其县行政区划及城关镇行政区划均未见史料记载。

明洪武十四年(1381年)"定图籍隶于隅都",以110户为1图。嘉靖年间(1522~1566年),始设新城镇,其行政区划未见记载。

清代,仪征行政区划仍沿其旧,分乡都里(图)和坊巷,全县设6乡7都14里(又称图)和42坊,新城都辖新城里,新城里辖新城坊。

民初沿袭旧制,地方行政单位仍为坊,若干坊设一总董,坊兼管民团和地方事务。民国10年(1921年)实行自治区域,县以下行政区划实行市乡制,市乡下设坊,坊设董,坊既是基层行政单位,又是田赋征收机构。新城坊隶属于东区乡。民国17年(1928年),撤销市、乡和坊,改为区、乡（镇），乡以下设闾（5邻为一闾）、邻（5户为一邻）。新城镇属仪征县第二区，辖10闾、50邻。民国21年（1932年），废闾邻为保甲（10户为甲，10甲为保），新城镇仍属第二区，行政区划未变化。民国26年（1937年）12月，仪征沦陷，新城镇属汪伪仪征县第二区，辖6保、60甲。抗日战争胜利后，国民党仪征县政府恢复统治，民国36年（1947年）2月，新城镇属民国仪征县政府第二区管辖，全镇辖9保、90甲。民国38年（1949年）1月新城镇解放，开始仍沿用旧行政区划。5月，全县行政区划改为区、乡（镇）制，乡（镇）以下改保甲为村、组，新城镇为新城区所管辖镇。

1950年12月，新城镇辖6个村、56个组。1953年1月，新城镇改为乡，辖一街、二街、包庄、余营和曾庄5个村。为适应农业合作化发展需要，1956年4月，撤销新城区并入朴席区，新城乡隶属朴席区。之后随着农业经济体制变化，行政区划又作相应的变更，1957年3月起撤区并乡，经过2次调整，10月组建成立新的新城乡，辖三将、破山、大兴、严桥、郁桥、新华、新北、劳动、联盟、金桥、七一、古都、二闸、罗庄、新民、大楼、砖桥和荷花18个高级农业合作社。农业社既是行政组织，又是农业生产单位。1958年9月，新城乡改设新城人民公社，不久并入滨江公社，人民公社是社政合一的组织，下设生产大队，生产大队下设生产队。1959年1月，恢复为新城人民公社，原十二圩政区划归新城。新城公社辖红旗、蒲新、弓尾、沙河、猪场、冷红、大楼、古一、古二、金桥、新北、大兴、新华、郁桥和三将17个生产大队。12月，公社直属的长江捕捞大队划归仪征县养殖场。

1960年，撤销新城林果场，成立林果大队。1961年12月，三将大队划出仪扬公路南生产队成立刘河大队（后更名为砖桥大队）。至1962年年底，新城公社辖三将、大兴、郁桥、砖桥、新华、新北、金桥、古一、古二、桃坞、林果、蒲新、弓尾、沙河、红旗、冷红和大楼17个生产大队、334个生产队。1964年10月，十二圩街道划出，真州镇八一大队划归新城。新城公社设立新城街道办事处。至年末，新城公社辖18个大队、362个生产队。1966年10月，古一、古二、冷红、金桥、三将5个大队分别更名为越江、东升、跃进、人民、立新大队。1969年12月，红旗、蒲新、弓尾、沙河大队划归十二圩镇。至此，新城公社辖14个大队、278个生产队。

1975年3月，新华大队划出4个生产队建立农科站。

1981年12月，跃进、立新、人民大队恢复原名为冷红、三将、金桥大队。1982年3月，砖桥大队红光、新民两个生产队分别划分为砖桥、杨沟和居庄、尤庄4个生产队。越江大队辛四生产队划分为褚庄、辛四两个生产队。1983年2月，新城公社辖金桥、桃坞、新北、大兴、林果、新华、郁桥、砖桥、三将、八一、大楼、冷红、东升和越江14个大队、262个生产队。4月20日，农村进行体制改革，政、社分设，改人民公社为乡，生产大队改为村民委员会，生产队改为村民小组。这期间先后将金桥、新华、大兴、三将、大楼、冷红村的农科组撤销划入有关村民小组。至此，新城乡辖东升、越江、冷红、大楼、八一、新华、金桥、桃坞、新北、砖桥、郁桥、三将、大兴和林果14个行政村、257个村民小组。

1994年1月15日，撤销新城乡，以原辖区设立新城镇，行政区划未变。1999年10月18日，建立太平居委会，辖建郸小区、东郊花苑、城东名苑、教师公寓、明月苑和三将小区7个居民小组。

2000年4月9日，全市进行撤乡并镇，龙河乡所辖的11个村和龙河街道居委会以及十二圩镇的红旗、沙河、沿河、蒲新、弓尾5个村及东风、胜利、工农3个居委会并入新城镇。调整后的新城镇辖5个居委会、30个村委会、521个村民小组。2001年4月，沙河、沿河村合并建立沙河村，蒲新、弓尾村合并建立蒲新村，桃坞、金桥村合并建立桃坞村，林果、大兴村合并建立林果村，红旗、八一村合并建立红旗村，丁冲、街胜村合并建立丁冲村，凌桥、凌西村合并建立凌桥村，三茅、人民村合并建立三茅村，官胜、农科村合并建立官胜村。2004年9月，冷红、大楼村合并建立冷红村，三将、砖桥村合并建立三将村，马坝、三官村合并建立马坝村。2005年2月，红旗村、浦新村、沙河村及十二圩街道工农、东风、胜利3个居委会划归十二圩办事处。2006年4月，越江村（除花亭组）、东升村划归十二圩办事处，花亭组划归新城街道居委会。2012年年末，新城镇下辖13个村，即三将、郁桥、新华、冷红、桃坞、新北、林果、马坝、丁冲、周营、官胜、凌桥和三茅村，372个村民小组，2个街道（社区）居委会，即新城街道和太平社区。

1966年新城人民公社生产大队和生产队名录

表1-1

大队名称	生　产　队	大队名称	生　产　队
蒲新	尾帮　前圩　光明　光华　九圩　十圩　河东先锋　三圩　小庄　四圩　顾庄　新四　中圩后圩　二圩　新圩　新生　环圩	郁桥	合兴　郁庄　薛庄　姚庄　吕庄　史营　李营　汪庄　刘庄　尚庄　屠庄　周庄　范庄　张闸　高庄　万庄　筱庄　乔营　郑东　郑西
红旗	一东　一西　二队　三队　四队　五队　六队　七队　八东　八西　九东　九西　十东　十西	新华	周庄　张庄　余营　毛庄　玉兰　太平　包庄　黄庄　陈庄　徐庄　曹庄　庞庄　中心　刘庄　潘庄　郭庄　劳动　姜庄　姜东　松柏　李庄　吴庄
弓尾	一队　二队　三队　四队　五队　六队　七队八队　九队　十队　十一队　十二队　十三队十四队　十五队　十六队　十七队　十八队十九队　二十队　二十一队　二十二队	林果	和平　先进　同心　张营　西营　东营　王庄　新沟　宋营　韩塘　北山　张塘　贾营
沙河	一队　二队　三队　四队　五队　六队　七队八队　九队　十队　十一队　十二队　十三队十四队　十五队　十六队　十七队　十八队十九队　二十队　二十一队　二十二队　二十三队	大兴	赵庄　和平　大圩　潘庄　金圩　龙河　大刘　小刘　陶庄　吴庄　张庄　热心　联合　朱庄　金庄　王庄　团结　长沟　胜利
八一	联一　联二　永一　永二　永三　吴一　吴二　合一　合二　和平　国庆　光明	新北	陈庄　姜庄　小薛　屠姚　老薛　赵庄　孙庄　周庄　方庄　章庄　宝塔　前双　后双　双塘　王庄　天宁　经庄　顾庄　董庄　菜场　居一　居二　居三　唐庄　河边
三将	蒋营　钱营　吴庄　曹庄　徐庄　邓营　杜营　朱庄　亭庄　红庄　杨庄　中庄　花园　陈庄　王洼　甘露　绣花　严庄　同兴　林业　副业	金桥	七一　夏庄　龙河　睢庄　元庄　曾庄　荷花　周庄　联盟　杨庄　庆庄　新民　李庄　黄营　小营　黄庄　陈庄　蔡庄　吴庄　孔庄　曹庄　姜庄　永庄　江浦
砖桥	马庄　碾坊　蔡庄　太平　本西　本东　汪庄　刘河　张庄　姜庄　沿河　杨沟　砖桥　睢庄　尤庄　董庄　王庄	桃坞	唐庄　周庄　徐庄　常庄　黄庄　戴庄　薛庄　大于　小于　小周　陈庄　童庄　杨庄　丁庄　凡庄　麻庄　赵庄　副业　西方寺

续表 1-1

大队名称	生　产　队	大队名称	生　产　队
古一	菜场　旧港　辛庄　二闸　大会　枫林　常庄　王庄　焦庄　曹庄　杨庄　花亭　李塘　增庄　陈庄　袁庄　桂庄　小姚　大姚　荷庄　大一　大二　辛四　褚庄　鲍庄	大楼	肖庄　石庄　二尢　花园　花一　花二　汪庄　陶庄　北海　小楼　大楼　睢庄　小陈　大陈　黄庄　联合　金庄　大朱　小朱　方庄
古二	钱庄　邵庄　於庄　赵庄　柏庄　李庄　后张　金一　金二　枫庄　崔庄　桂花　孙庄　蔡杭　尹庄　高庄　唐庄　陈庄　张庄　碾坊　圣庄　叶庄　五里　黄庄　万庄　老庄　徐庄　杨庄　汤周　花园　小王　太平	冷红	杨庄　董庄　徐马　旧港　高涵　周纪　碾坊　张尹　桂一　桂二　楼庄　侯马　罗庄　周庄　大王　小王

1983~2004年新城镇村民小组调整情况表

表 1-2

年　份	村　名	撤　并　情　况
1983	金桥	撤销农科组分别划归庆庄、新民、孔庄组
	新华	撤销农科组分别划归潘庄、姜东、庞庄组
	大兴	撤销农科组并入陶庄组
	三将	撤销农科组分别划归徐庄和林业队组
	大楼	撤销农科组
	冷红	撤销农科组
1984	农科	人民村先锋组划入农科村
1988	郁桥	撤销农科队
1995	新北	撤销农科组分别划归方庄、陈庄、章庄组
1998	新华	玉兰组撤销转户
	郁桥	合兴组撤组转户
	林果	撤销农科组
2001	凌桥	撤销团结组，增设东组、西组、小庄3个村民小组
	桃坞	原金桥村所辖19个村民小组并入
	林果	原大兴村所辖19个村民小组并入
	凌桥	原凌西村13个村民小组并入
2001	丁冲	原街胜村7个村民小组并入
	三茅	原人民村18个村民小组并入
	官胜	原农科村8个村民小组并入
2004	三将	原砖桥村17个村民小组并入
	冷红	原大楼村18个村民小组并入
	马坝	原三官村24个村民小组并入

2012年年底新城镇村委会和村民小组名录

表1-3

村名	组数	村民小组
三将	31	陈庄组 王洼组 邓营组 甘露组 徐庄组 曹庄组 花园组 绣花组 磨坊组 杨庄组 林业组 亭庄组 蒋营组 严庄组 石桥组 太平组 中庄组 本庄组 马庄组 汪庄组 蔡庄组 张庄组 王庄组 尤庄组 刘河组 沿河组 杨沟组 砖桥组 董庄组 居庄组 农科组
郁桥	19	郁庄组 薛庄组 姚庄组 吕庄组 史营组 李营组 汪庄组 刘庄组 尚庄组 屠庄组 周庄组 范庄组 高庄组 张闸组 万庄组 小庄组 乔营组 郑东组 郑西组
新华	14	周庄组 张庄组 余营组 毛庄组 包庄组 徐庄组 前庄组 后庄组 陈庄组 郭庄组 劳动组 姜东组 姜西组 松柏组
冷红	34	娄庄组 侯马组 罗庄组 周庄组 碾坊组 张尹组 桂一组 桂二组 周纪组 大王组 小王组 董庄组 杨庄组 徐马组 高涵组 旧港组 肖庄组 二尢组 花园组 花一组 花二组 汪庄组 小陈组 睢庄组 大楼庄组 小楼庄组 石庄组 北海庄组 陶庄组 方庄组 大朱庄组 竹园庄组 黄庄组 大成庄
桃坞	35	姜庄组 农科组 童庄组 大于组 小于组 杨庄组 薛庄组 丁庄组 凡庄组 麻庄组 陈庄组 赵庄组 戴庄组 唐庄组 西周组 徐庄组 常庄组 曹庄组 孔庄组 永庄组 蔡庄组 黄庄组 黄营组 新民组 庆生组 李庄组 小营组 联盟组 东周组 元庄组 睢庄组 龙窝组 荷花组 夏庄组 七一组
新北	21	陈庄组 姜庄组 小薛组 老薛组 赵庄组 孙庄组 周庄组 方庄组 章庄组 董庄组 宝塔组 后双组 前双组 双塘组 联合组 金庄组 顾庄组 居二组 居一组 唐庄组 河边组
林果	29	先进组 同心组 张营组 西营组 东营组 新沟组 宋营组 韩塘组 北山组 张塘组 贾营组 赵庄组 大圩组 金圩组 龙河组 大刘组 长沟组 胜利组 陶庄组 一心组 张庄组 吴庄组 朱庄组 金庄组 王庄组 团结组 和平组 李庄组 大吴组
马坝	45	孔庄组 余庄组 朱庄组 朱山头组 百姓王组 百一组 百二组 赵山头组 碾坊组 张西组 张东组 高庄组 坝南组 河坝组 孙庄组 三官组 庙二组 庙一组 王庄组 夏西组 夏东组 周庄组 瓦房组 红旗组 戚一组 戚二组 戚三组 糜营组 王东组 王西组 马上组 马下组 马营组 田营组 庞营组 周一组 周二组 刘一组 刘二组 顾周组 徐营组 金一组 金二组 金三组 魏庄组
丁冲	25	王一组 王二组 赵一组 赵二组 河南组 河西组 沙田组 前营组 后营组 高场组 山东组 山西组 张庄组 长塘组 夏东组 夏西组 丁冲组 红旗组 东街组 西街组 西营一组 西营二组 西营三组 东营组 北沙田组
周营	25	周东组 周西组 祝庄组 金莲组 曹庄组 顾庄组 下王组 上王组 高庄组 团结组 水竹组 王东组 王西组 小基云组 老基云组 汪庄组 潘庄组 龙埂组 塘田组 河西组 鸭赵组 老云组 联合组 赵庄组 二队组
官胜	27	高庄组 胜利组 利民组 青年组 前进组 刘庄组 徐庄组 张庄组 许井组 李山组 北头组 南头组 下营组 中营组 上营组 大王组 郭庄组 潘庄组 吴庄组 官塘组 胡营组 秦庄组 范庄组 夏庄组 赵庄组 韩庄组 先锋组
凌桥	38	友一组 友二组 友三组 友四组 姜庄组 对过组 孔庄组 后朱组 张东组 张西组 前朱组 胡墩组 胡庄组 山头组 刘庄组 郭庄组 赵庄组 小任组 东组组 西组组 小庄组 陈庄组 河北组 松园组 东营组 南庄组 西营组 先进组 陆庄组 洪庄组 曹山组 潘东组 潘西组 沙田组 柳沟组 曹庄组 夏营组 团结组（因凌桥村与凌西村团结组重名，故撤销团结组，增设东组、西组、小庄3个村民小组）
三茅	29	詹庄组 赵庄组 下营组 肖庄组 上营组 永三组 秦北组 和平组 孙庄组 王庄组 北梁组 丁庄组 小营组 秦南组 永一组 永二组 农科组 后组组 中组组 人五组 人四组 人三组 人二组 三茅组 基庄组 人一组 团结组 猪场组 朱庄组

第三节　龙河乡建置和区划

一、建置沿革

龙河乡位于新城镇北部，1999年12月底面积35.66平方千米，人口19493人。乡政府驻龙河街道南首。

汉武帝元封五年（前106年），乡域属舆县，据《中国历史地图集》标示，舆县在扬州西南，仪征县东北，中心在今龙河乡境内。汉建安二年（公元197年），广陵太守陈登（字元龙），在今龙河北部修筑大型水利工程，史称陈公塘、元龙河，始有官塘、龙河集之地名。

唐宋时期，其地域先属江都县、扬子县、永贞县，后属建安军永贞县和真州扬子县。

明清时期，其地域先属仪真县，后属仪征县、扬子县。清道光二十九年（1850年），始有官塘集、龙河集之称。清宣统元年（1909年），扬子县辖6乡7都14里和42坊，龙河地域有陈公塘坊。

民国14年（1925年），龙河地域有陈公塘前坊、陈公塘后坊、陈公塘左坊和陈公塘中坊，隶属北区乡。民国17年（1928年），撤销市、乡和坊，改为区乡（镇）制。乡（镇）以下设闾、邻。龙河地域有三官乡、马坝乡、陈塘乡、官塘乡、凌桥乡、许井乡、三茅乡、基山乡、野鸭乡、草塘乡、白洋镇，隶属第五区，区公所设在十二里岔。民国21年（1932年）废除闾邻，推行保甲，龙河始设为镇。此外，龙河地区还设有三茅乡、三官乡、陈塘乡、凌桥乡，均隶属于第五区。民国26年（1937年）12月仪征沦陷，龙河镇属汪伪县政府第五区。属汪伪政权管控的还有三官乡、陈塘乡、凌桥乡、三茅乡。民国29年（1940年）4月，仪征县抗日民主政府在龙

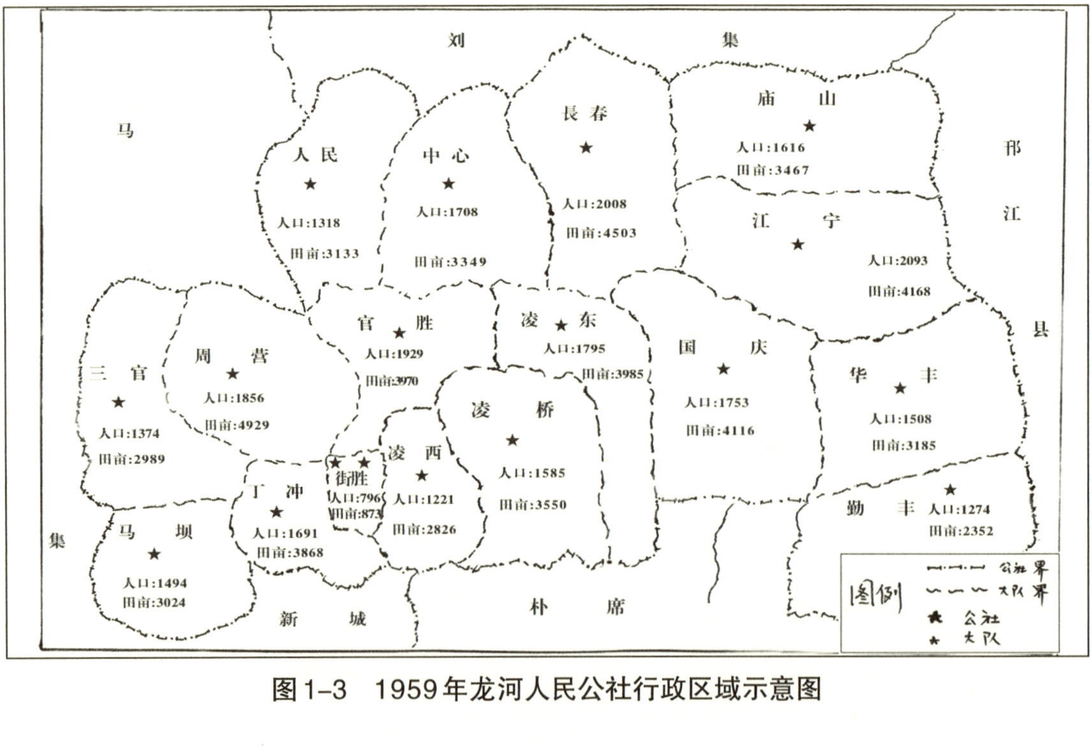

图1-3　1959年龙河人民公社行政区域示意图

河、新集一带建立二区，辖龙河镇及龙河地区的三茅乡、凌桥乡和官塘乡。后二区改为二五区、龙河区。民国35年（1946年）9月，国民党县政府恢复对龙河地区统治，龙河镇及龙河地区的康五乡（后分为三官乡、陈塘乡）、三茅乡隶属于第五区。民国37年（1948年）11月，东南县民主政府解放龙河地区，建立凌桥区，辖龙河镇及龙河地区的凌桥乡、三茅乡。

1950年4月，龙河镇改乡，龙河乡及龙河地区的三茅乡、凌桥乡隶属凌桥区。1957年4月撤区并乡，龙河乡改为大乡，辖8个高级农业生产合作社，乡人委驻龙河集。1958年9月撤乡建社，成立龙河人民公社，高级社改为生产大队，不久，并入白羊公社。1959年2月恢复龙河人民公社。

1983年9月，撤社建乡，撤销龙河公社成立龙河乡人民政府。原生产大队改为村民委员会。乡政府驻龙河街道南首。同时，划出7个大队成立张集乡人民政府。

2000年4月，撤销龙河乡，整建制并入新城镇。

二、行政区划

民国21年（1932年）龙河始设为镇，其行政区划未见记载。民国33年（1944年）5月，龙河镇属仪征抗日民主政府龙河区，同时又属汪伪县政府第五区，其行政区划均未有记载。民国35年（1946年）9月国民党政权恢复统治，民国36年（1947年）龙河镇辖18保、188甲，区域面积23.5平方千米。

1950年12月，龙河乡辖7个村、51个组。1957年4月，龙河乡下辖街胜、凌桥、三官、丁冲、马坝、周营、人民、官胜8个高级农业生产合作社。1959年，龙河人民公社下辖街胜、官胜、人民、三茅、周营、马坝、三官、庙山、江宁、国庆、长春、勤丰、华丰、凌桥、凌东、凌西、丁冲17个生产大队，198个生产小队。

1961年，先进、红旗、东风农场撤销，更名为3个生产大队。至此，龙河公社下辖街胜、官胜、人民、三茅、周营、马坝、三官、庙山、江宁、国庆、长春、勤丰、华丰、凌桥、凌东、凌西、丁冲、先进、红旗、东风20个生产大队，259个生产队。1963年3月，凌桥大队划出11个生产队建立塘圩大队。1964年，建立龙河街道居民委员会。1966年10月，官胜、三官、庙山大队分别更名为胜利、红光、建设大队。1969年11月，撤销先进、红旗大队。

1972年，周营大队划出水竹、团结、上王、下王、顾庄、高庄、王东、王西生产队建立公社林场。1977年3月，官胜大队划出6个生产队建立农科站。

1981年12月，胜利、红光、建设大队恢复原名为官胜、三官、庙山大队。1982年，丁冲大队沙田生产队划分为沙田、河西两个生产队。1983年9月，龙河乡（公社）划出勤丰、华丰、江宁、国庆、庙山、凌东、塘圩7个大队给张集乡（公社），龙河乡（公社）下辖凌桥、凌西、官胜、人民、三茅、周营、三官、马坝、丁冲、街胜、林场和农科站12个行政村（生产大队）、192个村民小组（生产队）。1984年1月，三茅村划分为三茅、蓝桥两个行政村，蓝桥村划归张集乡。

1993年11月，撤销龙河乡林场，其所属8个村民小组并入周营村。1999年12月，龙河乡下辖三茅、人民、农科、官胜、凌桥、凌西、丁冲、马坝、三官、周营和街胜11个行政村和龙河街道居委会，187个村民小组。

2000年4月，龙河乡行政区并入新城镇。

1983~1999年龙河乡村民小组调整情况表

表1-4

年份	村名	村民小组撤并情况
1983	马坝	撤销农科组，分别划归王东、糜营、顾周3个村民小组
	三官	撤销农科组，分别划归各村民小组
	凌桥	撤销农科组并入张西村民小组
	凌西	撤销农科组，分别划归南庄、东营、西营、团结、潘东5个村民小组
	周营	撤销农科组，分别划归小基营、鸭赵、塘田3个村民小组
1984	农科	人民村先锋组并入
	官胜	撤销农科队、蚕桑场2个村民小组
1993	周营	撤销林场村，所属王东、王西、高庄、水竹、团结、上王、下王、顾庄8个村民小组并入周营村
1999	丁冲	撤销农科村民小组

1999年年底龙河乡村委会和村民小组名录

表1-5

村名	所辖组数（个）	村民小组
三茅	11	占庄组 王庄组 三毛组 猪场组 基庄组 赵庄组 孙庄组 团结组 丁庄组 北梁组 朱庄组
人民	18	人一组 人二组 人三组 人四组 人五组 中组组 后组组 小营组 永一组 永二组 永三组 农科组 肖庄组 秦南组 秦北组 上营组 下营组 和平组
农科	8	韩庄组 赵庄组 夏庄组 范庄组 秦庄组 胡营组 官塘组 先锋组
官胜	19	李山组 许井组 张庄组 徐庄组 刘庄组 前进组 利民组 高庄组 胜利组 青年组 北头组 南头组 下营组 中营组 上营组 大王组 郭庄组 潘庄组 秦庄组
凌桥	23	友一组 友二组 友三组 友四组 姜庄组 对过组 松元组 陈庄组 洪庄组 张东组 张西组 朱庄组 后米组 孔庄组 郭庄组 河北组 刘庄组 赵庄组 胡灯组 胡庄组 团结组 山头组 小任组
凌西	13	东营组 南庄组 西营组 先进组 夏营组 陆庄组 曹庄组 曹山组 柳沟组 团结组 沙田组 潘东组 潘西组
丁冲	18	王一组 王二组 赵一组 赵二组 河田组 河西组 河南组 后营组 高场组 山东组 山西组 夏东组 夏西组 前营组 张庄组 长塘组 丁冲组 红旗组
马坝	21	戚一组 戚二组 戚三组 马营组 马上组 马下组 田营组 糜营组 庞营组 周一组 周二组 刘一组 刘二组 金一组 金二组 金三组 魏庄组 徐营组 顾周组 王西组 王东组
三官	24	孔庄组 俞庄组 朱庄组 朱三组 百姓组 百一组 百二组 赵山碾坊 张西组 张东组 高庄组 坝南组 河坝组 孙庄组 三官组 庙一组 庙二组 王庄组 夏西组 夏东组 周庄组 瓦房组 红旗组
周营	25	周东组 周西组 祝庄组 金莲组 曹庄组 二队组 联合组 赵营组 老营组 鸭赵组 河西组 塘田组 龙埂组 汪庄组 老基组 小基组 潘庄组 王东组 王西组 高庄组 水竹组 团结组 上王组 下王组 顾庄组
街胜	7	东营组 东街组 西街组 北沙田组 西营一组 西营二组 西营三组

第二章　自然环境

新城镇位于仪征市东部，地处北纬32°23′20.5″~32°16′46.7″，东经119°13′31.6″~119°14′17.2″之间。全镇南北直线距离14.6千米，东西8千米，总面积67.86平方千米。境内地貌大致可分为南北两部分，南部为长江冲积平原，北部属宁镇扬缓岗丘陵地带。属北亚热带季风气候区，无霜期长，雨量充沛，日照充足，四季分明。矿产资源较少，动植物资源品种较多，经济发展潜力较大。

境内河网密布，属长江水系，流域面积宽广，水资源丰富。土壤肥沃，耕性较好。通过不断治理改造，土壤等级提高。

第一节　地　质

一、地层构造

镇域地层总厚度近万米。镇北地表出露的地层主要有新生界第三系上新统的雨花台组，广泛分布于江淮分水岭以南、龙河以西平岗地区，其岩性主要为灰白、灰黄色砂砾层、含砾石层，局部夹粉红、灰绿色泥岩、含粉砂泥岩、钙质粉砂岩。第四系全新统地层，均为冲积相地层。沿长江呈带状分布，其岩性为一套黄棕、黄灰色粉细砂、黏土质粉砂。沿龙河及其支流两侧呈狭长状分布，其岩性上部为灰黄、黄褐色亚黏土夹薄层亚砂土，下部为含砾亚砂土、砂砾石层。

新城的大地构造处于扬子古陆内的次一级构造单元苏北坳陷南缘。该地所处的宁—通构造带是一条生成时期较早、规模庞大的东西向构造带，展布于江浦—扬州—南通一线。构造带由一系列东西走向的隆起、坳陷和较大规模的断裂组成。镇区处于江都隆起与宁—镇隆起之间的仪征坳陷区中东部。淮阳山字形构造展布于长江中下游地区，其东翼反射弧在南京、镇江、江浦、六合、仪征及扬州一带，其构造形迹主要为内弧（宁镇弧）、外弧（六合—扬州弧）以及弧间坳陷（江浦—仪征）。江浦—仪征弧介于内弧与外弧之间，重力反映为负异常带，为白垩系上统覆盖。境内已知有两条较大的断层。一条是十二圩—瓜洲断裂。位于南部沿江十二圩—瓜洲一带。重力、磁力及人工地震综合反映该断裂规模大、切割深并穿过莫霍面达到上地幔顶部，断面上陡下缓呈犁形向北西倾斜，水平延伸30多千米。第二条是朴席—冀庄断裂：南起世业洲附近，经朴席、冀庄到邵庄（甘泉山以西）附近，呈北西向延伸，长约30

千米，断裂性质属正断层，向西倾斜。

二、地 震

新城大地构造位置属扬州—铜陵地震带的基底。由硬化固积较晚的柔性岩类组成，可塑性大。南界下扬子断裂带为挤压破碎带，不利于能量积累，地震频率相对较低，以弱震为主，易受外来地震波及影响。据史籍记载，境内地震最早发生于明嘉靖四年（1525年），震级3.3级，至2012年，共发生4级以下地震15次，4~5.25级地震4次。外地波及新城最早的地震是唐大足元年（701年）发生在东部沿海地区的一次中强级地震。造成破坏的地震有：明天启四年（1624年）二月十日，扬州6级地震，波及新城等地房屋有损坏。清康熙七年（1668年）六月十七日，山东郯城8.5级大地震，新城水翻波斗，屋倾墙塌，人难站立。

三、地 质

新城镇地质构造属于华北地台苏北褶皱坳陷区，位于古老而又处于稳定状态的长江破碎带上，地质条件较好。经地质勘探表明地层平均耐力在8吨/平方米左右，地震频率低，强度弱，建筑物按7级地震等级设防。1989年仪征汽车厂在郁桥村建8层综合楼，地质勘探测得地层耐压力8.8吨/平方米。2002年，宁启铁路建设时在龙河马坝段，实施地质勘探，探明软土层厚度8米，长1120米，采取加固措施，确保路基稳定。2010年，新北建16层高层住宅楼，地质勘探地层耐力为7.8吨/平方米，建筑设计中采取相固设施，确保沉陷稳定、偏差小。地质勘探在新城基础设施建设中得到广泛应用。

第二节 地形地貌

新城镇由岗地、平原等地形构成综合地貌，地势总体呈西北略高，东南略低，高低相差约30米。沿山河以南为长江冲积平原，地势平坦，沿山河以北为缓岗地区。南部圩区土地肥沃，河网密布，历来是鱼米之乡。

一、岗 地

主要分布于白羊山南麓至沿山河一带，面积约40.77平方千米，由第四纪下蜀黄土堆积而成，厚度10~50米，由北向南逐渐低倾。岗地多为长条状，岗顶宽平，旁坡较长，冲谷平缓。龙河集水面积较大，侵蚀基准面较低，水量多、切割深，支流沟谷较密集，形成岗、塝、冲等地形，

图2–1 蜀岗地貌 （摄于2009年）

以岗地为主，大致比例为40∶30∶30，地层较厚，塘坝较多，其地面高程一般在15~33米，相对高度10~20米。最高点在马坝村孔庄岗地，海拔高34.5米。岗地南沿与平原接壤处，由破山向东北一线古称蜀冈，蜿蜒向东绵亘数十里，东接江都。岗地适宜发展种植业。

二、平　原

位于沿山河以南，至十二圩办事处一带，面积约27.09平方千米。东宽西窄，地势平坦，地面高程3.1~7米，地势从黄土岗地坡麓向长江逐渐低倾，由河漫滩堆积而成，可分为高沙土平原和圩田平原两种类型。高沙土平原分布于仪扬公路北侧的新北、新华、郁桥、三将村。土质多为沙土、粉砂土，易漏水漏肥，后经过长期改造，现大部成为稻麦轮作的农田。圩田平原分布于仪扬河两岸的桃坞、冷红等村，属长江低河漫滩堆积，地势低平，冷红村南部最低点地面高程为3.1米，土质为沙壤土、黏土、马肝土。河网密度大，因地势低平排水欠通畅。另有龙河中下游的宽谷平原，分布于凌桥村中南部、丁冲村西部和林果村西部范围内，地面高程7~15米，由丘陵岗地的黄土等物质冲刷堆积而成，宜稻麦、油菜等种植。

第三节　气　候

一、气象要素

日　照　年平均日照总时数2085.3小时，平均百分率48.8%，年际变化较大，最多日照总时数达2515小时（1978年），最少日照总时数仅1738小时（1993年）。日照季节变化明显，夏季较多，冬季较少。

气　温　年平均气温15.7℃，1月份最冷，平均气温2.7℃，极端最低气温-15.1℃，出现在1969年2月5日。7月份最热。1959~2012年，平均气温28.1℃，极端最高温度为40℃，出现在2002年7月15日。其他各月平均气温：2月4.9℃，3月9.1℃，4月15.4℃，5月20.6℃，6月24.6℃，8月27.0℃，9月23.1℃，10月17.3℃，11月11.1℃，12月5.1℃。新城地区气温逐渐变暖，50年代平均气温15℃，至2012年，年平均气温15.42℃，较50年代升高0.42℃。年平均相对湿度为79%，夏季盛行东南风，空气湿度大，相对湿度约在84%。冬季盛行西北风，空气干燥，相对湿度约为70%。

降　水　新城地区雨量充沛，年平均降水量为1078毫米。年际间的降水变幅较大，年降水量最多的是1991年，达到1746毫米，超过年均降水量的61.97%。年降水量最少的是1978年，只有458.9毫米，比常年值低57.43%。一年中雨水多集中在夏季，尤以7月份最多，平均降水量190.6毫米，月最大降水量出现在2003年7月为523.3毫米，日最大降水量出现在2003年7月5日为274.6毫米。冬季雨水较少，12月平均降水量为34毫米，1967年12月全月无雨。全年有3个集中雨期：春雨连绵期（4月中旬~5月中旬），梅雨期（6月下旬~7月中旬），秋雨和台风暴雨期（8月下旬~9月中旬）。

季　风　一年四季各种风向均有出现。全年东风最多，频率为11%，西南偏南风最少，频率2%，静风频率9%。全年季风显著，春季多东南风，秋季多北风，夏季多湿润东南风，冬季盛行干冷的北风。50年代以来，年平均风速3.2米/秒，最大风速20.0米/秒（1974年6月17日）。每年8~9月份，常受台风影响，最早出现在6月份，最迟出现在10月份。受台风影响最多的年份是2000年，7~9月先后有4次台风不同程度袭击新城。

二、四季特征

新城位于北亚热带季风气候区，春、夏、秋、冬四季分明。季节划分大致为：3月下旬到5月中旬为春季；5月下旬到9月中旬为夏季；9月下旬到11月中旬为秋季；11月下旬到次年的3月中旬为冬季。冬、夏季各占4个月左右，春秋季作为过渡季节时间较短，约各占2个月左右。

春　季　冬季至夏季的过度季节，也是冬夏季风竞争激烈的时候。天气多变，阴晴不定，乍暖还寒。3月份是寒潮平均次数最多的月份，而且风力较大，春季平均风速3.4米/秒。因受北南冷暖气旋交汇的影响，春季的另一个特点是雨多和雾多，80年代至2012年，平均降水量241.8毫米，占全年降水量的23%，雨日32.7天，占全年雨日的28%，并开始有暴雨出现。每当冷暖空气在长江中下游对峙时，会出现低温连阴雨天气，影响春耕生产。

夏　季　一般情况下，可分为初夏的梅雨期和盛夏的伏旱期。6月中下旬至7月上旬进入梅雨期，阴雨连绵，天气潮湿，有利于农作物生长和水稻分蘖发棵。出梅后进入盛夏高温期，烈日当空，温度猛升，日平均气温27℃～30℃，而且日最高气温大于等于35℃天数达12天，降水偏少，蒸发量大，极易形成伏旱。

秋　季　秋风微和，秋日多晴，秋高气爽。平均风速2.9米/秒，平均降雨量201毫米，云量少，日照较多，有时气温回升，出现“秋老虎”天气。11月份进入晚秋季节，西伯利亚冷高压不时南侵，气温急剧下降，会出现霜冻现象。昼暖夜凉，易形成24小时降温在10℃以上、日最低气温低于5℃的寒潮天气，同时还会出现大风、雨雪和冰冻。秋季多雾，平均雾日9.6天。

冬　季　是一年中最寒冷的季节。1月平均气温2.7℃，极端最低气温是-15.1℃，出现在1969年2月5日。日平均气温低于0℃天数平均有15.1天，年降雪日数平均有9.9天。冬季多雾，平均雾日有8天，仅次于秋季。冬季多干冷的北风。

第四节　物　候

一、生物候

在正常气候条件和生态环境下，新城地区动物、植物生长发育有其规律性，物候特征明显。

春　季

孟　春　2月下旬~3月中旬，日平均气温4~7度。柳、芦苇发芽，海棠花萌，春梅花开，油菜抽苔初花，野草发青，树木幼芽相继萌发或膨大，三麦返青拔节，黏虫、小地老虎幼虫开始发育，猫发青。

仲 春 3月中旬~4月中旬，日平均气温8度以上。仲春开始，初闻雷声。春分过，杏花开，柳展叶，水杉、刺槐萌芽，茶树发芽，湖桑抽条，桃花盛开，春笋破土，三麦拔节孕穗，油菜盛花。燕始见，蛙初鸣，蛇出洞，蜜蜂始现。

季 春 4月中旬~5月中旬，日平均气温15~17度。枣树发芽，桑树展叶，三麦抽穗扬花，油菜结荚，水稻播种出苗，龟、蟹活动觅食，蛙产卵，蚯蚓出土，春蚕结茧，蚊起飞。

夏 季

孟 夏 5月下旬~6月中旬，日平均气温20~28度。洋槐盛花，枣树开花，蚕豆、油菜、三麦成熟收获。水稻栽插，夏玉米、花生、大豆播种出苗，棉花现蕾，棉蚜虫、螟虫等先后出现。布谷鸟啼鸣，雏燕初飞。

仲 夏 6月下旬~8月下旬，日平均气温26~31度。枇杷、桃、杏果实成熟，芝麻开花，水稻分蘖，玉米结棒，大豆结实，葡萄成熟，荷花盛开。蝉始鸣，萤火虫现光，蚊蝇猖獗。水稻、棉花的病虫害进入盛发或爆发期，秋熟作物繁茂生长，秋蝉和鸣。

季 夏 8月下旬末~9月下旬末，日平均气温从27度逐渐下降到22度。槐开花结实，油菜播种育苗，粳稻吐穗，花生、玉米成熟收获。蝉鸣渐稀，水稻、棉花病虫害盛发期已过，褐稻虱始发。

秋 季

孟 秋 9月中旬末~10月上旬，日平均气温从21度逐渐下降到17度。桂花香，棉花吐絮，柳叶黄。蝉终见，燕南飞。水稻、大豆、花生、山芋等秋熟作物成熟收获。菊花开，枫叶红。

仲 秋 10月上旬末到下旬，日平均气温从16度下降到14度。早茬麦已出苗，油菜移栽，棉花收获，柳落叶。农作物虫害已不多见，蛙蛰伏，雁南归，蚊子匿迹。

季 秋 10月底~11月上旬，日平均气温从13度降到11度。小麦出苗。红枫落叶。黑鱼停食，龟、蛇渐入冬眠。

冬 季

孟 冬 11月中旬~12月中旬初，日平均气温从10度渐降至3度。小麦分孽，草枯黄。结冰初见，耕牛进棚休冬。

隆 冬 12月中旬末~翌年2月下旬，日平均气温降到3度以下。树叶全部脱落，三麦、油菜进入越冬期。降雪增多，大多数年份，土壤冻结，河塘封冻。腊梅初放，春梅现蕾，麦苗返青。喜鹊营巢。

二、气象候

雾 境内常年有大雾发生。1959~1987年，年平均大雾日数为27.8天；年最多大雾日数为51天（1979年），年最少大雾日数为13天（1975年）。1988~2012年，年平均大雾日数为29.5天。秋季最多，11月份平均有4.3个大雾日，夏季最少，7月份平均只有1.3天。

霜 新城平均初霜期在10月30日，终霜期在3月29日，霜期平均为152天。年平均无霜期为213天，最长256天（1998年），最短200天（1991年、1993年）。

冰 初结冰平均12月10日，结冰终平均来年2月25日。

雪 一般12月下旬始见降雪，次年2月底终止，年平均降雪日数十天。平均初雪日期是12月27日，终雪日期是2月28日。最深积雪厚度42厘米（1984年1月19日），积雪时间长达28天。

雷 年平均雷29.5个，最多为42个（1998年），最少20个（1995年）。初雷平均3月20日，终雷平均9月25日。

第五节 水系 水文

一、水 系

境内水系属长江水系，大小河流20条，总长74.18千米，流域面积95平方千米。

仪扬河 开挖于东晋永和年间，境内段东自带子沟向西流经桃坞村、新北村、新华村、冷红村、郁桥村和三将村，长8.4千米，流域面积19平方千米，河口宽50米，汇集各支流河水入江，是引排和航运的主要河道。

图2-2 仪扬河 （摄于2010年）

龙 河 始为东汉建安初年（197~199年）开凿的陈公塘下游泄洪排水河道。解放后，经治理干流源自江淮分水岭南侧的西高营，流经高集、宣家湾、龙河集、金桥，至带子沟入仪扬河，全长34.6千米。境内段北自三茅村向南，经官胜村、凌桥村、丁冲村、林果村、新北村、桃坞村，流入仪扬河，长12.08千米。河口宽40米，流域面积30平方千米，是引水、排涝和航运的骨干河道。

图2-3 龙河 （摄于2010年）

石桥河 宋时开挖，源于真州镇耿庄水库，由北向南流经新城三将村出境，境内长1.2千米。流域面积3平方千米，是新城镇与真州镇界河，具有引排、航运功能。

图2-4 石桥河 （摄于2009年）

梅家沟 又名汊河，开挖于明代。源于马集镇朱洼水库，向南至新城西流入仪扬河，全长10.4千米。境内段由北向南流经马坝村、林果村、新华村、郁桥村入仪扬河，长2.3千米，流域面积5平方千米，是引灌和排涝的骨干河道。

图2-5　梅家沟　（摄于2008年）

沿山河　解放后，1957~1977年沿黄土岗地与平原交界处人工开挖而成。境内段由东向西流经凌桥村、林果村、郁桥村、三将村后出境，全长11.7千米，流域面积25平方千米。沿山河是丘陵岗地与圩区平原的分界河，沟通南北向河流，具有防洪、排涝和引灌之功能。

图2-6　沿山河　（摄于2010年）

沙　河　开挖于元代，是仪扬河通江的古河道。北起卧虎闸，南至旧港，史称珠金沙河、新坝河。1973年，将卧虎闸至沙河闸段称沙河，自旧港向东南入江段称为盐河。现沙河、盐河统称新圩河。境内段北起仪扬河，南至旧港，长2.7千米，是十二圩翻水站排涝和翻引长江水的主要河道。

图2-7　仪泗河　（摄于2009年）

仪泗河　成河于清代，曾通长江，后阻断，1978年疏浚。境内段东自旧港，西至十二圩红旗村，长2.4千米。现为冷红村与十二圩办事处的排涝、引灌之河道。

支流河沟　至2012年，境内共有支流河沟13条。

2012年新城镇支流河沟统计表

表2-1

河沟名称	起讫地点	成河年代	所在位置	长度（千米）	主要功能
烟袋山引水河	龙河至烟袋山电灌站	1963	丁冲村、林果村	0.80	引灌
马坝河	马坝百一组至沿山河	1979	马坝村	5.00	泄洪　引灌
丁冲中心河	周营天王水库至龙河	自然形成	周营村、丁冲村	4.50	泄洪　引灌
张姬沟	仪扬公路至仪扬河	自然形成	桃坞村	2.30	排涝
唐家沟	新北村至仪扬河	自然形成	新北村、桃坞村	2.20	排灌
巫家沟	新龙公路至仪扬河	自然形成	新华村、新北村	1.60	排涝
郁桥中心沟	三将电灌站至仪扬河	自然形成	三将村、郁桥村	1.40	排灌
三元沟	仪扬公路至仪扬河	自然形成	三将村	1.50	排涝

续表2-1

河沟名称	起讫地点	成河年代	所在位置	长度（千米）	主要功能
余营河	汽车工业园至仪扬河	自然形成	汽车工业园、新华村	1.80	泄洪　引灌
幸福河	夏营大塘至龙河	自然形成	三茅村	2.00	泄洪　引灌
永三中心河—先锋河	刘集白羊村至龙河	自然形成	三茅村	2.60	泄洪　引灌
朱庄河	东梁水库至小龙涧	自然形成	官胜村	2.10	泄洪　引灌
大王中心河—夏营河—沙田河	姚墩水库至龙河	自然形成	官胜村、凌桥村	5.60	泄洪　引灌

二、水 文

镇内无专门水文记载。根据市（县）水文站有关数据资料分析新城区域水文情况记之。

仪扬河水位及流量　1961年起，县水文部门开始对仪扬河水文进行测量，至2012年的51年间，仪扬河历年平均水位4.4米，最高水位7.22米（2003年7月5日），最低水位0.78米（1963年12月30日）。仪扬河平均日流量（1966~1971年停测）6.65立方米/秒，最大流量397立方米/秒（1972年7月3日，排水），最小流量-146立方米/秒（1995年6月13日，引水）。

地下水位　新城无浅水井观测点。据80年代开凿的30例农灌井数据显示，龙河片地下水位最高25.87米，最低23.65米，平均24.76米。圩区片地下水位最高5.87米，最低2.94米，平均4.61米。

水 质　1977年6月，县水文部门开始在新城大桥设点取样，对仪扬河水质进行监测。1990年起又将龙河、沿山河水质纳入监测范围，并在龙河金桥设点取样，在沿山河随机取样。监测结果显示，仪扬河80年代水质尚好，达到Ⅱ类标准。90年代后，3条河流水质逐渐下降。主要是溶解氧、氨氮、高锰酸盐指数、五日生化需氧量超标。1990年监测结果表明：仪扬河属典型的有机污染，水质总体只有Ⅳ类标准。龙河受有机污染，水质在Ⅲ～Ⅳ类间。2006年监测结果是：仪扬河水质为Ⅴ类标准，龙河水质为Ⅳ类标准，沿山河水质为劣Ⅴ类标准。2010年后，3条河流污染加剧，水质恶化。地下水质方面，60年代井水人畜可饮用，水质较好，90年代后水质变差，井水中含铁离子超标，人畜不能饮用。

第六节　自然资源

一、土 壤

土壤是指地球表面疏松的表层，由母质、地形、气候、生物、年代等多种因素综合影响的结果。任何一种因素的变动，都会影响土壤结构的改变。2012年，镇内土壤面积3921.43公顷，5个等级、16个土种。

面 积　新城镇人多地少，土壤资源珍贵。2012年，人均占有耕地0.074公顷，低于全市平均水平。

等　级　根据1984年第二次全国土壤普查资料，仪征县按生产能力和所处的环境将土壤划分为5个等级。新城乡和龙河乡共有耕地5103.71公顷，其中一级耕地新城乡17.47公顷，占耕地总面积的0.34%，龙河乡没有；二级耕地两乡面积1989.41公顷（新城1786.05公顷、龙河203.36公顷）占38.98%。肥力较高，耕性尚好，稻麦皆宜，龙河乡面积较小，仅占3.99%；三级耕地两乡面积2207.33公顷（新城840.87公顷、龙河1366.46公顷）占43.25%，面积较大，肥力中等，耕性较差；质量较差的四级耕地共有551.8公顷，占10.81%。此外，还有土地质量差的五级耕地337.7公顷占6.62%。四五级地主要分布于坡岗地与低洼冲田，为白土属、冷浸土，肥力低、耕性差，有机质含量低，种植庄稼不发或早衰，稻麦不宜。80年代，新城、龙河乡持续进行低产田改造，农田水利建设，修筑梯田，平整土地，宜林则林，宜草则草，成效显著。至2000年，马坝冲小流域治理面积8.22平方千米。2006年10月至2007年9月，大规模整理官胜村、凌桥村土地930公顷。2012年，整理三茅村土地90.73公顷，土壤生产能力提高，耕地等级提升。

种　类　境内土壤母质为下蜀系黄土和长江冲积物两种类型。根据仪征县1984年土壤普查资料，新城乡、龙河乡共有16个土种，其中丘陵岗地土种有10个，圩区平原土种有6个。

黄刚土、旱地白土、旱地黄白土　属下蜀黄土母质，有效土层10~30厘米，表土重壤或中壤，黄棕色，淡黄色，主要分布在新城、龙河岗地和缓岗坡地。

冲淤土、马肝土　黄土淤积物，有锈纹斑及铁锰结核，质地中壤轻黏。表土暗黄色，分布在龙河中游两侧及冲河两侧的河谷平地和冲田。

黄杂土、黄白土　表土黄棕色和暗灰黄色，质地重壤，pH值6.5左右，塝田大多属此类土种。

小粉白土　下属黄土母质，表土暗黄棕色，60厘米以下均有白土层段，黏粒<30%，分布在平缓岗地。

冷浸马肝土　下属黄土冲积物，质地重壤，分布在低洼冲田和塘、坝、库下游的冲田。

黄泥土　下属黄土母质，表土淡黄棕色，重壤，pH值6左右，丘陵岗地及上塝田多数属于该土种，面积较大。

高沙土、乌沙土、直沙土　长江河漫滩堆积物，表土暗灰色，质地轻壤。分布在沿山河以南，仪扬公路以北地区。

淤泥土、沙底淤泥土、黑淤泥土　长江冲积物，表土暗灰棕色，质地中壤或重壤，pH值8左右，分布于仪扬河两岸及圩田低洼地区。

物理性状　境内土壤质地有明显差异，分重壤、中壤、轻黏土和轻壤土。中壤土面积最大占48%，重壤土面积次之，占46.9%。轻黏土和轻壤土面积最小，分别占3.1%和2%。耕作层平均总孔隙度为49.5%，平均厚度为14.7厘米，犁底层厚度15厘米左右。

养分状况　丘陵岗地土壤pH值<7，呈微酸性和中性反应。圩区平原大部分土壤pH值>7，呈弱碱性反应。由于长期大量使用生理酸性化学肥料，土壤pH值呈逐渐下降趋势。

耕地有机质含量先降后升，70年代至80年代，有机质呈下降趋势，1990年后，由于机械化收割庄稼，秸秆还田量增大，有效补充耕地有机质。2006年，土壤有机质含量2.39克/千克，比1989年上升60.4%。80年代后，推广使用复合肥，土壤速效磷、速效钾、速效锌含量呈上升趋势。2005年，土壤速效磷含量为9.05毫克/千克，速效钾含量91毫克/千克，有效硼呈下降趋势。

二、水

地表水 境内地表水较丰富，年平均降水总量8153万立方米，径流模数25%，年平均径流量2038万立方米，其中丘陵地区1220万立方米，塘坝库蓄水1000万~1100万立方米。地表水和客水可用量0.83亿立方米，人均占有量1877立方米，高于全市人均水平。枯水年份，长江补给仪扬河水达40个流量，是新城镇主要补给水源。

地下水 境内地下水为雨花台组孔隙承压水和河湖相沉积孔隙水两种类型，前一种地下水主要分布在马坝村百姓组、庙一组、王庄组等地，储量不多，水位较低，水质较好，龙河乡曾作为自来水补给水源。后一种地下水主要分布在圩区，地下水位较高，但水质较差，不宜人畜饮用。

三、动 物

脊椎动物 主要有哺乳类、鸟类、鱼类、爬行类和两栖类5种类。

哺乳类 有獾（狗獾、猪獾）、花面狐（骚狗子）、狐、野山猫、家猫、刺猬、黄鼬（黄鼠狼）、鼠（有小家鼠、黑线姬鼠、褐家鼠等）、水獭（家养）、野兔、蝙蝠等。50年代初，林果、马坝丘陵地带有狼出没，后没再出现。70年代后，黄鼠狼遭捕杀严重，数量急剧减少。80年代后，县林业部门放养一批，后又见其踪影。80年代，花面狐、狐消失。

鸟 类 有留鸟、候鸟和旅鸟三种类型。留鸟有八哥、画眉、百舌子、白头翁、大头蛮、黑脸噪鹛、啄木鸟、大山雀、小山雀、喜鹊、灰喜鹊（山和尚）、乌鸦、翠鸟（水百脸）、大竹雀、小竹雀、麻雀、鹌鹑、秧鸡（苦恶子）、家鸽、沼泽山雀、鸱（鸱鹰）、白眉鹤、灰天鹅、鸬鹚（鱼鹰）、鹭鸶、凫（野鸭）、雉（野鸡）、斑鸠（鹧鸪）鹡鸰（叫天子）、黄豆豆、腊嘴、长耳鸮（猫头鹰）、戴胜等。候鸟有大杜鹃、鹰头杜鹃、四声杜鹃（布谷鸟）、燕子、金腰燕、楼燕、黑枕黄鹂、黑卷尾、打狗鸟（当地俗称）、棕背伯劳、红尾伯劳等。旅鸟有大雁、寒鸦、白鹡鸰、白腹鹁、兰翡翠等。境内常见鸟类40余种，候鸟80多种。80年代，野鸡、斑鸠等野生鸟类遭猎杀，几近绝迹。90年代，政府严禁捕杀保护鸟类，这些鸟类包括候鸟又多起来。2000年后，生态环境改善，珍贵鸟类如白鹭、灰鹭、牛背鹭等在马坝等地成群出现，甚至70年代已无踪影的戴胜又随处可见。

鱼 类 有青鱼、草鱼、鲤鱼、鲫鱼、鳡鱼、尖头鳡鱼、鳍鱼、鲢鱼、鳙鱼、长春鳊、团头鲂、翘嘴鲌、白鲳、黑尾鳘条、油鳘条、红鳞斜颌鲴、黄尾鲴、大鳍刺螃鲅、中华螃鲅、短须螃鲅、高体螃鲅、虎头鲨、黄颡鱼、岔尾黄颡鱼、麦穗鱼、鲶鱼、胡子鲶、鳜鱼、花鳜、翘嘴鳜、黑鱼、泥鳅、花鳅、花斑沙鳅、长身泥鳅、大鳞鱼鳅、大鳞泥鳅、白鳝、黄鳝等。90年代,农村专业户开始养殖淡水白鲳,以及观赏鱼如金鱼、锦鲤等。2000年后农村生态环境受到工业化影响,野生鱼类数量减少。

爬行类 有龟、金钱龟、鳖(甲鱼)、蜥蜴(四脚蛇)、壁虎、蛇(有乌风蛇、火赤炼、水蛇、土公蛇、翠青蛇、竹叶青、蝮蛇)等。90年代,金钱龟、蝮蛇已难见踪迹。2000年后家养鳖、巴西龟等数量增加。

两栖类 有蛙(10多种)、蟾蜍(癞蛤蟆)2种。

节肢动物 主要有昆虫类、蛛形类、螨类和甲壳类、多足类5种类。

昆虫类 有家白蚁、黄肢散白蚁、非洲蝼蛄、蚱蝉、褐斑蝉、小绿叶蝉、斑衣蜡蝉、碧蛾蜡蝉、桑木虱、槐蚜、草履蚧、紫薇绒蚧、日本龟蜡蚧、海桐锦蚧、桑白蚧、黄斑蝽、臭大姐、细腰叩头虫、吉丁虫、大红瓢虫、廿八星瓢虫、华北黑鳃金龟子、东方金龟子、铜绿丽金龟、桃红颈天牛、星天牛、刺槐虎天牛、光肩星天牛、桑天牛、云斑天牛、柳兰叶甲、榆琉璃甲、李叶甲、榆绿叶甲、榆黄叶甲、柳干木蠹蛾、刺槐豹蠹蛾、大袋蛾、黄刺蛾、褐边绿刺蛾、褐刺蛾、扁刺蛾、刺槐荚螟、桃蛀螟、樗蚕、槐天蛾、豆天蛾、霸天蛾、红腹白灯蛾、小地老虎、大地老虎、黄钩蛱蝶 、大红蛱蝶 、琉璃灰蝶、蓝灰蝶、红灰蝶、黑灰蝶、黄粉蝶、宽边小黄粉蝶、黄凤蝶、玉带凤蝶、柳瘿蚊、竹瘿蜂、东方褶翅小蜂、黑颈大腿小蜂、广大腿小蜂、黏虫广肩小蜂、上海青蜂、凤蝶金小蜂、螟黄竹茧蜂、菜粉蝶绒茧蜂、中华茧蜂、黑侧沟姬蜂、黑带食蚜蝇、凹带食蚜蝇、松梢螟、银杏小卷蛾、华姬蝽、红点蜃瓢虫、双带盘瓢虫、黄斑盘瓢虫、异色瓢虫、异色瓢虫十九斑变种、独角仙、异色瓢虫显现变型、异色瓢虫暗黄变型、异色瓢虫显明变种、龟纹瓢虫、龟纹瓢虫黄绿变型、红环瓢虫、中华广肩步甲、中华果蛉、二化螟、三化螟、大螟、纵卷叶螟、稻叶蝉、稻蓟马、稻苞虫、稻飞虱、稻蝗、稻象甲、稻蝽象、麦蚜、黏虫、棉蚜、棉蛉虫、玉米螟、金刚钻、菜蚜、菜青虫、菜蛾、菜叶蜂、菜蝽、豆芫菁、大豆食心虫、甘薯天蛾、花生蛴螬、黄绿青步甲、丽草蛉、隐翅虫、螳螂、龟纹瓢虫,以及大蟋蟀、小蟋蟀、油葫芦、家蚕等约130种。80年代,新城、龙河种植茶叶、意杨、桃、梨树等,增加不少昆虫,有蚜虫(槐、桃、梨、栗、茶蚜)、茶蛾蜡蝉、茶古丁蛾、茶绿盲蝽、茶毛虫、茶长白蚧、茶小卷蛾、茶天蛾、茶斑蛾、茶尺蛾、茶蛾、桃小、桃剑纹夜蛾、桃吸果夜蛾、桃小食心虫、梨剑纹夜蛾、梨潜皮蛾、梨大食心虫、梨小食心虫、梨网蝽、杨小舟蛾、杨二尾舟蛾、杨扇舟蛾、松褐天牛、松材线虫、葡萄叶甲、葡萄木蛾,以及长背泥蝉、吹绵蚧、竹巢粉蚧、皱绒粉蚧、角腊蚧、小袋蛾、肿腿蜂、栎皮夜蛾、天慕毛虫等近40种。

蛛形类 有圆蛛、麦蜘蛛、棉红蜘蛛、丁纹狼蛛、食虫瘤胸蛛,四斑巨螯蛛、黄褐新之蛛、三突花蛛、拟水狼蛛、八点球腹蛛、甲腹肖蛛、了水狼蛛、锥腹肖蛸蛛、拟环纹狼蛛、草间小黑蛛、草丛肖遥蛛、隆背微蛛、叉斑巨齿蛛、纵带跳蛛、鳞纹青蛛、大腹圆蛛、花背跳蛛、棕管巢蛛等。

螨类 有跗线螨、茶瘿螨、短须螨、山楂叶螨、锈叶锈螨、桃叶螨等10多种,由这些微生物引起的松、杉、柳、银杏和茶、梨、桃等林茶果病虫害有近30种。

甲壳类　60年代有青虾、龙虾、白虾、河蟹等。80年代后期由于水质变劣，青虾、白虾渐少，90年代后几近灭绝。2000年后，人工养殖虾、蟹增加。

多足类　有蜈蚣、蚰蜒（蓑衣虫）等。

软体动物　主要有螺蛳、田螺、河蚌、蚬、蜗牛等。90年代后，田螺、河蚌渐少，2000年后野生田螺、河蚌少见。

环节动物　主要有蚯蚓、水蛭（蚂蟥）等。

四、植　物

木本植物　新城历史上遗留的野生木本植物残存无几，后多为人工栽植。2012年，林木类主要有24科66种。

柏　科　侧柏、蜀柏、龙柏、花柏等。

银杏科　银杏。

松　科　雪松、五针松、马尾松、黑松等。

紫杉科　水杉、落羽杉、池杉等。

杨柳科　旱柳、金丝垂柳、214杨、63杨、69杨、72杨、35杨、351杨、四季杨。

悬铃本科　二球悬铃木（法国梧桐）。

樟　科　香樟、石楠。

玄参科　泡桐。

山茶科　茶树。

蜡梅科　梅。

黄杨科　金叶黄杨、瓜子黄杨、雀舌黄杨。

卫矛科　大叶黄杨。

蔷薇科　山楂、海棠、枇杷、杏、李、桃、棠梨、沙梨、月季、玫瑰、樱桃。

山毛榉科　板栗、麻栎等。

榆　科　朴树、榉、榆。

桑　科　桑、枸树。

楝树科　楝树、椿。

漆树科　黄连木。

葡萄科　葡萄。

柿树科　柿。

木犀科　女贞、小叶女贞。

锦葵科　木槿。

无患子科　栾树。

禾本科　刚竹、淡竹、雅竹、紫竹、凤尾竹、笑竹、毛竹、慈孝竹。

花卉类主要有38科70种。

芍药科　牡丹、芍药。

蔷薇科　梅花、月季、火棘（火把果）、桃花、扶桑。

菊　科　菊花（多种）、爪叶菊、大丽花。

兰　科　兰花、大花蕙兰、蝴蝶兰、兜兰、文心兰。

木兰科　白兰花、含笑、白玉兰、广玉兰、紫玉兰。

杜鹃花科　杜鹃（有春杜鹃、夏杜鹃、秋杜鹃）。

茶　科　茶花。

蜡梅科　狗蝇蜡梅、素心蜡梅。

锦葵科　木芙蓉。

槭树科　红枫、鸡爪槭。

千屈菜科　紫薇。

木樨科　桂花（有金桂花、银桂花、四季桂花）、丁香。

茜草科　栀子花。

瑞香科　瑞香。

楝　科　米兰。

茉莉大戟科　一品红、变叶木。

金缕梅科　红花继木。

忍冬科　金银花。

茄　科　夜来香、矮牵牛。

小檗科　南天竹。

棕榈科　棕榈。

报春科　仙客来、报春花。

百合科　百合、文竹。

秋海棠科　球根海棠。

天南星科　红掌、白掌、马蹄莲。

鸢尾科　唐菖蒲。

石蒜科　水仙、朱顶红、君子兰（大花、垂笑）。

芭蕉科　鹤望兰、美人蕉。

天竺葵科　天竺葵。

苏铁科　苏铁。

龙舌兰科　富贵竹。

木棉科　马拉巴栗（发财树）。

桑　科　橡皮树。

杉　科　南洋杉。

龟背竹科　龟背竹。

凤梨科　彩凤梨、巢凤梨、五彩凤梨。

五茄科　常春藤。

仙人掌科　仙人掌、金虎、蟹爪兰、昙花。

草本植物　新城北部丘陵平岗，地势起伏，南部圩区河网纵横，水深土厚，生态条件复杂，具有丰富的植物资源。50年代起至80年代后期，物种有所减少。1987年，境内有野生草本植物69科500多种，其中可作药的213种，可代替粮食蔬菜用的54种，可提取淀粉、糖或酿酒的23种，可用油料的29种，可提取香料的20种，可作纤维用的26种，可提取糠料或染料的17种，可作牧草饲料的115种，有毒或属检疫对象的14种，不少植物具有多种用途。之后，由于城市建设，经济开发、荒山利用以及环境污染等因素，生态发生变化，野生草木植物种类减少三分之一以上。由于气候逐渐变暖，原在江南生长的植物，如刺果毛莨、商陆等在新城已有分布，并逐年增多。新的外来物种如加拿大一枝黄花在新城及高速公路等处逐年扩散。2012年，境内野生草本植物有61科280种，分别比1987年减少11.59%和45.21%。

木贼科　问荆、节节草。

苹 科　苹（俗名四叶苹）。

槐叶苹科　槐叶苹。

满江红科　满江红（俗名绿萍）。

香蒲科　香蒲、水烛。

眼子菜科　菹草（俗名鹅草）、眼子菜（俗名竹叶飘）。

茨藻科　大茨藻、小茨藻。

泽泻科　矮慈姑（俗名面条草）。

水鳖科　黑藻、苦草。

禾本科　小颖羊茅、早熟禾（俗名小鸡草）、碱茅、硬草、雀麦、知风草、画眉草、秋画眉草、大画眉草、乱草、芦苇、鹅观草、黑麦草、毒麦、千金子、牛筋草、狗芽根、茵草、野燕麦、小糠草、蒴股颖、长芒棒头草、棒头草、鼠尾粟、日木看麦娘、看麦娘（俗名五干草）、柳叶箬、糠稷、细柄黍、稗、孔雀稗、无芒稗、西来稗、旱稗、光头稗、野黍（俗名唤猪草）、雀稗、双穗雀稗、止血马唐、马唐、毛马唐、短叶马唐、狗尾草、金色狗尾草、狼尾草、野古草、白茅、大油芒、柔枝莠竹、牛鞭草、假俭草、荩草、黄背草、薏苡。

莎草科　扁杆藨草、水葱、水毛花、萤蔺、牛毛毡、水虱草、飘拂草、球形莎草、香附子（俗名三棱草）、碎米莎草（俗名三方草）、小碎米莎草、扁穗莎草、褐穗莎草、异型莎草（俗名球花碱草）、旋鳞莎草、水莎草、球穗扁莎、红鳞扁莎、光鳞水蜈蚣、南京珍珠茅、褐苔草、垂穗苔草。

天南星科　菖蒲、大漂（俗名水浮莲）、半夏。

浮萍科　浮萍。

谷精草科　赛谷精草。

鸭跖草科　鸭跖草、火柴头。

雨久花科 鸭舌草、凤眼莲(俗名水葫芦)。

灯心草科 灯心草。

百合科 山茨菇(俗名双菇)、小根蒜、绵枣儿、土麦冬。

三白草科 蕺菜(俗名鱼腥草)。

石蒜科 石蒜(俗名龙爪花)。

大麻科 葎草(俗名拉拉藤)。

蓼 科 萹蓄、习见蓼、红蓼、粘毛蓼、酸模叶蓼(俗名腊杆子)、绵毛酸模叶蓼、水蓼(俗名辣蓼)、丛枝蓼、扛板归、酸模、羊蹄、齿果酸模。

藜 科 土荆芥、藜、小藜、地肤。

苋 科 青葙、刺苋、反枝苋、皱果苋、牛膝、莲子草、空心莲子草(俗名水花生)。

商陆科 商陆。

番杏科 粟米草。

马齿苋科 马齿苋。

石竹科 拟漆姑、牛繁缕(俗名鹅儿肠)、繁缕、雀舌草、粘毛卷耳、漆姑、蚤缀(俗名鹅不食)、麦兰菜(俗名王不留行)、石竹、瞿麦。

睡莲科 芡(俗名鸡头米)。

毛艮科 扬子毛艮、禺毛艮、茴茴蒜、小毛艮、石龙芮、刺果毛艮。

十字花科 诸葛菜、焯菜、细籽焯菜、弯曲碎米荠、碎米荠、北美独行菜、荠(荠菜)。

景天科 珠芽景天(俗名马尿花)。

虎耳草科 虎耳草。

蔷薇科 绒毛龙芽草、蛇莓、蛇含、翻白草(俗名野芽)、朝天委陵菜。

豆 科 决明、黄香草木樨、南苜蓿、天兰苜蓿、野大豆(俗名料豆)、大巢菜(俗名荞荞子)、窄叶野豌豆、小巢菜、广布野豌豆、田皂角、鸡眼草、长萼鸡眼草(俗名掐不齐)。

酢浆草科 酢浆草。

牻牛儿苗科 野老鹳草。

大戟科 地锦、斑地锦、大戟、泽漆(俗名五灯头)、铁苋菜、蜜柑草。

葡萄科 乌蔹莓。

锦葵科 苘麻。

堇菜科 长萼堇菜、紫花地丁。

千屈菜科 水苋菜、耳基水苋、多花水苋、节节菜。

菱 科 野菱。

柳叶菜科 丁香蓼。

小二仙草科 萘(俗名狐尾藻)。

伞形科 破子草、野胡萝卜、泽芹、蛇床。

报春花科 点地梅、泽珍珠菜。

龙胆科　莕菜（俗名莕宽盘）。

萝藦科　萝藦。

旋花科　菟丝子、牵牛、打碗花（俗名兔子苗）。

紫草科　附地菜、细茎斑种草。

马鞭草科　马鞭草。

唇形科　半枝莲、紫花香薷、活血丹（俗名金钱草）、夏枯草、长圆叶水苏、益母草、佛座、雪见草（俗名哈蟆草）、石荠苧、紫苏、香茶菜。

茄　科　龙葵、白英、酸浆（俗名红姑娘）、苦蘵（俗名灯笼草）、紫花曼陀罗。

玄参科　通泉草、地黄、陌上菜、母草、波斯婆婆纳、婆婆纳。

爵床科　爵床。

车前科　车前。

茜草科　鸡矢藤、猪殃殃（俗名石石珠）。

葫芦科　盒子草、栝楼。

桔梗科　桔梗、半边莲。

菊　科　泽兰、一枝黄花、鸡儿肠、钻形紫菀、马兰（俗名马栏头）、一年蓬、小白酒草（俗名小飞蓬）、野塘蒿、鼠麹草、旋复花、窄叶旋复花、天名精、苍耳、豚草、豨莶、醴肠、狼把草、鬼针茸、三叶鬼针草、野菊、菊花脑、石胡荽（俗名球子草）、茵陈蒿、牡蒿、青蒿、蒌蒿、艾蒿、野艾蒿、飞蘼、刺儿菜、蓟、泥胡菜、稻搓菜、蒲公英、苦苣菜、断续菊、黄鹌菜、剪刀股、苦荬菜、山苦荬。

五、矿　藏

镇内矿藏资源匮乏，已知矿藏有黄黏土、泥炭2种。

黄黏土　北部丘陵岗地大多是黄黏土，结构紧黏，色质黄棕，是烧制陶器、砖瓦的优质原料，储量丰富。1990年，全镇平均年开采黏土40万立方米。2000年后限采，开采量减少。

泥　炭　蕴藏于凌桥村柳沟组一带，储量约7万吨。

第七节　自然灾害

一、水　灾

新城地区主要自然灾害是洪涝水灾，尤其是圩区平原多水灾。南有江潮，北压山洪，圩区易积涝，洪涝相隔3~5年出现一次。据史料记载，明嘉靖元年（1522年）“大风雨，江溢平陆，水涌丈余，庐舍漂没，死者无数，田畴荡然。”清道光二十八年（1848年）连续暴雨，“平地水深数尺，遍成泽国，田庐漂没。”清光绪二十七年（1901年）龙河堤金家大桥北段老公嘴和桃坞村沙庄两处决口，毁农舍无数，淹农田2万余亩。民国10年（1921年）持续大雨，沿江皆遭破圩之厄，水中收割稻谷甚微，圩区大部分农田失收。

新中国成立后，境内危害严重的主要洪涝灾害有：

1953年9月2日，猛降特大暴雨295毫米，山洪暴发，新城地区全面受灾，淹没农田1260.07公顷（约合18901亩），倒塌房屋503间，死亡3人，伤8人，淹死家禽家畜、损坏农具家具无数。

1954年6月28日至8月21日，大雨转暴雨，累计降水945毫米，长江出现52次洪峰，全县江、河堤溃决41处，新城仪扬河北地区一片汪洋，农田行舟，水稻绝收，倒塌房屋3945间，重灾人口2.73万人。

1965年8月21日，13号台风过境，突降暴雨361毫米，山洪下泄，龙河公社多数塘、坝冲毁，龙河、仪扬河水位暴涨，圩区农田被淹，在田作物大面积受损，减产三~四成。

1975年6月20日至26日，境内3次遭受大风暴雨袭击，陡降暴雨594.9毫米，山洪暴发，河水猛涨，江潮顶托，内涝严重，新城公社1666.67公顷（约合2.5万亩）水稻被淹，龙河公社133.37公顷（约合2000多亩）棉花、旱谷经济作物损毁，倒塌房屋1000多间，淹死1人。

1991年5月21日至7月15日，遭遇异常二次梅雨天气，降雨量954.6毫米，是常年梅雨量的3倍。7月11日，仪扬河水位超警戒线1.04米，新城乡1000公顷（约合1.5万亩）农田被淹，新城老街住户普遍进水，全乡倒塌、损毁房屋200多间，多数乡村企业被迫停产，造成直接经济损失300多万元。

图2-8 1991年林果村部分村庄被淹情景（摄于1991年）

1997年11月11日至1998年1月18日，出现连续阴雨天气，雨日39天，雨量276毫米，降水过程频繁，雨日之多、雨量之大均为历史罕见。由于长期连续阴雨，日照奇缺，土壤长期处于水饱和状态，农作物渍害严重，导致夏熟作物大幅度减产三~四成。

2003年6月下旬至7月上旬连降暴雨，7月4日晚出现特大暴雨，24小时降水量达284.4毫米，创新城地区有记录以来历史最高，造成大部分农田受涝，鱼塘被淹，数家工业企业停产，经济损失严重。7月5日，林果村龙河大圩段出现80米河堤漫水，200多户村民1000多人被洪水围困，大圩、金圩、吴庄、长沟等9个村民小组106.67公顷（约合1600多亩）农田被淹。

二、旱 灾

境内丘陵山区水源紧缺，干旱成为山区居民生活和农业生产最大的威胁。旱灾多发生在夏秋季节。解放前，人们无力抗旱，常毁苗（水稻）改种旱谷（豆类和山芋），遇大旱，往往成片颗粒无收，百姓逃荒。据史料记载，明嘉靖三年（1524年）“三月至六月无雨，运河井泉竭，是年大饥，人相食，殍尸无数”。清康熙六年（1667年）“春夏久旱，田野皆赤。”民国11年（1922年）山区因大旱庄稼收成不足半数。解放后亦多次发生旱灾等自然灾害。

1952年6~8月无雨，龙河地区农田水稻普遍受旱，旱谷枯萎，粮食严重减产。

1961年1~6月仅降雨293毫米，90%塘坝干涸，人畜饮水困难，农作物受旱严重，当年龙河公社粮食产量比1960年减产26%。

1978年全年降雨仅458毫米，5月份出现大旱，龙河公社塘、坝、库干涸，依靠十二圩、土桥翻水站及时抽取江水补给水源。

1994年6月29日至8月21日干旱无雨，仅有8天降雨1毫米左右。由于温度高，日照强烈，蒸发量大，旱谷萎蔫，严重影响水稻发棵分蘖、扬花灌浆，当年粮食产量减产两成。

1997年9月3日至11月10日，长达两个多月的持续干旱少雨，总降水量仅有12.4毫米，为常年同期的10%，严重影响水稻灌浆结实，不利于三麦出苗和油菜移栽成活。

三、冰 雹

新城地区冰雹虽出现次数少，但来势猛，强度大，且伴有狂风暴雨，对农作物、人畜、住房均造成一定程度危害。

1981年5月1日，龙河公社突遇9级台风、大雨伴随冰雹袭击，冰雹每颗重250克左右，最大重量500克，持续时间15分钟，有2000公顷（约合3万亩）农作物不同程度被冰雹砸毁，严重的田块损毁达七成，早中稻秧苗受损约五～七成，计166.67公顷（约合2500多亩），棉花折断率50%以上，受损房屋350多间。三茅、长春大队受灾最重，夏粮减产五成以上。

1992年5月20日，新城乡突遭冰雹袭击，冰雹直径10~20毫米。全乡1800公顷（约合2.7万亩）小麦，200公顷（约合3000亩）油菜，300公顷（约合4500亩）水稻秧苗不同程度受损，严重的田块损毁五～七成，30公顷（约合450亩）蔬菜绝收，冰雹砸死雏鸡近万只，造成经济损失193万元。

第三章　人　口

新城自东晋筑城得名后，人口逐渐集聚。元代迁县治于此，成为紧临州城的巨镇，沿街建有很多商肆和民居点，人口迅速增加，但无人口资料。民国时期，始有人口统计，全镇人口平均每年递增0.41%。解放后，随着生产的发展和人民生活质量的改善，新城、龙河人口持续增加，人口质量提高。1953~1980年的27年里，新城、龙河共增加人口29485人，平均每年递增10.41%，其中属自然增长人口占98.7%。由于人口过快增长给入学、就业和人民生活带来一定压力。1972年后，开始计划生育，人口出生率和自然增长率逐年下降，人口增长过快现象得到有效控制。2004年，镇政府被扬州市政府评为计划生育红旗乡（镇），计划生育率达99.84%，家庭人口维持在每户3.2人左右，离婚率有所上升。2012年年末，全镇有15682户47940人。

图3–1　新城镇人口文化团在社区宣传表演（摄于2012年）

新城镇人口历来以汉族为主，90年代后，随着外来人口的增加，少数民族逐年增多。人口男女性别比例长期介于104.8~99.31（女性为100，下同）之间，人口年龄渐由年轻型向中老年型过渡，并渐显老年型。人口文化程度明显提高，高中文化程度占比提高，小学文化程度占比下降。就业人口逐年增加，各业人口所占比重发生较大变化，其中农业富余人员向第二、第三产业转移，从事农业的人员减少，第三产业从业人员增加。2012年年末，第一产业从业人员占全镇从业人口总数的14.72%，第二产业从业人员占57.26%，第三产业从业人员占28.02%.

第一节　人口规模

一、人口数量

民国18年（1929年）全县行政区划资料显示，新城镇及今属境内的19个行政小乡，人口计30529人。之后，区划有所调整，人口数量随之变动。据民国34年（1945年）7月全县普通住户户口统计，新城镇及今属境内的10个行政乡镇人口计36316人。

表 3-1

民国34年（1945年）7月今新城镇域内住户人口统计表

区 名	乡镇名称	保数（个）	甲数（个）	户数（户）	人口数（人）	其中	
						男	女
第一区	冷红乡	7	73	789	4217	2072	2145
	三将乡	6	60	634	3422	1725	1697
第二区	新城镇	6	60	632	3317	1715	1602
	古都乡	5	50	530	2821	1410	1411
	桃坞乡	6	64	630	3413	1786	1627
第五区	龙河镇	8	78	831	4155	2493	1662
	三茅乡	7	71	785	3140	1660	1480
	陈塘乡	6	61	674	3370	1820	1550
	蒋圩乡	8	74	752	3008	1868	1140
	凌桥乡	6	63	669	3345	1940	1405
	三官乡	5	53	552	2108	1208	900

解放后，1950年土改时，参加土地分配人口属现今境域内的有新城区的冷红乡、三将乡、桃坞乡、新北乡、蒋圩乡及新城镇；凌桥区的三茅乡、凌桥乡及龙河镇和新民区的三官乡，计9521户44315人。

1953年7月1日零时开展全国第一次人口普查。通过普查统计，新城乡及属现今境域内的乡有8442户37009人。其中，三茅乡有881户3966人，凌桥乡917户4728人，三官乡980户4112人，龙河乡908户4089人，新北乡1051户4728人，桃坞乡919户4137人，冷红乡1115户4489人，三将乡1206户5428人。1957年3月，撤区并乡后，新城乡有5418户24396人，龙河乡有3030户13735人。此后34年间，新城人口逐渐增加，1991年最高，为36049人，比1957年增加11653人，增长47.77%。在此期间，1983年9月龙河乡划出部分村成立张集乡，人口减少16209人。此后8年间，新城、龙河人口逐年下降。1999年，新城镇34231人、龙河乡19493人，分别比1991年下降5.04%和10.38%。2000年4月，龙河乡、十二圩镇5个行政村和3个居委会并入新城镇，当年末新城镇有24000户65343人。此后5年，人口保持稳中略降。2005年2月，十二圩镇划出后人口减少约18000人。2006~2012年，人口呈缓慢增长态势。2012年年末，全镇有15682户47940人，比2006年增加2145人，增长4.68%。

表 3-2

1959~2012年新城镇（含原龙河乡）户籍人口统计表

年份	新城				龙河			
	户数（户）		人口（人）		户数（户）		人口（人）	
	总数	其中非农业户	总数	其中非农业人口	总数	其中非农业户	总数	其中非农业人口
1959	7791	279	30710	1078	6366	229	26178	624

续表3-2

年份	新城				龙河			
	户数（户）		人口（人）		户数（户）		人口（人）	
	总数	其中非农业户	总数	其中非农业人口	总数	其中非农业户	总数	其中非农业人口
1960	8061	238	30425	919	6672	201	25935	532
1961	8281	276	29638	1398	6854	241	25264	809
1962	8613	296	29831	1417	7267	257	26732	1003
1963	8377	289	30160	1469	7301	259	26838	806
1964	8085	357	30883	1462	7387	261	28264	1036
1965	8427	356	32657	1459	7395	259	29327	1166
1966	8445	323	33968	1410	7341	322	30532	1446
1967	8764	323	35155	1423	7556	393	31789	1731
1968	8808	323	36507	1425	7537	247	32376	1088
1969	9095	312	38278	1140	7669	248	34222	1093
1970	7183	312	30904	1308	7939	258	35007	475
1971	7251	312	31510	1283	8127	262	35892	482
1972	7287	330	31954	1298	8291	366	736632	970
1973	7474	416	32349	1199	8593	365	37375	1411
1974	7654	404	32686	1199	8642	390	37708	1074
1975	7740	408	32989	1269	8830	115	38228	1055
1976	7862	390	33231	1246	9162	456	38641	1058
1977	8074	395	33447	1218	9250	343	38984	1028
1978	8387	378	33580	1286	9578	552	39281	978
1979	8273	421	33585	1362	9379	482	39245	1062
1980	8449	899	33737	1332	9528	459	39268	959
1981	8456	367	33937	1529	9680	476	39472	1197
1982	8627	468	34235	1671	9901	757	39617	2404
1983	8548	367	34333	1671	5761	749	22076	1048
1984	8484	359	34391	3719	5524	384	21831	1349
1985	8437	528	34311	3803	5556	520	21677	2148
1986	8558	438	34476	2857	5744	605	21726	1614
1987	8846	463	34919	3814	5648	563	21642	1695
1988	9533	833	35448	3622	6110	809	21691	1727
1989	9788	735	35684	1901	6243	757	21812	1607
1990	9935	748	35893	1391	6194	439	21756	932
1991	9983	733	36049	1284	7202	685	21750	880

续表3-2

年份	新城				龙河			
	户数（户）		人口（人）		户数（户）		人口（人）	
	总数	其中非农业户	总数	其中非农业人口	总数	其中非农业户	总数	其中非农业人口
1992	10342	861	35263	1579	6350	785	21125	1007
1993	10448	977	35221	1570	6193	786	21109	973
1994	10477	943	35181	1520	6167	714	20857	929
1995	10543	937	35089	1487	6101	712	20646	912
1996	10813	1264	34194	2077	6070	701	19978	943
1997	12126	1600	34382	2097	6040	687	19840	949
1998	12391	1694	34296	2266	6069	686	19709	946
1999	12020	1962	34231	2674	6143	698	19493	980
2000	24000	4689	65343	6392				
2001	24226	4910	65031	6796				
2002	24312	3321	64762	7000				
2003	24269	3287	64491	6934				
2004	23984	3094	64010	6726				
2005	23779	2879	64259	6420				
2006	16414	2998	45795	6540				
2007	16265	3242	46066	6419				
2008	16113	2305	46095	3884				
2009	24707	2138	71972	3684				
2010	15866	2028	46722	3416				
2011	15890	1958	47750	3257				
2012	15682	1794	47940	2984				

说明：2000年起龙河乡并入新城镇故无数据，下同

二、人口分布与密度

民国23年（1934年），新城镇和龙河镇人口共有3.69万人，占全县总人口的17%，其中城镇居民人口约1740人，占4.61%，农村人口3.52万人，占95.39%。

解放后，人口密度逐年增高。1953年，第一次全国人口普查时，新城、龙河乡共计37009人，占全县总人口的11.39%，人口密度为每平方千米462人。其中城镇人口占7.2%，农村人口占92.8%。1982年年末，新城、龙河两地人口密度每平方千米794人，比1964年增加78人。1990年末，新城乡人口密度每平方千米833人，比全市平均人口密度每平方千米650人高出183人；龙河乡人口密度每平方千米609人，低于全市平均人口密度。

2012年，全镇人口密度每平方千米706人，高于全市平均人口密度。全镇总人口中，分

布在城镇的占44.75%，农村的占55.25%.地处镇区的新城街道和冷红、三将、郁桥、新华、新北、桃坞6个村21453人，人口密度每平方千米792人，为全镇人口密度最高的地区。北部丘陵地区的龙河街道及三茅、官胜、凌桥、丁冲、周营、马坝和林果7个村26487人，人口密度每平方千米650人，是全镇人口密度最低的地区。

第二节 人口变动

一、出生 死亡

民国时期，新城镇人口自然变动属高出生率、高死亡率的缓慢增长型。民国18年至23年（1929~1934年）的5年间，人口净增加6371人，平均每年递增3.84%。

解放后，社会稳定、生产发展，人民生活水平提高，新城、龙河人口表现为高出生率、低死亡率、高自然增长率。1950~1978年，生死相抵，自然增加人口28726人，增长64.82%，平均每年递增2.24%。其中，1954~1958年是人口增长的第一个高峰期，年平均出生率为38.2‰，死亡率为12‰，自然增长率为26.2‰，净增加人口10981人；1959~1961年，经历三年国民经济困难时期，出生率下降，死亡率增高，生死相抵，人口减少1220人。1962~1965年，生产恢复和发展，人民生活改善，人口出生率大幅度上升，净增人口6868人，平均每年净增2289人。1966~1970年，又是一个人口增长的高峰期，5年净增6024人，平均每年净增1506人。1974年起，随着计划生育工作的开展，人口自然增长过快的局面得到有效控制，尤其是1979年提倡一对夫妻只生一个孩子后，人口自然增长进入平稳下降期。1980~1990年，新城乡人口自然增长率在11.6‰至4.3‰之间波动，平均每年为7.86‰。11年间新城、龙河两乡共自然增加4803人，平均每年增加437人。1991~1999年，新城、龙河人口自然增长率显著下降。1991年新城、龙河分别为8.8‰和7‰，1999年分别为-0.9‰和-1.7‰。9年中两地人口自然增加1032人，平均每年增加115人。2000~2012年，全镇人口自然增长率继续下降，有9年出现负增长，自然减少1173人，平均每年减少130.33人，其中2010年自然增长率为-4.7‰，自然减少220人。

1963~2012年新城镇人口自然变动情况表

表3-3

年份	出生人数（人）	出生率（‰）	死亡人数（人）	死亡率（‰）	自然增减人数（人）	自然增长率（‰）
1963	1400	46.4	198	6.6	1202	39.8
1964	1413	45.8	283	9.2	1130	36.6
1965	1563	47.9	235	7.2	1328	40.7
1966	1418	41.7	226	6.6	1192	35.1
1967	1478	42.0	238	6.8	1240	35.2
1968	1519	41.6	237	6.5	1282	35.1
1969	1624	42.4	260	6.8	1364	35.6

续表 3-3

年份	出生人数（人）	出生率（‰）	死亡人数（人）	死亡率（‰）	自然增减人数（人）	自然增长率（‰）
1970	1096	35.5	150	4.8	946	30.7
1971	856	27.2	173	5.5	683	21.7
1972	886	27.7	222	6.9	664	20.8
1973	659	20.4	189	5.8	470	14.6
1974	654	20.2	189	5.8	465	14.4
1975	635	19.2	236	7.2	399	12.0
1976	512	15.4	164	4.9	348	10.5
1977	571	17.0	202	6.0	369	11.0
1978	572	17.0	177	5.3	395	11.7
1979	573	17.0	173	5.2	400	11.8
1980	483	14.3	190	5.6	293	8.7
1981	434	12.8	171	5.0	263	7.8
1982	497	14.5	175	5.1	322	9.4
1983	382	11.0	190	5.5	192	5.5
1984	357	10.3	207	6.0	150	4.3
1985	358	10.4	205	6.0	153	4.4
1986	451	17.0	215	6.2	236	6.8
1987	554	15.9	218	6.2	336	9.7
1988	565	15.9	243	6.9	322	9.0
1989	618	17.3	202	5.7	417	11.6
1990	587	16.3	251	7.0	336	9.3
1991	534	14.8	217	6.0	317	8.8
1992	404	11.5	248	7.0	156	4.5
1993	396	11.2	270	9.7	126	1.5
1994	317	9.0	233	6.6	84	2.4
1995	312	8.9	251	7.2	61	1.7
1996	248	7.3	248	7.3	0	0
1997	185	5.4	218	6.3	–33	–0.9
1998	196	5.7	290	8.5	–84	–2.8
1999	215	6.3	248	7.2	–33	–0.9
2000	433	6.6	571	8.7	–138	–2.1
2001	346	5.3	454	7.0	–108	–1.7
2002	435	6.7	433	6.7	2	0
2003	357	5.5	495	7.7	–138	–2.2
2004	441	6.9	639	10.0	–198	–3.1

续表3-3

年份	出生人数（人）	出生率（‰）	死亡人数（人）	死亡率（‰）	自然增减人数（人）	自然增长率（‰）
2005	403	6.3	350	5.4	53	0.9
2006	263	5.7	333	7.3	–70	–1.6
2007	354	7.7	397	8.6	–43	–0.9
2008	317	6.9	305	6.2	12	0.7
2009	505	7.0	723	10.0	–218	–3.0
2010	399	8.5	619	13.2	–220	–4.7
2011	460	9.6	229	4.8	231	4.8
2012	515	10.7	555	11.6	–40	–0.9

1971~1999年龙河乡人口自然变动情况表

表3-4

年份	出生人数（人）	出生率（‰）	死亡人数（人）	死亡率（‰）	自然增减人数（人）	自然增长率（‰）
1971	1108	28.4	214	6.0	894	22.4
1972	1029	28.0	235	6.4	794	21.6
1973	838	22.4	193	5.2	645	17.2
1984	773	20.5	224	5.9	549	14.6
1975	705	18.4	204	5.3	501	13.1
1976	641	16.6	229	5.9	412	10.7
1977	645	16.5	192	4.9	453	11.6
1978	665	16.9	207	5.3	458	11.6
1979	616	15.7	217	5.5	399	10.2
1980	464	11.8	208	5.3	256	6.5
1981	555	14.0	210	5.3	345	8.7
1982	279	7.0	104	2.6	175	4.4
1983	382	17.3	190	8.6	192	8.7
1984	205	9.3	118	5.4	87	3.9
1985	212	9.7	127	5.9	85	3.8
1986	222	10.2	131	6.0	91	4.2
1987	249	11.5	132	6.0	117	5.5
1988	261	12.0	141	6.5	120	5.5
1989	292	13.3	132	6.0	160	7.3
1990	295	13.5	140	6.4	155	7.1
1991	269	12.4	117	5.4	152	7.0
1992	296	14.0	166	7.9	130	6.1

续表3-4

年份	出生人数（人）	出生率（‰）	死亡人数（人）	死亡率（‰）	自然增减人数（人）	自然增长率（‰）
1993	224	10.7	128	6.0	96	4.7
1994	210	10.0	133	6.3	77	3.7
1995	167	8.0	135	6.5	32	1.5
1996	157	7.8	129	6.4	28	1.4
1997	118	6.0	128	6.4	–1	–0.4
1998	111	5.6	154	7.8	–43	–2.2
1999	84	4.3	117	6.0	–33	–1.7

二、迁入 迁出

清康熙年间，实行屯田制，卫所军屯田由京操旗军领种，分别在新城、金家桥、旧港、三官庙，郁家桥、破山口、焦家山、陈公塘、周家营、通行集、龙河集、官塘集操田，当地以“营”字命名的村庄便是旗军屯田落户而来。

清乾隆、嘉庆期间，仪征盐运、漕运发达，新城、旧港一带常集聚大量外来盐工和船民，流入人口增加。咸丰三年（1853年）起，清军与太平军在新城、龙河争战10余年，农田水利遭破坏，大批农民外出逃难谋生，人口锐减。

民国时期，民国20年（1931年）实行新盐法，十二圩盐务日渐衰落。新城旧港盐工散去，人口减少。民国26年（1937年）日军入侵新城、龙河，民不安生，被迫离乡谋生，人口减少。

解放后，人口迁移的主要原因有上学、参军、结婚、招工等。此外，还有几次较大的机械变动。1964~1976年，龙河公社、新城公社接收南京、扬州和仪征等地城市精简下放干部和“上山下乡”知识青年1512人，至1980年，除少数就地安置外，其余大部分返城迁出。1992年户籍制度改革，至1998年，“农转非”迁出700人。2000~2004年，迁入2212人，迁出3688人，净迁出1476人，平均每年295.2人，大多因到市区经商、务工或购买商品房迁出所致。2005~2012年，迁入7866人，迁出3967人，净迁入3899人，主要原因是招商引资落户企业增加，外来务工人员相应增加，其次是农村拆迁征地增多，惠农政策补贴增加，造成“非转农”迁入者增加。

1963~2012年新城镇人口机械变动情况表

表3-5 单位：人

年份	迁进人数	迁出人数	变动情况		年份	迁进人数	迁出人数	变动情况	
			增加	减少				增加	减少
1963	395	277	118	—	1988	1015	808	207	—
1964	315	361	—	46	1989	753	933	—	180
1965	300	317	—	17	1990	260	363	—	103
1966	329	334	—	5	1991	225	361	—	136
1967	329	334	—	5	1992	398	1333	—	935

续表3-5

年份	迁进人数	迁出人数	变动情况		年份	迁进人数	迁出人数	变动情况	
			增加	减少				增加	减少
1968	419	341	78	—	1993	307	409	—	102
1969	883	499	384	—	1994	214	321	—	107
1970	589	520	69	—	1995	243	379	—	136
1971	207	284	—	77	1996	811	1705	—	894
1972	192	412	—	220	1997	165	277	—	112
1973	264	317	—	53	1998	321	314	7	—
1974	209	338	—	129	1999	347	379	—	32
1975	289	374	—	85	2000	928	1084	—	156
1976	174	279	—	105	2001	234	529	—	295
1977	289	442	—	153	2002	292	607	—	315
1978	471	654	—	183	2003	376	716	—	340
1979	671	1034	—	359	2004	382	752	—	370
1980	473	628	—	155	2005	715	548	167	—
1981	511	619	—	108	2006	1535	577	958	—
1982	453	414	39	—	2007	1282	797	485	—
1983	277	362	—	85	2008	548	457	91	—
1984	332	379	—	47	2009	1053	522	531	—
1985	286	485	—	199	2010	963	277	686	—
1986	291	362	—	71	2011	1032	294	738	—
1987	545	438	107	—	2012	738	495	243	—

1971~1999年龙河乡人口机械变动情况表

表3-6 单位:人

年份	迁进人数	迁出人数	变动情况		年份	迁进人数	迁出人数	变动情况	
			增加	减少				增加	减少
1971	185	194	—	9	1986	216	258	—	42
1972	188	242	—	54	1987	174	375	—	201
1973	446	348	98	—	1988	522	593	—	71
1974	147	371	—	224	1989	385	416	—	31
1975	304	285	19	—	1990	100	285	—	185
1976	1185	1184	—	1	1991	77	220	—	143
1977	301	406	—	105	1992	83	210	—	127
1978	329	490	—	61	1993	69	157	—	98
1979	355	773	—	28	1994	76	511	—	435

续表 3-6

年份	迁进人数	迁出人数	变动情况		年份	迁进人数	迁出人数	变动情况	
			增加	减少				增加	减少
1980	237	470	—	233	1995	72	653	—	581
1981	240	373	—	133	1996	75	768	—	693
1982	219	273	—	54	1997	56	177	—	121
1983	277	362	—	85	1998	273	297	—	24
1984	115	447	—	332	1999	79	262	—	183
1985	113	258	—	145					

三、流动人口

80年代以前，新城、龙河人口流动量较小。80年代以后，新城地区人口流动量逐年加大，外地到仪征汽车制造厂务工者增多。90年代，新城、龙河农村剩余劳动力不断向仪征市区、苏南等经济发达地区转移，同时，也转移到新城、龙河集镇工业、加工业、建筑业和商贸服务业。1995年，新城、龙河流动人口4876人，其中省内流入1127人，省外流入1386人，两地流出人员2363人。2000年，流动人口增加到1.53万人，其中外来流入2314人，镇籍人员流出1.2万人。2012年，全镇流动人口7390人，其中外来人口4850人，镇籍外出半年以上人口2540人。

第三节 人口构成

一、民 族

新城、龙河历来以汉族为主，回族次之。民国24年（1935年），新城居住者中有回族居民16人。

解放后，由于工作调动和婚姻等原因迁进新城的少数民族人口逐渐增多。1964年第二次全国人口普查时新城公社有2个民族，汉族有29991人、回族28人。1982年第三次全国人口普查时，新城共有3个民族，其中汉族33841人、回族14人、蒙古族2人，龙河无少数民族。1990年第四次全国人口普查时，新城有6个民族，其中汉族34865人、回族27人、侗族4人、满族2人、维吾尔族1人、黎族1人。龙河有5个民族，其中汉族20399人、回族5人、满族4人、苗族3人、土家族1人。2000年第五次全国人口普查时，全镇有15个民族，其中汉族66353人、土家族27人、回族19人、苗族16人、满族15人、壮族8人、蒙古族5人、藏族4人、黎族4人、瑶族3人、布依族3人、撒拉族3人、朝鲜族2人、维吾尔族1人，未识别民族1人。2010年第六次全国人口普查时，全镇有14个民族，其中汉族43375人、苗族17人、回族16人、土家族16人、彝族14人、壮族6人、蒙古族5人、藏族4人、满族3人、瑶族3人、布依族1人、傈僳族1人、哈尼族1人、羌族1人。2012年年末，全镇有14个民族，其中汉族47836人、苗族21人、土家族19人、彝族19人、回族16人、壮族9人、蒙古族6人、藏族4人、满族3人、瑶族3人、布依族1人、傈僳族1人、哈尼族1人、羌族1人。

二、性 别

民国时期，仪征县人口男性多于女性，民国35年（1946年）男女性别比为131，但新城、龙河两地无统计资料。

解放后，破除男尊女卑、重男轻女的旧观念，男女性别比差距逐渐缩小。1950年土改时，分地人口统计男女性别比为108。

1964年第二次全国人口普查统计，新城公社男性15065人，女性15818人，男性少于女性753人，男女性别比为95.24，首次低于100，仅有新城街道人口性别比为122.4，砖桥大队为101。

1982年第三次全国人口普查时，新城公社人口性别比为99，龙河公社为101.9。

1990年第四次全国人口普查时，新城乡人口性别比为97.44，龙河乡为100.12，分别比1982年低1.56个百分点和0.88个百分点。

2000年第五次全国人口普查时，全镇男女性别比为99.69，低于全市平均数6.31个百分点，其中，家庭户男女性别比为96.68，集体户男女性别比为139.43。

2010年第六次全国人口普查时，按十分之一抽样调查计算，全镇男女性别比为98.93，低于全市平均数4.24个百分点。其中，家庭户男女性别比为98.17，集体户男女性别比为224.24。按年龄组性别比例分：0周岁婴儿性别比为105.4，年轻型（0~14周岁）为103.3，成年型（15~64周岁）为105.7，老年型（65周岁以上）为85，女性逐年多于男性，80岁以上男性更少。以地域对比，沿江平原地区婚进的女性多，外出工作的男性也多。因此性别比例低，在93至99之间，北部丘陵地区在101至104之间，高于平原圩区。

三、年 龄

1982年第三次全国人口普查时，新城公社总人口33857人，其中14周岁以下少儿年龄人口10405人，占30.73%；15~64周岁劳动年龄人口22040人，占65.1%。龙河公社总人口39325人，其中14周岁以下少儿年龄人口12790人，占32.52%；15~64周岁劳动年龄人口25001人，占63.58%。65岁以上老年人口新城1412人，占4.17%；龙河1534人，占3.9%。

1990年第四次全国人口普查时，新城乡总人口34900人，其中14周岁以下少儿年龄人口7433人，占21.3%；15~49周岁青壮年人口20690人，占59.28%；50~64周岁中老年人口4510人，占12.92%；65周岁以上老年人口2267人，占6.5%。龙河乡总人口20412人，其中14周岁以下少儿年龄人口4412人，占21.61%；15~49周岁青壮年人口12088人，占59.22%；50~64周岁中老年人口2580人，占12.64%；65周岁以上老年人口1332人，占6.53%。新城乡总抚养比为38.49%，龙河乡抚养比为39.16%。

2000年第五次全国人口普查时，全镇总人口66464人，其中14周岁以下少儿年龄人口11581人，占总人口的17.43%；15~49周岁青壮年人口36852人，占55.45%；50~64周岁中老年人口11179人，占16.82%；65周岁以上老年人口6852人，占10.3%。人口趋向老龄化，百岁老人2人，男女各1人。

2010年第六次全国人口普查时，全镇总人口43463人。其中14周岁以下少儿年龄人口4159人，占总人口的9.57%；15~49周岁青壮年人口23966人，占55.14%；50~64周岁中老年人口9910人，占22.8%；65周岁以上老年人口5428人，占12.49%。

2012年年末，全镇有百岁老人2人，即三将村董庄组的王瑞珍，女，生于1912年8月，另一名是桃坞村联盟组张德才，男，生于1909年8月。

三次全国人口普查新城镇（含原龙河乡）分年龄段人口统计表

表3-7 单位：人

年龄段（周岁）	1990年				2000年		2010年	
	新城乡		龙河乡					
	男	女	男	女	男	女	男	女
0~4	1401	1333	701	650	1214	1128	662	667
5~9	957	1056	639	601	2121	1963	693	690
10~14	1374	1312	933	888	2681	2474	773	704
15~19	1553	1557	1063	1078	1446	1353	1344	1246
20~24	2255	2632	1283	1343	1829	1942	1433	1451
25~29	1474	1639	806	817	2594	2856	1006	1158
30~34	1146	1121	740	599	4208	4351	1377	1306
35~39	1551	1493	940	962	2959	3219	1840	1868
40~44	1243	1392	801	737	2197	2040	2901	2865
45~49	910	724	487	432	2976	2882	2027	2114
50~54	812	716	496	420	2674	2586	1448	1300
55~59	758	829	441	507	1758	1409	1931	1921
60~64	681	714	309	507	1459	1293	1672	1638
65~69	480	536	243	342	1244	1320	947	794
70~74	273	370	129	210	973	1128	688	730
75~79	121	238	69	132	550	766	497	673
80~84	52	127	24	60	234	404	271	450
85~89	12	43	5	11	48	133	75	198
90~94	5	8	—	6	11	28	23	66
95~99	—	2	—	1	5	6	7	9
100~	—	—	—	—	—	2	—	—
合计	17058	17842	10109	10303	33181	33283	21615	21848
	34900		20412		66464		43463	

四、文化程度

民国时期，新城不识字的人占82.4%，识字的人占17.6%；龙河不识字的人约占84.1%，识字的人占15.9%.

解放后，上学读书的人和参加扫盲班学习的人增多，人口文化程度逐年提高，但由于经济发展水平不一，传统文化教育观念不同，新城与龙河人口文化结构略有不同。

1982年，第三次全国人口普查统计，6岁以上人口新城、龙河公社合计66024人，其中，大学文化程度人口51人、占0.77‰；高中文化程度人口3641人、占55.15‰；初中文化程度人口13849人，占209.76‰；小学文化程度人口24416人、占369.8‰；文盲及半文盲人口24067人、占364.52‰。至2010年，第六次全国人口普查统计，全镇6岁及以上人口41881人，其中，受高等教育人口1750人（大学本科467人、大专1274人、研究生9人），占41.78‰；受高中教育人口6521人，占155.7‰；受初中教育人口18734人，占447.32‰；受小学教育人口12480人，占297.99‰；未上过学人口2396人，占57.21‰。按性别分类，受高等教育人口中男性988人，女性762人，分别占56.46%、43.54%；受高中教育人口中男性4060人，女性2461人，分别占62.26%、37.74%；受初中教育人口中男性10138人，女性8596人，分别占54.12%、45.88%。受小学教育人口中男性5161人，女性7319人，分别占41.35%、58.65%；未上过学人口中男性479人，女性1917人，分别占19.99%、80.01%。与第三次人口普查情况相比较，每千人中拥有各种受教育程度的人口发生显著变化，其中具有大学文化程度的由0.77人增加到41.78人，具有高中文化程度的人口由55.15人增加到155.7人，具有初中文化程度的人口由209.76人增加到447.32人，具有小学文化程度的人口由369.8人下降至297.99人，文盲及半文盲人口由364.52人减少至57.21人。与第五次人口普查相比，受教育人口性别比例发生较大变化，其中，具有大学文化程度人口中男性占比由73.93%下降至56.46%，女性由26.07%增加至43.54%，分别减少和增加17.47个百分点。具有高中文化程度人口中男性占比由69.23%减少至62.26%，女性由30.77%增加至37.74%，分别减少和增加6.97个百分点。具有初中文化程度人口中男性占比由54.44%减少至54.12%，女性由45.56%增加至45.88%，分别减少、增加0.32个百分点。具有小学文化程度人口中男性占比由45%减少至41.35%，女性由55%增加至58.65%，分别减少、增加3.65个百分点。文盲及半文盲人口中男性占比由16.88%增加至19.99%，女性由83.12%减少至80.01%，分别增加、减少3.11个百分点。

四次全国人口普查新城镇（含原龙河乡）文化程度人口统计表

表3-8　　　　单位：人、%

年份	6岁以上人口数量			其中																			
				大学				高中				初中				小学				文盲			
	合计	新城	龙河	人数		其中		人数		其中		人数		其中		人数		其中		人数		其中	
				小计	占比	新城	龙河	小计	占比	新城	龙河	小计	占比	新城	龙河	小计	占比	新城	龙河	小计	占比	新城	龙河
1982	66024	30641	35383	51	0.08	18	33	3641	5.51	1732	1909	13849	20.98	6473	7376	24416	36.98	11204	13212	24067	36.45	11214	12853
1990	50657	31817	18840	83	0.16	44	39	3104	6.13	1941	1163	14804	29.23	9494	5310	19684	38.85	12828	6856	12982	25.63	7510	5472
2000	63435	63435	—	537	0.85	537	—	8056	12.70	8056	—	28010	44.16	28010	—	20878	32.91	20878	—	5954	9.38	5954	—
2010	41881	41881	—	1750	4.18	1750	—	6521	15.57	6521	—	18734	44.73	18734	—	12480	29.80	12480	—	2396	5.72	2396	—

五、行业 职业

行业 新城、龙河人口历来是居住在农村者以务农为主，居住在集镇者以经商务工为主。1982年，第三次全国人口普查统计，新城公社和龙河公社在业人口计41252人，其中，第一产业人口28664人（新城12324人、龙河16340人），占69.48%；第二产业人口9948人（新城5398人、龙河4550人），占24.12%；第三产业人口2640人（新城1443人、龙河1197人），占6.4%。按在业人口工作岗位可划分为12个行业，各行业人口分布比重分别为：农林牧渔业28664人，占69.48%；木材采伐业28人，占0.07%；工业7374人，占17.88%；建筑业2546人，占6.17%；交通邮电业423人，占1.02%；商业、供销、粮食、饮食服务业965人，占2.34%，住宅管理及公用事业管理和居民服务业190人，占0.46%；金融、保险业40人，占0.1%；教育、文化、艺术事业730人，占1.77%；卫生、体育和社会福利事业106人，占0.26%；科学研究和技术服务事业2人，占0.01%；国家机关、群众团体167人，占0.4%；其他行业17人，占0.04%。之后，新城乡和龙河乡各行业人口在在业人口中所占比重发生较大变化。

2012年末，全镇从业人口28731人，其中第一产业从业人员4229人，占14.72%，第二产业从业人员16450人，占57.26%，第三产业从业人员8052人，占28.02%，与2000年相比，第一产业从业人员减少25.85个百分点，第二产业从业人员增加25.4个百分点，第三产业从业人员增加0.45个百分点。各行业从业人口及所占比重与2000年相比，农林牧渔业4229人，减为14.72%；工业12186人，增为42.41%；建筑业4264人，减为14.84%；交通、邮电业523人，增为1.82%；商业、饮服业、仓储业6006人，减为20.91%；房地产、公用事业及居民服务业451人，增为1.57%；金融、保险业48人，增为0.17%；教育、文化、艺术、广电事业581人，增为2.02%；卫生、体育和社会福利事业151人，增为0.53%；科研和技术服务业4人，减为0.01%；国家机关、群众团体288人，增为1%。

三次全国人口普查及2012年新城镇（含原龙河乡）行业人口统计表

表3-9 单位：人、%

年份	在业人数			其中											
				第一产业		第二产业				第三产业					
	合计	新城	龙河	小计	占比	小计	占比	其中		小计	占比	其中			
								工业	建筑业			交商服业	金融科教文卫业	机关团体	其他
1982	41252	19165	22087	28664	69.48	9948	24.12	7374	2574	2640	6.40	1578	878	167	17
1990	36165	22712	13453	26177	72.38	6961	19.25	6021	940	3027	8.37	2073	708	237	9
2000	34473	34473	—	13985	40.57	10985	31.86	4907	6078	9503	27.57	8344	838	321	—
2012	28731	28731	—	4229	14.72	16450	57.26	12186	4264	8052	28.02	6980	784	288	—

职业 解放后，新城、龙河地区人口的职业构成发生较大变化。1982年，新城和龙河15岁及以上在业人口为41252人（新城19165人、龙河22087人），占两地总人口73182（新城

33857人、龙河39325人）的56.37%。在业人口按所在职业划分为9个类别，其中各类专业技术人员1842人、占在业人数的4.47%；国家机关、党群组织及企事业单位负责人441人、占1.07%；办事员和有关人员89人、占0.22%；商业人员661人、占1.6%；服务业人员1425人、占3.45%；农林牧渔业劳动人员27425人、占66.48%；工厂、建筑工人及有关人员9339人、占22.64%；其他劳动人员30人、占0.07%。2012年，全镇从业人口中各职业人口所占比重与2000年相比变化如下：各类专业技术人员1192人，占比增加为4.15%；国家机关、党群组织及企事业单位负责人698人，占比增加为2.43%；办事员和有关人员189人，占比增加为0.66%；商业人员4653人，占比增加为16.19%；服务业人员2726人，占比增加为9.49%；农林牧渔业劳动人员4229人，占比减少为14.72%；工厂、运输工人和有关人员15017人，占比增加为52.27%，其他劳动人员27人，占比持平。

三次全国人口普查及2012年新城镇（含原龙河乡）职业人口统计表

表3-10　　　　单位：人、%

年份	专业技术人员				机关团体事业人员				商业服务业人员				农林牧渔业人员				工业建筑业人员				其他人员			
	人数		其中		人数		其中		人数		其中		人数		其中		人数		其中		人数		其中	
	小计	占比	新城	龙河	小计	占比	新城	龙河	小计	占比	新城	龙河	小计	占比	新城	龙禾	小计	占比	新城	龙河	小计	占比	新城	龙河
1982	1842	4.47	882	960	530	1.28	256	274	2086	5.06	1376	710	27425	66.48	11731	15694	9339	22.64	4905	4434	30	0.07	15	15
1990	1144	3.16	753	391	844	2.33	591	253	2469	6.83	1902	567	19782	54.70	11247	8535	11906	32.92	8304	3602	20	0.06	8	12
2000	1216	3.53	1216	—	948	2.75	948	—	5375	15.59	5375	—	13985	40.57	13985	—	12918	37.47	12918	—	31	0.09	31	—
2012	1192	4.15	1192	—	887	3.09	887	—	7379	25.68	7379	—	4229	14.72	4229	—	15017	52.27	15017	—	27	0.09	27	—

说明：各年份在业人数见表3-9

第四节　姓氏　家族

一、姓 氏

1990年，第四次全国人口普查统计，新城、龙河共有281个姓，其中王姓4590人（新城2827人、龙河1763人），赵姓3407人（龙河1847人、新城1560人），周姓3046人（新城1701人、龙河1345人），张姓2952人（新城2123人、龙河829人），李姓2737人（新城1946人、龙河791人），吴姓2375人（龙河1321人、新城1054人），刘姓2314人（新城1421人、龙河893人），陈姓1926人（新城1554人、龙河372人），8个姓人口23347人，占两乡总人口的42.21%。王姓、赵姓分别是新城、龙河第一姓，两乡复姓3个。具体姓氏情况是，新城乡有255个姓，其中复姓3个。排列如下：

1人的姓41个：刁、也、仇、康、穆、瞿、文、齐、相、桂、游、徒、双、卫、牛、庄、兰、涂、车、郝、栾、铁、解、滕、奚、邢、安、贵、蒲、权、况、冷、郜、开、步、君、皇甫、末、扈、斗、秋。

2人至10人的姓68个：雷、端木、房、向、冬、左、仕、温、莫、毕、云、赖、白、藏、靳、良、佘、武、欧阳、申、龙、邬、阎、乌、望、卜、祁、纪、花、邹、邱、翁、鲁、凌、裴、廖、翟、熊、糜、鸦、甘、柯、梅、化、仁、芮、苏、易、宣、傅、阚、谭、管、应、鲍、惠、段、衣、黎、雍、如、查、贡、初、仲、甘、单、后。

11人至50人的姓56个：万、韦、尤、卞、邓、包、束、伍、任、华、江、阮、沙、邵、范、孟、钟、闻、洪、费、贺、柴、倪、殷、谈、基、盛、戚、梁、葛、焦、缪、魏、窦、樊、辛、苗、永、巫、龚、尚、时、郁、姬、臧、简、詹、罗、蒲、景、桑、廉、边、吉、嵇、喻。

51人至100人的姓23个：吕、汤、许、沈、何、杭、纪、柳、施、祝、侯、秦、程、聂、袁、孔、董、章、麻、於、强、庞、宣。

101人至200人的姓29个：丁、尹、毛、方、于、史、叶、田、冯、乔、严、肖、汪、林、经、居、俞、贾、童、曾、蔡、柏、彭、常、印、陶、谢、崔、耿。

201人至400人的姓15个：杜、郑、胡、姜、顾、钱、唐、高、蒋、韩、戴、陆、宋、屠、睢。

401人至600人的姓8个：马、金、郭、夏、曹、潘、石、姚。

601人至800人的姓5个：朱、孙、余、黄、薛。

801人至1000人的姓2个：杨、徐。

1001人以上的姓8个：吴、刘、陈、赵、李、周、张、王。

复姓：皇甫、端木、欧阳。

龙河乡有205个姓，其中复姓2个，排列如下：

1人的姓40个：也、邓、沙、佘、闻、符、康、鲁、司、相、柯、辛、徒、双、申、永、龙、官、常、邬、郁、阎、罗、浦、鲍、段、吉、靳、郎、步、贡、邗、种、益、业、粟、果、展、晋、望。

2人至10人的姓60个：卜、邹、孟、雷、廖、柏、向、彭、毕、龚、时、宗、傅、应、舒、滕、岑、尤、纪、花、武、杭、裴、储、管、屈、嵇、叶、乔、阮、严、何、柳、钟、凌、曾、糜、窦、聂、瞿、欧阳、仕、左、苏、巫、谭、崔、赖、景、桑、屠、惠、睢、岳、耿、裘、过、蒯、开、提。

11人至50人的姓52个：韦、尹、仇、毛、卞、史、卢、包、华、江、肖、沈、邵、邱、范、季、郑、居、祝、费、侯、俞、姜、贾、钱、倪、黄、梁、蒋、程、童、缪、蔡、戴、魏、端木、袁、梅、樊、石、牛、董、涂、尚、陶、宋、宣、章、解、智、强、庞。

51人至100人的姓19人：方、田、冯、汤、杠、余、洪、顾、殷、唐、焦、韩、薛、鸦、芮、陆、姬、阚、谢。

101人至200人的姓12个：万、汪、林、金、杨、胡、谈、戚、孔、姚、臧、詹。

201人至400人的姓9个：丁、马、任、许、陈、郭、曹、基、高。

401人至600人的姓2个：秦、徐。

601人至800人的姓3个：李、夏、潘。

801人至1000人的姓4个：朱、刘、孙、张。

1001人以上的姓4个：吴、周、王、赵。

复姓：欧阳、端木。

2000年后，人们的姓氏观念逐渐发生变化，子女随母姓的渐多，取父母双姓字名的增多。也有的通过网络征名、取名，采用冷僻字的情况也越来越多。2012年，全镇常住人口有267个姓，其中，复姓2个，与1990年相比，减少14个姓（复姓减少1个）。其中王姓3771人、赵姓3129人、周姓2649人、张姓2428人、李姓2226人、刘姓2200人、吴姓2159人。7个姓人口18562人，占全镇总人口的38.72%。王姓为全镇第一姓。具体姓氏排列如下：

1人的姓13个：游、寇、全、蔚、禹、晁、古、冬、年、池、晋、元、谷。

2人至10人的姓83个：覃、骆、温、滕、鲍、郝、房、车、胥、申、卫、项、宁、濮、阎、冉、文、岑、安、狄、冷、鲁、白、司马、龙、莫、屈、颜、向、司、闵、仲、齐、咸、关、圣、穆、娄、化、艾、佘、邢、席、饶、线、眭、霍、符、柴、裘、靳、苗、桂、伍、贡、后、岳、应、扬、舒、翟、闫、毕、雷、贺、庄、蒯、望、吉、双、仕、辛、赖、邬、豆、单、欧阳、翁、傅、卜、盛、廉、端。

11人至50人的姓62个：黎、边、裴、於、康、缪、查、花、廖、凡、喻、龚、线、管、芦、瞿、甘、左、江、浦、武、束、祁、邹、韦、钟、巫、熊、嵇、谭、杭、孟、阮、景、苏、解、施、罗、窦、凌、邵、葛、宣、沙、糜、樊、代、郁、仇、桑、永、邱、简、时、闻、倪、鸦、牛、尤、柳、彭、邓。

51人至100人的姓34个：卢、叶、涂、包、华、梅、尚、梁、卞、纪、麻、庞、费、姬、吕、宜、耿、芮、何、居、侯、汤、强、经、洪、沈、季、范、袁、聂、焦、阚、尹、魏。

101人至200人的姓26个：祝、史、程、童、于、严、常、殷、章、谈、崔、贾、印、万、蔡、柏、田、曾、毛、肖、谢、乔、方、詹、臧、钱。

201人至400人的姓23个：郑、屠、戚、冯、顾、孔、俞、陶、林、姜、蒋、基、陆、戴、任、唐、汪、杜、韩、许、宋、睢、丁。

401人至600人的姓8个：姚、胡、石、黄、金、余、高、秦。

601人至800人的姓5个：曹、马、薛、郭、杨。

801人至2000人的姓6个：夏、徐、潘、孙、朱、陈。

2001人至3000人的姓5个：吴、刘、李、张、周。

3000人以上的姓2个：王、赵。

复姓：司马、欧阳

二、家 族

旧时家族规模较为庞大，多为传统的同宗族主干家庭、多代重叠的直系家庭和联合家庭组成。新城、龙河历来有同姓家庭同居一方的习俗，逐渐形成族群。清至民国，新城一带望族吴氏、王氏、赵氏三世同居、四世同居历时一百余年。村里建有宗祠或祠堂，村里事务由族长、豪绅管理支配。宗族文化意识浓厚，族聚人口、家庭、田产、经济收入成为宗族强盛的基础。解放后，经过土改、人民公社化后，宗族的经济和社会基础瓦解，宗族意识观念渐趋淡化。改革开放后，一些家族开始集聚起来，成立家族理事会，整理宗族资料，续修族谱、家谱，以延续其渊源，并推动家族内有识之士多做善事，如修路、捐资助学、帮扶济困等，弘扬家族优良传统。

第五节 婚姻 家庭

一、婚 姻

解放前，新城、龙河地区婚姻比较封建守旧，流行的婚姻方式大多是依父母之命，媒妁之言，自主婚姻者甚少。存在亲上亲、亲换亲、娃娃亲、童养媳以及纳妾、多妻等陋习。

解放后，《婚姻法》实施，确立男女平等，一夫一妻制和婚姻登记制。旧的婚姻陋习受到摒弃、禁止，自主婚姻、自由恋爱渐成风气。50年代，在农村早婚、娃娃亲等现象仍然存在。70年代，家长包办婚姻、干涉婚姻等现象时有发生。1978年后，实行计划生育，提倡晚婚晚育，婚姻风气进一步好转。1982年，第三次全国人口普查统计，新城、龙河适婚年龄人口合计49987人（新城23452人、龙河26535人），其中未婚人口13525人（新城6440人、龙河7085人），占27.06%；已婚人口36462人（新城17012人、龙河19450人），占72.94%。在已婚人口中，有配偶的32495人（新城15163人、龙河17332人），占89.12%；丧偶的3779人（新城1763人、龙河2016人），占10.36%；离婚的188人（新城86人、龙河102人），占0.52%。80年代后，随着经济发展和人们婚姻观念的变化，离婚人数增加，未婚人口减少。2010年，第六次全国人口普查时，按百分之十抽样调查统计计算，全镇适婚年龄人口37723人（男18541人，女19182人），其中未婚人口5609人（男3260人、女2349人），占适婚年龄人口的14.87%。在已婚人口中，有配偶的28893人（男14360人、女14533人），占89.97%，丧偶者2890人（男680人、女2210人），占9%，离婚者331人（男240人、女91人），占1.03%。

从50年代开始，新城、龙河两地农村不进行婚姻登记而同居，形成事实婚姻的现象时有发生。根据省、市《关于开展清理违法婚姻工作的通知》，1994年10月18日至11月15日两地对1991年1月1日以后未领证而以夫妻名义非法同居的违法婚姻进行清理，共有47对（其中龙河乡24对）补领结婚证。

二、家 庭

规 模 解放前，新城、龙河两地崇尚三世同堂、四世同堂，更以五世同堂作为人丁兴旺，家庭发达的荣耀。解放以后，随着社会政治、经济条件的改善和分家立业的观念兴起，家庭规模逐渐缩小，家庭结构有所简化，趋向以一对夫妇为核心及其子女组成的家庭。1959年，龙河公社农村家庭户均人口4.16人，街道家庭户均人口2.72人，1960年，农村家庭户均人口3.93人，街道家庭户均人口2.65人。1963年，新城公社农村家庭户均人口3.55人。60年代中后期及70年代初，进入生育高峰期，户均人口规模有所扩大。1971年，新城公社户均人口4.36人，龙河公社户均人口4.5人。70年代后期，实行计划生育，多胎生育得到控制。80年代户均人口呈下降趋势。1982年，第三次全国人口普查统计，新城公社户均人口4.05人，龙河公社户均人口4.1人，1990年，第四次全国人口普查统计，两乡共有家庭户14305户（新城8965户、龙河5340户），户均人口3.87人（新城3.89人、龙河3.82人）。家庭规模1~3人户6816户（新城4265户、龙河2551户）、占总户数的47.65%，4~6人户6901户（新城4332户、龙河2569户）、占48.24%，7~10人以上户588户（新城368户、龙河220户）、占4.11%。2000年，全国人口普查统计，全镇有家庭户19233户，户均人口3.46人。家庭规模1~3人户12629户、占65.66%，4~6人户6376户、占33.15%，7~10人以上户228户、占1.19%。

2012年，全镇有家庭户15682户，户均人口3.06人。1~3人户10836户、占总户数的69.1%，4~6人户4639户、占29.58%，7人以上户207户、占1.32%，已无9人户。与1990年相比较，1~3人户占比增加21.45个百分点，4~6人户减少18.66个百分点，7人以上户减少2.79个百分点。

类　型　1990年，第四次全国人口普查统计，新城、龙河一代户1930户（新城1209户、龙河721户），占两乡家庭总户数的13.49%；二代户8869户（新城5560户、龙河3309户），占62%；三代户3247户（新城2035户、龙河1212户），占22.7%；四代户259户（新城161户、龙河98户），占1.81%。2000年，第五次全国人口普查统计，家庭类型与1990年相比较，一代户4942户，占家庭总数的25.7%，增加12.21个百分点；二代户8782户，占45.66%，减少16.34个百分点；三代户5210户，占27.09%，增加4.39个百分点；四代户299户，占1.55%，减少0.26个百分点。2012年，一代户4318户，占27.53%，与2000年相比较，增加21.83个百分点；二代户5520户，占35.2%，减少10.46个百分点；三代户4720户，占30.1%，增加3.01个百分点；四代户有1112户，占7.09%，增加5.54个百分点。其中四代户较多的桃坞村有181户，占全村总户数的10.46%，郁桥村112户，占全村总户数的10.76%。五代户12户，占全镇总户数的0.08%，分布在桃坞村7户、冷红村2户、郁桥村2户、凌桥村1户。

第六节　人口控制

一、管理服务机构

镇计划生育服务站　1974年前，新城、龙河的计划生育工作由公社卫生院在县卫生局的指导下开展。1976年后，计划生育工作由公社革命委员会（管委会）领导，负责落实县下达的年度人口出生计划，具体工作由公社妇联主席和大队妇女主任及相关工作人员承办。1981年年初，公社计划生育领导小组成立，3月，更名为计划生育办公室，配备专职副主任和工作人员各1人。各生产大队、街道居委会和有关部门、企事业单位也相应建立组织，明确专人负责，生产队妇女队长为计生工作联络员，从上到下，形成计划生育工作网络。1991年，新城、龙河乡均成立人口和计划生育领导小组，乡党委书记任组长，乡长和分管副乡长及妇联主任任副组长，组织、宣传、纪检等部门负责人为领导小组成员，加强对全乡人口与计划生育工作的领导。

1997年，新城镇、龙河乡计划生育服务站成立，各站编制4人，设站长、统计员各1人，专职计生医技人员2人，负责全镇、乡育龄妇女婚育、节育等计生服务工作。2012年，新城镇计生服务站编制增至6人，其中计生医技人员2人，站长夏德林。

计生协会 1985年，新城、龙河乡分别成立乡计划生育协会，开展计划生育宣传，普及计生知识，提高群众计生自觉性。1988年，新北村成立全市第一个村计划生育协会，建有会员之家、会员小组和会员中心户25个。

人口学校 1993年，新城镇、龙河乡分别成立人口学校，镇、乡党委书记任校长，计生站医技人员任教员，开展教学活动。

二、计划生育

60年代，新城、龙河公社农村育龄妇女生育呈自然状态，三胎、四胎较多，甚至生五胎也是比较正常的事。1963~1969年，年均人口出生率分别为41.6‰和44.3‰，1970年虽有下降还高达35.5‰和38.3‰，8年间两公社人口自然增长率在30.7‰～40.7‰之间。

1973年，提倡“晚、稀、少”。晚婚年龄男25岁、女23岁，一对夫妇生两个小孩为宜，两个孩子出生间隔3年。当年新城人口出生率下降为20.4‰，比1972年减少7.3个千分点，人口自然增长率下降为14.6‰，比1972年减少6.2个千分点。

1976年开始，新城、龙河公社计划生育工作围绕县下达的1976~1980年计划生育指标加大工作力度。通过公社、大队和计生人员进村入户的宣传教育和奖惩措施到位等不懈努力，人口出生率得到有效控制。1976年年末人口出生率分别为15.4‰和16.6‰，到1980年分别下降为14.3‰和11.8‰。

1979年，开始贯彻“提倡一对夫妇只生一个孩子”的政策。当年8月30日，新城公社召开终生只生一个孩子夫妇表彰大会，有70对已生一个孩子和待生的夫妇表示终生只生一个孩子，受到公社表彰。当年新城有318对夫妇领取“独生子女证”。

1990年起，计划生育工作实行目标责任管理，两乡政府每年与行政村和街道居委会签订《人口与计划生育目标管理责任书》，年终进行评比考核，考核结果与计生责任单位、责任人的工作业绩和奖金挂钩。每年开展3~4次“计划生育突击月”活动，拉网式普查孕情，及时掌握计划外怀孕情况。1990年，新城乡、龙河乡分别被仪征市委、市政府评为计划生育先进单位。1991年，根据江苏省计划生育条例实施细则第二十八条的规定，新城乡开展独生子女父母养老保险工作，共为3966名独生子女父母投保。1996年，新城镇开展创建计划生育红旗镇活动，采用目标管理量化考核办法，综合得分90分以上为先进单位，给予表彰和奖励，新北、郁桥等村获得一、二等奖。1991~1999年，新城镇计划生育率保持在97.48%~99.6%之间。其中，1998年获得100%的优良成绩。独生子女领证率保持在44.58%~60.85%之间。育龄妇女节育率在86.62%~96.4%之间，晚婚率在50%以上。龙河乡认真落实计划生育目标管理进村入户，开展计生政策、优生优育、婚前教育等计生宣传宣讲工作，认真落实独生子女政策，全面完成计划生育各项工作目标。1999年，计划生育率由1991年的95.9%提高到99.16%，晚婚率保持在45.28%~70.87%之间，独生子女领证率在34.16%~55.28%之间。同时，两镇乡根据《江苏省计划生育条例》相关规定，对符合政策生二胎的夫妇，经本人申请，群众评议，单位上报，系统审核，报市计生委批准，发给准生证，方可怀孕生育二孩。

2002年，新城镇全面推行计划生育村民自治工作。在村党支部、村委会领导下，以群众"自我管理，自我教育，自我服务"为原则，稳定低生育水平。在新北、郁桥等村开展试点的基础上，至年底，在全镇12个村和1个街道居委会全面推行，取得较好效果。计划生育工作由单靠政府行政行为向依靠群众村民自治管理转变。当年，全镇计划生育率99.8%。2005年，全镇推行农村部分计划生育家庭奖励扶助制度。对年满60周岁已领取"独生子女光荣证"的夫妇，发给每人每月50元的奖励扶助金，当年享受奖励扶助金的有69人。2008年，奖励扶助金提高到每人每月60元，2012年提高到每人每月80元，共有483人享受奖励扶助金。2007年，推行计划生育家庭特别扶助制度。年满49周岁及以上的家庭因独生子女伤残（等级正三级及以上）或死亡的给予资金扶助。扶助标准为伤残的每人每月80元，死亡的每人每月100元。2012年提高为伤残的每人每月400元，死亡的每人每月500元。

2012年，全镇推行"新农村、新家庭、新三年"计划，围绕全面做好人口工作的总体目标，把新家庭建设作为人口计生工作与新农村建设的结合点，普及避孕，优生优育，生殖健康和家庭保健知识，倡导科学的婚育观、生育观和家庭观，在新农村建设中创建计划生育文明村、星级文明家庭，取得显著成效。当年，计划生育率99.11%，晚婚率保持在53.13%以上，育龄妇女节育率89.89%。

图3-2　新婚夫妇培训班　（摄于2012年）

1982~2012年新城镇计划生育情况表

表3-11

年份	计划生育率（%）	独生子女领证率（%）	已婚育龄妇女人数（人）	年份	计划生育率（%）	独生子女领证率（%）	已婚育龄妇女人数（人）
1982	75.45（一胎率）	77.60	5291	1998	100	58.93	8488
1983	89.10（一胎率）	90.50	5288	1999	99.60	60.85	8258
1984	94.10	28.70	5689	2000	99.62	46.85	8434
1985	97.80	30.60	5794	2001	99.46	40.71	15354
1986	97.34	33.68	6033	2002	99.76	37.43	15164
1987	99.10	36.73	6493	2003	99.75	33.50	15146
1988	99.12	38.66	6920	2004	99.73	29.02	14767

续表3-11

年份	计划生育率（%）	独生子女领证率（%）	已婚育龄妇女人数（人）	年份	计划生育率（%）	独生子女领证率（%）	已婚育龄妇女人数（人）
1989	99.19	47.41	7172	2005	100.00	25.66	16894
1990	99.49	45.76	8390	2006	100.00	20.45	14580
1991	97.48	44.58	8897	2007	99.74	16.92	14433
1992	99.26	49.64	8948	2008	99.65	13.85	10230
1993	97.20	55.65	8817	2009	98.74	10.44	10359
1994	94.57	57.46	9029	2010	98.73	7.83	10207
1995	96.30	60.11	—	2011	99.10	5.9	10234
1996	98.47	60.24	—	2012	99.11	6.1	9610
1997	99.45	58.85	8343				

1982~1999年龙河乡计划生育情况表

表3-12

年份	计划生育率（%）	独生子领证率（%）	已婚育龄妇女人数（人）	节育率（%）	年份	计划生育率（%）	独生子领证率（%）	已婚育龄妇女人数（人）	节育率（%）
1982	68.82（一胎率）	54.00	5434	91.00	1991	95.90	41.32	3829	89.19
1983	81.35（一胎率）	75.10	3195	97.30	1992	94.93	34.16	4188	91.64
1984	94.60	28.50	3120	93.40	1993	92.34	46.30	4469	92.58
1985	97.20	28.20	3355	97.80	1994	94.57	57.46	4550	86.20
1986	97.30	33.60	3217	90.18	1995	94.22	52.47	4536	95.22
1987	98.80	27.71	3511	90.86	1996	96.15	54.50	4552	95.55
1988	98.85	26.89	3864	90.11	1997	98.41	51.97	4549	91.36
1989	98.97	34.94	3798	90.05	1998	97.60	50.92	4531	95.32
1990	98.64	36.28	4011	92.67	1999	99.16	55.28	4571	95.10

三、晚婚晚育

新城、龙河两地民间存在着“早养儿子早得力”“早养女儿坐上席”的传统思想。民国时期，早婚和多子女的现象极为普遍。

解放后《中华人民共和国婚姻法》颁布，多数青年男女按法定年龄领证结婚，但在农村仍存在不到法定年龄结婚、生育的现象。70年代，新城、龙河开始推行晚婚晚育工作。1977年，新城公社与1311名未婚男青年、1034名未婚女青年落实晚婚计划。当年，初婚男性175人中有164人达晚婚年龄，晚婚率93.71%；初婚女性175人中，有144人达到晚婚年龄，晚婚率82.29%。龙河公社共有1156名男青年，有260名男青年和889名女青年签订晚婚计划。在初婚男性228人中，有188人达到晚婚年龄，晚婚率达82.46%；初婚女性229人中有153人符合晚婚年龄，晚婚率达66.81%。1978年，新城有1456名未婚男女青年签订晚婚计划，在164名初婚男性中晚婚率95%，在158名初婚女性中晚婚率82%。龙河公社有1629名未婚男女签订晚婚计划。当年结婚204对夫妇中，男性晚婚率达85%，女性晚婚率达78%。1983年1月，贯彻《仪征县计划生育若干问题的实施细则》规定，新婚夫妇均系晚婚者男年满25周岁，女年满23周岁，并按规定办理登记手续的，增加婚假7天。晚育者女年满24周岁以上生育第一胎并领取"独生子女证"的，假期可延长至90天（难产104天）。当年新城乡初婚女性182人，晚婚率71.6%，龙河乡初婚女性136人，晚婚率80.9%。1986~1988年，新城乡初婚女性晚婚率下降至28.33%~39.21%之间，龙河乡下降至32.04%~37.50%之间。90年代，新城镇女性初婚晚婚率在50.62%~73.58%之间波动，龙河乡女性初婚晚婚率在45.28%~67.98%之间。2000年以后，女性初婚晚婚率虽有升降，但多数年份都保持在60%以上，且相对稳定。2012年，全镇初婚女性晚婚率为62.12%。

1982~2012年部分年份新城镇初婚女性晚婚情况表

表3-13

年份	女性初婚人数（人）	符合晚婚年龄人数（人）	晚婚率（%）	年份	女性初婚人数（人）	符合晚婚年龄人数（人）	晚婚率（%）
1982	380	287	75.50	1999	119	61	51.26
1983	182	130	71.60	2000	150	90	60.00
1986	233	66	28.33	2001	256	136	53.13
1987	344	135	39.24	2002	362	209	57.73
1988	417	148	35.49	2003	430	247	57.44
1989	433	322	74.37	2004	365	210	57.53
1990	465	276	59.35	2005	317	195	61.51
1991	367	231	62.94	2006	376	233	61.97
1992	237	156	65.82	2007	367	245	66.76
1993	230	163	70.87	2008	254	136	53.54
1994	212	156	73.58	2009	224	138	61.61
1995	157	98	62.42	2010	248	159	64.11
1996	91	47	51.65	2011	365	229	62.74
1997	81	41	50.62	2012	398	247	62.12
1998	94	52	55.32				

1982~1999年部分年份龙河乡初婚女性晚婚情况表

表3-14

年份	女性初婚人数（人）	符合晚婚年龄人数（人）	晚婚率（%）	年份	女性初婚人数（人）	符合晚婚年龄人数（人）	晚婚率（%）
1982	260	163	62.70	1992	178	121	67.98
1983	136	110	80.90	1993	172	116	67.44

续表3-14

年份	女性初婚人数（人）	符合晚婚年龄人数（人）	晚婚率（%）	年份	女性初婚人数（人）	符合晚婚年龄人数（人）	晚婚率（%）
1986	181	58	32.04	1994	174	98	56.32
1987	240	75	31.25	1995	123	56	45.53
1988	224	84	37.50	1996	111	55	49.55
1989	231	90	38.96	1997	94	51	54.26
1990	239	142	59.41	1998	106	48	45.28
1991	227	134	59.03	1999	91	53	58.24

四、优生优育

婚前检查　1985年起，开始要求未婚青年在结婚登记前进行婚前健康检查。1986年，新城、龙河公社卫生院开展婚前体检服务。1993年，镇、乡人口学校开展婚育教育培训，卫生院妇产科医生讲授婚前知识、优生优育知识，收看计生知识录像，由计划生育工作人员讲授人口形势、计生政策，当年婚前检查率达95%以上。2000年后，社会婚恋、婚育观念发生变化，婚前同居、怀孕结婚习以为常，婚前检查率下降。但多数人还是愿意接受婚前检查，新婚教育，杜绝近亲结婚，把影响优生的不良因素阻断在结婚和生育前。

孕期保健　1985年，新城、龙河两乡逐步开展对怀孕28周至产后7天的妇女进行孕期保健管理。1987年，新城乡计划内生育549人，龙河乡246人，近75%的孕妇建立孕妇卡，其中产前接受孕期身体健康检查新城有291人、龙河118人。1997年，计生服务站开展妊娠跟踪服务，镇（乡）、村计生工作人员上门随访，送相关资料，进行孕期指导，直至2012年，从未间断。

婴幼儿保健　70年代及以前，农村孕妇多在家中分娩，由有经验的产婆和大队女赤脚医生接生。80年代开始，一般都到公社卫生院或县人民医院分娩。1983年起，新城、龙河两乡卫生院设立儿童保健门诊，开设宣传橱窗，宣传母乳喂养，婴幼儿常见疾病防治等知识。新生儿出生后接种乙型肝炎免疫苗。2002年，国家开始实行婴幼儿免费免疫。2006年后，建立新生儿档案，实行微机管理，发放0~6周岁计划免疫卡和体检记录册，记载新生儿计划免疫状况。2011年开始为孕妇免费服用叶酸（出生缺陷一级干预）和推荐服用福施福。2012年，叶酸服用率80%以上。

五、生育服务

80年代，新城、龙河乡村计划生育工作人员经常上门服务，发送避孕药具，陪送做节育、绝育手术者到市计划生育指导站或医院施行手术。1997年，开展妇女病查治和生殖保健服务。2011年，开始对新婚和批准生二孩的育龄妇女进行孕前优生检查，为准备怀孕夫妇提供优生健康教育，体格检查，临床实验室（血液）检查，风险评估，咨询指导等孕前优生健康检查。建立孕前优生健康检查技术服务册。至2012年，共建立孕前优生健康检查技术服务册649份，发送宣传资料7000份，问卷调查1700人次，举办优生优育培训31期1685人次。

第四章　土　地

汉初，长江泥沙淤积成滩，与蜀冈连接，新城地域始有先民定居垦植。耕地历有官田、学田、卫田，民田之分，土地管理均以课税为主要目的。民国时期开始实施地产法律登记为主的地籍管理。

新中国成立后，党和政府在土地改革后，加强土地管理，维护社会主义土地公有制，合理利用土地资源。80年代贯彻执行《中华人民共和国土地管理法》，以及仪征县（市）印发的《关于严格控制滥占耕地建房的通知》《仪征县村镇建设用地管理实施细则》《关于农村宅基地管理的布告》《仪征市农户宅基地用地管理暂行办法》等行政规章，使土地管理逐步走上规范化、法制化轨道。1989年，新城、龙河相继成立土地管理机构，专司土地管理。90年代中期，开始编制土地利用总体规划，清理非农建设用地，划定基本农田保护区和土地开发整理区域。1994年和1996年，龙河乡被仪征市政府命名为土地管理“三无”（无违法批地、无违法管地、无违法用地）乡镇。2000年后，在推进仪征汽车工业园、汽车名城和城市东区建设中，新城镇土地用途变幅较大，建设用地逐年增加。2012年，全镇土地总面积6786.41公顷，其中建设用地面积为1622.99公顷，占土地总面积23.92%，基本农田保护区面积1975.56公顷，占29.11%。镇村建立健全土地管理责任制，认真贯彻土地基本国策，落实土地管理目标责任状，全镇土地管理达到“三无”标准，基本农田得到有效保护。

第一节　管理机构

明代，境内军屯田地为守御千户所、百户所（军队设在地方的机构）直管。民间土地纠纷归县衙主裁，田赋税收及土地买卖由县课税大使执掌。清康熙十二年（1673年），裁撤守御所，屯田归县管。清末，裁课税大使，土地管理事宜统归县衙。

民国时期，境内田地归县政府地政科、田粮科管理。

解放初期，新城、龙河地区土地统计、农业税造册等事项由小乡文书和财粮员承办，地政工作由区民政股（民政助理）负责。1951年4月新城镇、龙河乡成立人民政府，设民政科，负责地政工作。1958年人民公社成立后，公社财粮员负责土地管理事宜。1981年，公社成立农经站负责土地管理工作。1985年，新城乡、龙河乡始设土地管理员，负责建设用地及农村建房用地的审查工作。1989年7月，新城、龙河乡相继成立土地管理所，各村由村委主任兼管土地管理工作。2000年，龙河乡土地管理所并入新城镇土地管理所。2002年，更名为新城国土资源所，为市国土资源局派出机构，实行垂直领导。2012年，新城国土资源所在编工作人员6人，所长王仁林，办公地点在新农街中街。其工作职责是贯彻执行国家土地管理政策法规；负责全镇土地调查、统计、登记、发证；建立地籍管理信息系统，编制土地利用规划，审查建设用地及办理报批手续；依法对土地利用和农田保护进行督查，加强土地管理法律法规宣传和执法力度；有计划的实施土地开发、整理和复垦，使土地资源得到有效保护和合理利用。

第二节 地籍管理

一、地籍调查

明初，国子监遣使分赴各地，履公顷丈量，汇集“鱼鳞册”，并推行屯田制。明永乐年间，在新城、金家桥、三官庙、郁家桥、破山口、焦家山、周家营、通行集、龙河集、官塘集、马二坝（今马坝）等地屯田、操田121顷11亩（明代1顷折合100亩）。明嘉靖三十年（1551年），陈公塘湮废，佃塘为田，面积101.6顷。

清顺治八年（1651年）丈量土地，悉数造册，以清花诡。

民国36年（1947年），各乡镇保甲遵奉省令，对土地逐户清查登记，整编田赋征粮底册。

1949年4月，仪征县解放后，境内各乡全面进行农村田亩稽查，清理地籍，排查“黑田”。1950年10月，土地改革结束，当时对户口、土地等地籍数据均以区为单位统计，新城区土地面积5320公顷，凌桥区土地面积5680公顷，区以下乡镇无土地面积资料。1962年，经土地核查，新城公社耕地面积有3020公顷，龙河公社3173.33公顷。70年代后，兴修水利，交通建设和发展社队工业及农户建房用地逐年增多，农用土地面积逐年减少。1981年10月至1984年10月，全国第二次土壤普查在新城乡、龙河乡展开，利用此次契机，进行地籍调查，首次查清新城乡土地总面积4311公顷，龙河乡3564公顷，按地类用途自下而上逐级统计汇总，划定村际、乡际行政界线，勘定乡、村土地权属界址，绘制出土类、土属、土种分布图和乡村两级土地利用现状图。80年代末，仪征市重点企业江苏仪征汽车制造厂进驻新城郁桥村，以及镇区城市建设等，非农建设用地增加，土地利用变幅加大，农业用地面积逐年递减。2002年起，新城镇开辟工业园区，2010年，国家重点建设上海大众30万辆整车项目落户新城，工业交通建设和集体各项非农建设速度加快，土地用途变更量增大，农用地面积进一步减少。2012年，镇域土地总面积（含水面）6786.41公顷，其中镇村集体土地5882.74公顷，占总面积86.68%，国有土地903.67公顷，占总面积13.32%。

二、登记发证

民国时期，土地私人所有。国民党县政府对所有权人进行登记，颁发“土地所有权状”。

1949年12月，县人民政府对新城、龙河镇境内的宗教地产和接管的公田、学田，悉数登记。1950年10月，土地改革结束，农村实行农民土地所有制。县人民政府为新城、龙河地区土改中分得土地、房产的农民签发“土地所有证”“房产所有证”。以后，土地权属变更须经镇（乡）公所批准。1957年，在完成生产资料所有制社会主义改造后，农村土地归国家和集体所有。1958年，农村实行人民公社化，停止土地权属变更登记。1962年，国家明确人民公社土地权属为“三级所有，队为基础”。

图4–1　90年代国有土地使用权证　（摄于2012年）

1987年1月，实施《中华人民共和国土地管理法》，新城乡、龙河乡开始办理土地权属登记工作。1989年，对境内土地使用权属合法的单位和个人发放“土地使用证”。1999年，新城镇、龙河乡开展乡镇企事业单位建设用地和农村宅基地全面调查和实施丈量，对用地合法、界址清楚的单位和个人进行登记或变更登记，发放集体或个人“土地使用证”7868本。2000年后，建立土地台账，及时办理土地使用权属变更登记，同时对土地使用进行督查验证。2012年，全镇累计登记或变更登记发证10850本。

三、土地定级与地价评估

1952年，新城镇、龙河乡先后开展土地分等定级工作。农田按区域生产条件分上中下3等。1984年后，新城、龙河两乡首次对农村土地进行级别评定。根据各类土壤环境条件、物理性状、土壤养分含量、水土流失状况以及耕作条件和实际生产能力，水田、旱地和山地分别评定分为1~5级。一、二级耕地较好，三、四级耕地次之，五级耕地较差。新城乡耕地面积2853.4公顷，其中一级耕地17.45公顷，占耕地总面积0.61%；二级耕地1786.05公顷，占62.59%；三级耕地804.87公顷，占28.21%；四级耕地24公顷，占0.84%；五级耕地221.03公顷，占7.75%。龙河乡耕地面积2250.3公顷，其中二级耕地203.37公顷，占耕地总面积9.04%，三级耕地1402.46公顷，占62.32%；四级耕地527.75公顷，占23.45%；五级耕地116.72公顷，占5.19%；建设用地未进行定级估价。90年代后，随着乡镇建设迅速发展和国家建设需要，大量土地被征用，土地供需及利益矛盾日趋突出。1992年5月，仪征市城镇土地定级估价委员会成立，1993年，市成立土地评估事务所，负责全市乡镇土地评估、咨询、交易、仲裁等中介服务。2006年，新城镇蜀冈以南土地级别定为二级，基准地价为商业用地每平方米1250元，住宅用地每平方米550元，工业用地每平方米410元。蜀冈以北土地级别为三级，基准地价为商业用地每平方米800元，住宅用地每平方米420元，工业用地每平方米320元。并制订全镇各村土地用途区、土地用途地价管控规则，实行差别化的用途、地价管制制度。2012年，镇区范围扩大，三将、冷红、新北、新华、郁桥和林果村等大片土地被征用，土地级别变数加大。年末，建成区面积510公顷，其中二级地340公顷，占66.67%，三级地170公顷，占33.33%。

2010年新城镇土地用途分区面积统计表

表4-1 单位：公顷

名称	基本农田保护区	一般农业用地区	林业用地区	城镇建设用地区	村镇建设用地区	独立工矿区	风景旅游用地区	其他用地
全镇	2116.04	1096.94	614.59	315.77	554.70	557.42	9.17	1571.80
桃坞村	75.21	168.70	13.84	0	40.24	0	0	116.65
新北村	0	107.84	0	20.13	29.99	0	0	216.59
林果村	0	180.09	13.76	0	38.44	190.36	0	105.30
郁桥村	0	13.49	199.09	0	57.71	100.46	0	25.11
三将村	0	116.14	49.67	20.13	71.40	61.84	0	204.49
凌桥村	450.46	3.23	103.56	0	47.24	0	0	69.33
官胜村	322.51	29.24	40.36	0	41.47	0	0	96.26
三茅村	330.78	13.78	29.28	0	37.64	0	0	67.78
周营村	337.99	22.55	35.49	0	32.73	27.18	1.83	42.04
丁冲村	225.77	53.70	29.36	0	38.15	158.78	0	12.50
新华村	0	47.47	0	222.37	5.64	0	0	16.64
冷红村	0	208.46	68.21	0	52.71	0	0	316.93
马坝村	373.32	131.57	31.97	0	43.95	18.80	7.34	206.46
龙河街	0	0.35	0	0	17.39	0	0	57.06
新城街	0	0.33	0	53.14	0	0	0	18.66

第三节 土地利用

新中国成立前，由于战乱、自然灾害侵袭及封建土地私有制的束缚，境内土地得不到有效利用。新中国成立后，党和人民政府领导人民疏浚河道，分框隔圩，平整土地和大搞农田水利基本建设，土地资源逐步得到合理利用。1987年1月起，贯彻执行《中华人民共和国土地管理法》，新城乡、龙河乡政府对土地实行宏观和微观管控，严格控制非农建设用地，合理规划和利用土地，土地资产效益明显提高。1997年和2006年，新城镇先后两次编制土地利用总体规划，适应经济和社会发展及城乡一体化建设需要。2012年，按照土地用途管制的要求，对原规划中与实际用地情况不适应的地类进行局部和个别调整，土地利用结构趋于合理，基本适应经济社会发展以及城镇化建设需要。

一、土地利用规划

总体规划 1997年，新城镇、龙河乡分别编制1997~2010年土地利用总体规划。2000年，龙河乡、十二圩镇并入新城镇后，对原3个镇乡的土地利用总体规划并编为《新城镇土地利用总体规划（1997~2010年）》。规划新增建设用地面积109.83公顷，新增耕地面积236.16公顷，其中复垦开发增加耕地90.56公顷，土地整理增加耕地145.6公顷，增减相抵，净增耕地126.33公顷。

2006年，在市政府统一部署下，镇政府组织编制新一轮《新城镇土地利用总体规划（2006~2020年）》。2011年4月，经省国土资源厅及有关专家评审通过，5月举行《新城镇土地利用总体规划（2006~2020年）》修编成果听证会，后申报市政府审批实施。该规划以科学发展观为指导，贯彻合理利用土地、保护耕地的基本国策，优化土地利用结构和布局，提高土地节约集约利用率，改善土地生态环境，为全镇经济社会发展提供土地资源保障。规划明确设立耕地和基本农田保护目标：到2020年全镇耕地保有量不低于3715.38公顷，基本农田不低于1976.7公顷，确保规划期内基本农田面积不减少，质量有所提高，布局总体稳定；保障重点项目用地需求，到2020年全镇建设用地总规模控制在2111.69公顷，新增城乡建设用地619.04公顷；人均城镇工矿用地面积控制在150.67平方米。总体规划还明确，土地利用格局优化目标，农用地面积有所增加，建设用地规模得到有效控制，其他土地得到合理开发，形成城镇功能突出，中心村分布合理，产业适度集聚的城乡用地空间。到2020年，农用地为4231.19公顷，建设用地为2111.69公顷，其他用地为757.42公顷。并有效开展土地综合整治，到2020年，全镇土地整治补充耕地面积不低于215.6公顷，使用城乡建设用地增减挂钩指标281.71公顷。

基本农田保护区规划 1997年编制的《新城镇土地利用总体规划（1997~2010年）》，共划定基本农田保护区15个，农田保护面积5981.78公顷。2006年编制新一轮《新城镇土地利用总体规划（2006~2020年）》时，全镇划定基本农田保护区面积为1976.7公顷，保护率89.41%。

图4–2 桃坞村基本农田保护区公示牌
（摄于2009年）

土地开发整理规划 1997年，全镇可开发利用后备土地资源面积为346公顷，其中荒坡地145.33公顷，废弃地93.33公顷，其他地107.34公顷。2006~2020年土地利用总规划明确到2020年土地整理、复垦开发补充耕地面积215.6公顷。规划分两个阶段实施，即2006年至2010年、2011年至2020年两个阶段。划定土地开发整治重点区域2个，即三茅村农用地整理重点区域和周营村农用地整理重点区域。通过土地开发整理，土地生态环境质量得到改善，耕地、园地、林地和水域两项合计占全镇土地总面积的比例在65%以上。

二、土地利用状况

新中国成立后，境内的土地面积一直沿用基层单位上报的数据资料，总面积不准，耕地面积不清，各类用地面积缺乏准确统计。1984年，新城乡、龙河乡分别由农技站、水利站组成专业调查组，对境内土地资源分布及分类利用状况等作全面调查，摸清家底，形成数据准确的调查报告。新城乡土地总面积4311.23公顷，其中耕地2853.4公顷，园林草地77.24公顷，建设用地584.66公顷，交通用地141.1公顷，水域面积619.68公顷，其他用地35.15公顷。龙河乡土地总面积3565.46公顷，其中耕地2250.31公顷，坡岗旱地103.65公顷，建设用地548.14公顷，交通用地76.98公顷，水域面积440.98公顷，其他用地145.4公顷。1993年，两镇乡又对土地利用状况进行补充调查，并利用航拍片对照修改，绘制成新城镇、龙河乡1 ∶ 10000土地利用现状图。2012年，新城镇土地利用现状总面积6786.41公顷，其中农用地3921.43公顷（其中耕地3539.21公顷），占57.78%；建设用地1157.4公顷，占17.06%；交通用地465.59公顷，占6.86%；水域面积包括水利设施用地1096.47公顷，占16.16%；其他用地145.52公顷，占2.14%。与1984年新城、龙河两乡土地利用现状情况相比，农用地占比减少9.31个百分点，建设用地占比增加2.68个百分点，交通建设用地增加4.1个百分点，水域面积占比增加2.69个百分点，其他用地占比减少0.16个百分点。

1984年新城乡、龙河乡土地利用分类统计表

表4-2　　　　　　　　　　　　　　　　　　　　单位：公顷、%

项目		新城	龙河	项目		新城	龙河
土地总面积		4311.23	3565.46	七、交通用地	占比	3.25	2.16
一、耕地	占比	66.19	63.11	七、交通用地	合计	141.10	76.98
一、耕地	合计	2853.40	2250.31	七、交通用地	公路	26.90	8.59
一、耕地	水田	2609.68	1942.99	七、交通用地	农村道路	113.20	68.37
一、耕地	旱地	237.84	303.68	八、水域	占比	14.37	12.37
一、耕地	菜地	5.88	3.64	八、水域	合计	619.68	440.98
二、园地	占比	0.32	2.25	八、水域	苇地	40.10	—
二、园地	合计	14.08	80.27	八、水域	河流	97.25	33.60
二、园地	桑园	14.08	80.27	八、水域	水库	—	6.02
三、林地	占比	1.27	0.30	八、水域	坑塘	171.60	198.80
三、林地	合计	54.63	10.53	八、水域	沟渠	204.40	157.60
三、林地	林地	53.27	—	八、水域	土堤	96.42	44.96
三、林地	疏林地	—	4.38	八、水域	鱼池	9.91	—
三、林地	苗圃	—	0.55	九、特殊用地	占比	0.63	0.64
三、林地	竹林	1.36	5.60	九、特殊用地	合计	26.98	22.65
四、草地	占比	0.20	0.36	九、特殊用地	国防用地	16.68	—
四、草地	草地	8.53	12.85	九、特殊用地	坟地	10.30	22.65

续表 4-2

项　目		新城	龙河	项　目		新城	龙河
五、宅基地	占比	13.19	14.65	十、其他	占比	0.21	3.44
	宅基地	568.69	522.45		田埂	8.17	122.75
六、工矿用地	占比	0.37	0.72				
	合计	15.97	25.69				
	厂矿	15.97	8.08				
	砖窑	—	17.61				

2012年新城镇土地利用分类统计表

表 4-3　　单位：公顷

土地类别			土地面积	土地类别		土地面积
合计			6786.41	交通运输用地	小计	465.59
农用地	小合计		3921.43		铁路	26.50
	耕地	小计	3539.21		公路	127.57
		水田	2858.06		农村道路	311.52
		旱地	681.15	水域及水利设施用地	小计	1096.47
	园地	小计	283.40		河流	223.30
		果园	32.91		水库	27.33
		茶园	62.43		坑塘	486.64
		其他园地	188.06		沟渠	263.27
	林地	小计	75.28		水工建筑	95.93
		果林地	75.17	其他土地	小计	145.52
		其他林地	0.11		农用设施	16.01
	草地	草地	23.54		田埂	129.51
城镇村工矿用地	小计		1157.40			
	城市		8.32			
	建制镇		124.68			
	村庄		911.43			
	采矿用地		87.17			
	特殊用地		25.80			

第四节　土地制度

一、使用制度

土地买卖　新中国成立前，土地私有，土地买卖盛行，境内农田多为地主及缙绅、官宦占有。私人建房或开办工商业用地，除用自有土地外，可向土地所有权者购买。政府建设用地先为购买，后改为征收。

征用划拨 新中国成立后，兴修水利，发展公路交通，兴办工业，以及城乡建设用地实行行政划拨征用制度，经县政府批准，豁免相应面积的农业税和粮食征购任务，并给予征用土地年产量3~5倍补偿。1959年，建设新城人民大会堂，1971~1972年，仪扬河、龙河疏浚整治工程等建设用地均为行政划拨征用土地。1983年10月执行《江苏省村镇建设用地实施条例》，乡村建设用地，经乡政府审核，报县政府计划部门批准，即可用地。1987年1月《中华人民共和国土地管理法》颁布实施，对建设用地实行计划管理。

有偿出让 1992年，土地使用制度实行改革，除土地管理法规定的国家机关、军事、城镇基础设施及公共事业、交通和水利用地继续按征用并给予补偿外，其他建设用地推行有偿出让的供地方式。2000~2012年，全镇供地74宗，有偿出让土地500.5公顷。

挂牌拍卖 从1996年起，开始按市场需求和价值规律配置土地资源，由市政府控制土地一级市场，收购储备土地，同时放开二级市场，明确规定，各类经营性用地一律实行公开招标、拍卖和挂牌等方式出让土地使用权。2000年后，市政府先后印发《关于加强城镇资产集中统一管理的意见》《仪征市土地收购储备暂行办法》等政策性文件，土地市场建设进一步规范化。2000~2012年，新城镇通过“招拍挂”共出让土地7宗、50.53公顷。

安置补偿 1953年后，执行《国家建设征用土地办法》，土地补偿标准为年平均产量总值的3~5倍，房屋拆除及树、竹、果园、鱼塘按市价合理补偿，同时对被征用土地者给予安置补助。1983年后，征用耕地补偿标准提高，以该土地征用前三年平均年产值的6倍计算补偿标准，其他土地按5倍补偿。1989年9月，依据《江苏省实施〈土地管理法〉办法》和扬州市规定及仪征市补充规定，确定各类土地征用补偿标准：每公顷蔬菜地6.75万元、耕地3.6万元、非耕地1.35万元。以后，经过几次调整，将征用菜地、耕田、非耕地的补偿标准分别调增到每公顷7.5万~11.7万元、3.9万~5.7万元和1.8万元。2004年，统一执行扬州市征地补偿标准，耕地按年产值每公顷2.1万元的10倍计算征地补偿金额，未利用土地按5倍计算。2011年4月以后，年产值标准提高到每公顷2.7万元，征用耕地、未利用土地仍分别按10倍和5倍计算征地补偿金。青苗补偿费则按当季农作物产值计算补偿：1989~1991年，蔬菜地每公顷补偿1.12万元，耕地每公顷补偿0.6万元。1992~2003年，提高到菜地每公顷1.27万元，耕地每公顷0.97万元，2004~2010年，每公顷蔬菜补偿2.7万元，水稻补偿1.12万元，小麦补偿1.05万元。2012年，每公顷蔬菜补偿3万元，水稻补偿1.65万元，小麦补偿1.35万元。

被征地农民安置补助 对因征用土地造成失地劳动力进行安置补助。以被征用的耕地数量除以征地前单位人均占有耕地数量，即为需要安置的农业人口数。1999年前，每一个需要安置的农业人口补助费标准为该耕地被征用前三年平均年产值的2~3倍。1999年修改为4~6倍，最高不超过10倍，1999年后改为15倍。2005年，按每人1.3万元标准补助，为失地农民办理社保。2012年，调整为按每人1.7万元标准补助。

80年代后期，因仪征汽车厂等国有企业落户新城，征用土地需全拆全迁的农业生产队有1

个，采取撤队转为非农定销户的办法进行安置。符合招工条件的陆续被招收为工厂职工，未被安置人员由用地单位每年给予一定生活补贴。90年代起，实行"农转非"后，一次性发给安置补助费，由其自谋职业。符合保养条件的人员给予办理保养手续。1991年7月起，保养费每人每月45元，1992年增至50元，2012年为57.5元。1999年1月起，新土地管理法实施后劳力安置被取消，全部实施货币安置。2005年，新城镇贯彻落实《仪征市征地补偿和被征地农民基本生活保障实施暂行办法》，建立被征地农民基本生活保障制度。根据自愿原则，将原来直接支付给被征地农民的土地补偿费、安置补助费和政府按规定划出的土地收益及上述资金的增值部分，统一解缴到市财政专户，建立被征地农民基本生活保障基金，由劳动和社会保障部门帮助建立个人账户，按月发给生活补助费和到龄养老金，生活补助费标准每人每月135元，到龄养老金标准为每人每月268元。至2012年年底，全镇共有2806名被征地农民建立基本生活保障账户。

二、管理制度

民国期间，因战乱、社会动荡，无土地管理制度。新中国成立后，随着经济和社会发展，国家、集体建设及居民住房建设用地逐年增多，管理制度随之加强。70年代后，建设用地增长较快，开始实行计划与审批制度。2000年后，建设用地猛增，成为管理重点。2012年，全镇国家、集体及居民住房建设用地计2358.14公顷（其中516.52公顷暂未列入国土部门统计），占镇域面积34.75%。

计划与审批 1987年开始，新城乡、龙河乡实行建设用地计划管理，每年由市按两乡耕地总面积的1.5‰幅度下达用地指标，作为国家、集体、个人三项建设用地的指令性指标，非农业建设用地管理较为规范，计划执行较好。90年代以后，由于国家、集体建设及农户建房用地大幅度增加，用地指标年年突破。2000年后，由于经济快速发展，招商引资力度加大，城乡一体化进程加快等原因，建设用地继续大幅增加。2000~2012年，实际用地500公顷，比计划多用15.07公顷，超用3%，由镇土地管理部门及时向上级申报，调整计划，增加指标。

1987年起，新城、龙河贯彻执行土地管理法，按照权限审批集体和农户宅基地，对集体建设用地征用耕地0.2公顷以下、非耕地0.67公顷以下的由乡政府审核，报市政府审批。超过市政府审批权限的建设用地，由土管部门逐级上报上级政府审批。1996年，国家对土地审批权限作出新规定，建设用地确需占用基本农田的，必须报省级以上政府批准，不得未批先用和越权审批。1999年1月1日起，国家实行土地用途管制制度，上收农用地转用和土地征收审批权，凡涉及农用地转用的，一律报省级以上政府批准。乡镇政府土地管理部门做好审核、上报工作。上级政府批准后，协助市土地管理部门向用地单位颁发建设项目用地许可证，签订土地出让合同，收取有关税费后，交地施工。1989年11月起，农村宅基地管理审批按照《仪征市农户宅基用地管理暂行办法》，确定一户一宅，对符合建房条件需要建房的农户，按规定标准安排宅基地。其标准是新城乡每户控制在132平方米以内，龙河乡每户控制在165平方米之内。农户宅基地由镇乡建设、规划和国土部门共同审核把关，由国土部门上报市政府批准，并办理相关手续。2000~2005年，共审批农户宅基地1614户，面积23.89万平方米。2006

年后，引导农户到农民集中区建房，由国土部门上报审批手续。至2012年，共审批建房1731户，面积24.13万平方米。

国家建设用地 主要有重点水利建设，国道、省道公路及铁路交通建设及重点项目建设用地。至2012年，国家建设用地989.82公顷。

水利建设 1971年冬，仪扬河整治工程征用大楼、三将、冷红、郁桥、新北、桃坞等大队农田20多公顷。1972年冬，龙河疏浚工程，裁弯取直，征用金桥、大兴、丁冲、凌西、官胜等大队耕地59.73公顷。1975~1977年，开挖沿山河烟袋山至石桥河段，征用林果、郁桥、三将、砖桥等大队农用地30.02公顷。至2012年，全镇重点水利建设用地319.23公顷。

交通建设 民国23年（1934年）修筑宁（南京）扬（扬州）大道，途经镇域10千米，主要利用古扬州大道拓宽改造。1987年，328国道改造修筑为一级公路，征用金桥至三将沿线各村耕地20.43公顷。2001年修筑宁启铁路及2010年复线建筑，共征用凌桥、马坝、丁冲等村土地28.83公顷。2009年修筑江六高速公路征用凌桥、丁冲、周营村土地29.3公顷。同年，修建省道S333，征用冷红、三将土地29.12公顷。至2012年，铁路和主干公路交通建设用地计154.07公顷。

重点项目建设 2003年，扬州（仪征）汽车工业园落户新城。随后上汽仪征分公司、上海大众整车项目及汽车零部件建设项目分期分批征用郁桥、三将、林果、新华、马坝和新北村土地面积400.34公顷。2010年8月至2012年5月，城市东区建设项目征用三将村土地74.22公顷。至2012年，国家重点项目建设用地516.52公顷（暂未纳入国土部门统计）。

集体建设用地 主要有农村道路建设，集体企业，镇村企事业及公益性建设用地，2012年，集体建设用地456.89公顷。

农村道路建设用地 历史上，乡村道路自然形成，且狭窄弯曲。解放后，结合兴修水利，修筑新路。60年代至70年代，在农田水利基本建设中，对原有的道路拓宽和裁弯取直；特别是70年代后实施农田方整化和平田整地过程中，重新布局村庄道路，修筑一批村级中心大道。至1984年，新城乡农村道路建设用地面积113.2公顷，龙河乡68.37公顷。1995年后，乡村、组道路“通达工程”不断扩展。至2012年，镇、村、组道路干支相连，四通八达，农村道路建设用地为311.52公顷。

集镇及企业建设用地 1986~1998年，仪征重点企业市汽车制造厂先后征用郁桥村合兴、小庄等组土地25.4公顷。1989年，新城乡开始集镇建设。东起巫家沟，西至梅家沟，沿仪扬公路两侧建设新农街；至1994年先后征用新华村玉兰、包庄、张庄、余营、毛庄、周庄组土地21.3公顷。2000年后，随着招商引资工作的推进，落户新城的工业企业越来越多，工矿企业建设用地逐年增加。2002年，市政府批准建设新城镇工业园区，规划“一园三区”占地面积120公顷，至2012年，实际用地面积98.66公顷，其中三将工业区15.33公顷，新华工业区53.33公顷，新北工业区30公顷，已领取“集体土地使用证”面积83.6公顷。年末集镇及企业建设用地为145.37公顷。

住房建设用地 解放后，境内居民逐步改善住宅条件，特别是70年代以后，农民住房建设用地逐年增多。2000年后，新城镇推进农民集中居住区建设。至2012年，全镇城乡居民住房建设用地911.43公顷，占全镇建设用地总面积的38.65%。

农民住房建设用地　历史以来，村民建房为了生产和生活便利，择地而居，散聚一方，形成自然村落。70年代中期，农田方整化后，以村道两旁规划居民点建房，因占用耕地较多，80年代初终止，仍以自然村庄建房为主。1984年，新城乡农村居民点和自然村庄占地面积568.69公顷，龙河乡522.45公顷，分别占土地总面积13.19%和14.65%。1989年11月，市政府制订《仪征市农户宅基地用地管理暂行办法》，对符合建房条件且需要建房的农户，按标准安排宅基地，鼓励农户建房在原宅基地翻建，提倡盖楼房。2000年后，为强化保护土地资源，加快城乡一体化进程，新城镇推进农民集中居住区建设。2011年，为安置搬迁农户，农民集中居住区建设加快，先后建成农民集中居住区6个，其中郁桥梅苑小区用地7.29公顷，新北花苑用地56.42公顷，五一花苑C区（三将村境内）用地15.95公顷，丁冲农民集中居住区用地5.32公顷。至2012年，农民住房建设用地826.73公顷，占全镇住房建设用地面积的90.71%。

城镇居民住房建设用地　80年代以前，新城、龙河集镇住房建设用地，主要有机关和企事业单位建设的职工宿舍，集镇居民自建的住房等。1985年，县统计局调查，新城、龙河两乡集镇人口5954人，居民住房用地5.36万平方米。1991年起，推进小城镇建设，农民进城在集镇建房的增多，房地产开发建设商品房逐年增加。2000年以后，推进农村城镇化建设，镇区周边三将、郁桥、新华、新北、冷红等村陆续纳入建制镇建设用地规划。2012年，镇区居民住房用地84.7公顷，占全镇住房建设用地面积9.29%。

第五节　土地监察

一、法规宣传

1987年，国家土地管理法颁布后，新城、龙河乡运用多种形式进行土地管理法宣传活动。1989年，两乡土地管理所成立后，不定期组织村组干部举办土地管理法知识培训，至2000年，参训人数3000多人次，印发宣传材料5000余份。每年组织“土地法宣传月”活动，将土地管理法列为全民普法的重要内容。2001年，“6·25”土地宣传日，全镇各村、街道张贴宣传标语及悬挂横幅120条。2002年后，村、街道均设置国土资源法制知识宣传栏，共有20个。每年“全国土地日”“世界地球日”期间，镇国土所组织送法到基层，摆放宣传戗牌，召开专题座谈会，进行系列宣传教育活动。2001~2005年，镇国土所被仪征市委、市政府评为法制宣传教育先进基层单位，2010年被市国土局评为“五五”普法先进集体。2012年，镇国土所印发《国土资源法制知识》宣传册2000份，增强干群保护耕地，

图4-3　土地法规宣传（摄于2010年）

合理利用土地的意识。

二、执法监察

1988年，新城乡、龙河乡及各村配备土地监察信访员，建立信访网络，落实巡查责任制。1991年，新城乡、龙河乡查处村民违规建房3户，退出多占土地210平方米，查处违法用地建房2户，拆除建筑面积630平方米。1992年，贯彻国务院《关于严格制止乱占滥用耕地的紧急通知》，新城乡、龙河乡土管所组织人员全面检查乡村企业建设用地及村民建房用地情况，查出违规建房2户，多占面积105平方米，并依法依规进行处罚。1997年，新城镇、龙河乡，对非农建设用地进行大清查，新城镇查出未批先用地的企业建设项目1宗面积1732平方米；批少用多建设项目2宗面积2530平方米；对有关用地单位处以行政罚款6.52万元。2008年后，少数村民擅自占地违法建房，等待拆迁，获取利益。2009~2011年，镇国土与城管部门联合执法查处，共拆除违建84处，违建面积9291平方米。2012年，全镇建设用地规范，土地利用状况合理。

图4-4 拆除违章建筑 （摄于2011年）

三、创建达标

1991年，开展创建土地管理无案乡、村组活动。当年龙河乡创建达标。1992年，改称创建“三无”（无违法批地、无违法管地、无违法用地）乡镇活动。新城乡、龙河乡分别与各行政村签订责任状，当年龙河乡再次被评为市“三无”达标乡。1993~1996年，龙河乡每年都被市土管局评为“三无”达标乡。1997~1998年，新城镇土地管理工作“三无”达标。1999年起，创“三无”达标活动升格为创建土地执法模范乡镇活动，每3年评选一次。1999~2004年，新城镇两次被评为市土地执法模范镇。创建活动促进土地规范管理，有效遏制违法用地。2003~2012年，新城国土资源所连续10年被市委、市政府评为“群众满意站所”，曾连续三个创建年度被扬州市评为文明单位。

第六节 土地保护与复垦

一、土地保护

1992年，首次划定基本农田保护区。新城乡面积2520公顷、龙河乡面积2134公顷，均悉数分解到村，落实到具体区域、地块。两乡分别与各村签订基本农田保护责任书。

2004年4月，新城镇组织基本农田保护工作大检查。按照市政府具体要求，全面检查评估1992年后基本农田利用和变化，农田基本建设、落实基本农田保护措施等情况。重新对基本农田划区定界，健全和完善各项管理制度，建立基本农田保护地块台账。全镇共落实基本农田保护区11个，面积3414.42公顷，在醒目位置树立基本农田保护区标志牌。镇政府与村、组、农户层层签订基本农田保护责任状，明确基本农田保护面积、范围、责任人和保护措施。2012年，镇政府加强土地用途管制，对基本农田实行特殊保护，严格坚持"五不准"，即：不准非农建设占用基本农田（法律规定的除外）；不准在基本农田保护区内建窑、建房、建坟、挖砂、采石、采矿、取土、堆放固体废弃物或其他破坏农田的活动；不准以退耕还林为名违反土地利用总体规划，减少基本农田面积；不准占用基本农田进行植树造林，发展林果业或者挖塘养鱼和进行畜禽养殖；不准占用基本农田进行绿色通道和绿化隔离带建设。鼓励村、组对基本农田进行标准化建设，提高基本农田地力。年末全镇耕地保有量3760.2公顷，其中基本农田保护区面积1975.56公顷。

2012年新城镇各村土地利用状况统计表

表4-4　　　　单位：公顷

村名	耕地保有量	基本农田保护面积	新增建设用地
桃坞	371.27	72.38	3.45
新北	172.45	0	179.47
林果	288.69	0	167.71
郁桥	150.15	0	101.84
三将	231.58	0	14.10
凌桥	401.24	419.71	0.14
官胜	334.64	303.49	0.19
三茅	302.51	303.05	0.19
周营	313.13	311.92	11.08
丁冲	283.59	217.36	0.15
新华	81.43	0	81.56
冷红	378.24	0	52.30
马坝	450.63	347.65	6.86
龙河街办	0.27	0	0
新城街道	0.38	0	0

二、土地复垦

50年代起，境内砖瓦窑场较多，压废不少土地，留下许多废弃地。此外，还有不少废庄基，废沟塘和荒草地。从1988年开始，新城、龙河土管部门因地制宜，分期分批实施土地复垦。至2002年，境内复垦面积总计46.2公顷，增加耕地44.53公顷。2003~2012年，全镇通过市年度耕地占补平衡项目库建设，共实施复垦项目21个，复垦土地总面积87.13公顷，新增耕地86.64公顷。

图4-5　林果村废砖窑土地复垦公示（摄于2003年）

2003~2012年新城镇土地复垦统计表

表4-5　　　　单位：公顷

年份	地点位置	复垦项目	复垦面积	新增土地	年份	地点位置	复垦项目	复垦面积	新增土地
2003	新北村	废庄基	3.74	3.74	2005	林果村	废砖瓦窑	12.73	12.61
2003	三官村林果村	废土窑	5.62	5.62	2006	郁桥村	废窑废弃地	10.33	10.20
2004	三茅村	废弃地	2.51	2.40	2007	三茅村	荒草地	6.06	6.06
2008	林果村	废工矿	3.08	2.95	2010	林果村冷红村	废弃地	2.18	2.18
2009	丁冲村	荒草地	1.14	1.14	2010	周营村	荒草地	1.62	1.62
2009	三茅村	废庄基	1.87	1.87	2011	官胜村	废弃地	6.02	6.00
2009	马坝村	废庄基	2.85	2.83	2011	三茅村	废弃地	4.53	4.53
2009	冷红村	废庄基	1.53	1.53	2011	马坝村	荒草地	0.78	0.78
2010	马坝村	废工矿	6.47	6.47	2012	官胜凌桥等村	废弃地	3.69	3.69
2010	马坝村	荒草地	6.52	6.52	2012	马坝村	废弃地	1.71	1.71
2010	三茅村	废弃水工建筑物	2.17	2.17	合计			87.13	86.64

第五章　镇村建设

新城成于东晋，兴于唐宋，为漕盐运之通道，集镇初具规模。盛极于元代，元至元二十八年（1291年），扬子县治迁至新城，成为城关镇，市镇街巷渐成格局。明代，始置为镇，明末集镇北移至运河北，清代逐渐形成东西一条街，长约2里多，商户较多，行业齐全。民国时期，成为全县六大集镇之一，天天集市，是周边四乡农民重要商品交易场所和当地粮食等农副产品集散地，民国25年（1936年）前后衰落。龙河集形成于东汉年间，有一定规模，商铺较多，定期逢集，是山圩间农副产品、粮食交易市场。官塘集、三茅集市面不大仅有20多户商家，三茅集曾兴旺一时，并定期逢集，至解放前夕都已衰落。

解放后，党和政府重视城乡建设，整修集镇街道，恢复房屋建设，先后接通照明用电。1984年起，龙河、新城先后建成自来水厂，集镇居民开始饮用自来水。1986年起，新城、龙河集镇向西向北发展，开辟新街。90年代，开始小城镇建设，街巷道路不断出新，环卫设施、城镇绿化逐步配套。2000年后，镇村建设进一步发展，镇区市政设施和公用事业日臻完善。2012年，镇区面积拓展到5.1平方千米，建有街（路）巷37条，路网总长45千米，城乡房屋建筑总面积301.05万平方米，其中住房263.67万平方米，人均住房面积55平方米。农村基础设施显著改善，建成村组道路114条，总长155千米，供电、供水普及率均达100%。在新农村和城镇化建设中，城乡生态环境得到有效保护，环境质量不断优化。

第一节　集镇形成与演变

一、新城镇

汉初，始有人拓荒建屋，形成自然村落。东晋永和年间，欧阳埭（位于三条埂附近）成为江淮运口，逐渐繁荣起来。东晋太元十年（385年），谢安出镇广陵，广陵西去三十里即今新城地域，古称步丘。史书载："安于步丘筑土垒，曰新城。"新城背靠丘陵，南临长江，形势险要。据解放后水利建设及考古发现，宋时城池在现今位置为南至旧港，北到仪扬运河，东至东升花园庄，西到沙河（古称珠金沙河）。城墙为板夯土垒筑，城门与交通要道口为砖砌。城东、南两侧有护城河。唐宋时期，真州为漕盐转运港口，新城成为漕盐往来必经之地，贾商云集，形成商埠。元至元二十八年（1291年），扬子县治所迁移至新城，新城成为扬子县城，市面繁荣，元代诗人贡奎作有一首咏新城的诗，其中有两句是"大舶连樯发，高楼列槛凭"，形象地描述宋元时期新城的繁荣景象。明中期，新城始设为镇，为仪征东部三大集镇之一。明后期，常受洪涝侵袭的新城集市逐渐向北移至真扬运河北岸，沿河而建，市面复又兴盛。清道光末年，仪征漕盐转运衰落，新城一度受到影响。这一时期，新城设为都、坊、里建制。同治十二年（1873年）十月，淮盐总栈迁至十二圩后，新城又成为盐运转运重要道口，黄海边所产淮盐，向西经运盐河、通扬河、仪扬运河后，由新城卧虎闸向南经新坝河（后称沙河）到达十二圩。在新城设有缉私关卡，在旧港设总巡，查缉私盐。当时，在新城河面上等待过卧虎闸南行的运盐船常有上百艘。清光绪年间，新城发展成为仪征县六大集镇之一。民国17年（1928年），复置为镇，集镇建设初具规模，天天集市，有大小商铺100多家。民国20年（1931年）后，实行新盐法，十二圩盐运减少，新城集市随之冷落。抗日战争爆发后，新城未驻日军，集市贸易得到短暂发展。民国34年（1945年）后复又衰落。至解放前夕，集镇街道不足2里，商铺不足百家，市面萧条。

解放后，集镇建设得到恢复和发展，商店复业，并开设一些新店，老街得到整修改造。到1952年，集镇上的各种商店、作坊有130多家，市面日渐兴旺。随着农村互助合作化和社会

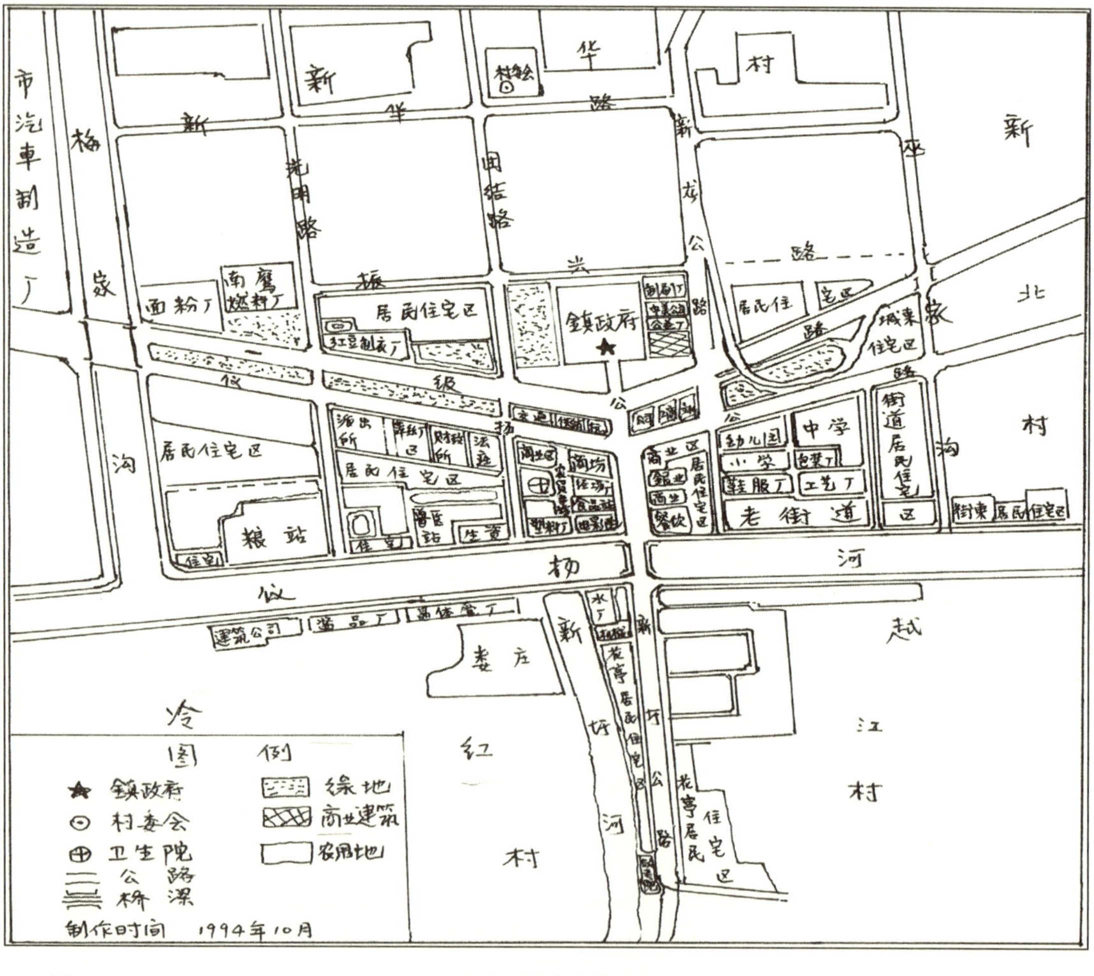

图5–1　　1990年新城乡街区图

主义改造运动的发展，先后建立供销合作社、手工业生产合作社、信用合作社和邮电所、粮管所（站），陆续兴建一批机关用房，创建中心小学、公社卫生院、文化站，建成新城大会堂，形成以农机厂、油米厂、供销社、食品站、粮站、信用社和邮电所等国营、集体性质的工、商、金融单位为主体的集镇建设基本格局。“文化大革命”期间，因强调全民商业独家经营，限制和禁止集市贸易，加之一些集镇居民被动员下放，集镇市面一度冷落。1978年以后，集市贸易开放，个体私营商业发展，商业网点增加，集镇市面逐步繁荣。乡镇工业兴起，工商行政、税务等机构建立，居民不断建新房，集镇房屋面积迅速增加。70年代起，以新城大桥为中心沿新圩公路向南北延伸增辟新街。80年代，沿仪扬公路两侧新建商店、住宅楼，与南北向街道交会形成“T”字形街道。1987年，集镇建成区面积0.27平方千米，街区呈“工”字形。90年代，随着小城镇建设步伐加快，主街向东西方向延伸，两侧楼房错落有致，楼下开店楼上居住。新建政府机关、学校、卫生院、派出所以及金融保险、邮政、电信等机构营业办公大楼，以及农贸市场、大型超市、饭店、洗浴休闲场所和文化娱乐设施等。集镇居民住房面积不断增加，大批农村居民也迁移到集镇居住，商品房、搬迁安置房不断增加。街区道路均铺设沥青或水泥路面，完善供排水管网，设置路灯，公共绿地，实施亮化、美化工程。2000年后，新农村城镇化建设加快推进，新建镇村道路，整治镇区环境，新建公厕、垃圾箱（池），创建卫生村镇。集镇房屋大幅增加，特别是房屋建造档次和质量变化明显，90年代平瓦房和二层楼房居多，到2010年，农民居住集中区建成别墅式楼房和高层住宅楼，水电、电信、电视、电话、宽带“六通进户”。镇区建有车站（亭），还新辟公园绿地，人居环境改善。2012年，镇区西至东园路，北抵荣威大道，东至园十路、桥南路、闵泰大道，南到前进东路，面积6.19平方千米。有10条主街道，沿街建有商店、超市、银行、洗浴及文化娱乐场所300余家，镇区居住总人口26639人，居民住房总面积146.51万平方米，人均居住面积55平方米，公共建筑面积8.81万平方米，生产性建筑23.57万平方米，街巷道路总长45千米，其中水泥沥青路27千米，地下排水管道总长38千米，自来水覆盖率100%，绿化覆盖率18%。

二、龙河集

龙河集由来已久，东汉广陵太守陈登（字元龙）在此兴建大型水利设施，后人称为陈公塘，其泄水河道称为元龙河，龙河集因此得名。至清代，形成较大集镇，主街长约2里（约合1千米），岔街长不足1里（约合0.5千米），定期逢集。民国时期，集市贸易兴旺，周边乡镇及扬州西郊、安徽边境的商贩前来赶集，尤以木材、陶瓷器、粮食、苗猪为大宗，苗猪市场每集成交数逾千头，秋收季节，常泊有二三十条收粮船，成为全县六大集镇之一。民国21年（1932年）始置为镇，镇公所设在龙河集。抗日战争时期，仪征抗日民主政府在龙河地区开辟抗日根据地并设立龙河区署、龙河镇公所。民国36年（1947年），国民党五区区署、龙河镇公所同驻龙河集。解放初期，龙河集为龙河乡公所驻地，集镇建设开始得到恢复和发展，不仅整治修复老街，而且还增辟新街，新开设一批商铺。先后建立供销社、农具生产合作社、信用社和邮电所、粮管所。陆续兴建一批机关用房，新建中心小学、联合诊所、卫生院和文化站，集镇建设初具规模。60年代，集镇上有各种商店、作坊100多家。70年代，沿过境新龙公路两侧新建门市部、店铺，渐成新的市面。改革开放后，先后建成农贸市场、银行、税务所等建筑，1984年，新建自来水厂1座。1987年，集镇建成区为0.18平方千米，街区呈“T”字形。90年代，推进小城镇建设，各类公共、生产用房大量增加，居民住房除旧房得到翻建改造外，还新建住宅楼3幢。至1999年，集镇建成区面积达1.1平方千米，房屋建设总面积13.7万平方米，其中住宅房面积4.1万平方米，人均住房面积27.3平方米。自来水覆盖率98%，绿化率15.2%，集镇面貌大为改观。2000年，龙河乡行政建制撤销后，龙河成为自然集镇。

图5-2　龙河街道街景（摄于2009年）

三、官塘集　三茅集　旧港

官塘集　为自然集镇。清代，始有官塘集，位于陈公塘东南，因塘而得名，集镇规模不大。民国17年（1928年）为官桥乡所在地。解放后，集镇衰落。

三茅集　为自然集镇，位于龙河集北6里（约合3千米）。清末民初成为集镇，有店铺一二十家。民国17年（1928年），为三茅乡驻地。抗日战争期间，曾设民主政府验货处三茅分所。解放前后，为三茅乡驻地。1953年，建立耕牛交易市场。1958年，设立三茅供销分站。80年代，为全县规模较大的7个自然集镇之一。90年代，集镇衰落。

旧　港　为自然集镇，位于冷红村。元时为仪扬运河入江口，商旅往来增多成为商埠，居住人口逐渐增多，明末衰落。民国18年（1929年）复为仪征县主要集镇之一，为旧港乡驻地。解放前后衰落。

第二节　镇村规划

一、镇（乡）区规划

1984年8月起，新城、龙河乡先后编制乡域总体规划。规划贯彻国家控制人口、节约用地的政策和从实际出发、合理发展的方针。分为两期：近期到1990年，远期到2000年。新城镇区总体规划以新城大桥为核心，以新圩公路为轴线，划分为5个功能区：桥北东部以新城小学、中学为基础，建成教育中心；西部建设文化站，翻建电影院，建成文化中心；桥南向东扩展，建成生活中心；向南向东以现有工业为基础建成工业中心；沿新圩公路两侧兴建信用社、银行、新城饭店、供销社营业大楼等，建成商业金融服务中心。龙河镇区总体规划以集镇为中心，沿新龙路向南北发展，南部建成新兴商业区，北部建成现代工业区，沿龙河新建住宅房，建成乡村特色的住宅区。两地还对乡村工农业设施、教育卫生、文化体育、农村“三电”（供电、电话、广播电视）、街巷道路、自来水、农房建设等，分别编制出专项规划和具体详细规划。1987年，总体规划分别经新城、龙河乡人民代表大会审议通过。1988年6月，经市政府批准实施。至此，新城、龙河城乡建设进入规划管理、规范化建设的轨道。当年10月，新城乡政府根据全乡经济和社会发展趋势，首次对乡域总体规划进行适当调整。规划近期时限调整至1993年，集镇建成区面积调整为0.28平方千米，集镇总人口7000人，定位为仪征市东部新型工业乡镇。1993年12月，新城撤乡建镇，镇政府按照新的镇域经济和社会发展要求，对原乡域规划作再次调整，重新确定新城镇的功能定位，规划农民街西延，与市区真州东路连接，发展成为仪征东郊商贸服务区，同时还对新城地区的交通、电信、供电、绿化、环保、给排水等基础设施布局作适当修订。

1998年，市政府部署开展第二轮小城镇总体规划修编工作，6月，新城镇委托江苏省城乡规划设计院修编镇域总体规划，10月通过专家组评审，经市政府批准实施。1999年8月，龙河乡委托南京建筑工程学院编制乡域总体规划，12月通过专家组评审，2000年1月通过乡人代会审议。同年4月，全市乡镇区划调整，龙河乡和十二圩镇并入新城镇。5月，镇政府按照新的镇域经济和社会发展趋势，对原新城镇、龙河乡和十二圩镇域总体规划进行整合，委托江苏省规划设计院进行并编，三合一规划将新城镇定位为经济发达、设施完善、环境优美的现代化中心城镇。规划期限：近期2000~2005年，远期2006~2015年。规划将镇域分成三大板块，即中心镇、龙河片区和十二圩片区。8月，规划通过市建设规划部门审定，经市政府批准实施。2009年2月，新城镇政府根据《仪征市城市总体规划（2000~2020）》对新城城镇功能定位，以及2005年3月十二圩镇划出区域重大变化等因素，调整修订《仪征市新城镇总体规划（2009~2030）》，以适应全镇政治、经济、文化中心建设需要，该规划委托江苏省村镇建设服务中心编制。9月，镇政府和市规划局领导、专家对规划草案进行交流审议。11月，通过市规划局组织的专家论证审定。规划目标将新城建设成为仪征市区东郊功能配套的宜居城镇。12月，报市政府批准实施。

二、村域规划

1958年以后，新城、龙河有部分生产大队每年都围绕水利农田建设和新建大队公房、托儿所、卫生室、村办小学等社会公共事业，编制年度建设规划。规划项目大多切合实际，基本得到实施。60年代，农村存在着“规划赶不上变化、书记一换规划重上”的现象。70年代，在农业学大寨中，新城三将、郁桥、林果等大队和龙河街胜大队制订发展建设规划，以农田水利化、方整化为基础，沿沟河两岸和道路两侧荒地集中安排农户建房，建成大寨式社员居住点。

1984年年初，根据县政府统一要求，新城乡、龙河乡各村民委员会全面开展村庄规划编制工作。龙河乡在丁冲村进行规划试点，根据当地实际情况，编制建房规划文本，对农户建房采取联并小村庄集中建房，调整大村庄布局，控制散住户等管理措施，做到建房标准一致，新旧结合，合理布局。并对道路、河流、桥梁、电力、电信以及生产用地、商业用地通盘统筹规划安排。规划附有图籍和文字说明书，以后在面上推开。至8月，两乡共有10多个村先后完成规划编制工作，经村民大会讨论通过，报经乡政府批准实施。此后，陆续又有10多个村完成规划修编工作，至1991年，两乡基本完成村规划编制工作，共编制村规划26部。

1986年8月，新城乡开始编制《仪征市新城乡村镇建设总体规划》，1987年3月经新城乡第十届人代会第一次会议审议通过，4月，经市政府批准实施。

2005年3月，根据市政府的统一部署，新城镇委托仪征市规划设计院编制《仪征市新城镇镇村布局规划》。规划形成“1个镇区、2个片区、54个农村居民点”的总体布局。规划镇域人口规模为5.35万人，建设用地控制在463.4公顷，人均建设用地86平方米。其中新城镇区人均117平方米，龙河片区人均120平方米，十二圩片区人均100平方米。村庄规模由428个压缩至45个，村庄居住人口总规模为4.1万人，建设用地控制在313.4公顷，人均76平方米，每个村庄人口以800人为宜。住房模式，镇区及龙河片区、十二圩片区以多层公寓式住宅为主，低层联排式住宅为辅，严控建造独立式别墅，村庄以多层住宅、节约型住宅为主，控制建造独立式别墅住宅。规划镇域工业逐步集中到工业集中区，中心村及自然村工业应关停或搬迁集中。规划村庄搬迁集中后可复垦土地294.62公顷，农田林网化率提高至80%以上，森林覆盖率提高20%以上。此外还制订教育设施、医疗设施、其他公共设施，以及道路、给排水工程、供电工程、电信工程，广电工程、燃气工程、环卫设施等建设规划和综合防灾与环境保护规划。该规划于10月经新城镇人大审议通过。2006年1月，经市政府批准后实施。2009年8月，镇政府根据十二圩镇划出等实际情况委托仪征市规划设计院对《仪征市新城镇镇村布局规划》作调整修改，将居民集中住宅区由20个缩减为9个，形成“一个中心镇区、一个片区、九个村庄规划点”的镇村结构。由此对镇村建设用地规划、村庄功能和布局规划、复垦土地规划进行重新编制，并制订相应的教育、卫生、文化、集贸市场、体育场所、道路、供水排水管道、供电、电信、广电等设施建设规划。2010年7月，经镇人代会审议通过，10月，报市政府批准实施。

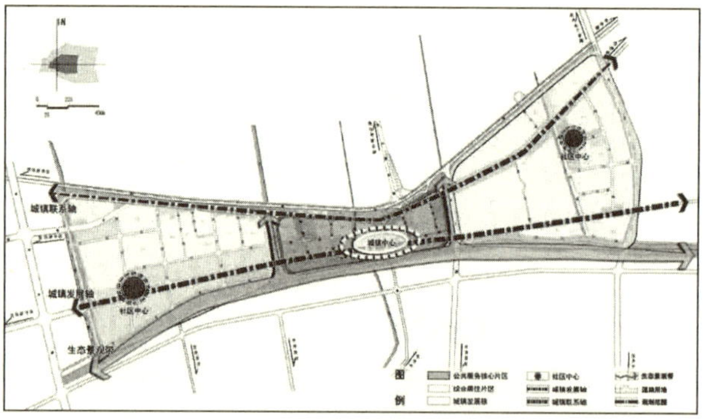

图5-3　2010年镇区布局结构规划图

三、集镇、居住区和工业集中区规划

集镇规划　1988年3月，根据市政府统一要求，新城乡、龙河乡分别编制集镇总体规划。新城乡规划集镇以农业机械工业为主、食品工业为辅的工业集镇，龙河乡集镇为以农副产品为主的商贸型集镇。集镇人口规划：近期至1990年新城7500人、龙河6000人；远期至2000

年新城1.1万人、龙河8000人。建成区面积近期新城控制在50公顷内，龙河在45公顷内；远期新城在60公顷内，龙河在55公顷内。规划人均建设用地新城为60平方米，龙河为55平方米。新城集镇总体布局是向东向西发展，在镇东规划新建一条干道，减轻新圩路压力，又可作商业街，逐步开辟东部住宅新区。龙河立足老区改造，调整布局，全面协调发展，以集镇北部工业区为基础适当扩大，在西部新辟工业区、仓库区，逐步将现有"L"型布局改造成"T"型集镇。两乡还对集镇道路、给排水、邮电、供电、防洪、环保等设施制订专项规划。5月，规划分别经乡人代会讨论通过后，报市政府批准施行。1994年2月，龙河乡对原集镇规划作出修改，将集镇发展建设向南延伸，建成农贸市场和小商品市场。3月，经乡第十二届人代会第二次会议审议通过，报经市政府批准实施。

2011年8月，镇政府根据镇区经济和社会发展新情况，委托江苏省城市规划设计研究院和江苏省城市交通规划研究中心修编《仪征市新城镇镇区控制性详细规划》，规划包括土地利用、建筑控制、城市"四线"控制、综合交通、绿地系统、城市设计、市政公用设施、综合防灾、环境保护和地块划分规划等12项，并附《仪征市新城镇镇区控制性详细规划用地构成表》和《仪征市新城镇镇区控制性详细规划容量指标表》，以及规划图纸35套。11月，通过市城乡建设局组织的扬州市、仪征市有关部门、专家评审，12月，经市政府批准后实施。

居住区规划　2005年，新城镇委托南京明宇环境艺术设计有限公司、仪征市规划设计院编制郁桥村梅园苑居民点建设规划，规划坚持结合实际，符合民意和集约使用土地的指导思想，采用城市小区型模式。2006年，新城镇委托市规划设计院先后编制镇南名苑、三将村城东名苑两处居民点建设规划，建筑布局采用新型式样。2009年，新城镇委托南京爱派建筑规划咨询设计有限公司分别编制林果村农科居民点和凌桥村赵庄居民点建设规划。采用搬迁并点型模式。按照集中建房和节省土地的要求，对居民点的房屋层高、结构、朝向、房距以及排水、用电、绿化、道路等，作出统一规定。规划经村民小组讨论后，经镇政府批准实施。2009年起，为服务国家项目建设，及时搬迁安置，郁桥村、马坝村和丁冲村等先后委托市规划设计院绘制郁桥搬迁安置区1号、2号、3号、4号地块建房规划平面图，获753户入住户讨论通过。马坝、丁冲、凌桥和周营安置小区平面布局规划图，获300多搬迁安置户讨论通过。

工业集中区规划　2002年4月，仪征市政府批准设立新城工业园。2003年2月扬州市政府命名新城工业园为扬州市乡镇工业示范区。2003年8月，镇政府主持《仪征市新城镇工业集中区控制性详细规划》编制工作。10月，形成规划草案，并在新城镇召开规划评审会，扬州市、仪征市有关领导、建设部门负责人以及仪征经济开发区、扬州（仪征）汽车工业园和有关方面专家31人参加评审论证，原则通过规划方案，明确规划文本及图籍资料为启动新城工业园首期工程建设依据。该规划根据工业集中区功能定位，共划分4个区块，规划用地121.87公顷，其中建设用地115.96公顷。工业用地80.11公顷，进区工业以一类工业为主，适度安排二类企业，为汽车工业园区提供配套。规划公共建设用地2.67公顷，停车场用地0.51公顷，绿化用地18.54公顷。厂房高度控制在1~2层，多层标准厂房4~5层。容积率控制在1.0之内，绿地率不小于30%，建筑密度不大于50%，公共设施以多层为主，容积率控制在1.5之内。12月，规划经市政府批准后实施。

四、规划选介

仪征市龙河乡总体规划（1999~2010）

编制时间：1999年12月

规划期限：近期1999~2004年，远期2005~2010年，远景50年以上。

集镇功能定位：以农副产品加工、集散为主的工贸型集镇，环境优美、宜居的生态型小城镇。

规划目标：在1999~2010年期间，以扬州城市西扩为依托，面向长江宁镇扬地区，逐步提高吸纳力、综合服务承载力。集镇向南发展，镇区面积扩大到2.6万平方千米，形成以老集镇为中心，西环路为轴线，向南扩展，适当向北延伸的发展格局。规划镇南建成商贸区，镇北为工业区，西为农副产品生产加工区。全乡建设用地69.57公顷，人均78平方米，其中公共建设用地22.4公顷，人均21.2平方米，主要用于街巷道路，工业、行政和文体商贸服务等设施建设，居民住房用地18.6公顷，人均48平方米，建成基础设施配套、环境优美的居民住宅小区3个。农田实行规划性控制，其中耕地面积5500公顷，人均0.13公顷。实行总量控制，占补平衡。

专项规划：交通、电信、供电、绿化、环保、给排水及主要公共设施（略）。

仪征市新城镇总体规划（2009~2030）

编制时间：2009年12月

规划期限：近期至2015年，远期至2030年，远景至2050年左右。

规划区域面积：67.86平方千米。镇区规划面积扩大至6.19平方千米，其中建设用地面积4.2平方千米，人均建设用地面积119.97平方米。

新城镇功能定位：仪征市区东部，为市区提供配套功能的宜居城镇，有机融入市区，成为仪征中心城区。

规划目标：到2020年地区生产总值达到50亿元、三次产业占比分别为6%、55%、39%；到2030年地区生产总值达81亿元，三次产业占比为5%、48%、47%；人均地区生产总值2015年6.4万元、2020年9万元、2030年13.5万元；城市化水平2015年36%、2020年45%、2030年58%；城镇居民人均可支配收入2015年3万元、2020年3.5万元、2030年6万元；农民年人均纯收入2015年1.7万元、2020年2万元、2030年3.5万元；耕地保有量2015年320公顷、2020年300公顷、2030年266.67公顷。人民生活、人口素质指标（略）。城镇建设人均住房使用面积2015年38平方米、2020年40平方米、2030年45平方米；人均绿地面积2015年12平方米、2020年14平方米、2030年17平方米，天然气普及率2015年95%、2020年98%、2030年100%；生活污水处理率2015年75%、2020年85%、2030年90%；生活垃圾无害化处理率2015年80%、2020年90%以上、2030年90%以上；人口规模2015年达5万人，其中城镇1.8万人，2030年6万人，其中城镇3.5万人。到规划期末形成“1个镇区、1个片区、17个农村居民点”的镇村布局体系，居民点住房以低层拼联式为主，限制建造独立式住宅。

专项规划：交通、市政、环保、绿化、防灾减灾等（略）。

附表：新城镇镇村布局一览表（略）、镇区规划用地平衡表（略）

新城镇林果村农科居民点建设规划

编制时间：2009年8月

村庄布局：全村规划人口3400人，建设用地25.73公顷，人均75.67平方米，属新建型村庄。采用组团+村庄的模式，整个村庄划分为3个组团，中心景观位于村庄中心。本次规划用地约6.96公顷，其中村庄建设用地5.54公顷，水面面积0.26公顷。

规划居住规模：共176户、人口616人，户均占地面积315平方米，人均占地面积90平方米。

公共设施：公共建筑规划用地7600平方米，总建筑面积1240平方米。公益性建筑包括村部办公用房、文化室、医疗和治安室、老年活动室与商业建筑结合形成公共活动中心，布置在进入村口附近。

住宅建设规划：采用低层独院式联排住宅为主，局部建设独立式住宅。每户宅基地面积控制在200平方米，房屋建筑面积180~250平方米的2种户型。住宅层高不超过3.3米，净高不低于2.5米，其中低层层高不超过3.6米，两层住宅总高度不超过6.8米，住宅日照间距按1：1.4控制。两幢住宅间距不小于13米，东西山墙间距不小于1米。住宅建筑风格为传统青瓦白墙或红瓦白墙。

专项规划：交通、消防、供电、电信、环卫、绿化、给排水等（略）。

附：近期建设投资估算及主要技术指标（略）

第三节 市政建设

一、道路 桥梁

道 路 清至民国时期，新城镇内有一纵二横3条主要道路通向外界。一纵是十二圩向北经新城过龙河至曹家铺（今仪圩曹公路）的土大路，以新城大桥为中心点桥南称新圩路、桥北称新龙路；二横是扬州至六合的扬六公路，砂石路；沿仪扬河南堤东至朴席、西达县城南的仪扬河路，为土大路。

解放后，扬六公路改称国道宁启公路，60年代铺成沥青路面，1987年12月建成一级公路，原公路改成县道复称扬六公路（又称仪扬公路），成为镇区通外的主要道路。1992年5月起，一级公路改建封闭式高速公路。1999年6月竣工通车，成为宁通高速公路，并修建北辅道。2003年，镇区范围扩大，在镇东北建工业集中区，新建纬一路、纬二路、纬三路以及经一路、经二路共5条道路。2005年，仪征汽车工业园向东建造荣威路、沿山河路横贯镇区北部东与新龙路连接。2006年，又建成横贯镇工业集中区与新龙路连接的新华路和亨通路。2008年，镇东建巫家沟路，北至工业集中区南至仪扬公路。2012年，镇区有主要道路四纵六横10条，均为沥青路面。

桥 梁 清代，新城街西有銮江桥（后称新城大桥），木质结构。东有高桥、永济桥、金家大桥。在旧江口建有平江桥，在运河北建有鸡鹅桥。民国时期，新增扬六公路跨巫家沟、余营河、梅家沟3座木桥。解放后，50年代，复建新城大桥，70年代重建，可通行汽车。80年代，改建余营河桥和梅家沟桥，可通行大吨位载重货车。1987年，新建新城立交桥和郁桥、新北、桃坞立交人行桥。2003年起，在工业集中区内新建桥梁3座。2006年，新建荣威大道桥。2007年，重建新城大桥。2010年，位于镇东的东升桥建成通车，该桥北接仪扬公路，南连闽泰大道。2012年年末，镇区有主要桥梁9座，均成为永久性造型新颖的城市标志性建筑。

二、街 巷

街 道 元代，新城镇街巷情况无考。明末，通江河道淤塞水患无穷，集镇渐移至真扬运河北岸，依河建市，街道呈"一"字形。清代，新城街道已成规模。到民国初期，市镇规模十分可观。一条从东到西主街，长约1200米，分段称为东街、中街、西街和后街。街道西端是新城大桥，以桥为中心，形成桥南街、桥北街和桥西街，但桥西街较短，桥南街较长。主街两旁店铺林立，店幌飘摇，叫卖声此起彼伏，十分热闹。东街设米市，临河有码头，可停泊木排和运粮船只。中街布满商铺、作坊、商行。西街多柴行、驴行。东街、中街宽4米，西街宽约4.5米，街面路道用条石铺成。新城集镇为天天市，早上开市后，熙攘人群挤满整条街。清同治年间，淮盐运销总栈设于十二圩，带动新城街道的发展，桥南街（新圩路）始有商铺设立，店前搭有三架梁小棚，供南去十二圩船工、盐工休息。民国20年（1931年）实行新盐法后，过往新城车船减少，街道衰落。抗日战争爆发后，新城成为十二圩与龙河，新集与仪征敌占区的中间地带，得到短暂发展。民国后期，街道开始向西向北延伸，北沿扬六公路零星设店，未形成街道。

解放后，新城街道向西发展，新辟街道简铺砂石路。70年代，新辟新圩路与仪扬公路连接处形成新的"T"字形街道。起初以路为市，两侧搭建商店、民房。80年代，规划成为新城主街道。1993年，还路于街后，开始新街道建设。南北街道定名为新桥街，长约400米，路基宽50米，沥青路面，两侧各设4米水泥人行道，街道与人行道间植香樟树。东西向的街道定名为新农街，东起巫家沟西至梅家沟，长约2千米。街道路宽60米，双向2车道，沥青路面，两侧各设人行道4米，水泥路面和彩色地砖，栽种香樟行道树。在街道路

图5-4 新城老街一角（摄于2009年）

面建设的同时，启动沿街旧房改建工程，实行道路、房屋和市政设施同步建设。共开挖土方0.54万立方米，浇筑水泥道路约1万平方米，铺设人行道地砖3000平方米，安装路灯182盏，沿街建小公园2座。修筑地下排水管道1600米，改造供电线路1700米，建成商住楼78幢。新增润扬南路、新华路、润扬北路、光明路、团结路等7条支街道。1998年后，镇区街道向城郊结合部拓展。2003年，宁通公路北辅道与新龙路交汇处形成新街道，新城镇政府坐落于路北，与润扬机械厂毗邻，西为润扬北路。2010年，镇区主街新农街再次向东西方向延伸，东至唐家沟，西至中心河，总长3.4千米。街道宽50米，混凝土沥青路面，南侧建1米宽绿化隔离带，再铺设2米人行道，栽种行道树，安装路灯。同时新龙路自立交桥向北修筑成主要街道，两侧铺设人行道，街道北至沿山河，全长2千米。至2012年，镇区主街纵向有新桥街、新圩路、润扬南路、巫家沟路、新龙路、润扬北路、梅家沟路；横向有河南街、新城老街道、扬治路、新农街、振兴路、新华路、亨通路等，计七纵六横13条，构成镇区街道路网。

图5–5　新农街（摄于2010年）

巷　道　明代，新城镇有扁担巷（也称扁担街、扁担街巷），位于通马场，还有头坝巷，较有名气。清至民国，新城街道沿仪扬运河而建，两侧有南北走向的巷道十多条。街南临河巷道较短，最长的不过四五丈；街北巷道较长，最短的也有二三十丈。巷道内除住家，也有店铺、作坊、澡堂，其中最长的巷道是东大巷，长约100米，宽3米，内除有粮行、作坊、商铺外，北端建有火星庙。与此巷相对的隔街小巷是条无名小巷，长约30米，宽1米。澡堂巷，位于街中，进巷由南向北是座澡堂，故名，巷长30米，宽1.2米。此巷对面是火龙局巷，南通仪扬河，因巷内设有消防设施，故名，巷长约20米，宽2.3米。位于街西的西大巷，巷长60米，宽2.5米，因巷内住有乔姓兄弟五人，故又称乔五大巷。此外还有巷巷之间众多小巷。

解放后，由于集镇建设，一些旧巷道拆除，名称湮没，一些巷道与道路结合易名，原东大巷和西大巷90年代更名为新村路（巷）和文源路（巷）。50年代，在后街建立新城信用社，新建一条长70米、宽1.2米的巷道与东大巷连接，称作街后巷。80年代，在新城街道改造中，新建巷道2条，一条是玉兰南巷，西接新桥街，东连文源路，宽3米，长约250米，水泥路面。另一条是玉兰北巷，南接玉兰南巷，北通新农东街，宽4米，长约120米，水泥路面。

90年代，润扬小区建成，新建南北向的巷道2条，一条是位于东园二店西侧的无名小巷，宽2米，长约50米。另一条是润扬南路，宽3米，长约400米，水泥路面。1993年新城撤乡建镇后，集镇建设步伐加快，在街巷改造中，街后巷拓宽至3米，为碎石子路面。2000~2012年，新增巷道24条，全长12.07千米。其中，南北向的巷道19条长9170米，东西向的巷道5条长2900米，水泥、沥青路面占84%，有的巷道还建有绿化带，安装路灯。

表 5-1

2000~2012 年新城镇新建主要巷道一览表

巷道名称	巷道走向	长（米）	宽（米）	路况
新北路	新北花苑南侧、西连闽泰大道	800	6.0	沥青路面
巫家沟路	北连仪扬公路、南至仪扬河边	400	4.0	砂石路面
法庭东侧路	北通新农西街	200	2.5	水泥路面
张庄巷（水务站）	北通新农西街	120	2.2	砂石路面
卫生院东侧路	南至食品站、北至新农西街	400	2.0	砂石路面
粮站路	南接扬治路、北连新农西街	500	4.0	水泥路面
梅家沟东路	南接扬治路、北连新农西街	500	3.0	水泥路面
梅家沟西路	南接仪扬河、北连梅家沟桥	500	3.0	砂石路面
梅苑路（东）	北连仪扬公路	400	12.0	水泥路面
梅苑路（西）	北连仪扬公路	400	6.0	水泥路面
郑家营路	郑家营—新小路	300	8.0	水泥路面
新小路	北连仪扬公路	400	14.0	水泥路面
乔家营路	东接新小路、西连幸福大道	550	3.0	水泥路面
联郁路	北通仪扬路	250	6.0	水泥路面
幸福大道	南通仪扬河、北接仪扬路	500	3.0	水泥路面
新怡路	北通仪扬路	500	4.0	砂石路面
三道渠路（新北村）	南接北辅道	900	3.5	水泥路面
巫家沟路（新北村）	南接北辅道	900	3.5	水泥路面
亨通路	新龙路—新北	450	4.0	水泥路面
新华路	梅家沟—新龙路	800	6.0	沥青路面
润扬北路	北辅道—荣威大道	700	2.0	水泥路面
中心路（新华）	南接北辅道	200	2.0	砂石路面
梅家沟北路（东）	北辅道—荣威大道	700	3.0	水泥路面
梅家沟北路（西）	北辅道—荣威大道	700	3.0	水泥路面

三、公园广场

新城枕江襟水，景色宜人。元至明清，盐商大贾、达官显贵在此建造园林别墅，其中有六处最为著名，具有独特的地方特色，如白沙翠竹江村，建于明代之前，坐落在新城都天庙东南，至清康熙中期，为盐商郑肇新所有，是一座大型私家花园，占地数百亩。园内有景点13处，诗人、画家、官员慕名游园的很多，大画家石涛不仅作《白沙翠竹江村阁十三首》诗，还作《江村泛舟卷子》之画。先著、洪钺、程梦星、洪嘉植等当时仪征名流都以十三景为题，写同题诗。两淮巡盐御使曹寅曾多次到此游览作诗。清道光三年（1823年）后，因频遭水患，渐渐圮废。康乐园，在新城镇南，明代修建，清道光三年重修。园内有左公池，其大数亩，前为安遗堂，后为延芳亭。休园，在新城南滨江，建于明代，园中央为玉山草堂，左跨池为飞丽阁，阁东为紫薇亭，后为竹里馆、梅花坞。折而前，左为回川亭，右为文杏亭。草堂后为平台，右为自怡斋。蒋园，在新城镇东，蒋氏筑。东津别墅，又名东津草堂，在新城旧江口，明代知府柳琰所筑。新城桃坞，隋时境内运河两岸广植桃树，至清代已成桃林，被冠名“真州八景”之“东门桃坞”（又称新城桃坞）。1958年，桃林毁没。

解放后，较长一段时间只讲先生产后生活，重视发展生产、忽视人文景观建设。近50年镇内无公园、广场建设。直到1998年在小城镇建设改造中，新城立交桥公园、街西公园、市民健身广场等相继落成，成为市民休闲健身和社会交往娱乐的场所。

图5-6　新城立交桥公园（摄于2004年）

立交桥公园　位于新城立交桥下，占地1.42公顷。1998年2月动工兴建，总投资45万元，前期完成场地平整，堆砌假山，种植树木、草地。时为全市乡镇首个市民休闲公园。2000年后，分设活动区和景观草坪区。活动区内配有健身器材，石条座椅。景观区矗立蘑菇雕塑、太湖假山叠石，高处喷泉下为溢泉，花坛式绿地边是香樟林，绿地中种植多种花卉、灌木和观赏树木。活动区与区之间用大理石铺成曲径小道。园内安装各种工艺路灯、草坪灯22盏。

街西公园　位于新农街中部新城自来水厂西侧，占地面积5100平方米，2009年建成开放。公园设计新颖，小巧玲珑，布局紧凑。迎街面植有芭蕉、桂花和翠竹，其后是朴树、白玉兰，建林荫小道，路旁铺草坪。

郁桥居住区北花园　位于梅家沟西，郁桥梅园苑居民小区北侧，占地9400平方米。始建于2009年，初建面积4000平方米。2011年，向东扩建。成长条形。中间堆土山包，筑园间小道，旁植翠竹、红枫、紫叶李、樱花，外围种香樟树、朴树，地面铺草坪，成为市民散步好去处。

河滨公园　位于新北花苑南侧、仪扬河北岸，占地2.87公顷，2012年建成开放。园内建有亭台、文化墙、栅栏，凌云峰石高耸挺拔，青松相衬。鹅卵石镶嵌的健身曲径横贯东西，纵向铺有水泥彩色砖，其间铺设草坪，种植樱花、红枫、紫叶李、桂花及灌木林、花卉，沿河岸栽垂柳，安装大理石护栏，形成河滨风光带。

镇东市民广场　位于镇东文源路东侧。2009年8月落成，为镇内第一个市民广场。广场占地1公顷，分为南北两个活动区，北区设篮球场，配有健身器材，南区设乒乓球台，配有健身器械。活动区外辟有草坪区，种植常绿高芽毛草、花卉、竹园和观赏树木。

图5-7　新北花苑休闲广场（摄于2012年）

新北花苑休闲广场　位于新北花苑内，

占地800平方米，2012年建成使用。广场东北角建木亭一座，四周设置大理石条凳，文化廊墙。场内以大理石板砖铺地，安装照明灯12盏。

四、绿 化

民国时期，新城街道无行道树木，仅部分民宅周围栽有柳、槐、榆、楝、松、柏等树木。

解放后，新城镇机关、企事业单位和工厂、学校开始绿化植树，多栽冬青、黄杨、宝塔松等观赏树木。1958年，新城大桥南街道始植白杨树，穿越集镇的仪扬公路两旁栽种杨柳，70年代初，改植白杨树。1997年，整治新桥街和新农街，沿街两侧栽植香樟树140余株，形成纵横两条绿色长带。此后，镇区拓宽改造和新建道路，都要配套行道绿化，栽植香樟、广玉兰等树种。1998年，在新城立交桥公园种植花卉、灌木和观赏树木5600株，铺设草坪3000平方米。2009年，建设街心小公园、镇东市民广场和郁桥居住区北花园共种植绿化树木、花卉1.2万余株和草坪6000平方米。2012年，建成河滨公园，种植各种绿化树木6000株和草坪7000平方米。至年末，镇区街道行道树全长1.15千米，公共绿地20块，面积12.62公顷，绿化覆盖率19.3%，人均公共绿地增加到19.27平方米。

2012年新城镇镇区街道绿化统计表

表5-2 单位：米

街道名称	主街长度	行道树长度
新桥路	400	760
新农东街	1000	1960
新农西街	1300	2600
润扬南路	400	400
润扬北路	1000	1000
新华路	800	1560
新龙路	750	1500
仪扬河堤	850	850
亨通路	400	400
巫家沟路	500	500
合计	7400	11530

2012年新城镇公共绿地统计表

表5-3 单位：平方米

分 类	地 点	面 积
公园绿化	立交桥公园	14191
	水厂西侧街心小花园	5086
	郁桥居住区北侧小花园	9369
	新北花苑南侧	28741

续表 5-3

分　类	地　点	面　积
机关厂企路边绿化	宁通高速出入口两侧	8799
机关厂企路边绿化	闽泰大道西侧	6778
	仪扬路两侧	24270
	新城镇政府	3135
	新城原小学	650
单位路边绿化	新城小学	1797
	新城中学	1841
	润扬机械厂	1378
	新城村建所	321
	地税分局	355
	华美包装厂	1088
	新怡花苑	865
	新城卫生院	456
	新城客运站	658
	新城中心幼儿园	657
	新城工业集中区	15771

五、环卫设施

解放前，新城镇除临近街道农户搭有简易的茅房外，无其他环卫设施，露天粪缸随处可见。50年代，政府在开展爱国卫生活动中，整理街道环境卫生。配备2名街道清洁员，负责打扫街道、清理垃圾。1952年，新城街道建垃圾坑4个，集中倾倒生活垃圾。1959年，清理填埋阴沟、臭水沟121条，迁移粪坑、茅缸47个，建垃圾池17个。60年代，在街道东西两侧建砖木结构公共厕所各1座。80年代，在农贸市场、居民居住区建公共厕所4座。90年代初，街道商店实行“门前三包”（包卫生、包绿化、包秩序），新建公共厕所4座，设置垃圾筒15个。1997年，新建主街地下排水管道1800米，泵站1座。居民住宅内始设有室内卫生间，公共厕所数量不再增加，只进行维修改造提高卫生标准。1998年，新城镇环境卫生管理所成立，有环卫职工6人，车辆4辆，负责镇区卫生保洁，清运各单位及街道垃圾。2003年，开展创建扬州市级卫生镇活动，环卫所保洁范围扩大到工业集中区、太平居委会、梅园苑小区，人员增加到28人。2005年，投资38万元建垃圾中转站1座，新建垃圾池36个，设置垃圾筒70个。2008年，工业集中区建污水泵站1

图5-8　新城污水泵站（摄于2008年）

座。镇区铺污水管道2千米，经泵站输往仪征汽车工业园污水处理厂。2011年，投资14万元，购置扫地机1台，垃圾清运车1辆。2012年，镇区有各类保洁员37人，保洁面积13.81万平方米。其中社区保洁员12人，保洁面积7万平方米。镇区内建有公厕8座，其中水冲式6座，封闭式垃圾池42个，沿街设垃圾筒（箱）82个，装备有道路清扫机1台，自卸式垃圾运输车和手扶拖拉机各1辆，垃圾中转站1座，配备液压式垃圾压缩机1台套，全年清运垃圾8000吨。

图5-9 新城垃圾中转站 （摄于2012年）

第四节 公用事业

一、供电 路灯

解放前，新城镇无照明电灯，夜晚点煤油灯或蜡烛照明，外出用马灯照明。50年代，外出始用手电筒照明。1959年，新城公社接通仪征供电线路后，向机关、学校和部分居民提供照明用电。供销社门市部和卫生院门前安装3~4盏路灯。60年代，居民都用上照明电，街道路灯也增多。80年代，新城街道和乡政府附近路段安装路灯共46盏。1986年，新桥街两侧电线杆上安装路灯16盏。90年代，部分商店、饭店、公共场所和机关部门大门口安装彩色饰灯或灯箱店招牌。1993年，新农街和新桥街安装高压钠灯160盏。1998年，新城立交桥和桥下公园安装路灯、工艺路灯和草坪灯。新农街路边小公园安装景观灯和草坪灯。2000年后，在城郊结合部路口安装照明路灯210盏。2007年，镇区启动亮化工程，首次在行道树上安装闪烁式满天星，商店门额上安装彩色灯箱。2012年，镇区计有照明路灯185盏，过桥路灯168盏，各式灯箱56个，LED显示屏、门前灯114个。

二、供 水

解放前，新城镇居民主要以仪扬河及其他沟塘水为生活用水水源。60年代，镇内机关单位、工厂学校及少数居民兴建水井，安装手压式抽水机或用吊桶打水。1987年4月，兴建新城自来水厂，当年10月竣工投产。水厂取水口在仪扬河卧虎闸处，厂内建有水循环澄清池、单阀过滤池、300吨蓄水池等设施，采用漂白粉消毒。厂外铺设直径为200毫米的主干供水管道3.6千米，日供水能力500立方米，用户达400多户。1993年，水厂改进生产工艺提高生产能力，供水用户增加到1100户。90年代中期，仪扬河水源污染严重，居民饮用水质量受到影响。

1996年，镇政府筹集300万元，铺设5.4千米管道，新建1座加压站，接用市自来水厂水源，居民受益率达86%。1997年，继续铺装自来水入户管道，至年末，新增用户1510户。1998年，新铺装自来水入户管道80千米，全镇14个行政村253个村民小组，均通上自来水，受益人数达2.2万人。2003年，新增直径300毫米供水主管道5.7千米，发展用户412户。此后，自来水厂经过3次设备更新改造，形成日供水0.45万立方米的能力。2012年，镇区自来水供水管网总长108千米，供水覆盖面达100%。

三、供燃气

瓶装液化气　1989年，南京南鹰燃料厂和新城供销社联办液化石油气供应站，建成石油液化气分装设施，每天可供瓶装液化气50瓶。1995年，新城街道设立曹山仪华液化气供应点，供应瓶装液化气。2000年，液化气供应点增至2家，日换装液化气90多瓶。2012年，日换装液化气120多瓶。

管道供气　2011年年初，镇区西北部“和景印象城”商住楼开通管道燃气，248户住户用上管道燃气。当年，燃气管道向镇区南端延伸。2012年年初，镇区南“帝景蓝湾”住宅小区开通管道燃气。当年11月，农民集中居住区五一花苑、新北花苑也开通管道燃气，受益居民1100户。

四、供　热

2006年，仪征联众热电公司向新城境内铺设供热管道8千米，供应蒸气、热水。2007年，上海大众汽车股份公司仪征分公司用上管道蒸汽。2009年，供热管道向新城工业集中区延伸。2010年5月，华美包装制品有限公司、扬州伟业食品有限公司等企业开始利用管道供热为生产和职工生活服务。2012年，供热管道长18千米，为上海大众第五工厂和新城工业园83家企业供热。

五、公共交通

90年代中期，有过境的张集至南京、十二圩至南京旅游客车。1998年10月，镇内第一条公交线路——市公交1路线投入运营。该线路西起胥浦开发区，经市区真州路、新农路，东至新城镇终点站，全长8千米，票价4元，分段计价，上车投币、无人售票。境内设4个站，首批投入营运车辆4辆，每15分钟发车1个班次，车型为25座中巴客车，车头挂有“公交1路”标识。2004年，调整公交线路，1路线分别延伸至土桥、张集。同时开通过境公交仪

图5-10　公交101路　（摄于2012年）

(征)龙(河)线路2条。至2012年,镇内有过境公交线路4条。

公交101路 2004年10月开通。起初名为胥浦至张集公交,2010年2月终点站由张集延伸至盘古,定名为101路公交。该线路是原1路的公交线的延伸,镇内停靠4个站点。

公交102路 2004年10月开通。起初名为胥浦至土桥公交,2010年2月,定名为102路公交。该线路是原1路公交线的延伸,镇内停靠4个站点。

公交28路 2004年6月开通。该线路西起仪征汽车站,经曹山、岔镇,折向东过龙岔路、龙河集至刘集终点站,全长20千米,票价3元,分段计价,上车投币,无人售票。境内设10个站点,投入营运车辆5辆,每30分钟发车1个班次,车型为25座中巴客车。

公交20路 2008年4月开通。该线路起点为仪征汽车站,途经龙河、三茅,至终点站古井,境内停靠站点8个。票价3元,上车投币,无人售票,每天6~7班次。

第五节 房屋建设

解放前夕,新城集镇仅有房屋800余间,建筑总面积约1.6万平方米,其中两成为土墙茅草房,多数是瓦房。迎街房屋以砖瓦平房居多,中街有两家小二层楼房,为富贾之住宅楼。街道东西两侧及庙宇周边散落着贫困人家栖身棚屋,农村农民居住茅草房。解放后,新城建房速度逐年加快。至1987年,房屋面积增加到6.56万平方米,40年内面积增加4.1倍。1993~1998年,开展小城镇建设,共拆除旧房816户、4.1万平方米,建起一幢幢临街而立的商住楼、造型新颖的公共建筑、风格各异的住宅小区或农民集中居住区。2000年后,在城镇化建设中,商品房以及搬迁安置小区增加。2012年,镇内房屋总面积达166.12万平方米,为解放初期的83倍。其中,住房146.51万平方米、非住房19.61万平方米。

一、公共用房

民国时期,政府无力兴建公共建筑,区党部、区署、警察局、邮政所等机构,均占用民房或寺庙。解放后,1954年,镇区东部兴建新城小学1幢5间平房校舍,为新中国成立后新城第一座公共建筑。1959年,新城影剧院(大会堂)建成并投入使用。其间,新城街道居委会、新城人民公社、新城文化站等办公用房相继改建、扩建。新城信用社、卫生院兴建的房屋先后投入使用,以平瓦房居多,开间小面积少。1977年,新城中学三层教学楼建成,砖混结构,面积1870平方米,是新城第一幢楼房公共建筑。“文化大革命”结束后,新城公共建筑逐年增加。1981年,新城农行营业部大楼建成营业,为新城第二幢楼房。1985年,新城中心小学教学楼落成,砖混结构,楼高二层,建筑面积980平方米。至1988年,新城乡集镇公共建筑面积2.52万平方米。90年代,机关单位建房逐步向西新街道转移。1992年,新城文化中心综合楼、邮电营业大楼、新城工商分局行政服务大楼、新城工商银行营业楼、新城税务所、新城财政所、新城派出所等办公楼先后在新农街、新桥街建成使用。1993年,新城第一座商业营业大楼

——新城供销商场落成，楼高三层，建筑面积1647平方米。1995~1998年，新城法庭、新城国土管理所、新城地税所、新城卫生院门诊楼及住院楼先后在新农街建成使用。其间，新城镇人民政府由桥南迁至宁通一级公路北出口处西，占地8000平方米，政府办公大楼主楼高四层，建筑面积3800平方米。2000年后，镇区公共房屋建设进入新的发展时期，先后兴建新城中学教学楼、实验楼、学术报告厅、学生公寓楼及新城成人教育中心校、新城供电所营业大楼、大型超市和新城汽车站等楼房13幢，不仅造价标准高，首次采用现浇楼板，可抗7级地震，且各具功能、配套完备、宽敞适用，外饰装饰幕墙或贴外墙砖，成为造型新颖的建筑群。至2012年，镇区共有公共建筑48幢，建筑面积8.81万平方米。

2012年新城镇镇区主要公共用房统计表

表5-4

建筑物名称	坐落地点	楼层	建筑面积（平方米）	建成年份
新城供销社营业房	新城老街	平房	800	1952
新城影剧院	新城大桥北	平房	700	1959
新城城监中队	新农东街	平房	410	1980
新城镇农技服务站	新北花苑北	2	800	1984
新城广电站办公楼	新城大桥南	2	300	1984
新城中心小学原教学楼	新农东街	2	980	1985
新城中心小学原办公楼	新农东街	2	720	1985
新城农业银行营业楼	新桥街	2	1320	1986
新城村镇建设管理所办公楼	新桥街	3	915	1986
新城供销社仓库、办公楼	新城老街	2	1100	1988
新城粮管所办公楼	扬治路北	2	760	1988
新城中学教学楼	新农东街	3	2720	1992
新城中学男生宿舍楼	新农东街	3	780	1992
新城邮政电信支局综合楼	新农东街	3	1250	1992
新城工商分局办公楼	新农东街	3	1450	1992
新城镇便民服务中心	新桥街	4	2350	1992
新城水务站办公楼	新农西街	3	1030	1992
新城派出所警务楼	新农西街	2	1150	1992
新城镇人民政府办公楼	新城一级公路北侧	4	3200	1992
新城食品站办公楼	扬治路北	2	680	1992
新城供销招待所楼房	扬治路北	2	820	1992
新城计生办服务中心	新农东街	2	510	1993
新城文化中心综合楼	新农东街	3	865	1993
新城农村环境综合整治办公室	新农东街	2	520	1994
新城工商银行营业楼	新农东街	3	500	1994
上海世纪华联超市新城店（租用）	新农东街	2	2200	1994

续表5-4

建筑物名称	坐落地点	楼层	建筑面积（平方米）	建成年份
新城兽医站办公楼	扬治路北	2	680	1994
东园酒店（二店）	新农西街	3	2100	1994
新城农村商业合作银行办公楼	新农西街	3	750	1995
新城国土资源管理所	新农西街	3	750	1995
新城人民法庭	新农西街	2	810	1995
仪征第五地税局办公楼	新农西街	3	1450	1995
新城幼儿园教学楼	新农东街	2	2744	1997
新城自来水厂办公楼	新农西街	2	800	1997
新城卫生院门诊、住院楼	新农西街	3	2439	1999
新城中学实验楼	新农东街	3	2286	2002
新城中学女生宿舍楼	新农东街	3	2200	2002
新城中学食堂	新农东街	平房	680	2002
福临门大酒店	新龙路东侧	3	3100	2002
新城社区教育中心	新农东街	3	1030	2003
新城镇政府食堂、会议楼	新城街道北	2	1050	2004
新城财政所办公楼	新农西街	3	1030	2005
新城供电所	郁桥村	4	2400	2005
新城中心小学教学楼	郁桥村	4	4102	2009
新华村便民服务中心楼	新华路南侧	2	1590	2009
新城交通运输管理所	新北花苑	3	800	2011
新城苏果超市连锁店（租用）	新桥街	3	3200	2011
新城中学办公楼	新农东街	4	2480	2012
新城中学学术报告厅	新农东街	2	720	2012
郁桥村便民服务中心楼	仪扬公路南	2	2000	2012
郁桥村商务楼	仪扬公路南	5	7000	2012
华美包装公司商务楼	新龙路西侧	7	11000	2012

二、生产用房

解放前，新城集镇生产用房较少，仅有生产作坊、加工场辟有生产用房。50年代初，新城建立铁木竹生产合作社、粮油加工场、酱园等，计有生产用房400平方米。1958年后，新办社办厂5家，生产用房面积1100平方米。70年代，新城社办工业迅速发展，生产用房大幅增加。1978年，新城农机厂生产用房面积4880平方米，新城开关厂2100平方米，新城油米厂1100平方米，新城鞋帽服装厂2100平方米，新城酱品厂450平方米，新城塑料厂900平方米。至1988年，新城乡生产用房面积达3.79万平方米，跨度在8米以上厂房占25%左右，通风透光性能好。90年代，通过招商引资，不少创业者在镇区落户办厂，生产性建筑大量增加，房屋质量提高，多数为砖混结构，楼房占一半以上。2002年，建立新城工业集中区，入驻工业企业逐年增加，生产用房多为标准厂房。2012年，镇区生产用房23.57万平方米，多为标准化工业厂房。

三、居民住房

集镇居民住房　民国及以前，新城集镇居民住房以自建为主，沿街两侧建房。西街南侧以金姓、刘姓房屋占多；北侧以赵姓、葛姓房屋为主，中街南侧吴姓房居多，北侧乔姓人家房屋最多，东街孙姓房居多。这些房屋结构多为青砖板砖青灰墙、屋面盖小瓦传统的平瓦房。从其位置和用途及规模上，大致可分为三种类型：一是沿街门面房，砖木结构，2~3米开间、2~3进，前店后宅，店铺门面为敞开式，安装门板，门头上挂商号，后进中间为客堂、俗称堂屋，两侧作卧室，方砖铺地，石灰粉墙，每进之间以厢房或砖墙与邻居相隔，自成院落；二是富家宅院，位于后街有巷道进出，多为3~4进，每间房屋在20平方米左右，每进房之间有厢房或院墙相连，形成院落，如新城教育世家吴衡峰，房有4进，设有读书房、藏书房，并与左邻右舍砌“防火墙”相隔，院中有水井、花草树木，成为读书静修之处；三是贫民住房，分布在背道后街或偏角荒野，多为土墙瓦盖，也有土墙茅屋，以单门独户为主，一间堂屋角落砌锅灶，大桌放中央。一间做卧室，老少挤一处。

解放后，集镇居民住房逐步得到改善。60年代，乡机关单位、学校兴建职工宿舍，商业门市房进行维修改造。70年代起，有村民开始在集镇周边自建单门独院小楼房。供销社、粮站、信用社等单位竞相砌盖集体宿舍分给职工居住，基本达到1名职工1间房，里面有厨房、客厅还可铺张床。80年代，私人建房向二层楼房发展，室内水电、厨卫设施齐全，外贴马赛克墙面砖，内铺地砖，其造型各具特色。1987年，新城乡在镇西与市区东郊结合部开辟第一个居民住宅小区——城东新村，占地8000平方米，统一规划，拍卖宅基地，由单位职工自建。新村内共建两间面积三层楼房24套，建筑面积0.58万平方米。小区内路灯、供排水、绿化配套齐全。至1988年，集镇居民住房面积达3.61万平方米，人均21平方米。90年代，随着镇区人口增加，以及房地产开发建设，在新农街、新桥街两侧兴建三层商住楼200多套，商住楼一楼临街开店为门市房，二楼设客厅、餐厅，三楼为卧室，每层楼均有卫生间，结构合理，美观实用。2005年，在镇西开发建设联排别墅梅园苑小区，每排两座别墅，每座别墅上下二层，面积200多平方米，有前后阳台，灰瓦青墙，外贴大理石，造型新颖，风格时尚，成为新城镇一道亮丽的风景线。2009年后，兴建郁桥拆迁

图5-11　新城街道商住楼（摄于2010年）

安置小区4个，共753户，林果农科居民点1个、176户，均采用独院式联排住宅楼，每户三层楼，面积240平方米。2010年，在镇东兴建新北花苑，内建5层“人字顶”楼72幢，11层“小高层”5幢，计1438套，面积20.8万平方米，户型多4室2厅2卫，一梯二户，燃气入户，每套面积160~180平方米，结构合理，方便适用。小区布局呈生态型，楼栋之间空间大、采光好。地面铺筑大理石小道，建有花坛，栽种树木。建有文化广场、河滨公园，环境优美，交通方便，成为新城首个现代化住宅小区。2012年，镇区居民住房面积增至166.12万平方米，人均住房面积55平方米。

农村居民住房　民国及其以前，新城、龙河农村住房多是以稻板泥垛墙或土坯垒墙，杂树、毛竹梁搭盖的茅草房。一般3间房，坐北朝南，开间3米，进深4~5米，檐高2米左右，南边开半扇窗0.3米×0.5米大小，北部不开窗。屋内黄土麦稳做地、阴暗潮湿，多数农户三代人同居一室。也有人家在房屋两侧搭盖厢房或接盖披屋，或做厨房或堆放柴草、农具杂物，或作猪圈茅厕。圩区富裕庄户则选择路边村头、风水好的地段建造砖木结构二进式四合院，前进正中开大门，两侧辟为卧室、杂物房、库房。后进中间房作堂屋，开间3.8~4米，进深6~7米，两侧为卧室，开间3.5米，两进之间建厢房或厨房或院墙，房间地面铺箩底砖。

50年代后期至60年代，集镇周边少数农户开始建瓦房，杂树做梁，外砖内土墙（外砖夹土砖）或五寸单墙或空心斗子墙，五架梁，泥巴望，盖平瓦，多数农家仍以土墙草房居多。70年代，农村砖木结构瓦房渐多，常见的有水泥排山、7寸墙或24寸实心墙、水泥桁条、毛竹稍椽、芦柴望，大瓦盖顶，小瓦站脊。80年代中后期，农村出现建房热，圩区开始建楼房，采用砖混结构，下浇地梁，上有“腰箍”，下建3间上盖2间，留1间作阳台，外置楼梯。山区多为实心墙，三开窗，杉木梁，七架八砌带走廊平房。90年代初，普遍兴盖楼房，由“锁壳型”向点式楼过渡，室内讲究装潢。1991年，新城、龙河农村共建住房3.12万平方米，其中楼房占17%。90年代中期，农村建房开始向单元式套房发展。房间布局合理，设有厨房、卫生间、厅堂、卧室、储藏室等，涂料粉墙，瓷砖铺地，卧室铺地板，吊顶天花，外墙贴墙面砖或喷防水涂料或装饰幕墙。整栋楼房外形美观、室内雅致、舒适适用。2005年，镇政府启动安居工程，在郁桥村开发建设全镇首个农村居民新村，共建楼房90套，建筑面积1.7万平方米，用于安置征地拆迁的农户。2009年，先后开发建成三将村城东名苑、林果村农科居民小区和凌桥村赵庄居民小区，均采用联排别墅式户型，共建楼房382幢，建筑面积6.88万平方米，人均58平方米，超出全镇人均住房面积水平。2012年，全镇农村住房面积116.96万平方米，其中楼房占96%，人均住房面积55平方米。

图5-12　农民住房（摄于2006年）

第六节　村庄建设

一、道　路

清至民国时期，新城、龙河境内通往县城及邻乡的土大路有4条，村庄之间均有乡间小道相连。

50年代后期，部分通往邻乡的土路拓建成砂石路。60年代，生产大队始建可通行拖拉机的机耕路，有的与乡道相通，一般为土路面，晴通雨阻。70年代，乡村道路普遍拓宽、靠近集镇的村道加铺成砂石路面。80年代，政府和集体对村庄道路建设投入增加，采取民办公助、村民出工等方式，修筑通乡村道路。新城八一大队投资31万元修建全乡首条通村砂石路，长4.2千米。由此带动全乡筑路高潮，乡村道路里程增加。至1997年，共修建通村道路32条，实现村村通砂石路。2003年，推行村级道路硬质化建设，路宽3.5~4米，路面水泥厚度15~20厘米。至2004年，通村水泥路长35千米，实现村村通水泥路。与此同时，通庄（组）道路均铺成砂石路面，路况质量提高。2008年，通村道路栽植行道树，通庄道路加铺水泥路面。2010年，5条通村道路安装路灯，成为全市农村率先实行亮化的村道。同年启动三年内通庄道路灰黑化（沥青路面）工程。2012年，全镇通村道路15条，全长49千米，可通行汽车。通庄道路94条，全长97.82千米，其中水泥路面占35.16%，砂石路面占30.66%，可通行轿车、小型货车。村村之间、村庄之间路网相连，农村出行状况大为改善。

图5-13　村庄道路 （摄于2006年）

二、庄　台

自古以来，新城圩区农村多择河堤岸及道路两侧建房砌屋，丘陵地区则拓荒筑基建房。建房户多了，逐渐形成自然庄台、村落。一般30户以上的称大庄，10户左右的为小庄，单门独户的叫单庄。庄与庄之间有田埂小路相连。庄名多以聚落地为名或以历史首居住者姓为名。

50年代至60年代，一些单庄、小庄逐渐发展成大庄，形成自然村庄。村里道路、商业代购代销店齐全。人民公社化时期建成队村合一的生产队，每个生产队有四五十户人家。1985年起，村庄建设实行规划管理，推行以村民小组为单位，兴建农民居住点。居住点内房屋呈栋排式布局，统一样式、规格和朝向，猪圈、厕所在后院，两排房之间有3米宽的道路，路旁有排水沟，植柳树。1995年后，由于农村居民集中点建设的深入推进和村庄公共设施的不断完善，一些住户少、居住零散的小村庄陆续撤并到大村庄或规划中的居民集中点，因而自然村庄逐年减少。至2000年，全镇共有自然村庄（庄台）214个。2005年，根据市政府的统一要求，重新编制农民居住点规划，引导农户集中居住。郁桥村以仪征汽车工业园建设为契机，统一规划设计在集中居住区建房。2008年，在新农村建设中开展庄台整治活动，修建通庄道路，清理河道淤泥、垃圾、杂草，拆除乱搭乱建，栽种花木，设置公厕、垃圾集中点和健身器材。2010年，新城镇开展创建国家生态镇活动，改善农村生态环境。2011年，新城镇村庄环境整治办公室成立，组织开展庄台环境卫生大清理，清理乱堆乱放杂物2300多处，清除垃圾2.4万吨。整治陋习，评选文明户52户。新建农民集中区29个。至2012年，全镇共整治庄台129个，创建成康居农村星级庄台6个，分别是一星级庄台三茅村三茅庄和新华村包庄，二星级庄台林果村胜利庄、官胜村官塘庄和郁桥村梅苑小区，三星级庄台林果村大圩庄。整治后的庄台道路整洁，水清岸绿，白墙黛瓦掩映在花木丛中，一派清新优美的生态环境。

三、林果大圩庄简介

林果村大圩庄位于新城镇东北部，耕地面积18公顷，由3个自然庄台组成，有居民106户、415人，2011年农民人均收入15074元。

2011年2月，大圩对照全省三星级“康居乡村”建设标准，投入资金350多万元，以庄内一口面积0.73公顷（约合11亩）的大塘作为基础，制订“水墨乡村”的创建基调。河塘清淤700多立方米，清除乱堆乱放杂物60处40余吨，，清除乱搭乱建38处；庄内新栽树苗1900株，花900株，草坪4000平方米，庄台周围新栽树苗1万余株，新增绿化面积3万平方米；房屋出新近百户，刷白墙体5000平方米；新建贯通各家各户的污水管网近2千米、窨井170座；新建微动力污水处理泵站1座，公共厕所1座，便民服务中心1处，村民健身休闲广场1个；新安装路灯12盏；新建水泥路1.16千米，青石板路面160米，鹅卵石路面280米，面包砖路面700米。在开展环境整治的同时，加强庄内环境的长效管护，健全长效管护机制，选聘2名保洁员专门负责日常保洁，明确管护责任、设立举报电话，动员村民共同参与环境监督和长效管护。

整治后的大圩庄，展现出村容整洁、环境优美、生态宜居的园林式村庄形态，跻身于全省首批三星级“康居乡村”行列。

图5-14 大圩庄新貌（摄于2012年）

第七节　建设管理

一、管理机构

70年代以前，新城、龙河无建设管理专门机构，由街道居委会兼管。1982年7月，新城、龙河先后成立村镇建设管理科，设主任、办事员各1人，管理集镇居民和农村建房宅基地审批。1985年设土地管理员，负责建设用地及农村建房用地的审查工作。1986年，两乡相继成立村镇建设管理委员会，为乡政府负责村镇建设规划、农房建设专职管理部门，同时兼土地管理工作。1989年2月，新城乡成立集镇建设领导小组，乡长兼任组长。翌年，龙河乡成立集镇管理委员会，乡长兼任主任。其职能是管理集镇规划和建设。1989年7月，两乡相继成立土地管理所兼管城乡建设。1994年，新城镇成立集镇建设规划管理小组，专门负责集镇规划与管理。1997年，新城镇村镇建设管理服务所（简称村建所）成立，与土地管理所分开办公，其性质为镇管全民事业单位，业务上接受市建委领导。同时挂牌成立新城镇城市建设管理监察中队（简称城管中队）。村建所编制5人，所长及中队长由镇建设助理兼任。2009年，城管中队划出单独建制，成立新城镇城市管理行政执法中队。2012年，新城镇村镇建设管理机构有新城镇村镇建设管理所，编制5人，所长姚志荣。新城镇规划办公室，编制3人。新城城市管理行政执法中队，有工作人员20人，配备执法车辆2辆、摩托车2辆。办公地点均在新桥街。

二、建房管理

解放前，农村建房只需征得四邻同意即可在自有或购买的宅地上建设，时有建房纠纷发生。

50年代，农户建房须征得四邻和农业社或生产队同意，报乡公所、生产大队批准。规定每户宅基地为前1丈、后3尺，超出部分作为自留地或退还集体。70年代，农民建房实行审批制度，由建房户出具报告，四邻签名同意，经生产队盖章，报生产大队研究批准。80年代，建房管理逐步规范，审批权集中到乡政府。建房者须具申请报告，四邻签名同意，由村组逐级审批，报乡政府村建所审批，签发建房许可证。1985年，新城乡制订《关于农村建房规划与管理的规定》，明确每户建房占地面积不得超过132平方米，必须在村组规定的地点，经乡建房管理人员到现场勘察，办理施工执照后才能施工。严禁一户占两块宅基地，新建房竣工后，无条件退出原宅基地。1987年，林果村西营组1户村民在邻庄购买私人房产，兴建住房，乡政府村建所、村委会发觉后依据相关规定，责令停工，由其在两块宅基地中选择其一，并补办建房施工手续。1990年，两乡政府制订《集镇管理暂行规定》，对集镇建设、基础设施、环境卫生、市场贸易、镇容镇貌和集镇绿化等方面制订具体管理措施和办法。1991年起，新城、龙河乡规定村民异地翻建住房的须缴旧房拆除保证金，新房竣工后50天内拆除旧房，可取回保证金，逾期不拆除的，由村建所强制拆除。1993年，镇（乡）政府在市城建、公安、工商等部门配合下，对主街道进行为期3天的集中整治活动，拆除违章建筑、售货亭等12处，面积112平方米。当年，新城镇纪委规定镇管党员干部建房除履行正常建房审批手续外，还须向纪委报告建房资金来源、建房理由等。1996年，新城镇和龙河乡相继调整村（居）民建房收费项目和标准，规定村建所核发建房许可证和选址意见书时收取选址工本费、规划管理费、基础设施配套费和地方教育附加费。国土管理所办理房屋土地使用权证时收取建房用地管理费、农业发展资金和工本费。镇建筑管理站在核发建房施工许可证和建筑工匠资格证时收取行业管理费和建筑市场管理费。2000年，镇政府加强对农村私人建房管理，引导建房户进入居住点建房。严格控制，单独建房。此后，集中整治新增违建户。每年开展“百日整治”活动2次，对不符合镇区建设规划许可或未经批准的私搭乱建一律实行拆除，先给予书面限期自行拆除通知，后进行行政执法强制拆除。2003年，镇政府加大对违章建房查处力度，全年查处涉违建房27户59间、4872平方米，均依据相关法规作出拆除处理。2004年，全镇受理农户建房申请243户，经现场勘察，审核批准建房240户，占98.77%，批准建房面积4.36万平方米，其中新建房占19%，翻建房占81%。2005年起，镇村建所基本不再受理农户新建房屋的申请。2008~2011年，共拆除违建160处，面积1.16万平方米。2012年，镇区城市建设管理进入常态化，违建现象大为减少。

三、市容管理

1952年，镇爱国卫生委员会对集镇市容卫生、公共设施卫生进行综合管理。1985年起，街道居委会对集镇环境卫生、农贸市场、市政设施进行管理。1990年后，乡政府多次组织城建、工商、公安、环卫等部门对主街道进行综合整治，不准沿街乱停乱放，生活垃圾日产日清。每天扫街2次，保持街面整洁，取缔流动摊点。开展文明卫生户创建活动，提高临街商户保持市容街貌自觉性。1995年3~6月，镇政府组织公安、城管、工商、街道办等部门进行联合整治，共出动82人次，取缔占道经营摊点61个，并设立“门前三包”责任制和环境卫生管理责任区，与182家经营店铺、商业服务单位签订“门前三包”责任书。1998年，对农贸市场入口处形成的马路市场进行清理整治，清除占道经营47处，流动摊点23处。2000年后，采取宣传教育为主，疏堵结合，行政执法人性化。主要整治街边修车摊点、洗车点，户外广告和灯箱广告，过街横幅、门市条幅，以及有碍市容的超大超高遮阳棚，街巷路边栽种蔬菜、花木等现象。规划停车位，车辆乱停乱放现象明显减少，形成市容巡查制度化、常态化。至2005年，经过5次较大规模

图5-15　城管人员清理小广告
（摄于2011年报）

的清理整治活动，共清除整改不规范广告178处，有碍市容的遮阳棚42处，违栽94处1081平方米，各类影响市容的行为得到有效规范。2012年，镇区街巷市容整洁规范、文明卫生，成为生态文明社区。

第八节　环境保护

新中国成立初期，新城、龙河地区工业企业少，环境质量较好。1958年“大跃进”中，砍树毁林，城乡土法上马大炼钢铁，造成的“三废”开始影响水体和大气质量。60年代中期，丘陵山区除草毁林、开荒造田破坏植被，造成水土流失，生态失衡。70年代后，县办社办工业发展迅速，多数企业“三废”超标排放，城乡环境质量逐年下降。80年代后，乡村工业蓬勃发展，污染较重。随着农药、化肥在农业生产中的大量施用，加剧农村生态环境恶化。90年代后期，各级政府不断加大环境保护力度，环境污染得到初步控制。2000年后，新城镇将保护环境优先于发展经济来抓，制订环境规划，增加投资，加强环境保护执法监督，严格控制污染源，环境质量不断改善。2009年起，新城镇开展创建国家级生态镇活动，镇村生态环境得到有效整治，2011年通过省级考核组验收。

一、管理机构

80年代前，环保工作由县环保部门直接管理。1986年4月，根据仪征县人民政府《关于加强乡镇企业环境管理的规定》，新城乡、龙河乡分别配备环保员，在村镇建设委员会的领导下开展工作，负责对乡村企业“三废”治理实施检查监督。1995年3月，市环境保护局新城环境监理所成立，管辖新城镇、龙河乡等乡镇，开展环境保护执法检查，监督涉污企业落实环保措施。2000年后，新城镇环境保护工作领导小组成立，镇长担任环保工作领导小组组长，分管副镇长任副组长，配备1名环保员，专司其职。2012年，管理机构未变。

二、环保宣传

90年代后，新城镇利用大小会议进行环保宣传，普及环保知识，加强乡村企业“三废”综合治理的实施。2000年以后，进一步强化环保宣传教育，建立健全环保制度，依法查处环保违法行为。2007年，各村、街道委员会、企业均设置环保知识宣传橱窗，制作公益广告牌33个。2008年，有线电视每周一、三、五滚动播放环保宣传标语。2009年3月，新城镇印发

图5–16　志愿者捡拾垃圾（摄于2012年）

《关于加强环境保护工作的通知》，悬挂横幅100多条，组织机关、厂企、学校、村（居）民开展"清洁家园、清洁河道、清洁村庄"活动，新城中学举办环保知识竞赛。同年12月20日，镇政府印发《致全镇广大农民（居民）一封信》，号召全镇人民树立环保意识，参与环境保护，以实际行动创建国家级生态镇，共建美丽家园。2010年后，制作生态创建宣传手册，组建环保宣传志愿者服务队，在新城、龙河街道分别进行环保宣讲。开展"环保意识进万家"活动。2012年4月，龙河中学举办环保专题讲座，并组织学生走上街头捡拾废弃塑料袋，清除垃圾。

三、污染治理

80年代前，新城、龙河街道生活污水直接排入仪扬河、龙河。1988年起，街道埋设涵管汇集各家各户生活污水经沉淀池净化后排放。90年代后，镇区街道居住户增加，乡镇企业迅速发展，环境污染日趋严重，新城镇、龙河乡开始重视环境保护，控制"三废"新增污染源，征收排污费，严格实施对工业固体废物回收利用或填埋规定。1995年，成立镇乡环卫所，关停污染企业越江电镀厂。增加环卫设施，清理收集生活垃圾集中填埋。改建公厕7座，镇区街道卫生环境不断改善。在1996年度市政府组织的乡镇环境保护工作考核中，新城镇得分82.2分，龙河乡得分78.9分，名列全市第四名、第七名。2000年，镇区有3家浴池烧煤小锅炉改用燃油，减少烟尘排放，并通过市环保局烟尘控制区验收。2008年10月，新城镇自筹资金950万元，省补助专项资金500万元，总投资1450万元，开工建设工业集中区污水治理管网工程，主管道长12.5千米，覆盖面积3.3平方千米，翌年4月竣工。主管网沿园区8号路、巫家沟、荣威大道铺设，支管网沿1～12号路设埋，穿越新龙公路，经泵站将污水集中收集后流向江苏荣信污水处理有限公司净化处理，日处理污水量8000吨至1.2万吨。2010年4月，新城镇区生活污水管网工程施工，总投资240万元，其中自筹资金220万元，铺设主管道长4千米，使镇区学校、卫生院、农贸市场、政府机关、居民集中区、浴室、超市等单位生活污水全部接入工业集中区污水主管网。

图5-17 铺设排污管道（摄于2008年）

新城镇在招商引资工作中履行环境影响评估和审批手续，严禁高污染、高能耗项目落户，禁止化工项目进镇。新项目建设严格执行污染防治设施与主体工程"同时设计、同时施工、同时投产"的规定。实施清洁生产，注重过程污染控制，强化末端治理，先后有50多家企业和项目因环境影响评估不符合规定被拒之门外，有效控制新污染源的产生。2006年后，先后淘汰国家严令禁止的高能耗工业设备25台，关闭新城砖瓦厂、林果砖瓦厂、郁桥砖瓦厂、雨辰纸制品厂等“三高一低”（高投入、高能耗、高污染、低效益）企业5家。2008年，润扬机械有限公司烟尘脱硫处理装置投入运行，使每年产生的54吨二氧化硫和110吨烟尘得到有效治理，达标排放。2009年，镇内15家重点工业企业废气、废水、噪声的监测报告表明均达到达标排放。新城卫生院、龙河卫生院每年约有10多吨的医疗废弃物集中回收送到扬州恒星环保有限公司进行无害化处理。2012年年底，被市环保局列为重点监控的污染企业市金龙电镀厂和仪征长发金属有限公司关闭。2011~2012年，润扬机械有限公司、扬州绿能新型建材有限公司、扬州伟业食品有限公司、市丰源船舶电器有限公司4家企业先后通过了ISO 14000环境管理体系认证，同时通过清洁生产审核。

四、生态建设

80年代后期，新城、龙河关停一些小土窑，并对废弃土窑进行生态修复，复垦面积28.67公顷，种植林果。1998~2000年，龙河乡在实施马坝冲小流域综合治理工程时，推动马坝村开发建设320公顷农业生态园，至2006年建成以林果茶为特色的现代农业产业园，当年，马坝村被评为省级生态村。

2003年后，全镇逐步加大农村秸秆禁烧和秸秆综合利用工作力度，建成3个千亩秸秆全量还田示范方和10个百亩秸秆全量还田示范片，引导农民全面实施秸秆还田，培肥地力，推广使用秸秆培养食用菌技术，建造以秸秆为原料的沼气池87个。2009年，全镇秸秆还田占80%，用于培植蘑菇、生产沼气等占16.4%，基本实现全镇秸秆禁烧，有效保护大气环境质量。

2007年7月，全面实施《仪征市新城镇环境规划》，推动无公害农产品、有机绿色食品的规模化生产。2009年，省农林厅审核认定新城镇无公害农产品种植面积为3501.33公顷（约合5.25万亩），占全镇种植面积的61.7%。新北绿篱蔬菜、冷红荷藕先后获得省绿色无公害产品证书。全面开展镇村环境综合整治工程，至2009年年底，累计投入450多万元，新建改建水冲式公厕7座，村（居）民户厕改造11486个，覆盖率达96.8%。投入80多万元改善环卫设施，新建垃圾中转站1座，增加垃圾运输车2辆，垃圾箱95个，果壳箱82个。新建农村垃圾收集池1460个，配备专职保洁员129人。全镇生活垃圾每月约4500多吨，经中转站送市垃圾填埋场无害化处理，实行“组保洁、村收集、镇运转、市处理”的管理模式。

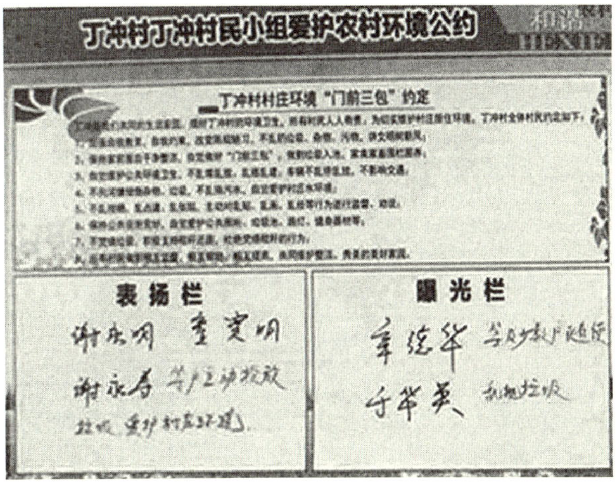

图5-18　丁冲村农村环境公约牌
（摄于2010年）

2009年9月，镇政府印发《创建全国环境优美乡镇工作方案》，开展创建全国环境优美乡镇工作。10月，制订农村

图 5-19 新城镇接受创建“全国环境优美乡镇”省级考核（摄于 2011 年）

环境综合整治方案，建立河长制、庄台综合治理责任制，主要实施河塘清淤、清杂、绿化和庄台治理等工程，先后清理河沟38条，总长度77.4千米，清理水塘800多个，累计清淤35.4万立方米，清除水花生、杂草等6.9万吨。河塘绿化26.3千米，住宅等“四旁”绿化近200万平方米，农村庄台保洁率达80%。村道养护达标，道路设施配套、绿化长达30千米，道路通畅。全镇农村饮用水合格率100%，工业污染源排放达标率为100%。2010年11月21日新城镇通过“全国环境优美乡镇”省级考核。2011年3月，新城镇环境综合整治管护办公室成立，建立专业队伍，镇村环境得到长效管护。

2010年7月，新城镇创建国家级生态镇指挥部成立，以创造良好的人居环境为重点，进一步开展庄台整治。镇政府投资350万元建造农村星级庄台，因地制宜，在保留原有乡村风貌的基础上实现与园林艺术的有机统一。至2011年年末，全镇建成省级三星级庄台1个，二星级庄台3个，一星级庄台2个。2012年9月11日，全省村庄环境整治现场会在大圩召开。至2012年年底，全镇共建成129个整洁型庄台，其中林果村大圩庄台被省首批命名为三星级“康居乡村”。

表 5-5

2012 年新城镇获省星级庄台名录

星　级	庄台名称	所属村委会
一星级	三茅庄台	三茅村
	包庄庄台	新华村
二星级	胜利庄台	林果村
	官塘庄台	官胜村
	梅苑小区	郁桥村
三星级	大圩庄台	林果村

第六章　汽车名镇建设

1987年，仪征汽车制造厂落户新城郁桥村，成为仪征汽车工业生产基地。1989年2月，新城乡成立仪征汽车制造厂配套服务领导小组，开展服务汽车厂建设工作。1988年7月，新城被省政府列为沿海地区首批对外开放重点工业卫星镇。2000年，成为上汽集团第三汽车生产基地。2003年8月，扬州（仪征）汽车工业园成立，新城镇党委书记兼任园区管委会副主任。2010年7月，上海大众年产30万辆整车项目落户新城境内，成为德国大众全球第二个在中国首个标杆式整车生产基地。2010年11月，仪征市委、市政府提出"建设仪征汽车名城，率先实现现代化"的奋斗目标，规划在仪征城市以东建设服务汽车工业的城市东区，总面积1240公顷，新城境域内占515公顷。新城镇成为仪征汽车名城建设的主战场。新城镇提出将建成安商、富商利于汽车工业发展的江苏"安亭镇"、汽车名镇。镇政府成立服务城市东区和汽车名城建设（上海大众30万辆整车项目）工作领导小组，下设办公室及6个工作小组，全力做好汽车工业建设用地的搬迁让地工作。至2012年，累计搬迁农户4826户，让地（包括流转与息耕土地）1552.49公顷。当年新城镇党委镇政府被扬州市委市政府评为服务上海大众整车项目建设先进单位。

第一节　汽车工业

一、汽车生产基地形成与发展

1987年5月，江苏仪征汽车制造厂在新城镇郁桥村建成投产，当年生产汽车2410辆，产值1亿元。1993年，汽车产量3.36万辆，首次进入中国汽车工业十强行列。1998年，厂区扩增至59万平方米，主要生产黎明牌硬顶轻型客车，成为全国最大的硬顶吉普车生产基地。1999年3月，仪征汽车制造厂与上海汽车集团总公司实现资产重组，成立上汽集团仪征汽车有限公司，公司位于原仪征汽车厂新城厂区，占地41万平方米，成为

图6-1　上汽仪征公司办公大楼（摄于2003）

继“上海大众”“上海通用”之后上汽集团总公司第三个整车生产基地。2006年开始生产拥有自主品牌的“荣威750”中高档轿车。2007年，生产轿车1.74万辆，产值在扬州市工业企业中位列第十二名。2010年7月再次实施资产重组，成立上海大众汽车有限公司仪征分公司（简称上汽仪征公司），为上汽第五个整车生产制造基地，是德国大众集团在全球第二个、在华首个标杆式工厂。整车工厂在新城境内，占地128万平方米，年产A级整车30万辆。新城成为上汽大众汽车工业生产基地后，多家汽车零部件生产企业入驻基地。2008~2012年，永辉散热管、扬州安通林华翔汽车零部件、仪征大众联合、明岐铝轮毂、延锋伟世通汽车饰件、新联汽配、同舟焊接等一批大型企业先后落户新城境内。除有生产汽车模具、轮毂、车轮，汽车门板内饰件、汽车焊接件及冲压件等企业外，还有为汽车生产服务的仓储、物流、零部件装配以及后勤保障等企业。至2012年年末，基地内已有规模以上汽车及零部件生产企业、汽车服务企业48家，当年实现产值125亿元，占全市工业总产值的7.89%。汽车工业已成为仪征工业的支柱产业，基地被江苏省科技厅确认为省汽车及零部件科技产业园。

二、服务汽车工业园

2003年8月，扬州（仪征）汽车工业园成立，位于宁通公路以北，宁启铁路以南，泗大公路以东，新龙路以西，面积约30平方千米，设东西两个启动区，约4平方千米。东区在新城境内，占地2平方千米，以汽车及零部件产业为主，发展汽车及零部件、汽车物流、汽车贸易等项目。至2009年，累计实际利用内资24.1亿元，利用外资和中国港澳台资8414万美元。当年园区内有上汽仪征公司和上汽汇众轻型客车厂2家整车生产企业和38家关联企业，实现产值47亿元，已初具汽车城的雏形。2010年7月，上海大众年产30万辆整车项目落户境内。同年11月，仪征市委、市政府提出“建设仪征汽车名城，率先实现现代化”的奋斗目标，仪征汽车名城建设在新城展开。至年底，新城镇服务汽车工业园东区完成133万平方米工厂场地平整工程，建成中江东路、中江西路和3号路，开工建设双回路110千伏变电站和供电线路，供排水系统及污水泵站，与新城道路、水电等基础设施实行互连互通。2011年，东区实际利用民资40亿元、外资7755万美元，先后建成油漆、冲压、车身、总装四大车间及附属厂房和设施，完成道路、桥梁、铁路支线、供电线路、弱电、蒸汽、雨污水、冷凝水回收管道等基础设施配套工程。2012年，东区新增民资15亿元，实际利用外资3205万美元，7月26日整车项目建设竣工投产，创德国大众集团全球建厂速度新纪录。“斯柯达Rapid”正式下线，当年生产整车2.23万辆，另生产“普桑”（普通桑塔纳轿车）“志俊”轿车7.73万辆，合计生产大众系列轿车近10万辆。全年共有26个配套项目注册开工。新建整车厂区外围道路天越大道、

图6-2　首辆POLO轿车下线　（摄于2012年）

天宜大道及天然气、水电、亮化、绿化和新城立交桥出入口改造等配套工程。区域内“四横四纵”道路建成，7平方千米的整车及零部件集聚区初具规模。

三、搬迁让地

征地与土地流转

仪征汽车厂建设项目征地　1986年建设新厂区，征用郁桥村合兴组土地4.52公顷。1989年，建设汽车生产线公用配套工程征用郁桥村薛庄组土地0.63公顷。1990~1998年，扩建新厂区征用郁桥村土地20.25公顷。1986~1998年，共征用土地25.4公顷。

上汽仪征分公司项目征地　2003年，新建汽车生产线项目征用新华村5个村民小组土地65.82公顷，郁桥村2个组土地7.31公顷，共征用土地73.13公顷。

上海大众整车项目征地　2010年8~9月，整车一期工程征用郁桥村尚庄组、李营组、刘庄组、吕庄组、史营组、屠庄组、汪庄组、薛庄组、姚庄组、郁庄组、周庄组和三将村磨坊组、绣花组、马庄组、陈营组土地计127.89公顷。2011年6月，整车二期工程征用郁桥村刘庄组、汪庄组、史营组、李营组；马坝村徐营组和林果村李庄组土地计66.27公顷。2010~2012年，共计征用土地194.16公顷。

汽车零部件项目征地　2011年6月，征用林果村的团结组、新沟组、王庄组、大吴庄组、东营组、同心组、西营组、先进组，新华村姜东组、劳动组、松柏组、姜西组，新北村方庄组，后双组土地计42.27公顷。同年12月，征用林果村团结组土地2.59公顷。2012年1月，征用林果村东营组、同心组、张营组、西营组、李营组、先进组、新沟组、大吴庄组、团结组，新华村姜东组、姜西组、松柏组，新北村后双组、宝塔组、陈营组、董庄组、方营组、双塘组土地计36.89公顷。5月，征用林果村李营组、先进组、西营组、东营组、新沟组、团结组、王庄组、金营组，新北村方营组、联合组土地计25.93公顷。11月，征用新北村宝塔组、方营组、后双组，林果村王庄组、东营组、团结组、新沟组计土地12.02公顷，后又征用新北村前双组、双塘组土地6.61公顷，再征用林果村西营组、张营组、新沟组、东营组土地6.67公顷。2011~2012年，共计征用土地132.98公顷。

城市东区项目征地　2010年8月，征用三将村亭庄组土地1.33公顷。9月，征用三将村张庄组、沿河组、砖桥组、王庄组、杨沟组、尤庄组、居庄组、董庄组土地计28.9公顷。2011年6月，征用三将村尤庄组、居庄组、农科组、董庄组土地8.66公顷。9月，征用三将村亭庄组、朱庄组土地3.13公顷。11月，征用冷红村大成组、黄庄组、居庄组、小陈组土地13.65公顷。2012年5月，征用三将村曹庄组、林业组、石桥组土地15.92公顷。10月，又征用该村亭庄组、蒋营组、严庄组土地2.59公顷。2010~2012年共计征用土地74.18公顷。

上海大众整车及零部件项目土地流转　2011年，整车零部件一期土地流转（规划红线内土地）面积228.46公顷，其中林果村161.51公顷、马坝村16.6公顷、新北村5.23公顷、新华村45.12公顷。2012年，承接一期土地流转159.76公顷，其中林果村107.46公顷、马坝村16.29公顷、新北村4.93公顷、新华村31.08公顷。二期土地流转面积209.62公顷，其中林果村

36.48公顷、马坝村43.95公顷、新北村114.55公顷、郁桥村6.17公顷、三将村8.47公顷。当年共流转土地369.38公顷。

土地征用和流转，造成农田水系破坏，规划红线外土地无法耕种，造成息耕。至2012年，息耕面积154.57公顷，其中马坝村107.82公顷、三将村46.75公顷。

城市东区土地流转　2012年，土地流转398.76公顷，其中三将村193.43公顷、冷红村205.33公顷。

搬　迁　80、90年代，汽车厂建设项目征用郁桥村合兴组、薛庄组等村民小组土地，有91户388人，需搬迁让地。在经过宣传动员后，得到村民的理解与支持，搬迁让地工作进行得比较顺利。2005年，在联众热电项目建设中出现村民阻工现象，新城镇及沿线村干部做群众工作，及时协调解决矛盾。

2009年起，城市东区建设和上海大众整车项目落户后，按照项目建设征地、土地流转和息耕以及代征的需要，镇政府先后成立拆（搬）迁办、安置办、征用地服务办和规划办等机构，抽调100多名党员干部组成一线工作组投身项目建设服务中，全程负责协调房屋搬迁、土地征用、矛盾协调、维护稳定等工作，明确搬迁时间、安置房开工时间和在外过渡居住时间，以及相关搬迁、安置政策、奖励措施。全镇先后化解120多次搬迁纠纷和矛盾。帮助30多户较困难的搬迁户协调解决临时过渡住房，累计为贫困家庭捐资10多万元。镇村两级党组织发挥党员干部先锋模范作用，涉及搬迁房屋的30多名镇村干部带头搬家，并动员亲属、朋友支持搬迁工作。2009年，冷红村搬迁45户农户、搬迁面积1.35万平方米。2010年，搬迁1807户、搬迁面积37万平方米，其中林果村429户、郁桥村517户、三将村607户、新华村197户、马坝村33户、新北村24户。2011年，搬迁2517户，搬迁面积51.8万平方米，其中三将村780户、林果村247户、新北村666户、三将村31户、桃坞村12户、马坝村100户、冷红村681户。2012年，搬迁农户457户，搬迁面积8.3万平方米，其中新北村120户、新华村200户、林果村53户、郁桥村22户、新城街道（含老仪扬路北侧）62户。2009~2012年，全镇共搬迁村民小组147个、4826户15237人，迁坟1.02万座，搬迁企业34家，搬迁面积共计98.45万平方米。

图6-3　三将村村民搬迁让地
（摄于2011年）

安　置　80年代，征用土地除按规定支付土地补偿费、劳力安置费等经济补偿外，还安排重建宅基地，并在被搬迁户人口中招收符合招工条件的青年进厂工作。90年代，开始对非撤组转户的农业人口安置采取货币安置、劳力安置和建立被征地农民基本生活保障制度3种办法。1999年1月起取消劳力安置，全部实行货币安置和建立被征地农民基本生活保障，此项安置政策执行至2009年。

2004年起，搬迁农户陆续被安置在天地嘉园、新怡小区、郁桥安置区、新北花苑、五一花

图6-4　搬迁户入住五一花苑
（摄于2012年）

苑和红旗花苑。按照“依次选择、公平公正、群众监督”的原则，做好回迁分房工作。拆迁协议规定安置过渡期为24个月，在此期间内安置过渡费按拆迁户安置房面积，每平方米每月6元发给，超过期限的按每平方米每月12元发给。2009年，天地嘉园安置新华村49户208人。2010年，新怡小区和梅园苑小区安置上海大众整车项目搬迁户517户、2406人，住房1426套，建筑面积12.84万平方米。安置小区住房宽敞明亮、造型美观、配套设施齐全、交通方便、入住户感到满意。至年末，有4200人享受被征地农民基本生活保障，尚未安置的搬迁户有4350户、12829人。

第二节　园镇融合建设

一、衔接建设规划

1987年，汽车制造厂规划建两条年产汽车3万辆生产线，规划用地50万平方米，建道路、厂房、仓库、办公楼等设施建筑面积35万平方米。新城镇有关村组及时搬迁让地，保证工程建设顺利实施，至1998年全部完成。1999年，上汽乘用车仪征分公司规划建成上汽集团第三个整车生产基地，年产汽车5万辆。新城镇及时衔接规划，做好相关村组征地搬迁工作。

2004年起，仪征汽车工业园按照“一步规划、分步实施、滚动发展、逐步建设”的原则，编制园区发展规划。2004年，委托上海同济城市规划设计研究院编制《扬州市仪征汽车工业园区控制性详细规划》，规划控制面积约3000公顷，分东、西两个启动区，东区大部分在新城境域。10月，获扬州市政府批准实施。2006年，委托江苏时代设计院编制《扬州市仪征汽车工业园梅家沟260公顷地块控制性详细规划》。同年，委托南京环境科学研究所编制《扬州市仪征汽车工业园环境影响评估报告书》，环境影响评估面积1300公顷。2011年，委托上海同济大学编制《扬州市仪征汽车工业园总体规划》，获扬州市规划委员会批准。委托德国海茵公司设计园区中央德式小镇职工宿舍、龙河小岛星级酒店等地块详细规划初步方案，以及汽车零部件工业区雨污水泵房、水系规划、综合管线、道路标志、标线、公交站台等初步规划。总体规划面积2500公顷，其中整车制造区规划面积900公顷，汽车零部件工业集聚区1300公顷，综合服务业配套区300公顷，均在新城境域内。2009年，新城镇人民政府根据上述情况重新编制《仪征市新城镇总体规划（2009~2030）》。2010年，调整制订《仪征市新城镇镇村布局规划》。2012年2月，重新编制《仪征市新城镇镇区控制性详细规划》，做到服从汽车工业园大规划，统一布局、配套实施，确保仪征建成汽车名城这个宏伟规划顺利实现。

二、配套基础设施

1987年，仪征汽车制造厂落户新城郁桥村后，新城乡积极做好水、电、路等基础设施配套服务，使厂区有一个较好的外部环境。90年代，汽车厂雇用周边村民维修道路、排水沟、植树绿化、清扫垃圾等服务工作。2001年，新城镇协助开展上汽仪征公司厂至新城立交桥1.6千米拓宽改造工程，为新车批量生产交通运输做准备。2002年，邮政部门把仪征—新城—上汽厂邮路建成“绿色通道”，投递时间缩短2小时。2004年起，新城镇先后投资980万元拓宽改造新龙路、龙岔路，以及3条村道与汽车工业园道路互联互通。新城电力管理站协助园区架设35千伏高压线8.5千米。新城电信分局为园区新建电信基站3座，铺设光缆52千米，增设电话交换机容量9万门，为企业安装电话450部。2006年，完成宁通公路北新城段绿化工程、上汽仪征分公司门前绿化工程、周边环境整治及新城匝道改造工程。交警部门协调向上汽物流车辆发放绿色通行证、使物流车辆进出新城畅通无阻。2008年，在新城区域建立健全治安防控系统，加大交通维护和治安巡防力度，为企业生产营造平安环境。2010年，园镇新建110千伏变电站及架设供电线路。镇区工业污水管网与园区管网连接。上海大众整车项目厂区建成雨污水排水渠道，经郁桥村流入仪扬河，完成新城立交桥出入口道路优化工程，周边绿化和路灯亮化工程。

三、共建生态文明环境

80年代后，新城镇坚持生态优先、环境优先的理念，在经济建设中突出抓好生态建设和环境保护，2003年，新城镇被评为江苏省文明乡镇、扬州市卫生镇。马坝村创建成省级生态村。2006年，关停污染严重的工业企业，投入2280万元改造基础设施，修整道路，改水改厕，整治农村环境，消除白色污染。推广沼气池和太阳能等清洁能源利用，严禁焚烧秸杆。建成立交桥小游园、新农西街游园2座，植树10万株，为汽车工业园发展创造良好的生态环境。至2009年，郁桥、冷红、新北、林果、桃坞和丁冲6个村创建成扬州市级生态村。2009年，新城镇通过“全国环境优美镇”创建验收。2010年，又有三将、三茅、新华和周营4个村创建成扬州市级生态村。至此，全镇生态村达11个，占行政村总数的84.62%。同年7月，新城镇开展创建国家级生态镇工作，加强基础设施建设，铺设4千米工业污水管网，新建加压泵站1座，铺设2.5千米生活污水管网，镇区居民生活废水处理率达82.4%以上，厕所无害化处理率达96.8%。新建垃圾中转站1座，垃圾池1460个，控制工业污染，从生产

图6-5 仪扬河畔市民广场（摄于2012年）

源头加强废水、废弃固化物的处理。控制农业污染源，指导农民科学施肥，合理用药，减少化肥流失和农药对环境的污染。先后清理38条主干河流及排灌沟渠，长达77.4千米，清理淤泥35.4万立方米，仪扬河两岸绿化面积近200万平方米，同时修建梅家沟、巫家沟和余营河3条景观河道。建成60多公顷无公害蔬菜园、60多公顷茶园、60多公顷林果园和3000多公顷优质粮油等生态农业基地。2011年，汽车工业园完成整车厂区排涝及排水管网1.1千米，道路绿化12千米。建成绿色生态园（块）、长廊21处。

2012年，园镇绿地面积4.35万平方米，人均公共绿地面积19.27平方米，道路植树14.28千米，绿化率96.8%。初步建成仪扬河休闲生态廊道，空气环境质量达到国家《大气环境质量标准》二级标准，环境噪声达到国家《城市区域环境噪声标准》二类标准要求。同年，新城镇通过“国家级生态镇”创建省级验收，园镇共同为上海大众汽车生产和发展提供优良的生态环境。

四、共建宜居宜业的文化古镇

新城镇历史悠久，文化底蕴丰富。境内有真州八景之一的“东门桃坞”，有古银杏树“怀中抱子”的美丽传说，还有流淌千年的古运河孕育的璀璨运河文化，相继走出教育世家吴家五子等历史名人。50年代，上学读书蔚然成风。70年代，文艺宣传队活跃在乡村第一线。1995年，各行政村建有农民健身俱乐部、篮球场、乒乓球室和健身房，丰富农民业余文化生活。1997年农村兴起建房热、平瓦房普遍翻建成小楼房，居住条件改善。2009年起，新城镇山绿水清，一派田园自然风光。开发建成的建郦花苑24幢别墅被抢购一空，城市人开始向往新城居住。2010年，推动起新一轮镇村建设，改造扩建龙河大桥、农桥10座，新建通村组水泥路12.5千米，简易砂石路48.3千米。全镇居民全部饮用安全卫生的自来水，建成龙河、凌桥、马坝和周营4个农民居住小区。新城、龙河街道整治后，实现道路绿化、硬化和亮化，门前整洁，车辆停放整齐，镇容镇貌焕然一新。2011年，又新建水泥路11.2千米，新建和改造农桥6座，安装路灯395盏，亮化里程18.91千米，在全市率先实现“村村通路灯”。

2012年，镇区建成123个整洁型村庄和6个星级庄台，古色古香的民居掩映在河塘竹林之中，宛如一幅水乡画卷。大型居民小区设有幼儿园、健身娱乐设施、商店。上汽安置小区——新北花苑18层住宅高楼，坐落在古运河畔，成为城镇化标志性建筑。社区有文化休闲广场供人们晨练、健身。园区内上海大众仪征工厂培训中心启用，汽车零部件职工宿舍楼动工。城镇居民医疗保障覆盖率达97.39%，有线电视入户率达98.2%，使用清洁能源的住户占全镇总户数的82%。园镇初步建成祥和宜

图6–6　文艺表演（摄于2011年）

居的人文环境，成为创业者落户居住的第二故乡。年末，外来人口4850人，其中从事三产服务业的人员占63%。

五、共建汽车名镇

80年代，仪征汽车工业生产基地在新城建立后，由此带动新城镇现代服务业的发展。90年代，新城引进现代化大型商场1家、自选商场2家，旅馆业开始转型升级，中介业开始兴起。洗浴、理发业向高档发展，大型洗浴休闲业雪浪休闲娱乐广场建成开业。娱乐业兴办歌舞厅、游戏室、录像放映室、台球室。首家租赁业开张营业之后，现代商贸、餐饮住宿、快递、物流仓储、租赁中介、娱乐休闲、家政服务呈快速发展态势。2000年后，开始形成新城、石桥两大商贸服务业集聚区。首家大型汽车物流仓储企业——上海赛克物流有限公司成立。之后，上海世纪华联购物中心、苏果超市等大型商贸企业落户新城。2008年，仓储物流企业增至4家，年吞吐货物300万吨以上。2010年，新城镇制订《仪征市新城镇服务业三年发展规划（2010~2012）》，并组织实施。

2012年，镇区集聚商贸企业227家，服务企业130家，服务业从业人数占全镇社会从业人数的40%。园区有汽车仓储物流企业8家，承担上海大众整车仓储、物流、零部件装配、技术服务和后勤保障。当年12月园镇被扬州市批准为现代服务业集聚区，初步形成多层次、全方位的现代服务体系，成为集购物、餐饮、娱乐，以及汽车仓储、租赁、中介为一体的现代服务业集聚的汽车名镇。

第三节　驻镇汽车工业及其服务企业

一、汽车整车制造企业

1987年，仪征汽车制造厂从市区迁入新城境内，生产黎明牌客车。1999年以后，在仪征汽车制造厂基础上，通过资产重组，先后成立上汽仪征分公司和上海大众仪征分公司。至2012年末，新城境内有汽车整车制造工业企业1家，即上海大众汽车有限公司仪征分公司。当年，生产汽车9800辆，产值74.5亿元，固定资产原值9.13亿元，职工2600人。

图6–7　黎明汽车生产线（摄于1988年）

江苏仪征汽车制造厂　位于新城镇郁桥村，占地8.50公顷，成立于1976年8月，原名为县供销机械修配厂，1984年，组建成立江苏仪征汽车厂，试产黎明牌130双排座载货汽车。1985年，生产

图6-8　黎明牌YQC6452轻型客车（摄于1988年）

YQC130SZ双排座载货汽车155辆。1987年，成立仪征汽车总厂，并迁入新城郁桥新厂区。翌年更名为江苏仪征汽车制造厂，全年汽车产量2410辆，产值1.09亿元。1990年，汽车产量4766辆，产值2.5亿元，利税2661万元，首次跨入中国最佳经济效益工业企业行列。1992年，新上1条年产4万辆6460轻型客车生产线，日产汽车由58辆增加至68辆，全年汽车产量首次超过2万辆，产值10.8亿元，在中国500家最大工业企业中名列第198位，主要经济指标综合评价在中国500家最佳经济效益工业企业交通运输设备制造业中位居第三；工业产值位居扬州市地方工业企业之首。1993年，汽车产量3.36万辆（含底盘），首次进入中国汽车工业10强行列。此后，企业规模不断扩张。1998年，厂区面积达59万平方米，建筑面积51万平方米，拥有年产2万辆、4万辆的整车生产线各1条，主要设备4300多台（套），总资产达10亿元，但由于受市场影响，汽车产销量下降，当年仅生产汽车5699辆。1999年3月，上汽集团总公司与仪征汽车制造厂实行资产重组，成立上汽集团仪征汽车有限公司，以后又实施股权转让，组建成立上海汽车股份有限公司乘用车仪征分公司。

上汽股份有限公司乘用车仪征分公司　位于扬州（仪征）汽车工业园区（原汽车厂新城厂区），占地41万平方米，建筑面积31万平方米。1999年1月，仪征汽车制造厂将属于汽车主业的国有资产的三分之二无偿划拨给上汽集团，当年3月成立上汽集团仪征汽车有限公司（以下简称上汽仪征公司）。公司注册资本5亿元，总资产6.08亿元，净资产5.5亿元。上汽集团占67%股权，仪征市汽车工业公司占33%股权，生产黎明牌汽车，成为上汽集团第三个整车生产基地。1999年，生产汽车809辆，实现产值2604.4万元。当年12月，仪征市汽车工业公司将其持有的33%股份无偿划转给上汽集团。2001年，试产赛宝牌多用途轻型客车，2003年，投入批量生产，全年生产汽车2245辆，产值1.21亿元。同年8月，上海汽车股份有限公司收购上汽仪征公司组建上汽股份有限公司乘用车仪征分公司，为国有控股企业。2004年，生产赛宝车2053辆，组装普通桑塔纳轿车4.56万辆（未列入仪征统计）。2006年，投资28.07亿元，实施“罗孚75”技术平台的中高档自主品牌整车项目，12月27日，国内第一台拥有自主品牌“荣威750”轿车下线。2007年，生产轿车17410辆，产值24.34亿

图6-9　荣威轿车（摄于2008年）

图6-10 上海大众汽车生产线 （摄于2012年）

元，在扬州市工业企业排名中列第12位。2010年7月，被上海大众联合公司整体收购重组成立上海大众汽车有限公司仪征分公司。

上海大众汽车有限公司仪征分公司 成立于2010年7月，位于仪征汽车工业园区，是由上海大众汽车有限公司整体收购上汽乘用车仪征分公司资产与仪征申迪实业发展有限公司和仪征塞克物流有限公司重组而成，为上海大众仪征生产基地（第五工厂），是德国大众集团在全球第二个、在华首个标杆式整车工厂。总投资100.06亿元，占地145公顷，建筑面积50.2万平方米，设计产能为年产A级轿车30万辆。同年8月开工建设，2012年4月建成投产，当年生产轿车9800辆，销售收入47.9亿元，税收6.2亿元，年末职工2600人。

二、汽车零部件制造企业

2012年，汽车零部件制造工业有企业32家，其中规模以上企业13家，总投资88亿元。主要生产汽车仪表盘、内外饰件、保险杠、座椅、底盘悬架、汽车地毯、精密冲压件、焊接件、散热管等。年产值28亿元，利税3.6亿元。

2012年驻镇部分汽车零部件制造企业经营情况表

表6-1

企业名称	总投资（亿元）	占地面积（公顷）	主要产品	产值（亿元）
仪征大众联合发展有限公司	12.00	18.89	整车组装、焊接件等	2.60
扬州新联汽车零部件有限公司	5.00	1.67	钢板开卷	1.10
仪征申迪实业发展有限公司	1.00	3.87	轮胎预装	5.30
仪征延峰江森座椅有限公司	2.50	5.53	汽车座椅	2.70
上海延峰伟世通汽车饰件仪征有限公司	10.00	16.80	汽车仪表盘	1.30
上海延峰彼欧外饰系统仪征分公司	1.90	2.00	汽车保险杠	1.90
仪征永辉散热管有限公司	1.00	2.33	汽车散热管	2.60
仪征申荣焊接有限公司	0.50	1.00	焊接件	1.90
仪征上汽福源机械有限公司	0.50	0.80	机械加工	0.90
扬州安通林华翔零部件有限公司	1.60	4.00	汽车门板	0.30

仪征大众联合发展有限公司 位于仪征汽车工业园48号。2010年11月成立，注册资本

3亿元，由上海大众联合发展公司独资经营，总投资12亿元，占地18.89公顷，主要从事汽车焊接件、冲压件等零部件生产和销售、仓储物流、三产服务、商务咨询等业务。设有普桑组装、轮胎预装、开卷落料、汽车焊接等生产线。2012年，完成产值2.6亿元，职工718人。

图6–11　仪征大众联合发展有限公司（摄于2012年）

仪征永辉散热管有限公司　位于仪征汽车工业园区，占地2.33公顷。成立于2002年，原址在马集镇金营工业园区，2008年迁入现址，主要生产汽车散热管。2012年，完成产值2.6亿元，利税817元，职工47人。

扬州安通林华翔汽车零部件有限公司　位于仪征汽车工业园区。2010年10月成立，由浙江宁波华翔电子股份有限公司与西班牙通林集团合资经营，总投资1.6亿元，占地4公顷，主要从事汽车车门内饰门板、车门模块系统、车身侧面内饰的设计、开发、制造并提供售后服务。2012年6月建成投产，生产汽车门板内饰件10.8万套，完成产值0.3亿元，利税120万元，职工110人。

三、汽车服务企业

2004年，仪征上汽赛克物流有限公司成立，成为首家专业汽车物流服务企业。至2012年，汽车工业服务企业增至8家。主要经营汽车仓储、物流、零部件装配、技术服务和后勤保障等。年营业收入4.5亿元，利税0.85亿元。

2012年驻镇部分汽车服务企业经营情况表

表6–2

企业名称	总投资（亿元）	占地面积（公顷）	经营范围	营业收入（亿元）
仪征上汽赛克物流有限公司	0.60	3	整车、零部件物流	1.20
上海大众祥云运输管理有限公司仪征分公司	0.20	租房	仓储物流	1.50
扬州翔安物流有限公司	1.00	4	整车物流	0.30
扬州鑫达昌物流有限公司	0.10	租房	汽车座椅	0.20
仪征众谊金属回收有限公司	0.10	租房	废品回收处理	0.40
仪征祥云动力有限公司	0.08	租房	生产动力供应	0.20

上海大众祥云运输管理有限公司仪征分公司　位于仪征汽车工业园区。2011年2月成

立，总投资2000万元，主要经营汽车零部件物流、运输、仓储，汽车修理、租赁，汽车配件销售等业务。2012年，营业收入1.5亿元，利税600万元，职工215人。

图6-12 仪征上汽赛克物流有限公司（摄于2010年）

扬州翔安物流有限公司 位于仪征汽车工业园区。2011年3月成立，由上海惠城物贸有限公司投资兴建，总投资1亿元，注册资本6000万元，占地4公顷，主要经营汽车零部件仓储、运输及配送。2012年，营业收入3000万元，利税300万元，职工180人。

图6-13 汽车储运场 （摄于2012年）

仪征上汽赛克物流有限公司 位于仪征汽车工业园区。2004年6月成立，注册资本6000万元，规划投资4亿元，分三期建成仪征汽车整车及零部件物流园。当年投入1.21亿元，建设整车仓储场地与汽车零部件仓库。2006年竣工，整车仓储场可停放整车3000辆。零部件仓库面积3万平方米，有108家汽车零部件生产商入驻，每天可配送140多台套的汽车零部件，初步形成以物流信息为平台，集配送、公铁路联运、汽车零部件装配为一体的现代物流园，成为扬州地区最大的商品车转运中心。2008年，二期投资1.29亿元，扩建整车存放场地和汽车零部件仓库，2010年建成投产。2012年，建立整车物流服务，售后物流服务和零部件配送服务规程，形成现代汽车物流体系。当年营业额1.2亿元，职工210人。

第七章　交通运输

新城镇历史上交通运输业发达，东晋筑新城后，向东有古驿道通朴树湾，经金家大桥至广陵，向西有陆路、水路直达真州。隋代，贯通南北的运河开通后，新城是运河入江口，扼江淮河运道之襟要。唐宋时期，成为漕运盐运通道并建有港口，明清时期，新城向南有水路、陆路通达十二圩，向北也有水路、陆路到达龙河。扬州大路横贯境域东西通达扬州、仪征和六合等地。独特的地域优势，发达的交通运输，带来经济和文化的兴盛。至清末，漕运废止，盐运衰落，新城交通运输业逐渐衰退。民国23年（1934年）六（合）扬（州）公路穿越境内，随之开办客运业务。抗日战争爆发，客运停运。至1949年解放前夕，全镇常年航道不足12千米，公路不足9千米，运输工具大多是独轮车、畜力车和木船。

解放后，新城镇交通发展较快，仪扬河、龙河经数次疏浚，通航能力不断提高。50年代，新城至十二圩、至龙河始铺砂石路面。此后，相继建成龙河至新集、马集等砂石路。70年代，新建新城大桥，横贯境域东西的328国道建成一级公路沥青路面。90年代起，一级公路改造为高速公路。1995年，实现村村通砂石公路，完成县乡村“通达工程”。1999年，出现从事个体运输的专业村和专业组户。2004年，通村道路全部铺成水泥路。2010年，启动通组道路“灰黑化工程”。2012年，高速公路、国省县道穿越镇境，与乡村道路支干相连，公路里程长120.97千米，公路桥梁31座、长3.82千米。形成四通八达的现代交通路网，公交车开到村口，出行十分便捷。当年，全镇运输业收入8482万元，占全镇社会总产值的0.75%。

1950~2012年新城镇（含原龙河乡）交通运输业收入统计表

表7-1　　单位：万元

年份	收入		年份	收入		年份	收入	
	新城	龙河		新城	龙河		新城	龙河
1950	0.92	0.85	1971	11.66	8.70	1992	428	82
1951	1.12	0.94	1972	12.71	8.62	1993	361	93
1952	1.43	0.98	1973	11.60	9.03	1994	619	98
1953	1.75	1.03	1974	12.35	9.14	1995	686	110
1954	1.80	1.14	1975	13.03	9.66	1996	882	141
1955	1.87	1.23	1976	18.00	10.00	1997	1059	163
1956	0.82	0.76	1977	20.00	12.00	1998	1197	186

续表7-1

年份	收入		年份	收入		年份	收入	
	新城	龙河		新城	龙河		新城	龙河
1957	0.80	0.71	1978	31.00	15.00	1999	1311	191
1958	1.31	0.98	1979	87.00	19.00	2000	1920	
1959	2.16	1.18	1980	109.00	26.00	2001	1759	
1960	2.01	0.99	1981	188.00	34.00	2002	4580	
1961	1.98	0.91	1982	201.00	39.00	2003	5427	
1962	2.25	1.21	1983	238.00	42.00	2004	1975	
1963	3.14	2.07	1984	241.00	50.00	2005	1966	
1964	4.67	3.13	1985	260.00	55.00	2006	2300	
1965	4.82	3.81	1986	272.00	58.00	2007	3367	
1966	5.01	4.68	1987	286.00	62.00	2008	4183	
1967	5.66	4.71	1988	370.00	70.00	2009	4660	
1968	6.77	5.34	1989	390.00	77.00	2010	5767	
1969	7.89	6.12	1990	369.00	85.00	2011	6149	
1970	8.74	7.21	1991	382.00	83.00	2012	8482	

第一节 公 路

明清时期，道路称为驿道。新城通往周边集镇和县城有多条土路供人行走和车马通行。向东有2条路：经十二里铺（带子沟）到朴树湾，约12千米；过金家大桥、毛家营、八叉桥（今八字桥）到扬州，约18千米。向南经旧港到十二圩，向东南过土桥、双桥到瓜洲，约20千米。向西可达仪征县城，经万年桥向西到胥浦。向北经赵巷到龙河集，再到三茅集分叉两路，一路向北到刘家集，一路经张家集向东北至杨家庙。民国初期，古驿道均改称大路（俗称马路）。民国17年（1928年），划定全省道路等级，穿越境域东西的六合至扬州大路定为省道，民国23年（1934年）动工兴建，翌年，建成土路通车，成为新城境内首条公路。

解放后，党和政府重视公路交通设施建设。50年代，铺筑贯通新城、龙河的十二圩至曹家铺公路，整修仪征经新城至扬州的公路。在此后的30年中，公路向新城、龙河乡村延伸，主要干道裁弯取直，路基拓宽，新筑一批新道路，交通困难状况得到改善。进入80年代，新城、龙河集资修筑自建自养的乡村道路。90年代，实现村村通砂石路，乡通沥青路。2000年后，宁通高速、江六高速、解放东路东延、闽秦大道北延、省道S333等一批高等级公路相继在境内落成。2009年，镇村水泥道路纵横交错，道路配套设施不断完善。至2012年，全镇共有主干公路4条，乡道17条，村道15条，总长104.19千米，基本为沥青混凝土路面。另有通组通居住区道路94条，长98.29千米。

一、国 道

宁启公路（G328）新城段　东自金家大桥入境，向西经桃坞、新北、新华、郁桥、三将等村，过石桥河出境，全长8.99千米。该路段民国34年（1934年）建成土路通车，抗日战争时期毁坏。解放后，恢复通车，定名为宁扬公路。1958年，铺成简易砂石路面，路面拓宽至3.5米。1963年，路面加宽至6米，铺成沥青灌入路面。1978年8月起，按一级公路标准改造，路基宽23~25米，路面宽2幅×10米，中央设隔离带1.5米，双向4车道。先期开工新城马庄至胥浦十五里墩段改造工程，后实施马庄至金桥段北移重建工程，征用新城乡郁桥、金桥等5个村土地22.67公顷，搬迁2家乡办企业。1987年12月建成通车。1992年5月起，按高速公路标准改建，路基拓宽至28米，双向车道，另设紧急停车道各1米，沥青混凝土路面。1995年，建护栏网和4座高架立交桥，1996年，完成新城立交桥道口建设。1997年竣工通车，定名为宁通（南京至南通）高速公路，与国道宁启（南京至启东）公路为重合线。

图7-1　G328宁启公路横贯新城（摄于2005年）

沪陕高速公路（G40）新城段　东自凌桥村潘西组入境，向西经丁冲、周营、马坝等村，于坝南组出境，全长4.6千米。路基宽32米，中间设隔离带，征用凌桥、丁冲、周营、马坝村土地29.3公顷（包括高架桥道口占地）。2009年起施工，2012年12月竣工通车。该路段被命名为G40沪陕（上海至陕西）高速公路。

图7-2　G40沪陕高速新城段（摄于2012年）

二、省 道

曹仪公路（S333）新城段　曹仪公路北自东台曹鳅镇向南经大仪、马集、新城、十二圩办事处等镇（办），与仪圩曹公路相连接。境内段北自三将村陈庄，南至冷红村仪泗河，全长3.3千米。原曹仪公路仪征段为县道泗大（泗

图7-3　S333省道纵贯新城南北（摄于2012年）

源沟至大仪）公路，1999年12月，升级为省道，南端由泗源沟调整到曹山立交桥，更名为现名。2009年3月，启动仪征段改道工程，一期工程建天宁大道段北起三将村马庄宁通高速公路南辅道，南与仪圩曹公路相连接，全长5.26千米，其中新城段长2.2千米，为一级公路，双向6车道，路幅全宽56米，中间隔离带10米，人行道2×2米，两侧各有20米宽绿化带。沥青混凝土路面，共建跨仪扬河桥1座和跨仪泗河桥1座。2010年10月建成通车。二期工程江六高速公路至宁通公路北辅道段于2010年6月开工建设，全长8.55千米，其中新城段长1.1千米，为一级公路，双向6车道，路幅全宽16.2米，建新城西互通立交桥1座，至2012年12月主体工程基本完成。

三、县 道

1956年起境内始有县道仪圩曹线，1987年新增宁扬一级公路南辅道，1992年新增宁扬一级公路北辅道。2007年2条辅道改为乡道。2012年，有县道1条，即大新公路。

大新公路新城段 原名圩曹线，南自十二圩，向北经新城、龙河、刘集等乡镇，至邗江曹家铺与天扬公路相连，成路于1956年，由泥结碎石路面和土大路组成。1976年，南端起点向西延伸至县城南泗源沟，1995年改称仪圩曹路。1997年，新城至龙河段改造为沥青混凝土路面。2001年6月，全线按三级公路标准拓宽改造，路基路面分别拓宽至6米和5米，沥青混凝土路面，总投资2156万元，2006年12月竣工通车。2007年，线路改道，更名为大新公路。南起新城东升桥，向北经新城立交桥、龙河集、刘集镇、至大仪镇。境内段南起东升桥，北至三茅村孙庄组出境，长10.9千米。2008年起实施改道工程，2009年12月竣工通车。

四、乡 道

解放后，乡道采用公助民办的方式建设，路基由所在乡组织施工，路面及桥梁由县（市）政府补助修建。至80年代末，新城、龙河乡境内共有乡道4条，总长25.5千米，分别是恒三路（马集恒华桥至三茅集），路宽7米，土路面，长8.5千米；龙通路（龙河至通新集），路宽3.5米，泥结碎石路面，长2.5千米；三张路（三茅集至张集），路宽4米，泥结碎石路面，长4.5千米；龙马路（龙河至马集），路宽3米，泥结碎石路面，长10千米。90年代起，新城镇、龙河乡不断新建、扩建和改建乡道，道路等级提高。1996年，拓宽改建龙新（龙河至新城）路。1997年，新城镇、龙河乡的乡道全部建为沥青路或水泥路。2000年后，在道路改造建设中，有的县道改为乡道，乡道改为村道。至2012年，全

图7-4 乡道龙华路（摄于1996年）

镇共有乡道17条，总长53.01千米。

2012年新城镇乡道统计表

表7-2

路名	道路位置		路长（千米）	路宽（米）	路面结构
	起点	终点			
军民公路	Y014	Y018	0.80	10	水泥路
大楼公路	Y004	Y006	1.00	8	沥青路
东升公路	冷红村	东升村	3.60	7	水泥路
砖桥公路	砖桥村	仪扬河	1.20	7	水泥路
马三公路马坝段	Y015	Y013	7.20	8	水泥路
丁冲公路	Y003	Y015	1.30	7	水泥路
周龙公路	张山村	周云村	5.00	7	水泥路
凌三公路凌桥段	凌桥村	X202	2.50	7	水泥路
凌三公路官胜段	前进	X202	1.60	7	水泥路
凌三公路三茅段	人三	X202	1.40	7	水泥路
马龙公路	恒华村	龙河	1.25	8	水泥路
老仪圩曹公路南段	越江村	新城街道	0.90	12	沥青路
宁通北辅道公路	石桥河桥	金家大桥	8.21	12	沥青路
宁通南辅道公路	石桥河桥	金家大桥	8.99	16	沥青路
泗新公路	茶蓬村	X202	4.33	8	水泥路
仪扬河南堤公路	X202	冷红村	2.76	7	水泥路
扬张公路三张段	东梁水库	X202	0.97	7	水泥路

五、村组道路

村　道　解放前，乡间村庄道路多为自然形成的土路，也有少数富裕乡绅捐资修筑出村的石块路。解放后，50年代起，开始修建土大路，后发展成为机耕路。70年代，少数靠近集镇的村开始铺设砂石路面，但未改变农村道路晴通雨阻的状况。80年代，在修路致富思想指引下，新城、龙河乡掀起筑路热潮。新城八一村征地2.08公顷，由市交通局补助修建首条村道。1990年起，新城、龙河乡政府筹资112万元，拓宽改造通村道路，至1997年，共修建村道32条，实现村村通砂石

图7-5　宽敞的村道（摄于2009年）

路。2003年起，按四级公路标准改造村道，路基路面分别宽5米和3.5米，水泥混凝土路面。至2004年，总投资600万元，建成通村水泥路34.52千米，实现村村通水泥路，完成县乡村通达工程。2008年，拓宽改造村道5条，道路两旁植树绿化。2011年，村道安装路灯395盏，亮化里程18.93千米，在全市率先实现村道绿化亮化。2012年，投资830万元，建成新一轮村通村道路37.91千米，实现镇村之间、村村之间互连互通网络化全覆盖、全贯通。至年末，全镇共有村道15条，全长23.39千米，水泥混凝土路面，可以通行10吨以下货车和小型公交车。

2012年新城镇村道统计表

表7-3

村别	路线名称	道路编号	路面性质	里程（千米）
三茅	刘凌公路村道	C001	水泥路	0.86
凌桥	龙华路官胜段	C002	水泥路	2.60
马坝	三官路村道	C003	水泥路	2.10
林果	新林路村道	C004	水泥路	2.00
	马林路村道	C005	水泥路	1.30
	农科路村道	C006	水泥路	0.93
	同心路村道	C007	水泥路	1.74
三将	马林线马林路	C008	水泥路	1.30
	新林公路新林路	C009	水泥路	1.50
郁桥	金马路村道	C010	水泥路	1.65
新北	新北线新北路	C011	水泥路	0.80
	同庄路村道	C012	水泥路	0.96
桃坞	桃坞线桃坞路	C013	水泥路	1.80
	金桥路村道	C014	水泥路	2.35
冷红	大红路村道	C015	水泥路	1.50

通组道路 即通往庄台道路，历史上多为田间小路。70年代"农业学大寨"时期，修筑机耕路，宽2~3米。不少路段"拖拉机过要挖，板车过要搭，自行车过要扶"。90年代，乡政府制定公助民建的政策，鼓励修建通组道路。2000年起，开始修筑砂石路，出行状况有所好转。2008年，新城镇政府筹资30万元，修建通组水泥路5.23千米。2010年，作为为民办实事的一项惠民工程，镇党委、政府筹资513万

图7-6 整洁的通庄道路（摄于2010年）

元，启动三年内通组道路灰黑化工程。当年，修建简易铣刨料路、水泥路24.16千米，路面宽3.5~4米。2012年，结合新农村建设庄台环境整治，新修建通组道路28条，长27.44千米，基本实现村组之间、组与组之间相互连通，其中6个星级庄台水泥道路全部绿化亮化。至年末，共有通组、通居住区道路94条，全长98.29千米，其中水泥路33.83千米，占34.42%；沙石路64.46千米，占65.58%。农用小货车、轿车可以开到农民家门口。

2012年新城镇通组道路统计表

表7-4

村名	路名	途径组别	里程（米）	路宽（米）	路面性质
林果	吴庄路	吴庄、郭庄、劳动组	890	3.0	水泥路
	金圩路	金圩组、大圩组	517	3.0	水泥路
	龙河路	龙河组、胜利组、长沟组、大刘组	1010	3.0	水泥路
	东营路	东云组、宝塔组	785	3.0	水泥路
	大圩路	大圩组	376	3.0	水泥路
	张营路	张营组	1470	3.0	铣刨料路
	贾营路	贾营组	1312	3.0	铣刨料路
冷红	周庄路	卧虎闸、张营、周庄	1815	3.0	铣刨料路
	荷马路	荷马组、周继组	1064	3.0	铣刨料路
新华	张庄路	粮站路东、张庄	292	3.0	铣刨料路
	周庄路	粮站路西、周庄	302	3.0	铣刨料路
工业园	污水管路	毛庄	611	3.0	铣刨料路
三茅	赵庄路	孙庄、赵庄、詹庄	880	3.0	水泥路
	上营路	秦南、上营	1280	3.0	水泥路
	高渠三茅段	周庄、张三线	320	3.5	水泥路
	后组路	村部、小营、后组	1300	4.0	水泥路
	人二路	小营、人二	880	4.0	水泥路
	人三路	基庄、人三、人四、人五	2684	3.0	铣刨料路
	永一组	永一	1412	3.0	铣刨料路
	基庄组	基庄	1218	3.0	铣刨料路
	上下营路	上营、下营	1263	3.0	铣刨料路
	肖庄路	肖庄	1501	3.0	石子路
	人一路	人一	1259	3.0	石子路
	北梁组路	北梁	1298	3.0	石子路
	中组路	人三、人四、人五、中组	600	4.0	水泥路
官胜	徐庄路	徐庄、新集凌东	520	3.0	水泥路
	赵庄路	曹圩线、赵庄、农科	300	3.0	水泥路

续表7-4

村名	路名	途径组别	里程（米）	路宽（米）	路面性质
官胜	高渠官胜段1	花园桥、张三线	890	3.5	水泥路
	高渠官胜段2	李山桥、二级站	500	3.5	水泥路
	曹二路	曹圩线、二级站	1200	3.5	水泥路
	胜利路	胜利组、青年组	1125	3.0	铣刨料路
	张庄组路	王山学校—张庄	1300	3.0	铣刨料路
	高庄组路	花园桥—高庄	433	3.0	铣刨料路
	上营组路	村水泥路—张三路	910	3.0	铣刨料路
	渠道路	村水泥路—龙华路	520	3.0	铣刨料路
	东渠道路	东渠道—青年	320	3.0	石子路
	变电所路	变电所—先锋	1008	3.0	石子路
	胜利组路	村水泥路—胜利	710	3.0	石子路
	中营组路	曹圩线—中营	1050	3.0	石子路
	南北头路	南头、北头	510	3.0	石子路
	大王组路	曹圩线—大王	1250	3.0	石子路
	花园桥路	花园桥—徐庄	734	2.8	水泥路
凌桥	姜庄路	姜庄、前朱	1760	3.5	水泥路
	高渠凌桥段	龙华路、二级站	650	3.5	水泥路
	郭庄路	郭庄、赵庄、陈庄	1420	3.5	水泥路
	沙田凌桥段	沙田、潘庄、河湾	1280	3.5	水泥路
	渠道埂路	——	841	3.0	铣刨料路
	友二路	友二、友三	476	3.0	铣刨料路
	潘西组路	潘西、潘东、沙田	1008	3.0	石子路
	江庄路	江庄组	1053	3.0	石子路
	前朱路	江庄、前朱、张东	1314	3.0	石子路
	山头路	山头组	611	3.0	石子路
	松元路	松元组、洪庄组	1354	3.0	石子路
	西营路	西营组	656	3.0	石子路
	潘东路	曹山安置点—李营村	900	3.0	水泥路
周营	中心路	顾庄、鸭赵	1000	4.0	水泥路
	鸭赵路	鸭赵、小基营、潘庄、老基营	1560	3.5	水泥路
	河西路	河西、唐田	800	3.0	水泥路
	曹庄路	曹庄、砖瓦厂	1441	3.0	铣刨料路
	老基路	龙埂、老基营	1864	3.0	铣刨料路
	林场路	水泥路—马集	500	2.8	水泥路

续表 7-4

村名	路名	途径组别	里程（米）	路宽（米）	路面性质
丁冲	沙田丁冲段	龙河老大桥、沙田	450	4.0	水泥路
	高场路	丁冲水泥路、周营水泥路	880	3.5	水泥路
	河西路	周营水泥路、河西	590	3.0	水泥路
	高场路	戚一水泥路、周营水泥路	1166	3.0	石子路
	山东路	张庄水泥路、山东组	1136	3.0	石子路
	王一路	新龙路、王一组	1036	3.0	石子路
	南沙田路	老龙河桥、南沙田	944	3.0	石子路
	山西路	龙岔路、高庄组、山西组	1361	3.0	石子路
	河南路	新龙路、河南组	600	3.0	石子路
	河西路	新龙路、河西组	935	3.0	石子路
	夏东路	龙岔路、夏东、夏西	2590	3.0	石子路
桃坞	凡庄路	桃坞小学、凡庄	470	3.0	水泥路
	大于路	大于、村部、蔡庄电站	1700	3.0	水泥路
	七一路	七一、元庄、周东、庆庄桥	2330	3.0	水泥路
	龙河堤路	七一、龙河、小营、蔡庄、姜庄	3282	3.0	铣刨料路
	薛庄路	薛庄	1057	3.0	铣刨料路
	唐家沟路	唐庄、周庄、唐家沟	1920	3.0	石子路
	徐庄路	徐庄	1290	3.0	石子路
	黄营路	黄营	1140	3.0	石子路
	小余路	小余组	832	3.0	石子路
	丁庄路	丁庄	576	3.0	石子路
	薛庄路	薛庄	596	3.0	石子路
	庆庄路	李庄、庆庄、戴庄	636	2.6	水泥路
	园庄路	园庄组、戚一组	1517	3.0	铣刨料路
	联盟路	周庄组、联盟组	1730	3.0	铣刨料路
	联盟支路	——	400	3.0	铣刨料路
马坝	王庄路	王庄、河坝	1380	4.0	水泥路
	赵瓦路	三官水泥路、赵山、碾坊	1070	3.0	水泥路
	孔庄路	孔庄、朱庄	950	3.0	水泥路
	朱山路	三官水泥路、朱山	520	3.0	水泥路
	百姓路	百姓组、百一组、朱庄	1437	3.0	铣刨料路
	夏东路	夏东组、王庄、周庄	460	3.0	铣刨料路
	朱庄路	朱庄、余营、孔庄	1200	3.0	铣刨料路

六、公路设施

桥　梁　清代，新城、龙河境内有銮江桥（后称新城大桥）、高桥、永济桥、平江桥、鸡鹅桥、老猪桥、祝家桥、金家大桥等。以新城大桥最有名气，该桥始建于清初，为木桥。清道光二十八年（1848年）重修用银54两。民国时期，境内主要桥梁有金家大桥、新城桥、龙河桥、凌家大桥等。解放后，50年代复建新城大桥，新建农桥11座。70年代，改建新城大桥等3座老桥为水泥梁板桥，新建龙河桥等4座水泥梁桥。80年代，新建金家大桥、梅家沟桥、中心河桥、余营河桥等12座大中型公路桥。2000年后，桥梁在公路建设中不断增加。2012年，有乡道以上公路桥梁31座（不含新城工业园区和仪征汽车工业园内桥梁），总长3.82千米。其中宁通公路（G328国道）上有新城立交桥1座、新城西立交桥1座和新北、桃坞、郁桥、三将等5座中型桥梁，计7座，长1123米，江六高速公路（G40国道）上有龙河特大桥1座，长1.4千米；省道曹仪公路上有天宁大桥1座，长133.36米；县道仪圩曹公路上有东升桥、龙河桥、大王河桥各1座，长203米；乡道上有吴庄桥、龙河桥、新城桥、中心沟砖桥、梅家沟桥、余营桥、新北桥、金家大桥、石桥沟河桥、龙岔桥等19座，长964米。

乡村小道，历史上有多座村庄小木桥和条石板桥，可以通行独轮车和行人。新中国成立后，随着水利和道路建设的发展，为方便群众生产生活的需要，陆续在20条河沟和灌溉主渠道上建造农用桥、机耕桥和坝桥。2012年，全镇有农用桥、机耕桥、坝桥140座（详见第九章水利第三节桥梁涵闸）。

新城大桥　位于新城镇街南，始建于清初，原名銮江大桥，为跨仪扬河木桥。清道光二十八年（1848年）更名为新城大桥，并重修。民国时期曾多次维修，1937年桥断，1956年复建。1970年8月，省、县和新城公社共同筹资11.6万元，将木桥改为钢筋混凝土拱圈桥，1971年5月竣工通车，成为县道桥梁。2007年4月，总投资320万元，拆除旧桥重建新桥，桥长82米，宽13米，上部结构采用3×25米预应力空心板梁，下部结构为桩柱式桥墩、钻孔灌注桩基础。2008年2月竣工通车。

东升桥　位于新城镇东，为县道大新公路跨仪扬河大桥。2008年1月开工建设，总投资700万元，桥长82米、宽30.5米。当年5月竣工通车。

天宁大桥　位于新城镇冷红村，为S333省道跨仪扬河大桥，总投资1500万元。2009年开工，桥长133.36米，宽2×23.5米，上部结构采用5×25米简支预应力空心梁板，下部结构为柱式墩、肋板台式钻孔灌注桩基础，2010年建成通车。

图7-7　东升桥　（摄于2010年）

龙河桥　位于龙河集北，为县道

大新公路跨龙河桥。2010年8月开工建设，总投资450万元。桥长67.01米，宽9米，上部结构为3×20米预应力空心梁板，下部结构为桩柱式桥墩、钻孔灌注桩基础。桥头接线长415.5米，路基路面分别宽9米和7米，沥青混凝土路面，当年12月竣工通车。

图7-8　龙河老桥　（摄于1998年）

梅家沟桥　位于新城镇郁桥村。始建于清代，为通扬州大路跨梅家沟河石板桥。1958年，改建为钢筋混凝土板梁桥。2012年8月实施拓宽改造，该桥长42.88米，宽15米，上部结构为预应力空心板梁，下部结构为钻孔灌注桩基础，总造价300万元，当年12月建成通车。

图7-9　金家大桥　（摄于2009年）

金家大桥　位于新城镇桃坞村，为宁通公路跨龙河大桥。清嘉庆七年（1802年），批验大使倪汝炜倡捐重修。1965年，原木桥改建为钢筋混凝土水泥桥。1981年，仪扬公路拓宽改造时，在老桥南50米处兴建新桥，桥长60米，宽16米。1985年，实施一级公路改造时，在老桥北兴建第三座桥，桥长80米，宽23米，1987年竣工通车。著名书法家赵朴初题写桥名。

图7-10　新城立交桥

新城立交桥　位于新城镇街东首，为县道仪圩曹公路跨宁通高速公路互通式立交桥。1993年4月，总投资879万元开工建设，桥长200米，宽20米，桥两端接线长210米，主桥跨度长65米，采用下承式钢筋混凝土柔性系杆拱桥，荷载汽车20吨，拖挂120吨，1995年6月竣工通车。2006年，投资150万元，对匝道1.8千米路面进行改造。

新城西立交桥　位于新城镇西郁桥村，为G328国道跨省道立交桥。2012年2月开工，采用简易菱形互通形式，桥长407.82米，宽28米，桥梁共分为5联18跨，上部结构为预应力混凝土现浇连续箱梁+预应力混凝土空心板梁，下部结构为柱式墩台、钻孔灌注桩基础，匝道总长1847.47米，总造价8500万元。翌年2月建成通车。

龙河特大桥　位于龙河集南端，为江六高速公路跨龙河、龙河集镇南部和大新公路的特大桥。2009年，总投资3827万元开工建设，桥长1400米，宽26米，主桥跨度长1368米，上部结构为下承式钢筋混凝土柔性系杆拱桥，下部为57座桩柱墩台、钻孔灌注桩基础，2012年10月竣工通车。

图7-11　梅家沟涵洞（摄于2000年）

涵　洞　境内河沟密布，道路所经之处需设过水涵管或过人涵洞。民国时期，涵管多为方木涵、砖石涵两种。解放后，以砖石涵居多。1958年后，改建水泥涵管、混凝土块石涵。60年代，随着农业生产发展和水利建设兴起，道路涵管和过人涵洞增多。1992年，在修建宁通高速公路时，修建供人车通行的涵洞2道，其中梅家沟涵洞最大，长35米，宽5米，车辆限高2.5米。余营河涵，长15米，宽1.5米，仅供行人通行。2009年，新建江六高速公路时，修建5道涵洞，计长81米，其中位于丁冲村高场组涵洞洞宽4米，高2.9米，大型农用车辆可以通过。周营村周营组、马坝村臧西组和村北片的3道涵洞，均宽6米、高3.5米，可供客货车通行。马坝村坝南组的涵洞宽4米，高2.2米，小型车辆可以通过。2012年，主干公路共有过人（车）涵洞7道、长149米，过水涵洞146道、长968米。另有乡村道路过人涵洞5道、宽3.5~5米，全长90米，过水涵洞204道、全长1538米。

2012年新城镇农村道路涵洞分布表

表7-5

道路名称	村名	过人涵洞			过水涵洞		
		名称	宽度（米）	长度（米）	数量（道）	直径（厘米）	总长度（米）
大越线大越段	大楼、冷红	冷红涵洞	5.0	25	8	60	80
					22	40	132
砖桥线砖桥段	砖桥	—	—	—	2	60	20
					6	40	40
新林线新林段	新华、林果	—	—	—	12	40	80
新北线新北段	新北	—	—	—	8	40	75
桃坞线桃坞段	桃坞	—	—	—	10	40	78
凌三线凌三段	三茅	—	—	—	13	40	102
凌三线官胜段	官胜	—	—	—	15	40	118
凌三线凌桥段	凌桥	渠道涵洞	3.5	8	16	40	126
龙华线凌桥段	凌桥	凌西涵洞	3.5	12	11	40	92
丁冲线丁冲段	丁冲	丁冲涵洞	3.5	20	14	40	72
周营线周营段	周营	—	—	—	18	40	121
马坝线马坝段	马坝	先进涵洞	3.5	25	2	60	20
马三线三官段	三官	—	—	—	26	40	172
					1	60	12

续表7-5

道路名称	村名	过人涵洞			过水涵洞		
		名称	宽度（米）	长度（米）	数量（道）	直径（厘米）	总长度（米）
马三线郁桥段	郁桥	—	—	—	14	40	112
					2	60	16
冷红线冷红段	冷红	—	—	—	4	40	32
军民线三将段	三将	—	—	—	4	40	38

公路标志　标线　信号灯　1993年，新城街道拓宽改造时，设置交通标志47块（根）。2000年，在主干道上施划道路标线1400平方米。2009年，在省道与解放东路交叉口设交通信号灯1组。

防护栏　隔离网　1983年，在宁扬一级公路新城段设置波形交通防护栏18千米。1992年，在宁通高速公路新城段设置交通隔离网20千米，新城立交桥设置波形防护栏1.8千米。2009年，在省道天宁大道段建中央隔离带长3千米。

七、公路管养

60年代，县公路管理站下设新城道班，有职工26人，负责养护新城段省县道和乡道。80年代，实行养路费全省统筹，公路分级养护体制，村道不属省管养范围。90年代，公路养护道班改称养护工区，负责养护省县道。1998年，乡道管养体制改革，改由省县两级管养。2005年，农村公路管养体制再次改革，改由乡政府投入为主，管养乡道及村组道路。2007年8月，新城镇成立乡村道路管理养护办公室，负责镇域内农村公路的建设、管理和养护工作。2012年3月，市交通部门移交新城镇7条乡道，省补助资金12.37万元。至年末，镇管养乡道17条，村管养村组道路109条，总里程174.69千米，年管养资金约25万元，除省补助部分外，其余部分由镇政府筹集解决。当年好路率分别达到98.61%和98.68%，道路绿化率88.61%。

第二节　水　路

境内河流众多，但具有通航条件的河道不多。民国14年（1925年）有仪扬河、龙河两条河道，大水季节可以通航。民国24年（1935年）曾疏浚仪扬河新城至泗源河段。解放前夕，新城、龙河内河常年航道12千米，季节性航道8千米。解放后，经过不断治理、疏浚，河道通航条件不断改善。2012年，内河航道有5条，长29.39千米。主干航道仪扬河西接胥浦河入长江，东连京杭大运河，支干航线龙河向北延伸至高集，形成较为通畅的梯形水路网。

一、航 道

新城境内河主要航道有仪扬河、龙河、梅家沟河和石桥河。50年代，内河航道里程为25千米，其中能通机动船12千米。后经疏浚、建设，通航里程增加。2012年，内河航道总里程32.09千米，其中通机动船里程25千米。

仪扬河航道　新城段东起带子沟，西至泗源沟，长8.4千米。晋永和年间（345~356年），从欧阳埭（今新城西南）开渠27千米（今仪扬河前身）引江水达广陵，新城从此成为江淮运口，具有通江达淮的航道。隋大业元年（605年），续修与大运河连通，经扬子县（今新城东南）入江，运口称扬子津，通航能力提高。唐代，整修陈公塘、带子沟，引塘水济运，确保漕运、盐运需要。宋乾兴元年（1022年），在真扬运河（今仪扬河）上建斗门复闸，抬高水位，提高通航运输量。元时，运河淤积严重。明清时，漕运、盐运复兴，运量渐增。明代，漕粮运量增加到400万石、盐运25万多引（每引200千克）。清代，漕运300多万石，盐运110万引（每引125千克）。此时规定仪真运河3年1浚，以后甚至年年疏浚。道光年间，漕运锐减。同治十二年（1873年），淮盐总栈移设十二圩，仪真运河经新城卧虎闸至旧港航道盐运复兴。民国20年（1931年），盐运衰落，古运河航道淤积严重，河口仅宽30米，冬春时节有浅涸。1952年3月，新城地区民工3000余人疏浚新城至东门段。1973年7月，建成仪扬河入江口泗源沟节制闸，仪扬河水位提高。此后，多次对仪扬河拓宽浚深，裁弯取直，河口拓宽至50米，常年水位4.5米，航道能力达100吨。1988年，仪扬河被审定为扬州市际干线航道、仪征内河干线6级航道。90年代，砂石限采后，仪扬河运输量逐年减少。2005年，仪扬河航道被评为省级文明航道。2012年，省投资3200万元，对新城至泗源沟段4千米进行石块护坡驳岸，保护航道。

图7–12　仪扬河新城航道（摄于2008年）

龙河航道　新城段北自三茅村，南至仪扬河，长12.08千米。该河开挖于汉代，成河于唐贞观年间，夏秋水大时可通木船。唐至明代曾多次疏浚，建造堰坝，确保航道畅通。民国时期，可通航5~6吨木船，大量稻米经此运往江南。解放后，经数次整治，拓宽浚深，通航能力提高。1973年，河底宽6~10米。1988年，最高水位6米，最低水位3.5米，定为7级航道，通航吨位30吨。1991年，龙河向北延伸至高集，后山区砂石、建材经此航道运送。1992年，龙河中学段150米、大兴段100米砌石块护坡驳岸。2004年，投资120万元，全线挖泥清淤38万立方米，保持航道畅通无障碍。

梅家沟航道　北自林果电灌站，南至仪扬河口，长3.51千米。始建于明代，林果一带砖窑烧制的砖瓦、窑罐经此河道运往扬州、仪征等地。1976年春，进行整治后，最高水位5.4米，最低水位4米，被定为8级航道。2005年，投资40万元，全线疏浚，清淤14万立方米，航道畅通，水质清澈。

石桥河航道　新城段北自三将汪庄，南至石桥河桥，长1.2千米。宋代开挖成河，可通行木船。1959年扩浚，河底高程1米，宽4米，通航能力提高。80年代初，大量砂石、建材经此河运入城东建材市场。1988年，通航水位3.5~6米，定为7级航道。2006年，新建石驳护坡1千米，栽种树木、草皮，河道变成生态景观带。

沿山河航道　新城段东起牌楼脚，西至龙河集，长4.2千米。1959年冬开挖，1960年春竣工通航。1975年11月，开挖烟墩山至石桥河段，长7.5千米，河底高程6~7米，底宽3~4米。1980年，疏浚龙河至牛角山河道，通航水位4~5.7米，定为8级航道，可通行木船、水泥船，最大吨位20吨。

沙河航道　元泰定元年（1324年）十月开挖，是仪扬运河在新城境内向南入江航道。河道因从珠金沙（江滩）入江，故名珠金沙河，其入江口称为旧江口。明景泰五年（1454年），工部主事郑灵重浚珠金沙河，更名为新坝河，入江口易名为旧港，盐船在真州卸完后回空船便从新坝河入江。清同治八九年间（1869~1870年）曾国藩派河工候补道张富年疏浚，盐船可从黄海边直达十二圩。后入江口淤塞从旧港折向东南由黄泥港入江，清末又折西南从沙河口入江。1973年，卧虎闸向南至沙河闸段称沙河，是新城向南至十二圩的主要航道，长2.7千米。2000年后部分航段淤塞。

二、渡口 码头

渡　口　清道光年间，新城古渡有新城渡和瓦庙渡2道。民国时期，主要渡口有古都渡、郁桥渡和东门渡3道。以木船撑篙渡运。解放后，50年代至60年代，有的渡口尚存，有的废除，有的新建。70年代，新城公社有荷花渡、东升渡、郁桥渡、红光渡和大兴渡5道渡口。龙河公社有永一渡和永二渡2道渡口。80年代，荷花渡、郁桥渡和大兴渡、永二渡4道渡口先后停渡。1988年，东升渡有27客位木渡船1条，红光渡有30客位木渡船1条，渡工均持有渡运许可证。另有人民村永一渡口因用水泥船运渡，暂未发给渡运许可证。2000年，永一渡停渡。2004年起，先后撤除东升渡、红光渡2道渡口，至2006年，境内没有渡口。

码　头　汉晋时，新城欧阳埭为邗沟入江口，建有港口码头。清代，有入江口旧港码头，仪真运河新城码头。民国时期，古（仪扬）运河上有新城粮食码头、木行码头，龙河上有粮食、木材码头。解放后，50年代，龙河上新建丁冲码头和高集码头，以装卸砖瓦、建材为主。60年代至70年代，仪扬河上新建新城酱品厂、郁桥村梅家沟码头，以装卸砖瓦、煤炭为主。1966年，新开仪征至扬州、仪征至龙河客运航班。在新城、金桥、张庄和龙河集分别建有客运码头。1983年，客运航班停开后客运码头弃用。90年代，新建新城粮站码头、方庄码头。2000年，有粮站、酱品厂、梅家沟和万庄4座码头。2008年后，先后撤除2座码头。2012年，有粮站、万庄码头2座。

第三节　铁　路

宁启铁路新城段西起马坝夏西组，经丁冲村，东至凌桥山头组，全长8.32千米，2001年12月开工建设，2004年4月竣工通车。2009年7月，开工建设宁启复线铁路，其走向基本与原路平行，新城段西起K69+300米处，东至K77+800米处，全长8.5千米。至2012年年末，铁路主体工程完成。

一、征地搬迁

2001年11月，新城镇政府成立宁启铁路新城段工程指挥部，负责征地拆迁等建设事务，共搬迁农户36户征地20.43公顷，其中凌桥村搬迁26户征地8.6公顷，马坝村征地6公顷，丁冲村搬迁10户征地5.83公顷。并对搬迁户和承包责任田进行妥善安置与调整。2009年，宁启铁路建设电气化复线。镇政府成立宁启铁路复线新城段工程指挥部，先后搬迁农户17户，其中凌桥村7户、马坝村2户、丁冲村8户，征用土地8.4公顷，其中凌桥村潘东、潘西、山头、胡庄、胡灯、赵庄、东营、南庄和西营组计1.4公顷，马坝村戚一、戚二、戚三、王庄、夏西和夏东组计1.93公顷，丁冲村丁冲、赵一、王一、王二、南沙田、长塘和夏西组计5.07公顷。根据有关政策对搬迁户及责任田作妥善安置和调整。

图7-13　宁启铁路新城段建成通车（摄于2004年）

二、工程建设

2001年12月，宁启铁路新城段开工建设，该路段地势西北高，东南低，有软土路基1.67千米。2002年，路基土方量完成7万立方米，新建中桥1座、小桥2座、公跨铁立交桥1座、涵洞17道、倒虹吸管道8道。2003年铁路主体工程完成，2004年4月通车运营。

2009年12月，开工建设宁启铁路电气化复线工程，挖土方6.94万立方米，填料22.30万立方米，软土路基处理用水泥搅拌桩10.02万延米，多向水泥搅拌桩3.26万延米，CFG桩6.67万延米，新建框架涵洞12道，圆形涵洞13道，倒虹吸涵洞12道。建龙河大桥1座、中桥2座、人行桥2座。至2012年，完成铁路主体工程，进入电气化施工阶段。

图7-14　龙河铁路大桥（摄于2012年）

龙河铁路大桥　位于龙河集南端，宁启铁路

K73+346米~K73+967米处，为跨龙河铁路大桥。2010年2月施工，结构形式为17跨×32米+2跨×24米，预制后张法预应力混凝土T梁，桥长592米。2011年12月竣工，为仪征境内最大铁路桥。

马坝铁路中桥　位于马坝戚一组、宁启铁路K70+696米~K70+740米处，为跨马坝河铁路桥。2010年2月施工建设，桥长85米，结构形式为单跨32米后张法预应力混凝土T梁。2011年10月竣工。

龙河铁路中桥　位于龙河街东南、宁启铁路DK73+141米处，为跨仪圩曹线铁路桥。2010年2月施工建设，桥长78米，结构形式为跨12米后张法预应力混凝土T梁。2011年10月通过竣工验收。

第四节　交通运输工具

解放前，交通运输工具主要有马车、独轮车、轿、驴、骡、船、扁担等。新城、龙河开设有驴行，为粮行、商家驮运粮食、货物。解放后，独轮车木轮改为胶轮，后逐步为板车替代。50年代，自行车成为代步工具，以后逐渐增多。1967年，新城购入手扶拖拉机，从此有机动车辆。70年代，私人和企业开始购置摩托车、汽车，并不断增加。2000年起，电动自行车、电动三轮车、轿车逐渐增多。2012年，全镇有机动车1.54万辆，另有自行车、电动自行车2.09万辆。

一、人力、畜力交通工具

新城、龙河民间使用人力、畜力交通工具历史久远。主要有马车、独轮车、轿、抬杠、扁担、船、马、驴、骡等。民国时期，新城有驴行2家，养有10多头驴、骡，按固定线路搭客驮货。解放后，交通运输仍然主要靠人力、畜力工具。50年代，在水利工地上，将独轮车的木轮改为胶轮，运输效率提高。以后，逐步改为板车。1958年，集镇上有脚踏自行车出现。搬运合作社成立后，每天有20多辆人力板车、驴车到县城搬运货物。80年代，自行车普及，并有农户购买人力三轮车搬运稻麦粮食，畜力工具减少。2000年后，板车、三轮车、自行车、电动自行车逐渐成为农村主要交通运输工具。2012年，有板车1387辆，三轮车3130辆，自行车7057辆，电动自行车1.38万辆。

图7-15　人力独轮车（摄于1997年）

二、机动车辆

1967年3月，新城公社新华、新北、大兴

图7-16 危化品运输车辆 （摄于2010年）

大队购入4台手扶拖拉机，境内开始有机动运输车辆，以后逐年增多。1972年，新城农机站购置1辆大型拖拉机。1974年，新城添置首辆跃进牌载货汽车。新城、龙河运输社开始使用改装机动三轮车（俗称三轮卡）。1975年，农村出现改装型手扶拖拉机，主要用于拖砂石跑运输。1978年后，有私人购置摩托车、面包车、货车从事运输业。1980年，新城、龙河共有机动车583辆，其中小客车5辆，货车19辆，摩托车47辆、大小拖拉机512辆。1992年，运输市场开放后，涌现出一批个体运输专业户，购置大型货车、客车从事长途运输。不久，农村出现农用三轮汽车、正三轮摩托车（后称机动三轮车）和改装自卸式拖拉机，从事短途运输。1995年，新城、龙河共有机动车辆3368辆，比1980年增长4.78倍，其中客车增长11.6倍，货车增长9.37倍，摩托车（含正三轮摩托车）增长43.34倍，拖拉机增长1倍。摩托车增长幅度最大，主要是进城务工骑车上班族增多，一人一车，早出晚归。1998年起，农用拖拉机禁止驶入公路后，拖拉机拥有量逐年下降。2000年，全镇有出租车18辆，私人轿车21辆，起重吊车4辆，混凝土运载车10辆，化危运输车12辆。2005年后，由于摩托型电动车出现，摩托车拥有量开始减少，但机动三轮车、摩托车仍为农村主要交通运输工具。2012年，全镇有客车612辆，货车1533辆，拖拉机123辆，摩托车13175辆。

1980~2012年新城镇（含原龙河乡）机动车辆统计表

表7-6 单位：辆

年份	合计	客车	货车	拖拉机	摩托车
1980	583	5	19	512	47
1981	641	7	25	558	51
1982	627	9	27	532	59
1983	623	11	29	516	67
1984	714	14	35	587	78
1985	817	15	39	677	89
1986	874	17	60	704	93
1987	976	21	72	781	102
1988	1048	22	102	812	112
1989	1134	28	141	837	128
1990	1453	31	158	892	372
1991	1610	36	162	896	516
1992	2131	38	168	923	1002

续表7-6

年份	合计	客车	货车	拖拉机	摩托车
1993	2420	42	173	934	1271
1994	2996	59	182	986	1769
1995	3368	63	197	1024	2084
1996	4255	74	211	1103	2867
1997	4732	89	265	1162	3216
1998	5463	112	278	1012	4061
1999	6923	187	301	986	5449
2000	9598	203	323	912	8160
2001	8997	264	407	816	7510
2002	11458	281	486	723	9968
2003	13671	302	548	686	12135
2004	14478	344	639	544	12951
2005	18824	351	733	381	17359
2006	13563	376	824	217	12146
2007	15348	387	986	150	13825
2008	15646	435	1367	148	13696
2009	15540	458	1442	145	13495
2010	15514	563	1485	140	13326
2011	16036	585	1515	131	13805
2012	15443	612	1533	123	13175

三、船　舶

旧时，水上交通运输工具多为木船，种类有关驳、驳船、鸦尾、鸦稍、石稍、摇櫓船、江划子、渡船等，靠摇櫓、张帆、撑篙航行。最大装载量20吨以上，最小1吨左右。解放初期，新城船运分会有登记木船50艘，总载重量300吨，其中20吨以上江船3艘，15吨以上4艘，10吨以上8艘，10吨以下35艘。60年代，新城、龙河开始使用水泥驳船。70年代，有机动船37艘，其中新城制盒厂拖轮1艘60千瓦。1982年，新城制盒厂购置拖轮2艘80千瓦，货驳船3艘44吨位。1984年，新城乡有运输船9艘86千瓦94吨位。其中渡船3艘72座，个体户船4艘。龙河乡有运输船7艘105千瓦108吨位，其中个体户船1艘。1985年，龙河运输社购置小

图7-17　摇櫓船（摄于1996年）

马力机动船1艘25千瓦22吨位。新城个体户曹正举购置小马力机动船1艘25千瓦21吨位。1988年起，水泥驳船被淘汰，船舶拥有量逐年减少。至2004年，境内基本无运输船舶。

第五节　运输业

新城、龙河人力搬运、畜力驮运、水上船运历史久远。唐宋时期，新城砖窑烧制的城砖通过真扬运河水路运往扬州，漕运、盐运船只经新城驶往长江或进入京杭大运河。民国时期，有运输粮食、木材、杂货的3支船队，航线东到上海，西到南京、武汉等地，年货运量近万吨；陆路交通有固定路线从事货运、客运的驴行，逐渐形成运输产业。解放后，政府将分散的搬运工人、赶驴车户主、船民组织起来，成立运输合作社、新城船业分会，从事客运、货运业务。1950年，运输业收入1.77万元（已折合新币）。60年代，公社、大队搞副业成立搬运队，有的企业购置车辆成立运输队，社会上仍有少数个体搬运户。1970年，运输业收入15.95万元。80年代，农村手扶拖拉机承包给个人，有的企业车辆承包给驾驶员，运输业得到较快的发展。1990年，运输业收入454万元。1992年，客运、货运市场放开，1999年，新城镇出现个体运输专业村和专业组。2000年，全镇运输业收入1920万元。此后，私营专业运输公司、汽车租赁公司、个体出租车不断增加，公交客运线路向村级延伸。2012年，全镇有2座客运车站，13家运输企业，运输业营业收入8482万元，比2000年增长3.42倍。

一、客　运

公路客运　民国24年（1935年），六扬公路开通客运班车，停靠新城站，晴通雨阻。抗日战争爆发后停运，1951年恢复客运。1953年11月，开通仪征至朴席、龙河等客运线路，均在新城、龙河设停靠站。1956年，新城、龙河汽车客运量3200人次，1978年增加到11.37万人次，比1956年增长34.53倍。1980年后，先后开通仪征经新城、龙河至古井，仪征经新城至十二圩，南门经曹山、龙河至三官客运班车，旅客客运量逐年增长。1987年，在新城、龙河境内设置的客运站点有新城、金桥、龙河、三官和三茅5个。1998年，开通胥浦至新城1路公交线路，沿途村庄招手停车。2004年，仪征汽车站在新城设立长途汽车东站，经此可达上海、镇江、扬州、盐城等地。与此同时，个体出租车增加。2010年新建新城汽车客运站。2012年，过境客运班线、公交线路6条，即仪征至扬州、镇江客运班线各1条，仪征至刘集、古井和胥浦至土桥、盘古4条公交线路。境内客运里程56千米，年客运量48万人次。此外还有无照运营的机动三轮车、出租车100余辆。

水路客运　民国时期，水路经新城可到扬州、宝应、镇江、南京等地。1950年，新城有50艘船从事客货运输，当年船运旅客8020人次，1953年停运。1966年，开通仪征经新城至扬州、仪征经新城至龙河客运航班，每天各1班。当年新城和龙河客运量5750人次。1983年，仪扬、仪龙航班同时停开。

60年代，新城、龙河共有7道渡口，年客渡量约14万人次。70年代，客运（渡）量20万人次。1987年，渡口减少至4道。其中，新城乡3道，木质渡船3艘77座，日渡客660人。红光渡对岸是市化肥厂，过往人员最多，日渡客500人。龙河乡人民村永一渡口1道，水泥渡船1艘15座客位，日渡客约70人。2000年后，永一渡、东升渡、红光渡陆续撤除，客渡停业。

二、货　运

公路货运　民国时期，陆路货运以往返县城、扬州短途运输为主，主要是商家购进的商品、物资，公路运货量约占总运货量的35%。1950年，新城、龙河先后成立搬运工会（后改称运输合作社），职工39人，有独轮车4辆，小板车26辆，驴车8辆，年运货量约3500吨。1953年起，运输工具改为胶轮板车和大板车，运输量逐年增长。1967年，手扶拖拉机参与砖瓦、砂石运输，年运货量达10万吨。70年代，新城、龙河农机站陆续购置大拖拉机3辆，农闲时搞运输。80年代，运输社添置机动三轮车。社队手扶拖拉机、大拖拉机实行承包经营，私人购置车辆跑运输的个体户增加，公路运输业发展加快。1992年，货运市场放开后，购买大型货车跑长途运输的个体户增加。2005年后，私营运输企业逐步建成集货运、仓储、信息为一体的物流公司。2012年，全镇有私营运输公司12家、货车372辆，个体运输户17家、货车87辆，完成公路货物运输量84万吨。

水路货运　民国时期，水路货运以长途运输为主，从新城旧港入江可到南京、镇江、上海、无锡等地，主要货物有稻麦、豆类，水路货运量约占全部运货量的65%。1950年，龙河搬运工会内有1支船队，有木驳船7艘，从事短途货物运输。新城船运分会有木船50艘300吨位，当年运送稻谷700吨、麦960吨、三豆157吨、生猪家禽等农副产品150吨、鱼花350吨，计2317吨。60年代，水泥驳船开始运输砖瓦、砂石等货物。70年代，机动货船运力增加，货运量逐年增长。1988年，新城有拖轮2艘，货驳3艘，龙河有小马力机动船1艘，全年货运量28万吨。之后，水路货运量逐年减少，至1995年基本停业。

三、运输企业选介

新城运输社　位于新城桥北，成立于1950年年初。初名为新城搬运工会，1959年更名为新城运输合作社，年货运量约3000吨。1962年，职工40人，有木帆船2艘、小板车32辆、大板车1辆。全年运输货物7930吨，货物周转量82630吨·千米。70年代，购置机动三轮车3辆，大板车4辆，运输能力提高。1985年，有职工25人，机动三轮车6辆、货车2辆7.5吨位。全年业务收入7.5万元，利税6500元。1993年停业。

龙河搬运社　位于龙河街道南首，成立于1950年4月。初名为龙河搬运工会，1958~1960年，改称为白羊公社搬运站，职工38人。1960年，更名为龙河搬运站，年运输量约2800吨。1972年，职工21人，板车20辆，机动三轮车5辆，全年业务收入3万元。1975年重组船队，有水泥驳船3艘26吨位，船工27人。1987年有货车1辆，机动三轮车9辆，运力9.5吨位，板车10辆，小马力机动船6艘97吨位，全年货运量12万吨，业务收入14万元，利润1.2万元，职工28人。1990年实行租赁经营。1993年，企业改制后停业。

图7–18　新城汽车客运站（摄于2011年）

新城、龙河汽车代办站　1951年，新城设仪扬客运班车停靠点，有售票员、检票员2人。1953年，仪征至朴席、龙河客运班车开通后，在新城、龙河设立代办站，露天接发车。1956年，两地代办站配有工作人员4人，设有候车室2间，长条椅4张，年客运量8000人次。70年代，年均客运量增至2万~3万人次。1993年，客运车辆承包经营后，新城、龙河代办站相继关闭，旅客招手停车。

新城汽车客运站　位于新城街道东首，车站主体楼高3层，占地1800平方米，建筑面积1400平方米，设有候车大厅、售票处和旅客出入口，停车场面积约1200平方米，2011年建成使用。

江苏嘉扬实业有限公司　位于新城工业园新龙路11号，2006年成立，黄郑明任总经理。公司占地6600平方米，仓库建筑面积4100平方米，有大型货运车辆25辆，总载重量720吨位，主要从事普通货物上海、仪征之间运输，年运货量30万吨。2012年成为集货运、仓储、配载为一体的大型运输企业，有职工56人，营业收入1040万元，利润185万元。

扬州安众危险品运输有限公司　位于新城镇军民路26号，2009年成立，王春木任总经理。公司占地7200平方米，建筑面积3800平方米，有危险化学品运输车辆11辆，384载重吨，主要从事危险化工、气体产品运输。2010年，运力增加到670载重吨。2012年，职工47人，运输车辆26辆，完成货运量104万吨，营业收入1300万元，利润210万元。

个体运输户　解放前，新城、龙河牲畜驮运、人力搬运和水路船运均为私人经营。1950年成立搬运合作组织后，社会上仍有少数从事乡间短途运输者和装卸临工。80年代，农村手扶拖拉机承包给个人，个体运输户迅速发展。1999年，新城三将、冷红、新北等村发展成为运输专业村，计有运输车辆181辆，年运输旅客4万人次、货物30万吨。2000年后，个体出租车增加，并出现私营客车挂靠客运公司从事客运的情况。2012年，全镇有证个体运输户80家，其中个体出租车51家（户），个体客运、货运户29家。分布在新城街道17家，龙河街道7家，三将村26家，冷红村15家，新北村4家，凌桥村5家，官胜村3家，丁冲、三茅、马坝村各1家。年运输旅客26.2万人次，货物251万吨，业务收入约2340万元。

四、驻镇运输服务企业选介

仪征汽车东站　位于镇东宁通高速公路南出口处，2004年11月建成使用。该站占地600平方米，候车室50平方米，设有售票窗口、停车场。每天经此通往上海、盐城、扬州、镇江、南京、芜湖等地的长途班线16条116个班次。2006年，发送旅客7.5万人次。2010年，增加南通、合肥、武汉等6条班线。2012年，发送旅客13.2万人次。

宁通高速公路仪征服务区　位于新城镇三将村。1998年5月开工建设，总投资3000万元，占地6.7公顷，建筑面积5308平方米，绿地面积3万平方米，分南北两区，沿公路两侧对称分布，中间有天桥相连。服务区建有综合服务楼2幢，内设餐厅、宾馆、购物中心、加油站、车辆维修服务中心等，年服务过往旅客60万人次。2012年，业务收入1330万元，利税353.5万元。

图7-19　宁通高速仪征（三将）服务区（摄于2000年）

仪征上汽赛克物流有限公司　位于新城镇工业园，成立于2004年6月。该公司占地66.7公顷，仓储房屋建筑面积9.38万平方米，拥有装载汽车的运输车辆200多辆，职工120多人，业务收入0.81亿元。2009年，公司划属仪征汽车工业园，地址变更为荣威路32号。2012年，职工210人，配送88家汽车零部件产品，业务收入1.2亿元。

第六节　交通运输管理

解放后，农村交通运输以县交通主管部门管理为主，区乡政府设工交科协助管理。1958年后，交通运输管理下放给公社，公社设运输管理站，之后管理机构隶属关系多次变更，名称也多次更换。2000年，更名为新城交通运输管理所，各项管理逐步走上正轨。

一、管理机构

1952年，新城区、凌桥区设工交科，管理乡村交通运输业。1959年，成立新城、龙河公社运输管理站，负责管理道路运输、交通安全、车辆年审等工作。1972年，成立新城、龙河公社交通管理站，各配备3人，由公社和县交通运输公司实行双重领导，主要加强农村车辆、船舶和桥梁的管理。1993年2月，龙河交管站并入新城交管站。2000年4月更名为新城交通运输管理所，工作人员4人，负责管理道路、水路运输，路政巡查，监督管理航道、码头及水上交通安全，拥有仪征市乡镇交通运输综合管理所行政执法权。2011年被评为扬州市交通运输系统创建平安交通示范点。2012年，镇运管所有工作人员6人，所长张永才。

二、路政 航政

2000年之前，新城、龙河的路政、航政管理工作主要以市公路管理站、市航道管理站和市交通运输管理所为主，地方交通运输管理所（站）仅负责巡查，发现问题及时上报处理。2000

年后，路政下放划归新城交通运输管理所管理。至2012年，路政巡查制度化、规范化，发现问题及时查处，确保道路安全、畅通。

图7-20　疏浚仪扬河 （摄于2004年）

三、运输市场

1992年，客货运输市场放开后，运输市场管理逐步加强，严禁拖拉机从事公路货运业。1999年，新城交管站参加“道路客运市场秩序百日整治”活动，查处各种违法违章行为132次，超载超限车辆116辆。2000年，市运政稽查大队在新城设立运政稽查中队。2003年，重点整治砂石超载超限运输，新城在新龙路和新农街交叉路口设点检查，超载超限运输得到遏制。2006年起，配合全市开展运输市场专项整治活动，新城查处非法营运“黑车”12辆，综合整治出租车客运、危险品运输安全等问题。2010年，重点整治农村客运市场，禁止机动三轮车、电动三轮车载客营运。2012年，继续实施精细化管理，查处各类违章案件153件，查处无证营运变型拖拉机86辆和私改加高档板砂石运输车33辆，运输市场秩序进一步规范。

图7-21　整治车辆“双超”运输（摄于2006年）

第八章　电力　邮电

新城于清末始设递铺，民国时设有邮政代办所、邮柜。解放后，50年代初设邮电营业处，设电话交换机1台，电话40部。1956年成立新城邮电支局。1959年新城接入电网供电，以后逐步发展，工农业生产全部由大电网供电，农村长期油灯照明改变为电灯照明。随着生产的发展，输变电线路延伸到村和企业。80年代，新城、龙河相继开通半自动拨号电话，90年代更换为程控电话。1998年，新城镇建成电话小康镇。2000年后，工业用电大幅上升，电力服务扩大到扬州（仪征）汽车工业园、仪征经济开发区和上海大众30万辆整车项目。邮政业态更新，新业务、新服务惠及千家万户。电信业进入快速发展期，移动电话（手机）普及，互联网进村入户。2012年，全镇供电总量比1986年增长10.06倍，邮政和电信业务收入比1984年分别增长18.6倍、37.4倍。

第一节　电　力

境内电力事业始于1959年，当年仪征县第一条由扬州途经新城至仪征35千伏输电线路架通后，电力输入新城、龙河，改变无电的历史。1976年，35千伏龙河变电所建成投运。80年代，新城乡、龙河乡持续进行电力设施标准化、规范化建设，总计整改低压电力线路211.8千米。1999年11月至2002年8月，新城镇全面实施农村电网改造工程。新架10千伏输电线路94千米，380伏、220伏低压线路219.7千米。2002~2012年，先后建有110千伏城东变电所，220千伏新东变电站和500千伏扬州西变电站3座，共有主变6台，总容量1185.5万千伏安；建成10千伏输电线路22条，总长273千米；有公用配变39台，总容量1.03万千伏安，农村综合变378台，总容量7.95万千伏安。2012年实现输电线路联网，供电正常、安全、可靠，总供用电1.86亿千瓦时，其中工业用电占80%。

一、电力设施

输电线路　1959年10月，国家兴建扬州至仪征35千伏输电线路途经新城时，分别架设南北支线，向新城公社、龙河公社输电。北支线通往龙河集转东至通新集电灌站，沿途又连接至大兴电灌站、烟袋山电灌站，全长7.8千米。南支线经新城油米厂设配变至新城街道，随后线路向南延伸至大楼、冷红、古一、古二电灌站，总长3.9千米。70年代，逐步增架和调整输电线路，先后新架仪征城北至龙河35千伏输电线路8.04千米，新城至十二圩翻水站长35千伏输电线路4.1千米，仪征城南至八一大队、大楼大队35千伏输电线路3.1千米。1976年，35千伏龙河变电所建成后，新架10千伏出线4条，总长29.9千米，向通新集电灌站及周边公社、大队供电。在这期间，农村电力线路设施简陋，特别是低压线路大多不规范，存在安全隐患，时有用电事故发生。80年代后，新城乡、龙河乡持续进行农村供用电线路整改，重点对低压线路按规范要求逐步进行更新、改造和调整。1986年，新城乡金桥村自筹资金10万元，改架380伏、220伏低压线路3条，全长5.2千米，改造电房3座，新装漏电保护器4只。新城乡先后整改低压线路163.8千米，新建电房5座，改造电房15座，新装漏电保护器56台，至1990年，建成金桥、郁桥、大楼3个用电标准村。龙河乡农电站整改辖区农网供电线路总长48千米。1999年11月，农村电网建设与改造工程在新城镇、龙河乡全面开工。至2002年8月，全镇新架10千伏输电线路94千米，380伏、220伏低压用电线路217.7千米。2005年后，新城供电所每年投入资金300万元以上，对辖区内农村电网持续进行改造升级。至2012年，累计投入资金3000多万元，新架、改架、更新10千伏输电线路9条，长81千米，整改380伏、220伏低压线路145.5千米。2012年年底，全镇有10千伏高压输电线路22条，总长273千米，配变以下低压线路644条，总长286.6千米，初步形成干支相连的供用电网络。

变电设施 70年代起至2012年，新城、龙河先后建成4座大型变电站（所），共设主变6台（组），总容量1185.5万千伏安。

龙河变电所 位于官胜村郭庄组，占地6667平方米。1976年建成投运，设主变2台，容量3600千伏安，35千伏进线2条，10千伏出线4条。1987年扩建，主变容量增至1.5万千伏安。供电范围除龙河全乡外，还包括邻近的新集、马集、曹山等部分地区。

城东变电所 位于三将村，占地5700平方米。国家投资1800万元，于2001年5月建成投运，设主变1台，容量4万千伏安。除向市区部分地区供电外，主要向新城镇区及三将、林果、冷红、郁桥等村供电。

新东变电站 又名仪征500KV变电站，位于桃坞村永庄组，占地3公顷。2010年筹建，2012年底竣工投运，设220千伏进线间隔4回，110千伏出线间隔6回，10千伏出线间隔10回。设有180兆伏安主变1台，配置30MVar并联电器2台，容量60万千伏安。接地变分别连接10千伏Ⅱ、Ⅲ段母线。同时连接新城镇10千伏主支线9条。供电范围覆盖新城镇工业园区，新北花苑及桃坞、林果、新北村等地，并向仪征中腹部区域、仪征汽车工业园、仪征经济开发区的110千伏电网输电。

图8-1 新东变电站（摄于2012年）

扬州西变电站 位于官胜村夏庄

组，占地7.5公顷。2012年6月建成投运，为扬州西部地区及南部沿江地区220千伏电网分层分区运行的重要枢纽工程，与新东变电站连接后，优化仪征电网结构，提高供电可靠性。该变电站设置1000万千伏安主变2组，220千伏出线间隔14回。

图8-2　农村电网改造（摄于2005年）

二、农村电网改造

1998年12月，根据国家统一部署，新城、龙河农电站分别筹备实施农村电网建设和改造工程，进行前期勘测线路，制订网改方案，同时成立由主管农电工作的副镇（乡）长、各村村委会主任、农电站长组成的网改领导小组。1999年11月，新城镇农村电网改造工程从新华村周庄开始施工。2000年4月，龙河乡撤销后，网改工作由新城镇农电站按原定方案统筹安排实施。至2002年8月，全镇总投资1317万元，完成新架10千伏输电线路94千米，380伏、220伏低压供电线路217.7千米，新增100千伏安~400千伏安变压器107台，总容量17560千伏安。同时安装一级漏电保护器198台，用电户安装末级漏电保护器1.92万台。农村电网建设和改造工程结束后，全镇所有电力杆线和配套设施更新，供电正常，电压稳定，安全可靠，供用电质量提高。

三、供用电

1959年年底，仪征电网开始向境内电灌站供电。60年代中后期，新城公社、龙河公社各生产大队、生产队自筹资金，用自制水泥杆、木杆从电灌站拉线搭电，开始使用电动机械进行粮食、饲料加工，部分农户接电照明。起初两公社用电量较少，年均约28万千瓦时。由于农村供电配变设施多设在电灌站，供电半径过大，且杆线又不符合要求，造成电压低而不稳，线损严重，供用电质量较差。70年代后期，随着社队工业发展，民用电普及，供用电设施逐步改善，用电量逐年增加。1986年，新城乡全年总用电量1103.9万千瓦时，其中工业用电748.6万千瓦时、农业用电166.8万千瓦时、居民生活用电188.1万千瓦时、其他用电0.4万千瓦时。龙河乡全年总用电量578.2万千瓦时，其中工业用电308.3万千瓦时、农业用电135.8万千瓦时、居民生活用电133.8万千瓦时、其他用电0.3万千瓦时。1999年，全面实施农村电网建设和改造以后，实现城乡供电一体化，用电管理信息化。2012年，全镇工业用电1231户，装接容量70.8万千伏安，居民用电户16251户。全年供用电总量18602.91万千瓦时，比1986年增长10.06倍。其中工业用电14882.32万千瓦时、农业用电558.08万千瓦时、居民生活用电1860.29万千瓦时、其他用电（包括路灯照明）1302.22万千瓦时，分别占总用电量的80%、3%、10%、7%。

四、管理机构

1961年，新城公社、龙河公社分别设立机电排灌管理站，各设站长1人，共有机电工18人，负责机电排灌和电力线路维护。1968年，组建成立公社农机水电管理站，与电灌站合署办公。1981年，成立新城公社、龙河公社农电管理站，共有电力管理人员9人，负责供电线路维护、用电设备管理及安全用电、计划用电、节约用电、收缴电费等工作，属乡镇和县供电局双重领导。2002年更名为新城供电所，属市电力公司直管。2007年，新城供电所被江苏省电力公司评为一流农村供电所。2012年，更名为仪征市三为电力公司新城业务所，有工作人员49人，分设运维班、营业班、抄表班等专业班组，管辖新城镇、十二圩办事处、仪征经济开发区、城市东区4个区域的电力运营。

第二节　邮　政

清代，新城设有递铺。民国2年（1913年），新城始设邮政代办所，旧港设有邮柜。民国18年（1929年），扬州人张宝泰在龙河集开办邮柜。新中国成立初期，新城设有邮电营业处，下设金家大桥、屠庄、黄泥港、龙河集、三茅集、刘集、高集7个邮政代办点。1956年，新城邮电支局成立，有工作人员3人，下设金家大桥、屠庄、旧港3个邮政代办点。同年，龙河邮电所成立，有工作人员2人，下设凌桥、三茅、张集3个邮政代办点。1958年12月，新城、龙河邮电支局所下放给人民公社经营，因管理混乱，1959年10月由县邮电局收回经营管理权。1987年，龙河邮电所升格为邮电支局。1998年9月邮电分设，分别成立新城邮政支局和龙河邮政支局，共有工作人员15人。2012年，新城邮政支局在各村设有苏邮惠民加盟店21家，承办邮政代办业务，进一步完善邮政运营网络。年末，新城邮政支局工作人员13人，支局长张有红。龙河邮政支局工作人员7人，支局长殷学伟。

一、邮路 投递

邮　路　清代，东路递铺线路由县前铺经新城、梁家湾、朴树湾、四十里铺到江都县冻青铺。光绪三十四年（1908年），有步班邮路达新城。民国时期至解放前夕，仪征步班邮路由县城经新城至龙河集、至朴席，单程总长19千米。

抗日战争和解放战争期间，淮南抗日根据地与南方党组织之间建有3条跨越长江的秘密地下邮路交通线，其中有两条路线经过新城、龙河，一条由镇江渡江到瓜洲，经乌塔沟、新集、龙河、新民集、月塘、樊集、汊涧抵达淮南抗日根据地，另一条路线由江南渡江经十二圩、新城、龙河、新民集、月塘进入根据地。在新城、龙河设有联络站，配有交通员，负责传递文书信件、护送人员。

民国37年（1948年）秋，仪征解放区与国民党统治区邮件，经协商定期在刘集交换，新城邮差孙家禄自备毛驴，从国统区出发，风雨无阻，往返于龙河集、新民集、高集、刘集、月塘、谢集、九里集、十二里岔、新城与徐家集之间转递邮件。

解放后，仪征邮局开辟东乡步班邮路，由仪征出东门经新城、梁家湾、朴席土桥、徐家集、八字桥、新集、金家大桥返回仪征，全程72千米，肩挑邮袋，晴通雨阻。1952年7月，改为自行车班。1953年，开辟仪征至龙河、凌家大桥、张集、盘古山、古井、刘集、三茅集自行车邮路，全程107千米。1971年，仪征至新城、金家大桥改为委办汽车邮路逐日班。1978年3月，新城实现自办汽车邮路。2003年，邮路调整为从仪征出发经新城、十二圩、朴席、新集、张集、刘集、龙河返回仪征，总长80千米。至2012年未变。

投　递　解放前，农村信件投递由乡信差送往各相关代办点，由代办点交投，捎传或挂牌领取，没有固定投递路线。解放后，步班邮路延伸至各乡，乡实行义务通讯员制度，邮件到乡后由其投送到各村，农村投递线路开始运行。1965年，步班隔日投递到大队，电报、挂号信、汇票直投到户。1968年改为自行车邮班，逐日投递到大队。新城有投递段道4条，长184千米。龙河有投递段道5条，长213千米。1978年，农村投递实行逐日班投递到生产队。1984年，延长投递线路，实现邮件逐日投递到户。新城投递段道5条，全长263千米。龙河投递段道5条，全长237千米。2000年，新城邮政支局农村投递实现摩托化，投递线路重新规划，共有投递段道6条，全程608.2千米。至2012年年底，投递段道线路未变。

图8-3　邮政投递到户　（摄于2009年）

二、邮政业务

解放初，新城和龙河邮政代办所、邮柜办理收寄平信、明信片、小包裹、零星印刷物，代售印花税票。随后开始承办个人和集体小额汇款业务和报刊征订业务。1956年，新城支局全年办理邮政业务量5528件，其中函件5008件、汇票188件、包裹332件。1973年，新城支局办理函件业务1.91万件、包裹378件、汇票1934件、报纸杂志1766件；龙河邮政所全年函件业务1.51万件、包裹264件、汇票1066件、报纸杂志742件。1986年，新增邮政储蓄业务（详见本志第十四章财税金融）。1988年，新城、龙河均开办集邮业务。1992年，增加报纸杂志和纪念邮票零售业务。2000年，开办邮政物流业，随后开通铁路、航空、公路配载业务，并增加特快专递，快递包裹服务项目。2003年以后，民营快递业“圆通”“申通”“顺丰”先后在新城镇开设分支机构，办理快递业务，形成竞争局面，为用户提供便捷服务。2012年，新城邮政支局办理信函进出业务109.94万件、包裹833件、汇票4469件、特快专递6.82万件、报纸杂志订销85.2万份，集邮1.47万枚，实现业务收入197.6万元。年末，从事邮政、快递业企业4家，从业人员29人。

第三节　电　信

一、有线电话

民国24年（1935年），仪征至新城镇、龙河集设有电话通话点，杆线总长11.6千米。解放后，农村电话事业发展较快，架设仪征至新城电话杆线5.14千米，设磁石交换机40门/1席。1954年，古都农业生产合作社率先开通电话。新城至古都1.45杆千米，线长2.9千米。1956年，新城至龙河新架2.5F中继线一对，总长6.5千米。1957年，新城、龙河乡始设电话交换总机，所辖26个农业社开通电话。人民公社化后，各生产大队陆续安装电话机，与有线广播共用杆线，广播时电话中断。1961年，新城支局有交换机60门/1席，安装有电话机33部，其中17个大队通电话；龙河邮电所有交换机40门/1席，装有电话机29部，其中20个大队通电话。1975年，新城公社装有电话机44部，龙河公社装有电话机38部。1978年，新城、龙河支局所相继扩容交换机至120门/2席和70门/2席，同时增设3路载波机各2部，通话质量提高。1982年，新城拥有电话用户87户，龙河66户，电话杆路长度总计61.41千米，其中集镇电缆皮长2.1千米。1988年年底，新城开通半自动拨号电话，仅供机关企事业单位使用，各村仍使用人工接线电路电话。1989年，铺设仪征至新城（市汽车制造厂）地下电缆4千米。1992年年底，新城、龙河支局所撤除农话人工台，淘汰磁石交换机，更换为数字程控交换机。进出线全部改为电缆，农话实现全自动化。随后，农话飞速发展，1995年，新城镇装有程控电话891部，其中居民住宅电话769部。龙河乡装有程控电话81部。1998年，新城镇程控交换机扩容为5000门，安装程控电话2342部，其中居民住宅电话2121部，普及率为22部/百户，建成电话小康镇；龙河乡装有程控电话141部，其中居民住宅电话83部，当年还有7个村未通电话。2001年3月，市话营业区域覆盖农村，农话资费，实行城乡同价，资费由原来的0.9元/分钟下降到0.2元/分钟。程控电话进入快速发展时期。2002年，新城电信支局程控交换机扩容至1.2万门，拥有固定电话用户1.1万多户。2012年，全镇有固定电话用户9728户，其中居民住宅电话8875户，杆路长度675千米，电缆皮长998千米，光缆皮长975千米。

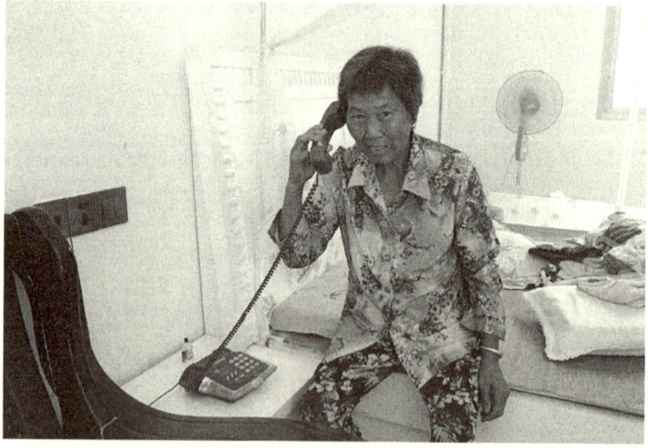

图8-4　用户接通电话　（摄于2000年）

二、无线寻呼　移动电话

无线寻呼　1990年，仪征始建无线寻呼（BP机）基站，新城、龙河开办无线寻呼业务。

1995年扩容，新城增设频点。1996年，新城镇BP机用户869人，龙河乡218人。2000年，全镇用户1500人。随着手机普及使用，使用BP机的用户逐年减少。2004年，新城无线寻呼网关闭退市。

移动电话　1992年，仪征始建移动通信基站，境内仅有少数人使用“大哥大”手持机。1998年，新城、龙河先后建GSM数字移动电话基站，手机用户迅速增至1000人。2000年，全镇移动电话用户有2800多人。2001年12月，模拟移动电话网关闭，实现GSM数字网全覆盖，通话质量和安全性大幅度提高，移动电话用户猛增。2002年，用户5828人。2003年，电信无线电话“小灵通”在境内开通，翌年用户2300多人。2004年，仪征移动通信公司在新城镇设立局点。2006年，铁通、网通公司在新城镇发展业务，后相继关闭。2007年，移动电话由双向收费改为单向收费，手机用户迅速普及。当年，市联通通信公司在新城设立营业网点。2008年9月，电信开通3G天翼网，发展天翼3G通信用户3000多人。年末全镇有移动电话用户1.83万人。2012年年底，新城地区使用移动电话用户约有3.1万人，其中，移动通信用户2万多人，联通通信用户5000多人，电信天翼用户6000多人。

三、电报　传真

60年代，新城、龙河支局所先后开办电报业务，话务员用固定电话与县局电报房传递接收电报，业务量较少。1981年，新城、龙河共发出电报1350封，接收电报1055封。1989年，新城支局开办传真电报业务，全年收发传真电报7500多封。90年代后，随着固定电话和手机的普及使用，传真电报业务量下降。1996年，新城镇、龙河乡政府分别安装传真机，与仪征市委机要室连接，接收上级通知和文件。2004年，停办电报业务。2005年，全镇机关企事业单位及商户有传真机285台。2012年，新城镇有传真机用户约650户。

四、互联网

1996年，仪征开通电信互联网。1997年，新城镇、龙河乡有互联网端口6个。2002年完成新城镇ADSL（宽带网）建设，端口扩容至149个，同时启动“政府、企业、家庭”信息化三大工程。2003年，全镇有互联网用户203户。2008年，实现村村通宽带，网络进农家。年末，有互联网用户2680户。2012年，全镇有电信互联网用户4300户，移动互联网1000多户，农村居民使用互联网普及率为26户/百户。

五、信息化建设

政务信息化建设　2005年6月建成“仪征新城”政府门户网站，开设“新城要闻”“部门动态”“政务公开”“公示公告”“信息共享”等栏目，同时实现电子公文流转程序收发“一站通”和办公OA系统应用。2006年，设“镇长信箱”窗口，作为与群众沟通的渠道之一，接收群众建议和来信30多条，得到有效处理21条。2012年，通过政府网站发布各类信息461条，其中新城要闻218条，部门动态128条，其他信息115条。

农业信息化应用 2000年，新城镇加入“仪征农业信息网”站，推进农业信息化建设。2005年，镇农技站连接仪征市测土配方施肥查询系统和耕地地力信息系统，为农民提供网上咨询，种植田块的配方肥料资料及施用方案信息。通过仪征农业网站，农民可获悉农业科技、农作物品种供求、农产品销售、病虫草害预报、新技术推广等信息。2008年，坡山秀峰牌茶叶，新北“绿篱”蔬菜及有关农业生态园种植的水果、苗木上网发布销售信息100多条，成交40多宗。2012年，全镇发布农业信息400多条。

企业信息化与电子商务 2005年，润扬机械有限公司首先运用互联网，进行产品技改研发。随后，华美包装厂、飞虹特种钢桥有限公司等企业使用互联网，应用CAD（软件）系统，对生产、科研、财务管理、市场营销等方面进行现代化管理。2012年，全镇企业信息化与商务电子化率均达95%以上，步入信息化时代。

教育信息化应用 2004年，新城镇中小学建成校园网6个，网络教室6个，多媒体电化教室8个，电子备课室7个。全镇中小学校通过宽带接入扬州市教育局域网，完成“校校通”工程，并运用信息化技术改进教学方法，推进教育现代化。2012年，继续扩大教育互联互通范围，信息化教育水平提高。全镇中小学校（包括成人教育中心）拥有教学电脑473台，建有校园网3个，电教室4个，电子备课室4个，教师拥有电脑率100%。

图8–5 新城中心小学网络教室
（摄于2012年）

第九章　水　利

新城水利建设有着悠久的历史，东汉时在境内兴建的陈公塘，被列为古代名塘载入中国水利史册，东晋时建筑的欧阳埭（坝），是邗沟通往长江的重要运口。唐宋以后，境内有真扬运河、龙河、石桥河、沙河、梅家沟等七八条大河沟。明清时期修建銮江桥、高桥、平江桥以及卧虎闸等水利设施，通舟行航，灌溉农田。清代后期至民国时期，水利设施长期失修，日渐损毁。至解放前，圩区堤防低矮、河道淤浅，涵闸破损、水旱灾害频发。

解放后，党和政府重视水利建设。50年代，圩区分框隔圩，整修河渠，山区治冲筑坝，平田整地。60年代至70年代，修建电力排灌站83座，山区平整土地、修筑梯田，圩区实现农田方整化。80年代至90年代，开挖疏浚河道16条。建筑小型水利工程2380多座，开展马坝冲小流域治理，改造中低产田946.6公顷。2000年后，开展农村改水、供水工程，自来水普及率达98.8%。2006年后，大规模整理土地1000多公顷。2009年起，全镇开展创建全国环境优美乡镇活动，先后清理主干河流及主要排灌沟渠38条，长77.4千米，实现河道通畅、河坡整洁、河面无漂浮物，并将3条水利河道改造成景观河道。2010年，全镇开展创建国家生态镇活动，整治污水排放，修复水环境。至2012年，全镇水利生态进一步优化，水利成为改善生态、建设优美家园重要组成部分。

第一节　河道整治

新城镇的河道，有自然河道和人工河道两种。龙河上游为山溪汇流自然形成，下游河道（官塘庵以南）于东汉末期人工开挖而成。仪扬河、石桥河、梅家沟、珠金沙河、仪泗河都是历史上人工开凿成河。这些河道为下泄山水引灌农田，舟楫航运发挥重要作用。历史上也多次进行过治理，但年深日久，多数河道曲窄淤浅，堤防低矮，遇旱河床干涸，遇洪水泛滥成灾，民国时期尤为严重。解放后，政府着力于老河道整治。60年代，组织开挖沿山河、烟袋山引水河。1971~1972年，疏浚仪扬河、龙河。1973~1985年，先后治理梅家沟、马坝冲、丁冲中心河等河道。2003~2012年，持续进行河道疏浚和清淤，提高河道泄洪、排灌能力。2012年，全镇有河道20条，其中主干河道7条。

一、干　河

仪扬河　东起扬州湾头，西至泗源沟入江，长26千米。境内段东起带子沟，西至泗源沟，长8.4千米，流域面积19平方千米。仪扬河于东晋永和年间（345~356年）人工开挖而成，为古邗沟的入江水道，隋时与南北大运河连通，宋代称真扬运河，明清时期叫仪真运河，民国时称古运河，1958年改称仪扬河。仪扬河通江达淮，为历代纲运枢纽，常浚常修，自宋至清较大规模整治即有67次。清末失浚，民国时期淤塞严重，河口宽度30米，冬春时有浅涸。解放后，先后多次进行疏浚整治。1952年3月，新城民工3400人疏浚新城至仪征东门段，浚土6万立方米。1971年11月20日至1972年1月11日，新城公社，龙河公社组织近万名劳力参加仪扬河全线整治，拓宽浚深，切弯顺直。新城镇以东河底宽10米，以西河底宽10~15米渐变，河口宽50米，堤顶高程因地势原因7.5~9米不等，宽4~6米，常年水位高程4.5米，通航能力300吨位，排水能力450立方米/秒，担负着境内4780公顷的农田灌溉和3000公顷的农田排水任务。2012年，省水利厅投入资金3200万元，自泗源沟闸至卧虎闸西，长4千米，建混凝土挡土墙，避免河道青坎坍塌。境内有龙河、张姬沟、唐家沟、巫家沟、梅家沟、严家沟（郁桥中心河）、石桥河等流入仪扬河。

龙　河　始为东汉建安初年（1997~1999年）修筑的陈公塘下游泄洪排水河道。成河于唐贞观年间（627~649年），始名怀子河、泰子沟。唐以后多次修疏，引陈公塘水济运、灌溉。陈公塘湮废后向北为山溪汇流自然形成的上游河道。整条河道长期失浚，弯曲淤塞，每遇山洪暴发，圩区破堤成灾。解放后，县水利部门先后进行8次整治。1952年11月至1953年3月，投资12.6万元，动员民工2000多人，对带子沟至潘庄段浚深培堤，完成土方46.9万立方米。1968年冬，拓宽浚深官塘庵至宜家湾段。1972年12月27日至1973年1月18日，投资36万元，新城、龙河、朴席等7个公社组织4万多名劳力，整治带子沟至官塘庵段，长9.3千米，河底宽6~10米。沿山河口至官塘庵、金家大桥至大兴电灌站、龙窝至黄庄段裁弯取直，挖压耕地59.73公顷，拆迁房屋168间。共完成土方139万立方米，石方1600立方米。经整治，源头北移至江淮分水岭南侧的西高营，全长34.6千米，定名为龙河。境内段自北向南流经三茅村、官胜村、凌桥村、林果村、新北村、桃坞村与仪扬河汇流，长12.08千米，是仪扬河最大的支流。由于河道设计标准低，险工患段较多，1988年底，金桥村组织劳力300多人，加固金桥村龙窝段200米险段，迎水坡砌块石，背水坡填塘固基，加做5米戗台，完成土

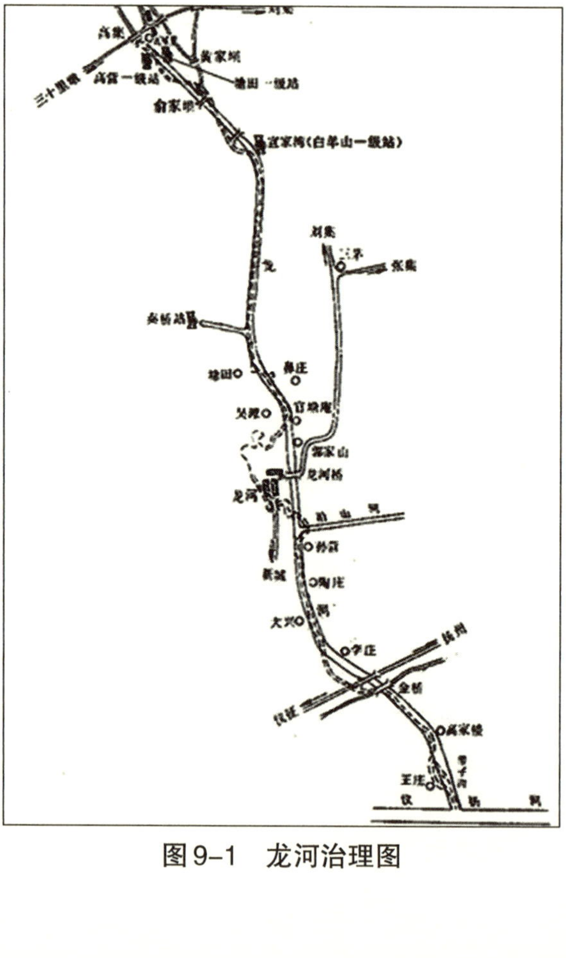

图9-1　龙河治理图

方460立方米。1992年，市政府投资7.7万元，浆砌龙河中学段块石护坡150米、新城大兴段100米。2004年2月至2005年7月，市水利局投资120万元运用挖泥船进行河道清淤，复垦带子沟至林果段废河道2公顷，共完成土方42万立方米。

沿山河 新中国成立后人工开挖而成。东起新城镇牌楼脚，西至胥浦潘家河，横贯丘陵地区边沿，将丘陵山区与圩区平原分开，截洪归槽。境内段河道总长11.7千米。1959年冬至1960年春，投资5万元开挖龙河至牛角山河段，长4.2千米，完成土方53万立方米。1975年11月至1977年7月，开挖烟袋山至石桥河段，长7.5千米，挖土方25.2万立方米，河底高程6~7米，底宽3~4米，南堤高程9~10米，顶宽2~4米。2010年，因汽车工业园建设需要，沿山河自梅家沟向西至三将汪庄段填废。2011年下半年，梅家沟向东至新龙公路河段填废，向北移20~30米按原标准开挖新河。

梅家沟 始筑于明代，源于马集朱洼水库。境内段北连马坝冲河，与沿山河贯通，南入仪扬河，沿山河以南为干流，长2.3千米，是境内排灌骨干河道。1976年春，新城公社投资2.5万元进行整治，河底高程2米，河底宽5米，堤顶高程8~8.5米，挖土方20万立方米。2005~2006年2月，投资40万元，全线疏浚，完成土方13.91万立方米。

石桥河 宋时开挖，源于耿庄水库。全长9千米，境内段长1.2千米，是新城镇与真州镇的界河。1959年冬扩浚，河底高程1米，底宽4米，河坡1∶3，堤顶高程7~7.5米。2003年，新城镇、真州镇联合疏浚下游河道3.7千米，完成土方16.3万立方米。2006年进行综治工程，新建护岸7千多米，浆砌块石挡土墙5千多米，堤岸护坡植香樟，青坎边栽垂柳、种绿草，是新城西部的一条景观河。

沙 河 元泰定元年（1324年）十月开挖，北起卧虎闸与仪扬河相连，南至旧港入江，始名珠金沙河，境内段长2.7千米。明景泰五年（1454年）重浚，易名新坝河。明末清初，旧港涨滩折向东南由黄泥港入江，清末，黄泥港阻断后又折向西从仪泗河入江，1955年春，全线疏浚培堤8.8千米，浚土8.5万立方米。1973年水系调整前，一般将卧虎闸至沙河闸段称为沙河。自旧港向东南入江段称盐河。1983年沙河闸被封堵，沙河成为圩区排涝河。1974年冬，投资8万元，拓浚卧虎闸至旧港段，河底高程0.5米，底宽5~6米，完成土方20万立方米。2000年后，沙河、盐河统称新圩河。

仪泗河 东起旧港，西至十二圩办事处红旗村，是新城与十二圩办事处的界河。境内段长2.4千米。清末曾通江，后河口涨滩淤塞，成为圩内排灌河。1978年10月，新城公社组织6000多名劳力疏浚，河底宽2米、高程2米，堤顶高8米。2010年，市水利局投资109万元进行全线整治，向西开挖新河580米，河底宽12米，河口宽39米，完

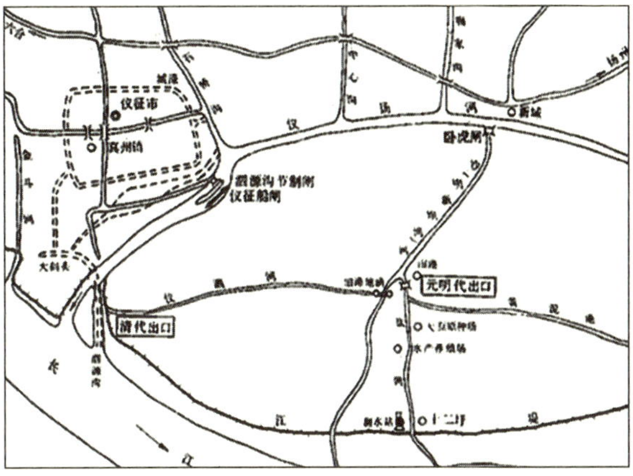

图9-2 仪扬河仪征（新城）出江口示意图
（载于1987年《仪征市水利志》）

成土方22.2万立方米。

二、支 河

马坝河 源于马集镇朱汪水库，历史上由溪流汇合自然形成冲坝河，流域面积17.5平方千米，境内北自马坝百一组，南至沿山河与梅家沟交汇，长5千米。1979年11月整治，小弯取直，大弯顺势，完成土方20万立方米。2000年，疏浚土方8.1万立方米，修筑滚水坝6座。

丁冲中心河 自然冲坝河，北自周营村天王水库，经天王中心河向南流入干流后拐弯向东入龙河，流经周营村、马坝村、丁冲村，全长4.5千米。1973年整治天王中心河。1985年，全线治理，龙河乡4000多名劳力浚土13万立方米，建水坝9座。

烟袋山引水河 1963年10月修建烟袋山电灌站，由龙河向西开挖0.8千米，作为电灌站引水河道。1974年拓浚，河底高程3米，底宽3.5米，完成土方3.5万立方米。

张姬沟 位于桃坞村中部，北起仪扬公路，向南流入仪扬河，长2.3千米，历史上为自然水沟，因下游地势低洼，十年九淹。当地群众传说清末由张姓二姐捐款疏浚，故名张姬沟。1976年9月，金桥大队、桃坞大队组织800多名劳力拓浚，裁弯取直，沟底高程2.5米，底宽1米，堤顶高7米，浚土1.8万立方米。

唐家沟 北起新北村后双元组向南经桃坞村流入仪扬河，全长2.2千米。1958年疏浚，1980年拓宽。因河道淤浅堤矮，1989年11月，桃坞村组织500多名劳力清淤筑堤，新北村负责开挖延伸至后双元组，河底高程2米，底宽2米，堤顶高程7米，坡比1：1.5，共完成土方2.2万立方米。

巫家沟 北起新龙公路，南至仪扬河，长1.6千米。1976年疏浚。1989年11月新华村组织劳力清淤0.8万立方米。2010年，镇政府投资172万元，对南段河床进行整治，砌块石挡土墙750米，浆砌石方825立方米，堤坡遍植花草树木，成为镇区的一道景观河。

郁桥中心沟（严家沟） 自然形成，北起三将电灌站，向南流入仪扬河，长1.4千米，是三将村与郁桥村的界河。1958年10月兴建三将机灌站，拓宽疏浚为机灌站引水河道。1991年11月至1992年3月，郁桥村和三将村联合疏浚培堤，完成土方2.6万立方米。

三元沟 北起仪扬公路，南入仪扬河，长1.5千米，是新城镇三将村与真州镇五一村的界沟。1954年疏浚，1984年10月整治。2011年4月，市水务局投资38.6万元，对三元沟进行全面整治，挖土方6.66万立方米，配套地涵贯穿仪征解放东路。

图9-3 余营河（摄于2010年）

余营河 历史上为自然河沟，北自汽车工业园4号路，南入仪扬河，长1.8千米，是汽车工业园排涝河道。原河道弯道扭曲，宽窄不一，70年代进行全线整治，裁弯取直，河口宽9米，底宽6米。2008年，汽车工业园投资220万元，对荣威大道北段砌筑块石护坡1100米。2010年，砌筑南段块石挡土墙700米。

幸福河 位于三茅村境内，北起夏营大塘，南经小营坝桥向西流入龙河，长2千米。1980年整治，完成土方3.2万立方米。2012年，结合土地整理，清淤0.9万立方米。

朱庄河 源自东梁水库，经官胜村向南流入新集小龙涧，境内段长2.1千米。1983年疏浚，完成土方2.1万立方米。

永三中心河·先锋河 北起刘集镇白羊村，南至幸福河交汇，北段称永三中心河，南段叫先锋河，向南流入龙河，两段共长2.6千米。1978年治理，挖土方2.1万立方米。

大王中心河·夏营河·沙田河 源自姚墩水库，经官胜村大王中心河由北向南流入凌桥村夏营河，后分别向西经柳沟流入龙河，向南经沙田河流入龙河。全长5.6千米。历史上为自然冲涧，弯道扭曲，水患频繁。1958年建姚墩水库时，先后治理上述冲河。1978~1979年，龙河公社组织水利专业队400多人，对全流域进行整治，裁弯取直，挖土方11.5万立方米，建坝修闸，完成水利配套工程。

第二节 水库 塘 坝 井

塘、坝、水库是丘陵地区历史悠久的水利设施，先民早在秦汉时期就兴水利、筑山塘、垒冲坝、蓄水滞洪、灌溉农田，并为人畜饮用提供水源。东汉时兴建的陈公塘（官塘庵北）蓄水面积达666.6多公顷。解放前，老塘旧坝失修，常遭山洪冲毁，灾害频发。解放后，政府着力塘、坝、水库建设，1958~1980年，龙河公社先后建小型水库4座，挖水塘82口，修水坝19座。1990年后，持续扩浚开挖当家塘，治理冲坝。至2012年，全镇有编内小型水库1座，编外小型水库3座，水塘2352口，滚水坝26座，农灌井3口，蓄水容量1000万~1200万立方米。

一、水 库

东梁水库 为小(二)型编内水库，位于三茅村王庄组，1959年建成使用。2010年2月由市水务局组织实施除险加固，集水面积2.4平方千米，大坝长390米，坝顶高程19.9米，顶宽11米。校核蓄水位17.32米，总库容30.9万立方米，兴利库容7万立方米，可灌溉面积80多公顷。溢洪道为钢筋混凝土结构，堰顶高程14.3米，高1米，宽1.5米，最大泄洪量4立方米/秒。

图9-4 东梁水库 （摄于2011年）

姚墩水库 为小(二)型编外水库，

位于官胜村胜利组，1958年兴建。1980年、1988年总投资1.2万元，分别进行加固整治，开挖土方3.1万立方米，石方50立方米，汇水面积1.6平方千米。水库坝长200米，坝顶高程18米，顶宽4米，涵洞直径80厘米，库容量15万立方米。灌溉面积53.33多公顷，其中自流灌溉6.67多公顷。

天王水库 为小（二）型编外水库，位于周营村上王组，1976年11月建成。库坝长300米，顶高程28米，顶宽6米，集水面积3.8平方千米，库容量20万立方米，兴利库容5万立方米，溢洪道堰顶高程25米，底宽6米，高3米，泄洪量6立方米/秒，实际灌溉面积26.67多公顷。

朱山水库 位于马坝村朱山组，1975年建成使用。大坝高程23米，长250米，坝顶宽5米，堤坡1：3，筑土方4.1万立方米，库容量20万立方米，兴利库容量10万立方米，实际灌溉面积20多公顷。

二、水 塘

按其位置不同有岗塘、塝塘，燕窝塘、水囤、庄基塘等类型，构造简便，容量很小，遇到山洪易被冲坍，干旱又易枯竭。汉代建成使用的陈公塘是新城也是仪征历史上最早由人工建造的大型水利工程，列古代“扬州五塘”之首。1949年，境内丘陵山区有大小水塘2000余口，蓄水容量约有300万立方米。解放后，龙河地区农民浚深老塘、开挖新塘是冬春农田水利建设的重要任务。1954~1957年，龙河地区农业合作社组织浚挖水塘314口。1958~1960年“大跃进”热潮中，官胜、凌西、丁冲、周营等大队开挖新塘82口，浚深老塘232口。据1960年龙河公社水利部门统计，全公社共有大小水塘2864口，面积225.1公顷，可蓄水480万立方米。1961年后持续不断扩浚水塘。1983年后，农民为节约灌溉水费，逐渐兴建当家塘（规定塘口面积在0.53公顷以上、蓄水2万立方米以上）。至1998年，结合小流域治理及土地整理，经过村民一事一议和村委会规划组织，政府给予资金补助，农民出工出力，因地制宜开挖扩浚当家塘46口。2006~2007年，官胜村、凌桥村大规模土地整理时，填废塘、挖新塘，共建设水塘110口，其中当家塘29口。2012年，全镇有水塘2352口，其中当家塘75口，蓄水560万立方米，可灌溉周边农田6~10公顷。水塘与小电灌配套，成为丘陵地区提蓄并举的水利体系。

陈公塘 东汉建安初年，广陵太守陈登（字元龙）为发展农业灌溉所筑。塘堤位于今龙河集北官塘庵，长890丈（折合2964米）。塘身延展到白羊山下，东西北三面依山为岸，周长百里，受汇三十六汊，引蓄山水。建有斗门、石跶各一座，灌溉周围大量农田，时人称颂“新塘千步，膏流泽注，长我禾黍，公为召父”。百姓对陈登爱而敬之，故名陈公塘，又名爱敬陂。唐贞元四年（788年），淮南节度使杜亚增筑塘堤，建斗门，引塘水补运河，以利通航。宋大中祥符年间（1008~1016年）修陈公塘斗门、石哒，引水济运。熙宁九年（1076年），宣和、靖康年间分别修筑塘堤、斗门、石哒。绍兴四年（1134年）高宗令守臣拆毁塘堤，无水入运河，以防金兵舟船南进。淳熙九年（1182年）淮南漕臣钱冲之修筑塘岸。开禧三年（1207年），总辖唐璟率部决塘堤，大水浸漫仪真东北，金兵惊而退却。嘉定十四年（1221年），州守吴机

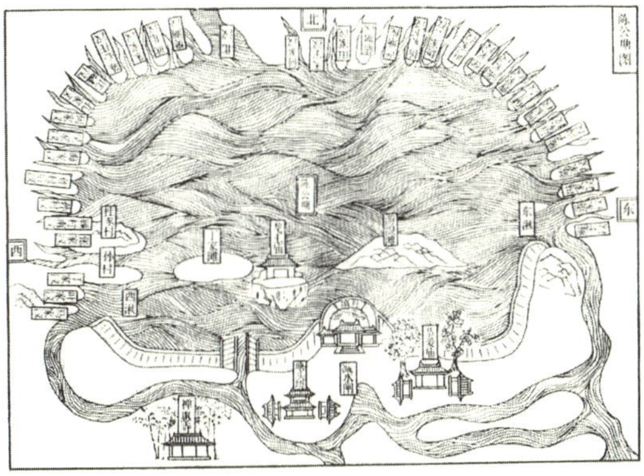

图9-5 宋·陈公塘图 （载于清《仪征县志》）

修复塘堤二百余丈（约合666米），凿渠二十里（约合10千米），导塘水达真州城壕。明洪武八年（1375年）、永乐二年（1404年），永乐十五年（1417年）及宣德、成化、正德年间屡加修浚，以利灌溉和济运。清嘉靖三十年（1551年），将军仇鸾占塘废制，次年全部改为农田，租给百姓，官府收缴田租。管工高守一拆斗门、石趾等石料运瓜州筑城，至此，陈公塘湮废。清雍正初年曾议复陈公塘，经查勘，工程耗资颇巨，终未复塘。

庙西大塘 位于马坝村庙西组，建于1995年。市水利局投资1.5万元，挖土3.8万立方米，塘深4米，面积2.13公顷，可蓄水8.3万立方米，灌溉农田20多公顷。同时植树养鱼，综合开发。

图9-6 庙西大塘 （摄于1997年）

夏东大塘 位于丁冲村夏东组，建于2004年。当年群众出工，部分农户投钱，扩浚面积2.07公顷，深4米，可蓄水8万立方米，灌溉面积近20公顷。

表9-1 2012年新城镇当家塘统计表 单位：口

所在村	水塘名称	合计
三茅村	赵庄水塘 朱庄水塘 团结水塘 人一水塘 人二水塘 人三水塘 人四水塘 上营水塘 夏营水塘 永一水塘 永三水塘 丁庄水塘 北梁水塘 三茅水塘 和平水塘 肖庄水塘	16
官胜村	徐庄水塘（2口） 刘庄水塘 李山水塘 大王水塘 夏庄水塘 南头水塘	7
凌桥村	南庄水塘 团结水塘 东营水塘 对过水塘 姜庄水塘 孔庄水塘 友四水塘 后朱水塘 山头水塘 胡灯水塘 洪庄水塘 赵庄水塘 陆庄水塘 潘四水塘 友三水塘 友一水塘 前朱水塘 小任水塘 张东水塘 张四水塘（3口）	22
周营村	潘庄水塘（2口） 周营水塘 金莲水塘 高庄水塘 二队水塘	5
丁冲村	山东水塘（2口） 山西水塘 北沙田水塘 王一水塘 赵一水塘（2口） 赵二水塘 长塘水塘 夏东水塘 夏西水塘 红旗水塘	13
马坝村	顾周水塘 庞营水塘 田营水塘 马上水塘 刘二水塘 庙西水塘 夏东水塘	7
林果村	韩塘水塘 张塘水塘 贾营水塘 大圩水塘 长沟水塘	5

三、水 坝

东晋永和年间，境内最早的水工建筑物——欧阳埭，位于新城三条埂附近，处于长江和古邗沟交汇处。埭即拦水的坝，除拦水外，还有过船通航的功能。

丘陵山区自有先民垦殖以来，在冲涧上选择合适地址，垒土筑坝，蓄水灌溉，但遇山洪，溢坝漫冲，时常溃坍，常倒常垒，费时费工。解放后，易土为石，建造石坝，牢固耐用，有的石坝建有闸门，余水溢，洪水泄，蓄泄两全，一冲多坝，逐级蓄泄。1953年，在龙河官塘庵河段建造官塘坝，因泄洪断面过小，滞洪阻水，当年即被洪水冲垮，1972年拆除。1969年，在马坝冲建带有闸门的滚水坝，坝长22米，坝顶宽5.4米，水位9.5米。至80年代，先后在三茅秦南、官胜徐庄、凌西沙田、三官臧西、丁冲、林场祝庄等冲涧上修建石坝19座。2003~2012年，结合农田水利建设，先后拆除旧坝新建滚水坝33座。至2012年年底，全镇有滚水坝26座。

表9-2

2012年新城镇滚水坝分布情况表

单位：座

河流	滚水坝名称	数量
马坝河	庞营坝　王西坝　夏西坝　河坝　臧西坝　百姓坝	6
丁冲中心河	丁冲大坝　前营坝　张庄坝　山西坝　红旗坝　一队坝　高庄坝　金莲坝　下王坝	9
幸福河	后组坝　小营坝　和平坝　秦北坝　夏营坝	5
先锋河	先锋坝	1
朱庄河	朱庄坝　徐庄坝	2
沙田河	沙田坝	1
沿山河	林果和平坝　三将朱庄坝	2

说明：①分布在各条冲河上的滚水坝自下游向上游排列

②除丁冲中心河红旗坝、林果和平坝外，其余水坝均以坝带桥，亦称坝桥

四、水 井

地处偏远或地势较高的丘陵岗地水源往往紧缺，遇旱年，塘坝常干涸。1987~1988年，龙河乡三官村百姓组，余营组先后凿井各1口，井深76米。每口井装机15千瓦，出水量50吨/小时，灌溉农田5.34公顷左右。1996年，马坝村王庄组打井1口，井深68米，用于灌溉。这些地区的水源紧缺问题得到缓解。1997年，周营村筹集25万元，在顾庄开凿深75米的水井1口，供应近30个村民小组的村民饮用水和6.67公顷农田灌溉。由于井灌成本低于电灌水费，受到农民欢迎。2000年以后，国家保护地下水资源，水利部门不再批准新凿农灌井。至2012年，全镇仅有农灌机井3口。

第三节 桥梁 涵闸

一、桥 梁

明洪武年间，邑人单安仁建銮江桥（新城大桥），横跨仪真运河南北。清嘉庆七年（1802年），批验大使倪汝炜倡捐重修跨泰子沟（今龙河）金家大桥。

民国时期，水利桥梁较少，行人交通不便，咫尺之间要绕行数里，一些要道处的桥梁也很简陋，多为木桥，年久失修，成为危桥。解放后，随着水利建设的蓬勃兴起，在改造河网、治理河道和冲坝过程中，兴建一批桥梁，方便群众生产、生活。同时也为农村发展交通运输业创造基本条件。1971年疏浚仪扬河时，翻建新城大桥，2007年又拓建。1973年春，龙河扩浚时，新建龙河大桥。1980年、1987年扩建仪扬公路和修建宁通一级公路时新建2座跨龙河金家大桥，老桥弃用。2003~2012年，结合农田水利建设，市水务局投入资金468万元，修建和新建小型农桥和机耕桥51座。至2012年，境内7条干河上建有桥梁21座，其中铁路桥1座，公路桥11座，机耕桥9座。此外，另有小型农桥、机耕桥、坝桥140座。

图9-7　农桥（摄于2011年）

2003~2012年新城镇新建农桥统计表

表9-3

建成年份	农桥名称、地址	数量（座）	投入资金（万元）
2003	周营村金莲桥　马坝村下庄桥	2	12
2004	马坝村金二桥	1	4
2005	桃坞村张姬沟桥　新北村方庄桥　凌桥村沙田桥	3	32
2006	冷红村董庄桥　冷红村娄庄桥　新华村黄庄桥　马坝村王西桥　凌桥村小任桥	5	30
2007	林果村新沟桥　冷红村候马桥　丁冲村张庄坝桥　周营村夏王坝桥　凌桥村柳沟桥	5	42
2008	周营村小基营桥　新北村章庄桥　三茅村中组桥　三茅村后组坝桥　林果村北山桥	5	47
2009	丁冲村前营坝桥　马坝村王东桥　周营村河西坝桥　凌桥村先进桥　林果村和平桥　林果村长沟桥　桃坞村孔庄桥	7	63
2010	三茅村秦北坝桥　三茅村小营坝桥　凌桥村曹山桥　凌桥村下郭庄桥　丁冲村红旗桥　马坝村百姓坝桥　林果村王庄桥　林果村朱庄桥　林果村金庄桥	9	84
2011	马坝村河坝桥　三茅村下营一桥　周营村一队坝桥　林果村龙河桥　桃坞村元庄桥　凌桥村郭庄桥	6	76
2012	凌桥村陈庄桥　凌桥村赵庄桥　凌桥村姜庄桥　官胜村李山桥　官胜村徐庄坝桥　官胜村先锋桥　桃坞村小于桥　桃坞村联盟桥	8	78
合计		51	468

二、涵 闸

唐时陈公塘建有斗门，可蓄水灌溉，引水济运。明代于仪真运河南堤建卧虎闸。民国时期，干河上建有20多座涵闸，多为木结构，木插门，病漏较多，汛时封堵，使用不便，常被泥沙埋没毁坏。解放后，随着水利工程的建设发展，各种涵闸也相应配套建成，主要河道和排灌支干渠上基本都有涵闸控制。2012年，境内有中型闸（泵站）2座、小型涵闸57座。

卧虎闸　位于沙河与仪扬河交汇处，明嘉靖十四年（1535年）建，俗名饿虎闸。崇祯七年（1634年）重建，双门槽，木叠梁门，条石垒砌，结构牢固，绞关启闭，具有引排水和过船的功能，并配有闸房、闸夫，且有闸田，以田租支付正常的管理费用，直至解放前还在使用。解放后数次修葺，1971年配置闸门和启闭机。1974年扩建东孔，净宽4.5米，闸底高程1米，上下扉钢筋混凝土闸门，配置3台8吨螺杆启闭机，下扉门2台同步运转，两孔设计流量50立方米/秒，投资4万元。1991年仪扬河水位高涨时，东孔闸门出现险情，汛后更换为平面钢闸门。该闸系十二圩翻水站配套工程，具有挡洪、分洪、输水功能。

旧港地涵　位于仪泗河与沙河交汇处，建于1974年4月。国家投资8.5万元，地涵长80米，孔径1.8米，拱形，底高程1米，设计流量8立方米/秒。钢筋混凝土平面闸门，配有8吨螺杆启闭机。

三元沟闸　位于仪扬河北堤三将村原砖桥组，1990年10月投资1万元建造。单孔宽1米，高1.4米，设计流量1立方米/秒，钢筋混凝土闸门，配5吨螺杆启闭机。2011年2月，市水务局投资2500万元拆除重建，设160千瓦立式轴流泵6台，单泵口直径0.9米，合计流量13.8立方米/秒，建筑面积包括站房等附属设施590平方米，2012年11月竣工，担负着滨江新城东区汛期排涝。

图9-8　卧虎闸　（摄于1998年）

郁桥中心沟（严家沟）闸　位于仪扬河北堤，建于1989年10月。闸孔净宽1.4米，闸底高程2.5米，设计流量1.5立方米/秒，配置闸门和启闭机。2012年，市水务局纳入拆除重建规划，概算投资1000万元，计划翌年新建泵站，设计流量12立方米/秒，总装机容量4台套740千瓦，为市汽车工业园、城市东区和周边地区汛期排涝提供保障。

图9-9　三元沟闸　（摄于2012年）

2012年新城镇部分涵闸分布情况表

表9-4

所在河道	所处位置	涵闸名称	所在村、街道	建成时间	结构类型	工程规模				闸门		流量（立方米/秒）	功能
						孔数	闸孔净宽（米）	闸孔净高（米）	闸底高程（米）	结构形式	材质		
龙河	西岸	龙河中学涵	丁冲村	1987.04	方涵	1	0.80	0.60	5.50	—	—	0.40	排水
	西岸	大桥北涵	龙河街道	1987.04	方涵	1	0.80	0.70	6.20	—	—	0.50	排水
	西岸	农机涵	龙河街道	1987.05	圆涵	1	0.40	0.40	10.80	—	—	0.20	排水
	西岸	河南涵	丁冲村	2001.04	圆涵	1	0.40	0.40	4.70	—	—	0.12	引排
	西岸	大兴电站涵	林果村	1978.09	拱涵	1	0.80	1.20	2.00	一字	混凝土	0.80	引水
	西岸	张庄涵	林果村	1978.09	圆涵	1	0.30	0.30	4.00	一字	混凝土	0.10	排水
	西岸	吴庄涵	林果村	1979.09	圆涵	1	1.00	1.00	4.00	一字	混凝土	0.80	排水
	西岸	大刘涵	林果村	1978.09	拱涵	1	0.80	1.00	4.00	一字	混凝土	0.70	排水
	西岸	金圩涵	林果村	1978.09	圆涵	1	1.00	1.00	4.00	一字	混凝土	0.80	排水
	西岸	老龙河涵	新北村	1978.10	拱涵	1	1.20	1.40	2.50	一字	混凝土	0.80	引排
	西岸	曹庄涵	桃坞村	1978.05	拱涵	1	0.80	1.00	1.55	一字	混凝土	0.70	引排
	西岸	蔡庄涵	桃坞村	1980.05	圆涵	1	1.00	1.00	3.00	一字	混凝土	0.80	引排
	西岸	小营涵	桃坞村	1978.10	拱涵	1	0.80	1.00	2.50	一字	混凝土	0.70	引排
	西岸	七一涵	桃坞村	1978.10	圆涵	1	0.60	0.60	4.50	一字	混凝土	0.30	排水
仪扬河	南岸	侯马一涵	冷红村	1975.08	拱涵	1	1.00	1.20	2.50	一字	混凝土	1.00	排水
	南岸	侯马二涵	冷红村	1975.10	圆涵	1	0.45	0.45	3.50	一字	混凝土	0.15	引水
	南岸	罗庄涵	冷红村	1992.04	圆涵	1	0.40	0.40	3.50	一字	混凝土	0.15	引水
	南岸	大坝涵	冷红村	1975.12	拱涵	1	1.20	1.50	2.00	一字	混凝土	1.50	引水
	南岸	肖庄涵	冷红村	1975.03	圆涵	1	0.45	0.45	3.50	一字	混凝土	0.15	引水
	北岸	二尤涵	冷红村	1975.10	圆涵	1	0.45	0.45	3.50	一字	混凝土	0.15	引水
	北岸	乔营站涵	郁桥村	1976.08	拱涵	1	1.20	1.40	2.50	一字	混凝土	1.50	引水
	北岸	中心沟涵	郁桥村	1976.08	拱涵	1	1.40	1.20	2.50	一字	混凝土	2.00	引水
	北岸	张庄涵	新华村	1976.04	方涵	1	1.00	0.80	2.00	一字	混凝土	0.80	引排

续表9-4

所在河道	所处位置	涵闸名称	所在村、街道	建成时间	结构类型	工程规模				闸门		流量（立方米/秒）	功能
						孔数	闸孔净宽（米）	闸孔净高（米）	闸底高程（米）	结构形式	材质		
仪扬河	北岸	街道中涵	新城街道	1999.08	方涵	1	0.80	1.00	3.50	一字	混凝土	0.80	排水
	北岸	唐家沟涵	新北村	1978.05	拱涵	1	1.20	1.40	2.50	一字	混凝土	1.50	引排
	北岸	巫家沟涵	新北村	1975.03	拱涵	1	1.20	1.40	2.50	一字	混凝土	1.20	排水
	北岸	桃坞站涵	桃坞村	1975.08	拱涵	1	1.00	0.50	2.00	一字	混凝土	0.80	引水
	北岸	张姬沟涵	桃坞村	1976.08	拱涵	1	1.00	1.00	2.10	一字	混凝土	0.80	排水
	北岸	夏庄站涵	桃坞村	1975.06	拱涵	1	1.20	1.40	2.00	一字	混凝土	1.50	引水
沿山河	北岸	沙田涵	郁桥村	1994.03	圆涵	1	0.60	0.60	3.90	—	—	0.30	排水
	北岸	浦西涵	郁桥村	1994.03	方涵	1	0.70	0.80	4.00	一字	混凝土	0.50	排水
	北岸	浦东涵	郁桥村	1993.11	圆涵	1	0.40	0.40	4.10	—	—	0.10	排水
	北岸	河北涵	郁桥村	1993.11	圆涵	2	0.60	0.60	3.50	—	—	0.40	排水
	北岸	团结涵	郁桥村	1993.11	方涵	1	0.80	0.70	4.50	—	—	0.50	排水
	北岸	小任涵	郁桥村	1994.03	圆涵	1	0.60	0.60	3.50	—	—	0.30	排水
梅家沟	东岸	周庄涵	新华村	1976.03	圆涵	1	0.30	0.30	4.50	—	—	0.10	排水
	西岸	合兴涵	郁桥村	1976.08	拱涵	1	0.30	0.30	4.50	一字	混凝土	0.10	排水
	西岸	郑东涵	郁桥村	1976.10	圆涵	1	0.30	0.30	4.50	一字	混凝土	0.10	排水
石桥河	东岸	法院宿舍涵	三将村	2004.04	圆涵	1	0.40	0.40	4.00	直升	铸铁	0.10	排水
	东岸	严庄闸	三将村	2004.04	圆涵	1	1.50	1.50	3.50	直升	铸铁	1.80	排水
	东岸	严庄涵	三将村	2004.04	圆涵	1	0.40	0.40	4.00	直升	铸铁	0.10	排水
	东岸	亭庄涵	三将村	2004.04	圆涵	1	0.40	0.40	4.00	直升	铸铁	0.10	排水
	东岸	陈营涵	三将村	2004.04	圆涵	1	0.40	0.40	4.00	直升	铸铁	0.10	排水
东梁水库	西岸	王庄涵	三茅村	1981.05	方涵	1	1.00	1.20	—	—	—	0.50	排水
	西北岸	孙庄涵	三茅村	1984.05	拱涵	1	0.80	1.00	—	—	—	0.80	排水
	北岸	占庄涵	三茅村	1978.05	圆涵	1	0.60	0.60	—	—	—	0.50	排水
	北岸	赵庄涵	三茅村	1981.05	方涵	1	1.00	1.20	20.50	—	—	0.50	排水

第四节 农田灌排

一、水 车

水车（又称龙骨车）是传统的农田灌溉工具，在当地使用有2000多年的历史。水车分畜力水车和人力水车两种，人力水车又可分为脚踏水车和手摇水车。圩区用牛力水车较多，而丘陵山区多使用人力水车，有4人或6人脚踏水车，每天可灌溉0.2~0.3公顷，农忙时数十人昼夜轮班车水，可灌溉0.4公顷地左右，工效低。1958年后，随着机电灌溉的发展，水车逐步减少。1970年，新城公社有水车554部，龙河公社有水车488部，主要用于水稻育秧。1975年后水车逐步停用。

图9-10 传统水车提水灌溉农田（摄于1993年）

二、机电灌排

1958~1959年，国家投资在境内建成大兴和三将国营机灌排站2座，装配内燃机4台（套）88匹马力。1960年4月，这2座机灌排站下放给新城公社管理使用。1962年，机改电，共装机8台（套）380千瓦，灌溉面积1133.33公顷，覆盖仪扬河北地区，金桥、桃坞、新北、新华、郁桥、林果、砖桥、三将、大兴9个大队受益。1959年冬，在凌桥村陈庄组兴建通新集电灌站，龙河、新城等公社4500个劳力挖土43万立方米，搬运砖石616立方米，修筑灌渠11.4千米，支渠15条，翌年建成二级站。至1961年续建配套工程，整个灌区四级提水到刘集镇马头岗。1971年，灌区调整，拆除三级站、四级站，保留一级站装机3台（套)390千瓦，扬程19米；二级站装机4台（套）190千瓦，扬程6.8米，可灌溉面积1333.33公顷。

1961年，龙河公社建烟袋山电灌站，位于丁冲村赵巷组，装机3台（套）280千瓦，扬程23米，筑渠4.8千米，提引龙河水灌溉丁冲、马坝、三官、周营等大队农田面积3333.3公顷。

1963~1964年，新城公社金桥、桃坞、大楼、古二4个大队自筹资金先后沿仪扬河两岸建成4座电力排灌站。龙河公社在龙河建丁冲大队沙田电灌站和人民大队中组电灌站2座，共装机9台（套）327千瓦。

1967~1969年，龙河公社自办马坝大队金一组二级提水电灌站，总扬程23米，提引梅家沟水灌溉农田163公顷。

1970年，新城公社拥有电力排灌站15座，装机容量39台（套）1086千瓦，排灌面积1866公顷，占水田总面积的84.9%。龙河公社拥有电灌机站14座，装机16台（套）637千瓦，灌溉面积1533公顷，加上通新集灌区面积773公顷，占水田总面积的79.4%。

1971~1980年，新城公社调整电灌站布局，东升、越江、冷红、大楼4个大队地处仪扬河南岸，大多是自流灌溉，所属电灌站改以排涝为主。仪扬河北岸各生产大队新建单排单灌电站8座，电灌站动力得到有效利用。龙河公社先后新建电力提水站4座，使边远丘陵地区得到有效灌溉。

1983年后，随着农村家庭联产承包责任制的推行，农民为减少灌溉费用，以村民小组为单位，自费在河沟塘边兴建小型电灌站，或农户自备小型流动灌溉设备，就近抽水灌溉，每个村民小组建1~2座小型电灌站，配套7.5千瓦电动机，6~8寸水泵，可灌溉农田6.66公顷。

90年代以后，镇村电灌站设备老化，有的带病运行，先后拆除13座，弃用12座。2011年2月至2012年6月，市镇两级财政投入资金近1300万元，先后更新改造镇管烟袋山电灌站1座以及村管电力排灌站新城街道张庄泵站1座、三茅村3座、周营村2座、马坝村2座，拆建站房11间，更新动力设备11台套706千瓦，并相继新建巫家沟、唐家沟、张姬沟3座排涝站。

图9-11 烟袋山电灌站 （摄于2012年）

2012年，新城镇拥有电力排灌站59座，装机容量83台套3350千瓦，设计流量23.17立方米/秒。另有村组小型电灌站300座左右。圩区村级排灌站以排涝为主。

2012年新城镇电力排灌站一览表

表9-5

管理权属	电站名称	站址	建站年份	泵站类型	装机（台）	装机容量（千瓦）	设计流量（立方米/秒）	扬程（米）	排灌面积（公顷）	取水口
市管	通新集一级站	凌桥村	1959	单灌	3	415	1.50	17	773.33	沿山河
市管	友一二级站	凌桥村	1960	单灌	3	165	1.20	8	700.00	沿山河
镇管	烟袋山站	丁冲村	1961	单灌	4	254	0.88	24	233.33	龙河
镇管	巫家沟站	新北花苑	2010	单排	1	55	0.50	7	133.33	巫家沟
镇管	唐家沟站	桃坞村	2010	单排	1	55	0.50	7	133.33	唐家沟
村管	王庄站	三茅村	1986	单灌	1	30	0.14	10	66.66	东梁水库
村管	人一站	三茅村	1964	单灌	1	13	0.10	8	16.66	姚墩水库
村管	永二站	三茅村	1987	单灌	1	17	0.15	7	20.00	龙河
村管	后组一级站	三茅村	1964	单灌	1	37	0.20	10	100.00	龙河
村管	和平二级站	三茅村	2012	单灌	1	45	0.14	10	33.33	幸福河

续表 9-5

管理权属	电站名称	站址	建站年份	泵站类型	装机（台）	装机容量（千瓦）	设计流量（立方米/秒）	扬程（米）	排灌面积（公顷）	取水口
村管	中组站	三茅村	1986	单灌	1	13	0.10	7	20.00	龙河
村管	先锋站	官胜村	1984	单灌	1	13	0.10	7	16.66	龙河
村管	姚墩站	官胜村	1979	单灌	1	30	0.15	10	16.66	姚墩水库
村管	官塘站	官胜村	1974	单灌	2	85	0.35	13	100.00	龙河
村管	吴庄站	官胜村	1971	单灌	1	37	0.15	15	33.33	龙河
村管	前朱站	凌桥村	1975	单灌	1	10	0.10	7	20.00	前朱沟
村管	胡墩站	凌桥村	2007	单灌	1	55	0.20	19	53.33	沿山河
村管	西营站	凌桥村	1972	单灌	1	45	0.20	14	53.33	沿山河
村管	潘西站	凌桥村	1987	单灌	1	13	0.10	8	16.66	沿山河
村管	柳沟站	凌桥村	1980	单灌	1	30	0.20	9	46.66	龙河
村管	夏营站	凌桥村	1975	单灌	1	13	0.10	8	16.66	夏营河
村管	曹庄站	凌桥村	1980	单灌	1	10	0.10	7	16.66	小沟
村管	陆庄站	凌桥村	1971	单灌	1	30	0.15	9	30.00	夏营河
村管	对过站	凌桥村	1974	单灌	1	13	0.10	8	18.66	对过水塘
村管	东街站	丁冲村	1972	单灌	1	13	0.10	8	20.00	龙河
村管	王一站	丁冲村	1982	单灌	1	13	0.10	7	20.00	龙河
村管	沙田站	丁冲村	1965	单灌	1	30	0.15	7	46.66	龙河
村管	赵一站	丁冲村	1980	单灌	1	13	0.10	8	20.00	龙河
村管	长塘站	丁冲村	2003	单灌	1	13	0.10	7	16.66	大塘
村管	夏东站	丁冲村	2003	单灌	1	10	0.10	7	16.66	夏东大塘
村管	后营站	丁冲村	1964	单灌	1	30	0.20	12	34.66	龙河
村管	小庄站	丁冲村	1978	单灌	1	13	0.10	7	17.33	龙河
村管	高场站	丁冲村	1980	单灌	1	13	0.10	8	16.66	龙河
村管	北沙田站	丁冲村	1997	单灌	1	13	0.10	8	23.33	龙河
村管	河西一级站	周营村	1974	单灌	1	75	0.60	7	18.00	龙河
村管	鸭赵二级站	周营村	1971	单灌	1	75	0.20	17	106.66	龙河
村管	老营二级站	周营村	1974	单灌	1	45	0.13	14	33.33	龙河
村管	下王站	周营村	1976	单灌	1	22	0.10	8	33.33	天王水库
村管	上王站	周营村	1976	单灌	2	45	0.25	8	26.66	天王水库
村管	余营站	马坝村	1986	单灌	1	15	0.05	48	18.66	深水井
村管	百姓站	马坝村	1987	单灌	1	15	0.05	48	18.66	深水井
村管	王庄站	马坝村	1987	单灌	1	15	0.05	48	18.00	深水井
村管	周庄站	马坝村	1969	单灌	1	45	0.14	14	53.33	马坝河
村管	糜营站	马坝村	1974	单灌	1	45	0.14	13	20.00	马坝河

续表9-5

管理权属	电站名称	站址	建站年份	泵站类型	装机（台）	装机容量（千瓦）	设计流量（立方米/秒）	扬程（米）	排灌面积（公顷）	取水口
村管	庞营站	马坝村	1979	单灌	1	55	0.40	7	93.33	梅家沟
村管	大兴站	林果村	1958	单灌	1	55	0.50	9	100.00	龙河
村管	小薛站	新北村	1978	排灌	2	110	1.20	8	100.00	龙河
村管	姜庄站	桃坞村	1982	单灌	1	55	0.60	8	40.00	龙河
村管	周庄站	桃坞村	1966	排灌	3	150	1.50	8	133.33	仪扬河
村管	荷花站	桃坞村	1964	排灌	3	150	1.60	8	106.66	仪扬河
村管	张姬沟站	桃坞村	2011	单排	1	45	0.35	7	100.00	张姬沟
村管	蔡庄站	桃坞村	1976	排灌	2	77	1.40	9	80.00	龙河
村管	张庄站	新华村	1963	单排	2	85	0.80	8	40.00	仪扬河
村管	梅苑站	郁桥村	2004	单排	1	17	0.10	9	26.66	生活区雨污水
村管	乔营站	郁桥村	1963	排灌	4	170	1.60	8	40.00	仪扬河
村管	陈庄站	三将村	1978	单灌	2	50	0.35	8	30.00	沿山河
村管	侯马站	冷红村	1963	排灌	1	30	0.30	9	20.00	仪扬河
村管	高涵站	冷红村	1963	排灌	3	150	1.20	9	80.00	沙河
村管	大朱站	冷红村	1964	排灌	3	110	1.00	9	46.66	仪泗河

第五节　水土保持

解放前，新城北部丘陵山区岗冲交错，高低起伏，岗如龟背，塝有坡度，冲田零乱，每遇暴雨坡岗垮塌，泥土漫流，水土流失严重。平原圩区，地势低洼，河沟淤塞，易遭受外洪内涝灾害。解放后，党和政府持续兴修水利，开展农田整治，丘陵山区整修梯田，治冲筑坝，"三沟"配套。平原圩区农田分框隔圩，改造河网。70年代，全面实施农田方整化，农田内外配套"一套沟"，排涝降渍，建成高产稳产农田。90年代后，进行小流域综合治理，整理土地，水土流失得到有效控制。至2012年年底，全镇建成高产稳产农田2858公顷，占耕地面积81%。

一、岗坡地治理

1958年前后，有少数农业社和生产队在有水源的岗地上搞"旱改水"。1960年后，随着通新集电灌站和烟袋山电灌站的建成输水，龙河公社沿灌区两侧进行沟渠配套，平整岗坡地，修筑梯田，扩大水稻种植面积。1970年，龙河公社水田面积2732公顷，占耕地面积77.8%。但大多就田平整，缺乏统一规划。1977年后，结合冲坝治理，中低产田改造，实施岗地条田化、塝田梯级化、冲田平整化，大搞农田内"三沟"（竖沟、横沟、腰沟）外"三沟"（坎沟、撇洪沟、导渗沟)。至1988年,龙河公社基本达到“三沟”配套标准的农田有1333.33多公顷,占耕地面积82%。90年代后,通过小流域治理,土地整理,农田水利建设逐步取得成效。2000~2012年,全镇小流域治理和土地整理面积达1056.73公顷。

图9-12　马坝冲小流域治理公示牌
(摄于2007年)

马坝冲小流域治理　马坝冲位于新城西北部,南起沿山河,北至马集金营村,全长5.1千米,流域面积8.22平方千米。1997年,马坝冲小流域治理纳入省、扬州市开发项目,按照统一规划、因地制宜原则,实施山、水、田、林、路综合治理。从1998年起,龙河乡连续3年投资78.3万元(其中自筹资金14.8万元),投工20多万个,至2000年年底,整修梯田36公顷,疏浚开挖河沟、截水沟、撇洪沟12条,长18千米。冲内河分级筑水坝3座,建桥、涵闸13座,扩浚当家塘8口,配套田间建筑物860多座,修机耕路6条,长12千米,植树造林184.9公顷(其中经济林97.26公顷)。实现河沟渠系统化、田块方整化、道路机耕化、农田林网化、荒坡绿地化,水土流失得到治理,生态环境得到改善。

规模化土地整理　2006年10月至2007年,省国土资源厅投资1730万元在官胜村、凌桥村进行大规模土地整理。按照“山、水、沟、塘、渠、路、田、林、桥、坝、涵、闸、站”综合治理和水土保持的要求,改造农田930公顷。每块田宽20~25米,长80~100米,面积0.20公顷左右。新筑机耕路、田间作业路59千米。修灌渠76千米,其中衬砌硬质斗渠8.6千米,挖坎沟、排水沟70千米,疏浚冲河7.1千米,新建农桥2座,溢流坝8座,配套涵闸4380座,跌水233座,扩浚当家塘110口,建小型电灌站6座,农田植树1.78万株。

2012年4月,市镇两级投资实施三茅村土地整理项目,至当年6月完成土方22.71万立方米,整理土地90.79公顷,增加耕地2.23公顷,在整理过程中,先后开挖灌渠2.24千米,筑生产路(宽4米)3.77千米,新建农桥5座,田间涵328座,跌水28座,疏浚先锋河和幸福河2.9千米,拆建永二电灌站,农田植树3770株,建成高产稳产农田87公顷,达到省级现代农业建设标准。当年年底,通过扬州市国土局验收。

二、圩田治理

分框隔圩　1954年,新城地区以农业社为单位,修堤筑圩,开渠挖沟。1958年后,改造河网,分框隔圩。仪扬河南,以仪泗河、沙河、黄泥港划分成3个圩。仪扬河北,以石桥河、严家沟(郁桥中心河)、梅家沟、张姬沟、龙河划分成4个圩。

农田方整化　70年代,新城公社开展以农田方整化为目标的农田水利基本建设。1973年春,金桥大队被仪征县列为圩区农田方整化试点单位,组织480个劳力平整土地、挖沟筑渠修路。平整后的田块为南北向,长80~100米,宽20~25米,每块田0.2公顷左右,田的两端为一沟（排水沟）一渠（灌溉渠）一路（生产路）。每4~5块田开挖一条纵向隔水沟，沟深1.5米，使排灌分开，划分成3个圩口；横向开挖三条排涝沟，田头沟深1.2米，通隔水沟、排涝沟，道路两旁植树绿化。经过3年努力，至1976年年初，完成农田方整化建设工程，成为全县首个实现圩区农田方整化的样板。由此新城公社掀起开展农田方整化基本建设的热潮。至当年年底，完成农田方整化2066公顷，土方386.65万立方米。开新河填老沟，修主灌渠210千米，挖排水沟296千米，筑生产路（机耕路）280千米，配套农桥、涵闸3000多座，实现沟渠路格田成方，桥涵闸配套，农田水利基础设施初具规模。1976年后进一步完善农田基本设施，建成河沟渠排灌分开的农田水利体系，圩区近2000公顷耕地基本达到高产稳产农田的要求。至2012年，境内圩区农田方整化及水利体系格局没有大的改变。

图9-13　方整化后的圩田
（摄于2004年）

第六节　农村水务

一、管理机构

1958年，新城公社设农水科，有科长、工程员2人。1968年，农机水电管理站成立。1983~1985年，龙河乡、新城乡先后建立水利站，设站长、工程员、会计各1人。2000年，龙河水利站撤销，并入新城水利站，2002年，改称新城水务（利）站，是市水务（利）局下属的事业单位。2012年，镇水务（利）站编制4人，站址位于新农西街47号，站长夏团年。

二、改供水工程

解放后相当长的一段时期，农村居民饮用沟塘、河水及浅层井水。随着工农业生产的发展，水源污染日趋严重。1984年，县乡两级政府着手实施农村改水工程。当年，龙河乡建成全县第一座乡办自来水厂，取水口在龙河，日供水能力200立方米，受益人口1245人。1987年4月，新城乡自来水厂（取水口在仪扬河）建成投运，主管道长3.6千米，日供水1000立方米，供水范围仅限于街道、机关、乡办厂及周边3个村民小组，受益人口3500人。由于仪扬河、龙河水源污染日益严重，达不到居民饮用水标准。1995年，新城镇投资300多万元，铺设从市区石桥至新城管径为400毫米输水管道，长5.4千米，新建加压泵房及设备设施。1997年

10月，仪征自来水公司向新城供水。随后，新城自来水厂将供水迅速向各村组延伸，至1998年年底，新城镇所属14个村259个村民小组均通上自来水，受益人口3万多人，约占总人口的87%。1997~1998年，龙河乡先后在三官村庙一组、百二组打深水井2口，铺设管道3.5千米，向龙河水厂供水。1997年，周营村在市盐业公司、市财政局的扶持下，投资25万元在顾庄打出75米深的饮水井1口，解决全村及丁冲5个村民小组饮用水。2001年又在三官村百姓组新打出深水井1口，建加压站1座，铺设主管道31千米，支管道50千米，增加受益人口近万人。

2002~2003年，新城水厂、龙河水厂先后改制转为私人经营。2010年，市政府实施中后山区区域供水工程，龙河自来水厂和周营自来水厂由镇政府购回改由市水务局水达供水有限公司经营管理。同时实施龙岔线、龙马线市自来水管网铺设工程，当年12月竣工，实现三茅、官胜、凌桥、周营、丁冲、马坝6个村及龙河街道市自来水公司供水全覆盖。2012年4月，镇内最后一个自来水供应空白点马坝村马上组接通自来水。7月，市水务局购回新城自来水厂。当年市水达供水公司下设新城供水管理所和龙河供水管理所，负责供水管道维修、收费及日常管理。2012年年底，全镇自来水入户率达98.8%。

三、清洁水源

80年代以后，境内河道、沟塘较长时间没有得到有效的维护和治理，淤积严重，水花生等水草丛生，水源污染严重。2003年，在市政府的部署下，新城镇实施以疏浚河道、沟塘清淤、清除水花生为重点的“碧水工程”。是年，石桥河清淤3.8万立方米。2004~2005年，疏浚龙河带子沟至高集河段，全长18.3千米，清淤42万立方米。2006年，仪扬河新城段及梅家沟清淤总长10.7千米。同时对仪圩曹公路沿线新华、新北、周营和林果4个村沟塘进行清淤清杂、清除水花生，计投入劳力1000多工日，割除水花生0.6万吨，疏浚河、沟、塘16条（口），清淤5.5万立方米。2007~2012年，结合庄台环境整治，全面清理河、沟、塘，先后疏浚河沟38条，长77.4千米，清理水塘800余口，清淤35.4万立方米，清除水花生等有害水草6.9万吨。水系疏通后，水质改善，重现碧水绿岸。同时，建立长效管护机制，确保清水长流。

图9-14　清洁水源（摄于2010年）

第七节　防汛抗旱

一、组织机构

民国时期，乡没有专门防汛机构。每到汛期，乡、保机构派乡丁巡逻河堤，遇有险情鸣锣呼民抢险。

解放后，1950~1957年，新城区成立防汛大队，各乡建立5个防汛中队，中队以下设巡逻队和抢险队。区、乡长负责领导和指挥防汛工作，筹备防汛物资，出现险情组织人员抢险。

1958年后，新城公社、龙河公社每年都成立防汛抗旱领导小组，成员由公社分管领导和水利、农机、农电、供销等部门负责人组成。1983年后，乡（镇）长或分管水利工作的副乡（镇）长担任防汛抗旱领导小组组长，领导和指挥防汛抗旱和救灾工作，制订工作预案，建立责任制，筹集物资器材，组织以基干民兵为主力的抢险队伍。新城乡以防洪防涝为主要任务。2000年后，每年春季，镇水利站都要对境内7条干河进行实地排查，提出整治措施意见，由镇政府下达各分工单位责任人限期完成险工险段、病涵病闸的整治任务，并进行检查验收，确保万无一失。

图9-15　新城水务（利）站　（摄于1999年）

二、抗洪排涝

1953年9月2~3日，暴风大雨，降雨295毫米，山洪暴发，新城圩区破堤决口，水深1米以上。县委派出抗洪工作队领导指挥，抢堵决口，救出被困灾民100多人，搭建临时住棚36座，动用排涝水车100多部，抢收粮食20吨。

1954年6月~8月，累计降水945毫米，长江洪峰水位高达7.15米，历史罕见。圩区破堤淹没，仪扬河北一片汪洋。新城地区组成千人突击队投入抢险救灾，安置灾民，堵决口、抢修堤岸，培堤8.5千米，挖土方2.83万立方米，用木桩1.43万根、蒲包麻袋7300多条，同时调集550多部水车突击排涝，仅古都乡和冷红乡需排涝的农田有666公顷。9月中旬，洪水渐退，村民互助自救，恢复生产。

1975年6月20~26日，连降暴雨594.9毫米，河水猛涨，圩区积涝，新城公社1666公顷水稻及133公顷棉花、旱谷被淹。公社组织抗洪抢险队及时堵塞9个漏水涵闸，抢修塌方，调配4000匹马力机电抽水动力昼夜排涝，仅用4天时间，排除内涝，受淹庄稼得到及时管理，当年仍获得较好收成。

图9–16　民兵参加抗洪抢险（摄于1991年）

1991年5月21日至7月15日，出现异常二次梅雨天气，暴雨频繁，累计降雨954.6毫米。7月11日，长江洪峰压境，仪扬河超警戒水位1.04米，龙河、仪扬河堤岌岌可危。市防指紧急通知新城等乡镇暂不向仪扬河、龙河等干河排水。外洪内涝，严重威胁群众生命财产安全。新城乡机关干部及各村负责人亲临抗洪第一线，分工负责，明确职责，严防死守，确保不破堤决口。7月12日，龙河金桥村龙窝段50米河堤漫水，情况紧急，金桥村400多劳力分两路冒雨上堤抢险，打桩100多根，用2000多条草包装土叠堆护堤，加固除险。7月13日，金桥村七一组涵洞漏水，抢险队迅速赶到，冒险下水探情，采用草包和蛇皮袋装土抛填，叠包除险。同时抢修仪扬河北堤桃坞村常庄险段长50米，加高仪扬河郁桥村郑西组堤段长60米。这次抗洪抢险，共动员人力5000多人次，挖土2.1万立方米，耗用草包、蛇皮袋1.8万条，桩木、树干3000多根，投入电力设备56台套2284千瓦，取得抗击特大洪涝灾害的胜利，使损失降到最低限度。

2003年7月4~5日，突降特大暴雨284.2毫米，山洪下泄，河水猛涨，龙河大兴村大圩段80米河堤漫水，农田被淹106公顷。镇政府紧急组织500多劳力抢险，取土3000立方米，加固加高堤岸，排除险情，并开足电站动力昼夜排水，降低灾害损失。

三、抗 旱

1952年5月底至7月，滴雨未下，龙河地区大部分塘坝无水，农田有466公顷秧苗脱水，333公顷秧苗干枯，400公顷无水插秧，个别村庄出现人畜饮水困难。凌桥区组织动员5000多劳力，水车360部，浚塘150口，抢救黄秧320公顷，挑水救苗13公顷。

1961年，1~6月降雨仅293毫米，龙河公社90%的塘坝枯竭，70%水稻田脱水，26公顷秧苗枯死，旱谷出苗率仅有50%。全公社投入劳力500多人浚深沿山河引水，保证通新集机电灌站提水抗旱，二级站以上灌区用水车灌溉。抢种旱作物133公顷，栽插水稻1693公顷。经过生产自救，秋收仅减产26%。

图9–17　安装水泵抗旱保苗（摄于1983年）

1978年，特大旱年，全年降雨458毫米。5月份以后，塘坝干涸。十二圩、土桥翻水站及时翻引江水补给水源。龙河公社18座电灌站动力1570千瓦开足马力抗旱，同时租用8台(套)柴油机水泵抽水,群众也“三车六桶”齐上阵,保证全公社2666公顷稻田有水插秧,大旱之年仍获增产,粮食产量比上年增长26.8%。

附: 新城、龙河民工参加外地水利工程概况

1951年至1982年,新城、龙河先后参加外地水利工程施工11次,共出动民工13287人,完成土方114.05万立方米。具体情况如下:

1951年11月19日至12月29日,龙河地区民工1910人参加苏北灌溉总渠淮阴十二圩至陈湖集段施工,完成土方6.38万立方米。

1952年12月19日至1953年1月20日,新城区2268名民工参加治淮工程,在三河闸开挖下游引河,完成土方5.8万立方米。

1959年9月25日至1960年6月30日,新城、龙河公社组织民工1053人参加京杭大运河江都县瓦窑铺至都天庙段疏浚工程,完成土方31.83万立方米。

1963年12月6日至25日,新城公社300名民工参加瓜州坝工程,完成土方4400立方米。

1969年11月中旬至1970年2月中旬,新城、龙河公社民工共1850人参加淮河入江水道金沟大堤建设工程,完成土方19.1万立方米。

1970年11月13日至1971年1月8日,新城、龙河公社民工共1910人,参加淮河大堤建设,完成土方24.18万立方米。

1972年12月9日至1973年4月28日,新城、龙河公社民工共740人支援六合马汊河分洪工程,完成土方4.8万立方米。

1973年11月~1976年1月3日,新城、龙河公社先后三年分三批参加三阳河水利工程建设。累计动员民工2656人,完成土方18.32万立方米。

1982年11月14日至12月30日,新城、龙河公社共组织民工600人,参加京杭运河宝应朱庄大队河段整治工程,完成土方3.2万立方米。

第十章 农 业

新城历史上是农业地区，以种植业为主。东汉末，陈登建陈公塘，灌溉农田。东晋永和年间开挖邗沟，以利两岸农业。清康熙年间，"军田归县，听民认垦，荒田日僻"。民国时期，农业有较好发展。民国中期，新城盛产稻米、小麦、三豆等，自给有余，成为苏北地区著名的鱼米之乡。由于众多的土地为地主、富农占有，农民负担沉重，水利长年失修，旱涝灾害频发，农业产量低而不稳。

新中国成立后，党和政府重视农业生产，增加农业投资，改善生产条件。1952~2012年，镇（乡）财政累计投资20多亿元，用于兴修农田水利，改造低产田，治理小流域，推广农业科学技术和农业机械化，促进农业生产发展。全镇（乡）粮食产量从1950年的1.13万吨，增加到2012年的2.49万吨。1982年以后，改革农村经济体制，实行土地家庭联产承包责任制，调整农业产业结构，发展多种经济。1998年，推行二轮土地联产承包责任制，建立土地流转机制，使有限的土地资源得到充分利用，发展现代高效农业、生态农业，促进农林牧渔全面发展。茶叶生产也形成地方特色，成为"苏北茶乡"。1950年，新城、龙河共完成农业总产值和农村经济总收入120万元和123万元。到2012年分别为3.06亿元、134.14亿元，分别增长254倍和1.09万倍。随着农村经济不断发展和经济收入持续增长，农民人均年纯收入也逐步提高。2012年，全镇农民人均纯收入15660元。

1960~2012年新城镇（含原龙河乡）农林牧副渔业产值统计表

表10-1

年份	总产值（万元）		其中									
			种植业产值		林业产值		牧业产值		副业产值		渔业产值	
	新城	龙河	新城	龙河	新城	龙河	新城	龙河	新城	龙河	新城	龙河
1960	207.94	160.30	181.36	138.95	—	—	—	—	26.58	21.35	—	—
1961	201.80	158.90	173.49	139.01	—	—	—	—	28.31	19.89	—	—
1962	216.25	189.18	188.57	166.04	—	—	—	—	27.68	23.14	—	—
1963	230.69	219.46	198.83	194.13	—	—	—	—	31.86	25.33	—	—
1964	242.06	262.96	208.70	234.26	—	—	—	—	33.36	28.70	—	—
1965	253.44	289.44	214.51	257.96	—	—	—	—	38.93	31.48	—	—
1966	281.33	336.42	238.20	303.25	—	—	—	—	43.13	33.17	—	—
1967	276.19	383.02	224.51	348.76	—	—	—	—	51.68	34.26	—	—
1968	308.14	375.83	254.38	339.70	—	—	—	—	53.76	36.13	—	—

续表10-1

年份	总产值（万元）		其中									
			种植业产值		林业产值		牧业产值		副业产值		渔业产值	
	新城	龙河	新城	龙河	新城	龙河	新城	龙河	新城	龙河	新城	龙河
1969	313.23	383.84	254.62	344.02	—	—	—	—	58.61	39.82	—	—
1970	298.95	372.83	238.75	328.99	—	—	—	—	60.20	43.84	—	—
1971	423.26	397.81	327.60	355.21	—	—	—	—	95.66	42.60	—	—
1972	417.83	411.78	295.36	366.41	—	—	—	—	122.47	45.37	—	—
1973	438.22	403.28	340.35	342.42	—	—	—	—	97.87	60.86	—	—
1974	457.06	423.37	350.96	345.36	1.95	3.93	5.13	6.34	85.15	66.88	13.87	0.86
1975	458.99	434.96	333.24	386.96	3.05	3.78	8.34	5.96	102.71	37.86	11.65	0.40
1976	512.31	479.21	360.24	422.66	1.56	3.79	7.33	4.43	133.68	47.72	9.50	0.61
1977	424.56	413.85	284.54	351.76	3.71	3.18	7.71	6.20	110.43	50.75	18.17	1.96
1978	622.70	585.18	439.78	456.82	1.15	3.38	7.36	4.73	151.00	118.32	23.41	1.93
1979	736.14	674.27	539.20	558.32	1.33	2.28	8.00	6.92	155.79	99.56	31.82	7.19
1980	720.11	647.91	457.53	495.26	4.95	7.33	20.76	8.36	196.22	116.14	40.65	20.82
1981	726.50	674.81	455.90	513.43	3.62	6.98	18.67	6.03	224.59	142.00	23.72	6.37
1982	725.40	746.18	491.63	624.65	4.43	2.98	20.65	7.38	191.22	108.54	17.47	2.63
1983	1248.38	518.92	681.29	421.74	5.88	5.08	69.33	25.74	468.00	64.51	23.88	1.85
1984	1368.80	633.68	757.83	444.00	14.57	3.47	266.26	87.38	264.07	83.74	66.07	15.09
1985	1513.11	944.67	894.81	547.68	13.67	10.26	439.28	312.32	32.90	25.01	132.45	49.40
1986	1806.95	1049.46	1139.67	689.05	20.02	7.67	471.08	294.05	64.12	0.41	112.06	58.28
1987	1779.82	1210.99	1052.98	674.18	16.25	16.77	452.73	254.76	168.43	207.38	89.43	57.90
1988	2703.51	1519.55	1412.87	775.96	12.06	28.13	1045.39	622.87	132.60	51.34	100.59	41.25
1989	2866.01	1770.68	1608.35	1022.93	9.07	43.68	1085.34	662.77	87.04	13.60	76.21	27.70
1990	2686.57	1872.59	1520.70	943.74	9.39	37.30	969.86	669.24	95.70	193.39	89.92	28.92
1991	2319.00	1741.00	1252.00	875.00	16.00	37.00	871.00	645.00	64.00	163.00	116.00	21.00
1992	2559.36	1701.64	1397.65	844.37	13.22	35.90	1001.36	495.50	68.09	293.89	79.04	31.98
1993	3076.55	1709.28	1902.38	1048.82	31.31	30.35	1004.32	591.78	—	—	138.54	38.33
1994	5931.26	2701.82	2841.50	1603.78	987	104.32	1983.25	918.74	119.51	74.98	—	—
1995	5344.00	2974.00	3321.00	1947.40	13.00	77.40	1726.00	906.70	—	—	284.00	42.50
1996	6041.29	3153.04	3510.44	2164.17	12.49	43.39	2090.67	899.23	—	—	427.69	46.25
1997	6547.48	3052.42	3497.52	1888.47	23.32	68.23	2449.94	1057.22	—	—	576.70	38.50
1998	6912.00	3137.00	3460.00	1979.00	48.00	70.00	2482.00	1050.00	—	—	922.00	38.00
1999	7126.71	2786.28	3360.03	1756.73	48.68	35.47	2580.34	923.08	—	—	1137.66	71.00
2000	18260		7976		1727		6477		—		2080	
2001	20151		9697		496		6574		—		3384	
2002	22175		9836		460		6962		—		4917	
2003	23735		8547		459		7023		—		7706	
2004	28487		9270		2280		7902		—		9035	

续表10-1

年份	总产值（万元）	其中				
		种植业产值	林业产值	牧业产值	副业产值	渔业产值
2005	30973	10677	2124	11747	—	6425
2006	22593	7954	3150	8364	—	3125
2007	24598	10023	3725	7531	—	3319
2008	26800	18433	1413	6340	—	614
2009	27004	20644	1042	4744	—	574
2010	28600	21383	786	5812	—	619
2011	28828	24860	304	2964	—	700
2012	30570	26229	257	3262	—	822

第一节　农业生产关系

封建时期，新城、龙河地区的土地所有制，最早见诸史籍记载的为明初屯田制。明清时期，大部分土地集中于权宦、豪商、寺院。新城沿江的圩田、滩田被祠堂、寺庙占有8000余亩，佃农一年收获的粮食被地租、杂税要夺去60%~70%。民国时期，新城、龙河共有农户1.7万多户，其中自耕农占55%、半自耕农占40%、雇农占5%。

一、土地改革

土改前农村土地占有状况　1950年土改前，土地为个人私有，各个阶级占有的土地相差很大。1950年9月，仪征县分批开展土改运动，至1950年年底，新城镇及现属境域内的各乡全面完成土改任务，废除封建土地所有制，许多无地少地农民获得土地。土地改革前后，全县户口、土地等资料均以区为单位统计，故无新城镇及其他小乡土地资料。仅能依据新城区、凌桥区在土改中的统计资料，大致了解新城地区各阶层土地占有情况。土地改革前，新城区有人口40931人，耕地79833.9亩，凌桥区有人口33580人，耕地85273亩，合计人口74511人，土地16.51万亩。其中地主269户（新城区152户、凌桥区117户）、1383人（新城区725人、凌桥区658人），占总人口的1.86%，占有耕地54508亩，占土地总亩数的33.01%，人均39.41亩，其中外地地主的土地占土地总面积的79.8%。富农、半地主345户（新城区107户、凌桥区238户）、2102人（新城区592人、凌桥区1510人），占总人口的2.82%，占有耕地16129亩，占土地总亩数的9.75%，人均7.67亩，其中外地富农、半地主土地占土地总亩数的31.7%。中农9022户（新城区4800户、凌桥区4222户）、39394人（新城区20410人、凌桥区18984人），占总人口52.81%，占有耕地60674亩，占土地总亩数的36.77%，人均1.54亩。贫雇农7228户（新城区4464户、凌桥区2764户）、30146人，占总人口的40.46%，占有耕地23203亩，占土地总亩数的14.06%，人均0.77亩。地主人均占有土地为贫雇农的50.17倍，中农的24.58倍。新城区、凌桥区少地无地农民迫于生计租种地主、富农及其他土地出租者的土地6.1万亩，饱受地租和高利贷的剥削。地租有定租（俗称包租）和分租两种。农民租种地主、富农的耕地，每年按田亩缴纳定租粮，丰年不增，灾年不減。农民租种土地时还要缴纳田价20%以上的押租。另一种地租是分租，即地主、富农出田，农民出劳力、种子、肥料，收获前地主到田估产，按收获粮食五五或四六分成，农民往往是："粮到手，地租（主）到场头，为了交租日夜愁。"冷红乡农民王氏租种地主黄继先2.5亩低洼耕地，民国31年（1942年）因涝绝收无粮交租，其公公被绑送乡公所吊打逼租，导致右眼瞎，腿伤残。地主张庆先因佃户王朋喜欠租粮10石，竟诬告他私通新四军，被警察局拷打致死后又赶走王家人，霸占房屋3间，耕地4.2亩。农村高利贷名目繁多。农民购买种子，农具要借高利贷，月利三分到四分，本利秋后归还。到期无力偿还者，利转本，利滚利，另还有乡、保长的各种摊派、捐税，层层盘剥，民不聊生。民谚道"农民头上三把刀，田租加上高利贷，苛捐杂税多如毛"。

土地改革运动 1946年，解放区民主政府曾在龙河搞过"二五"减租和"三七"分租，后因国民党军队进攻，新四军北撤而停止。1950年9月9日，仪征县委发布《仪征县土地改革工作方案（草案）》，新城被列为首批土改地区，县委派驻新城区土改工作队122人，每乡派驻1组10人，以农民协会为骨干力量，进行农村各阶层占有土地、农具等生产资料情况调查。9月15日全区迅速开展土地改革工作，先后召开斗争地主恶霸大会136次，到会人数26145人次，有1994人在会上控诉地主恶霸罪行。根据有关法令，人民法庭审判惩治恶霸地主11人，不法地主37人，被管制23人，确保土改运动顺利进行。全区没收征收地主、富农（含外乡地主富农）土地4.37万亩，粮食5.5吨、房屋339间、耕畜60头、水车等农具275件。土改中雇农84户367人，分得土地335.9亩，贫农4380户17450人，分得土地1.96万亩，中农4800户20410人，分得土地2.23万亩，地主富农亦按家庭人口分得土地。贫苦农民还分到大量其他生产资料，其中水车、犁耙等农具259件，耕牛、驴59头，房屋332.5间，粮食5.37吨。10月12日，新城区土地改革工作结束。之后，又逐乡逐村检查验收，补课纠偏。纠正阶级成分37户，调整抽补土地38户82.87亩。土改后均发放"土地证""房产证"。

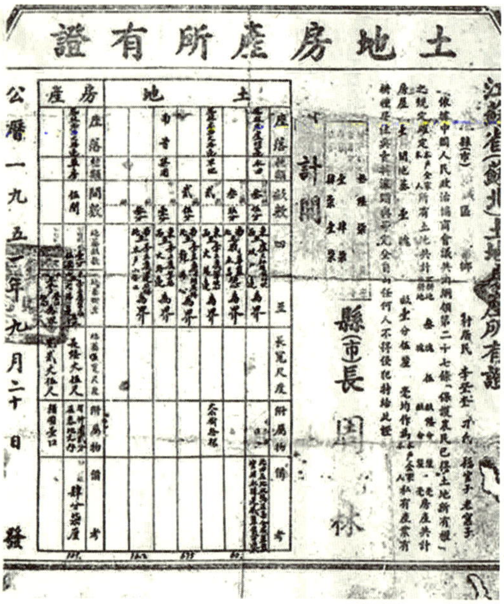
土地房產所有證

图10–1 土改后发放的"土地房产所有证"

凌桥区土改工作于1950年11月15日全面展开，12月底结束，共没收征收地主、富农（含外乡）土地2.89万亩。雇农、贫农、中农计6986户31313人共分得土地27648亩。雇农、贫农还分得水车178部、犁耙135件、耕牛58头、驴8头、房屋595间、粮食44.9吨。

新城区土改前后各阶层占有土地情况表

表10-2

阶层	户数（户）	人口（人）	土改前		土改后	
			占有土地（亩）	每人平均（亩）	占有土地（亩）	每人平均（亩）
地主	152	725	32869.40	45.33	1148.40	1.58
半地主	42	225	1593.30	7.10	527.10	2.34
富农	65	367	2456.70	6.70	1465.50	3.99
中农	4800	20410	23307.10	1.14	45693.50	2.23
贫农	4380	17450	10040.20	0.58	29653.20	1.70
雇农	84	367	147.40	0.40	483.30	1.31
小土地出租者	47	154	885.50	5.74	304.60	1.97
其他	356	1233	1310.50	—	163.20	—
祠堂、寺庙、公学田	—	—	7223.80	—	395.10	—
合计	9926	40931	79833.90	1.95	79833.90	—

说明：人均占有土地数按当时实际人数计算

凌桥区土改前后各阶层占有土地情况表

表10-3

阶层	户数（户）	人口（人）	土改前		土改后	
			占有土地（亩）	每人平均（亩）	占有土地（亩）	每人平均（亩）
地主	117	658	21639.50	32.88	1482.90	2.25
半地主	88	505	5024.90	8.25	1916.50	2.75
富农	150	804	7055.00	7.80	3380.30	3.73
中农	4222	18984	37366.90	1.96	53343.40	2.81
贫农	2667	12060	12865.00	1.06	24199.50	2.01
雇农	97	269	151.00	0.56	486.80	1.81
小土地出租者	14	35	355.90	10.16	165.60	4.73
其他	14	64	—	—	128.00	—
祠堂、寺庙、公学田	—	—	814.80	—	170.00	—
合计	7369	33580	85273.00	2.54	85273.00	—

说明：人均占有土地数按当时实际人口计算

二、互助合作

农业生产互助组 土改后，农民分得土地，种田积极性空前高涨，但由于贫困农户底子薄，缺乏农具，资金不足，无力抵御自然灾害，生产发展受到限制。丘陵地区农村中又出现土地买卖、放贷、雇工等现象。为帮助农民摆脱困难，新城、龙河引导农民组织起来，发展生产，按照“自愿、互利、等价交换”的原则，走互助合作道路。1951年春，新城区古都乡伍庆宝、朱金贵、姚庆人3个临时季节性互助组成立。4月，仪征县第一个常年互助组——张文年互助组在古都乡王庄建立。全组12户，整半劳力44人，耕地122亩。1952年春，新城区全面开展互助合作化运动，并派出工作组到各乡指导工作。至年底，成立互助组337个，其中，常年互助组129个，入组农户5055户，占全区农户总数的54.57%。凌桥区成立互助组249个，其中，常年互助组44个，参加互助组农户1753户，占全区农户总数的23.7%。张文年互助组当年创办爱国丰产示范田15.6亩，粮食全年产量6.32吨，平均亩产405公斤，比单干户平均年产亩产230公斤，增产76%，充分体现互助合作集体生产的优势，再加上有政府的支持，信用社、供销社财力、物力上的帮助，使单干户看到参加互助组的好处，要求参加互助组的农户不断增加。1953年春，新城区互助组有404个，其中常年互助组280个，有68%的农户参加互助组。

初级农业生产合作社 1953年4月，古都乡凤麟农业生产合作社成立。该社为仪征县第一个初级农业生产合作社，由张文年、伍庆宝两个互助组合并建成，共18户83人，有39个整劳力，208.9亩耕地。是年5月，凌桥区首个马家营初级农业生产合作社在三官乡成立。1954年4月13日，凤麟社和其他8个常年互助组组成古都农业生产合作社，全社128户634人，耕地1231亩，按自然村庄划分6个生产队、13个生产小组。至年末，新城区初级社发展到230个，入社农户5717户。1955年年底，有初级社252个，入社农户7957户，占农户总数的93%，入社耕地69972.91亩。凌桥区有初级社179个，入社农户6895户，占农户总数的95%，入社耕地81560亩。

在初级社里，以土地、大型农具、耕牛入股分红，统一经营管理，劳动力评工记分。在收益分配上除提取1%~4%的公益金外，一般定产部分劳动报酬占55%，土地分红占45%，超产部分按劳分配。在初级社发展过程中，有些地方出现违背自愿互利的原则，出现强迫入社和侵犯农民利益现象。按照县委要求，各区乡党委（党支部）对初级社进行整顿，由初级社向高级社过渡。

高级农业生产合作社 1956年年初，县委部署试办高级农业生产合作社。高级社是以土地和其他主要生产资料公有制为特征的社会主义性质的农业合作组织。古都乡作为新城区试点单位，经过制订章程，取消土地分红，大型农具、耕牛及生产资料折价入社等程序办成高级社。入社农户1148户5002人，耕地面积11205亩，分设14个生产队，每个生产队下设2~5个作业组，固定耕作区。实行按劳分配。1957年春，新城乡高级社发展到18个，入社农户6565户，占全乡农户总数的90.8%。龙河乡有高级社8个，入社农户3366户，占全乡农户总数的88%。由于在建办高级社过程中工作粗放，不少新建社出现生产秩序混乱，出工不出力现象。当年进行全面整顿，以生产队为单位，建立财务制度，自负盈亏。新城乡推广二闸农业社“三包一奖”（包工、包成本、包产、超产奖励）到组的生产责任制。整顿后的高级社贯彻执行民主办社、勤俭办社、社队分权、分级管理的方针，高级社得到巩固提高。至此，新城、龙河基本完成农业社会主义改造，农业生产开始稳步发展。1957年，两乡粮食总产量15153吨，比1956年增产12.7%。

三、人民公社

1958年7月，县委在新城乡试点，由古都、二闸、罗庄、大楼4个农业社和旧港农场组建成立仪征县第一个人民公社——卫星人民公社，有农户2143户，耕地1.8万亩。随后全县掀起大办人民公社热潮。9月18日，新城人民公社成立，接着，龙河人民公社也成立。10月初，全县13个人民公社合并为5个大公社，新城公社属滨江人民公社，龙河公社属白羊山人民公社，不久又恢复为原13个公社建制。

人民公社集地方行政权和经营管理权为一体，实行政社合一。建社初期，人民公社体现"一大二公"的优越性，即规模大，社会主义公有化程度高。新城人民公社由18个高级社合并而成，公社下设生产大队和生产队。原定以生产大队为核算单位，但实际上是由公社统一经营，统一指挥，推行"一平二调"（穷队和富队拉平、无偿调用生产队和社员生产生活资料、无偿调用劳动力），刮起"五风"（共产风、命令风、瞎指挥风、浮夸风、干部特殊风）。在劳动组合上，实行军事化管理，开展"大兵团"作战，"大跃进"式生产竞赛。一些社队干部说大话，讲空话，盲目提出"水稻亩产3000斤，皮棉亩产500斤"等超越生产力水平的高指标。砍树木、垒土炉大炼钢铁，对农业生产造成人为影响和干扰。在经济管理上，以公社为核算单位，实行半供给制和工资制相结合的分配制度。10月开始大办公共食堂，社员吃饭不要钱。当年秋后起，连续三年遭受旱灾，1960年，新城、龙河粮食总产减少到11364吨，仅为1957年的75%。农业生产急转直下，人民生活水平持续下降，以致一些人因营养不良患浮肿病，甚至因缺少食物发生非正常死亡。1961年4月，贯彻中共中央《关于农村人民公社工作条例》（即六十条）和《关于改变农村人民公社基本核算单位问题的指示》，各社调整生产队规模，并进行以生产队为基本核算单位的试点。1962年，确立"三级（公社、大队、生产队）所有，生产队为基础"，以生产队为基本核算单位的管理体制。同时，纠正社队干部思想，工作作风上的弊端，清退平调的集体、个人财产，解散集体食堂，落实社员自留地政策，允许社员发展家庭副业。当年粮食总产量比1960年增长11%，农业生产逐步恢复发展。1963年8月起，相继开展"清账目，清仓库，清财务，清工分"四清运动，农村经济逐步恢复活力。1965年，新城公社粮食总产16045吨，比1960年增产6719吨，增产72.05%。

1966年"文化大革命"开始后，普遍开展"农业学大寨"运动，用"突出政治"取代按经济规律办事，批判"工分挂帅""物质刺激"，采取"一心为公劳动，自报公议工分"的大寨式记工方法。强调"以粮为纲"，忽视多种经营生产，家庭副业被当作"资本主义尾巴"割掉。1974年，县委"农业学大寨"工作队进驻龙河公社，进行"基本路线"教育，批判集体经济和社员中的"资本主义倾向"，基本上废除生产责任制，结果出现"上工一窝蜂，干活大呼隆"现象，严重挫伤农民生产积极性，造成农业生产长期停滞，徘徊不前。

1976年"文化大革命"结束后，在县委部署下，新城、龙河相继整顿人民公社，恢复"三基本"（做基本工、投基本肥与吃基本口粮挂钩）和劳动定额管理，建立健全各项规章制度。在重视粮食生产的同时，积极发展多种经营，生产效益有所提高，但同工不能同酬，分配不合理的问题没有根本解决，影响农民生产积极性的发挥和农业生产的发展。1983年5月，农村体制改革，撤销人民公社，改为乡（镇）村建制。

四、农村经济体制改革

首轮土地家庭联产承包责任制 1978年，中共十一届三中全会召开后，新城、龙河农村干部群众积极探索农村改革的路子。1980年春，新城公社在越江二闸生产队试行大段包工、联产到组生产责任制，实行“两基本”（基本工、基本肥）“三承包”（包工日、包成本、包产量）。但收益分配仍然是“大锅饭”，群众积极性不高。1981年9月，新华大队黄庄、周庄两个生产队率先搞起包干到户联产计酬责任制，推行“五定”（定劳力或人口、定田块、定产量、定成本、定工日）、“二全”（全奖全赔）生产责任制。收获的粮食农户完成国家征购，上交集体提留后，剩下的全部归己，深受农民欢迎。1982年，包产到户家庭承包责任制全面推开，在土地公有制的前提下，生产队把耕地按劳力和人口比例承包到户，按承包耕地面积完成国家粮油征购、农业税和上缴集体公积金、公益金、管理费后，其余部分全部归农民自己所有。取消“大锅饭”，国家、集体、个人三者利益明晰，激发农民生产积极性。当年新城公社实行包产到户的有249个生产队，占全社生产队总数94%；龙河公社包产到户的有332个生产队，占生产队总数92%。1983年，全面推行土地包产到户，新城、龙河土地家庭联产承包责任制普及率达100%。至此，“大包干”成为农业生产责任制的定型模式，促进农业生产发展，粮食产量显著提高。当年新城粮食总产量比1980年增产3774吨，增长21.07%；龙河增产3576吨，增长19%。1984年，县政府颁发“承包土地使用证”，明确承包期限15年不变。1989年，贯彻落实市政府《关于完善土地承包责任制的意见》，不断规范完善土地承包关系。1997年，首轮土地承包责任制到期。

第二轮家庭联产承包责任制 1998年，新城镇和龙河乡本着“大稳定、小调整”的原则，部署第二轮土地承包工作。新城镇有土地承包农户8320户，承包耕地23666.3亩，其中调出土地农户1036户，面积868亩，调进土地851户，面积756亩。龙河乡有土地承包农户5065户，承包耕地19428亩，其中调出土地农户927户，面积675亩，调进土地农户791户，调进面积574亩。当年年底，农户签订承包合同，承包经营期30年不变。县政府发放“农村集体土地承包经营证书”。新城镇证书发放率达95.4%，龙河乡达86.7%。

土地使用权流转 80年代中后期，农村劳力逐步向第二、三产业转移，不少青壮年农民外出打工或经商，新城、龙河两乡出现耕地抛荒，始有农户间代耕代种，后有种植大户承包土地，实行产业化经营。2000年后，随着农业结构调整和农业产业化经营步伐加快，新城镇政府引导农民在家庭承包土地制度不变，自愿、有偿的原则下，由村委会牵头，与农户协商一致签订合同，进行土地使用权适度流转，发展蔬菜、果树、苗木花卉等产业化基地和龙头企业。2006~2008年，新北村先后流转后双、宝塔、张庄、孙庄等7个村民小组土地1016亩建成仪征市绿篱无公害蔬菜新城生产基地。2008年年底，全镇流转土地3316亩，建成产业化基地及企业7家。2009年9月，镇政府印发《关于全面推进农村土地流转工作的实施意见》，进一步完善土地流转机制，规范前期土地流转手续。各村通过调查摸底，在不改变土地农业用途和保障农民合法权益的前提下，对流转的地块面积核定后，与农户签订全镇统一的文本合同。土地流转年限以3年以上或二轮土地承包期限为限，并立卷、归档，建立台账。2012年，全镇流转土地7320亩，建成新西缘休闲农庄、翔飞食用菌生产基地、绿海生态园、康圣玫瑰园、黑土地蔬菜种植基地，中良苗木基地、润扬种业良种繁育基地等产业化基地和企业30多家。至2012年年底，全镇累计流转土地10636亩，占承包土地总量的25.6%。

农村经济合作组织 2000年4月，林果茶场加入仪征市绿杨春茶叶协会，以后，随着农业产业化经营和土地流转机制的建立，农产品生产基地、镇农技农机部门、农民专业大户、高效农业示范园等单位组建的各类农村经济合作组织先后成立。经济合作社制订章程，规范运作，采取保底分红、固定分红等形式确保入股农户基本利益。2006~2008年，新北村天顺蔬菜土地股份专业合作社入社农户175户，入股土地1016亩，当年农民获得分红款96.7万元，并逐年递增。2008年，镇农技站、农机站牵头组建心诚植保合作社和鑫诚、金禾、三茅3个农机合作社以及诚成机械插秧合作社，共有社员880人。植保合作社在农技站的指导下，实行“统防统治”。农机合作社与农机站签订合同，划定作业区域，统一耕作标准、统一作业价格、统一调配机械，社员之间相互协作，保质保量完成农田作业任务，深受农民欢迎。新北永顺蔬菜合作社、三茅翔飞食用菌合作社成立后，入社农户可自愿参加生产经营或承包大棚种植，获得利润分红，增加收入。至2012年，全镇共成立农村经济合作社65家（经工商部门登记的专业合作社42家），其中专业合作社52家，社区股份合作社13家。入社农民2.87万人，带动农户1.52万户，占全镇农户总数98%。

图10–2 郁桥村经济合作社成立大会场景（摄于2011年）

第二节 农业生产条件

一、土 地

2012年，新城土地总面积101796.15亩，土地种类有耕地、林地和水域等。按当年年末人口计算，人均土地占有量为2.12亩。

耕 地 1950年，新城区、凌桥区共有耕地165106亩（因当年土地面积以区统计，无乡镇数据，此数据供参考）。1960年，新城公社有耕地45380亩，龙河公社55572亩。1970年，新城公社有耕田38492亩，龙河公社52650亩。1982年，新城公社有耕地35776亩，龙河公社48227亩，与1960年相比，新城公社耕地减少9604亩，龙河公社减少7345亩。1983~2006年，行政区划调整频繁，耕地增减变化较大。2007年，全镇耕地59569亩，2012年，耕地53088亩，比2007年减少6481亩。耕地减少的主要原因是，行政区划调整，兴建水利、交通、工业和城镇建设事业，以及退耕还林等。

耕地中水田和旱田比例，1960年，新城公社水田41254亩，旱地4126亩，分别占耕地总面积90.91%和9.09%。龙河公社水田38316亩，旱地17256亩，分别占耕地总面积68.95%和31.05%。随着水利电灌建设事业的发展，耕作制度的改革，水田面积不断扩大。1996年，新城镇有水田29463亩，旱地2853亩，分别占耕地总面积91.17%和8.83%。龙河乡水田21007亩，旱地2221亩，分别占耕地总面积90.44%和9.56%。2012年，全镇有水田42870亩，旱地10218亩，分别占耕地总面积80.75%和19.25%。

林地 水域 1984年统计，新城、龙河共有林地977.4亩，园地1415.25亩，草地320.7亩，水域15909.9亩，田埂1963.8亩。至2012年，林地增至1129.2亩，园地为4251亩，草地353.1亩，水域15008.1亩、田埂1942.65亩。

二、劳动力

历史上，新城、龙河农业人口中的劳动力主要从事农业耕作和畜禽养殖，尤以种植业为主。1960年，新城公社有农业劳动力11632人，占农业人口总数的34%，平均每个劳动力负担耕地3.9亩。龙河公社有农业劳动力6761人，占农业人口总数的29%，平均每个劳动力负担耕地8.2亩。1970年，新城公社有农业劳动力14241人，占农业总人口数的46%，平均每个劳动力负担耕地2.7亩。龙河公社有农业劳动力16069人，占农业总人口数的45.9%，平均每个劳动力负担耕地3.28亩。1983年，新城乡有农业劳动力14989人，占农业人口总数的43.6%，平均每个劳力负担2.38亩。在农村劳动力中，从事纯农业生产的8967人，从事林牧副渔的360人，从事乡村工业的2609人，从事建筑业的1337人，分别占劳动力总数的59.82%、2.4%、17.41%和8.92%。龙河乡有农业劳动力8219人，占农业人口总数的37.2%，平均每个劳动力负担耕地3.13亩。其中，劳动力从事纯农业生产的6043人，从事林牧副渔的194人，从事乡村工业生产的526人，从事建筑业768人，分别占劳动力总数的73.52%、2.36%、6.4%和9.34%。2012年，全镇农业劳动力总数24731人，占农业人口总数的56%，平均每个劳动力负担耕地1.99亩。劳动力中，从事种植业生产的3609人，从事林牧渔业的620人，从事工业的6025人，从事建筑业的4462人，从事第三产业的10015人，分别占劳动力总数的14.59%、2.51%、24.36%、18.04%和40.5%。

三、农用机具

耕作机具 新城地区传统农田耕作农具有木犁、木耙等，以牛耕为主。耕牛有水牛、黄牛。圩田用水牛，旱田用黄牛。一头牛一天耕田2~3亩，耕深7厘米左右。1950年土改时，新城区有耕牛1440头。1960年，新城公社有水牛1157头、黄牛4头，龙河公社有水牛1402头、黄牛39头，平均每个生产队有耕牛3~5头。70年代起，耕牛数量逐年减少。1983年，新城乡仍有耕牛458头，龙河乡456头，主要用于犁墒，水稻田栽秧前耱平和边角田耕作。1986年后，耕牛很少使用。

50年代，引进双轮双铧犁，因不适用未能推广。1958年大搞"绞关化"，用人力推动绞关牵引犁头深翻，破坏耕作层，费工费时，浪费财物，后被废弃。

1967年，新城公社新北、新华、大兴3个大队率先购买"工农-7"型手扶拖拉机共4台。1972年，新城公社农机站引进第1台"铁牛54"大型拖拉机，随后增加2台"丰收35"中型拖拉机，先后进行耕作示范。农机站举办多期手扶拖拉机手培训班。手扶拖拉机的配套机具有双铧犁、旋耕机、播种机、三麦破垡盖籽机、开沟机等。相比之下，手扶拖拉机比大中型拖拉机操作方便，使用灵活，并能一机多用，得到迅速推广使用。1986年，新城乡拥有大中型拖拉机8台，手扶拖拉机489台，龙河乡有大中型拖拉机2台，手扶拖拉机205台。机耕面积共计5.59万亩，占耕地面积91%。2000年后，大中型拖拉机配套的反旋灭茬耕作机具开始试用，该机耕地质量好，作业效率高，其最大的优点能把稻麦秸秆通过机械反旋土壤覆盖还田，深度达10~12厘米，培肥熟化土壤。2002年起，实施购买大中型高性能农机具除国家补助资金30%外，镇政府再补贴部分的惠农政策，推动大中型拖拉机的广泛使用。2008年，鑫诚、金禾、三茅3个农机合作社拥有大中型拖拉机39台。2012年，全镇有大中型拖拉机及配套的反旋灭茬机具51台，机耕面积占耕种面积的85%。

图10-3　水牛耕田
（摄于1985年）

图10-4　机械耕作
（摄于2010年）

种植机具　传统水稻种植多为人工栽插，一个劳动力每天栽插0.45亩左右。50年代后期，社队大搞农机具改革，仿造和试用插秧机，但未能普及推广。此后，插秧机在试验和应用中不断探索发展。2001~2004年，新城镇分别在蒲新、凌桥村进行高性能手扶式插秧机的示范操作，其性能效率、增产效果等得到市农业部门的检验与认可。为解决机插秧苗问题，新城镇逐步建立"统一育秧，统一管理，统一机插"的机械插秧市场化服务模式，机插秧面积逐年增加。2012年，全镇有插秧机18台，机插秧面积8000亩左右。

图10-5　人工插秧
（摄于1985年）

图10-6　机械插秧
（摄于2009年）

传统三麦播种多采用人工撒播。1984年，与手扶拖拉机配套的条播机在新城、龙河开始推广使用，因具有碎垡、播种、盖籽一体化作业功能，优点明显，被推广使用。2000年后，播种机改进为集施肥、旋耕、条播、盖籽为一体的高性能播种机，逐步被农民接受。2012年，全镇拥有大中型拖拉机配套的高性能条播机4部，小型条播机13部，机播面积达5000亩左右。

图10-7　传统收割农具镰刀（摄于1985年）

排灌机具　木制水车是当地传统的农田排灌工具，分为人力水车和畜力水车两种。每部水车每天可灌溉农田5亩左右。60年代末期水车仍在使用。1962年，新城公社有牛力水车65部，人力水车1190部，龙河公社有人力水车869部。1958~1959年，新城大兴站、三将站使用内燃机带动水泵抽水排灌，后机改电。1960~1961年，通新集电灌站和烟袋山电灌站建成后，提引龙河水上山灌溉。此后，电力排灌站逐年增加。70年代，新城农机厂开始生产农用水泵，在生产队使用。2012年，新城镇拥有电力排灌站59座，装机83台套3350千瓦，总流量23.17立方米/秒。另还有组级小型电灌站300座左右，动力1600千瓦。电力排灌农田5万亩，占耕地总面积的96%。

图10-8　脱粒农具连枷（摄于1985年）

收割、脱粒机具　传统收割农具有镰刀，脱粒农具有掼床、掼桶、连枷和石磙。农业合作化时期，改革创新脱粒农具，铁制和木制滚筒式脚踏脱粒机先后在新城、龙河农机厂问世，并开始在生产队使用，脱粒效果较好。60年代开始使用机动脱粒机和电动脱粒机，脱粒效果更好。70年代后期，全面使用稻麦两用滚筒式脱粒机。1983年，新城乡有脱粒机609台，龙河乡290台，平均每个生产队有脱粒机2~3台，基本实现稻麦脱粒机械化。

图10-9　石　滚（摄于1985年）

90年代初，新城、龙河曾有农户使用手扶拖拉机驱动的稻麦收割机，后因质量问题，很快被停用。1995年，新城农机站引进2台桂林3号中型联合收割机进行示范推广，效果很好，随后，桃坞、金桥、新北、越江、三茅等村农户纷纷购买使用。2002年，越江村杨姓农民率先购买久保田高性能履带式联合收割机。此后高性能联合收割机在镇内迅速推广使用。2012年，全镇拥有联

图10-10　大型联合收割机（摄于2011年）

合收割机29台，基本实现稻麦收割机械化。

植保机具　解放前，防治农作物病虫害主要靠人工捕捉和灯火诱灭。50年代后期开始使用人工喷雾器，但不普及。60年代，开始使用人力单管压缩喷雾器。70年代，改为手动背负式喷雾器，亦有手摇喷粉器。1980年，新城公社有喷雾（粉）器703台，龙河公社683台。1983年后，推广使用背负式机动弥雾机。由于防治效果好，加上政府对购机给予资金补贴，弥雾机拥有量逐年增加。此后，随着新式植保机具的出现，很快涌现出一批植保专业户。2008年，新城镇心诚植保专业合作社成立，拥有植保机械73台套，实行植保“统防统治”。2012年，全镇有弥雾机367台，静电式喷雾器205台，担架式喷雾机12台，总计植保机械584台（套）。

农用运输机具　农村传统的农业运输工具主要有扁担、木制独轮车，也有小木船。解放后，50年代以木轮平板车为主，60年代开始使用充气胶轮平板车，因省工省力、工效高，逐步取代独轮车，但田头运输仍用扁担肩挑为主。60年代后期，手扶拖拉机和大中型拖拉机配备拖车，用于农用运输。2000年后，开始使用三轮车、电动三轮车。2012年，全镇登记在册的农用运输拖拉机298辆。

第三节　种　子

一、主要品种及演变

水　稻　民国时期，均为农家品种。其中，当家品种有百叶籼、五天齐、胡皮籼等，糯稻品种有小红糯，麻鸡糯，还有江西晚（九月寒）晚熟籼稻。解放后，水稻品种演变先后经历土种改良种、籼改粳、高改矮，常规稻改杂交稻和抗病品种的推广使用。

土改良　1957年，古都乡引进中农4号、胜利籼良种，种植3500亩，均比土种稻增产20%，同时还引进江阴早、小瓜稻等新品种，土种逐渐淘汰。60年代起，水稻品种基本实现良种化。

籼改粳　1956年，古都农业社引进老来青粳稻品种种植100亩，因高产质优，很快扩大种植面积。1962年新城公社、龙河公社引进农垦58、香粳糯。1965年，新城公社引进金南风粳稻种子645公斤，当年粳稻种植面积占水稻总面积的50%。70年代，因双季稻面积扩大及南京11号高产籼稻品种引进，粳稻面积减少。2000年前主要有盐粳2号、武育粳3号。2000年后，改种武运粳3号、淮稻9号、淮稻10号。2008年后，引种南粳44、武运粳23等优质高产品种。2012年，全镇粳稻种植面积占水稻总面积的60%。

高改矮　60年代后，陆续引进矮脚南特号、南京6号、珍珠矮、团粒矮等品种，基本实现矮秆化。

单改双　1969年，新城公社引进矮南早1号1000公斤作为双季早稻的品种，后又引进原丰早、广陆矮4号。后作稻品种有沪选19、南粳33、武农早等。

常规稻改杂交稻 1976年，开始试种杂交稻。1978年，新城公社种植南优2号杂交稻6726亩，龙河公社8946亩。80年代，汕优3号，汕优6号取代南优2号。90年代，汕优63扩大种植面积。1990年以后，杂交稻组合有协优63、协优507，主要特点是优质、高产、抗病，适用于大面积水稻生产。2000年后，长粒型杂交稻新组合替代米质较差的团粒型组合。其组合有Ⅱ优084，协优332。2008年，引进超级杂交稻两优0293、丫两优1号新组合。2012年，全镇超级杂交稻种植面积达1万亩。

引进抗病品种 1980年后，先后引进抗白叶枯病的品种有扬稻1号、扬稻2号、大治2号等。2005年，引进抗条纹叶枯病的早熟晚粳宁粳1号。2012年，糯稻种植品种主要以扬辐糯2号、扬辐糯4号为主，种植面积约2250亩，占水稻总面积的0.53%。

三 麦 民国时期，大元麦品种有三月黄、六绫子、马尾、烂芒麦；小麦品种有和尚头、大子黄、紫杆子等农家土种。1952年，开始引种金大2405良种。60年代，引进大麦214、小麦吉利、华东6号，为当家品种。70年代，大麦早熟3号、小麦宁夏3号、扬麦1号、扬麦2号等品种大面积引种。80年代，小麦当家品种为扬麦3号。90年代，小麦主要种植品种有扬麦5号、扬麦11号、扬麦158号，大麦已很少种植，元麦被淘汰。2000年后，新城镇被列为长江中下游地区弱筋小麦生产优势区域，改种优质弱筋小麦扬麦13号、扬麦15号、宁麦9号、宁麦13号等品种。

油 菜 解放前及50年代初，当地农民种植的是土种麻芥菜。农业合作化时，先后引种兴化油菜、胜利油菜等新品种。80年代，推广沪油203，以宁油7号甘蓝型油菜为当家品种。90年代后期，逐步引种“双低”（低芥酸、低硫苷）油菜。1998年，大兴村率先引种“双低”油菜秦油7号350亩。2000年以后，以油研8号、油研9号、秦油7号、秦油10号“双低”油菜为当家品种。至此，全镇油菜种植基本使用“双低”优质化新品种。

棉 花 60年代，棉花种植品种为岱字棉8号。1963年，引进岱字棉15号，在其后20多年中一直为棉花主要种植品种。

图10-11 “双低”油菜 （摄于2009年）

二、良种繁育和杂交制种

良种繁育 解放前后，当地农民用种都是自选、自留、自换。农业合作化后，确立“四自一辅”（自选、自繁、自留、自用、辅助必要调剂）的种子繁育方法，但种子混杂、退化情况日趋严重。1974年后，新城、龙河四级农业科学实验网建立，逐步形成县、公社两级供种，即由县农科所进行种子提纯复壮生产原种后，提供给大队农科队负责繁殖大田用种，生产队不再留种。1976年，新城公社有14个大队农科队，育种耕地1128.5亩，占耕地总面积的3.1%，每年繁育良种400多吨。龙河公社有20个大队农科队，育种耕地1318亩，占耕地总面积的2.6%，每年繁育良种450吨。生产队用种80%由农科队提供，种子纯度显著提高。1980年，粮食生产使用的种子纯度达标准的种植面积占95%。1983年后，农科队解散。除杂交稻、油菜种子由县（市）种子公司供应外，其他农作物种子大部分均由农户自留、自用1~2年。90年代初，市种子公司在越江、东升等村集中连片繁育良种4000多亩，产种1650吨。2006年，桃坞、冷红等村小麦良种繁育面积达2000多亩。2008年，江苏润扬种业集团公司在桃坞村落户，桃坞村麻庄、凡庄、周庄、唐庄420亩农田被列为水稻、小麦原种繁育基地，年繁育良种400多吨。

杂交制种 1977~1983年，县种子公司供应雄性不育系母本和父本原种，各大队农科队承担杂交稻制种任务。新城、龙河公社每年制种面积合计400~500亩，亩产100公斤左右，用种自给有余。由于制种田块隔离区达不到要求，杂株率较高，平均达4%。1983年后，制种体制发生变化，新城、龙河不再从事杂交稻制种，杂交稻种全部从其他地区调进。

第四节 农业生产技术

一、栽培技术

水 稻 首先是培育壮秧。水育秧是新城传统的育秧方式，秧池没有沟畦，水耕水耙，灌深水，播种密，倒芽烂秧严重，成苗率低。50年代后期，开始在秧池中开沟做合式秧池，后推行落谷后“泥塌头”（将稻谷塌入泥土中）。60年代后期，全面实行通气式湿润育秧，其操作方式是：秧池拉绳开沟，翻土晒垡，施足基肥，细碎土块，挑高填低，施好面肥，泼浇泥浆，均匀播种，塌谷盖籽，秧苗素质得到大幅度提高，并开始推广落谷稀播新技术。1968年5月12日，农民水稻专家陈永康来新城公社新华大队徐庄生产队现场演示水稻育秧“落谷稀播”技术。70年代，双季稻大面积种植时，为赶季节，推行塑料薄膜育秧、两段育秧。1992年，新城镇试验“肥床旱育”秧，这是育秧方式的重大变革。该技术节水、节工、节省秧池，操作方便，增产效果明显，1995年后迅速普及，普及率达90%，并有塑盘育秧抛栽技术在生产上得到应用。2000年后，推行水稻旱直播技术，种植面积迅速扩大，占水稻面积的30%。2001年后，机插软盘育秧逐年扩大。2012年，全镇主要育秧方式有肥床旱育和机插软盘育秧两种。

图10-12 软盘育秧（摄于2010年）

其次是播种期与播种量。双季稻前作稻塑料薄膜育秧3月底至4月初播种，5月上旬移栽；露地育秧4月10日左右播种，5月中旬移栽。单季早稻，4月下旬播种，5月下旬移栽。中稻、杂交稻5月上旬播种，6月10日以后移栽。单季晚稻5月上中旬播种，6月中旬移栽。双季后作稻6月中旬至7月上旬播种，立秋前移栽。历史上育秧粗放，播种量很大，每亩250公斤左右。60年代，播种量降至每亩100公斤左右。70年代，推广足肥稀播育壮秧，播种量又降至40~50公斤。分蘖性强的品种，播种量每亩25公斤左右。杂交稻每亩播量13公斤。由于育秧技术的改进，播种量下降，秧苗每株带蘖增加，秧壮茎粗，为水稻高产奠定基础。

第三是栽秧方式。历史上大株密植乱插棵的水稻栽插方式一直延续到50年代，基本苗多，栽插深，管理粗放，穗型小，产量不高。60年代，推行"对六棵"拉绳子栽秧，每亩栽2万~2.5万穴、20万~30万基本株。70年代，推行宽行窄距小株栽插，每亩3万穴、25万株基本苗。杂交稻单本或双本栽插，行距放宽，每亩栽插2万穴。1996年，新城镇塑盘育秧抛栽面积2800亩，旱育秧抛栽面积1860亩。2001年后，机械化插秧面积增加。2012年，机插面积达到0.80万亩。水稻旱直播面积达30%，其余面积为人工栽插。

最后是大田管理。60年代，推广陈永康的"三黄三黑""二黄二黑"水稻栽培技术，是以水稻从营养生长到生殖生长过程中不同时期人为的控制叶片颜色的变化为特征，形成"前期浅水勤灌，适时追肥，中期搁田，后期养稻"的水肥运用技术。1983年推广优培法。主要技术要点是：选用优良品种，培育适龄带蘖壮秧，建立合理的高光效群体结构，根据水稻的生育进程和群体动态进行水肥促控，结合"叶龄模式"，形成水稻栽培技术的新体系；充分发挥各种内在的增产优势，又能与生态相互协调，稳产高产，降低物质消耗，取得较高的经济效益。2000年后，全镇推广应用精确定量栽培技术，以追求品质、降低农药残留量为标准，实施"高产、优质、高效、生态、安全"比较简化的先进栽培技术。经过几年试验示范，2007年7月建成万亩优质稻米生产基地，形成集优良品种使用、测土配方施肥、病虫草害综合防控、机械化种植为一体的现代栽培技术体系，并通过江苏省优质稻米无公害农产品认证。2011年，新城三茅生态园建有500亩精确定量栽培示范区。

三 麦 解放前，三麦基本处于原始种植状况，因劳力畜力不足，不能按时播种。解放后，新城地区种植的小麦多为春性品种，播种期一般在10月25日至11月5日，每亩基本苗控制在15万~16万株。60年代后，播种期基本做到"霜降两边麦"，并适当增加播种量，每亩18~20公斤。同时改耕耙为两耕一耙，先耕一次晒垡，让草出苗，再行一次耕翻，灭草种麦。并挖田间横竖墒沟，人工碎垡盖籽。70年代，耕耙地质量提高，施肥量增加，以及依靠分蘖成穗、争大穗（即小群体、壮个体、高积累）等高产技术措施的推广，播种量又减少到每亩13~15公斤。同时推广播后抗旱窨水，促进三麦苗齐苗壮。70年代后，盖籽机普遍应用，播种质量进一步提高，以磷、钾肥1∶0.5的比例做基肥，每亩施纯氮肥16公斤，按基肥、苗肥、拔节孕穗肥7∶1∶2运用，配套沟系，抗旱降渍。小麦生长后期，抓好赤霉病、白粉病、穗蚜防治。80年代，推广免（少）耕种麦。1982年，龙河乡示范面积5000亩，均比常规麦增产。免（少）耕是在稻板田上直接播种，开沟碎垡盖籽，也有用旋耕机打田，撒播后机盖籽，也有使用播种机播种。免（少）耕省工、省本，苗齐、苗壮，产量高。1990年后，新城、龙河免（少）耕种植面积达

80%以上。2000年后，集施肥、播种、盖籽为一体的小麦种植机械逐步推广应用，同时反旋灭茬机使水稻秸秆还田，为免（少）耕麦种植提供便利条件。2012年，全镇小麦免（少）耕面积占小麦总面积的98%。

油　菜　50年代及其之前，油菜种植多为“犁花片”上撒种直播，不施肥，不间苗，望天收，产量低，亩产25公斤左右。60年代开始，推广育苗移栽和稀播足肥适龄壮苗栽种技术，播种期为9月中下旬。80年代，提倡培育有绿叶6~7片的大壮苗移栽，苗床每亩播种量0.5公斤，并普遍施用磷肥。为防止油菜花期不实，苗床每亩施硼砂0.5公斤。菜苗高2.5厘米、根茎粗7毫米、单株鲜重35克左右时移栽，大田密度每亩1万~1.2万株。并改先种麦后栽菜为先栽菜后种麦，边栽油菜边种麦，栽完油菜种完麦的栽种方法，充分利用冬前温光资源，保证壮苗越冬。1995年后，苗床每亩施壮秧剂40公斤得到广泛应用。2002年以来，主推省工节本的轻简直播栽培技术，机械条播，板茬移栽。播种期为9月底至10月上旬，每亩播种0.2~0.3公斤。移栽期为10月10日至11月5日。甘蓝型油菜每亩密度0.85万株左右为宜。肥料运筹上掌握“施足基肥，巧施苗肥，重施抽苔肥，补施淋花肥，普施硼肥”的原则，“秋发、冬壮、春稳、活熟”。2012年，全镇油菜平均亩产140公斤，高产田亩产达210公斤。

棉　花　1965年前零星种植，不整枝，不治虫，管理粗放。1966年后，开始整枝，治虫，合理密植，中耕除草等技术措施逐步实行，种植方式仍为直播。70年代，开始推行营养钵育苗移栽。1982年，试验地膜平铺直播，比露地直播增产10%，后被广泛应用。直播时间4月10日左右，麦套棉4月底播种，营养钵育苗移栽的3月中下旬播种，地膜覆盖直播的3月底至4月初播种。直播密度为每亩4000株，移栽每亩3000株。1985年以后，种植面积大幅度减少。2012年，零星种植，仍采用传统的种植方法。

二、施肥技术

有机肥料　解放前后，农田施肥均为农家肥，主要是人粪尿，猪粪、垃圾、草木灰、锅土等。同时，春罱河泥，冬挖塘泥用作三麦基肥，或在田头挖汪沤制草塘泥作有机肥料。50年代后期，引种绿肥紫云英、苕子，占耕地面积20%左右，亩产鲜草2000公斤，耕翻淹青可作水稻基肥，或沤制草塘泥。“大跃进”时期，还挖“千脚土”，拆墙土作肥料。1965年，引进“三水一萍”（水浮莲、水花生、水葫芦、绿萍）用作肥料。90年代，用菜籽饼作有机肥料，肥效长，无污染。

化学肥料　氮素不足是制约农作物产量提高的重要因素。60年代初，开始施用化肥硫酸铵（肥田粉）、氨水，以后逐步施用碳酸氢铵、尿素。每亩施用0.5公斤碳铵可增产稻谷3公斤左右。为提高施肥效果，采用碳铵深施、穴施技术。70年代后，大面积施用化肥。1980年，新城乡使用化肥4816吨，龙河乡2561吨，平均每亩使用碳铵100公斤。1984年，推广以施用复合肥料为中心的平衡施肥法，经氮、磷、钾元素复配形成多元素肥料，一次使用可基本满足农作物对磷、钾元素的需求，再通过追施氮肥来补充氮素的不足。高含量复合肥氮、磷、钾有效成分比例为15∶15∶15。复合肥料也有不足之处，主要是配比单一，不能适应农作物在不同区域、不同土壤类型对不同养分的需求。90年代，推广科学施肥技术。水稻每亩用肥量折纯氮为12.5公斤左右，采用“前促、中控、后补”技术，其中基肥占65%、分蘖肥占20%、平衡肥占10%、穗肥占5%。三麦肥料运用是基肥足、苗肥早、返青肥控，其中基肥占40%，腊肥占40%，拔节肥占20%。无磷不栽菜，磷肥是提高油菜产量的关键，磷肥使用逐渐由油菜扩展到水稻、三麦和棉花，每亩用磷酸钙35公斤左右。2000年后，开始推广测土配方施肥技术，具体包括测土、配方、配肥、供肥、施肥指导5个环节。市农业部门经过对新城镇域耕地地力调查和质量评估，通过“3S”信息技术进行肥料试验，获得不同区域不同农作物的配方参数，建立测土配方施肥技术体系，研制出小麦、水稻等作物的专用配方肥料，制订出不同配方区域地块的施肥方案。同时建立咨询系统，农户可以通过图表卡、电脑终端、触摸屏、掌上电脑等多种查询方式得到自己种植田块的相关信息，购买相应的配方肥料并按方施肥。施用测土配方肥料后，作物产量一般提高5%以上，既减少肥料浪费，又保护生态环境。2012年，全镇测土配方施肥推广运用面积达40%以上。

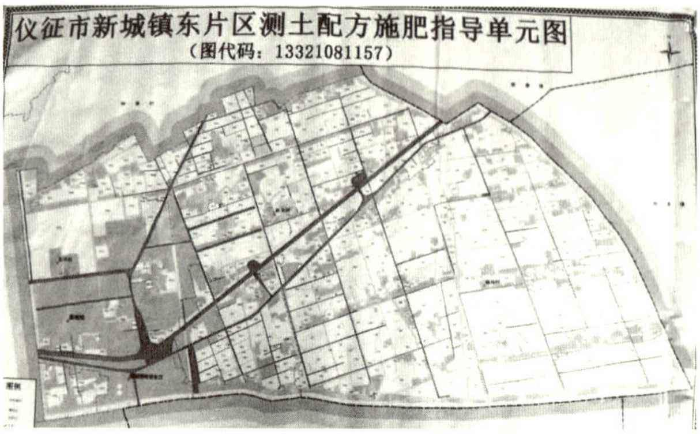

图10–13　测土配方施肥指导图

三、病虫害防治

历史上，境内农作物病虫害常有发生，旧县志有“虫伤稼”“飞蝗蔽天”的记载。农民对病虫害束手无策，常以许愿、请道士行“青苗会”祈求消灾。解放后，政府推行各项防治措施，建立病虫测报站和防治队伍。50年代，开始使用“六六六”粉农药治虫。70年代，各种农药应运而生，防治水平不断提高。80年代后，化肥用量增加，农作物生长旺盛，气候变暖，导致各种病虫、草害频发。各级政府、植保部门推行使用抗性品种、轮茬等综合措施，同时使用高效、低毒、低残留新农药，有效控制病虫草害的发生。

图10–14　弥雾机喷洒农药（摄于2004年）

水　稻　新城地区水稻主要病虫害有三化螟、二化螟、大螟、纵卷叶螟、稻飞虱、稻蓟马、稻曲病、稻瘟病、纹枯病等。

三化螟　对水稻生长造成危害最严重，最高白穗率达60%，70年代前后均有较多发生。采用点灯诱蛾，人工采卵等方法防治。1954年，龙河乡赵庄黄桂兰互助组率先使用0.5%"六六六" 粉农药防治螟虫，效果明显。70年代后，大量使用杀虫醚、杀虫双农药，有效控制螟虫危害。同时采取中籼稻提前栽插，中粳迟栽等措施避开螟害周期。2000年后，开始使用氟虫腈、阿维菌素、三唑磷等高效、低毒农药。

稻飞虱 无性繁殖迁飞性害虫。新城地区常大面积爆发，造成水稻倒伏，减产五成以上。采用敌敌畏农药拌土熏蒸或有机磷乳剂兑水泼浇防治，效果较好。

白叶枯病 70~80年代初期为水稻常发性病害。1981年，林果大队韩塘、贾营生产队300多亩水稻发生白叶枯病，立即采取综合措施，首先杜绝菌源，培育无病壮秧，完善田间排灌系统，严禁串灌漫灌。发病田块及时用叶枯净、敌枯双农药喷雾防治。但仍有100多亩减产五成以上。1983年后，随着耕作制度的改变及大面积引种抗病品种和抗病杂交组合，白叶枯病基本得到控制，1990年后基本绝迹。

三 麦 黏虫、蚜虫、赤霉病是新城地区三麦主要病虫害，每年均有不同程度发生。

黏 虫 60年代至70年代初期，多采用糖醋酒混合制作成草把插在田间诱蛾排卵，或人工捉虫，压低虫口基数。1975年后，改用杀虫剂防治。

蚜 虫 主要危害小麦后期生长，影响灌浆结实，用乐果或蚍虫啉防治，效果较好。

赤霉病 严重影响产量和品质。1977年，龙河地区赤霉病大面积发生，病穗率高达40%，立即在三麦扬花灌浆阶段遇有3天以上阴雨天气，及时用多菌灵或多酮兑水喷雾，有效控制病害蔓延。

油 菜 油菜苗期主要危害有蚜虫、菜青虫，使用有机磷杀虫剂或蚍虫啉农药防治。后期菌核病常有发生，病株率达10%以上。在油菜初花期和盛花期用多菌灵农药分别喷防2次防治。近几年改用多酮农药，防效显著。

棉 花 红铃虫、棉铃虫、蚜虫、红蜘蛛，盲蝽蟓等是棉花主要害虫，可用乐果、甲胺磷杀虫剂兑水喷雾防治，效果较好。除此，加强田间管理，及时打边心、抹赘芽，清除田内外杂草，去除虫卵，压低虫口基数。棉花病害有炭疽病、枯萎病，可用多菌灵拌种，或苗期用波尔多液喷雾。若轮作3年以上，也能有效控制病害发生。

害草及鼠害 危害农作物生长的害草水稻有稗草、牛毛草、鸭舌草、三棱草、瓜皮草、球花碱草、眼子菜、鱼里肠、矮茨菇、四叶萍等。麦田有看麦娘、猪殃殃、繁缕、巢菜、荠菜。农民历来重视除草，传统方法是麦田锄薅手拔，稻田用耥耙和"打肉耙"（用手）除草。1973年，新城新华大队在玉兰生产队秧田中用除草醚进行化学除草试验，效果显著，迅速普及。以后，新一代除草剂出现，逐步扩大到麦田、油菜、旱谷、蔬菜除草，并从化除单子叶杂草扩大到双子叶杂草，化学除草效果在80%以上。90年代后，高效安全除草剂被普遍使用。稻田用乙草胺+苄嘧磺隆复配剂，麦田先用氯磺隆+甲磺隆复配剂，后改用磺酰脲类防除。

80年代后，田间鼠害加重。害鼠主要有褐家鼠、黑线姬鼠、黄胸鼠和小家鼠。1986年4月，市乡统一开展大规模化学灭鼠活动，新城乡、龙河乡农田投药8万亩，农房投药7000多间，灭鼠约30万只，挽回粮食损失约80吨。90年代，又开展两次较大规模灭鼠活动，田间投放灭鼠药800公斤，毒饵覆盖率达95%以上，灭鼠2万多只，鼠害减少。

第五节 种植业

境内种植业历史久远。清代到民国时期，新城地区已成“鱼米之乡”。新中国建立初期，圩区种水稻三麦，丘陵地区以种三麦、山芋、玉米及油料作物为主。1956年后耕作制度改革，一熟改两熟，旱田改水田。同时推广种子良种化，改进栽培、施肥技术，加强植物保护。1968年，新城和龙河粮食总产量增加到33510吨，平均亩产415.25公斤。1979年，新城水稻亩产498.5公斤，龙河为419公斤。2008年，水稻亩产503公斤。2012年为566公斤。在此期间，粮食、蔬菜、油料和其他经济作物等得到同步发展。

一、耕作制度

解放前，耕作制度有一年一熟和一年两熟两种。圩区低洼田和山区地势较低的冲田，每年只种一季水稻，收获后息田休耕。一熟制农田约占总耕地面积的15%，山区有水源的岗磅田，一年稻麦（油菜）两熟。缺乏水源的岗磅田三麦、油菜夏熟作物收获后，种秋熟大豆、玉米、山芋、芝麻、花生、绿豆等旱谷作物。解放后，大搞农田基本建设，推进耕作制度改革，建成高产稳产农田，既稳定粮食生产，又发展经济作物生产。

一熟改两熟 1956年后，通过兴修水利，将一年一熟的冬闲沤田改为一水（稻）一旱（三麦或绿肥）的两熟田。至1957年，新城公社、龙河公社共有一年两熟田近万亩，粮食年产量提高一倍。

单季早稻和晚稻 缩小中稻面积。1956年，新城乡古都农业社试种单季晚稻老来青100余亩，平均亩产400公斤，超过中稻产量。翌年单季晚稻种植面积增加到3361亩。1958年，单季早稻示范种植128亩。1964年，新城公社单季早稻和晚稻种植面积增加到16480亩，龙河公社种植面积达14641亩，分别占两公社水稻总面积的40%和34%。

旱田改水田 50年代，旱谷亩产仅100公斤左右，1961年以后，丘陵岗塝地经平整，由旱田改为水田，水稻种植面积不断扩大，旱谷杂粮种植面积缩小。至1978年，龙河公社旱改水面积10672亩，水稻亩产380公斤左右，经济效益明显提高。

两熟改三熟 1969年，新城公社林果、越江、新华三个大队试种双季稻96亩。麦收后再种双季稻，由两熟改为三熟。前作稻亩产357公斤，后作稻亩产251公斤，合计608公斤，比中稻亩产259公斤增产349公斤。1970年，新城公社双季稻面积为289亩，龙河公社130亩。1971年后，双季稻面积迅速扩大。1977年，新城公社双季稻面积16508亩，亩产391公斤，龙河公社18621亩，亩产402公斤。两公社双季稻亩产比中稻亩产增产86公斤。由于种植双季稻投工投资大，农活集中，劳力负担重，农民不愿意种植，认为“三三得九，不如二五得十”。加之1978年起，由于杂交水稻的推广，中稻产量迅速提高，农民普遍认为种双季稻比较效益低。于是从1979年后，双季稻面积不断缩小。1983年很少种植，1985年后停种。

轻简栽培 1994年起，新城镇、龙河乡大力推广水稻肥床旱育秧技术，同时推广旱育秧、塑盘育秧抛栽技术。1998年，新城镇、龙河乡水稻抛栽面积达万亩。2000年，全镇基本实现水稻育秧旱育化。2002年，水稻旱直播（或麦套稻）技术在生产上广泛应用，面积达1.2万亩。2004年后，机械插秧面积逐年扩大，2012年达8000余亩。

80年代后，推行三麦免（少）耕（或稻套麦）种植技术，约占种植面积的70%以上。2012年，全面采用免（少）耕方式。

图10–15 麦田播撒稻种 （摄于2007年）

二、粮食作物

有史以来，新城地区粮食作物的主要品种有水稻、小麦、元麦、蚕豆、豌豆、大豆、玉米、山芋、高粱、豇豆、绿豆等，以种植三麦、水稻为主。

图10–16 水稻丰产方 （摄于2008年）

水 稻 解放前，水稻产量低而不稳，亩产仅有100~120公斤。解放后，产量逐年提高。1957年，亩产提高到204公斤。1958~1962年，产量低而不稳。1963~1970年，产量逐年上升。1971~1978年水稻产量大幅度提高。1978年，新城公社种植水稻28949亩，亩产480.5公斤，总产13760吨。龙河公社39183亩，平均亩产410公斤，总产15713吨，比1962年增产1.91倍。1979~1998年，水稻单产持续提高。2012年，全镇水稻种植29479亩，亩产566公斤，总产16677吨，单位面积产量创历史新高。

三麦（小麦、大麦、元麦） 解放前，小麦广种薄收，亩产80公斤左右，大、元麦更低，每亩产量35~40公斤。农业合作化以后，产量逐步提高。1962年，新城公社种植小麦18312亩、大麦19190亩、元麦2167亩，亩产分别是104公斤、85.5公斤、90公斤，总产3764吨。龙河公社种植小麦18482亩、大麦19472亩、元麦2606亩，平均亩产67.3公斤，总产2729吨。1971年，小麦种植面积增加，大麦面积减少。新城公社小麦面积13429亩，亩产172.5公斤，大麦7252亩，亩产182.5公斤，元麦2339亩，亩产159公斤；龙河公社小麦面积12819亩，亩产110公斤，大麦10062亩，亩产87.5公斤，元麦3004亩，亩产92.5公斤。两公社三麦亩产分别比1962年增长83.68%、80.6%。1972年后，大麦种植逐步减少，小麦种植面积扩大。1984年，新城乡小麦种植面积23986亩，亩产255公斤；大麦面积950亩，亩产196.5公斤；元麦4809亩，亩产181.5公斤。龙河乡小麦种植15945亩，亩产239公斤；大麦面积2970亩，亩产192.5公斤。两乡小麦亩产分别比1971年增长44.99%、96.69%。1985年后，大元麦已很少种植，以种植小麦为主。2006年，新城镇在新北、桃坞两村建小麦千亩丰产方，亩产464公斤，攻关田亩产537.7公斤。2012年，全镇小麦种植23525亩，亩产351公斤，总产8260吨。

其他粮食作物 50年代，龙河地区有麦田夹种蚕豆、豌豆的习惯，而新城圩区，仅在十边隙地种植。蚕豆、豌豆的产量较低。1959年，龙河公社栽种山芋、玉米、大豆等旱谷19139亩，占秋熟作物总面积的23.5%。60年代，丘陵山区种植有山芋、玉米、大豆、高粱、豇豆、绿豆等秋熟旱谷作物，种植面积较大。70年代，旱谷作物种植逐步缩小。1996年，龙河乡旱谷种植1958亩，仅占秋熟作物总面积的9.3%。90年代后很少种植。

三、经济作物

油 料 油菜、花生、芝麻是新城地区长期种植的主要油料作物。1959年，新城公社种植油菜2646亩，亩产52公斤，占夏熟作物总面积的0.86%，种植花生、芝麻159亩。龙河公社油菜1608亩，亩产45公斤，占夏熟作物总面积的0.4%。种植花生、芝麻8576亩，占秋熟作物面积的15%。1972年后，油菜种植面积逐年递增，上升为主导油料作物，花生、芝麻种植逐步减少。1979年，新城、龙河计种植油菜6738亩，平均亩产74公斤，总产49.86吨。2000年，全镇油菜12794亩，亩产123公斤，总产1573.66吨，种植面积和亩产量均创历史记录。2007年后，油菜种植面积回落。2012年，全镇油菜面积6542亩，亩产140公斤，总产915.88吨。芝麻、花生仅在零星坡地、十边隙地少量种植。

棉 花 60年代前，新城、龙河均零星种植棉花，产量很低。1955年，龙河乡种植70亩，亩产皮棉12.2公斤。1966年起，政府大力发展棉花生产，种植面积迅速扩大，亩产有所提高。1967年，新城公社种植1577亩，龙河公社2335亩，亩产皮棉分别是38.5公斤、18.5公斤。1977年，新城、龙河共种植4075亩，平均亩产皮棉47.75公斤，总产皮棉194.58吨。1982年后，种植面积大幅减少。1985年后仅有农户零星种植。

席 草 70年代，新城从朴席公社引进席草种植，形成席草种植、编织、销售一条龙的副业生产项目。1973年，新城公社金桥大队、东升大队种植86亩，龙河公社凌桥大队、勤丰大队种植53亩。1974年后，席草种植面积逐年扩大。1981年，新城公社种植739亩，产席草179.50吨。龙河公社种植面积326亩，产席草115.25吨。1983年后，种植面积回落。1990年后，市场草席滞销，种植面积急剧下降。1991年，新城、龙河乡仅零星种植126亩。2000年后无席草种植。

四、蔬 菜

新城地区蔬菜品种丰富，主要品种有青菜、乌菜、菠菜、紫菜、韭菜、芹菜、苋菜、芥菜、莴苣、茼蒿、芫荽、萝卜、茄子、辣椒、大葱、大蒜、番茄、架豆、豇豆、豌豆苗、黄瓜、丝瓜、笋瓜、冬瓜、南瓜、菜瓜等，以及藕、菱角、茭白、茨菇、荸荠、水芹等水生蔬菜，还有洲芹、马兰头、枸杞头、芦蒿、茭儿菜、鲜笋、菊花脑、香椿头、荠菜等野生蔬菜。历史以来，农民有“家前屋后，种菜种豆”的传统，除自食外，少量出售。70年代，新城冷红、龙河街胜蔬菜队种植的新鲜蔬菜就近供应集镇市场。80年代中后期，出现以种植经营蔬菜的专业户。1985年，新城乡商品性菜地增至3196亩，其中砖桥、三将、冷红等村常年菜地1282亩，年产蔬菜4254吨。1988年，龙河乡丁冲村200亩蔬菜生产基地建成，1998年，通过完善设施，又连片发展菜地300亩，常年生产蔬菜供应市场。冷红村藕种植面积达800亩。2006年，仪征市绿色无公害蔬菜生产试验场在新北村落户，面积300亩，翌年扩大至1000亩，先后制订青菜、番茄、黄瓜、草莓等10多个品种的蔬菜生产技术规程和产品质量标准，经省农林厅、省食品安全监督局联合认证为无公害农产品，获得“绿篱”商标。试验场采用“企业+基地+农户”的运作模式，年产蔬菜2980吨，产值810多万元。2011年，因建设需要，菜地减至200亩。同年，桃坞村建成蔬菜基地110亩，年产蔬菜310吨，产值81万元。三茅村建成食用菌生产基地100亩，年产香菇、金针菇500吨。2012年，三茅生态农业园区一期蔬菜基地400亩，完成泵房、钢架大棚、喷滴灌基础设施安装，被列为省蔬菜基地建设工程。2012年，全镇蔬菜种植累计复种面积8478亩，产量34981吨。其中冷红村茨菇种植610亩。

图10-17　冷红村茨菇　（摄于2009年）

1960~2012年新城镇（含原龙河乡）粮食播种面积、产量统计表

表10-4

年份	夏粮						秋粮					
	播种面积（亩）		亩产（公斤）		总产（吨）		播种面积（亩）		亩产（公斤）		总产（吨）	
	新城	龙河	新城	龙河	新城	龙河	新城	龙河	新城	龙河	新城	龙河
1960	36658	38618	80.50	61.50	2950	2375	43631	47702	146.00	102.00	6376	4865
1961	38163	40619	93.00	64.00	3549	2599	43969	47448	142.50	106.00	6269	5029
1962	39669	40560	95.00	67.00	3764	2729	44296	47195	150.00	110.00	6644	5191
1963	41606	41437	63.50	43.50	2653	1802	47045	48210	180.00	178.00	8468	8581
1964	39109	37957	99.50	43.00	3776	1633	45874	49500	234.50	209.00	11607	8581
1965	35000	34230	140.50	81.00	4915	2770	44703	46178	249.00	230.50	11130	10640
1966	29525	29417	122.50	76.00	3620	2240	43982	43977	272.50	258.50	11985	11360
1967	31865	28351	145.50	101.00	4640	2860	46013	42205	259.00	293.00	11925	12375

续表 10-4

年份	夏粮						秋粮					
	播种面积（亩）		亩产（公斤）		总产（吨）		播种面积（亩）		亩产（公斤）		总产（吨）	
	新城	龙河	新城	龙河	新城	龙河	新城	龙河	新城	龙河	新城	龙河
1968	33832	27857	159.00	110.00	5375	3065	45816	43623	266.50	295.00	12205	12865
1969	33732	27590	131.50	92.50	4470	2550	43814	44966	249.50	292.00	10930	13135
1970	25850	24696	134.50	99.00	3610	2440	34799	44836	200.50	273.50	6985	12260
1971	23020	27762	174.50	121.00	4012	3353	34540	43009	304.00	332.00	10501	14270
1972	23413	26089	142.00	99.50	3331	2596	34363	44401	294.00	306.50	10054	13599
1973	23268	24924	136.50	93.00	3182	2319	32472	42567	365.50	373.00	11956	15872
1974	22799	23299	192.50	121.00	4429	2814	31750	41072	345.00	350.00	10963	14379
1975	22651	22955	202.50	126.00	4604	2894	30758	40967	323.00	330.00	10252	13529
1976	22724	23425	213.00	129.00	4846	3020	31423	41041	360.50	354.50	11332	14531
1977	22859	23507	118.00	100.00	2698	2346	30995	39116	341.00	331.50	10566	12971
1978	22272	24476	260.50	165.50	5798	4061	28949	39183	480.50	410.00	13760	15713
1979	21834	25971	313.50	213.00	6847	5528	27983	38186	498.50	418.00	13953	15972
1980	21868	27184	310.00	210.50	6779	5719	27985	35937	398.00	363.00	11135	13036
1981	21836	26109	224.00	189.50	4865	4948	28088	36347	448.00	381.50	12578	13866
1982	22394	29284	293.50	244.00	6568	7141	29577	37922	384.00	400.50	11365	15188
1983	28083	17620	233.50	224.00	6561	3950	36532	21959	414.00	437.00	15127	9594
1984	29745	18915	253.00	238.00	7511	4499	34768	20777	430.00	434.00	14957	9007
1985	28762	18036	222.00	222.00	6395	4012	33809	21860	458.00	419.00	15488	9152
1986	28046	18262	285.00	243.00	7999	4443	32889	20686	469.00	446.00	15438	9220
1987	27738	17779	240.00	233.00	6643	4151	34728	23629	478.00	414.00	16592	9637
1988	28263	18687	263.00	236.00	7425	4419	34545	23316	474.00	401.00	16313	9408
1989	28110	18519	221.00	212.00	6201	3930	34627	23402	495.00	435.00	17141	10188
1990	28046	19094	229.00	220.00	6417	4203	34771	23115	456.00	406.00	15865	9383
1991	27837	18014	180.00	163.00	5024	2934	34475	23144	386.00	374.00	13306	8650
1992	27192	15697	236.00	237.00	6412	3723	33426	22371	422.00	396.00	14098	8861
1993	24183	16047	211.00	215.00	5101	3443	29393	19528	471.00	459.00	13846	8959
1994	22856	16400	229.00	225.00	5233	3682	30864	21476	414.00	349.00	12780	7485
1995	23031	16476	233.00	198.00	5375	3270	30771	20778	455.00	369.00	14006	7680
1996	23363	17046	288.00	249.00	6728	4246	30474	21054	438.00	394.00	13366	8305
1997	23892	17285	273.00	276.00	6525	4784	29764	21013	427.00	334.00	12706	7028
1998	23908	17306	151.00	147.00	3615	2546	29894	21490	487.00	497.00	14561	10675
1999	23582	17260	294.00	254.00	6924	4380	29530	20739	451.00	440.00	13304	9132

续表10-4

年份	夏粮			秋粮		
	播种面积（亩）	亩产（公斤）	总产（吨）	播种面积（亩）	亩产（公斤）	总产（吨）
2000	39455	242	9802	58270	428	24953
2001	32781	212	6955	51869	448	23259
2002	33758	230	7760	51750	448	23170
2003	32613	198	6463	51199	343	17579
2004	32260	286	8215	53195	412	21903
2005	38895	322	12509	55116	392	21578
2006	26478	339	8974	39544	425	16823
2007	25766	352	9071	39273	441	17325
2008	27585	352	9705	38509	503	19365
2009	29189	352	10303	37571	512	19242
2010	29771	334	9937	35449	495	17548
2011	28280	341	9659	29301	543	15920
2012	23525	351	8260	29479	566	16677

第六节 林果桑

一、植树造林

新城地区历史上森林茂密，林木以松栎为主。然历经战火，特别是日军占领新城后，林木遭到严重破坏。新中国成立初，蜀冈一带仅存次生林1000多亩。经过长期植树造林，森林覆盖面逐年增加。2012年，全镇森林覆盖率达19.2%。

成片造林 解放后，政府重视植树造林，农业合作化后，曾组织民工在蜀冈地区栽植马尾松、黑松、山槐等树种2000多亩。1961年，龙河公社在山地成片造林813亩。1970年，马坝、丁冲、人民等大队造林343亩。1977年，街胜、周营、三茅等大队栽植杉木林300多亩。1990年春，新城乡在江滩以林代芦灭螺，栽植意杨林550亩。1999年春，新城镇在河堤上植树和成片造林累计面积1000多亩，当年被扬州市评为绿化造林先进镇。2000年后，镇政府大力推进绿化造林，

图10-18 共青团员植树造林 （摄于2008年）

至2003年，成片林达1400亩，主要分布在主干公路两侧绿化带和丁冲、马坝、凌桥村内的疏林坡地。2008~2009年，新增造林面积2511亩。其中丁冲村绿化林木2230亩，森林覆盖率达28%。2012年，全镇林地19543亩（包括“四旁”绿化、堤路绿化、农田林网），森林覆盖率19.2%。

堤、路绿化 60年代，公路两旁开始绿化。仪扬公路、仪圩曹公路两旁栽杨柳树，后改植白杨树，绿化长度32千米。70年代，仪扬河、龙河、梅家沟等河道疏浚后，沿堤栽3~5排水杉或白杨树。2003年，宁通高速公路沿线营造景观林349亩，仪圩曹公路沿线累计造林591亩。2005年，宁启铁路沿线植树造林500亩。2012年，乡村道路绿化79.6千米。

农田林网 70年代，农田方整化后沿机耕路两旁各栽一排水杉、池杉或白杨，实现农田林网化。2001年，马坝冲小流域综合治理后，林网植树250亩。2007年，官胜、凌桥村土地整理后林网植树1.78万株。2011年，三茅村农田林网植树3770株。

“四旁”植树 历史上农民有在家前屋后及沟塘边栽种树木的习惯，主要有柳、槐、榆、桑、朴树等乡土树种。“大跃进”时期“一平二调”，成材树木被砍伐殆尽。60年代后，贯彻落实“谁栽树谁拥有”的政策，“四旁”植树迅速恢复。70年代改植水杉、意杨居多。80年代后，香樟、银杏等树亦有栽种，也有少数农户栽种小面积竹林。2012年，“四旁”绿化占全镇林木总蓄积量的15%左右。

二、果 树

清代，新城沿仪扬河堤植有成片桃树，规模壮观，“新城桃坞”成为著名的“真州八景”之一。据《仪征农林志》记载，新城桃坞面积约1300多亩，有蟠桃、水蜜桃、六月白等品种，至新中国成立前后，还有成片桃园200多亩。50年代初，新城、龙河一带有果树30多种，其中，花红、冷红牙枣（马枣）、三官板栗均是当地名特产。农民在家前屋后、十边地栽植桃、梨、李、杏、柿等果树，但大多不成林。1984年，龙河乡马坝村开垦荒山，种植桃树200亩。1987年扩展到500亩，品种以杨桃系列为主。80年代末，出现毁果林改农田现象，仅存桃园150亩。1992~1997年，马坝村因地制宜，进行丘陵山区农业综合项目的开发，经几年努力，栽植板栗1100亩、桃180亩、梨210亩，年产鲜果210吨，成为全市最大的果树村。2000年10月25日，中国林业科学院在马坝村召开现场会，推广丘陵山区综合治理发展果树林的做法。2003年后，因种植板栗、桃等经济效益不高，面积逐年下降。2009年11月，桃坞村创建绿海生态园，培植优质葡萄178亩，另栽植桃、枣树22亩。2011年挂果，年产葡萄230吨，其他果品12吨。2012年，全镇有成片果园238亩、葡萄园410亩，散生果树1.65万株，年产果品583吨。

三、苗木 花卉

苗 木 70年代，龙河公社丁冲、周营、三茅、官胜等大队辟有苗圃131亩，培育水杉、白杨等品种。1983年后，有农户、个体户开始培育绿化苗木，面积约80亩。1984年，林果花木场成立，面积98亩，引进江都曹王园艺场花木培育技术，当年种植龙柏、雪松、广玉兰、蜡梅、春梅、桂花等幼苗20多种。之后又扦插比利时杜鹃幼苗10万株，成为全县首家村级花木苗圃场。1995年，增加培育垂柳、板栗、意杨等苗木，同时扩建银杏园10亩，产品销往扬州、仪征等地。2011年，因建设征地花木场被拆除。2008年，外地郭姓老板在丁冲村投资500万元，新建花木基地200亩，以培育鸡爪槭、红枫为主。至2012年，丁冲、周营、官胜、桃坞等村先后兴建苗木花卉基地共计1340亩。培育品种主要有香樟、栾树、榉树、广玉兰、紫薇、桂花、樱花等。

花 卉 境内花卉品种较多，村民常在住宅院内外栽植月季、栀子花、石榴、蔷薇、桂花、梅花等。清时，白沙翠竹江村曾植有名贵花卉芙蓉、海棠等。1984年，林果村花木场开始引种花卉，1995年，建温房100平方米，培育茶花、蜡梅、杜鹃、菊花、仙客来、铁树、牡丹、芍药、兰花、文竹等花卉及盆景。2000年后，镇内有花木基地7家，培植广玉兰、紫薇、茶花、玫瑰、桂花、梅花、海棠、杜鹃等花卉30多种。至2012年，培育、销售花卉31万株。

古银杏树简介 境内历史上古树颇多，多毁于战火或人为砍伐，现仅存三官庙古银杏树两株。1株在庙前，此树植于明永乐年间（1403~1424年），树龄约600年。清太平天国时被火烧后复活，后又遭雷击，造成主干中空，从中又长出1株银杏，被称为“怀中抱子”，树干高约17米，树冠投影占地1亩以上，枝叶繁茂。另1株在庙院内，树龄约有138年。

图10–19 三官庙古银杏树（摄于2010年）

四、蚕 桑

清嘉庆年间，仪征县令劝导乡民栽桑养蚕。民国时期，新城、龙河地区已是仪征蚕茧重要产区。一般农户庄前屋后栽桑树，沙河两岸亦栽桑树，养蚕成为当地农家的传统。养蚕以春蚕为主，夏秋蚕较少。解放后，政府重视发展蚕桑业。1953年，马坝村有桑园400多亩，家家栽桑、户户养蚕，年产蚕茧8吨。1954年，龙河地区栽植实生桑苗5万多株。农业合作化时期，组织集体养蚕。1958年，龙河公社有桑园800多亩，养春蚕种645张，产茧19.8吨。“大跃进”时期，大部分桑园被毁。1960年，新城公社仅存桑园40亩，龙河公社200亩。1965年，蚕桑业得到恢复，新城公社郁桥、三将、砖桥、林果等大队沿蜀冈一线栽种成片桑林368亩。龙河公社凌桥、周营、官胜、马坝等大队栽桑1000多亩。养蚕成为集体经济的重要来源。县驻社蚕桑技术员指导社员采用起接法嫁接湖桑苗，桑叶的产量品质得到提升，蚕茧产量提高。当年龙河公社建有蚕桑场，新城公社林果、郁桥、古一大队相继成立蚕桑专业队。1971年，新城公社有桑园401亩，龙河公社有桑园1500亩，共计产茧58吨。1981年，龙河公社凌桥大队团结生产队有桑园32亩，养蚕种120张，产茧3.1吨，获得桑田亩产蚕茧97公斤的高产。1983年后，桑园面积逐年减少。1987年，新城乡桑园减少到92亩，龙河乡仅有381亩，全年蚕茧总产量28吨。90年代后，新城镇已很少有农户养蚕，龙河乡桑园主要集中在凌桥、官胜、周营3个村。1992年蚕茧价格上涨，1995年龙河乡桑园增加到650亩，养蚕种626张，产茧43.8吨。1997年后蚕茧价格下滑，农民毁桑还田。2003年，全镇仅有桑园60多亩。2012年，镇内已无蚕桑业。

第七节　茶　叶

一、生产概况

1983年，林果村开始播种茶树种150亩。1992年，郁桥村新建茶园180亩。1994年，丁冲村种茶树250亩，并逐年扩大种植面积。2006年，全镇茶园面积1230亩，以“鸠坑”“福鼎”大白茶为主，少量龙井系列，年产茶30吨，产值1000多万元。茶叶除销售当地外，外销扬州市及周边县市。2010年，因建设需要，茶园被征用550亩。2012年，全镇有茶园680亩，年产茶叶15.8吨。

二、企业选介

林果茶场　1983年筹建，属村办集体企业。当年从杭州引种“鸠坑”150亩，1987年，初产茶150公斤。1992年，茶园扩大至480亩，产茶7吨，产值160多万元。2001年，改制为私营企业，采用茶场+农户的管理模式，茶场指导生产技术，农户每户管理3~5亩茶树，定量保质按时向茶场上缴鲜叶，茶场按规程标准操作制茶。其生产的旗枪、银毫、碧螺春，外形齐整，色泽翠绿、汤色清澈、清香醇厚、品质上乘，当年在仪征市优质绿茶评比中获一级炒青第一名。

坡山茶场　1992年建立，位于郁桥村刘庄组，为村办集体企业。茶园面积180亩，2003年，增至500亩，以生产“绿扬春”绿茶为主，年产茶8吨，产值200多万元。2002年，秀峰牌茶叶获江苏省陆羽杯一等奖、全国中茶杯特等奖，为扬州市知名品牌。2003年，改制后转为私营企业。2010年，因土地被征用而停办。

图10-20　坡山茶园（摄于2005年）

第八节　养殖业

一、家　畜

猪　解放前，新城、龙河地区农户养猪成传统，除自家食用，少量出售，增加家庭收入，还可积造农家肥。生猪品种，以土种猪为主，均为家养散放。解放后，养猪业得到恢复发展，成为农村多种经营重点项目。1957年，农业生产合作社帮助社员选留种母猪，引进和推广"约克夏"猪种。1958年，公社和生产大队兴办猪场16个。其中新城古一、林果及龙河三茅等大队办起号称万头猪场。因集体养猪设施差，饲料不足，疫病防治跟不上，生猪发病死亡率较高。翌年4月，生猪大量死亡，10多个猪场先后停办，生猪饲养量大幅下降。1961年初，贯彻养猪"公私并举，私养为主"的方针，奖售饲料粮，落实饲料地，生猪饲养量迅速回升。1965年，新城公社饲养量1.8万头，龙河公社1.9万头。1971年，邀请扬州农学院专家来新城指导母猪人工授精获得成功。1975年，郁桥大队合兴生产队因办有糖坊，利用糖糟作饲料，办起百头猪场，全年饲养156头，出栏102头，产值9140元。1976年，推行种母猪地方良种化，种公猪外血化，肥猪杂交一代化，配种人工授精化繁殖方法。1983年，推行联产承包责任制后，畜禽专业户和重点户迅速发展。当年，新城乡饲养量2.05万头，龙河乡1.71万头。1986年，推广生猪"四改一添"饲养方法，即改吊架子育肥为"一条龙"育肥，改土种猪为杂交良种猪，改单一饲料为混（配）合饲料，改传统饲料喂养为科学喂养，并加喂饲料添加剂，取得明显效果，生猪一般饲养4～6月即上市出售。1995年，通过品种改良，瘦肉型猪饲养技术得到广泛应用，养殖周期缩短，养猪效益进一步提高。1997年，新城镇睢氏三兄妹兴办农佳养殖场，规模化养猪万头。后因经营不善、市场滞销等原因，于2000年3月停办。1999年，新城镇生猪饲养量2.87万头、出栏2.04万头，龙河乡饲养量1.96万头、出栏1.06万头，饲养量分别比1983年增长40%和14.62%。2000年后，因养猪效益下降，养殖总量下滑，但规模养殖大户增至8家。2007年，全镇饲养量1.74万头。2010年后，许多农民住进集中居住区，养猪减少，生猪饲养量再次下滑。2012年，养猪场13家，养猪0.21万头，种母猪场2家，能繁母猪56头。全年饲养量1.08万头。

图10-21　凌桥养猪场（摄于2011年）

牛　农民传统养牛主要用于耕田耙地、役用。解放前后，牛的饲养量维持在约每3户饲养1头。农业合作化后，耕牛折价入股，由农户代养。公社化后，耕牛实行集体饲养。1960年，龙河公社有耕牛1441头，其中黄牛39头。1962年，新城公社有耕牛1161头，其中黄牛4头。因耕牛集体饲养不善，瘦弱死亡较多，当年恢复农户代养。农户十分精心，夏季喂青草、放牧，搭凉棚遮阴，夜晚泡“牛汪”（牛泡澡的泥浆塘），避免蚊虫叮咬；农忙和冬天加喂黄豆等精饲料，牛房断风雨，防潮湿，寒冬挂门帘搭草阁保暖。牛的繁殖原为自然交配，60年代后开始人工授精繁殖。1970年以后，农业机械逐步取代耕牛，耕牛存栏量逐年下降。1985年，新城乡有耕牛157头，龙河乡373头。随后，耕牛锐减，农民转养菜牛。1998年，新城镇从安徽蒙城购进肉用黄牛26头分由农户饲养示范。2000年4月，扬州大学教授王宗元在越江村建奶牛场，饲养美加奶牛26头，日产奶500多公斤，其示范效应带动新城奶牛业的兴起。2001年，东升村、红旗村相继建起奶牛场2家，饲养黑白花奶牛计128头。2012年，马坝等村少数农户养有肉牛，年末存栏36头。

羊 解放前，新城丘陵地区养羊户较多，亦有农户猪羊混养，但饲养数量较少，多为土种山羊。解放后，养羊户逐渐增加。1968年，新城公社集体养羊11只，龙河公社121只。1983年后，出现了养羊专业户，每户养羊30~50只。1988年，金桥村蔡姓农民饲养波尔山羊35只，自繁自养，年饲养量100只左右。2003年，新北村徐姓农民养羊86只。2011年，镇内有养羊专业户3户，年养羊400多只。2012年，全镇羊饲养量586只。

马属动物 据清道光《仪征县志》记载，在新城有马场，还有陈公塘、陈公塘西、破山口等马场，同时还有牧马草场。这些马均为战马。民国时期，养马、驴、骡主要用于驮运货物、代步或农役。土改前，新城区统计有驴250头、骡3匹、马1匹。凌桥区数字不详。解放后，驴、骡已逐渐减少。80年代，新城、龙河有驴28头，骡1匹，用于运输建筑材料。2000年后，驴已很少见到。2012年，三将村有自繁自养食用驴11头。

兔 丘陵地区农户有养兔的习惯，每户养七八只左右。1963年，龙河公社养兔306只。1976年，两公社饲养量达1272只，其中新城公社饲养130只。80年代，兔毛价格上升，农户养兔数量增加，郁桥万庄杨姓农民养兔百只，率先成为养兔专业户。1983年，新城乡养兔162只，龙河乡养兔2410只。90年代后，养兔数量逐年减少。2012年，郁桥村万庄杨姓农民饲养长毛兔350只。

二、家 禽

新城地区农家有饲养家禽习惯，世代传承，是农村重要的家庭副业，尤以养鸡为多。传统家禽品种有草鸡、白鹅、麻鸭。解放后，家禽饲养兴旺发展，无户不养鸡，处处见鹅鸭。农民靠养鸡生蛋换取生活日用品，是农家的“小银行”。1961年，新城，龙河公社先后办起炕坊，当年生产苗禽12万只。1963年，新城公社养鸡2.5万只、鸭3300只、鹅1000只。龙河公社养鸡2.27万只、鸭1200只，鹅600只。“文化大革命”期间，农户饲养家禽被视作“资本主义尾巴”，禁养限养，饲养量下降。1978年后，农户养禽积极性高涨。新城桃坞、龙河街胜大队兴办炕坊，生产的苗禽不仅满足当地农户需求，还销往扬州、六合等地。1983年，新城乡养鸡14.22万只、鸭2.19万只、鹅2.4万只；龙河乡养鸡8.86万只，鸭1.2万只，鹅1.83万只。并涌现一批家禽养殖专业户（年养殖500只以上）。1985年，新城乡有养鸡专业户13户，养鸭专业户14户。1987年，马坝村周一组、余庄组有3户农民兴办家庭养鹅场，年饲养两季以上肉鹅，年出栏1.2万只，因品质较好，成为市场上的抢手货。1991年，新华村周庄组刘姓农民租场地建办养鸡场，年饲养量5000只，后扩大至10000只，1998年停办。1999年，新城镇家禽饲养量达60.74万只、出栏49.93万只，龙河乡饲养量33.76万只、出栏24.45万只，饲养量分别比1983年增长2.2倍和1.8倍。2000年后饲养量逐年下降，2012年，全镇家禽饲养量25.08万只。

图10-22 坡山养鸡场（摄于2007年）

三、特种养殖

鸽与鹌鹑 80年代，先后有农户饲养肉鸽、鹌鹑等。1986年，新北村孙庄有农户常年养肉鸽300多只。2007年，林果村有外来专业户投资建办种鸽场，常年饲养种鸽1600对、信鸽1000只。2008年，新北村由丁姓老板建成鹌鹑养殖场，年饲养量15万只，出栏10万只。2012年年底，全镇存栏肉鸽、种鸽2500只，鹌鹑2万只。

蜂 解放前，有少数农户养蜜蜂产蜜。1963年，龙河公社街胜大队农户养蜂4箱。1979年，新城公社林果大队农户养蜂5箱。1987年，龙河乡三官村解姓农户养蜂75箱，常年流动外地放养，年产蜂蜜2600公斤。此后20年中，官胜、三茅、越江、新华等村陆续有农户从事养蜂业，多在住地放蜂，数量不多。2012年后很少有农户养蜂。

四、疫病防治

解放前，当地牛瘟、猪瘟、鸡瘟等疫病经常发生，但没有畜禽疫病防治机构。解放后，政府重视家禽家畜疫病防治，设立兽医诊所。1962年，开展预防注射牛炭疽病疫苗、猪丹毒疫苗，试行鸡新城疫苗接种，家禽家畜疫病得到基本控制。1964年，各大队配备防疫员，形成三级畜禽疫病防治网。每年春秋两季，普遍实施畜禽集中防疫，国家免费提供疫苗、器具，组织社队兽医注射。1989年，猪瘟、猪口蹄疫、鸡新城疫苗、鸡法氏囊病、小鹅瘟防疫面达85%以上。80年代，实施资金统筹，畜禽“无病包防、有病包治”的服务经济承包责任制。90年代中期逐步改为“谁受益，谁负担”的原则，除免收疫苗费外，收取临诊治疗费。2003年，对防疫后的猪、牛、羊佩戴防疫耳标。2012年，全镇生猪口蹄疫病、禽流感等重大动物疫病免疫密度达100%。

五、水 产

鱼苗、成鱼养殖与捕捞 新城地区水源充沛，渔业发达，以鲢鱼、鲤鱼、草鱼、鲫鱼、河虾、黄鳝为大宗水产品，亦有螃蟹、甲鱼等珍稀水产品。仪扬河、龙河及其他沟河历代有渔民张网捕捞。清光绪三十二年（1906年），桃坞乡场坊（今冷红村）石姓农民制弶网50多条在仪泗河（原通江河道）弶捕长江鱼苗100多万尾。至民国35年（1946年），张弶农户发展到

73户，弶网2800多条，捕鱼苗3000多万尾，成为省内外著名的鱼苗产销地。解放后，弶捕鱼苗者甚多。农业合作化时期，冷红乡成立渔业队，建鱼池100亩，人工培育弶捕鱼苗。1963年，新城公社大楼大队发展鱼池350亩，年产鱼苗5000多万尾，销往全国各地。当年，新城公社还养殖成鱼580亩，龙河公社1182亩。由于喂料不多，养殖粗放，产量较低，每亩产鱼35公斤左右。70年代，弶捕鱼苗产量急剧下降，改为人工繁殖，成鱼交配后的精卵经人工孵化漂养鱼苗，俗称"漂鱼花"。1970年，龙河公社马坝大队成立鱼苗场，年产鱼苗150万尾。1976年，新城公社养鱼791亩，产量44.9吨。龙河公社养鱼1388亩，产量77.7吨。1983年后，鱼塘改由养鱼专业户承包，有的还增加设备，精养螃蟹、河虾等珍稀水产。1986年，新城乡水产养殖面积1794亩，总产量169吨，其中精养珍稀水产118亩，年产量20.6吨。龙河乡养鱼1224亩，年总产量98.9吨。1999年，新城镇水产养殖进入鼎盛时期，养殖面积2550亩，年产量382.5吨，其中甲壳类产量2.1吨。2000年后，因产业结构调整，水产养殖面积逐年下降，2008年水产面积2145亩，年产量469吨，平均每亩水面产量218.65公斤，单位面积产量创历史新高。2012年，全镇成鱼养殖1635亩，鱼苗池28亩，年产鱼苗30万尾。

休闲渔业 1979年，新城公社新北村唐姓农民从安徽芜湖引进观赏金鱼试养成功，以后逐年扩大养殖面积。1984年古老的捕鱼方式得到传承——用鱼鹰（鸬鹚）捕鱼。桃坞村赵姓农家自清末以来四代以鱼鹰捕鱼为生。1987年有鱼鹰近百只，年捕鱼约5吨，成为远近闻名的特种捕鱼专业户。90年代后，休闲渔业发展较快，新北、桃坞等村建有垂钓鱼塘280亩。2000年后，用鱼鹰捕鱼逐渐发展为鱼鹰捕鱼表演，成为水上旅游观赏项目。2008年后，丁冲村、马坝村先后有民营企业投资兴建新西缘休闲农庄、尚马休闲农庄，建有亭阁水榭，营造园林景观，开挖垂钓鱼池，配置垂钓设施，还设有餐馆客房。每逢节假日，成为人们休闲垂钓娱乐享受农家美食的好去处。2010年，桃坞村曹庄组建精养鱼池20亩，种类有观赏金鱼和锦鱼，年产20万~30万尾，产值约40万元。2012年，全镇可供旅游钓鱼面积360亩。休闲渔业年产值达到144万元。

第九节　产业化经营

一、发展概况

1978年改革开放后，新城镇在调整农业产业结构和转变增长方式中，引导农业向现代农业、高效农业转变，逐步实行农业产业化经营。2012年，全镇有农业产业化经营企业和基地30家，年产值6114万元。

二、企业选介

仪征市绿篱无公害蔬菜生产基地 2006年年初在新北村组建成立，属仪征市绿篱无公害蔬菜生产合作社，总经理姚善春。首批入社农户56户，流转土地300亩，实行经济合作社

+基地+农户的经营形式。社员参与生产经营。基地实行“五统一”管理方式，即统一种植方式、统一栽培管理、统一包装、统一品牌、统一销售。初期投资500万元，建设钢架大棚、衬砌斗渠、排灌设备等设施。以种植蔬菜、草莓和葡萄为主。并聘请3名农艺师，制订蔬菜生产技术规程和无公害产品质量标准。以施用有机肥为主，控制使用低毒生物农药。当年生产的草莓、青菜、大白菜、辣椒、茄子、西红柿、黄瓜等10多个品种被省级鉴定为无公害产品，获得“绿篱”商标。在市区设有绿篱无公害蔬菜销售专柜，受到消费者青睐，市场供不应求。2007年，再投资1500万元，扩大蔬菜种植规模，至2008年种植面积达1016亩，复种2~3茬，年产蔬菜2980吨，产值810万元。产品除供应仪征市场外，还销往扬州、淮安等地。2009年，基地获扬州市十佳高效农业园区先进单位称号。2011年，因建设需要，基地耕地被征用800亩。

图10-23 绿篱无公害蔬菜新北生产基地（摄于2007年）

仪征市绿海生态园 位于桃坞村姜庄和永庄组，建于2009年11月，总经理陈俊，注册资本490万元。当年投资500万元，应用数控化栽培技术，制订生产技术规程和产品质量标准，种植面积203亩，其中葡萄178亩，草莓、水蜜桃、冬枣25亩。2011年产鲜果250吨，产值280万元。生产的美人指、醉金香、黑香提等葡萄新品种，成为市场热销产品，经扬州批发市场远销南方城市。2012年，注册“田畅”商标，有员工12人，生产鲜果420吨，产值510万元。

仪征市翔飞食用菌专业合作社 位于三茅村中组，2011年9月建立，注册资本258万元，总经理李飞。当年投资300多万元，开发培植面积120亩，新建高架大棚60座、钢架大棚20座，从事香菇、双孢菇和秀珍菇的栽培、加工、制种、销售和菌种研发。还建有300立方米鲜菇储存冷库1座，有冷藏运输车1辆。实行“合作社+基地+农户”的生产模式，合作社提供技术指导，统一供种、统一管理、统一质量标准、统一销售，有社员126人，年产鲜菇1800吨。2012年，产值2000万元。产品除供应当地外，还销往常州、南京、扬州等大型超市和批发市场。

仪征市中良苗木种植基地 位于丁冲村张庄组，成立于2011年11月，为启东奥林苗木有限公司的分支单位，经理郭中良。当年投资150万元建成基地204亩，定植鸡爪槭、红枫、羽毛枫等名贵苗木4万多株，其中鸡爪槭占85%以上。2012年，有技术员1人，临时雇工20人。苗木生长茂盛，3~5年后可大量出售。

观赏鱼养殖专业户 1979年，新北大队唐庄唐福庆引进金鱼苗1000尾试养成功。经几年探索总结经验，不断扩展规模。1984年扩建鱼池3亩，添置设备，引进金鱼、锦鱼等新鱼种，自繁自养，年产观赏鱼5万尾。2010年迁址桃坞村曹庄组，建池20亩。2012年，生产红狮头、蝴蝶尾、黑龙眼、鹤顶红、锦鲤鱼、锦鲫鱼等20多万尾，其中红狮头、蝴蝶尾、锦红鲤名贵品种每尾价50元以上，年产值40万元，是目前仪征市唯一一家自繁、自养、自销观赏鱼的养殖场。

第十节 管理服务机构

一、镇农业技术推广站

1955年，新城、龙河地区农业技术推广工作由区农技站负责。1957年撤区并乡以及人民公社化后，都配有县派驻农业、蚕桑技术员。1975年，新城公社、龙河公社相继成立农业技术推广站，配备9名农业技术员，并有农业科学实验田600多亩。2000年，龙河乡农技站并入新城镇农技站，属事业单位。2003年农技站、农机站和多种经营服务站组建成立新城镇农业综合服务中心（仍保留原单位牌子）。农技站主要职能是推广农业新技术，优良品种的引进及配套技术的示范，指导农作物病虫草害防治，新农药、肥料推广前的试验等。2012年，该站有工作人员7人，其中高级农艺师2人、农艺师3人、助理农艺师2人，办公地址在新农东街新北花苑北，站长徐德金。

二、镇农业机械管理服务站

1968年，新城公社农机水电管理站成立，负责农机、电力的管理和水利建设。1976年3月，农机与水电分开，单独成立农业机械管理服务站。同年龙河公社农机站成立。均为事业单位性质，编制共7人，其中高级技工1人。主要职能是农业机械推广、操作示范，以及安装调试、安全操作和年审工作。2008年，工作重点转变为新型高性能农机具的推广和作业服务。2012年，该站有工作人员6人，办公地址在新农东街新北花苑北，站长赵国金。

三、镇多种经营服务站

1969年5月，新城、龙河公社先后成立多种经营领导小组。80年代，改称为多种经营服务公司。90年代，先后分设水产站、林业站。1998年，新城镇、龙河乡分别成立多种经营服务站。2000年，龙河乡多种经营服务站并入新城镇。2003年，镇多种经营服务站并入镇农业综合服务中心。2012年，该站有工作人员6人，其中农艺师3人、技术员1人，属事业单位。办公地址在镇政府大院内，站长朱庆友。

四、镇畜牧兽医站

1958年，新城公社兽医诊所成立，位于旧港通真观内。1962年10月，新城、龙河公社先后成立畜牧兽医站。2000年，龙河兽医站并入新城兽医站，有兽医5人，其中本科学历2人，大专2人，属市农委驻镇事业单位。其职能是畜禽疫病防治，畜禽检疫，推广畜禽养殖新技术，引进良种。通过人工授精，繁殖杂交猪。此外，还经营兽药，推广销售混合饲料。2012年，该站有工作人员4人，地址在新华村张庄组，站长江义早。

第十一章　工　业

新城手工业始于唐代，经过考古发掘，境内林果老虎山一带建有白沙窑群，烧制砖瓦。明清以后，龙河烧制陶器远近闻名。民国期间，新城、龙河出现以铁木竹店铺和“五小作坊”（碾坊、油坊、糟坊、粉坊、豆腐坊）为主的乡村手工业，但发展缓慢。解放初期，工业得到恢复和发展，先后成立铁木竹、缝纫和编织生产合作社。1958年“大跃进”时期，社办工业兴起。1960年，有社办工业26家，职工248人。之后，队办工业逐渐兴起，一批食品加工、砖瓦建材、电子电器、机械加工企业建成投产。1978年后，企业开展横向联合，挂靠大企业，引进技术和人才，生产开始上水平扩规模。80年代初，经过联合重组，工业发展渐入高峰期。1983年，推行厂长负责制，企业经营活力增强，推动社、队、组、联户和户办工业“五轮齐转”。1993年，两镇乡工业总产值首次超过亿元，达1.02亿元。1996年起，推行产权制度改革，工业发展步伐加快。2000年，逐步优化产业结构，形成机械制造、金属制品、冶金加工、建筑材料、塑料制品业等10个门类20多个行业，金属容器、钢结构、长毛绒玩具、机械产品、水泥制品等成为支柱产品。2001年，建立新城工业集中区，进驻企业55家，全镇工业产值增至5.4亿元。

图11-1　新城工业集中区鸟瞰图（摄于2010年）

2012年，全镇工业企业645家，实现产值92.04亿元、增加值21.45亿元、利税5.02亿元，年末固定资产原值20.91亿元，职工12217人，初步建成产业群体化、企业规模化、产品系列化的现代化工业重镇。

1970~2012年新城镇（含原龙河乡）工业主要经济指标统计表

表11-1

年份	企业数量（家）									职工人数（人）								
	合计	国有		集体				私营个体		合计	国有		集体				私营个体	
				镇（乡）办		村办							镇（乡）办		村办			
		新城	龙河	新城	龙河	新城	龙河	新城	龙河		新城	龙河	新城	龙河	新城	龙河	新城	龙河
1970	18	—	1	5	6	4	2	—	—	563	—	20	251	193	58	41	—	—

续表11-1

年份	企业数量（家）									职工人数（人）								
	合计	国有		集体				私营个体		合计	国有		集体				私营个体	
				镇（乡）办		村办							镇（乡）办		村办			
		新城	龙河	新城	龙河	新城	龙河	新城	龙河		新城	龙河	新城	龙河	新城	龙河	新城	龙河
1971	18	—	1	5	6	4	2	—	—	726	—	21	317	242	79	67	—	—
1972	21	—	1	5	6	6	3	—	—	914	—	22	367	277	136	112	—	—
1973	25	—	1	6	6	8	4	—	—	1318	—	23	526	305	244	220	—	—
1974	47	—	1	6	6	19	15	—	—	2128	—	23	769	371	489	476	—	—
1975	98	—	1	7	6	35	49	—	—	2878	—	22	865	481	912	598	—	—
1976	127	—	1	9	7	48	62	—	—	3621	—	26	1085	513	1150	847	—	—
1977	143	—	1	9	9	61	63	—	—	4198	—	30	1391	886	1048	843	—	—
1978	107	—	1	10	9	67	20	—	—	4561	—	24	1488	877	1088	1084	—	—
1979	109	—	1	12	10	65	21	—	—	4766	—	25	1511	981	1140	1109	—	—
1980	113	—	1	13	12	66	21	—	—	4998	—	26	1563	1102	1160	1147	—	—
1981	116	—	1	15	13	67	20	—	—	5479	—	28	1807	1122	1313	1209	—	—
1982	116	—	1	15	13	67	20	—	—	5442	—	28	1748	1056	1354	1256	—	—
1983	50	—	1	15	8	14	12	—	—	4293	—	29	1656	656	1588	364	—	—
1984	61	—	1	17	9	22	12	16	5	4741	—	25	1701	710	1698	389	72	146
1985	130	—	1	16	8	14	12	58	21	4971	—	23	1813	557	1994	314	130	140
1986	174	—	1	14	10	51	12	48	38	5883	—	20	1899	623	2549	319	235	238

年份	合计	集体				私营个体		合计	集体				私营个体	
		镇（乡）办		村办					镇（乡）办		村办			
		新城	龙河	新城	龙河	新城	龙河		新城	龙河	新城	龙河	新城	龙河
1987	358	14	12	53	63	130	86	7107	1873	697	2773	504	427	833
1988	406	19	13	48	92	140	94	7941	1937	712	3122	748	472	950
1989	344	19	13	40	54	126	92	5792	1779	572	1710	623	438	670
1990	330	15	12	33	43	132	95	5040	1760	625	1517	465	426	247
1991	302	15	10	41	39	137	60	5366	1841	772	1501	483	439	330
1992	288	19	10	26	39	142	52	5573	1986	760	1618	492	407	310
1993	270	19	10	29	39	139	34	5395	1959	715	1512	480	431	298
1994	216	13	10	14	11	136	32	5701	2043	690	1829	396	462	281
1995	207	12	9	14	11	131	30	5548	2016	584	1604	371	600	283
1996	201	12	16	14	11	127	21	5446	1700	721	1455	487	813	270
1997	190	26	19	—	—	128	17	5608	3604	926	—	—	875	203
1998	196	26	18	—	—	135	17	4398	2108	953	—	—	1154	183
1999	206	28	18	—	—	141	19	4956	2838	944	—	—	1019	155

续表11-1

年份	企业数（家）			职工人数（人）		
	合计	集体	私营个体	合计	集体	私营个体
2000	189	13	176	4903	509	4394
2001	190	13	180	5153	506	4421
2002	219	9	210	6434	503	5931
2003	227	9	218	8310	489	7821
2004	247	9	238	8798	412	8386
2005	313	9	304	8318	403	7915
2006	286	9	277	9082	386	8696
2007	312	9	303	8186	390	7796
2008	375	9	366	9204	390	8814
2009	443	9	434	9109	389	8720
2010	558	4	554	13215	388	12827
2011	609	4	605	9516	387	9129
2012	645	4	641	12217	351	11866

1970~2012年新城镇（含原龙河乡）工业主要经济指标统计表

表11-2

年份	产值（万元）									利税（万元）								
	合计	国有		集体				私营个体		合计	国有		集体				私营个体	
				镇（乡）办		村办							镇（乡）办		村办			
		新城	龙河	新城	龙河	新城	龙河	新城	龙河		新城	龙河	新城	龙河	新城	龙河	新城	龙河
1970	265	—	18	138	61	21	27	—	—	42	—	1	18	14	5	4	—	—
1971	303	—	20	142	82	30	29	—	—	53	—	1	24	16	7	5	—	—
1972	418	—	26	186	123	45	38	—	—	66	—	1	28	21	9	7	—	—
1973	541	—	27	225	170	63	56	—	—	93	—	1	54	29	14	12	—	—
1974	683	—	48	326	169	79	61	—	—	144	—	1	76	36	17	15	—	—
1975	795	—	55	349	191	108	92	—	—	159	—	1	68	41	30	20	—	—
1976	943	—	62	451	183	133	114	—	—	172	—	—	84	43	29	16	—	—
1977	1084	—	68	553	201	176	86	—	—	209	—	—	88	41	58	22	—	—
1978	1277	—	72	731	182	168	124	—	—	178	—	—	53	42	60	23	—	—
1979	1204	—	73	603	159	238	131	—	—	182	—	—	55	44	61	22	—	—
1980	1384	—	75	678	195	290	146	—	—	186	—	—	61	50	55	20	—	—
1981	1438	—	78	674	223	305	158	—	—	182	—	—	59	53	52	18	—	—
1982	1399	—	80	625	200	334	160	—	—	108	—	—	32	30	30	16	—	—
1983	1451	—	83	754	132	431	51	—	—	149	—	—	39	31	61	18	—	—
1984	1834	—	85	916	163	536	92	16	26	85	—	—	16	10	37	9	10	3
1985	2456	—	92	892	263	1055	83	33	38	208	—	—	67	17	93	11	14	6
1986	3206	—	—	1061	331	1644	106	47	17	210	—	—	52	18	98	17	16	9

续表 11-2

年份	产值（万元）							利润（万元）						
	合计	集体				私营个体		合计	集体				私营个体	
		镇（乡）办		村办					镇（乡）办		村办			
		新城	龙河	新城	龙河	新城	龙河		新城	龙河	新城	龙河	新城	龙河
1987	4263	1071	525	2093	203	206	165	249	31	19	135	19	31	14
1988	5932	1585	621	2736	442	301	247	281	44	17	136	24	42	18
1989	4787	1529	607	1653	448	318	232	260	29	10	121	26	48	26
1990	4401	1484	676	1266	508	350	117	235	58	12	57	31	53	24
1991	4895	1886	525	1498	319	403	264	263	73	14	50	38	62	26
1992	6570	3167	860	1826	250	372	95	454	157	21	138	40	70	28
1993	10239	5423	1365	2548	309	499	95	663	352	17	134	51	83	26
1994	15309	8048	1477	4689	553	402	140	631	373	-84	183	25	95	39
1995	22226	10692	1818	7927	802	637	350	514	242	1	123	9	98	41
1996	23671	11275	1283	7757	626	2107	623	752	289	18	270	13	113	48
1997	29872	24049	2005	—	—	3524	294	939	704	52	—	—	121	62
1998	27029	16746	2141	—	—	7556	586	1344	1052	88	—	—	133	71
1999	31031	17061	2220	—	—	10964	786	1395	1039	145	—	—	138	73
2000	48186	10373				37813		2071	237				1986	
2001	54019	2534				51485		2313	240				2165	
2002	63032	2907				60125		2684	185				2499	
2003	77064	3554				73510		3159	218				2941	
2004	96443	4448				91995		4038	279				3759	
2005	130019	5997				124022		5055	249				4806	
2006	125031	5643				119388		4852	224				4628	
2007	160215	7231				152984		5600	259				5341	
2008	260071	7765				252306		10123	318				9805	
2009	370415	8236				362179		15249	378				14871	
2010	550139	9886				540253		29416	419				28997	
2011	780263	11865				768398		41772	595				41177	
2012	920381	12496				907885		50219	1232				48987	

1970~2012年新城镇（含原龙河乡）工业主要经济指标统计表

表 11-3

年份	利润（万元）									固定资产原值（万元）								
	合计	国有		集体				私营个体		合计	国有		集体				私营个体	
				镇（乡）办		村办							镇（乡）办		村办			
		新城	龙河	新城	龙河	新城	龙河	新城	龙河		新城	龙河	新城	龙河	新城	龙河	新城	龙河
1970	20	—	0	8	5	4	3	—	—	109	—	9	47	33	12	8	—	—

续表11-3

年份	利润(万元)									固定资产原值(万元)								
	合计	国有		集体				私营个体		合计	国有		集体				私营个体	
				镇(乡)办		村办							镇(乡)办		村办			
		新城	龙河	新城	龙河	新城	龙河	新城	龙河		新城	龙河	新城	龙河	新城	龙河	新城	龙河
1971	29	—	0	12	7	6	4	—	—	132	—	9	61	42	12	8	—	—
1972	53	—	-1	23	16	9	6	—	—	144	—	10	65	43	15	11	—	—
1973	71	—	-1	36	21	10	5	—	—	148	—	10	67	44	16	11	—	—
1974	99	—	-1	48	32	14	6	—	—	161	—	10	72	48	17	14	—	—
1975	102	—	0	56	26	13	7	—	—	162	—	10	72	49	17	14	—	—
1976	112	—	0	68	13	21	10	—	—	195	—	10	80	55	26	24	—	—
1977	145	—	0	60	24	46	15	—	—	202	—	12	84	56	26	24	—	—
1978	122	—	1	31	27	47	16	—	—	226	—	12	94	61	34	25	—	—
1979	124	—	0	35	29	46	14	—	—	397	—	12	170	82	66	67	—	—
1980	128	—	0	41	30	42	15	—	—	489	—	12	260	90	67	60	—	—
1981	92	—	0	33	20	26	13	—	—	567	—	12	317	110	68	60	—	—
1982	57	—	0	2	19	25	11	—	—	606	—	11	319	139	80	57	—	—
1983	80	—	0	9	18	43	10	—	—	684	—	11	375	152	88	58	—	—
1984	3	—	0	-27	2	12	5	9	2	731	—	11	333	168	99	60	42	18
1985	140	—	0	45	4	59	8	10	5	783	—	11	371	160	181	18	22	20
1986	91	—	0	2	5	54	10	13	7	955	—	11	403	152	330	18	23	18

年份	合计	集体				私营个体		合计	集体				私营个体	
		镇(乡)办		村办					镇(乡)办		村办			
		新城	龙河	新城	龙河	新城	龙河		新城	龙河	新城	龙河	新城	龙河
1987	101	-16	6	71	11	21	8	1038	455	140	375	24	25	19
1988	147	24	4	66	13	28	12	1288	559	156	449	29	74	21
1989	67	-14	-1	15	14	30	23	1415	587	164	487	83	70	24
1990	92	1	3	16	17	35	20	1569	629	231	566	84	33	26
1991	104	7	4	15	18	42	18	1618	745	287	412	90	54	30
1992	159	52	7	25	19	40	16	1849	896	311	456	92	60	34
1993	296	180	3	45	20	42	6	3006	1830	342	619	95	78	42
1994	130	106	-84	38	21	41	8	3561	2285	377	648	115	91	45
1995	193	103	-8	30	9	47	12	4076	2541	506	745	115	112	57
1996	246	56	10	94	12	59	15	5494	3827	612	747	120	128	60
1997	429	308	36	—	—	63	22	6963	5942	819	—	—	131	71
1998	432	278	56	—	—	67	31	8341	7276	843	—	—	144	78
1999	456	257	89	—	—	72	38	9480	8321	919	—	—	158	82

续表 11-3

年份	利润(万元)			固定资产原值(万元)		
	合计	集体	私营个体	合计	集体	私营个体
2000	624	22	602	11510	1941	9569
2001	784	28	756	11878	2003	9875
2002	972	35	937	12247	1513	10734
2003	1294	47	1247	17665	2182	15483
2004	1693	62	1631	21664	2466	19198
2005	2146	79	2067	28765	2427	26338
2006	2203	83	2120	31292	2592	28700
2007	2800	105	2695	57340	2811	54529
2008	5018	188	4830	88644	3146	85498
2009	8276	204	8072	127458	3789	123669
2010	16705	238	16467	147762	4393	143369
2011	23925	318	23067	160097	2492	157605
2012	29112	684	28428	209126	3617	205509

第一节　工业结构

解放前，新城、龙河基本以个体手工业和私营粮食加工业为主。1954年出现以合作社形式的集体手工业和由国家投资的国营(全民)工业。至此，形成私营工业、集体工业、国营工业三种所有制形式。但设备简陋，工艺落后，不成规模，行业门类少。1956年，对私营工业进行社会主义改造后，私营所有制工业不再存在。1958年“大跃进”后，社办企业增多，门类增加，但人多效益差。1978年后，私营个体工业起步发展。80年代，农村“无工不富”形成共识，工业发展迅猛，工业门类增多。1993年，首家中外合资企业成立。1995年，年产值超百万元的企业有35家、实现产值1.56亿元，占新城、龙河工业企业总数16.91%、工业总产值70.27%。在14个工业门类总产值中，机械工业、金属冶炼及压延工业、金属包装制品工业和纸制包装工业产值占41.57%，成为支柱产业。2000年起，镇党委、政府坚持以发展工业为第一方略，优化产业结构，加快技术改造和新产品开发，发展名优产品，一批上档次、上规模的企业脱颖而出，成为全镇、全市乃至扬州市颇具影响的明星企业。基本形成以机械制造业、电器电子业、金属制品业和纺织服装业为主体的工业门类较为齐全的工业结构。2012年，全镇有工业企业645家。其中集体企业4家，占0.62%；私营个体企业637家，占98.76%；外商和港台商投资企业4家，占0.62%。公有制企业4家，占0.62%，非公有制企业641家，占99.38%。行业门类15个，职工1.22万人，实现产值92.04亿元，占全镇社会总产值68.62%，工业在全镇经济建设中的主导地位更加凸显。

一、所有制结构

私营个体工业　民国时期，新城集镇上有郑泰源、同福源、史二等染坊4家，印染蓝、绿、黄、红等色布；有赵大房等冶坊3家，浇铸犁头、犁尖、耙齿等农具。龙河集上有茶食店5家，前店后坊，生产销售糕点茶食。两地还有铁匠铺8家，制作小农具和家用铁器；糖坊4家，土法制作麦芽糖销往外地；裁缝店4家，制作衣服。乡村中分布有粮油加工作坊三四十家，生产加工米、面粉、食油、白酒、粉丝和豆腐等。规模较大的有五六家，加工的酒、大米、油大部分销往外地。新城农村有少数农户用脚踏木制织布机生产土布，用木机编织草席。还有走村串户的木匠、铜匠、篾匠等手工业者。

新中国成立初期，新城、龙河乡手工业者仍操持旧业。1954年，粮油实行统购统销后，农村私营"五小作坊"相继关停，个体铁木竹工匠组织成立生产合作社。1956年，对私营手工业进行社会主义改造后，除仍有少数瓦木匠、裁缝外，个体手工业者基本消失。1958年，"人民公社化"后，手工业者搞副业被视为"单干"、走"资本主义"道路，被严令禁止。此后20年间，新城、龙河没有私营工业。

1978年后，实行经济体制改革，私营个体工业开始恢复和发展，主要从事粮油加工、编织、缝纫和铁木业。1984年，新城乡有个体及联户工业16家，职工72人，产值16万元；龙河乡有联户工业5家，职工146人，产值26万元。90年代初，开始由粗加工向精加工发展，工业逐步上规模上水平。1995年，新城、龙河共有私营个体工业161家，职工883人，产值987万元，分别占两地工业企业总数的77.78%、职工总人数15.92%、工业总产值4.44%。其中，年产值过百万元的企业有31家。但多数私营个体工业生产规模小、产品技术含量低、生产工艺落后，发展也不够平衡。1996~1998年，新城、龙河镇乡办及村办工业，通过租赁、买断等形式改制为私营个体企业，私营个体工业经济规模进一步提升，形成一批龙头企业。2000年，全镇私营个体企业176家，职工4394人，实现产值3.78亿元，工业增加值7205万元。2001年起，新城镇加大招商引资力度，一批新兴产业和特色产业相继落户，私营个体工业经济总量飞跃上升，实现发展新跨越。

2012年，全镇有私营个体工业企业641家，占全镇工业企业总数99.38%，职工11866人，占全镇工业职工总人数97.13%，实现工业产值90.79亿元，利税4.9亿元，分别占全镇工业总产值98.64%和利税总额97.61%，成为新城工业发展主力军。

集体工业

镇（社、乡）办工业　1954年，新城、龙河先后成立铁业、木业和竹业生产组，成为最早的集体工业，主要生产铁木竹小农具。1956年，新城农具生产合作社和编织合作社成立，共有职工178人，生产铁木竹农具和芦席等，年产值8.87万元。龙河先后建立铁木竹和缝纫生产合作社，共有职工201人，生产农具、服装、布鞋等，年产值8.17万元。1958年"大跃进"时期，兴办一批社办工业项目。至1960年，新城建有油米厂、酱品厂、制盒厂、食品厂、农具厂等社办集体工业企业6家，职工231人，年产值17万元。龙河建有农机修造厂、化学试剂厂、农具厂、砖瓦厂、中药加工厂、服装厂、食品厂和造纸厂等企业11家，职工328人，年产值36万元。“文化大革命”时期，社办工厂发展缓慢，企业有所减少。1975年，新城创办塑料厂、开关厂、制钉厂等企业，社办工业增加至7家，主要生产塑料瓶盖、半导体元件、镇流器、圆钉、铆钉、纸箱、纸盒、水泵、车床、拖拉机配件、小农具以及酱菜、粮油食品等，当年实现产值349万元。龙河开办拉丝厂、玻璃仪器厂、综合厂等企业，年末有社办企业6家，主要生产镀锌铁丝、编织丝布、玻璃试管及吸管、纸箱、纸盒、蛤蜊油、脱粒机、钢锭铸件、小农具、砖瓦、服装等，当年实现产值191万元。1978年后，社办工业发展较快。1985年起，社办企业开始挂靠大企业，发展外向型经济，企业规模不断扩大。新城机械厂、农机厂发展成为骨干企业。1990年，新城、龙河共有集体企业27家，产值2160万元，其中年产值超百万元的企业有11家，但由于投资过大，负债增加，效益低下，后开始调整产品结构，加强市场营销，促进经济健康发展。1993年，新城乡办工业产值超百万元的企业有16家。其中，新城农机厂产值895万元、新城机械厂产值2095万元，被列为全市重点工业企业。1996年起，新城、龙河集体工业陆续进行体制改革，先后有15家改制为股份合作制或租赁经营企业，占应改制企业的53.57%。2000年，镇办集体工业产值占全镇工业总产值的比重由1997年的87.22%下降至21.53%。2001年起进行二轮改制，先后有9家镇办集体企业改制为私营个体企业。

2012年，全镇有集体企业4家，分别是新城起重设备厂、仪征市华诚内燃机配件厂、龙河铝材厂和仪征市机械厂，当年实现产值1.25亿元、增加值2875万元、利税1232万元，分别占全镇工业总产值1.36%，增加值总值1.34%、利税总额2.39%。

村（组）办工业　1958年，新城公社在林果大队开办砖瓦厂，建土窑1座，手掼土坯烧砖。新北大队兴办粮食加工厂和农具厂3家，共有职工45人。龙河公社先后兴办凌西大队花盆厂、街胜大队麻绳编织厂和华丰大队饲料加工厂，共有职工58人。队办企业职工大部分为亦工亦农人员。“文化大革命”初期，队办工业发展缓慢，后在“以农业为基础，工业为主导”的经济发展思想指引下，队办工业有较快发展。1975年，新城队办工业增至35家。1976年龙河公社创办39家队办工业企业，其中砖瓦厂14家，粮食、饲料加工厂8家，农机具修配厂5家，服装厂6家，编织厂3家，电器五金厂、花盆厂和土纸厂各1家。至年末，新城、龙河共有队办工厂110家，职工1997人。80年代，在党的富民政策指引下，村民小组兴办集体小工厂。1983年，新城郁桥村合兴组自力更生创办糖坊、酱品场、纸筋厂、圆钉厂、副食品加工场（厂）等5家小厂，年产值17万元。1984年又创办麦芽厂，年产麦芽425吨，产值27万元。该组人均年收入比1983年增长19.51%，成为全县村组工业一面旗帜。1987年，新城、龙河乡村（组）工业有较大发展，年末有村组办工业116家，其中组办厂53家，占45.69%。村办工业主要生产砖瓦、电器配件、塑料制品、冶金铸件、机械配件等，组办工业以编织草席、生产家用小塑料制品和小砖窑烧制砖瓦为主。当年产值2296万元，其中组办441万元，占19.21%。1990年起，村组办工业以市场为导向，淘汰落后产能，逐步形成稳步增长态势。1996年起，新城、龙河25家村组办企业进行体制改革，通过租赁、拍卖、转让等形式，成立股份制企业2家，私营个体企业23家。

国有工业　1954年，国营仪征县龙河油米厂成立，为县粮食局下属国营企业。70年代，碾米机增加到8台套，制油机增加到2台套，生产能力提高至年加工大米8000吨、食用油

1000吨。1975年，该厂有职工22人，实现产值55万元、利税1万元。80年代，增加碾米机1台套，并新增混合饲料生产。1985年，有职工23人，生产大米1637吨、食用油240吨、混合饲料930吨，实现产值92万元。1987年起，停产歇业。

联营工业 70年代，新城地区社队企业与南京、仪征国有企业开展多种形式的挂靠、联营，接收先进设备和技术支持，经济效益不断提高。1978年后，主动与市内集体、国有大型工业企业联营，并开展乡村、村组、组户之间联营，一厂带多厂。90年代，通过招商引资，出现乡村集体资产与市国有、集体工业合资联营的企业。1992年10月，新城新华村与南京化工厂联营生产灌装液化石油气。1993年8月，新城三将村以0.44公顷土地与仪征市侨兴羽绒厂联营，生产羽绒及其制品。1996年，联营企业先后改制为私营个体企业。

股份合作制和股份制工业 1993年，新城进行以股份合作制为主要内容的工业体制改革，市精密铸造厂、新城建材厂、新城晶体管厂、新城砖瓦厂、新城服装厂、黎明制衣厂、新城农机厂和金桥席厂等8家企业改制为股份合作制企业；南鹰化工燃料厂和新秀泛太塑料色材项目分别组建成立有限责任公司。1996年，根据市委、市政府统一部署，新城有市机械厂、市金属工艺厂等7家镇办企业和新北水泥制品厂等2家村办企业改制为股份合作制企业，募集股金502万元，其中法人股占6.3%，职工股占93.7%。龙河有8家乡办企业改制为股份合作制，募集股金89.4万元，人均2300元，经营层购股55.4万元，占61.97%。1998年，新城又有2家集体企业改制为股份制企业，资本金340万元，其中集体股份占60.74%，个人股份占39.26%。在实际运作中股份合作制弊端显现。当年，有10多家股份合作制企业又改制为私营个体企业。至2001年，镇内已无股份合作制工业。

外资和中国港台资工业 1993年4月，新城引进全镇首家外资企业——仪征市新秀泛太塑料色材有限公司，注册资本50万美元，美资占30%，总投资357万元人民币，生产塑料色材。2003年8月，台商陈国山独资成立仪征铋晟机械有限公司，总资产1217万元人民币。2005年，先后成立港资扬州博鑫仪器有限公司、立志（扬州）服装有限公司，总资产分别为1346万元和2846万元人民币。2011年，港资扬州斐都实验室设备有限公司成立，注册资本1400万元人民币。2012年，全镇有外资和中国港台资企业4家。

二、产业结构

规 模 解放前，新城、龙河工业以手工业和家庭作坊为主，生产规模小，且零星分散。1954年，成立农具、编织生产合作社和国营油米厂后，农村工业逐步发展壮大。1955年，两地共有工业企业7家，轻重工业之比为71.43∶28.57。1970年，新城、龙河共有工业企业18家，轻重工业之比为50∶50，国有工业与集体工业之比为5.56∶94.44，在工业产值中国有与集体之比为6.79∶93.21。70年代逐渐兴起村办工业。1976年共有工业企业127家，其中国有占0.79%、社办占12.6%、队办占86.61%。80年代初，始有私营个体工业，并迅速发展。1988年，两乡共有工业企业406家，职工7941人。其中，集体工业分别占42.36%、82.09%，私营个体分别占57.64%、17.91%。1995年，工业企业207家，其中镇乡办占10.14%、村办占12.08%、私营个体占

77.78%。工业产值2.22亿元，其中镇乡办占56.29%、村办占39.27%、私营个体占4.44%。2000年，全镇工业企业189家，产值4.82亿元。其中，规模以上企业9家，占4.76%，产值1.75亿元，占36.31%；规模以下企业180家，占95.24%，产值3.07亿元，占63.69%。公有制企业13家，占6.88%，产值1.04亿元，占21.58%；非公有制企业176家，占93.12%，产值3.78亿元，占78.42%。2009年，产值超500万元以上企业43家，产值18.01亿元，占全镇工业总产值48.63%。

2012年，全镇工业企业645家。其中，内资企业641家，占99.38%；外资及中国港台资企业4家，占0.62%。在内资企业中，集体及集体控股企业4家，占0.63%；私营及私营控股企业340家，占53.04%；个人独资企业297家，占46.33%。规模以上工业企业23家，占3.57%；规模以下工业企业622家，占96.43%。轻工业256家，重工业389家，分别占39.69%、60.31%。公有制企业4家，占0.62%；非公有制企业641家，占99.38%。全镇工业总产值92.04亿元，其中，内资企业占98.81%，外资及中国港台资企业占1.19%，规模以上工业企业占38.86%，规模以下工业企业占61.14%，公有制企业占1.36%，非公有制企业占98.64%。实现工业增加值21.45亿元，占全镇地区生产总值62.59%。

门 类 解放前，新城及龙河地区工业薄弱，仅有粮油食品加工业、家庭纺织业和编织业等传统产业。1954年起，服装缝纫业、冶金铸造业、农副产品加工业、建材工业等农村工业门类逐渐形成。60年代，重工业起步，开始发展机械制造业、建材工业和农机修造业。70年代，电子电器、塑料制品等新兴工业增加，工业门类达10个。80年代，新增纸制品业、印刷业、玻璃制品制造业、金属制品业等轻工业产业，工业门类增至16个。1995年，新城、龙河工业以机械制造业为主，包括轻工、化工、建材、包装等工业在内有14个门类，其中，黑色金属冶炼及压延加工业新城1家，龙河3家；金属包装制品工业新城、龙河各1家；纸制品业新城1家，产值2489万元，成为当地支柱企业，被列为全市乡镇工业重点企业。2000年，私营个体工业在纺织服装工业、玩具加工业、砖瓦制造业和金属制品业等产业发展很快，并形成规模。2006年，金属制品业有规模以上企业3家，产值3.5亿元，占全镇工业总产值27.96%。2011年，全镇出口交货值超1亿元，达10038万元，新城成为全市出口重点乡镇。

2012年，全镇有工业门类15个。在工业总产值中，机械设备制造业占22.4%，电器电子工业占16.86%，金属制品业占16.69%，分列前3位。形成以机械设备制造、电器电子、金属制品、纺织服装和高新技术产业为主体，工业门类和产业布局较为齐全科学的现代工业体系。

表11-4

1955年新城、龙河乡工业分门类主要经济指标统计表

门类	企业数（家）		产值（万元）		销售收入（万元）		利税总额（万元）		固定资产原值（万元）		职工人数（人）	
	新城	龙河	新城	龙河	新城	龙河	新城	龙河	新城	龙河	新城	龙河
轻工业	2	3	8.30	10.29	8.30	10.29	1.65	2.52	2.50	3.00	43	62
重工业	1	1	5.00	3.00	5.00	3.00	0.70	0.35	1.00	0.50	22	15
合计	3	4	13.30	13.29	13.30	13.29	2.35	2.87	3.50	3.50	65	77
服装工业	—	1	—	2.27	—	2.27	—	0.58	—	0.20	—	14

续表 11-4

门类	企业数（家）		产值（万元）		销售收入（万元）		利税总额（万元）		固定资产原值（万元）		职工人数（人）	
	新城	龙河	新城	龙河	新城	龙河	新城	龙河	新城	龙河	新城	龙河
制鞋业	—	—	—	0.62	—	0.62	—	0.42	—	0.40	—	9
粮油工业	1	1	2.80	2.90	2.80	2.90	0.70	0.65	1.00	1.00	16	12
食品加工业	1	1	2.00	2.00	2.00	2.00	0.40	0.35	0.70	0.60	14	15
农具加工业	1	1	3.00	3.00	3.00	3.00	0.40	0.35	0.60	0.50	14	15
农具铸造业	—	—	2.00	—	2.00	—	0.30	—	0.40	—	8	—
竹木制品业	—	—	3.50	2.50	3.50	2.50	0.55	0.52	0.80	0.80	13	12

1970年新城、龙河公社工业分门类主要经济指标统计表

表 11-5

门类	企业数（家）		产值（万元）		销售收入（万元）		利税总额（万元）		固定资产原值（万元）		职工人数（人）	
	新城	龙河	新城	龙河	新城	龙河	新城	龙河	新城	龙河	新城	龙河
轻工业	3	6	38	59	38	59	4.70	8.00	14.40	26.00	83	157
重工业	6	3	121	47	121	47	18.30	11.00	44.60	24.00	226	97
合计	9	9	159	106	159	106	23.00	19.00	59.00	50.00	309	254
服装工业	—	1	—	8	—	8	—	1.80	—	2.50	—	23
制鞋业	—	—	—	5	—	5	—	1.50	—	1.50	—	12
粮油工业	1	1	16	18	16	18	1.00	1.00	5.00	7.00	17	14
食品加工业	1	1	10	12	10	12	2.00	0.20	4.00	3.50	23	25
煤球加工业	1	1	7	6	7	6	1.00	1.00	3.00	3.50	25	27
制陶业	—	1	—	3	—	3	—	0.20	—	2.70	—	21
爆竹加工业	—	1	—	3	—	3	—	1.00	—	2.30	—	19
竹木制品业	—	—	5	4	5	4	0.70	0.30	2.40	3.00	18	16
农机具修造业	2	2	68	35	68	35	13.30	9.00	17.60	13.00	56	49
冶炼铸造业	—	—	10	7	10	7	1.00	1.00	5.00	3.00	15	11
建材工业	2	1	8	5	8	5	2.00	1.00	17.00	8.00	44	37
电器机械及器材制造业	1	—	28	—	28	—	1.60	—	3.00	—	69	—
塑料制品业	1	—	7	—	7	—	0.40	—	2.00	—	42	—

1980年新城、龙河公社工业分门类主要经济指标统计表

表 11-6

门类	企业数（家）		产值（万元）		销售收入（万元）		利税总额（万元）		固定资产原值（万元）		职工人数（人）	
	新城	龙河	新城	龙河	新城	龙河	新城	龙河	新城	龙河	新城	龙河
轻工业	62	21	382	182	382	181	61	31	101	55	1400	955

续表11-6

门类	企业数（家）		产值（万元）		销售收入（万元）		利税总额（万元）		固定资产原值（万元）		职工人数（人）	
	新城	龙河	新城	龙河	新城	龙河	新城	龙河	新城	龙河	新城	龙河
重工业	17	13	586	234	586	234	55	39	226	107	1323	1320
合计	79	34	968	416	968	415	116	70	327	162	2723	2275
纺织服装业	3	2	68	16	68	16	4	2	7	6	271	101
制鞋业	1	—	21	—	21	—	8	—	11	—	21	—
粮油工业	—	1	—	75	—	75	—	—	—	12	—	26
食品加工业	4	2	52	23	55	23	10	9	28	7	61	97
煤球加工业	2	1	21	8	21	8	3	1	5	3	60	42
制陶业	—	2	—	10	—	10	—	2	—	3	—	48
纸制品业	1	—	45	—	44	—	4	—	13	—	151	—
印刷业	7	3	64	20	62	19	9	6	12	7	277	96
编织业	32	6	44	14	44	14	10	5	14	10	290	274
竹木制品业	12	4	67	16	67	16	13	6	11	7	269	271
机械制造业	3	2	202	86	202	86	16	20	94	48	447	432
建材工业	6	6	132	82	131	82	15	11	87	38	206	575
玻璃制品业	—	1	—	12	—	12	—	3	—	5	—	126
冶金及延压业	2	3	31	30	32	30	6	3	12	13	62	77
金属制品业	1	1	61	24	61	24	3	2	4	3	140	110
电器电子工业	3	—	128	—	128	—	12	—	24	—	336	—
塑料制品业	2	—	32	—	32	—	3	—	5	—	132	—

1990年新城、龙河乡工业分门类主要经济指标统计表

表11-7

门类	企业数（家）		产值（万元）		销售收入（万元）		利税总额（万元）		固定资产原值（万元）		职工人数（人）	
	新城	龙河	新城	龙河	新城	龙河	新城	龙河	新城	龙河	新城	龙河
轻工业	16	32	725	490	715	485	30	16	217	43	781	495
重工业	32	23	2025	694	1897	694	85	27	978	272	2496	595
合计	48	55	2750	1184	2612	1179	115	43	1195	315	3277	1090
纺织服装工业	3	1	105	157	105	158	4	1	25	22	178	100
食品加工业	4	13	134	14	132	14	4	1	48	10	114	26
饲料加工业	—	12	—	16	—	16	—	1	—	3	—	24
煤球加工业	1	—	4	—	4	—	—	—	4	—	7	—
纸制品工业	5	—	242	—	236	—	6	—	101	—	254	—

续表11-7

门类	企业数（家）		产值（万元）		销售收入（万元）		利税总额（万元）		固定资产原值（万元）		职工人数（人）	
	新城	龙河	新城	龙河	新城	龙河	新城	龙河	新城	龙河	新城	龙河
玩具工业	—	4	—	267	—	261	—	16	—	2	—	208
竹木制品业	2	1	67	5	65	5	2	—	8	—	78	13
工艺美术制品业	1	1	173	31	173	31	14	—3	31	6	150	124
机械制造业	8	3	725	314	684	317	15	12	338	87	805	233
金属制品工业	—	5	—	172	—	173	—	3	—	54	—	130
电器电子工业	8	—	455	—	428	—	35	—	128	—	514	—
化学工业	1	—	7	—	7	—	—8	—	49	—	49	—
塑料制品业	5	1	78	6	69	6	1	—	12	32	121	13
建材工业	10	14	760	202	709	198	42	12	451	99	1007	219

2012年新城镇工业分门类主要经济指标统计表

表11-8

门类	企业数（家）	产值（万元）	销售收入（万元）	利税总额（万元）	利润（万元）	固定资产原值（万元）	职工人数（人）
轻工业	325	273475	262829	13687	7089	57971	3738
重工业	320	646906	624346	36532	22023	151155	8479
合计	645	920381	887175	50219	29112	209126	12217
机械设备制造工业	49	206178	199814	11091	7107	47225	2612
电器电子工业	40	155201	148352	7056	4475	21808	1630
金属制品工业	99	153608	149151	9468	4842	33798	1902
纺织服装工业	88	121559	116157	6194	3268	27686	1679
纸制品工业	51	112524	108497	4646	1923	13894	845
化学工业	45	59436	57288	3998	2267	9635	680
非金属矿物制品业	29	52759	50734	3693	2325	17336	698
工艺美术和娱乐用品制造业	66	22959	22267	1394	921	6709	560
黑色金属冶炼及压延加工业	20	10245	9863	589	438	10699	537
木材加工和木竹草制品业	42	9699	9252	786	569	5056	268
汽车零部件制造工业	38	9479	9144	637	569	10654	378
食品工业	49	3726	3668	136	97	1783	140
印刷和记录媒介复制业	19	1697	1689	283	171	1609	128
其他工业	9	766	754	211	108	437	128
水生产及供应工业	1	545	545	37	32	797	32

第二节　工业改革

新城、龙河工业改革始于1956年对私营手工业的社会主义改造。通过对私改造，私营手工业几乎不存在，集体工业在计划经济体制下发展较快。到60年代，两乡形成以集体工业为主体的单一体制工业格局，缺乏竞争活力。1978年后，在改革开放政策推动下，农村工业出现生机。80年代，两乡先后推行各种形式的经济责任制和租赁经营，经济效益不断增长。90年代起，两乡先后开展股份合作、资产出售转让等产权制度改革，公转民营，企业开始走向市场。2000年后政府部门在改革中不断简政放权，私营个体企业、外商及中国港澳台商投资企业迅速增加。2012年，全镇基本形成以非公有制经济为主体、公有制为辅的工业新格局。

一、经营机制改革

“三定一奖”经济责任制　1980年10月，新城农机厂率先推行以定人员、定产值（收入）、定利润和超产超利给予奖励、完不成罚赔为主要内容的“三定一奖”经济责任制。超额完成部分，按产值5%、利润30%~40%提取奖金，完不成部分按5%~10%赔偿。实行车间核算，指标分解到岗到人，定岗定额，多劳多得的计件工资制，以劳务收入为主的岗位拆账分成制，行政管理人员基本工资加奖金制。试行6个月，劳动生产率提高40%，产值增长27%，利润增长41%，职工收入增长22%。1981年4月，新城公社全面推行“三定一奖”经济责任制，至年末，社办工业产值、利税比1979年分别增长11.77%和7.27%。龙河公社在社办工业中全面实行“两定一奖”（定产值、定利润、超额奖励）经济责任制。1982年起，经济责任制开始在社办工业中普遍实行。

承包经营责任制　1983年，新城乡在完善经济责任制基础上推行“八定一包”承包经营责任制。一般以厂长为主、班子集体承包。“八定一包”为定人员、定产值、定固定资产、定流动资金、定应提费用、定成本、定销售率、定资金周转率和包利润。规定超利部分六成作企业积累，四成作职工奖金，实行浮动工资制，承包期一年一定。企业内部采取承包指标分解落实到车间、班组和科室，按月考核兑现，确保年度任务完成。新城砖瓦厂实行厂长负责制，内部实行万块砖瓦工料包干承包责任制，即按出窑成品砖瓦应有的工资、工料成本包干到车间个人，签订承包合同31份，并实行全奖全赔，按月考核兑现。当年，该厂

图11-2　龙河乡签订工业承包合同现场（摄于1988年）

实现产值62.3万元，盈利3万元，扭转连续3年亏损的局面。

1984年，新城乡学习推行无锡县堰桥乡“一包三改”经验，在乡办企业实行全员经济承包责任制和干部选聘制、用工合同制、浮动工资制。一般以厂领导班子合伙承包为主，企业较小、经济效益差的企业可以个人承包，承包期3年。经济指标以1984年为基数，以后每年递增10%。企业承包利润除税后的50%以上缴乡政府外，其余及超利部分全部留企业分配，完不成承包利润指标的部分用工资弥补。龙河乡也全面推广“一包三改”经济责任制。至1986年，首轮承包经营到期，新城乡实现产值2705万元、利润56万元，与承包前的1981年相比，分别增长7.69%、6.72%。龙河乡产值增长1.39倍，利润下降46.43%。1987年起开始第二轮承包经营，两乡政府修订承包经营责任制。承包主要内容是“四包二联”，即包生产经营指标、包经济效益、包技术进步、包产品创新升级，联挂计划生育和社会治安综合治理，实行百分制量化考核，奖优罚劣。1995年，承包经营责任制终止。

租赁经营　1996年，新城镇推行资产租赁经营改革。新城交通电器厂、大兴塑料电线厂和三将水泥制品厂等16家企业，经过清产核资、资产评估，净资产313.96万元，通过公开招租，年租金总额71.85万元，租期1年至5年不等。租赁双方签订租赁合同，并经镇法律事务所鉴证生效。龙河乡有14家企业实行租赁承包经营，占全乡企业总数51.85%。

二、产权制度改革

股份合作　1993年10月，新城、龙河先后在镇乡办工业企业中推行股份合作制改革试点，在清产核资和资产评估基础上，确定净资产股份、股权数，配额发售，增量扩股。一般镇乡集体股占40%，职工基本股占20%~30%，企业法人股占30%~40%。企业资产性质属镇乡、村集体所有。当年，新城有8家镇村企业改制为股份合作制，募集股金2.84万元。1996年，新城镇通过“先出售后改制、内部职工持股”的形式，有6家镇办企业和3家村办企业改制为股份合作制企业，股民1546人，募集股金448.1万元。龙河乡4家乡办企业改制为股份合作制，募集股金89.4万元，股民148人。1997年起，股份合作制由职工人人持股、平均持股向少数人持股、经营者持大股或控股转变。1998年，新城有股份合作制企业9家，职工1415人，资本金789万元，其中集体占10%、个人占83%、法人占7%。龙河4家股份合作制企业，职工291人，资本金95万元，均为个人股份。

资产出售转让　1996年起，企业资产向职工或社会出售，成为镇（乡）、村集体工业企业产权制度改革的主要形式。通过清产核资、资产评估，制订股权配置方案、认股购股、成立董事会等程序完成企业改制工作。新城镇有9家企业以270万元出售给职工干部。镇村收回集体资金后，对未参加改制的土地、电力设施等以及部分厂房仍由镇、村租赁给改制企业使用。龙河乡有4家企业以89万元出售。1998年6月，新城、龙河进行第二轮改制，“公退民进、公转民营”。新城镇有16家企业以481万元标的向社会出售转让。龙河乡有20家企业资产以319万元标的出售转让，在企业改制中，也对企业职工身份进行转换，职工解除与原企业的劳动合同，企业方给予经济补偿。职工可再与改制后的企业签订用工合同或另行择业。新城、龙河共有1194名职工置换身份。至1999年年末改制基本结束。

表11-9

1996年新城镇部分企业改制情况表

企业名称	企业性质	职工人数（人）	净资产（万元）	募集股金（万元）	改制形式
市容器厂	镇办集体	250	36.43	80.00	先出售后改制，内部职工持股，60% 配额发售，20% 量化配股，20% 自由认购
市晶体管厂	镇办集体	202	29.74	64.00	先出售后改制，内部职工持股；82.81% 定向募集，17.19% 量化配股
市金属工艺厂	镇办集体	125	12.06	40.00	先出售后改制，内部职工持股；70% 配额发售，30% 量化配股
市机械厂	镇办集体	548	103.39	160.00	先出售后改制，内部职工持股；87.5% 公开募集，12.5% 配额认购
市包装装潢厂	镇办集体	244	49.42	70.00	租售结合，增量扩股，内部职工持股；63.1% 配额发售，22.6% 资格股，14.3% 自由认购
市第二粮油食品厂	镇办集体	51	14.66	15.60	先售后股，增量扩股，内部职工持股；40% 配额发售，40% 公开募集，20% 经营者认购
市联合机械厂	村办集体	48	8.69	10.00	先售后股，内部职工持股
新北水泥制品厂	村办集体	37	7.23	8.50	先售后股，增量扩股
新城建材厂	村办集体	41	8.12	9.00	先售后股，增量扩股

第三节　工业园区

2001年起，新城镇开始利用区位优势，在三将村、越江村和新华村建立工业片区。2002年4月，市政府批准设立新城工业园。2003年2月园区成为扬州市乡镇工业示范园区。2012年，园区面积3.95平方千米，入区企业191家，职工6719人，实现产值49.71亿元、利税2.76亿元。产值占全镇工业总产值的54.01%，成为引领全镇工业发展的主力军。

一、园区建设

区　域　2001年，新城镇首先在集镇北侧，宁通高速公路以北、新龙路以西、上汽仪征分公司以东兴建新华工业片区，规划用地40公顷；在镇西邻近市区的石桥河东兴建三将工业片区，规划用地53.33公顷。2002年，新城工业园投入555万元建设基础设施。2003年，在镇南靠近仪征经济开发区建设越江工业片区。2004年起，仪征汽车工业园和城市东区建立后，三将工业片区和新华工业片区规划受到影响，用地指标压缩，园区布局向东发展，在仪圩曹公路东侧，宁通公路以北，新建新北工业片区，规划用地240公顷。2006年，越江工业片区划归十二圩办事处。2010年，上海大众30万辆整车项目落户新城后，新北工业片区用地规划被冻结。

2012年，工业园区面积3.95平方千米，其中新华工业园2.14平方千米、新北工业园1.2平方千米、三将工业园0.61平方千米。园区形成“一园三区”格局，一园是园区内创业园，是园区服务中心；三区即汽车零部件产业区、非织造布产业区和新型建材产业区。

图11-3 新城创业园（摄于2012年）

征地拆迁 2002年，园区用地尽量使用岗塝坡地、农户居住较少的地块，先后拆迁农户12户，房屋3000平方米，支付拆迁补偿费720万元。

路 桥 2003年起，园区投资430万元，建成东西走向的纬一路和南北走向的经一路、经二路，路宽7~9米，全长4.8千米，水泥混凝土路面。新建唐家沟桥1座，桥宽30米，长78米。2008年起，投资400万元，建成纬二路、纬三路，路宽9米，全长3.2千米，水泥路面。新建巫家沟桥2座，桥宽30米，全长165米。2012年，园区共有道路5条、总长8千米，桥梁3座、总长243米。

供、排水 2002~2012年，园区先后铺设自来水主管道9千米，污水主管网3.5千米，新建污水泵站1座，铺设雨水主管网8千米，形成雨污分流排水系统。

电力、燃气、电信 2001年起，园区架设10千伏高压线路8千米，设置变压器12台。铺设电信光缆8.5千米、燃气管道1.3千米。电力、燃气、电信接通到用户家门口。

房 屋 2002年起，园区投资建设标准厂房和公共服务设施。至2012年，建标准厂房2.2万平方米，企业自建标房33.8万平方米，公共服务设施用房1.5万平方米。

二、招商引资

新城镇把招商引资作为一项系统工程，寓招商于服务之中，制订诚信服务、规范服务和“一条龙”服务规程，提供优良的投资环境，给予土地、水电、税收、融资、用工等方面优惠待遇。并加大社会治安综合治理，支持客商扩大投资、做大做强。至2012年，园区共招引200多个投资项目，其中，投资亿元以上项目3个、投资5000万元以上12个、3000万元以上17个。

招商方式 产业链招商。利用润扬桶业主导产业链，鼓励引进下游项目。2007年，总投资5000万元的润扬桶业二期工程建成投产，共招商8家，引进资金6540万元。节庆招商。2008年，新城镇利用仪征“三节”，采取拜访招商、驻点招商、小分队招商等形式，签约7个项目，引进民间资金1.38亿元、外资100万美元。至2012年，园区共招进项目64个、资金3.26亿元。借助大项目推动招商。2009年后，新城利用上海大众30万辆整车项目和城市东区开发建设在境内的机遇，前往上海、昆山等地招商。邀请20位客商到新城实地考察，洽谈投资合作意愿，并与其他乡镇合作招商，共享大项目效应成果，先后有21家企业签约落户。

项目与资金 2001~2002年，园区新批民资和外资及中国港澳台资项目21个，实际进区企业18家，引进民资7820万元，实际利用外资120万美元，累计完成固定资产投资1837万元。2003~2006年，新批民资和外资及中国港澳台资项目67个，实际进区企业46家，引进民资1.21亿元，协议利用外资1192万美元，累计利用外资1265万美元，累计完成固定资产投资2.4亿元。2007~2012年，落户竣工的项目主要集中在新兴产业和特色产业方面，引进民资2.24亿元，协议利用外资870万美元，落户开工企业127家，累计完成固定资产投资3.61亿元。

三、进区企业

1993年4月成立的中美合资仪征市新秀泛太塑料色材有限公司，就在工业园区规划范围内，因此成为首家入园外资企业，该公司注册资本50万美元。2000年2月，首家民营企业仪征市飞虹特种钢桥有限公司入园，总投资1800万元。2002年5月，仪征市润扬机械厂投资2040万元在园区建设新厂区。同年，江苏远大无纺布有限公司入驻园区，总投资2000万元。至2006年，入园企业64家。2007年起，入园企业大幅增加。2012年，入园企业191家，其中内资企业183家、外资及中国港澳台资企业8家，分别占入园企业总数95.81%和4.19%。

四、生产经营

2002年，园区有企业18家，从业人员1422人，实现产值1.8亿元、销售收入1.54亿元、工业增加值3393万元、利税980万元、利润431万元、出口交货值120万元。2003年起随着基础设施配套完善，入园企业增多，生产经营步入快车道。至2012年末，园区有企业191家，从业人员6719人，实现产值49.71亿元、销售收入49.23亿元、工业增加值12亿元、利税2.76亿元、出口交货值1584万元，产值、利税、职工人数分别占全镇工业总产值54.01%、利税总额55%、职工总人数55%。

2012年新城镇工业园区部分企业经济指标统计表

表11-10

企业名称	用地面积（公顷）	产值（万元）	销售收入（万元）	利税（万元）	职工人数（人）	入驻时间
仪征汇鑫玻璃钢有限公司	1.00	12141	11963	1112	134	1997.08
仪征市铋晟机械有限公司	0.80	4952	4941	179	85	2000.03
仪征市双星无纺制品有限公司	1.33	3821	3809	372	210	2000.04
扬州亿诺无纺有限公司	租房	1530	1525	135	33	2000.07
仪征市飞虹特种钢桥有限公司	1.60	38093	37636	3460	255	2000.10

续表11-10

企业名称	用地面积（公顷）	产值（万元）	销售收入（万元）	利税（万元）	职工人数（人）	入驻时间
仪征市远大无纺布有限公司	1.33	20914	20637	2074	248	2002.02
仪征市恒丰无纺材料有限公司	租房	4092	4027	434	68	2002.09
仪征市丰源船舶电器厂	0.94	30082	29660	2094	246	2003.03
仪征市华美包装制品有限公司	4.07	44770	44040	2346	198	2003.06
仪征市超微科技商贸有限公司	2.47	1836	1746	53	46	2003.06
仪征市润星化纤制品厂	0.87	8344	8216	806	67	2004.06
仪征市四通化纤制品有限公司	1.20	3118	3019	107	27	2004.07
江苏普斯新能源科技有限公司	租房	930	925	61	83	2004.07
仪征市汇丰门窗制造有限公司	0.80	1001	995	83	61	2004.08
仪征市润扬动力配件有限公司	1.33	55776	54953	2719	621	2004.10
仪征市耐盾塑钢门窗有限公司	1.00	6007	5904	622	81	2005.02
仪征信一化纤有限公司	1.20	7440	7348	716	58	2005.05
仪征市华帛纺织有限公司	租房	7266	7136	510	84	2005.06
立志（扬州）服装有限公司	1.60	1513	1475	167	32	2005.07
仪征市安元茂信门窗制造有限公司	0.80	670	642	59	43	2005.08
仪征市海源工业气体有限公司	0.87	355	345	44	34	2005.08
仪征康佳非织造制品厂	租房	1351	1340	88	52	2006.03
仪征市瑞祥纸制品厂	0.40	1831	1816	97	49	2006.07
仪征市华祥环境设备有限公司	0.67	520	519	57	34	2006.09
仪征新友邦线业有限公司	0.67	1605	1581	41	49	2006.10
扬州中润建筑机械厂	0.39	1721	1690	436	72	2006.11
仪征市佳和土工材料有限公司	1.45	4989	4918	509	75	2006.11
扬州嘉扬实业有限公司	3.73	1309	1226	35	112	2006.11
仪征凯迪建材机械制造有限公司	1.33	925	910	20	113	2006.12
扬州科汇照明有限公司	1.87	1813	1728	58	84	2007.03
扬州浩宇土工合成材料有限公司	0.94	1573	1569	144	35	2007.03
仪征同舟汽车零部件有限公司	4.67	2536	2520	242	87	2007.05
仪征蓝凯照明有限公司	租地	252	242	54	56	2007.06
仪征华远工贸有限公司	1.40	1615	1574	47	37	2007.08
仪征市宏鑫变压器有限公司	租房	12640	12403	1567	131	2008.01
仪征华凯无纺机械有限公司	租房	2921	2809	95	23	2008.04
扬州众成变压器有限公司	租房	1812	1810	39	72	2008.05
仪征市华美包装制品厂	0.85	1556	1543	93	47	2008.06

续表11-10

企业名称	用地面积（公顷）	产值（万元）	销售收入（万元）	利税（万元）	职工人数（人）	入驻时间
仪征市恒祥化纤制品厂	1.20	327	325	35	23	2008.07
仪征市华扬电镀有限公司	租房	375	361	11	39	2008.07
扬州杰宇机械设备有限公司	租房	437	426	48	34	2008.08
仪征食为天淮扬食品发展有限公司	0.93	491	485	31	16	2008.09
扬州万和铜业有限公司	1.39	1509	1462	42	49	2008.10
扬州博鑫仪器有限公司	0.73	1240	1136	39	72	2008.10
仪征实普电子材料有限公司	0.80	510	506	83	63	2008.11
仪征市金银无纺包装材料有限公司	租房	93	81	6	21	2009.03
扬州伟业食品有限公司	0.87	353	348	22	13	2009.04
江苏荣能集团仪征新城混凝土有限公司	1.80	11390	11390	861	121	2009.07
仪征华联过滤器材有限公司	租房	1426	1377	40	63	2009.07
扬州市凯华锻压机床机械制造有限公司	1.33	1141	1107	183	64	2009.08
仪征市润扬机械有限公司	6.60	27996	27561	1540	296	2009.09
扬州食为天假日酒店股份有限公司	1.17	1240	1210	31	37	2009.09
仪征市诚功电子有限公司	1.00	1482	1213	33	35	2009.09
扬州斐都实验室设备有限公司	1.00	600	594	185	33	2009.09
扬州臻极充气游艺器材有限公司	1.33	400	392	76	25	2009.10
扬州华诚土工材料有限公司	1.54	3813	3780	118	71	2009.10
扬州国盛船务有限公司	租房	1904	1812	54	67	2009.10
扬州天堂鸟殡葬用品有限公司	租房	1233	1209	93	37	2009.10
仪征市通达轻钢建筑材料厂	1.00	221	194	38	41	2009.11
仪征市东晨土工合成材料有限公司	租房	972	953	64	41	2009.11
扬州坤嘉物资有限公司	1.53	1148	1102	23	32	2009.12
仪征市桂良网络有限公司	0.60	1635	1584	48	32	2010.02
仪征市科佳无纺制品有限公司	1.33	1311	1205	99	38	2010.03
仪征金海洋无纺制品有限公司	租房	101	96	29	42	2010.03
仪征市华盛物流有限公司	1.00	1852	1796	47	34	2010.04
扬州瑞硕塑胶有限公司	租房	458	411	43	45	2010.05
扬州新佳汽车零部件有限公司	1.40	1807	1721	58	72	2010.07
扬州市绿能新型建材有限公司	3.80	8973	8787	836	78	2010.09
仪征劲全机械有限公司	租房	1020	1017	332	42	2010.09
仪征市长发金属表面处理有限公司	0.73	1490	1479	107	67	2010.10
仪征诚功仓储有限公司	1.00	1744	1692	51	31	2011.04

第四节　工业生产

一、机械设备制造

新城机械工业有一定的基础。解放前，新城、龙河有铁匠铺打造铁制农具。70年代，生产各种农机产品，并开始试产通用机械设备。80年代，新城机械厂生产轻纺、建筑等专用机械设备，产品逐步升级、配套。2000年后，引进人才、增加科技投入、研发自主产权产品，新产品不断增加，产业开始做大做强。2012年，全镇有机械设备制造工业企业49家，实现工业产值20.62亿元，产销率96.91%，利税1.11亿元，年末固定资产原值4.72亿元，职工2612人，分别占全镇工业企业总数7.6%、工业总产值22.4%、利税总额22.11%、固定资产原值总值22.58%、职工总人数21.38%，机械设备制造业成为新城镇工业支柱产业。

通用机械设备　解放前，新城、龙河共有8家铁匠铺，用风火炉、铁匠墩、铁锤等简易工具加工生产镰刀、铁锹等农具。1954年，新城、龙河相继成立铁木竹生产合作社，当年生产水车47部、铁制农具1.32万件。1957年，生产铁制农具3.47万件，比1954年增长1.63倍。1958年起，生产合作社陆续转为社办农具厂，开始生产农机配件。1960年，生产铁制农具4.13万件、农机配件6147件。1970年，农具厂更名为农机（具）厂。当年，新城试产4寸、6寸、8寸等型号农用水泵。1971年，生产脱粒机、打浆机、旋耕机、扬谷机等新产品。全年生产700型、65-1型脱粒机218台，其他农机具726台。1973年，新城试产通用C6136车床、钻床等。龙河开始生产摇臂钻、脱粒机等新产品，产量逐年提高。1976年，新城机械厂成立，开始生产普通机床等产品，1978年增加铣床、刨床、滚齿机、冲床和注塑机等新产品，但由于质量不高，产品滞销，不久便停产。1984年，新城起重设备厂建成投产，生产单、双梁起重设备。1990年，新城、龙河共有乡办村办机械工业企业11家，其中村办厂6家。1991年，新城机械厂与仪征双环活塞环厂结成经济联合体，开始生产活塞环，年产活塞环30万片。1994年又与仪征活塞环厂股份合作兴办凸轮轴分厂，年产挺柱60万只。新城容器厂与无锡柴油机厂配套，开始生产内燃机活塞。1996年，新城机械厂增加技改投入，建成4条活塞环生产线，并将凸轮轴分厂改建为新城内燃机件厂，专业生产内燃机挺柱。1998年，二轮改制后，新城内燃机件厂划出部分资产改制为仪征市华诚内燃

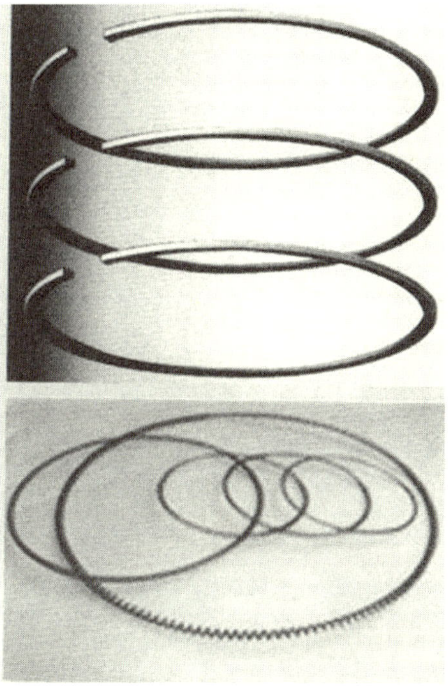

图11-4　活塞环产品
（摄于2005年）

机配件厂，新城容器厂改制为市润扬机械厂和三力活塞制造有限公司。新城农机厂、龙河农具修造厂改制为私营个体企业。2000年，镇内有内燃机配件生产企业7家、其他通用机械设备生产企业6家，生产内燃机配件活塞30万只、活塞环3000万片、挺柱50万只、活塞环螺旋撑簧100万只、通用机械1200台、起重设备120台及机械配件2.21万件、农机具3721台及农机配件280吨。2004年，市长丰机械有限公司投产，生产工业弹簧制品。2012年，镇内有通用机械设备生产企业33家，其中内燃机配件厂18家、起重设备厂2家、弹簧厂4家、机械加工设备及配件生产厂9家，实现产值11.6亿元，利税6443万元，年末固定资产原值2.87亿元，职工1372人。

表11-11 2012年新城镇部分通用机械设备制造企业主要经济指标统计表

企业名称	产品种类	产值（万元）	销售收入（万元）	利税（万元）	利润（万元）	固定资产原值（万元）	职工人数（人）	企业类别
仪征市润扬动力配件有限公司	活塞环生产	55766	54953	2719	1681	3808	621	内燃机配件制造业
仪征市华诚内燃机配件厂	挺柱制造	8395	8251	853	422	2829	106	内燃机配件制造业
仪征市三力活塞环制造有限公司	活塞加工	1486	1479	237	204	566	61	内燃机配件制造业
仪征市长江金属容器厂	活塞加工	1330	1329	286	251	412	68	内燃机配件制造业
扬州大有机械制造有限公司	金属加工机械制造	1160	1145	181	153	835	55	金属加工机械制造业
仪征市起重设备厂	单、双梁起重机械	1151	1145	193	165	638	53	起重机械制造业
扬州航隆机械自动化有限公司	金属加工机械制造	1148	1109	166	132	819	69	金属加工机械制造业
扬州市凯华锻压机床机械制造有限公司	锻压机床生产	1141	1107	183	164	863	64	金属成形机床制造业
扬州神峰机械厂	机械加工	1120	1119	113	108	837	42	通用设备制造业
仪征市长丰机械有限公司	弹簧制造	1070	1064	112	94	885	58	弹簧制造业
扬州腾龙建设机械厂	建筑机械	1053	1049	184	169	863	48	通用设备制造业
仪征劲全机械有限公司	机械制造	1020	1017	332	118	256	42	通用机械制造
仪征双燕机械配件厂	机械配件	823	819	71	62	404	34	通用设备制造业
仪征市盛龙机械配件厂	机械加工	773	762	64	58	425	56	通用设备制造业
仪征春晟机械有限公司	机械加工	661	648	56	42	332	49	通用设备制造业
仪征市华祥环境设备有限公司	离子交换器生产	520	519	57	32	297	34	纯净水设备制造业

专用机械设备 1983年，新城机械厂转产生产针织横机、织袜机、拼条机等轻纺专用机械及配件。同年，龙河电力机械厂成立，生产建筑搅拌机、振动棒、震动风筛等产品。1990年

后，技改投入增加，产品更新加快，产量增加，规模扩大。2000年，镇内有生产企业4家，生产搅拌机等建筑机械1250台、轻纺机械配件1.82万件。2002年，台商独资企业仪征铋晟机械有限公司开业，专业生产印刷包装机械。当年私营企业市纵横印染机械厂（后更名为市纵横纺织机械有限公司）成立，专业生产纺织印染机械。2004年后，市隆达电力机械厂、市华凯无纺设备有限公司和市四方机械厂（后更名为市四方轻纺机械有限公司）成立，生产能力提高，规模扩大。2012年，镇内有专用机械设备制造企业16家，其中建筑专用机械设备生产企业6家、轻纺机械设备生产企业5家、医疗设备生产企业2家，其他专用机械设备生产企业3家，实现产值9.02亿元、利税4648万元，年末固定资产原值1.85亿元，职工1240人。

图11-5 四方轻纺机械厂无纺布生产线（摄于2007年）

2012年新城镇部分专用机械制造企业主要经济指标统计表

表11-12

企业名称	产品种类	产值（万元）	销售收入（万元）	利税（万元）	利润（万元）	固定资产原值（万元）	职工人数（人）	企业类别
仪征市四方轻纺机械有限公司	印染机械	26528	26198	2433	671	5879	265	纺织设备制造业
仪征市华凯无纺机械有限公司	无纺设备制造	1760	1755	424	316	937	41	纺织设备制造业
扬州市中江建筑机械厂	搅拌机制造	1558	1529	366	313	872	54	建筑机械制造业
扬州中润建筑机械厂	建筑设备生产	1721	1690	436	396	818	72	建筑机械制造业
仪征市纵横纺织机械有限公司	纺织机械	1192	1184	314	281	689	44	纺织设备制造业
仪征大发机械制造有限公司	建筑机械制造	1120	1104	229	211	539	43	建筑机械制造业
仪征凯迪建材机械制造有限公司	建筑机械	960	953	189	177	498	33	建筑机械制造业
扬州斐都实验室设备有限公司	医疗设备制造	600	594	185	170	465	33	医疗设备制造业

企业及企业家选介

仪征市润扬动力配件有限公司　位于新城镇桥南新村29号。占地1.33公顷，建筑面积8560平方米，其前身是1993年成立的新城容器厂。1999年生产内燃机活塞环系列产品。

2004年重组成立市环球活塞环厂，增加技改投入，新建活塞环生产线2条，年加工活塞环能力提高至6000万片。研制生产活塞环螺旋弹簧自动绕簧机，获国家发明专利。2009年更名为现名，陶俊任董事长兼总经理。该公司先后通过ISO 9001质量管理体系认证和ISO 14000环境管理体系认证，成为常州、山东潍坊柴油机有限公司等著名主机生产企业配套单位。2010年，攻破自动绕簧机断料难题，研制成功国内首台全自动螺旋撑簧绕簧机，获国家专利10项。2012年，加工活塞环螺旋撑簧4500万根、活塞环1.1亿片，完成产值5.58亿元，利税2719万元，年末职工621人，其中专业技术人员13人。

仪征市华诚内燃机配件厂　位于新城镇桥南，2004年成立，为集体福利企业。该厂占地1.7公顷，建筑面积6300平方米，主要生产内燃机挺柱、离合器、活塞环等产品。2008年，销售收入4879万元、利税229万元，成为仪征市规模以上工业重点企业。2012年，完成产值8395万元、利税853万元，年末职工106人，其中专业技术人员3人。

仪征市三力活塞环制造有限公司　位于新城镇桥南。1994年9月成立，注册资本128万元，赵有平任董事长。公司占地6670平方米，建筑面积5420平方米。2001年，生产内燃机活塞环30万只，销售收入515万元，成为新城镇工业骨干企业。2012年，生产活塞环47万片，完成产值1486万元，利税237万元，年末职工61人，其中专业技术人员9人。

仪征市起重设备厂　位于新城镇桥南。1999年11月成立，占地8700平方米，建筑面积7800平方米，是专业生产起重机及配件的镇办集体企业。2004年，生产起重机械420台，销售收入671万元，成为新城镇工业骨干企业。2008年，生产起重机械813台。2009年后生产下降。2012年，完成产值1151万元、利税193万元，年末职工53人，其中专业技术人员11人。

仪征市机械厂　位于新城镇桥南。其前身是创办于1970年的新城公社农机厂，1976年从农机厂划出成立新城机械厂，主要生产普通机床等产品。1978年生产铣床、注塑机等新产品。1991年开始生产活塞环。1993年改制为股份合作制企业，更名为现名。1994年，生产内燃机挺柱60万只。1998年再次改制后停产。

仪征市四方轻纺机械有限公司　位于新城镇桥南新村28号。2004年4月成立，糜长清任董事长。公司占地2.2公顷，建筑面积8800平方米，主要生产纺织机械、印染机械、无纺机械及配件，汽车配件等。产品销往国内10多个省市。2008年起，研制水刺无纺机械成套设备，取得成功，获得国家发明专利1项、实用新型专利3项，科研技术水平在国内同行业中处于领先地位。2010年，成为省高新技术企业，开发的轻纺机械产品结构坚固、外形美观、高效节能、易于操作，产品远销欧美、澳大利亚、东南亚等国家和地区。2012年，生产轻纺机械8740台套，完成产值2.65亿元，利税2433万元，年末职工265人，其中专业技术人员15人。

仪征市铋晟机械有限公司　位于新城镇工业园。2000年3月成立，占地8000平方米。是专业生产印刷包装机械的台资企业，注册资金125万美元。由于机种多、产量大、质量好，市场占有率逐年提高。2012年，完成产值4952万元、利税179万元，年末职工85人。

图11-6 陶俊(左一)在车间 (摄于2011年)

勇于开拓创新的青年企业家 陶俊，男，新城街道人，1979年1月出生。1997年考入南京理工大学，2002年赴英国赫尔大学攻读研究生，获双硕士学位。2007年进入润扬动力配件有限公司，提出建立国际质量管理体系，制订企业品牌创新规划。2009年，企业通过ISO 9000质量管理体系认证，同年，接任公司总经理职务。他力排众议投巨资研制全自动活塞环螺旋撑簧绕簧机，2010年研制成功，这在国内尚属首台。此后，他将全部精力集中于活塞环加工生产上，提高质量，与国内著名内燃机生产厂家配套。他还带头捐资帮助残疾职工。陶俊先后获仪征市十大杰出青年、优秀青年企业家称号。

二、电气 电子制造

新城电器、电子工业起步于70年代，从生产日光灯整流器、半导体二极管开始，逐步发展到生产电线电缆、电动机、照明电器、电力变压器、电子元件、仪器仪表等。2000年后，生产太阳能器具及光伏产品。2012年，全镇有电器、电子企业40家，实现产值15.52亿元、利税7075万元，年末固定资产原值2.18亿元，职工1630人，分别占全镇工业企业总数6.2%、工业总产值16.86%、利税总额14.05%、固定资产原值总值10.43%、职工总人数13.34%，成为新城镇工业支柱产业。

电气机械及器材 1970年，新城开关厂生产2AK1-20开关，20瓦、40瓦日光灯整流器，为全县唯一生产日光灯整流器的社办厂，年产整流器1万只。1975年，生产整流器1.72万只，产值46万元，职工141人，之后生产量逐年下降，1976年停产。1978年，新城电线厂、龙河机电修配厂投产，生产铜、铝芯电线电缆、日用低压电器。1980年，新城电器厂成立，生产家用电烫斗。1985年，生产电线电缆5083千米、电烫斗6000只、低压电器310台。之后，新城乡先后成立大兴电线厂、三将电器厂和越江电器厂等11家村办厂，主要生产电线、整流器等产品。1990年，生产电线电缆3284千米、整流器8.16万只。1994年，东胜电机修造厂、越江开关厂、东升交通电器厂、越江电热毯厂等6家规模较大的电子电器厂先后建成，生产电动机、空气开关、电热毯等。2000年，镇内有电气机械及器材制造企业8家，生产电线电缆4120千米、整流器

图11-7 市丰源船舶电器有限公司生产的船舶电器产品 (摄于2005年)

7.42万只、电气开关1.47万只、电热毯3728床。2003年，市佳乐灯具厂建成，生产照明灯具。之后，扬州科汇照明材料有限公司、仪征蓝凯照明电器有限公司和市丰源船舶电器有限公司相继建成，生产照明电器、配电开关等产品。2008年，市宏鑫变压器有限公司、扬州众成变压器有限公司建成投产，主要生产干式变压器、油浸式变压器、组合式变压器、预装式变压器和箱式变电站等。2012年，镇内有电气机械及器材制造工业企业25家，生产变压器（站）887台/52万千伏安、灯具及照明装置110万台（套、个），实现产值13.38亿元、利税5065万元，年末职工1087人。

电子仪器 1970年10月，新城晶体管厂成立，主要生产半导体锗二极管、半导体硅整流二极管等电子元件。1994年生产锗晶体管1314万只，产值472万元。1996年转产陶瓷放电管等，不久停产。2005年3月，扬州博鑫仪器有限公司成立，主要生产仪器仪表产品。2007年，仪征宏金电子有限公司建成投产，生产电子元件。2012年，镇内有电子、仪器仪表制造企业13家，实现产值1.08亿元、利税1209万元，年末职工399人。

太阳能器具 新城太阳能器具制造业始于2004年。当年7月，仪征普斯生态能源有限公司落户工业园区，主要从事太阳能集热板、太阳能供热工程、热源热泵中央空调工程、太阳能光电系统及空气热源工程等制造、销售和安装。当年生产太阳能热水器3000台、太阳能光伏灯1200只（套）。2007年12月，江苏世纪中天光伏材料有限公司建成投产，主要从事研发生产太阳能电池硅材、太阳能电池组装及相关技术服务等。2012年，镇内有太阳能器具及光伏材料生产企业2家，生产太阳能热水器2.31万台、太阳能供热系统6230平方米、太阳能硅材60吨、太阳能电池6兆瓦，实现产值1.06亿元、利税801万元，年末职工144人。

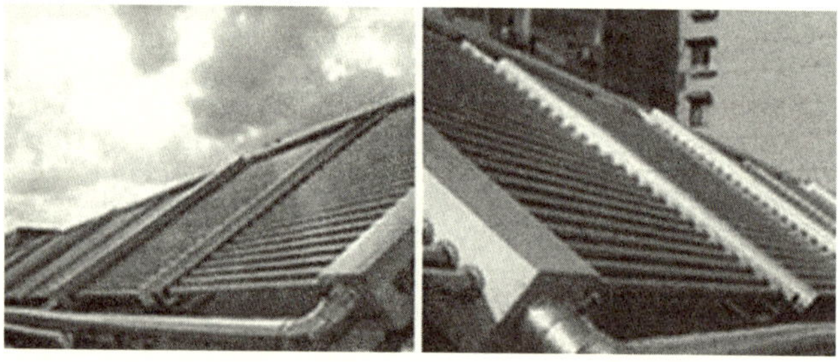

图11-8 普斯生态能源有限公司太阳能产品（摄于2006年）

2012年新城镇部分电气、电子工业企业主要经济指标统计表

表11-13

企业名称	产品种类	产值（万元）	销售收入（万元）	利税（万元）	利润（万元）	固定资产原值（万元）	职工人数（人）	企业类别
仪征市丰源船舶电器有限公司	船用电器件	30082	29660	2094	1410	3861	246	配电开关制造业
仪征市宏鑫变压器有限公司	变压器制造	12640	12403	1567	964	1836	131	变压器制造业
仪征市佳乐灯具有限公司	灯具零件制造	1941	1941	97	66	921	260	照明灯具制造业
江苏普斯新能源科技有限公司	太阳能制造	930	925	61	48	289	83	太阳能器具制造业
仪征市扬洋电气设备制造有限公司	电器元件制造	557	548	45	28	238	67	电子元件制造业

续表 11-13

企业名称	产品种类	产值（万元）	销售收入（万元）	利税（万元）	利润（万元）	固定资产原值（万元）	职工人数（人）	企业类别
仪征市晓星绝缘材料有限公司	绝缘材料生产	533	528	63	51	299	78	绝缘制品制造业
仪征实普电子材料有限公司	电力电子元器件制造	510	506	83	69	249	63	电子器材制造业

企业及企业家选介

仪征市丰源船舶电器有限公司　位于新城镇工业园。2003年3月成立，汤明武任总经理。公司占地9432平方米，建筑面积5100平方米，专业生产船用接线箱、防爆接插件、舱室接插件、接线盒及船用插头、插座等。2008年，生产船舶电气件8.71万件（套），完成产值1461万元、利税140万元。之后，研制开发新产品，在远洋船舶上应用获得成功，产品覆盖率逐年扩大。2012年，生产船用电器件52万件（套），完成产值3.01亿元、利税2094万元、利润1410万元，年末职工246人，其中专业技术人员4人。

仪征市宏鑫变压器有限公司　位于新城镇工业园新华路56号，2008年成立，詹春根任董事长兼总经理。公司占地1公顷，建筑面积7800平方米。专业生产干式、油浸式、组合式变压器和预装式变压站等电气机械设备。2008年，公司通过ISO 9000质量管理体系认证。2012年8月通过ISO 9001质量管理体系认证，当年生产变压器510台/92万千伏安，产品畅销江苏、北京、上海等10多个省市。完成产值1.26亿元、利税1567万元，年末职工131人，其中高级工程师2人。

江苏普斯新能源科技有限公司　2004年7月成立，原名仪征普斯生态能源有限公司，位于新城镇工业园新华路18号。公司注册资本150万元，占地1.4公顷，主要从事太阳能集热板、太阳能供热工程、地源热泵中央空调工程、太阳能光电系统、空气源热能工程等制造、销售和安装，当年生产太阳能热水器3000台、太阳能光伏灯1200个（套），完成产值330万元。2005年9月，太阳能集热板被省科技厅定为高新技术产品。2006年5月，公司获省民营科技企业和高新技术企业称号，全年生产太阳能热水器8200台、太阳能集中供热水工程5000平方米。2008年更名为现名。2012年，公司多项新能源工程被评为国家和省示范工程，完成产值930万元。

图 11-9　汤明武（左一）在车间

善抓机遇谋发展的企业家　汤明武，男，新城东升人，1966年8月出生，初中文化。1984年进厂当学徒工。其间，他自学高等数学、物理，设计开发新产品，成为厂里小有名气的技术革新能手。1993年，回乡创建村办交通电器厂，开发新产品七八十种，完成产值352万元。1994年11月被团市委评为青年突击手，1996年被扬州市政府授予优秀厂长称号。2003年，汤明武独资组建成立仪征市丰源船舶电器有限公司，落户新城工业园，研制船用电器，产品得到中国船级社认可，逐步在造船企业中普遍使用。2010年，又转向研发海军舰艇电器，设计上万张图纸，请教10多位舰艇机电长，无数次修改产品，2011年研制出远洋巨轮推驳船用的控制插座屏和动力插座屏，填补国内空白。2012年，经过不断改进，达到舰艇电器标准，开始在舰艇上使用。丰源牌船用电器市场覆盖面不断扩大，全年完成产值3亿元。

三、金属制品制造

新城金属制品工业起步于70年代，由白铁皮加工逐步发展到制作金属包装容器、钢门窗和铝合金、不锈钢门窗等。2000年后，开始生产大型特种钢桥和箱梁模板，产业规模逐年壮大。2012年，全镇有金属制品工业企业99家，实现产值15.36亿元，产销率96.91%，利税9468万元，年末固定资产原值3.38亿元，职工1902人，分别占全镇工业企业总数的15.35%、工业总产值16.69%、利税总额18.85%、固定资产原值总值16.16%、职工总人数15.57%。

金属制品 70年代中期，新城、龙河有联户生产金属制品的手工业者，生产的品种有白铁皮水桶、水勺以及铁皮煤炉等。1982年，新北成立4家村办白铁加工厂，生产白铁水管、漏斗、盆桶等。1983年，新城农机厂开始生产200升油桶，当年生产油桶4300个。龙河综合厂转产日用金属制品。1985年，新城金属工艺厂投产铝制品配件，年产铝配件1120吨。1990年，两乡有金属制品生产企业8家，生产油桶1.35万个、五金配件240吨、日用金属制品3.68万件（个）。1993年，新城农机厂转产200升钢桶，翌年产钢桶7.7万个。1996年6月，新城金属制桶厂（后更名为市容器厂）转产工业钢桶，翌年产钢桶4300万个。2000年，市润扬桶业有限公司成立，拥有钢桶生产线2条，产品销往仪化公司、扬子石化等国有大中型企业。2002年又新建钢桶生产线2条，年产钢桶40万个。2004年，市交安标牌厂专业生产各种金属标牌。2005年，桶业生产跌入谷底，产量比2000年下降65.69%，2006年起产量回升。2009年，市润扬机械厂投资200多万元，研发全自动化钢桶生产线，2010年安装投产，年产量从40万个提高到120万个。2012年，镇内有金属制品企业18家，实现产值7.28亿元、利税2712万元，年末职工738人。

图11-10 仪征市润扬机械有限公司

金属构件 80年代初，新城兴起钢门窗制作加工业，共有加工厂3家，前店后作，规模较小。1988年，三将钢门窗厂成立，专业生产钢门、钢窗。90年代后期，出现铝合金门窗制作业，共有门店4家。2000年，市飞虹特种钢桥有限公司成立，生产装配式公路钢桥及高速铁路箱梁模板，年生产能力1.5万吨以上。2003年，市泰安昌门窗实业有限公司（后更名为市泰安昌门窗制造有限公司）开业，生产各种铝塑、不锈钢门窗，年产量25万平方米。2012年，镇内有金属构件制造企业81家，其中门窗制作企业34家，实现产值8.08亿元、利税6756万元，年末职工1164人。

图11-11 飞鸿特种钢桥有限公司钢桥产品（摄于2005年）

2012年新城镇部分金属制品工业企业主要经济指标统计表

表11-14

企业名称	产品种类	产值（万元）	销售收入（万元）	利税（万元）	利润（万元）	固定资产原值（万元）	职工人数（人）	企业类别
仪征市飞虹特种钢桥有限公司	钢桥金属结构件制造	38093	37636	3460	1080	3841	255	金属结构制造业
仪征市润扬机械有限公司	金属包装容器	27996	27561	1540	698	3426	296	金属制品制造业
仪征市耐盾塑钢门窗有限公司	门窗制造	6007	5904	622	294	2249	81	金属门窗制造业
仪征鑫源再生物资回收有限公司	金属制品加工	3350	3348	121	108	984	86	金属制品制造业
仪征市安元门窗制造有限公司	金属门窗制造	1750	1748	86	77	411	65	金属门窗制造业
仪征市长发金属表面处理有限公司	金属表面处理	1490	1479	107	98	483	67	金属表面处理加工业
仪征市黎明锻造厂	吊架连接件	1360	1359	88	76	469	67	锻件制品制造业
扬州梦创门窗幕墙有限公司	金属结构制造	1201	1197	87	51	470	57	金属结构制造业
仪征双鑫旅游用品厂	日用金属制品制造	1023	1017	107	87	786	43	日用金属制品制造业
仪征市汇丰门窗制造有限公司	门窗制造	1001	995	83	68	500	61	金属门窗制造业
仪征市龙港机械制造有限公司	电机金属盖制造	810	804	44	32	320	43	金属结构制造业
仪征市志伟门窗厂	金属门窗加工	805	803	43	31	275	41	金属门窗制造业
仪征市新城镇金龙电镀厂	电镀加工	751	747	44	39	468	38	金属表面处理加工业
安元茂信门窗制造有限公司	装饰材料等	670	642	59	43	296	43	金属门窗制造业
仪征市龙河五金配件厂	五金配件生产	600	597	55	40	396	42	五金配件制造业

续表11-14

企业名称	产品种类	产值（万元）	销售收入（万元）	利税（万元）	利润（万元）	固定资产原值（万元）	职工人数（人）	企业类别
仪征市铝材厂	日用精铝制品	560	558	46	40	254	37	日用金属制品制造业
仪征市丰源保温瓶配件厂	铝配件加工	525	519	58	47	340	33	日用金属制品制造业

企业及企业家选介

仪征市飞虹特种钢桥有限公司　位于新城工业集中区新华路1号。2000年成立，为股份制民营企业，总经理魏德友。公司占地1.6公顷，标准厂房8000平方米，生产装配式公路钢桥及高速铁路箱梁模板，是全国专业生产装配式公路钢桥知名企业之一，生产的钢桥系列产品均通过中国交通公路规划设计院、解放军总装备部工程兵科研二所通载测试和技术评定，具有完善的质保体系，通过GB/19001-2000标准体系和ISO 9001：2000质量管理体系认证，为国家级高新技术企业。产品销往印度尼西亚、俄罗斯等国以及国内20多个省市、自治区。2012年，完成产值3.81亿元、利税3460万元，年末职工255人，其中专业技术人员6人。

仪征市润扬机械有限公司　位于新城镇工业园区南路6号，占地6.6公顷，建筑面积3.60万平方米。其前身是成立于1970年的新城农机厂，1983年起生产金属油桶。1996年，转产金属钢桶，更名为新城容器厂。2000年，改制后成立仪征市兴华金属包装配件厂，2001年，更名为市润扬机械厂。2002年，在新城工业园区新建厂区，新建钢桶生产线2条。2003年，成为仪征工业十大明星企业之一。2005年，通过ISO 9001质量管理体系认证。建成年产钢桶20万只生产线2条。2008年，“润扬”商标获“省著名商标”称号，并被评为江苏省和国家级“重合同、守信用”企业。2009年，公司更名为现名，当年投资2000万元研发全自动钢桶生产线。2010年，国内首条全自动钢桶生产线研制成功，年产能力120万个。同年通过ISO 14000环境管理体系认证，全面实施ERP生产经营体系。2012年，公司生产钢桶93万个，完成产值2.8亿元、利税1540万元，职工296人，其中专业技术人员10人。企业多次被扬州市、仪征市评为文明单位。

仪征市耐盾塑钢门窗有限公司　位于新城镇工业园新华路12号，2005年2月成立，陈士国任董事长兼总经理。公司占地1公顷，建筑面积6500平方米。专业生产铝合金门窗和塑钢门窗。2006年，被扬州市工商局授予“重合同、守信用企业”称号，当年生产铝钢门窗11万平方米。2010年，睿盾牌建筑外窗被评为扬州市名牌产品。2012年，生产铝塑门窗32万平方米，完成产值6007万元、利税622万元，年末职工81人，其中专业技术人员35人。

仪征市龙河五金配件厂　位于龙河街道北首，1994年10月成立，为村办集体企业。主要加工生产五金配件、铸造件等。2000年生产铸造件38吨，销售收入34万元，职工12人。2002年，改制为私营企业。2012年，完成产值600万元、利税55万元，年末职工42人。

诚实守信的企业家　陶维民，男，新城街道人，1952年出生，中共党员，仪征市润扬机械有限公司董事长。他坚持诚信办企业、赢市场，公司签约合同履约率、产品质量合格率和客户满意率一直保持在100%、99.90%，从未发生客户投诉现象。1999年起，公司连续被评为国家"重合同守信用"企业，"润扬"商标成为省著名商标。作为一名民营企业家，他主动承担社会责任，真情回报社会，吸纳农村富余劳动力和残疾人就业。该公司拥有职工200多人，其中残疾人130人，从2003年起为每位职工缴纳各项社会保险，每年社保费200多万元。他关心弱势群众，先后捐资20多万元帮助困难家庭。他先后被评为省乡镇企业家、市先进科技工作者和市首届十佳道德之星。

图11-12　陶维明（左一）介绍生产情况（摄于2012年）

四、纺织服装生产

解放前，新城、龙河基本上没有服装工业，仅有少量小裁缝店制作服装，收入甚微。1955年，龙河缝纫生产合作社成立，服装工业起步。此后相继成立龙河服装厂、新城服装厂，生产规模不断扩大。1980年，新城手套厂、龙河针织厂先后成立，纺织工业开始发展。90年代，无纺布工业兴起，并迅速发展，形成产业规模。服装工业随着大企业落户投产逐步发展壮大。2012年，全镇有纺织服装工业企业88家，实现产值12.16亿元、利税6194万元，年末固定资产原值2.77亿元，职工1679人，分别占全镇工业企业总数13.64%、工业总产值13.21%、利税总额12.34%、固定资产原值总值13.24%、职工总人数13.74%，成为新城镇工业支柱产业。

纺　织　新城历史上有织无纺。民国时期，新城农村有少量木制织机织土布。民国7年（1918年），新城旧港开办平民工厂，内设织布组，用脚踏木机织布。解放后较长时间，新城、龙河无纺织工业。至1980年新城手套厂、龙河针织厂成立后，针织业起步，生产各种锦纶丝袜、针织内衣。1985年，新城手套厂生产出口手套，其中1100克手套7000打出口香港，交货值5.76万元。1986年，砖桥手套厂建成，生产工业用手套。1990年，新城、龙河共有针织加工企业5家，有棉针织机19台、丝织机40台，职工31人。之后，大兴手套加工厂、冷红篷布厂先后成立，生产工业手套、篷布等。1995年起，无纺织工业在新城兴起。1996年，新城首家非织造工业

图11-13　江苏远大无纺材料有限公司生产的产品（摄于2006年）

企业——仪征市方达非织造布有限公司建成投产。2000年，镇内有纺织工业企业7家，产值348万元，职工91人。2003年起，市恒丰无纺材料有限公司、江苏远大无纺布有限公司等8家大型纺织企业建成投产，年产值6亿元，利税6000多万元，成为新城镇新兴工业支柱产业。2012年，镇内有纺织企业63家，其中非织造业42家、棉纺织业6家、针织业15家，实现产值10.51亿元、利税5327万元，年末职工1443人。

2012年新城镇部分纺织工业企业主要经济指标统计表

表11-15

企业名称	产品种类	产值（万元）	销售收入（万元）	利税（万元）	利润（万元）	固定资产原值（万元）	职工人数（人）	企业类别
江苏远大无纺布有限公司	无纺布生产	20914	20637	2074	586	2273	248	非织造布制造业
仪征市华帛纺织有限公司	坯布生产	7266	7136	510	452	1361	84	棉织造加工业
仪征市佳和土工材料有限公司	土工布生产	4989	4918	509	253	1201	75	非织造布制造业
仪征市恒丰无纺材料有限公司	无纺布生产	4092	4027	434	209	832	68	非织造布制造业
仪征双星无纺制品有限公司	无纺布制造	3821	3809	372	195	1406	210	非织造布制造业
扬州华诚土工材料有限公司	土工合成材料制造	3813	3780	118	87	848	71	非织造布制造业
仪征市四通化纤制品厂	化纤原料	3118	3019	107	58	892	27	家纺制品业
扬州浩宇土工合成材料有限公司	土工布生产	1573	1569	144	96	612	35	非织造布制造业
扬州亿诺无纺有限公司	无纺布制造	1530	1525	135	88	792	33	非织造布制造业
仪征康佳非织造制品厂	无纺布及其制品生产	1351	1340	88	46	577	52	非织造布制造业
仪征市科佳无纺制品有限公司	无纺布制造	1311	1205	99	68	474	38	非织造布制造业
仪征市新东纺织厂	织布加工与销售	1310	1196	82	31	485	58	棉织造加工业
仪征市天马帐篷有限公司	帐篷及配套加工	1083	1017	84	30	465	18	篷、帆布织造业

服 装 解放前，新城、龙河有裁缝店13家，缝制修补服装。1955年，龙河缝纫生产合作社成立，翌年，生产服装2.68万件、鞋6000双。1973年，龙河服装厂成立，有缝纫机24台，当年生产服装1.38万件、劳保服600件，产值15万元，职工28人。1980年，龙河针织厂（后更名为龙河针织纬编制品厂）生产针织服装2万件，1985年达9万件。1986年，新城新北服

图11-14　立志服装有限公司外景
（摄于2009年）

装加工厂成立，生产加工劳保服装等。1992年，市场放开后，私营个体服装厂（店）涌现，有的服装店开到居民小区，方便群众。1993年，三将羽绒厂年产羽绒被3000床，产值289万元，成为新城首家年产值超200万元的服装企业。1996年9月，新华制衣厂开业，年产各种服装6万件，产值60万元。1998年，仪征市阳光服装有限公司在三将村建成投产，主要生产外贸服饰。2000年，镇内有服装企业5家，生产服装8万件，其中衬衫4万件、童装2万件、休闲装2万件，产值313万元。2007年，扬州绮美服装有限公司、立志（扬州）服装有限公司先后建成投产，销售收入分别为538万元和570万元，成为新城镇年产值超500万元的服装企业。2012年，镇内有服装生产企业25家，其中服装服饰企业14家、服装加工店11家，实现产值1.65亿元、利税867万元，年末职工236人。

2012年新城镇部分服装服饰企业主要经济指标统计表

表11-16

企业名称	产品种类	产值（万元）	销售收入（万元）	利税（万元）	利润（万元）	固定资产原值（万元）	职工人数（人）	企业类别
立志（扬州）服装有限公司	服装加工	1513	1475	167	128	286	32	机织服装制造业
仪征市兴达服装厂	服装加工	1416	1344	182	163	248	36	机织服装制造业
仪征市锦瑞实业有限公司	服装加工	1194	1145	133	122	256	31	机织服装制造业
扬州爱达制衣厂	纺织服装制造	712	659	17	15	83	17	机织服装制造业

企业及企业家选介

江苏远大无纺布有限公司　位于新城镇工业园新华路2号，2002年2月成立，赵四海任董事长。公司占地1.33公顷，建筑面积8560平方米，主要生产土工合成材料、地毯基布、汽车内饰布、防水卷材和家用无纺布等。2008年，通过国家ISO 9001：2000质量管理体系认证。至2010年，共建有6条无纺生产线，品种从民用产品扩大到轿车内装饰品等30种新产品。2012年，公司生产无纺布1.12万吨，完成产值2.09亿元，年末职工248人，其中专业技术人员14人。

仪征市华帛纺织有限公司　位于新城镇龙河路3号，2005年成立，为私营企业，梁涛任董事长兼总经理。公司占地1公顷，建筑面积8200平方米。主要生产纺织坯布、成品布等产品。2008年成为新城镇工业骨干企业。2012年，公司生产各种坯布面料2万平方米，完成产值7266万元，职工84人，其中专业技术人员13人。

仪征市佳和土工材料有限公司　位于新城镇工业园新华路72号，2006年11月成立，姜圣卫任董事长兼总经理。公司占地1.32公顷、建筑面积8700平方米。生产土工合成材料。2010年，成为新城镇工业骨干企业。2012年，公司生产土工面料2.30万吨，完成产值4989万元，职工75人，其中专业技术人员16人。

仪征市恒丰无纺材料有限公司　位于新城镇工业园新华路2号，2002年9月成立，注册资本50万元，周永斌任董事长兼总经理。公司占地2公顷，建筑面积1.1万平方米，是专门生产各类特种无纺材料的省民营科技企业、省高新技术企业。拥有针刺无纺织物生产线5条、后整理生产线1条，生产产品有200多种。2003年成为新城镇工业骨干企业。2009年，公司通过ISO 9001：2000质量管理体系认证，成为省"火炬"计划项目承担单位。2012年，公司生产无纺织物158万平方米，完成产值4092万元、利税434万元，年末职工68人，其中专业技术人员12人。

实干创业的企业家　赵四海，男，刘集盘古人，1949年出生。1968年12月南京林业学院毕业后参加工作，先后在国营工厂任技术员、车间副主任、生产副厂长等职。领导研发成功国内首个土工布产品——电热毯面料，1992年获省新产品"金牛奖"，这是仪征市获得的首个"金牛奖"。1994年企业改制后，下海到私营企业工作。2002年6月，赵四海与妻子赵秋林在新城工业园创办成立江苏远大无纺布有限公司，任董事长。2010年开发轿车内装饰产品。2012年，企业加入上海非织造材料工业协会，成为会员单位。当年，完成工业产值2.1亿元，比开办之初增长417倍。

图11-15　赵四海（右一）在车间　（摄于2010年）

五、纸制品生产

发展概况　新城纸制品工业起步较迟。1970年，新城、龙河相继开办制盒厂、综合厂，生产各种纸箱、纸盒和纸袋。但规模较小，产品档次低，发展缓慢。1975年，新城生产纸制品3100吨，产值91万元，龙河生产纸制品98吨，产值20万元。之后，生产设备增加，产量提高。1985年，新城制盒厂生产纸制品931吨，龙河综合厂生产纸箱、纸盒142吨。1990年，两乡有纸制品厂4家，其中村办厂2家，共生产纸制品1830吨，产值286万元，利税14万元。1996年，镇乡及村办纸制品厂改制为私营个体经营。1998年，私营新城兴源彩印包装厂建成投产，生产彩印纸箱。2000年，纸制品企业5家，生产纸制品8.2万

图11-16　华美包装生产线　（摄于2004年）

吨，产值7383万元。之后，通过招商引资，相继有市华美包装制品厂、市展硕蜂窝纸制品有限公司等10家大型纸制品、包装制品企业落户新城，为纸制品工业注入新动力，纸制品工业迅速发展。

2012年，镇内有纸制品、包装制品企业51家，生产纸制品8742万吨，实现产值11.25亿元、利税4646万元，年末固定资产原值1.39亿元，职工845人，分别占全镇工业企业总数7.91%、工业总产值12.22%、利税总额9.25%、固定资产原值总值6.64%、职工总人数6.92%，成为新城镇工业支柱产业。

2012年新城镇部分纸制品工业企业主要经济指标统计表

表11-17

企业名称	产品种类	产值（万元）	销售收入（万元）	利税（万元）	利润（万元）	固定资产原值（万元）	职工人数（人）	企业类别
仪征市华美包装制品有限公司	包装制品生产	44770	44040	2346	549	2904	198	纸容器制造业
仪征市诚信包装制品厂	纸箱加工	4497	4429	475	241	1417	70	纸板容器制造业
仪征市富诚包装制品有限公司	包装制品	4268	4254	347	231	1582	62	手工纸制品业
扬州同创礼品包装有限公司	包装材料	4052	4047	340	233	1098	58	手工纸制品业
仪征市祥瑞纸制品厂	包装纸盒生产	1831	1816	97	49	885	49	纸板容器制造业
仪征市常青纸制品厂	纸制品生产	1486	1447	92	58	482	56	纸板容器制造业
仪征市辰阳纸制品有限公司	纸箱生产	1472	1472	97	33	472	90	纸容器制造业
仪征市兴源彩印包装厂	包装纸盒生产	920	920	74	55	265	45	纸容器制造业

企业及企业家选介

仪征市华美包装制品有限公司　位于新城镇工业园荣威大道881号。2000年7月成立。端志伏任董事长兼总经理。公司占地5.8公顷，建筑面积4.86万平方米。建有5层瓦楞纸板流水线1台套，3层B、E瓦楞纸板单面机1台套，水性双色柔纸箱印刷机3台，及开槽、压痕成型机、模切机和钉箱钉铆机等主要制造设备8台。2000年，销售收入648万元。之后产品质量不断提高，产销率始终保持98%以上。2005年5月，1.8米瓦楞纸板生产线投产，年产瓦楞纸板2500万平方米。2009年，公司成为新城镇工业骨干企业。2010年1月2.2米瓦楞纸板生产线投产。2012年，公司生产纸箱、纸盒2.34亿平方米，完成产值4.48亿元，职工198人，其中专业技术人员33人。

仪征市诚信包装制品厂　位于新城镇桥南，2000年成立，占地8500平方米，建筑面积6850平方米。该厂主要生产纸质包装箱、包装盒，建有瓦楞纸板生产线2条、纸盒生产线2条，以及成型机械设备16台套，检测设备8台套。2006年成为新城镇工业骨干企业。2012年，生产纸箱2248万平方米，完成产值4497万元、利税475万元，职工70人，其中专业技术人员3人。

精于管理的企业家　端志伏，男，曹山清水人，1970年11月出生。1999年，端志伏租赁新华村旧厂房成立华美包装制品厂，建立健全生产责任制，实行满员工作制，一天开两班，人手紧缺时，亲自顶岗上班。2003年，产值突破1000万元。端志伏以诚信对外建立合作伙伴，争取优惠待遇。2004年以先提货后分期付款方式购回1.8米瓦楞纸板生产设备，工厂升级为二级厂。2008年后市场低迷，端志伏采取保本微利倒逼生产成本之法，重新制定能耗定额、工时产量定额等考核指标，并将安全生产计入成本考核，获得市公安局表彰，端志伏连续5年被评为全市经济文化保卫工作先进个人。

图11-17 端志伏在车间

六、化工和塑料制品生产

新城日用化学工业起步于50年代，以制造爆竹、蛤蜊油为主，之后发展到生产泡花碱、墙体涂料、乳胶、洗衣粉、洗手液等产品。化学原料和化工制品制造业起步于80年代，2000年后发展较快。2004年，首家化学纤维制造企业建成投产，随后又有4家企业落户投产，推动化学纤维制造业快速发展。70年代起塑料制品工业发展平稳，不断更新产品，逐步发展成规模产业。2012年，全镇有化工和塑料制品工业45家，实现产值5.94亿元、利税3998万元，年末固定资产原值9635万元，职工680人，分别占全镇工业企业总数6.98%、工业总产值6.46%、利税总额7.96%、固定资产原值总值4.61%、职工总人数5.57%。

日用化学 1958年，龙河社办爆竹加工厂生产爆仗、挂鞭等，手工操作，规模较小，年产值8万元左右。1972年停产关闭。1971年，龙河综合厂生产蛤蜊油、润肤油1500箱，1975年减少到506箱，以后停产。1986年，有私人办花炮厂，生产掼炮、花炮等。1994年，新城镇新北村、郁桥村3家个体涂料厂开业，生产各种墙体涂料1720吨，产值363万元。1997年，龙河泡花碱厂开业，生产各种规格泡花碱（俗称玻璃胶）600吨。2000年，镇内有日用化学工业企业8家，其中涂料厂3家、乳胶厂2家、泡花碱厂1家、花炮厂2家，产值683万元，职工217人。2005年，扬州市亘联科工贸有限公司开业，主要生产洗衣粉、洗手液等，年产值388万元。2012年，镇内有日用化学工业企业6家，其中涂料厂3家、乳胶厂1家、洗衣粉厂2家。实现产值2381万元，利税327万元，年末职工124人。

化学原料和化学制品 1986年7月，新华村投资40万元开办小化工厂，当年生产草酸21吨，产值18万元。1989年，新城砖瓦厂转产磷硝基苯甲醛，年产7.52吨，产值284万元。1993年，八一村兴办化工助剂厂，生产化工助剂，年产值58万元。1994年，新城镇新北、郁桥村兴办个体小化工厂2家，生产蜂剂、聚氨酯等。2000年，镇内有化学原料和化学制品工业企业4家，其中助剂厂3家、焊剂厂1家，产值443万元。2005年8月，仪征市海源气体有限公司建成投产，生产工业用氧气、二氧化碳气体等，产值148万元。2008年，市宏胜化工有限公司开始生产有机焊剂。2012年，镇内有化学原料和化学制品制造工业企业15家，实现产值8782万元、利税484万元，年末职工148人。

2012年新城镇部分化工企业主要经济指标统计表

表11-18

企业名称	产品种类	产值（万元）	销售收入（万元）	利税（万元）	利润（万元）	固定资产原值（万元）	职工人数（人）	企业类别
仪征市新城镇新星化工厂	有机焊剂	1053	1046	96	80	392	42	化学用品制造业
仪征市扬子合成材料厂	乳胶系列产品	1044	1020	83	69	386	38	专用化学用品制造业

化学纤维 2004年，新城首家化学纤维制造企业——市信一化纤有限公司建成，主要生产化纤复合丝，年产量2340吨，产值550万元。同年，市润星化纤制品厂建成投产，生产涤纶纤维，年产量3148吨，产值637万元。之后，两厂增加技改投入，产量逐年增长。2008年，又有4家化学纤维制造企业在工业园区落户。2012年，镇内有化学纤维制造工业企业6家，实现产值2.79亿元，利税2046万元，年末职工183人。

图11-18 润星化纤产品（摄于2007年）

2012年新城镇部分化学纤维制造企业主要经济指标统计表

表11-19

企业名称	产品种类	产值（万元）	销售收入（万元）	利税（万元）	利润（万元）	固定资产原值（万元）	职工人数（人）	企业类别
扬州市润星化纤制品厂	化纤制品生产	8344	8216	806	436	812	67	涤纶纤维制造业
仪征信一化纤有限公司	化纤纺织	7440	7348	716	403	867	58	涤纶纤维制造业
仪征市四通化纤制品有限公司	化纤纺织	1852	1806	114	89	705	36	涤纶纤维制造业

塑料制品 1970年，新城有塑料制品厂1家，生产塑料编织袋。1971年5月，新城塑胶厂建成，生产塑料内外盖、胶木外盖。1975年，新城有塑料制品工业企业2家，生产塑料瓶、塑料盖、胶木盖8万只，产值18万元，职工127人。1984年，龙河塑料印刷厂建成，生产塑料包装袋、塑料包装箱等。翌年，生产塑料制品7吨，产值6万元。1988年，大兴村新办塑料厂建成开业，产值78万元。1990年，新城、龙河有塑料制品工业企业4家，产值187万元，职工203人。1992年，大楼村新办塑料厂投产，生产日用塑料制品，产值37万元。1993年，首家中美合资市新秀泛太塑料色材有限公司建成投产，生产塑料色材，年产932吨。2000年，镇内

有塑料制品工业企业12家，产值490万元，职工116人。2007年，总投资400万元的扬州万润薄膜有限公司建成投产，生产塑料薄膜4200万吨，产值584万元，职工22人。2010年，扬州端硕塑胶有限公司成立，生产塑胶制品等。2012年，镇内有塑料制品工业企业18家，实现产值2.04亿元、利税1141万元，年末职工225人。

2012年新城镇部分塑料制品企业主要经济指标统计表

表11-20

企业名称	产品种类	产值（万元）	销售收入（万元）	利税（万元）	利润（万元）	固定资产原值（万元）	职工人数（人）	企业类别
扬州万润薄膜有限公司	塑料薄膜	8509	8397	713	451	1824	102	塑料制品工业
仪征新秀泛太塑料色材有限公司	塑料制品	773	762	62	118	282	34	塑料制品工业
仪征市长盛塑料制品厂	塑料制品	530	522	86	62	193	37	塑料零件制造业
扬州市瑞硕塑胶有限公司	塑料制品	458	411	43	26	158	45	塑料制品工业

企业选介

仪征市润星化纤制品厂　位于新城镇工业园新华路81号，2004年6月建成，章君平任董事长兼总经理。公司占地8700平方米，建筑面积7400平方米，主要生产化纤制品。2012年，生产化纤制品7800吨，完成产值8344万元、利税806万元，职工67人，其中专业技术人员12人。

仪征信一化纤有限公司　位于新城镇砖桥，2005年5月建成，王海平任董事长兼总经理。公司占地1.2公顷，建筑面积5420平方米。建有化纤纺织生产线4条。2007年，公司通过ISO 9001质量管理体系认证。2012年，公司生产化纤复合丝110万吨，完成产值7440万元、利税716万元，职工58人，其中专业技术人员12人。

扬州万润薄膜有限公司　位于新城镇工业园新华路44号，2007年3月建成，李刚任董事长。公司主要生产离型膜、电子离型膜、高洁净离型膜等产品。2008年，成为新城镇工业骨干企业。2012年，公司完成产值8509万元、利税713万元，年末职工102人，其中专业技术人员26人。

七、非金属矿物制品制造

新城制砖、制陶业源于唐宋年间。解放后，建窑烧砖瓦、陶器，进入工业化生产，产量大幅增长。2000年后，生产空心砖、建筑砖块，砖瓦生产进入新的发展阶段。水泥预制品生产在70年代兴起，80年代兴盛，90年代后期转型生产城市道路、公园地砖、栏杆等。2000年后预拌混凝土制造出现，并迅速发展，成为新兴产业。2012年，全镇有非金属矿物制品企业29家，实现产值5.28亿元、利税3693万元，年末固定资产原值1.73亿元，职工698人，分别占全镇工业企业总数4.5%、工业总产值5.74%、利税总额7.35%、固定资产原值总值8.29%、职工总人数5.71%。

砖瓦　唐晚期，境内林果一带建有白沙窑烧制砖块，据考证，扬州城砖产自此地。1958

年起，新城先后开办大兴大队砖瓦厂（后改称林果砖瓦厂）和公社砖瓦厂。龙河公社砖瓦厂也建成投产。1966年，因受燃料供应限制，砖瓦生产下降。1972年后，队办砖瓦厂增加，加之烧制方法改进，砖瓦生产量逐年提高。1980年，新城有砖瓦厂4家，龙河有砖瓦厂1家。之后，新增郁桥轮窑厂、林果砖瓦二厂、马坝砖瓦厂和人民砖瓦厂等5家砖瓦生产企业。1985年，新城生产砖块1611万块，其中村办厂生产101万块，占6.27%；平瓦237万片，其中村办厂140万片，占59.07%。龙河生产红砖31万块、青瓦23万片。1996年，乡村办砖瓦厂进行改制。大兴砖瓦厂、郁桥轮窑厂、林果砖瓦一厂及林果砖瓦二厂实行租赁经营。1998年后，由于琉璃瓦出现，传统平瓦需求量逐年减少。2000年后，由于禁止生产实心砖以及治理环境污染工作的深入开展，部分砖瓦厂相继关停，仅有林果、丁冲等4家砖窑厂转产空心砖。2005年，全镇生产空心砖3400万块。2007年，扬州绿能新型建材有限公司建成投产，生产建筑砖块134万块。2012年，镇内有砖瓦生产企业8家，实现产值1.78亿元、利税1076万元，年末职工275人。

图11-19　绿能新型建材有限公司（摄于2010年）

水泥预制品　70年代后期，新城、龙河社队办水泥预制品厂生产水泥桁条、空心楼板和农用水泥涵管等。1980年，生产水泥制品3000立方米。1990年，两乡共有水泥预制厂11家，生产水泥制品1.43万立方米，产值476万元，职工227人。1995年起，传统水泥预制品需求量下降，开始生产道路地砖、路牙、井盖、栏杆及石棉瓦等新品种。2000年，镇内有水泥制品厂13家，生产水泥制品2.47万立方米，产值732万元，职工213人。2009年，江苏荣能集团新城混凝土有限公司落户，生产预拌混凝土4.63万立方米，产值7248万元，利税1156万元，成为新城水泥制品行业龙头企业。2012年，镇内有水泥制品企业6家，实现产值1.51亿元、利税1084万元，年末职工204人。

制陶　玻璃及玻璃钢制品

制　陶　制陶是新城、龙河地区传统家庭手工业。早在唐宋时期，就有农户取用当地白沙土烧制盆罐器具，并一直延续至今。1960年，龙河公社建成花盆厂，土法烧制花盆，销往仪征、扬州等地，由于受燃煤计划限制，发展缓慢。1970年，两地共生产花盆3.2万只。80年代，花盆产量维持年均50万只。1982年，个体办林果花盆厂开工。1996年，龙河花盆厂改制后停产。2000年，镇内仅有花盆厂1家。2012年，镇内有花盆厂2家，主要生产园林仿古花盆，实现产值43万元、利税18万元，职工11人。

玻璃制品　1973年，龙河玻璃仪器厂成立，生产玻璃试管、吸管等。由于设备简陋，产量较低。1980年，生产玻璃管3万支、3瓦日光灯管1万根。2002年，市蓓盛工艺品有限公司建成开业，生产各式玻璃镜子。2012年，镇内有玻璃制品工业企业2家，实现产值1132万元、利税148万元，年末职工36人。

玻璃钢制品　1990年，村办冷红玻璃钢厂，生产玻璃钢瓦5000张。之后，个体办玻璃钢厂逐年增加。1994年，新城玻璃钢厂建成，生产玻璃钢瓦、落水斗等产品。2007年，私营仪征汇鑫玻璃钢有限公司、扬州爱华玻璃纤维粉末厂相继建成投产。2012年，镇内有玻璃钢制品工业企业11家，实现产值1.87亿元、利税1367万元，职工172人。

2012年新城镇部分非金属矿物制品工业企业主要经济指标统计表

表11-21

企业名称	产品种类	产值（万元）	销售收入（万元）	利税（万元）	利润（万元）	固定资产原值（万元）	职工人数（人）	企业类别
仪征汇鑫玻璃钢有限公司	玻璃纤维及制品	12141	11963	1112	635	3852	134	玻璃纤维及制品制造业
江苏荣能集团新城混凝土有限公司	预拌混凝土	11390	11390	861	429	3408	121	水泥制品制造业
扬州市绿能新型建材有限公司	建筑砖块生产	8973	8787	836	422	2805	78	建筑砌块制造业
仪征市新城镇三鑫制砖厂	制砖生产	1283	1260	93	79	1860	56	建筑砌块制造业
扬州爱华玻璃纤维粉末厂	玻璃纤维粉末	1269	1253	132	111	850	46	玻璃纤维及制品制造业
仪征市蓓盛工艺品有限公司	镜子生产	923	897	72	49	853	27	制镜加工业
仪征市新北水泥制品厂	楼板加工	698	687	67	59	582	31	水泥制品制造业
仪征市东方装饰材料厂	装饰材料生产	512	482	66	28	494	38	建筑材料制造业

企业选介

仪征汇鑫玻璃钢有限公司　位于新城镇工业园新华路9号，占地8400平方米，建筑面积5000平方米。公司成立于1997年，原名仪征市汇鑫复合材料厂，生产旅游帐篷杆、蚊帐杆及玻璃钢拉挤棒管等产品，建有玻璃钢型材生产线5条。2006年，成为新城镇工业骨干企业。2008年，重组成立仪征汇鑫玻璃钢有限公司，刘凯任董事长兼总经理。2010年，占地面积扩大至1公顷，开始生产玻璃纤维。2012年，完成产值1.21亿元、利税1112万元，职工134人，其中专业技术人员2人。

江苏荣能集团仪征新城混凝土有限公司　位于新北花苑南，2009年7月成立。公司占地3.1公顷，建筑面积1.37万平方米，主要生产预拌式混凝土。2010年，公司通过ISO 9001：2008质量管理体系认证和ISO 14001：1996环境管理体系认证。商品混凝土交付合格率达到100%。2012年，生产预拌混凝土5.3万立方米，完成产值1.14亿元、利税861万元，年末职工121人，其中专业技术人员16人。

仪征市烟袋山砖厂　位于龙河丁冲村，成立于1958年，原名仪征县龙河砖瓦厂，为社办企业。该厂占地1.5公顷，房屋建筑面积717平方米。60年代，年产红砖6.1万块、平瓦7.3万片。70年代，更新砖窑2座，生产能力提高，年产砖15万块、瓦17万片。1980年，安装挤砖机组1台套、制瓦生产线1条，新建砖窑2座。1985年，受市场需求影响，生产量锐减。1996年，改制为股份合作制企业。2000年，生产空心砖51万块。2001年，改制为私营企业。2008年，更名为现名，并投资200万元，建成轮窑，产量提高。2012年，生产空心砖1500万块，完成产值450万元，利润28万元，职工70人。

八、工艺美术品和娱乐用品制造

新城工艺美术品和娱乐用品（又称玩具）制造业兴起于70年代，由制作铝制画箱、画框发展到制作画匾，由布绒玩具加工发展到制造智能电动玩具、充气游艺气模等。2012年，全镇有工艺美术品和娱乐用品制造企业66家，实现产值2.3亿元、利税1394万元，年末固定资产原值6709万元，职工560人，分别占全镇工业企业总数的10.23%、工业总产值2.5%、利税总额2.78%、固定资产原值总值3.21%、职工总人数4.58%。

工艺美术制品 1976年，新城金属工艺厂开始生产铝制画箱、画框，产品精致美观，得到艺术家好评，美术大师刘海粟题“尽善尽美”4字相赠。1980年，该厂生产画具（折铝重量）29吨，产值61万元，职工140人。1985年，转产精铝提环，年产150万支，产值190万元。1994年，生产画箱2474只、提环613万支，产值481万元。同年，新城匾画店开业，制作中堂匾画。2000年，镇内有工艺美术制品工业企业5家，产值317万元，职工24人。2012年，镇内有工艺美术制品企业4家，实现产值264万元、利税42万元，年末职工23人。

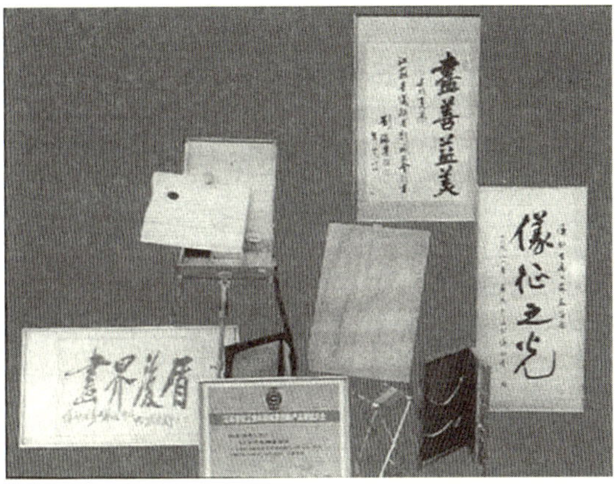

图11-20 金属工艺厂工艺美术产品（摄于1986年）

娱乐用品 1978年起，新城、龙河社队相继成立玩具加工厂3家，来料加工布绒玩具，规模不大，时开时歇，产量不高。1985年后，两乡个体办玩具厂逐年增多，主要分布在龙河官胜、凌西一带，共有5家，产值72万元。1990年，新城新办玩具加工厂4家，生产玩具120万打。龙河有7家，生产玩具220万打。其中规模较大的有新城郁桥玩具厂和龙河凌西玩具厂，产值92万元。1993年，郁桥玩具厂生产出口玩具92万打，出口交货值280.5万元，成为新城镇创汇大户。2000年，镇内有玩具厂18家，产值2387万元，职工913人，其中规模以上企业3家，产值1689万元。2000年后，相继有市三鹰玩具厂、市鑫成玩具有限公司、市润龙玩具有限公司、市明达玩具有限公司和市同舟玩具厂（后更名为仪征市同舟工艺品厂）等6家大型玩具生产企业落户新城。2008年，市庆佳玩具厂、新城珍桂玩具厂等14家玩具生产企业落户新城，新增产值411万元。2010年，扬州臻极充气游艺器材有限公司成立，生产游艺气模，年产值

图11-21　黎明玩具厂外景（摄于2003年）

图11-22　玩具产品　（摄于2003年）

357万元。同年，市黎明玩具厂迁入工业园区。2012年，镇内有娱乐用品玩具生产企业62家，实现产值2.27亿元、利税1352万元，年末职工537人。

2012年新城镇部分工美和娱乐用品制造业企业主要经济指标统计表

表11-22

企业名称	产品种类	产值（万元）	销售收入（万元）	利税（万元）	利润（万元）	固定资产原值（万元）	职工人数（人）	企业类别
仪征市同舟工艺品厂	玩具生产	5454	5454	615	291	834	122	玩具制造业
仪征市黎明玩具厂	毛绒玩具	1462	1404	47	40	384	48	玩具制造业
仪征市天盛工艺品厂	长毛绒玩具	1348	1344	54	43	283	43	玩具制造业
扬州臻极充气游艺器材有限公司	游艺气模	400	392	76	50	155	25	游艺器材制造业

企业选介

仪征市同舟工艺品厂　位于新城镇三茅村，2005年成立，厂长（总经理）丁泽全。该厂占地8320平方米，建筑面积5200平方米，主要生产长毛绒玩具。2008年，通过ISO 9001质量体系认证，全年生产长毛绒玩具近1万打，完成产值1027万元，成为新城镇工业骨干企业。2009年起，产品趋向高档化、智能化。2012年，该厂生产长毛绒智能玩具1.6万打，完成产值5454万元、利税615万元，职工122人，其中专业技术人员12人。

仪征市金属工艺厂　位于新城中学南，成立于1976年，原为社办企业。该厂占地3021平方米，房屋建筑面积1510平方米，有锻压设备7台，发电机组1台。1976年生产铝制画箱、画框18吨，完成产值21万元、利税6万元，职工61人。80年代，新增仪表车床5台、牛头刨床1台。1980年，生产铝制工艺品29吨，完成产值60万元、利税11万元。1990年，生产精铝工艺提环200万支，完成产值173万元，职工149人。1996年改制为租赁经营。2012年，租赁收入15万元。

九、金属冶炼及压延生产

新城冶金铸造业历史上较有名气，犁头铸造件远销江南一带。解放后，成立铁木竹生产合作社后，冶炼及压延工业得到发展。70年代，装备水平提高，生产碳钢铸造件、镀锌铁丝等。80年代开始生产铝型材，开展电镀加工业务。2000年后转向生产工艺铸件、不锈钢铸件，制造彩钢瓦等，生产品种不断创新。2012年，全镇有金属冶炼及压延工业企业20家，实现产值1.02亿元、利税589万元，年末固定资产原值1.07亿元，职工537人，分别占全镇工业企业总数3.1%、工业总产值1.11%、利税总额1.17%、固定资产原值总值5.12%、职工总人数4.4%。

冶炼铸造 解放前，新城、龙河有铁匠熔炉铸造农具。解放后，铁木竹生产合作社浇铸犁铧、梨尖等农具。1975年，龙河农机厂生产11寸钢模700吨，产值67万元。进入80年代，冶炼铸造设备更新，装备水平提高，两地有铸造设备27台、金属切削车床125台、行车起吊设备3台、电热设备4台套。1980年，龙河精密铸造厂开始生产碳钢铸造件，年产铸件36吨，1981年达64吨。1985年，新城、龙河有冶炼铸造企业5家，生产铸件500吨。1994年，新北精密铸造厂生产铸件121吨，产值218万元，成为新城镇首家年产值超200万元的村办冶炼铸造企业。1995年后，东升铸造厂、金桥铸造厂等5家冶炼铸造企业相继成立。1998年，一批私营个体铸造厂开业，这些厂主要为大厂生产配套铸件产品。2005年，仪征市通新集球墨铸造厂成为新城镇工业骨干企业。2009年起，铸造业开始生产铁艺楼梯、栅栏等装饰装潢材料新产品。2012年，镇内有冶炼铸造企业5家，实现产值3124万元、利税177万元，职工106人。

金属压延 1973年，龙河拉丝厂年产镀锌铁丝120吨、铅丝100吨。1975年，新城制钉厂开始生产圆钉、铆钉、螺钉等。1978年，新城机械厂开始生产热轧钢。1982年起，新城、龙河共新增机械压力机4台、5吨锻锤2台、起重设备8台套、线材拉轧设备4台套，新建线材生产线1条，热轧钢材生产线1条，开始批量生产钢材、铝材。1985年，有金属压延、锻造企业5家，年产镀锌铁丝150吨、铅丝织网5000平方米、钢丝3.3吨、各种型号钢材300吨、铝型材30吨。1986年，新城机械厂增加电镀业务，生产电镀件433吨。1990年，越江电镀厂成立，对外加工镀铬件。1996年，龙河铝材厂开始生产各种规格铝型材。2004年，彩钢瓦、金属表面处理工业兴起。2006年，三将村新办3家私营彩钢加工厂，年产彩钢瓦8000多平方米。2012年，镇内有金属压延、锻造企业8家，电镀及金属表面处理企业7家，合计15家，实现产值7121万元、利税412万元，年末职工431人。

2012年新城镇部分金属铸造工业企业主要经济指标统计表

表11-23

企业名称	产品种类	产值（万元）	销售收入（万元）	利税（万元）	利润（万元）	固定资产原值（万元）	职工人数（人）	企业类别
扬州市万和胶化机械厂	铸造件加工	2187	2174	117	85	1880	81	有色金属铸造业
仪征市玉林精密铸造有限公司	铸造件生产	773	762	72	56	514	54	黑色金属铸造业
仪征市新鑫内燃机配件厂	铸件加工	608	594	63	52	982	63	黑色金属铸造业

续表11-23

企业名称	产品种类	产值（万元）	销售收入（万元）	利税（万元）	利润（万元）	固定资产原值（万元）	职工人数（人）	企业类别
仪征市精密铸造厂	铸造件加工	595	591	68	56	866	35	黑色金属铸造业
仪征市精密铸造有限公司	铸钢件生产	503	489	81	67	887	51	黑色金属铸造业

企业选介

仪征市玉林精密铸造有限公司　位于新城镇东首，2008年3月建成。主要生产精密铸造件、铸钢件及脚手架、扣件、不锈钢铸造件等。公司坚持以诚信为本、质量第一的经营理念，履行好每一份合同，做好每一笔生意。2012年，公司生产加工铸造件1210吨，完成产值773万元、利税72万元，年末职工54人。

仪征市精密铸造厂　位于龙河街道北首，1980年建成，原为社办企业。该厂占地7200平方米，建筑面积2452平方米，主要生产碳钢铸造件。1985年，生产铸件210吨，产值47万元。1990年，职工128人，生产砂铸件80吨、精铸件199吨、不锈钢铸件15吨。1996年，改制为私营股份制企业，刘大喜任总经理，更名为现名。2012年，职工35人，生产钢铸件200吨，完成产值595万元、利税68万元。

十、木材加工和竹木草制品生产

木材加工和竹木草制品是新城、龙河传统手工业。解放前，有篾匠、木匠店铺，加工制作竹木农具用具。50年代，铁木竹和编织生产合作社成立后，木材加工和竹木草制品工业起步。80年代，各大队竞办木材加工厂，小型锯木加工厂增至18家，社队办织席厂增至3家。90年代，木材加工业转向生产加工板材、木包装材和木组件等。2000年后，木材加工和竹木草制品向高附加值、实用时尚化方向发展。2012年，全镇有木材加工和竹木草制品加工企业42家，实现产值9699万元、利税786万元，年末固定资产原值5056万元，职工268人，分别占全镇工业企业总数6.51%、工业总产值1.05%、利税总额1.57%、固定资产原值总值2.42%、职工总人数2.19%。

木竹加工　解放前，新城、龙河有木匠、篾匠13户，加工制作竹木制农具及生活用具。1954年，新城、龙河铁木竹生产合作社除生产竹木农具和用具外，还兼营对外加工木材，全年生产竹木制品2.8万件。1960年，生产下降，仅生产1.92万件。1963年起，生产原料增加，产量逐年提高。1965年，产量达3.65万件。1975年，生产竹制品1.68万件、木制品2.76万件。1980年，新城、龙河大队相继建成锯木加工厂，以带锯加工木材，共计18家，实现产值187万元。1989年，新北车木厂开业，对外加工制作楼梯扶手、木制工艺品等。90年代，新城、龙河地区陆续建成12家个体木材加工厂、车木厂。建有大型带锯、电锯、车木床等木器加工设备，生产各种三合板、木工板、装饰板、木线条等，年产值300多万元。2000年，镇内有木材加工厂、木包装制品厂等11家，产值374万元，职工263人。2000年之后，木材加工业除锯木加工外，逐步转向木包装、木组件加工。2012年，镇内有木材加工企业16家，实现产值3537万元、利税362万元，年末职工93人。

家具用品　60年代起，农具厂加工制作少量民用家具和办公桌椅。80年代开始有个体户加工制作家具与用具。1985年，新城中学校办木器厂建成投产，生产办公家具、生活家具和学校课桌椅等。90年代，私营个体家具厂、沙发厂相继成立，生产各式钢木家具、实木家具、仿古家具等。2000年，镇内有家具厂、沙发厂18家，产值318万元，职工86人。2012年，镇内有家具用品制造企业12家，其中实木家具厂7家、办公用品用具厂5家，实现产值3212万元、利税293万元，年末职工87人。

草制品　解放前，新城东部村庄有少量农户用木机编织草席，一直延续到50年代。1958年成立人民公社，家庭织席完全停止。1961年，新城开办公社编织厂，编织芦席，年产芦席2万条、窝折1万盘，1975年停产。1965年，新城成立社办织席厂，有手工织席机7台，生产睡席、枕席等。70年代后期，新城乡桃坞、金桥、新北、大兴、东升、越江等大队兴起织席热，购机织席成为家庭主要副业，出现家家户户织席忙、男女老少齐上阵的景象。龙河公社开办织席厂，农户家庭织席也逐渐兴起。至1980年，新城、龙河共有社办织席厂3家、家庭织席户2600多户，年产草席60多万条。1983年，农村推行联产承包责任制后，家庭织席户逐年减少。1992年，始有机动织席机生产草席，产量提高，新城年产草席7万条，龙河6万条。1996年，金桥席厂改制为个体承包经营。2000年后，家庭织席户进一步减少，年产量不足4万条。2003年，金桥席厂关闭歇业。2005年，扬州新龙草制品有限公司成立，主要生产草帽、拖鞋、草垫、草袋等各种草制品。产值374万元，职工26人。2012年，镇内有草制品企业14家，其中草制品生产企业4家、个体织席户10家，实现产值2950万元、利税131万元，年末职工88人。

2012年新城镇部分木材加工和木竹草制品工业企业主要经济指标统计表

表11-24

企业名称	产品种类	产值（万元）	销售收入（万元）	利税（万元）	利润（万元）	固定资产原值（万元）	职工人数（人）	企业类别
扬州天堂鸟殡葬用品有限公司	殡葬用品生产	1233	1209	93	76	552	37	软木制品制造业
扬州久平木业有限公司	楼梯制品生产	1081	1047	87	43	782	28	楼梯制造业
扬州新龙草制品有限公司	草制品生产	764	750	64	45	267	29	草制品制造业
扬州新佳汽车零部件有限公司	木材组件加工	612	579	62	40	242	34	木材组件加工业
扬州润林家居用品有限公司	木家具制造	596	584	23	17	124	16	木家具制造业

十一、汽车零部件制造

生产规模　1996年，仪征市联合机械厂建成，主要生产汽车配件等，年产值230万元。2004年，扬州（仪征）汽车工业园在新城境内建立，汽车零部件及配件制造业得到快速发展。2007年，仪征市同舟汽车零部件有限公司落户新城工业园区，年产值1211万元。2012年，全镇有汽车零部件及配件制造企业38家，实现产值9479万元、利税637万元，年末固定资产

图11-23 同舟汽车零部件有限公司外景 （摄于2010年）

原值1.07亿元，职工378人，分别占全镇工业企业总数5.89%、工业总产值1.03%、利税总额1.27%、固定资产原值总值5.09%、职工总人数3.09%。

2012年新城镇部分汽车零部件制造企业主要经济指标统计表

表11-25

企业名称	产品种类	产值（万元）	销售收入（万元）	利税（万元）	利润（万元）	固定资产原值（万元）	职工人数（人）	企业类别
仪征同舟汽车零部件有限公司	汽车机械零部件制造	2536	2520	242	192	1389	87	汽车零部件制造业
仪征市汽车电器厂	保险管制造	894	867	86	55	416	62	汽车零部件制造业
仪征市兴达机械铸造厂	铸造汽车配件	753	747	81	63	899	53	汽车零部件制造业
仪征市联合机械厂	汽车配件	452	431	67	48	426	48	汽车零部件制造业

企业选介

仪征同舟汽车零部件有限公司　位于新城镇工业园新华路69号。2007年5月建成，私营独资企业，王根权任董事长。公司占地4.67公顷，建筑面积1.82万平方米，生产汽车散热器、拉索线及密封条、水管、橡胶制品等。2010年，成为新城镇工业骨干企业。2012年，公司完成产值2536万元、利税242万元，年末固定资产原值1389万元，职工87人，其中专业技术人员13人。

仪征市联合机械厂　位于新城镇新北村，1994年9月建成，原为村办企业，主要生产加工各种钢铁铸件，年产能力400吨。1995年，工厂改制为股份合作制企业。1996年更名为现名，开始为仪征汽车厂生产汽车配件。2012年，该厂完成产值452万元、利税67万元，年末固定资产原值426万元，职工48人，其中专业技术人员8人。

十二、食品加工

食品加工业是新城、龙河传统手工业。明清时，糟坊酿酒，砻坊、油坊加工大米、食油，糖坊、豆腐坊生产糖果和豆制品，门类齐全，行业众多。50年代起，开始工业化生产加工农副食品，规模逐渐扩大，品种增多。60年代，有油米厂2家，副食品加工厂2家。80年代，先后建成面粉厂、麦芽厂、啤酒厂、酱品厂、糖果厂、豆制品厂和糕点食品加工厂等工业企业，成为新城、龙河支柱产业。90年代，受市场经济的冲击，传统食品加工业相继转业生产茶饮料、方便食品，品种更多，规模更大。2012年，全镇有食品加工企业49家，实现工业产值3726万元，利税136万元，年末固定资产原值1783万元，职工140人，分别占全镇工业企业总数7.6%，工业总产值0.4%、利税总额0.27%、固定资产原值总值0.85%、职工总人数1.15%。

粮 油 清代末期，新城一带砻坊、油坊、粉坊较多，加工生产米、油及米粉。解放后，粮油加工业得到发展。1954年，龙河油米厂建立，有碾米机4台套、制油机1台套，年产大米3000吨、糠20吨、食油25吨。1955年，新城油米厂成立，有碾米机2台套、榨油机1台套，年产大米200吨、食油20吨。60年代，生产设备更新，粮油加工机械化水平逐步提高。1970年，新城、龙河油米厂生产加工大米1200吨、食油48吨、饲料200吨，职工31人。1978年起，大队办机米坊增加，规模不大，有1~2台碾米机，随到随机，方便群众。80年代起，私人开办的油坊、碾米厂增加。大队办油米厂产量下降。1985年，新城乡兴办面粉厂，有磨面机1台，年产面粉150吨。1987年，龙河油米厂停产歇业。1990年，新城、龙河共有粮油加工企业12家，生产加工大米2637吨、面粉480吨、食油380吨，产值188万元，职工72人。之后，个体油坊、米厂进一步发展。2000年，市第二粮油食品厂投产，生产面粉700吨，产值100万元。2012年，镇内有粮油加工企业12家，其中，粮油食品厂1家，小机米坊、油坊11家，实现产值317万元、利税48万元，年末职工47人。

酿造 饮料 明清时，新城酿酒业发达，糟坊用土法酿制粮食白酒（俗名土烧酒），建有多座酒库，储存当地酿造的白酒。民国时期，白酒销往镇江、扬州等地。1955年，粮食统购统销后，众多槽坊关闭。1984年，新城乡相继开办麦芽厂、啤酒厂，年产麦芽600吨、啤酒318吨，产值87万元，职工81人。1988年后，制茶业兴起。1993年，新城先后开办坡山茶场和林果茶厂，年产优质"秀峰"绿杨春茶4000千克、贵友牌绿杨春茶3000千克。2012年，镇内有茶饮料制造茶场2家，实现产值365万元、利税25万元，年末职工28人。

农副食品 清代末期，新城地区糖坊、豆腐坊以及酱园、茶食店较多，生产有地方特色的产品，如新城扁担巷楚饼、龙河大京果等。民国时期，酱园、茶食店基本为前店后坊，手工操作。新城有茶食店7家、豆腐店7家、酱坊3家。龙河有茶食店4家、豆腐店6家。解放后，农副食品加工业得到恢复与发展。1955年，粮油统购统销后，私营酱园、糖坊先后关闭，豆制品实行计划供应，合作茶食店、豆腐店成立，生产糕点、糖果、豆腐、百叶等。1958年，茶食店改称为副食品加工厂。1960年，新城、龙河共有副食品加工厂2家，职工38人。之后又恢复为合作商业性质的茶食店。1978年后，社队开始兴办酱品厂，生产酱油、醋、什锦菜等，品种达五六十种。1980年起，个体豆腐店（坊）逐年增多。1982年，新城社办酱品厂开业，年产酱菜50吨。1984年，龙河酱品厂成立，生产酱菜40吨。1992年起私营个体办的食品厂、酱品厂增多。2000年，镇内有酱品厂4家、糖果厂（坊）2家、食品加工厂（茶食店、蛋糕坊）5家、豆制品厂（店）11家，共22家，职工88人，实现产值127万元、利税19万元。之后，传统茶食生产减少，西式糕点、蛋糕、休闲食品增加。2008年9月，仪征食为天淮扬食品发展有限公司成立，工厂化生产方便食品，品种有400多种。2012年，镇内有农副食品加工企业35家，其中食品加工厂（店）8家、酱品厂3家、豆制品厂（店）23家、糖坊1家，实现产值3044万元、利税63万元，年末职工65人。

图11-24　一品撕兔（食为天提供）（摄于2011年）

2012年新城镇部分农副食品加工业主要经济指标统计表

表11-26

企业名称	产品种类	产值（万元）	销售收入（万元）	利税（万元）	利润（万元）	固定资产原值（万元）	职工人数（人）	企业类别
扬州仪扬茶社有限公司	速冻食品	1812	1812	206	179	2840	115	农副食品加工业
扬州食为天淮扬食品发展有限公司	方便食品制造	491	485	31	18	595	16	农副食品加工业
扬州伟业食品有限公司	禽类食品加工	353	348	22	16	263	13	农副食品加工业

十三、印刷和记录媒介复制生产

新城印刷和记录媒介复制业分别起步于70年代和90年代。起初是小印刷厂、复印社，后来逐步发展成设备先进、品质优良的彩印厂和摄影摄像、图文制作、记录媒介复制企业。2012年，全镇有印刷和记录媒介复制企业19家，实现产值1697万元、利税283万元，年末固定资产原值1609万元，职工128人，分别占全镇工业企业总数2.95%、工业总产值0.19%、利税总额0.56%、固定资产原值总值0.77%、职工总人数1.05%。

印　刷　1971年起，新城、龙河有村办小印刷厂，配置圆盘机，以手工印刷为主，承印各种资料、表格等，规模较小。1984年12月，新城文教彩色印刷厂建成，承印各种课本、教材等，年印刷量1.5万令。同年，龙河塑料印刷厂开业，拥有塑料印刷设备6台套，承接塑料印刷、铅字印刷，年产值47万元，职工16人。1992年后个体印刷厂增加，主要印刷包装袋、产品说明书、宣传品、名片等。2000年，镇内有个体印刷业16家，产值178万元，职工71人。2006年，市兴源彩印包装厂建成投产，拥有对开四色胶印机、双色胶印机、单色胶印机及全自动凹印机、切纸机等现代化印刷设备，当年产值520万元。之后，私营包装印刷企业不断增加，产量逐年增长。2012年，镇内有印刷企业12家，实现产值1187万元、利税198万元，年末职工89人。

记录媒介复制　1995年，新城、龙河街道开始有个体打字复印社（店），代客复印、传真等。1998年，新城、龙河个体婚纱摄影店开业，开展摄像、制作光盘服务。2000年，有图文制作、摄影摄像服务企业6家，销售收入92万元，职工16人。2012年，镇内有记录媒介复制企业7家，其中摄影摄像企业2家、图文制作企业5家，实现销售收入510万元、利税85万元，年末职工39人。

十四、供水和其他制造

80年代起，龙河、新城先后新建自来水厂，生产供应自来水。其他制造业主要是制鞋、制刷、煤球加工和船舶修造业，大都经历起步、发展、衰落再发展的过程，为新城地区工业发展做出一定贡献。2012年，全镇有供水和制鞋、制刷企业10家，实现产值1311万元、利税248万元，年末固定资产原值1234万元，职工160人，分别占全镇工业企业总数的1.54%、工业总产值0.14%、利税总额0.49%、固定资产原值总值0.59%、职工总人数1.31%。

供　水　1984年12月，龙河乡投资新建龙河自来水厂，年供水30万立方米。1990年1月，新城投资300万元，新建自来水厂，年供水68万立方米，产值87万元。1998年，新城改接市自来水公司水源，年供水能力提高至80万立方米。2000年，镇内有2家自来水厂，年供水总量180万立方米，实现产值380万元，年末固定资产原值550万元，职工52人。2009年，龙河自来水厂水源改由市自来水公司从岔镇接入供给，年供水能力提高至60万立方米。2012年7月，并入新城自来水厂。2012年，镇内有自来水生产和供应企业1家，年供水总量185万立方米，实现产值545万元、利税37万元，年末职工32人。

制鞋制刷　解放前，新城、龙河有鞋匠3户，代客绱鞋、楦鞋。1955年，龙河缝纫社生产布鞋、棉鞋4000双。1960年后，不再生产布、棉鞋。1975年，新城皮鞋服装厂成立，年产皮鞋1万双。1985年，生产皮鞋1.6万双。1986年，新城制刷厂成立，生产鞋刷，年产鞋刷20万把。1992年后，皮鞋厂、制刷厂先后关闭。2000年，新城制刷厂投产，生产工业、建筑用刷，年产刷2万把。职工19人。2005年，市新丰鞋业材料厂开业，生产鞋衬材料，职工11人。2012年，镇内有制鞋、制刷生产企业9家，实现产值766万元、利税211万元，年末职工128人。

煤球加工　1958年，新城、龙河先后办起煤球加工厂，生产蜂窝煤，由于受煤炭计划供应限制，生产发展缓慢。1970年，新城、龙河共生产煤球18.53万个。80年代，煤球生产量维持年均30万个左右。1996年，煤球厂改制后停产歇业。1998年7月，私人投资开办三将煤球加工厂，年产机球15万个，2005年关闭。

船舶修造　90年代后期，仪征船舶工业园在十二圩沿江一带建成后，辐射带动新城南部地区造船业兴起。1998年，仪征迎江船业、越江造船、世荣造船和扬子船舶修造等造船企业落户新城。2000年，镇内有船舶修造企业7家，产值2809万元，职工117人。2003年起，投资额在2000万元以上的仪征淮宾船舶修造厂和仪征市新扬船舶制造有限公司建成投产，新城造船业进一步扩大。2005年，有船舶修造企业8家，产值1.3亿元，利税576万元，成为新城镇工业支柱产业。2006年，因行政区划调整，所有船舶修造企业随之划出。

第五节 工业管理

50年代起，新城、龙河工业实行以县（市）工业主管部门管理为主，镇（乡）政府管理为辅的管理体制。1996年，工业体制改革后，逐渐转变为以镇（乡）政府规划、制定政策、行政管理服务等调控管理为主，市工业主管部门管理服务为辅的管理机制，对工业技改、质量、安全、能源、环保、人才等方面实行一站式管理服务，管理服务效能提高。

一、管理机构

解放后，新城、龙河区乡政府分别设副业生产助理，兼管工业生产。1956年，县手工业联社成立，对乡办铁木竹生产合作社等手工业进行业务管理。1958年"人民公社化"初期，新城公社设工业交通部，后改为工业交通科，管理社办工业。1964年，县成立手工业管理局，领导和管理农村工业。70年代，新城、龙河公社单独设立工业科，管理社队工业。1978年，撤销工业科，成立公社工业办公室。1979年，县地方工业局成立，对乡村工业实施双重领导。1983年，新城、龙河乡成立经济联合委员会，下设工业公司，领导管理乡村工业。1997年，市地方工业局改为市乡镇企业管理局，协助乡镇政府管理镇村工业。同年，新城镇、龙河乡先后撤销镇（乡）工业公司，设立乡镇企业管理服务站（简称企管站），主要职能是制订工业发展规划、产业政策，对工业技改、质量、安全、能源、人才管理实行一站式服务。2012年，新城镇企管站有工作人员2人，站址在镇政府大院内，站长（工业助理）吴再兴。

二、技改 质量管理

50年代，生产合作社产品少，设备简陋，多靠手工操作，挂样生产。60年代，开始由工人、干部、技术人员三结合对生产工艺、生产设备进行技术革新，手工操作减少，并设立质量检验员，建立操作规程、质量检验标准。1963年11月，县委在龙河公社召开全县工业产品质量评比会，龙河农具厂生产的双轮双铧犁及革新手推车受到表彰。70年代，两公社累计投入170万元，重点用于工业电力设施和生产设备更新改造。至1979年，新城、龙河企业固定资产分别增至236万元和161万元，比1970年分别增长10.8倍和7.05倍。1978年8月，新城机械厂、龙河油米厂参加全县工业系统开展的第一个质量日活动，建立健全质量检验、监管与领导机构。

图11-25 润扬机械全自动钢桶生产线投产仪式（摄于2011年）

1984年，新城麦芽加工厂等5家企业完成技改项目，总投资94.3万元，其中企业自筹27.3万元、银行贷款67万元。新产品投产后新增产值238万元。至1989年，新城、龙河累计投入技改资金447万元，开发新产品38个，新装生产线3条，新增工业固定资产718万元。新城晶体管厂、新城农机厂、新城机械厂以及龙河农机厂、龙河拉丝厂等10家企业推行TQC（全面质量管理），占两乡工业企业总数31.25%；新城晶体管厂、新城机械厂和龙河拉丝厂建立群众性QC（质量控制）小组开展科研活动，先后为企业解决技术难题103项。当年，新城晶体管厂、新城麦芽加工厂、新城电线厂、龙河机械厂、龙河铸造厂、龙河塑料厂等8家企业通过仪征市计量定级，占企业总数25%。通过仪征市安全考核的企业有21家，占65.63%。啤酒、电线、油桶等8种产品通过仪征市新产品鉴定考核，另有12家企业通过仪征市节能降耗考核。1990年起持续开展"双增双节"（增收节支、增产节约）和"质量、品种、效益年"活动，先后实施UQS汽车硅整流桥生产线、丝网印仿银套色保温瓶外壳生产线、农用95系列锥面节油活塞环生产线、60升油桶生产线、冷拉线材生产线和500千克中平炉设备改造等技改项目。1997年，新城镇印发《关于工业企业消灭无标生产的实施意见》和《关于工业结构调整的指导意见》，突出调整产品结构、技术结构和技改投资结构。全镇先后组织实施包装及印刷制品设备的配套完善、内燃机挺柱6105、4012开发定产、丝网印刷增加套色印刷三大技改项目。1990~1999年，新城、龙河累计投入技改资金8748万元，完成749项技改项目，新增产值1.78亿元，初步形成以内燃机配件、化工乳胶和电子元器件为龙头的支柱产业，以金属制品、包装制品和建筑材料业为主体的优势产业，规模以上骨干企业的生产技术水平达到省内同行业水平。当年末，仪征市润扬机械厂通过ISO 9000质量管理体系认证，仪征市兴华金属包装配件厂生产的包装钢桶通过ISO 9002：1994中国进出口商品质量认证中心认证。

2000年起，将技术改造与科技进步、技术创新紧密结合起来，建立企业技术研究中心和科技信息网络中心，实现企业科技、产品质量双提升。市三力活塞厂生产的内燃机系列活塞和市包装制品厂生产的瓦楞纸箱、彩盒分别通过ISO 9002:1994中国质量检验中心认证。2001年，有12家企业被扬州市授予"质量信得过单位"称号，新城镇被评为江苏省执行产品标准优秀乡镇。2002~2012年，先后有市恒丰无纺材料有限公司生产的抗菌除臭环保型床垫和专用针刺无纺毯被列为省"火炬"计划，市内燃机件厂生产的冷激挺柱被列为省产业化贴息项目，市三力活塞环制造有限公司开发的应用于低排放内燃发动机的渗铝石墨复合活塞研制项目被列入省工业科技支撑项目。市恒丰无纺材料有限公司、市内燃机件厂等20家企业获批准成为省民营科技企业。市飞虹特种钢桥有限公司、江苏普斯新能源科技有限公司等7家企业被认定为国家、省高新技术企业或省级创新型企业。全镇签订产学研项目12个，建立省活塞环螺旋撑簧工程技术研究中心、扬州市平板壁挂式太阳能集热器工程技术中心和扬州市船舶电气工程技术研究中心。镇内有20种产品被认定为省高新技术产品

图11-26　质量体系认证会现场（摄于2006年）

和名牌产品。2011年，市四方轻纺机械有限公司生产的交叉铺机获扬州市科技进步三等奖。

2000~2012年，全镇累计投入技改资金和固定资产更新改造资金27.65亿元，完成技改项目532个，新增工业产值58.28亿元，其中高新技术产值21.65亿元，占37.15%。开发新产品312个，有183个产品投入批量生产，新产品产值率31.72%，形成机械制造、非织造、包装印刷等集群产业。

三、计划财务管理

解放初期，生产合作社（组）在上级政府和业务主管部门安排下制订生产计划，下达产品产量、产值、销售收入和职工劳动报酬等指标，但大都考核不严格，而流于形式。1955年起，各生产合作社、厂开始建账、建证、建制，培训财会人员，配备专职会计，沿用收付式单式记账。60年代至70年代，生产计划管理有所加强，县、公社不仅向企业下达考核产品质量、产值、销售、成本等计划指标，还有各类生产原材料、燃料分配计划及技术改造、新产品开发、节能降耗等指标。财务管理进一步加强，建立企业会计制度，设立总账、现金、产品三套账以及各种分类明细台账。采用复式记账法，核算企业资金运用及经营情况，定期上报各种月度、年度财务报表，并检查考核各项财务指标执行情况。1978年后较大社办企业设置车间核算员和成本会计、银行会计等，对固定资产、流动资金和专用基金进行专户核算管理。1983年起，在推行厂长负责制和承包经营责任制中，承包指标层层分解落实到车间、班组，企业内部实行两级核算，建立内部银行、责任会计，确保承包责任制有效落实和兑现。1986年，承包指标中增加产值、利润三级指标，并与奖励档次挂钩。1990年，承包考核指标中增加企业管理升级达标、产品合格率以及上缴利润等刚性指标，实行“一支笔”审批，定期财务审计制度。1996年，企业改制后，计划指标减少，但仍按时上报国家、省规定的统计报表、财会报表和税务报表。1998年，新城、龙河共有财会人员247人、统计人员63人，均持有从业资格证书，其中拥有中级职称的占27%、高级职称占2.1%。2012年，全镇有财会、统计人员287人。

四、职工队伍建设

解放初，新城及龙河生产合作社职工大多数是旧手工业者，文化程度低，以师带徒传授生产技术。60年代起，两地对生产一线工人的技术培训增加，规模较大的社办厂开始培养专职技术人员。70年代至80年代，社队工业普遍加强职工生产技能培训和岗位专业知识辅导，并选派职工脱产学习专业知识。1975年，新城、龙河共有职工2878人，其中高初中毕业生占全部职工人数的比例新城48%，龙河37%。1980年，新城提高至74%，龙河为66%。80年代，企业开始组织专业技术人员参加职称评定，增加招收中专毕业生。1988年，职工总人数增至7941人，新城有专业技术人员83人、龙河46人。90年代，全员培训合格率提高，增加机械工业、纺织缝纫业、建材业人才的招聘引进。1995年，新城有管理及专业技术人员107人，占职工总人数2.96%；龙河有22人，占2.3%。1998年，两地企业改制结束，职工减少至4398人。2000年起，随着工业的快速发展，新职工逐年增加，工资及福利待遇也逐年提高。2010年，引进支柱产业专业人才10人。2011年，引进博士生2人。2012年，全镇企业职工12217人，比1975年增长3.24倍，高中及大专学历占42.28%。

第十二章　建筑业　房地产业

建筑业是新城传统产业，自古新城被称之为建筑之乡。早在汉代境内修建有举世闻名的陈公塘，明代建造的卧虎闸至今仍在使用。唐宋以来陆续修造有30多座庙宇，20多座园林，其营造技艺代代相传，涌现出一大批建筑业能工巧匠，被誉为新城工匠，久负盛名。60年代起，分散的工匠被组织起来，先后组建成立建筑工程队、建筑站，从事房屋土木建筑。1984年，分别成立新城、龙河建筑工程公司，并走出家门到省外承揽建筑工程。1993年，新城乡和龙河乡建筑业竣工建筑面积10.2万平方米，实现施工产值9650万元。1998年新城和龙河建筑公司开始承建24层高楼，成为当年全市建筑业承建的最高楼层。2000年后，建筑业向装饰装修、水电安装及建筑服务领域延伸，施工技术和工程质量不断提高。2004年，改制后的建筑业实现跨越式发展，新城镇被市政府评为建筑业发展先进乡镇。2005年、2007年承建的两项工程分获省优质工程“扬子杯”奖。2012年，全镇建筑业竣工面积64.1万平方米，实现施工产值11.68亿元，占全镇社会总产值的10.28%。

新城房地产业起步于1994年，首建住宅商品房1幢，25套2500平方米。之后，开发建设规模越来越大，户型结构趋向合理，不仅有普通住宅、高层住宅，还有高档别墅、商业用房。至2012年，建成住宅小区10个，累计建成商品房3835套42.18万平方米，销售3081套，售房收入5.24亿元（未计入新城统计）。

第一节　建筑业

一、企　业

解放前，新城、龙河地区从事建筑业的瓦匠、木匠分散在乡村集镇，居民砌房造屋或建设祠堂、寺院，小型桥梁涵闸等工程，由业主、承办人指派工匠头领召集瓦木工匠组织施工，工程结束，自行解散，没有独立的组织机构。解放后，分散的瓦木工匠逐渐加入组织。1949年9月，三将、冷红、古都、桃坞、新北5个乡相继成立建筑分会，隶属于仪征县真州镇建筑工会，共有瓦木工匠285人，承接小型建筑工程和修缮业务。工匠农闲做工，农忙种地，为松散型建筑组织。1970年3月，龙河公社成立建筑站，有瓦木工69人、技术员2人。随后，新城公社新北、大楼、冷红、越江等大队先后成立建筑站。1974年5月，新城公社组建成立公社建筑站，有职工36人，其中工程技术人员2人。1976年，新城公社有大队建筑站13个，有职工500多

图12-1　新城建筑工人队伍

人。1984年，新城、龙河乡建筑站相继升格为建筑工程公司。新城建筑工程公司有职工288人，其中工程技术人员6人；龙河建筑工程公司有职工360人，其中工程技术人员8人。1986年，新城建筑公司与村级建筑站组成新型联合体，对外挂牌市第二建筑公司第三工程处，共有职工831人，由公司委任工程队长、技术员、质量安全员和会计员，对具有独立施工能力的村站编为分队。1987年，新城、龙河建筑公司与市建筑公司联营组建市第一建筑公司，共有职工2660人，其中工程技术人员43人。1998年，新城建筑工程公司获得独立法人三级资质，辖有水电安装、古典建筑等10个工程队，有职工1560人，其中工程技术人员25人。龙河建筑公司下属有工程队7个，职工1022人。2000年5月至2003年12月，新城建筑工程公司经过两轮改制后，成立市新城建设工程有限公司，属民营企业。同年，龙河建筑公司歇业，部分工程队并入新城建设工程有限公司。2012年，镇内有建筑企业1家，即新城建设工程有限公司，辖有威海、滁州、扬州3家分公司，有施工项目部25个，共有职工4462人，其中工程技术人员456人，具有中高级职称158人，一、二级建造师36人，造价师2人。

二、设备 技术

施工设备　解放前，瓦木匠使用简单传统的建筑工具，主要有瓦刀、泥壁、线砣、靠尺及斧、锯、刨、凿和墨斗等。解放初，仍使用简陋的建筑工具设备，脚手靠毛竹、木棍、麻绳、长梯、板凳等拼凑，搬运、打夯、搅拌和起重均靠人工。70年代后，建筑站陆续购置蛙式夯机、抽水机、潜水泵、圆盘锯、电动机、平拉葫芦吊杆、水准仪等机械设备和仪器。1978年，龙河建筑站有金属井子架4台、卷扬机4台及其他设备，可承建4层楼房以上的建筑工程。1981年，新城建筑站有金属井子架8台、混凝土搅拌机9台、载重汽车3辆、电动打夯机8台、电焊机3台及金属钢架脚手480吨和手推车、水磨机、卷扬机、水准仪等设备139台套，机械设备总动力1397千瓦，人均装备659元。龙河建筑站有机械设备184台套，机械设备总动力1613千瓦，人均装备571元。建筑施工除人工砌墙、粉刷和挖土外，实现机械化和半机械化。1994年后，新城建筑公司添置20吨~40吨塔吊10台、汽车吊1台及其他先进设备，生产性固定资产达452万元。2000年后购置挖掘机2台、大型发电机2台、输送机1台、混凝土搅拌机1台套。2012年，新城建设工程有限公司拥有大型机械设备58台套，中型机械设备153台套，机械设备总动力3140千瓦，生产性固定资产1414万元，人均装备3200元。

施工技术　70年代，开始改进施工技术，逐步使用机械设备，提高工效和质量。80年代后，房屋建造开始由砖混结构向钢筋混凝土框架结构过渡。在施工中广泛应用钢筋气压焊接和高强度混凝土添加剂等新技术。90年代，使用多孔墙体材料、PVC管材、外渗剂等新材料。1999年，新城建筑工程公司推广使用大模板体系、整体自动爬升脚手架等新设备。2002年，创新钢筋电渣压力焊和自拌高强度混凝土新技术，在建筑高层及单跨36米以上建筑中得到广泛应用。2005年以后，新城建设工程有限公司施工技术不断创新。至2012年，获省级施工新技术创新成果奖10项，创省级施工法12项。

三、建筑工程

房屋和土木建筑工程　50年代，乡村建筑业一般只能承建结构较简单的砖木平房等小型建筑。1959年5月，新城公社建大会堂时召集能工巧匠95人，采用悬梁力学原理，不用立柱的建筑方式，成功建起跨度15米、长56米，建筑面积860平方米的大会堂。70年代，新城、龙河建筑站承揽的业务主要是平房、围墙等小型包清工建筑。80年代起，施工规模逐年扩大，建筑工程由包清工向工程总承包（即包工、包材料）过渡，施工产值年年上升。1987年，新城、龙河建筑公司房屋和土建工程竣工项目计17个，建筑面积5.1万平方米，施工产值3610万元。1990年以后，房屋和土建工程越做越大，逐步向高层、大跨度建筑项目发展。1993年，新城建筑公司承建仪征黎明汽车厂跨度36米以上的厂房3.2万平方米和9层综合办公大楼1.2万平方米。1998年3月，该公司承建常州武进医院高度77米、建筑面积2.5万平方米的24层大楼。同年，龙河建筑公司承建上海金鹏花园小区框架24层住宅楼2幢，建筑面积7万平方米。1999年，新城建筑公司竣工项目18个，施工产值7852万元。龙河建筑公司竣工项目11个，施工产值5332万元。2002年，新城建筑公司承建20层市公安局业务大楼，建筑面积1.09万平方米，在施工中运用新工艺、新材料、新技术，被认定为全省建筑业新技术示范工程。2006年，竣工项目32个，施工产值2.8亿元。2012年，完成房屋和土木建筑竣工项目58个，建筑面积49.7万平方米，其中10层以上楼房11幢，施工产值9.93亿元，占建筑业总产值85.02%。竣工项目中，合格率100%。优良工程52个，占竣工项目总量的90%。其中创省优工程10项，扬州市优工程42项。

图12-2　2002年，新城建筑公司承建的市公安大楼被评为全省新技术示范工程（摄于2005年）

安装工程　1986年，新城、龙河建筑公司相继成立水电安装工程队，与房屋和土木建筑工程相配套，承建自来水、下水道、电力、电信、空调等设施设备的建筑安装工程。1991年，建筑安装工程产值784万元，占建筑业产值10.5%。1992年后，安装工程业务量逐年增加。2004年，安装业向金属门窗、机电设备、钢结构安装及住宅节能、智能化安装等建筑新领域拓展。2012年，新城建筑安装成为特色产业。当年创施工产值8890万元，占建筑业总产值的7.62%。

装饰装修工程 80年代，装饰工程很少。90年代后逐渐兴起。境内瓦木漆匠自行组团从事住宅、家庭装饰装潢业务，工程结束后自行解散，没有成建制的装饰装潢企业。2004年，新城建筑工程有限公司组建成立装饰装潢项目部，当年产值31万元。随后，装饰装修业逐步扩大。2012年，装饰装修业实现施工产值681万元，占建筑业总产值0.6%。

其他附属配套工程 主要是城镇建设工程，包括社区道路、绿化带、地下管网等，以及为建筑工程附属的其他工程项目。2012年，附属配套工程实现施工产值7890万元，占建筑业总产值6.76%。

四、建筑市场

70年代前，新城、龙河建筑业务主要集中在当地市场。70年代末，逐步走出去开拓南京等地省内市场，并南下深圳、广东，北上山东、北京，东进上海，西到甘肃、新疆，不断扩大外埠建筑市场。1990年，新城、龙河建筑业当地市场与外埠市场产值份额分别占63.8%和36.2%，随后，加大对大中城市的资本投入，在巩固老市场的基础上，开发潜在市场，培养新兴市场，本地市场和外埠市场相应发展。2012年，当地市场实现施工产值6.18亿元，外埠市场5.5亿元，分别占建筑业总产值52.91%、47.09%。

当地市场 70年代至80年代初，新城、龙河建筑业务主要集中在周边城镇和仪征地区，承建工业厂房、商业门店和住宅建筑为主。1980年竣工面积3.16万平方米，施工产值161.66万元。1992年起，仪征城镇建设步伐加快，建筑业获得发展机遇。1992~1994年，新城建筑公司为驻镇大型企业仪征黎明汽车厂承建跨度36米以上的厂房及其他生产用房和综合大楼，施工总面积15.1万平方米，同时承建建筑面积1.12万平方米的单体工程市交通大厦。龙河建筑公司承建的市委党校教学楼和市人武部民兵习武大楼，均为优良工程。1994年，当地市场竣工面积7.8万平方米，施工产值6230万元。1995年后，当地市场建筑项目逐年增多，至2000年，累计施工项目68个，竣工面积48.2万平方米。其中，新城建筑工程公司承建的

图12-3 2001年，新城建筑公司承建的市人民医院病房楼获省优工程"扬子杯" （摄于2004年）

市离退休干部职工活动中心、仪征第二中学实验楼、市人民医院9层病房楼，建筑总面积1.68万平方米，均获省“扬子杯”优质工程。市双环活塞环公司住宅4号楼、仪征市二中教学楼分获扬州市“琼花杯”优质工程。龙河建筑工程公司承建的市红叶小区10号、15号楼获扬州市“琼花杯”奖。2003年后，新城建设工程有限公司建成一批质量高，影响大的工程，其中单体建筑面积达1.75万平方米的鼓楼街超级市场为大剪力墙框架结构，地下一层，地面三层，成为仪征市中心形象工程，被评为省优质工程，获得“扬子杯”奖。2012年，当地建筑市场竣工面积28.1万平方米，实现施工产值6.1亿元。

外埠市场　70年代新城、龙河建筑站成立后，逐步发展外埠建筑市场。1976年，龙河建筑站首次赴南京承建南京钢铁厂运输部办公楼，建筑面积2300平方米，因建筑质量好，管理规范获得用户好评，此后立足南京市场，先后承建南京政治学院学员公寓楼、南京金陵船厂职工宿舍楼、南京人民商场住宅楼等建筑工程项目4个。1981年，该建筑站建成的南京军区海军414医院门诊楼被评为南京市样板工程。1985年，新城建筑公司承建兰州红玫瑰宾馆，建筑面积1.3万平方米，高度28米、9层，为该公司首次承建的最大工程。翌年，新城建筑公司承建盱眙县粮食二库及盱眙县粮食局综合大楼，总建筑面积3.1万平方米。1986年，新城、龙河建筑公司驻外埠工程队承建的项目共有5个，竣工面积2.51万平方米，施工产值2500万元。1987年，新城、龙河建筑公司与市第一建筑公司联营后，外埠市场发展迅速，先后在上海、济南、枣庄、威海、常州、南京、深圳等大中城市开展建筑业务。1990年，承建外埠工程项目10个，竣工面积4.15万平方米，施工产值4980万元。1991年起，开始承建一批高难度、大跨度、有影响的工程项目，主要承建单项建筑面积1万平方米以上、高度12层以上的短平快工程项目，如新城建筑公司承建的深圳洪锦阁商住楼、广州番禺住宅楼、河北邯郸宿舍楼、山东枣庄电厂办公楼、南京供电局中山变电所和常州武进医院等，龙河建筑公司承建的上海金鹏花园小区、华东师范大学学生公寓等，均在工程期短、质量要求高、施工难度大等不利条件下，创出优良工程，获得较好口碑。1999年，承建外埠工程项目14个，竣工面积8.26万平方米，施工产值亿元以上。2000年起，加强与外埠当地大中型建筑企业联营挂靠，共同开发外埠市场。新城建筑公司与核工业部华兴公司及苏州古典园林建筑公司联营，分包苏州市旧城改造部分工程及南京供电局、南京师范大学等工程项目，施工产值2000多万元。2003年以后，逐步将分散作业的外埠工程项目部组建成立分公司，实行人财物统一管理，统一对外招投标管理和统一质量安全管理。先后在威海、滁州、扬州设立分公司，优化工程项目管理，其中扬州市场规模最大，承建项目有扬州杉湾花园五期、扬州名城运河佳园北苑、扬州佳家花园、扬州新星安置小区等，施工产值3.72亿元。2012年，驻外分公司承建工程项目26个，竣工面积25.6万平方米，实现施工产值5.5亿元。

海外市场　1999年5月，新城建筑公司与市劳动局海外劳务公司签约，选派13人赴新加坡南洋公司从事建筑劳务，时间两年，这是市建工系统在开拓海外建筑市场中组成的第一支建筑劳务队伍。2001年，林果村建筑商吴国林与北京海军学院建设工程公司合作，组建施工队伍320人到越南承建公路、桥梁等建筑工程，当年实现施工产值3500万元。2008年，该海外建筑队伍解散。

1974~2012年新城镇建筑业主要经济技术指标统计表

表12-1

年份	施工总产值（万元）	其中			利润（万元）	固定资产（万元）	施工机械		职工（人）	其中	
		房屋土木工程产值	安装装修工程产值	其他产值			数量（台）	动力（千瓦）		工程技术员	项目经理或建造师
1974	5.00	5.00	—	—	0.15	0.10	—	—	36	2	—
1975	10.60	10.60	—	—	0.32	0.50	—	—	46	2	—
1976	19.10	19.10	—	—	0.57	0.80	—	—	58	3	—
1977	38.30	38.30	—	—	1.15	1.10	—	—	80	3	—
1978	51.60	48.50	—	3.10	1.55	2.80	5	22	110	3	—
1979	56.90	51.60	—	5.30	1.70	5.20	22	154	180	4	—
1980	83.80	78.60	—	5.20	2.50	15.10	82	611	210	4	—
1981	158.00	149.50	—	8.50	4.70	24.50	139	1397	218	5	—
1982	733.00	689.20	33.00	10.80	36.65	24.30	139	1390	233	5	—
1983	896.00	827.60	56.00	12.40	44.80	25.10	141	1310	251	5	—
1984	1068.00	995.40	60.00	12.60	53.00	25.40	138	1230	288	6	—
1985	1264.00	1185.20	66.00	12.80	63.00	26.80	145	1463	366	7	—
1986	1351.00	1233.30	102.00	15.70	68.00	30.60	161	1617	831	14	—
1987	1793.00	1620.10	152.00	20.90	89.00	38.80	163	1523	810	15	—
1988	2419.00	2196.80	201.00	21.20	120.00	48.80	163	1523	830	16	—
1989	3013.00	2733.90	257.00	22.10	150.00	55.80	165	1521	815	17	—
1990	3961.00	3628.70	309.00	23.30	198.00	80.80	164	1510	836	18	—
1991	4612.00	4219.20	368.00	24.80	230.00	110.30	160	1493	850	20	—
1992	5820.00	5232.00	560.00	28.00	290.00	250.00	171	1510	950	21	—
1993	7893.00	7208.10	648.00	36.90	315.00	358.40	181	1615	1091	21	—
1994	7432.00	6887.80	509.00	35.20	297.00	452.00	198	1780	1180	21	—
1995	7620.00	7066.70	521.00	32.30	305.00	455.30	195	1733	1220	23	—
1996	7865.00	7274.20	559.00	31.80	315.00	455.40	180	1688	1321	25	—
1997	8130.00	7488.60	608.00	33.40	325.00	475.60	183	1751	1430	25	5
1998	8610.00	7926.50	652.00	31.50	344.00	500.60	168	1760	1560	25	10
1999	8766.00	8023.40	708.00	34.60	351.00	500.60	167	1808	1660	28	12
2000	8822.00	8002.00	754.00	66.00	353.00	831.70	164	1809	1889	38	12
2001	9120.00	8233.00	803.00	84.00	365.00	854.80	174	1832	1790	49	13
2002	9385.00	8371.00	858.00	156.00	375.00	861.70	180	1954	1810	53	15
2003	10265.00	9227.00	893.00	145.00	411.00	861.80	185	2352	2358	65	15

续表12-1

年份	施工总产值（万元）	其中			利润（万元）	固定资产（万元）	施工机械		职工（人）	其中	
		房屋土木工程产值	安装装修工程产值	其他产值			数量（台）	动力（千瓦）		工程技术员	项目经理或建造师
2004	19332.00	15881.00	1630.00	1821.00	763.00	908.60	189	2561	2860	181	16
2005	28113.00	23408.00	2102.00	2603.00	844.00	1003.40	186	2636	3022	280	21
2006	46312.00	38360.00	4332.00	3620.00	1389.00	1103.20	183	2681	3120	285	21
2007	57613.00	48520.00	4961.00	4132.00	1728.00	1232.10	191	2890	3640	290	22
2008	70316.00	57693.00	7001.00	5622.00	2039.00	1262.30	192	2960	3831	305	22
2009	80454.00	66944.00	7068.00	6442.00	2252.00	1300.60	203	3015	4130	310	26
2010	95680.00	80685.00	8132.00	6863.00	2679.00	1365.70	210	3100	4010	381	28
2011	106670.00	90172.00	9268.00	7230.00	2880.00	1393.40	208	3051	4251	449	36
2012	116761.00	99300.00	9571.00	7890.00	3269.00	1414.00	211	3140	4462	456	36

说明：本表不包含龙河乡建筑业经营指标

五、建筑业管理

管理体制改革　70年代，建筑企业施工与收益分配等管理体制落后，影响企业发展。1982年，新城建筑站首先推行包产值、包利润、包上缴，完成任务奖励的“三包一奖”承包经营责任制。以工程队长为承包人，订立“三包”指标，完成承包数以上的超出部分提成25%以上奖励给工程队承包人，最高可达50%。随后，龙河建筑站也效仿此做法，在各工程队推广。1995年后，改行政管理为行业管理，推行项目法人施工管理体制，以工程项目为对象，建立工程施工管理班子，实行项目经理负责制，对项目工程全过程承包。以工程项目为中心建立内部生产要素市场，逐步取代工程队的内设行政机构。1997年，经省建设厅批准，杨宁、李金龙、祝桂清等5人成为新城建筑公司首批项目经理。2000年，全镇建筑企业均实行项目经理负责制。2012年，新城建设工程有限公司有项目经理部25个，一、二级建造师37人。

产权制度改革　2000年年初，新城建筑公司开始第一轮体制改革。各工程队在清产核资，综合评估的基础上，明确债权债务，由工程队负责人按标的买断经营权。公司给予解除劳动合同职工一次性经济补偿，当年年底10个工程队完成产权制度改革。然而因改制不彻底，下改上未改，公司管理层人浮于事，职责不明，影响企业发展。2003年进行第二轮改制，采取先售后股形式，由公司领导层4人募股608万元买断公司经营权，组建成立民营性质的新城建设工程有限公司，建立“产权明晰、权责明确、管理科学”的现代企业制度，新城建筑业发展步入快车道。2012年，全镇建筑业施工产值是2002年的11.8倍。

资质管理　70年代，新城、龙河建筑站成立时无须建筑业资质。1982年以后，分别挂靠县（市）第一建筑工程公司和第二建筑工程公司从事建筑业务。1996年后，新城建筑公司申报建筑业资质，取得独立法人建筑企业三级资质。2006年，获房屋建筑工程施工总承包二级资质。2012年，新城建设工程有限公司获得房屋建筑工程施工总承包一级资质，同时具备市政工程施工总承包、装饰装潢、起重设备安装、结构补强、非爆破拆除等专业承包资质，并通过质量ISO 9001:2008、ISO 14000:2004环境管理体系、GB/T28001-2011职业健康安全管理"三标一体"整合认证。2012年年底，新城建筑企业有建筑工程、机电工程、市政工程一级建造师11人、二级建造师26人、二级造价师2人。

安全质量管理 70年代以后，新城、龙河建筑站始终重视安全质量管理，每个建筑工地设安全质量管理员，专司其责。至90年代，逐步建立起施工安全质量管理机制。每年举办安全质量技术培训班3~5期，每个职工每年至少参加培训2次，其中安全员41人经考试考核合格后持证上岗，同时定期对施工设备进行安全检修保养。1998年，在推行安全管理规范化、现场防护标准化基础上，实行建筑施工集约化、科学化管理。当年，新城建筑公司承建的市人民医院病房楼工程获得"省安全文明工地"称号。同年，该公司被省建工局评为安全质量管理先进单位。1999年，明确项目经理对工程质量终身负责，有效地杜绝使用假冒伪劣建材和偷工减料行为。同时，改进施工工艺，运用新型建材，消除屋面和卫生间渗水，墙面裂缝等工程质量通病，工程质量整体水平明显提高，工程竣工质量验收合格率100%，优良率45%以上。2002年，组织职工进行质量技能竞赛，新城建筑公司职工钱长宝、夏士明在扬州市青工质量技能比赛中分别获得抹灰工一等奖和三等奖。2005年，新城建设工程有限公司领取省建设厅颁发的安全生产许可证，开展工程创优活动，组织群众性质量管理QC小组技术攻关。至2007年，新城建设工程有限公司取得8次QC小组成果，其中砼工程施工质量控制及卫生间防水施工质量控制成果，获得扬州市建筑业优秀QC小组成果二等奖和三等奖。1998~2012年，新城建设工程有限公司获省优质工程"扬子杯"奖10项、扬州市优质工程"琼花杯"奖42项，创省级安全文明工地23个、扬州市安全文明工地53个。2012年，该公司被授予"省建筑业质量安全管理先进施工单位"称号。

1998~2012年新城建设工程有限公司获省、扬州市优质工程一览表

表12-2

年份	工程名称	创优等级	项目经理
1998	市第二中学实验楼	江苏省优、扬子杯	张明东
1998	市中学实验楼	扬州市优、琼花杯	杨　宁
1998	市离退休职工活动中心工程	江苏省优、扬子杯	杨　宁
1998	仪征真州西路小区广厦7号楼	扬州市优、琼花杯	曹正才
1999	市活塞环厂宿舍4#住宅楼	扬州市优、琼花杯	陈立秋
2000	市人民医院病房楼	扬州市优、琼花杯	孙　林
2000	市资福巷12号第四幢住宅楼	扬州市优、琼花杯	张明东
2000	市第二中学教学楼	扬州市优、琼花杯	张明东
2001	市人民医院病房楼	江苏省优、扬子杯	于小林
2001	市纺织厂职工3号住宅楼	扬州市优、琼花杯	李金龙
2002	市人民医院门诊楼	江苏省优、扬子杯	张明东

续表12-2

年份	工程名称	创优等级	项目经理
2003	仪征市中学教学楼2区	江苏省优、扬子杯	张明东
2003	仪征市中学教学楼	扬州市优、琼花杯	张明东
2003	仪征市公安局业务楼	扬州市优、琼花杯	张明东
2005	仪征市人民医院科技行政综合楼	扬州市优、琼花杯	赵家祥
2005	江苏移动仪征分公司移动通信综合楼	扬州市优、琼花杯	李金龙
2006	仪征市人民医院科技行政综合楼	江苏省优、扬子杯	赵家祥
2006	仪征市工商局登记注册服务大厅及辅助房	扬州市优、琼花杯	赵家祥
2007	仪征志祥综合楼	江苏省优、扬子杯	于小林
2007	仪征市扬子名苑1号、5号住宅楼	扬州市优、琼花杯	李正君
2007	仪征市扬子名苑3号、6号住宅楼	扬州市优、琼花杯	赵孝东
2007	仪征市都市枫林1号、8号住宅楼	扬州市优、琼花杯	张如军
2007	仪征市都市枫林2号、6号住宅楼	扬州市优、琼花杯	顾加元
2009	仪征市人民路135号商住楼	江苏省优、扬子杯	赵家祥
2010	仪征市中医院门诊楼综合楼	扬州市优、琼花杯	于小林
2010	仪征市鼓楼超级市场	扬州市优、琼花杯	李金龙
2010	仪征市优诗美地44号、47号住宅楼	扬州市优、琼花杯	顾加元
2010	仪征市哨口北苑4号、5号、8号住宅楼	扬州市优、琼花杯	祝桂清
2011	仪征市扬子家园2号综合楼27号住宅楼	扬州市优、琼花杯	赵孝东
2011	仪征市科技创业服务中心3号、6号楼	扬州市优、琼花杯	赵家祥
2011	扬州市新星拆迁安置小区三标段住宅楼	扬州市优、琼花杯	石上流
2011	仪征市优诗美地10-2期5号、7号住宅楼	扬州市优、琼花杯	张玉峰
2011	扬州市新星拆迁安置小区四标段住宅楼	扬州市优、琼花杯	于小林
2011	仪征市和景印象城6号~14号住宅楼	扬州市优、琼花杯	顾加元
2011	仪征市滨江新村15号、22号住宅楼	扬州市优、琼花杯	康永龙
2011	仪征市中医院门诊楼综合楼	江苏省优、扬子杯	于小林
2012	扬州市佳家花园118号、120号、121号住宅楼	扬州市优、琼花杯	陶　鹏
2012	扬州市名城运河佳园北苑四标段29号、31号住宅楼	扬州市优、琼花杯	石上流
2012	仪征市扬子家园1号综合楼12号住宅楼	扬州市优、琼花杯	赵孝东
2012	仪征市扬子家园3-A号、5号、10号、11号住宅楼	扬州市优、琼花杯	石宝荣
2012	仪征市人民医院内科病房楼	扬州市优、琼花杯	祝桂清
2012	仪征市鼓楼超级市场	江苏省优、扬子杯	李金龙
2012	仪征市扬子家园2号综合楼	扬州市优、琼花杯	赵孝东
2012	仪征市和景印象城14号住宅楼	扬州市优、琼花杯	顾加元
2012	仪征市和景印象城13号住宅楼	扬州市优、琼花杯	刘晓林

续表12-2

年份	工程名称	创优等级	项目经理
2012	仪征市优诗美地5号住宅楼	扬州市优、琼花杯	王广仁
2012	仪征市滨江新村15号住宅楼	扬州市优、琼花杯	刘　勇
2012	仪征市滨江新村22号住宅楼	扬州市优、琼花杯	杨　宁
2012	仪征市孵化中心5号楼	扬州市优、琼花杯	祝贵滨
2012	仪征市孵化中心6号楼	扬州市优、琼花杯	张如军
2012	扬州市新星拆迁安置小区37号楼	扬州市优、琼花杯	潘忠祥
2012	扬州市新星拆迁安置小区38号楼	扬州市优、琼花杯	于小林

施工队伍管理　70年代，新城、龙河建筑业按技能以民兵营建制编制连、排、班、作业班组，实行军事化管理。1983年后，职工实行招聘和临时工制度，并进行技能考核和业务培训后方可上岗，制订施工队伍管理规章制度。1990年后，定期举办技能培训班，组织职工技能比赛，考评操作工人技术级别，发证上岗，并与劳动报酬挂钩，有效地提高职工施工技能水平。2000年，持证上岗职工1050人，占70%。2003年，职工实行劳动合同制，劳动报酬改计时制为计件制，即按照施工质量标准操作完成的工作量计发工资，实行多劳多得。职工工资由各工程项目经理部发放，每月发放基本生活费，年底清结。至2012年，新城建筑业未发生拖欠职工及农民工工资情况。

第二节　房地产业

1994年，镇内商品房开发起步，至2007年，建成商品房10.5万平方米，销售10.2万平方米。2008年以后，随着城镇化建设进程加快和城东新区开发，房地产业迅速发展，外地房地产企业陆续到新城投资兴业。房地产开发项目以商品房和安置小区建设为主。2012年，镇内有房地产开发企业5家，竣工商品房30.07万平方米，售房26.06万平方米，销售收入4.03亿元。

一、房地产开发企业

1998年，新城镇村镇建设开发公司成立，拥有四级资质。2000年以后，房地产开发企业增加。2008~2012年，先后有江苏和景实业发展公司、扬州恒景房产有限公司、扬州市荣润房地产开发有限公司3家企业进驻新城从事房地产开发，均为二级资质企业。2010年11月，新城镇成立仪征智新投资发展有限公司，从事新北花苑安置小区开发建设。

二、商品房开发

1994年，新城开发建成首幢商品房住宅楼25套、2500平方米，之后开发建设规模越来越大。2000年后，随着扬州（仪征）汽车工业园落户新城以及城市东区开发建设，新城房地产开发迅速升温，特别是2009年上海大众30万辆整车项目落户新城后，拆迁安置房需求量剧增，引发商品房楼市节节攀升。2012年，镇内有新北花苑、和景印象城、帝景蓝湾和东方曼哈顿房地产4个施工项目，总面积45.78万平方米，竣工面积34.07万平方米，其中普通住宅占65.1%、高层住宅占29.3%、高档住宅占2.1%、商业用房占3.5%。

1994~2012年，全镇累计建成商品房3835套42.18万平方米，其中新北花苑安置房1438套，面积20.8万平方米。

普通住宅房　1994年，新城开始商品房开发。新城建筑公司投资85.5万元，在石桥东三将村开发建设第1幢5层25套住宅楼，户型三室一厅，建筑面积2500平方米。砖混结构，水泥预制楼板，外观呈火柴盒式，平顶屋面。翌年，新城街道新农西街1~3号商住楼竣工，每幢楼高5层，底层是商业门市房，2层以上为住宅房，共有68套，建筑面积5880平方米，每套房80平方米左右。2007年，建成明月苑框架结构商品房1万平方米。2010年年初，和景印象城一期工程开工建设住宅楼11幢，建筑面积3.35万平方米，其中建有叠加式楼中楼78套，每套面积180~250平方米，于2012年10月竣工交付使用。2012年年底，新北花苑一期工程建成5层住宅楼65幢，每套面积160~180平方米，均为复式楼户型，建筑总面积18.8万平方米。

高层住宅房　2011年3月，新北花苑一期工程开工建设小高层（11层）住宅楼5幢，建筑面积2.03万平方米，配有电梯、安全通道和消防设施，于2012年年底竣工。2011年6月，帝景蓝湾开始施工建设28层高90米的高层住宅3幢，为新城地区的最高建筑，总建筑面积8.75万平方米，于2012年年底封顶。2012年7月，东方曼哈顿破土动工，建设28层住宅楼22幢，每幢间距88~150米，建筑密度12.6%，地处解放东路南侧，与帝景蓝湾毗邻。规划建筑面积48万平方米，户型有二室二厅一卫、三室二厅二卫和四室二厅二卫3种，每户面积90~145平方米。

图12-4　新北花苑11层住宅楼（摄于2012年）

高档住宅房　2005年，建成镇南名苑单体别墅式住宅楼20幢，建筑面积4600平方米，平均每户230平方米。2006~2009年，先后建成城东名苑、建郦苑、梅园苑别墅159幢。2010年，和景印象城建成联体欧式别墅24幢。2012年，建成玉兰苑别墅11幢。2005~2012年，共建成别墅214幢，面积5.21万平方米。

商业用房　1995年，建成新农西街1~3号商住楼门市房42间，面积1500平方米。2005年，镇南名苑建有商业用房15套，面积3450平方米。2007年，开发建成的明月苑，建有6套商业门市房，面积1000平方米。2008年，梅园一期工程沿仪扬公路南建门市房17套，面积

4000平方米。2011年，开工建设新北花苑规划沿仪扬公路两侧开发建设商用营业房4.8万平方米。至2012年，一期工程建成商业用房1.2万平方米。1995~2012年，共建成商业用房280套（间），总面积2.2万平方米。

三、商品房销售

1994年，销售商品房25套，售房收入120.6万元，每平方米售价约480元，销售对象为镇企事业单位缺房户。1995年以后，因建材价格上涨，农民进镇人数增加，商品房价格攀升。1996年，销售商品房110套（间），面积5580平方米。新农西街住宅房每平方米售价615元，门市房每平方米售价1100元。之后，因商品房需求量加大及市区楼市影响，房价持续上扬。2005~2009年，销售商品房334套、面积6.1万平方米。普通住房每平方米售价提高至1800~2000元，单体别墅售价每平方米3200元。2010~2012年，和景印象城、帝景蓝湾楼市先后开盘，销售住宅房458套，面积5.26万平方米，销售均价每平方米6100元，比1994年增长11.7倍。

1994~2012年，全镇销售商品房3081套33.9万平方米，售房收入5.24亿元。

四、住宅小区建设

1994年，新城镇开始商品房开发，由于规模较小，未能形成住宅小区。2000年后，开始成片开发，逐步建成居民住宅小区。2005~2009年，先后建成镇南名苑、城东名苑、建郸苑、明月苑、梅园苑、新怡花苑等居住小区。小区内绿化、照明、道路、保洁及物业管理服务基本配套。2012年，和景印象城、新北花苑、帝景蓝湾等居住小区开始建造园林景观，商业服务、健身休闲等设施，道路宽敞，人车分流，居住环境优美。至年末，共建成居住小区10个。主要有新北花苑、和景印象城和帝景蓝湾。

新北花苑 位于新城街道东，仪扬公路两侧。地处新北村境内，是扬州（仪征）汽车工业园汽车名城建设搬迁安置项目。2010年开始建设，规划占地53.13公顷，建筑面积62.72万平方米。由仪征智新投资发展有限公司组织实施，建设工程分4期完成。2011年3月，第一期工程投资6.1亿元，由新城建设工程有限公司和仪征市福兴房地产开发有限公司中标承建住宅楼75幢，其中小高层（11层）住宅楼5幢、商业门市综合楼2幢，共1438套，建筑面积22万平方米，于2012年底竣工。小高层住宅楼每套50~130平方米。每幢楼安装电梯，配有安全通道和消防设施。每户配套安装进户防盗门和铝合金门窗，统一安装太阳能热水器和天然气管道，有线电视、电

图12-5 新北花苑外景 （摄于2012年）

话、网络宽带、空调、水电管线预留到位。住宅楼为混凝土框架结构，屋顶为平顶。叠加式住宅楼底层为车库，每套房户型1楼连2楼，3楼连4楼建成复式楼，人字顶，每户面积160~180平方米，四室二厅二卫为主，一梯两户。新北花苑建筑风格将传统民居与现代家居功能有机结合，粉墙黛瓦外观整齐美观，日照间距1∶1.3，容积率1.0，绿地率35.5%。道路宽敞，花草繁茂，绿树成荫，亭台阁榭，小桥流水，曲径小路逶迤其间。配有健身器材，并设有800平方米的休闲广场和滨河公园，居住环境优美。

二期工程于2012年5月开工，规划建住宅楼86幢，其中小高层住宅楼6幢（内有16层高楼4幢），共计住房2228套，建筑面积34万平方米，商业门市房面积2.2万平方米。新建新城镇幼儿园建筑面积4100平方米。治理唐家沟，浆砌石驳岸1100米，堤栽垂柳，植花草，建成靓丽的新北花苑东景观带。同年开始规划三、四期工程，建住宅楼23幢，住房484套，建筑面积6.27万平方米。2012年7月，新北花苑社区管理服务中心成立，负责小区安保、清洁卫生、公共设施维护等物业管理和行政服务。

和景印象城　位于三将村，东临军民路，北依沿山河东路，占地5.57公顷。由江苏和景实业发展有限公司投资开发。2010年3月开工，一期工程投资1.9亿元，于2011年9月竣工建成欧式住宅楼14幢，建筑面积4.07万平方米。其中联排别墅4幢24套，户均面积300平方米。5+2复式楼6幢78套，每套面积180~190平方米。普通住宅楼（5层）4幢146套，每户面积95~130平方米。住宅房户型多为三室一厅一卫、四室二厅二卫，大客厅、大厨房。融合德式钟楼、坡屋顶建筑风格，外墙饰花岗岩与高档彩涂相配，外观沉稳典雅，质感丰富，呈现异域风情。小区内道路环连，建有长廊、喷泉、台地式花园草地及景观墙，香樟榉树点缀其间，绿化率35.88%。2012年年底获“扬州市园林小区”称号。由扬州众和物业服务有限公司负责物业管理，物业费每月每平方米0.55元。

图12-6　和景印象城外景（摄于2012年）

帝景蓝湾　位于解放东路南三将村，由扬州恒景房产有限公司开发建设。2011年6月，一期工程总投资6亿元，建3幢高层（28层）住宅楼，高度90米，建筑总面积8.75万平方米，761套住房，每户面积89~141平方米，有二室一厅一卫、三室二厅二卫等户型，于2012年10月封顶。正立面干挂石材及高档石感涂料，每幢楼间距60米以上。小区内道路宽敞，人车分流，日照间距1∶1.4，容积率2.2，绿地率30%以上。帝景蓝湾建设以科技为依托，采用地源热泵，新风交

图12-7　帝景蓝湾外景（摄于2012年）

换，室内遮阳，外墙保温等智能家居科技，室内常年保持在18℃～24℃的温度和新鲜空气，营造舒适宜居的生态环境。2012年度被评为仪征市第一，扬州市第二个国家“绿色三星建筑”项目。

1994~2012年新城镇居住小区房屋开发情况表

表12-3

居住小区名称	建设年份	合计		其中						位置
				普通住房		别墅		门市房		
		套（户）	面积（万平方米）	套	面积（万平方米）	幢	面积（万平方米）	套	面积（万平方米）	
明月苑	1994	25	0.25	25	0.25	—	—	—	—	石桥东
新农西街1~3号楼	1995	110	0.73	68	0.58	—	—	42	0.15	新农街
建郲苑	1997	27	0.65	—	—	27	0.65	—	—	三将村
东郊花苑	2003	54	1.08	—	—	31	0.62	23	0.46	三将村
镇南名苑	2005	35	0.85	—	—	20	0.46	15	0.39	新城大桥南
城东名苑	2006	52	1.20	—	—	52	1.20	—	—	城东变电所西
明月苑	2007	85	1.10	79	1.00	—	—	6	0.10	石桥东
梅园苑	2008~2009	97	2.30	—	—	80	1.9	17	0.4	郁桥村
和景印象城	2011	248	4.07	224	3.35	24	0.72	—	—	三将村
新北花苑一期	2011	1438	22.00	1414	20.80	—	—	24	1.20	新北村
帝景蓝湾	2012	761	8.75	761	8.75	—	—	—	—	解放东路南
润扬小区	2012	11	0.28	—	—	11	0.28	—	—	新城农贸市场西

五、房产登记发证

1998年7月，新城镇、龙河乡分别成立以分管副乡（镇）长为组长的村镇房产登记发证工作领导小组。由乡（镇）建管所和土管所牵头，各村抽调1名工作人员组成班子，在进行业务培训后，每3人1组分赴各村、组及街道逐户实地丈量房屋、记录绘图，形成卷宗。当年年底，两乡镇完成登记工作，首批发放房屋产权证10930户，其中，新城镇6796户，占总住户数86%；龙河乡4134户，占88%。2003年后，镇建管所房屋产权登记发证实行计算机化管理，至2012年，全镇村镇房产登记发证累计12186宗，其中初始登记11157宗、产权变更登记798宗、注销产权登记231宗。

第三节　企业及企业家选介

一、新城建设工程有限公司

位于真州东路4号。1974年成立，初名新城公社建筑站，1984年易名新城建筑工程公司。

1985年，建筑业产值1264万元。1986年后，拓展外埠市场，施工队伍足迹分布全国10多个省市大中城市。1998年，组建新城镇村镇建设开发有限公司，增加房地产开发业务。1999年起，加大科技推广和施工技术攻关力度，推广使用新技术、新工艺、新材料，提高施工水平和工程质量。2000~2003年，公司经两轮改制，成立股份合作制企业，注册资本6080万元，更名为现名，张明东任董事长兼总经理，2004年起，公司建筑业及其他产业步入快车道。以仪征市场为主体，东向扬州、上海，西向南京、安徽等地市场拓展。推广运用"四新"施工技术，精细化管理。先后承建扬州泰安大厦、市公安局业务大楼、市博物馆、史福特科技楼等大型工程。2006年，施工产值4.63亿元。2007年，开发建成建郦苑别墅小区房地产项目。1998~2012年获省"扬子杯"优质工程奖10项、扬州市"琼花杯"优质工程奖42项，创省、扬州市文明工地75个。省建筑业"综合实力百强"企业、扬州市建筑业综合实力"20强"企业称号。

2012年，获房屋建筑工程施工总承包一级资质、市政公用工程施工总承包二级资质及机电设备安装工程专业承包、装饰装潢三级资质。公司内设土建、水电安装、装饰装潢3个业务项目部，有施工项目部25个，下设威海、滁州、扬州3家分公司和房地产开发公司、设备租赁站各1家，固定资产1414万元，有职工4462人，其中工程技术人员456人。当年施工面积98.8万平方米，竣工面积64.1万平方米，完成施工产值11.6亿元、利润3219万元。

二、龙河建筑公司

位于龙河集，成立于1970年，原名龙河公社建筑站。起初主要从事平房、围墙等建筑业务。80年代实力增强，施工队伍走向上海、南京、珠海等城市，先后承建南京人民商场商住楼、金陵船厂职工住宅楼和南京414海军医院门诊楼，均获南京市全优工程奖。1984年，更名为龙河建筑公司。1990年，完成施工产值4800万元。90年代，承建的市委党校教学楼和市人武部习武大楼均被评为优良工程。1998年，承建上海金鹏花园高层（24层）住宅楼，建筑面积近7万平方米，是该公司首次承建的最高最大建筑工程。同时，建成仪征市红叶小区10号楼、15号楼，并获得扬州市"琼花杯"优质工程奖。当年完成施工产值8140万元，利润220万元，固定资产364万元。有职工1022人，工程技术人员38人。2000年后建筑业务下滑，2003年歇业。

三、仪征智新投资发展有限公司

位于新北花苑内东侧，由新城工业园区有限公司、新城镇集体资产管理中心出资组建，注册资本1000万元，于2010年11月挂牌营业。公司内设办公室、财务部、工程管理部、社会事业部。工作人员18人，其中工程技术人员4人。受镇政府委托运作新北花苑安置小区开发建设，负责征用土地，建设工程规划报批，招投标，工程造价成本控制，工程质量安全管理，住宅楼保修期内修缮等工作。2011年3月，一期工程投资6.10亿元，建设住宅楼75幢、商业门市综合楼2幢，建筑面积22万平方米。2012年年底竣工后，拆迁户得到妥善安置。2012年5月，二期工程破土动工，投资概算9.8亿元。规划建设住宅楼96幢，其中高层（16层）4幢，建镇中心幼儿园4000平方米，总建筑面积34万平方米，并开始规划设计三、四期工程建筑。

四、江苏和景实业发展有限公司

位于市区工农北路315号，2008年成立，注册资金5380万元。该公司是来自上海专业从事房地产开发与经营管理的房产企业，有职工28人，其中中高级技术人员12人。2008年年底，征用三将村土地5.57公顷，开发建设和景印象城住宅小区。一期工程于2011年9月竣工，建成欧式住宅楼14幢，其中联排别墅4幢，建筑面积4.07万平方米。当年售房181套，收入1.44亿元。2012年10月，二期工程开工建设，规划建设住宅楼9幢，建筑面积6.93万平方米。

五、扬州恒景房产有限公司

位于市区解放东路9号。2009年进驻新城镇，公司注册资金3000万元，拥有房地产开发二级资质。2010年2月，通过市土地交易中心获得三将村土地10.57公顷使用权，开发建设帝景蓝湾房地产项目。2011年6月，一期工程开工建设，总投资6亿元，2012年年底建成高层（28层）住宅楼3幢，建筑面积8.75万平方米，是新城镇第一座最高建筑，也是仪征市第一个国家级“绿色三星”建筑项目。2012年，帝景蓝湾被评为“扬州市购房者期待楼盘”。当年售房收入2.1亿元。年末，职工32人，其中工程技术人员20人。

六、行方思远的企业家

张明东，男，新城冷红人，1968年8月出生，大专文化，中共党员。1986年7月中专毕业后进入新城建筑工程公司工作，先后任施工员，技术员，工程队副队长，队长。2003年12月任公司副经理，2004年1月公司改制后任董事长兼总经理。

张明东走上领导岗位后，克服种种困难和阻力，集中精力，内抓“夯基”，树企业形象；外抓“铸业”，创精品工程。他首先优化法人治理结构，全面推行项目法施工、全面质量管理和施工现场管理，推广运用“四新”施工技术和组织“QC”攻关活动，坚持人才创新，培育“铁军”精神。逐步由粗放管理向科学化、精细化管理转变，向安全质量效益型转变。先后创省优工程“扬子杯”奖10项、省级施工法12项，省级新技术应用示范工程10项。跻身省建筑业综合实力百强企业行列。同时他采取“一体两翼”（以仪征市场为主体，东向扬州、上海，西向南京、安徽等地市场拓展）和“一业为主多元经营”的经营策略，做大做强建筑业，扩大市场份额。至2012年，完成施工产值11.68亿元。张明东还热心慈善事业，长期资助孤寡老人、困难家庭和贫困学生等累计20多万元。他先后被评为仪征市劳动模范、仪征市十大杰出青年，并获省建筑业“优秀企业家”称号。

图12-8 张明东

第十三章 商贸 服务业

新城商业发端历史悠久，随着古运河与大运河贯通，唐宋时期商旅往来增多。元代，新城成为扬子县治所在地，开始形成商埠。清时，贸易兴盛。民国时期，新城、龙河是仪征县六大集市之一，当时民间就有“驮不尽的西北，塞不完的东南”之说，意思是指西北面的谢集、月塘一带盛产五谷杂粮，卖不完，驮不尽，而东南面的新城、龙河再多的粮食都能“吞得进”“吐得出”。两地共有大小粮行42家，每天买卖粮食二三百吨。由此带动商贸服务业兴旺。1949年解放前夕，新城、龙河共有商铺200家，多为小本经营，店面不大，时开时歇。

解放后，党和政府重视发展商贸服务业。1950年后，新城、龙河相继成立供销合作社、国营粮管所。50年代，初步形成以国营和集体商业为主的农村商业主渠道。1960年，国家对部分日用工业品和粮油、肉蛋等农副产品实行计划定量凭票证供应。1966年后，集市贸易受到限制，供需矛盾较为突出。1978年改革开放后，新城、龙河出现多种经济成分的商业企业。1988年，两乡共有商贸服务业店铺448家，从业人员657人，行业门类逐渐齐全，经营规模不断扩大。1996年，新城、龙河国营商业、集体商业相继改制为民营商业，私营个体商贸和服务业发展加快。2000年后，美容美发、足浴、劳务中介、物流仓储、租赁、网吧、家政服务、喜庆礼仪等新兴服务业逐步发展。2004年起，上海世纪联华购物中心新城店、苏果超市新城店和汉源大酒店等一批大型超市、购物中心和高档酒店建成开业。新业态、新理念提升新城现代商贸服务业的水平。2012年，全镇有经工商登记的商贸服务业店铺928家，从业人员4059人，完成社会商业（含服务业）销售额5.97亿元，占全镇第三产业总值的87.54%。

1950~2012年新城镇（含原龙河乡）全社会商业销售总额统计表

表13-1 单位：万元

项目 年份	社会商业销售总额	私营个体商业		集体商业		国营商业		其他商业	
		新城	龙河	新城	龙河	新城	龙河	新城	龙河
1950	198	72	63	9	0	0	0	28	26
1951	265	86	78	32	6	0	0	33	30
1952	309	92	74	44	29	0	0	38	32
1953	254	35	32	58	44	0	0	47	38
1954	277	28	25	67	56	0	0	56	45
1955	324	22	20	79	68	2	8	67	58
1956	344	18	16	82	79	12	8	69	60
1957	327	16	14	84	77	18	11	54	53

续表 13-1

项目 年份	社会商业销售总额	私营个体商业		集体商业		国营商业		其他商业	
		新城	龙河	新城	龙河	新城	龙河	新城	龙河
1958	332	16	15	93	82	21	10	48	47
1959	345	15	14	99	88	22	12	49	46
1960	355	15	14	114	93	20	10	44	45
1961	399	14	13	143	107	18	11	46	47
1962	423	15	14	153	109	21	14	48	49
1963	468	16	15	164	126	25	17	52	53
1964	535	17	16	177	140	27	23	67	68
1965	578	18	17	188	158	28	27	72	70
1966	590	17	16	187	163	32	39	70	66
1967	606	15	14	192	177	33	36	71	64
1968	612	8	6	204	193	36	35	68	62
1969	633	7	5	213	208	34	37	68	61
1970	672	8	7	237	211	38	38	70	63
1971	704	9	8	250	214	33	32	83	75
1972	784	8	7	283	251	35	33	89	78
1973	873	9	8	308	282	48	44	94	80
1974	919	10	6	321	306	51	48	96	81
1975	903	11	10	308	278	64	54	95	83
1976	990	12	11	357	308	62	57	96	87
1977	1050	14	13	369	331	73	65	98	87
1978	1121	16	14	401	367	76	70	92	85
1979	1309	18	17	488	449	79	73	98	87
1980	1479	25	18	571	510	77	75	110	93
1981	1673	28	27	652	586	73	77	132	98
1982	1857	30	28	736	636	75	81	148	113
1983	2064	36	32	828	703	88	85	167	125
1984	2307	48	44	936	790	86	80	189	134
1985	2577	62	52	1089	847	84	88	212	143
1986	2889	130	118	1249	832	86	84	232	158
1987	3254	181	172	1358	948	81	88	257	169
1988	3749	277	255	1632	983	83	88	261	170
1989	3952	312	289	1747	1011	88	82	255	168
1990	4371	405	364	1885	1133	92	86	256	150
1991	5067	631	587	1926	1248	91	84	280	220
1992	5652	727	681	2091	1419	93	81	324	236

续表 13-1

项目 年份	社会商业销售总额	私营个体商业		集体商业		国营商业		其他商业	
		新城	龙河	新城	龙河	新城	龙河	新城	龙河
1993	6172	734	698	2238	1569	91	78	426	338
1994	5815	814	735	1874	1364	73	56	487	412
1995	5243	1013	945	1058	987	60	52	618	510
1996	4781	1047	1077	877	568	—	—	682	530
1997	4910	1192	1268	480	650	—	—	732	588
1998	8913	1838	1672	392	611	—	—	3000	1400
1999	9979	2357	2032	370	420	—	—	3200	1600
2000	11074	5324		450		—		5300	
2001	14373	8173		300		—		6200	
2002	15946	9346		212		—		6600	
2003	18977	11814		—		—		7163	
2004	20947	12947		—		—		8000	
2005	23464	14964		—		—		8500	
2006	25172	16482		—		—		8690	
2007	26357	17357		—		—		9000	
2008	30497	21397		—		—		9100	
2009	38608	29408		—		—		9200	
2010	43631	33781		—		—		9850	
2011	49154	39044		—		—		10110	
2012	59745	47365		—		—		12380	

说明：集体商业包括供销社、合作商业；国营商业包括粮站、食品站；其他商业包括农贸市场交易等。2000～2005年不包括十二圩镇商业销售额

第一节 商业网点

一、网点分布

唐宋时，新城成为漕运盐运通道后，港口运输业带动商贸业发展，成为重要商埠，清至民国时期成为仪征县东部重要镇市。镇东有米市、马场和粮仓。据民国20年（1931年）史料记载，新城木行、粮行、窑货等商贸业兴旺，有门面的商号200多家，每年营业额累计100多万银元，从业人员近1000人。其中，木行有10多家，分布在街西，西街还有柴行8家、驴行3家。粮行遍布全街，比较大的行号8家。还有“空扁”粮行15家，这些粮行没有门面，只有竹扁一只作为标记。东街、中街以经营绸布、杂货为主，从油盐酱醋到布匹绸缎、金银首饰，品种齐

全。布店8家，张源顺铺面较大，批零兼营，雇船从苏锡常、镇江、扬州一带进货，款式新、品种多，生意东做到新集，西做到六合瓜埠等地。杂货店除经营百货、南北货外，还有时兴的五洋商品，经营店铺有10多家。还有茶叶店3家、纸扎店2家、文具店2家、香店4家、棉花店5家、钟表店1家、银匠店3家以及药店、锅碗店、窑货店20多家。

位于新城北部的龙河集，街道有主街和岔街。主街由南向北，商店多设于此，有各种商铺85家，其中粮行23家、布店7家、百货店3家、杂货店14家、药店3家、窑货店5家、茶食店6家、肉铺13家，还有饭店（兼营旅馆）6家、理发店4家、浴室1家。岔街有店铺14家。抗日战争爆发后，龙河经常受日伪军扫荡，市场日渐衰落。解放前夕，新城各类店铺不足百家，龙河有100多家。

解放后，党和政府大力恢复和发展商贸服务业，保障城乡人民供给。1950年后，陆续成立供销社和粮站，增加购销网点。1955年，新城有各类商店174家，龙河72家。1956年，私营商业大部分组建成为合作店组，或并入供销社，经营网点减少。1958年，合作商店和合作小组进行整合，网点再次缩减，农村大队几乎没有商店。1963年开始，在大队设立代购代销点（店）（简称双代店），新城、龙河共设58个。1966年后，流动摊贩被下放农村劳动，商业网点多集中于集镇，农民购买生产生活资料要跑10多里路，很不方便。1978年改革开放后，国家放宽商贸服务业政策。1983年，新城、龙河商贸服务业网点增至372家。1992年后，个体经商户迅速增加，网点增多。1996年，国营、集体商业改制后，私营个体商贸服务业发展加快。2000年起，镇内物流、租赁、中介、网吧、洗车和家政服务等新兴服务业兴起，服务店面增多。2012年，全镇有商贸服务企业928家，其中大型超市5家，分布在新城街道357家，龙河街道136家，石桥东185家，村和社区250家。全镇形成门类齐全、网点遍布村及社区、购物消费服务方便的现代化商贸服务业新格局。

二、集市与会市

集　市　民国时期，新城、龙河集市贸易多为沿街摆摊，露天交易。新城为天天市，龙河按农历三、六、九逢集。集市多在上午进行，一般不到中午。每逢集市日，乡民起早赶集，商家备足货源，早早开门迎客。外地商贩头天就赶到占地盘摆摊，沿街摆满吃的、用的，有布匹、小百货、鞋帽、烟酒、茶食等，也有稻米、蔬菜、猪、禽、蛋、鱼虾等农副产品以及箩筐、扁担、扫帚等农具用具。街辟有牛市交易耕牛、猪市买卖猪崽。早上9时许，四面八方人群涌入集镇，街上人头攒动，摊贩叫卖声、人群叫喊声此起彼伏，集市交易旺盛。临近中午，人群渐散。集市在春节前的腊月和夏忙前的农历四月最为繁忙，有时人流量达万人以上。50年代，新城、龙河集市年成交量分别为2万~3万元。三茅集市规模较小，1953年5月经县政府批准增设耕牛交易市场，至70年代歇市。"文化大革命"时期逢集日，龙河与其他集镇一样一律改为五、十，1978年后，又恢复为传统逢集日期。80年代，新城、龙河两地集市贸易活跃，浙江的蜜橘，山东的苹果，南京温室里生长的青椒、西红柿、韭黄等蔬菜进入集贸市场，年成交量在80万~100万元。90年代初，城区国营商业、集体商业纷纷送货下乡，赶集出摊推销日用工业品、家用电器，集市交易量500万元以上。1992年后，流动摊贩被固定门店取代，昔日集市贸易盛况不再，逐步演变成农贸市场。2000年后，龙河集市贸易与平日相差无几。

会 市 俗称庙会，是集祭祀、集市、娱乐为一体的民间习俗。新城庙会久负盛名，相传从清代开始，由奉祀都天大帝举行敬神酬神走街盛会演变而来。农历四月初一为庙会日，这天远近乡民前来观赏游玩、求神拜佛，商贩亦从四面八方赶来设摊。茶酒饭菜及糖果、糕点、面食小吃，应有尽有，杂耍把戏、江湖郎中、占卜算命的纷至沓来，市面十分热闹。乡民在庙会上可买到各种农具、生产资料以及布匹、百货杂货、玩具之类生活用品，并出售农副产品和手工艺品等，其交易量大大超过平时集市。解放后，庙会地点改在新城街道。1953年举办的庙会规模和影响最大，吸引县公司及扬州、邗江、镇江等地客商参加，出摊品种2000多种，人流量二三万人，成交额3.3万元。1964年起，庙会改称农务交流会，交易额约4万元。“文化大革命”初期停办。1968年起恢复举办，改称物资交流大会，日期改为5月1日，由新城供销社主办，当年交易额12万元。之后，断断续续举办。1997年，改由新城镇政府举办，盛况空前，客流量8万多人，交易额30多万元。2005年后停办。

三、农贸市场

解放前，新城、龙河均有集贸市场。60年代，集贸市场受到限制，发展缓慢。70年代，集贸市场划分出农贸市场和专业市场。80年代起，农贸市场发展建设较快。90年代，增加石桥东农贸市场。新城、龙河农贸市场入室内交易，有摊位、门市房200多个（间）。2012年，镇内有农贸市场3家，分别是新城、龙河农贸市场和石桥东农贸市场，年交易额1亿多元。

图13-1 新城农贸市场（摄于2009年）

四、专业市场

米 市 新城、龙河水陆交通便捷，米市发达。民国时期，粮食市场繁荣，享誉大江南北。龙河为中后山区粮食集散地，设有粮行21家，主街有周官、程復泰、孔大有等行号；岔街有朱恒丰、刘广兴等行号，主要经销稻米、小麦、黄豆、绿豆、花生等。夏秋收粮季节，龙河常泊有二三十条运粮船，一年吞吐粮食约4000~5000吨。也有从陆路运往扬州等地，但销量不及水路。新城米市主要

图13-2 龙河农贸市场（摄于2008年）

做后山区和当地粮食生意，集镇上有粮行17家。规模较大的有乔寿记、孙渭记、夏裕泰、程永章、葛祥兴、赵恒德等行号，经营稻子、大米、三麦、“三豆”（蚕豆、豌豆、黄豆）等。他们以做大生意为主，交秋时节买下粮贩运过来的粮食，然后用船运往苏南无锡等地出售，年销量7000多吨。还有“空匾”粮行10多家。这种粮行没有门店、资金，只有竹匾一个，周围农民通过“空匾”粮行卖粮，“空匾”粮行收取佣金。解放后，国家实行在国营商业主导下的自由购销政策，私商仍可做粮食生意，但是业务日渐清淡。实行统购统销后，米市歇业。

牛 市 明清以后，龙河牛市兴旺，为全县四大牛市之一。三县（仪征县、邗江县、丹徒县）十乡耕牛在此上市交易，牛源最远来自安徽凤阳、明光一带。牛市位于龙河街北首，每年农历三、四、五月和八、九、十月是耕牛上市交易旺季。民国时期，龙河街上从事牛行“牙纪”（中介人）看“牙口”（看牛齿龄计价）、寄养、赶运人员有200多人。每逢农历三、六、九逢集日，牛上市量有300~500头，人流量约二三千人。茶馆、客栈、饭店坐满人，到处是在谈牛交易。牛市交易尔虞我诈，素有“打猪行、骂牛行”恶习，佣金明例加一，暗地里却加码。解放后，人民政府加强牛市管理，改造牙纪，降低佣金标准，实行“里四外四”，即买卖双方各付百分之四。1950~1952年，共成交耕牛2450头。1953年，成交840头。1955年6月，牛市交易由龙河供销社管理，成立龙河牲畜交易所，吸收10名交易员，建立管理制度，革除陈规旧习，实行新的作价办法。当年成交耕牛960头。农业合作化运动中，耕牛作价入股，价格低于菜牛价，出现滥杀耕牛现象，导致牛市交易量急剧下降。1956年4月，县政府加强法规宣传，明令禁杀耕牛。同时，调整价格，耕牛价格调高10%，幼牛调高15%，菜牛下调14%~15%，耕牛成交量回升，当年成交1130头，比1955年增长17.71%。1958年10月，牲畜交易所移交给龙河人民公社管理，成为社办企业。70年代，耕牛成交量逐渐减少。1975年，有交易员12人，成交耕牛440头，成交额10多万元。80年代，由于机耕面积扩大，耕牛需求量大幅减少。1985年，牛市关闭。

猪 市 龙河猪市源自清代，闻名大江南北。猪源来自苏南溧阳、丹徒和如皋等地。逢集日上市苗猪、仔猪二三千头，买猪的客流量3000人左右。解放后，猪市划归合作商业经营。1958年，划交龙河人民公社管理，成为社办企业，后又并入牛市统一经营管理。1975年，每集上市仔猪、苗猪减少至1000头左右，客流量1000多人，年成交额13万元。80年代，生猪交易量猛增，每年5000多头。90年代，市场萎缩，成交量逐年下降。2000年生猪交易800多头。2012年闭市。

五、商业街区

解放后，在经济发展和城镇化建设中，新城逐步聚集一批新兴行业、新型业态，形成区域特色明显、优势更优、协调发展的商业街或商业区。至2012年，新城和石桥两个商业街区形成，服务区域4平方千米，年商业贸易额3.91亿元。

新城商业街区 1983年，新城撤社建乡后，以新桥街与新农街交会处为中心，陆续建起供销营业大楼、新城农贸市场、天仙池沐浴中心、东园饭店、新城文化体育中心以及农业银行、信用合作社等多家商贸、饮食、娱乐、金融服务业，门类齐全，门店众多。2000年，新城镇被列为全省重点中心镇之一。主街新农街向东、向西方向发展，两侧楼群错落，商铺比邻，分布各类商业零售商店160家，餐饮服务业120多家，网吧、KTV娱乐业4家，银行3家，成为商业一条街。2004年后，华诚超市、惠丰超市建成开业，接着一批知名企业如苏果超市、上海世纪华联入驻。工商银行、农村商业银行、包商村镇银行随后设立分支机构。一批大型家电商场、家具市场、婚纱摄影店和宾馆酒店开业。每逢节假日，购物人群蜂拥而至，新城商业街区逐渐形成，呈现"十里长街市相连，夜市千灯照碧云"的景象。2010年，新型业态引入，商贸集聚区向东西两侧及向北拓展。2012年，商贸集聚区面积约2平方千米，内有店铺300多家，年销售额2.24亿元，成为休闲购物、餐饮住宿、文化娱乐、金融服务综合型商业街区。

图13-3　新城商业街一角
（摄于2010年）

石桥商业街区　80年代后期，仪征东郊石桥河东沿仪扬公路两侧陆续开辟沙石、砖瓦、建材市场和陶瓷批发市场、木材交易市场。至2003年，聚集并形成由灯具城、家具城、建材市场、木材市场和装饰市场等一批建筑装饰材料为主的专业市场，占地约2平方千米，年交易额逾亿元。石桥商业街区在新城境内面积，约占总面积的60%。2005年后，发展成为以建材、装饰装潢材料为主的商业街区，农村商业银行、农业银行在此设立营业网点。2012年，街区内有装饰装潢商店46家、建材店10家、五交化及家电店28家、百货商店12家、灯具及家具商店11家、物流业3家、烟酒副食品商店38家、餐饮住宿业17家、洗浴及美容美发业8家、网吧及KTV5家、家政服务业3家、银行1家，市场交易额1.67亿元，成为以经销装饰装潢、建筑材料为主，餐饮、娱乐、金融服务业配套完善，现代物流业为龙头的新兴商业街区。

图13-4　石桥商业街一角
（摄于2011年）

第二节　商业体制

一、私营商业

民国时期，新城有私营店铺142家，龙河有105家。在私营店铺中，有门面房的约占55%，其余为摊贩或货郎担。收入少，还要靠种田养家。

解放后，私营商业逐步恢复经营。1950年，新城、龙河共有私商234户、369人，销售额

135万元(已折成新币),占社会商业销售额68.18%。1953年起,根据“统筹兼顾、全面安排、积极改造”的政策,对私营商业进行社会主义改造,组成合作商店(组)。1955年,新城、龙河从业人员减至213人,其中商业115人、饮食服务业98人,销售额42万元,比1953年下降37.31%,占社会商业销售总额12.96%。

1954年新城乡私营商业经营情况表

表13-2

行业	坐商(家)	摊贩(户)	从业人员(人)	资本额(元)	营业额(元)	盈利(元)
合计	46	48	105	18649	145928	33374
棉布	9	—	14	7358	31319	5823
文具	2	—	2	75	238	72
百货	4	5	9	2770	8217	2270
南北杂货	13	35	51	6131	50244	12082
西药	2	—	3	313	3465	483
建筑器材	3	—	5	512	6216	816
煤炭	1	—	1	120	4876	367
茶叶	1	1	2	78	1120	161
屠宰业	9	—	9	1192	37518	10800
棉花	2	—	2	30	355	80
货担郎	—	7	7	70	2360	420

1954年新城乡私营餐饮服务业经营情况表

表13-3

行业	坐商(家)	摊贩(户)	从业人员(人)	营业额(元)	盈利(元)
合计	68	2	104	80085	7607
饭店	7	—	10	13761	1105
茶社	2	—	4	5196	433
面饼店	16	—	24	31176	2598
茶食店	4	—	8	10392	866
豆腐店	11	—	12	15588	1299
理发店	8	—	10	1407	420
浴室	1	—	2	352	110
铁匠铺	2	—	6	193	120
铜匠铺	—	2	2	180	62
染坊	3	—	4	340	136
车行	2	—	3	105	62
糖坊	1	—	1	90	44
银工	2	—	2	70	36
缝纫店	9	—	16	1235	316

1953~1955年新城乡商业零售额公私份额对比表

表13-4

年份	总额（元）	私营	占比（%）	合作社	占比（%）
1953	430694	348685	80.96	82009	19.04
1954	349613	182025	52.06	167588	47.94
1955	338391	84102	24.85	254289	75.15

1955年龙河乡商业零售额公私份额对比表

表13-5

行业	总额（元）	私营	占比（%）	合作社	占比（%）
合计	200028	65416	32.70	134612	67.30
百货	27344	4928	18.02	22416	81.98
棉布	86996	16816	19.33	70180	80.67
杂货	85688	43672	50.97	42016	49.03

1956年，私营商业社会主义改造后，仅有少数商贩从事单干经营。1964年，新城、龙河公社有证私营商贩43户、临时摊贩27户，其中商业42户、饮食业28户。“文化大革命”期间，私营商业受到限制，有的被迫停业。

1978年，个体商业户出现，主要做小吃生意。此后，个体商业日益发展。1985年，两乡有个体商业户176户，其中农村48户。1990年以后，出现全民办商业热潮，个体商业进一步发展。1997年，新城镇政府印发《鼓励扶持个体私营经济发展的意见》。当年年末，新城、龙河私营个体商业户增至738家，其中私营企业13家，年商业销售额2460万元，占社会商业销售总额50.1%，首次超过国营、集体商业，成为商业经济主体。2012年，全镇有私营个体企业618家，其中私营企业22家、个体经营户596家，分别占3.56%和96.44%。餐饮服务业户310家，其中私营企业3家、个体经营户307家，分别占0.97%和99.03%。限额以上批发和零售企业21家、餐饮和住宿企业2家，分别占3.4%和0.32%。商业服务业销售（营业）额4.73亿元，占全镇社会商业销售总额79.23%。

集市贸易主要是农民对非农业居民的零售，也是一种个体商业。50年代，新城、龙河两地集市贸易额，占全社会商业销售总额的18%~30%。60年代，集市贸易受到限制，销售额下降。70年代后期至80年代，农贸市场交易额逐年增长。1998年，入市交易商贩增加，销售额增至4400万元，占社会商业销售总额49.37%。2000年后，农贸市场交易额增长缓慢。2012年，全镇农贸市场交易额1.24亿元，占社会商业销售总额20.77%。

二、集体商业

1950年起，新城供销社和龙河供销社先后成立，为集体商业性质。1954年，集体商业销售额123万元，占两乡社会商业销售总额44.4%。1956年，私营商业完成改造后，按行业归口组建成立合作商店、合作小组、贸易货栈和交易所，为小集体商业性质，归属供销社管理。年末，有棉布店6家，百货、文具店5家，南北货、烟酒杂货店18家，合作饭店5家，理发、浴室、照相、旅馆和餐饮合作小组31家，销售（营业）额171万元，从业人员235人。1958年，在"一大二公"影响下，合作商业受到冲击，网点减少。1960年，龙河合作商业仅有三官、凌桥、张集、三茅和龙河5家综合商店，从业人员39人。1966年后，精减合作商业人员，调整合并合作店组，合作商业网点再次减少。1970年，除供销社外，合作商业共有门店53家、173人。其中，商业门店26家66人、餐饮门店18家84人、服务门店9家23人。1978年改革开放后，供销社经营业务持续增长，合作商业得到恢复和发展。1980年，新城、龙河共有集体商业企业4家，商业网点173个、265人，餐饮服务业网点34个、112人。商业销售额1081万元，占两地社会商业销售总额的73.09%。1987年起，集体商业相继推行经营承包责任制，经营活力增强。1990年，集体商业销售增幅下降。1996年起，集体商业进行股份合作制改革和产权制度改制，新城、龙河商业合作社先后歇业，供销社相继出售资产，置换产权、置换职工身份。至2004年，改制基本结束，供销社职工买断工龄（即按工龄给予经济补偿）有108人、内退20人。商业合作社职工买断工龄有87人、内退13人。

三、国营商业

1956年，新城粮油收购站和龙河粮油收购站先后成立，为县粮食局下属单位，国营商业性质，负责全乡粮油统购统销和粮油储运。新城粮库设在都天庙内，时有职工5人。1957年，新城征购入库粮食1950吨，龙河1870吨。当年，新城、龙河粮油供应销售额29万元，占两乡社会商业销售总额8.87%。1958年，新城、龙河分别成立粮油管理所，负责粮油统购统销、集镇居民粮油供应和粮油市场管理。粮站负责收购粮油、仓储和调运，共有职工24人（新城13人）。1959年，粮管所下放给人民公社管理，受公社和县粮食局双重领导。1962年8月，粮管所又划归县粮食局领导，党团关系仍属地管理。1965年，新城粮站新建粮库3座，建筑面积1200平方米，总容量2000吨，随后都天庙粮库和粮站迁入。龙河新建粮库2座，总容量1200吨，同时建1200平方米晒场一块。60年代，新城年均收购粮食1870吨，龙河1800吨。70年代，农业生产形势好转，粮食收购增加，新城年均收购粮食3100吨，龙河3000吨。新城粮站新建粮库4座，建筑面积2758平方米，总容量7500吨。龙河新建粮库4座，建筑面积2055平方米，总容量5500吨。两家粮站年均粮油销售118万元。其间，1973年，新城、龙河分别成立食品供应站，为县食品总公司下属单位，国营商业性质。至此，两乡共有国营商业企业4家。1985年，新城完成合同定购粮食5340吨、油料190吨、定购生猪4924头。龙河完成合同定购粮食3500吨、油料100吨、定购生猪3390头。4家国营商业销售额共计172万元，占两地社会商业销售总额6.67%。1988年起，粮食部门推行承包经营责任制，将粮食、油料定购代购数作为必保指标，议购数作为争取指标，以及经营利润等指标列入承包经营合同，多超多奖。1989年起生猪不再列入政府考核内容，猪禽蛋收购量逐年下降。1991年，新城、龙河粮站分别更名为粮油经营公司，从事粮油议购议销业务。1992年市场放开，粮食合同定购数量减少。新城、龙河食品站停止收购业务，仅维持生猪集中屠宰业务。1996年起，国营商业先后改制为公有民营。粮管所职工提前退休18人（新城7人）、退养24人（新城13人）、买断工龄34人（新城18人），粮油经营公司改由个人承包经营。食品站职工退养5人（新城3人）、买断工龄13人（新城8人）。2002年，改制基本结束。

第三节 商业经营

一、纺织品 服装

民国时期，新城街道由东向西开设的布店有乔棠记、天丰记、同复源、乔龄记、泰源祥、刘裕泰、聚盛昌、张源顺等商号8家，主要经营绸缎、床单、棉布、麻布等。成衣店有陈铎、吴敬贤、吴敬有、胡贵荣、巫惠山、巫慧荣、巫惠池、李永华等店号8家，主要经营绒线、服装等。龙河主街由南向北开设的布店有康荘、恒和祥、源康、森大源、刘厚记、卞景伟、郭永昌等店号7家，主要经营棉布、土布、麻布等。逢集时生意兴旺，平日生意清淡，为抢生意，店家有时采取赊销方法，夏秋两季收账，暗中已加上高息。

解放后，私营布店、成衣店仍保留经营，但受到一定限制。1950年起，新城、龙河供销社成立，经营针纺织品、棉布类主要品种10多种。纺织类主要品种有床单、毛巾、袜子等20多种。1954年，纺织品、服装经营品种增多，棉布有40多种，针棉织品有80多种。9月，棉布实行凭票供应。1955年，新城、龙河供销社设立棉布、针织品专柜，棉布由原来仅有黑、白、蓝粗布，增加色细布、花细布，销售量比1954年增长87%。合作商业也开办纺织、服装门店。1958年，“两衫（卫生衫、球衫）一线（毛线）”销售量比1955年增长近2倍。1961年，县委批准棉布、毛巾、袜子、服装等工业品可换购农副产品，促进市场物资交流。1960~1962年和“文化大革命”期间，纺织品、服装供货不足，球衫、汗衫、卫生衣等凭布票供应。1978年后，货源开始充足，不仅花色品种增多，而且质量提高。1980年，供销社、合作商业采取出摊赶集、送货下乡等促销方法推销，销量比1980年增长1.2倍。1985年，新城、龙河供销社分别开设棉布、服装门市部，集体商业设立针织品专柜。当年，两乡主要销售棉布10.5万米、化纤布2.11万米、呢绒1700米、棉毛衫裤9200件（条）、汗衫背心2.01万件、毛线880千克、床单被面2300条、服装7200件，全年销售额232万元。1990年，纺织品、针织品、服装市场销售兴旺，花色品种时尚新颖，深受消费者喜爱。主要品种销售量与1985年相比，化纤布、呢绒、棉毛衫裤、毛线、床单被面、服装均增长1.2倍以上，其中服装增长1.82倍。全年销售额481万元。1992年，市场全面开放，棉布、纺织品、服装个体经营户增加。1995年，陆续有布店、时装店、服饰店建成开业，至年底两地共有布店2家、纺织品店4家、服装店9家。1998年，供销社改制后经营网点停业，个体经营户进一步发展。

2012年，全镇有布店2家、窗帘店2家、内衣专卖店3家、品牌女装店2家、服饰超市5家、前店后作服装店6家、服装摊点6家、床上用品专营店5家、母婴用品专卖店1家，共计32家。

其中分布在新城街道17家、龙河街道13家、村和社区2家。共有从业人员120人，完成销售额2527万元。主要销售棉布和化纤布3.24万米、棉毛衫裤1.87万件（条）、汗衫背心1.12万件、毛线2013千克、床上用品1.72万件、服装3.47万件。经营规模较大的商店有上海世纪华联购物中心新城店和龙河店、美燕苏果加盟店、万家惠服饰超市、曹记布店、华丽床上用品店、南京伊贝尔母婴用品新城公司等。

二、百货 文化用品

民国时期，新城没有专营百货店，由杂货店兼营，主要经营洋广货如面盆、毛巾、皮鞋及固本肥皂、雪花膏、梳头油等，另有赵培钟表店1家，银楼1家，周家、茹永寿文具店2家，经营品种有毛笔、墨、纸张等。龙河主街上设立的百货店有邓茂记、程柏记等店号3家，经营品种较多，兼营批发生意。

解放后，私营百货、文具业得到恢复和发展。1950年起新城、龙河供销社开始经营日用百货，起初只有火柴、肥皂、表芯纸、毛巾、袜子、纽扣等五六十个品种。至1954年，增加文化用品，品种增加到640种。1955年2月，新城、龙河设立百货二级批发部，对私商批发百货、文化用品。1958年，新城、龙河供销社卖出首台上海产缝纫机，翌年售出首块沪产手表。1960年，因货源不足，胶球鞋、搪瓷面盆、热水瓶、钟表等商品纳入计划分配。1961年，县委批准毛巾、袜子、电池、电筒、胶鞋、球鞋、搪瓷面盆等62种日用工业品换购农副产品，销售增长1倍以上。三年自然灾害和“文化大革命”时期，货源严重不足，有的商品断档脱销。为此，火柴、肥皂开始凭户口簿或粮油证供应，牙膏用牙膏皮以旧换新。1978年起，商品货源好转，品种增加到3000多种，供销社分设大、小百货柜及文具柜。1980年，开始敞开销售缝纫机、手表、座钟等高档商品。1985年，新城、龙河供销社设立百货门市部和化妆品、文化体育用品专柜，农村大队“双代店”增加百货、文化用品等经营品种。当年，两乡销售额228万元，主要销售缝纫机157架、热水瓶4650个、胶球鞋1.62万双、皮鞋7800双、洗衣粉8000千克、肥皂3713箱、香皂325箱。1992年，市场开放，个体百货商店增加。1995年，相继有百货自选商场，文化用品、化妆品店开业，至年底，共有百货商店、商场12家。小商品摊点增加，摆设到农贸市场内。文化学习用品店增加2家，分布在幼儿园、小学附近。2000年后，新增经营办公用品业务如打印纸、复印纸、油墨、墨粉等耗材用品。新增纸业批发部1家、专营麻将机店2家、钓具渔具商店1家。

图13-5 新城供销商场旧貌 （摄于2005年）

2012年，镇内有百货、化妆品、文化用品商店40家，其中综合性百货超市5家、百货商店（摊）17家、文化用品店4

家、电脑耗材店2家、钟表店1家、皮鞋店6家、箱包店1家、麻将机专卖店3家、渔具店1家。分布在新城街道20家、龙河街道11家、石桥东6家、村和社区3家。共有从业人员168人，完成销售额1862万元。主要销售热水瓶5000个、胶球鞋1.83万双、皮鞋3.38万双、洗衣粉2.81万千克、肥皂2100箱、香皂5630箱。经营规模较大的商店有上海世纪联华购物中心新城店、龙河店，美燕苏果加盟店，贝贝多饰品店，明卫文化用品商店等。

图13–6　上海世纪华联购物中心新城店（摄于2012年）

三、五交化 家用电器

解放前，仅较大的商行经营五金商品如圆钉、铁丝等，新城、龙河共有5家。1952年起，供销社经营五金、化工类商品，品种少，数量不多。1958年，新城、龙河售出首辆自行车。1960年，始有交通器材如自行车外胎、钢圈等配件供应，化工类有胶轮、车胎、油漆、松香等，交电类有电灯泡、电线、开关等。1974年，始有电风扇、收音机销售，供不应求。80年代，收录机、黑白电视机陆续面市。1986年，五交化、家用电器货源好转，供应紧张局面有所缓解，冰箱、彩电开始上柜销售。供销社设立五交化门市部、柜组，经营品种3500多种，从业人员12人，全年销售额47万元。进入90年代，部分五交化、家电商品退出计划分配范围，经营放开，销售全面增长。1990年，主要销售自行车903辆、电线10.21万米、灯泡8.17万个、元钉铁丝113吨、油漆8.2吨、电风扇683台、收音机578台、电视机1638台。全年销售额164万元，比1986年增长2.49倍。1995年，首家个体商户志祥五金商店开业。2000年起，电动自行车、水暖器材、五金工具、锁具、厨具灶具、卫生洁具、灯饰灯具、油漆以及手机、电脑等商店、专卖店相继建成开业。2005年，液晶平板电视替代彩电，电动车替代自行车成为热销商品。至年底，全镇有五交化、家用电器商店38家。2012年，镇内有经营五交化、家电商店68家。其中五金商店12家，水暖器材商店8家，电动车商店4家，电器、照明灯具商店13家，家用电器商店7家，太阳能热水器商店2家，厨卫商店14家，电信商店8家。分布在新城34家、龙河9家、石桥东18家、村和社区7家。共有从业人员212人，完成销售额3386万元。主要销售五金工具2720件、油漆涂料8.7吨、电风扇2654台、电视机3127台、电冰箱2652台、空调3122台、太阳能热水器3570

图13–7　心诚电器有限公司（摄于2010年）

台、电动车4032辆、手机3873部、电脑1171台。经营规模较大的商店有心诚电器有限公司、志祥五金商店、新潮水暖器材商店、三棵树油漆专卖店、华诚电器有限公司、帝皇厨具专营店、志邦橱柜商店、环宇手机大卖场等。

四、副食品 药品

民国时期，新城开设的肉铺有沈广华、徐国安、肖开明、肖双开、唐福贵、叶九高、吴长荣、吴长富、李九、李庆海、孙德坤等11家，豆腐店有周庆林、蒋子良、吴开泰、吴开涛、姚同寿、崔德礼、周朋源、王家等8家，杂货店有山泉、荣昌、马裕隆、郭祥泰、沈大昌、森泰和、张恒大、刘家盛、赵天福、王大来、金万和、徐世忠、隆盛祥、张怀记等店号14家，主要经营桂圆、蜜枣、柿饼、金针菜、木耳以及各种炒货等。茶食店有李华斋、王家骧、陈绍宗、陈仁安、新正春、稻香村和孙锡裕等店号7家。糖坊、炒货店有合兴泰、吕寿林、王家建、王爽斋等4家。茶叶店有刘昌富和刘昌德2家。药店有仁和堂、春和堂、万源堂、泰和森、张顺昌等店号5家，经营中药和西药。龙河主街杂货店有薛玉昌、李有荣、黄吉记、杜顺兴、包泰昌、徐升大、潘恒大、胡福记、郭永盛、王兴祥、郭祥记、邓茂记、王裕和、陈宇记、陆恒有和裕茂祥等店号16家，主要经营食糖、香烟、盐、酒、酱油、醋及红枣、桂圆、木耳等品种。茶食店有惠同泰、徐百年等2家老店，生产传统大京果、京江饼等品种。岔街杂货店有钱吉记、乾泰祥、王兴记、郭奎记等店号4家，有药店2家。龙河没有菜农，但蔬菜摊贩较多，主要是扬州西乡七星甸一带的菜农，逢集必到，出售蔬菜。

解放后，私商原有经营业务和集市贸易得到保留。1950年，新城、龙河供销社陆续开设烟酒杂货门市部，主要经营盐、糖、香烟、酒、酱油、食油等品种。1954年，供销社增设药品专柜。1956年，对私改造后，合作商业接收私营茶食店从事糕点、茶食生产，私营药店改为合作药店。1960年，烟酒糖实行计划供应，茶食凭粮票购买。1964年，猪肉开始凭证供应。60年代末至70年代初，实行“医药合一”，供销社批发零售业务划交卫生院，合作药店划归卫生院。1970年，新城、龙河主要销售香烟8.21万条、食糖3.23吨、酒4.11吨、食盐6.27吨、猪肉112吨、茶叶460千克。1973年，公社食品站成立，积极组织货源，增加猪肉、家禽、鸡蛋供应。1978年5月，取消肉禽蛋凭票证供应，放开非处方药品经营。1980年，个体经营户可以代销香烟，市场酒类品种增加。当年销售额1013万元，主要销售香烟24.24万条、食糖11.45万吨、酒67.86吨、食盐16.12吨、猪肉418吨、家禽40吨、鲜蛋2.6吨、茶叶520千克。1992年，市场放开后，食品站先后歇业，由个体户取代经营肉禽蛋和水产品。2000年，销售额1513万元，主要销售香烟38.12万条、食糖12.8吨、酒120吨、食盐15吨、猪肉838吨、家禽150吨、蛋品80吨、茶叶800千克。2000年后，私营药店增加，肉禽蛋进入超市销售，传统茶食滞销，蛋糕、“西点”及奶制品，“雪碧”“可乐”等饮料深受青年人的喜爱，蔬菜趋向精细化、无公害化，销售量逐年增长。

2012年，镇内有肉铺38家，牛肉铺2家，冷鲜肉零售批发部2家，家禽摊位5户，鱼摊12户，蔬菜摊42户，豆制品摊13户，净菜及冷冻食品店3家，烟酒副食品超市9家，酒类批发公司3家，烟酒店（铺）117家，蛋糕房5家，休闲食品店4家，饮品店2家，茶叶店2家，水果店（摊）15家，酱菜、干货及调味品店6家，炒货店2家，药店11家，共计293家，分布在新城街道114家、龙河街道57家、石桥东69家、村和社区53家。共有从业人员681人，完成销售额3284万元。主要销售香烟47.51万条、食糖24.78吨、酒189.23吨、食盐17吨、猪肉1350吨、家禽220吨、蛋品127吨、茶叶950千克。经营规模较大的商店有上海世纪华联购物中心新城店及龙河店，华诚超市，振龙超市，双联酒行新城店，麦吉西点屋，平新冷鲜肉经营部，济民堂药店，便民大药店等。

图13-8　苏果超市新城店（摄于2010年）

五、日用杂品 家具

民国时期，新城窑货店有朱源兴、潘家、刘进君等商号3家，经营日用陶瓷器。花席店有纪有亮、李照顺、谢大海、谢大洲等商号4家。香店有尹聚兴、周同海、沈大昌等商号3家，经销佛香。龙河为陶器、瓷器集散地，窑货店有贾长山、秦文志、秦文高、陈广兴、秦聚源等行号5家。从宜兴购进白、绿陶器和瓷品，用船运至龙河。批发至陈集、余兴、月塘等地，生意兴旺。鞭炮、炊具等日用杂品由杂货店兼营。

解放后，新城、龙河供销社先后成立日杂门市部，主要经营锅碗、絮棉、土纸、蜡烛、爆竹等以及铁竹木日用品等。1955年，供销社建立日杂批发部，向私商开展批发业务。1960年，絮棉凭票购买。1970年，新城、龙河共计销售铁锅2230口、絮棉3. 28吨、草席3.1万条、陶瓷器3.86万件、爆竹2.86万元。1980年，个体经营商户增加，市场增加竹、木家具供应。90年代，传统的日用杂品、陶瓷器开始更新换代，有的被铝制品、塑料制品取代，老式竹木家具被皮革组合家具、钢木家具替代。2000年，销售额814万元，主要销售铁锅3500口、草席3.2万条、陶瓷器2.76万件、烟花爆竹5.3万元、家具5400件。2002年起，烟花爆竹、家具个体专营店增加，日用杂品进入超市、农贸市场销售。

2012年，镇内有烟花爆竹店7家、日杂商店18家、家具店5家，共计30家，分布在新城街道5家、龙河街道4家、石桥东8家、村和社区13家。共有从业人员135人，完成销售额2432万元。主要销售铁锅3000口、草席3万条、陶瓷器1.82万件、家具8230件（套）。经营规模较大的商店有鹏飞烟花爆竹经营部、时代家具有限公司等。

六、建材 装饰材料

建　材　民国时期，新城有恒丰、源大、华丰、朱三、单六等木行10多家，主要经营杉木，从南京上新河进货，经长江、仪扬河放排至新城，销往后山区集镇。龙河有裕丰、李万顺、秦文志等行号8家，从事木材经营。从南京水西门贩购木材，经水运到龙河，就近销往刘集、高集等地。解放后，木材、毛竹属管控物资，私营木行停业。1954年，新城、龙河供销社开始经销农用毛竹和木材，当年销售毛竹1040根、木材78立方米。1955年，毛竹、木材纳入计划分配，专材专用，市场销量减少。1958年，木材、钢材、水泥计划分配增加，县木材、金属公司采取直供方式销售给单位和个人。1966年起，供销社增加“知青”毛竹、木材代销业务，年销售木材130立方米、毛竹3480根。1978年后，钢材、木材价格实行计划内和计划外“双轨制”，货源增加。1980年，销售钢材1200吨、木材1300立方米、水泥1430吨。1985年起，毛竹销量减少，建房木材、钢材和水泥销量增加。进入90年代，以钢代木，建房木材减少，铝合金、不锈钢材销量增加。

2012年，镇内有建材商店23家，其中经营水泥商店8家，石灰店2家，砂石店4家，水泥预制品经营部2家，玻璃店2家，钢材、不锈钢经销店5家。分布在新城6家、龙河3家、石桥东6家、村和社区8家。共有从业人员282人，完成销售额3885万元。主要销售木材1.45万立方米、钢材4.13万吨、水泥3.63万吨，预拌混凝土5.67万立方米。经营规模较大的商店有永腾建材店、才臣钢材经营部、丁冲砖窑厂、年瑞建材商店、洋房水泥专卖店、荣能新城混凝土分公司等。

装饰材料 80年代后期，随着建房热升温，新城经营装饰装潢材料业兴起。起初仅有地板、墙纸、三合板、木线条、扣板、装饰板等大路货。90年代起，在石桥东形成装饰装潢材料市场，经营趋向专业化、系列化、品种多样化。2012年，镇内有装饰材料商店50家，其中经营装饰木材店4家、装饰板店8家、木线条店5家、石膏板店2家、墙纸店3家、装饰五金店3家、门业专营店6家、楼梯店3家、地板店9家、地砖瓷砖店3家、灯饰店4家。分布在新城街道9家、龙河街道2家、石桥东36家、新北村3家。共有从业人员251人，完成销售额4107万元。

七、农业生产资料

种　子 土改结束后，供销社开始供应稻种、麦种。1951年夏种，供应稻种10.6吨，缓解农民燃眉之急。9月秋种时节，供应改良麦种14.7吨。1953年5月，购进东台、吴江优良稻种3万千克，设点突击供应，不误农时。7月，龙河部分水稻因干旱枯死，供销社及时组织供应黄豆种、绿豆种补种。1954年7月，因山洪暴发，新城受灾，水稻淹死，供销社突击购进晚稻种10吨，供应给农民补种。1955年，种子供应业务划归农业部门。1978年后，外地商贩进入农贸市场销售蔬菜种子。2012年，镇内有经销菜种店铺7家，分布在新城5家、龙河1家、三茅村1家。共有从业人员9人，完成销售额92万元。

中小农具 解放前，农民所需的竹木农具多由自己制作或请工匠进门加工，铁制农具由铁匠铺加工制作。土改后，农具需求量大增，供销社开始供应中小农具原材料，继而加工制作中小农具供应市场。1952年，供销社设立农具供应专柜，共有80多种，当年销售3126件。1954年，供销社组织五六户铁匠、4户木匠、3户篾匠集中加工生产铁木竹农具供应市场。新城浇铸的犁头、犁铧、犁尖、耙齿等农具，除供应当地外，还销往扬州城郊、天长秦楠、江南丹徒等地。1955年，农具生产划归手工业生产合作社，农具供应分别由供销社和铁木社（厂）承担。1960年，市场农具紧缺，供销社到外地组织货源，农具厂加班生产，确保供应不脱销。当年新城、龙河共销售农具6730件，并代农民修理农具2187件。1966年，农具出现滞销积压。“文化大革命”期间，由于生产、销售不衔接，时常脱销。1974年起，销售趋于正常，并开办修旧利废业务，方便农民。1975~1980年，新城、龙河农具销售量年均为9800件左右。1984年起，销售量逐年减少。1992年后，随着农业机械化推广使用，农具需求量大幅减少。1995年后，农具滞销，供销社继而歇业。私营个体农资经销店开始兼营中小农具。2012年，镇内有经销店（兼营）9家。

农机及配件　1956年，龙河供销社在当地通过试耕推广双轮双铧犁等农机，当年销售双轮双铧犁184部、畜力圆盘耙3部、畜力收割机1台、脚踏打稻机12台、抽水机2台。后因土壤等原因，双铧犁多闲置未用，圆盘耙、收割机也因畜力不能负担而闲置。唯有脚踏打稻机比掼床优越，得到推广。1960~1965年，供销社销售脚踏打稻机110台。之后，电力与柴油供应增加，脚踏打稻机为电动或机动脱粒机所替代。1966年，新城供销社从扬州、宝应等地购进载重50吨水泥农船25艘，供应农民运粪肥、氨水、罱泥和粮食。1970年，供销社开始供应柴油机配件。1975年，新城、龙河供销社设立农机门市部，组织手扶拖拉机和柴油机等农机具供应。1980年，农机货源归口由县农机公司供给。1983年，供销社恢复手扶拖拉机、柴油机和农机配件自营业务。1985年，农机供应由农业部门农机站和供销社共同负责。1990年后，手扶拖拉机及配件市场需求减弱，销售下降。碾米机等加工机械销售稳中有增。2000年，镇农机服务公司成立，开展农机为农民服务业务，并执行购买大型农业机械给予财政补贴的政策，大中型拖拉机、收割机销量持续增长。2012年，镇内有农机服务公司1家、农机配件经营商店4家，从业人员共有15人，完成销售额370万元。经营规模较大的商店有久保田、洋马收割机配件专卖店。

肥　料　解放前，新城和龙河地区农户普遍使用农家肥。1952年，新城调入饼肥140吨，鼓励农民试垩饼肥，并在张文年互助组试验，当年麦子增产14%、稻谷增产21%。农民看到饼肥增产效果，纷纷前来购买，出现供不应求现象。1956年，新城、龙河供销社销售饼肥32吨。统购统销后，饼肥货源锐减，开始试销碳酸氢铵化肥。为推广使用化肥，新城、龙河乡配备农业技术员，指导农户施用。供销社改进供应方法，拆零分小包装出售，逐步打开销售局面。1958年，销售化肥39吨。1961~1963年，化肥货源紧张，开始实行计划分配供应。1966年，新城、龙河供应氨水70吨，补充化肥不足。1975年，开始有硝酸铵、尿素、硫酸铵和复合肥等新品种供应，龙河还新增磷肥供应。1985年起，化肥价格实行“双轨制”，乡农业部门开始参与化肥经营。1988年，两乡供应销售化肥8500吨。1989年，化肥归口供销社专营，当年销售各种化肥8245吨，其中贴价供应3200吨。1994年，取消化肥计划分配，实行市场价供应。1999年，化肥市场放开，供销社主渠道地位受到冲击，销售大幅减少。2000年，供销社停止化肥经营，由私营企业取代经销，全年供应销售5200吨。2005年，农资经销建立商品查验制度、商品入市索证索票制度和商品质量不合格下架、召回、赔偿制度，并按季节公布农情通报。为适应高效农业需求，增加复合肥供应量，使之成为取代碳铵和尿素的主要肥料，其销量占化肥总销量45%以上。2012年，镇内有经销化肥企业9家，分布在新城街道4家、龙河街道3家、桃坞村和丁冲村各1家。共有从业人员28人，完成销售额2944万元，全年销售化肥1.1万吨。经营规模较大的商店有市供销农资连锁有限公司石桥分公司、新城中昊农资有限公司和江苏五星富农农资连锁有限公司龙河分公司等。

农药及农药械 1954年，龙河供销社在赵庄黄桂兰互助组试用0.5%六六六粉进行害虫防治试验，效果较好，农药逐步在龙河、新城推广使用。但因农民多用竹竿挑纱布袋扑洒农药，购买使用农药械、喷粉器较少。农业合作化后，农药及农药械销售量逐年增加。1958年，销售农药4吨、农药械218架。1973年，县农业生产资料公司在新城开展推广化学除草剂试点，除草效果较好。之后，除草剂在新城、龙河开始销售。1979年，销售的农药品种主要有"1605""1509"乳剂和有机磷混合粉等高效农药，销售农药2.28吨、农药械2672架。1981年后，开始供应高效低毒农药。农村实行联产承包经营责任制后，多采用预防为主，农药供应量逐年减少。1990年，供应农药2.21吨、农药械3200架。2000年，电动喷雾器取代手动式喷雾器，受到农民欢迎。2012年，镇内有经销农药、农药械商店3家，从业人员8人，完成销售额364万元。

耕 畜 解放后，龙河恢复耕畜市场，成为全县四大牛市之一。耕牛上市旺季，日交易量约为400多头。1955年6月，龙河牛市由供销社接管，耕牛上市量增加，当年供应耕牛960头。1956年，供应耕牛1130头，主要解决缺牛和无牛的农业社。1958年10月，龙河牲畜交易所下放给人民公社经营，耕牛供应量减少。1975年供应耕牛440头。80年代停业。

八、物资供应

柴油汽油 50年代中期，始有柴油供应，由县水利部门内部调拨供给，用于抗旱、排涝。后期开始计划分配，由供销社供应，数量较少。60年代初，始有汽油少量计划供应。1965年，新城、龙河共销售柴油38吨、汽油21吨。1967年，供销社建造水泥土油池储存柴油，储存量为40吨，确保农用不脱销。1970年，新城、龙河共销售柴油184吨、汽油54吨。之后随着工业生产发展和运输车辆增加，柴、汽油销售量逐年增加。1978年，两乡销售柴油378吨、汽油246吨。1988年，销售柴油433吨、汽油414吨。1992年，市场开放后，成品油经营渠道增加，消费需求逐步由农用转为民用。1994年，新建马庄加油站2座、潘良明加油站1座，汽柴油实行电子销售。1996年，新增私营个体加油站2家。1998年，销售柴油2534吨、汽油2827吨。2000年后，柴油、汽油转为民用消费为主，占80%以上。2012年，镇内有加油站6座，分布在新城街道1座、龙河2座、石桥东1座、村2座。共有从业人员38人，完成销售额6010万元。主要销售柴油7400吨、汽油9500吨。

煤 炭 1957年，新城、龙河始有煤炭供应，主要供应给炕坊、农具厂以及饮食店、浴室。1960年，销售煤炭21吨。1965年，煤炭品种增加，并开始计划供应集镇居民生活用煤。

1970~1980年，每年销售煤炭约30吨。1985年起，农村烧煤户增加。1990年，销售煤炭120吨。1996年，煤炭改由私营个体经营，年销售煤炭80吨。2000年后，煤炭（球）销量减少，无经销单位，由外地经销商送货上门。

机电及汽车配件　1995年起，始有机电、汽车零配件、汽车轮胎经营，随到随修，方便顾客。1998年，石桥东始有机电产品经营部，专营机电设备。2012年，镇内有机电经营部、汽车配件经营部5家，分布在新城街道1家、石桥东2家、新北村2家。从业人员20人，营业收入807万元。

九、粮油购销

民国时期，粮食为私商经营，新城、龙河粮食市场兴旺，分别有粮行20多家。年购销粮食新城约3000吨，龙河约2500吨。

解放初期，国家允许私人粮行继续做粮食生意。1950年秋，县政府委托县合作联社在新城设立粮食收购点（俗称公行），挂牌收购稻、麦、大米，收购价高于私商粮行每斤（折合0.5千克）8厘至1分，当年收购稻谷34吨。1952年，县粮食部门在新城、龙河设有3个粮食收购站点，收购品种有籼稻、大麦、小麦、黄豆、菜籽、花生、绿豆、大米以及花生油等。其中，70%为国家代购，大米、油料及杂粮就地销售，以平抑市场粮价。1953年，国家实行粮食统购销政策后，农村粮食交易市场关闭。

粮油统购　1953年10月，国家对粮油实行统购统销。当年，新城、龙河共征收粮食74吨。翌年，供销社停止收粮业务，全部划交粮站负责。1955年8月，国务院发布《农村粮食统购统销暂行办法》，新城、龙河推行以户为单位的粮食定产、定购、定销“三定”政策。9月，新城定产1.55万吨，留口粮、种子和饲料1.06万吨，征收与定购5045吨。龙河（仅包括凌桥、龙河、三官、三茅乡）定产1.14万吨、“三留”（留口粮、种子和饲料）4415吨，征购与定购2269吨。缴足公粮后仍有多余的为余粮户，按规定余粮新城定购90%、龙河定购85%。年人均口粮不足210千克的为缺粮户，由政府核定供应。当年，新城完成秋粮征购任务102.62%，龙河完成114.82%。1956年，实行农村合作化后，改“三定”为以农业生产合作社为单位确定征、购、销任务基数。1957年，新城、龙河“三定”粮食产量2.84万吨，留粮1.63万吨，统购8160吨，其中定购任务5817吨。1958年，受“浮夸风”影响，粮食定产过高，“三留”不足，粮食统购工作出现混乱。1959~1962年，“三定”改以生产大队为单位，并改为一年一定。1965年10月，改以生产队为“三定”单位，实行粮油统购“一定三年，增减调剂一年一议”的办法。1966年，新城、龙河共征购粮食8263吨、油菜籽32.4吨。1971年，改为“一定五年”，征购基数调减为9674吨。1981年，试行粮食产、购、销差额包干办法，确定新城包产1.8万吨、包购4300吨，其中稻谷征购1700吨。龙河包产1.9万吨、包购4100吨，其中稻谷征购1600吨。实行粮食包干后，粮食实际产量超过包干基数的国家再超购超产部分的20%，以粮抵油料的顶算当年包购数。原粮食“三定”规定的基数和计算征超购、统销、超销价格不变。油料不定指标，根据当年产量，在留种和自留食用后，征购60%余油，每征购油菜籽、花生、芝麻50千克，分别奖售化肥7.5千克、10千克、12.5千克。1985年4月，取消粮油统购。

粮油合同定购 1985年4月，国家改粮油统购为合同定购，合同任务外的粮油议购议销，同时，允许多渠道经营，活跃粮油市场。当年，新城合同定购任务5750吨，其中小麦3700吨、稻谷2050吨。龙河3500吨，其中小麦2100吨、稻谷1400吨。油料收购计划新城油菜籽185吨、龙河100吨。1986年，粮食合同定购按田亩负担，任务分配到村，村再落实到户。分配原则是按前三年总产平均数，扣除口粮、自留粮后为余粮，定购部分为余粮31%，议购为22%，还有47%余粮由农户自由支配。当年，新城合同定购粮食6050吨，其中小麦4000吨、稻谷2050吨，油菜籽50吨。龙河合同定购粮食3725吨，其中小麦2300吨、稻谷1425吨，油菜籽150吨。粮食部门对完成粮食合同定购的农户给予差价奖励。1987年，对因国家基本建设征用或压废土地，适当调整定购任务。新城粮食定购调整为3050吨，其中小麦1700吨、稻谷1350吨，议购粮调为1040吨，油菜籽定购调为50吨。龙河粮食定购调整为2060吨，其中小麦1100吨、稻谷960吨，议购调为520吨，油菜籽定购调为40吨。1993年，粮油价格放开，购销同价。此后，新城每年合同定购粮食在1250吨左右、龙河在850吨左右。1997年，新城粮食定购增为2830吨，其中小麦1730吨、稻谷1100吨，收购油菜籽75吨。龙河粮食定购增至1760吨，其中小麦1000吨、稻谷760吨，收购油菜籽55吨。同时，粮食部门敞开收购农民余粮，做到不拒收、不限收、不打白条（欠条）。2001年9月，国务院发布《关于进一步深化粮食流通体制改革的意见》，自秋粮收购起，取消合同定购和议购，粮价实行随行就市。

图13-9 农民交售粮食（摄于2009年）

粮食收购许可 2004年9月，国务院颁布《粮食流通管理条例》，实行粮食收购许可证制度，镇内实行粮食市场准入制度。2012年，镇内有证粮油收购企业2家，分别是新城粮油经营公司和龙河粮油购销有限公司，在新城、龙河、十二圩等地设有收购门市部，有工作人员13人，全年收购粮食5000吨。

粮油统销 1953年10月，国家对粮食实行统购统销政策，对非农业人口粮油实行凭证计划供应，起初不定量，每人每月控制在15千克以内。1955年，贯彻执行国务院《市镇粮食定量供应办法》，对城镇居民实行定量供应，按照年龄、职业和劳动强度差别，划分不同的等级按月定量供应成品粮，其标准是：城镇居民10周岁以上12千克，6~10周岁10千克，3~6周岁6.5千克，3周岁以下3.5千克；中学生和轻体力劳动者16千克；运输搬运等重体力劳动者25千克；机关干部、教师、营业员14千克。每人每月供应食油125克（折合2两5钱）。对菜农、农林副业人员实行一年一定，分月供应，每人供应原粮210~260千克。对因自然灾害等情况造成的缺粮户，按“三定”口粮标准，不足部分由国家返销或借销。1962年8月，取消农民食油供应，在完成油料统购任务后，自留自用。1966年6月，菜农供应标准调整为平均每人每月18.75千克。1976年7月，菜农口粮标准提高到平均每人每月20千克。城镇居民粮食供应标准自执行后未有调整，新城和龙河两地城镇居民口粮平均每月计划供应大米21.2吨。其间，因1962年精减人员、下放城镇人口和1968年知青下放等因素影响计划供应数量。1991年6月，因户籍改革，征地及菜农增加等因素，增加定量供应人口。食油供应标准于1956年、1958年、1961年、1965年和1981年分别调整为187.5克、125克、50克、200克和250克。每逢国庆节和春节，每人可增供125克。1981年以后，每人增供中价油500克。以上标准执行至1992年。1992年6月国家取消粮食统销政策，放开粮油供应，随后结束实施37年的粮油凭证定量供应的历史。

粮油经营 1992年，粮食市场放开后，私营个体粮店迅速增加。1995年，新城有粮店7家，龙河6家。2000年，粮油经营品种增加。粮食有绿色有机大米、营养大米、超级面粉，以及杂粮等；食用油有菜籽油、豆油、色拉油、调和油等。2012年，镇内有粮油商店15家，分布在新城街道9家、龙河街道1家、村和社区5家。从业人员37人，销售额850万元。销售粮食1400吨、食用油118吨。

粮油储运 民国政府田赋征实，在新城、龙河修建收纳粮仓。解放后，县政府在都天庙建立新城粮库储存粮食。50年代，新城、龙河建造一批简易粮仓。60年代中期，新城、龙河粮站新建一批房式粮仓，各生产大队建土圆仓，存放储备粮。70年代，县粮食部门在新城仪扬河边建大型粮仓，仓容量4500吨，并利用新城粮站码头中转中后山区粮食。同时，新城粮站自建粮仓4座，建筑面积2758平方米。龙河自建4座，建筑面积2055平方米。80年代至90年代，新城和龙河共新建粮仓7座，建筑面积5844平方米，增加仓容1080吨，每年为国家专储粮食7000多吨。至1996年，新城和龙河共有粮仓39座，其中新城29座。粮食仓储管理，除采用磷化铝粉剂通仓熏蒸，辅以敌敌畏空仓消毒杀虫外，还采用低温、低氧、低磷化科学保粮技术，机械通风、电子测湿等先进设施。1991年，新城粮管所粮库被评为扬州市粮食局“四无”（无虫害、无变质、无鼠雀、无事故）免检单位，龙河粮库合格率长期保持在98%以上。1996年后，龙河不再为国家储粮，新城仍每年为国家专储9000吨粮食。2009年，市粮食局在官胜村官塘组兴建仪扬河粮食中心库，建筑面积4.67万平方米，储存容量3.5万吨，工作人员16人。2012年，境内有粮食储备企业2家，工作人员15人。

图13-10 仪扬河粮食中心库 （摄于2011年）

十、农副产品购销

棉 花 1951年7月，县政府以凌桥区为植棉重点区，发放棉种4.5吨，试种20公顷。当年，龙河供销社收购棉花（折合皮棉）4担（折合200千克）。1954年，国家对棉花实行统购和计划销售，城镇居民每年每户供应絮棉1.5千克，农户可留自用棉2.5~3千克。1955年，新城、龙河设立棉花收购站，共收购皮棉0.6吨。1960年，对集体出售皮棉每50千克优价供应粮食15千克、奖励布票5尺（折合1.67米），对个人出售皮棉，每500克奖布票4尺（折合1.33米）。1966年，供销社增设3处临时收购点，方便棉农缴售。1970年，提高奖售标准，社员每出售500克皮棉，奖励布票5尺（折合1.67米）。1981年，新城、龙河共收购皮棉120吨，是历史上收购量最高年份。1982年后，棉田减少，收购量下降。1985年，新城、龙河共收购皮棉11吨，比1981年下降90.83%。此后，由于农业产业结构调整，棉花种植面积进一步减少，供销社收购停业，零星棉花进入农贸市场交易。

猪禽蛋 解放前，龙河设有猪行和家禽收购等行业，每逢集市，交易频繁，上市生猪、苗猪有数百头。1954年，龙河供销社设立收购站，以收购生猪为主，兼收家禽、鸡蛋。当年收购生猪987头、家禽4730只、鸡蛋450千克。生猪除少量就地宰杀销售外，大部分调往县城。1955年，国家实行生猪派养政策，每出售肥猪一头，供应青糠600千克。当年，新城供销社设立收购站，开展猪禽蛋收购业务，至年末，新城、龙河共收购生猪1750头、家禽8120只、鸡蛋410千克。1958年，收购生猪6720头、家禽1.2万只、鸡蛋2.1吨，比1955年分别增长2.84倍、47.78%和4.12倍。1960~1962年三年困难时期，养殖业生产下降，猪禽蛋收购量大为减少。1960年，城镇居民实行猪肉定量供应。1962年5月，国家实行生猪派养派购政策，社员养猪必须“养二卖一”，并采取以工业品换购方法促进收购，猪禽蛋收购量开始上升。1974~1976年，新城和龙河供销社每年收购生猪约8900头、家禽1.4万只、鲜蛋13吨。1978年5月供销社收购业务划归食品站。1980年，猪禽蛋生产进一步发展，食品部门收购量增加。1984年，取消家禽派购办法，并改生猪派养派购为合同定购。1985年，放开猪肉销售价格，对城镇居民实行副食品补贴每人每月1.8元。食品站收购业务逐渐衰退、歇业。个体杀猪户（俗称小刀手）和禽蛋经营户增加。2012年，全镇收购生猪8200头、家禽4.14万只、鲜蛋1286吨。

草　席 1954年，新城供销社开始收购草席。当年收购4300条，除自销部分，大部分调往外地销售。此后，龙河供销社开展草席收购业务。1960年，新城、龙河共收购草席1.7万条。1965年共收购3.3万条。70年代，新城地区农户开始购机织席，草席收购量大幅增长。1975年，收购草席6.1万条。1978~1980年，收购量维持在每年5万条左右。1982年后草席实行自产自销，个体商贩收购量增加，供销社收购量下降。1985年收购草席8万条。1990年收购6万条。1995年后停业。

其他农副产品 主要品种有蜂蜜、茶叶、干鲜菜（黄花菜）、干鲜果（白果、板栗）、畜副产品（牛皮、猪鬃）等，主要集中在龙河地区。1957年，龙河、新城供销社收购蜂蜜5吨、牛皮89张、杂皮670张、黄狼皮315张。1960年，农副产品及畜副产品收购额为3720元。1965年为7140元，比1960年增长91.94%。1970年，新城、龙河收购蜂蜜12吨、黄花菜110千克、牛皮120张、杂皮1250张、黄狼皮470张。1978年，收购苇席、窝折3.12万张（盘）、蓖麻子1.2吨。进入80年代，由于农业产业结构调整，一些资源减少，收购量有所减少，但新品种也有增加，如茶叶、白果、板栗等。1992年，由于市场放开，大量农副产品进入农贸市场交易，商业部门收购量大幅减少，有的甚至停收。

废　品　解放前，人民生活困难，民用生活废品数量少，无专门经营商号，偶有外地挑高箩到新城、龙河沿大路走村串户叫唤收废品，有小孩拿出家里的废铜烂铁换糖。

解放后，1953年，新城、龙河供销社收购站开业挂牌收购废品，既收购民用生活废品，也收生产性废品，品种主要有废金属、废纸、废橡胶、杂骨、破布烂棉花等30多种。收购的废品大都交售给县公司。1956年，增加碎玻璃、新布角、废鞋底、旧报纸、猪鬃、猪毛、牛肋骨等新品种20多种。1960年，新城、龙河共收购废品8万元。"文化大革命"时期，废品收购业务一度停顿，收购额逐年下降。1978年7月7日是周恩来总理对废品收购利用题词发表20周年纪念日，全县上下开展宣传活动。新城供销社组织车辆下乡流动收购，动员农民出售废品，支援"四化"建设。之后，收购网点延伸到大队，采取正常收购与突击收购相结合的办法，收购的废钢铁数量一直在全县名列前茅。1980年，新城、龙河共有废品收购网点32个，职工37人。1982年，新城收购废钢铁136吨、破布20吨、废塑料23吨、兔毛14吨，收购金额10万元，龙河完成收购金额7万元。90年代，供销社先后停收废品，由个体商贩取代。2000年后收购品种扩大到酒瓶、报纸、废塑料和坏损自行车、电视机、冰箱、空调、手机等。2012年，镇内有废品收购门店4家，分布在新城街道2家、村和社区2家，从业人员16人，完成收购额约400万元。另有流动收购商贩20多人。

旧货旧物　主要是旧衣物、旧家具、旧用具等。50年代初，新城、龙河各有2家商店兼营寄售旧衣物、旧生活用品业务。1956年对私改造后，寄售业务停业。60年代，合作商业曾一度开展寄售业务，但因经营不善，盈利不多，不久就关闭。1992年，在新城西郊石桥东逐步形成旧货市场，品种有旧家具、旧用具、旧电器等100多种。1995年，增加旧办公桌椅、旧成套家具等。年交易额约80万元。2000年，增加旧电脑、旧自行车、旧柜台货架等品种，当年交易额180万元。2005年，收购旧货网点增加到5家，其中新城3家。年交易额300万元，从业人员12人。2012年，镇内有旧货市场、商店12家，分布在新城街道5家、龙河街道2家、石桥东4家、新北村1家，从业人员35人，完成交易额约500万元。经营规模较大的商店有石桥旧货市场。

旧设备旧物资　80年代末，工业企业技改淘汰的旧设备、旧机器增多，商业部门开始收购旧设备、旧机器。1990年，位于新城梅家沟路10号的城东闲置设备调剂服务部成立，专营旧机床、旧锅炉、旧起重吊机等设备购销、调剂服务。当年，收购调剂旧机床107台、旧起重设备12台、旧锅炉57个，交易额780万元。1996年，加入中国二手设备交易网，中介调剂旧机床、压力容器、吊机、趸船、工程机械等旧设备。1993年，农村兴起建楼房热，淘汰的旧门窗、旧房料增加。新城、龙河相继出现专营旧建房材料的店铺，上门收购旧门窗、旧房梁、旧木椽、旧房基石料以及旧砖瓦等。2012年，镇内有旧设备、旧物资经营企业12家，分布在新城街道2家、龙河街道1家、村和社区9家。从业人员38人，调剂出售中大型设备186台套，销售各种旧物资、旧材料1.5万吨，成交额4100多万元。

2012年新城镇商业网点及经营情况表

表13-6

行业	企业总数（家）	分布状况（家）															从业人员（人）	销售额（万元）
		新城街道	龙河街道	石桥东	郁桥村	新华村	冷红村	桃坞村	新北村	林果村	马坝村	丁冲村	周营村	官胜村	凌桥村	三茅村		
综合超市类	5	3	2	—	—	—	—	—	—	—	—	—	—	—	—	—	288	4389
百货类	35	17	9	6	1	—	—	—	—	—	—	—	—	—	—	2		
棉针织品类	10	9	1	—	—	—	—	—	—	—	—	—	—	—	—	—		
服装类	22	9	12	—	—	—	—	—	1	—	—	—	—	—	—	—		
五交化家电类	68	34	9	18	—	—	—	1	6	—	—	—	—	—	—	—	212	3386
烟酒、副食品类	282	93	43	51	25	—	6	16	9	—	7	14	4	6	5	3	816	5716
药品类	11	5	2	1	—	—	—	—	—	—	1	1	—	—	1	—		
日用杂品类	30	5	4	8	1	2	—	1	—	—	—	—	—	—	7	2		
建筑材料类	23	6	3	6	2	—	—	2	1	2	1	—	—	—	—	—	282	3885
装饰装潢材料类	50	9	2	36	—	—	—	—	3	—	—	—	—	—	—	—	251	4107
农业生产资料类	24	14	6	1	—	—	—	1	—	—	—	1	—	—	—	1	60	3770
物资供应类	11	2	2	3	1	—	—	—	2	—	—	—	—	1	—	—	58	6817
粮油购销类	19	12	1	1	—	—	—	1	2	—	—	1	—	—	1	—	65	850
废旧物资购销类	28	9	3	4	—	1	—	8	2	—	—	—	—	—	—	1	89	5000

第四节 服务业

一、餐饮 住宿

餐饮业 旧时新城、龙河水陆交通方便，带动餐饮业繁荣。民国时期，新城茶馆有品芳、顺和、洞庭春、小玩意、金记、顺心园、东凤园、安乐园等馆号15家。早上供应茶点，中晚有饭菜。面食店有芮老汉、唐淦、石文玉、杜长华、王家富、戴国钧、姚正山、刘庆生、吴启祥、王家宝、徐进科、黄家等12家。豆腐店有8家、熟食店有高广明、陈二太、薛家（清真）等3家，茶食店有9家，糖坊炒货店有合兴泰、吕寿林、王宋建、王克等5家，茶叶店有刘昌富、刘昌德2家。龙河饭店有聚乐园、顺兴园、三江泉等店号20家。茶食店2家，面食店17家，豆腐店15家，熟食店2家。抗日战争期间，龙河餐饮业衰落，有些饭店关门歇业。

解放后，新城、龙河餐饮业逐渐恢复，但店面偏小，设备简陋，仅能勉强维持生计。1956年对私改造后，餐饮业发展到32家，从业人员87人，流动资金847元，其中合作饭店4家、

34人，豆腐店5家、18人，面店7家、10人，茶食店3家、12人，其余为个体流动摊贩。“大跃进”和“文化大革命”期间，餐饮业基本维持现状，没有大的发展。1978年后，餐饮业得到重视和发展，店面整修出新，营业面积扩大，从业人员增加。80年代，个体饭店、小吃店相继开业，越办越红火。90年代，各级政府制定促进私营个体经济优惠政策，新城、龙河餐饮业发展较快。1996年后，集体餐饮业改制为私营个体，网点增加。2000年，餐饮业出现改造升级热潮，包间装饰豪华，宴席大厅宽敞明亮，增设舞台、电视、音响、灯光等设施。2005年起，外地餐饮业如沙县小吃、四川火锅、华得莱炸鸡、兰州拉面等落户新城。餐饮业趋向规模化、多元化，高中低档兼容，行业布局合理，经营特色纷呈。熟食店多分布在大街小巷、村与社区，品种有盐水鹅及肫肝、猪头肉、卤鸡脚爪及鸡翅、牛肉、油炸鸡、烤鹅、烤鸭、烤鸡等，颇具新城地方风味的猪头肉，声名远播。大排档、快餐店以价廉物美招揽顾客，宣称“五元吃饱，八元十元吃好”。大饭店、酒店都有厨师掌勺，高档宴席“八冷十六热”，主食有米饭、点心，人均消费80～100元。

图13-11　早餐供应车（摄于2010年）

图13-12　驴脯

图13-13　甲鱼

图13-14　野洲芹

新城、龙河菜肴以淮扬风味为主。采用原料多为当地所产，鲜嫩干净。做法讲究刀功、火候，要求色、香、味和品相俱佳。烹饪方法主要有烧、炒、煎、煸、炸、溜、氽、焯、蒸、煮、煨、炖、焖、烤、渍、腌、酱等24种。名菜名点明清时有翟家店甲鱼、头坝巷驴脯、新城翡翠烧卖、扁担巷楚饼、龙河大京果等。清代诗人厉惕斋在《真州竹枝词》前言中赞美新城美食时称，“是时芦芽、竹笋、蒌蒿、茭菜，春蔬满街，而甲鱼兴焉。翟店甲鱼、脍炙人口，店在菜市口，馆舍殊平常，而豪家贵宾，必一临其门”。前人夸楚饼是“尹饼芳名世所珍”。龙河大京果为始创于清同治年间的“惠同泰”和“徐百年”茶食店所产，其特点是大小均匀、厚薄相等、酥脆香甜，老少皆宜，久负盛名。这些名菜名点的制作方法大都失传，仅有龙河大京果制作方法被传承，解放后曾入选《扬州风物》，近年，销量逐渐减少。50年代，名菜名点有清蒸刀鱼、白汁鮰鱼、扬州狮子头、大煮干丝、三丁包子、蟹黄汤包等。90年代后，吸收外地烹调技艺，融入粤、川、湘等地口味，创新出特色菜、农家菜、时令菜，主要名菜有脆皮乳羊腿、牛子骨煲、剁椒

图 13–15　汉源大酒店　（摄于2010年）

图 13–16　东园饭店　（摄于2009年）

鱼头、盐烤江子鱼、鲍汁大对虾、新城猪头肉等。新城猪头肉选用新鲜猪头，洗净去毛，腌制3小时后入老卤、调料煮沸，改文火焖烧3小时出锅。其特点是色泽红亮，肥而不腻，入口即化，脂香扑鼻，80年代成名，销量大增，被列为仪征名菜之一。80年代起，新城、龙河饭店厨师踊跃参加厨师培训班学习和厨艺比赛，获得厨师等级证书。90年代后，各大饭店更是吸收南北各大菜系烹调技术，不断创新菜肴，提升饭店知名度。汉源大酒店兼收并蓄，创餐饮业名店；东园饭店被市餐饮商会评为餐饮二类企业。至2012年，全镇餐饮业获得菜肴一等奖3个、金牌菜2个，有高级厨师1人、一级厨师6人、二级厨师16人。

2012年，全镇有餐饮业门店83家，其中饭店23家、火锅店2家、快餐店2家、面店9家、兰州拉面馆3家、汤包店2家、大排档2家、烧烤店2家、小吃店12家、早摊铺6家、熟食（卤菜）店18家、烧饼店2家。分布在新城街道46家、龙河街道11家、石桥东14家、村和社区12家。共有从业人员986人，营业额3368万元。

2012年新城地方特色早点、小吃、糕点明细表

表13–7

种类	名称
早点类	汤包、包子、蒸饺、花卷、馒头、烧卖、面条、馄饨、烧饼、糍粑、麻团、油条、糖糕、煎饼、蒸饭、面包、稀饭（粥）、五香茶叶蛋、豆浆、牛奶
小吃及杂食类	豆腐脑、春卷、鸭血粉丝汤、五香茶干、爆米花、烤山芋、菱角、烤羊肉串、烤火腿肠、烤里脊、烤鱿鱼、炸鸡腿（条、翅）
糕点类	大（小）京果、桃酥、雪片糕、京江脐、年糕、绿豆糕、麻雀头、蛋糕

住宿业　民国时期，新城有何大房、陈元桃旅馆2家，龙河没有专门旅馆，附设在饭店内。解放后，新城、龙河合作商业开办旅馆3家，设施简陋，条件较差。80年代，新城及龙河供销社先后开设旅社，住宿条件改善，有单人间、双人间，另设洗澡间、厕所。1995年起，个体旅店增加，浴室增加住宿业务。2000年后，旅社改造升级，建成高档次标准化宾馆或酒店。2012年，镇内有旅店11家，分布在新城街道6家、龙河街道2家、石桥东3家。共有从业人员112人，年营业额2765万元。经营规模较大的旅店有汉源大酒店、鑫源宾馆、馨悦宾馆等。此外，还有10家饭店、浴室兼营住宿业。

二、洗浴 理发 照相

图13–17　雪浪休闲娱乐广场（摄于2008年）

解放前，新城有李庆和浴室1家，王家余、王家其、陈启忠、潘芝兰、李咸华、童正源、许万兴、何正立等理发店8家，照相馆1家（属十二圩利民照相馆分店，逢双日营业）。龙河有浴室1家、理发店9家。这些店铺条件简陋，不成规模。解放后，浴室、理发等服务业得到恢复并扩大经营。1956年经过对私改造后，新城、龙河各有合作浴室1家、理发店3家、照相馆1家，以后基本没有新发展。1985年，供销社开办新浴室取代合作商业的老虎灶式浴室。1994年商业体制改革后，集体性质的浴室、理发店等资产拍卖转让，改由个体经营。1998年后，私营个体洗浴中心、美容美发店、照相馆不断增加。2000年起，传统的浴室、理发店、照相馆开始转型升级。洗浴业增加脉冲、喷淋浴，设立豪华包间，增设按摩、敲背及健身娱乐等服务项目，澡资分普通、高档两种。后又出现足浴业。理发业除洗剪吹风外，增加烫发、美发、美容、美甲等新项目。照相业由普通照相向婚纱摄影方向发展。2012年，全镇有洗浴业11家，分布在新城街道3家、龙河街道3家、石桥东2家、村和社区3家。规模档次较高的有雪浪休闲娱乐广场、华清池浴室、天仙池浴室、龙城足浴房。理发店25家，分布在新城街道11家、龙河街道5家、石桥东3家、村和社区6家。门面大、业务较好的有顶典美容店、剪剪风美容美发店、吸引力美发店等。照相、摄影企业2家，即新城天姿婚纱摄影和杨训婚纱摄影。三行业共有从业人员160人，营业收入1120万元。

三、仓储 物流

新城仓储业出现较早，宋代真州制酒业发达，先后建造3座官办酒库，其中有2座在新城：一在航船步（埠）西，名新城酒库；二在瓦庙子东，名新兴酒库。民国时期，新城、龙河建有县管粮仓，供仓储专用。解放后，粮食部门在新城、龙河建有大型粮库数座，代国家储存粮食。80年代，县新华书店在三将村建设专用仓库，面积3000多平方米。2000年后，仓储业、物流快递业在新城逐渐兴起。2003年，圆通、申通快递在新城设立分支机构，开展快递业务。2004年，驻镇仪征上汽赛克物流有限公司成立，主要从事整车和汽车零部件物流配送。2005年，新城阳光物流有限公司成立，从事普通货物仓储、配送

图13–18　南京医药区域物流中心落户境内（摄于2010年）

业务。2008年后，上海大众祥云仪征分公司、扬州翔安物流有限公司和扬州鑫达吕物流有限公司等大型物流企业落户新城，推动物流快递业、仓储业快速发展。2012年，全镇有物流快递业企业6家，从业人员150人，运输车辆112辆、1550载重吨，仓储面积2.67万平方米，营业收入6825万元。另有驻镇汽车物流仓储企业4家，占地22.33公顷，全年营业收入3.2亿元（不计入新城统计）。

四、租赁 中介

租赁业 1996年乡镇企业改制后，开始有厂房、仓库对外出租。1998年，首家钢模租赁经营部成立，经营建筑脚手架、钢模出租业务。2000年后，机械租赁、汽车租赁和标房租赁经营部相继成立，出租项目有工程机械，各种货车、客车、轿车以及吊车、推土机、挖掘机等特种车辆和厂房、仓库、货场等。2012年，全镇有租赁企业5家，从业人员12人，营业收入1147万元。

中介业 解放前，中介业兴起于牛市、猪市，"牙纪"被称为中间人，交易成交后收取佣金。解放后，牛市、猪市交易改为收取手续费，牙纪成为交易员。1995年，新城出现中介业，提供房屋租赁信息和物资商品供求信息，成交后收取手续费。2000年后，仪征市德众人力资源服务有限公司、扬州扬众劳动资源开发有限公司仪征分公司先后在新城成立，注册资本300万元，工作人员12人，从事向上海大众仪征工厂派遣务工人员中介业务。至2012年累计向用工单位派遣劳务人员1685人。2012年，全镇有房屋中介服务企业3家、信息咨询服务企业2家、劳务中介公司4家，从业人员20人，营业收入1583万元。

五、娱乐 图文制作 家政服务

娱乐业 1992年，新城、龙河街头夜晚有卡拉OK摊点，点唱歌曲每首1元。1993年，乡文化站陆续开办歌舞厅、录像放映室、电子游戏室、台球房等娱乐场所。之后，个体开办的舞厅、游戏室、台球室增加。1996年共有娱乐企业21家。2000年后，棋牌娱乐业兴起，遍及乡村，同时也兴起网吧、会所热。歌舞厅、卡拉OK、录像放映等娱乐业逐渐冷清。2012年，镇内有棋牌室22家，KTV、会所3家，网吧2家，分布在新城街道3家、石桥东2家、村和社区22家。有从业人员85人，营业收入950万元。风采网吧、君圣休闲会所等经营规模较大。

图13-19 网吧（摄于2010年）

图文制作业 1995年起，新城、龙河开始有个体文印服务、打字复印、印章制作、条幅印制等。2000年后，增加制作广告、彩色图文、喷绘、名片、门头字幕等业务。2010年，好好工作室成立，从事图文信息制作等业务。2012年，镇内有图文制作门店5家、文印服务业1家。共有从业人员共有22人，营业收入230万元。创想图文制作中心、立红文印服务部等经营业务较大。

家政服务业　传统的家政服务业有服装洗染、茶水炉代烧开水、代划玻璃等业务。60年代，新城、龙河分别有洗染店3家和2家，玻璃店2家和1家。1996年起新兴家政服务业兴起，如代客宰杀家禽、代绞肉、服装干洗等服务。2000年后又增加代客清洗美容车辆、代充液化气、代划代上玻璃以及培训、辅导、家教等服务项目。2012年，全镇有家政服务企业7家，从业人员41人，营业收入350万元。

图13–20　清洗车辆　（摄于2012年）

六、维修加工

解放前，新城、龙河有铁匠店8家、鞋匠店3家、弹花店3家、裁缝店13家，还有篾匠店、木匠店、制秤店和银楼等，主要从事维修农具、补鞋、弹棉花、做衣服、修秤、加工饰品等维修加工业务，也有挑担补锅补碗的。解放后，这些维修摊点仍被保留。70年代，自行车修理、农具维修、白铁皮加工、修伞、修锁等服务项目出现。80年代，棉毛衫换袖领、毛衣针织加工、服装加工等业务兴起。90年代，修理汽车、摩托车、大型农机具，加工制作防盗门窗业务兴起。2000年起，家电、电脑、手机维修，电动车修理，机械零配件加工等业务兴起，业务量逐年扩大。2012年，镇内有服装店5家、针织加工店2家、弹花店2家、自行车电动车修理铺7家、摩托车维修店16家、汽车修理店12家、机电维修和机械加工铺16家、修锁开锁店2家、家电修理店7家、电脑手机维修店3家、农机具修理门市部8家、白铁皮加工和门窗制作经营部24家，共计104家。分布在新城38家、龙河14家、石桥东19家、村和社区27家。共有从业人员312人，营业收入1930万元。业务较大的门店有飞鸿摩托车修理部、开钱电动车修理部、快捷汽车修理门市部、腾飞电脑修理部、久保田收割机修理部等。

七、喜庆礼仪　殡葬服务

喜庆礼仪业兴起于90年代，向客户提供开业庆典、项目开工仪式、工程竣工典礼、生日宴会、婚礼庆典等场景设计、司仪、乐队、剪彩、摄像等服务。此后，婚纱摄影、鲜花店、礼品店相继开设。殡葬业原先无专门服务部门，90年代起，殡葬开始社会化服务，红白喜事一条龙服务部、德明白事服务部先后成立。2000年，喜庆礼仪、殡葬业服务进一步社会化，形成新的礼仪习俗。2012年，全镇有喜庆礼仪、殡葬业服务单位14家，分布在新城街道1家、龙河街道2家、石桥东1家、村和社区10家。从业人员38人，营业收入1557万元。

表13-8

2012年新城镇服务业网点及经营情况表

<table>
<tr><th rowspan="2">行业</th><th rowspan="2">企业总数（家）</th><th colspan="15">分布状况（家）</th><th rowspan="2">从业人员（人）</th><th rowspan="2">销售额（万元）</th></tr>
<tr><th>新城街道</th><th>龙河街道</th><th>石桥东</th><th>郁桥村</th><th>新华村</th><th>冷红村</th><th>桃坞村</th><th>新北村</th><th>林果村</th><th>马坝村</th><th>丁冲村</th><th>周营村</th><th>官胜村</th><th>凌桥村</th><th>三茅村</th></tr>
<tr><td>餐饮业</td><td>83</td><td>46</td><td>11</td><td>14</td><td>5</td><td>1</td><td>1</td><td>1</td><td>—</td><td>—</td><td>1</td><td>—</td><td>2</td><td>—</td><td>—</td><td>1</td><td>986</td><td>3368</td></tr>
<tr><td>住宿业</td><td>11</td><td>6</td><td>2</td><td>3</td><td>—</td><td>—</td><td>—</td><td>—</td><td>—</td><td>—</td><td>—</td><td>—</td><td>—</td><td>—</td><td>—</td><td>—</td><td>112</td><td>2765</td></tr>
<tr><td>仓储物流业</td><td>6</td><td>2</td><td></td><td>1</td><td>—</td><td>1</td><td>—</td><td>—</td><td>1</td><td>1</td><td>—</td><td>—</td><td>—</td><td>—</td><td>—</td><td>—</td><td>150</td><td>6825</td></tr>
<tr><td>租赁业</td><td>5</td><td>3</td><td>1</td><td>—</td><td>—</td><td>—</td><td>—</td><td>—</td><td>—</td><td>—</td><td>—</td><td>1</td><td>—</td><td>—</td><td>—</td><td>—</td><td>12</td><td>1147</td></tr>
<tr><td>中介业</td><td>9</td><td>7</td><td>—</td><td>2</td><td>—</td><td>—</td><td>—</td><td>—</td><td>—</td><td>—</td><td>—</td><td>—</td><td>—</td><td>—</td><td>—</td><td>—</td><td>20</td><td>1583</td></tr>
<tr><td>洗浴业</td><td>11</td><td>3</td><td>3</td><td>2</td><td>—</td><td>—</td><td>—</td><td>2</td><td>—</td><td>—</td><td>—</td><td>1</td><td>—</td><td>—</td><td>—</td><td>—</td><td rowspan="3">160</td><td rowspan="3">1120</td></tr>
<tr><td>理发业</td><td>25</td><td>11</td><td>5</td><td>3</td><td>—</td><td>—</td><td>—</td><td>1</td><td>2</td><td>—</td><td>—</td><td>—</td><td>—</td><td>1</td><td>—</td><td>2</td></tr>
<tr><td>照相业</td><td>2</td><td>2</td><td>—</td><td>—</td><td>—</td><td>—</td><td>—</td><td>—</td><td>—</td><td>—</td><td>—</td><td>—</td><td>—</td><td>—</td><td>—</td><td>—</td></tr>
<tr><td>娱乐业</td><td>27</td><td>3</td><td>—</td><td>2</td><td>3</td><td>—</td><td>—</td><td>—</td><td>5</td><td>—</td><td>1</td><td>4</td><td>—</td><td>—</td><td>4</td><td>5</td><td>85</td><td>950</td></tr>
<tr><td>图文制作业</td><td>6</td><td>4</td><td>—</td><td>2</td><td>—</td><td>—</td><td>—</td><td>—</td><td>—</td><td>—</td><td>—</td><td>—</td><td>—</td><td>—</td><td>—</td><td>—</td><td>22</td><td>230</td></tr>
<tr><td>家政服务业</td><td>7</td><td>3</td><td>1</td><td>2</td><td>—</td><td>—</td><td>—</td><td>—</td><td>—</td><td>—</td><td>—</td><td>—</td><td>—</td><td>—</td><td>1</td><td>—</td><td>41</td><td>350</td></tr>
<tr><td>维修加工业</td><td>104</td><td>38</td><td>14</td><td>19</td><td>1</td><td>—</td><td>1</td><td>6</td><td>9</td><td>2</td><td>1</td><td>5</td><td>—</td><td>—</td><td>4</td><td>4</td><td>312</td><td>1930</td></tr>
<tr><td>喜庆礼仪、殡葬业</td><td>14</td><td>1</td><td>2</td><td>1</td><td>1</td><td>1</td><td>—</td><td>2</td><td>1</td><td>1</td><td>1</td><td>1</td><td>—</td><td>—</td><td>1</td><td>1</td><td>38</td><td>1557</td></tr>
<tr><td>合计</td><td>310</td><td>130</td><td>37</td><td>50</td><td>10</td><td>3</td><td>2</td><td>12</td><td>18</td><td>4</td><td>4</td><td>12</td><td>3</td><td>1</td><td>10</td><td>14</td><td>1938</td><td>21825</td></tr>
</table>

第五节　商业管理

解放前，新城、龙河基本无专门机构对商业及市场进行管理，市场秩序混乱，商业欺诈行为时有发生。解放后，党和政府重视商业及市场管理，制定政策法规，规范商业行为。50年代至90年代，以商业主管部门管理为主、地方政府部门管理为辅的管理体制形成。1996年起，商业流通体制改制后，逐步建立起以政府、部门监管为主、商业主管部门管理为辅的管理体制，在国家政策指导下，农村市场日益活跃，商业购销两旺。2011年，新城镇被扬州市评为消费诚信服务先进单位。

一、以商业主管部门为主的管理体制

1950年起，新城、龙河供销社先后成立，在当地政府指导和管理下，开展购销业务，为农民和农业生产服务。之后，新城、龙河粮管所及粮站相继成立，为县粮食局下属单位，购销业务及人财物直接由县粮食局管理。1953年，国家实行统购统销政策，1956年对私营商业进行社会主义改造后，县供销联社开始对基层供销社和合作商业加强经营业务及人财物管理。当地党委、政府配备财贸书记和财贸科，协助管理。1958年，人民公社成立后，粮管所和供销社

下放给当地人民公社管理，造成经营业务混乱。1963年，恢复粮食部门、供销联社为主的管理体制。“文化大革命”期间，粮管所和供销社再次下放给人民公社管理。不久，又恢复为“以条为主、条块相结合”的管理体制，党团关系仍实行属地管理。1978年后，新城、龙河逐步建立工商行政管理所和税务所，成为当地政府对商业、市场进行管控的有力部门。这种管理体制一直延续至1995年。

二、以市场调控为主的管理体制

1996年起，全市商业流通体制进行改制，“公退民进”，基层粮管所和供销社相继拍卖或实行“公有民营”，市商业主管部门开始转为服务和指导为主的管理形式。当地政府承担商业、市场管理职能，先后成立镇（乡）三产管理办公室，以及工商、物价、统计、质监、卫生、城管、食品安全监管等经济综合管理部门。加强对全镇商业服务、市场布局规划、发展方向、政策导向、行政执法等方面统筹管理，逐步形成以市场调控为主，政府行政管理、商业主管部门服务为辅的管理体制，引导和帮助经营者守法经营，有序竞争。2012年，新城市场兴旺繁荣，建成省级放心消费市场。

第六节　企业选介

一、新城供销社

始建于1950年6月，社址设在新城街道。新城区区长吴正国兼任主任。农民投稻麦折股1549股，股金2058元（折合新币，下同），入社社员2058人。有干部职工（当时称社干）8人，租用临街民房3间、柜台4节开张营业，经营生活日用品30多种。社员凭证购买，享受优惠价格。1951年，供销社增量扩股，增加优惠品种，1952年入社人数增至3037人，股金4173元。1958年10月，供销社资产、人员下放给人民公社，造成很大的经济损失。年末，供销社赊销金额4.11万元，占全社资产21%。1959年4月，恢复成立新城公社供销部。7月，供销部转制为全民所有制的基层国营商店，属县商业系统。1961年8月，恢复供销社合作制性质，并将原公私合营商店从供销社划出，独立经营，供销社得到壮大和发展。1970年，供销社划为县商业总公司领导和管理，再度改为国营商业。1978年11月，改归县供销社管理，经营业务逐步走上正轨。1979年，销售额431万元，利润12.6万元，跨入全县利润超10万元的先进基层社行列。1983年，进行体制改革，改官办为民办，恢复“三性”（组织上的群众性、管理上的民主性、经营上的灵活性），增量扩股，召开社员代表大会，恢复理事会、监事会。1985年，在集镇街道设有门市部、收购站、批发部和旅社，在大队设有双代店，全社共有经营网点27个。1987年年初，实行主任（经理）任期目标承包经营责任制，采取“利润基数递增承包，超额分成，缺额赔偿”的形式。内部逐级分解承包经营，年终考核，兑现奖赔，此项改革调动经营者积极性。当年该社被扬州市供销合作社评为先进单位。1990年，供销社投资95万元，在新桥街翻建供销营业大楼，主楼高3层，建筑面积1509平方米，营业面积900平方米。至年末，供销社自有资金158.25万元，其中固定资产原值147.2万元，有运输汽车2辆，经营网点28个，全年销售额1728万元，职工117人。1991年起，开始第二轮承包经营，增加“风险抵押承包”“店外承包”“大包干”等承包形式。1994年，推行抽本承包，抽回本金86万元。同年，供销社麦芽厂关闭。1998年，实行资产租赁经营，年租赁收入45万元，并开始拍卖闲置资产。2002年起，实施“置换公有资产，置换职工身份”改制改革。至2004年，改制基本结束，共拍卖、转让资产320万元，职工买断工龄的65人，实行内退的15人。至此，供销社名存实空。2012年，供销社主任许恩明。

二、新城粮管所

1956年，新城粮油收购站成立。站址在新城街道东大巷，设有粮油收购和供应门市部，粮库在都天庙内，时有职工5人。1958年，新城粮油管理所成立。有职工13人，全年征购粮食2000吨。1959年，粮管所下放给公社，受公社和县粮食局双重领导。1962年又划归县粮食局管理。1965年，新建可储粮2000吨的粮库3座。随后粮管所移入街西新址。70年代，共新建粮库16座，建筑面积2758平方米，可储粮18万吨，并在仪扬河建粮站码头1座。1981年，征收粮食4220吨，粮油销售47万元，年末职工32人。1986年，开始执行国家指导收购价，实行粮食多渠道经营。当年，收购粮食3800吨。1991年，粮站更名为粮油经营公司。1992年，合同定购减少，议购议销粮增加，全年粮油销售93万元。1996年起，进行改制，实行公有民营。至2002年改制结束，职工买断工龄18人，退养13人，提前办退休7人。粮油经营公司改由私人租赁经营。2012年，职工25人，经理周俊。

三、上海世纪华联购物中心新城店

位于新农街1号。成立于2007年1月。店长朱光强，浙江商人，投资200万元，注册资本120万元，营业面积1300平方米，仓库面积500平方米。经营项目有百货、化妆品、家用电器、日用杂品、文化用品、办公用品、五金工具、床上用品、鞋帽、服装、针织品、烟酒、副食品、饮料、净菜、粮油、调味品、水果等，内附设金银饰品、药品专卖区。经营品种6000多种，职工25人。2008年，销售额210万元。2009年，设立调解室，店长直接处理消费纠纷，让顾客放心消费。2012年，经营品种增至8000多种，职工27人，销售额950万元，利税60万元，被扬州市工商行政管理局、扬州市放心消费创建办公室命名为食品安全示范店。

四、仪征市心诚电器有限公司

位于新农西街18号，1991年成立。原名心诚电器经营部，由店主周庆海与妻子俞方群共同经营。1995年，销售额200万元。2004年，成立心诚电器有限公司，营业面积增加到380平方米，主要经营美的、海尔、长虹、三菱、格力等20多家名牌空调、冰箱、洗衣机、彩电系列品牌，以及油烟机、燃气灶具、电热水器、微波炉、电脑等1200多种品种，批发代理现代音响、美的冰柜、天津小岛电动车等10多个著名品牌，经营业务进一步开拓发展。2009年，被定为仪征家电下乡指定经营单位。2012年，职工15人，其中维修服务人员4人，销售额500万元。

五、仪征市时代家具有限公司

位于真州东路2号。成立于2005年3月。由王明私人投资经营，注册资本60万元，营业面积6000平方米，以经营品牌家具为主，主要有"显赫世家""迪诺雅""莫尼卡"等20多种名牌家具，以客厅、卧室、书房、餐厅家具配套为经营特色。当年，销售额400万元，从业人员13人。2010年起，增加高档红木家具和办公家具，经营品种增加到3000多种，高中低档皆有。2012年，从业人员15人，销售额500万元。

六、仪征市供销农资连锁有限公司石桥分公司

位于市区东郊真州东路4号，成立于2005年4月。注册资本50万元，职工18人，营业面积300平方米。主营化肥、农药、种子，开展连锁经营销售、农业技术咨询等服务，下设肥料销售部、农药销售部和种子销售部。在新城镇设有桃坞、林果、周营、马坝、农科、龙河等9家分公司。当年，销售化肥3.50万吨，销售额3100万元。2006年，建立健全农资商品查验制度、申报管理制度和入市索证索票制度以及农资商品质量不合格下架、召回、赔偿制度等。并按季节公布植保情况，热情为农民服务。2012年，职工17人，销售化肥3.95万吨、农药369.32吨、种子1074.41万元，年销售额1.17亿元。

七、汉源大酒店

位于真州东路10号，成立于1998年11月。原名汉源酒店，由店主郭士明与妻子李忠共同经营。以淮扬菜、家常菜为主，生意越做越兴旺。2005年11月在石桥河东侧新建两幢营业大楼，占地9800平方米，营业面积7000平方米。南楼为餐饮部，设有喜庆宴会大厅3个，豪华包厢16间，可同时接待1800人就餐；北楼为客房部，拥有标准间48间、情侣房6间、豪华套间8间，房间设施齐全，配有电视、电脑、宽带网。设有多功能会议室4间，商务会所可提供周到服务。同年，迁入现址，成立仪征市汉源大酒店有限公司，郭士明任董事长。酒店在保持传统淮扬菜肴风味基础上，融入川、粤、湘等地口味，开发创新20多种招牌菜。2011年6月，酒店重新装潢，在菜肴上更讲究品质，食材要求本色原味，蔬菜鱼虾鲜活，家禽现杀现烧，烹调上注重菜随季变、一菜一品，常换常新，满足顾客新需求。2012年，有高级厨师1人、一级厨师2人。在扬州市中式烹调技能比赛中获二等奖，在放心消费创新活动中被评为全省先进单位，成为省餐饮行业协会常务理事单位。当年营业收入1580万元。

八、东园饭店

位于新农东街19号，成立于1993年5月。由店主陈宝亭与妻子李志芳共同经营，营业面积80平方米，1个大堂口、3间包厢，以淮扬菜、家常菜为主，价廉物美，生意越做越好。2003

年迁入现址，拥有1个宴会大厅，豪华包间18间，可满足不同层次消费者的需求。菜肴以淮扬创新菜、特色菜为主，并根据节令推出风味独特的私房菜和农家菜。成为镇内举办宴席、亲友相聚首选之处。2004年，在扬州市第二届创新菜大赛中，"东园羊排" 获得金奖。2005年，在中国扬州淮扬菜烹饪技术比赛暨第四届省创新菜烹饪技术比赛团体美食文化展中 "脆皮乳羊腿" 获金牌宴席奖。2009年，该饭店被市餐饮商会评为二类餐饮企业。2010年，厨师长赵宜飞、余义勇分别获得一级、二级厨师证书。2012年，有职工12人，营业额230万元。

九、雪浪休闲娱乐广场

地处军民路888号，1998年成立。由钱得亮私人投资100万元，建成集沐浴、休闲于一体的休闲娱乐广场，占地1000平方米。主楼高3层，建筑面积2800平方米，堂口大厅约300平方米，沐浴休闲区2200平方米，分设男女高档浴区，装饰豪华包间30间，休闲大厅约300平方米，浴种有桑拿浴、脉冲浴、中药足浴等，服务项目有擦背、洗头、捶背、修脚、捶脚、保健按摩、刮痧、拔罐等20多种，并采用跑堂式服务，服务到每位顾客。普通洗浴费用男女每位10元，如增加其他服务项目，再多付费。2003年，增设旅馆，设有标准间14间、单人间8间、套间6间。2008年，增加健身设施，供浴客休闲娱乐。2012年，有职工20人，营业收入550万元。

十、天姿婚纱摄影中心

位于新农西街35号。成立于1998年，店主崔爱勤。营业面积200平方米，一楼为展示大厅，二楼为摄影室、化妆室、制作室，主要从事婚纱摄影、婚庆礼仪以及个人写真照、证件照摄影等。2000年，新增扬州瘦西湖公园、润扬湿地公园外景摄影基地，并附设鲜花礼品店。2008年，门店重新装潢，购置新颖婚纱礼服，新增上门照相、摄影、摄像等服务，受到广大消费者欢迎。2012年，从业人员3人，营业收入20万元。

十一、新城农贸市场

位于新农西街4号。占地8666平方米。50年代，集贸市场在新城老街，以街为市，以早市为主，临近中午散去。1958年，新城农贸市场成立，属新城人民公社管理。1985年迁入现址，面积3400平方米，其中室内大棚6间。1994年，面积扩大至8666平方米。1998年，镇政府投资300万元，建成室内农贸市场，改名为招商市场，场内大棚面积3650平方米，设门市房20间、摊位208个，除经营肉食、蔬菜、瓜果、家禽、鱼虾、鸡蛋、干鲜果、粮油食品等外，还有小百货、小针织、服装等小商品。1999年，市场交易额3200万元。2004年，产权制度改革后，改由私人独资经营，注册资本208万元，工作人员5人。2005年后，当地菜农自产自销减少，外来菜贩蔬菜增加。2007年，农贸市场受超市冲击，略显冷清。2012年，经营农副食品摊位有肉类15个，其中牛肉摊位1个，光禽4个、活禽8个、水产5个、蔬菜类23个、干鲜果南北货21个。销售猪肉1200吨、鱼类1000吨、家禽500吨、蛋类600吨、蔬菜7500吨，交易额8100万元。年末有工作人员5人。

第十四章　财税　金融

民国时期，新城、龙河地区田赋、课税全部上缴，地方财政支出全靠田赋附加和杂捐。抗日战争时期，抗日民主政权在龙河一带建立财粮机构，废除苛捐杂税，减租减息，征收田赋、工商税收，筹集抗日经费。民国35年（1946年），国民党发动内战后，强征暴敛，苛捐杂税增多，民不聊生，不堪重负。

新中国成立后，党和政府建立“取之于民，用之于民”的人民财政，实行量入为出、统收统支的财政预决算体制。50年代，相继建立税务和金融机构。1983年，新城、龙河成立财政所。1995年，实行“划分税种、核定收支、超收分成、一定三年”的分税制财政体制。1997年，新城镇财政收入首超千万元，达1136万元。2000年，居民储蓄7407.4万元。2012年，驻镇税务机构1家、银行机构8家、保险机构1家。全镇财政收入1.62亿元，税收收入1.21亿元、保险收入1289万元。年末贷款余额7亿元，存款余额11.49亿元。

第一节　财　政

一、机 构

50年代初期，新城镇、龙河乡无财政机构，财政收支、征收公粮等事宜分属新城、凌桥区财粮员负责。1955年4月，区设财粮助理。1958年人民公社化后，公社设财贸粮食科，财政工作由公社会计管理。1968年，公社改设财粮助理。1983年，分别成立新城、龙河乡财政所，业务上与地方政府脱钩，直属县财政局。1998年，新城镇财政所被授予省“文明财政所”称号。2000年，龙河乡、十二圩镇财政所并入。2001年，市、乡财政管理体制进行改革，镇财政所改由镇政府管理。2005年2月，十二圩财政业务划出。2012年，镇财政所有工作人员7人，下设财政国库集中支付中心和会计管理站，所长蔡家田。

图14-1　新城镇财政所　（摄于2012年）

二、财政体制

解放初期，实行“统收统支”的财政体制，镇、乡资金收入全部上缴县财政，镇、乡干部工资和行政费用等支出由县财政拨给。1953年，乡财政并入县预算内。

1954~1957年，县对乡实行“划分财政收支范围、收入分类分成”的财政体制。地方收入分为两类，即固定分成收入、固定比例分成收入。1958年，乡财政同公社财务合二为一，县对公社实行“两放（下放财贸机构人员、下放资金），三统（统一计划、统一政策、统一流动资金），一包（包干财政收入上缴任务）”的财政管理体制。

1959~1980年，改分类分成为总额分成。县对公社实行“确定收支指标、收支两条线、超收奖励、结余留用”的财政体制。

1981~1983年，县对公社实行“定额收支、明确使用范围、公社包干使用、结余自行处理”的财政体制。公社工业、商业、文教卫及农业、水利基本建设资金由县主管部门拨给，财政所和银行对拨款进行监督，使用单位报告竣工决算。

1985年，县对乡试行预算包干办法，规定预算内收入乡政府留成50%，上解50%。乡政府机关工作人员工资、办公经费按人数核定包干；大型会议、办公设备购置、房屋修理、车辆大修等项目，专项拨款，专项结算；事业单位费用由县主管部门核定指标下定，年终结余留用；行政企业合一或行政事业合一的单位将行政经费与管理费收入合并计算，实行“总额包干、结余留用”办法。

1988年，新城乡实行“定收定支、收支挂钩、增收分成、结余留用、一年一定”的财政体制，龙河乡实行“核定收支、基数包干、定额上缴（或定额补贴）、自求平衡、一年一定”的财政体制。

1989~1990年，新城乡和龙河乡实行“收入环比、递增包干”的财政体制，以1986年至1988年3年乡财政收入平均数为基数，每年环比递增，递增率以内的收入新城乡按50.16%比例留成，龙河乡按74.49%比例留成。超过递增率的收入全部自留，收入未完成递增率，影响上解部分由乡财政补足上缴。

1991~1992年，两乡实行“核定收支、收支挂钩、超收全留、短收不补、一年一定”的财政体制。收支挂钩比例以支出包干基数比上年工商税收入基数减1990年专项结算的地方小税种收入实绩加农业税正税确定，新城乡收支挂钩比例为69.18%，龙河为77.8%。

1993~1994年，新城镇和龙河乡实行“定收定支、收支挂钩、超收全留、短收不补”的财政体制。财政收入超过收入包干基数的部分全部留给乡镇，短收部分由乡镇财力弥补。

1995~1997年，实行分税制财政管理体制。按1994年财政收入和新财税体制，分别确定上划中央收入、市乡共享收入和乡镇固定收入。

1998~2000年，按照“统一领导、分级管理、分级负担”的原则划分乡镇收支范围。1998年度财政结算收入基数以1997年收入实绩为基数，并综合其他因素确定；支出基数以1997年下达的支出基数为依据，再综合其他因素确定。

2001~2003年，按照“统一领导、分级管理、分级负担、分灶吃饭”的原则，合理划分市、镇两级财权和事权，明确增值税25%共享部分，市、镇分成比例各为50%；地方工商税按2∶8比例分成；耕地占用税镇留成15%；农业税按税改后农业税正税84.5%留成，其余15.5%作为灾减和征收业务费；农业特产税、契税提取10%手续费后全部留成给镇财政。同时，镇财政支出范围进行划分和调整，其支出范围包括农林水等部门事业费、文体广播事业费、教育事业费、卫生经费、行政事业离退休人员费用、行政管理费、城市维护费、其他支出，以及民兵训练费、计划生育费、优抚经费、乡村道路建设费（后4项是取消乡统筹后列入支出）。2001年起，中小学教师和镇机关公务员工资由市财政统一发放，镇政府按财政实绩拨付额抵扣指标，结转支出与往来，年终结清。

2004~2006年，镇财政管理体制基本内容是“划分收支、核定基数、超收分成、适度奖励、自求平衡、一定三年”。增值税25%部分省留20%后，市镇5∶5分成；所得税以2003年收入为基数，超基数部分的40%省留20%后，市镇5∶5分成；地方工商税及其他各项收入省留20%后，市镇5∶5分成。上述各项收入如实收低于核定基数的，由镇全额赔补。农业税、耕地占用税、契税实行总额分成。

2007~2012年基本实行“划分收支、核定基数、超收分成、适度奖励、自求平衡、一定三年”的财政体制。

三、财政收支

收　入　解放初期，镇、乡财政收入主要是农业税附加（粮食）、工商税附加、企业上缴利润和其他收入等。此后，随着国民经济恢复和发展，其结构相应变化。“一五”期间，以农业税为预算内收入主体。“二五”时期工商税所占比重加大。70年代，农业税所占比重开始下降。80年代，乡财政收入逐年增加，乡财政年度决算，总收入由预算内收入、预算外收入、自筹资金构成。其中，预算内收入含增值税（国税）、地税、农业税留成及政策补助等项收入，预算外收入含教育费附加、农业税附加、基层和上级专项补助等，自筹资金收入主要包括企业上缴利润、事业单位收费等。乡财政年度预决算提交乡人民代表大会审议和批准。1986年，新城财政收入316.78万元，龙河42.45万元，合计359.23万元。1990年，两乡财政收入448.56万元，比1986年增长24.87%。2000年，财政收入1699.74万元，比1990年增长2.79倍，其中预算内收入占42.1%、预算外收入占57.9%。在预算内收入中，工商税收入305.83万元，占财政收入17.99%；农业四税（农业税、农业税附加、耕地占用税和农业特产税）收入137.57万元，占8.09%。在预算外收入中，农业发展基金、粮食补贴基金、教育附加费等基金收入312.45万元，占18.38%；企业上缴利润60.66万元，占3.57%；事业单位收费收入25万元，占1.47%；综合治理，计划生育等统筹收入63.28万元，占3.72%；上级补助和专项拨款27.2万元，占1.6%。

2012年，全镇财政收入16153万元，比2000年增长8.5倍。其中，预算内收入占72.44%，预算外收入占27.56%。各税收入10011.34万元，占财政总收入的61.98%；耕地占用税收入435.69万元，占2.7%；非税收入3567.97万元，占22.09%；上级补助和专项拨款等2138万元，占13.23%。

支　出　80年代以前，乡财政基本以量入为出作为预决算依据，多数年份收入大于支出。1986年，新城财政支出56.94万元，龙河财政支出42.64万元，合计99.58万元。其中，预算内支出83.33万元，占总支出83.68%；预算外支出16.25万元，占16.32%。1990年，两乡财政总支出262.36万元，占财政总收入58.49%。1998~1999年，新城财政支出大于收入。2000~2002年又连续3年财政支出大于收入，其中2001年支出大于收入48.29%。2003年起，支出小于收入，财政始有结余。

2012年，全镇财政总支出9795.10万元，占总收入60.64%。其中，预算内支出占54.55%，预算外支出占45.45%，一般公共服务支出2147.2万元，占21.92%；公共安全支出199.83万元，占2.04%；教育支出33.64万元，占0.34%；科学技术支出347.53万元，占3.55%；文化体育与传媒支出37.59万元，占0.39%；社会保障和就业支出1138.25万元，占11.62%；医疗卫生支出541.15万元，占5.53%；城乡社区事务支出2186.64万元，占22.32%；农林水务支出3163.27万元，占32.29%。

表14-1　　**1986~2012年新城镇（含原龙河乡）财政收支统计表**　　单位：万元

项目 数量 年份	收入					支出				
	合计	预算内		预算外		合计	预算内		预算外	
		新城	龙河	新城	龙河		新城	龙河	新城	龙河
1986	359.23	150.77	35.65	166.01	6.80	99.58	45.75	37.58	11.19	5.06
1987	194.07	143.88	35.78	11.25	3.16	103.64	48.91	40.75	12.16	1.82
1988	294.20	235.96	36.05	17.85	4.34	123.98	59.73	45.59	16.06	2.60
1989	335.06	256.21	41.83	29.07	7.95	176.27	86.09	55.75	28.61	5.82
1990	448.56	336.36	37.19	71.35	3.66	262.36	116.04	79.70	62.96	3.66
1991	367.35	294.53	22.57	34.96	15.29	233.3	92.44	84.51	35.60	20.75
1992	424.70	243.25	33.57	130.54	17.34	390.68	145.84	93.18	92.54	59.12
1993	536.05	411.60	66.99	38.99	18.47	559.57	317.80	151.34	66.57	23.86
1994	663.71	522.51	34.66	86.53	20.01	650.17	380.09	178.72	67.21	24.15
1995	681.24	443.82	43.00	159.67	34.75	711.88	342.48	184.46	147.89	37.05
1996	1094.28	574.59	60.22	391.69	67.78	1137.22	464.24	231.16	374.40	67.42
1997	1300.50	662.37	69.00	473.99	95.14	1288.14	511.64	240.78	430.43	105.29
1998	1138.89	378.85	66.24	628.78	65.02	1503.91	526.43	281.93	580.61	114.94
1999	1166.33	381.04	67.39	597.53	120.37	1568.36	542.53	313.85	572.70	139.28
2000	1699.74	715.56		984.18		2433.87	1443.80		990.07	
2001	1602.51	634.31		968.20		2376.41	1428.07		948.34	
2002	2286.21	1357.93		928.28		2564.89	1734.00		830.89	
2003	2229.49	1199.79		1029.70		1675.43	699.53		975.90	

续表14-1

年份＼数量＼项目	收入			支出		
	合计	预算内	预算外	合计	预算内	预算外
2004	2373.54	1560.20	813.34	1796.84	820.94	975.90
2005	2351.21	1598.38	752.83	1698.11	1044.28	653.83
2006	2859.43	2322.98	536.45	2102.85	1566.40	536.45
2007	3065.21	2371.94	693.27	2141.65	1448.59	693.06
2008	4497.42	3512.09	985.33	3175.37	2064.74	1110.63
2009	5238.27	4206.79	1031.48	3464.81	2458.63	1006.18
2010	6807.82	5849.44	958.38	4221.53	3137.00	1084.53
2011	10630.21	7793.37	2836.83	7946.71	5098.76	2847.96
2012	16153.01	11701.37	4451.64	9795.10	5343.46	4451.64

四、财政管理

预算管理　解放后，区政府设财粮助理，负责稽核财政预算，镇公所费用实行结报制。1951年，执行公务费定额，实行包干。1953~1962年，县财政局将公务费用指标下达到乡政府，由乡自行安排。1963年，公用经费实行“明确使用范围、以人定额、单位包干、余额自行处理”办法。1980年，执行县革命委员会印发的《行政机关和各事业单位预算包干试行办法》，新城、龙河两公社公用经费实行定额包干，专项经费单独拨款，专项结算。事业单位正常事业经费按包干指标核定，特种资金定收定支、定上缴，分月报账，年终结算，节约留用，超支不补的财政预算管理制度。1983年，新城、龙河乡财政所先后建立，乡财政机构不断完善，加强对预算等方面管理与监督。1984年，开始编制年度财政收支计划。1990年起，编制年度财政预算方案，并报乡人民代表大会审议，接受代表评议。随着经济发展，预算外资金规模不断壮大。1991年起，对行政事业单位预算外资金加强管理，实行财政专户存储、收支两条线。1995年开始，编制镇乡综合财政预算，将预算外资金纳入预算管理。公用经费定额为预算内每人每年3000元，预算外每人每年1000元。2003年后，公用经费继续采取定额包干办法。预算外收入超预算部分市镇按4∶6分成，收入低于预算的扣减相应的支出指标。2006年起，地方债务编入年度财政预算。镇财政负责执行经审批后的预算，分析预算执行情况，办理预算调整变更等工作。通过政府采购、会计集中核算、财政国库集中支付制度，确保预算执行和财政资金规范使用。

会计管理　1993年起行政村和镇属行政事业单位不专设财会机构，改设报账会计1人。1998年，新城镇会计管理站成立，对镇属行政事业单位实行会计代理制，对镇管企业财务实行会计委派制。当年，向润扬机械厂、华诚内燃机配件厂、起重设备厂等12家企业委派会计24人。2001年起，取消企业会计委派，但仍对行政事业单位实行会计代理制。2010年10月，新城镇国库财政集中收付中心成立，对行政事业单位会计实行统一管理，资金实行集中收付。

资金管理　1958年后，国家无偿投资帮助经济较差的生产队发展生产，主要用于购买耕牛、农具、化肥和副业短期周转金。1977年后，支持穷队发展多种经营，建立林蚕、水产养殖基地，兴修小型水利，乡财政部门加强资金分配、使用管理，实行专款专用、定期结报。1987年，对农村村组资金实行“组有乡管”。将1983年实行联产承包制前全乡积累的组级资金101万元，委托信用社代收代放，确保资金保值、增值。1991年，确定新城农业银行分理处为乡财政国库支付中心代理机构，加强财政资金管理。1993年3月，镇预算外资金管理中心成立，对预算外收支实行报账制，在“保吃饭、保运转”前提下，突出资金使用效益，集中财力办大事、办实事，保证全镇各项社会事业均衡发展。2000年，对预算资金项目安排和上解资金实行统一审批制度，按照“先申请、后审批、再拨款”的程序操作，增强政府财政调控能力。当年，推行财政政务公开活动，设立政务公示栏，向社会公示。2012年9月印发《新城镇实施财政就地就近监管工作的实施意见》，将所有财政性资金纳入监管范围，对资金使用实施事前、事中和事后有效监管。

国库券发行代理　乡财政所从1985年开始承担起国库券的发行代理。当年，新城代理发行国库券3.72万元，其中乡机关工作人员，中小学教师，工商、税务、供销社职工每人认购15元，村干部、社办企业职工每人认购5~10元。龙河乡代理发行2.79万元。1986~1993年，新城代理发行国库券66.73万元，龙河乡发行46.65万元。1993年，市国债服务部成立后，新城、龙河不再承担国库券发行代理。

第二节　税　务

一、机　构

清代，县衙课税局下设钱粮柜，派员下乡催缴田赋和商税杂捐等。民国20年（1931年），县政府在龙河集设立税捐征收办事处，下辖新城、龙河等钱粮柜，各有催粮警2~3人，负责辖区内税收工作。民国29年（1940年）4月，仪征县抗日民主政府货物检查处在龙河、三茅集和新城镇破山口设立税所，有所长、填票员、巡查员等，负责征收进出根据地的货物税以及糟坊税、屠宰税、香烛税等。抗战胜利后，国民党县政府在新城、龙河设立税捐稽征所，负责各辖区田赋、税捐征收工作。

新中国成立后，1950年5月设立新城税务所，下辖龙河、新集分所，负责各乡税务稽征。1952年10月，龙河税务分所改称税务小组。1955年12月，撤销新城税务所，设立朴席税务所，龙河税务所改称凌桥税务所。1958年9月人民公社成立后，税务属公社财务科管理。1961年2月，恢复建立朴席和龙河公社税务所。1978年11月，撤销龙河和朴席税务所，建立新城中心税务所，下辖龙河税务分所。1981年8月，新城中心税务所在新集设立稽征组，1983年10月在张集设立税务稽征组。1992年7月，市税务局调整基层税务机构设置，新城、龙河分别设立税务所。1994年9月，市税务局改制为市国家税务局和市地方税务局。同年

图14–2 市地税局第五分局（摄于2012年）

10月，建立新城地方税务中心所（简称地税所）和龙河地方税务中心所，以及新城国税中心所，负责新城、龙河、十二圩、新集、朴席等乡镇和场圃国税稽征工作。1997年，新城国税中心所撤销，新城镇内纳税户划属市国税局城郊分局。1999年1月，设立市地税局东郊分局，驻新城镇，负责新城、龙河、张集、新集、十二圩和朴席等乡镇和场圃地税稽征工作。2001年，国税机构再次改革，城郊分局更名为市国税第一管理分局，原稽征范围不变。2003年，市地税局原按地域名设置的东郊分局改称市地税局第三分局，驻新城镇，内设征收组（后增设稽核组），有工作人员10人。2004年，新城镇内国税改由市经济开发区第五税务分局征收。2012年5月，市地税第三分局更名为市地税局第五分局，内设综合管理股、基础管理股和风险应对股，有工作人员15人，负责新城镇、新集镇和仪征经济开发区地税稽征。8月，市国税局调整各分局职能，市国税第一分局（位于市区解放西路128号）负责新城镇国税稽征，市国税第五分局（位于真州西路36号）负责新城镇企业缴纳税风险评估。

二、税款征收

农业税收 主要包括农业税、契税、耕地占用税和农业特产税。

农业税 清代至民国初年，农业税称田赋。田赋科目有地丁（即人丁徭役合并的税课）、漕米、芦课、屯粮（用于驻军开销）和“七杂税”（草场、城壕、学租、荡租、河塘、河滩、脂粉）。地丁征银，漕粮征米，二者均课于民田。其他各种税征银，课于屯田、芦田、草场。民国20年（1931年），国民政府将地丁和漕米合并折征银元，将民田20个科则归类为“三等九则”，即田赋分为一、二、三等，每等再分上、中、下3则，上则田每亩征银一钱五分五厘，中则田每亩征银七分七厘七毫，下则田每亩征银五分一厘九毫。民国30年（1941年），田赋改征实物，每亩征纳稻谷2斗。民国35年（1946年）以后，国民党政府将田赋划分为征实、征借、公粮、积谷和附加5项，每亩征纳稻谷5斗~5斗4升，比抗战时期多征1倍多。

解放后，田赋改为农业税，以征粮为主（又称公粮），贯彻“依率计征、依法减免”的政策，基本是以常年产量为计征标准，并做到增粮不增税，农民负担稳定。1949年，以户为单位，按每户占地0.5亩至20亩以上分10级累进税制征收。一等户每亩缴粮7.5千克，十等户每亩缴粮22.5千克。1950年秋，国家《农业税暂行条例》发布后，仍以农户为征税单位，以每亩土地常年产量为标准，田分7等，税率分14级，一等户每亩征收小麦2.5千克，十四等户每亩征小麦20千克，年人均主粮不足60千克的予以免征。当年开征农业税附加，夏粮按公粮15%征收，秋季一等户附加率16.6%，依级递减，十四等户附加率15.03%。1951年，实行差额较小的全额累进税制，税率分为40级。全家人均收粮60.5千克者为一级，税率3%，人均收粮1705.5千克以上者为40级，税率42%，附加税为正税的20%。1956年起，以高级农业合作社为纳税单位，实行评产计征的比例税制，圩区夏粮每亩定产166.5千克，秋粮每亩定产162.5千克，税率18.5%。山区夏粮每亩定产134千克，秋粮每亩定产127.5千克，税率10.7%，附加税率在10%上下浮动。1962年，改按生产队为纳税单位，农业税正、附税率相加为12.27%。此税率一直保持到1982年未变动。1981年，新城、龙河应缴纳农业税41.09万元（新城20.45万元、龙河20.64万元），免征6.28万元，实际缴纳34.81万元。

1983年，农村实行联产承包责任制后，农业税改以承包责任田的农户为纳税单位，实行计算到户、结算到组、户缴组结办法，农业正、附税率相加仍为12.27%。1985年，新城纳税田亩2622.07公顷，计税产量6964.8吨，应缴农业税20.45万元，实缴20.45万元。龙河缴税田亩1911.47公顷，计税产量3547.5吨，应缴农业税10.18万元，实缴10.18万元。1989年，农业税正、附税率相加之和为10.95%。1999年，新城、龙河缴纳106.87万元（新城71.33万元、龙河35.54万元）。2001年，农业税正、附税率之和调整为8.4%，同时取消村提留、镇统筹。2004年，农业税减半征收，当年缴纳136.4万元。2005年，国家取消征收农业税。

耕地占用税　1987年4月开征，以占用耕地面积计征，市政府核定圩区耕地每平方米7.5元，山区6.5元，一次性征收。当年，新城征缴6.64万元，由乡财政所负责征收，上解85%，自留15%。1990年，新城、龙河共缴纳5.77万元（新城5.56万元、龙河0.21万元）。2012年，征缴2985.12万元，比1990年增长516.35倍。

农业特产税　1987年1月开征，原税名为农林特产税，按产品销售收入计征，其税率茶叶、芦笋、原竹、水生植物5%，原木8%，果品10%，淡水养殖产品10%，苗木、花卉8%。由纳税人申报，乡政府核准，乡财政所征收，或由收购部门代征。1989年，新城征收1.3万元，龙河1.82万元。1994年，农林特产税改称农业特产税。2001年农村税费改革后，取消农业特产税。

契　税　民国元年（1912年），税率为卖6典3，即卖契约按房地产卖价纳税6%，典契按典价纳税3%。民国18年（1929年）改为卖8典6。民国32年（1943年），规定卖契、赠与契和占用契为6%，典契为4%，交换契和分割契为2%，增收契税附加25%和监征费1%。

解放后，国家规定土地不准买卖，因此契税仅限于房产交易一项。1993年，新城镇开征契税，税率6%，当年征收0.5万元。龙河乡于1996年开征，计征收1200元。1999年，新城、龙河共征收3.46万元（新城2.96万元、龙河0.50万元）。2012年，全镇征收781.84万元，比1999年增长224.97倍。

1985~2012年新城镇（含龙河乡）农业税收统计表

表14-2　　　　单位：万元

项目 / 数量 / 年份	农业税		农业特产税		耕地占用税		契税	
	新城	龙河	新城	龙河	新城	龙河	新城	龙河
1985	20.45	10.18	—	—	—	—	—	—
1986	22.34	10.56	—	—	—	—	—	—

续表 14-2

年份＼数量＼项目	农业税		农业特产税		耕地占用税		契税	
	新城	龙河	新城	龙河	新城	龙河	新城	龙河
1987	24.45	11.50	—	—	6.64	0.87	—	—
1988	24.29	11.50	—	—	10.05	0.54	—	—
1989	29.16	14.24	1.30	1.82	5.56	0.53	—	—
1990	27.82	12.67	1.82	1.27	5.56	0.21	—	—
1991	22.59	7.01	1.00	0.36	9.44	0.17	—	—
1992	33.52	16.89	1.70	0.70	29.56	0.18	—	—
1993	31.78	13.41	1.70	0.70	2.52	0.05	0.50	—
1994	54.93	20.09	1.61	0.83	31.04	0.33	0.31	—
1995	55.26	26.27	1.73	—	44.26	1.92	3.97	—
1996	78.97	41.14	3.13	0.30	10.09	0.38	7.65	0.12
1997	78.25	39.40	3.33	0.30	51.36	2.38	3.02	0.05
1998	73.25	38.30	3.00	0.30	19.43	—	5.33	0.62
1999	71.33	35.54	3.30	0.52	11.64	1.37	2.96	0.50
2000	125.30		4.00		5.21		3.06	
2001	235.07		0.60		1.01		2.13	
2002	232.86		0.60		14.66		2.70	
2003	240.26		—		37.67		1.38	
2004	136.40		—		14.01		47.58	
2005	—		—		46.24		129.53	
2006	—		—		110.27		103.22	
2007	—		—		108.15		72.99	
2008	—		—		132.64		233.03	
2009	—		—		179.83		217.35	
2010	—		—		37.05		337.49	
2011	—		—		1408.14		1290.18	
2012	—		—		2985.12		781.84	

工商税收 清代，新城、龙河一带工商税有厘金、常关税、牙税、典当税、花布烟酒税、活猪牛驴口税。其中，清雍正三年（1725年）起开征牙税、牛驴猪口税。清咸丰三年（1853年），开征厘金税，初以米价1%征税，后税率不断提高，每担米、小麦、黄豆、菜籽征收厘金50文，稻谷、大麦每担征收厘金25文。清同治四年（1865年），开征过往商客货关税，对从仪扬河过境的木材，以段或按根纳税，每根2角至2元银元不等，尽收尽解。民国时期，基本沿袭清代税制，在新城、龙河征收的工商税种有营业牌照税、烟酒税、常关税、货物税、印花税、厘金、屠宰

税等。其中，烟酒税、常关税、货物税、印花税、厘金等为国家税收，营业牌照税、营业税、屠宰税、田地房产契税为省级税收，盐业专卖捐、人力车捐、肉捐、柴捐、雇工捐、蛋捐、果品捐、清洁捐、牛捐、米坊捐、酒坊捐、燃香捐等属仪征县税收。其间，民国4年（1915年），开征厘金、田房买契税、田房典契税、牙行登记税、牙行营业税、屠宰税、印花税、烟酒捐及烟酒牌照捐等。民国17年（1928年），开征烟酒、火柴、棉纱、麦面、水泥等货物统税。民国20年（1931年），裁撤厘金，改为货物统税和营业税。民国35年（1946年）将屠宰税、营业牌照税、车船使用税及房捐划为地方自治税捐。民国政府多次修订税种税制，名目繁杂，人民负担沉重。

新中国成立后，区、乡人民政府采用民主评议和定额征收办法开征工商税收，主要有营业税、行商税、牙帖税、屠宰税、印花税、统税（货物税）等。1950年1月，政务院颁布《全国税收实施要则》，统一税制税种。新城、龙河地区开征的国家税种有工商营业税、货物税和工商所得税，地方税种有屠宰税、印花税和车船使用牌照税。1953~1957年，开征的工商税有工商营业税、商品流通税、屠宰税、牲畜交易税和车船使用牌照税。1958~1983年，开征的国家税种有工商统一税和工商所得税，地方税种有印花税（1959年停征）、屠宰税、牲畜交易税和车船使用牌照税，其中1963~1965年开征集市交易税，1982年开征烧油特别税。1983年，实行第一轮利改税，国营企业上缴利润改为缴纳所得税和调节税。1984年9月，实行第二轮利改税，工商税划分为产品税、增值税和营业税。从单一税制发展为多税种、多层次、多环节的复税制。1985年起，新城、龙河乡先后开征城市维护建设税、教育附加税、房产税、个体工商户所得税和固定资产投资方向调节税等税种。1986年，新城乡工商税款征收106.69万元，龙河乡征收26.13万元。1988年，恢复征收印花税。1989年，开征城镇土地使用税，按使用土地的单位和个人实际占用面积征收，新城、龙河乡使用的土地划定为二等土地，使用税每平方米0.5元。1995年，推行征收、代理、稽查"三位一体"税务管理体制，自9月1日起实行微机开票。当年，新城镇征缴国税57.96万元、地税79.48万元，龙河乡征缴国税1.53万元、地税12.96万元。2000年，扶持重点税源，开辟新税源，国税和地税收入持续增长。2012年，全镇缴纳工商税收8326.34万元。其中，增值税187.92万元，占2.26%；营业税4034.57万元，占48.45%；企业所得税2138.83万元，占25.69%；个人所得税751.52万元，占9.02%；城市维护建设税574.53万元，占6.9%；房产税143.04万元，占1.72%；印花税84.02万元，占1.01%；城镇土地使用税229.74万元，占2.76%；车船使用税0.73万元，占0.01%；土地增值税181.44万元，占2.18%。

1985~2012年新城镇（含龙河乡）工商税收统计表

表14-3　　单位：万元

项目 年份	营业税		企业所得税		个人所得税		城市维护建设税		房产税	
	新城	龙河	新城	龙河	新城	龙河	新城	龙河	新城	龙河
1985	43.61	20.13	22.28	—	—	—	0.42	0.13	—	—
1986	45.82	15.37	27.39	0.69	—	—	0.81	0.20	—	—
1987	54.02	15.84	33.37	0.54	—	—	0.81	0.17	—	—
1988	38.95	18.15	31.94	0.04	—	—	1.36	0.17	—	—

续表14-3

年份＼项目	营业税		企业所得税		个人所得税		城市维护建设税		房产税	
	新城	龙河	新城	龙河	新城	龙河	新城	龙河	新城	龙河
1989	62.52	18.15	11.28	0.03	0.53	0.18	1.23	0.18	—	—
1990	59.86	17.57	9.54	1.36	0.49	0.22	0.63	0.12	—	—
1991	50.33	8.31	6.51	1.87	0.61	0.21	0.50	0.12	—	—
1992	61.33	7.78	12.73	2.89	2.73	0.27	0.57	0.09	—	—
1993	120.25	5.93	15.89	2.88	6.76	0.31	2.03	0.19	—	—
1994	68.16	0.34	23.24	0.08	0.98	0.16	3.05	0.23	—	—
1995	40.22	0.70	17.40	0.19	3.58	0.41	7.23	0.11	4.06	—
1996	36.89	8.31	12.42	0.54	14.80	0.21	10.91	0.12	6.29	—
1997	54.97	2.61	8.70	0.76	22.95	1.00	14.51	0.24	5.49	
1998	66.16	4.66	2.95	0.37	20.73	1.23	16.54	0.14	3.29	—
1999	68.71	6.64	1.54	0.41	22.08	1.41	19.73	0.51	3.19	—
2000	108.26		5.58		27.93		25.83		6.35	
2001	92.21		55.42		31.45		36.00		6.13	
2002	227.51		66.40		55.10		39.73		10.39	
2003	240.67		26.74		25.66		76.42		60.96	
2004	291.00		12.40		39.60		96.00		161.00	
2005	441.00		50.00		47.20		100.00		67.00	
2006	543.00		79.20		81.20		125.00		152.00	
2007	600.00		200.00		83.20		155.00		108.00	
2008	1135.00		233.20		137.20		134.00		79.00	
2009	1627.63		212.39		177.66		181.86		82.73	
2010	2937.75		232.67		140.35		262.24		109.77	
2011	1015.53		377.44		83.84		184.32		102.46	
2012	4034.57		2138.83		751.52		574.53		143.04	

1985~2012年新城镇（含原龙河乡）工商税收统计表

表14-4　　单位：万元

年份＼项目	印花税		城镇土地使用税		车船使用税		固定资产投资方向调节税		资源税	
	新城	龙河	新城	龙河	新城	龙河	新城	龙河	新城	龙河
1985	—	—	—	—	—	—	—	—	—	—
1986	—	—	—	—	0.04	0.07	—	—	—	—
1987	—	—	—	—	1.46	0.32	—	—	—	—
1988	1.05	0.11	—	—	1.59	0.48	—	—	—	—
1989	0.95	0.21	—	—	0.71	0.48	—	—	—	—
1990	0.90	0.55	—	—	1.73	0.32	—	—	—	—

续表 14-4

年份＼项目	印花税		城镇土地使用税		车船使用税		固定资产投资方向调节税		资源税	
	新城	龙河	新城	龙河	新城	龙河	新城	龙河	新城	龙河
1991	0.67	0.20	—	—	1.34	—	—	—	—	—
1992	0.51	0.05	—	—	1.86	0.08	—	—	—	4.36
1993	1.31	0.08	—	—	1.07	0.05	—	—	—	40.15
1994	1.18	0.08	—	—	0.60	0.19	—	—	—	10.45
1995	1.83	0.11	1.12	—	2.10	0.04	—	—	—	11.40
1996	1.20	0.20	1.90	—	9.69	—	0.08	—	—	—
1997	1.51	0.06	0.71	—	3.34	0.23	—	—	0.36	—
1998	0.34	0.09	0.34	—	1.67	—	—	—	0.01	—
1999	0.75	—	0.94	—	1.32	0.40	—	—	—	—
2000	2.28		1.78		1.23		—		—	
2001	3.57		2.20		1.88		—		—	
2002	7.35		1.87		2.28		—		—	
2003	10.14		8.71		2.10		—		—	
2004	20.00		25.00		—		—		—	
2005	31.00		27.00		—		—		—	
2006	40.00		37.00		—		—		—	
2007	67.00		120.00		—		—		—	
2008	27.00		29.00		4.00		—		—	
2009	34.36		285.45		—		—		—	
2010	72.65		270.94		—		—		—	
2011	68.47		183.74		—		—		9.01	
2012	84.02		229.74		0.73		—		—	

1985~2012 年新城镇（含原龙河乡）工商税收统计表

表 14-5　　　　单位：万元

年份＼项目	增值税（国税）		屠宰税		集体企业所得税		工商统一税		城乡个体工商所得税	
	新城	龙河	新城	龙河	新城	龙河	新城	龙河	新城	龙河
1985	3.90	3.86	—	0.55	—	—	—	—		2.35
1986	4.00	3.31	0.88	0.28	27.75	6.18	—	—	—	—
1987	4.53	1.54	1.00	0.13	17.22	8.26	—	—	—	—
1988	29.69	2.45	1.01	0.76	17.45	2.11	—	—	—	—
1989	35.22	2.93	1.16	0.71	14.13	1.36	—	—	—	—
1990	27.85	1.36	1.23	0.62	9.99	0.13	—	—	0.02	—
1991	27.12	2.96	1.45	0.54	10.81	0.21	—	—	0.53	—
1992	27.00	0.01	0.51	—	12.54	0.20	—	—	21.00	—

续表 14-5

项目 年份	增值税（国税）		屠宰税		集体企业所得税		工商统一税		城乡个体工商所得税	
	新城	龙河	新城	龙河	新城	龙河	新城	龙河	新城	龙河
1993	135.36	0.56	0.06	—	9.60	0.20	0.60	—	1.64	0.06
1994	60.48	1.12	1.75	—	—	—	—	—	—	—
1995	57.96	1.53	1.94	—	—	—	—	—	—	—
1996	66.50	2.96	4.99	0.54	—	0.21	—	—	—	—
1997	84.35	78.70	3.62	2.30	—	—	—	—	—	—
1998	92.78	72.33	2.70	2.51	—	—	—	—	—	—
1999	81.35	8.00	0.73	0.90	—	—	—	—	—	—
2000	157.53		5.60		—		—		—	
2001	165.00		1.64		—		—		—	
2002	743.00		—		—		—		—	
2003	244.75		—		—		—		—	
2004	326.00		—		—		—		—	
2005	293.25		—		—		—		—	
2006	336.75		—		—		—		—	
2007	446.00		—		—		—		—	
2008	583.50		—		—		—		—	
2009	427.68		—		—		—		—	
2010	294.95		—		—		—		—	
2011	476.19		—		—		—		—	
2012	187.92		—		—		—		—	

1985~2012年新城镇（含原龙河乡）工商税收统计表

表 14-6 单位：万元

项目 年份	土地增值税		牲畜交易税		补缴罚款收入	
	新城	龙河	新城	龙河	新城	龙河
1985	—	—	—	0.07	—	0.06
1986	—	—	—	0.02	—	0.01
1987	—	—	—	0.01	—	0.02
1988	—	—	—	—	—	0.16
1989	—	—	—	—	—	0.01
1990	—	—	—	—	—	—
1991	—	—	—	—	—	—
1992	—	—	—	—	—	—
1993	—	—	—	—	—	—
1994	—	—	—	—	—	—
1995	—	—	—	—	—	—

续表 14-6

年份＼项目	土地增值税		牲畜交易税		补缴罚款收入	
	新城	龙河	新城	龙河	新城	龙河
1996	—	—	—	—	—	—
1997	—	—	—	—	—	—
1998	—	—	—	—	—	—
1999	—	—	—	—	—	—
2000	—					
2001	—					
2002	0.40					
2003	—					
2004	—					
2005	—					
2006	21.00					
2007	—					
2008	—					
2009	112.65					
2010	222.66					
2011	56.24					
2012	181.44					

三、基金（费）征收

主要项目原来有农业发展基金、副食品发展基金、教育事业费附加和地方教育费附加。1994年后，主要征收防洪保安基金、农业重点开发基金、人民教育基金和社会保险费等。

农业发展基金 1989年3月开征。乡、村企业和使用农民工的企业按用工人数每人每月征10元；户办、联办企业和个体工商户每年按20~30元标准征收；个体车船运输户，每辆拖拉机每年征收60元，每辆汽车每年征收150元；砖瓦窑每座每年征收100元。企业代扣的农业发展基金上缴给税务部门，税务部门按代扣数50%征收，其余留给企业扩大生产。当年，新城征收12万元，龙河征收6.1万元。至1993年，累计征收81.5万元，其中龙河征收29.8万元。1994年停征。

副食品发展基金 1989年1月开征。征收对象为从事工商业及各种行业的企业。商业批发企业按批发差价收入额5‰征收；零售企业按零售额3‰征收；产品销售单位（包括工业加工）按产品销售收入5‰征收；交通运输、建筑安装企业按营业额3‰征收；保险公司按保费3‰征收，文化娱乐、邮政、电信按营业额10‰征收，供电部门按营业收入5‰征收。当年，新城征收1.8万元，龙河征收0.7万元。至1993年共征收13.1万元，其中龙河征收4.2万元。1994年停征。

教育事业费附加和地方教育费附加　1984年，开征农村教育事业费附加。凡缴纳产品税、增值税、营业税的单位和个体户都在征收之列。工业和商业按销售额和营业额3‰征收，商业批发业按2‰征收。1986年7月，开征地方教育费附加，按教育事业费附加的1%缴纳。1988年，两乡征收两项教育费附加21.2万元。1990年8月，地方教育附加费征收标准提高到2%。1995年，征收两项教育费附加91.86万元。1996年，征收105.66万元。2012年，征收1029.1万元。

防洪保安基金　1995年开征。征收标准分企业和个人，工业、交通等生产企业以及商品流通企业中的零售企业均按销售（营业）收入1‰征收；批发企业按销售额0.5‰征收；个人按城乡有固定工资收入的在职职工人数计征，每人每年缴纳10元。当年，新城征收4.01万元，龙河征收2.35万元。以后，两乡每年征收10万元左右。2007年停征。

农业重点开发建设基金　1995年开征。按城镇土地使用税额10%征收，在征收城镇土地使用税时一并收取。1999年停征。

江堤达标建设专项资金　1998年，根据市政府《仪征市江港堤防达标建设专项资金筹集使用管理暂行办法》开征。筹集对象包括镇内机关事业单位、企业单位在职干部职工和离退休人员、个体工商户和农村劳动力，征收标准每人（户）每年200元、100元、80元、60元、40元不等。当年两镇乡征收70万元，上缴市财政。2003年停征。

社会保险基金　包括基本养老保险、基本医疗保险、失业保险、工伤保险、生育保险5个险种，缴费对象及每月缴纳的社会保险费数额，由镇社会保险经办机构核定，新城地税所依据核定数额代办征收。2007年，征收302.46万元。2012年，征收13279.55万元。

四、税务管理

税务登记　1950年，政务院颁布《全国税收实施要则》后，新城、龙河两地开始税务登记，当年登记的工商纳税户共计137户。1956年对私改造完成后，新登记一批公私合营、合作企业纳税户。税务登记成为税务部门实施税务管理的一项基本制度，并不断完善。1982年8月，根据省财政厅通知要求，对有经营收入、收益的依法应纳税的单位和个体户进行税务登记，领取“工商企业税务登记证”或“个体经营税务登记证”。当年末，有64家集体企业申领、补领“工商企业税务登记证”，其中新城38家、龙河26家。有243家个体工商户领取“个体经营税务登记证”，其中新城138户、龙河105户。2012年，全镇有645家集体、民营企业和207户个体经营户持有税务登记证。

征收办法　解放初期，采用民主评议与查定相结合的办法征收。1956年后，随着集体和合作经营的工商企业增加，改为查账与定期定额相结合的办法征收。1958年，一度实行自报、自审、自交的“三自”办法征收。以后恢复原来的征收方式，并增加委托生产大队代征，批发环节代扣代缴等办法。至2012年，工商税征收方法主要有查账征收、查定征收、查验征收和定期定额征收及代征、代扣、代缴等方法。

发票管理　1954年开始，执行仪征县《工商统一发票暂行管理办法》，规定工商企业、商店、摊贩等一律使用发票。1965年，增加加工、修理等劳务收益发票，禁止使用白条代办。1976年起，开展2次商事凭证检查，使发票管理走上正轨。1982年，新城税务所稽查新城某大队税收时发现1979~1981年间，帮助南京栖霞油库处理污油不开发票售卖165吨，依据规定补征税款7000多元。至2012年，全镇工商企业遵守发票管理制度，未发生一例违规现象。

第三节 金 融

一、机 构

江苏仪征农村商业银行新城支行、城东支行 其前身是新城信用合作社。1953年，新城古都乡试办信用互助组，募集200股，股金100元（折合现币）。1954年，先后成立三将、郁桥、砖桥、金桥、大楼、越江等乡信用合作社（以下简称信用社），吸收农民入股，享受信用社低息贷款，解决生产生活困难，打击农村高利贷坑农行为。1956年，撤并小乡后，小乡信用社合并成立新城乡信用社。1958年成立人民公社后，信用社改为公社信用部，各生产大队设信用分部。1962年，撤销公社信用部、大队信用分部，恢复新城信用社。此后，信用社职能和业务不断扩大，除办理集体、个人存贷款业务外，还承担国家银行委托管理现金业务。1982年，信用社归属县农业银行领导，与农行新城营业所实行统一领导、联合经营、利润分成的联营体制，但所有制与人员性质不变。1996年，与农行新城营业所脱钩，成立新城信用社，业务上受市信用联社管理。1999年9月，成立城东信用分社。2005年，成立仪征农村合作银行新城支行，位于新农街。在三将村石桥组设立城东支行。2011年，分别更名为江苏仪征商业银行新城支行、城东支行，各有工作人员13人和7人。

图14-3 农商行新城支行 （摄于2012年）

江苏仪征农村商业银行龙河支行 前身是龙河信用合作社。1954年，龙河乡试办信用互助组，120户投股，股金120元。1954年，龙河乡、三茅乡、凌桥乡等试办信用合作社，1600多人入股，吸取股金2093元，入股农民可享受信用社低息贷款。1956年，撤并小乡信用社，成立龙河信用社。1958年，龙河信用社改为公社信用部，各生产大队成立信用分部。1962年，成立龙河公社信用社。1982年，龙河信用社与农行龙河营业所合署办公，联合经营。1996年1月，信用社与农行营业所分开经营，受市信用联社管理。2005年，更名为仪征农村合作银行龙河支行。2011年，又更名为江苏仪征农村商业银行龙河支行。2012年，有工作人员9人。

中国农业银行股份有限公司仪征市支行新城分理处　1956年，中国农业银行仪征县支行新城营业所（以下简称农行新城营业所）成立。1982年，与新城信用社合署办公。1996年分营，各立账册，主要办理农村信贷、储蓄、结算以及管理支农资金等业务。1995年5月，开设新城街西储蓄所，工作人员5人。1996年，更名为市农业银行新城分理处，实行独立核算。2007年，增设24小时自助银行柜员机1台，2012年增至3台，每个行政村开通“惠农通”工程，有工作人员8人。

图14-4　农业银行新城支行
（摄于2010年）

中国工商银行股份有限公司仪征新城支行　1994年7月成立，原名为中国工商银行仪征新城分理处，2007年12月改制后成为股份制商业银行，2011年11月升级为二级银行，更名为现名。2012年，有工作人员8人。

图14-5　工商行新城支行营业大厅
（摄于2011年）

中国邮政储蓄银行股份有限公司仪征市新城支行、龙河支行　分别位于新城镇新农西街和龙河街道。1986年起，新城、龙河邮电支局开办邮政储蓄业务，办理零存整取、整存整取、定活两便、汇兑转储、储蓄转汇兑业务。1998年，邮电分营后分别成立新城邮政支局和龙河邮政所，均开办邮政储蓄业务。1999年，分别成立新城、龙河邮政支局邮政储蓄所。2010年2月，相继更名为现名。2012年，分别有工作人员7人和5人。

江苏仪征包商村镇银行新城支行　2012年12月成立，位于新城街道新农街，有工作人员8人。

附：　新城镇（含原龙河乡）农村合作基金会

1993年10月，新城镇农村合作基金会成立。有会长、会计各1人，镇政府出资50万元作为流动资金，并以高于银行利率向社会吸收存款。1995年融资规模1400万元。1996年起，由于经营不善，坏账呆账增加，后虽经清理整顿，仍无明显效果。2000年年初停业整顿。

1995年5月，龙河乡农村合作基金会成立，准备金50万元。1998年融资规模500万元。

此后，坏账呆账增加，资金周转困难。1999年5月停业整顿，清偿债务。

二、银行业务

存 款 解放后至60年代，政府机关、教育、医疗卫生、粮站、供销社、社办企业等单位在信用社存款较多，个人储蓄很少。70年代，个人储户增加，以活期为主，定期很少，数额较小。中共十一届三中全会以后，个人储蓄户逐年增加，储蓄数额逐年上升。1980年末，新城、龙河两乡存款余额256万元，其中居民存款203万元。1985年两乡存款余额537万元，其中居民存款409万元。1990年，两乡存款余额1261万元，其中居民存款938万元。1995年，两镇乡存款余额4691万元，其中新城工商银行788万元，新城农业银行980万元，新城、龙河邮政储蓄所254万元，新城信用社1561万元，龙河信用社1108万元。2000年年底（不含原十二圩镇），存款余额9179万元，其中新城工商银行1520万元，农业银行新城分理处1984万元，新城、龙河信用社5146万元，新城、龙河邮政储蓄所529万元。

2012年，全镇银行存款余额11.49亿元，其中工商行新城支行1.33亿元，农行新城分理处1.76亿元，农商行新城支行3.49亿元、龙河支行2.2亿元、城东支行1.18亿元，邮政储蓄银行新城支行7012万元、龙河支行7230万元、包商村镇银行新城支行1120万元。

2006~2012年新城各银行存款余额统计表

表14-7 单位：万元

项目 数量 年份	农商行新城支行	农商行城东支行	农商行龙河支行	农行新城分理处	工商行新城支行	邮储行新城支行	邮储行龙河支行	包商行新城支行
2006	8995	1430	3977	5487	7607	2305	1500	—
2007	12090	2035	5030	6985	7257	3800	2400	—
2008	15860	2796	6100	8859	7347	4400	3100	—
2009	19150	5098	10500	11973	9093	5000	4500	—
2010	23420	6610	14000	14343	9470	5060	5050	—
2011	28598	8120	18000	16330	11600	6219	6115	—
2012	34933	11780	22000	17600	13283	7012	7230	1120

贷 款 解放后至60年代末，信用社和农行营业所发放的贷款均以农业信贷为主。1954年，新城区冷红乡罗庄村张德武等7户农民成立初级社，缺少耕牛，在区政府帮助下申请农业贷款购买耕牛。1958年，人民公社成立后，部分农村生产大队、生产小队兴办电灌站，购买农机具等可获得农业贷款。1981年年末，新城乡农业贷款65万元，龙河乡45万元。1985年年末，新城农业贷款余额280万元，龙河185万元。1990年，新城贷款余额650万元，其中农业贷款500万元、其他贷款150万元。龙河乡贷款余额490万元，其中农业贷款370万元，其他120万元。2000年年末，贷款余额8493万元。2012年年末，全镇贷款余额7亿元，其中新城工商行2140万元，新城农商行1.59亿元、龙河农商行5108万元、城东支行1.34亿元，农行新城分理处3.29亿元，包商村镇行新城支行640万元。

三、金融管理

现金管理　60年代初，新城、龙河金融机构根据国家相关规定开始实施现金管理，核定公社机关、学校、卫生院、粮站、供销社及企业单位库存现金限额。从1977年开始，对新城、龙河公社的生产大队、生产队和社队办企业、商业服务企业实行现金限额制度。单位财务收入现金超过库存限额的存入银行，支付现金按计划实行，工资基金经有关单位批准，银行方可支付。同时规定现金使用范围，除单位与城乡居民个人往来可支付现金外，单位采购资金主要通过转账，不得携带现金外出采购物资。1989年，农业银行新城分理处成为新城乡财政国库，为集中支付、预算外资金管理发挥调节、监督作用。90年代后，根据储蓄条例规定，个人存款取现5万元以上要预约，单位支付大额现金要事先编制计划。对凡用支票提取现金的开户单位，开办支票加密、防伪识别服务，保障资金安全。针对外出、经商、打工、旅游携带现金不安全等问题，发放信用借记卡，可异地取现、刷卡购物。2000年开通网上银行。至2012年，现金管理安全有序，健康运作。

结算管理　从1973年起，农行新城营业所、信用社为工商企业和村办厂购买物资开具限额结算凭证，由供货方到银行划拨。1986年起对市内结算、异地结算都由银行出具支票、付款委托方托收承付等方式进行，避免资金脱离监管，规避风险。2000年后开展当日网银结算、信箱保管凭证、企业自取的服务，对于农民粮食补贴、低保金领取、民政救助资金等直接发放至农户金穗惠农卡折。至2012年，基本实行网上结算，非现金结算。

第四节　保　险

一、机　构

80年代，县保险公司委托新城、龙河信用社代办农村企业财产保险和家庭财产保险业务。1990年4月，新城保险所成立，所长兼业务员1人，办公地点设在乡政府内，开展保险知识宣传和相关业务。1996年，开办保险代理业务。2001年4月，中国人寿保险股份有限公司仪征支公司新城营销服务部成立，位于新农路27号3楼，有经理1人，持证业务员20人。2012年有工作人员24人，其中业务经理5人。

二、保险业务

财产和人身保险　50年代初，新城、龙河农村耕牛都参加财产保险。1982年，信用社承接保险业务，主要有居民财产险和企业财产险。1983年，新城供销社等5家企业办理企业财产保险，除房屋保险外，还参加机动车（船）保险。参加家庭财产保险有38户。1985年后，汽车、摩托车保险数量增加到25辆，家庭财产保险的有121户。1990年4月，新城保险所成立后，开始承办学生平安保险、个人养老金险和意外伤害险。当年，新城建筑公司为120名职工

图14-6　保险工作人员上门理赔（摄于2011年）

办理养老金险和意外伤害险，幼儿园、中小学生也参保意外伤害险。2000年，增加重大疾病保险。2001年后，学生平安保险改由学校代办为学生自愿购买。随着职工养老金和新型农村养老保险的全覆盖，参加商业养老保险的呈下降趋势。2001年，新参保人数仅155人。2002年，新增农民家庭财产特约遗窃保险，以村为单位每户缴纳保险费4元。当年，参保村民小组276个。2012年，镇内参保农民家庭特约财保的村民小组372个，商业养老金保险参保人数1398人。

农业保险　2007年，扬州保险公司在新城承办农业保险，由镇农经站代农户办理。水稻每亩保险金额600元，保险费率5%，市财政补贴21元、农民自缴9元；能繁母猪每头保险金额1000元，保险费率6%，市财政补贴48元、农民自缴12元。2010年，郁桥村郑久山饲养的能繁母猪病死获赔偿1000元。2011年，全镇有2000公顷水稻、196头能繁母猪参加保险。2012年，全镇有1866.67公顷水稻、1400公顷小麦、275公顷油菜和344头能繁母猪参加保险。当年，农业保险扩展到高效农业设施，其中蔬菜钢架大棚面积47.4公顷、塑料薄膜面积36公顷、畜禽2450头（只），计缴保费34.82万元。

保费收入与理赔　80年代，年保费收入5万元以内。90年代，年保费收入40万元，主要是建筑部门的职工养老金和意外伤害险、学生平安险和集体财产、机动车险收入。2001年，保费收入60万元。2012年，保费收入1289万元。

保险理赔做到及时到位。1991年7~8月间，连续大到暴雨，新城地区农田被淹，供销社等部分企业受损严重，获理赔28万元。砖瓦厂砖坯受损获理赔11万元。每年因学生在校内外受到意外伤害，学生平安保险赔付约在1000~2000元。2004年，共赔付2.06万元。2006年，新城中学一学生因肺部疾病入省人民医院医治，获赔付3万元。2010年，赔付16.4万元，其中成人重大疾病险投保者朱某患乳腺癌获赔3万元，意外伤害险投保者张某某、郇某某、周某某因车祸或工伤死亡都获得5万元以上不等的赔偿。2011年，有21公顷水稻因风灾倒伏减产，后获保险赔偿。2012年，赔付20.2万元。

第十五章　经济综合管理

民国时期，新城、龙河地区，农村经济粗放，无序发展，加之受战争和自然灾害影响，农业生产经常陷入困境，物价飞涨，民不聊生。

解放后，人民政府直接管理物价。随着经济和社会不断发展，新城、龙河乡经济综合管理职能逐步建立健全起来，相应建立起一套经济考核指标。1956年，新城乡、龙河乡配备农业会计辅导员，指导农村集体财务和资产管理。1958年，人民公社实行指令性计划经济，市场管理以维护统购统销政策打击投机倒把为主。60年代初期，在遭受三年自然灾害后，农村计划经济进一步加强，市场管理统得太死，管得太严，遏制农村经济发展。"文化大革命"期间出现一放就乱、一管就死的现象，给农村经济发展和市场流通造成影响。1976年，新城公社和龙河公社先后成立市场管理小组。1978年以后，工商管理、物价管理等经济综合管理机构得到加强，围绕服从和服务于农村经济发展中心扶持和培育市场经济。1979年以后，新城、龙河相继成立工商行政管理所。1981年，先后成立农村经营管理办公室。1983年，农村推行家庭联产承包责任制后，农村经营管理逐步转向指导和服务发展商品经济。90年代，新城镇和龙河乡相继成立统计办公室、审计领导小组。2000年后，增设质量技术监督协管员、安全生产监督管理站和食品药品监督管理办公室。2012年，全镇有经济综合管理机构8个，即农经站、工商管理所、统计办、审计办、物价管理站、质监办、安监站和食药监督办，计有工作人员35人。

第一节　农村经营管理

一、管理机构

1956年，新城、龙河两地高级农业生产合作社成立后，均配备总账和实物会计，负责社内财务及收益分配核算管理。1958年，人民公社成立后，公社设立1名会计辅导员，负责各生产大队财务管理、指导集体资产收益分配，并由大队延伸到各生产队。该管理制度一直延续至今。1981年，新城、龙河公社先后成立农村经营管理办公室（简称经管办），为公社经济管理职能机构，公社财务辅导员任办公室主任，设专职会计、统计员2人。经管办主要任务是负责对公社、大队、生产队三级农业、副业、工业经济组织开展财务管理及资产管理，做好各生产大队、生产队经济和粮食收益分配工作。1985年，经管办改称农村经营管理服务站（简称农经站），主要职能是贯彻执行党和国家农村经济政策法规，维护合作经济组织合法效益，减

图 15–1　新城镇社会管理服务中心（摄于2012年）

轻农民经济负担，管好用活农村合作经济组织资产和生产要素，参与农村社会化服务。2000年，龙河、十二圩农经站并入新城镇农经站，有工作人员10人。2005年，原十二圩农经站划归十二圩办事处。2002年，农经站与工业公司、劳动保障所合并成立新城镇农村经济发展中心（简称农发中心），具有管理农村经济职能。2012年，农发中心农经站有工作人员6人，办公地址在镇政府大院内，站长俞少华。

二、主要经济指标

粮食总产量　解放后，各级政府大力恢复农业生产，粮食产量逐年提高。1949~1953年，新城、龙河粮食年均单产在130~168千克之间。1954~1957年成立农业生产合作社、高级社后，粮食年均亩（单）产提高至175~190千克之间，年均递增4%。1958年人民公社成立后，粮食总产量列为公社、生产大队、生产队的考核指标。因受自然灾害影响，1959~1962年间粮食年亩产徘徊在149~167.5千克之间。1960年，两公社粮食总产1.65万吨。1963年贯彻中共中央《关于进一步巩固人民公社集体经济、发展生产的决定》，广大社员的生产积极性高涨，粮食产量开始有较大提高。1965年，新城公社粮食年均亩产389.5千克，总产量达1.6万吨，龙河公社总产1.34万吨。1966年后，排除“左”的错误干扰，以粮食年亩产超纲要〔纲要亩产为400千克（折合800斤）、超纲要为500千克（折合1000斤）〕“双超”指标作为粮食生产的最高目标。新城重点进行旱田改水田、土壤改良，同时兴修水利，平圩造地，搞农田方整化。经几年苦干，新城、龙河公社粮食总产量和亩（单）产都有不同程度的提高。1968年，新城公社粮食总产1.76万吨，亩产425.5千克。龙河公社粮食总产量1.59万吨，亩产405千克。1970年，新城公社278个生产队中，首次实现粮食亩产超纲要的生产队22个、占7.91%，龙河公社有3个大队粮食亩产过纲要，占16.66%；有128个生产队粮食亩产过纲要、占36%，其中15个生产队粮食亩产超千斤、占11.22%。70年代，新城公社在提高粮食产量上下功夫，推广种植双季稻，增加肥料投入，改良土壤，到1977年，新城公社粮食亩产实现“双超”的大队10个，生产队163个，分别占全公社大队总数的71.43%，生产队总数的65.46%。龙河公社实现粮食“双超”的大队有8个、占40%，生产队有144个、占42.48%。1978年开始，引种高产品种杂交稻，粮食产量大幅度提高。1979年，新城公社粮食总产量2.08万吨，比1975年增长39.6%，龙河公社总产2.15万吨，比1975年增长31.1%。

1983年秋，新城、龙河乡实行家庭联产承包责任制，农民生产积极性进一步提高。当年，新城粮食总产量达2.17万吨。龙河乡因划出6个大队（村）给张集乡，耕地面积减少8040亩，粮食总产量减少至1.35万吨。两乡总产量3.52万吨。90年代，农村产业结构调整，国家建设用地、农村住宅用地增加，粮食播种面积有所减少，但亩产增加，粮食总产部分年份有增有减。1990年，新城粮食总产量2.23万吨，龙河1.36万吨，共计3.59万吨，比1983年增长1.99%。1995年，新城镇粮食总产量减少至1.94万吨，龙河乡1.1万吨，两镇乡合计3.04万吨。1999年，新城镇、龙河乡粮食总产量增至3.37万吨，比1995年增长10.86%。2006年，因耕种面积减少，粮食总产量减少至2.58万吨。2012年，全镇粮食总产量2.49万吨，亩产470千克。与2006年相比，总产下降3.49%，亩产持平。

1960~2012年新城镇（含原龙河乡）粮食总产量统计表

表15-1　　　　单位：万吨

项目/数量/年份	合计	新城	龙河	项目/数量/年份	合计	新城	龙河	项目/数量/年份	合计	新城	龙河
1960	1.65	0.93	0.72	1978	3.94	1.96	1.98	1996	3.27	2.01	1.26
1961	1.77	0.98	0.76	1979	4.23	2.08	2.15	1997	3.10	1.92	1.18
1962	1.83	1.04	0.79	1980	3.67	1.79	1.88	1998	3.14	1.82	1.32
1963	2.15	1.11	1.04	1981	3.62	1.74	1.88	1999	3.37	2.02	1.35
1964	2.56	1.54	1.02	1982	4.02	1.79	2.23	2000	3.48		
1965	2.94	1.60	1.34	1983	3.52	2.17	1.35	2001	3.02		
1966	2.92	1.56	1.36	1984	3.60	2.25	1.35	2002	3.09		
1967	3.18	1.66	1.52	1985	3.51	2.19	1.32	2003	2.40		
1968	3.35	1.76	1.59	1986	3.71	2.34	1.37	2004	3.11		
1969	3.11	1.54	1.57	1987	3.70	2.32	1.38	2005	3.41		
1970	2.53	1.06	1.47	1988	3.75	2.37	1.38	2006	2.58		
1971	3.21	1.45	1.76	1989	3.74	2.33	1.41	2007	2.64		
1972	2.96	1.34	1.62	1990	3.59	2.23	1.36	2008	2.91		
1973	3.33	1.51	1.82	1991	2.99	1.83	1.16	2009	2.95		
1974	3.26	1.54	1.72	1992	3.31	2.05	1.26	2010	2.75		
1975	3.13	1.49	1.64	1993	3.13	1.89	1.24	2011	2.56		
1976	3.38	1.62	1.76	1994	2.92	1.80	1.12	2012	2.49		
1977	2.86	1.33	1.53	1995	3.04	1.94	1.10				

农村经济总收入　1956年，新城、龙河乡开始上报年度农业、工业产值以及经营收益指标完成情况，并要求各农业生产合作社增加集体收益和积累，提高社员分配水平。1958年，人民公社成立后，新城、龙河公社始有非农业收入（1956~1969年农业、非农业收入资料缺失）。1970年，新城公社经济总收入298.95万元，其中，种植业收入238.75万元、林业收入1.56万元、牧业收入4.25万元、副业收入48.44万元、渔业收入5.95万元，分别占79.87%、0.52%、1.42%、16.20%和1.99%。1972年，新城和龙河两公社农村经济总收入829.61万元。1974年，

新城建筑业等非农业收入7.09万元。1975年，龙河非农业收入7.56万元。1978~1982年，非农业收入龙河259.57万元，新城为193.85万元。1983年，实行联产承包责任制后，新城乡农村经济总收入增至1248.38万元，比1982年增长72.1%，其中非农业收入68.57万元，占总收入的5.49%。龙河乡经济总收入为518.92万元，比1982年增长50.25%，其中非农业收入35.05万元，占总收入的6.75%。1984年起，新城、龙河乡农村经济总收入呈快速增长态势。1990年，两乡农村经济总收入1.24亿元，其中非农业收入占63.28%。进入90年代，新城镇、龙河乡工商建运服等非农业收入持续增长。1999年，两镇（乡）全年经济总收入5.9亿元，比1990年增长3.76倍，其中非农业经济收入占83.22%，比1990年提高19.94个百分点。2000年后，进一步深化改革、招商引资、建立工业集中区和现代农业产业园，农村经济保持高速增长态势。2012年，全镇经济总收入134.14亿元，比1999年增长21.74倍，其中非农业收入占98.11%，比1999年提高14.89个百分点。

农民年人均纯收入 解放以后，新城、龙河两地农村经济逐步恢复发展，农民生活水平有所提高。1959~1962年遭受自然灾害，粮食减产，年人均口粮（原粮）仅152千克至172.5千克，现金23~37元，生活仍较困难。1964年，农业开始恢复发展，人均口粮分配超过200千克，现金达到50元。1970年，新城公社农民人均纯收入101元，龙河公社87元。1978年以后，农村改革与发展步伐加快，农民年人均纯收入有较大幅度提高。1982年，新城公社农民人均纯收入259元，比1978年增长34.9%，龙河公社农民人均纯收入216元，比1978年增长42.11%。1983年，实行家庭联产承包责任制后，农民收入猛增。当年，新城乡农民人均纯收入384.24元，比1982年增长48.36%，龙河乡247.53元，比1982年增长14.6%。此后，两乡农民年人均纯收入以每年15%~20%的增幅逐年提高，至1999年，新城镇农民人均纯收入3200元，龙河乡2185元。2000年后，国家增加对农业的投入，农民实惠增加，2004年，给予每公顷水稻375元的补助，到2012年，每公顷补贴达1875元。2005年取消农业税，严格控制农民负担。2012年，全镇农民人均纯收入15660元，比1999年增长3.89倍。

1970~1999年新城镇（含原龙河乡）农村经济收益分配情况表

表15-2

项目 数量 年份	农村经济总收入（万元）		其中					
			种植业		林业		牧业	
	新城	龙河	新城	龙河	新城	龙河	新城	龙河
1970	298.95	—	238.75	—	1.56	—	4.25	—
1971	423.26	—	327.00	—	2.48	—	6.76	—
1972	417.83	411.78	295.36	366.41	3.17	4.24	8.66	6.69
1973	438.22	—	340.35	—	2.53	—	6.92	—
1974	457.06	—	350.96	—	1.95	—	5.13	—
1975	458.99	434.96	333.24	386.96	3.05	3.78	8.34	5.96
1976	512.31	479.21	360.24	422.66	1.56	3.79	7.33	4.43

续表 15-2

项目/数量/年份	农村经济总收入（万元）		其中					
			种植业		林业		牧业	
	新城	龙河	新城	龙河	新城	龙河	新城	龙河
1977	424.56	413.85	285.14	351.76	3.71	3.18	7.11	6.20
1978	622.70	585.18	439.78	457.82	1.15	3.38	7.36	4.73
1979	736.14	674.27	539.20	558.32	1.33	2.28	8.00	6.92
1980	720.11	647.91	457.53	495.26	4.95	7.33	20.76	8.36
1981	726.50	674.81	455.90	513.43	3.62	6.98	18.67	6.03
1982	725.40	345.38	491.63	624.65	4.43	2.98	20.65	7.38
1983	1248.38	518.92	681.29	421.74	5.88	5.08	69.33	25.74
1984	1699.53	797.34	757.83	444.00	14.57	3.47	266.26	87.38
1985	2416.42	1261.67	894.81	547.68	13.67	10.26	439.28	312.32
1986	2946.96	1520.56	1139.67	689.05	20.02	7.67	471.08	294.05
1987	5115.82	2103.85	1052.85	666.63	16.25	16.58	452.67	251.93
1988	8937.13	3550.30	1412.87	775.96	12.06	28.13	1045.39	622.87
1989	8960.97	4337.35	1608.35	1222.93	9.07	43.68	1085.34	662.77
1990	8022.56	4383.19	1520.70	943.74	9.39	37.30	969.86	669.24
1991	8650.11	3163.63	1251.00	875.00	16.00	37.00	871.00	645.00
1992	15654.11	3729.07	1397.65	844.37	13.22	35.90	1001.36	495.50
1993	22545.91	4893.39	1902.38	1048.82	31.31	30.05	1004.32	591.78
1994	31900.81	7008.39	2961.01	1678.76	9.87	104.22	1983.25	918.74
1995	33899.00	78392.00	3321.00	1947.40	13.00	77.40	1726.00	906.70
1996	38156.18	7957.97	3510.44	2164.17	12.49	43.39	2090.67	899.23
1997	44731.80	4299.48	3497.52	1888.47	23.32	68.23	2449.94	1057.22
1998	46688.00	8863.00	3460.00	1979.00	48.00	70.00	2482.00	1050.00
1999	49952.61	9035.00	3360.03	1756.73	48.68	35.47	2580.34	923.08

1970~2012年新城镇（含原龙河乡）农村经济收益分配情况表

表 15-3

项目/数量/年份	其中						农民年人均纯收入（元）	
	副业		渔业		工商建运服等			
	新城	龙河	新城	龙河	新城	龙河	新城	龙河
1970	48.44	—	5.95	—	—	—	101.00	87.00
1971	76.98	—	9.42	—	—	—	134.00	102.00
1972	98.56	33.99	12.06	0.45	—	—	135.00	116.00
1973	78.76	—	9.66	—	—	—	142.00	116.00

续表 15-3

年份＼项目数量	其中						农民年人均纯收入（元）	
	副业		渔业		工商建运服等			
	新城	龙河	新城	龙河	新城	龙河	新城	龙河
1974	78.06	—	13.87	—	7.09	—	146.10	121.00
1975	94.97	30.30	11.65	0.40	7.74	7.56	144.00	117.00
1976	119.93	39.25	9.50	0.61	13.75	8.47	160.00	127.00
1977	101.59	39.10	18.17	1.96	8.84	11.65	132.00	109.00
1978	114.40	61.69	23.41	1.93	36.55	56.63	192.00	152.00
1979	128.26	72.38	31.82	7.19	27.53	27.18	239.00	176.00
1980	178.79	74.05	40.65	15.46	17.43	42.09	248.52	182.92
1981	160.41	65.13	23.72	6.37	64.18	76.87	256.59	195.03
1982	142.77	51.74	17.41	2.63	48.16	56.80	259.00	216.00
1983	399.43	29.46	23.88	1.85	68.57	35.05	384.24	247.53
1984	264.07	83.74	66.07	15.09	330.73	163.66	371.29	273.09
1985	32.90	25.01	132.45	49.40	903.31	317.00	477.55	388.80
1986	64.12	0.41	112.06	58.28	1140.01	471.10	609.03	458.86
1987	168.45	264.38	89.65	11.49	3336.00	892.86	681.23	544.05
1988	132.60	51.34	100.59	41.25	6233.62	2030.75	772.00	667.00
1989	87.04	13.60	76.21	27.70	6094.96	2566.67	791.00	733.35
1990	95.70	193.39	89.92	28.92	5335.99	2510.60	763.00	733.93
1991	64.00	163.00	116.00	21.00	6348.56	1632.94	729.30	612.30
1992	68.09	293.89	79.04	31.98	13094.75	2027.43	854.00	648.00
1993	—	—	138.54	38.33	19469.36	3184.11	998.00	775.00
1994	—	—	184.67	44.53	26762.01	4262.04	1333.00	1167.00
1995	—	—	284.00	42.50	28555.00	4865.20	2022.00	1499.00
1996	—	—	427.69	46.25	32114.89	4804.93	2580.00	1789.00
1997	—	—	576.70	38.50	38184.32	5247.06	2841.00	1951.00
1998	—	—	922.00	38.00	39776.00	5726.00	3063.12	2087.51
1999	—	—	1137.66	71.00	42825.90	6248.72	3200.00	2185.00

2000~2012年新城镇农村经济收益分配情况表

表 15-4

年份＼项目数量	农村经济总收入（万元）	其中					农民年人均纯收入（元）
		种植业	林业	牧业	渔业	工商建运服等	
2000	88141.30	6144.10	150.57	4238.73	1838.80	75769.10	2955.00

续表15-4

年份＼项目数量	农村经济总收入（万元）	其中					农民年人均纯收入（元）
		种植业	林业	牧业	渔业	工商建运服等	
2001	94157.19	6338.03	123.36	3953.02	1482.50	82260.58	3149.00
2002	107533.00	6432.00	177.00	4238.00	1374.00	95402.00	3467.80
2003	127496.32	6142.44	182.40	4792.00	1048.10	114971.38	4031.40
2004	162309.27	7615.89	213.10	5814.28	1333.20	147332.80	4744.00
2005	195161.52	6929.65	239.80	4821.77	1255.10	181915.20	5606.60
2006	260036.19	6383.14	348.40	4457.35	966.60	247880.70	6732.30
2007	301474.30	6251.40	431.80	5433.90	1341.20	288016.00	7710.00
2008	432844.86	7279.14	345.30	5211.72	1437.70	418571.00	8878.00
2009	576095.49	8401.80	369.20	5467.79	1735.70	560121.00	10360.00
2010	877551.45	9079.65	576.70	6092.69	2066.80	859735.61	11668.00
2011	999846.44	8699.83	1518.90	7258.98	1967.95	980400.78	13595.00
2012	1341365.54	21049.00	257.00	3262.00	822.00	1315975.54	15660.00

说明：本表2000年至2004年间不包括十二圩镇数据

社会总产值　1978年后，县级经济开始考核农村社会总产值指标，由乡镇填报。该指标包括农业产值、工业产值、建筑业产值和第三产业产值（具体数据详见第十章农业、第十一章工业、第十二章建筑业房地产业、第十三章商贸服务业和第七章交通运输）。2012年，全镇实现社会总产值113.6亿元，其中农业产值3.06亿元、占2.69%，工业产值92.04亿元、占81.02%，建筑业施工产值11.68亿元、占10.28%，第三产业总值6.82亿元、占6.01%。

三、集体资产管理

分级管理　解放初期，实行土地改革，农民分得土地，有的还分得大型农具、耕牛等，归农民私有。1953年以后，农业生产合作社成立，农户以土地入股，耕牛、农具折价入股，由合作社统一管理。1955年，土地等主要生产资料由高级农业合作社统一管理，建立集体资产和物品登记核算制度。1958年，人民公社片面强调“一大二公”（一是规模大、二是公有化程度高），由公社统一管理集体资产，对生产队的生产资料，粮食、副业产品和劳动力实行无偿平调。1962年，贯彻中央《关于改变农村人民公社基本核算单位问题的指示》，确立“三级”（公社、大队、生产队）所有，生产队为基础，以生产队为基本核算单位，初步建立起分级管理体制。生产大队负责管理大队部办公用房、电灌站排灌设备等集体资产，生产队设保管员、饲养员负责管理公房、仓库、大型农具和养护耕牛。60年代中期，生产大队兴办粮食、饲料加工厂。新华、郁桥等大队购置大型拖拉机，集体资产增加。70年代初期，社队普遍兴办工业，其生产设备和房屋由社队分级经营管理，组办工业生产设备和房屋由村民小组明确专人管理。1983

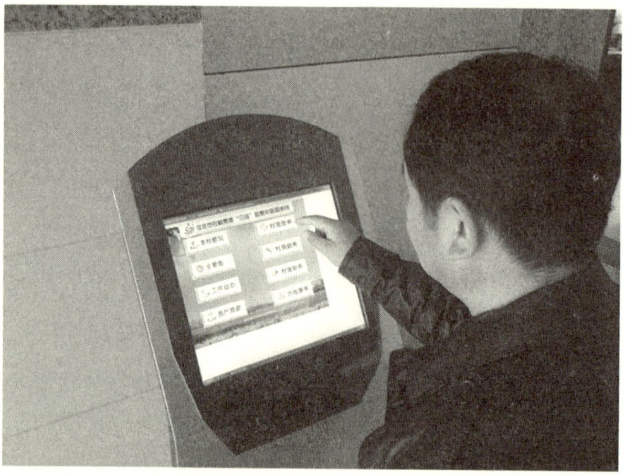

图15-2 村民查询集体资产 （摄于2010年）

年推行家庭联产承包责任制后，生产队耕牛、农机具等按责任田多少分归农户使用，并将部分固定资产出售给农户，集体资产逐年减少。1996年，新城、龙河在集体企业改制前对集体资产进行产权登记，加强村组土地、水面及固定资产的管理。1998年，推行企业产权制度改革，乡村办企业通过公开拍卖出让，改制为私营个体经营。2001年，全镇规范农村集体资产管理，建立产权登记、资产有偿占用、资产收益分配、资产损失报告等8项制度。2006年7月，镇政府印发《关于加强农村集体资产管理工作的实施意见》，明确集体资产范围，开展集体资产清查登记，建立资产投资占用责任制、资产日常管理制度、资金收缴及使用管理制度、资产审计监督制度和资产评估制度等管理制度，确定村组集体资产经营目标和经营方式。2012年，全镇村组两级集体资产总额为3254.24万元，其中郁桥村816万元，占25.08%。主要实物有村委会房屋、村管泵站及排灌设备、桥梁、涵闸设施等。

清产核资 1988年10月，根据市乡统一布置，新城、龙河组织人员先后开展农村集体资产盘点核实和登记工作。新城乡集体资产登记总额为1036.25万元，龙河乡为633.94万元。1996年3~4月，在企业改制中新城镇和龙河乡开始实行清产核资、资产评估制度，并建立资产核销报批制度。2000年起，各村建立清产核资工作小组，对被撤销的村民小组资产按新建村民小组办理产权变更登记，做到账实相符。2012年，全镇办理资产初始登记217宗，变更登记14宗，产权注销登记36宗，其中因征用土地注销集体土地权属登记29宗。

四、财务管理

财会制度 解放初期，乡镇设有会计，采用旧式记账法。1956年，高级农业合作社设专职会计1人，由乡人民委员会任命，采用增减记账法。1958年人民公社成立后，公社、生产大队设总账会计和现金出纳会计各1人，生产队设不脱产会计员1人，使用统一的增减记账法和会计科目，设总账、分类明细账和现金日记账等账册，生产队增设粮食、种子和社员工分日记账、明细账，按规定向县报送月报表、季度报表、年度报表以及午季、年终收益分配报表。至此，农村三级会计核算体系和财会队伍基本建立。1965年起，社队工业企业陆续改用收付记账法。1983年，农村实行家庭联产承包责任制后，生产队保留会计，实行定额补助。村民小组取消粮食和工分明细账，增设分户包干费用结算明细账、分户责任田明细账，并制订村级资产核算责任制度及集体资产管理制度、现金管理制度、个人欠款管理制度等财务管理制度。1985年开展农村会计制度改革，实行组账村管，村民小组不再设专职会计，由村成立会计站（又称联片会计），设记账会计、出纳会计3~5人，负责全村各村民小组财务工作。年末，新城、龙河两乡共有会计人员109人，其中新城63人。1993年，实行村级会计任用证制度，当年，有13人获得会计任用证书。至1995年，两镇乡26名村会计全部持证上岗。1997年1月起执行财政部《村合作经济组织会计制度（暂行）》，村级统一使用借贷记账法。此后，镇办企业也改为借贷记账法。1998年3月，实行村账镇（乡）管、组账村管会计制度。村账由镇（乡）农经站负责，村实行报账制，原村总账会计替代出纳会计职能，其职位和待遇不变。2005年，全镇有村级会计13人、联片会计55人。2012年，全镇村级会计13人，联片会计52人，统一设总账、分类明细账、日记账10余册。会计报表有月度、年度两类共有8种表式。制订有资金管理、现金管理、固定资产租赁管理、会计岗位责任等制度12项。

民主理财 1956年，高级农业合作社实行社员民主管理财务，按期（月度、半年、年终）公布收支、分配账目。1958年起执行《仪征县人民公社财经管理规定》，然而管理制度流于形式，先后刮起"一平二调"（穷队和富队拉平，无偿调用生产队和社员生产资料、生活资料，无偿调用劳动力）"共产风"，财务管理混乱造成集体资产损失。1964年后，开展"四清"（清政治、清经济、清思想、清组织）运动，对经营管理民主理财起到一定的作用，但受"左"的干扰，效果一般。1976年10月执行《仪征县委有关整顿人民公社经营管理的意见》，新城和龙河公社、大队、生产队恢复"三基本"（每个劳动力全年必须完成的基本工、基本积肥与基本口粮挂钩）和定额管理制度，开始实行账目公开，民主理财制度，实行勤俭办社、民主办社。80年代，实行家庭联产承包责任制后，民主理财制度一度停顿。1995年对村组财务实行公开管理后，民主理财小组逐步成立，以后，财务公开改为村务公开，按季公布经济、生产、财务和重要村务情况以及财务收支账目，接受群众监督与管理。2000年，镇政府制订《新城镇村务公开实施意见》，规定村级财务公开的具体项目及内容，主要是财务收支、农民负担、统筹费用、"两工"和以资代劳及粮油任务等。全镇先后建立村级民主理财小组18个。民主理财小组主要参与编制年度财务收支计划，对重大投资项目和大宗支出事前论证，定期审查财务计划执行情况，审核各项支出票据凭证。2006年，镇政府印发《关于加强农村集体资产管理工作的实施意见》，对集体资产进行清查登记、确权，建立投资占用责任制度、日常管理制度、资金收缴管理使用制度、审计监督制度和资产评估制度。2012年，全镇村级财务公布63次，民主理财活动正常开展。

五、农民负担监管

1983年秋，新城、龙河两乡农民承包集体土地后，除依照政策规定向国家缴纳农业税外，还需向集体缴纳公积金、公益金和管理费（简称"两金一费"），并无偿承担集体义务工和劳动积累工（简称"两工"）。这些统称为农民负担，实行按户结算。

定项限额 1983年起，农业税按每户承包土地面积依率计征，"两金一费"则根据各村实际需要提取，每个劳动力每年一般承担5~10个义务工日，20~25个劳动积累工日。1986年，根据市委、市政府《关于减轻农民负担的十项规定》，新城、龙河两乡对农民负担实行定项限额，规定"两金一费"控制在农民承包收入的8%左右，最多不超过10%。公积金与农业税按田亩负担,公益金和管理费原则按全员劳力负担。1991年,执行市委、市政府《关于控制和减轻农民负担的实施意见》,规定农民负担“两金一费”总额控制在全乡上年人均纯收入的5%以内,“两工”每个劳动力每年控制在30个工日内。1992年,集体三项提留改为村提留乡统筹,“两工”工日控制在30个以内。1993年,“两工”工日降到25个。1997年开始,将农民负担核算单位由乡镇改为村,村提留乡统筹和“两工”工日仍保持在上年全乡人均纯收入的5%和25个工日内。对外出和在二、三产业从业的劳力,可以实行“以资代劳”(以出钱代替出工)。1998年,新城镇印发《关于依法征收村提留、乡统筹工作意见》,改变原来按劳力平均负担公益金和管理费的做法,适当增加从事二、三产业人员负担,减轻纯农户和贫、特困户负担。1999年,实行提留统筹费“一定三年不变”和“公平负担”政策。2001年起,又将筹资办法改革为“一事一议”和“公平负担”两项,并严格实行农民负担方案审批和涉农收费公示制度。定期开展农民负担专项审计,确保农民负担不断下降。2001年,全镇农村“一事一议”和“公平负担”筹资73.4万元,“两工”工日41.89万个,分别比2000年降低78.1%和21.2%,年人均负担70.17元(含农业税),比上年降低17.52%。2004年,农业税率由7%降低为4%后,新城镇取消农村“两工”,停止执行“公平负担”以及江堤建设固定提取、以资代劳的规定。规范一事一议筹资筹劳制度,以村为单位每年筹资总额人均不超过20元,每个劳动力每年筹劳原则上控制在5个工日,最高不得超过8个工日。2005年,国家农业税停征后,镇政府取消向中小学生家长收取捐资助学款,农民负担显著减轻。2006年,全镇除一事一议收费、新型农村合作医疗费用等代办性收费外,不再收取其他费用。2011年起,新华、郁桥、三将、冷红、丁冲、马坝村先后取消一事一议收费,桃坞、三茅、周营村改按人均20元收费,新北、林果、官胜、凌桥村按每人10元收取。2012年,林果、新北两村取消一事一议收费,桃坞、三茅、周营、官胜、凌桥村按人均10元收费。

控减措施 1983年起,新城、龙河两乡及各村每年编制农民负担预算时,把80%以上的村级集体收入和组级集体收入纳入资金使用计划,尽量减少由农民直接承担的数额。1984年,除农业税和收取“五保户”供养、义务兵优待、计划生育、卫生保健、民兵训练以及有线广播维修费等项目外,不再收取其他款项。1987年,实行乡统筹村提留后,乡、村、组三级通过压缩非生产性支出,努力增加集体经济收入,尽可能减少农民负担。当年新城乡人均负担减少至36.1元,龙河乡人均负担减控至37.05元。1990年,因灾农业减收,农民收入下降,新城乡党委决定,各村组干部当年报酬相应降低,村主要(定编)干部报酬(含奖金)不突破本村农民人均收入的2倍,郁桥、新华、新北等村工业效益较好,最高也不得突破2.5倍,村一般干部掌握在村主要干部的50%~60%幅度内,专业会计在60%~70%内,村民组长在25%~30%内。1991年,两乡制订控减农民负担的规定,农民除按税法向国家缴纳税金外,只负担“两金一费”和“两工”,以村为单位“两金一费”一般在上年人均年纯收入的5%以内,其内部比例公积金不低于40%、公益金不超过40%、管理费为20%。“两金一费”属于集体经济承担的部分不计入农民负担总额。农业税实行“依率计征”“按实收缴”减免的政策,除国家有明文规定需作调整外,任何村、组不得以任何方式和理由追加。收缴分为夏秋两季,夏季为70%、秋季30%，除农民自愿不得强求夏季一次性缴清。当年新城全乡农民人均“两金一费”25.2元，低于全市乡镇平均水平。1994年，新城镇农民人均负担48.51元，龙河乡人均负担30.63元。1995年5月，贯彻落实江苏省委办公厅、省政府办公厅《关于减轻农民负担紧急通知》精神，两镇乡开展农民负担大检查，对1994年以来少数村、组以统筹生产费用名义乱收费、擅自提高负担标准等违规做法，予以整改纠错，对超限额部分作调减处理。龙河乡调减当年农民负担款额10.1万元，为年初预算的9.3%。两镇乡还统一纠正按田亩平摊农特产税，按农户下达生猪屠宰税的不合理做法，7月，两镇乡通过了市政府组织开展的减轻农民负担专项检查。1996年起，两镇乡开始实行农民负担监督卡制度，明确农民有权拒付负担卡以外的任何收费。1998年，新城镇印发《关于依法征收村提留、乡统筹费工作意见》，规范收款项目和额度。当年农民人均负担村提留乡统筹89.9元，比全市平均水平低6.2%。2001年，新城镇撤并9个行政村，减少村级管理人员36人，减少办公经费、非生产性费用等开支36万元。2004年，又撤并3个行政村，减少村干部12人。2001年，镇党委决定压缩50%村级招待费支出。2002年春，改按总量控制的办法即按本村人均10元、亩均5元的标准提取招待费，超支自理。2004年，农业税下调为4.5%后，相应降低农业税的附加，取消统一规定的农村劳动积累工和义务工，同时取消江堤达标建设固定提取以资代劳规定。“两工”取消后，村内进行农田水利基础建设，修建村级道路等集体生产和公益事业所需的劳力和资金，实行“一事一议”的方法进行筹劳筹资，筹资按年度总额人均不超过20元收取，筹劳控制在人均5个工作日内，最高不超过8个工作日，经过村民代表会议讨论通过，形成决议，签字盖章报镇政府审批后，填上农民负担监督卡。2004年起，镇党委、政府每年开展减轻农民负担大检查活动，每发现一起违规收费的除纠正外，还要追究直接责任人的责任。至2012年，全镇未发现违规增加农民负担收费行为。

村务公开　1998年，新城、龙河两镇乡的25个行政村447个村民小组陆续推行村务公开制度，公开内容为村收支情况、党员干部钱粮上缴情况、村招待费用开支、村组干部工资及水电费缴纳情况。2000年4月，村务公开要求做到“三统一”，即一是有统一的公开阵地，每个村政务公开栏不少于10~12平方米，并有遮雨棚；二是统一公开时间，一般为下一季度或下一年度初的10日~25日内；三是统一公开内容，村财务收支、招待费、收益分配、村干部报酬、各项财产、债权债务、农民负担、承包合同兑现和劳动积累工、义务工负担、计划生育指标安排等事项。2004年，村务公开增加水稻直补、领取补贴方面的信息。至2012年，全镇13个行政村村务公开52次。

图15-3　三将村村务公开栏　（摄于2008年）

第二节 工商行政管理

一、管理机构

1949年下半年，新城、龙河农村贸易市场由县政府工商科直接管理。1956年，农村工商行政管理工作改由县商业局商政股负责。1959年起，新城公社、龙河公社设立市场管理员，管理集贸市场，打击投机倒把行为。1976年2月，新城、龙河两乡分别成立市场管理小组，仍以管理市场为主。1979年，新城工商管理所成立，负责新城、龙河、十二圩、朴席公社以及大豆原种场、水产养殖场范围内的工商管理工作。从此工商行政管理逐步走上正轨。1981年，龙河工商所成立，除管理市场外，逐步开展工商企业登记、合同、商标和广告管理。1997年7月，新城、龙河工商所分别更名为扬州市仪征工商行政管理局新城、龙河工商所，实行省垂直领导。2000年9月，撤销龙河工商所，其职能并入新城工商所。2002年5月，更名为扬州市仪征工商行政管理局新城分局，业务管辖范围为新城镇、朴席镇、新集镇及十二圩办事处（三镇一办），行政编制15人，行政附属编制2人。2005年2月，增设经济监督检查中队。2008年5月，新城合同指导站成立，管理企业经济合同。2012年，分局内设注册登记大厅、巡查组、综合组及经济监督检查中队，共有工作人员17人，局长周习军。

二、工商登记

1949年下半年，县工商科在税务局和区、乡镇政府的配合下，开始对新城、龙河地区私营商业户进行登记。至1950年，新城登记的私营粮食行、棉布行、杂货店、糖坊、酱园、染坊等53家，另有摊贩18家。龙河集、三茅集有牛市、猪行、茶食店、香店、杂货店等41家，另有流动摊贩13家。由于刚解放，私营商业开歇业频繁，不登记或漏登记较多。1953年，全县开展工商登记工作，新城、龙河登记换证的私营工商户147家，供销社、粮站、铁木业生产合作社、商业合作企业等53家，有70%的粮行申请歇业。1956年，对私改造以后，分布在龙河集、三茅集的纯商业户51家，从业人员69人，无证烟酒商户11户，从业人员11人。1958年大办工业，撤并和下放商业，工商户增减变化较大，正常的登记管理难以实施。1963年8月，县人委印发《关于进行工商业登记工作的通知》，新城、龙河由点到面开展登记换证改造，取缔13个无证商业户。“文化大革命”期间，工商登记管理工作无法正常开展。1971年6月，新城、龙河公社对社队工业进行登记清理，关停3家，转产2家，清退私招农民工18人。1979年8月，县革委会批转工商行政管理局《关于开展工商企业登记管理工作的报告》，重新恢复工商企业登记工作，对企业名称、隶属关系、经济性质、经营方式、经营范围、经营地点和注册资金等实行实名制管理。1980年，新城、龙河两乡对社办工业进行普查登记，经县有关部门批准新开设工厂4家，商店（组）17家，年末有工业企业113家，商业企业362家。通过注册登记，新城公社农具厂变更为新城公社机械厂。龙河公社有社办、队办企业30家均通过普查登记。1981年起，农村除有商业合作社的下伸点以外，开始有营业执照的个体商店，以后发展到每两三个生产队有1家个体商店。有些商店一般是先营业，后注册申领营业执照，也有一些自行车修理铺未登记领照。1983年，启用全国统一版本的营业执照，当年换发营业执照387户，其中龙河116户，核发营业执照292户，其中龙河93户。1985年，清理整顿经营单位，重点清查无资金、无生产场所、无自有产品的"皮包公司"和歇业停办的企业，整顿由党政机关和党政干部直接开办的企业。新城乡撤销2家，改为其他性质的1家，龙河乡撤销3家，停业1家。此后，随着改革开放的深入，新城、龙河个体民营经济蓬勃发展，外资及港台资企业逐年增多。至1999年年末，新城、龙河共有注册个体企业562家，注册资本1.23亿元，从业人数8732人。

2012年，全镇登记注册各级各类企业增至1573家，注册资本总额3.12亿元，从业人员16726人，其中集体企业4家、私营个体企业1569家，分别占0.25%和99.75%。

三、市场管理

1950年至1952年，新城、龙河根据县人民政府对市场管理规定，对市场不需要的行业、店铺进行排查摸底，劝其关闭或转业，这期间共有5家粮行、2家香店和3家茶馆转业。并规定粮食大部分由供销合作社收购，少量由私营商户收购，油料、棉花不准私营商户收购。加强市场公平交易管理，打击投机倒把不法行为。1953年起，实行粮油统购统销，在完成国家收购计划后，允许农民少量自留粮食到集贸市场交易。规定对生猪、羽毛、猪鬃、铜、铁等物资必须由供销社收购，查处少数不法商户相互勾结，囤货惜售，投机抬价销售，扰乱市场行为。1957年，正式开放农村贸易市场，粮棉油仍由国家收购，生猪、牛皮及旧金属等商品继续实行统一收购管理，鱼类、蔬菜、家禽、蛋品等可自由买卖，苗猪、城镇居民烧的干柴需进入交易所交易，杜绝牙行干扰。1959~1960年连续遭受自然灾害，新城、龙河两地农业生产下降，物资短缺，市场有价无货，供求矛盾突出。新城、龙河两公社相继开展查处投机倒把和违法经营活动，稳定集市贸易秩序。1961年起，新城、龙河集市贸易复苏，参加集市交易的人数逐步增加，贸易成交额大幅度上升。1962年，中共中央颁发《农村人民公社条例》鼓励社员发展家庭副业，允许农副产品有序进入市场交易。工商管理部门支持供销社、粮站建立农民服务所，开展自营业务，抵制无证商贩经营活动。龙河公社建立市场行情指导点，提供物价行情，稳定市场物价，指导消费。新城、龙河建立市场管理办公室，配合工商所每天巡查市场，开展宣传教育和管理工作。1964年，龙河市场查处各种违法案件378件，对贩卖火柴、香烟、肥皂、煤油等日用工业品及米、面、豆类等商品分别给予收购、没收、罚款等处理。1966年"文化大革命"开始后，对市场贸易实行严格限制，除粮棉油不准进入集贸市场外，茶叶、蚕茧等一般农副产品也不允许上市交易。大队、生产队和社员不得从事商业经营活动。新城、龙河公社多次组织干部、民兵和红卫兵对市场进行突击查管，在查管中一些正常的贸易也被当作投机倒把行为受到打击，造成流通渠道堵塞，给农业生产和人民生活带来很多困难。1979年以后，市场逐步放开，允许供销社、粮站、合作商业和个人从事长途运销活动。1985年，工商管理部

图15-4 工商执法人员抽检超市商品（摄于2010年）

门增加市场建设投资，新城农贸市场移址新建，面积3400平方米，室内大棚面积6间300平方米。1986年，化肥农药等农业生产资料经营开始放开。1987年起，钢材、水泥、木材等重要生产资料也开始放开经营，粮食在完成定购任务后亦可自由买卖，棉花、肉禽、蛋全部放开。市场管理逐步由管理型向服务管理型转变。1992年市场放开后，逐步规范市场秩序，划行规市，亮证经营，处罚违章违规行为，加强市场卫生管理。1996年，新城、龙河对集贸市场开展“两查两打”（查证照、查衡器、打假、打击欺行霸市）为重点的整治市场秩序活动，建立打假投诉站。通过集中整治，处罚不法经营摊贩，促进市场文明建设。1998年，开展市场巡查11次，取缔无照经营户17户，查处违章违法案件6件和各类违章违法行为61次。同年，新城镇政府投资建成3700平方米的室内农贸市场。2000年起，在加强市场秩序管理的同时，加大打击经营假冒伪劣商品行为。至2003年，疏导办照28家，取缔黑网吧2家，查处各类经济违法案件64件，查获假冒香烟110条、香皂317块、不洁旧服装34件、下架过期食品15批次，总价值38万元，全部没收缴市局集中销毁。2004年，重点加强市场食品质量检测和粮食贸易市场的监管。专项实施“肉菜粮放心工程”，检测农药残留量，全年抽检各类蔬菜2170批次，合格率87%，检测肉类128次，检出不合格猪肉157千克，对农贸市场水发、干鲜货等品种抽检12次，发现甲醛超标2次，对其食品查处并销毁。对粮食、农资市场进行专项大检查，查出过期失效农药104瓶，无合格证种子78千克，劣质复合肥70吨，无“三证”农机配件387件，查处非法收购粮食案件4件，没收粮食1.82吨。2006年，组织开展“百城千店无假货”评选活动，以及食品安全“放心消费示范镇”推广活动，受理消费投诉43件，全部调解成功，为消费者挽回经济损失3.12万元。2008年，投资建成龙河农贸市场，室内市场面积1288平方米。以后随着城镇化建设推进，商业、服务业网点遍布乡村、街道与社区。2012年，对全镇种植面积3.33公顷以上的种粮大户建立监管台账，对使用的农资商品进行抽样检测。全年共评选出放心消费示范店22家，废止2家企业自定合同的霸王条款，查处侵犯消费者权益案件6件。

第三节 物价管理

一、管理机构

民国时期仪征农村物价由县政府负责管理，但有名无实。解放后，全县农村物价由县政府工商科、商业局管理。1959年9月，新城、龙河两公社各自成立物价管理小组，管理市场物价。1962年8月，县物价科改称物价委员会。“文化大革命”期间撤销，物价由县革命委员会经济计划组管理，新城、龙河公社的物价管理小组名存实亡。1981年3月县物价局成立，乡镇恢复成立物价监督管理小组。1989年根据市政府第49号通知，新城、龙河两乡设立专职物价助理员。2003年，新城镇成立物价监督管理站，设立站长1人，参与物价管理和监督工作，2012年，站长刘定国。

二、价格管理

解放前物资匮乏，物价飞涨，特别是粮食价格有时一日几涨，政府无力管理，人民生活艰难。解放初期，新城、龙河两地物价秩序仍然混乱，尤其粮食价格不稳。政府对物价逐步实行有计划统一管理，采取措施，打击投机抢购、囤积居奇、哄抬物价的违法行为，逐步建立国营牌价、合作社员优待价和市场价三种价格形式。1953年，国家实行统购统销政策后，粮油购销价格趋于稳定。1958年，根据国务院规定，开放粮油市场，三类农副产品价格管理权下放给地方。1959年新城、龙河公社成立市场物价管理小组，负责市场物价管理工作。1962年，县物价部门加强粮食、棉布等18类与人民生活密切相关的商品价格管理。“文化大革命”期间，价格基本冻结。1965年，国家提高城镇粮食统销价格，对单位职工发放粮价补贴，每人每月1元，随工资发放。1976年后，新城、龙河努力整顿市场物价，改变市场物价混乱状况。1978年以后，调整改革物价体系，逐步形成国家统一定价、浮动价、差价和集市贸易价四种价格形式。1979年7月起大幅度提高农副产品收购价格，粮棉油、水产品、肉禽蛋、蔬菜等提高20%以上，同时放开集市贸易，提高肉禽蛋及水产品等7种主要副食品销售价格。城镇职工的物价补贴增加到每人每月5元。

80年代起，各类价格改革政策相继实施，工业品消费价格实行国家统一定价和浮动价相结合，小商品价格逐步放开，以市场价为主。1984年，放开家禽统销价格。1985年，放开猪肉价格，取消城镇人口定量供应，并对城镇人口实行肉食品价格补贴，每人每月2.5元，并放开所有副食品价格。1986年，对企业定价进行改革，扩大企业定价权限。1987年，放开鲜蛋、蔬菜购销价格，1988年，国产彩电实行浮动价格，放开“中华”“云烟”等13种名烟和“茅台”“五粮液”等13种名酒价格。1991年，放开卷烟价格，1992年，取消肉食品价格补贴，除食盐外，日用工业品价格全部放开。此后，贯彻执行国务院物价管理条例，物价管理步入法制轨道。2005年，镇政府制订物价异常波动应急预案，以应对突发情况，稳定市场物价。2011年，龙河地区出现抢购食盐风潮，镇物价监督管理站及时介入，加强宣传教育，制止风潮蔓延，并处罚1家商店将普通食盐冒充营养食盐卖的不法行为。2012年，全镇商业、服务业全面推行商品、服务项目明码标价，价格欺诈行为很少发生。

三、收费管理

1991年，新城、龙河先后实行行政事业性收费许可证制度，主要收费项目有公安、文教、卫生、交通、邮电、广电、税务、劳动、土地等。2000年，推行涉农收费公示制度，镇政府把控减农民负担，监管涉农收费，列为物价管理工作的重要内容。2003年，全镇实行企业付费登记制度，收费单位向企业单位收费必须在企业付费登记卡上登记，以便物价部门在年检收费许可证时进行查验。2006年，镇政府编印《涉农收费手册》，免费发放给1.8万户农户。2012年，涉农收费减少至1项，即水利工程水费，按田亩面积收费。收费单位做到事前公示，事后公示收缴情况，接受群众监督，未发现"搭便车"乱收费行为。

第四节 统 计

一、机 构

1953年，新城、龙河镇配备兼职统计员，执行统计制度。"文化大革命"中统计工作处于停顿状态。1978年后，恢复建立统计制度，公社配备兼职统计员，重点社办企业配备专职统计员。1984年，新城、龙河乡配备专职统计员，负责全乡统计工作，社队办企业均配备专兼职统计员。1989年，新城乡设立统计办公室，乡长兼任办公室主任，设专兼职统计员4人。1992年，龙河乡设立统计办公室，设主任兼统计员1人。2000年4月，龙河统计办撤销并入新城镇统计办公室，设统计助理1人，专兼职统计员2人。2012年，镇统计办有工作人员4人，主任陈庆萍，另有企业统计员42人。

二、统计调查

人口普查 新中国成立后，新城、龙河乡根据全国统一部署，先后于1953年、1964年、1982年、2001年和2010年，开展六次人口普查（详见第三章人口）。

工业普查 1958年、1984年和1995年，新城镇和龙河乡先后3次参加全国工业普查。

1958年，新城、龙河公社参加第一次全国工业普查。1984年，第二次全国工业普查，新城、龙河乡共有26家社办企业参加，普查资料经县验收合格。1995年，新城镇和龙河乡参加第三次工业普查，历时5个月，完成单位自查、管理整顿、普查表册登记汇总等普查任务。查清企业生产经营状况，以及设备、人员、物耗、生产能力、引进和利用科技成果等情况，基本摸清工业家底，其资料在企业管理中得到充分利用。

农业普查 1997年1月1日，新城镇、龙河乡分别参加全国第一次农业普查，成立以镇（乡）长为主任，统计助理为副主任的镇（乡）农业普查办公室。各村成立农业普查小组，组成有180多人的农业普查队伍。当日普查员进村入户调查填写草表，当月完成草表汇总录入光盘等基础普查业务，2月上报市农业普查办公室，分别通过市普查办抽查验收。

2006年1月1日，开展全国第二次农业普查，新城镇抽调120多人组成普查队伍，历时14个月，按时按质完成农业普查任务，通过省市普查办抽查验收，受到国家统计局的表彰，获"全国第二次农业普查先进单位"称号。

经济普查　2004年12月31日和2008年12月31日，新城镇进行两次全国经济普查，每次都成立有镇党委、政府主要领导、分管领导、各部门主要负责人组成的经济普查领导小组，下设普查工作办公室。普查对象涵盖镇域各级、各类、各种经济成分的基本单位，普查内容主要有企业规模、地域分布、行业结构、组织形式和经济效益等基本资料。经清查、登记和核实，全镇2008年共有各类经济单位（含驻镇单位）1623家，产业活动单位335家。

抽样调查　根据市统计局的布置，1984年起新城乡开展农村住户点调查，从8125户纯农户中抽出10户样本户，按调查要求记载全年总收入、总支出和人均总收入、总支出的明细账，并归类列出各项消费支出、住房面积等。样本户每3年轮换一次，直至2012年未间断。此外，从2000年开始，每年进行产量点调查、面积点调查、畜禽养殖小区调查、畜禽调查户规模户及生产单位调查、人口变动情况抽样调查、服务业抽样调查、批零住宿餐饮抽样调查、成品油抽样调查、对耕地种植意向及实际种植调查、劳动工资抽样调查、劳动力抽样调查、产成品（农产品）价格调查、集贸市场价格调查、法人产业活动单位名录变动调查、农业生产资料和农业成本调查等计15项。

三、统计报表

50年代，统计报表主要有月报、季报和年度报表等，汇集全乡工农业生产情况，统计上报粮食种植面积、夏秋两季产量、年终分配情况等数据。

60年代，统计报表部分管理权限下放，统计报表增多，统计方法改变，违反国家统计制度的现象时有发生。“文化大革命”开始后，统计工作受到干扰，有些统计报表被废除，统计数据存在失实现象。

1979年起统计报表制度逐步恢复和完善。1980年，增加畜禽生产月度统计报表。1982年，农村统计年报中增设农业生产责任制组织形式、经营方式、收益分配等统计项目。1985年，乡村工业统计报表中增设经济联合体、利税改革、固定资产投资、承包责任制形式等统计项目，农业统计报表中增设农村社会总产值、农村经济合作组织经营情况等统计指标。

1993年起，在乡村工业产值统计表中增列国内生产总值、增加值等指标。1996年起，建立第三产业统计报表制度。

2000年后，改革统计制度和调查方法，由原来单一的统计报表调查方式，逐步转变为统计报表与专项调查相结合的方式。至2012年，镇统计办负责编制的定期报表共有3大类35种，其中年度报表15种，半年报表4种，季度报表9种，月度报表7种。

第五节　审　计

一、机　构

1978年起，新城、龙河公社财务科负责机关部门及事业单位审计工作，工业办公室负责社队办工业企业审计工作，农村会计辅导员负责生产大队、生产队审计工作。1983年，改由农经办负责乡审计工作。1994年9月，新城镇成立审计领导小组，镇长任组长，下设农业审计组和企业审计组，共有审计人员10人。2002年6月设立审计助理。2003年9月成立镇审计办公室，编制3人，其中审计助理1人，审计员2人。2012年，审计办有审计人员3人，主任李国民。

二、财务审计

1984~1988年，在财务税收物价大检查中，先后检查审计新城、龙河供销社和粮站财务收支情况，纠正不合理支出1.38万元，补报税款2.12万元。

1993年，新城镇审计小组对土地管理办公室进行财务审计，重点审计土地出让费财务收支情况，发现有虚报支出9万多元重大经济问题。1996年，在推行资产租赁经营改革中，新城镇审计小组先后对新城交通电器厂、大兴塑料电线厂、三将水泥制品厂、郁桥轮窑厂等16家乡村办企业进行财务审计。经过清产核资，实有净资产314万元。龙河乡组织人员对14家推行租赁经营企业进行财务审计，搞实家底，为企业改制提供可靠的经济资料。

1996~1998年，新城、龙河先后对镇乡办企业进行财务审计122次，核实总资产、负债、所有者权益，核减呆账死账，清算实有净资产，根据政策规定调增所有者权益，进行股权分配，确保改制顺利进行。

2004年，新城、龙河农贸市场进行改制，镇审计办对两家企业进行财务审计，在核实收支、盘实资产基础上，实施经营权转让。

2012年8月，镇审计办对城监中队、村建所、环卫所、公路管护办、计生站和安置办等6家镇属事业单位进行财务审计，核对往来账户、资金收支明细账。对审计中发现的执行财务制度不严、受收赞助款项票据不规范等问题，提出处理和改进意见。

三、经济责任审计

1982年起，新城、龙河全面推行经济责任制。当年年底，相继开展对实行“三定一奖”经济责任制的21家乡办工业企业进行经济责任审计，重点审查三定指标完成情况，审核收支账目和记账凭证，核实奖赔兑现情况。通过审计督促94%以上企业履行经济责任制。1984~1995年，新城、龙河相继在乡村工业企业中推行“一包三改”承包经营责任制，承包期为3年，每当承包期满时，镇乡审计小组都要对承包企业进行经济责任审计，重点审核利润、产值完成实绩、奖金分配方案等项目，确保承包合同履行兑现。先后组织4次审计，审计企业81家。其间，各村委会组织人员对村组办承包企业开展审计，确保承包经济责任制落到实处。

2000年起，镇审计办每年对镇属事业单位进行例行轮番审计。2004年起，对行政村主要负责人离职实行离任审计。2008~2012年，三将、郁桥、新华、马坝、丁冲、周营、凌桥、桃坞、冷红村主要干部调整，在办理移交前，镇审计办均开展干部离任审计，对审计出来的问题，根据相关政策和程序进行处理。2010~2012年，镇主要领导干部离任，镇审计办协助市审计局对2名镇长进行离任审计。

四、工程造价审计

图15-5　专项资金审计　（摄于2011年）

1995年12月，新城镇审计小组对水利站参与胥浦河水利工程款进行审计，原工程金额为13.27万元，通过审计，据实核减工程款1.1万元，减少8.29%。1998年，新城、龙河审计小组对1990年至1997年新修建的32条村道工程款进行审计，送审金额643万元，核减3万元，减少0.47%。2003年，镇审计办对全镇26项工程进行造价审计，共核减工程款3.24万元。2005年，审计新城街道巷道改造工程等17个项目造价，共核减造价1.14万元。

2012年8月，镇审计办对镇公路养护办2008年至2011年道路维修养护工程款进行审计，发现超付工程款24.95万元，审计报告提出处理和改进意见。

第六节　质量技术监督

一、管理机构

解放后，计量工作起初由当地供销社兼管。70年代，公社工业科开始监管社队工业质量技术。1988年2月，市标准计量局成立后，管理工作延伸到乡镇。1997年起，由镇乡工业公司监管工业质量技术。2004年，设镇质量技术联络员，加强镇内质量技术监督工作。2006年3月，镇质量管理领导小组成立，镇长任组长，分管副镇长任副组长。2008年1月，设镇质量技术监督信息员（后改称质监协管员），形成全镇质量技术监督网络。2012年，质监协管员宜恒奇。

二、计量管理

解放前，新城、龙河地区的计量管理主要是商业计量管理，市面上计量衡器混乱，常有坑害老百姓的情况发生。解放后，1950年8月起，新城试行市秤、市斗、市尺制，至1959年，各种旧衡器具基本废除。1959年后推行公制，保留市制，将1市斤16两旧制改为1市斤10两新制。至1965年，新城、龙河两地普遍使用新制秤。1975年，新城衡器小组成立，专业生产修造标准计量衡器。80年代，政府经常组织计量、工商、物价等部门对商业企业、农贸市场进行计量检查。在商店、集贸市场设立校秤处，工商部门在个体商户中开展计量信得过评比活动。其间，计量器具不断改进。商业企业开始使用售油器、计量加油机、台案秤、地中衡（俗称地磅），电子秤等，工业企业使用长度、力学、热学、电学等方面国家规定的计量标准和器具。1994年，对供销社和粮站使用的汽柴油加油机、食用油售油机进行检测，均为合格。2000年，全镇开展“定量包装生产企业管理年”活动，帮助有关企业加强计量基础管理工作。2003年，镇内有3家企业通过市计量合格确认。2008年，镇质监协管人员会同市计量所对镇内销售的定量包装商品进行抽查，合格率达93.2%。2012年，镇协管员例行抽检超市、商店计量器具，指导企业通过市计量合格确认验收。

三、标准化管理

1988年起，新城、龙河乡贯彻执行国务院《工业产品质量责任条例》，配合市标准计量局对乡办企业产品进行调查摸底，对无标生产企业采取“引、靠、制”（引用、参照、制定标准）的办法提高标准执行率。1990年开始，鼓励企业对国际标准和国外先进标准进行等同采用（IDT）和修改采用（MOD），采用有效期为3年。1991年，市容器厂生产的200升钢桶有7种产品通过采标验收。1997年，新城、龙河集中开展消灭无标生产活动，有45家集体企业和145家私营个体企业建立执行标准台账，有468种产品标准执行率达99.5%，8家无标生产企业先后关停，其中镇办厂1家、村组办厂（坊）7家。2000年，新城镇通过“消灭无标生产”省级验收，获江苏省“执行标准优秀乡镇”称号。此后，全镇采标企业不断增加。至2012年，镇内采用国际标准和国外先进标准的企业有16家，产品93种（累计数）。

编号：(2011) 3210C139

采用国际标准产品标志证书

ADOPTING INTERNATIONAL STANDARD PRODUCT MARKING CERTIFICATE

仪征萱凯照明电器有限公司：

你单位采用国际标准产品 T8嵌入式格栅灯 经审查符合使用采用国际标准产品标志条件，业已备案。

执行标准编号： GB 7000.202-2008

国际标准或国外先进标准编号：IEC 60598-2-2:1997

证书有效期 2011 年 11 月 9 日至 2014 年 11 月 8 日

This is to certify that your product ______ adopting International Standard has been assessed to be qualified for using the adopting international standard product mark and has been registered.

Term of validity of this certificate from ______ to ______ inclusive.

发证单位（盖章）

2011年11月9日

国家标准化管理委员会制

图15-6 T8嵌入式格栅灯获国际标准证书 （摄于2011年）

1991~2012年新城镇（含原龙河乡）采用国际标准、国外先进标准企业和产品一览表

表15-5

年份	企业名称	产品名称	采标数量（个）
1991	仪征市容器厂	200升钢桶	7
1994	仪征市晶体管厂	（OA91）二极管	3
1995	仪征市容器厂	200升钢桶	4
1997	仪征市包装制品公司	瓦楞纸箱	4
2000	仪征市包装制品公司	瓦楞纸箱	3
2002	仪征市耐盾塑钢门窗有限公司	PVC塑料窗	6
2002	仪征市泰安昌门窗实业有限公司	PVC塑料窗	6
2003	仪征市恒源包装制品有限公司	双层瓦楞纸箱	7
2005	仪征市华美包装制品厂	瓦楞纸板、纸箱	11
2006	仪征市雨辰纸制品有限公司	瓦楞纸箱	15
2008	仪征市飞虹特种钢桥有限公司	装配式公路钢桥	1
2009	扬州浩宇土工合成材料有限公司	高分子防水材料、防水卷材	2
2009	仪征市同舟工艺品有限公司	长毛绒玩具	1

续表 15-5

年份	企业名称	产品名称	采标数量（个）
2010	扬州众成变压器有限公司	单式变压器	1
2010	仪征市宏鑫变压器有限公司	单式变压器	1
2011	仪征市龙河泡花碱厂	工业硅酸钠	1
2011	仪征蓝凯照明电器有限公司	T8 嵌入式格栅灯	2
2011	仪征市同舟工艺品厂	长毛绒玩具	1
2012	仪征市润扬机械有限公司	200 升钢桶	5
2012	仪征蓝凯照明电器有限公司	G5 固定吸顶式格栅灯	4

四、质量监管

60年代，新城、龙河在社办厂中设立质量检验员，建立质量检验制度。1978年，新城机械厂、龙河油米厂参加全县开展的首个“质量日”活动。80年代，新城、龙河乡办企业和建筑业中建有质量控制管理小组（QC）小组9个，7种产品分别获省和扬州市、仪征市“优质产品”称号。1991年起，层层落实质量责任制，运用激励机制促进产品质量不断提高。2000年，有2家企业通过ISO 900质量体系认证，3家企业获“产品质量信得过企业”称号。2001年，镇政府与市政府签订质量管理目标责任状，引导企业加强质量基础管理，实施名牌战略，开展产品质量信得过企业创建活动。当年有12家企业获得“质量信得过企业”称号。

2012年，镇内有20家企业成为江苏省民营科技企业，7家企业被认定为省及省以上高新技术企业或省级创新型企业，20种产品被认定为省高新技术产品和名牌产品。全镇建立省级技术研究中心1个，扬州市级技术中心2个，有质监管理及技术人员128人。

图 15-7 普斯生态能源有限公司获省高新技术企业证书、高新技术产品证书 （摄于2003页）

五、特种设备安全监察

80年代起，新城、龙河乡配合市劳动局加强对特种设备安全监察，送培司炉工、压力容器焊工共6人。每年检验锅炉6台，年检率达100%。

1995年起，除例行年检锅炉外，增加对压力容器、起重设备的监测和检验。1998年，新城、龙河共检验锅炉17台、压力容器10台、塔吊6台，行车4部。2000年，送培特种设备操作人员87人次，对无证运行设备进行2次集中整治，拆除“土锅炉”3台，基本纠正长期存在的设备无证使用、人员无证上岗的现象。至年底，操作人员持证上岗率达100%，在用锅炉、压力容器领证率达100%。2002年，开展对生产工业气体和销售民用液化石油气的灌装气瓶专项整治，制定气瓶产权转移和托管方案，与各生产、销售单位签订安全管理责任书，改变燃气瓶充装混乱状况。2006年，对特种设备重大危险源进行普查，将市海源工业气体有限公司纳入重大安全隐患监管范围，督促企业加强设备的管理，杜绝事故的发生。2012年，镇内压力容器、起重设备安检率达100%。

第七节 安全生产监督

一、管理机构

60年代，新城、龙河公社安全生产由公社工业办公室兼管。1978年后，安全生产由公社分管主任负责，工业办公室负责日常管理工作。1987年开始，新城、龙河乡安全生产委员会成立，下设办公室，有安全生产监督员2人，负责全乡安全生产管理工作。2009年6月，镇安全生产监督管理站（简称安监站）成立，分管安全生产的副镇长兼任站长，设副站长1人。2008~2010年，镇政府连续三年被市政府表彰为安全生产先进单位。2012年，镇安监站有工作人员2人，副站长刘定国。

二、宣传与培训

50年代起，镇乡政府大力宣传安全生产，特别对爆竹加工厂加强安全管理、制订消防措施。80年代，新城、龙河乡相继开展安全生产宣传活动，出黑板报11期，挂横幅标语14条，到重点工业企业、学校宣讲安全生产、安全交通10场次。政府部门组织相关人员、重点单位帮助建立安全生产管理责任制。1992年5月，新城、龙河乡组织行政村、企业、学校参加全国第一个“安全生产周”活动，挂横幅10条，张贴标语50多条。1994年5月，新城镇、龙河乡积极参加全省第一个“安全生产月”活动。挂横幅标语10条，发放宣传资料2000多份，重点督促工厂、企业、建筑工地等32家（处），以及人群密集的场所饭店、农贸市场5家，设立安全监督宣传员。6月，镇、乡政府召开安全生产总结会，表彰16家安全生产成效显著的企业。同年，市镇乡两级共同组织培训厂长，安全生产管理人员及司炉工、压力容器操作人员、电焊工、电工、起重机械操作工等80多人次。2002年6月，新城镇组织参加全国“安全生产万里行”活动，挂横幅宣传标语10条，在街道、村部和工厂区张贴标语120条，发放宣传资料3000多份，出宣传专栏2期，重点督促8家烟花爆竹专卖店、5家液化气供应店，在醒目处张贴防火警示牌。2004年起，镇安委会协助市安监局举办消防安全知识培训班2期，参加人员有液化气供应商、烟花爆竹专卖店业主、工业企业安全员和各村安全监督检查员等70多人。2009年，镇政府制订重特大事故应急救援预案，成立重特大事故应急抢险救灾指挥部，预防可能出现的重特大事故。镇安监站举办2场火灾扑灭、自救逃生，居民安全用电用气和安全出行知识讲座。

2012年，镇安监站举办两期企业负责安全生产厂长、安全员和电焊工、加油站加油工、塔吊工等特种技能安全业务培训班，参培人员60多人次。

三、检查与监督

解放后，党和政府重视安全生产，在重大节日前都要对商店、工厂、生产队的仓库防火、防盗、防爆工作进行检查，确保人民生活和生产安全。70年代，主要开展以防火消除隐患和防止工伤事故为重点的安全生产检查监督，督促企业配齐消防缸、桶、梯等消防器材，配备电器、传动带防护罩等设施。对存在安全隐患的小砖窑厂，责令期限整改。80年代，新城、龙河多次组织安技人员到重点企业检查易燃易爆化学危险品存放是否安全可靠，防护措施是否落实到位等情况，对存在隐患提出整改意见，限期改正。两公社未发生重大安全生产、重大设备和重大火灾事故。1990年起，加强对新开办企业安全生产的检查监督，建立有制度、有措施、有人员和有奖惩规定"三有一奖"责任制。重点检查化工厂、加油站油库、建筑工地以及饭店、娱乐场所等易发生安全事故场所，召开现场会，对存在隐患提出限期整改要求。2000年后，镇安监员指导帮助危险化学品生产企业领取安全生产许可证，新就业电焊工领取上岗证。每年对公众聚集场所歌舞厅、网吧进行安全检查，对新城大会堂作出停止使用通知。2004年，组成8个检查组，历时5天，对56处公众聚集场所，7处建筑工地进行安全生产大检查，发出安全生产整改通知21份。2005~2006年，先后拆除15座小土砖窑，对1家不符合液化气经营要求的供应店责令停业整改。2006年7月16日凌晨，金桥睢庄村民王巧云私藏火药引发爆炸造成1人死亡，2间房屋被毁。镇政府及时开展安全生产宣传再深入，安监工作再细化的排问题找隐患大检查活动，分管安全生产副镇长受到党内警告处分。2009年6月，市远大无纺有限公司操作人员违反停机维修操作规定，造成1名工人不慎卷入输送带内死亡。镇政府立即召开事故分析现场会，要求吸取血的教训，始终紧绷安全生产这根弦，把安全生产贯穿生产全过程，做到安全第一，将事故隐患消灭在萌芽状态。此后，全镇安全生产工作得到进一步加强，至2012年未发生重特大安全事故。

图15-8　安全生产检查（摄于2011年）

第八节　食品药品监管

一、管理机构

70年代，新城、龙河食品卫生药品质量监管分别由公社卫生防疫保健组（后改称预防保健部）和工商所兼管。1995年，国家食品卫生法颁布后，新城、龙河工商部门开始对食品生产经营和餐饮单位的食品卫生、质量进行检查监督。2005年8月，镇食品药品监督管理办公室成立，设专职协管员1人，各村（街道）配备药品监督协管信息员1人，建立镇村两级药品安全监管体系。2007年，成立镇创建食品安全放心消费乡镇领导小组，推进农村食品安全工作。2012年，镇食品药品监管办，负责全镇食品、药品日常监管工作，协管员刘定国。

二、食品监管

80年代，新城、龙河卫生防疫部门开始对食品生产经营和餐饮单位卫生条件进行检查监督，对从业人员进行健康检查，核发卫生许可证和健康证。工商部门对食品生产经营和餐饮单位核发营业执照，定期开展食品质量执法检查。1990年，新城、龙河领取卫生许可证的食品生产经营单位计有43家，生产经营从业人员持健康证上岗率达90%。1995年10月对餐饮单位的卤菜及餐具进行随机监督采样检测，合格率达95%。2005年，镇食药监管办组织实施市食品放心工程方案，开展食品安全知识“进村”“进校园”“进企业”活动，举办培训班3期，开展宣传活动5次，悬挂横幅10条，并督促工厂集体食堂、学校食堂和个体餐饮摊点加强岗位卫生责任制，规范生产经营行为。2007年3月，全镇开展“创建扬州市食品安全放心消费乡镇”活动，对生产销售蔬菜、果品、茶叶等农副食品进行随机抽检，对商业餐饮生产经营的副食品、菜肴进行定期抽检。先后关停无卫生许可证的“黑作坊”3家，29家食品生产企业经过整改达到卫生许可标准，上岗操作人员持健康证率达100%，并建立食品原料进货台账，鲜熟食品保管、储存制度，杜绝使用地沟油，有毒有害添加剂加工食品。经过为期4个月的努力，创建成为扬州市食品安全放心消费镇。2008~2009年，对32家小吃店、29家熟食店、21家油坊、11家糕点店、8家茶叶生产销售单位和个人、9家豆制品厂及其他3家副食品生产加工单位，计113家进行抽检，产品质量合格率达97%，同时发出整改通知4份。当年，扬州食为天淮扬食品发展有限公司获得QC认证书。2010~2012年，全镇共举办食品安全培训班5期，参培人数240人次，张贴宣传标语300张，悬挂横幅12条，重点检查2家茶场和11家茶叶经销商店，茶叶合格率达98%，有4.5千克霉变茶叶被没收销毁。关闭新城、龙河生猪屠宰场，收缴有问题猪肉35千克。

2012年，镇政府印发《新城镇食品安全工作意见》，与村、街道签订《食品安全工作目标责任书》16份。至年末，建成标准化农家店（村级放心饭店）89家，厨师培训率和健康体检率达95%以上，收缴假冒伪劣酒近300瓶，食品质量监管工作得到加强。

三、药品监管

解放后，新城、龙河联合诊所及私商经营的药品归县卫生部门管理。60年代末，药品批发零售归口公社卫生院，药品质量由县卫生局监管。70年代，公社卫生防疫保健组开始监管商业零售药品。2000年起，私营零售药店增加，其监管工作改由镇科教文卫办公室负责。2005年镇食药监管办公室成立后，各村、街道配备1名药品质量监督协管员，并签订药品安全工作目标责任书。药品质量监管工作逐步走上正轨。2006年，对13个村卫生室、3家个体医疗诊所和5家零售药店进行检查，督促建立进货台账，严禁非正规渠道购进药品以及销售过期药品，建立健全药品安全管理责任制。2010年，群众举报姚某某无证开设口腔诊所，镇食药监督办查处后责令其停业办齐手续，姚拒不执行继续营业，后移交公安机关查处。2012年，先后举办药品安全培训班3期，参培人员有药品零售人员、村卫生室药房人员和村药品安全信息员共60多人次。建立镇卫生院、村卫生室和零售药店的药品统一供货配送网络，在重大节日期间开展药品安全检查活动。镇政府制订《新城镇药品安全事故应急预案》，并开展应急演练培训，初步建成覆盖全镇的药品安全监督网络，社会监督力度不断增强。

第十六章　政党　社团

民国17年（1928年）秋，新城地区设立国民党分部。民国28年（1939年）冬，中共仪征县委建立龙河区委，在龙河地区开展党的活动。民国29年（1940年）4月，龙河区委派遣党员、干部，先后组建成立龙王、凌桥等乡农抗会、妇抗会等群众团体，在斗争中发展中共党员。民国30年（1941年）春，中共仪征县委撤销二区区委，将原二区、五区区委合并成立二五区（龙河、朴席一带）区委，龙河一带各乡党支部陆续恢复活动。民国34年（1945年）3月，仪扬县委建立新城区委，先后在三将乡、三官乡、陈塘乡和蒋圩乡建立农抗会、妇抗会，开展党的活动，发展中共党员。民国36年（1947年），新城、龙河分别设为国民党第五、第十二分部，共有国民党员34人。

解放后，新城镇及今属镇域内的各乡相继建立党支部，开展党的组织建设和宣传教育工作。1956年10月新城乡党支部改为县委直属乡党支部。1957年3月，新城乡及龙河乡改建党委。2000年龙河乡党委撤销后并入新城镇党委。至2010年12月，镇党委先后召开15届党员代表大会，选举产生中共新城镇第一至十五届委员会，党的组织建设和党员队伍建设不断加强。2012年，新城镇党委下辖4个党总支部、95个党支部，共有共产党员1776人。党员在各条战线发挥先锋和模范带头作用，镇党委在改革开放、推动地方经济和社会持续发展、构建和谐社会以及生态文明进程中，充分发挥领导核心和组织保障作用。党的纪律检查、组织、宣传、统战和党校工作不断开拓创新。工人、农民、青年、妇女等社会团体，在镇党委领导下，根据自身特点，为服务经济和社会发展作出不懈努力。

第一节　中共新城镇地方组织

民国38年（1949年）1月，新城镇解放，人民政权建立，中共新城区委兼管新城镇党务工作。1951年10月，新城镇始建党支部，属新城区委领导。1957年10月，撤区并乡，新城乡改建党委。2000年4月因行政区划调整，撤销中共龙河乡委员会和中共十二圩镇委员会，并入中共新城镇委员会。2005年2月，原十二圩镇域党务工作划归十二圩办事处。至2012年，新城镇党委辖95个党支部，有党员1700多人。全镇各级行政部门、事业单位、群团组织和村组、民营企业均有共产党员，并建有党的组织。

一、党委会及其工作机构

中共新城镇委员会 1951年10月中共新城镇党支部成立，隶属中共仪征县新城区区委。1953年年初，新城镇改乡，改称中共新城乡党支部。1956年4月，撤销新城区委并入朴席区委，新城乡党支部隶属朴席区委。同年10月，新城乡划为县直属乡，新城乡党支部直属县委领导。1957年3月撤区并乡后，成立中共新城乡委员会，直属县委领导。徐绍文任党委书记，李文朝任副书记。1958年9月，改称新城人民公社党委，设党委第一书记、第二书记和书记等领导职务，并增设常务委员，负责党委日常工作，常委会由9人组成。吴有风任党委第一书记，张鼎银、高开明、徐绍文、徐有余、吴志保任书记。不久，并入滨江人民公社党委。1959年2月，撤销滨江公社党委，恢复成立新城公社党委，吴志保任第一书记，高开明任第二书记。

1966年"文化大革命"开始后，公社党委及基层党组织一度处于瘫痪状态，由公社人武部代行党委管理经济工作的职能。1968年4月，成立新城公社革命委员会，行使公社党委的部分职权。1969年10月，成立中共新城公社革命委员会党的核心领导小组，行使公社党委组织领导职权。

1970年4月，撤销公社革委会党的核心领导小组，恢复公社党委。魏富涛任党委书记，任通任副书记。1972年起，先后设立专职组织委员、宣传委员。1978年设立纪检科。

1981年7月，设立政法委员会。1983年4月，撤社建乡，建立中共新城乡委员会，党委会由书记、副书记、组织委员、宣传委员、纪检科长、妇联主任等7人组成。1988年3月，成立中共新城乡纪律检查委员会（以下简称乡纪委），纪委由5人组成，由党员代表大会选举产生，书记由党委副书记兼任，由上级纪委批准，副书记由乡党委任命，主持日常纪委工作。同年，党委会分设组织科和宣传科，科长由党委组织委员和宣传委员兼任，并开始设统战科。

1992年增设社会治安综合治理办公室。1994年1月，新城撤乡设镇，建立中共新城镇委员会。

2000年4月，先后撤销中共龙河乡委员会和中共十二圩镇委员会，并入中共新城镇委员会。新组建的中共新城镇委员会由宋玉朝、窦方年、孙章余、詹明祥、朱金宏、陆永余、吴春明、薛桂平、徐宏芳、赵兵、贾士清、屠新民、赵晓东、胡义贵、朱旭才等15人组成，宋玉朝任党委书记，窦方年、孙章余、詹明祥任副书记，党委原届次不变。中共新城镇纪律检查委员会由孙章余、胡义贵、赵金林、姚志荣、朱庆友等5人组成，孙章余任纪委书记，胡义贵任副书记。屠新民任组织科科长，赵晓东任宣传科科长，吴在云任统战科科长。2005年2月，原十二圩镇党务工作复又划出。

2012年年末，中共新城镇委员会由丁雪海、史素明、耿合元、于华广、薛桂平、吴金和、王秋月（女）、赵旭东、王林、李晓峰10人组成，丁雪海任党委书记，史素明、耿合元、于华广为副书记。中共新城镇纪律检查委员会由于华广、李晓峰、周云飞、俞少华、蒋媛媛（女）5人组成，于华广兼任纪委书记，李晓峰任副书记。党委会工作部门设有中共新城镇纪律检查委员会、政法委，以及组织科、宣传科、统战科等部门。

1958年9月至1960年4月，乡（公社）党委成员、党总支书记，均由县委任免。从1960年5月中共新城公社第二次代表大会起，每届党委成员由党员代表大会选举产生，书记、副书记由该届党委第一次全体会议选举产生，报县委任命。任期内人事变动，由县委任免。

1958~2012年新城镇历任党委书记副书记名录

表16-1

党委名称	职　务	姓　名	性别	任　职　时　间
中共新城人民公社委员会	第一书记	吴有风	男	1958.09～1958.10
	书记	张鼎银	男	1958.09～1958.10
		高开明	男	1958.09～1958.10
中共新城人民公社委员会	书记	徐绍文	男	1958.09～1958.10
		徐有余	男	1958.09～1958.10
		吴志保	男	1958.09～1958.10
	第一书记	吴志保	男	1959.03～1960.04
		高开明	男	1960.04～1966.11
		魏富涛	男	1966.11～1966.12
	第二书记	高开明	男	1959.03～1960.04
	副书记	汪述尧	男	1959.03～1959.08
		李文朝	男	1959.03～1963.04
		周永久	男	1959.03～1960.04
		魏富涛	男	1959.10～1966.11
		余振保	男	1960.04～1966.12
		董正道	男	1960.04～1966.12
		李龙保	男	1960.04～1962.08
		钱　斌	男	1965.06～1965.12
		彭鹤松	男	1966.05～1966.12
中共新城人民公社委员会	书记	魏富涛	男	1970.04～1974.03
		彭家德	男	1974.03～1976.06
		张玉林	男	1976.06～1983.05
	副书记	任　通	男	1970.04～1970.09
		张玉林	男	1971.01～1976.06
		钱　斌	男	1972.05～1983.04
		彭家德	男	1972.05～1974.03
		朱士顺	男	1976.06～1981.10
		胡明云	男	1976.06～1983.05
		陈恒柄	男	1981.10～1983.05

续表16-1

党委名称	职 务	姓 名	性别	任 职 时 间
中共新城乡委员会	书记	张玉林	男	1983.05～1987.04
		董志诚	男	1987.04～1987.10
		陈有云	男	1989.12～1992.10
		彭元才	男	1992.10～1994.01
	副书记	陈恒柄	男	1983.05～1990.12
		胡明云	男	1983.05～1984.07
		李明荣	男	1984.07～1986.07
		贾有福	男	1986.07～1994.01
		刘德平	男	1988.11～1994.01
		胡明云	男	1990.08～1994.01
		彭元才	男	1990.12～1992.10
		陆为民	男	1991.03～1992.03
中共新城镇委员会	书记	彭元才	男	1994.01～1996.09
		邵 卫	男	1996.09～1998.06
		王长田	男	1998.06～2000.04
		宋玉朝	男	2000.04～2003.09
		刘春华	男	2003.09～2006.05
		丁雪海	男	2006.05～
	副书记	贾有福	男	1994.01～1995.09
		刘德平	男	1994.01～2000.04
		胡明云	男	1994.01～1995.09
		邵 卫	男	1995.09～1996.09
		王长田	男	1996.09～1998.06
		朱 宏	女	1998.06～1999.08
		孙章余	男	1999.08～2006.02
		窦方年	男	2000.04～2003.01
		詹明祥	男	2000.04～2006.09
		朱金宏	男	2001.12～2006.03
		丁雪峰	男	2002.12～2004.01
		陈 军	男	2006.09～2009.04
		陈礼斌	男	2006.02～2012.02
		史素明	男	2009.06～
		耿合元	男	2011.01～
		于华广	男	2012.02～

中共龙河乡委员会　1948年8月，龙河解放，建立龙河镇人民民主政府，成立龙河镇党小组。1950年4月龙河镇改乡，改称龙河乡党小组。1951年5月，改建党支部。1957年3月撤区并乡后，成立中共龙河乡委员会，直属县委领导。王如桢任党委书记。1958年9月，改称中共龙河人民公社党委，王如桢任第一书记。不久，并入白羊公社党委。1959年3月，恢复中共龙河公社党委，王如桢任第二书记，徐庆宽任副书记。

1966年，"文化大革命"开始后，公社党委及基层党组织处于瘫痪状态。由公社人武部代行党委管理经济工作职能。1968年5月龙河公社革命委员会成立，代行部分党委职权。1970年1月，恢复龙河公社党委，沈坚任党委书记，孙健、丁在禄任副书记。1983年9月，政社分设后，成立中共龙河乡委员会，党委会由书记、副书记、组织委员、宣传委员、纪检科长等7人组成。1988年3月，成立中共龙河乡纪律检查委员会。同年，分别设立组织科、宣传科和统战科。2000年4月，龙河乡整建制并入新城镇，撤销龙河乡党委，其办事机构与新城镇党委合并，下辖的33个党支部及580名党员改由新城镇党委管理。

1958~2000年龙河乡历任党委书记、副书记名录

表16-2

党委名称	职　务	姓　名	性　别	任　职　时　间
中共龙河人民公社委员会	第一书记	王如桢	男	1958.09～1958.10
中共龙河人民公社委员会	第一书记	花永龙	男	1960.04～1965.08
		陈其怀	男	1965.08～1966.12
	第二书记	王如桢	男	1959.03～1960.04
	副书记	徐庆宽	男	1959.03～1966.12
		王光明	男	1959.11～1964.10
		李有照	男	1960.04～1966.02
		邬维宏	男	1960.04～1963.04
		赵月波	男	1961.03～1962.07
		刘西平	男	1963.04～1964.10
		赵孝清	男	1966.11～1966.12
中共龙河人民公社委员会	书记	沈　坚	男	1970.01～1972.12
		陆方东	男	1972.12～1976.06
		丁保华	男	1976.06～1980.04
		薛志洲	男	1980.04～1983.09
	副书记	孙　健	男	1970.01～1975.07
		丁在禄	男	1970.01～1970.07
		薛志洲	男	1972.07～1980.04
		马宏飞	男	1972.10～1975.03
		钱智敏	女	1975.01～1976.09
		徐　扬	男	1975.01～1978.10

续表16-2

党委名称	职务	姓名	性别	任职时间
中共龙河人民公社委员会	副书记	王道明	男	1975.07～1983.07
		忠守和	男	1975.12～1981.10
		王鹤平	男	1976.09～1982.05
		郑德兴	男	1980.04～1982.03
		马长宏	男	1981.10～1983.08
		周万鹏	男	1982.10～1983.09
		李兆森	男	1983.03～1983.09
中共龙河乡委员会	书记	吴长明	男	1983.09～1984.04
		丁志杉	男	1984.04～1984.08
		陈有云	男	1984.08～1989.12
		杨广荣	男	1989.12～1992.01
		牛长山	男	1992.01～1995.09
		高士云	男	1995.09～1996.09
		詹德智	男	1996.09～2000.04
	副书记	陈有云	男	1983.09～1984.08
		徐　斌	男	1983.09～1986.08
		王广富	男	1987.01～1987.10
		杨广荣	男	1987.10～1989.12
		袁明辉	男	1987.10～1989.03
		姜起宝	男	1987.10～1987.11
		尚炳林	男	1987.10～1989.05
		詹德智	男	1987.11～1996.09
		王帮云	男	1989.12～1990.08
		孙康惠	男	1990.08～1992.09
		刘金明	男	1992.10～1996.09
		李兆森	男	1993.12～1996.01
		窦方年	男	1996.09～2000.04
		张建庆	男	1996.09～2000.04

二、党的基层组织

党总支部 1958年11月，桃坞、冷红大队成立党总支部，1959年3月撤销。1992年7月，市委批准成立中共郁桥村党总支部，此为境内第一个村党总支部。1995年乡镇企业开展经济体制改革，新城建设工程公司党支部改建为党总支部。2000年4月，因行政区划调整，新增十二圩熊猫公司党总支部（2005年因区划调整复又划出），组建成立新城教育党总支部、南片工业党总支部。2002年，凌桥村党支部改建为党总支部。2005年2月，撤销教育、南片工业党总支部。2010年，非公有制企业——润扬机械有限责任公司党支部改建为党总支部。2012年年末，全镇有党总支部4个，辖9个党支部，有党员244人。

郁桥村党总支部　1992年1月建立，隶属于新城乡党委。初建时辖郁桥村农业党支部、工业党支部、砂石转运站党支部、砖瓦厂党支部和包装厂党支部5个党支部，有党员75人。1997年2月，调整为农业党支部和工业党支部。2012年，郁桥村党总支部辖2个党支部，103名党员，党总支书记董卫林。历任党总支书记有周全服、赵晓东、乔玉荣。

新城建设工程有限公司党总支部　1994年3月建立，隶属于新城镇党委。初建时辖公司第一工程队党支部、第二工程队党支部、第三工程队党支部、第四工程队党支部、第五工程队党支部、第六工程队党支部、第七工程队党支部和安装工程队党支部，有党员52人。2005年，所辖8个党支部调整为公司第一党支部和第二党支部。2012年，新城建设工程有限公司党总支部辖2个党支部，42名党员，党总支书记辛长龙。历任党总支书记有杨忠仁、张长元。

凌桥村党总支部　2002年4月建立，隶属于新城镇党委。初建时辖凌桥村第一党支部和第二党支部，党员58人。2012年，凌桥村党总支部辖2个党支部，65名党员，党总支书记周亮。历任党总支书记有詹存礼、任广才、张义山、吴金和。

润扬机械有限责任公司党总支部　2010年7月建立，隶属于新城镇党委。初建时辖公司弹簧车间党支部、活塞环车间党支部和钢桶车间党支部，党员36人。2012年，润扬机械有限公司辖3个党支部，34名党员。党总支书记陶维民。

党支部　解放初期，中共仪征县委大力推进党的基层组织建设，在基层政权中建立党支部或党小组。1950年9月除新城镇尚未建立党组织外，龙河乡建立党小组，三将、冷红、古都、桃坞、新北和凌桥、三茅等行政小乡分别建立党支部。1951年5月，龙河乡成立党支部，10月新城镇成立党支部。1957年10月，新城乡有党支部19个，龙河乡8个。1958年9月，成立人民公社后，生产大队都建立党支部。当年，新城、龙河公社共建立党支部30个。

1965年12月，新城公社党支部发展到23个，其中，农业生产大队14个，工业4个，公社机关、文教卫、商业各1个，驻乡单位2个。龙河公社有党支部13个，其中农业大队9个，工业2个、驻乡单位1个、公社机关1个。

1978年12月，新城公社党委根据党员数量及分布情况，在社办企业、机关部门及事业单位中增建党支部，当年党支部发展到30个，龙河公社有党支部25个。

1983年3月，生产大队改为村民委员会，原大队党支部改称村党支部，增设街道党支部。80年代后期，基层党组织建设重点逐步转移到乡镇企业，凡党员人数达到规定人数的企业，均成立党支部。1988年，新城、龙河乡工业企业党支部24个，比1980年增加11个。

1994年1月，新城撤乡建镇后，教办、各中小学、卫生院均建立党支部。至年末，新城、龙河共建立党支部76个，其中镇机关、教育、卫生及驻镇单位共15个，占19.74%。

2000年4月，龙河乡党委撤销并入新城镇党委后，新城镇党支部增至78个，其中农村25个、占32.05%，工业23个、占29.49%，私营企业党支部8个、占10.26%。至2008年12月，新发展私营企业党支部24个，比2000年增加16个，其中大中型企业10个。

2012年12月，全镇共建有党支部95个，其中农村14个、街道居委会4个、工业49个、镇机关7个、事业单位15个、驻镇单位6个。在集体企业中建党支部2个，在非公有制经济企业中建党支部47个，分别占党支部总数的2.11%和49.47%。

1950~2012年新城镇（含原龙河乡）基层党支部统计表

表16-3　　单位：个

年份	合计	农村	街道居委会	工业	商业服务业	镇机关	教育卫生	驻镇单位
1950	7	7	—	—	—	—	—	—
1951	9	8	—	—	—	1	—	—
1952	12	9	—	1	—	2	—	—
1953	14	10	—	1	1	2	—	—
1954	14	10	—	1	1	2	—	—
1955	16	11	—	1	1	2	1	—
1956	22	15	—	2	1	2	1	1
1957	27	18	—	3	1	2	1	2
1958	30	20	—	4	1	2	1	2
1959	32	21	—	5	1	2	1	2
1960	34	21	—	6	1	2	1	3
1961	38	23	—	7	1	2	2	3
1962	35	22	—	6	1	2	1	3
1963	35	22	—	6	1	2	1	3
1964	36	23	—	6	1	2	1	3
1965	36	23	—	6	1	2	1	3
1966	37	24	—	6	1	2	1	3
1967	37	24	—	6	1	2	1	3
1968	38	24	—	6	2	2	1	3
1969	39	24	—	7	2	2	1	3
1970	41	25	—	8	2	2	2	2
1971	41	25	—	8	2	2	2	2
1972	41	25	—	8	2	2	2	2
1973	46	29	—	9	2	2	2	2
1974	46	29	—	9	2	2	2	2
1975	51	32	—	10	2	2	2	3
1976	51	32	—	10	2	2	2	3
1977	52	33	—	10	2	2	2	3
1978	55	32	—	12	3	3	2	3

续表16-3

年份	合计	农村	街道居委会	工业	商业服务业	镇机关	教育卫生	驻镇单位
1979	55	32	—	12	3	3	2	3
1980	57	32	—	13	3	3	2	4
1981	57	32	—	13	3	3	2	4
1982	60	34	—	14	3	3	2	4
1983	60	27	2	17	3	4	3	4
1984	62	27	2	18	3	4	3	5
1985	63	27	2	19	3	4	3	5
1986	64	27	2	20	3	4	3	5
1987	73	29	2	24	4	5	4	5
1988	73	29	2	24	4	5	4	5
1989	73	29	2	25	4	5	3	5
1990	75	30	2	25	4	5	4	5
1991	77	30	2	26	4	5	4	6
1992	77	30	2	26	4	5	4	6
1993	76	29	2	26	4	5	4	6
1994	76	29	2	26	4	5	4	6
1995	77	29	2	27	4	5	4	6
1996	78	28	2	29	4	5	4	6
1997	77	28	2	28	4	5	4	6
1998	78	27	2	25	6	6	6	6
1999	78	27	2	25	6	6	6	6
2000	78	25	2	23	7	8	7	6
2001	85	25	2	25	7	9	8	9
2002	85	22	3	38	2	7	7	6
2003	86	22	3	38	2	7	7	7
2004	85	20	3	37	3	8	7	7
2005	85	20	3	37	3	8	7	7
2006	71	14	2	31	1	7	10	6
2007	71	13	2	31	—	7	14	4
2008	71	13	2	31	—	7	14	4
2009	71	13	2	31	—	7	14	4
2010	79	13	2	40	—	7	14	3
2011	85	13	2	45	—	7	14	4
2012	95	14	4	49	—	7	15	6

说明：驻镇单位为市镇双管单位

2012年新城镇各党（总）支部情况表

表16-4

党（总）支部名称		党员人数（人）	党支部书记
新城建筑公司党总支部	第一党支部	20	丁有顺
	第二党支部	22	陈有彩
润扬机械厂党总支部	弹簧车间党支部	10	陈宝军
	活塞环车间党支部	8	刘久群
	钢桶车间党支部	16	吴启祥
郁桥村党总支部	工业党支部	35	董卫林
	农业党支部	68	董卫林
凌桥村党总支部	第一党支部	33	周　亮
	第二党支部	32	周　亮
镇机关党支部		40	于华广
老干部党支部		45	胡明云
新城中学党支部		21	肖巨祥
新城小学党支部		32	施华康
龙河中学党支部		21	刘祖殿
龙河小学党支部		22	周福松
建管所党支部		8	毛恩元
农水党支部		21	赵立东
兽医站党支部		10	江义早
工商所党支部		10	周习军
邮电支局党支部		10	王秋月
地税分局党支部		13	戴玮东
派出所党支部		21	窦业波
广电站党支部		9	孙玉琴
国土所党支部		6	王仁林
新城卫生院党支部		9	刘跃明
龙河卫生院党支部		9	陈安俊
征用地办党支部		4	赵大东
城建中队党支部		9	马成保
交管所党支部		6	张永才
财政所党支部		10	严金福
招商办党支部		3	李庆生
三茅总站党支部		8	李国平
农村经济发展中心党支部		14	吴在兴
智新发展公司党支部		3	陈　勇

续表16-4

党（总）支部名称	党员人数（人）	党支部书记
新城街道党支部	35	曾福顺
龙河街道党支部	21	王正海
新北花苑社区党支部	4	韩乐谕
太平社区党支部	3	周　同
新城供销社党支部	20	罗　经
粮管所党支部	13	周　俊
桃坞村党支部	78	周加兴
新北村党支部	62	方宏标
林果村党支部	87	张万庭
新华村党支部	63	李晓忠
三将村党支部	140	印志奎
冷红村党支部	110	睢家庆
马坝村党支部	92	金　山
丁冲村党支部	75	周大林
周营村党支部	60	周连平
三茅村党支部	61	赵福存
官胜村党支部	64	王长明
三力活塞公司党支部	10	赵有平
机械厂党支部	12	赵有智
晶体管厂党支部	6	余启发
新城水厂党支部	8	周　权
包装公司党支部	9	陈恒忠
工艺厂党支部	8	吴志海
面粉厂党支部	5	陈德源
扬子石化公司党支部	4	张玉喜
龙河刀具厂党支部	1	马立春
龙河建机厂党支部	3	张有良
龙河铸造厂党支部	3	王　彬
龙河建筑公司党支部	5	王长林
泰安昌门窗实业有限公司党支部	7	曹吉全
飞虹特种钢桥有限公司党支部	10	魏德友
方达非织造布有限公司党支部	11	赵大宝
润扬桶业有限公司党支部	3	陶维民
恒丰无纺材料有限公司党支部	4	宜恒奇
华美包装厂党支部	4	端志伏

续表16-4

党（总）支部名称	党员人数（人）	党支部书记
明达玩具厂党支部	3	孔庆林
耐盾门窗有限公司党支部	1	陈世国
内燃机机件厂党支部	3	杨忠玉
纵横纺织机械有限公司党支部	6	韩齐钊
铋晟机械有限公司党支部	2	王庆军
黎明玩具厂党支部	3	杨恒信
起重设备厂党支部	3	乔庆华
佳乐灯具公司党支部	2	王庆军
同舟工艺品厂党支部	2	丁泽全
诚信包装制品厂党支部	2	陈　兵
汇鑫玻璃钢公司党支部	2	刘　凯
信一化纤公司党支部	2	王海平
润星化纤公司党支部	2	李晓峰
华帛纺织公司党支部	2	顾德明
万润薄膜公司党支部	2	张晶晶
宏鑫变压器公司党支部	3	石远清
普斯新能源科技公司党支部	3	刘　凤
佳和土工材料公司党支部	3	夏恒祥
兴源彩色印刷公司党支部	3	常广元
华远工贸公司党支部	3	薛桂平
中润建筑机械公司党支部	2	唐圣明
汇丰门窗公司党支部	3	孙庆胜
伟业食品公司党支部	2	屠新民
食为天维扬菜公司党支部	2	赵旭东
仪扬茶社食品公司党支部	3	赵　兵
绿能新型建材公司党支部	3	宋承高

三、党 员

数 量 新城北部地区包括龙河一带曾是抗日根据地，党的发展工作起步较早。据1950年9月14日统计，新城镇有中共党员2人，今属新城境内的三将乡17人、冷红乡32人、桃坞乡17人、新北乡29人，计97人。今属龙河地区的凌桥乡有中共党员36人，三茅乡30人、龙河乡3人，计69人。1951年起，新城镇及今属境内各行政小乡陆续成立党支部，开展党的组织发展工作，党员人数逐年增加。1956年，党员增加到461人，其中女性党员38人，当年新发展党员61人。1975年，党员人数首次突破千人，为1094人。1978年后，新发展党员人数和部队转业退伍军人中的党员逐年增多，每年新增党员在60人以上。1982年，新城、龙河共有党员1563人。1983年龙河公社划出7个生产大队，减少党员约430人。2001年，发展党员98人，为镇内发展党员人数最多的年份。2012年，全镇党员1776人，其中女性党员269人，当年新发展党员81人，党员人数占全镇总人口的3.7%。

分　布　新城镇党员分布面广，覆盖各行各业、社会各个层面，以农村党员所占比重居大，其次为工业系统、机关事业单位、商业服务业。1959年，农村党员比例达90.29%，1966年为86.09%，1979年为70.3%，1983年为50.43%，1990年上升为55.89%，1999年下降为50.1%。1959年工业党员比例为1.7%，1966年上升为3.7%，1979年比例提高到6.98%，1983年增至14.71%，1990年提高到18.84%，1999年下降为15.87%。1979年，科教文卫系统党员比例为4.56%，机关事业单位党员比例为10.33%。1983年，科教文卫占比为5.98%，机关事业单位党员占比为14.24%，与1979年相比，分别提高1.42个百分点和3.91个百分点。1999年，科教文卫和机关事业单位党员比例分别为4.83%、12.19%，与1983年相比，均有不同程度下降。2012年，新城镇农村党员959人，占54%，工业企业党员168人，占9.46%，行政机关党员59人，占3.32%，各类管理岗位党员172人，占9.68%，科教文卫系统党员71人，占4%，其他行业党员347人，占19.54%。

年龄结构　1950年，25岁以下、26～45岁、46～60岁和61岁以上4个年龄组党员人数占党员总数的比例分别是2.07%、50.26%、45.6%、2.07%。1960年，分别占1.42%、25.09%、71.18%、2.31%。1970年为1.52%、23.93%、63.35%、11.2%。与1950年相比，25岁以下党员的比例下降0.55个百分点，26～45岁年龄组的比例下降26.33个百分点，46～60岁年龄组的比例上升17.75个百分点，61岁以上党员比例上升9.13个百分点。2000年与1970年相比，25岁以下党员的比例上升0.91个百分点，26～45岁年龄组的党员比例上升0.27个百分点，46～60岁年龄组的比例下降21.8个百分点，61岁以上党员比例上升20.62个百分点。2012年，25岁以下党员40人，占党员总数的2.25%；26～45岁年龄组541人，占30.46%；46～60岁年龄组473人，占26.63%；61岁以上党员722人，占40.66%。与2000年相比，25岁以下组下降0.18个百分点，26～45岁组上升6.26个百分点，46～60岁组下降14.92个百分点，61岁以上组上升8.83个百分点。45岁以下党员总数比重明显下降，46岁以上党员占比明显上升，其中60岁及以上党员比重达40.65%，党员年龄渐偏老龄化。

文化程度　50年代，新城镇、龙河乡党员整体文化水平偏低。1959年，全镇587名党员中，仅有2名高中文化、21名初中文化水平，有376名党员为文盲，比例高达64.05%。至1970年前，新城、龙河党员中没有大专以上文化程度的党员。80年代以后，注重在科技人员、教育卫生人员中培养吸收共产党员，加之大批转业、退伍军人党员的转入，党员文化水平明显提高。1993年，全镇高中以上党员441人，占党员总人数的30.43%，其中大专以上15人，占1.04%。2012年，在全镇1776名党员中，大专以上文化程度党员364人（其中研究生6人、本科学历159人）、占20.49%，高中及中专510人、占28.72%，初中文化840人、占47.3%，小学以下62人、占3.49%。党员文化素质普遍提高。

1950~2012年新城镇(含原龙河乡)共产党员基本情况表

表16-5　　单位:人

年份	党员总数			年龄结构				文化程度				职业状况						
	合计	其中																
		女性	发展新党员数	25岁以下	26~45岁	46~60岁	61岁以上	大专以上	高中中专	初中	小学以下	工人	农民	干部	管理人员	科教文卫	商业服务	其他
1950	193	4	38	4	97	88	4	—	—	—	193	5	166	6	2	—	1	13
1951	217	5	36	3	98	107	8	—	—	—	217	6	177	10	3	—	2	19
1952	285	8	45	3	103	172	7	—	—	1	284	6	251	11	4	—	2	11
1953	309	17	51	4	121	177	7	—	—	3	306	4	284	12	6	—	3	—
1954	344	22	56	4	128	203	9	—	—	3	341	5	314	15	7	—	3	—
1955	383	31	59	5	133	237	8	—	—	8	375	5	353	13	8	—	4	—
1956	461	38	61	6	146	301	8	—	—	9	452	7	428	14	8	—	4	—
1957	488	41	62	6	159	313	10	—	1	12	475	6	445	21	11	1	4	—
1958	514	41	65	7	160	337	10	—	2	14	498	8	466	21	13	1	5	—
1959	587	59	66	8	158	409	12	—	2	21	564	10	530	23	16	2	6	—
1960	562	58	51	8	141	400	13	—	11	38	513	13	494	27	19	3	6	—
1961	551	47	48	9	147	384	11	—	13	42	496	19	482	25	17	3	5	—
1962	508	51	49	8	152	327	21	—	15	53	440	23	434	26	17	3	5	—
1963	567	55	53	8	148	386	25	—	17	54	496	24	487	28	18	4	6	—
1964	584	56	55	9	164	375	36	—	15	55	514	21	503	28	21	5	6	—
1965	612	61	62	9	168	388	47	—	19	69	524	22	523	31	24	5	7	—
1966	676	63	67	8	155	457	56	—	28	92	556	25	582	30	26	6	7	—
1967	689	67	72	10	158	454	67	—	42	134	513	27	585	32	30	7	8	—
1968	701	70	56	10	167	456	68	—	71	216	414	29	499	35	32	7	9	—
1969	718	71	61	9	170	467	72	—	93	342	283	31	598	38	35	7	9	—
1970	723	76	67	11	173	458	81	1	153	406	163	36	591	41	37	8	10	—
1971	691	68	65	12	163	440	76	—	142	391	158	37	549	45	40	8	12	—
1972	713	65	67	15	168	456	74	—	147	412	154	41	563	48	41	8	12	—
1973	827	78	61	27	214	491	95	1	153	398	275	56	647	46	40	16	18	4
1974	965	91	59	36	287	502	140	1	216	394	354	64	761	44	39	28	20	9
1975	1094	110	51	59	327	523	185	1	281	362	450	71	885	42	37	31	22	6
1976	1109	112	56	70	325	538	176	1	285	365	458	74	890	45	40	35	20	5
1977	1137	118	58	91	323	547	176	2	289	365	481	80	898	49	46	34	24	6
1978	1216	121	61	87	301	554	274	2	301	385	528	87	921	56	57	46	28	21

续表16-5

年份	党员总数			年龄结构				文化程度				职业状况						
	合计	其中																
		女性	发展新党员数	25岁以下	26～45岁	46～60岁	61岁以上	大专以上	高中中专	初中	小学以下	工人	农民	干部	管理人员	科教文卫	商业服务	其他
1979	1404	186	85	91	412	681	220	2	361	421	620	98	987	96	81	64	34	44
1980	1525	173	92	103	481	690	251	3	413	507	602	124	993	112	96	71	48	81
1981	1545	168	89	97	473	687	288	3	471	533	538	137	981	121	97	79	50	80
1982	1563	165	91	88	468	681	326	4	463	551	545	149	973	118	103	81	51	88
1983	1271	103	86	61	312	574	324	4	312	489	466	187	641	87	94	76	56	130
1984	1269	101	89	60	303	581	325	4	321	476	468	203	650	79	81	67	55	134
1985	1376	112	88	63	341	596	376	5	342	461	568	276	693	81	80	65	50	131
1986	1417	116	83	71	352	603	391	8	354	570	485	268	704	83	85	61	54	162
1987	1481	114	88	68	377	612	424	8	412	646	415	261	786	89	91	57	55	142
1988	1521	117	87	78	379	673	391	9	463	678	371	288	784	95	111	58	59	126
1989	1586	121	91	81	388	744	373	10	411	684	481	292	798	98	169	64	57	108
1990	1417	128	88	87	382	623	325	12	477	471	457	267	792	90	92	63	53	60
1991	1424	127	76	81	374	612	357	12	475	593	344	275	784	91	96	64	62	52
1992	1430	128	78	76	380	643	331	13	411	612	394	253	774	97	103	65	66	72
1993	1449	130	81	78	387	651	333	15	392	644	398	218	776	112	124	67	71	81
1994	1467	128	93	76	393	667	331	13	384	698	372	257	812	96	111	51	64	76
1995	1487	126	87	43	442	706	296	16	376	709	386	261	825	94	117	48	53	89
1996	1520	131	84	31	483	681	325	35	381	752	352	257	721	97	121	69	57	198
1997	1548	140	81	42	492	675	339	48	393	764	343	262	817	95	118	71	51	134
1998	1563	143	80	39	466	698	360	51	407	765	340	256	796	94	115	74	55	173
1999	1575	157	87	36	407	711	421	66	413	759	337	250	789	97	116	76	58	189
2000	1562	164	83	38	378	649	497	87	474	787	214	224	829	107	120	81	59	142
2001	1787	181	98	42	416	817	512	92	489	814	392	296	892	143	118	78	58	202
2002	1972	214	96	48	478	909	537	125	514	731	602	331	1051	198	95	61	40	196
2003	1950	217	94	49	463	845	593	133	517	645	655	315	1121	175	83	48	36	172
2004	1886	196	91	48	447	809	582	143	509	746	488	381	996	143	92	47	34	193
2005	1692	183	82	50	423	713	506	151	481	781	279	302	911	110	129	48	31	161
2006	1548	180	83	46	398	621	483	162	455	797	134	224	841	83	133	50	30	187
2007	1541	172	80	42	382	617	500	174	430	839	98	163	838	70	145	51	31	243
2008	1564	179	82	45	405	585	529	197	448	826	93	165	862	66	144	57	30	240

续表 16-5

年份	党员总数			年龄结构				文化程度				职业状况						
	合计	其中																
		女性	发展新党员数	25岁以下	26～45岁	46～60岁	61岁以上	大专以上	高中中专	初中	小学以下	工人	农民	干部	管理人员	科教文卫	商业服务	其他
2009	1597	187	81	43	451	576	527	213	451	830	103	169	884	67	152	60	21	244
2010	1670	209	80	42	474	512	642	274	471	829	96	170	898	67	161	65	11	298
2011	1714	250	82	41	495	491	687	317	489	827	81	172	948	68	176	68	—	282
2012	1776	269	81	40	541	473	722	364	510	840	62	168	959	59	172	71	—	347

四、党员代表大会

中共新城镇历次党代会 1958年9月19日召开的党员大会被确认为新城镇首次党员代表大会，至2012年，共召开十五次党员代表大会。

1958年9月19日，召开中共新城人民公社第一次党员大会，出席会议党员251人。大会宣布，经扬州地委批准，仪征县委任命公社党委书记、副书记名单，党委会设书记室、常委会、委员会。书记室由第一书记吴有风和书记张鼎银、高开明、徐绍文、徐有余、吴志保6人组成。常委会由吴有风、张鼎银、高开明、吴志保、徐有余、徐绍文、孙立俊、周永久、江述尧9人组成。党委委员会有吴有风、张鼎银、高开明、吴志保、徐有余、徐绍文、孙立俊、周永久、江述尧、赵卫中、严维俊、沈增寿、魏家信、陈永盛、王德坤、陈德宽、董正道、徐成志、余廷照、许金荣、聶培根、李文朝、刘文发、王家安、余正保、陈恒春、赵立群、魏富涛28人组成。此次大会被确认为首次党员代表大会。

1960年4月17日，召开中共新城人民公社第二次党员大会，出席会议党员276人。大会宣布县委任命决定：高开明任书记，李文朝、魏富涛、余振保、董正道、李龙保任副书记。党委委员会由7人组成。

1963年2月14日至22日，召开中共新城人民公社第三次党员代表大会，出席会议党员代表116人，列席人员18人。会议传达中共八届十中全会精神，学习中央《关于进一步巩固人民公社集体经济，发展农业生产的决定》和《农村人民公社工作条例》，以及省委、县委有关文件精神。

1970年3月10日至15日，召开中共新城人民公社第四次党员代表大会，出席会议党员代表137人，列席人员23人。会议选举产生中共新城公社第四届党委会，选举魏富涛为书记，任通为副书记。

1972年5月25日至30日，召开中共新城人民公社第五次党员代表大会，出席会议党员代表116人。会议选举中共新城公社第五届党委会，委员会由魏富涛、张玉林、钱斌、彭家德、彭鹤松、董正道、刘红、陶有才、张存德、周自强、赵清、胡明云、周家美（女）13人组成。魏富涛为书记，张玉林、钱斌、彭家德为副书记。

1978年11月15日至21日，召开中共新城人民公社第六次党员代表大会，出席会议党员代表153人。会议选举张玉林、朱士顺、胡明云、钱斌等9人为中共新城公社第六届党委会成员，选举张玉林为书记，朱士顺、胡明云、钱斌为副书记。

1981年1月29日至2月6日，召开中共新城人民公社第七次党员代表大会，出席会议党员代表162人，会议选举张玉林、朱士顺、钱斌、胡明云、赵清、张存德、孟子云、周自强、宋鹏飞、陶有才、陈富祥、彭藩等13人为中共新城公社第七届党委会成员，选举张玉林为书记，朱士顺、钱斌、胡明云为副书记。

1984年7月24日至30日，召开中共新城乡第八次党员代表大会，出席会议党员代表171人，会议选举张玉林、李明荣、陈恒炳、贾有福、郭光东、史广余、石远龙、杨惠珍（女）、朱士顺9人为中共新城乡第七届党委会成员，选举张玉林为书记，李明荣、陈恒炳为副书记。

1988年3月10日至14日，召开中共新城乡第九次党员代表大会，出席会议党员代表90人。董志诚作乡党委工作报告，大会差额选举董志诚、李明荣、陈恒炳、贾有福、郭光东、史广余、石远龙、杨惠珍（女）、朱士顺9人为中共新城乡第九届委员会委员，选举贾有福、朱福海、郭光东、曾永贵、赵国涛5人为中共新城乡首届纪律检查委员会委员。选举董志诚为党委书记，陈恒炳、贾有福为副书记，选举贾有福为纪委书记、朱福海为纪委副书记。选举张玉林等9人为出席市第七次党代会代表。

1991年3月5日至7日，召开中共新城乡第十次党员代表大会，出席会议党员代表91人。陈有云作《解放思想、改革开放、全面开创新城乡各项工作新局面》的乡党委工作报告。大会选举陈有云、彭元才、胡明云、贾有福、刘德平、曾永贵、陈玉高、陆永余、杨惠珍（女）9人为中共新城乡第十届委员会委员，选举陈有云为党委书记，彭元才、胡明云、贾有福、刘德平为副书记。贾有福兼任纪委书记、朱福海为纪委副书记。选举陈有云等9人为出席市第八次党代会代表。

1994年1月14日至17日，召开中共新城镇第十一次党员代表大会，出席会议党员代表95人。彭元才作《转变观念、调整结构、夺取新城镇社会主义现代化建设新胜利》的党委工作报告。大会选举彭元才、贾有福、胡明云、刘德平、曾永贵、陈玉高、陆永余、赵晓东、杨惠珍（女）9人为中共新城镇第十一届委员会委员，彭元才为党委书记，贾有福、胡明云、刘德平为副书记，胡明云兼任纪委书记，朱福海为纪委副书记。选举彭元才等9人为出席市第九次党代会代表。

图16-1　新城镇第十二次党代会（摄于1997年）

1997年1月15日至16日，召开中共

新城镇第十二次党员代表大会，出席会议党员代表102人。邵卫作《深化改革、加快发展、为把新城镇建成经济强镇、工业重镇而努力奋斗》的党委工作报告。大会选举邵卫、刘德平、王长田、马广勤、陈玉高、陆永余、朱宏（女）、崔学峰、赵晓东、屠新民、杨惠珍（女）11人为中共新城镇第十二届委员会委员，邵卫为党委书记，刘德平、王长田为副书记，王长田兼任纪委书记、朱福海为纪委副书记。选举邵卫等9人为出席市第十次党代会代表。

2001年12月12日至13日，召开中共新城镇第十三次党员代表大会，出席会议党员代表120人。宋玉朝作《解放思想、与时俱进、强力推进富民强镇》的党委工作报告。大会选举宋玉朝、窦方年、孙章余、詹明祥、朱金宏、陆永余、屠新民、詹玲（女）、胡义贵9人为中共新城镇第十三届委员会委员，宋玉朝为党委书记，窦方年、孙章余、詹明祥、朱金宏为副书记；孙章余、胡义贵、赵金林、姚志荣、朱庆友5人为纪委委员，孙章余兼任纪委书记、胡义贵为纪委副书记。

2006年3月30日，召开中共新城镇第十四次党员大会，出席大会应到党员1306人，实到1178人。刘春华作《弘扬发展旋律、突出富民主题、为建设生态型现代工业重镇而努力奋斗》的党委工作报告。大会采用无记名投票、直接差额选举的方式，选举中共新城镇第十四届委员会由刘春华、詹明祥、陈礼斌、屠新民、薛桂平、詹玲（女）、耿合元、吴金和、王德斌9人组成，刘春华为党委书记，詹明祥、陈礼斌为副书记。中共新城镇纪律检查委员会由朱庆友、吴金和、陈礼斌、俞少华、姚志荣5人组成，陈礼斌为纪委书记、吴金和为纪委副书记。

图16-2 新城镇第十四次党代会第二次会议（摄于2011年）

2011年3月26日至27日，召开中共新城镇第十五次党员代表大会，出席会议党员代表85人。丁雪海作《转型升级、跨越争先、全面加快汽车名镇建设步伐》的党委工作报告。大会选举丁雪海、史素明、陈礼斌、耿合元、薛桂平、吴金和、王秋月（女）、赵旭东、王林9人为中共新城镇第十五届委员会委员，丁雪海为党委书记，史素明、陈礼斌、耿合元为副书记。陈礼斌、吴金和、周云飞、俞少华、蒋媛媛（女）为中共新城镇纪律检查委员会委员，陈礼斌为纪委书记，吴金和为纪委副书记。

图16-3 新城镇第十五次党代会第一次会议（摄于2011年）

中共龙河乡历次党代会　1958年龙河公社召开首次党代会，至1999年年底，龙河乡共召开十次党员代表大会。

1958年2月7日，召开中共龙河公社首次党代会，出席会议代表112人，会议上宣布经扬州地委批准，仪征县委任命王如祯为党委第一书记。

1960年4月17日，召开中共龙河公社第二次党代会，出席会议代表136人。经扬州地委批准，仪征县委任命花云龙为党委书记，徐庆宽、王光明、李有照、邬维宏为副书记。

1970年1月21日，召开中共龙河公社第三次党代会，出席会议代表141人。会议选举沈坚、孙健、丁在禄、薛志洲、郭应洲、周宏书、邬维宏、徐斌、王德才9人为第三届党委会委员，沈坚任党委书记，孙健、丁在禄为副书记。

1976年10月11日，召开中共龙河公社第四次党代会，出席会议代表138人。会议选举丁保华、薛志洲、忠守和、徐扬、王道明、王鹤平、董正道、徐斌、郭应洲、夏武军、孙元庆11人为第四届公社党委会委员，丁保华为党委书记，薛志洲、忠守和、徐扬、王道明、王鹤平为副书记。

1981年1月15日，召开中共龙河公社第五次党代会，出席会议代表187人。会议选举薛志洲、忠守和、王道明、王鹤平、郑德兴、郭应洲、夏武军、徐庆宽、汤泉、朱士德、朱勇、赵志山、夏永珍（女）13人为第五届党委会委员，薛志洲为党委书记，忠守和、王道明、王鹤平、郑德兴为副书记。

1984年7月21日，召开中共龙河乡第六次党代会，出席会议代表70人。会议选举陈有云、徐斌、杨广荣、宋鹏飞、詹德智、郭恩如、潘宗桂、姚志明、夏永珍（女）9人为第六届党委会委员，陈有云为党委书记，徐斌、杨广荣为副书记。选举陈有云、贾如玉、詹德智、沈超、吴长山、赵巨和、潘芝信、刘业8人为出席县第六次党代会代表。

1988年3月11日，召开中共龙河乡第七次党代会，出席会议代表80人。会议选举陈有云、杨广荣、袁明辉、尚炳林、詹德智、郭恩如、潘宗桂、姚志明、夏永珍（女）9人为第七届党委会委员，陈有云为党委书记，杨广荣、袁明辉、尚炳林、詹德智为副书记，詹德智兼纪委书记，郭恩如为纪委副书记。选举陈有云等8人为出席市第七次党代会代表。

图16-4　龙河乡第七次党代会
（摄于1988年）

1991年3月1日，召开中共龙河乡第八次党代会，出席会议代表70人。会议选举杨广荣、孙康惠、吴在云、赵兵、赵广昌、赵金林、姚志明、夏永珍（女）、詹德智9人为第八届党委会委员，杨广荣为党委书记，孙康惠、詹德智为副书记，马长宏为纪委书记。选举王惠华、孙来祥、杨广荣、周亚信、夏永珍（女）、郭秀芳（女）、詹德智等7人为出席市第八次党代会代表。

1994年1月14日至15日，召开中共龙河乡第九次党代会，出席会议代表73人。会议选举牛长山、詹德智、刘金明、李兆森、姚志明、赵广昌、吴春明、赵兵、吴在云9人为第九届党委会委员，牛长山为党委书记，詹德智、刘金明、李兆森为副书记。选举刘金明、赵金林、赵兵、李加宝、郭秀芳（女）为中共龙河乡纪律检查委员会委员，刘金明为纪委书记，赵金林为纪委副书记。选举牛长山等8人为出席市第九次党代会代表。

1997年1月23日，召开中共龙河乡第十次党代会，出席会议代表74人。会议选举詹德智、窦方年、张建庆、姚志明、吴春明、薛桂平、贾锡梅（女）、赵兵、吴在云为中共龙河乡第十届委员会委员，詹德智为党委书记，窦方年、张建庆为副书记。选举张建庆、赵金林、赵兵、郭秀芳为中共龙河乡纪律检查委员会委员，张建庆为纪委书记，赵金林为纪委副书记。选举詹德智等9人为出席市第十次党代会代表。

五、党委工作

组织工作 解放后，党的组织建设工作的主要任务是建立党的基层组织，培养入党积极分子，吸收发展新党员，同时，加强党员队伍的思想建设。1950年，在民主建政和土地改革运动中，培养和吸收乡村干部、民兵和阶级觉悟高的贫、雇农入党。1954年，在宣传党的过渡时期总路线，贯彻落实仪征县委“一化三改造”和农业合作化、粮食统购统销工作中，涌现出大批要求入党积极分子。经过党组织考验与培养，对其中阶级成分好、个人历史清白的优秀人员发展成为党员，并在新建立的农业生产合作社建立党支部或党小组。到1956年，新城乡、龙河乡共新建党支部15个，党小组37个，发展新党员346人。

1960年6月，全县开展以反贪污、反浪费、反官僚主义为中心的整风运动，调整农业政策，调整社队工业，精简职工。党组织发展趋向调整、稳定阶段，执行“有重点、个别发展”的方针，吸收出身好、表现积极的优秀分子入党。至1965年，新城公社、龙河公社共新建党支部2个，发展新党员318人。“文化大革命”开始后，党的组织建设处于停滞状态。

1978年以后，贯彻“坚持标准、保证质量、改善结构、慎重发展”的方针，重点在工业、农业生产第一线有文化的青年职工、农民和妇女中发展党员，并逐步向知识化、年轻化方向发展。至1988年，新建党支部18个，党小组11个，发展新党员384人。其中，高中以上学历186人，占新党员总数的48.44%；工人、农民311人，妇女68人，分别占80.99%、17.71%。其间，1985年8月，新城乡和龙河乡贯彻中共中央关于整党的决定，62个党支部、1269名党员分四批开展整党工作。各级

图16-5 党员重温入党誓词 （摄于2011年）

党组织和全体党员对照整党要求自查自纠，重点查找“文化大革命”中的“打砸抢”问题。在整党后期进行党员登记，有2名党员被列入暂缓登记。1989年，开展评议不合格党员工作，通过评议，评出优秀党员131人，占8.26%，不合格党员2人，占0.13%。此后，每年都开展民主评议党员活动。

1990年以后，随着农村经济的发展，企事业单位党员逐年增多，党员队伍不断扩大，基层党支部也有所增加。市驻乡单位如公安派出所等党支部，也接受乡党委领导。至1999年，新建党支部3个，发展新党员158人。

2000年起，新城镇党委在抓好小康建设先行村党支部创建和后进村党支部转化过程中，围绕增强凝聚力，提高战斗力的目标，适当调整部分行政村区划，精简村级党政干部。2003年，新城镇党委将党员发展工作的重心前移，抓源头建设，培养入党积极分子，优先把生产一线工人、农民、知识分子中的先进分子列为发展对象，实行一对一培养，并召开党内外座谈会对其思想品德、业务能力、工作实绩、入党动机等方面的表现进行民主测评，当场公布测评结果，发挥群众民主监督作用，提高党建工作民主化，保证新党员的政治质量。并开始在非公有制企业中建立党支部。至2012年，全镇新建党支部14个，发展新党员201人。2012年，新城镇党委被江苏省委组织部授予“创先争优、科学发展、争一流先进基层党组织”称号。

新城镇（含原龙河乡）历任党委组织委员（组织科长）名录

表16-6

新城镇		龙河乡	
姓　名	任职时间	姓　名	任职时间
夏锦义	1958.08～1958.08	徐庆宽	1958.08～1960.04
郭恩华	1958.08～1959.09	朱士德	1960.04～1972.09
李文朝	1959.09～1959.10	邵学桃	1972.09～1978.09
董正道	1959.10～1963.07	朱士德	1978.09～1981.09
徐天福	1963.07～1965.08	鸦正安	1981.09～1983.10
郭应洲	1965.08～1969.09	詹德智	1983.10～1985.09
董正道	1969.09～1972.05	潘宗贵	1985.09～1989.02
胡明云	1972.05～1974.08	赵　兵	1989.02～2000.04
陶有才	1974.08～1978.10		
宋鹏飞	1978.10～1983.05		
贾有福	1983.05～1986.09		
郭光东	1986.09～1991.01		
陆永余	1991.01～1995.10		
屠新民	1995.10～2010.04		
王　林	2010.04～		

宣传工作　解放初期，各镇、乡党组织围绕土地改革，抗美援朝，镇压反革命，农业合作

化运动开展宣传教育活动。1957年撤区并乡后，乡党委设专职宣传干部。1958年起，掀起宣传建设社会主义总路线、人民公社和大跃进“三面红旗”的热潮，助长浮夸风、平调风的蔓延。1962年年初，宣传贯彻中央《农村人民公社工作条例》，开始纠正一些不切实际的过头宣传。1963年开始社会主义教育运动，竭力宣传两个阶级、两条路线的斗争，提出“阶级斗争一抓就灵”，导致左的错误不断发展。1964年，掀起学习毛泽东著作热潮，公社、大队和生产队以及企事业单位都成立学习小组，举办各种类型的讲用会、报告会，党员、群众不同程度地提高了思想觉悟。

“文化大革命”期间，宣传工作主要是配合清理阶级队伍，“活学活用”毛泽东思想，批林批孔、反击右倾翻案风，农业学大寨等政治运动，学习无产阶级专政下继续革命理论。

1978年后，公社、大队党员干部分期分批参加县委集训、轮训，清除“左”的思想。宣传教育围绕党的路线、方针、政策和坚持四项基本原则展开，进村入户宣传新时期党的基本路线，使之深入人心。

80年代，组织党员干部学习中共中央关于农村改革的政策文件，宣传总结农业各种形式的联产承包经验和做法。1983年3月，新城乡制订并公布实施《乡规民约》。1984年学习中央《关于经济体制改革的决定》。1986年组织学习中央《关于社会主义精神文明建设指导方针的决议》，开展“五讲四美三热爱”（讲文明、讲礼貌、讲道德、讲卫生、讲秩序，心灵美、语言美、行为美、环境美，热爱共产党、热爱祖国、热爱社会主义）宣传教育活动，开展创建文明村、“五好家庭”（思想政治好、工作好、团结好、勤俭节约好、移风易俗好）和文明单位活动。1983年至1989年，新城、龙河乡共创建仪征市级文明村48个、“五好家庭”137个，受表彰双文明单位9个，双文明村6个，双文明户1个。同期还开展法制宣传教育，1986年开始第一个五年普法教育，新城、龙河乡乡机关党员干部参加市委的集中学习共有126人次。

图16-6 龙河乡社会主义思想教育动员会（摄于1990年）

图16-7 党员干部集中学习教育会（摄于2012年）

1990年起，开展社会主义思想教育活动，贯彻党的基本路线、方针和政策，宣传农业结构调整、工业优化升级、培养发展新亮点、外向型经济、现代化小城镇建设、重大基础设施建设等方面的先进典型和优惠政策。1995年，开展学习宣传孔繁森活动，提高党员干部全心全意为人民服务的自觉性。宣传民主法制，引导党员干部增强法制观念，提高执法水平，依法行政、依法办事、依法治镇。宣传计划生育和社会治安综合管理法律法规和取得突出成绩的先进单位和个人，营造积极向上、比学赶帮的和谐社会。1998年12月，开展以“三讲”（讲学习、讲政治、讲正气）为主要内容的党性党风教育活动。

2000年9月，镇党委召开现代农民教育工程动员大会，要求广大党员干部和职工群众通过学习成为有文化、懂技术、善经营、守法规的跨世纪公民。2001年，在全镇开展中共十六大精神和“三个代表”重要思想学习教育活动，党员宗旨观念和党性觉悟明显提高，先后在《仪征日报》《扬州日报》和《新华日报》上发表新闻报道稿件60余篇。2002年，镇党委在全镇开展公民道德教育读书活动，要求读好《公民道德读本》《公民道德教育知识三百题》两本书，并举办2场公民道德教育知识竞赛活动，有400多人参加。2005年，全镇深入开展保持共产党员先进性教育活动，新城镇先后获省、扬州市“文明镇”称号。新城中学党支部书记、校长方江在仪征市委举办的全市共产党员先进性教育活动典型事迹报告会上作宣讲报告。2009年起，围绕仪征建设汽车名城和上海大众30万辆整车项目落户新城开展宣传教育活动，引导广大党员干部凝聚战斗力、发挥先锋模范作用，服务汽车名城建设和上海大众整车项目建设。2012年6月，新城镇党委、镇政府被扬州市委、市政府评为服务上海大众整车项目建设先进单位。

新城镇（含原龙河乡）历任党委宣传委员（宣传科长）名录

表16-7

新城镇		龙河乡	
姓　名	任职时间	姓　名	任职时间
郭恩荣	1957.09～1958.08	基良坤	1959.11～1960.04
许金荣	1958.08～1959.09	夏武军	1960.04～1968.04（副职主持工作）
陈永盛	1959.09～1963.02	夏武军	1968.04～1979.09
嵇德昌	1963.02～1971.04	周官林	1979.09～1987.06
周自强	1971.04～1981.04	陈华书	1987.06～1988.11
史广余	1981.04～1987.05	赵金林	1988.11～1992.11
刘德平	1987.05～1989.01	吴在云	1992.11～2000.04
赵晓东	1989.01～2001.12		
詹　玲	2001.12～2008.03		
赵大东	2008.03～2010.03（副职主持工作）		
王秋月	2010.03～		

纪检监察工作　解放初期，党内监察工作由各乡党支部负责，主要配合开展“三反”（反贪污、反浪费、反官僚主义）、“五反”（反偷税漏税、反行贿、反偷工减料、反盗骗国家财产、反盗窃国家经济情报）等政治运动。在运动中，因贪污、腐化堕落、丧失立场、渎职、违反政策法令等受党纪处分12人，其中开除党籍2人，留党察看3人，警告7人。在农业合作化运动和统

购统销工作中，着重查处包庇地主富农、丧失阶级立场、贪污腐化、强迫命令等违纪行为，对4名党员违纪案件作出纪律处分。在1957年整风反右和1959年的“反右倾”运动中，一些党员干部受到错误处理。1961年起根据中央指示，对受到批判和处分的党员干部进行甄别，予以平反或重新结论。1964年，在社会主义教育运动中，对违纪党员干部作出组织处理，开除党籍2人，留党察看4人，受警告6人。“文化大革命”开始后，党的监察工作停止，一批党员干部受到冲击，受到错误处分，有的被开除党籍。

1978年中共十一届三中全会后，复查“文化大革命”中的冤假错案，新城、龙河共平反纠错71件，撤销党员处分13人。

1983年，中纪委《公开信》发表后，乡党委重点检查党员干部在建房中的不正之风。龙河乡查处违纪案件5起，新城乡有1名党员干部违规建房受到留党察看一年的处分。1985年在整党整风运动中，新城乡有3名党员因贪污受贿、违反计生政策超生、违章建房等受到党纪处分。龙河乡有2名党员因赌博造成恶劣影响受到记大过处分。

90年代，纪律检查工作主要督促机关、企事业单位党员领导干部遵守和执行党和国家法律法规、奉公守法、廉洁自律，对领导干部用公款安装住宅电话和购置移动电话、寻呼机、摩托车等情况进行清理登记，按规定进行纠正处理。1995年起，镇政府成立监察室，与纪委合署办公，开始清理行政村及村民小组财务收支状况，审计镇（乡）办企业，回收个人占用集体资金136万元，受理来信来访31件次，立案查处党员干部违纪案件6件，处分违纪党员干部4人，其中开除公职1人，留党察看3人。

2000年开始，镇党委把党风廉政建设作为首位工作来抓，要求党员干部廉洁自律，不行贿受贿、不挥霍浪费、不攀比讲排场，敢于向歪风邪气作斗争。2001年3月，印发《关于取消村级招待费开支的规定》，规定村账不得报支招待费发票单据，也不准以其他票据报销冲账。12月，印发《关于基层站所党风廉政建设的若干规定》，要求实行政务公开，禁止挥霍浪费，利用职权和工作之便谋取不正当利益，实行个人重大事项报告制度。2001~2003年，制止购买高档公务用车、国内旅游等奢侈浪费现象5起，节约经费60多万元。清理通讯工具，将公费住宅电话和移动电话全部折价归个人，实行电话费定额包干，每年节约话费约4万多元。取消公务用车，实行交通费补助给个人，包干使用。2004年，建立诫勉谈话制度，先后对6名村级干部违规建房进行诫勉谈话，使其迅速纠正错误，挽回不良影响。2005年年初，制订《新城镇建设工程廉政管理规定》，规定50万元以上工程项目必须履行招投标程序，同时实行跟踪监察与审计。8月，开展“遵守党章、执政为民”主题教育，推进廉政文化“六进”（进

图16–8 党员干部预防职务犯罪集中教育活动（摄于2011年）

机关、农村、企业、社区、校园、家庭）活动。镇党委在开展共产党员先进性教育活动中，制订党风廉政建设和反腐倡廉具体规定和考核办法，对征地拆迁、镇村干部作风等方面进行专项教育和整治。全年立案查处违纪党员干部6人，调查处理群众来信来访23件。2010年，镇党委制订《关于党委成员“十要、十不要”的规定》，要求党委领导干部遵纪守法，按党员干部标准约束、规范自己，主动接受监督。2011年，新城镇先后被评为预防职务犯罪先进单位，全市纪检监察工作先进单位。2012年，开展“双争一保”主题教育实践活动，重点解决党员干部廉洁自律和工作作风等方面问题，开展“反腐倡廉制度执行年”活动，推动制度落实。

新城镇（含原龙河乡）历任纪委书记、监察室主任名录

表16-8

新城镇				龙河乡			
纪律检查委员会书记		监察室主任		纪律检查委员会书记		监察室主任	
姓名	任职时间	姓名	任职时间	姓名	任职时间	姓名	任职时间
朱福海	1987.12～1988.03	朱福海	1995.05～1996.06	詹德智	1988.03～1989.12	赵金林	1995.05～2000.04
贾有福	1988.03～1990.12	程宝林	1996.06～1996.12	马长宏	1989.12～1994.01		
彭元才	1990.12～1991.03	邓开明	1996.12～1998.12	刘金明	1994.01～1996.10		
贾有福	1991.03～1994.01	崔学勇	1998.12～2000.05	张建庆	1996.10～1997.12		
胡明云	1994.01～1995.09	赵金林	2000.05～2008.03	王德辉	1997.12～2000.04		
刘德平	1995.09～1997.12	缪　标	2008.03～2009.04				
王长田	1997.12～1998.07	任　灏	2009.07～2009.08				
朱　宏	1998.07～1999.09	李晓峰	2012.04～				
孙章余	1999.09～2006.03						
陈礼斌	2006.03～2012.02						
于华广	2012.02～						

政法工作　1991年2月，新城、龙河乡分别成立社会治安综合治理领导小组办公室（简称综治办），乡党委分管政法工作的副书记兼任综治办主任。1997年8月，新城镇和龙河乡分别成立依法治镇（乡）领导小组，镇乡党委书记兼任领导小组组长。2006年5月，陈礼斌任政法委书记。2012年，镇党委书记丁雪海兼任依法治镇领导小组组长。薛桂平任政法委书记，兼任镇综治办主任。办公地址均在镇政府大楼内。

社会治安综合治理　1983年起，在开展严惩经济犯罪和刑事犯罪斗争中，新城、龙河乡党委集中宣传、司法、教育、人武部等部门与公安派出所联合作战，对社会环境进行系统地治理整顿。1986年强化对旅馆、收旧、印刷等特种行业的管理。整顿公共场所秩序，查处盗窃、流氓、赌博、涉娼案件，使农村治安环境大为好转。1989年，新城、龙河乡相继成立治安联防队，与乡派出所合署办公。1991年，联防队增至12人，协助公安机关查处刑事案件31起，治安案件181起，制止流氓斗殴7起，查禁赌博81场，调解纠纷17起，督促52家企业单位落实

治安和安全整改措施。1993年，按照仪征市统一部署，在干道公路开展打击车匪路霸、整治外籍违章车辆的统一行动和以“破大案、攻积案、挖团伙、追逃犯”为重点的冬季侦破攻势，破获案件13起，抓获犯罪分子7人，其中“三逃”（负案在逃、刑拘在逃、批捕在逃）人员2人。收缴枪支52支。1994年，各村相继成立护村队、治安联防室，一些镇乡办企业和学校成立护厂、护校队，筑构起社会治安防控体系，并建立健全各项治保规章制度。1996年起，新城镇、龙河乡开展创建安全文明镇乡村、企业活动，1999年，新城镇形成“一个卡口、一支专业夜巡队、一张村级防控网”治安防控体系。新城、龙河共有联防队118支747人。2000年因征地拆迁社会矛盾增多，各级防控治保组织超前做好群众思想工作，确保招商引资项目顺利开工建设，全年共调处各类矛盾138起，没有发生群体越级上访事件。继续开展“创安”活动，工业、建筑业企业普遍配备专（兼）职安全员，实行安全生产一票否决制。在交通要道口、居民小区、街道和村设立报警亭11个，报警点373个。定期对特种行业、公共场所、流动人口聚集地、消防设施进行专项检查，并与各村、学校和工厂企业等责任单位签订年度社会治安责任书，建立“一村一橱、一组一档、一户一表”综合治理档案。2003年，全镇开展创建“平安镇村”活动，建立社会治安维稳机制和制度。治安防控体系建设进一步发展，除镇建有一支6~8人专业夜巡队外，每个村建有一支保安队，形成以110报警服务台为龙头、治安卡口为依托、公安民警与专业夜巡队为主体的社会治安防控体系。当年在街道、住宅小区、机关单位、企业、学校安装简易报警装置、监控探头等技防装置。2005年，成立社会矛盾纠纷调处中心，当年受理各类矛盾纠纷217件，调处成功210件，成功率达96.77%。2007年，从解决民生问题入手，重点解决老百姓关心的22个突出问题，群众满意率达98%。2010年，建成新城镇社会管理服务中心和13个村社会管理服务站，开展便民服务。制订农民集中居住区社会化管理工作意见，实现镇村网络化服务方式。同时，改进工作作风，及时受理群众诉求、来信来访，使社会矛盾消除在萌芽阶段。积极推进创建平安企业、校园、家庭、交通活动，创建省级放心消费乡镇活动，消费者满意度普遍提高。2005~2011年，投入技防资金60多万元，新增9个防盗摄像探头，12家企业建立技防系统，在新华、三茅、丁冲、周营村设立视频监控点。全镇技防入户3457户，街道商户20家，技防达标小区1个。375个村民小组配备综治信息员，定期上报社情信息，形成群防综治信息网体系。2012年，新城镇被评为省安全文明乡镇，连续三年被评为扬州市社会治安综合治理先进单位、社会治安安全乡镇和平安仪征建设先进集体。

依法治镇　1996年，在市委、市政府统一部署下，新城镇和龙河乡相继开展依法治镇（乡）工作，制订并印发1997~2000年依法治镇（乡）规划。深入开展法制宣传教育，邀请市普法讲师团为在校中学生上法制课。1999年，实施行政、企业和行业“三大教育工程”，副乡（科）级以上5人参加市干部培训班学法，镇举办企业领导学法培训班3期，培训78人，各类行业学法培训班12期，培训骨干136人，发放普法教材、宣传材料500多份。2001年9月，新城镇印发《2001~2005年依法治镇实施细则》，在郁桥村进行“民主法制村”试点，加强社会主义民主法制建设，严格依法行政，公正执法，完善民主监督机制。2002年6月，组织开展创建“群众满意农村站所”活动，与创建文明行业、企业和推行政务公开结合起来。全镇有82

家基层站所、事业单位、企业参加创建活动，行业风气出现新变化。2006年8月，新城镇印发《2006~2010年依法治镇实施细则》，围绕改革开放、招商引资带来的大发展、大建设中引发的新矛盾、新问题，加强法规宣传，对群众担心的问题作出承诺，把实惠摆到群众面前。在大项目实施前，镇政府列出法律、政策依据，广泛征求意见，经充分讨论研究后再作出决定，努力实现民主决策、科学决策。依法行政，做好招投标，完备各项施工建设证照，抓好工程质量监管等工作。在搬迁让地中尽可能解决群众生活困难，增加公共用地面积，新建村组道路95千米，农渠98千米，涵管500多道。在拆违中，给予每平方米100元的补偿，有效化解各种困难矛盾，增加和谐因素，出现群众理解、支持经济发展的新现象。2012年，全镇进一步强化依法行政建设，镇机关全体人员认真学法、主动学法、带头学法，着重提高规范依法行政的法律基础、基本要求、工作程序、基本制度及行政能力，不断提高政府促发展、深化改革、维护稳定、关心群众、服务百姓的执政水平。完善镇村行政大调解网络，加强村人民调解委员会工作指导和培训，调解信息员达400余人，做到矛盾纠纷早介入、早预防，疑难纠纷通过司法或行政调解解决。当年共制止集体上访45起，排查调处搬迁安置、家庭赡养、邻里纠纷共468起，成功率达100%，镇政府依法治镇能力进一步提高。当年，新城镇被市委、市政府评为法治仪征建设先进集体。

信访工作　80年代，人民来信来访工作由乡政府办公室负责，村设立兼职信访员，形成信访网络。1983年农村实行家庭联产承包责任制后，要求解决"文化大革命"时期城镇下放人员及历史遗留问题来信来访较多。1986年后，反映党风党纪方面的信访增多。1990年7月，新城、龙河乡分别成立信访工作领导小组，由乡党委副书记兼任组长，并建立"分级负责、归口办理"的信访责任制和领导接待日制度。1996年，反映住房、工资福利以及民事、经济纠纷等问题信访逐渐增多，新城镇和龙河乡共有213件(次)，比1995年增长21%。1998年后，集体上访成为主要形式，次数和人员增多，反映的问题主要集中在企业改制及劳动和社会保障、城镇房屋拆迁安置、土地征用等热点问题上，当年，新城值、龙河乡共接待群众集体上访17次112人次。党委和政府主要领导现场接待群众来信来访，主动到矛盾多、困难大的村组、单位，受理群众诉求，将问题解决在基层、在萌芽状态。2000年起，群众越级上访，到省、扬州信访次数增多，接待处理难度增加。当年，接待上访48次187人次。2005年，实行信访工作综合考核"一票否决"制。建立领导责任制、包案负责制、交办会办制、督查督办制、复查复核制，以及考核奖励和责任追究制。镇社会矛盾纠纷调处中心成立后，与镇信访办公室合署办公，实行"统一受理，集中梳理，归口管理，限期处理"工作机制，信

图16-9　街头法制宣传（摄于2012年）

访处理成功率大幅提高。2009年起，因大规模建设征地拆迁，引发的土地征用、房屋搬迁补偿、安置房分配，以及拆除违章建筑方面的上访矛盾纠纷增多，共发生61起，其中因房屋搬迁补偿矛盾31起，安置房分配矛盾11起，拆违纠纷10起，土地权属纠纷6起。为此，新城镇建立起信访矛盾纠纷调处化解机制，坚持矛盾纠纷排查调处例会制度，实行党政领导包案制度，严格重点信访问题督办制度，制订重大社会稳定事件应急处理预案。至2011年，不仅成功调处化解3年来发生的137起上访纠纷，还调处化解冷红村重复上访户张富斌、张富明和新华村老上访户吴根培的信访积案。2012年，镇政府印发《关于加强信访工作基层基础建设的实施意见》，建立起由39人组成的村组民意信息员队伍，注重源头治理，强化责任落实，整合资源，健全制度，规范流程，提高基层接待和处理信访工作水平。2009～2012年，新城镇被市委、市政府评为信访工作"四无乡镇"、信访工作先进单位。

新城镇（含原龙河乡）历任综治办主任名录

表16-9

新城镇		龙河乡	
姓　名	任职时间	姓　名	任职时间
贾有福	1991.08～1997.03	赵志圣	1991.12～1997.03
胡明云	1997.03～2003.10	田广富	1997.03～2000.04
詹明祥	2003.10～2006.05		
陈礼斌	2006.05～2010.04		
薛桂平	2010.04～		

统战工作　新城、龙河地区统战工作开展得比较早。民国28年（1939年）冬，新四军苏皖支队司令陶勇派人到龙河，对龙河乡第一保保长、商民自卫团团长杜有志开展统战工作，规劝他加入抗日救国队伍。民国29年（1940年）4月，杜终于决定接受新四军收编，加入革命队伍。在新城、龙河抗日民主政权建立初期，大部分留用原乡、保长，"用旧人、行新政"，在使用中逐步争取转化。统一战线工作还团结一批爱国人士为抗日服务，利用他们的关系为根据地购买需要的物资，保护经新城、龙河的两条地下交通线，掩护过往的抗日人士，帮助抗日战士疗伤治病。

解放后，区、乡党组织通过各种形式鼓励和组织私营工商业者恢复生产和经营，稳定市场，加工和运输大米、军鞋军服支援解放军渡江作战。1956年，完成对私营工商业的社会主义改造。1978年起，为错划右派的教育卫生界人士和在"文化大革命"中受到不公正待遇的侨眷、侨属平反，恢复名誉，安排工作。尊重少数民族习俗，回民去世时允许土葬，回民食品补助高于汉族居民标准。

80年代，乡党委对回乡探亲的港台同胞热情接待，帮助解决他们亲属的一些实际困难。1987年，帮助旅日归侨张廷荣新建3间瓦房，改善其居住条件。

1991年，新城、龙河乡先后设立统战科。1993年，市政府批准林果村新沟组为回民村小组，1998年，新城镇成立台侨联谊小组。2002年7月，新城镇成立民族宗教工作领导小组。2003年，有8家港台投资企业落户新城工业园，享受国家对港澳台同胞到大陆投资兴业的优惠政策。2005年，组织宗教界人士学习国务院《宗教事务条例》，对宗教活动场所进行审核登记，开展创建合格宗教活动场所工作。2008年开始，统战工作主要服务非公企业开展党建工作。2010年，非公企业润扬机械有限公司改建党总支部，至2012年，非公企业建立基层党组织的有17家。2012年5月，镇统战科协助市餐饮业商会在新城举办"扬州市'汉源'杯客房服务暨仪征中式烹调、餐厅服务职业技能竞赛"活动。12月，镇党委主要领导参加市委组织的赴台农业交流考察团，与多个行业的台商进行会谈和交流。推介现代农业和休闲农业招商项目。

新城镇（含原龙河乡）历任统战科科长名录

表16-10

新城镇		龙河乡	
姓　名	任职时间	姓　名	任职时间
金福祥	1991.01～1996.12	吴在云	1991.01～2000.05
赵晓东	1996.12～2000.05		
吴在云	2000.05～2004.05		
郭秀芳	2004.05～2005.03		
杨惠珍	2005.03～2008.03		
崔学勇	2008.03～		

党校工作　1984年9月，新城、龙河乡相继创办党校，乡党委书记兼任校长，副书记、宣传委员兼任副校长，并制订党校各项管理制度。

90年代，乡党校在各村党支部开办分校，各分校领导班子，教室及教学计划、教员和管理制度陆续配套到位。以生育政策、后备干部选拔与培养、加强企业党建等内容，举办7期培训班，参训党员干部3000多人次。1995年起，党校围绕经济工作中心，开展水稻旱育移植，林果茶栽培，大棚蔬菜栽培等实用技术培训，先后举办培训班6期，参培党员、业务技术骨干1000余人次。

2000年开始，镇党校邀请省和扬州市专家、教授围绕坚持科学发展观和提高党的执政能力，增强党员干部法制观念，廉洁自律意识等专题，召开演讲会、报告会等7场次，参学党员达800多人次。

第二节　社会团体

一、农民团体

农民抗敌协会　简称农会，民国29年（1940年），仪征县抗日民主政府成立后，龙河镇及三茅乡、凌桥乡、官塘乡、蓝桥乡先后成立农民抗敌协会（简称农抗会）。农抗会在党的领导下，开展减租减息，协调东佃关系，动员农民参军或参加民兵组织，拥政优属，锄奸反霸等活动。民国34年（1945年）3月，三将乡、三官乡、陈塘乡、蒋圩乡先后成立农抗会，之后农抗会改称农民协会。民国35年（1946年）秋，乡镇及村农会停止活动。解放后，在区委领导下，各镇、村恢复农会。农会在土地改革等工作中发挥积极作用。1955年，农业合作化运动开始后逐步停止活动。

贫下中农协会 简称贫协，1966年12月，新城、龙河公社贫下中农协会先后成立，接着，大队、生产队也相继成立贫协和贫协小组。"文化大革命"开始后，各级贫协组织停止活动，1973年起，恢复活动。龙河公社、新城公社分别于1975年8月20日和1978年10月6日召开第四次贫下中农代表大会，选举产生第四届贫下中农协会委员。龙河公社贫协由15名委员组成，基良坤任贫协主任；新城公社贫协由13名委员组成，陶有才任贫协主任。1978年年末，贫协停止活动并撤销。

二、工人团体

解放后，新城、龙河工人联合会相继成立，会员200多人，多为从事搬运、船业、商业及手工业工人和店员。工会成员在恢复生产、抗美援朝、"五反"运动中发挥积极作用，成为稳定市场物价，巩固新社会的重要力量。在对私营工商业社会主义改造中，工会会员主动参与，接受改造。1958年，开展以技术革新和技术革命为中心的增产节约运动。1963年，新城、龙河社办企业开始成立工会，开展争当"五好"（政治工作好、计划完成好、企业管理好、互助协作好、干部作风好）企业（班组）和争做"六好"（政治思想好、完成任务好、遵守纪律好、经常学习好、钻研技术好、团结互助好）职工为内容的"比学赶帮超"竞赛。"文化大革命"开始后，工会停止活动。

80年代，贯彻国务院《关于工业企业职工代表大会暂行条例》，在乡办工业企业中陆续建立职工代表大会制度。职工参加生产管理，工会加强食堂、幼儿园、托儿所、医务室和浴室等生活福利设施的建设与管理。1985年，新城乡成立教育工会，参与教育管理。

1997年，经市总工会批准成立新城镇工会委员会，委员会由9人组成，王长田任工会主席。镇工会建立后相继在改制企业中建立工会。新城中学和中心小学先后召开职代会。至1999年，有31家镇办企业成立工会组织。2000年4月，龙河乡工会并入新城镇工会。8月，工会组织进行调整，新一届工会工作委员会由孙章余、赵晓东等6名委员组成，孙章余任工会主席。这期间，工会开展帮扶困难职工，帮助下岗职工再就业。2006年，新城镇工会改选后，陈礼斌任工会主席。工会开展创建"职工之家"活动。在非公企业中建立工会。2012年，全镇有基层工会45个，会员4500余人。镇工会主席由镇党委副书记于华广兼任。

新城镇（含原龙河乡）历任工会主席名录

表16-11

新城镇		龙河乡	
姓　名	任职时间	姓　名	任职时间
王长田	1997.05～2000.04	张建庆	1997.05～1998.06

续表16-11

新城镇		龙河乡	
姓　名	任职时间	姓　名	任职时间
孙章余	2000.04～2006.02	王德辉	1998.06～2000.04
陈礼斌	2006.02～2012.02		
于华广	2012.02～		

三、妇女团体

妇女抗敌协会　民国29年（1940年）春，县抗日民主政府成立后，龙河镇及三茅、凌桥、官塘、蓝桥乡先后成立妇女抗敌协会（简称妇抗会）。妇抗会在历次参军、拥军活动中发挥重要作用。民国34年（1945年）3月，三将、三官、陈塘和蒋圩乡先后成立妇抗会。抗战胜利后，改称妇女联合会。民国35年（1946年）秋，停止活动。解放初期，新城镇和龙河乡设妇女主任，发动妇女做好支前工作等。

妇女联合会　1955年，新城乡、龙河乡等行政小乡均召开妇女会议，建立妇联组织。1957年撤区并乡后，新城、龙河乡相继召开首届妇女代表会，成立妇女联合会（简称妇联）。1958年9月，新城、龙河公社相继召开第二届妇女代表大会，选举产生妇女联合会。新城公社妇联由5名委员组成，陈年为妇联主任。1959年3月，新城街道和14个大队先后配备妇女主任。1975年8月20日，龙河公社召开第五届妇女代表大会，刘举明当选妇联主任。1978年10月6日，新城公社召开第八届妇女代表大会，周家美当选妇联主任。1983年7月6日，龙河乡召开第六届妇女代表大会。1985年4月19日，新城乡召开第九届妇女代表大会，杨惠珍当选妇联主任。1991年7月11日，龙河乡召开第七届妇女代表大会，夏永珍当选妇联主任。1993年10月，新城乡召开妇女代表大会，杨惠珍当选妇联主任。2000年4月，龙河乡妇联并入新城镇妇联。2001年8月，新城镇召开妇代会，杨惠珍当选妇联主席。2005年3月，镇妇代会召开，郭秀芳当选妇联主席。2008年3月，镇妇代会召开，王秋月当选妇联主席。2012年7月，镇妇代会召开，周同当选妇联主席。

解放后，新城和龙河各级妇女组织动员妇女参加互助组，参加农业生产和水利建设。1958年建立人民公社后，两公社妇联在各大队、生产队办幼儿园、托儿所。儿童入托率达87%。

60年代，妇联动员妇女参加社会主义教育运动，同时，开展“勤俭建国、勤俭持家”和当“五好社员”教育活动。

70年代至80年代，除继续开展移风易俗、识字扫盲外，重点开展道德和普法教育，相继开展创“五好”（政治思想、生产工作好，家庭和睦、尊敬老人好，教育子女、计划生育好，移风易俗、勤俭持家好，邻里团结、文明礼貌好）家庭和“讲文明、树新风”活动，以及创千元、万元户、争当女强人活动，1982年3月，龙河公社勤丰大队赵登芳家庭被评为全国“五好家庭”。1988年，龙河乡夏永珍被授予省“三八红旗手”称号。

90年代，深入开展“双学双比”（学文化、学技术、比成绩、比贡献）活动，每年举办实用

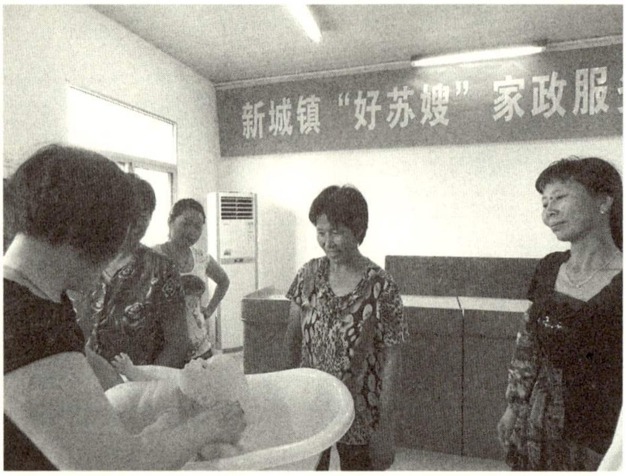

图16-10 好苏嫂家政服务培训（摄于2011年）

技术培训班2~3期，培养妇女7230多人次。有32户被评为市、镇级"五好家庭"，12人获"生产能手、致富能手"称号。1993年12月，新城镇获省妇联农村妇女双学双比竞赛先进奖。

2000年开始，全镇开展以"勤业、敬业、创业"为主题的"巾帼示范岗"建功活动。有5名女大学生村官动手建成16座蔬菜大棚，生产无公害"绿篱"蔬菜，成为巾帼创业基地。妇联为镇内10多名女性创业者提供帮助获得小额贷款。2007年，坡山茶场女青年赵春香建办养鸡场，饲养蛋鸡近万只，生态鸡3000多只，成为远近闻名的养鸡能手。2008年，赵春香被省妇联授予"植绿护绿能手"称号。新城中心小学黄娉婷在教师岗位钻研教学方法获得成效，被省教育工会评为全省优秀青年教师。2010年，新城镇妇联被扬州市妇联评为巾帼牵手就业创业援助行动先进集体和扬州市促进妇女就业创业先进集体。新城镇妇联组织妇女参加"四五"普法教育学习活动，参学人数达4200多人次。2005年起，建办家长学校4所，举办"关注学生课余生活，关爱学生健康成长"为内容的家教知识讲座4场。2006年，新城中心小学和新城初级中学被扬州市妇联评为扬州市百所优秀家长学校。2008年，龙河中心小学"中国人寿春蕾班"成立，3年共获资助4.5万元，帮助30名贫困女童完成小学学业。新城镇妇联先后组织万名妇女进行免费健康体检。每年春节印发《致留守儿童家长一封信》，推进关爱留守儿童工作。2012年，新北村"妇女儿童之家"被评为全省示范"妇女儿童之家"。此外，新城镇妇联还大力开展公民道德教育。2010年，郁桥村被扬州市妇联评为零家庭暴力示范社区（村）。2012年开展"新城好媳妇"评选活动，一个个凡人善事、孝老爱心典型被评选出来。冷红村谢桂香，丈夫去世后近20年孝敬公婆，后又带上公婆去改嫁，被传为佳话；凌桥村团结组周娟，奶奶生病，她日夜陪伴在旁，成为"隔代孝顺"好媳妇。经村组提名推荐，镇妇联评选，官胜村徐秀兰、冷红村谢桂香、新北村姚增琴、丁冲村吴翠勤、凌桥村周娟、马坝村吴成梅和桃坞村夏春香7人被评为新城好媳妇。

新城镇（含原龙河乡）历任妇联主席（主任）名录

表16-12

新城镇		龙河乡	
姓　名	任职时间	姓　名	任职时间
戚菊芬	1958.09～1958.09	戚菊芬	1959.11～1975.08
陈　年	1958.09～1963.11	刘举明	1975.08～1979.02
李佩兰	1963.11～1972.05	熊秀华	1979.02～1983.10（副职　主持工作）

续表16-12

新城镇		龙河乡	
姓　名	任职时间	姓　名	任职时间
周加美	1972.05～1981.03	夏永珍	1983.10～1999.12
杨惠珍	1981.03～1983.05（副职　主持工作）	孙玉琴	1999.12～2000.04
杨惠珍	1983.05～2005.03		
郭秀芳	2005.03～2008.03		
王秋月	2008.03～2012.07		
周　同	2012.07～		

四、青少年团体

中国共产主义青年团　1950年，新城镇、龙河乡及各行政小乡陆续建立中国新民主主义青年团支部，村建立团小组，共有团员112人。1957年1月，中国新民主主义青年团更名为中国共产主义青年团（简称共青团）。10月撤区并乡后，新城、龙河乡先后召开共青团第一次代表会议，成立乡团委。至1966年年初，新城、龙河公社先后召开8次团代会，选举产生公社团委及书记、副书记。“文化大革命”前期停止活动。1970年4月，龙河公社成立新一届团委，谢华任团委书记。1975年4月，新城公社召开团员代表会议，胡明云当选新一届团委书记。同年8月，龙河公社改选新一届团委，袁义明任团委书记。1978年10月，新城公社召开团员代表大会，选举胡明云为团委书记。1982年6月，新城公社团委改选后，朱福海任团委书记。新团委辖36个团支部，有团员1062人。1984年9月，龙河乡团委改选后，郭秀芳任团委副书记（主持工作）。辖2个团总支、37个团支部，有团员972人。1985年3月，新城乡团委改选后，姚志荣（主持工作）、施华康任团委副书记。1991年5月，新城乡召开第十一届团代会，选举产生第十一届团委会。由邓开明、方宏标等7名委员组成，邓开明任团委副书记（主持工作）。辖团支部30个，有团员462人。7月，龙河乡召开第十四届团代会，选举产生第十四届团委会，由有郭秀芳、王慧华等7名委员组成，郭秀芳任团委书记，辖22个团支部、有团员327人。1997年6月，新城镇召开第十二届团代会，选举产生第十二届团委会，由7名委员组成，詹玲任团委副书记（主持工作），辖27个团支部，有团员353人。1999年12月，龙河乡召开第十五届团代会，选举产生第十五届团委会，由孙玉琴、马红霞等5名委员组成，孙玉琴任团委副书记（主持工作）。2000年4月，龙河乡团委并入新城镇团委。2001年10月，召开共青团新城镇第十三届团代会，选举产生第十三届委员会，由詹玲、王玉琳等9名委员组成，詹玲任团委书记。镇团委辖27个团支部，有团员1426人。2007年9月，召开共青团新城镇第十四届团代会，选举产生第十四届团委会，缪标任团委书记。2010年4月，召开共青团新城镇第十五届团代会，选举产生第十五届团委会，周亮任团委书记。

解放后，新城、龙河各级团组织围绕党在各个时期的工作中心开展青年团工作，教育、动员团员、青年积极参加各项政治活动。在抗美援朝时期，新城、龙河有150多名团员、200多

图16-11 雅元芳被授予"开拓进取模范"称号（摄于1987年）

图16-12 地税五分局获全国"青年文明号"称号（摄于2004年）

名青年报名参加中国人民志愿军。在互助合作运动中，有200多名团员带头参加互助组，后又参加农业合作社。1959年，新城、龙河团员、青年积极投身社会主义建设，组成20多支青年突击队奋战在抗旱第一线。"文化大革命"后，各级团组织引导团员、青年参加社会主义新长征，投身经济改革，做敢闯、敢干、有理想、有作为的一代新人。1985年，新城乡有青年专业户、科技示范户13个，龙河乡有11个。1987年，凌桥村团结组团员女青年雅元芳被龙河乡党委授予"开拓进取模范"称号。

90年代，新城、龙河团委组织开展"科技兴农致富奔小康"活动，各村团支部为农民提供技术服务。在开展"希望工程捐资助学"活动中，团员青年踊跃捐资捐物，在开展"学雷锋、树新风"活动中，团员青年为"五保户"做好事，在街头义务修车，为老年人义诊，计1200多人次。

2000年后，新城镇团委积极探索在农村城镇化建设中，加强团组织建设的新思路。2002年，新城镇财政所获江苏省"青年文明号"称号。2003年，开展以青年志愿者行动为主题的活动，全镇有青年志愿者52人。2010年起，开展团委平安创建工作，建立完善团组织平安创建台账，广泛宣传《中华人民共和国预防青少年违法犯罪法》《中华人民共和国未成年人保护法》等法律法规，为青少年成长创造良好环境，有效预防和减少青少年犯罪。2011年，新城镇团委被省综治委评为预防青少年违法犯罪工作先进集体。2012年，在农村经济合作社、民营企业中建立团组织、发展新团员，充分利用团委建立的基层团支部QQ群，及时发布团委活动信息，引导基层团组织开展常态化团的活动。当年，新城镇团委被扬州团市委授予"扬州市五四红旗团委"称号。

2012年新城镇共青团组织情况表

表16-13 单位：人

团组织名称	团员人数	团支部书记
新北村团支部	116	方开飞
郁桥村团支部	120	冯祖芸
桃坞村团支部	34	霍艳华

续表16-13

团组织名称	团员人数	团支部书记
新华村团支部	16	寇　强
三茅村团支部	19	秦灯元
周营村团支部	208	王玉琳
马坝村团支部	255	王正慧
凌桥村团支部	78	徐苏红
官胜村团支部	9	许加来
冷红村团支部	3	余学梅
三将村团支部	256	张国锋
林果村团支部	127	赵　燕
丁冲村团支部	105	赵志勇
新城中心小学团支部	4	王　军
润扬机械厂团支部	19	赵　萍
新城卫生院团支部	3	赵晓静
龙河中心小学团支部	4	姚红玉

新城镇（含原龙河乡）历任团委书记名录

表16-14

新城镇		龙河乡	
姓　名	任职时间	姓　名	任职时间
钟在宽	1958.08～1959.08	王德才	1959.11～1970.04
嵇德昌	1959.08～1963.10	谢　华	1970.04～1975.08
钟在宽	1963.10～1969.10	袁义明	1975.08～1977.02
周自强	1970.03～1975.04	樊桂云	1977.02～1979.01（副职　主持工作）
胡明云	1975.04～1982.06	周明稳	1979.01～1983.03
朱福海	1982.06～1987.12	郭秀芳	1983.03～1991.04（副职　主持工作）
姚志荣	1987.12～1991.05（副职　主持工作）	李家宝	1992.12～1996.08（副职　主持工作）
邓开明	1991.05～1996.06（副职　主持工作）	李家宝	1996.08～1997.12
詹　玲	1996.06～2001.10（副职　主持工作）	赵大东	1997.12～1999.12
詹　玲	2001.10～2005.11	孙玉琴	1999.12～2000.04（副职　主持工作）
缪　标	2005.11～2007.09（副职　主持工作）		
缪　标	2007.09～2009.07		
任　灏	2009.07～2010.04		
周　亮	2010.04～		

中国少年先锋队　1950年10月，境内各完全小学相继建立中国少年儿童队组织，吸收7~14岁少年儿童约120人为儿童队队员。1953年6月，中国少年儿童队改名为中国少年先锋队（简称少先队）。1955年，新城小学和龙河小学先后聘任少先队辅导员。1957年，新城、龙河共有少先队员723人。同年，少先队组织开展“五爱”（爱祖国、爱人民、爱劳动、爱科学、爱护公共财物）教育活动、革命传统和社会主义思想教育。

60年代，少先队组织逐渐健全完善，完小成立少先队大队，大队以下设中队、小队。至1965年，两公社建立9个少先队大队，27个中队、112个小队，有大队辅导员21人。在少先队中，开展学雷锋、学刘文学、争当“三好”（品德好、学习好、身体好）学生活动，培养少年儿童优良品德。“文化大革命”开始后，少先队活动停止，被“红小兵”组织所取代。

1978年10月起，新城、龙河各中小学校逐步恢复少先队组织，队员发展到4387人，并开展“学雷锋，做好事”活动。

80年代，开展红领巾为“六五”计划做贡献、“理想与创造”等活动。1987年，全面开展以“五爱”教育为基础的教育活动。龙河中心小学少先队大队获省级“创造”杯1个，新城中心小学少先队大队获扬州市“创造”杯2个。同时进一步完善少先队工作体系，小学以班级设中队，初中以年级设中队，做到有组织、有辅导员、有活动场所、有制度。

90年代，各中小学校相继组织开展“两史一情”“升国旗”仪式教育和观看爱国主义电影。1997年，开展“手拉手”红领巾助残献爱心活动。新城中学红领巾中队20多人到敬老院打扫卫生，帮助残疾老人梳头、洗脸。每年“六一”儿童节，各校组织少先队员自编自演丰富多彩的少儿节目。

2000年，各中小学开展有特色的雏鹰活动，如“快乐生活”“知识百花园”“环保与我”等演讲、竞赛，做实物等趣味活动。2012年，全镇有少先队大队2个，中队35个，小队140个，有少先队员1354人。

图16–13　谢昕博同学当选省六届少工委委员（摄于2010年）

五、工商团体

个体劳动者协会新城分会　1980年10月13日，仪征县个体劳动者协会新城分会召开，选举产生分会委员会，由9人组成，贾启录任分会主任。1985年9月26日，召开第二届分会成员大会，选举产生第二届分会委员会，由9人组成，柳德寿任分会主任。90年代，停止活动。

市工商联合会新城分会　1996年1月成立，召开首届分会会员大会，有68家会员单位参加，选举常务理事14人，赵有智任会长，刘德平任名誉会长。2000年6月，召开第二届分会会员大会，出席会员48人，大会选举陶维民为会长。

六、其他团体

科学技术协会 1985年6月和1986年7月，新城、龙河乡分别成立科学技术普及协会（简称科协），共有会员167人，设有农业、工业、养殖、医学、建筑、农机等小组。新城乡科协由21名委员组成，陈恒炳任协会主任。科协主要工作是负责村、企业的科技推广应用和科技项目的实施。2000年4月，龙河乡科协并入新城镇科协，科协工作服务于高新技术推广、科技成果转化和科技兴农事业。2012年，镇科协有会员188人，吴在兴任协会会长。

计划生育协会 1985年，新城、龙河乡分别成立计划生育协会，开展计划生育宣传，普及计划生育知识，提高群众计划生育自觉性。2000年4月，龙河乡计生协会并入新城镇计生协会后，全面推行计划生育村民自治工作，由单靠政府行政行为向依靠群众村民自治管理转变，并推行农村计划生育家庭奖励扶助制度。2010年，围绕全镇人口工作总体目标，把小康家庭建设作为人口计划生育工作与新农村建设结合点，普及家庭保健知识、优生优育知识，倡导科学的婚育观。在新农村建设中创建计划生育文明村、星级文明家庭。2012年，镇计划生育协会有会员单位33个，刘德平任会长。

关心下一代工作委员会 1997年10月，新城镇、龙河乡先后成立关心下一代工作委员会（简称关工委）。新城镇关工委由17名委员组成，党委副书记王长田兼任主任。龙河乡关工委由9名委员组成，党委副书记张建庆兼任主任。各村、街道社区落实人员做好关心下一代工作。2000年4月，龙河乡关工委并入新城镇关工委，党委副书记孙章余兼任主任。2006年2月，陈礼斌兼任主任。2012年2月，党委副书记于华广兼任主任。关工委主要工作是帮教社会失足青年，聘请校外辅导员，定期进校对学生进行革命传统和法制教育，举办国防知识讲座、“爱我家乡”演讲会和优秀劳模先进事迹报告会等，帮助在校学生树立正确的人生观。2000年后，重点帮助失足青年就业43人，扶持无业青年自主创业、自谋职业131人，资助贫困学生16人。2005年，向63名困难学生发放补助金18.31万元，在中小学生中开展爱国主义教育，举办演讲会2场，参听学生达1200多人次。举办农村劳动力转移培训班4期，参培人员300多人次。

新城镇妇女儿童工作委员会 2007年1月26日成立，委员会由陈礼斌、屠新民等9人组成，党委副书记陈礼斌兼任主任，屠新民、詹玲、郭秀芳任副主任。委员会下设办公室，郭秀芳兼任办公室主任。2012年，镇党委副书记于华广兼任主任，妇联主席周同兼任副主任。

新城镇老龄工作委员会 2005年3月成立，镇党委副书记兼任主任，民政助理兼任副主任。至2012年，正常开展活动。

新城慈善分会 2009年12月，仪征市慈善总会新城分会成立，镇党委副书记兼任分会会长，民政助理任副会长。至2012年，已募集善款65万元，累计救助贫困户、大病救助650人次。

新城镇红十字会 2010年8月成立，副镇长刘凤兼任会长，并在13个行政村建立村红十字会，设立博爱救助金专户。至2012年，收到捐赠款10多万元，慰问孤寡老人130多人，救助大病困难户84户，发放15名困难学生助学金共计7500元，动员组织234人参加无偿献血。

残疾人联合会 1992年8月，新城乡成立残疾人联合会，党委副书记兼任理事长，民政科负责办理技术培训、安置就业、康复治疗、社会救助等日常工作。不久，龙河乡残疾人联合会成立。至2012年，全镇有1175名残疾人领到“残疾证”，有193名残疾人安置就业，有430多名重残人员享受最低生活保障。

新城镇诗词社 2011年10月成立，王秋月任社长，刘德平任名誉社长，有会员27人。诗词社组织会员到企业、农村采风，开展诗歌研讨交流，编辑出版诗集1册，收录诗词20首。

新城镇农机协会等9个协会 2000~2003年，先后成立新城镇农机协会、养牛协会、养鱼协会、养猪协会、养鸽协会、特种水产养殖协会、蚕桑协会、苗木协会、蔬菜协会。分别召开成立大会，通过章程，选举理事会成员、会长、副会长和秘书长。2005年11月，分别注销。

第三节 中国国民党新城地方党团组织

一、国民党新城区分部

民国17年（1928年）秋，仪征县国民党成立党务指导委员会，下设3个区党部，11个区分部，新城分部隶属十二圩的第二区党部，有国民党员22人。民国19年（1930年）3月，撤销区党部，区分部直属县党部领导。抗日战争期间，国民党新城区分部停止活动，为国民党汪伪新城区分部取代。民国34年（1945年）秋，国民党仪征县党部恢复活动，新城镇设为区分部，开始在乡村发展国民党员。民国36年（1947年）1月，全县设12个区分部，新城为第五区分部，新城镇有国民党员16人。民国38年（1949年）1月，新城镇解放，国民党组织解散。

民国36年（1947年）2月，龙河为国民党仪征县党部第十二区分部，在乡村发展党员，时有国民党员18人。民国37年（1948年）8月2日，共产党领导的东南支队解放龙河，国民党组织解散。

二、国民党新城地区社团

三民主义青年团新城区分队 民国34年（1945年）11月，三民主义青年团（简称三青团）新城区分队成立，新城镇有三青团员29人。三将乡、三官乡和冷红乡设分队，共有三青团员27人。民国35年（1946年）11月，在新城、龙河建立三青团外围组织——仪征县青年服务社新城分社和龙河分社。民国37年（1948年）后先后解散。

防共青年团新城区团部 民国31年（1942年）春，汪伪政权组建仪征县青年团，在今属新城地区的先农乡、三将乡、冷红乡、寄运乡和旧港乡设立分团部，有团员189人。民国38年（1949年）1月，解散。

建国通讯社新城分站 民国36年（1947年）4月成立，为国民党中统局下属基层组织，有成员6人。民国38年（1949年）1月，解散。

第十七章　政权　政协

元至元二十八年（1291年），扬子县治从真州移至新城，新城成为城关镇，但未见镇为行政机构的记载。《仪征县志》记载，明嘉靖年间（1522~1566年），新城始设为镇，为行政建制镇。民国17年（1928年）后，新城曾陆续设有国民党和抗日民主政府区、镇（乡）级行政机构。

1949年1月，新城镇解放，新城区人民政府进驻新城镇，新城镇及今属镇区域内的各行政小乡相继建立民主政权组织。1953年，新城镇改乡，开始建立人民代表大会制度，成立乡人民政府，乡政府驻新城老街道东首。1955年，调整行政建制，改称乡人民委员会。1956年，新城乡改为县直属乡。此后，行政体制多次调整变更，机构名称亦几经更易。在此过程中，人民代表大会制度不断巩固和完善，民主法制建设深入开展。2000年4月，龙河乡、十二圩镇并入新城镇（十二圩镇于2005年2月复又划出），新城镇实行镇管村体制。2012年5月，政协新城镇工作委员会成立。2012年年末，新城镇人民政府驻新城街道。

第一节　镇人民代表大会

1951年4月起，全县开展基层民主建政工作，今属新城镇境内的三将乡成为县委民主建政试点乡。不久，新城镇也进行民主建政，在选举产生镇人民代表基础上，召开镇人民代表会议，选出会议主席、副主席和镇人民政府组成人员。镇人民代表会议闭会期间，主席、副主席负责联络代表，并配合政府开展日常工作。1953年7月，新城乡（时由镇改为乡）开始通过普选产生人民代表，召开首届乡人民代表大会，由人民代表选举产生正、副乡长和县人民代表大会代表。人民代表大会制度逐渐形成。至60年代初，乡、公社选举人民代表，召开人代会，选举产生新一届政府，均由乡、公社党委组织实施。在人代会闭会期间，乡、公社领导干部的任免，由县委任命。“文化大革命”开始后，人民代表大会制度中断。1982年12月起，公社人民代表大会工作逐步恢复，由党委副书记负责人大日常工作。1985年，新城乡和龙河乡人大由行使选举权，扩大到对乡政府行使监督权和对重大社会事务行使决定权。1990年，执行《江苏省乡镇人民代表大会主席团暂行条例》，新城乡和龙河乡成立人大主席团，行使本行政区域内宪法法律和贯彻执行上级人大决议，决定经济和社会发展计划，审查和批准本级财政预决算，选举产生本级人大和政府机关组成人员，监督政府依法行政等职能。人大主席团设常务主席，实行届期制，在乡人代会闭会期间，代表人大主席团开展工作。1995年10月，执行《江苏省乡镇人民代表大会暂行条例》，人大主席团改为非常设机构，实行会期制，分别成立新城镇人民代表大会和龙河乡人民代表大会。在人代会闭会期间，镇、乡人大主席、副主席依法行使本级人民代表大会权力。至1999年，龙河乡共召开14届人代会。2000年4月，龙河乡人大并入新城镇人大。至2012年，新城镇人大共召开17届人代会。

一、代表选举

1949年9月，仪征县召开第一届各界人民代表会议，新城、龙河出席会议的人民代表是由县委、县政府提名，并与社会各界协商产生。1951年3月，召开县第四届各界人民代表会议，新城乡参会代表由区乡各群众团体推选，并经县委、县政府审查产生。

1951年4月起，全县开展基层政权民主建设，在选举产生乡、镇人民代表基础上，召开人民代表会议，选出乡会议主席、副主席，选举产生乡、镇人民政府组成人员。乡人民代表会议每年举行一次。然而，新城镇、龙河乡及其他行政小乡没有完成民主建政工作。

1953年4月，首次开展乡人民代表大会代表普选工作，通过宣传发动，调查人口、公布选民名单，颁发选民证，召开选举大会，用无记名投票方式选举产生乡人民代表。据统计，新城乡总人口2299人，有954人参加选举，占有选举权人数的70.56%，选出乡人民代表31人。龙河乡总人口2473人，有1174人参加选举，参选率83.56%，选出乡人民代表30人。最后召开乡人民代表大会，听取和审议乡（镇）人民政府工作报告和乡（镇）财政预决算报告，选举正、副乡（镇）长和出席县人民代表大会代表，讨论决定乡（镇）重大事项。乡人民代表大会代表每届任期2年，每年召开一次会议。1954~1965年，新城、龙河共召开六届乡（公社）人民代表大会，各届人民代表均依法选举产生。1978年7月，新城公社第七届人大代表是由公社党委下达各单位代表名额，由各大队、机关、学校、企事业单位提名推荐上报产生。1981年，新城公社第八届人大代表换届选举，按照1979年全国五届人大二次会议修改颁布的《全国人民代表大会和地方各级人民代表大会选举法》（简称《选举法》），在选举制度和选举方法上有重大改革：人大代表由原来的等额选举改为差额选举（候选人多于应选代表人数的二分之一至一倍）；代表当选由原来的获得参选选民过半数的选票即可，改为超过全体选民半数的选票；一律实行无记名投票方法；改按居住地划分选区为城乡居民按居住地、在职职工按生产和工作单位划分选区；选民名单在选举日30天以前公布，初步候选人名单在选举日15天以前公布，正式候选人名单在选举日5天以前公布。按选民小组进行代表候选人提名，采取上下结合，多次协商的办法来确定正式代表候选人，由公社（乡）选举委员会申报和张榜公布。选举采用无记名投票，当场公布选举结果。根据《选举法》，各届正式代表名额由县（市）人大按照公社（乡）具有选民资格的总人数来确定，同时规定在人民代表总数中，中共党员代表人数占60%左右，非党人士代表占40%左右，女性代表占20%左右，干部代表占20%左右，知识分子代表占15%至20%。从此次代表换届选举起，乡（镇）人民代表大会每届任期改为3年。2004年起，每届任期改为5年。

1953~2012年新城镇（乡）人民代表选举情况统计表

表17-1

届次	选举时间	选民登记数（人）	参选选民数（人）	参选率（%）	选举乡人大代表（人）	选举县（市）人大代表（人）
一	1953.06	1352	954	70.56	31	—
二	1956.09	1537	1467	95.45	42	11
三	1959.09	18749	17905	95.50	193	21
四	1961.06	17214	16525	96.00	195	24
五	1963.05	18397	17698	96.20	217	33
六	1965.12	20758	19955	96.13	200	29
七	1978.07	23543	22839	97.01	336	27
八	1981.01	21427	20761	96.89	98	18
九	1984.04	20095	20095	100.00	97	18
十	1987.02	22935	22387	97.61	64	14
十一	1990.02	24364	23988	98.46	65	14
十二	1993.01	30326	29792	98.24	64	15
十三	1995.12	25700	25407	98.86	63	15
十四	1999.01	29495	29031	98.42	63	17
十五	2000.04	29439	28812	97.87	84	17
十六	2007.12	39617	38868	98.11	71	19
十七	2012.03	41065	40338	98.23	76	19

1954~1999年龙河乡人民代表选举情况统计表

表17-2

届次	选举时间	选民登记数（人）	参选选民数（人）	参选率（%）	选举乡人大代表（人）	选举县（市）人大代表（人）
一	1954.03	1405	1174	83.56	30	—
二	1957.04	1612	1388	86.10	31	9
三	1959.03	19137	18144	94.81	83	18
四	1961.06	18732	17817	95.12	96	20
五	1963.04	20393	19347	94.87	123	29
六	1965.12	23462	22362	95.31	144	30
七	1978.09	33389	31776	95.17	92	20
八	1981.03	33553	31831	94.88	91	20
九	1984.06	18775	17969	95.71	86	20
十	1987.04	18684	17715	94.81	52	21
十一	1990.03	18758	18357	97.86	54	21
十二	1993.01	18168	17831	98.15	51	23

续表 17-2

届次	选举时间	选民登记数（人）	参选选民数（人）	参选率（%）	选举乡人大代表（人）	选举县（市）人大代表（人）
十三	1996.01	17751	17438	98.24	55	23
十四	1999.01	16950	16642	98.18	55	21

新城镇（乡）人大代表结构一览表

表 17-3

届次	代表人数（人）	其中				
		女性	中共党员	工人农民	干部	知识分子
一	31	6	4	9	5	2
二	42	7	11	14	7	3
三	193	13	91	76	27	15
四	195	14	109	81	32	16
五	217	17	151	88	36	17
六	200	17	148	93	41	20
七	336	21	177	95	44	29
八	98	19	56	54	37	23
九	97	20	49	56	29	21
十	64	16	44	23	28	18
十一	65	15	45	37	21	17
十二	64	8	46	48	10	15
十三	63	17	40	46	13	14
十四	63	19	39	31	15	20
十五	84	17	38	37	19	18
十六	71	16	36	32	15	13
十七	76	17	37	34	17	16

二、人民代表大会

1953年起，新城乡、龙河乡先后建立人民代表大会制度，依照《中华人民共和国选举法》和《中华人民共和国组织法》规定，每两年举行一次换届选举大会，每年召开一次年度会议。会议主要内容是选举产生新一届政府组成人员或补选政府领导成员，听取和审议政府工作报告，审查和批准乡财务收支计划，选举县人民代表。1980年起，人代会改为每三年召开一次换届选举大会，审查和批准乡财务收支计划改为审查和批准社（乡）财政预决算。1981年起，增加审查和批准农民负担预决算案议程。1990年起，换届大会增加选举人大主席和副主席议程，并规定换届后的第二年起每年都要召开本届人代会的年度会议（俗称年度例会）。会议议程除不搞换届选举外，其余与第一次会议大致相同。每次会议出席的正式代表人数都在应到代表人数的95%以上，并有一定数量的列席代表参加。2000年起，人代会改为每五年召开一次换届选举大会。2000年4月，龙河乡人大并入新城镇人大。至2012年，新城镇共举行十七届50次人民代表大会。

新城镇历届人民代表大会　1953～1966年，新城镇共召开六届人民代表大会。“文化大革命”期间人代会未能正常召开，仅在1978年7月召开第七届人代会。1981年第八届人代会以后，人代会召开趋于正常。

乡第一届人代会　1953年7月24日召开，出席会议代表31人。会议听取和审议乡人民政府工作报告，提出增加生产，厉行节约，发展商业，搞好粮食统购统销和发展教育卫生等任务。会议选举纪永兴为乡长，嵇德昌为副乡长，姚善海为人民代表大会主席（指导员），王义和、金济慧为副主席。

乡第二届人代会　1956年9月12日召开。会议听取和审议乡人民委员会工作报告，提出勤俭办社，反对贪污盗窃，反对主观主义和官僚主义作风等任务。会议选举李文朝为乡人委主席。

公社第三届人（社员）代会　1959年9月20日召开。会议听取和审议公社工作报告，提出将增产节约运动推向高潮，部署横扫“右倾”，大鼓干劲，开展“三超五比”（粮食实产超包产、副业项项超指标、社员劳动超定额，比秋熟作物田间管理、比秋收粮食颗粒归仓、比征购任务完成、比秋季分红、比食堂办得好）竞赛活动。全面开展积肥造肥运动，加快水利机灌站建设，实现农业水利化。会议选举高开明为公社管委会主任，余振保、魏富涛、陈恒春为副主任，以及管委会组成人员。

公社第四届人（社员）代会　1961年6月17日召开。会议主要任务是全面贯彻落实《农村人民公社工作条例（草案）》，调整生产大队、生产队体制，取消分配上的供给制，停办公共食堂，恢复和补划社员自留地。会议选举余振保为管委会主任，魏富涛、彭鹤松、毛盛朝、魏家信、韩文凤为副主任。

公社第五届人（社员）代会　1963年5月7日至8日召开，出席会议代表215人。会议听取、审议和通过公社管委会工作报告。会议选举产生由17人组成的公社管理委员会，余振保为管委会主任，彭鹤松、魏富涛、郭应洲、屠国朝为副主任。选举产生由5人组成的监察委员会，屠国朝为监委会主任。会议还选举产生县人大代表33人，人民陪审员6人。

公社第六届人（社员）代会　1965年12月27日至28日召开，出席会议代表200人。会议听取、审议和通过公社管委会工作报告，部署开展学习毛主席著作活动，掀起活学活用毛主席语录、“老三篇”热潮。会议选举产生由17人组成的公社管委会，魏富涛为主任，余振保、黄金才、郭应洲为副主任。选举产生由5人组成的公社监察委员会。会议还选举产生县人大代表29人，人民陪审员6人。

公社第七届人（社员）代会　1978年7月9日召开，出席会议代表334人。会议听取、审议和通过公社革命委员会工作报告，会议选举产生由27人组成的新城公社革命委员会，张玉林为革委会主任，朱士顺、彭鹤松、赵清、张存德、邬维宏、孟子云为副主任。会议还选举张玉林为公社第七届人代会常务主席，选举产生新城人民法院陪审员5人，县人大代表27人。

公社第八届人（社员）代会　共召开三次会议。一次会议于1981年1月26日至27日召开，出席会议代表98人。会议听取、审议和通过公社管委会工作报告。会议选举产生由15人组成的新城公社管委会，朱士顺为管委会主任，张存德、孟子云、赵清、周自强为副主任。会议还选举产生人民陪审员5人，县人大代表18人。1982年2月3日召开第二次会议，增选孔庆江为副主任。第三次会议于1983年4月24日至25日召开，补选胡明云为乡人民政府乡长，增选宋鹏飞为副乡长。会议通过《新城乡人民政府工作暂行条例》和《新城乡乡规民约》。

乡第九届人代会　共召开四次会议。一次会议于1984年5月20日至21日召开，出席会议代表97人。会议听取、审议和通过由胡明云所作的政府工作报告，讨论和确定三年主要经济指标，计划到1986年农副工业总产值达到4280万元，粮食总产2.4万吨，人均年纯收入420元。会议选举胡明云为乡长，宋鹏飞、赵清为副乡长。会议还选举产生县人大代表18人。1985年2月5日召开二次会议，会议听取乡人民政府关于教育改革试点工作的报告，审议和通过《新城乡1985～1990年教育事业发展规划》《新城乡关于普通教育改革的决定》。三次会议于1985年8月8日召开，补选李名荣为乡长，增选石远龙、周自强、夏武军为副乡长。四次会议于1986年8月11日召开，补选陈恒炳为新城乡乡长。

乡第十届人代会　共召开三次会议。一次会议于1987年3月30日至31日召开，出席会议代表63人，列席代表47人。会议听取、审议和通过陈恒炳所作的政府工作报告。会议选举产生新城乡第十届人民政府组成人员，陈恒炳当选乡长，石远龙、周自强、赵清当选副乡长。会议还选举尹庆寿、屠德昌为新城人民法庭人民陪审员，选举市人大代表14人。1988年7月16日召开二次会议，增选马广勤为副乡长。第三次会议于1989年4月4日召开，会议审议通过陈恒炳所作的政府工作报告，会议要求认真贯彻执行中共十三届三中全会精神，紧紧围绕治理整顿改革这个主题，一手抓物质文明建设，一手抓精神文明建设，稳定发展经济，发展科教文卫，抓好计划生育，搞好集镇建设，强化人民法制，改进政府工作，夺取“两个文明”建设新胜利。

乡第十一届人代会　共召开五次会议。一次会议于1990年3月17日至18日召开，出席会议代表65人，列席代表51人。会议听取、审议和通过陈恒炳所作的政府工作报告，以及《新城乡1989年度财政预算执行情况和1990年财政预算（草案）》的报告。会议选举陈有云为新城乡首任人民代表大会主席团主席，选举陈恒炳为乡长，陈玉高、郭光东、曾永贵为副乡长。大会表决通过屠德昌等3人为人民陪审员，选举产生市人大代表14人。1990年12月29日召开二次会议，补选彭元才为乡长。三次会议于1991年3月30日召开，补选陈有云为乡人大主席团主席。四次会议于1992年1月30日召开，审议通过新城乡政府工作报告、新城乡人大主席团工作报告，审查批准新城乡1991年财政预算执行情况和1992年财政预算的报告，审议通过《新城乡实施九年义务教育及其经费问题的意见》。五次会议于1992年11月4日召开，听取、审议和通过乡政府工作报告，接受陈有云辞去人大主席职务的请求，补选彭元才为人大主席团主席。

乡（镇）第十二届人代会　共召开五次会议。一次会议于1993年1月6日至7日召开，出席会议代表64人。会议听取、审议和通过贾有福所作的政府工作报告，听取审议乡人大工作报告，审议和批准乡财政所所长崔学锋代表乡政府所作的《新城乡1992年财政预算执行情况和1993年财政预算的报告》。会议选举彭元才为乡人大主席团常务主席，贾有福为乡长，郭光东、曾永贵、陈玉高为副乡长。会议还选举人民陪审员3人，市人大代表15人。二次会议于1994年1月20日召开，会议通过郭光东辞去副乡长职务的请求。三次会议于1994年8月12日召开，会议审议通过贾有福所作的政府工作报告。四次会议于1995年1月10日召开，增选马广勤为副镇长。五次会议于1995年9月22日召开，会议通过贾有福辞去镇长职务的请求。补选邵卫为镇长，贾有福为镇人大主席团主席，增选陆永余为副镇长。

镇第十三届人代会　共召开四次会议。一次会议于1996年1月15日至16日召开，出席会议代表63人。会议听取、审议和通过由邵卫所作的政府工作报告，听取和审议镇人大工作报告，审查和批准镇财政预决算报告。会议选举贾有福为镇人大主席，邵卫为镇长，马广勤、曾永贵、陈玉高、陆永余、朱宏（女）为副镇长。二次会议于1996年9月28日召开，会议审议通过政府工作报告和财政预决算报告。三次会议于1997年2月28日召开，会议审议通过刘德平作的政府工作报告，蔡家田作的财政预决算报告。会议选举刘德平为镇长。四次会议于1998年2月23日召开，会议审议通过政府工作报告和财政预决算报告。

图17–1　新城镇第十三届一次人代会
（摄于1996年）

镇第十四届人代会　共召开两次会议。一次会议于1999年1月7日至8日召开，出席会议代表63人。会议听取、审议和通过刘德平作的政府工作报告、贾有福作的镇人大主席团工作报告和蔡家田作的财政预决算报告。会议选举刘德平为镇长，马广勤、陈玉高、陆永余、崔学锋为副镇长，选举贾有福为镇人大主席团主席。二次会议于2000年2月28日至29日召开，增选贾士清为副镇长。

图17–2　新城镇第十四届一次人代会
（摄于1999年）

镇第十五届人代会　共召开九次会议。一次会议于2000年6月28日至29日召开，出席会议代表84人。会议听取、审议和通过窦方年作的政府工作报告、蔡家田作的财政预决算报告和刘德平作的镇人大主席团工作报告。会议选举窦方年为镇长，朱金宏、陆永余、吴春明、薛桂平、徐宏芳（女）、赵兵、贾士清为副镇长，选举刘德平为镇人大主席团主席。二次会议于2001年2月21日召开，会议审议批准新城镇“十五”计划纲要。三次会议于2002年1月9日至10日召开。会议增选陈礼斌为副镇长，选举宋玉朝为镇人大主席团主席，吴春明、徐宏芳（女）为副主席。四次会议于2003年1月16日召开，会议补选丁雪峰为镇长。五次会议于2004年1月4日召开，会议补选詹明祥为镇长，选举孙章余为镇人大主席团主席。六次会议于2005年1月18日召开，会议审议通过政府工作报告、财政预决算报告和镇人大主席团工作报告。七次会议于2006年2月26日召开，会议补选朱金宏为镇人大主席团主席。八次会议于2006年10月10日召开，会议补选陈军为镇长。九次会议于2007年1月23日召开，会议选举赵兵为镇人大主席团副主席，增选吴素琴（女）、耿合元为副镇长。

镇第十六届人代会　共召开六次会议。一次会议于2007年12月12日召开，出席会议代表71人，列席代表64人。陈军作镇政府工作报告，朱金宏作镇人大主席团工作报告，蔡家田代表政府作财政预决算报告。会议选举朱金宏为镇人大主席团主席，赵兵为副主席，选举陈军为镇长，耿合元、贾士清、吴素琴（女）、王庆军为副镇长。二次会议于2009年1月19日召开，会议接受吴素琴（女）辞去副镇长职务的请求，增选于华广为副镇长。三次会议于2009年6月26日召开。会议接受陈军辞去镇长职务和朱金宏辞去镇人大主席职务的报告，选举陈礼斌为镇人大主席团主席，史素明为镇长。四次会议于2010年3月15日召开。会议接受赵兵辞去镇人大主席团副主席职务的报告，增选刘凤（女）、俞蕾（女）为副镇长。五次会议于2011年1月20日召开，会议接受耿合元辞去副镇长职务的报告。六次会议于2011年12月17日召开。会议听取和审议政府工作报告、镇人大主席团工作报告，审查财政预决算执行情况的报告。

镇第十七届人代会　至2012年末共召开二次会议。一次会议于2012年3月10日召开，出席会议代表74人，列席代表82人。会议听取、审议通过史素明所作的政府工作报告、蔡家田代表镇政府作的财政预决算执行情况的报告和丁雪海作的人大主席团工作报告。会议接受陈礼斌辞去镇人大主席职务、于华广和俞蕾（女）辞去副镇长职务的报告，选举丁雪海为镇人大主席、薛桂平为副主席，选举史素明为镇长，贾士清、王庆军、刘凤（女）、吴金和为副镇长。二次会议于2012年10月30日召开，增选周亮为副镇长。

龙河乡历届人民代表大会　1954~1999年，龙河乡（公社）共召开十四届人代会。

乡第一届人代会　1954年3月17日召开，出席会议代表30人。会议选举丁广德为乡长、副乡长2人，人民代表大会指导员、副主席各1人。

乡第二届人代会　1957年4月27日召开。会议选举产生乡人民委员会，邵学桃为乡人委主席、夏天宝为副主席。

公社第三届人（社员）代会　一次会议于1959年3月15日召开。会议选举王如祯为管委会主任，李有照、王光明为副主任。二次会议于1959年10月召开，补选刘恩希为管委会主任。

公社第四届人（社员）代会　1961年6月20日召开。选举王光明为主任，李庭昆、基良坤、夏士清、徐广福、孟子云、陆文榜为副主任。

公社第五届人(社员)代会　1963年4月30日召开，出席会议代表121人。会议选举产生由17人组成的公社管理委员会，由7人组成的监察委员会，选举产生管委会主任、副主任、监委会主任各1人。

公社第六届人(社员)代会　1965年12月13日召开，出席会议代表142人。会议选举产生由刘西平等17人组成的管委会，刘西平为主任，陆文榜、金开彬、孟子云、夏士清、基良坤为副主任。会议选举产生由陈兆林等7人组成的监察委员会，邬维宏为主任委员。会议还选举县人大代表29人。

公社第七届人(社员)代会　1978年9月11日召开，出席会议代表143人。会议选举产生由丁保华等19人组成的革命委员会，丁保华为革委会主任，薛志洲、董正道、郭应洲、徐庆宽、夏武军、郑德兴、殷立柱为副主任。会议还选举人大常委会主席、县人大代表。

公社第八届人(社员)代会　共召开三次会议。一次会议于1981年3月29日召开，出席会议代表89人。会议选举产生由忠守和等17人组成的管委会，忠守和为管委会主任，郭应洲、徐庆宽、夏武军、汤泉、李兆森、唐文禄为副主任。会议还选举县人大代表20人。二次会议于1982年4月召开，为年度例会。三次会议于1983年10月6日召开，选举徐斌为乡长，夏武军为副乡长。

乡第九届人代会　共召开三次会议。一次会议于1984年6月3日召开。会议选举徐斌为乡长，夏武军、陈华苏为副乡长。二次会议于1985年4月8日召开，会议选举杨广荣为乡长。三次会议于1985年12月11日召开，增选赵有锁为副乡长。

乡第十届人代会　1987年4月12日至13日召开，出席会议代表50人。会议选举杨广荣为乡长，宋鹏飞、赵有锁为副乡长。会议还选举周大明、周加才为人民陪审员，选举市人大代表10人。

乡第十一届人代会　共召开五次会议。一次会议于1990年3月8日至9日召开，出席会议代表52人，列席代表40人。会议选举孙康惠为乡长，姚志明、赵广昌为副乡长，薛志洲为人大主席团主席。二、三次会议分别于1990年8月和1991年10月召开，为年度例会。四次会议于1992年3月22日至23日召开，选举乡人大主席团主席。五次会议于1992年9月30日召开，选举詹德智为乡长，赵金林为副乡长。

图17-3　龙河乡第十届一次人代会（摄于1987年）

乡十二届人代会　共召开三次会议。一次会议于1993年1月6日至7日召开，出席会议代表50人，列席代表40人。会议选举薛志洲为乡人大主席团主席，詹德智为乡长，姚志明、赵广昌、吴春明为副乡长。二、三次会议分别于1994年1月、1995年2月召开，为年度例会。

乡第十三届人代会　共召开四次会

议。一次会议于1996年1月11日至12日召开，出席会议代表54人。会议选举李兆森为人大主席团主席，詹德智为乡长，薛桂平、吴春明、姚志明为副乡长。二次会议于1996年12月7日召开。会议接受詹德智辞去乡长职务的报告，补选窦方年为乡长，增选贾锡梅（女）为副乡长。二、三次会议分别于1997年10月和1998年10月召开，为年度例会。

乡第十四届人代会　共召开三次会议。一次会议于1999年1月14日至15日召开，出席会议代表53人。会议选举詹德智为乡人大主席团主席，姚志明为副主席，窦方年为乡长，吴春明、薛桂平、贾锡梅（女）为副乡长。二次会议于1999年12月7日召开，为年度例会。三次会议于2000年1月20日至21日召开，补选赵兵为副乡长。

四、人大主席团

70年代及以前，人大主要工作是做好换届选举，筹备和召开人代会。1985年起，新城、龙河乡党委开始召开人大代表座谈会，听取对政府工作的意见和建议。1987年10月起，乡镇设立人民代表大会主席团，由常务主席主持日常工作。1990年3月，新城、龙河乡相继成立人大主席团后，人大工作逐步规范。在人代会闭会期间，乡人大主席团围绕政府中心工作，组织人大代表开展视察、执法检查及调查研究，联系走访选民，督办代表议案等活动，保障人大代表依法履行职责，发挥人大监督作用。

视察调研　90年代后期，镇（乡）人大主席团在每年召开人代会前组织各代表小组组长开展视察调研活动，视察水利工程、骨干企业技改项目和农村道路建设情况。2000年以后，镇人大每年组织人大代表开展视察调研活动2～3次，视察调研农村学校内部管理体制改革、招商引资、工业集中区建设、安全生产、农村新型合作医疗、农村改水改厕等专项工作。2010年，先后视察农业、教育、卫生、社会保障等部门工作，组织人大代表进行民主评议。

图17-4　镇人大代表视察重点工程
（摄于2010年）

议案办理　1981年1月第八届人大一次会议起，每次举行人代会都设立议案组，负责会议期间代表议案和建议的收集、审查汇总，向大会报告，并向代表进行答复和转办。新城乡第十届人代会，共收到议案3件、建议3件、批评意见4件。以后代表议案、建议和意见逐年增多。90年代开始完善和规范议案、建议督办程序，形成交办、催办、反馈、检查、审议等一套议案办理流程。第十一届人代会共收到议案6件、建议和意见7件，并召开交办会议、限期办理，议案办理情况在下次人代会上由主席团向大会报告，做到件件有答复。2000年后，代表议案和建议办理改为直接向提议案代表本人当面答复，征得代表本人满意后即告办结。2005年1

月18日，镇人大在第十五届六次会议上收到代表议案和建议75件。会后镇人大主席团在落实交办过程中，逐步跟踪督办，有42件达到办结优质标准。十六届人大一至六次会议期间，共收到代表议案和建议88件，至2012年10月，全部办理结束，其中办成率达87%，满意率达97%。一时不能解决和办结的，有关单位向代表做详细说明和解释，得到代表的理解和谅解。

评议述职　2000年后，镇人大主席团组织代表组长和列席代表听取镇政府镇长、副镇长述职报告。述职前，人大主席团采取走访、座谈等形式，征求人大代表和人民群众对述职人的意见。述职中，人大主席团组织代表包括列席代表进行评议。述职后，述职人根据评议意见认真进行整改，并将整改情况及时报告人大主席团，人大主席团跟踪检查了解整改情况。至2012年，先后有4名镇长、副镇长进行述职，提出评议意见32条，均得到整改解决。

新城镇（含原龙河乡）历任人大主席名录

表17-4

新城镇		龙河乡	
姓　名	任职时间	姓　名	任职时间
陈有云	1990.03～1992.10	薛志洲	1990.03～1995.09
彭元才	1992.10～1995.09	李兆森	1995.09～1999.01
贾有福	1995.09～2000.06	詹德智	1999.01～2000.06
刘德平	2000.06～2002.01		
宋玉朝	2002.01～2004.01		
孙章余	2004.01～2006.02		
朱金宏	2006.02～2009.06		
陈礼斌	2009.06～2012.03		
丁雪海	2012.03～		

第二节　政　府

一、民国时期行政机构

民国初期，沿袭旧制，新城地方行政机构仍为坊，十坊设一总董，兼管民团和地方事务，未形成地方建制。民国17年（1928年），新城改设为镇，同时改为乡制的还有今属新城镇境域内的甘露乡、太平乡、新北乡、东桃坞乡、旧港乡、蒋圩乡、草荡乡、野鸭乡、三官乡、马坝乡、陈塘乡、官塘乡、凌桥乡、三茅乡。设立的镇、乡公所为地方行政机构。新城镇公所设在新城街西侧。民国26年（1937年）12月，新城沦陷，不久，汪伪“维持会”“自治会”成立，掌管新城镇公所，下辖6个保。民国29年（1940年）4月，仪征抗日民主政府在龙河镇及三茅乡、凌桥乡、官塘乡、蓝桥乡建立抗日民主政府（镇、乡公所）。民国34年（1945年）3月，在三将乡、三官乡、陈塘乡、蒋圩乡建立抗日民主政府。乡政府设乡长、指导员、粮委、民兵中队长各1人。民国35年（1946年）9月，民主政府北撤，乡镇政府随之撤销。民国35年11月后，新城镇恢复国民党统治，张国华等先后任镇长。民国38年（1949年）1月，新城镇解放，成立由中国共产党领导的人民民主政权机构。

二、解放后行政机构

新城镇人民政府 1949年1月，新城镇解放，成立新城镇民主政府，为民主政权机构，设正副镇长、民政办事员、财粮员等职，徐纯任镇长。1950年5月，根据整编精神，镇政府改称镇公所，李起扬任镇长。1953年1月由镇改乡，镇公所改称乡公所。1953年7月，经过普选成立新城乡人民政府，纪永兴任乡长，下设民政、优抚、文教卫生、生产、治安、财粮6个工作委员会，每个工作委员会约有1~2人（多数为兼职），共有乡干部8人，下辖2个街道村、3个农业村。1955年，乡人民政府改称乡人民委员会。1957年3月，撤区并乡，组建成立新城乡人民委员会（简称乡委会），人员编制13人，设乡长、副乡长、武装干事、民政助理、财粮助理、文教卫助理、治安调解助理、生产合作助理等职，蒋秀松任乡长，彭鹤松任副乡长。1958年9月，新城乡改建新城人民公社，实行政社合一体制，领导机构为公社管理委员会（简称公社管委会），办公地址在今文源路东侧。管委会由31名委员组成，设主任、副主任等职。不久，并入滨江公社。1959年3月复又成立新城人民公社，高开明任管委会主任，余正保、陈恒春、彭鹤松任副主任，管委会下设农水部、副业部、工业交通部、文教福利部、财经工作部、内政部、治安武装部、计划委员会和办公室等工作机构。公社下设生产大队。

“文化大革命”开始后，公社管委会瘫痪。1968年3月，成立新城公社革命委员会（简称公社革委会），行使行政机构职能。魏富涛任革委会主任，余振保、黄金才任副主任，下设政工组、生产指挥组、办事组、群众专政组等，后改设秘书、生产助理、民政助理、会计辅导员、公安特派员、武装部等职位。1975年，内设行政机构进行调整撤并，设立工业科、农水科、民政调解科、文卫科、财务科等。1981年，恢复人民公社行政机构，增设计划生育办公室、工业办公室。1982年，增设财政所。1983年4月，撤销新城人民公社，成立新城乡人民政府，胡明云任乡长，赵清任副乡长，下设民政、司法、财粮、计划生育、科教文卫等科室，并增设助理职位。1984年，增设村镇建设部和公安派出所，原生产大队改为村民委员会，属村民自治组织。1987年10月，乡政府机关人员核定编制为34名，其中乡政府设乡长1名、副乡长3名，配文（秘）书、财政所所长、文卫助理、工业助理、副业助理、计划生育助理、村镇建设助理、民政助理、司法助理、农经助理、水利工程员、统计员和办事员、工勤员等职。1991年起，增设科技副乡长。1993年，撤乡建镇，成立新城镇人民政府，设镇长1名、副镇长5名。办公地址在宁通公路新城北出口西100米。政府行政办事机构设办公室、财政所、民政办公室、农村经营管理办公室、统计站、审计站、计划生育办公室、农业总公司、工业总公司、司法所、土地管理所、科教文卫办公室、环卫所、村镇建设办公室、水利站、农业技术推广站、文化站、广播电视站等。2000年4月，龙河乡、十二圩镇并入新城镇，镇政府设镇长1名、副镇长7名，下设办公室、民政科、司法所、双拥办公室、镇村建设办公室、计划生育办公室、统计办公室、农经站、工业公司（2004年改称企业管理站）、农水科技服务中心。2002年4月，根据市委、市政府《仪征市乡镇职能配置、职位设置和人员编制规定》,新城镇党政机关定编58人,其中领导职数定编9人,党群口和人武部定编15人,政府、人大口定编34人,镇事业单位定编62人。

2002年新城镇党政机构职能、职位及编制一览表

表17-5 单位:人

项目	领导班子					党群口和人武部								政府、人大口			
职能	党委		政府		人大	党委工作机构				群众团体			人武部	人大机构	政府工作机构		
职位	书记	副书记	镇长	副镇长	常务主席	组织	宣传	纪检	综治办	共青团	妇联	工会		秘书	秘书(信访)	文书(档案)	人事(劳动和社保)
编制	1	2	1	4	1	3	2	3	2	1	1	1	2	1	1	1	1

续表17-5

项目	政府、人大口										镇属事业单位			
职能	政府工作机构										全额拨款事业单位			
职位	财政	统计	审计	民政	司法	计生	科教文卫体	规划建设(环保国土)	乡镇工业(三产、安全生产)	农业水利(农经)	农技站	农经站	公安派出所合同制民警	计生办
编制	10	2	1	2	3	3	1	3	2	3	4	2	4	1

续表17-5

项目	镇属事业单位											
职能	自收自支事业单位								市镇两级共同负担的事业单位			
职位	多服公司	工业公司	建筑公司	法律服务所	畜牧兽医站	农技站	农电站	文广电中心	水利站	土管所	民政办	
编制	1	10	10	1	5	4	4	7	5	3	1	

2005年2月,原十二圩镇划出,镇政府职能部门职位减少。2010年12月27日,根据市委、市政府《关于仪征市乡镇机构改革实施意见》,镇党委、政府从转变政府职能和事业单位职能入手,综合设置党政机构,采取委员助理制运行模式。党政机关领导岗位设置党政领导职数9人,部门岗位设置53个,职位定员84人。每个职位人员配备根据实际工作情况可以专职也可以兼职,同一职位需2人以上的,只设1名委员或助理,其他为干事。整合事业性质站所,设置“5个服务中心”(农业综合服务中心、工业三产服务中心、村建环保服务中心、公共事业服务中心、社会保障服务中心),编制43人。至2012年末,镇政府行政机构设置基本未有调整。

2010年新城镇党政机构设置一览表

表17-6

项目	领导班子					党委、人大、群团和人武部								政府、群团口			
职能	党委		政府		人大	党委、人大工作机构					群众团体		人武部	政府、群团工作机构			
职位	书记	副书记	镇长	副镇长	主席	组织(人大秘书)	宣传(党委秘书)	纪检(监察)	统战(民宗)	政法(综治信访)	共青团	妇联		政府文书	民政(残联)	人力社保、工会	人口计生
编制	1	2	1	4	1	2	2	2	1	3	2	2	2	2	2	2	2

续表 17-6

项目	政府、群团口												镇属事业单位		
职能	政府、群团工作机构												农业综合服务中心		
													领导班子		机构职能
职位	科技	文教卫体（食药）	规划建设（国土、交通）	环保	安监	统计	审计	农经（物价）	工业	三产	农水	财政	正职	副职	农业技术推广、农业机械推广、林业、农业经济管理
编制	1	1	2	1	1	1	1	1	1	1	1	5	1	2	11

续表 17-6

项目	镇属事业单位											
职能	工业、三产服务中心			村建环保服务中心			公共事业服务中心			社会保障服务中心		
	领导班子		机构职能	领导班子		机构职能	领导班子		机构职能	领导班子		机构职能
职位	正职	副职	招商、企管、三产、科技、安监、工业集中区管理	正职	副职	村镇规划、村镇建设与管理、道路建设管理、环保等	正职	副职	计生、文化体育、食品药品安全监管	正职	副职	民政救济、就业再就业和社会保障
编制	1	2	4	1	1	6	1	2	5	1	1	4

1949~2012年新城镇历任政府机构负责人名录

表 17-7

机构名称	镇长（主任、乡长）		副镇长（副主任、副乡长）	
	姓名	任职时间	姓名	任职时间
新城镇公所	徐　纯	1949.01～1949.12		
	吴正国	1949.12～1950.06		
	李起扬	1950.06～1953.07		
新城乡人民政府	纪永兴	1953.07～1956.09	嵇德昌	1953.07～1956.09
新城乡人民委员会	李文朝	1956.09～1956.12	彭鹤松	1956.12～1959.09
	蒋秀松	1956.12～1959.02		
新城人民公社管委会（革委会）	高开明	1959.02～1959.12	余振保	1959.02～1969.05
	李文朝	1959.12～1961.06	陈恒春	1959.02～1960.04
	余振保	1961.06～1965.12	彭鹤松	1959.02～1966.05
	魏富涛	1965.12～1974.03	魏富涛	1959.09～1965.12
	彭加德	1974.03～1976.06	毛盛朝	1960.05～1962.10
	张玉林	1976.06～1981.01	魏家信	1960.05～1963.08
	朱士顺	1981.01～1983.04	韩文凤	1960.05～1961.11
			郭应洲	1963.05～1964.03
			屠国朝	1963.05～1965.12
			严维俊	1963.05～1966.10
			黄金才	1965.12～1978.07

续表 17-7

机构名称	镇长（主任、乡长）		副镇长（副主任、副乡长）	
	姓名	任职时间	姓名	任职时间
新城人民公社管委会（革委会）			辛长友	1966.08～1966.12
			郭应洲	1969.09～1972.05
			任　通	1969.12～1970.09
			钱　斌	1970.09～1978.07
			刘　洪	1970.09～1973.12
			董正道	1972.05～1975.09
			屠国朝	1974.05～1978.07
			孟子云	1974.07～1976.10
			邬维宏	1975.09～1976.10
			朱士顺	1975.09～1981.01
			胡明云	1975.09～1983.04
			彭鹤松	1976.10～1981.03
			张存德	1978.07～1983.05
			赵　清	1978.07～1983.05
			周自强	1978.07～1983.05
			赵子云	1980.03～1981.03
			杨忠仁	1980.12～1981.03
			孔庆江	1981.04～1981.09
新城镇人民政府	胡明云	1983.05～1984.07	宋鹏飞	1984.05～1984.07
	李名荣	1984.07～1987.07	赵　清	1984.05～1990.03
	陈恒炳	1987.07～1990.12	夏武军	1984.07～1987.10
	彭元才	1990.12～1992.10	石远龙	1985.06～1988.11
	贾有福	1992.10～1995.09	周自强	1985.06～1987.03
	邵　卫	1995.09～1997.02	马广勤	1988.07～1989.12
	刘德平	1997.02～2000.06	陈玉高	1990.03～1994.01
	窦方年	2000.06～2003.01	郭光东	1990.03～1994.01
	丁雪峰	2003.01～2004.01	曾永贵	1990.03～1994.01
	詹明祥	2004.01～2006.10	陈玉高	1994.01～2000.06
	陈　军	2006.10～2009.06	曾永贵	1994.01～1996.05
	史素明	2009.06～	马广勤	1995.01～2000.06
			陆永余	1996.01～2007.12
			朱宏（女）	1996.01～1999.01

续表17-7

机构名称	镇长（主任、乡长）		副镇长（副主任、副乡长）	
	姓名	任职时间	姓名	任职时间
			崔学锋	1999.01～2000.01
			贾士清	2000.02～
			朱金宏	2000.06～2006.02
			吴春明	2000.06～2002.01
			薛桂平	2000.06～2007.12
			徐宏芳（女）	2000.06～2002.01
			赵　兵	2000.06～2007.01
			陈礼斌	2002.01～2009.06
新城镇人民政府			吴素琴（女）	2007.01～2009.01
			耿合元	2007.01～2011.01
			王庆军	2007.12～
			于华广	2009.01～2012.03
			刘凤（女）	2010.03～
			俞蕾（女）	2010.03～2012.03
			吴金和	2012.03～
			周　亮	2012.10～

龙河乡人民政府　1954年3月17日，成立龙河乡人民政府，设乡长1人，副乡长2人，及6个工作委员会，共有乡干部7人。1957年3月，全县行政区划调整，小乡并大乡，组建成立龙河乡人民委员会。1958年9月，成立人民公社，实行政社合一，公社成立管理委员会，设主任、副主任等领导职务。“文化大革命”开始后，成立以人武部为主体的生产领导小组，代行公社领导职权。1968年3月，公社成立革命委员会。1981年恢复龙河人民公社管理委员会。1983年9月，撤社建乡，成立龙河乡人民政府，同时成立经济联合委员会，下辖农业公司、副业公司、工业公司和农村经营管理办公室。徐斌任乡长，夏武军任副乡长。乡政府内设机构有政府办公室、科教文卫、民政办、农房办、财政所、计生办、统计站、教管会、司法办、村镇建设办、水利站、文化站、广播站。配备1名文书和民政，科教文卫、工业、农业、副业、司法、计生、经管、统计计划、

图17-5　龙河乡人民政府办公大院旧址（1987年摄）

村镇建设等10个助理员，财政所所长兼乡财政助理员。1992年9月，成立龙河乡农工商总公司，下辖工业、农业、农经、多种经营、建筑等分公司。1995年，总公司解体，各分公司单立，由乡政府统一领导。1999年，乡政府设乡长1人，副乡长4人，下设办公室、民政科、司法所、双拥办、村镇建设办、计生办、统计办、村账乡管办、工业公司、农水科技服务中心等科室、站所。2000年4月，撤销龙河乡人民政府并入新城镇人民政府。

1953~2000年龙河乡历任政府机构负责人名录

表17-8

机构名称	乡长（主任）		副乡长（副主任）	
	姓名	任职时间	姓名	任职时间
龙河乡人民政府	丁广德	1953.06～1957.04		
龙河乡人民委员会	邵学桃	1957.04～1958.09	夏天宝	1957.04～1958.09
	李正金	1958.09～1959.03		
龙河人民公社管委会（革委会）	王如祯	1959.03～1959.10	李有照	1959.03～1966.02
	刘恩希	1959.10～1961.06	王光明	1959.03～1961.06
	王光明	1961.06～1963.08	李廷昆	1961.06～1962.10
	刘西平	1963.08～1966.11	基良坤	1961.06～1966.12
	沈　坚	1966.11～1972.12	夏士清	1961.06～1966.12
	陆方东	1972.12～1976.06	徐广福	1961.06～1962.07
	丁保华	1976.06～1980.04	孟子云	1961.06～1966.12
	薛志洲	1980.04～1981.08	陆文榜	1961.06～1966.12
	忠守和	1981.08～1983.10	殷文庆	1963.03～1965.08
			童金声	1965.03～1966.12
			金开彬	1965.12～1966.12
			孙　健	1968.03～1975.07
			丁在禄	1968.03～1970.01
			李有照	1969.03～1972.05
			邬维宏	1972.01～1975.09
			周宏书	1972.04～1975.04
			徐　斌	1972.04～1977.10
			邵学桃	1972.09～1975.10
			薛志洲	1972.09～1980.04
			郭应洲	1972.09～1976.10
			殷立柱	1973.01～1979.05
			马宏飞	1974.02～1975.03
			徐　扬	1975.01～1978.10

续表 17-8

机构名称	乡长（主任）		副乡长（副主任）	
	姓名	任职时间	姓名	任职时间
龙河人民公社管委会（革委会）			忠守和	1975.01～1981.08
			王道明	1975.07～1978.10
			夏武军	1975.09～1983.05
			王鹤平	1976.10～1978.10
			刘德兴	1978.05～1981.04
			徐庆宽	1978.09～1983.05
			汤　泉	1980.04～1983.05
			赵广昌	1980.12～1981.04
			李兆森	1980.12～1984.06
			唐文禄	1981.04～1983.05
龙河乡人民政府	徐　斌	1983.10～1985.04	李兆森	1984.06～1995.09
	杨广荣	1985.04～1989.12	夏武军	1984.06～1984.07
	王帮云	1989.12～1990.03	陈华书	1984.06～1987.03
	孙康惠	1990.03～1992.09	宋鹏飞	1984.07～1989.08
	詹德智	1992.09～1996.12	赵有锁	1985.12～1989.12
	窦方年	1996.12～2000.04	赵广昌	1990.03～1994.12
			姚志明	1990.03～1999.01
			赵金林	1992.09～1993.01
			吴春明	1993.01～1994.12
			贾锡梅（女）	1996.12～2000.01
			薛桂平	1996.12～2000.04
			赵　兵	2000.01～2000.04

三、施政纪要

第一、二届乡政府（1953.07~1959.09） 在区委、区政府领导下，大力发展农业，搞好粮食生产。1953~1954年，新城和龙河乡相继遭受旱灾和洪灾，乡干部深入互助组、农户组织水车车水抗旱，供应种子补种秋粮，开展多种副业生产，实行生产自救。1955~1956年，新城、龙河乡开展水利建设，整修堤岸和农田沟渠，开展造肥积肥，增加复种面积，一熟改二熟，改造低产田，全面推广良种等农业生产技术。1955~1956年，新城乡3个农业社和龙河乡4个农业

图17-6　优质粮食生产基地（摄于1999年）

生产合作社均配齐农业技术员、饲养员、会计员和农具操作手，棉花、油料、蚕桑、果品产量有一定的增长。至1957年年底，两乡粮食总产量平均每年增长4.2%，油料总产量平均每年增长28.91%。与此同时，加强对集镇工商业的管理和领导，开展粮食统购统销工作，维护市场稳定，开展集镇卫生整治和血吸虫病防治工作。1954年6月起，开展对私营工商业的社会主义改造，新城乡243户、龙河乡134户工商业户接受改造，成立手工业生产合作社2家，合作商店或合作小组31家。1958年9月，组建成立新城、龙河人民公社，不同程度出现高指标、瞎指挥、"浮夸风"等错误做法，影响生产发展。当年两公社粮食总产均没有完成计划任务。

图17-7 新城建筑公司承建的常州武进中和大厦 （摄于2009年）

第三至第六届公社管委会（1959.03~1978.09） 1959年，新城人民大会堂建成使用，接入仪征35千伏电源，新城集镇始有照明电。通新集电灌工程竣工投入使用，四级提水解决龙河山区农业用水困难。1960年，开始纠正"共产风""一平二调"错误，公社、大队开始退还生产队被平调的生产物资，主要是房屋、农具、车辆等，农业生产逐步恢复发展。1963年起，相继开始社会主义教育运动，开展"四清"运动，挫伤部分干群生产积极性。1965年，农村集市贸易开始恢复，龙河猪市交易量逐月上升，集镇饮食服务业日趋红火，农业生产进一步好转。当年，新城粮食总产量达1.6万吨，龙河为1.34万吨，比1960年分别增长72.05%、85.22%。新城实现农业总产值253.44万元，龙河为289.44万元，比1960年分别增长21.88%、80.56%。1966年，"文化大革命"开始后，新城、龙河农业生产出现倒退现象。1977年，新城粮食总产量1.33万吨，龙河1.53万吨，相比1965年，新城下降16.87%，龙河增长14.18%。

图17-8 新城建筑公司承建的山东威海移动公司大厦 （摄于2010年）

第七、第八届公社革委会（管委会）（1978.07~1984.06） 新城公社积极探索多种形式的农业生产承包责任制，如大段包工、联产到组、包干到户联产计酬以及"五定""两全"生产责任制，调动农民生产积极性。1982年，开始推行包产到户家庭承包责任制，新城公社有249个生产队试行，占生产队总数的94%，龙河公社有332个生产队试行，占92%。1983年，全面推开家庭联产承包责任制，普及率达100%。1984年起，大力发展多种经营和第三产业，养殖业、种植业、编织业、加工业、运输业、商业和服务业都有较快发展。在经营生产中，多层次、多渠道地发展家庭副业、专业户和经济联合体。

第九届至第十四届乡（镇）政府（1984.06~2000.06） 历届政府进一步解放思想，开放搞活，发展外向型经济，调结构，转变经济增长方式。1986年，开始向专业化、社会化方向发展。当年新城乡工农业产值达到4558.98万元，龙河乡1503.46万元，比1978年分别增长2倍和56.09%。农民人均年纯收入新城为609.03元，龙河为458.86元，比1978年分别增长2.17倍和2.02倍。此后仍坚持把农业放在经济工作首位，增加投入，推进科教兴农，粮食总产每年基本稳定在3.2万 ~3.5万吨之间，多种经营产值占农业总产值的比重1999年末达73.42%，比1987年提高41.73个百分点。农业产业化经营规模进一步扩大，新城镇建成优质粮油、蔬菜、水产、林果、茶叶及花卉苗木生产基地8个，千头猪场1个，万只鸡场2个，水面种养33.33公顷（约合500亩）以上的专业大户2家。龙河乡建成133.33公顷（约合2000亩）果园、43.33公顷（约合650亩）桑园、34公顷（约合510亩）茶园和40公顷（折合600亩）蔬菜生产基地5个。丁冲村成为全市有名的蔬菜村，马坝村成为长江中下游低丘综合开发基地，开发荒山200公顷（折合3000亩），改造低产田13.33公顷（约合200亩），造林33.33公顷（约合500亩），发展茶园26.67公顷（约合400亩）。工业经济持续健康发展，新城乡在克服不利因素中开拓市场，做大做强挺柱、活塞环、活塞、包装制品等支柱产业。累计投入技改资金2.31亿元，完成117个技改项目。1999年，新城镇工业产值完成2.80亿元，比1987年增长7.32倍。龙河乡工业发展缓慢，支柱产业少，全乡工业产值仅实现3006万元，比1987年增长2.37倍。新城镇和龙河乡建筑业增加建筑设备，努力开拓外埠市场，敢于承揽千万元以上工程项目。1999年，新城镇实现建筑业产值8766万元，龙河乡实现7012万元，比1987年分别增长3.89倍、2.74倍。第三产业加快个体私营经济发展。1999年，新城镇农村经济总收入达5亿元，龙河乡为9035万元，比1987年分别增长8.77倍、3.29倍。政府积极引导农村剩余劳动力向大中城市转移，进城务工农民逐年增多，劳务性工资收入成为农民家庭主要收入来源。1999年，农民人均纯收入新城镇3200元，龙河乡2185元，比1987年分别增长3.7倍、3.02倍。

图17-9　千亩茶园　（摄于2006年）

图17-10　小学生诗词兴趣班（摄于2012年）

第十五至第十七届镇政府（2000.06~　） 坚持把发展工业放在全镇经济工作的首位，加大招商引资力度，设立镇工业集中区，建成标准厂房30万平方米，进区企业达237家。上海大众整车项目落户新城后，汽车零部件产业开始形成规模。机械制造、包装制品、非织造布等特色产业也得到较快发展。2012年，全镇工业产值达92.04亿元，比1999年增长28.69倍。高效农业稳步推进，形成千亩蔬果、茶叶、药材生产基地，新增高效农业面积666.67公顷（约合1万多亩），设施农业200公顷（约合3000亩）。全镇农业产值达3.06亿元，比1999年增长2.08倍。三产服务业迅速发展，城东新区和汽车工业园不断开发推进，新城房地产、仓储物流和中介服务等现代服务业加速崛起，实现三产增加值30亿元。乡村建设步伐加快，在服务大项目大建设中，完成搬迁农户4300多户，征地让地近133.33公顷（约合2000亩），流转土地666.67（约合1万多亩）。建成5个农民集中居住区，改扩建新城、龙河农贸市场，修建巫家沟、余营河景观带，以及集镇一路一街一广场三入口的整治改造。新建新城、龙河大桥等12座大型桥梁，新建改建农桥140座，实现村村通水泥路，村道绿化、亮化，通组道路铺装砂石路面。整治农村庄台、改水改厕，建成垃圾池900多个，重点整治庄台49个，农村生态环境进一步优化。坚持改善民生，惠民利民，提高人民生活水平。扩建改造2个敬老院，“五保”老人集中供养率达24.4%，新农合、新农保基本实现全覆盖。失地农民生活有保障。异地新建中心小学，新建镇文化信息服务点和青少年活动中心，村村建有图书室、体育设施。建成标准化社区卫生室13个，铺设自来水管道400多千米，全镇人民都喝上长江水。组建6支农民艺术队，建成新型生育文明示范村5个。镇、村便民服务中心相继投入使用。加强政府采购、工程招投标、财政转移支付审计和监督。2012年，全镇农民人均纯收入15660万元，比1999年增长4.31倍，高出全市平均水平8.64%。

图17-11　村庄健身器材　（摄于2011年）

第三节　政　协

一、政协工委

2012年5月，市政协批准组建成立新城镇政协工作委员会（简称政协工委），由耿合元、崔学勇、秦明、陶俊、杨冬梅、王飞、孙云7人组成，镇党委副书记耿合元兼任政协工委主任。政协工委在市政协闭会期间负责组织政协委员开展活动。

二、主要活动

80年代起，新城地区（包括原龙河乡）政协委员在市政协安排下开展视察调研，参政议

图17-12 政协委员视察镇中心幼儿园建设工程 （摄于2012年）

图17-13 整治后的石桥河 （摄于2010年）

政，反映社情民意。2003年，市政协设立乡镇委员小组，组织乡镇政协委员参加视察调研，向当地党委政府建言献策，向市政协提交议案。新城镇政协委员每年都到社区、企业调研经济和社会发展情况，以及民生热点问题，向市政协会议提交议案，每人不少于2件。2012年3月，新城镇政协委员深入实际调研，向市政协十届一次会议递交提案11件。新城中学孙云委员提交在新城中学校门口路段增设放学时车辆禁停标志的建议，促成校门口交通秩序明显好转。陶俊委员在自身创业发展中，接纳吸收30多名残疾人上岗就业。王飞委员热心社会公益事业，捐资助学，帮助十多个贫困学童完成学业。5月，新城镇政协工委成立后，制订委员定期活动制度、调研视察制度、学习座谈会制度以及协商建言制度等规章制度，正常开展政协活动。9月，组织驻镇委员和各界人士开展调研视察，协商建言，学习座谈等各项履职活动2次，并配合市政协在新城镇开展“献计汽车名城建设”专题调研活动。12月，镇政协工委参加市政协召开的乡镇政协工作会议，并在会上作交流发言。

第十八章　公安　法院　司法

解放初期，新城地区公安、司法机构相继建立。通过开展土改、镇压反革命、取缔反动道会门、禁赌禁毒斗争，并依靠群众监督改造地主、富农、反革命分子、坏分子，巩固新生的人民政权。60年代，建立人民陪审员制度和人民调解组织，加强人民民主专政，社会治安状况进一步好转。“文化大革命”期间，公安、司法工作瘫痪，社会治安混乱。1978年后加强法制建设，复查纠正“文化大革命”期间发生的冤假错案，整顿社会治安秩序。1983年起，开展严厉打击严重经济和刑事犯罪活动，实行社会治安综合治理。1986年后，开始施行每5年为一个周期的全民普法教育，采取以会代训方式，组织机关干部、企事业单位职工，农民、市民参加普法学习、讨论。全镇人民法制观念不断增强，社会日趋和谐稳定。至2012年，新城镇先后获扬州市“社会治安安全乡镇”和“江苏省安全文明乡镇”称号。

第一节　公　安

一、机 构

民国16年（1927年）撤坊设乡以前，新城地区各坊设地保一名，负责地方民事纠纷调处，刑事案件由地保向县警察局报案。民国16年县公安局成立后，在十二圩镇设南区分局，龙河集设北区分局，各分局有警官警役36人。境内蜀冈以南圩区属十二圩分局管辖，以北山区属龙河分局管辖。民国34年（1945年）抗战胜利后，国民党县政府复建公安机构，改称县警察局，并在十二圩、龙河设立警察分局，各分局设有局长、局员、巡官、书记各1人，警夫36人，后裁减至14人。民国37年（1948年），各警察分局人员增加至25人。

新中国成立后，境域内的各行政小乡配备治安员1人。1952年，新城区、凌桥区各设公安助理1人，负责指导各乡公安工作。1958年，新城、龙河成立人民公社后，设公安特派员各2人，负责辖区内的公安工作，户籍管理由公社办公室代管。1984年12月，建立新城乡派出所，有民警6人，首任所长刘启先，办公地址在新城桥南。1986年，新城派出所组建成立社会治安巡逻队。1987年10月，建立龙河乡派出所，有民警5人，首任所长朱勇，办公地址在龙河街道南首。1990年，新城、龙河派出所各组建治安联防队，进行夜间巡逻。1991年起，新城派出所在新农街、龙河派出所在原址新建警务办公楼及辅助用房，建筑面积分别为2000平方米和1800平方米。1995年后，新城和龙河派出所分别添置警车3辆和2辆，摩托车各4辆，通讯用BP机10个和8个，警务装备增加，接处警效率提高数倍。当年，两派出所还建立岗位目标责任制，实行“以片包干，按片定责、百分考核”，对民警德、能、勤、绩进行考核，调动干警积极性。提高反腐倡廉自觉性和爱岗敬业为民的道德观念，密切警民联系。1997年，开始创建标准化派出所，购置微机、安装空调和防盗门窗，建立健全警务档案、台账。2000年4月，撤销龙河乡派出所并入新城镇派出所。派出所推进公安运行机制改革，将辖区划分为6个警区，实行一区一警、一警多能、职权统一、目标细化、任务明确、一包到底的运行机制，并建立目标考核细则，制订警务公开、简化办事程序等便民利民举措。2006年，推行社区警务模式，将辖区内15个行政村、两个街道划分成5个警区，每区配备一警二保（保安员），实行民警保安驻村制。派出所内设机构调整为两队一组一室，即社区警务队、案件查处队、情报信息内务组和交通消防警务室。2009年，建立社会安全监控中心，对辖区内技防设施实行联网管理，24小时值班监控、接警。2012年，新城派出所升格为副科级建制，内设社区管理科、案件查处科、内勤室、户籍室、档案室等科室，另有一支巡防保安队，共有民警14人，公安辅助人员13人。所长李林，教导员窦业波。

二、惩治犯罪

镇压反革命 1950年11月起，境内开展镇压反革命运动。新城、三将、新北、冷红、古都、桃坞、龙河、三茅、凌桥、三官等乡先后捕判恶霸地主、反动党团骨干、特务、敌伪军政警宪骨干分子182人，其中判处有期徒刑的63人，管制劳动改造的102人，判处死刑的17人。反革命分子乔泳琴、张国华分别曾任国民党新城镇镇长、民众自卫团团长，1951年4月先后被侦捕归案，经审判被判处死刑。反革命分子、汉奸王子安，抗日战争期间，在都天庙设立伪军据点侵犯抗日民主政权，残杀抗日民主干部及群众。1949年潜逃浙江毁容后化名刘继良，1952年被侦捕归案，10月23日仪征县人民法院在都天庙召开公判大会判处其死刑执行枪决。1955年9月至1956年2月，全镇开展肃清反革命运动，清除隐藏在机关、学校、工厂、企业内部的特务、恶霸、伪官吏等27人，除2人被判处死刑外，其余人员分别被判处有期徒刑或被判处管制劳改。

打击刑事犯罪 新中国成立后，公安机关曾多次组织打击刑事犯罪行动，采取各种防范措施，制止和减少刑事案件的发生。50年代至70年代，新城和龙河地区公安机关立案侦查的刑事案件有287起，其中盗窃案141起、诈骗案47起、强奸案11起、故意伤害案4起、抢劫案6起、纵火案5起、流氓滋事案73起，破案率92%，先后抓获犯罪嫌疑人632人次，其中刑捕31人、刑事拘留52人、劳动教养17人、取保候审或教育释放532人。在破获的案件中较有影响的大案有1952年4月新北乡周某某纵火杀人案，1960年8月凌桥徐某某杀人案。1976年1月，抓获流窜犯罪分子共7人。

1983年8月，全国人大关于依法从重从快打击严重犯罪活动的决定发布后，新城、龙河乡分别成立“严打”斗争领导小组，根据全县统一部署先后组织4次集中搜捕行动。至1984年年底，新城、龙河乡共抓捕犯罪分子68人。1985年4月，市人民法院在新城乡召开宣判大会，判处郭某为首的流氓团伙6名犯罪分子有期徒刑。此后，采取专项整治与正常打击相结合的措施，促进社会的长治久安，刑事案件逐年减少。1986年，新城、龙河乡刑事案件仅发生12起，破案10起，破案率83.33%。其中重大案件3起，均告破获，破案率达100%，反响较大。尤其是发生在8月30日下午砖桥村沿河组女青年曹某遭人拦路强奸案，二十四小时即告破案，抓获犯罪嫌疑人。1989年，盗窃、流氓等案件增多，当年刑事案件立案44件，比1988年增长1.59倍。新城、龙河派出所采取集中力量、深排细查，力求速战速决，破案率达84.09%。1990年发生刑事案件31起，比1989年下降近30%，此后3年刑事案件稍有回升。至1994年达34起，比1990年增加9.68%。1995年贯彻"一打二治三防范"的方针，坚持不懈打击刑事犯罪，当年仅发生刑事案件21起，为近10年来刑事案件最少的年份。此后3年刑事案件处于低发状态，1997年仅发生15起。1998年起，公安部将故意杀人、抢劫、强奸、放火、爆炸、故意伤害致人重伤死亡、投毒、贩卖毒品等"八类"案件列为重大案件范围。新城、龙河对"八类"案件做到集中优势警力、快速出击、以快取胜，破案率保持在70%以上。1999年起，故意杀人、盗窃、诈骗等案件增多，当年立案118件，比1998年增加3.37倍。为此，在市公安局的部署下，新城、龙河派出所先后开展春季严打攻势以及破案防范百日会战、打击盗抢机动车、摩托车等犯罪行为。遏制刑事案件上升的势头，其中发生重大案件11起，破获9起，破案率为81.82%，逮捕嫌犯15人，追缴赃款赃物折价4万余元。2000年起，新城派出所辖区扩大，刑事案件立案数增加，2000~2003年，每年立案数在120~160件。自2000年上半年起，先后开展"打拐""反盗窃"等专项斗争，至2003年共破获拐卖妇女案3起，解救被拐妇女3人；破获盗窃案125起，抓获刑事作案人员92人；摧毁盗窃团伙4个，抓获作案人员13人。破获市公安局挂牌督办的故意杀人案、强奸杀人案和绑架儿童案3起，抓获嫌疑人5人。其间，共逮捕嫌犯87人，缴获赃款赃物折价14.7万元。2005年起因辖区缩小，刑事案件立案数明显减少，当年立案234件，比2004年下降23.28%。2006~2011年，刑事案件立案数进一步减少，2008年仅有101件。2012年，刑事案件立案183件，破案67件，破案率36.63%，逮捕嫌犯25人，移送起诉35人、劳动教养1人，追缴赃物案值40余万元。

图18-1 治安民警巡逻 （摄于2012年）

1985~2012年新城镇（含原龙河乡）刑事案件统计表

表18-1

年份	立案（件）	破案（件）	破案率（%）	逮捕嫌犯（人）	年份	立案（件）	破案（件）	破案率（%）	逮捕嫌犯（人）
1985	22	20	90.91	14	1999	118	35	29.66	15
1986	12	10	83.33	4	2000	160	85	53.13	15
1987	14	12	85.71	15	2001	161	53	32.92	16

续表 18-1

年份	立案（件）	破案（件）	破案率（%）	逮捕嫌犯（人）	年份	立案（件）	破案（件）	破案率（%）	逮捕嫌犯（人）
1988	17	12	70.59	5	2002	156	71	45.51	19
1989	44	37	84.09	20	2003	122	67	54.92	22
1990	31	25	80.65	16	2004	305	165	54.10	61
1991	39	31	79.49	10	2005	234	126	53.85	43
1992	37	27	72.97	10	2006	122	46	37.70	16
1993	32	26	81.25	7	2007	151	38	25.17	28
1994	34	26	76.47	7	2008	101	50	49.50	33
1995	21	16	76.19	4	2009	140	66	47.10	13
1996	22	19	86.36	7	2010	153	72	47.06	15
1997	15	10	66.67	6	2011	172	74	43.02	17
1998	27	17	70.37	16	2012	183	67	36.61	26

取缔反动会道门和邪教组织 解放初期，新城、龙河地区有一贯道、菩提善途、三杯茶、大刀会等反动会道门组织。1949年6月，县公安局对新城、龙河地区反动会道门开展调查摸排。1952年3月，开展取缔以一贯道、大刀会为主的反动会道门运动，在区、乡设立自首登记处，有一贯道19人、菩提善途71人、三杯茶1人、大刀会49人自首登记、悔过自新。罪行严重的首恶分子被绳之以法。

90年代初期，境内出现封建色彩浓厚的非法传教聚会点，被公安机关取缔。1996年，查处邪教组织“门徒会”，治安拘留2人。1998年2月，破获邪教组织“主神教”案件，取缔邪教聚会点1个，教育信徒18人，其中骨干分子劳动教养1人。2000年2月进一步清查镇区有非法宗教聚会点15个，取缔“中华益智功”等邪教组织，有4名参与者受到规劝、转化等管控教育。此后，无人复练或外出参加非法聚会。2004年2月，在新城镇玉兰组一住宅内抓获1名来串联的“实际神”邪教成员，随后，组成帮教小组对其做好教育、转化和控制工作。

三、治安管理

禁　毒 解放前，新城、龙河集镇上开有多家鸦片烟馆，吸食者甚多。1952年，县人民政府颁布禁烟令，新城地区开展群众性禁毒运动，清查吸毒人员，收缴毒品烟具，取缔烟馆，对15名屡教不改的吸毒者送县戒毒所强制戒毒。至1953年，新城、龙河地区基本无吸毒贩毒者。80年代至90年代，个别农户违法种植罂粟，每年春夏时节，公安机关和乡镇干部开展现场走访调查，一经发现严肃处理。1997年9月新北村、郁桥村有村民违法种植罂粟266株，被当场铲除并对当事人给予批评教育，保证不再种植。2001年，开展创建无毒乡镇活动，发放《致居民一封信》，张贴《禁毒宣言》宣传画，派出所分别与20家旅馆、娱乐场所签订禁毒责任书。随后，每年“6·26”世界禁毒日镇政府都组织团委、妇联、综治办等部门举办“抵制毒品、参与禁毒”主题宣传活动。至2012年，镇内未发现有人吸食毒品。

禁　赌　民国时期，新城、龙河集镇上赌场甚多，推牌九、打麻将赌风盛行。新中国成立后，人民政府明令禁赌，1951年开始狠刹赌风，捣毁赌场，没收赌具，教育处理一批惯赌者。60年代，新城、龙河地区基本无赌博活动。70年代后期，赌博活动死灰复燃。公社实行查禁与惩处相结合的办法，现场抓赌，没收赌资赌具，对参赌人员实行批评教育，赌博活动得到遏制。80年代，赌博之风回潮，参赌人员渐增，严重影响社会治安。1986年，新城乡召开禁赌广播大会，加大打击以盈利为目的的赌博活动力度。当年，根据群众举报共抓赌14场，收缴赌资1.38万元，有3人被开除党籍，2人被撤销行政职务，51人受到教育处理。1989年，新城、龙河共抓获2个赌博团伙，涉案17人受到治安处罚。90年代，开展“扫六害”行动，重点打击赌博和封建迷信活动，印发宣传材料500份、通告500份，组织开展6次抓赌行动，抓赌21场，没收赌资5000余元，治安罚款62人、治安拘留4人、治安警告9人、教育释放15人。2000~2012年，全镇共抓赌10余场，收缴赌资5.30万元，一批情节严重的参赌人员受到党纪、政纪和治安处罚。其间，2006年开展电子游戏业“百日整治行动”，查处涉赌游戏场所3家，收缴各种赌博游戏机56台，查处涉赌人员23人，收缴赌资5120元。

禁娼与扫黄　新中国成立后，县人民政府明令禁娼，取缔土娼。新城、龙河集开办的旅馆被作为特种行业严格管理，严禁留妓宿娼。80年代，在改革开放大潮中，一些黄色影像刊物流入境内，新城、龙河公安机关和文化部门加大对书刊音像市场管理，查禁黄色书刊，对录像放映场所和录像制品出租门店加强监管。90年代，扫黄重点放在对洗浴业、宾馆住宿业和歌舞厅、发廊美容店等休闲娱乐场所的综合整治，取缔异性按摩、陪侍服务，严厉打击卖淫嫖娼等社会丑陋现象，查获“三陪女”16人，嫖客21人，责令违法经营的游乐城舞厅限期整改，公共娱乐场所风气明显好转。2000年，对镇内5家歌舞厅、2家音乐茶座、26家美容美发、9家宾馆、8家洗浴中心进行突击清查行动，并对出租屋进行核对清理，共查处涉娼场所3家，涉娼人员23人，其中治安处罚21人、劳动教养2人，责令停业整顿1家。2005年7月，通过仔细摸排，在龙河街道农房出租屋内抓获介绍容留卖淫嫖娼犯罪嫌疑人10人。2012年，组织开展5次集中行动，对洗浴中心、私房出租户进行“拉网式”清查，共查处涉娼案件30余起，查获涉娼人员26人，有效地净化社会风气。

监督改造“四类分子”　1951年7月，根据仪征县委指示，公安机关依靠镇村治安保卫组织对一般的地主分子、富农分子、反革命分子和坏分子（简称“四类分子”），实行就地监督管制和劳动改造，新城、龙河地区计有接受监督改造的四类分子187人。1956年，对“四类分子”中已改造成为自食其力劳动者的，经群众评审和县人委批准，改划为社员、候补社员。1962年，农村各生产队普遍建立群众监督小组，以加强对“四类分子”的监管。在1964年开展的社会主义教育运动和1966年开展的“文化大革命”运动中，有一些“四类分子”被批斗、游街、抄家、甚至殃及子女亲属。1979年后，贯彻中共中央十一届三中全会精神，在复查落实政策中，新城、龙河公社分批摘掉125名“四类分子”帽子，其成分改为工人、农民，享受公民基本权利和义务。

四、交通安全管理

1986年前，乡镇交通安全管理主要由市（县）交通、公安部门管理。此后改为市与乡镇交通管理部门共同管理。1987年起，乡镇交通安全管理移交当地派出所。当年，新城、龙河乡派出所召开机动车驾驶员会议，加强交通安全教育，并建立每月定期交通法规学习日，增强驾驶员的安全意识。同时做好机动车和驾驶员证照年审工作，自行车换领照工作。1989年，重点整治小拖拉机上路行驶问题，在公路上打谷晒场以及街道出摊、堆放垃圾影响交通安全问题，通过疏导、保持良好的交通秩序。及时处理交通事故，全年派出所处理21起，配合市交警大队处理13起。90年代，先后组织开展农村公路，以及“五小车辆”、砂石运输车，老旧报废车、摩托车、自行车等各类车辆专项整治行动，在过境干线公路上重点整治无牌无证车辆、超载超速和驾驶员疲劳驾驶、酒后驾驶等严重违法交通行为，预防重大交通事故发生，道路交通安全事故总体上呈低发状态。2000年后，相继开展“畅通工程”和创建“平安道路”“平安乡镇”等活动，专项整治摩托车、自行车、小拖拉机违反交通秩序和违章停放等问题。2006年，新城派出所成立交通警务室、配备1名专职交巡警，负责农村道路交通安全管理工作。2010年后，新城镇交通安全管理改由市交通巡逻警察大队樟木桥中队负责。

五、户籍管理

常住人口　民国初期，建立人丁册，由乡、坊具体负责户口登记管理工作。民国21年（1932年）实行保甲制，由保长、甲长进行户籍管理，抗日战争期间，伪县政府在新城地区推行“良民证”，居民外出常受到军警盘查。民国35年，国民党县政府配备乡镇户籍干事。负责编造户口册，实行连保连坐的户籍管理，以管束老百姓。

解放后，新城、龙河户籍管理由区、乡政府代管。土改时农村进行清查人口、登记户口。1953年，进行第一次全国人口普查时，新城、龙河街道进行编组编户、建立门牌、发放户口簿等工作。1958年1月，国家颁布《中华人民共和国户口登记条例》，开始建立农村和集镇居民出生、死亡、迁入、迁出等户口登记申报制度。1984年起户籍管理统一由派出所负责，1987年起，实行居民身份证制度，为年满16周岁以上的人口颁发居民身份证。1992年，市公安部门以交费的方式为农村户口进城办理“地方城镇户口”，新城、龙河有2321人办理“农转非”手续。1995年，开展对农村户口城市化管理，逐户清查登记，发户口簿，编制门牌，并将户籍信息输入微机，实行信息化管理。至1996年，新城镇和龙河乡的村及街道居委会均建立户籍室，配备户口协管员，按照一村一图一册、一户一牌一簿和一人一表一档的要求实施户口资料管理，并与派出所户籍资料一致。1999年8月，新城镇被列为江苏省小城镇户籍改革试点镇。镇政府制订户籍管理制度改革实施方案，对在城镇定居的农业人口和外籍人员长期在新城经商办企业并具有固定住所的给予办理常住户口。2003年5月，根据省政府《关于进一步深化户籍管理制度改革的意见》，取消农业户口、非农业户口和自理口粮户口等户口性质，按照实际居住地登记户口，统称居民户口。同年8月，根据公安部统一部署，放宽迁移条件，以固定居住地登记户口。2005年10月，开始换发第二代居民身份证。同年，新城镇启用人口信息第六代系统，与全市联网，实现户口网上申报、网上迁移、网上变更等一站式服务。2012年，全镇常住人口15682户、47940人。

流动人口　1984年，农村推行联产家庭承包责任制后，农民进城务工、经商办企业的日益增多。新城、龙河乡时有外地流入人口1000多人。1993年，新城、龙河乡均设立暂住人口管理办公室，村及街道居委会建立治保小组，招聘专兼职协管员3人，对外来人口实行暂住登记管理。2000年3月，在市公安局统一部署下，开展暂住人口清理整顿，共清理登记暂住人口2361人，均领取暂住证，依法取缔非法房屋出租户1户。2005年，建立暂住人口管理新办法，除健全管理网络、加强责任制外，还强化治安检查、打击处理力度，确保对暂住人口管得住、管理好。2009年，通过对暂住人口和娱乐场所、特种行业的综合管理，查获违法犯罪人员23人，其中刑事犯罪人员12人，在逃人员11人。2012年，建立流动人口信息采集系统、特种行业及娱乐场所安装治安管理系统。至年末，全镇登记的流动人口有17297人，其中外来人口12331人，占71.29%。

六、消防管理

民国时期，新城、龙河集镇上有民间救火会，配备手压式消防泵、水桶、火叉棍、消防梯等简单消防器材，一旦发生火警鸣锣示警后，消防人员立即赶来救火，灭火后各自散去。

解放后，消防安全管理由当地人民政府领导，公安部门具体负责。各村组建成立消防小组，备有简易的灭火工具。60年代，公社公安特派员在夏秋大忙时期组织农电部门人员检查打谷场安全用电、消防设施等工作，发现隐患，立即整改，火灾事故发生较少。70年代，因线路老化电器走火引发的火灾时有发生，后经对电工、技工业务培训等办法，提高安全用电责任意识，建立健全电机电源管理责任制、晒场消防安全责任制，以及家庭防火制度等，火灾发生率逐年减少。80年代至90年代，主要加强易燃易爆物品的管理，取缔私自生产鞭炮的小作坊8家和无证经营的加油站2家，销售灌装液化石油气店3家，拆除超期使用的小锅炉7台。2000年后，镇政府相继制定《新城镇公共聚集场所消防安全专项治理实施方案》《新城镇消防规划》，落实消防安全主体责任单位，签订消防安全责任书，在重大节日前组织对重点消防安全单位进行检查，制订消防规划，建立现代化消防安全设施，提高公共消防能力。2011年，镇政府成立综合应急救援队，以应对治安消防、抢险救灾等突发事件。2012年，全镇重点消防单位报警系统与市公安消防部门报警系统联网，实现消防同城管理。

第二节　审　判

一、机　构

1950年秋后，新城区和凌桥区分别设立人民法庭分庭，由各区区长兼任分庭庭长，就地审理破坏乡村土地改革运动的案件，土改结束后即撤销。此后，在镇压反革命，"三反""五反"运动和普选期间，在新城乡亦设立临时性人民法庭。1953年11月，成立县法院第一、第二巡回人民法庭，第一巡回法庭管辖新城、龙河、朴席、十二圩地区各类自诉案件。1968年3月实行军事管制，案件由军管会办案组负责。1973年9月恢复县人民法院，新城、龙河地区案件由县法院受理。1985年，设立朴席人民法庭，管辖新城、龙河公社自诉案件。1991年3月撤销朴席人民法庭，成立新城人民法庭，管辖新城、龙河、十二圩、朴席、新集乡各类民商事案件及自诉案件。首任庭长裴文良，庭址设在新城新农西街。1999年4月，新城法庭被省高院授予"最佳人民法庭"称号。2000年管辖范围扩大至仪征经济开发区和扬州（仪征）汽车工业园。2012年，新城法庭编制7人，设庭长、副庭长各1人，审判员2人，书记员2人，法警1人，庭长张明仪。

图18–2　新城人民法庭　（摄于2010年）

二、审判制度

解放前，国民党政府推行法外制裁，不经法律手续逮捕、拘禁革命进步人士和无辜群众，进行秘密审讯和处刑。民国35年（1946年）8月，国民党军队进攻解放区，抓捕民主政府新城区区长费放天，对其进行残酷迫害，后秘密处死。凌桥乡农民赵成宝在解放区土改中参加反霸斗争，国民党发动内战后，被还乡团抓去拷打，打得昏死过去，幸亏好心村民冒死相救，才逃过一劫。

解放后，无论区法庭分庭，还是临时法庭，都实行公开审判，就地审判，并邀请各界代表参加陪审。1952年10月，反革命分子、汉奸王子安被逮捕后，县法院在新城都天庙召开公判大会就地判处死刑执行枪决。1954年后，进一步完善公开审判、陪审制度。"文化大革命"期间，公审、陪审、合议、上诉、辩护等制度被取消，直到1980年才逐步恢复。1982年10月，试行简易程序办案，案件受理后5日内将诉讼副本送达被告，15日内提出答辩状。对民事和经济纠纷案件，立案后先行调解，调解不成即开庭审理，庭审仍达不成协议，则依法作出判决。1984年5月，新城、龙河乡分别在乡九届人大第一次代表大会上选举产生人民陪审员，新城乡3人、龙河乡2人。人民陪审员任期3年，与人大同步换届。1985年1月起，收取民事诉讼费，但追索赡养费、抚养费、抚恤金和劳动报酬等案件免缴诉讼费。1987年，实施中华人民共和国民法通则、合同法等法规后，审判制度日趋规范和完善。1991年3月新城人民法庭成立，主要受理辖区内自诉刑事、民事及商事案件，指导辖区内乡镇开展民事调解工作，经调解结案的较多。1998年后，上级法院倡导"当庭举证、质证、认证和当庭宣判"的审判方式，弱化调解功能，强化庭审、判决功能，因而调解结案率下降。1999年起，新城法庭积极探索审判方式改革，改庭前调查取证为当事人当庭举证，改庭外核证为当庭质证、认证，改定期宣判为当庭裁判。通过改革，庭审进一步规范，法官驾驭庭审能力进一步提高，案件审理质量明显上升，上诉案件大幅减少。2004年7月贯彻市法院《关于加强新时期法院调解工作的暂行规定》，积极探索新时期法庭调解工作机制，坚持“能调则调，当判则判，调判结合、案结事了”的方针，改进诉讼调解方式，把立案调解、庭前调解作为案件开庭审理前的重要工作。推行委托调解和特邀调解，向相关部门和企业邀请特邀调解员，利用社会资源做好调解工作。此后，调解结案率逐年上升，2006年达38.12%。2007年起，新城法庭在农村设立巡回审判点，邀请村干部参加调解，周边群众参与旁听。通过案件审理，以案说法，宣传法律法规，提高村民法律意识，收到良好效果。2012年，法庭拥有电脑7台，与市法院联网，实现电子印章，网上立案，庭审办公电脑化。

三、案件审理

刑事审判 主要受理自诉刑事案件，1993~2012年，共受理自诉刑事案件37件，审结率100%。

民事审判 案件主要有婚姻、抚养、赡养、房屋、宅基地、债务、赔偿、继承、土地和交通事故责任纠纷等。根据“依靠群众、调查研究、调解为主、就地解决”的办案方针，在查明事实基础上先行调解，经反复调解仍达不成协议的依法判决。1992~1993年审结民事案件144件，调解结案93件、占65%，判决结案51件、占35%。1994~1995年，共审理，民事案件162件，其中离婚案件42件、赡养案件21件、合同及经济纠纷案件64件、轻微人身伤害案件11件、其他民事案件24件。1996~2000年，共审结民事案件707件，其中，运用简易程序审理案件210件、普通程序审理案件326件、公开审判109件、陪审员参与审理62件。2001~2012年，累计审结民事案件5181件。

商事审判 案件主要发生在买卖合同、承包合同、租赁、加工、承揽合同，以及借贷、劳资纠纷等方面。1992~1994年，商事案件较少、案值较小，多数纳入民事案件审结。2000年以后，商事案件逐年增多，案值100万元以上被列入商事案件审判，至2012年，共审结商事案件498件。

第三节 司法行政

一、机 构

镇司法所 1981年，新城公社和龙河公社先后设立司法科，配备专职司法助理1人，首任司法助理分别由马广勤、赵志圣担任。2000年4月龙河乡司法科并入新城镇司法科。2003年，新城镇成立司法所，为镇政府职能机构，业务上受市司法局管理，编制2人，首任所长王乾林。司法所的职能是化解社会矛盾纠纷，维护基层社会稳定，积极推进和深化依法治镇，为经济和社会发展提供法律服务和法律支持。2007年，新城镇司法所被省司法厅命名为江苏省规范化司法所。2012年，司法所编制3人，所长潘启君，司法员2人，办公地点在镇政府大楼内。

镇法律服务所 1988年8月，龙河乡成立法律服务所，司法助理赵志圣兼任所长。1989年5月23日，新城乡法律服务所成立，与司法科合署办公，定编3人，姚志荣兼任主任。法律服务所属集体性质，所需经费通过有偿服务（收取服务费）解决。1993年起，代理公证服务。1999年开始为村委会和企业单位担任常年法律顾问，开通“148”法律服务专线服务。2003年6月与司法科分开，独立门户。2012年，镇法律服务所有法律服务工作人员7人，所长刘长斌。

民事调解委员会 1952年，新城镇和龙河乡等各行政小乡相继成立民事调解委员会，约有调解委员73人。当时主要调解因为父母包办、童养媳、寡妇改嫁等引发的婚姻纠纷；农业合作化后，调解评工记分，收益分配等方面出现的纠纷。1959年，民事调解委员会改为公社治保调处委员会，各生产大队也建立治保调处委员会。这一时期，新城、龙河公社调解的婚姻家庭纠纷占调解总数的60%。“文化大革命”期间，调解工作停止。1978年后，开始恢复民调组织。80年代，新城、龙河乡分别建立由分管政法的副乡长、司法助理等人员组成的民事调解委员会，各街道、村委会、村民小组也相应成立民调委员会或民调小组，形成三级民调网络。1983年起，调解房屋及宅基地纠纷占20%、婚姻纠纷占18%、经济纠纷占10%。1985年，新城乡被评为江苏省司法调解工作先进集体。之后。新城、龙河乡相继开展创建文明村、文明单位活动，民事纠纷逐年减少。1991年，新城乡共有基层人民调解委员会15个，龙河乡有13个，专职调解员112人。1998年，新城镇及龙河乡相继制订民调工作细则，并与村和街道民调委签订责任书。2003年，贯彻落实中共中央办公厅，国务院办公厅印发的《关于进一步加强新时期人民调解工作的意见》，新城镇进一步建立健全基层人民调解组织。2005年，新城镇社会矛盾纠纷调处中心成立，镇长兼任主任，当年调处各类纠纷210件，成功率97%。2012年，社会矛盾纠纷调处中心接受上访

图18-3 民事调解 （摄于2009年）

图18-4 法制讲座进校园 （摄于2011年）

523起，调处征地搬迁及历史遗留问题引发的矛盾纠纷86起。

二、普法教育

50年代，新城、龙河乡利用黑板报、墙报、图片、挂图、文艺演唱等形式广泛宣传《中华人民共和国土地改革法》《中华人民共和国婚姻法》《中华人民共和国宪法》以及惩治反革命条例等法律法规。新城乡还利用两次县公判大会在新城召开之机，宣传有关法律，提高群众知法守法意识和识别是非能力，尤其是婚姻法宣传后，依法申请解除童养媳、包办婚姻的案件有113起，包办买卖婚姻等陋习基本清除。“文化大革命”期间，普及法律教育工作停顿。1981年起，新城、龙河举办普法培训班，重点学习宣传《中华人民共和国宪法》和全国人民代表大会关于严惩破坏经济犯罪的决定以及关于严惩危害社会治安犯罪的决定。1985年4月9日县法院在新城召开对以郭某（新城街道人）为首的6名流氓犯罪分子宣判大会，有力打击犯罪分子的嚣张气焰，维护社会治安秩序，出现群众性学法、守法、护法热潮。1986年，新城、龙河乡相继成立普法学习领导小组，乡党委书记任组长，组织开展第一个五年普法教育活动。1988年，新城、龙河乡广泛开展普法教育活动，学法普及率达95%以上。1991年8月，新城、龙河乡先后成立法制宣传教育领导小组，由乡党委书记任组长，组织开展“二五”普法宣传教育活动。此后，接连开展“三五”至“六五”普法教育活动。通过学习培训、法律讲座，发放法制宣传资料，开展法制知识竞赛，接受群众法律咨询等方式，普及和提高公民法制观念和守法、遵法自觉性。2011年，新城镇被省和扬州市分别评为“五五”普法（2006~2010）先进单位。

图18-5　镇干部参加法制教育活动（摄于2012年）

三、法律服务

1988年起，龙河、新城乡成立法律服务所，开展法律宣传，调解纠纷，代理民事案件、代写法律文书、接受法律咨询、协助公证、担任法律顾问等服务工作。1992年，依法开办各种经济合同见证业务。1994年起，代理公证业务，包括证明合同（契约）、委托书、遗嘱，证明继承权、收养关系，证明财产赠与或分割，证明出身、婚姻状况等。至1999年，两镇乡法律服务所担任117家企业事业单位和私营工商企业常年法律顾问，办理各类见证1781件，协办公证136件，诉讼代理657件，代写法律文书734件，审查经济合同1352件，追回欠款487万元。2000年6月，新城镇成立法律援助服务工作站，为老弱病残、妇女儿童、农民工讨薪等当事人提供法律援助服务。当年，接待法律咨询230多人次。2003年6月，镇法律服务所改制为中介服务法人，依法执业，开展法律服务。2000~2012年，镇法律服务所共代理民事诉讼案件2376件。办理见证6372件，协办公证875件。镇法律援助站受理法律援助案件37件，接听咨询电话236次，接待法律咨询178人次。

四、安置帮教与社区矫正

安置帮教 1999年4月，新城镇、龙河乡建立刑释解教人员安置帮教工作领导小组及办公室，办公地点设在镇（乡）司法科，具体工作由公安派出所负责。当年有25名刑释解教人员，建立一人一卡档案。2000年起，组织帮教志愿者与回归人员结对帮教，经安置帮教，无一人重新犯罪。2006年，将安置帮教工作纳入创建“平安新城”活动之中，对回归5年以上的刑释解教人员84人撤销帮教，对不具备撤帮条件的人员，由公安派出所纳入重点管控对象监管。当年安置23名刑释解教人员就业，将2名生活困难人员纳入城镇低保救助。2000~2012年，全镇共接收回归刑释解教人员147人，安置140人，安置率95.24%。

图18-6　村社会管理服务站（摄于2012年）

社区矫正 2005年起，由镇司法部门负责社区矫正工作，矫正对象是被判处管制的、被宣判缓刑的、被暂予监外执行的、被裁定假释的、被剥夺政治权利并在社会上服刑的人员。当年矫正人员11人，社区实行帮教，开展督促转化工作。2006~2012年，全镇共有178人被实施矫正，在社区志愿者的帮助教育下，基本解除矫正。

第十九章 武 装

新城镇北依蜀冈，南临运河，水陆交通便捷，向为军事战略要地。元至元二十八年（1291年），扬子县治迁移到新城后，境内设置卫所，驻兵布防。清咸丰年间，太平军在新城、龙河一带与清军作战达10年之久。民国时期，新城常有驻军，涉战不断。抗日战争时期，新城军民英勇抗击侵仪日军，消灭日伪军400余人。解放战争时期，新城人民支援第三野战军第八兵团第三十四军渡江作战。新中国成立后，新城人民继承和发扬革命斗争传统，适龄青年踊跃报名参军，先后有30多名新城（含原龙河乡）优秀儿女在抗美援朝战争和云南边防保卫战中献出宝贵的生命。广大民兵"劳武结合"，在抗灾抢险、维护社会治安、发展生产等方面作出重要贡献。

第一节 驻 军

一、古代驻军

明代屯卫军 明代实行屯卫制，设守御千户所，驻屯卫军。嘉靖年间，新城、旧江口、破山口、陈公塘等地有屯田121顷11亩（1顷折合100亩），后屯卫军逐年增加。嘉靖三十五年（1556年），倭夷由长江入侵，旧江口（冷红、越江村境内）增驻士兵70员。

清代兵营 咸丰四年（1854年），清将托明阿统领1000名清军驻防新城，镇压太平军。

二、民国时期驻军

国民党孙良诚部 抗战胜利后，驻扬州的汪伪第二方面军（孙良诚部）投向国民政府，改称第二路军。民国34年（1945年）底进入仪征整编，驻仪扬河沿线新城、冷红、大楼等地，总部曾设在新城镇。由于强拉民夫，骚扰百姓，引起民愤，翌年撤走。

国民党第二十五军第三二二团、第四四二团 民国35年（1946年），接替孙良诚部防务驻新城仪扬河南沿线。当年夏秋参加内战，进攻解放区，不久调走。

三、新中国成立后驻军

人民解放军第三野战军第八兵团第三十四军 1949年4月中旬进入仪征，一〇〇师、一〇一师、一〇二师先后进驻新城一带，准备攻打十二圩及渡江作战。4月17日，一〇〇师一部参加解放十二圩战斗。渡江战役打响后，一〇二师为渡江先遣队率先渡江，一〇一师为预备队随后渡江，分头向镇江、南京进军。

解放军94987部队 解放军86651部队（营级建制）1978年9月进驻新城三将村，2000年5月，改编为中国人民解放军空军94987部队，至2012年年末驻军未变。

图19-1 慰问驻军 （摄于2012年）

第二节 武 装

一、民国政府地方武装

县保安团驻新城第二大队 民国34年（1945年）9月，仪征县组建的保安团第一大队、第二大队分别驻十二圩、新城等地，王贵乐、王子安分别任第一、第二大队大队长。民国35年（1946年）年初两个大队被缩编为保安大队，王子安潜逃，其他头目遣散。

新城镇民众自卫分队 民国35年（1946年）10月，仪征县民众自卫总队成立后，新城镇成立自卫队常备分队，镇长张国华任分队长，队员16人，有步枪11支，手榴弹21枚。1949年1月编入县保安团。

桃坞乡民众自卫分队 民国37年（1948年）10月，桃坞乡常备分队成立，有33人，并组织在都天庙进行军事训练。自卫队常设路卡收捐，敲诈勒索，抓捕壮丁，危害百姓。1949年1月编入县保安团。

白洋乡自卫队 民国36年（1947年）秋，龙河、三茅、张集三乡合并成立白洋乡，并组建一支有30多人的白洋乡自卫队。1949年年初，队长杜有志率部投诚，加入魏然领导的东南支队革命队伍。

二、共产党地方武装

抗日民主政府龙河区民兵大队 民国29年（1940年）春，组建成立龙河区民兵大队，区委书记姚一清任大队长，官塘、凌桥、三茅、庙山等乡先后建立民兵分队，总计300多人。武器除部分步枪外，大多为土枪、大刀，装备较差。在抗日民主政府领导下，龙河区队民兵参与惩治汉奸恶霸、减租减息，配合新四军对日伪军作战。

新城镇人民武装部 解放初期，新城镇、龙河乡未设人民武装部（简称人武部），其民兵及征兵工作由区人武部负责。1957年，撤区并乡后，新城乡和龙河乡始设人武干事，负责全乡征兵和民兵工作。之后，随着人武部建制和体制的变化，人民武装部工作不断得到加强和提高。“文化大革命”中，公社领导班子陷入瘫痪，由人武部部长主持工作，成立公社生产办公室，领导和指挥全公社工农业生产。1968年公社成立革命委员会，生产办公室撤销。1983年，新城乡、龙河乡分别配备人武干事1人。90年代，乡镇人武部体制上升为副乡（镇）级机构，人武部长为乡镇党委成员。2000年4月，龙河乡人武部并入新城镇人武部。人武部主要工作职能是抓好民兵组织建设，军事训练和政治教育，武器装备管理，做好兵员征集、拥军优属和维护地方治安及参与抗灾抢险等工作。1998年、2002年、2008年、2009年、2011年新城镇人武部分别被扬州市政府、扬州军分区授予“征兵工作先进单位”“双拥模范镇”“基层武装工作先进单位”等称号。2012年，新城镇人武部有工作人员2人，部长赵旭东。

三、民间武装

大刀会 始为新城一带民间帮会组织，大刀会头目金长标（马坝金家洼人），曾参与陶勇领导的苏皖支队抗日活动。民国26~27年（1937~1938年）期间，有一部分会徒被地方反动势力利用，威胁人民民主政权，解放后被瓦解。

龙河商民自卫团 民国28年（1939年）春，龙河街商民出于防匪保家自愿出资购枪，组建成立商民自卫团，共有9人9支枪（1支短枪、8支长枪），杜有志任自卫团团长。民国29年（1940年）4月，被新四军苏皖支队收编，加入独立特务营一连三排，杜有志任排长，后杜独自返回龙河仍重操旧业经商做生意。

第三节 兵 役

清代，实行世兵制、募兵制和招募制等兵役制。民国时期，推行征兵制，后逐步演变成“抓壮丁”。新中国成立后，实行志愿兵和义务兵役制。征兵工作在党和政府领导下，由镇（社、乡）人武部具体组织实施，做好征兵宣传动员、报名登记、政审调查、体格检查等工作，为部队输送合格兵源。

一、征兵制

民国22年（1933年），国民党政府颁布《兵役法》，实行征兵制。征兵对象为18周岁~45周岁的青壮年，初为自愿报名，后因征兵无几，改行抽签定人，按“三丁抽一”“五丁抽二”，故称“抽壮丁”。独生子、病残者免征。民国26年（1937年），县政府在各乡镇集中训练在册壮丁，在壮丁中抽签征兵。有抽中者不去当兵的，官府就强行搜捕，俗称“抓壮丁”。有钱人家就用钱贿赂免征或雇丁替代，官吏趁机捞钱，激起民愤。龙河等地民众群起闹事，围攻区乡政府，追打官吏。民国35年（1946年），国民党反动派发动内战，需大量补充兵员，强制摊派征兵名额到各保。民国37年（1948年），江苏省军管司令部电令各地，凡20~30岁男性实行无定额强征入伍。当年，新城镇富户花钱贿赂官员有34人缓征，买壮丁6人（每个壮丁售价二十一担稻谷)，穷困无势的壮丁被强征当兵，不从者就强抓送部队，抓壮丁成为民间一灾。民国38年(1949年)1月仅桃坞乡强征壮丁就有95人。

二、志愿兵役制

新中国成立初期，征集新兵实行志愿兵役制。适龄青年自愿报名，由县人武部和区公所组织体检和政治审查，合格者被批准入伍，一般每年一次。1951~1953年，新城境内有100多名优秀青年报名参加中国人民志愿军抗美援朝。

三、义务兵役制

1955年，国务院颁布《中华人民共和国兵役法》，实行义务兵役制。新城、龙河地区年满18~22周岁的青年踊跃报名，服从祖国挑选，县区、乡人武部根据政治、身体、年龄3个条件和严格的组织手续批准入伍。1960年，新城公社适龄青年被批准入伍具有高小文化以上的占62%。1976年，征兵年龄改为年满18周岁至20周岁。新城公社和龙河公社入伍新兵中具有高中文化的占41%。1984年，颁布新《中华人民共和国兵役法》，乡、村、组建立三级征兵责任制，搞好兵役登记，落实预征对象，把思想好、身体壮，具有初中及以上文化水平的青年送到部队。每年征兵工作，首先成立征兵领导小组、召开会议、部署征兵任务，接着进行宣传教育、层层发动、形成强烈依法服兵役的氛围，适时发放兵役登记通知书和预征对象通知书；第二阶段目测、初检、政审，组织通过者到体检站体检，张榜公布体检合格者名单；第三阶段为定兵，通过了解思想动态、政审等程序，决定应征入伍人员名单，下发入伍通知书，做好新兵集中启程工作；第四阶段是总结。由于党委重视，宣传发动深入，应征青年情绪饱满，积极报名，服从祖国挑选，加之国家逐年提高义务兵优抚标准，新城和龙河两乡每年都完成上级下达的征兵任务。

图19-2 欢送新兵入伍 （摄于2005年）

四、预备役登记

根据兵役法，1956年新城、龙河乡转业、复员的干部战士都进行预备役登记。1958年7月起，民兵和预备役合二为一，复员退伍军人补入民兵组织。至1965年每年进行一次预备役登记与核对。“文化大革命”期间，预备役登记一度中断。1979年春，恢复预备役登记，按标准将退伍军人分别编入一类预备役和二类预备役。1990年，新城与新集、朴席3个乡镇联建1个预备役通讯连，下设3个排、9个班。挑选35周岁以下的退伍军人和经过训练的民兵编入各班排，定期组织学习、训练，参加地方突击活动，完成抗灾抢险等重要任务。1990年以后，预备役登记与民兵整组工作同步进行。2012年，全镇预备役人员登记编入预备役部队三七高炮排。

第四节 民 兵

一、建 制

解放初，新城和龙河区及所属乡分别组建民兵中队和民兵分队，配发武器，参加站岗巡逻，维护社会治安，防范敌特分子破坏，保障土地改革成果，参与镇压反革命，保卫新生的基层政权。1950年，新城区、凌桥区乡建有武装民兵和普通民兵队伍。1958年9月，贯彻中央军委“全民皆兵”的指示，大办“民兵师”，新城和龙河公社成立民兵团，政委、团长分别由公社党委书记和社长兼任，公社以下按生产大队、生产队设立营、连、排、班军事化建制。时有民兵进行农业生产大兵团作战。1960年，贯彻民兵工作“三落实”（组织落实、政治落实、军事落实）要求，凡身体健康，家庭出身较好的16~45周岁男性和16~35周岁女性公民均编入民兵组织。当年新城公社、龙河公社建2个民兵团，40个营、82个连、524个排，有基干民兵和武装民兵。1966年“文化大革命”开始后，民兵组织建制松散，活动基本停止，武器上交县人武部保管。1978年，根据民兵工作条例，开始整顿民兵组织，恢复民兵组织正常活动。1982年，对民兵工作进行全面整顿和改革，简化组织层次，取消公社民兵团建制，改为社建营或连、村建排或班，参加民兵组织人员的年龄改为男民兵18~35岁，女民兵18~25岁，基干民兵年龄为18~28岁。1984年，新城乡、龙河乡民兵减少，其中女民兵占10%。1990年后，民兵组织建设再一次改革，缩编人员，提高质量，优化组合，加强民兵应急分队和技术分队建设。新城镇成立民兵通讯分队，龙河乡成立民兵高炮分队。2000年后，重点进行民兵专业技术分队组织建设。2009年，以镇为单位组建立基干民兵营，登记储备型民兵。

图19-3 基干民兵点验大会 （摄于2012年）

2012年，全镇民兵经编组成立铁路护路分队、应急排、伪装防护分队、安全警戒分队、机动防卫分队和民兵连。

图19-4 高炮打靶 （摄于2006年）

二、训 练

抗日战争和解放战争时期，民兵主要利用战斗间隙进行训练，练习射击、刺杀、投掷手榴弹、埋设地雷以及伏击、追击和爆

图19–5 民兵打靶训练（摄于2010年）

破等项目。解放后，50年代实行劳武结合，训练时间每年不少于一个月，以射击、投弹、爆破为主要内容，近50%的民兵参加训练。70年代，开展以民兵干部和武装基干民兵为重点，以“三防三打”（防原子、化学、细菌武器，打坦克、飞机、空降）为主要内容的军事训练。1982年县民兵训练基地建成后，改过去的分散训练为集中训练和分片联训，逐步实现民兵军事训练正规化、制度化，两公社民兵参训率达70%以上。90年代以后，组织民兵应急分队和技术分队进行专业集训。2006年4月，镇基干民兵赴射阳参加三七高炮打靶，获得优异成绩。2008年6月，选派基干民兵参加市应急分队专业集训。2012年7月，镇人武部选派民兵应急分队参加省防化应急演练，获得上级好评。

三、参加地方突击活动

1991年7月，山洪下泄，龙河堤大兴段出现险情，龙河乡人武部急调民兵应急分队参与抢险，确保堤防安全。2007年8月，镇人武部派出民兵应急分队赴宝应县参与抗洪救灾。2008年6月，镇人武部选派基干民兵参加扬州市奥运火炬传递安保工作。2009～2010年，新城镇创建生态文明镇，人武部组织民兵积极参与植树造林绿化活动。

第五节 兵　事

一、古代兵事

决塘放水拒金兵 南宋开禧二年（1206年）10月，金兵9路南侵。11月，金兵渡淮河，12月，纥石烈子仁攻真州。民兵总辖唐璟亲率子弟及所部强壮，断桥填堰，谋决陈公塘之水拒金兵。陈公塘隶属转运司，擅自决塘放水为死罪，唐璟当机立断决堤放水，与句城塘汇合，大水漫至广陵城南，西连仪真，南至运河（仪扬河），北抵蜀冈，金骑兵登焦家山（今三将村境内）而惊，撤军北归。

宋元新城两战 南宋德祐元年（1275年）7月，宋将张世杰、孙虎臣率水军与元将阿术、张弘范部大战于焦家山，宋军退败。南宋亡后真州宋军拒不投降元，冯都统由真州率兵2000人，舟百艘，至瓜州袭击元军失败后退守真州东南江口，元军追至珠金沙（今冷红村境内）夺船70余艘，冯都统溺水身亡，宋军战败，元军攻破真州。

靖难兵占领旧江口 明建文四年（1402年）夏，燕王朱棣率“靖难兵”南下攻克仪真，大军占领旧江口（今冷红村、越江村境内），毁通真观，设营安寨，江边营阵相连，绵延数里，跃兵江上，集舟渡江。

太平军与清军战事　清咸丰四年（1854年）春，清军途径新城围攻瓜州太平军，7月，清将托明阿移军朴树湾与太平军激战于新城、土桥等地。12月28日，瓜州太平军袭击新城，清将托明阿出战不敌，清军被太平军兜围扑杀近千人，几乎全军覆没。咸丰六年3月27日，李秀成率太平军攻占仪征，向北推进到龙河、官塘、巴家祠堂一带，驻营于龙河集，活动于陈公塘等地。

二、抗日战争兵事

龙河集歼伪军　民国30年（1941年）5月25日，新四军津浦路东联防司令部独立四团一部化装于白天奇袭龙河集伪五区自卫团，敌人毫无防备，70余人全部缴械投降，缴获机枪2挺及其他枪支弹药。

新城打援歼日军　民国31年（1942年）7月初，新四军第二师第六旅第十七团奉命攻击日伪军十二圩据点，由月塘出发，夜12时到达新城在仪扬河架设浮桥。凌晨2时向十二圩伪军驻地发起猛烈攻击，激战2个小时，歼敌100多人。黎明时分十七团撤回新城，驻仪日军闻讯后派日军1个小队、伪军2个排共计100余人乘车驰援新城，中途弃车沿仪扬河北岸潜行袭击十七团浮桥守军，守军班长牺牲，全班奋力还击，埋伏于仪扬公路两侧的二营主力赶来增援，日伪军退向新城镇内，留守镇内的十七团特务连迎头痛击，二营又在其后追打，伪军大部分被歼，日军败退躲进大王庙，二营十几挺机枪同时开火，日军突围窜至镇西稻田和芦苇丛中被包围全歼。此次战斗共歼日伪军200余人，其中全歼日军1个小队，缴获各种枪支100余支和大批弹药物资。

收复龙河集战斗　民国33年（1944年）7月9日，驻仪日军60余人和新城等地伪军180余人进入抗日根据地占领龙河集。抗日民主政府龙河区队及官塘乡民兵趁敌尚未站稳脚跟，立即给予猛烈袭击。凌桥、三茅、庙山等乡民兵赶来从东西北三面包围敌军，日伪军仓皇逃走，过河轮渡时又有数十人落水，龙河集被收复。

围攻都天庙伪军　民国33年（1944年）9月，甘泉支队一部从带子沟向西经新城过河，向南围攻驻都天庙伪军。伪军中队长王则武，副中队长杨汉臣、景乔等部分伪军携械投诚。

野鸭赵战斗　民国34年（1945年）8月下旬，新四军特务团三营宿营于新城区署所在地附近野鸭赵庄。翌日拂晓，约400多名日伪军以维护治安为名袭击新城区署。三营奋起回击，打退来犯之敌，击毙日伪军20余人，俘虏日军小队长2名，九连连长李明清等4人牺牲。

三、革命斗争事迹选

李万清智杀日军　民国27年（1938年）1月2日上午，新北村农民李万清和戚付田外出帮工，路遇3名日军威逼他们带路进村抢劫，李故意带到地势偏僻的王家营。1名日军见此地树木茂密，顿生疑心，开枪打死戚付田后与另1名日军原路返回。剩下1名日军见林中没有动静，继续强迫李万清带路，来到村口偶遇农民居玉喜，李暗示将日军夹在中间，走到一口塘边，居玉喜从侧后死死抱住日军，李万清迅速转身夺过枪，用枪上刺刀将日军刺死。

刘兴州搜集情报惨遭杀害 日军侵占仪征后，刘兴州（新城越江人）以教私塾为掩护为抗日义勇团陈文部队搜集情报。民国27年（1938年）5月10日，因汉奸告密，在新城东风园茶馆与地下交通员见面时被捕，受尽折磨宁死不屈，日军用绳子拴住他双脚用马活活拖死。

吴德桃机智掩护新四军战士 民国30年（1941年）5月，新四军第二师第五旅一部来到林果北山一带开展抗日活动。5月18日，近百名日伪军从新城赶来企图袭击新四军，在田间劳动的吴德桃发现敌情后，急忙回村报告。新四军立即隐蔽到烟袋山。战士候玉勇因故滞留在村里，吴德桃急忙脱下他的军服，让其穿上吴父的衣服装成农民，并把军衣和枪支藏在柴垛里。敌人扑个空，抢十几只鸡离去。

沈德才生擒日翻译 民国31年（1942年）7月的一天夜晚，新四军第二师第六旅第十七团攻打十二圩日伪军据点。驻仪日伪军赶至增援，在新城遭到十七团警戒部队伏击，死伤大半，活着的四处逃散。1名日军翻译窜进沈德才家中，举枪威胁要沈认他为儿子并躲进被子里。这时新四军进屋搜查，沈立即掀开被子抓住日军翻译持枪的手，大喊“快来抓住这个败类”，日翻译举手投降。

赵成宝宁死不低头 民国31年（1942年）春，凌桥乡抗日民主政府成立农抗会，赵成宝积极参加宣传抗日民主政府减租减息政策。民国35年（1946年）夏，赵成宝在“土改”中勇敢参加反霸斗争。不久，形势变化，民主政府北撤，赵成宝遭地主分子告密被还乡团抓去拷打，打得皮开肉绽昏死过去。敌人以为他已死，扔下就走，幸亏众人相救，苏醒后的赵成宝说：“我绝不会向他们低头”。

李学文鸣枪报警 民国33年（1944年）春，抗日民主政府组织游击队在三官庙一带活动。一天，民主政府领导干部费放天及警卫员李学文（龙河三官人）到三官庙。李在庙前小塘洗鞋警戒，突然发现约200米处有一群日军，立即跑到庙内告诉费放天，俩人从后门转移跑到王坝头，脱险后立即鸣枪向糜营的区干部和戚营的区队报警。这群日军遭到区队的奋力反击，慌忙从包庄向县城逃去。

马志文巧传情报 民国32年（1943年），马志文（龙河马坝人）受抗日民主政府派遣打入伪军大队卢维国部队当伙夫。他利用上街买米买菜机会及时将日伪军人数、武器、布防情报传递给新四军联络员，并冒险把子弹和一把手枪夹带出来交给新四军。新四军根据马志文提供的情报，成功袭击据点里的日伪军。

沈家宝为抗日传递情报 民国30年（1941年）底，新城街道居民沈家宝，目睹日伪军的暴行义愤填膺。经抗日民主政府动员，他同意帮助搜集新城一带日伪军活动情报。不久，抗日民主政府开辟连通大江南北地下交通线，新城、龙河为第六交通站。组织上要求沈在带子沟设立地下交通联络点。民国31年（1942年），沈担任地下交通员，负责转送第六交通站的情报、文件，护送南来北往的抗日人士。有一次，沈家宝等3人护送7名干部经世业洲过江，接近镇江渡口时，由于日军对渡口封锁严密，被迫隐蔽在江边齐腰深水的芦苇滩内7个小时，直至深夜镇江交通站派船接走人员。沈家宝在这条地下交通线近4年中，冒着生命危险往返长江南北上百次，安全完成任务，没有一次失误。

朱质彬献身抗日 民国29年(1940年)初,朱质彬(凌桥人)被迫担任伪保长,经抗日民主政权龙河区委书记姚一清教育后主动加入抗日行列,利用伪保长的身份经常为新四军和区队征收公粮、转移伤员、传送情报等。民国33年(1944年)3月因伪乡丁告密被日军抓捕遭严刑拷打逼供,朱质彬宁死不屈,后遭日军枪杀身亡。

孟德贵怒宰日军 民国34年(1945年)1月17日清晨,以杀猪卖肉为生的孟德贵(砖桥人)带着杀猪刀具从东门渡口过河。刚上渡船一声枪响,只见1名日军跳上船端着枪刺刀对着孟德贵的胸膛,抬脚将其踹倒,抢劫烫猪盆里用布包裹着的猪肉。孟德贵怒不可遏,突然起身挥拳打倒日军,迅速接过船夫递给的杀猪刀,像杀猪一样麻利地将他杀死。

赵立夏智擒逃犯 民国34年(1945年)6月中旬的一天,三官庙附近农民赵立夏正在稻田里薅草,看到龙河区队民兵王家山等人追赶一个被反绑着双手的人。赵立夏明白此人不是好人,于是跃上坝头,假装走路人,临近时突然迎头给来者一个扫堂腿将他打趴在地,并将其死死按住与赶来的王家山将其擒获。原来此人是伪军中队长,在押送途中趁民兵不备逃跑,最终还是被擒获。

张立英痛打国民党兵 民国37年(1948年)春季的一天中午,在家做饭的农妇张立英(大楼人)听到外面传来"抓土匪"的叫喊声。跑到屋外一看,1名国民党兵手提着一捆抢劫来的财物向村外跑,张立英拿起木棍和大伙一起紧追不舍。匪兵泅水过河,张紧跟着也游过河,追上匪兵举棍痛打,匪兵丢下抢来的东西,仓皇逃跑。

周通典救伤员 民国37年(1948年)夏一天拂晓,东南支队阻击侵犯新城的一股国民党军队。战斗打响后,东南支队1名战士小腹中弹,与部队失散。周通典(新华周庄人)发现后,背起伤员转移到草堆里隐藏起来躲过敌人的搜查。天亮后,周通典叫来几个村民,用门板抬着伤员向北跑四五里路,把伤员送到东南支队的驻地。

黄国宝连夜为解放军磨面粉 黄国宝(新华徐庄人)以开磨坊营生。民国38年(1949年)春,人民解放军第三十四军某部驻守在新城一带。一天傍晚,军需处同志到黄国宝家采购面粉,但磨坊面粉不多。黄国宝毫不犹豫答应下来,驾起牲口拉起磨子,连夜磨好面粉用袋子装好,天亮后,不顾通宵劳累赶着毛驴给部队送面粉。途中,敌机在空中盘旋,不远处炮声隆隆,黄毫不畏惧,加快步伐绕道而行,及时将面粉送到解放军驻地。

巫进友发动群众为解放军赶做粮袋 民国38年(1949年)4月,解放军渡江战役前夕,大批支前军粮集中到设在新城的县支前总栈,急需粮袋运输。部队后勤部门向地方政府请求帮助,巫进友(新城街道人)主动请缨承担任务。他连夜走村串户发动16名裁缝和30多名妇女,奋战三天三夜赶做好5000多条粮袋,保证军粮及时送往前方。

余德州支前送军粮 民国38年(1949年)4月,人民解放军解放十二圩的战斗打响,激战几天几夜后,前方的粮食供给发生短缺。新华潘庄农民余德州知道后,带头动员孙恩福、潘芝根、李兴开等人组织一支13人的支前送粮队,推着十多辆小车,不顾生命危险,冒着敌人的枪弹炮火,把军粮及时送到前线。

刘秀英为解放军侦察兵指路 民国38年(1949年)4月,解放十二圩的战斗即将打响。

一天上午，19岁的刘秀英（新北村人）和母亲在十二圩芦苇滩挖野菜，偶遇解放军某部的一名侦察兵在察看地形，便主动上前引路，并告诉他这几天敌人出没规律和地雷埋设情况。侦察兵在地图上逐一标注。分手时，侦察兵给刘秀英一张纸条，感激地说："等十二圩解放，你拿着它到政府去，解放军感谢你，人民政府应该表扬你。"

3名群众主动支前帮助解放军 解放战争时期，篾匠何文海（新城砖桥人）经常挑竹器赶集去卖。一天，他在谢集街上遇到一位农民打扮的解放军干部。那人在做买卖中了解何文海身世后，拜托他帮助购买布匹。何文海接受这个任务后，就出没在县城，今天在这家布店买点，明天在那家再买点，五六天下来已有七八匹就送到谢集联络点。在一年多时间里，何文海共为解放军买过一百多匹布。民国38年（1949年）4月，在攻打县城前夕，解放军第二十六军某部埋伏在何文海家竹园里。何主动给他们带路搭桥过河，深夜，部队顺利过河，解放仪征县城的战斗打响。

民国38年（1949年）4月12日傍晚，解放军某部进驻新城北山村的大圩、赵庄、金圩等几个庄子，村子里一下子热闹起来。村民赵聚湘（大兴人）主动让出房屋给解放军住，并与其他几位村民奔走各家各户腾房间，打地铺，烧开水，让子弟兵休息好。4月20日，部队奉命攻打十二圩。赵聚湘用自家的骡子帮解放军驮炊事用具，并要求留在炊事班帮忙。战斗打响后，赵冒着敌人的炮火到前沿阵地为战士们送水送饭，并参加抬担架抢运伤员，直到战斗结束后才回家。

民国38年（1949年）4月20日晚上，解放十二圩的战斗打响后，印成云（新城旧港人）的丈夫给解放军带路去土桥。晚上9点钟左右，又有解放军到她家问路。印成云毫不犹豫地说我给你们带路，说着连鞋都来不及穿，光着脚就上路。她带领30多名解放军战士沿着河边向沙河方向跑去。子弹在空中乱飞，印成云毫不畏惧直到把解放军带到目的地才返身回家。

四、入侵仪征日军在新城罪行选

民国26年（1937年）12月16日，日军第十一师团天谷支队从扬州到仪征侵占县城，沿途经桃坞乡、新城镇街道，烧毁焦庄、杨家大庄、屠庄等民房，新城镇汽车代办站房屋、茶馆、保政栈房计445间，书画图书7240幅（册）、粮食46担、家具用具1140余件，大小农具无数，农民杨立开被日军关在牛房里活活烧死，新城商人杨瑞祥、孙锦堂等11人被杀，有的仅因未听懂日军的话而被开枪打死。洪统训和洪统恭兄弟俩人因守护米店被日军用刀杀死分身数段，惨不忍睹。12月18

图19-6 日军在新城屠庄烧杀抢掠（画于2005年）

日，日军樱井小队长带领20多名士兵在新城王家饭店前枪杀24名被俘的国民党官兵。12月20日，日军途径新城镇因搜到一顶壮丁训练用军帽，当场用刺刀戳死7人。路过余营庄时进村抢掠粮食、家禽、家畜，一名年轻妇女遭多名日军轮奸，农民夏益文被打死，韩国林被打成重伤。

图19-7 日军在王家饭店枪杀21人。（画于2005年）

民国27年（1938年）1月18日，林果村张营农民群起愤怒打死1名下乡抢劫的日军。翌日，驻仪日军前去报复，烧毁张营民房近百间，枪杀3人，烧死2人。潘营1名妇女刺死企图强奸她的1名日军，日军烧光潘营及李营的民房，还强奸20多名妇女。6月7日，驻扬日军在毛桥设立据点，新城越江农民刘某某因抗拒拉夫被毛桥据点日军用汽车拖死。8月间，驻仪日军疯狂地到三将、先农等乡扫荡，烧毁甘露小学校舍、民房500多间，抢劫牛骡等大牲畜8头、肥猪11头、家禽3000多只、粮食百余担、棺材7口等。

图19-8 日军在新城，因搜到一顶壮丁训练用的军帽，便用刺刀戳死七人。（画于2005年）

民国28年（1939年）3月16日，驻仪日军到龙河集扫荡，烧毁龙河小学校舍20间和全部学桌凳和教学办公器具。6月21日，驻十二圩日军到新城抢劫，一路枪杀夏善夫、杜五等商民8人，重伤1人，烧毁房屋3间，抢劫都天庙、二郎庙铁钟2只、小磬1只，重约5吨。当年，新城、龙河市场上流通的铜元、铜钱大部分被日军用纸币低价套购，商店里无找零的铜元。

民国31年（1942年）2月14日，伪县政府勒令新城镇、龙河乡按月向驻仪日军缴纳茶金600元。5月30日，伪县政府令新城、龙河所在区按月缴纳驻仪伪绥靖队给养费约1000元。

民国32年（1943年）2月6日，卢维国伪军到新城抢掠聚盛昌布店布料100匹（每匹10丈），时值法币5万元。4月13日卢部伪军抢掠新城天丰布号棉布200匹和大小百货等物质，时值法币8万元。

民国33年（1944年）1月7日，新城镇、龙河乡等60名受害者联名呈状，控告卢维国叛国投敌、纵兵抢劫绑架勒索财物等罪行。4月间，仪扬支队在三茅集阻击下乡扫荡的日伪军，何成贵排长和4名战士在战斗中牺牲。

民国34年（1945年）9月25日，新四军特务团三营在龙河集西野鸭赵宿营，遭驻仪400多名日伪军偷袭，九连连长李明清等4人在战斗中牺牲。

抗日战争胜利后，国民党仪征县政府对日军侵略造成人口、财产损失做过调查。80年代，仪征党史资料征集弥补许多资料。调查资料表明日军侵仪期间，在新城、龙河造成的死伤人数约500人，造成的间接人口伤亡无数。境内蜀冈有成片松栎林，平均直径23厘米左右，日军侵占后大量伐树烧炭供军需，树木大都被毁。新城桃坞的桃树、花红树、龙河三官的板栗树也遭砍伐殆尽。大楼的鱼苗被抢掠运往日本，鱼苗市场被迫关闭。新城、龙河盛产粮食，粮行有40多家，油米作坊60多家，日军大肆抢掠粮食，造成粮食市场萧条、油米作坊停业。新城汽车站、龙河小学等被日军烧毁，二郎庙、都天庙内钟、磬被日军掠去，给新城、龙河人民生产生活造成巨大损失。

新城、龙河抗战时期死亡人口调查登记表

表19-1

姓　名	性别	身　份	年龄	家庭住址	死亡地点	死亡时间	有关事件和情节	资料来源
陈　澄	男	农民	不详	龙河	龙河	不详	被日军杀害	W2.4-401
孙　四	男	民兵大队长	不详	龙河	龙河	不详	被汉奸毒死	W2.4-401
韩正余妻	女	农民	不详	冷红乡六保	石庄	不详	被日兵枪杀（孕妇）	W2.9-265
孙庆仁	男	伪保长	50岁左右	古都乡一保	都天庙	不详	被汉奸杀害	W2.9-233
曾长河	男	群众	不详	三将乡	三将	1937.11.19	被日兵刺刀戳死	W2.4-372
王贵金	男	群众	不详	三将乡	三将	1937.11.20	被日兵刺刀戳死	W2.4-372
朱正福	男	群众	不详	三将乡	三将	1937.11.19	被日兵刺刀戳死	W2.4-372
孙兆华	男	群众	不详	三将乡	三将	1938.3	被日兵刺刀戳死	W2.4-372
孙兆桃	男	群众	不详	三将乡	三将	1938.3	被日兵刺刀戳死	W2.4-372
蔡德朝	男	群众	不详	三将乡	三将	1939.2	被日兵刺刀戳死	W2.4-372
杨立元	男	群众	不详	先农乡	东门外	1937.11	被日兵刺刀戳死	W2.4-372
周文学	男	群众	不详	先农乡	东门外	1937.11.16	被日兵刺刀戳死	W2.4-372
贡家荣	男	群众	不详	先农乡	东门外	1937.11.16	被日兵刺刀戳死	W2.4-372
孙马氏	女	群众	不详	冷红乡	大楼庄	1937.11	被日兵刺刀戳死	W2.4-372
印朱氏	女	群众	不详	冷红乡	罗庄	1937.11	被日兵刺刀戳死	W2.4-372
杨瑞祥	男	商人	不详	新城街道	新城	1937.11.18	被日兵枪杀死亡	W2.4-372
孙锦堂	男	商人	不详	新城街道	新城	1937.11.18	被日兵枪杀死亡	W2.4-372
洪希文	男	医生	不详	新城街道	新城	1937.11.18	被日兵推入水溺死	W2.4-372
洪统训	男	商人	不详	新城街道	新城	1937.11.18	被日兵用刀砍死身分数段	W2.4-372
洪统恭	男	商人	不详	新城街道	新城	1937.11.18	被日兵用刀砍死身分数段	W2.4-372
乔大姑	女	居民	不详	新城街道	新城	1937.11.18	被日兵烧死	W2.4-372
吴启禄	男	商人	不详	新城街道	新城	1937.11.18	被日兵枪杀死亡	W2.4-372

续表 19-1

姓　名	性别	身　份	年龄	家庭住址	死亡地点	死亡时间	有关事件和情节	资料来源
吴　三	男	农民	不详	新城镇四保	新城	1937.11.18	被日兵枪杀死亡	W2.4-372
屠正朝母	女	农民	不详	新城屠庄	新城	1937.11.18	被日兵刀杀	W2.4-372
周长富	男	农民	45	桃坞乡五保	新城	1937.11.18	被日兵刀杀	W2.4-372
朱瀛洲	男	商人	不详	新城街道	新城	1937.11.18	被日兵刀杀	W2.4-372
王宝铜	男	农民	不详	桃坞乡四保	新城	1937.11.18	被日兵刀杀	W2.4-372
夏善夫	男	商人	不详	寄运乡五保	新城	1939.6.21	被日兵枪杀	W2.4-372
杜　五	男	商人	不详	新城面店	新城	1939.6.21	日兵枪射未着渡水淹死	W2.4-372
小　谢	男	商人	不详	新城棉花店	新城	1939.6.21	被日兵追击渡水淹死	W2.4-372
小　纪	男	自卫队伙夫	不详	新城街道	新城	1939.6.21	被日兵追击渡水淹死	W2.4-372
张士杰	男	商人	不详	新城布店	新城	1939.6.21	被日兵枪杀	W2.4-372
程锦章	男	商人	不详	新城米店	新城	1939.6.21	被日兵追击渡水淹死	W2.4-372
黄　二	男	商人	不详	新城理发店	新城	1939.6.21	被日兵刀杀	W2.4-372
杨　大	男	农民	不详	新城镇四保	新城	1939.6.21	被日兵刀杀	W2.4-372
王定余妻	女	农民	不详	五区三官庙	三官	1937.12.20	日军追抓强奸不从投塘溺死	W2.9-88
万大朝	男	龙河区队炊事员	不详	龙河大王庄	龙河官塘	1944 年秋	与日军遭遇战中牺牲	市民政局烈士名录
王 ××	男	龙河区队战士	不详	龙河凌桥	龙河三茅	1944	反扫荡中牺牲	市民政局烈士名录
张世祥	男	龙河区队战士	27	原龙河庙山	龙河三茅	1944.3	反扫荡中牺牲	市民政局烈士名录
张 ××	男	龙河区队战士	不详	原龙河华丰	龙河三茅	1944.3	反扫荡中牺牲	市民政局烈士名录
徐照东	男	新四军战士	不详	新城街道	南通石港	1943	在石港与日军作战中牺牲	市民政局烈士名录
李　吉	男	税务干部	23	新城街道	新集	1945.3	在新集税务所遭日军袭击牺牲	市民政局烈士名录
李桂和	男	县模范营干部	23	龙河凌西	谢集铁坝	1941 年春	在铁坝与日伪军战斗中牺牲	市民政局烈士名录
胡长福	男	税务干部	23	龙河凌东	天长县城	1944.10	在执行任务	市民政局烈士名录

说明：“W2.4、W2.9”为仪征市档案馆收藏的“民国35年仪征县政府抗战损失调查报告”卷宗目录号码

第六节 国防教育

新中国建立后，全民国防教育始终是党和政府的重要工作之一。新城、龙河等地每年清明节组织干部、群众、中小学生祭扫破山口烈士墓，缅怀先烈，进行爱国主义教育和国防教育。1950年，开展抗美援朝保家卫国运动。1955年，台湾国民党军队叫嚣反攻大陆。新城乡、龙河乡在区人武部的领导下大力开展群众性的国防动员和国防教育工作，防范敌特骚扰和破坏。“文化大革命”期间，国防教育工作受到影响。1979年，新城公社、龙河公社开展学习、宣传、贯彻《中华人民共和国国防法》，同时各单位订阅《中国国防报》《东海民兵》等报刊，把国防教育作为干部群众的政治思想教育内容之一，提高全民国防意识。1983~1986年，新城乡、龙河乡分期分批举办国防教育知识讲座，共有4000多人参加。1988年，市委下发加强国防教育通知后，新城乡、龙河乡把国防教育纳入干部职工培训计划。1988~1990年，驻三将部队选派官兵为新城学校学生进行暑期军事训练和国防教育授课。2001年9月，新城组织开展“全民国防教育日”活动。以“国家安全是全社会共同责任”为主题，下发宣传材料1500份，举行“增强国防观点，履行国防义务”的千人签名活动。同年，江苏省教育厅编写国防教育课本1~6册，新城镇中小学开设国防教育课，实行“三进”（进课表、进课文、进课堂）教育。重大节日，开展升国旗及少先队在国旗下宣誓活动。2004年9月，新城镇参加市委宣传部组织的“爱中华、奔小康、强国防”征文、知识竞赛、万人签名活动。每年“国防教育日”活动时，镇机关、企事业单位、学校、街道社区和村委会，都要张贴标语，利用黑板报、宣传栏、展示板，大力宣传国防知识。2009年5月，新城中学被市国教办、教育局确定为国防教育示范学校。2012年，新城镇把国防教育列为党员干部冬训班学习内容，参加人数1500多人次，出专栏6期。

图19-9 学生进军营接受国防教育（摄于1999年）

第二十章　劳动人事　社会保障

民国时期，镇内公教人员实行委任制和聘任制，集镇居民自谋职业，政府不管民众就业，农民除种地劳作外，无处另谋择业。

解放初期，新城、龙河地区公教人员逐步得到安置，待业人员劳动就业由县人民政府直接管理。随着经济的发展，劳动、人事职能部门逐步建立。1955年，区委设组织科，管理乡级干部人事，驻乡学校、卫生以及商业、粮食部门企业职工由县主管部门垂直管理。集镇自办的生产合作社生产工人，由生产单位自行招用。1958年人民公社化后，一度将县管部门的组织人事、劳动就业下放到属地管理。60年代，在遭受三年自然灾害后，农村计划经济进一步加强，新增劳动力无法安置，连续开展职工精减下放、知识青年上山下乡运动。1978年以后，贯彻执行中共十一届三中全会确定的改革开放方针，逐步推行人事、劳动制度改革，改干部委任制为选举聘任制，改就业分配制为双向选择，改固定工资制为工效挂钩工资、岗位技能工资，再到绩效工资。1989年5月，新城、龙河分别成立劳动服务公司。1992年，建立农村社会养老管理所，负责农村养老保险工作。1996年，全民、集体企业实行产权制度改革，职工买断工龄后成为下岗职工，私营个体企业增加，劳动就业人员增加，同年镇（乡）劳动管理服务站成立，指导农村劳动力有序转移。2003年，镇劳动和社会保障所成立，2009年全面实施农村新型社会养老保险制度。2012年，全镇有公务员48人，事业单位及其他人员47人，教师、医护人员311人，在职财政供给人员工资人均年收入52180元。企业从业人员13988人，职工人均年收入34095元。参加新型合作医疗和社会养老保险人员分别为35047人、15037人，参保率分别为99.1%、98.05%，有912人享受居民最低生活保障。

第一节　劳　动

一、劳动用工

解放前，新城、龙河地区主要有常年工、季节工、临时工和学徒工4种用工形式。常年工雇佣时间一般在1年以上，按年结算工钱。季节工由作坊、店铺业主在生产经营旺季雇用，一般雇用时间在3~6个月，到期辞退。临时雇工时间多为5~10天，以日计酬。学徒工时间通常为3年，店主只管伙食，不付工钱。此外，还有一些散工，多为雇主挑水、运货搬货等重体力活，一般以劳取酬。

解放初期，新城、龙河粮食、供销等国营、集体企业以及合作商业，经主管部门批准可以自行使用临时工。1958年起，按照“统一管理，计划分配”的原则，由县劳动部门，主管部门统一招工，计划分配到用工企业，实行固定工资制度，社办企业实行“亦工亦农”形式。1960年，新城、龙河计有社办企业职工64人，县下属企业职工211人。1970年起，企业用工趋向固定工和合同工两种用工形式。社办企业中的农民工，实行“工作在厂里，分配在队里，厂队结算，适当补助”的劳动工资形式。年末有社办企业职工2531人，县下属企业272人。1982年，改革企业用工制度，全民、集体企业实行劳动合同制，翌年扩大到社办企业。1985年，乡办企业全面推行经济承包责任制，改干部任命制为聘用制，改固定用工制为合同工制，改固定工资制为浮动工资制。当年两乡共有乡办工业职工2370人，县属企业职工382人。1986年10月，全民、集体企业开始面向社会公开招工，职工子女“顶职”制度废止。1996年起，市属企业，镇（乡）办企业推行产权制度改革，职工买断工龄后，可下岗再就业或继续留用，重新签订劳动合同，享受社会养老保险待遇。2000年起，劳动用工范围扩大至农业生产企业、家政服务企业等新兴行业。用工形式除劳动合同外，出现用工1~2天的短工、以小时计工的钟点工和以工作量包干的包工。年末，全镇有企业从业人员4903人，其中集体企业509人，占10.38%。2012年，全镇有从业人员13988人，签订劳动合同的占73%，参加社会养老保险和医疗保险的占64%。

二、劳动就业

解放前，新城、龙河城乡无业居民均靠自谋职业，失业者无人过问。解放后，党和政府把集镇上的无业人员组织起来，到生产合作社参加劳动。至1957年，新城、龙河共安置城镇闲散劳力127人。1958年“大跃进”期间，供销社、粮站及社办用工大多从农村招用临时工。三年自然灾害期间，分期分批精简辞退农民工98人。1966年，“文化大革命”开始后，企业停止招收用工，待业人员增多。1968年起，动员“老三届知青”下乡插队落户，至1976年，共有156名知青和社会人员插队落户。1978年后，各系统负责安置返城知青、转业退伍军人和城镇待业青年计138人。1980年，新城、龙河劳动服务站组织回城下放居民和待业青年开店办厂安置14人。1985年后，计划分配就业制度发生变革，开始由企业、劳动者双向选择，向市场配置用工形式转变。至1990年，新城、龙河共有269人通过双向选择就业，占总就业人数的87%。之后，城镇大中专毕业生都通过人才市场竞聘就业，镇政府不再以行政手段分配安置。2012年，镇劳动和社会保障所负责指导劳动就业，同时劳务中介机构也参与劳动就业指导和中介服务。

三、农村劳动力转移

新城农村人多地少。1983年农村实行家庭联产承包责任制后，出现大量的农村富余劳动力，有的到乡办厂做工，有的到县城做工，也有的流向南京、镇江及苏南地区务工。1992

年市场开放后，农村青年到集镇上来开店办厂自主就业的越来越多。1997年起，新城镇、龙河乡先后成立浴池、建筑、养猪、蔬菜等4个行业协会，吸收农民参加协会，接受培训。同时，各村利用宣传栏、宣传手册以及冬春季集中培训等形式，培训农村劳动力，每人掌握一门实用技术或手艺。至1999年，新城、龙河共培训富余劳动力3476人次。2000年后，镇劳动管理服务站与市劳动部门联手引导富余劳动力向仪征市外、国外转移。以浴池业、理发业、建筑业等行业为输出主力，流向苏南、广东、南京、上海、北京等大中城市，每年约有5900多人次，其中从事浴池业的约有2500人次、建筑业的2000人次、商贸运输业的1400人次，分别占42.37%、33.9%和23.73%。另外，还有通过市劳务中介公司向日本、毛里求斯等国家输出劳务人员200多人。2001年，市政府制定《农村劳动力开发就业培训试点方案》，镇内农民报名参加就业培训，至2005年，培训就业4217人次。圩区蒲新村全村劳力1503人，外出务工的有430人，占28.61%。地处丘陵山区较为贫困的丁冲村山西组20户，劳力87人，有25人外出打工，占28.74%，平均每户1.25人。2005年，对农村富余劳力和失地农民无业者开展调查登记，建人力资源台账，全镇参加登记者有1873人，当年，向镇内船厂、玩具厂和非织造企业介绍就业917人。以后，镇劳务中介公司每年帮助转移农村劳动力800多人次。2006年，市政府实施农村劳动力转移培训券制度，当年镇内有460人获得培训券，免费接收培训。2011年，培训券制度改为获证补助制度。2012年，镇内有48人获得服装缝纫初级技能证书，获市财政补助每人500元。至2012年，帮助转移农村劳动力计8263人次。

图20-1　农村劳动力转移培训（摄于2010年）

四、劳动力市场

1992年6月，仪征市开放劳务市场，为就业者提供就业服务。新城、龙河城镇失业者前去报名登记，通过招工洽谈签约就业。1996年，新城、龙河劳动管理服务站开始为求职者、下岗职工服务，介绍推荐就业216人。2003年，镇劳动和社会保障所定期公布招工信息，提供中介服务，推荐上岗。2006年，镇劳动

图20-2　镇企业用工招聘会（摄于2012年）

和社会保障所与市劳动市场信息网络联网“镇镇通”运行，为下岗失业人员提供更为便捷的就业服务。2010年后，扬州扬众劳动资源开发有限公司、仪征市德众人力资源服务有限公司先后成立，专业从事劳动用工中介服务，提供信息咨询、指导就业、介绍岗位、代理委托、协同管理等服务，镇内劳动力市场日趋完善。2012年，镇内建立劳动力市场，主要有镇劳动保障服务大厅和4家劳务中介服务企业联合运作，向用工企业派遣劳务人员1680多人次，通过仪征“镇镇通”劳动力市场帮助就业输送劳动力3764人次。

五、劳动工资

解放初期至1956年工资改革前，新城、龙河供销合作社、粮站等企业干部职工实行薪给制，合作商店、私营商店实行计件工资制，龙河油米厂也是计件工作制。薪给制1950年每人每月56千克大米，1953年改为等级制，以工资分计发，分为16级，最高级（主任）286分，最低16级（勤杂工）78分，按当时分值计算月工资。1956年1月最高工资65元，最低17.75元。1952年起实行年终综合奖制度。

1956年，进行企业工资改革，国营粮站和供销合作社职工实行等级工资制，分营业员和行政管理人员（主任、会计等）两大类，营业员实行6级工资制。1级每月46元，6级每月21元，行管人员分3个层次16个等级，最高定1级2类，每月工资60.5元，最低的定4级2类，每月工资30.5元。通过工资改革，粮食、供销、合作商业系统职工工资由每月人均28.2元增加到37.21元。农林水系统职工工资由28.1元增加到33.7元。企业职工福利待遇大部分与机关、事业单位人员相同，有的不大相同，如医疗待遇、职工直属亲属住院手术费在企业可报销一半。乡办企业职工工资比照小集体企业工资标准。1972年，办理临时工转正，调升工资，并为临时工增加工资补助。

1985年，企业工资改革，干部和职工实行同一工资起点每月34元，职工实行新8级工资制，最高8级，月工资102元。干部实行17级工资制，最高月工资130元，最低15级，月工资42元。1986年，新城和龙河供销社、粮管所试行工资总额与经济效益挂钩浮动，社办企业实行计件工资制。此后，企业每年有3%的工资升级面。企业内部试行承包经济责任制后，采取多种工资分配形式，体现多劳多得的分配原则。企业职工除享受与机关干部同样有物价补贴、肉价补贴、洗澡理发费外，还享有夜餐费、加班费和岗位保健费补贴等。至1988年，两乡企业职工平均年工资774元。以后，工资逐年增加。

1997年，仪征市建立企业工资指导线，最低工资保障和工资集体协商为主要内容的工资分配制度。新城镇、龙河乡加强对企业工资收入分配的指导，调节和监管，确保职工工资稳定增长。1998年，两镇乡职工人均工资达5784.4元，比1995年增长95%。

2000年起，市政府按年公布劳动力市场工资指导价位，引导企业通过集体协商确定企业的工资水平。2005年，全镇职工平均工资12750元。

2012年，全镇企业人员人均年工资34095元，比2005年增长1.67倍。职工与企业签订劳动合同，享有国家规定的福利待遇与权益。

1980~2012年新城镇（不含原龙河乡）企业职工工资统计表

表20-1　　　　单位：元

年份	年人均工资	年份	年人均工资	年份	年人均工资	年份	年人均工资
1980	368.40	1989	862.00	1998	5866.60	2007	14053.00
1981	403.00	1990	864.80	1999	6295.00	2008	14560.00
1982	416.10	1991	964.50	2000	6549.00	2009	12900.00
1983	480.00	1992	1128.00	2001	6500.00	2010	15834.00
1984	554.70	1993	1255.00	2002	9669.00	2011	15360.00
1985	503.70	1994	2096.00	2003	7500.00	2012	34095.00
1986	672.00	1995	3002.00	2004	8775.00		
1987	749.00	1996	4753.00	2005	12750.00		
1988	783.40	1997	5015.00	2006	13620.00		

六、职业培训

劳动技能培训　解放前，劳动技能一般是由师傅带徒弟传授培养出来的。1953年，新城、龙河铁木业生产合作社为扩大生产，对新工人采取师傅带徒弟，实行传、帮、带等方法提高职工劳动技能，新手一般通过1～2年就能变成熟练工。1970年，新城晶体管厂将新招收的12名工人送到无锡无线电元件厂跟班学习培训，一个月后上岗操作。1978年后，县各主管部门创办职工学校，对系统内的职工有计划地进行劳动技能培训。新城、龙河供销社有12名营业员经过县供销职工学校培训学习后，有的被提拔为柜组长、门市部主任。1983年，新城乡机械厂从业务骨干中选送3人到泰州职业大学委培，龙河农机修造厂选送2人到扬州工业专科学校委培。这些人经过2年学习，回厂后成为技术骨干。1992年，市技工学校开展就业培训和劳动技能培训。新城、龙河乡待业人员参培后达到初级工水平，参加招聘就业。此后，企业自行培训职工劳动技能的做法减少。1997年，全市试行劳动用工预备制度。新城镇、龙河乡新生劳动力（高初中毕业生有就业要求的）报名参培，接受职业培训，取得相应职业资格后实现就业。至2012年，累计参培人员2817人次。2000年后，镇劳动和社会保障所与社区教育中心联合办班，培训生产标准、计量、安全、质检等方面专业人才。至2012年，累计参培人员2142人次，此外，还开办骨干企业统计人员及下岗职工培训班，人数达42人，再就业培训98人。

图20-3　茶树栽培技术培训　（摄于2009年）

技术资格培训与考核　80年代起，全市实行职业技术资格证及技师考评制度。新城、龙河乡企业职工报名参加驾驶员、汽车修理、车工、电焊工、锅炉工、吊塔起重工等特种工种专业技能培训，有273人获得上岗资格证和驾驶执照。以后，待业青年也参加培训，取得职业资格证书，方便就业。2000年后，社会办培训班的增多，在新城镇设有驾驶员培训、计算机培训报名点，每年有200多人报名参培。2005年起，参加技术等级考评的人逐年增多，有水电工、焊工、钳工、起重工、汽车修理工、砌筑工、擦背修脚工等。至2012年，全镇获得初级工资格证书有1127人，中级工436人、高级工281人。2008年起，参加技师考评的人逐年增加。至2012年，全镇有27人获得工人技师证书，其中工业企业17人，电力管理站2人，浴池服务业8人。此外，镇内餐饮业积极参加市举办的烹饪技艺比赛，获得奖项。2005年，东园饭店参加扬州淮扬菜烹饪技术比赛中获金宴席奖，2012年5月，汉源大酒店在扬州中式烹饪技能比赛中获三等奖。至年末，全镇餐饮业累计获得一等奖、金奖5个。

七、劳动保障监察

宣传法规 90年代，新城、龙河乡劳动服务公司开展宣传劳动法、妇女权益保障法以及省社会保障费征缴条例、劳动保障监察条例和劳动合同条例等法律法规。每年除开展“宣传周”“宣传月”活动外，还开辟宣传栏，举办劳动法规讲座，召开座谈会，送宣传劳动保障法规守则到企业。2000年后，重点开展广场劳动合同、社会保险等法规宣传活动，印发劳动保障知识问卷1000多份，免费发送《农民工维权手册》800多份。2005年，重点向私营企业、自由从业人员宣传劳动合同法及参加社会保险的好处，接受宣传的企业和个人达28家和370多人次。2010年，宣传重点转向村组，举办讲座21场，听讲人数达1360多人次。2012年，举办宣传讲座2场，听讲人员80多人次，发放宣传资料1200多份，接受咨询350多人次。

图20-4 发送农民工维权手册（摄于2012年）

定期年检 2000年后，市劳动局实行劳动用工年检制度。镇劳动和社会保障所成立后，开展年检制度。主要检查用人单位遵守劳动法规，与劳动者签订劳动合同和履行劳动合同情况，执行最低工资标准和工资支付规定、遵守工作时间及休息休假规定，以及参加社会保险等情况。2005年，年检抽检企业12家，合格率达91%。2008年，全镇接受年检抽检企业72家、签订劳动合同735份，占87%；签订集体劳动合同28份，占38.89%；通过工会集体协商签订工资协议31份，占43%；按规定发放工人工资和加班费的企业68家，占94.44%。2010年，镇劳动监察中队成立后，改抽检为全检。2012年，年检企业573家，合格率94.8%，其中劳动合同签约率95.2%，社会保险投保率91.2%。

执法检查　2003年起，全镇开展劳动保障执法检查，主要是配合市安监部门对劳动环境、劳动防护重点企业、行业进行执法检查。2005年，重点检查有粉尘雾化严重易引起职业病的企业，如砖瓦厂、铸造厂、气体生产厂等6家，有重金属污染的企业，如电镀、抛光工段2家，共发现问题2处，发出整改通知单限期整改。

2010年后，劳资纠纷案件增多，劳动监察人员及时赴事发单位调查情况，依法查办、帮助工人讨回拖欠的工资。2011年春节临近，市明达玩具有限公司王老板拖欠67名工人工资近30万却突然外逃，不见踪影。镇劳动监察中队接到举报后，立即向镇政府报告，迅速组成有公安、司法、工业、三产办等部门组成的处置小组，在核实情况下，果断采取法律手段，冻结其资产，进入破产程序。有关单位先行垫付拖欠的工资，保证工人领到工资回家过年。2012年7月，新城建设工程有限公司下属工程承包商刘某，拖欠6名农民工工资2833元。民工们多次讨要无果，遂向镇劳动监察部门求助。劳动监察人员发现刘某已回老家，于是向工程发包方交涉，最终由公司项目部垫付拖欠的工资。

2009~2012年，全镇执法调处违反劳动保障事件131次，其中处理劳资纠纷27次，劳动合同争议32次，工伤医药费16次，拖欠农民工工资43次，其他违法事情13次。

八、精减职工和城镇人口下放

1958年的“大跃进”，导致企业职工、城镇人口增长过快。1960年年底，新城公社全民所有制单位职工261人，其中：1958年以后从农村吸收的有48人，占新增职工总数43.5%；集体所有制企业职工297人，其中1958年后从农村招收的有163人，占新增职工总数82.1%。龙河公社企事业单位以及社办企业职工1170人，其中1958年后从农村招收的有189人，占新增职工总数69%。当年，新城城镇人口2898人，比1957年增长57.2%，其中1958年后从农村进城的占新增人口的48.93%。龙河城镇人口1354人，比1957年增长58.61%，其中1958年后从农村进城的占新增人口的49.23%。农村劳动力直接从事农业生产的比例，新城、龙河从1957年的40.36%和40.99%，分别下降至38.21%和39.28%。

1961年，仪征县委贯彻中央“调整、巩固、充实、提高”的八字方针，层层精简机构，精减职工，动员进城农民回乡务农，压缩城镇人口，减少商品粮供应。至1962年年底，新城公社集体所有制企业精简7家，其中下放给大队的3家，下放职工201人，下放城镇人口194人。龙河公社集体社办企业精简5家，下放职工265人，下放城镇人口143人。在此期间，新城、龙河还分别接收县城及县外机关、企事业单位下放干部职工16人和30人。

1963年，继续精简机构、精减职工，减少城镇人口，压缩定量供应人口。至年底，新城减少全民职工17人，其中小学教师14人，供销社职工3人。龙河减少16人，其中小学教师6人，供销社职工5人，油米厂职工5人。社办工副业企业职工新城减少349人，其中公社米厂、联合诊所各4人，养殖场、机电灌站各2人，大队工副业337人。龙河减少52人，其中公社米厂34人，联合诊所9人，铁木生产社5人，搬运站、牲畜交易所、酱品厂、机电灌站各1人。新城下放城镇人口50人，龙河10人。其间，新城接收县外下放职工插队落户人员64人，龙河接收县城及扬州下放职工插队落户人员60人。

1965年5月起，新城、龙河动员年满16周岁待业知识青年和社会闲散劳动力以及成户城镇居民下乡插队劳动。至年底，新城（十二圩）街道27人插队到青山镇，龙河街道自放自安16人。县政府明确对插队到生产队人员经费由县下拨，每人平均190元，成户下放的每人平均150元，物资每人平均木材0.3立方米，毛竹5根、絮棉1千克（折合2市斤）、布证3. 33米（折合10市尺）。主要用于建住房，购置农具、生活用品及口粮等。

1969年年初，开始第二批精减职工和下放城镇人口。当年1月8日，新城下放街道商业居民35户、128人，社会青年49人。龙河下放职工5户、33人，城镇居民14户、44人。其间，新城、龙河接收来自南京、无锡、上海等地下放人员190户、510人。其中新城安置144户、384人，龙河安置46户、126人。1970年，新城、龙河继续精减职工，下放城镇人口，并接收外地下放人员。至年底，到新城、龙河农村插队落户城镇职工、居民638人，其中新城安置453人，龙河安置185人。职工、居民精减下放农村后基本得到妥善安置。砌建新房，发给生活补助，使之得以安心生产、生活。1971年，年终分配新城结余户占78%，透支户占22%；龙河结余户占42%，透支户占58%。透支的主要原因是老弱病残或人多劳少、劳动单价低、外流参加劳动少，对困难户社队给予适当照顾。1966年4月，被精减职工中1957年底前参加工作的老职工新城202人，龙河74人，按规定每月发给救济费（本人原标准工资的40%）。办理退职的老职工可凭公费医疗预防证，到所在公社医院就诊，本人仅付三分之一的医疗费，其余部分由县民政部门结报。

1976年起，分期分批解决被精减职工和下放农村城镇居民的安置和生活补助。1987年，对60年代精减职工和下放的城镇人口，就近改为城镇户口，粮油改按城镇居民供应。

九、知青上山下乡

宣传发动　1963年，国家对国民经济进行调整，城镇待业人员增加，学校毕业生安置就业出现困难。中共中央、国务院作出《关于动员和组织城市知识青年参加农村社会主义建设的决定》。仪征县开始有组织有步骤地动员城镇知识青年及社会闲散青年上山下乡。宣传动员工作从当年8月份开始，对象为16周岁至28周岁、高小以上文化程度的未婚青年。新城乡、龙河乡先后召开16次知识青年上山下乡动员会，举办知青家长座谈讨论会，上门谈心等形式进行宣传动员，家庭成分不好的成为首先动员上山下乡的对象。通过自愿报名、家长同意、街道批准、公布名单等程序落实上山下乡知青人员。1963~1965年，新城、龙河共有94名知识青年报名下乡插队劳动，其中新城55人。

1968年12月22日，毛泽东发出“知识青年到农村去，接受贫下中农再教育，很有必要”的号召。新城、龙河与全国一样掀起轰轰烈烈的知青上山下乡热潮。对城镇1966~1968年的“老三届”高中毕业生和未能升学的初中毕业生全部动员下乡。1968~1970年，新城、龙河共动员城镇知识青年125人到农村插队劳动，其中新城89人。

1973年，仪征继续动员城镇应届中学毕业生上山下乡，但知青下乡政策有所调整：将下乡知青年龄由16周岁提到17周岁，不再搞“一刀切”，并对老弱病残家庭、身边无子女家庭，华侨子女、困难家庭的长子女、独生子女等8种情形的给予照顾1名子女留城。1973年后，知青除到生产队插队外，还可选择插场，安置到集体知青点。1973～1978年，新城、龙河共动员插队、插场知青128人，其中新城43人，龙河85人。

安置机构 1965年，新城和龙河公社、大队相继建立知青插队安置办公室和知青安置小组。有工作人员1～2人，负责知青的安置落户。

经费物资 知青插队经费，仪征县城的每人平均100元，新城、龙河乡的每人平均80元。省市级的每人平均120元。主要物资每人平均木材0.3立方米，毛竹3根，絮棉1.5千克（折合3市斤），布证3.33米（折合10市尺）。主要用于建知青住房，添置农具和生活用具以及伙食补助费（6～7个月，每人每月5～6元）等。由县拨到公社包干使用。刚开始知青住房通过借、租、利用公房等办法过渡，后再建新房。住房面积每人平均8平方米。1963～1977年，新城共建知青住房106间，其中瓦房51间。龙河506间，其中瓦房44间。每个知青居住点配有床铺、桌子、板凳、洗脸盆、马桶、水桶、洗澡盆，砌有锅灶、并配有碗柜、水缸。房屋及用具只有使用权、不得带走或变卖。知青经费虽然不足，但仍有部分被单位和个人挪用。知青房屋有些也被大队、生产队长期占用。有的知青住房损坏、漏雨，得不到及时修理。

安置落户 1963年，知青除少数暂住在社员家外，一般都散插在生产队。1964年起，知青以集体插队为主，男女生分组居住。当年，新城街道知青23人集体插队到新华大队松柏生产队。1969年新城街道知青21人集体插队到林果大队分住在6个生产队。1975年，新城知青49人安置在林果知青农场。1963～1965年，新城、龙河除接收当地知青插队以外，还接收外地知青135人，龙河公社接收南京知青较多。

1968～1970年，新城、龙河接收知青插队落户729人，其中外地知青604人，落户在新城80人、龙河524人。

1971～1978年，新城、龙河除接收当地知青128人插队落户外，还接收南京、扬州、仪征县城知青205人，其中插队落户新城47人、龙河158人。

劳动生活 知青插队落户后便开始与社员一样参加劳动，上早工、上午工、下午工，3个工相加算一个整工，一般在10个小时以上。农忙时，还要打晚作，每天劳动在14小时以上。干各种农活，女知青学会栽秧，男知青学会挑担挖沟，有的还学会耕田耙地。农闲时男知青还要到水利工地挑土方。1968年11月16日，刚插队到龙河的南京知青9天后就上水利工地挑土方，直到工程结束。新城公社23名知青插队到新华大队松柏生产队后，冒雨与社员一样下田挖沟排水，接着又投入到紧张的“双抢”之中。6名知青2天半收割完20多亩“老来青”，受到社员称赞。在知青们带动下这个生产队改变后进面貌，“双抢”、积肥在全大队领先完成。1975年，新城公社移风生产队知青试种“川龙双角”早熟油菜，生长期比老品种缩短20天，接着栽插双季稻，油菜、水稻均获高产，创出当地新三熟制。龙河丁冲大队小庄知青小组进行8个小麦品种、13个水稻品种和1个棉花品种的引种试验，4个绿肥品种的间种套种试验，试种“奈尔210”等5个国外棉花品种，取得初步成功。

在生活上，知青要自己做饭、种菜，有71%的知青已做到自给自足。每年端午节、中秋节和春节时，生产队杀猪、捕鱼，知青可与社员一样，按人头分得半斤或1斤肉，或按户分得1~ 2条鱼。第一年烧草由生产队安排，以后与社员一样按人头分配，不够烧时自己解决。有48%的知青自己养鸡，每人养1~2只鸡，鸡蛋卖给代销商店，买回煤油、火柴和卫生纸等日用品。少数知青小组还养猪、鹅鸭。女知青自己纳鞋底做鞋，捻线织毛衣，缝补衣服。1976年以前，龙河有些村组没有通电和自来水，晚间用煤油灯照明，挑河水吃用。知青在农村的文化生活十分单调，除听有线广播外，一年中大队放1~2次电影可看。雨天歇工，有的睡觉，有的则看些书籍，自找乐趣。

知青年终参加生产队分配，由于体力和农技水平等原因，知青分配收入不及当地青年劳力。1972年，龙河参加分配的知青454人，其中，360人结余，占79.29%，结余10868元，人均30.19元；29人自给，占6.39%；65人透支，占14.32%，共透支1564元，人均24.06元。透支的主要原因是：长期有病、不能出整工的14人；因生产队条件差，工分单价低的22人；长期逗留城市，未全年参加劳动的29人，其中结婚后留城未回乡劳动的17人。少数知青生活困难，1974年，新城公社新华、新北大队知青口粮没有达到每月38斤标准。1974年新城知青已婚60人，龙河96人。1976年，新城知青已婚99人，其中与当地农民结婚的59人，占59.6%；龙河已婚96人，其中与当地农民结婚的42人，占43.75%。

培养使用 知青在农村得到锻炼成长起来。1971年，新城有知青494人，知青小组12个，其中被评为“四好小组”的4个、“五好个人”的共33人；出席仪征县活学活用毛泽东思想积极分子代表大会（简称“积代会”）的有10人、公社“积代会”的有29人。参加大队领导班子的有1人，当生产队长的4人。担任记工员、赤脚医生、保管员、耕读教师、农技员、通讯报道员、学习辅导员等共96人。龙河有知青982人，知青小组196个，其中被评为“四好小组”的60个、“五好个人”的220人。出席专区、县“积代会”的5人，公社“积代会”42人。参加生产队班子的5人，担任记工员、赤脚医生、兽医、保管员、耕读教师、农技员、通讯报道员、学习辅导员、拖拉机手、饲养员等391人。另外，新城被招工3人，入伍8人。龙河招工3人，入伍7人。1972年起，新城、龙河招工、升学、入伍的知青逐年增多。入党入团和参加领导班子人数、担任各种职务人数也不断增加。至1973年，新城有知青254人，知青小组23个，其中入党入团的33人，升学（上大学3人）的8人，进入大队团委、妇联、民兵组织的29人。担任会计、教师、农技员、赤脚医生、拖拉机手、农技员等岗位工作的74人。龙河知青783人，知青小组198个，其中入党入团的190人，升学（大学2人）的11人，参加大队、生产队领导班子的26人，担任各级团委、妇联、民兵干部的57人。担任会计员、教师、赤脚医生、拖拉机手、记工员、农机手、农技员等岗位工作的115人。1975年，新城有知青252人，其中党员3人，团员36人，参加各级领导班子的11人，担任各种岗位工作的125人。龙河有知青764人，其中党员13人，团员182人，参加各级领导班子的46人，担任各种岗位工作的163人。1977年，新城有知青239人，其中党员3人，团员43人，参加各级领导班子的7人，担任各种岗位工作的49人。龙河有知青378人，其中党员12人，团员106人，参加各级领导班子的5人，担任各种岗位工作的49人。

知青返城　知青在农村劳动锻炼两年以上后，可以参军，参加工厂招工和学校招生等，有的生病或需照顾家庭，可申请返城。新城、龙河知青选调返城是从1965年开始的。1965~1973年，知青返城373人，其中参军42人、升学39人、招工157人、病退48人、照顾回城87人。1975~1978年，招工人数逐年增长，病退、困退政策放宽。至1979年，返城形成高潮，新城、龙河知青全部离开农村。至此，知青上山下乡工作基本结束。

事业有成的知青代表　新城和龙河的知青插队落户，经过劳动锻炼和生活磨炼，养成勤俭节约、吃苦耐劳、关心集体、关爱别人的思想品德。返城后都能在各自岗位上踏实苦干、任劳任怨，事业上干出一番成就，成为知青中的杰出人物。

王鹤平　男，南京人，高级农经师。1968年从南京到龙河公社插队劳动。1975年任龙河公社华丰大队党支部书记。1976年，任龙河公社党委副书记。1982年9月，进入南京农业大学经济管理专业学习。1985年7月，分配到省农林厅科教处工作，先后任教育科副科长、综合科科长。1992年3月，任省土壤肥料技术指导站站长。2000年12月，任省农林厅农业生态环境保护与农村能源处处长，兼任省农产品质量检验测试中心主任。2001年12月至2006年12月，任省农林厅综合处处长，兼任省无公害农产品认定委员会办公室副主任。2005年7月，任无公害农产品认定委员会办公室主任。2006年12月，任省农业厅巡视员。

王鹤平1993年任省土壤学会副理事长，1995年，任中国土壤学会常务理事。1997年获省政府农业科技进步二等奖。1998年获省政府农业科技推广一等奖。2001年6月起享受国务院颁发的政府特殊津贴。2005年7月，被农业部评为全国农产品质量安全工作先进个人。

钱智敏　女，南京人。党校研究生学历。1968年从南京到龙河公社周营大队潘庄生产队插队劳动，先后任周营大队党支部副书记、龙河公社党委副书记。1976年1月，任仪征团县委书记。1982年，调任南京市栖霞区团委书记。1986年8月，任栖霞区广播电视局局长。1988年3月，调至江苏省土地管理局，先后任监察处副处长，办公室副主任、主任，局工会主席，科教处处长。2001年1月起，任省国土资源厅科技与外事处处长。

钱智敏在国土部门工作期间，多次获奖和受到表彰：1994年获国家土地管理科技进步二等奖、省直机关工会“优秀工会干部”称号。2000年，获省科学技术进步三等奖。2001年，被国土资源部评为“九五”科技管理先进工作者。2002~2004年被评为省级机关优秀公务员，受到嘉奖并荣立三等功。2005年，被评为省国土系统先进个人。

薛小勤　男，马集岔镇人，副教授，现任扬州市美术家协会副主席兼秘书长。1974年从扬州到龙河公社插队落户，1976年9月应征入伍，1981年转业到扬州市工艺美术学校任教，1990年任该校副校长。其间，在大连轻工业学院装潢艺术设计系读书，本科毕业。1995年，入扬州职业大学艺术系任教。

薛小勤每学期承担较多教学任务，担任过数十门专业基础课程和专业设计课程的教学工作。2001年，获得国家劳动和社会保障部颁发的国家职业技能鉴定考评员资格证书。他还担任教研室的相关工作，认真编写教学大纲，制订装潢设计师考评考级标准，积极配合劳动部门与上级领导做好学生的考评考级工作。

薛小勤在教学之余从事美术创作、环境艺术设计和室内设计。他创作的美术作品参加全国美术展览和江苏省美术作品展，有近20件获省级以上奖项。

第二节 人 事

一、人事制度改革

1996年起，新城镇、龙河乡在市人事局统一部署下，开始实施机关工作人员向公务员过渡培训，至1998年，共有85人过渡为国家公务员。之后，按照“公开、平等、竞争，择优”的原则，通过“公开报名、统一考试、考核”的办法，面向社会公开招考录用镇乡机关公务员和行政工作人员。

2000年后，镇内大中专毕业生全部进入市人才市场实行双向选择就业。企业需要用工须到人才市场去招用。至2012年，镇内企业在市人才市场共招用大中专毕业生162人，其中有43人实行人事代理。2000年起，镇党政机关按照《国家公务员考核暂行条例》，对公务员的德、能、勤、绩四个方面进行考核，重点考核工作实绩。考核分优秀、称职、不称职三个等次。至2012年通过考核，共奖励101人次，其中受市委市政府表彰92人次，记三等功9人次。

2002年起，全镇推行以转换事业单位用人机制为主要内容的全员聘用制。至2005年，实施全员聘用制的事业单位29个，占全镇事业单位总数的100%。签订聘用合同人员465人，占应实施总人数的81%。之后，进一步规范乡镇事业单位人员实行招聘制的管理，建立“凡进必考，择优聘用”的用人机制，由市统一招考，经考试、面试合格，分配到乡镇工作，与乡镇签订聘用合同。2012年，新城镇共聘用经公开考试录用的人员24人。

二、干部管理

解放初期，新城、龙河区乡党政领导干部、中层干部和办事员均由县委、县政府直接委任，区公所编制20人，乡（镇）公所约5～ 6人。机关干部大多数来自抗日、解放战争中的转业干部以及从工人、农民中吸收的积极分子，文化水平较低。有的领导干部还兼任供销社、粮站等企业负责人。1953年4月，根据扬州地委《管理干部职务范围暂行规定》，乡级干部由县委组织部、县政府人事科管理，县主管部门下辖的基层供销合作社、粮管所、中小学校、卫生院等正副职由县委、县政府管理。对干部的政治理论、文化课学习和专业培训逐步形成制度。干部的调配权集中在县组织人事部门，升任主要职务的干部先要进行组织考察并听取群众意见。一般干部由主管部门组织人事部门定期考察。1954年，新城乡有党政部门、群众团体、企事业单位干部29人，龙河乡干部27人。60年代，陆续从社会城镇待业青年、全民、集体企业优秀工人中选拔招收13名干部，大中专毕业生分配担任教师21人，担任各类技术干部17人，军队转业干部安置9人。从农村回乡知识青年中培养选拔36名优秀青年担任大队党支部书记、大队长、小队长等职务。“文化大革命”中，公社党委会正副书记由地委管理，农村生产队长及以上干部由县革委会任命管理。县粮食、商业、供销合作社、手工业局以及教育、文化、卫生系统下属的基层部门企业主要领导干部曾一度下放到公社管理，后又转为行政上实行双重领导，党团组织属地管理。至70年代，干部编制历经超编—精减—再膨胀—再精减的过程，先后共精减干部15人。公社、大队两级干部文化水平大有提高，具有高中及以上水平的占比上升到26.7%。1977年，将中小学教师列入干部统计，新城、龙河共有350人，其中行政机关56人，企事业单位126人，中小学公办教师168人。80年代，按照“四化”要求选拔干部，乡级中层干部由乡组织人事科考察，县组织人事部门任命，并采取“以工代干”的办法有9人转为正式干部，有42名民办教师转为公办教师，在社会青年、上山下乡回城知识青年中录用各类经济管理、农经干部13人。1984年，县委制定《干部管理工作暂行规定》，重新明确各级管理权限，县委直接管理乡镇机关党政正副职，群众团体正职。县委授权乡镇管理乡镇中层干部、群众团体副职，县属驻乡事业单位党政正副职由主管部门管理，干部调配权适当下放，乡镇机关招聘干部，先由组织人事部门确定名额，经过考核合格后由县组织人事部门审批，办理招聘手续。县主管部门驻乡企业事业单位干部调配，由主管部门事前与乡组织人事部门通气后办理手续。至1987年，新城、龙河两乡经上级组织人事部门调配的干部有29人，主管部门调配驻乡企事业单位干部84人。当年底，两乡干部35岁以下的比重增至29.2%、36~55岁的占63%，56~60岁的占7.8%，具有大学（专科）文化水平的占16%，高中占45%，初中及以下的占39%。其间，新城、龙河乡机关相继实行岗位责任制，干部职务、权力、利益相统一，每年进行干部考评，进行奖惩。1993年新城撤乡建镇后，核定机关编制29人，实有32人，事业编制293人，实有295人。1996年起镇办企业改制后，镇管干部大为减少。中小学布局调整后，事业人员也相应减少。2001年，镇机关实行委员、助理制，设置组织、宣传、纪检、人民武装、团委、妇联、工会、秘书、财政、统计、审计、民政、计生、科教文卫体、综合治理、司法、镇村建设、工业、农业和水利等22个中层岗位。事业单位进行精简机构综合改革后，农技站、农机站和多种经营服务公司合并成农村经济服务中心，文化站、广播电视站合并成立文化广播电视体育中心，保留国土管理所、村镇建设管理所，计划生育服务站和畜牧兽医站。全镇事业单位减少至8个，人员减少到42人。2002年，调整部分行政事业单位机构设置，农经站、工业公司、劳动保障所组建成立农村经济发展中心，文广电体育中心分设为文化体育中心、广播电视管理站。2003年6月，机关事业单位按“三定”方案配备干部，增设统战科和民族宗教助理。2006年增设信访科，至年底，镇行政机关有25个中层岗位（科长、助理），其中有的岗位为兼职，有干部68人，有行政村13个，干部92人。之后，镇党政机构部门、科室有所增加，干部队伍相应扩大。2012年，镇机关党群口有党委、人大、政协、政法委、纪委、组织、宣传、人武部以及工会、妇联、团委等职位，政府口有办公室、信息档案室、民族、工业、企管站、农业、三产办、统计、审计、科教文卫、综合治理办公室、司法、信访、安监站、计生办、农发中心、劳动保障所、财政所、农服中心、水利（务）站、国土管理所、村建管理所、规划办、城监中队、农村公路管护办、环卫所、文化中心、广电站、工商管理分局、地税分局、派出所、法庭等行政事业单位职位。共有党政干部127人，其中在职镇财政负担的95人，属镇管的行政村干部112人。

三、干部下放

1969年冬至1970年春，仪征县开始下放干部到农村安家落户。新城、龙河共下放干部11人，其中新城7人。其间，新城和龙河还接收省、市、县级行政机关和全民企事业单位干部计56人，其中安置在新城18人。1974年，新城和龙河接收省、市、县带薪下放干部61人，其中安置在新城17人。干部精减下放到农村后，如带家属全家下放的，分有新建住房，享有生活补助，一年后，自食其力。

1972~1977年，下放新城、龙河的干部先后离开农村回原单位重新安排工作。

四、退休人员管理

2003年以前，退休人员均由退休单位自行管理。2003年，市政府印发《仪征市退休人员社会化管理服务工作实施意见》，新城镇逐步建立镇、社区、村退休人员管理服务工作网络，形成以“政府引导，单位配合，经费保证，管理服务规范化”的退休人员管理服务体系。各级管理服务人员为退休人员提供劳动保障政策和退休金增资计算方法等问题的咨询服务。建立退休人员联系制度，协助社会保险机构进行养老金资格认证，以及异地退休人员管理服务工作；建立退休人员基本信息库和健康档案，对重病住院退休人员进行慰问；帮助亡故退休人员家属申领丧葬补助金和遗属补助。经常组织退休人员开展文化体育健身活动。2004年，有42家企业移交退休人员档案446份。2012年，全镇共有退休人员6439人。累计开展棋牌比赛、文艺演唱会等活动38次。组织退休人员体检1240多人次，走访慰问4532人次，其中慰问重病、特困退休人员395次，发放慰问金9.08万元。

五、工资福利管理

解放后，区、乡机关干部工资以供给制为主，也有薪金制。供给制包括伙食、被服、津贴等分两档5个等级，以供给分计算。以后，逐步向工资制过度。薪金制则按大米折算计发工资，教师每月平均70斤大米。1954年起，执行政务院统一行政干部工资标准，实行包干制，分为工资和包干两部分，以工资分计发，区乡干部分为16个等级，最高15级、月工资100.8元，最低为29级、月工资28.2元。

1956年，全国实行等级工资制。机关、事业单位工作人员根据国家统一的工资标准，比照原工资和所任职务，套入相应等级。区乡干部最高定为14级、月工资127元，最低30级、月工资21元。小学教师最高5级、月工资49元，最低10级、月工资26.5元。通过工资调整，行政干部月平均工资由41.96元增加到50.49元，文教卫人员月平均工资由29.88元增加到38.64元，其他部门人员月平均工资由40.18元增加到46.2元。从当年起，行政机关、群团和全民事业单位干部执行国家规定的福利待遇，主要有生育待遇，女干部在怀孕、分娩期间享受产假和补助；医疗待遇享受公费医疗；因公负伤或致残待遇；死亡待遇，发给丧葬费、抚恤费和遗属生活补助费；休假待遇，享受规定的节假日、病假、探亲假；生活困难补助待遇；集体福利待遇如防暑降温费等；退休待遇等。

1985年，机关、事业单位进行第三次工资改革。实行从职务（岗位）工资为主要内容的由基础工资、职务工资、工龄津贴和奖励工资组成的结构工资制。此外，每月奖金和补贴约30元（节约奖9元、物价补贴8元、肉价补贴2.5元、洗澡理发费4元、书报费5元、自行车修理费1.50元）。中小学、幼儿园教师和护士还享受教龄和护龄津贴。1987~1992年，又进行四次工资调整，每次人均月增资6元至16元不等。

1993年，进行第四次工资制度改革，行政机关实行职务级别工资，事业单位实行不同类型的工资制，并建立增资考核制度，奖励制度。经过工资套改后，人均月增资89元。以后，机关事业单位形成正常的增资机制，每2年增加一档职务（岗位）工资、每5年增加一级级别工资。

1995~2001年，先后5次调整机关事业单位人员工资标准，公务员基础工资由每月平均90元调整到230元，职务（岗位）工资由每月平均78元调整到178元，级别工资由每月平均75元调整到151元，综合补贴由每月平均131元调整到259元。事业单位工作人员月平均工资由160元调整到378元，职务（岗位）津贴由每月平均35元调整到260元，综合补贴由每月平均126元调整到254元。2003年起，行政机关工作人员每人每月增发节编奖160元，出差补助250元，考勤奖130元，地方补贴220元。

2006年，进行机关事业单位工资制度改革。公务员实行职级工资制，基本工资调整为职务工资和级别工资两项，取消基础工资和工龄工资。事业单位建立岗位绩效工资制，由岗位工资、薪级工资、绩效工资和津贴补贴四部分组成。机关工作人员人均月增资251元，事业单位工作人员人均月增资284元。机关、教育和卫生系统工作人员年平均工资分别提高到26148元、23874元和22356元。同时，相应调整离退休人员离退休费。机关事业单位工作人员福利待遇明确主要有婚丧假、探亲假、产假、公休假和丧葬费、抚恤金、遗属补助等。

2007~2010年，实行阳光工资改革，规范津贴、补贴。公务员工资由职务工资、级别工资、生活津贴、工作性津贴四部分组成，基层站所事业编制人员参照公务员法管理执行，教育和卫生系统实行绩效工资制度。

2012年，机关公务员人均年工资52180元，教师45770元，医务人员37389.8元。

第三节　社会保障

一、养老保险

农村居民养老保险　1992年10月，新城、龙河乡相继开展农村社会养老保险工作，制定《农村社会养老保险实施细则》，乡办企业职工养老保险投保标准、乡办企业中乡管干部养老保险投保标准和村干部养老保险投保标准。成立乡农村社会保险事业管理所，明确养老保险

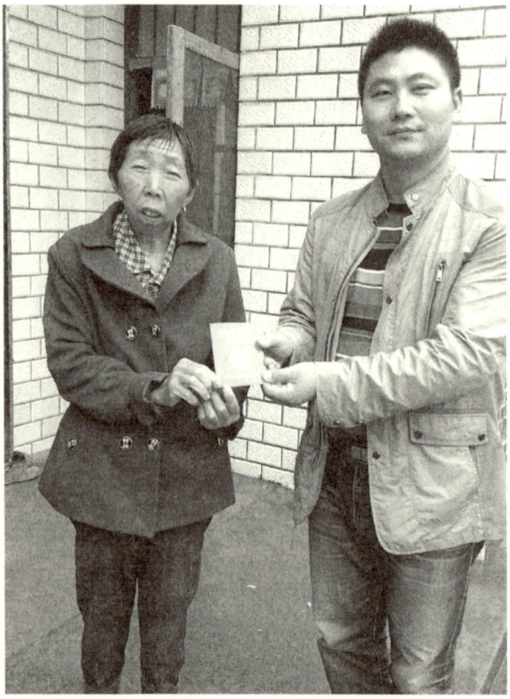

图20–5　向农民发送新农保卡（摄于2011年）

代办员，负责保费收缴，编制投保人花名册，建立收支台账。农村居民社会养老保险基金征收采取个人缴费与集体补助各50%，国家予以政策扶持、个人储蓄积累的方式。领取养老金标准由缴费金额多少和缴费时间长短决定。参保人员到乡农村社会保险事业管理所办理参保手续（乡以下由村代办）。缴费可以按月、按季或按年，也可以一次性缴足。个人缴费和集体补助的保险费，记入个人养老保险账户，由市农保处核发农村养老保险缴费证（简称“老农保”）。参保人员年满50周岁、55周岁、60周岁后，根据个人养老保险账户储存积累总额，按月领取养老金，直至死亡。参保人领取养老金保险期为10年，如参保人员在领取养老金前或领取养老金不足10年死亡的，其个人养老金账户储存余额可以一次性退给其法定继承人或指定受益人。农村养老保险金通过银行、邮政储蓄网点实行社会化发放。至年底，新城乡参保2465人，龙河乡1039人。1993年12月，新城镇、龙河乡先后印发《村级干部养老保险暂行规定》，参保人数有所增加。1996年，新城、龙河首批参保人员中，有68人领取养老金人均每月80元。1999年年末，新城、龙河共有5624人参保。2009年，新城实施新型农村社会基本养老保险制度（简称“新农保”）。凡男年满60周岁、女55周岁，一次性缴10766元，享受养老金每月133.9元，其他年龄段的人按年缴费，缴费标准718元（以全市农民人均年收入的10%）。2010年，实行新型农村社会养老保险制度。男女参保年龄统一为60周岁，参保缴费按年设为100元、200元、300元、600元、700元、800元6个档次。一次性趸缴标准为1.2万元，养老金每月172.9元。2011年起，实行统一的城乡居民养老保险制度，原农村社会养老保险与之并轨，不愿并入的也可以继续参加原养老保险。

城乡居民社会养老保险　2011年12月，贯彻执行市政府制订的《仪征市城乡居民社会养老保险制度实施办法》，凡具有新城户籍，年满16周岁以上农村居民和城镇居民未参保人员均可参保。已参加“1992老农保”的也可以转入。城乡居民个人缴纳养老保险费标准设为每人每年600元、700元、800元、1000元、1200元5个档次，政府相应给予每人每年30元～70元补贴；低保、重残、“五保”、优抚人员参保标准设每人每年缴100元、200元、300元3个档次，政府给予每人每年100元补助。参保人员自主选择缴费档次，由镇村办理参保登记手续，按期到镇农村商业银行缴纳保费，建立城乡居民养老保险账户。养老金待遇由基础养老金和个人账户养老金组成，基础养老金2010年1月至2011年12月每人每月60元，2012年1月起为70元。个人账户养老金月计发标准为存储额除以139。至年末，全镇参加城乡居民社会养老保险的有15860人，占应保人数的98.12%，已有8105人领取养老金。

企业职工基本养老保险　解放后，退休人员费用由各单位自发。随着退休人员增多，有的单位难以负担，出现不按时发放，甚至停发现象。1986年，仪征市退休人员劳动保险管理处成立，负责城镇集体企业养老金筹集、支付和退休人员管理。1987年7月，仪征市制定《仪征全民、集体企业职工劳动保险基金统筹暂行办法》，按企业退休费占工资总额的18%提取。新城、龙河供销社、粮管所和食品站等企业参加统筹。至年末，新城、龙河共有125名固定职工参加退休费用统筹，解决少数企业退休人员负担过重的困难。1989年7月，新城、龙河供销社等183名固定职工纳入统筹范围。1993年起，基本养老保险基金改按参保职工工资总额的12%提取，个人交费率提高到12%。1995年起，征缴比例逐年提高。养老保险实行统账结合的新管理制度，由国有、集体企业扩大到城镇企业。1998年12月，市政府制定《仪征市城镇私营企业、个体工商户及社会从业人员养老保险实施办法》，新城镇、龙河乡参保人数312人。2000年10月，又印发《关于完善（仪征市城镇私营企业、个体工商户及社会从业人员养老保险实施办法）的补充意见》，将城镇职工基本养老保险扩大到有条件的乡镇企业职工和城镇自由从业人员，当年镇内有213人首次办理参保手续。同时规定养老保险费改由地税所征收，由社保、财政、地税共同管理，实现退休养老金社会化发放。2006年，养老保险征缴比例提高至28%，个人缴纳比例为15%。

2007年9月，仪征市贯彻执行《江苏省企业职工基本养老保险规定》，参保范围和对象为各类企业、民办非企业及共与之形成劳动关系的所有人员，个体商户及雇工，灵活就业人员等。征缴比例为28%，其中个人为8%，灵活就业人员缴费比例全省统一为20%，其中8%计入个人账户，月缴费基数为上年全省在岗职工月平均工资。2012年下限为1538元，上限为10126元。由参保人员自主确定。至2012年年末，全镇参保人数167人，已领养老金的343人。

机关事业单位养老保险　解放后，乡级行政机关，文化、教育、卫生及农水部门事业单位工作人员，男满60周岁，女满55周岁即可办理退休手续，按照参加工作时间、工龄等条件领取退休金，不具备条件的可领取退职费。退休金按退休前基本工资的一定比例计发，基本由财政负担。1994年，市政府印发《在市机关事业单位实行职工养老保险制度的通知》，明确参保人员和范围是乡镇机关选聘干部和经批准的乡镇事业编制工作人员及行政关系挂靠在市人才交流中心在乡镇工作的大中专毕业生。新城镇、龙河乡计有12人参保。同年，市机关事业社会保险管理处成立，缴费比例为工资总额的25%，其中个人缴费比例为2%。2000年12月，缴纳比例调整为26%，其中个人缴纳比例为3%。2004年7月起，单位缴费比例为25%，个人比例调整为4%，以后每年增加1个百分点，最高不超过8%。基金征收采取“全额结算、差额缴拨”的结算方式，将退休人员费用拨付参保单位，由参保单位发给个人。至2012年，镇内机关、事业单位退休人员的退休养老金实行社会化发放，计有退休人员343人，离休人员5人。

二、医疗保险

1952年起，新城、龙河乡机关、群团和事业单位干部享受公费医疗。1953年，全民、集体企业实行劳保医疗制度，医疗费用由企业负担，职工享受基本免费医疗待遇，供养直系亲属可报销医药费50%。80年代，公费医疗和劳保医疗制度弊端日益突显，困难企业职工医疗费无法支付。1999年5月，市城镇职工医疗保险处成立，市政府先后印发《仪征市城镇职工基本医疗保险实施办法（暂行）》和《仪征市城镇职工基本医疗保险慢性病门诊管理暂行办法》等文件。在职职工和退休人员基本医疗保险费由用人单位和职工共同缴纳，缴费比例分别为7%和2%。基本医疗保险基金纳入财政专户，专款专用，分别建立社会统筹基金和职工个人账户。参保人员门诊医疗费用由个人账户支付，超过自理，但对慢性病患者给予适当补助。住院医疗费用支付设个人起付段和基本医疗保险封顶线，在这个之间医疗费用大部分由统筹基金支付，个人承担一定比例费用。对一年内多次住院人员，自第二次住院起，每住院一次起付段个人付费降低100元，退休人员减半。2005年7月起，取消一年内多次住院人员起付递减的规定，比照住院的一个保险年度起付段700元收取一次，并建立大病医疗救助基金，按大病救护病种给予70% ~90%的报销。建立公务员医疗费补助制度，按各单位工资总额和退休金总额的总和提取3.5%，按年龄段补助标准划入个人账户和用于基本医疗保险个人支付费用。具体标准是：特殊慢性病门诊医疗费用个人自付比例减半；住院起付段以上、最高支付限额以下，符合规定的可按50%补助。2002年起，城镇职工基本医疗保险扩大至社会从业人员及困难单位职工，至年末全镇参保1595人。2004年，市政府印发《仪征市城镇职工基本医疗保险定点药店审定办法（暂定）》，全镇有6家药店被审定为医疗保险定点药店，与市医保处联网，实行刷卡支付药费。新城、龙河卫生院为医保定点医疗机构。2012年，全镇参加城镇职工医疗保险的有1647人。

三、失业保险和生育保险

1986年，仪征开始建立失业保险制度和生育保险制度。新城、龙河两乡全民、集体企业均参加投保。1996年，全民、集体企业改制后，供销社、粮站、食品站有242名下岗职工分别领取24个月失业救济金。1999年，失业保险及生育保险范围和对象扩大到乡镇企业和职工。2005年，新城润扬机械厂先后为429名职工办理失业和生育保险。2005年，镇内有420名教师参加失业保险，至2010年退保。随着镇内企业和职工的增多，投保企业和职工逐渐增多。2012年，镇内49家企业参加失业和生育保险的有1310人。

四、工伤保险

1994年6月，市政府印发《仪征市企业职工工伤社会保险暂行办法》。1998年起，新城、龙河建筑公司以及骨干企业相继为职工办理工伤意外保险，为每人每月缴纳150元。2004年后，改为职工工伤保险，按企业职工工资总额的0.5%~1.1%缴纳，2006年调整为0.6% ~1.2%。之后，镇内企业在签订劳动合同时明确为职工缴纳“五险”中含工伤保险。2012年，全镇参加工伤保险企业51家，职工1324人。

第二十一章 民 政

清代，新城地区户籍丁口，赈灾救济等事务由知县主管，虽有赈灾救济之举，但大都是有名无实。民国时期，县政府设民政部门，掌管赈灾救济，但层层盘剥，灾民所得甚微。抗日战争时期，仪征县抗日民主政府设民政科，在龙河抗日根据地开展拥军优属、赈灾救济、禁毒肃毒、民事调解等工作。解放战争时期，新城地区人民群众踊跃参军参战，运送军需物资，优待军人家属，为渡江作战作出贡献。

解放后，新城和龙河乡及现境内的其他小乡均配备1名兼职民政助理。1958年9月，新城、龙河人民公社民政工作由副社长（副主任）主管。1965年起，配备专职民政助理员。90年代，新城镇、龙河乡成立民政科，人员编制1~2人，主要负责基层行政组织建设、优抚安置、救灾救济、“五保户”供养、婚姻登记、殡葬管理和军民共建等工作。此后，民政工作逐步完善，由原来的困难救济、“五保”供养，发展到建立居民最低生活保障制度，改单纯钱财扶贫为扶持灾民、困难户发展生产，勤劳致富。建立社会慈善事业，贯彻落实军人抚恤优待条例和退伍军人安置条例，依法保障优抚对象的合法权益。多渠道筹措资金，不断提高五保对象供养标准和生活质量。加强基层行政管理和社区建设，着重于解决社会矛盾，促进社会稳定。2006年，民政科改称民政办公室。2012年，镇民政办公室有工作人员3人，主任郭秀芳。

第一节 优抚 安置

一、抚 恤

革命烈士抚恤 解放初期，人民政府对在革命战争年代牺牲的革命烈士、革命军人家属实行抚恤，抚恤金以大米计算。1950年，新城、龙河地区共有烈属43户，每户补助大米300千克（折合600斤）。1952年，补助标准提高到600千克（折合1200斤）。1953年起，抚恤金改发现金，每户补助金约140元。土地改革时，新城、龙河优先分给烈属土地共计40.12公顷（折602亩），房屋11间，粮食8.6吨。1950~1955年，新城、龙河地方政府组织群众帮助68户烈属代耕代种面积80.6公顷。农业合作化后，改为优待劳动日，并对孤老烈属、烈士遗孤实行定期定量补助（每户只按一人给予补助）。1956年，补助标准为每人每月3~4元。1962年，增加到6.45元。1978~1980年，连续3次提高补助标准。1983年8月，民政部将抚恤对象分为革命烈士、因公牺牲和病故军人三类。1984年，仪征开始换发民政部颁发的"革命烈士证明书"，新城、龙河乡分别有13人、37人换发证。1985年7月1日起，国家对革命烈士、因公牺牲、病故军人家属（简称"三属"）补助改为抚恤金，标准为每人每月20~35元。1988年，城镇户口烈属、因公牺牲军人家属抚恤标准调整为每年300元，病故军人家属每年240元，农村户口烈属、因公牺牲军人家属抚恤标准调整为每年250元，病故军人家属每年220元。从1997年开始，仪征市制订优抚对象抚恤定补标准并建立自然增长机制。城镇户口"三属"抚恤标准分别为上年度城镇职工平均年工资的52%、48%和45%。农村户口"三属"为上年度农村人均年纯收入的80%、75%和70%。当年，城镇户口"三属"每年抚恤金分别增至2850元、2650元和2400元，农村户口"三属"每年抚恤金分别增至1750元、1660元和1500元。从2003年起，"三属"抚恤按扬州市制订的标准实行自然增长。2012年，全镇抚恤对象5人、均为农村户口，其中因公牺牲军人家属4人，病故军人家属1人，全年抚恤金分别为每人14172元、10630元，比1985年增长46倍、43倍。

残疾军人抚恤 1951年7月，根据政务院颁布的《革命残废军人优待抚恤暂行条例》规定，残废等级分：特等，一等，二等甲、乙，三等甲、乙级。残废军人由县级以上医院鉴定，由县民政科评定伤残等级，并发给"革命残废人员抚恤证"。解放初期残废抚恤金发粮食，特等、一等、二等甲级、二等乙级残废金供给终身，三等甲级、三等乙级抚恤金一次性发清。残废军人除按政策规定享受抚恤外，对生活困难的还给予定期定量补助。1951~1952年，新城、龙河地区共有62名残废军人，计补助大米3645千克。1953年后，改为现金补助，补助对象一年一定，每人每月平均2~3元。1962年，统一换发残废军人抚恤证。70年代至80年代，2次换发新证，3次调整抚恤金标准。1985年1月起将定期补助费改为定期抚恤，基本上由国家抚恤终身，并提高抚恤金标准。城镇每人每月25~30元，农村孤身一人的每人每月20元，两人以上的每人每月15元。1988年，新城乡有残废军人18人，其中一等1人、二等甲级1人、二等乙级6人、三等甲级4人、三等乙级6人。龙河乡有残废军人21人，其中二等乙级4人、三等甲级4人、三等乙级13人。根据伤残等级，在乡残废军人年抚恤金220~550元，当年两乡共发放抚恤金1.03万元。残废军人除国家发给抚恤金外，根据残废等级还享受公费医疗。新城、龙河两乡享受公费医疗、护理费的有12人。1990年，第五次换发由民政部统一印制的"革命伤残军人证"，原等级不变。从1997年开始，在乡无工作单位的残疾军人抚恤实行自然增长机制。2003年起，改按扬州市统一制定的抚恤标准实行自然增长。2004年，新修订的军人抚恤优待条例规定，调整残疾军人等级，把原来的"四等六级"改为"一至十级"，原"一等"套改为"三级"，"二等甲级"套改为"五级"，"二等乙级"套改为"六级"，"三等甲级"套改为"七级"，"三等乙级"套改为"八级"等。2005年，第六次换发"革命残疾军人证"，即按照新等级发给证书。2012年年末，全镇有残疾军人27人（有工作单位1人、无工作单位26人），其中一级1人、年抚恤金5.67万元，五级3人、年抚恤金每人1.77万元，六级7人、年抚恤金每人1.13万元，七级3人、年抚恤金每人9212元，八级13人、年抚恤金每人6023元。全年发放抚恤金29.5万元。

二、安置补助

复员退伍军人安置　1949年12月，新城镇、龙河乡及现境内的其他小乡均成立荣军协会，负责接收安置复员退伍军人。1950～1951年，共接收复员退伍军人22人，对家住集镇的安排就业，家住农村或无家可归的，分给土地和房屋。两乡先后分给复员退伍军人土地5.86公顷、房屋42间、家具和农用具23件，解决稻麦种子2.34吨，补助粮食5.37吨。帮助丧失劳动能力的复员军人代耕代种累计38.13公顷。1955年，实行义务兵役制后，复员退伍军人逐年增多。1958～1980年，新城公社共接收复员退伍军人696人，龙河公社707人。按照"从哪里来，到哪里去"的原则，城镇的由劳动部门安排就业，农村的由公社安排从事农业生产劳动或分配其他适当工作，对生活、住房有困难的由政府提供平价木材、水泥等建筑材料，并在经济上给予补助。1984年开始，对集镇居民应征入伍青年实行"先安置，后入伍"，应征青年入伍前落实安置单位，成为该单位职工，按月发给应得工资的70%，退伍后回单位工作。当年，新城、龙河乡成立军地两用人才介绍所，帮助安置有技术专长的11名农村退伍军人到乡办企业工作，选拔2人担任基层干部。1985年后，新城、龙河乡相继制订退伍军人安置和农村义务兵优待等规定，优先安置农村退伍军人到乡镇企业工作，鼓励退伍军人自主创业。1987年起，规定农村退伍军人在服役期间荣立二等功（含二等功）以上的，可转为城镇户口，按城镇退伍军人安置工作。2000～2005年，全镇退伍军人共190人，其中自主创业20人、进各类企业165人、进村委会工作5人。2006年开始，退伍军人试行"城乡一体化"安置。城镇户籍的有两种安置方式可供选择，一种是安排工作岗位，一种是货币安置，每人2万~3万元。农村户籍退伍军人发给安置补偿金每人2000～3000元。2012年，退伍军人安置补偿金按城乡同一标准发放，每人26513元。全镇退伍军人20人，共发放安置补偿金53万元。

老复员军人生活补助　60年代，民政部门对生活特别困难的复员退伍军人给予适当补助。1978年，根据中共中央60号文件精神，将抗日战争、解放战争、抗美援朝时期（简称"三个时期"）参加革命的老复员退伍军人列为补助对象。1984年，"三个时期"参加革命的回乡老复员军人新城乡有55人，其中参加抗日战争3人、解放战争10人、抗美援朝42人。龙河乡"三个时期"参加革命的老复员军人共有46人。生活补助标准分别为每人每月12元、8元、7元。此后，数次调整补助标准，1995年，增加到每人每年1200元、1164元和1128元。1997年起，建立定补标准自然增长机制，农村户籍的老复员军人以上年度农村人均收入为基数，按"三个时期"计算，分别为75%、65%和60%。当年，新城镇、龙河乡"三个时期"参加革命的老复员军人定期生活补助标准分别增至每人每年1440元、1330元和1224元。带病回乡退伍军人定期生活补助标准增至每人每年2125元。2003年，改按扬州市定补标准执行并实行自然增长机制。2012年，全镇有"三个时期"老复员军人43人，其中参加抗日战争的革命军人1人、解放战争的15人、抗美援朝的27人，定期生活补助标准分别增至为每人每年8163元、7570元和7097元，与1984年相比，分别增加55.69倍、77.85倍和83.49倍。

参战、涉核及1954年后参军的农村籍退役士兵生活补助　2010年起，对新中国成立后参加云南边防保卫战等以及参加核武器氢弹试验和铀矿开采的农村籍的现无固定收入退役士兵发给生活补贴，补助标准每人每月250元。2011年开始，对1954年后参军60周岁以上无固定收入的农村籍退役士兵发给生活补助，按军龄计算补助金额。当年，全镇200名60周岁以上退役士兵领到生活补助金，共计7.2万元。2012年，全镇有54名参战涉核及200多名60周岁以上退役士兵领取生活补助金23.4万元。

三、义务兵家属优待

解放后，尊重、优待革命军人家属成为传统制度。新城、龙河地方政府每年组织群众为缺少劳动力的烈军属代耕代种，1950~1955年，享受代耕烈军属累计有373户，代耕土地428.53公顷。1956年，农业合作化以后改为优待劳动日（工分）。70年代，为烈军属修盖房屋126间。1983年，新城乡、龙河乡实行家庭联产承包责任制后，减免现役军人家属冬修水利土方任务。1984年起，对义务兵家属实行现金优待。1985年，农村义务兵家属优待金实行以乡统筹。优待标准为：服役第一年按农村一个整劳动力承包责任田全年总收入的50%发给，第二年为60%，第三年为65%，超期服役的为70%，由乡民政科统一发放。1987年，新城乡农村义务兵家属优待金年人均289元，龙河乡213元。城镇义务兵家属人均每年发给优待金500~600元。对立功受奖的现役军人家属，由乡政府给予300~500元一次性奖励或其他物质奖励。1992年，对农村籍进藏义务兵给予户口"农转非"优待，优待金按同期入伍的3倍发放。1996年，城镇义务兵家属年优待金为850元，农村为1200元。农村义务兵首次高于城镇义务兵家属优待金。2003年开始，义务兵家属优待金标准根据扬州市统一规定，实行自然增长机制。2006年，农村义务兵家属年优待金标准为3450元，城镇为2845元。同时对全日制高等院校就读和毕业的大学生应征入伍的家属，增发优待金40%和60%。2012年，全镇有现役义务兵44人，其中农村23人、城镇5人，发放优待金每人每年1.12万元，大学生义务兵16人，发放优待金平均每人每年1.75万元，全年共发放优待金59.22万元。

四、破山口烈士墓

位于郁桥村李营组，建于1956年，1968年重建，占地800多平方米，坐北朝南，背依蜀冈，周围植有松柏。迎面竖立高约4米刻有革命烈士永垂不朽墓碑，碑后为集体墓冢，安葬1949年4月在解放十二圩战斗中牺牲的中国人民解放军三十四军一〇〇师二二四团117位烈士。2003年，烈士墓迁葬至革命老区月塘乡龙山村仪征市烈士陵园。

图21-1 破山烈士墓 （摄于1970年）

第二节 救济 扶贫

一、灾害救济

清代及其以前，遇有重大自然灾害，县衙奏报朝廷开仓赈济，大多有名无实。县志有“民掘草根食、掘蜀冈白土食”“人相食”的记载。民国时期，赈灾都是官样文章，且层层盘剥，灾民所得救济极少。

解放后，新城、龙河地方政府在提高抗御自然灾害能力的同时，积极做好灾害救助工作。1954年，境内遭受特大洪涝灾害，近1333.33公顷（约合2万亩）水稻绝收，1980户房屋倒塌，受灾人口2万多人。新城区乡积极组织抗洪救灾，7000多人易地安置，发放救济粮款，县政府派2个医疗队到灾区防疫治病。大水退后及时调拨麦种51吨，保证秋播需要，次年又调拨稻种330吨，解决春耕用种。区乡干部深入灾区，组织群众生产自救，帮助灾民修建房屋，重建家园。两年发放救灾款30.29万元，救济粮155.8吨。1960~1962年，三年自然灾害时期，社员口粮严重不足，新城公社先后从外地调拨山芋干38吨，胡萝卜50吨，帮助群众解决生活困难。1966年，新城北部及龙河公社旱情严重，部分生产队减产六成。政府不仅减免部分农业税，还发放救济款3.6万元、救济粮26吨。1974年6月，龙河公社遭遇风暴袭击，市民政局及时拨款0.8万元救灾，以及木材、毛竹、桁条等建筑材料帮助受灾户修建房屋213间。1975~1990年，新城、龙河共发放救灾款19.58万元，救济粮86吨，木材84立方米及毛竹、水泥、砖瓦等救灾物资，还有御寒棉被229床、棉衣307件，受灾群众基本生活得到保障。1991年8月，境内连日暴雨，遭受涝灾，新城、龙河两乡发放救灾款6.45万元。1992~1999年，旱涝、虫害等灾害时有发生，民政部门下拨救灾款共计32.73万元，组织机关、企事业单位干部职工募捐7.5万元，帮助受灾户、特困户解决生活和住房困难。

2000~2012年，有3年遭受不同程度的旱灾，2年遭受特大暴雨袭击，民政部门及时下拨救灾款共计41.4万元及其他救灾物资，确保受灾群众恢复生产，生活稳定。

二、贫困救助

1951年，农村土地改革后，对于孤寡、残疾、生病及因缺乏劳力或遭不幸事故的贫困户，政府均给予粮食、现金和衣物救助。人民公社时期，除民政部门给予钱物救助外，贫困户主要由所在社队给予口粮补贴和透支减免。1962~1982年，新城、龙河公社共发放给贫困户救济款24.55万元，布匹360市尺、棉衣286件、棉被198床，帮助贫困户维持基本生活。1983年后，新城、龙河乡除对贫困户适当救助外，重点扶持贫困户发展生产，帮助其脱贫解困。1989年起，乡政府将帮助农村贫困户危房改造作为扶贫重点，至1996年，新城镇共帮助28户农村贫困户修建房屋72间，补贴资金4.2万元，其中财政投入2.6万元。龙河乡帮助36户贫困户建房103间，补贴资金8.1万元，其中财政投入5.3万元。1997年，实行城乡最低生活保障制度，将农村年人均收入低于720元的家庭列为贫困户，从民政专项经费中补足至720元。当年新城镇有31户、75人，龙河乡26户、61人得到补助。至1999年，共发放最低生活保障金18.65万元。2004年，城镇、农村低保标准分别调整为每人每月200元和100元。以后，数次调整低保标准。2005年，规范低保户申报程序，实行动态管理，按季度申报和发放低保金，做到应保尽保，不受名额限制。2012年，城镇、农村低保标准分别提高到每人每月390元和250元。全镇享受最低生活保障的贫困户有414户、736人，其中，城镇低保户88户、140人，农村低保户326户、596人，全年支出保障金90.77万元。

此外，还帮助农村贫困户改建危房。2000~2012年年末，全镇共帮助120户贫困户改造危房、修建房屋300间，共补贴资金150万元。除市财政扶持84.6万元和镇财政统筹解决一部分资金外，其余部分通过社会募捐、企业资助解决，全镇基本实现贫困户无危房。

三、扶贫解困

1983年以后，农村实行联产承包责任制，对农村贫困户救助采取经济补助和扶持生产相结合的办法，并逐步由"输血型"向"造血型"转变，以扶持发展生产为主。1983年，龙河乡政府筹集资金1万多元，从外地购回200头苗猪分发给贫困户饲养，以增加收入。1986年，丁冲村创办扶贫经济实体——水泥预制品厂，招收贫困户子女8人进厂当工人，人均年收入超千元，两年后户户脱贫。1997年，新城镇建立党政干部和各村负责人"一对一"帮扶责任制，落实42户贫困家庭帮扶措施，筹集资金帮助贫困户购买苗禽苗猪发展副业，介绍劳务输出。镇办企业优先照顾贫困户劳动力进厂做工。当年脱贫35户，户均年收入增加1205元，人均年收入增加446.58元。1999年，新城镇成立扶贫开发协会，由40多人组成，建立结对扶贫台账。除发展种养业外，重点开发工商、建筑、运输、服务业等行业综合扶持，并从技术、生产门路等方面给予帮助。2000年，全镇扶贫70户，当年脱贫65户，人均收入1550元，其中20户年收入2.65万元。2002年后，镇政府加大扶贫工作力度，成效显著。2003年，全镇农村年人均收入低于1000元以下的贫困户有232户，占总农户数的0.96%，至2012年年末，贫困户减少到39户，占总农户数的0.17%。

第三节　社会福利

一、"五保户"供养

解放初期，新城、龙河地区无劳动能力的鳏、寡、孤、独生活困难者，主要依靠政府救济和群众帮助。1956年实行农业合作化后，这部分人由集体实行"五保"，即保吃、保穿、保住、保医、保葬（孤儿保教），供养标准大致与社员平均收入相当。人民公社化后，"五保"社员由所在生产队负责供养。"文化大革命"期间，因各生产队执行标准不一，有一部分"五保户"生活不稳定。1978年以后，"五保户"供养工作得到恢复和加强。1983年，农村实行联产承包责任制前后，"五保”供养资金采取以乡统筹、分级负担的办法，从公益金中提取。1987年，新城、龙河两乡对“五保户”落实包养护理责任制，分别由亲友和邻居照料，生活不能自理又无亲友照料的指派专人包护理。当年“五保”供养标准提高到人均406元，比1980年人均280元增长45%。1991年，新城乡有“五保户”108人，龙河乡76人，人均年生活费496元，其中口粮325千克（原粮）、烧柴600千克、食油6千克、零用钱60元、被服费45元、医药费45元。1996年，“五保户”集中供养标准提高到每人每年1800元，分散供养标准提高至每人每年1400元。2005年开始，“五保”供养经费列入财政预算。全镇有“五保户”276人，当年支出供养费用41.44万元。2012年，全镇有“五保户”254人，其中：集中供养62人，每人每年5520元；分散供养192人，每人每年4880元。

二、社会福利事业

敬老院　1958年，新城和龙河公社各兴办1所敬老院，集中供养无依无靠老人计43人，1960年停办。1984年，新城、龙河乡陆续恢复敬老院，龙河乡人民村筹资5000元创办村级敬老院，有房6间，床位9张，入院“五保”老人7人。1991年，新城乡征地0.54公顷，新建乡敬老院房屋20间，建筑面积463平方米，有工作人员4人，床位30张，首批入院“五保”老人21人。同年11月，龙河乡投资1.9万元，在街胜村东街组兴建乡敬老院，建房14间，床位25张，入住“五保”老人16人。2000年，镇政府投资10万元，改造2所敬老院的生活设施，建成水冲式厕所。2005年，镇政府筹资180万元，改建扩建敬老院住房1300平方米，新建部分配套设施，设有餐厅、浴室、娱乐室、康复活动室，人均住房面积26平方米。2012年，镇内有2所敬老院，计有床位200张，入院老人62人，占全镇“五保”老人的25%。共有工作人员14人，其中院长2人、会计2人、护理4人、后勤服务6人。

图21-2　新城敬老院（摄于2005年）

图21-3　龙河敬老院（摄于2006年）

福利企业　1990年，新城乡兴办首家社会福利性生产企业——侨兴羽绒厂，安置残疾人员10人，年产值276万元，利润6.1万元。1994年，仪征市金属配件包装厂由乡办集体企业改制为社会福利企业，固定资产1680万元，有职工63人，其中残疾职工32人，占职工总数的51%，年销售额122万元，当年上交福利发展基金3.13万元。2006年，全镇社会福利企业有4家，在岗残疾职工128人，人均年工资收入达万元。福利企业还为残疾职工办理基本养老、医疗、工伤、失业保险，年缴纳保费57.14万元。2012年，全镇有福利企业6家，年产值1.78亿元，职工673人，其中残疾职工193人，占28.68%，在岗残疾职工人均收入达1.6万元。

2012年新城镇社会福利企业情况表

表21-1

企业名称	法定代表人	年产值（万元）	职工总人数	残疾职工人数	残疾职工占职工总人数%
仪征市润扬机械有限公司	陶维明	10287.00	264	76	28.8
仪征市润扬动力配件有限公司	陶 俊	4912.00	233	61	26.0
仪征市蓓盛工艺品有限公司	李东升	876.60	52	15	28.8
仪征市润星化纤制品有限公司	章君平	725.50	32	10	31.0
仪征市四方轻纺机械厂	孙丽娟	255.00	31	12	39.0
仪征市华诚内燃机配件厂	唐永东	747.00	61	19	31.0

福利彩票 1995~1996年，在市社会福利有奖募捐委员会的安排下，新城镇组织两次销售即开型福利彩票活动，销售彩票30.5万元，募集公益金7.6万元。2000年后，福利彩票实行商业化运作。2003年，新城街道设有1个福利彩票投注点。2006年，销售福利彩票30.5万元。2008年，龙河街道始设福利彩票投注点。2012年，全镇有福利彩票投注点3家，全年销售福彩71万元，比2006年增长1.33倍。

三、残疾人工作

1992年8月，新城乡成立残疾人联合会，乡党委副书记担任理事长，民政科负责残联日常工作。负责开展残疾人实用技术培训、安置就业、康复治疗、社会救助等项工作。随后，龙河乡也相应成立残联组织。1995年，新城镇残联开展助残募捐活动，镇机关干部及企事业单位职工捐款10多万元。1997年起，对无固定收入的重残人员定期发放生活救助金，按最低生活保障逐年提高标准。1998年，新城镇卫生院被列为仪征市残疾人社区康复示范窗口。1999年8月，新城镇、龙河乡相继配备残联专职干部各3人。2000年，经市残疾人评定委员会检测，新城镇有1175人领到残疾人证，其中，听力残疾54人、智力残疾141人、肢体残疾560人、精神残疾121人、视力残疾234人、语言残疾65人。2012年，全镇有残疾人员2450人，其中安排到福利企业就业的193人，重残且无固定收入享受最低生活保障的431人，当年发放生活保障金115.17万元。

第四节 双拥工作

一、机 构

抗日战争和解放战争期间，龙河、新城区乡民主政府把拥军优属列为重要工作。1950年，新城、龙河地区各乡村均成立拥优小组。1951年，乡优抚小组改称优抚委员会，组织开展各项拥军优属活动。人民公社化以后至1991年，拥军优属工作由地方党委政府负责人主抓，民政科具体负责。1992年5月，新城乡成立双拥（拥军优属、拥政爱民）工作领导小组，由民政、人武、妇联、宣传、学校、企业等部门负责人和86651部队驻军代表9人组成，乡长任组长，驻军代表任副组长，设办公室，各村、企业下设22个双拥小组。当年，新城乡、龙河乡和驻三将村86651部队分别被评为市双拥工作先进单位。翌年，新城乡获扬州市"双拥模范乡"称号。1994年3月，龙河乡双拥工作领导小组成立。2000年龙河乡双拥工作领导小组并入新城镇。2009年，新城镇被扬州市委、扬州军分区授予"双拥模范镇"称号。2012年，各项拥军优属工作进一步得到落实。新城镇和驻镇94987部队同时被评为市双拥工作先进集体。

二、拥军优属

民国29年（1940年）春，抗日民主政府龙河区办事处成立后，组织各乡民众为新四军苏皖支队运送粮草及其他军需物资。1949年4月，人民解放军南下进驻新城地区，广大群众让房搭铺，提供军需。在解放十二圩的战斗中，新华村潘庄农民余德州带领13人推着小车冒着敌人枪弹炮火为前线解放军送粮，新城街道居民巫进友发动36名裁缝和妇女，为解放军赶制5000多条粮袋。

解放后，家家订立包括拥军优属内容的爱国公约，1950年，为境内317户烈、军属挂光荣匾和光荣牌，同时落实优抚政策。每年春节，党政负责人带领干部群众向烈、军属拜年，并组织文艺队上门慰问演出。1978年9月，解放军86651部队驻防三将大队需要国防施工，新城公社及时协调征地，为部队建设提供方便。1984年，新城乡三将村、龙河乡农科村两个拥军先进集体出席扬州市和驻扬部队召开的表彰大会。1986年，新城和龙河乡相继建立军人家庭服务中心，开展为军人家庭服务活动。当年，优先批准安排12户军人家庭建房宅基地，并帮助2户经济较困难的军人家庭解决资金1800元，帮助39户军人家庭义务收种庄稼10.53公顷，18名军属安排到乡办企业工作。1992年，新城乡制订创建双拥模范乡工作规划，开展军地双拥共建活动。乡妇联组织女民兵12人为驻防官兵洗涤衣被，当地村民与驻地官兵一起修整军民路。当年八一建军节，举办军民联欢晚会和篮球友谊赛。2000年，新城镇赠送驻军部队有线电视设备6台套，并出资铺设自来水管道1100米，解决部队官兵饮用水困难。当地村民自觉维护军事设施安全。2012年1月，新城镇开展"双拥活动月"活动，向本籍现役军人寄发慰问信52份，召开回乡探亲军人茶话会。春节前，镇机关干部走访慰问重点优抚对象，每户发放慰问金300元。

图21-4　润扬机械厂帮助驻军部队修建后勤设施（摄于2010年）

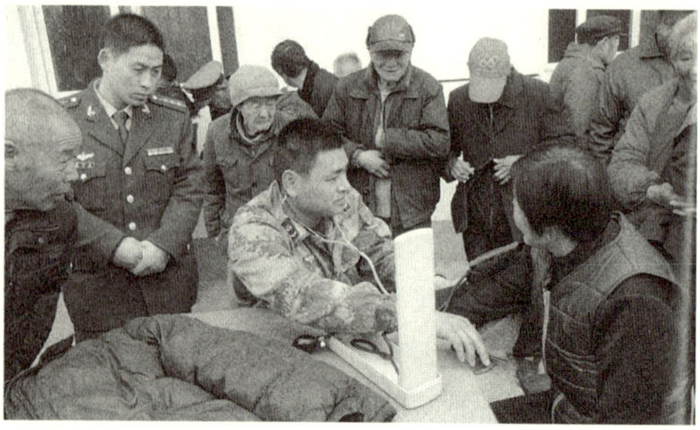

图21-5 驻军部队医务人员到敬老院为老人检查身体（摄于2011年）

三、拥政爱民

1978年，解放军86651部队驻防新城公社三将大队后，主动与地方联系，互通情况，共建军政、军民关系。驻防官兵定期到三将村烈、军属家里做家务。1984年，驻军出勤100多个劳动日帮助三将村缺少劳动力的农户收种庄稼2.4公顷。1992年5月，驻军政委给乡、村、企业干部讲授国防知识课，每年暑期部队派教官为新城中学、越江中学学生上军训课和国防教育课。1993年6月，驻地官兵为新城中心幼儿园修整园外护坡及路道，赠送幼儿书籍120册。1998年，86651部队的3个连队分别与新城中学、新城包装制品公司、三将村结对建立双拥共建联系点，定期走访，互相学习，培养军地两用人才。春节前，部队派员与镇村干部一道上门慰问老党员和烈军属。2008年7月，94987部队与镇政府订立双拥创建（共同创建社会主义精神文明）公约，进一步增强双拥创建的意识和工作力度。至2012年，军政军民关系融洽，双拥创建工作成效显著。

第五节 村民自治和社区建设

1983年，农村实行基层管理体制改革，原生产大队改称村民委员会（简称村委会），原生产队改称村民小组，实行村组制。1990年3月起，新城、龙河两乡推行民主选举、民主决策、民主管理和民主监督等工作，使村民自治逐步走上规范化、制度化轨道。1999年，新城镇被扬州市政府命名为村民自治模范镇，至2012年，村委会先后9次换届选举，街道居委会与村委会同步换届，民主选举产生社区居委会和居委会主任。

一、民主选举

1983年4月，取消生产大队、生产队建制后，实行村组制。村委会由5~7人组成，主任、副主任及委员由本村村民选举产生，每届任期3年。1988年10月，贯彻《中华人民共和国村民委员会组织法》，明确村委会是村级自我选举、自我管理、自我教育、自我服务的群众自治组织。在乡党委和村党支部领导下开展工作，乡政府对村委会工作给予具体指导。经过试点，新城乡15个村，龙河乡12个村，投票选举产生第二届村民委员会，村委会主任、副主任和委员。1990年3月，举行第三届村委会换届选举，村委会组成人员由村民代表10人以上提名及协商确定候选人名单，再由全体村民投票选举产生，大多数村实行等额选举。新城、龙河两乡27个村选出新一届村委会成员138人，其中村委会主任27人、副主任39人、委员72人，选民参选率96%。1999年4月25日，新城镇、龙河乡举行第五届村委会换届选举，采取“两个直接”（村委会候选人由选民直接提名推荐，村委会委员和主任、副主任由选民直接选举产生）的选举方式，差额选举产生新一届村委会，选民参选率91%。此后，村委会换届选举均采用直选方式。2004年12月，举行第七届村民委会换届选举，提倡村党支部书记与村委会主任“一肩挑”，选举结果18个行政村党支部书记与村主任“一肩挑”的村仅有3个。2011年6月24日，全镇13个行政村举行第九届村民委员会换届选举，村民参选率87%，选出新一届村委会组成人员82人，其中村委会主任13人、副主任21人、委员48人，比上届减少5人。

二、民主决策

1996年起，新城镇、龙河乡各村建立村民代表大会制度，以村民小组为单位，每10~15户民主推选1名村民代表，共产生村民代表1120人，与村委会同届，任期3年。村民代表在任期内，参与本村经济和社会事业的规划、财务收支、农民负担等讨论、审议和审核，对涉及村民利益的重要工作和重大事项行使表决权。每年召开两次以上村民代表大会。1997年，马坝村村民代表大会通过马坝冲小流域治理决议，发展林、果、茶种植99.33公顷，年产值178.8万元，实现山青水绿，农民增收。2006年初，新北村委会在争取市绿篱无公害蔬菜生产基地落户本村时，向村民代表大会报告实施方案，获村民代表全票通过，先后流转7个村民小组土地67.73公顷，成立7家经济合作社，当年村民增加收入20多万元。2010年，汽车名城建设项目落户新城，需征用郁桥、新华、林果、新北等村土地。镇政府依据有关政策制订搬迁安置方案，各村召开村民代表大会，将政策交给村民，安置补偿公开透明，广大村民如期搬迁让地，支持国家重点项目建设，没有出现一起群体上访事件，受到扬州市政府的表彰。至2012年，由于各村委会在水利、道路、桥梁等基础设施建设和土地流转、农业产业化经营、经济合作社成立、生态环境建设等事项上都是经过村民代表大会表决通过后实施，各项工作得到广大村民支持。

三、民主管理

1996年起，新城镇、龙河乡各村委会逐步完善民主管理机制，建立健全村民选举制度、村民代表大会制度、村民委员会工作制度、村民“一事一议”制度、村务公开和财务管理制度等规章制度，制订村规民约，实行依法治村。村委会下设人民调解、治安保卫、生产建设、教育卫生、村民福利工作委员会及

图21-6　创建村民自治模范单位骨干培训（摄于2006年）

经济合作社组织，各司其职。1997年，制订村级规范化管理实施细则，开展创建村民自治模范村活动。1999年，林果村、东升村被扬州市委组织部、民政局命名为村民自治模范村，林果村潘良山、越江村李长江被扬州市表彰为优秀村委主任。2000年后，各村委会规范硬件设施配置，设有村民代表会议室、电教室、村民意见联系箱、村务公开橱窗和财务公布专栏等，建立村级档案室，村委会文书资料、财务账册及各类规划、经济合同等一应归档管理。2012年，除新北、郁桥村委会便民服务用房正在建设外，其余11个村均设立便民服务厅。

四、民主监督

1997年开始，各村委会以村务公开、财务公开的形式，定期向村民公布村务、财务及其他重大事务，接受村民监督。每年年底，村民委员会召开村民代表大会报告工作，征求意见。各村设有村民意见箱，征询村民对村委会工作的意见和要求，由党（总）支部负责处理村民的意见、建议和要求，督促村委会改进工作。当年有村民向镇党委、政府反映个别村干部存在工作作风不实和行政不作为问题，经调查核实后，由有关负责人对其教育和训诫。1998~2012年，根据群众举报，镇党委严肃查处少数村干部以权谋私、贪污挪用公款等违纪行为，有2人受到党纪、政纪处分。

五、社区建设

50年代后期，新城街道、龙河街道成立办事处，设街长、办事员各1人，主要负责街道治安、卫生、民事纠纷调解等事务管理。1963年，改称居民委员会。1983年后，居委会改行届期制，每届任期3年，居委会主任、副主任由居民代表大会投票选举产生。1999年12月，经市批准，成立太平居民委员会。2000年，新城镇有2个居委会，即新城街道居委会（包括龙河街道居委会办事处）和太平居委会。2002年4月，居民委员会更名为社区居民委员会，当年5月，新一届社区居民委员会由辖区内居民民主选举产生，选出居委会主任2人、副主任2人、委员7人。社区居民委员会成为居民自治组织，依法开展社区管理和社区服务工作，推行社区事务公开、财务公开制度，接受居民监督。2003年，社区居委会帮助无业、下岗人员26人就业和再就业。2012年，两个社区居委会办公设施及硬件、软件建设均达到示范社区标准。

第六节　社会事务

一、婚姻登记

民国及其以前，买卖、包办婚姻盛行，一夫多妻、早婚现象普遍。1950年5月，《中华人民共和国婚姻法》颁布后，彻底废除封建婚姻制度，实行一夫一妻制，婚姻自由，规定男满20周岁、女满18周岁为法定结婚年龄。从婚姻法颁布之日起，新城、龙河等乡镇婚姻登记事宜由区政府办理。1955年，新城乡、龙河乡人民委员会承办婚姻登记。1958年9月起，婚姻登记工作由公社管委会民政科办理。“文化大革命”期间，结婚、离婚几乎都不履行登记手续，并出现“换亲”以及变相买卖婚姻等不良风气。1980年9月起，贯彻执行修改后的新婚姻法。同年11月，民政部重新修改公布《中华人民共和国婚姻登记办法》，恢复婚姻登记制度，仍由公社民政科办理。1983年，新城乡、龙河乡办理结婚登记168对，离婚登记1对，复婚登记1对。1986年，新城和龙河两乡开展《婚姻法》执行情况大检查，对结婚不登记或未到法定年龄结婚的行为给予批评教育，并为289对夫妇补办结婚登记手续。1988~2003年，适龄青年结婚需实行婚前医学检查，凭市指定医院出具的“婚前体检证明”办理结婚登记。2003年，全镇共办理结婚登记175对，离婚登记35对。2004年以后，婚姻登记不再要求婚前医学检查。当年9月起，婚姻登记改由市民政局办理。

二、殡葬管理

境内历史上殡葬习俗封建繁缛、重殓厚葬。解放后，逝者仍沿用棺木土葬。1964年，仪征县火葬场建成，推行火葬。当年新城公社火化遗体2具。此后，新城、龙河公社开展殡葬改革宣传教育，号召党员干部带头移风易俗，火葬逐步推开。1977年，新城公社火化遗体178具，占死亡人数88.12%，龙河公社遗体火化率达78%。1983年6月，县政府发布《关于实行殡葬改革的通告》，劝告土葬的丧户接受政府及干部的宣传教育和劝阻，火葬开始得到普及。1984年，新城乡火葬率达100%，龙河乡提高到94%。1986年以后，新城、龙河两乡居民死亡火化率一直保持100%。1987年，新北村率先建立骨灰存放室，动员丧户集中存放死者骨灰，便于祭奠，解决死亡人火化后复又土葬问题。当年，新城、龙河两乡成立移风易俗指导委员会，26个行政村建立红白理事会，制订章程，帮助村民操办婚丧喜庆事宜，反对封建迷信、铺张浪费，其中丧事简办82件，为群众节约资金11.4万元。1997年3月，新城镇、龙河乡开展“殡葬改革突击月”活动，全面清理墓葬用地，各村利用闲散地、荒坡地划定公共墓地，集中安葬，节约土地，美化环境。至当年4月，复垦土地4.53公顷。2003年，新城镇组织凌桥、丁冲、马坝、三官4个村推进公益性公墓公祠建设。2005年，镇政府投入6万元在马坝村建成全镇第一座公益性公墓，占地1.47公顷，设墓穴4000个。2006年3月建成丁冲公祠6间，建筑面积170平方米，可存放骨灰盒700个。2011年，周营公墓建成使用，占地8.67公顷，有1万多个墓穴。至2012年，全镇除有3座公益性公墓公祠外，还有凌桥、官胜2座村级公益性公墓，有效地制止骨灰盒乱埋乱葬浪费土地现象，实现全镇重点地域、基本农田保护区无坟墓。

图21-7　周营墓园（摄于2011年）

三、老龄工作

2005年，新城镇成立老龄工作委员会，主任由镇党委副书记兼任，民政科设老龄工作办公室，民政助理负责日常事务。2006年，镇老龄办邀请市扬剧团到“老年关爱之家”慰问演出。当年全镇60岁以上老年人口7050人，占总人口的15.39%。2007~2008年，组织3次老年人棋牌、门球、健身等娱乐活动。2009年8月，老龄办派员上门为桃坞村张德才老人送去500元慰问金，祝贺百岁生日。当年，全镇90~99周岁老人78人，计发放尊老金4.68万元。2010~2012年，新城镇开展“敬老月”和“孝老文明好儿女”评选活动，先后有韩恩霞、王玉玲、刘桂琴3人受到市文明办、市民政局表彰。2011年，80~89周岁老人尊老金发放标准提高到每人每月50元，90~99周岁老人尊老金提高到每人每月80元，全镇共发放尊老金70多万元。2012年，全镇60岁以上老人8805人（男性4216人、女性4589人），占总人口18.37%，其中80岁以上1106人（男性389人、女性717人），百岁以上老人2人，与2006年相比，60岁以上老人增加18.93%，80岁以上老人增加35.16%。百岁以上老人尊老金增加至每人每月300元。当年，全镇建2A级居家养老服务站6个，老年关爱之家2家。

第七节　地名管理

新城镇境内历史上自然形成的地名类别繁多，有山、河、桥、港、闸、坝、庄、营、镇、村、坊、街、巷等等。其中，汉建安二年（197年）开挖的陈公塘、龙河和东晋太元十年（385年）广陵太守谢安在此垒土筑的新城，地名比较古老，也最具有代表性。解放后沿袭旧名。1958年，“大跃进”“人民公社”，特别是“文化大革命”时期，一些历代相沿和反映当地特色的地名被当作“四旧”去除，换成“革命化”地名，诸如红卫、红光、东升、东风、四新、红旗等大队、生产队名称多次重复出现。1979年，国务院颁发《关于地名命名、更名的暂行规定》，1980年7月，全县开展地名普查，加强对地名的管理工作。一地多名、重复命名现象得到纠正。1983年，县地名委员会公布全县地名录，新城、龙河公社共有各类地名552条。此后，地名管理逐步标准化、规范化，并增加一些新地名。2012年，境内共有各类地名873条，其中自然村庄409条，居住小区28条。

一、管理机构

解放后，境内行政区划变更及其命名、更名，由县政府直接管理。乡镇由民政科（办公室）负责上报。长期以来，因为报批手续不太严谨，有些地名变更随意性较大。1983年，根据《江苏省地名工作管理暂行规定》，仪征地名普查工作完成并编印《仪征县地名录》以后，新城乡和龙河乡政府严格按规定执行，保持地名的稳定性，能不改的尽量不改。因经济社会和城镇建设发展，需要增加新地名或更名的，都认真做好调查研究，按规定审批程序申报命名、更名方案，经批准后实施。2012年，镇民政办地名管理工作人员1人。

二、地名命名

解放初期，变更和新命名的地名不多。1953年后，随着农业互助合作和人民公社化的推进，县政府为新城和龙河地区命名的互助组有404个，农业合作社生产队、生产小组467个，新城和龙河人民公社生产大队、生产小队594个。1983年，县地名委员会核准公布新城公社、龙河公社各类标准地名共计552条，其中自然村庄525条，集镇4条，公路3条，桥9条，山2条，河流5条，沟渠4条。1990年起，先后命名新城、龙河乡街3条、巷（路）30条、居民小区28条。

2012年，镇内有各类地名873条，其中集镇2条、自然村庄409条，居住小区28条，计439条；公路36条、街巷37条，乡村路109条、桥171条，山3条、河流19条、沟渠59条，计434条。在自然村庄中，以姓氏冠名的有212个，最多的是周庄有14个，其次是王庄、张庄各有10个；以地形地貌命名的有66个；以屯田驻军营地“营”命名的村庄有62个，分布在蜀冈以北丘陵地区有56个，其中马坝村最多有17个，其次是周营村有8个；以物命名的有41个，其中以植物为名的有23个；以行业磨坊、碾坊、绣花店命名的有5个；其他命名的有23个。

2012年新城镇自然村庄名录

表21-2

村名	村庄数（个）	自然村庄
三将	35	太平（庄人祈盼平安太平而得名）　邓营　沿河（地处河边得名）　董庄　石桥（地处石桥旁得名）　绣花店（因村里曾有绣花店而得名）　陈庄　刘和（村内有刘和尚庵而得名）　尤庄　严庄　蔡庄　甘露（地处甘露寺而得名）　张庄　居庄　蒋营　吴庄　林业（人民公社时成立林业队故名）　磨坊（因村里曾有磨坊，故名）　徐庄　汪庄　红果庄（又名杨庄，因过去村里花红树多而得名）　中庄（该村地处中心而得名）　马庄　花园（因村里曾有花园，故名）　砖桥（因村旁有座砖桥得名）　本庄　屠庄　曹庄　王洼（王姓居住地低洼，故名）　杨沟（杨姓村旁有水沟，故名）　王庄　亭庄（因村里曾建有花亭，故名）　朱庄　杜营　农科（70年代建农业实验科学队，简称农科队）
郁桥	28	王家饭店（因过去有王姓人在此开过饭店而得名）　合兴（该村成立互助组时，取名）　郁庄　周庄　刘庄　万庄　柒庄（村内无柒姓，来由不详）　薛庄　石庄　尚庄　下楼（地处尚庄下首，口语称下楼）　小庄（因村小而得名）　沟南（地处水沟南，故名）　姚庄　范庄　李营　高庄　张庄　王庄　屠庄　乔营　吕庄（因曾有吕姓补锅匠住此地而得名）　周庄　郑东（原名郑家营，1962年分为郑东、郑西生产队）　郑西　史营　张闻庄　汪庄
新华	18	周庄　崔庄　张庄　姜东（原名姜庄，1962年分为姜东、姜西生产队）　姜西　余营　包庄圩（为防洪涝、村四周有大埂包围，故名）　庞庄　李庄　徐庄　黄庄　松柏（村内有松柏树而得名）　郭庄　陈庄　毛庄　曹庄　刘庄　潘庄

续表21-2

村名	村庄数（个）	自然村庄
冷红	34	桂一（原名桂花庄，因村里桂花树多而得名，1962年分为桂一、桂二生产队） 桂二 花一（原名花园庄，因村里曾有花园而得名，1962年分为花一、花二、花园生产队） 花二 花园 大王庄（原名王庄，1962年分为大王庄、小王庄生产队） 小王庄 竹园庄（因村里有竹园而得名） 罗庄 董庄 周庄 大楼庄（因村里有楼房而得名，1962年分为大楼庄、小楼庄生产队） 小楼庄 周纪（因村里有周姓、纪姓户而得名） 侯马（因村里有侯姓和马姓户而得名） 大咸庄（原名沉庄，因地势低，雨季庄稼淹沉在水里，故名沉庄，后改称咸庄，1962年分为大咸庄、小咸庄生产队） 小咸庄 大朱庄（原名朱庄，1962年分为大朱庄、小朱庄生产队） 小朱庄 睢庄 二尤（因村里有两门尤姓大户，故名） 张尹（以张姓、尹姓而得名） 汪庄（因地势低洼，下雨便汪水，故名） 旧港（该处曾有通江港口，故名） 杨庄 陶庄 黄庄 高涵（村旁高处有涵洞，故名） 徐马（以徐姓、马姓而得名） 石庄 方庄 北海（地处北面且地势低洼，逢雨淹水似海，故名） 肖庄 碾庄（因村里曾有碾坊，故名）
桃坞	45	七一（以初级社成立日而名） 夏庄 龙窝（因村旁河道弯曲有一深潭，故名） 居庄 圆庄（多姓氏居住，象征团圆和睦，故名） 曾庄 周庄（又名周东庄） 睢家大庄 庆庄 扬庄 李庄 新民（成立初级社时取名） 黄营（原名黄家荡） 小营（太平军曾在此扎营，因营寨较小，故名） 黄庄 蔡庄 陈庄 姚庄 孔庄 吴庄 曹庄 沙庄 姜庄 永庄 姜浦庄（因村里姜姓多，为区别于姜庄，故名） 下庄（因处于姜浦庄下面，故名） 麻庄 唐庄 顾庄 周庄（又名西周庄） 徐庄 常庄 小黄庄 前戴庄 后戴庄 薛庄 陈庄 大于庄 小于庄 童庄 扬庄 丁庄 樊庄（因村里住户皆为樊姓地主佃户，故名） 赵庄 农科
新北	26	河边（地处仪扬河边，故名） 居一（原名居庄，1958年分为居一、居二生产队） 居二 前双（又名双园庄，因村里有两块竹园地，前庄为前双，后为后双） 后双 唐庄 金庄 双塘（村旁有两口塘，故名） 董庄 宝塔松（因村里曾有宝塔松，故名） 赵庄 小薛庄 老薛庄 屠庄 姚庄 姜庄 顾庄 李庄 王庄 刘庄 周庄 章庄 陆庄 陈庄 方庄 孙庄（又名九条沟）
林果	30	张塘（又名马山，山下有塘，村里张姓居多，故名） 贾营 张庄 朱庄 吴庄 东营（又名王家营，1962年分为东营、西营生产队） 西营 张营 宋营 王庄 李庄 大吴庄 金庄 刘庄 小刘庄 大圩（又名蒋家圩，地处龙河平原，根据村庄位置取名大圩、金圩、大金圩和小金圩） 金圩 大金圩 小金圩 草场俞（因村地曾为牧马场，俞姓定居后，故名） 新沟（原名草塘，后挖新沟，故名） 陶庄 长沟（又名瓦匠庄，后以村旁长沟而得名） 月口塘（因村旁有口像月亮状水塘，故名） 河通坝（村旁有冲坝通沿山河） 山坎（因村地处山坡下，故名） 北山（因地处冈地北而得名） 赵庄 箩匠庄（因村里箩匠多而得名） 韩塘（原名涵塘，后更名为韩塘）

续表21-2

村名	村庄数（个）	自然村庄
马坝	45	金一（又名金家汪，由三个村庄组成，分别称金一、金二、金三）　金二　金三　戚一（又名戚家营，由三个村庄组成，分别称戚一、戚二、戚三）　戚二　戚三　臧东（又名臧家营，由两个村庄组成，按方位称臧东、臧西）臧西　夏东（又名夏家营，由两个村庄组成，按方位称夏东、夏西）夏西　王东（又名王家营，由两个村庄组成，按方位称王东、王西）　王西　马营（原名马家营，由三个村庄组成，按地理位置称马营、马上、马下）　马上　马下　百姓（又名百姓王，因村里姓氏繁多，故名百姓，由三个村庄组成，分别称百姓、百一、百二）　百一　百二　三官（因村位于三官庙旁而得名，由三个村庄组成，分别称三官、庙一、庙二）　庙一　庙二　周一（又名周庄，由两个村庄组成，分别称周一、周二）　周二　刘一（又名刘庄，由两个村庄组成，故名刘一、刘二）　刘二　河坝（因村旁有冲坝而得名）　坝南　朱山（又名朱山头）　顾周（以村里顾周两姓取名）　瓦房（因村里瓦房较多，故名）　碾房（因村里曾有碾坊，故名）　庞营　糜营　田营　余营　徐营　王庄　周庄　孔庄　朱庄　高庄　魏庄　孙庄　赵山　红旗（1958年成立林木场取名）
丁冲	27	东营（又名吴家营，由四个村庄组成，分别称东营、西营一、西营二、西营三）　西营一　西营二　西营三　前营（原名阴阳赵，相传村庄前后两排，巷道狭窄，每家只能照到半天太阳，因住户大多姓赵，故名。后改称营阳赵，分称前营、后营）　后营　赵一（又名赵巷，赵姓人居多，村里有通集镇巷道，故名。由四个村庄组成，按姓氏称赵一、赵二、王一、王二）　赵二　王一　王二　山东（原有一土山，东西庄分别称山东、山西）　山西　东街（位于龙河集东，故名）　西街（位于龙河集西，故名）　丁冲（因村旁丁冲河而得名）　夏东（原名夏家营，由两个村庄组成，按位置分称夏东、夏西）　夏西　沙田（因村地土为沙土，由两个村庄组成，分称沙田，北沙田）　北沙田　河西（因位于龙河西岸而得名）　河南（因位于龙河南岸而得名）　高场（因村地势高且平坦，故名）　窑上（又名龟头窑，该地曾有砖瓦窑，故名）　长塘（因村旁有口长形水塘而得名）　张庄　周庄　王庄
周营	23	周营（又名乌鱼周，周姓先人曾以捉乌鱼为生，故名，由四个村庄组成，分称周营、小周营、中周营、老周营）小周营　中周营　老周营　上王（原名天堂王，传说王姓三代人做过三朝官，故名。村由两个庄组成，分称上王、下王）下王　塘田（陈公塘废制后佃塘为田，故名）金莲（原名军田庄，后取谐音为金莲庄）　野鸭赵（赵姓先人以猎野鸭为生，故名）　河西（位于龙河西岸而得名）　王东（原名王家营，由两个村庄组成，按方位分称王东、王西）　王西　龙埂（为陈公塘大堤遗址，称龙埂）　小基营（原名基家营，由两个村庄组成，分称小基营、老基营）　老基营　水竹棵（因村旁水塘里长有水竹，故名）　高庄　顾庄　汪庄　潘庄　祝庄　曹庄　赵庄
官胜	27	上营（原名孙家营，由三个村庄组成，按方位分称上营、中营、下营）中营　下营　北头（又名西王山，由两个村庄组成，按方位分称北头、南头）　南头　韩庄（又名韩家山坎）夏庄　赵庄　陈高庄（以陈高二姓取名）李山（又名东王山）　吴庄　大王庄　许家井（有许姓人掘井引水，故名）　秦庄　徐庄　官塘（东汉广陵太守陈登在此筑塘，称官塘，故名）　利民（原属龙河公社蚕桑场，后分为三个村庄，取名利民、前进、青年）前进　青年　胡营　先锋（又名塘田）潘庄（原名山头）　刘庄　郭庄　高庄　张庄　范庄

续表21-2

村名	村庄数（个）	自然村庄
凌桥	38	友一（原名西山王，由四个村庄组成，1958年，取名友一、友二、友三、友四） 友二 友三 友四 姜庄 对过（因村与姜庄相对，姜姓多，为便于区别，取名对过） 张东（原名张家庄，因村大后分为两村庄，分称张东、张西） 张西 东组（原名通新集，由三个村庄组成，分为东组、西组、团结）西组 团结 南庄（原名周家营，由三个村庄组成，按方位分称南庄、东营、西营）东营 西营 曹山（因村位于山坡上，且曹姓多，故名） 潘东（原名潘家营，由两个生产队组成，按方位分称潘东、潘西） 潘西 沙田（因村农田为沙土而得名）前朱（又名朱庄，因村庄大，按前后分称前朱、后朱）后朱 郭庄 下郭庄 松园（因村旁有松树林而得名） 胡墩（因村多胡姓，且村边有土墩，故名）河北（因位于沿山河北，故名，又名许巷）柳沟头（因村位于水沟末端，沟旁有柳树，故名）山头（因村位于山上，故名）赵庄 曹庄 胡庄 陈庄 小任庄 陆庄 孔庄 刘庄 洪庄 小庄 夏营
三茅	31	永一（原名山头，1956年取名永久高级社，由三个村庄组成，分称永一、永二、永三）永二 永三 人一（原名惠鲍庄，又名马巷，原属人民大队，后分为5个村庄，分称人一、人二、人三、人四、人五）人二 人三 人四 人五 上营（原名上沿坎） 下营（原名下沿坎） 小城庄（村里发现有古城墙遗址，因村小，故名） 秦南（原名秦家营，由两个村庄组成，按方位分称秦南、秦北）秦北 中组（原名塘田）后组 猪场（1958年曾办过猪场，故名）北梁庄（原名梁庄，由两个村庄组成，按方位分称北梁庄、东梁庄） 东梁庄 朱庄 三茅（地处三茅庵而得名） 孙庄 肖庄 小营 赵庄 丁庄 周庄 小丁庄 詹庄 王庄 基庄 后基庄 农科（70年代成立农科队，故名）
新城街道居委会	2	玉兰（因村里有玉兰树而得名） 花亭（因村里曾建有花亭而得名）

三、更名 撤销

1958年“人民公社化”期间，新城、龙河公社将金桥、冷红、三将、古一、古二、三官、官胜和庙山大队，分别更名为人民、跃进、立新、越江、东升、红光、胜利和建设大队。“文化大革命”中，以“红”取名之风盛行，两公社用“红星”“红卫”“红旗”“红光”“东风”等取名的生产队甚多。1981年12月，县政府批准新城公社人民、跃进、立新大队和龙河公社红光、胜利、建设大队，分别恢复原名为金桥、冷红、三将、三官、官胜和庙山大队。1982年3月，县政府批准新城公社42个生产队恢复原地名。

2001年，经市政府批准撤销金桥村、大兴村、凌西村、街胜村、人民村和农科村。2004年，市政府批准撤销砖桥村、大楼村和三官村。2001~2012年，搬迁凌桥村小刘庄、小潘庄和丁冲村山西组，有3个自然村庄消失。搬迁郁桥、三将、林果、新华、新北和冷红村的村民小组共计94个，有110个自然村庄自然消失。

1982年新城公社生产队恢复地名登记表

表21-3

原名称	恢复后名称	原名称	恢复后名称
人民大队龙河生产队	金桥大队龙窝生产队	人民大队跃进生产队	金桥大队庆生生产队
人民大队团结生产队	金桥大队蔡庄生产队	人民大队胜利生产队	金桥大队孔庄生产队
人民大队跃进生产队	金桥大队庆生生产队	大兴大队联合生产队	大兴大队朱庄生产队
林果大队跃进生产队	林果大队新沟生产队	公社瓦厂和平生产队	砖瓦厂　瓦厂生产队
新北大队团结生产队	新北大队雎二生产队	新北大队红旗生产队	新北大队前双元生产队
桃坞大队跃进生产队	桃坞大队常庄生产队	桃坞大队团结生产队	桃坞大队戴庄生产队
立新大队四新生产队	三江大队甘露生产队	立新大队同心生产队	三将大队石桥生产队
砖桥大队合兴生产队	砖桥大队本庄生产队	砖桥大队红光生产队	砖桥大队砖桥生产队
大楼大队联合生产队	大楼大队竹园生产队		砖桥大队杨沟生产队
跃进大队跃进生产队	冷红大队董庄生产队	砖桥大队新民生产队	砖桥大队尤庄生产队
跃进大队红旗生产队	冷红大队徐庄生产队		砖桥大队雎庄生产队
跃进大队东风生产队	冷红大队旧港生产队	跃进大队先锋生产队	冷红大队高涵生产队
跃进大队胜利生产队	冷红大队周纪生产队	跃进大队先进生产队	冷红大队碾坊生产队
胜利大队光明生产队	冷红大队张引生产队	跃进大队越江生产队	冷红大队桂一生产队
跃进大队东升生产队	冷红大队桂二生产队	跃进大队丰收生产队	冷红大队娄庄生产队
跃进大队友谊生产队	冷红大队侯马生产队	跃进大队卫星生产队	冷红大队罗庄生产队
跃进大队团结生产队	冷红大队周庄生产队	跃进大队红星生产队	冷红大队大王生产队
跃进大队和平生产队	冷红大队小王生产队	越江大队红旗生产队	越江大队焦庄生产队
越江大队新桥生产队	越江大队花亭生产队	越江大队红卫生产队	越江大队曾庄生产队
越江大队光明生产队	越江大队桂庄生产队	越江大队红光生产队	越江大队何庄生产队
越江大队辛四生产队	越江大队诸庄生产队	越江大队东升生产队	越江大队鲍庄生产队

四、地名标牌

村庄牌　2000年后，各行政村在村口设置村名标牌。2008年，自然村庄开始设置庄名标牌。2012年，镇内13个行政村均设立村名牌，设立庄名牌129个。

门　牌　民国35年（1946年）新城街道商居民住户安装门牌约280块。1953年，根据县政府统一布置新城、龙河乡分别为集镇街道住户、商店、工厂、学校等安装门牌约580块（龙河230块）。1993年，新城、龙河乡先后发放新建房门牌1700多块。2012年，镇内街道，居住小区有门牌2104块。

路　牌　2000年后开始设置街道、巷道、乡道、村道路牌，2005年，共有44块，2012年83块。

五、地名史话

新城地名存争议　新城是晋代谢安所筑，对此历史上存有争议。《资治通鉴》记载："安于步丘筑土垒，曰新城”。并没有载明步丘这个地方在何处。查《辞源》“步”通“埠”，水边码头的意思，“步丘”即滨江的高丘，与新城地理位置十分相似。清雍正元年（1723年）《仪征县志》记载：“新城在东关外……本谢安出镇广陵所筑也。”肯定新城在仪征。而清《扬州府志》记载：“谢安新城于甘泉，非仪征之新城。”出现新城地名之争。清诗人欧大任曰：“谢公镇广陵，甘泉人勿翦，君见东山云，何似邵伯堰。”清大学士阮元《淝水诗》中写道：“邵伯也有邵关在，今湖古海后为先。谢安后裔仪征籍，新城留有康乐园。元代扬子故县治，我识明哥桃花源。”暗示仪征新城为谢安所筑，仪征新城地名一直延续至今。

泽被千年陈公塘 汉建安二年（197年），广陵太守陈登在今新城镇龙河集北，建造一座水利工程，东西北三面依山为岸，南面筑堤拦水，周长45千米，面积600多公顷，灌溉四周大量农田，且济运漕河（今仪扬河）。从汉至明代，修复若干次，民众曰：“膏流泽注，长我禾黍。”明嘉靖三十年（1551年），废塘为田。然而，陈登为官一任造福一方的恩德，留名千古，当地人民对他十分爱戴，将他修的水塘称为“陈公塘”“爱敬陂”，建恭爱庙（后称官塘庵）祭祀他。千百年来，陈公塘、官塘、塘田相延不断，并以此为集名、乡名、大队名、生产名和电灌站名。现有些地名已消失，但记忆中的地名却留在人们心中。

扬子源头待考 扬子地名与现今扬州、邗江、仪征，特别是新城有关系。它最早出现于南北朝时期，在《资治通鉴》《中国古今地名大辞典》和扬州、仪征地方志都有记载“扬子”的情况。对于仪征、新城来说，扬子之名更有独特的意义，历史渊源深厚。因为扬子是仪征县的前身，从唐代至明初，除一度改为永贞县外，扬子县名延续唐、五代、宋、元、明5个朝代，清末曾一度恢复。而新城自元代至元二十八年（1291年）扬子县治迁移来后，至明洪武二年（1369年）扬子县撤销，新城成为县治地78年。新城人民没有忘记扬子这个名字，现有扬治（子）路，扬子商店等名字出现。然而，扬子名字的来源，至今还没有准确的说话。虽有些历史文献有所涉及，但也是望文生义。

外迁来的三将名 新城西有一个地方叫三将，解放后，设过三将乡，现名三将村。此名来源于历史上著名的抗金斗争故事。《宋史》记载：绍兴十九年（1161年）秋，金国分四路南侵，很快达到真州，当时宋军仅有600余人守卫，由梁渊、元宗、张昭三名偏将率领，阻击敌军，让城里老百姓渡江南逃。三将军率军占领胥浦桥以阻止金军，然敌军成千上万不断拥上，三将军临危不惧，驱马带头冲向敌阵地，杀死很多敌军，但终因寡不敌众，三将军先后战死。而金兵统军也被打死，金兵退缩不前，为扬州、真州一带老百姓渡江南逃赢得时间。史书称三将军“以一身之死，易万众之生，以胥浦跬步之地，为江淮数千里保障。”后人在胥浦河边建庙塑像祭祀，习惯将庙称为“三将军庙”。明代庙迁至新城焦家山，当地便改称“三将”，一直延续至今。

古老龙河原无名 新城境内的龙河是一条很古老的水道，它与东汉建安年间的陈公塘同时开挖，而且很早就与古仪扬运河连接。可是，从明隆庆到清道光年间的几部仪征县志，都没有龙河名的记载。《新唐书·食货志》记有：“唐宪宗元和间，扬州疏太子港（龙河下游地名）以益漕河（今仪扬运河）。”宋《方舆胜览》则记：“真州有怀子河，即今带子港以北阔处。”为什么不称龙河而称怀子河？明代以前仪征县志记载称："陈登尝役五龙以开港，为陈公塘之下流，有二湾，一曰望儿，二曰相见。""望儿相见"不就是怀念自己的儿子吗？故有怀子河之名。清道光《仪征县志》称上游为怀子河，下游称带子港和戴子港，没有龙河之名，却有龙河集之名。龙河之名虽不见文字记载，但民间有龙河之名称呼。到民国14年（1925年）江苏省编印的《淮扬徐海平剖面测量局调查报告书》才有龙河的记载，其下游称泰子沟（即带子沟）。1990年《仪征市志》《仪征水利志》都有龙河的正式记载，将这条从高集到仪扬运河之河道称为龙河，为其正名。而民间还习惯称其下游段为带子沟。

六、地名传说

龙河的传说 传说很久以前，白洋山上住着一对夫妻，婚后多年不育。有一年发大水，妻子在水边捡到一枚叫不上名字的大蛋，便用围腰兜了回来，到家以后，这枚蛋不见了，此后妻子的肚子渐渐大起来，疑为怀孕。过了十个月，不见分娩，家人着急，到处求医无果。一天丈夫外出回到家中，见妻子已死，身旁洗脚盆内有一怪胎，立即端起盆就往门外走，霎时，电闪雷鸣，大雨如注，他忙将怪胎倒入门前水塘中。那怪胎入水后，塘水漫溢，不一会，水中出现了一条白色的似蛇非蛇有头有爪的怪物，人们以为是白龙出世。它旋转起庞大的身躯，昂起头，朝屋内叩拜后沿着溢出的水流，由北向南朝着长江游去。它游过的地方出现一条河，人称龙河。

图21-8 龙河 （摄于1995年）

龙窝的传说 龙河在桃坞村有段河道叫龙窝。传说小白龙出世游入长江路过此地时，因悲伤思念生它而死的母亲，旋转过身来昂头向白羊山拜望，遂形成一段河道较宽的深水潭，故得名龙窝。据当地老年人讲，龙窝水深，从未干枯过。1973年，龙河疏浚裁弯取直时被湮废，但地名仍存，村内有个村庄叫龙窝组。

金桥的来历 在新城镇东有座桥叫金桥。这座桥很久以前就建成，但不是金子做的，而是座木桥，为什么叫金桥呢？传说造桥的工头老木匠为"闭龙口"，要拿活人闭龙口，等了三天没有等到人。这天恰巧一位新娘要过桥，老木匠工急忙说道："新桥造了新娘走，拿你新娘闭龙口。"老木匠说话被新娘听见，新娘随手从发髻上拔下金簪，扔到桥上说道："新娘拿金买路走，拿你木匠闭龙口。"事后没出几天老木匠就死于非命，而新娘却安然无事。新娘以金簪逃过一劫，故后人称此桥为金桥。

图21-9 金桥 （摄于1997年）

三官庙的由来 传说很久以前，此地住着兄弟三人，既无父母，又无妻室，靠种田为生。有一年，庄稼长得喜人，正当准备收割时，黑压压的蝗虫从天而降，眼看到手的庄稼被啃个精光。三兄弟跪地号啕大哭，哭得天昏地暗，突然听到有位老妇人对他们说，“不必悲伤，哭不能哭活庄稼，好男儿有泪不轻掸”，兄弟三人顿觉她说话在理，就问她有什么良方，老人就教他们补种地。三兄弟拜她为母，为度荒年，兄弟三人轮流外出讨饭回来给老人吃，自己却上山摘野果挖野菜充饥。又到了收获庄稼季节，三兄弟征求老人家如何安排粮食。老奶奶掐指算算说，按推算你们三人都要做官，但做官必须要先当好民，识民之苦，解民之难。三兄弟听老人家的话，将全部粮食分给百姓，救活不少人，自己仍过着清苦的日子。后来三人都做了大官。为了不忘三兄弟爱民之心，后人立庙纪念，取名三官庙。

龙河集是荷叶地 龙河集地处山圩交界处，东、西、北三面地势较高，皆是黄泥土，而唯独集市周围是乌沙土，无论天多么干旱，集市四周沟塘内都有水，即使山洪暴发，四周成了汪洋，集市上也从不进水，就像一片荷叶漂浮在水面上，所以人们称龙河为荷叶地。如果站在官塘集向龙河集方向看，集东边有座蛤蟆桥，集西边有座龟头窑，就像蛤蟆和乌龟伏在荷叶边沿。据当地老年人说，龙河多次发大水，集市南头庵门口的石狮子从未被淹过，南街至北街也从未进过水。

鸡窝塘的传说 传说龙河孙家营住着个姓孙的大财主，由于家大业大，财大气粗，常常自吹自擂，说咱家发财全靠命好。有一年秋季刚把稻谷晒在场上，老天忽然作变要下雨，别人一迭声地忙喊收稻，而他却在打牌，不但不起身去抢收，还信口叫喊说，我的命好，上天不会作难，就是真的下大雨，我是大户人家，全家一出动用衣服就把稻子兜回来。哪晓得这场雨一下就是倾盆大雨，下得他家晒稻场烂如浆，人根本上不去，眼睁睁地看着满场的稻谷随着雨水淌下大塘，一大群鸡鸭看了赶快跑过来，沉在水下的稻谷被鸭子吃，漂浮在上面的被鸡子吃，有的吃饱便在塘边做窝，住下第二天再接着吃，于是人们就把这口水塘称作“鸡窝塘”。可叹孙家一季的收成全泡汤，自此家业衰落。

图21-10 鸡窝塘 （摄于1996年）

第二十二章　科学技术

新城先民西汉时期较早使用木碓（俗称臼）舂米。到唐宋时期，新城的烧砖、制陶工艺已达到较高的技术水平。明代，新城南部推行“筑圩分匡，沤田植稻”的生产技术。民国初年，新城、龙河一带蚕农开始使用育蚕新法。民国35年（1946年）新城冶铁技术日臻成熟，生产的犁尖、耙齿远销江南等地。

新中国成立后，新城、龙河的经济发展与科技进步同步推进。1959年，成立科学技术委员会，围绕“科学种田”“技术革新”等主题，开展各种形式的科普活动。“文化大革命”中，科技事业一度受挫折。1978年以后，贯彻“经济建设必须依靠科学技术，科学技术必须面向经济建设”的方针，新城和龙河的科技事业得到较快发展。1985年，新城、龙河乡分别成立科学技术协会，逐步建立起乡科协、村科普组、专业户组成的科普网络。90年代，农业科技在农村各种形式的承包经营责任制的推行中得到应用和发展，工业科技在新产品研发方面取得重要成果。至1995年，建成农业新技术试验示范项目8个，工业高新技术产学研项目6个。1999年，龙河乡被评为江苏省科技工作先进乡。2000年后，全力推动发展高产、优质、高效农业，加大引进高新科技人员，支持企业建立科研中心，引导企业加强对传统产业的技术改造，研究开发高技术含量、高附加值、高市场占有率的高新技术产品。2006年，新城镇被命名为扬州市科普文明镇，有14个村被命名为扬州市科普文明村。2012年，全镇有20家工业企业获省“民营科技企业”称号，25种产品获省“高新技术产品”称号，建成扬州市级科研技术中心2家，省级科研技术中心1家。年末，全镇有科技人员935人，其中拥有高级技术职称57人。

第一节　机构　队伍

一、机　构

1959年9月，新城公社成立科学技术委员会，委员10人，由公社党委书记任主任委员，主要工作职能是推广农业科学技术，推行农具改革创新等。1985年6月和1986年7月，新城乡、龙河乡分别成立科学技术协会，由乡长分管科技工作，配科技助理1人。同时各村、企业由副职干部担任科技主任和科技厂长，负责本村本企业的科技推广应用和科技项目实施。2000年，龙河乡科学技术协会并入新城镇。2012年，镇农业技术推广站建有试验、推广、示范基地和设施，配备农技员和站长，共有工作人员7人。各行政村配备农技服务主任。企业建有省级科研中心1家，扬州市级科研中心2家。

二、队 伍

50年代后期，新城公社有县驻社农业技术员、蚕桑技术员4人，龙河公社有3人。70年代，新城、龙河有水利技术员各1人，农技站有农业技术干部、农技员共11人。1985年，新城乡有科协会员164人，龙河乡76人，会员由工业、农业、教育、卫生、畜牧兽医等行业专业技术人员组成，有科技示范户62户。90年代，新城、龙河乡通过电大、职校培养的技术人才有100多人，其中获得扬州市级毕业证书的有62人。1995年，新城容器厂率先聘用3名大专毕业生参与技改，开发新产品。1996年，新城镇有各种专业技术人员237人，其中农林牧渔技术人员31人，工程技术人员102人，卫生人员58人，其他专业技术人员46人。龙河乡有各类专业技术人员157人。2001年，新城镇有各类专业技术人员1065人，其中农业中高级技术人员42人，企业中高级工程技术人员521人，其他专业技术人员502人（包括医护卫生和中小学教师）。2012年，镇科技协会有会长1人，会员188人。全镇有专业技术人员935人，其中获高级职称人员57人。

第二节 科技普及

一、宣传与培训

宣 传 解放后，党和政府大力倡导破除封建迷信，解放思想，宣传科学知识，推广先进生产技术。50年代，新城、龙河地区大面积引种良种，推行农业“八字宪法”（土、肥、水、种、密、保、工、管），开展农具革新。1956年8月，凌桥区兴办农业技术业余学校，参学人数500多人，结合扫盲，学习选种、施肥、合理密植、病虫害防治等知识。60年代，农业、蚕桑技术员深入生产队，到田间传授农作物栽培技术、湖桑嫁接和养蚕技术。70年代中期，新城农技站每年举办干部群众科技培训班8~10期，每期参加人数50人左右。1975年，创刊《新城群科》，至2008年，共出刊265期，印发7800多份。1990年，举办“科普宣传周”活动，组织科普图片进街道社区、学校，至1991年，共举办3次，参加活动人员有2850人。以后一年举办一次。1994年新城镇、龙河乡先后开展“科技之春活动”，主题是“科技兴农”“科技兴厂”，倡导人人爱科学、学科学、讲科学、用科学。新城工业公司每季度刊发一期“工业简报”，推广科学技术，介绍企业技改动态、工业生产情况。新城、龙河中小学校开展每个学生读一本科普书籍，创作一件科技小作品、写一篇科技小论文活动并举行全校科普知识竞赛活动，收到小作品和小论文173件（篇）。其间，龙河乡还利用逢集日举办“科普集市”，组织农业、司法、卫生等部门工作人员向赶集的农民传授种植、养殖新技术，开展医疗义诊、法律咨询等服务，提倡文明健康的生活方式。至2003年，共举办4次，发放科普资料2100多份，接受义诊和咨

图22-1 科普宣传进社区 （摄于2012年）

询人员有1200多人。2000年后，科普宣传与创建科普文明镇村和科技示范村活动相结合，开展“讲精神文明，比科技致富”活动，至2006年，共举办科技讲座16场，播放科技影像19场，赠送科技资料、书籍8000多份（本）。2007年起，科普宣传与创建生态文明镇、村活动相结合，召开专题会议，镇机关工作人员、村干部、村民小组代表层层发动，有线电视每周一、三、五滚动宣传标语1000多次，制作公益广告牌33个。各村、街道、镇内主干道两侧悬挂宣传横幅100多条，印发资料2000多份。全镇形成科普活动与创建生态文明镇人人参与的浓厚氛围。

培 训 1983年以后，新城、龙河乡注重加强对农业实用技术培训，鼓励党员带头，建立基层干部培训示范基地。主要项目有水稻轻型栽培及病虫草害综合防治技术、蔬菜种植、茶叶生产技术、蚕桑和畜禽养殖防疫等先进技术。当年，新城乡规划建成新北、桃坞、金桥等村连片1万亩优培法粮食生产基地。1990年后，龙河乡规划马坝冲822公顷小流域治理方案，实施马坝村林果种植基地建设。乡村工业企业组织技术人员开展“两降（降耗、降本）、两提高（提高质量、提高效益）”献计献策活动，先后实施新城容器厂“60升油桶生产线”和新北精铸厂“500千克中平炉”设备等一批技改项目，新增产值1404万元。

1995年，新城镇、龙河乡组织实施科技“金桥工程”，重点是应用科技成果转化为生产力，落实农业新技术试验示范项目8个，工业企业高新技术产、学、研项目6个。当年，新城机械厂与上海内燃机配件研究所合作，完成内燃机“6105、4012挺柱”开发攻关项目，同时邀请山东大学教授到厂讲授机械配件生产加工技术。1995年，新城镇办企业引进具有本科、大中专学历的技术人才30人，选派20名职工到扬州职大等院校学习培训。至1996年，初步建成冷红、大楼村水产养殖基地，林果、郁桥村茶叶生产基地，凌桥、官胜、周营村蚕桑业基地，丁冲、三将、砖桥村蔬菜种植基地和马坝村成片林木果树栽植试验基地，形成“一村一品”特色产业。同时涌现一批畜禽养殖专业大户，至2009年，建成农业科技示范园6个。1983~2012年，全镇共举办各类实用技术培训班382期，培训人员1万多人次，基层党员、干部培训率达98%以上，每人基本能掌握1~2门实用技术。

二、技术推广

农业技术

新品种引用 1952年起，境内水稻先后实行土种改良种，高秆改矮秆，常规稻改杂交稻，推广抗病新品种计180多种。三麦、油菜、棉花淘汰土种和低产品种，引用高产抗病新品种计

130多种。1975年起，各生产大队建立农科队繁育良种供大田用种，水稻、三麦种子纯度达到一、二级标准，结束种子混杂退化、庄稼“三层楼”“五花头”的历史状况。此后，新品种引用不断推陈出新。至2012年，种植业98%使用优良品种。

科学用肥　60年代开始，施用化肥，新城、龙河先后推广早稻“一轰头”，施足基肥，重施分蘖肥，中晚稻“前促、中控、后保”，三麦“前促、中控、后补”，棉花、油菜“施足基肥，适施苗肥，重施花铃肥、抽苔肥”等先进技术。施肥方法上，三麦追肥推广打洞穴施，水稻推广“机前肥”，全层施肥。1984年，推广以氮、磷、钾复合肥料为主的平衡施肥法。2000年后，大面积实施测土配方施肥技术（详见农业章、施肥技术节），以满足作物对各种营养元素的需求，提高作物产量5%以上。至2012年，全面施行测土配方施肥技术。

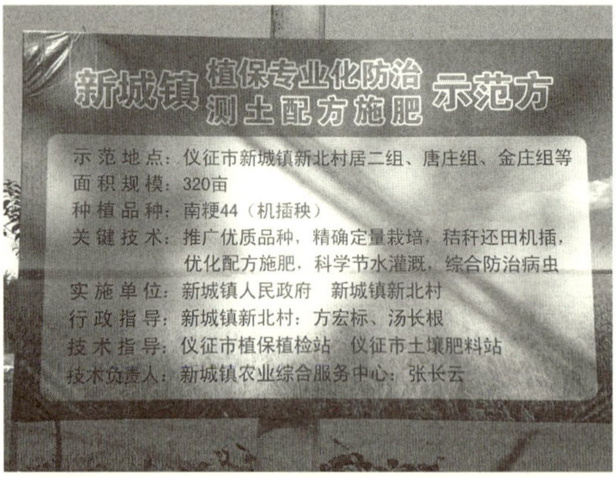

图22-2　测土配方施肥（摄于2010年）

薄膜覆盖　1973年后，新城、龙河乡先后推广水稻、棉花育苗、蔬菜种植塑料薄膜覆盖技术，作物提前播种，增温保苗，延长生长周期，产量和品质提高。1990年，地膜覆盖技术运用于蔬菜栽培，上市季节提前，产量增加。2000年后，大面积使用塑料薄膜大棚和其他配套设施栽培蔬菜，不受季节影响，可生产各种反季节蔬菜，效益显著。至2012年，塑料薄膜大棚栽培技术在现代农业生产中广泛运用。

图22-3　薄膜育秧（摄于2009年）

精确定量栽培技术　1983年，新城乡大面积推广水稻优培法，应用各项技术措施中的最佳效应，形成栽培技术新体系，充分发挥各品种内在的增产优势，并与外部生态条件相互协调，达到稳产高产。2000年后，在优培法技术体系的基础上，应用精确定量栽培技术，实施“高产、优质、高效、生态、安全”的先进技术。2007年，推广面积3333.33公顷（约合5万亩）以上。至2012年保持不变。

图22-4　国家粮食丰产工程（摄于2011年）

白叶枯病综合防治　70年代，水稻白叶枯病是常发性病害，严重影响产量。新城、龙河农科人员考察研究，先后推行“清除杂草，加强肥水管理，严禁串溉漫溉，辅以药剂防治和选用抗病品种”等综合防治措施。1983年，水稻白叶枯病得到控制。至2012年，白叶枯病仍实行综合防治。

除草剂应用　1973年，新华大队玉兰生产队在农技人员指导下实行水稻秧田化学除草剂防除杂草试验，取得成功后，迅速推广。1979年，新城、龙河公社稻田除草剂使用面积1866.67公顷（合2.80万亩），麦田1066.67公顷（合1.60万亩），1995年后，除草剂应用面积达99%。至2012年，化学除草剂使用面积达100%。

小麦免少耕　70年代，新城、龙河公社多次进行小麦免少耕试验示范，在稻板田上撒播后开沟盖籽或用机械旋耕，省工省本，出苗齐，产量较常规种麦高10%左右。1980年起，在面上推广应用。2012年，全镇小麦田全部实行免少耕。

桑苗嫁接　1965年，新城、龙河公社91.2公顷（约合1368亩）桑园全面实施嫁接湖桑苗，桑叶品质产量大幅度提高。

人工繁殖鱼苗　1970年，新城公社大楼大队渔业队应用人工繁育技术，成功繁殖出鲢、草、鲭鱼800万尾。1986年，繁殖鱼苗5000万尾。

生物助长剂应用　1974~1988年，“九二〇”“湘八〇”多效能生物助长剂在农业生产中逐步推广运用。1983年，丁冲大队后营生产队“910”中籼稻孕穗期用“湘八〇”500倍溶液喷施0.19公顷，每公顷比对照稻田增产771.75千克，折合每亩增产51.45千克。

图22-5　塔吊（摄于2011年）

工业技术

农具革新　1963年，龙河公社农具厂生产经革新适合本地区使用的双轮双铧犁和新型手推车，在县工业产品评比会上受到好评，并推广使用。

金属锻压焊接　1970年，新城、龙河公社社队工业、铁匠铺先后推广使用空气锤锻压技术，取代人工捶打。随后采用成型模锻压工艺，提高工效，节约钢材。1988年，新城机械厂应用喷焊技术，提高产品质量。

图22-6　新型墙体材料（摄于2012年）

节能技术　1977年，新城砖瓦厂改传统土窑烧砖为轮窑自燃烧砖，节煤三成以上。1995年后，推广烧制空心砖，减少取土量，节约能源，保护生态。1996~2012年，全镇企业通过节能降耗技改项目实施，每年节电约280万千瓦时，节煤300吨。

数控机床应用　1994年，新城机械厂率

先应用数控车床，部件加工精确度及工效大幅提高，老式车床被淘汰。

建筑业技术　1997年，新城建筑业推广使用混凝土添加剂、大型模板体系、多孔墙体材料，钢筋气压焊接、整体自动爬升脚手架等新技术、新工艺，建造20层以上的高层和单跨36米以上的建筑。此后，新城、龙河建筑企业不断增加机械设备，运用新技术、新工艺、承建一批"高、大、难、新"工程。至2012年，有8项施工新技术获省和扬州市施工新技术创新成果奖。

图22-7　升降电梯　（摄于2011年）

三、创建科普文明乡（镇）村、科技企业

1992年，新城乡、龙河乡开展"讲精神文明、比科技致富、创建科普文明乡和科技示范村"活动，科技进村入户。1999年，龙河乡被评为江苏省科技工作先进乡。2000~2001年度，新城镇被命名为扬州市科普文明镇。1992~2006年，全镇有14个村被扬州市命名为科普文明村。2002~2012年，有20家民营企业获省"科技企业"称号。

1992~2006年新城镇被命名为扬州市科普文明村名录

表22-1

村名	命名年份	村名	命名年份
新北	1992	三将	2002
凌桥	1993	郁桥	2002
马坝	2000	新华	2002
越江	2000	桃坞	2004
砖桥	2000	林果	2004
沙河	2000	官胜	2006
东升	2000	丁冲	2006

2002~2012年新城镇获省民营科技企业名录

表22-2

获批年份	企业名称	地址
2002	仪征市扬子石化实业有限公司	新城镇
2002	仪征市兴华金属包装配件厂	新城镇

续表22-2

获批年份	企业名称	地址
2003	仪征市恒丰无纺材料有限公司	新城镇
2003	仪征市内燃机件厂	新城镇
2006	仪征普斯生态能源有限公司	新城镇
2009	仪征三力活塞制造有限公司	新城镇
2010	仪征四方轻纺机械厂	新城镇
2012	仪征市丰源船舶电器厂	新城镇工业集中区 -1 号
2012	仪征市宏鑫变压器有限公司	新城镇工业集中区 56 号
2012	扬州华诚土工材料有限公司	新城镇工业集中区 80 号
2012	扬州众诚变压器有限公司	新城镇工业集中区 53 号
2012	仪征市起重设备厂	新城镇桥南
2012	仪征市华凯无纺设备公司	新城镇工业集中区
2012	仪征蓝凯照明电器有限公司	新城宁扬路 158 号
2012	仪征市润扬动力配件有限公司	新城镇工业集中区南路 6 号
2012	扬州浩宇土工合成材料有限公司	新城镇工业集中区巫家沟 3 号
2012	仪征市诚信包装制品厂	新城镇桥南
2012	扬州亿诺无纺有限公司	新城镇新龙路 15 号
2012	仪征市新扬船舶制造有限公司	新城镇红旗村江堤南
2012	仪征汇鑫玻璃钢有限公司	新城镇工业集中区新华路

第三节　科技成果

一、农业科技

春蚕加温饲养法　1959年，龙河公社蚕桑场，自制烧炉设备，增温至20℃～25℃，创出春蚕加温饲养方法，每张蚕种产茧66千克，比常规养蚕增产20千克。该项成果被县蚕桑技术指导站认定并批准面上推广。

能繁母猪人工授精　1971年，新城畜牧兽医站与江苏农学院合作，研究能繁母猪人工授精技术。经反复试验，采取深井（温度正负5℃）储藏猪精子存活的方法，突破农村推广母猪人工授精技术上的难题，获得成功。

增施微量元素改造直沙土低产田　1978年，新城农技站农技员指导实施直沙土低产田改造。经土样化验，土质缺少锌、钼、硼等微量元素。在江苏农学院土肥专家的指导下，用上述微量元素开展不同作物、不同生长期、不同剂量的施用试验，经对比分析论证，获取数据，取得成果。1979年，郁桥、大兴、新北等大队面积有200多公顷直沙土低产田推广使用锌、钼、硼微量元素，农作物增产7%~9%。

新品系中籼稻929-2抗白叶枯病万亩高产试验 1982年，新城乡农技站承担此项目，1983年获省农林厅技术进步四等奖。

研发食用菌优质菌种 2011年，位于三茅村的仪征市翔飞食用菌专业合作社，应用高科技设备研发香菇、双孢菇、秀珍菇等优质菌种，取得成果。经种植示范，品质上乘，产销两旺，带动周边农户种植食用菌面积8公顷。

二、工业科技

1970年，新城农机厂研发生产的4寸、6寸、8寸农用潜水泵，轻便实用，被县地方工业局列为新技术产品。2004年，润扬机械有限公司研制生产自动绕簧机，获国家发明专利。2010年，该企业攻破自动绕簧机断料难题，国内首台全自动螺旋撑簧绕簧机研制成功，申请国家发明专利10个，该项高新技术被列为扬州市科研项目。2008~2012年，新城镇有4家企业被列为国家级高新技术企业，全镇有省高新技术产品25个。

2009~2012年新城镇国家级高新技术企业名录

表22-3

获批准年份	企业名称
2009	江苏普斯新能源科技有限公司
2011	仪征市四方轻纺机械有限公司
2010	仪征市润扬机械有限公司
2012	仪征市宏鑫变压器有限公司

2008~2012年新城镇获省"高新技术产品"称号名录

表22-4

获批准年份	产品名称	企业名称
2008	超薄硅片（125×125mm）	江苏世纪中天光伏材料有限公司
2008	HD203超抗剪大跨径装配式公路钢桥	仪征市飞虹特种钢桥有限公司
2009	三维复合排水网（1600克/平方米）	仪征市佳和土工材料有限公司
2009	T2型高残余接着率离型膜	扬州万润薄膜有限公司
2010	2.5米三辊筒水刺机	仪征市四方轻纺机械厂
2010	高光洁无毛刺活塞环螺旋撑簧（上柴SC121T）	仪征市润扬机械有限公司
2010	CA6DL柴油机冷激挺柱	仪征市华诚内燃机配件厂
2010	超导热管太阳能热水器	江苏普斯新能源科技有限公司
2010	可改变迎光角度的太阳能热水器	江苏普斯新能源科技有限公司
2010	环氧树脂包封干式电力变压器（SCB10-1000/10）	仪征市宏鑫变压器有限公司
2010	高速铁路箱梁钢模板	仪征市飞虹特种钢桥有限公司

续表22-4

获批准年份	产品名称	企业名称
2011	全自动裱纸机（FAL-1450）	仪征劲全机械有限公司
2011	“梳型”聚羧酸盐高分子表面活性剂（SP-2728）	扬州斯培德化工有限公司
2011	可逆加成断裂自由基共聚“ABA”型高分子表面活性剂（SP-2836）	扬州斯培德化工有限公司
2011	W1573-250（SX）型三辊筒水刺机	仪征市四方轻纺机械有限公司
2011	集热管横置太阳能热水器	江苏普斯新能源科技有限公司
2011	高强土工格室（TGGS50-500）	仪征市佳和土工材料有限公司
2011	交叉铺网机（SF-PW-200）	仪征市四方轻纺机械厂
2012	铜银复合触点船用舱室开关	仪征市丰源船舶电器厂
2012	防静电移动式升降平台	仪征市起重设备厂
2012	杠杆型双端卡箍式新型全开口金属容器	仪征市润扬机械有限公司
2012	新型高效能太阳能热水器	江苏普斯新能源科技有限公司
2012	表面着红褐色高耐磨、高防腐内燃机活塞环螺旋撑簧	仪征市润扬机械有限公司
2012	高弹力内燃机活塞环螺旋撑簧	仪征市润扬机械有限公司
2012	新型高效全自动粘盒机	仪征劲全机械有限公司

三、医药科技

70年代以来，新城、龙河公社卫生院医技人员在一些重要疾病及疑难杂症的发病机理研究方面取得进展，同时在疾病诊疗技术和药物研究开发方面取得20多项技术成果。1976~2012年，全镇共有25篇论文在省以上医药刊物上发表。（详见第二十五章　卫生）

第四节　清洁能源应用

一、沼　气

1976年，新城、龙河公社始有农户用沼气作为燃料煮饭烧菜，用沼渣施肥。当年，新城公社组织5名技工在林果大队贾营、张营生产队建造沼气池28座，召开现场会进行推广。翌年，新城公社新建沼气池64座，龙河43座。新城、龙河公社规定，农户建沼气池地方财政补贴50%资金，集体投工。至1981年，新城公社累计建沼气池101座，龙河公社160座。1983年后，因沼气池质量差、管理不当等原因，部分沼气池报废不能使用。新城乡有正常使用沼气池55座，龙河乡80座。以后很长一段时间，沼气发展处于停滞状态，至2007年，新城镇仅有100多家农户使用沼气。随着农村环境综合整治力度的加大，政府鼓励农户建沼气池，以使秸秆充分利用，人畜排泄物无害化处理。2008年，镇政府制订沼气发展扶助政策，与农户签订沼气池建设合同，每建一座8立方米以上的沼气池及其配套设施，镇村两级补助70%资金，并推广新型“圆、小、浅”水压式沼气池，建管并重，使用效率大大提高，激发农户建沼气池的积极性。至2012年，全镇累计建有沼气池777座，其中周营村169座，丁冲、三茅、官胜、马坝4个村每村有沼气池100座以上。

图22-8 农家使用沼气 （摄于2010年）

二、太阳能

1994年，新城始有2户居民使用玻璃真空集热管太阳能热水器。因价格高，农村自来水没有普及，使用者甚少。1995年3月，郁桥村村民汤桂军自办太阳能热水器生产经营部，购进太阳能玻璃真空集热管，引进水箱生产技术，生产“红福”牌太阳能热水器，同时进行产品宣传示范推广，当年销售太阳能热水器80台。1997年，各村自来水普及后，太阳能热水器被逐步推广使用。1999年，新城“红福”太阳能热水器厂引进清华同方太阳能玻璃真空集热管及先进技术，水箱容量从150升单一品种增加200升~300升不同规格的大容量水箱，年产太阳能热水器700多台，并实行销售、安装、维修一条龙服务。2004年7月，仪征普斯生态能源有限公司于新城镇工业园区成立，注册资本150万元，占地1公顷，职工23人，主要生产太阳能热水器，太阳能光伏草坪灯、庭院灯，太阳能采暖系统，集中供热系统，以及地源热泵中央空调系统。2005年9月，太阳能集热板被省科技厅认定为高新技术产品。2006年，该公司获省“民营科技企业”称号。年产太阳能热水器8200台，产品销往扬州、南京、上海、郑州等地，年产值800万元。2007年后，镇内销售太阳能热水器专卖店有15家，居民家庭陆续安装太阳能热水器9400多台。2012年，全镇居民住宅装有太阳能热水器1.3万台，用户普及率95%以上。

图22-9 农户安装使用的太阳能热水器 （摄于2011年）

第二十三章　教　育

新城的教育事业起步较早，明清时期建有多所私塾。清光绪年间，开办新学，建小学堂，但规模较小，发展缓慢。清末民初，新城商民吴衡峰以教育兴家，三代人走出7位教授、学者，享誉仪征。民国37年（1948年），新城、龙河地区有中心国民学校2所，国民学校7所，共有学生530人，文盲约占人口总数的90%。

解放后，学校教育教学得到恢复和发展。1950年，公办小学扩增20个班，7所民办小学创办，在校学生增加，成人扫盲识字教育也蓬勃开展。1956年，首所古都农业社托儿所开办，开始幼儿教育。1958年龙河初级中学创办，1968年新城中学成立。70年代，普及中学教育，农中改普中，农村完小附设初中班。1978年后，教育事业进入良性发展轨道。1984年，新城乡和龙河乡分别成立教育委员会，加强对教育工作的领导。1990年起，深入开展“双基”（基本实现九年义务教育、基本扫除青壮年中文盲）教育，全面推行素质教育。至1995年，新城镇和龙河乡基本扫除青壮年中的文盲，达到国家扫盲标准。1999年，民资进入教育领域，新城中心幼儿园改制为民营，出现公办与民办并存的办学体制。2000年后，全面推进教育现代化建设，教育投资大幅增加，教育设施、设备和教师待遇不断得到改善和提高。2005年，新城中学被评为省现代化教育示范初中，新城中心小学被评为省金钥匙科技竞赛先进学校。2007年，苗苗幼儿园获新型数学教学卡片“国家级专利奖”，新城镇社区教育中心被评为省乡镇社区教育中心。2012年，镇内有初中2所，小学2所，幼儿园3所，在校学生1979人，在园幼儿564人，教职工340人，其中专任教师265人，小学高级教师87人、中学高级教师43人、中学一级教师51人。

第一节　私塾教育

旧式教育在新城、龙河地区主要以私塾为主，多为启蒙和初级教育。私塾有义学、家塾、学塾等。义学多为民间集资，利用祠堂，庙宇或私人献房延师设塾，免费教授平民子弟。家塾为富户乡绅所办，聘请塾师（俗称先生）到家中教授子女，也有塾师在家中设帐教书，塾师报酬由各户分担。在学期上有长学和短学之分，长学从每年正月十八后开学，至冬至停课放假；短学是冬至入学，第二年清明停课，上此学的多为穷人家的孩子。私塾教学以识字读文、算术运算和珠算、作文、写毛笔字为主，无学年所限。教授内容以《三字经》《百家姓》《千字文》，以及《幼学琼林》《神童诗》等为教材，由浅入深至“四书”“五经”。塾师不作讲解，传承旧注，学生唯师是从，熟读死记。新城、龙河地区一般农家都要让男孩子到私塾读几年书或上几个短学，但在农村一个字不识或识字不多的文盲仍占大多数。清末民初，新学渐起，但私塾仍为农村教育主体。民国22年（1933年），新城有私塾22家，塾师25人。新城王耀山用家里二间草房开办私塾，被人称之为“王书房”。常年有学生30多人，有男生也有女生，学制一年分为三季，即从每年正月到端午节为一季，从端午节到中秋节为一季，从中秋节到腊月底为一季，供学生选择，每个学季视学生多少收取一定数量的学金或学谷。后因房屋被焚，王耀山又在本街吴姓家开馆授课。在农村有王耀山哥哥王子勤在古一村（今越江村）何庄借李长才家办私塾。桃坞村于柏春外出习医，回村后行医兼任塾师。新华村曹庄曹雅（曹庆堂）在自己家中办学，有学生二三十人。郁桥村破山口王天恩的家中先后有王沛、庞向渠、贾有山、龙殿云等办过私塾。合兴赵立嵩先在家里授课，后由其侄子续教，自己则到三将村蔡庄借房任教。冷红村的胡金贵、肖国珍、王春荣、殷学海、徐德胜、卢后堂（盐城人），郁桥村的董有田、余茂三、常玉德、柏桂林和新北村周德山、庞邦元、章君学等14名塾师先后在家中或借房办过私塾。民国30年（1941年），龙河镇有私塾19家，塾师23人，分布在街道上有2所，其中陈子翱塾馆民国25~35年（1936~1946年），有学生四五十人，刘柄铨塾馆民国23~30年（1934~1941年），有学生三四十人。在农村有官塘集的郭恩和民国24~32年（1935~1943年）办的家塾，有学生40人左右，丁冲村的朱万博、赵玉珍、汪道传、李仁秀，三茅村的任天福、李朝立、秦德志、杨莲英，官胜村大王庄的周正朝、许井庄的张德山，凌桥村的陈果子、任恒才、周步官、潘乐庭、潘良俊、周庆章等16位塾师在家中或借房创办私塾，每家有学生20人左右。这些塾馆基本上属于改良私塾，使用新编教材。

解放初期，人民政府开展私塾改造转化工作。1953年后，所有塾馆转为民办公助小学，不久改为公办小学，大部分塾师转为人民教师。至1954年，新城、龙河已无私塾存在。

第二节 幼儿教育

一、规模布局

1956年4月，古都农业生产合作社办起全县第一所农村托儿所，入托幼儿20余人。后来各农业社为解放妇女劳动力，均办起托儿所。新城地区共计12个，入托幼儿254人，保育员24人。1958年，幼儿教育大发展，新城公社各大队办幼儿园（含托儿所）27个班，入园幼儿861人，教师和保育员57人。龙河公社各大队共办幼儿园18个班，入园幼儿543人，教师和保育员24人。办班经费由各大队、生产队自筹，教师和保育员由各大队任用，实行亦工亦农。1959年，新城街道自办民办幼儿园2所，入园幼儿65人，教养员2人。龙河街道民办幼儿园5所5个班级，入园幼儿309人，教养员7人。后因经费、园舍、师资等问题难以解决，许多幼儿园停办或缩小规模。1965年，大队办幼儿园大都并入耕读小学或公办小学。龙河小学附属民办幼儿班1个，幼儿21人，教养员1人。“文化大革命”期间，民办幼儿园相继停办。1980

年后，幼儿教育得到恢复和发展。新城农机厂、五金厂开办托儿所，为本厂女职工的婴幼儿集中保育。新城、龙河公社每个村小学开设附属幼儿班，招收4~6岁幼儿入学。龙河中心小学内设学前幼儿班，由公办教师任教，有幼儿30多人。1984年，新城中心小学建立附属幼儿园，开设4个班，入园幼儿90多人。龙河小学附设幼儿园，设大班、中小混合班3个班，入园幼儿70多人，有园长、教师6人。乡以下各村小学也相继开办附属幼儿班，教师由村委会选派，学校管理，公办民助。当年，新城、龙河乡共有幼儿园27所、32个班，入园幼儿762人，教师37人。1990年，新城乡社会集资异地新建新城中心小学幼儿园，1991年竣工投入使用。更名为新城中心幼儿园，设6个班，入学儿童增至200多人，幼儿教师8人。1994年，龙河乡公办幼儿园——苗苗幼儿园开园，设4个班，入园儿童95人，园长和教师5人。之后，随着学校布局调整，村小学附属幼儿园相继撤销。1996年起，新城镇、龙河乡幼儿园进行体制改革，改制为民营幼儿园。2001年8月，新城爱心幼儿园成立，开设3个班、入园儿童65人，教职工9人。2012年，龙河幼儿园与苗苗幼儿园合并，更名为新城镇龙河幼儿园。年末，镇内共有幼儿园3所，15个班，在园儿童564人，幼儿教师58人。

图23-1 新城爱心幼儿园 （摄于2006年）

二、学制 课程

50年代后期，幼儿班已有简单文字课本，保教内容主要是认字、计数、游戏和户外活动。

60年代，使用自编自选的幼儿教材，开设有识字、音乐、图画、计算、手工等课程。“文化大革命”开始后，有的课程停开，偏重于唱歌、跳舞等文体活动。

70年代后期，恢复教育课程。80年代起，使用全县统一编印的教材，学制3年，分小班、中班和大班。1983年，增加识字、拼音课程。大班每周上课12节、中班10节、小班8节。以游戏教育为主要教学形式，每日户外活动1~2小时，主要是自由活动和游戏活动。1989年，执行教育部《幼儿园管理条例》，幼儿入园年龄为3周岁，课程以语言、计算、艺术、常识、品德、健康等方面为主。

2000年后，幼儿园配备VCD、电脑等现代教学设备，按标准配齐教具、玩具。教学内容按大、中、小班不同要求，设置语言、计算、常识、音乐、美术、体操、思想品德等课程，主要通过游戏、体育、讲故事、手工劳动、娱乐和日常生活常识等形式来完成。2012年，提倡科技兴园，更新教育观念，培养幼儿动手动脑，开发智力，提高社会观察能力。

三、幼儿园简介

新城中心幼儿园 位于镇东文源路北，创建于1984年8月，原名为新城中心小学附属幼儿园。占地700平方米，建筑面积300平方米，开设4个班，入园幼儿90多人。1990年，乡政府动员社会集资100万元，迁入现址新建，占地2480平方米，建筑面积1664平方米。1991年竣工，更名为现名。园内设有音乐、舞蹈室、幼儿午休室、餐室、卫生间，户外有操场、玩具游乐场、小花园、竹园、橱窗画廊和小动物、家禽饲养角。开设6个班，入学幼儿增至200多人，园长和教师8人。按市教育局规定教材和教学要求开展幼儿教育。1994年起，先后被评为仪征市、扬州市级一类幼儿园。1999年，改制为民营幼儿园。2000年后，中心幼儿园配备影视、音响和电脑等现代化教学设备，通过电教、游戏、唱歌、跳舞、体育等形式，提高儿童语言、阅读、计算、绘画、手工劳动能力。在教学活动中，不断创新教学新方法、新理念。该园李志红老师撰写的《动手动脑、创设教育环境》和常萍老师编讲的《鸡蛋是谁偷的》，分获扬州市幼教论文三等奖和幼教讲故事比赛三等奖。2006年，被评为扬州市幼教先进集体，扬州市优秀家长学校。2007年，承担扬州市教育教学研究课题“幼儿园生态式艺术教育研究”，于2011年12月结题。在此期间，该园教师在《中国教育研究会》《江苏教育》等刊物上先后发表幼教论文6篇。2009年，获江苏省“优质幼儿园”称号。2012年，开设6个班，入园儿童256人，教职工24人。

龙河幼儿园 创建于1983年，设在龙河中心小学校内，原名龙河中心小学学前班，有幼儿21人，教师由中心小学老师担任。1982年，招收4~6周岁幼儿49名，编成1个大班和1个中小班混合班，扩招后借用原龙河公社服装厂车间做教室。1984年，新建240平方米园舍和教师办公室，有专职园长1人，教师2人，幼儿58人，按大班和中小混合班编班保教，更名为龙河中心小学幼儿园。1994年，新建教室和附属用房260平方米，更名为龙河中心幼儿园，开设大中小班各2个班，幼儿近200人，教职员工12人，专职教师8人，当年被仪征市评为合格幼儿园。1999年，实行公有民营，2000年，更名为新城镇龙河幼儿园。2004年转制为民办幼儿园，设3个班，幼儿98人，教职工9人，其中专职教师6人。2011年，被评为扬州市优质幼儿园。2012年9月苗苗幼儿园并入，年末，幼儿园占地2800平方米，教职工23人。

图23-2 龙河幼儿园文艺表演活动（摄于1999年）

第三节 小学教育

一、规模布局

清光绪三十三年（1907年），新城人吴晓锋创办新城镇小学堂。民国元年（1912年），新城镇小学堂改称新城初级小学校，班级2个，学生60多人。民国4年（1915年），龙河人陈天任创办龙河集初小，班级1个，学生40人，教师3人。民国18年，仪征县政府布置民众捐资办学，境内先后创办小学4所：东门初小，位于东门外小街，设班级2个，学生53人；新城镇初小，位于新城东街北，设班级4个，学生137人；旧港初小，位于旧港，设班级2个，学生65人；龙河集初小，位于龙河集街道，设班级4个，学生139人。之后，又创办三条埂小学、三茅集小学、都天庙初小、二闸小学和绣花店小学等，其中都天庙小学设有班级2个，学生100人；二闸小学有班级2个，学生80人；其余班级各1个，分别有学生30人。民国26年（1937年），抗日战争爆发，各学校解散。侵仪日军为推行奴化教育，强制学校复课，三条埂小学、新城小学、旧港小学、龙河小学等先后复课，但日军的侵略行径又破坏学校教学。民国28年（1939年）3月16日，下乡扫荡日军烧毁龙河小学校舍20余间及全部课桌凳和教学用具，致使学校停课。民国35年（1946年），公立小学分别更名为中心国民学校或国民学校。至民国37年（1948年）上半年，境内有中心国民学校2所，班级9个，学生约260人，分别是新城镇中心国民学校，班级4个、龙河镇中心国民学校，班级5个。国民学校7所，班级9个，学生约270人，分别是西方寺国民学校（校址今东升唐庄）班级1个、三官庙国民小学班级2个、甘露国民学校（校址今三将陈庄）班级2个、先农国民学校（校址今郁桥王庄）班级1个、冷红国民小学（校址今三条埂）班级1个、旧港国民小学班级1个、三茅国民学校班级1个。

民国37年（1948年）8月和民国38年（1949年）1月，人民解放军东南支队解放龙河、新城后，人民政府接收旧学校，推行“维持、恢复、巩固”的方针，民主管理教育，动员人民群众办学。新城、龙河教育得到恢复和发展。

1950年起，境内各小学扩大招生。除公办小学增加20个班级外，还新办7所民办公助小学，在没有学校的蒋圩乡、桃坞乡创办2所民办小学。至1951年12月，新城地区有小学22所，其中公办14所、民办8所，完小4所、初小18所，开设班级42个，其中公办34个班、民办8个班，共有学生1796人，其中公办学校1498人、民办学校298人。教师52人，其中公办44人、民办8人。龙河地区有小学4所，其中公办3所、民办1所，完小1所、初小3所，设有班级8个，其中公办7个班、民办1个班，共有学生326人，其中公办校287人、民办校39人。教师11人，其中公办10人、民办1人。1952年12月，根据国家政策，9所民办小学全部转为公办学校，教师转为国家正式教师。1958年，实行全党全民办教育，新城、龙河地区小学增加，学龄儿童入学率上升至85%。1959年，新城公社有小学35所，其中公办23所、民办12所，完小6所、初小29所，设有班级91个，其中公办班70个、民办班21个，在校学生4166人，其中公办校3207人、民办校959人。教师84人，其中公办60人、民办24人。1960年，龙河公社有小学48所，除集镇上龙河小学外，其余分布在农村16个大队。其中公办校13所、民办校35所，完小3所、初小45所。班级79个，其中公办班44个、民办班35个。在校学生3143人，其中公办校1630人、民办校1513人。教师95人，其中公办60人、民办35人。

1960年龙河公社小学布局一览表

表23-1

大队名称	公办小学				民办小学				大队名称	公办小学				民办小学			
	学校数量(所)	其中			学校数量(所)	其中				学校数量(所)	其中			学校数量(所)	其中		
		班级(个)	学生(人)	教师(人)		班级(个)	学生(人)	教师(人)			班级(个)	学生(人)	教师(人)		班级(个)	学生(人)	教师(人)
龙小	1	11	308	17	—	—	—	—	周营	1	1	34	1	2	2	99	2
官胜	2	2	83	2	4	4	114	4	国庆	2	7	145	10	4	4	112	4
凌桥	1	6	304	9	2	2	181	2	长春	—	—	—	—	3	3	115	3
三茅	1	2	99	2	1	1	45	1	江宁	1	3	127	4	2	2	127	2
庙山	—	—	—	—	4	4	158	4	凌东	1	1	50	1	2	2	60	2
人民	—	—	—	—	1	1	39	1	华丰	1	1	45	1	2	2	107	2
凌西	—	—	—	—	1	1	50	1	马坝	1	3	126	4	2	2	108	2
丁冲	—	—	—	—	2	2	102	2	街胜	—	—	—	—	2	2	68	2
三官	1	7	309	9	1	1	28	1	—	—	—	—	—	—	—	—	—

1960年起，连续遭受严重自然灾害，学龄儿童入学率下降，在校学生流生率上升。1964年，新城、龙河出现大办耕读小学热潮，一个大队甚至办三四所。耕读小学无固定校舍，有的设在生产队仓库或农民家中，学生自带凳子课桌。教师大多是初高中毕业生，有的甚至是小学毕业生，实行半耕半读。教学采取灵活多样的方法，贴近生产和生活，如大兴王庄耕读小学35名学生，19名学生全日制，其余学生因要参加劳动或做家务等，就实行半日班、中午班或送教上门。后来经调整和整顿，保持一个大队有1所完小或初小，并设专职耕小辅导员，加强对教学工作的指导，并开展公办教师与耕小教师结对帮扶活动，提高教师队伍素质。“文化大革命”开始后，学校停课闹革命，教师接受贫下中农再教育，中心小学下放给公社代管，农村小学由大队领导，耕读小学停办，教学质量下降。1972年，采取各种措施普及小学五年制教育，全日制小学扩大学生名额，扩增班级，并开办半日班，学龄儿童入学率提高至95%以上。

1978年后，经过拨乱反正，教学秩序恢复正常，学校布局得到调整，做到公社（乡）有1所中心小学，各大队（村）有1所完全小学。1987年，施行九年义务教育，小学有所调减。年末，新城、龙河共有28所小学，其中中心小学2所，班级159个，学生5251人，教师272人。

1987年新城、龙河乡小学规模布局一览表

表23-2

乡名	校　名	班级（个）	学生（人）	教师（人）
新城乡	新城中心小学	13	550	30
	东升小学	5	169	8
	光明小学	5	161	8

续表 23-2

乡名	校 名	班级（个）	学生（人）	教师（人）
新城乡	越江小学	5	156	8
	冷红小学	5	179	8
	三条埂小学	8	261	15
	八一小学	5	137	9
	石桥小学	3	77	6
	砖桥小学	5	140	7
	三将小学	5	153	10
	郁桥小学	7	259	13
	新华小学	5	105	7
	林果小学	5	163	8
	大兴小学	5	135	8
	新北小学	5	131	8
	桃坞小学	5	137	8
	金桥小学	5	189	9
龙河乡	龙河中心小学	13	659	28
	三官小学	5	152	8
	马坝小学	5	163	7
	周营小学	5	153	7
	丁冲小学	5	155	7
	凌桥小学	56	184	8
	凌西小学	5	116	8
	王山小学	5	162	7
	人民小学	5	146	7
	三茅小学	5	137	8
	官塘小学	5	122	7

1996年秋，小学由五年制改为六年制。是年，新城金桥、大兴小学改为1~4年级初小，保留砖桥、三将、八一、冷红、光明、越江、新北7所1~5年级完小，确定桃坞、郁桥、三条埂、东升等5所为六年级布点学校。1997年，进一步整合教育资源，调整教育布局。是年，新城镇撤销冷红小学、越江小学，新建镇南小学，龙河乡也撤并一些小学。1999年，新城、龙河共有小学20所。

1999年新城镇、龙河乡小学规模布局一览表

表 23-3

乡镇名	校 名	班级数（个）	学生人数（人）	教师人数（人）
新城镇	新城中心小学	8	974	54

续表23-3

乡镇名	校　名	班级数（个）	学生人数（人）	教师人数（人）
新城镇	光明小学	4	117	6
	镇南小学	9	342	24
	三条埂小学	5	167	10
	砖桥小学	5	158	10
	三将小学	5	167	10
	郁桥小学	8	335	15
	林果小学	9	344	15
	大兴小学	4	121	7
	新北小学	5	115	8
	桃坞小学	6	257	11
	金桥小学	4	95	6
龙河乡	龙河中心小学	20	889	44
	三官小学	4	81	7
	马坝小学	4	62	6
	周营小学	4	86	7
	丁冲小学	4	61	6
	凌桥小学	4	103	7
	王山小学	6	197	10
	三茅小学	5	122	8

2000年，因区划调整，新城镇学校增至24所，其中中心小学3所。之后，划出4所小学，陆续撤并16所。2006年，全镇有小学4所，分别是新城中心小学、龙河中心小学、林果小学和桃坞小学。2009年，桃坞小学并入新城中心小学，班级增至23个，学生807人。2011年2月，林果小学撤销并入新城中心小学。

图23-3　龙河中心小学（摄于2008年）

2012年，镇内有中心小学2所，分别是新城中心小学和龙河中心小学，计有班级35个，其中一年级5个班，其余2~6年级各6个班。在校学生1354人，其中女生663人、占48.97%。教职工158人，其中专任教师124人。

二、学制 课程

学　制　清末，小学堂实行“癸卯学制”修业8年（初小5年、高小3年）。民国初，小学改为初小4年，高小3年。民国11年（1922年），执行“壬戌学制”“四、二”分段，即初小4年，高小2年。这种学制直至解放前未变。解放后，小学仍实行六年学制。从1952年秋季开始，县教育局在三条埂实验小学试行“五年一贯制”，一年后停止试点。1958年，贯彻“两条腿走路”的办学方针，开办简易小学，学制不固定，一般以学完省编教材为小学结业。1959年，重新在三条埂实验小学试行“五年一贯制”，全日制小学除公社中心小学外，其他学校的高年级曾实行“半日制”“半耕半读”。1967年7月，所有小学均实行“五年一贯制”，年满七周岁的儿童均可入学。1996年秋，所有小学恢复实行六年学制，儿童年满六周岁入学，至2012年，学制及入学年龄没有变化。

课　程　清末，小学堂按《钦定学堂章程》开设修身、读经、作文、习字、史学、算术、体操等课程，后增设自然课，同时设手工，图画列为课外教程。这一时期的课程虽有一些新学内容，但仍以儒家经书为主。民国时期，小学开设国语、算术、社会、自然、音乐、图画、手工和体育等课程。日军入侵仪征期间，在新城、龙河小学推行奴化教育，开设日语课，唱游课（音乐、体育课）中塞进“东亚联盟”等内容。民国36年（1947年），初小课程有国语、算术、音乐、体育等，高小课程为国语（读、说、写、作），算数（笔算、珠算）、常识（自然、地理、历史、公民），音乐、美术、体育和劳作等。

解放后，1951年秋，采用人民教育出版社新编教科书，初小开设国语、算术、常识、图画、劳作、美术、体育7门课程，高小增加政治、史地、自然3门课。1955年9月执行教育部小学教学计划，每学年以34周（每周6天）计算。小学一年级至四年级开设语文、算术、体育、唱歌、图画、手工劳动6门课程，其中规定每周语文12课时，算术（一年级至三年级）6课时，四年级7课时。五年级至六年级开设语文、算术、历史、地理、自然、体育、唱歌、图画和劳动9门课程，其中每周语文9课时，算术5课时，其他课程每周安排1～4课时。“文化大革命”期间，语文早读课改为读毛主席语录（又称“天天读”），政治课改读毛主席“老三篇”（《为人民服务》《愚公移山》《纪念白求恩》），学生走出课堂，学工、学农、学军，寒暑假被改为放农忙假，正常课程无法进行。1976年，开始恢复“文化大革命”前的课程。1981年增设思想品德课。1985年，一年级至五年级开设的课程有：语文、数学、音乐、美术、体育和思想品德6门，三年级起设自然课，并在语文课中安排作文，四年级设地理，五年级设历史，四、五年级均设劳动课。思想品德课的教学内容各个时期不同，由省教育厅编印教材。小学生每周在校授课时间：一年级31课时，二年级32课时，三年级33课时，四、五年级各34课时。1988年9月起，每周总课时为30节。1995年9月，三年级增设社会课程。1998年9月至2001年8月，不开设地理、历史课，五年级增设信息技术课。2003年9月，全镇小学统一执行教育部义务教育课程设置方案，即一年级至六年级体育课每周开设3节；三年级开设英语课程，每周3节，自然课改为科学课；三年级至六年级增设综合实践活动课程，每周3节；一、二年级开设品德与生活课；三年级至六年级开设品德与社会课，每周2节。镇和学校自主开设的课程，一、二年级每周2节，三年级至六年级每周3节。学校安排的课程有：晨会（每天10分钟）、班队会、科技文体活动、写字课等，课时长短结合，灵活安排。有的课程中有机融入国防教育、健康教育、环保教育、法制教育和安全教育等。2006年，每周授课时间一、二年级为26课时，三年级至六年级为30课时，学生每天在校时间不超过6小时。2012年，小学开设语文、数学、品德、体育、音乐、美术课程，三年级起增设英语、科学、信息技术教育课程，五、六年级增设社会、劳动课程。

教　学　民国时期，主要课本采用政府编的教材，教学方法多为灌注式，教师一讲到底，如语文课采用先读、认生字，第二节课解析词语，最后整理笔记。

解放后，小学采用人民政府编印的教材，提倡启发式教学法。1953年，推行苏联"凯洛夫"教学法，要求教师钻研教材、备课、改进教学方法，提高教学质量。1956年，小学一年级开始汉语拼音字母教学。60年代，课堂教学贯彻"少而精""学以致用"的原则，减轻学生作业负担，提高学生学习兴趣。后受到"文化大革命"干扰，教学无法正常开展。直到1976年后，教学才逐渐恢复正常。1978年起，经常采用的教学方法有读讲结合、辅导启发、精讲多练等。狠抓教学"五认真"（认真备课、认真上课、认真批改作业、认真考核、认真辅导）。校校之间组织公开课、实验课、观摩课等。80年代，普遍开展注音识字、提前读写等教改活动，着重抓好"双基"（基础知识、基本技能），提高学生学习能力。1985年，各小学试用人民教育出版社出版的新教材。1990年，使用小学义务教育教材。1998年新城中心小学成立科教室，实行电化教学。2000年后，中心小学建起校园网络，教师开始运用现代教学技术授课，并推行自主创新的课堂教学模式。2003年9月，推行第八次基础教育课程改革，建立"平等、尊重、互动"的新型师生关系，教师由课堂教学的主角转变为学生学习的指导者、合作者和人生道路的引路人，实行开放式的教学方法。2010年，倡导素质教育，特色教育。坚持以科研带课改，以课改促科研的改革思路，提高教学质量。同年，新城中心小学承担的《新课程背景下，小学数学教学中创新意识培养的实践与研究》课题，在国家课程小学数学实验教科书教科研第二届优秀课题成果评选中获一等奖。2012年，小学数字化教学拥有计算机223台、图书3.37万册、电子图书682GB。

在教学中，对小学生成绩考查一般分平时、期中、期末三种，平时考查主要是单元测试、月考等。1956年起，每门课学期成绩计算方法为"三、三、四"，即平时、期中成绩各占30%，期末成绩占40%。采用百分制计分法，60分为及格。80年代开始期末考试，由县（市）教育局组织印发统一考卷。六年级毕业生增加综合素质测试。2012年，全镇小学毕业率99.87%、升学率为98.48%。

三、学校选介

新城中心小学　位于镇西郁桥村。创办于民国3年（1914年），原名为新城初级小学校，校址在东大巷太平庵，校长包明权。民国18年（1929年），有班级4个，学生137人，教师5

人。民国35年(1946年),更名新城镇中心国民学校。民国37年(1948年)7月,有班级4个。

解放后,易地重建新校舍,更名为新城小学,有班级6个,学生246人,其中初小班183人、高小班63人,有女生78人,教师10人。学校分为两部分,新校舍设四年级至六年级,分部民房设一年级至三年级。教学设备简陋,仅有风琴一架,挂图三幅,挂钟一个,毛算盘一把。1954年,学校规模扩大后,分部撤销并入。1959年,学校下放公社管理。"文化大革命"开始后,学校停课闹革命。1976年,恢复教学秩序。1984年,更名为新城乡中心小学。1987年,实行"五年一贯制"教改。1993年,更名为新城镇中心小学。1996年,恢复6年学制。2000年以后,推行素质教育,实施课堂改革,培养学生阅读理解和思维能力,切实减轻学生负担。2009年4月,迁入现址。新校园占地2.3公顷,建筑面积9692平方米,建有教学楼、综合楼、办公楼、餐厅、运动场等,更名为新城中心小学,被审定为省实验小学。2012年末,全校开设班级23个,学生880人,教职工108人,其中专任教师88人,中学高级教师5人,小学高级教师71人,先后有12人次被评为省、扬州市优秀青年教师、优秀班主任、十佳辅导员。

龙河中心小学　位于龙河街道北首。创立于民国5年(1916年),由程姓武士后代程天任创办并担任校长。学校3间草房,位于龙河街道北端,原名为龙河集初级小学校,学生40人,教师3人。民国10年(1921年),在原址向北100米处新建校舍,开设高小班,学制改为六年,设6个班级,在校学生约300人,教师7人,校长由陈寿山接任。民国15年(1926年),校舍遭火灾停课,秋季修复后复课。民国28年(1939年)3月,校舍及教具遭日军纵火烧毁,被迫停课,秋季复课。民国35年(1946年),更名为龙河镇中心国民学校。民国37年(1948年),开设5个班。

解放后,学校复课,校名为龙河小学,校长陈寿山。1962年更名为龙河中心小学,1987年学校改扩建教学楼。1996年,新建1053平方米的教学楼,学校的硬件和软件设施得到充实提高。2003年,调整学校领导班子,教育教学质量提高。2005年开始,学校承担省、扬州、仪征市级科研课题6个。2006年,全校开展读书活动,编印5期《奶酪在我们的追求中》读书专辑。2008年,推行校本研修活动,开辟教育博客网站,当年有5名教师在扬州市教育博客大赛中获得一等奖。校长周福松参加仪征市校长课堂教学大比武获一等奖,在扬州市百名校长有效课堂教学评价中获扬州市品德课堂教学二等奖。2010年9月刘广琴老师获扬州市第十九届小学语文年会竞赛课一等奖。2011年,学校在全市教科研年度评比中获第一名。2012年,全校设班级12个,学生474人,教师50人,其中专任教师36人,有中学高级教师3人,小学高级教师16人。有10名教师先后获仪征市"首批学科带头人"和新城镇"名教师"等称号。

第四节　中学教育

一、规模布局

普通中学　1958年6月,龙河初级中学成立,有班级2个,学生112人,教师4人。1961

图23-4 龙河中学校园（摄于2011年）

年，发展至6个班，在校学生218人。1966年，龙河初中设6个班，学生252人，教职工24人。“文化大革命”初期，学校停课闹革命。1968年，提出“上初中不出大队，上高中不出公社”的不切实际要求。新城公社农中和新北农中合并成立新城中学，设初中2个班、高中1个班。龙河红旗农中改为红旗初级中学，设6个班，教师15人。新城三将小学和新北小学“戴帽”附设初中班。1970年9月。龙河初中升级为完全中学。当年，龙河凌东小学、凌西小学、官胜小学、三茅小学和新城三条埂小学、跃进（冷红）小学、东升小学、金桥小学、林果小学、郁桥小学均“戴帽”办初中班。师资不足，则层层提拔使用。1978年后，逐步调整学校规模布局。1981年9月，新城中学高中部撤销，同时，撤销跃进小学、东升小学、金桥小学，郁桥小学的“戴帽”初中班并入新城中学。1982年9月，根据就近入学原则，龙河成立王山初级中学，设1个班级。1983年9月，龙河中学高中部撤销，改为中心初级中学。1984年9月，新建越江初级中学，同时撤销三将小学、三条埂小学、新北小学“戴帽”初中，并入越江初中，初一设3个班，学生121人，教师27人。1988年6月，撤销红旗初级中学并入龙河中学。至此，境内有中心初级中学2所，分别是新城中心初级中学，有班级13个、学生682人，教职工54人；龙河中心初级中学，有班级12个、学生618人，教职工47人。初级中学2所，分别是越江初中，班级9个、学生451人，教职工23人；王山初中，班级6个、学生294人，教职工19人。1996年起，先后撤销王山初中和越江初中并入龙河、新城中学。1997年，新城、龙河中心初级中学，改称新城、龙河中学。1998年，新城中学班级20个，学生1180人，教师78人。龙河中学班级15个，学生740人，教师45人。2000年区划调整，新增十二圩中学，后于2005年划出。2012年，镇内有中学2所，分别是新城初级中学和龙河初级中学，共有班级19个，学生825人，教职工124人，其中专任教师111人。

农业中学 1958年，新城公社农中和龙河公社农中先后成立，各有班级2个，学生69人，教师8人。1959年招生86人。1960年招生73人，当年共有教职工22人，其中教师10人。1962年秋，龙河农业中学停办。1964年8月，新城农中仅招生22人，开设2个班（初一班15人，初二、初三班合并7人）。1965年，重新发展农业中学，新办农中7所，大多由生产大队主办或联办。新城公社由新北、林果、大兴、新华、桃坞和金桥6个大队联办成立新城新北耕读农业中学，郁桥、砖桥和三将3个大队联办成立新城砖桥农业中学；冷红、八一和大楼3个大队联办成立新城大楼农业中学。龙河公社凌西、凌桥两个大队自办农中；人民、三茅和先进林牧场3个大队（场）联办成立龙河先进农业中学；马坝、三官、周营和丁冲4个大队联办成立龙河红旗农业中学。7所农中共计开设9个班级，除新北、先进农中各设2个班外，其他学校均设1个班。在校学生共203人，每班学生最多的36人，最少的18人。教师9人，除新北农中有3名教师外，其他学校仅有1名教师，校长由所在地大队长兼任。“文化大革命”期间，农中相继停办或撤并。

中学职业班 1982年，积极发展职业教育，新城中学附设文艺班，招生50人，教师由学校调配，1985年7月停办。

二、学制 课程

学 制 50年代，初中实行三年学制，60年代改为二年学制。新城、龙河成为完全中学后，实行高中、初中各二年的“二、二”分段学制。1980年9月起，初中学制过渡为3年，高中学制仍为2年。至1984年基本完成过渡阶段，实行高、初中“三、三”分段六年制。1988年起，初中每班学生人数一般45人左右。1994年9月，新城中学经市教育局批准，一个班试行将初中改为四年（初一、初二各1年，初三为2年）制，1996年停止试行，恢复三年学制。至2012年，初中3年学制未有改变。

农业中学学制起初为3年，后改为2年。中学附设职业班学制为2年。

招 生 1958年6月，初中招生由县统一命题，组织考试，择优录取。龙河初中共招新生112人，其中保送生5人。“文化大革命”中取消升学考试制度，小学毕业可直升初中，初中升高中注重家庭阶级成分，“地富反坏右”分子的子女升高中受到限制。1978年，恢复招生考试制度。初中由县统一命题，在公社组织考试、评卷、录取。高中招生由扬州地区统一命题，分点考试，集中阅卷，统一录取。1994年，实行九年义务教育后，小学毕业直升初中。2004年起，“小升初”实行无缝对接，有效控制小学生毕业后辍学不上初中的现象。

课 程 1958年，龙河初中开设语文、数学、历史3门课程，体育、音乐、美术等课程未开。1960年起，开设语文、数学、物理、俄语、体育5门课程。“文化大革命”前期，语文课以学毛泽东著作和应用文为主，数学课以学习农业会计、珠算为主，物理、化学、生物课改为学习工农业基础知识和“三机一泵”（柴油机、汽油机、电动机、水泵）操作技能，音乐课改为学唱革命歌曲和文艺。1972年，中学课程设置逐步调整，开始设置语文、数学、外语、政治、工农业基础知识、史地、卫生、体育、唱歌（初中）、图画（初中）课，每周有两节劳动课。1978年起，按《全日十年制重点中小学教学计划（草案）的修改意见》设置课程。1984年新城、龙河中学统一设政治、语文、数学（代数、几何）、外语、物理、化学、历史、地理、植物、生理卫生（初三）、体育、音乐、美术等课程，同时增设劳动技术课。80年代初中课时每周6天，每天7课时。1995年每周改为5天后，课程设置为语文、数学、英语、政治、历史、地理、物理、化学、生物、音乐、体育、美术等课程。当年，增设计算机和国防教育课程。2003年，实施课程改革，增设地方课程（校本课程），综合实践课程和心理与健康课程，同时将计算机课程改为信息技术课程。2012年，新城、龙河中学开设的课程有语文、数学、英语、政治、历史、地理、物理、化学、生物、音乐、体育、美术、信息技术、国防教育、人防教育、心理与健康、综合实践和地方课程。

农业中学课程基本与全日制中学相同，但教学重点不一样，语文课以农村应用文为主，数学课以实用珠算和会计记账法为主。农中实行农闲上课，农忙劳动，半耕半读。学校辟有生产劳动基地，学生边学边干，每年夏秋农忙时节停课到生产队参加劳动。

中学职业班开设的课程主要有：语文、数学、外语以及书法、音乐、艺术设计等。

三、教 学

新城、龙河初中采用国家教育部统编教材，同时使用县教育局编印的历史、地理、农业3册乡土教材。“文化大革命”期间，采用省编教材。1978年后，使用国家教育部统编教材。90年代初，改用人民教育出版社出版的教材。2003年，实施新课程改革后，初中教材有多种版本，学校可自主选择。

教学方法上，强调基础知识教学和基本技能练习，加强读写指导，注重精讲多练。语文教学强调文、道结合，作文强调精批细改；数学强调讲清概念，运用分析。“文化大革命”中，推行开门办学，组织学生到农村接受再教育，正常的教学秩序被打乱。1978年起，教学方法不断改进，主要采用读讲结合，精讲多练，演示试验和参观学习，并开展电化教学。2000年后，教学方法发生较大变化，形成平等、尊重、互动的教学方式，以建立学生成长记录袋、综合素质评定等形式引导学生全面发展。

成绩考查，采用百分法，60分为及格。期末考试由县（市）教育局组织进行，每一门课学期总成绩按“三、三、四”或“四、六”折算，即平时、期中成绩各占30%，期末成绩占40%。90年代后，改为平时占40%，期末考试占60%计算。初三年级升学考试由扬州市教育局组织实施，中考成绩作为学生毕业和升学主要依据。2012年，初中升学率达99.85%，初中毕业率为99.42%，初中三年巩固率99.7%。

四、学校简介

新城中学 1968年8月创办，位于新城镇东，有初一班2个，高一班1个，学生83名。办学条件简陋，起初与新城小学同在一个校园内。1970年，新城小学迁出后规模逐渐扩大，并形成“奋发、严谨、求实、精思”的校风和“勤奋守纪、刻苦上进”的学风。1981年8月高中部撤销，更名为新城中心初级中学。1997年，越江中学并入，更名为新城中学。有班级20个，学生1180人，教师78人。时有教学楼2幢、学生宿舍楼1幢。2000年，推行校长竞聘和任期责任制，年仅31岁的年青教师方江被推选为校长。2001年，施行教师逐级聘任制、教学岗位责任制和校内结构工资制，形成“求真务实、团结进取”的新校风。2002年新建教学实验楼、女生宿舍楼和食堂，建立计算机网络教室、多媒体网络教室、语音（言）实验室、理化生实验室和教师电脑备课室等。2011年，新建教学办公楼和学术报告厅，建有200米环形塑胶跑道、足球场、篮球场、排球场和建筑面积800平方米图书馆。建有校园网络中心和广播系统。校内树木成荫，环境优美。同年被评为省现代化教育示范初中。2000年以后，学校毕业率一直保持在99.4%以上，2012年，初中升学率达99.8%。

2012年，校园占地2.53公顷，建筑面积8974平方米，有班级13个，在校学生419人，教职工94人，其中专任教师88人，高级教师35人，一级教师38人。

龙河中学 1958年6月创办，位于龙河街道北首。首招初一2个班，学生113人，教职工8人，其中专任教师4人。1961年，双轨6个班。1970年9月，升级为完全中学。1982年，该校1名高中毕业生考取清华大学。1983年9月，高中部撤销，更名为龙河中心初级中学。1988年，有班级12个，学生618人，教职工47人。当年中考录取率居全市第二。1992年，成为扬州市首批合格初中。1997年，更名为龙河中学。2000年，校园占地1.73公顷，建筑面积5420平方米，有班级14个，学生669人，教职工49人，其中专任教师43人。之后，学校规模有所缩减。2004年，被评为省德育先进学校。2008年，有班级10个，学生441人，教职工43人，其中专任教师27人。学校建有计算机网络教室、多媒体网络教室、语音（言）实验室、教师电脑备课室，以及物、化、生物实验室，并建有校园网络中心与局域网。2009年，实行教学改革，形成"主导引领、合作探究、自我展示"的教学新模式。2010年，在南京师范大学专家组的指导下，提出"活力—探究性"教学方式，在实践中取得较好效果。此项科研成果在《中国教师报》上发表。同年，成为省示范初中。2012年，有班级6个，学生206人，教职工30人，其中专任教师23人，中学高级教师6人。

第五节 成人教育

一、扫 盲

抗日战争期间，有爱国人士和进步青年在新城南部古都、冷红一带开办平民夜校，在教民众识字的同时开展抗日救国宣传活动。1942年冬，仪征县抗日民主政府在龙河、新城北部地区建立的根据地内开展冬学活动，办民众夜校和识字班，参加识字学文化的农民数以千计。

解放后，人民政府大力开展扫除文盲（简称扫盲）活动。1950年，新城镇、龙河乡村村举办冬学班，几千名青壮年参加扫盲学习。1951年，各乡配专兼职教师，组织农民识字学文化。1954~1958年，新城乡共举办扫盲班125个，参加扫盲学习人员1万多人次。龙河乡共开办138个扫盲班，参学人员1.87万人次。1959年后，参加扫盲学习人数减少，农村民校陆续停办。"文化大革命"期间，农民文化学习基本停止。1971年起，农民业余文化学习恢复，组织青壮年文盲识字。1973年，新城、龙河公社文盲半文盲分别有6413人和9818人，经过一年扫盲学习，有4168人和4418人脱盲，脱盲率分别为65%和45%。至1977年，新城、龙河大多数青壮年摘掉文盲"帽子"。1979年，新城、龙河对15~40周岁的半文盲全面核对、登记，共计3210人。1984年，新城、龙河乡与县签订限期完成扫盲任务合同。至1988年，新城乡有青壮年文盲1314人，占15~40周岁人口数的8.12%。龙河乡有文盲769人，占15~40周岁人口数的7.19%。之后，乡政府与各村及小学签订责任状，采取责任到人，集中辅导与个别包教相结合形式，提高扫盲效果。至1995年，新城、龙河基本无青壮年文盲，顺利通过仪征市“两基”（基本普及义务教育、基本扫除青壮年文盲）验收。之后，严格小学入学和学籍管理，从源头上杜绝新文盲产生。

二、继续教育

1964年冬，新城小学开办青少年业余文化补习班，共3个班，学生120人，学期两个月，每天晚上2小时，补习课程有高小语文、数学，期终经考试及格发给小学高年级结业证书。

1975年，新城公社成立“五七”农业大学，开设理论和农技两个班，脱产学习，学期6个月，但由于流于形式，办学效果很差，开班不久就停办。

1978年，恢复高考，新城中学教师义务为往届高中毕业生补习迎考，共设2个班，学生120人，每晚7点至9点。课程有语文、数学、物理、化学四门，时间两个月。

1988年，新城成人教育工作站举办初中文化补习班，学员41人，多是来自乡办工业青年工人，半脱产学习，时间半年。课程有语文、数学，学习期满发给结业证书。1991年，举办青工文化补习班，学员32人，时间4个月，学习期满发给高中结业证书。

1991年，新城、龙河乡教育办公室组织中小学校、幼儿园教师参加自学考试，定期提供专业课辅导材料。至2000年，新城有104人获得大专以上文凭，龙河有47人。1999年，新城镇、龙河乡分别成立自学考试服务站，为自学考试人员提供服务。2000~2007年，共有119人参加自学考试，全部拿到毕业证书。

2008年，镇成人教育中心与浙江大学等高校联合办班，共两个班，培养实用人才48人。

三、技能培训

1982年，为贯彻国务院《关于加强职工教育的决定》，新城、龙河相继开办对社办企业青年职工文化基础知识和技术理论知识培训。至1985年，共培训企业管理干部142人。1987~1989年，共举办6期职工实用技能培训班，每期约40人，培训内容有语文、数学等文化基础知识和识图、设备操作等专业知识。

1992年5月，新城乡成人教育中心校举办乡村会计培训班，学员34人，时间35天，通过学习考核达到会计中级技术职称水平。10月，为50名初中毕业生举办就业培训班，教授服装裁剪、汽车修理、家电维修等方面基本技能，时间3个月。1992年，先后为乡办企业举办全面质量管理培训班，为个体经营者举办食用菌栽培及家禽疫病防治培训班，计15期，参培人数1212人。龙河乡成人教育中心学校1991~1992年期间，先后举办服装裁剪、果树栽培、蚕桑越冬管理及机械设备操作与维修等专业培训班，计23期，参培人员1590人。1995年起，新城、龙河成人教育中心校先后为工业公司定向培训操作、质检技术人员459人，为农业公司培训农技人员620人，为多种经营服务公司培训生产、植保、防疫人员110人，为新城机械厂、农机厂培训各类操作能手120人次。当年，新城、龙河各村也成立文化技术学校，开展成人文化补习和生产技能培训，参学参培人数达620人次。

1998年起，为适应经济发展新形势，业务技术培训的形式和内容发生改变，多为针对性强技术含量高灵活多样的培训方式。镇成人教育中心校主要开办财会、营销、纺织、计算机、文秘、沐浴服务等技能培训班，为劳动就业和农村劳动力转移服务。至2012年，共举办培训班83期，培训人员3300多人次。

图23-5　新城镇成人中心校（摄于2010年）

四、新城镇成人教育中心校简介

1990年8月创建，位于新城街道东，毗邻新城中学。当年有教师9人，其中专职教师1人，主要从事扫盲扫尾和文化补习教学。2007年，新城镇社区教育中心成立，两块牌子，一套班子。2008年12月，获扬州市“先进乡镇社区教育中心”称号。2009年，迁入现址，占地近1万平方米，建筑面积2510平方米，建有普通教室、多媒体教室、计算机教室、电子阅览室、图书室、文体活动室，开设文秘、营销、财会、缝纫、建筑、计算机、沐浴服务业等专业班，均为短期训练班，时间3~6个月。当年，获江苏省级“社区教育中心”称号。1998~2012年，先后举办各类培训班137期，培训人员达5.1万人次，并与浙江大学、盐城工业学院等5所高校联办“农村经济与发展”“人才培养与管理”和“经济管理”函授班，计48人。举办“两后”（初中、高中毕业后）人员培训班82期、1812人。2012年，有教师4人，均为小学高级教师。

第六节　教　师

一、队　伍

清末，乡村小学堂教师由区署选聘。民国时期，公立小学教师采用聘请制，塾师多由个人自荐。民国37年（1948年）初，新城、龙河小学共有教师20人，其中龙河9人。

解放后，人民政府接管学校，留用原学校教师，保留私塾教师，新任用民办教师，充实教师队伍。1951年，新城、龙河学校教师增至85人，其中民办教师12人。翌年，民办小学教师随学校改公办而转为公办教师。1953年起，调整学校布局，教师人数有所减少。至1957年，新城、龙河教师仅有69人。1958年，新城、龙河出现办学热潮，龙河中学和新城、龙河农业中学相继成立，教师队伍迅速扩大。1960年，共有教师251人，其中中小学教师229人，幼儿教师22人。“文化大革命”期间，新城、龙河10多所完小办初中班，新城中学成立，加之龙河中学扩建高中部，中学教师缺口逐年扩大。一些小学教师“提升”到初中任教，小学教师缺额由民办教师、代课教师替补，非公办教师数量增加。1976年后，对民办教师队伍进行整顿提高，不再招收民办教师。1983年，民办教师通过学历、业务能力、工作表现、业绩考核和文化考试，有138人获

图23-6 镇“名教师”颁证大会 （摄于2010年）

得任用合格证书，至1986年有29人转为公办教师。1987年，新城、龙河共有教师474人，其中幼师59人、小学教师272人、初中教师143人。此时，中小学教师素质大为提高，大学本科、专科、中专毕业学历教师增加。2000年，全镇（不含十二圩镇）有教师482人，其中幼师59人，小学教师285人，中学教师124人，教育办公室及成人教育教师14人。小学专任教师中，大专及以上学历50人，占17.54%；中师235人，达标率100%。中学专任教师中，大学本科、专科学历111人，达标率89.52%。有115名中小学教师获得高级专业技术职称，占教师总人数的28.12%。之后，师资素质逐年提高。2006年，首次评选镇“名教师”。

2012年，全镇有教师340人，其中幼师58人（专任教师30人），小学教师158人（专任教师124人），中学教师124人（专任教师111人）。在小学专任教师中，大专及以上学历112人，占90.32%，较2000年增长72.78个百分点，中师12人，达标率100%；中学专任教师中，大专及以上学历111人，达标率100%，较2000年增长10.48个百分点。年末，有130名中小学教师获得高级专业技术职称，占教师总人数的46.1%。有4名中学教师被评为扬州市学科带头人、教学骨干、教学新秀。6名中小学教师被评为仪征市学科带头人、骨干教师、教学能手。33名中小学教师被评为新城镇名教师。

2012年新城镇中小学教师获高级专业技术职称名录

表23-4

姓　名	性别	工作单位	职　称	授予时间
袁尚余	男	新城中学	中学高级教师	1992.12
张德斌	男	龙河中学	高级讲师	1994.12
赵有良	男	新城中学	中学高级教师	1998.03
王长年	男	龙河中学	中学高级教师	1999.08
瞿成明	男	龙河初级中学	中学高级教师	2000.12
杨恩富	男	新城教育协管员办公室	中学高级教师	2004.11
胡玉娣	女	新城初级中学	中学高级教师	2006.11
陈德平	男	新城中学	中学高级教师	2007.12
汤定江	男	新城中学	中学高级教师	2007.12
魏　红	女	龙河初级中学	中学高级教师	2008.12
徐　斌	男	龙河初级中学	中学高级教师	2008.12
肖巨祥	男	新城初级中学	中学高级教师	2008.12
夏定珍	女	新城初级中学	中学高级教师	2008.12

续表23-4

姓 名	性别	工作单位	职 称	授予时间
赵树范	女	新城初级中学	中学高级教师	2008.12
时在平	男	新城初级中学	中学高级教师	2008.12
周晓琳	女	新城初级中学	中学高级教师	2008.12
费恩银	男	新城初级中学	中学高级教师	2008.12
刘祖殿	男	龙河初级中学	中学高级教师	2009.12
赵有玉	女	龙河初级中学	中学高级教师	2009.12
丁宝香	女	龙河初级中学	中学高级教师	2009.12
简卫冬	男	新城初级中学	中学高级教师	2009.12
任正勇	男	新城初级中学	中学高级教师	2009.12
朱永进	男	新城初级中学	中学高级教师	2009.12
杨秀平	男	新城初级中学	中学高级教师	2009.12
吴桂琴	女	新城初级中学	中学高级教师	2009.12
周文忠	男	新城初级中学	中学高级教师	2009.12
刘建国	男	新城初级中学	中学高级教师	2009.12
李忠才	男	新城初级中学	中学高级教师	2009.12
李宝珍	女	新城初级中学	中学高级教师	2009.12
蒋 全	男	新城初级中学	中学高级教师	2009.12
王庆松	男	新城初级中学	中学高级教师	2009.12
施玉平	男	新城初级中学	中学高级教师	2009.12
曹平桢	男	新城初级中学	中学高级教师	2009.12
耿 平	男	新城初级中学	中学高级教师	2009.12
赵文娟	女	新城初级中学	中学高级教师	2009.12
赵红霞	女	新城初级中学	中学高级教师	2009.12
宋爱凤	女	新城中心小学	中学高级教师	2009.12
施华康	男	新城中心小学	中学高级教师	2009.12
王 军	男	新城初级中学	中学高级教师	2010.12
崔雪勤	女	新城初级中学	中学高级教师	2010.12
雷秀梅	女	新城初级中学	中学高级教师	2010.12
程楼燕	女	新城初级中学	中学高级教师	2010.12
程幼虹	女	新城初级中学	中学高级教师	2010.12
王 东	男	新城初级中学	中学高级教师	2010.12
凌 虹	女	新城初级中学	中学高级教师	2010.12
吴立勤	女	新城中心小学	中学高级教师	2010.12
周福松	男	龙河中心小学	中学高级教师	2010.12

续表23-4

姓　名	性别	工作单位	职　称	授予时间
崔小兵	男	龙河中心小学	中学高级教师	2010.12
詹大勇	男	新城初级中学	中学高级教师	2010.12
夏士平	男	龙河中心小学	中学高级教师	2011.12
谢庆林	男	新城中心小学	中学高级教师	2011.12
徐　红	女	新城中心小学	中学高级教师	2011.12

2012年新城镇中小学校学科带头人、教学骨干、教学能手、教坛新秀、镇“名教师”名录

表23-5

姓　名	性别	工作单位及职务	授予类别	授予年份
施华康	男	新城小学校长、党支部书记	仪征市首批中青年教学骨干	2002
汤定江	男	新城中学	新城镇名教师	2006
赵　平	男	新城中学	新城镇名教师	2006
徐庆富	男	龙河中学	新城镇名教师	2006
赵有燕	女	龙河中学	新城镇名教师	2006
谢庆林	男	新城小学副校长	新城镇名教师	2006
崔小兵	男	龙河小学副校长	新城镇名教师	2006
胡玉娣	女	新城中学教师	扬州市学科带头人	2007
黄娉婷	女	新城小学教师	仪征市教学能手	2007
宋爱凤	女	新城中心小学	新城镇名教师	2008
刘广琴	女	龙河中心小学	新城镇名教师	2008
韩　军	男	龙河中心小学	新城镇名教师	2008
周福松	男	龙河小学校长、党支部书记	仪征市首批学科带头人	2009
吴立琴	女	新城中心小学	新城镇名教师	2009
刘晓玲	女	新城中心小学	新城镇名教师	2010
杨玉珍	女	龙河中心小学	新城镇名教师	2010
藏荣余	男	龙河中心小学	新城镇名教师	2010
周文忠	男	新城中学教师	扬州市教学骨干	2011
刘　军	男	新城中学教师	扬州市教学新秀	2011
汤定江	男	新城中学	仪征市骨干教师	2011
王庆松	男	新城中学教师	仪征市骨干教师	2011
赵　霞	女	新城中学教师	仪征市骨干教师	2011
汤定江	男	新城中学教科室副主任	扬州市政治教学先进个人	2012
华　伟	男	新城中学	新城镇名教师	2012
李万林	男	新城中学	新城镇名教师	2012

续表23-5

姓　名	性别	工作单位及职务	授予类别	授予年份
夏贵军	男	新城中学	新城镇名教师	2012
王　超	男	新城中学	新城镇名教师	2012
郭春娟	女	新城中学	新城镇名教师	2012
余　梅	女	龙河中学	新城镇名教师	2012
俞　健	男	龙河中学	新城镇名教师	2012
王宝春	男	龙河中学	新城镇名教师	2012
刘　璐	女	新城中心小学	新城镇名教师	2012
茆红梅	女	新城中心小学	新城镇名教师	2012
王小妹	女	新城中心小学	新城镇名教师	2012
周晓凤	女	新城中心小学	新城镇名教师	2012
刘晓玲	女	新城中心小学	新城镇名教师	2012
黄娉婷	女	新城中心小学	新城镇名教师	2012
刘广琴	女	龙河中心小学	新城镇名教师	2012
臧荣余	男	龙河中心小学	新城镇名教师	2012
韩　军	男	龙河中心小学	新城镇名教师	2012
杨玉珍	女	龙河中心小学	新城镇名教师	2012
张　莉	女	新城中心幼儿园	新城镇名教师	2012
常　萍	女	新城爱心幼儿园	新城镇名教师	2012

二、待遇

经济待遇　民国时期，初级小学教师月薪银元8～12元，高级小学教师月薪15元～18元，以后改成纸币，月薪20～30元，大部分教师能维持温饱。抗日战争胜利以后，教师薪酬分为17个等级，一等月薪200元，以下每低一等降10元，最低第17等40元。另根据资历职务、任课年级以及学生人数分别浮动调资。由于内战，货币贬值，通货膨胀，加之县教育当局积欠、克扣教育经费，教师往往不能维持最低生活水平。新城国民中心学校教师夏豪仕（人称“夏三先生”），一根火柴劈成两半用，家中无粮常跟开米行的二哥赊米，因久赊无钱还账，二哥不肯再赊，以至兄弟积怨。民国36年（1947年），新城、三条埂、旧港、西方寺、都天庙、龙河等小学教师参加全县教师罢教、索薪、请愿活动。

解放以后，公办小学教师实行薪粮制，每所学校教师领取的薪粮数量不尽相同。1951年11月，新城小学教师每人每月薪粮大米75～140千克，冷红实验小学（三条埂小学）70~100千克。龙河小学60～80千克，三官小学80～105千克。工友每月薪粮55千克。1952年下半年开始实行工资分制，根据职务、任教年级定分值。小学教师每月100～150工资分，每1分值为0.24元。1955年，改为货币工资制，初小教师每月24元，高小教师27.5元。1960年和

1963年两次调整工资，小学校长工资平均为40元左右，教师平均34元左右，中师毕业新教师每月工资为29.5元。1964年耕读学校老师在生产队拿工分，每月另有4元补助，转为民办教师后，每月工资性补助小学每月13元，中学18元。1972年，有40%的教师调高1~2级，1977年，对工作多年、工资偏低的教师再次调整，调资面达40%。同时对1966年底前参加工作的中师生和1971年年底前参加工作的大专毕业生增加一级工资（5~17元）。1980年5月起，发放班主任津贴，中学每月5~8元，小学每月4~6元。1981年，中小学教师普调一级工资，少数优秀教师增加两级。教师月平均工资达44元。1985年工资改革，教师实行结构工资制，增加教龄津贴，分为三档，一档教龄1~10年、5元，二档11~15年、7元，三档满20年及以上、10元，公办教师人均月增资25元。1986年4月和12月，新城、龙河两乡学校各有两批6名民办教师转为公办教师，享受公办教师工资福利待遇。1987年起，两乡学校每年都有民办教师转为公办教师，1986年和1987年又连续增加部分教师的工资。1988年，公办教师人均月工资143.80元，当年开始，中小学教师评定专业技术职称。1989年，实行教师工资与职称挂钩制度。中小学公办教师人均月工资近200元。1993年10月，实施第三次全国工资制度改革，教师人均月增资88元，1993年以后，每两年晋级工资。1995年，工资正常晋级，人均月增资28.60元，当年起，教师实施住房公积金制度。1997年，正常晋级加上提高工资标准，人均月增资50.30元。1999年，正常晋级并提高标准，人均月增资163.4元。2001年，正常晋级并两次提高标准，人均月增资230.60元。2002年起，实施医疗保险制度。2003年，正常晋级并提高标准，人均月增资98.50元。2005年，正常晋级，人均月增资44元。2006年7月，实施第四次全国工资制度改革，教师人均月增资326元，当年教师每人月平均工资达到1913.45元。2008年9月1日起，义务教育阶段学校教师增发每月230元的绩效工资。2009年1月1日起，义务教育阶段学校全面实施绩效工资。绩效工资分为基础性绩效工资（占绩效工资总量的70%）和奖励性绩效工资（占绩效工资总量的30%）两部分。2012年，全镇教师人均月工资3964元。

政治待遇　民国时期，新城、龙河地方民风淳朴，对塾师和学校教师普遍尊重，但在政府官吏和地方乡绅眼中只是“教书匠”，政治和社会活动很少吸收教师参加。

抗日战争时期，抗日民主政府在根据地及边区提倡尊师重教，吸收教师参加政治和民主政权活动。1945年，龙河小学校长杜申甫经县抗日民主政府推选当选为津浦路东参议会参议员。

解放以后，党和政府大力兴办教育事业，教师成为国家的正式职工，政治地位不断提高。50年代起，教师列为各级干部管理，区乡一些中心工作都吸收教师参加或征询他们意见。后由于受“左”的影响，一段时期教师地位下降，1957年反右派斗争中，新城三条埂小学、龙河小学共有3名教师被错划为“右派分子”、开除公职，有1人被劳动教养，2人送回原籍监督劳动。“文化大革命”期间，教师的政治地位受到冲击，被贬为“臭老九”，有7人（其中龙河3人）被错定为“敌对分子”、特嫌，遭受审查、批斗、监督劳动等不公正对待。1978年，中共十一届三中全会以后，拨乱反正，平反冤假错案，被错划右派的摘帽，恢复公职，恢复名誉。80年代起，教师地位提高，被称为“人类灵魂的工程师”。1985年9月10日被定为全国第1个教师节，社会尊师重教风气渐浓，每逢教师节都要举行各种庆祝活动，表彰先进。党政领导走进学校看望教师、学生，帮助解决办学中的困难。1989年，龙河中学校长张德斌被评为江苏先进教育工作者，编入《江苏教育功勋录》。1993年和1995年，国家颁布《中华人民共和国教师法》和《中华人民共和国教育法》，以法律形式确定教师的社会地位和政治待遇。教师队伍中被吸收入党提干，当选人大代表、政协委员、劳动模范者逐年增多。1996年，新城小学校长缪志伟被评为江苏省100名好校长。至2012年，全镇有128名教师成为中共党员，14名教师先后获得全国、省和扬州市“先进教育工作者”“优秀教师”称号。

1989~2012年新城镇（含原龙河乡）教师获国家、省和扬州市荣誉称号名录

表23-6

姓名	性别	工作单位及职务	表彰情况	年份
张德斌	男	龙河中学校长	省先进教育工作者	1989
陈秋萍	女	新城中学教师	全国优秀教师	1992
肖巨祥	男	龙河中学教师	扬州市先进教育工作者	1995
缪志伟	男	新城中心小学校长	省100名好校长	1996
崔学斌	男	新城教育办公室主任	省先进教育工作者	1999
施华康	男	新城中心小学校长	扬州市优秀教育工作者	2001
宋爱凤	女	新城中心小学教师	扬州市优秀班主任	2001
方　江	男	新城中学校长	全国优秀教师　全国优秀班主任	2003
林永胜	男	新城中学校长	扬州市先进教育工作者	2007
谢庆林	男	新城中心小学副校长	省学科优秀青年教师	2008
黄娉婷	女	新城小学教师	省优秀青年教师	2008
李万林	男	新城中学教师	扬州市优秀班主任	2009
谢庆林	男	新城中心小学副校长	扬州市十佳辅导员	2010
刘　璐	女	新城中心小学教师	省优秀少先队辅导员	2012

三、教师进修

民国36年（1947年），新城、龙河有20名教师参加县举办的为期1个月的小学教师讲习班，进修业务。

解放初期，每年寒暑假都集中教师开展政治、业务学习。新城小学、龙河小学牵头，将星期日定为学习日，采取观摩教学、业务讲座、教材教法讨论等形式，组织各学校教师学习教学业务。1958年，新城、龙河计有45名教师参加仪征师范学校附设小学教师函授部学习。1960年，新城109人、龙河89人参加县教师进修学校举办的短期训练班，新城有25人参加该校函授学习。同年扬州专区教师进修学院在仪征设立高级师范函授工作站，新城农中教师全部参加学习，龙河农中和初中教师有11人参加。当年县教师进修学校在龙河设立函授辅导点，龙

河有40名教师参加学习。1965年，新城、龙河对耕读小学教师每周进行一次教学方法辅导，提高耕读教师的教学能力。“文化大革命”中，教师业务培训工作中断。由于村级小学发展较快，教师队伍人数增加，文化、业务素质下降。1975年，调查统计表明，新城公社的小学教师合格率仅占教师总数的18.30%，龙河仅为16.90%，有超过半数的小学教师不能胜任教学工作。当年，仪征教师进修学校恢复教师培训和函授，新城、龙河有141名教师（龙河66人）参加，通过培训有72人取得教材教法合格证书。1979~1982年，县教师进修学校在新城办两个小学教师学历合格函授班，学员60人。1988年，教师开始评定职称，参加自学考试和函授学习的人数增多。1993年，新城、龙河有154名中小学教师参加江苏教育学院举办的中小学教育函授自学考试。到2000年，新城中学有8人取得本科文凭，26人获得大专学历，新城小学有25人、村完小有14人取得大专学历，龙河中学21人取得本科文凭，龙河小学12人（龙小11人、王山小学1人）获大专文凭。全镇中小学教师学历合格率达100%。2001年，全镇教师参加新课程改革培训，暑期参加菜单培训，听讲座、更新教育理念，掌握科学有效的教育方法，有13名中小学中青年教师通过自学考试、成人高考（函授）网络学院（远程教育）等途径取得大专以上学历。

2012年，全镇教师队伍中有在职研究生1人，本科学历184人，专科59人，中师20人。幼儿教师、小学教师和初中教师学历达标率100%。其中，幼儿教师大专学历20人，占专任教师的80%。新城小学本科学历60人、占教师总数70%，专科20人、占22.7%，中师8人、仅占7.3%；龙河小学本科学历20人、占全校教师总数55.55%，专科12人、占33.33%，中师4人，仅占11.12%；新城、龙河中学教师本科学历104人、占教师总数93.7%，专科7人、占6.3%。

四、教学研究

解放前，新城、龙河两地学校没有开展教学研究，只有个别热心教学的人自行研究。

解放以后，教学研究工作得到重视。中小学校成立学科教研组，校内、校际间经常开展听课、评议活动。1987年，新城、龙河、十二圩、新集、朴席组成教研片，开展乡际、校际间教学研究活动。各学校按照“低重心、分层次、练内功、讲效益”的要求，采取公开教学、业务讲座、专题讨论、佳课评选、参观考察等多种形式开展教学研究。2000年后，新城中学、龙河中学多次邀请市教育局教研室高级教师到校作讲座，上示范课，点评教师公开课。新城、龙河小学多次邀请市教研室、市教师进修学校的名师并聘请扬州市小学教育名师陈开泰、瞿裕康到校听课、评课，作学术讲座，上示范课，每学

图23-7 教研课题结题评审会 （摄于2012年）

年1~2次。2003年，新城小学组织教师到海门实验小学参观学习。同年，与百年名校扬州大学附属小学结为网上结对学校，开展教育教学研究。

2004年，新城中学承担扬州市级课题《中学思想政治课中心理素质的开展》《初中化学演示技能训练》，龙河中心小学教师王巨成主持扬州市级课题《分步习作、实感引写》，2005年结题，均受到好评。2005年，新城、龙河两中学成立教科室，由教学和科研能力较强的教师任主任、副主任，加强研究课题管理，规范课题研究程序，进一步促进教学实验和课题研究的开展。2006年，新城小学施华康主持省级课题《新课程背景下，小学数学教学中创新意识培养实践与研究》，历时4年实验，经专家跟踪考评，2010年通过专家组验收。该课题4年中对外开放现场教学8次，发放交流材料200份，召开专家学者评议会6次。同年，在国家课程标准苏教版小学数学实验教科书教科研第二届优秀课题成果评选中获一等奖。龙河中心小学教师周福松、崔小兵和吴长宏主持的省、市级课题《留守儿童的现状分析及引导》《小学生数学应用意识与能力培养的研究》和《拓宽阅读途径，培养学生的语文素养》于2010年成功结题。副校长崔小兵主持的省级重点课题《基于苏教版小学数学教材指导数学学习阅读的策略研究》和教师徐福稳、秦康兰主持的微型课题《农村留守儿童教育问题研究》《小学课外阅读有效指导的研究》成功结题。另外，龙河小学承担的《亲近母语》课题经扬州和仪征市教育部门验收也成功结题，部分成果被收入扬州市教育学会《亲近母语"十一五"课题结题特刊》。2008年起，龙河中心小学还鼓励教师通过教育博客将教科研成果与全市教师共享。

在搞好正常教学、教研工作之余，全镇教师积极撰写研究论文。自2000年起，每年约有10多篇论文在省教育学会上发表。2009~2012年，龙河中心小学教师徐福稳等人发表论文13篇。2002~2012年，新城中心小学教师赵元华、夏士芳、赵国珠等61人发表论文61篇，其中有19篇获全国教师教育学会、中国中小学教育学会论文评选一等奖。

第七节　教育管理

一、管理机构

民国20年（1931年），县教育局下设学区，每学区设教育委员1人，负责管理本学区教育事宜。现今新城地区时属第二、第五学区管辖。抗日战争期间，龙河一带抗日根据地小学由抗日民主政府教育科（或称民教科）管理。抗战胜利后，复由民国政府管理。

解放后，县政府设教育科，区设文教助理，负责本地区教育工作。1957年，撤区并乡后全县成立教育视导区，配备专职视导员，负责区内各乡教育工作。1958年，新城公社和龙河公社均设有文卫科，负责管理教育工作。1966年"文化大革命"开始后，教育管理机构瘫痪。1968年，新城、龙河公社成立教育革命领导小组（简称"教革组"），后教革组变为贫下中农管理教育的机构。1972年，贯彻国务院整顿教育的精神，公社文卫科恢复工作。1984

年，实行县乡“分级办学、分级管理”的教育管理体制。新城、龙河分别成立教育委员会（简称“教委”），分管教育的副乡长任主任、乡科教文卫助理任副主任，委员由乡财经、妇联、团委等部门负责人和中小学校校长组成，下设办公室，分别配备4人，其中主任、扫盲辅导员各1人。1993年，新城镇、龙河乡教委增设成人教育中心，从事扫盲、成人教育和业务技术培训等工作。2002年，撤销镇教委下设的办公室，原教办主任改任镇教育协管员，负责市教育部门与镇政府的联络沟通、协调处理有关事宜。2006年，成立镇社区教育中心和镇社区教育委员会，镇长兼任教委主任，分管社区教育的副镇长任副主任，委员由镇党政宣传、组织、司法、文化、科协、关工委、街道、社区居委会等部门负责人和中小学校校长组成，下设社区教育办公室，街道主任任办公室主任。2012年，设有镇教育委员会、教育协管员、教育经费核算组、镇社区教育委员会及社区教育办公室，镇成人教育中心和社区教育中心，共有工作人员11人。

二、教育改革

办学体制改革　解放后，公立学校和教师由县管理，民办学校业务上归中心小学管理。1964~1965年，新城、龙河开办的耕读小学和农业中学由大队管理。“文化大革命”期间，由贫下中农管理学校。1984年8月，新城乡党委根据省《普通教育改革试点纲要》成立乡教育体制改革领导小组，党委书记任组长。1985年2月，经新城乡第九届人民代表大会第二次会议通过，决定实行分级办学、分级管理的办学体制。新城中学、新城中心小学和越江初中由乡办，各村的小学由村办。成立乡教育工作委员会，下设教育办公室，各村成立教育工作领导小组。实行分级办学分级管理后，各学校的教育教学工作仍然接受教育局的领导和管理。教育办公室在镇（乡）教委和教育局的管理指导下管理辖区内学校教育教学和协调村教育领导小组等工作。1999年，新城镇引进民资参与办学，通过公开拍卖将公办幼儿园改制为民办幼儿园。2001年，实行农村义务教育管理体制改革，改市乡两级管理为以市为主的管理体制，撤销镇教育办公室，教师工资由市财政统一发放。2004年，公有民营龙河中心幼儿园改制为民办幼儿园。2012年，镇内3所幼儿园全为民办，4所中小学校全为公办，形成公办与民办并存的办学体制。

学校内部管理改革　1986年，新城各中小学校开始实行校长负责制、教师招聘制、教育岗位负责制。制订校长岗位职责，明确学校校长对教育、教学管理、学校安全负责。学校教师缺员，经乡教育委员会批准，在全乡学校范围内招聘。制订教师岗位职责，克服干多干少、干好干坏一个样，体现优绩优酬。各学校制订考勤、考绩和奖金浮动实施办法。

图23-8　教师签订聘书合同（摄于2005年）

1991年，全乡学校实行新"三制"改革，即校长选任制、教师定编聘任制、岗位工作责任制。校长差额由教师选举产生，教师由学校根据"德、能、勤、绩"决定聘用与否，聘用期3年或1年，并根据岗位确定工作量和工作任务，对年老体弱教师作适量照顾。教师首次落聘为待聘，6个月内享受原基本工资，超过6个月工资9折，超过9个月发8折工资。通过学习，1年之内仍未被聘用的定为落聘，劝其转行或辞职。当年，有1名校长落选，4名教师首轮落聘。2000年7月，举行第三次中小学校长选聘，有2名小学校长落选，新城中学青年教师方江被选为校长。2001年秋学期开始，新城中学改革传统的课务分工，改师资均衡搭配为逐级聘任制，先确定各年级班主任，再由班主任聘任课教师，形成双向选择机制。这种校内管理机制一直延续到2012年。

三、教育经费

经费来源　清末民初，新城、龙河地区的教育经费主要来源是学租学田收入、盐漕引捐及乡绅资助等。民国10年（1921年），新城盐漕引捐骤减，改由县征税拨给。民国18年（1929年），县拨给的教育经费仅为当年总支出的30%左右，其余靠收取学杂费补足。民国35年（1946年），县拨给经费占总支出的比重下降至11.5%，学校难以维计，处于关门停课的境地。

解放后，学校教育经费主要由国家负担，学生缴极少的学杂费，小学生每学期约0.80元，全部作财政收入。创办民办小学，由群众捐款捐物、兴建校舍，乡解决教师薪酬和部分教学费用。1958年后，各大队、生产队在年终分配时安排专项资金留作自办的小学专用。1959年起，县政府规定学校可在学杂费总额中留50%用于教学。1964年，大办耕读小学，农村大队筹集教育经费的数额越来越大。同时，不少中小学校开始办校办工厂，创收弥补教育经费。1968年后，学杂费减半收取，不再上缴财政，由学校用于教育教学。1982年，新城公社在提取统筹金时按参加分配的人数人均提留0.8元计2.59万元，作为教育经费单独立项，专款专用。1984年，开征农村教育事业费附加，由乡财政全额拨付教育部门。1985年，教育体制改革，教育经费实行县乡两级负担，新城乡和龙河乡教育经费投入逐年增加。同年，龙河乡经人代会通过开征教育经费集资议案，乡村企业按年销售额的5‰，集体、个体商业分别按年销售额的3‰和10‰，建筑企业按年利润总额的10%计征。当年征收2.15万元。1994年停征。1986年7月，开征地方教育费附加，两乡教育经费收入增加。至1999年，新城镇和龙河乡累计投入教育经费3466.77万元（新城2489.02万元，龙河977.75万元），占同期财政总收入的12.81%。1990年起，新城乡实施向学生家长借资办学的方案，其标准是小学一年级至四年级每生家长借资100元，初中一二年级每生家长借资200元，到学生毕业时还清，当年筹资35万元。1996年起，新城镇向学生家长收取捐资助学款，小学每生家长每学年捐助100元，中学生每生家长捐助160元，困难家庭减免人数控制在学生总额的5%以内。当年共收取捐款31.32万元。2005年秋停收。2002年，教育经费改由市财政拨给，当年教育经费收入较上年增长22.7%。2005年秋，学校不再收取学杂费。2000~2012年，全镇教育经费收入2.84亿元。其中，上级拨入

2.79亿元，占98.24%。

经费使用 解放后，教育经费主要用于新建学校，支付教师薪金。1961年，新城、龙河教育经费支出9.38万元，主要用于教职工的工资福利费、教学业务费、助学金和购置设备。70年代，教育经费除支付教职工的工资福利外，大部分用于新建校舍。其中新建新城中学、新城中心小学教学楼造价30万元。80年代，新城、龙河教育支出784.3万元，用于改建危房1.30万平方米，改造教室8400平方米，购置课桌凳3213张，基本达到“一无两有”的办学要求。另外学校勤工俭学盈利用于补足办公经费不足，改善教学条件和教职工福利。90年代，继续改善教学硬件设备，新建中学教学实验室8间220平方米，小学配教具箱、投影仪、复读机等电教设备。投资700万元，新建中小学教师公寓楼5幢108套，面积9700平方米。2000年后，加大基础设施和校园环境建设，中小学基本完成“三新一亮”（新讲台、新课桌、新课凳、教室电灯亮）工程。2003年起，创建扬州市教育现代化乡镇工程，至2008年，累计支出2327.3万元，基本实现“六有”（有整洁的校园、有就餐的食堂、有冷热饮用水、有水冲式厕所、有安全的学生宿舍、有每生一张床）、“四配套”（小学科学仪器配套、小学数学教具配套、体育器材配套、艺术教育器材配套）、“校校通”和“数字化校园”要求。2012年，教育经费支出3401.77万元，除支付教职工人员（含离退休人员）工资及办公经费外，主要用于添置教学设备和校舍改造。

1985~2012年新城镇教育经费统计表

表23-7 单位：万元

年份	经费总额	其中	
		新城镇	龙河乡
1985	53.86	35.24	18.62
1986	62.77	35.25	27.52
1987	68.62	43.05	25.57
1988	75.96	49.15	26.81
1989	97.78	66.94	30.84
1990	133.21	97.87	35.34
1991	121.23	75.26	45.97
1992	139.94	89.90	50.04
1993	159.72	101.19	58.53
1994	265.98	184.89	81.09
1995	349.18	243.78	105.4
1996	442.20	318.40	125.80
1997	509.93	338.09	171.84
1998	464.00	391.77	72.23
1999	502.39	400.24	102.15

续表23-7

年份	经费总额	其中	
		自筹	上级拨入
2000	894.44	—	894.44
2001	1012.00	—	1012.00
2002	1242.21	72.37	1169.84
2003	1359.70	63.52	1296.18
2004	1771.76	—	1771.76
2005	2007.27	—	2007.27
2006	1854.88	—	1854.88
2007	1903.85	—	1903.85
2008	1966.03	—	1966.03
2009	2273.86	—	2273.86
2010	4235.61	149.95	4085.66
2011	4454.29	135.12	4319.17
2012	3401.77	33.64	3368.13

四、教育设施

民国时期，新城一些小学没有校舍，在庙宇内上课。三条埂小学、郁桥王庄小学和龙河小学都只有几间草房作校舍。后龙河小学由政府拨款及民众士绅捐助，新建草房20间，并配有黑板、桌凳，形成一定规模。抗日战争中被日军烧毁。三官庙小学开办后，一直用庙宇作教室。

解放后，人民政府拨款修建校舍。1951年秋学期前，新城小学建成3间砖瓦结构新教室，供四、五、六三个年级使用，一、二、三年级借用民房作教室，学校设施除课桌凳外，只有一架风琴、一只挂钟、一把毛算盘、三种教学挂图。1954年大水冲毁部分校舍，后政府筹资新建3间标准校舍，结束校舍分为两部分的历史。1965年以后，各大队小学都建有简易的校舍。进入70年代，维修和扩建部分校舍。1973年，新城公社投入1万元维修改造八一、郁桥小学14间校舍；龙河公社投入1.2万元修缮国庆、三茅、凌东等3所小学18间校舍。1974年，新城公社和县教育局各投入经费6万元，兴建新城中学第1座1860平方米的教学楼。1975年，新城小学新建教学楼980平方米。1979年后，基建维修和添置设备的费用逐年增加。1979~1983年，新城公社每年新增教育设施资金均在5万元以上，龙河在3万元以上。1984年，新城乡多方筹措资金10.41万元，其中新城街道筹资940元，新小教师捐款150元，新北村群众集资13876元，投入劳力500个。筹集的资金主要修缮新城小学及14所村小危房，并按“一无两有”（学校无危房、班班有教室，学生人人有课桌凳）标准整修教室，购置、维修课桌凳。至年末，改扩建危房75间，面积1973.2平方米，维修教室86间，面积2187.1平方米，购置课桌凳2213张。

1984年新城乡村小实施"一无两有"情况

表23-8

村小名称	修缮危房				整修教室		购置课桌凳		投入资金（元）
	改建		扩建		间数（间）	面积（平方米）	课桌（张）	凳（张）	
	间数（间）	面积（平方米）	间数（间）	面积（平方米）					
新小	—	—	—	—	12	312.0	—	—	1090
金桥	10	305.0	—	—	—	—	—	163	8217
桃坞	—	—	—	—	6	162.0	—	101	3618
新北	10	252.0	2	50.4	—	—	—	105	13876
大兴	—	—	—	—	7	176.4	60	103	4368
林果	—	—	—	—	5	125.5	10	108	3963
新华	—	—	—	—	12	302.4	5	74	4248
郁桥	—	—	—	—	12	302.4	—	28	6180
立新	6	170.8	—	—	—	—	73	262	7050
八一	—	—	—	—	20	504.0	0	63	3276
大楼	10	252.0	4	108.0	—	—	62	170	16310
跃进	6	151.0	—	—	—	—	—	128	8776
越江	17	484.0	—	—	—	—	61	122	7766
东升	10	200.0	—	—	—	—	101	275	10877
砖桥	—	—	—	—	12	302.4	50	89	4437
合计	69	1814.8	6	158.4	86	2187.1	422	1791	104062

1984~1986年，新城乡新增教育投入42.58万元，大部分用于校舍新建和翻修，以及添置教学设备。其中，投资28万新建越江初中教学楼1100平方米、郁桥小学二层教学楼850平方米；新建新中、越中、郁桥小学等学校围墙750米，铺设下水道500米，添置打字机2台，速印机1台。各小学购置教具、体育器材，共添置收扩机8台。龙河乡新增教育设施8.23万元。其中，三官小学维修校舍及购买产权支出5000元，龙河中学1986年新建实验室700平方米。1987年龙河中心小学建教学楼830平方米。

图23-9 新城中学计算机教室（摄于2011年）

1990年，新城乡动员社会各界人士及企事业单位捐款、捐物计80万元，新建中心幼儿园1600平方米教学楼1幢。同年，龙河中学建成660平方米2层教学楼。1992年，新城中学建成1幢1500平方米的3层教学楼，龙河中学建成1500平方米2层教学楼1幢，越江初中新建面积360平方米的配套用楼房1幢。1996年，龙河中心小学又新建1幢教学楼1053平方米。至当年年末，新城、龙河两镇（乡）学校设施基本达到学校教育的要求。1997年，新城、龙河两镇（乡）开始实施教育现代化工程，各村小配齐投影仪、录音机、复读机，两地中心中小学配置办公用电脑。到2000年，实现教学办公电脑化。2001年，上述4所学校均新建计算机网络教室。2002年，市财政拨付10万元，翻修新城中心小学教学楼屋面650平方米。三条埂小学更新门窗，翻盖屋面200平方米。2004年，全镇中小学实施“三新一亮”（新讲台、新课桌、新凳子、教室有照明）工程。新配置讲台45张，课桌凳850套，维修、油漆见新课桌凳1300套。对120个教室，按中学、中心小学每个教室6～8盏日光灯，村小学不少于4盏，配齐照明设施。2005年，全镇中小学全部建成“校校通”、校园网，中学、中心小学网络宽带接入教育城域网。林果小学、桃坞小学按Ⅱ类标准装备网络教室。2006年，全镇中小学校占地7.77公顷，建筑面积3.13万平方米，体育场馆1.83万平方米，计算机379台，图书4.71万册，电子图书1552册，固定资产1766.75万元，生均拥有校舍占地和建筑面积分别是18.67平方米和7.53平方米。之后，随着教育现代化工程的深入推进，中心校教学信息技术设施实验仪器、体育器材、图书资料、音乐、美术设施配套等均达到标准，相继建成“数字化校园”，完成“六有”工程及“四配套”工程，学校面貌大为改观。2012年，全镇学校占地面积7.04万平方米，校舍建筑面积2.65万平方米，体育运动场（馆）面积1.85万平方米，生均拥有校舍面积13.4平方米。计算机617台，图书8.54万册，信息数字资源1792GB，固定资产总值4296万元，其中专业实验设备192万元。

图23-10　小学生排练木偶剧（摄于2011年）

图23-11　人大代表调研教育设施（摄于2012年）

2012年新城镇学校校舍建设情况表

表23-9

学校名称	学校占地面积（平方米）	一、教学及辅助用房（平方米）					
		小计	教室	实验室	图书室	微机室	语音室
合计	70416	11497	8886	1083	609	716	203
新城中学（含龙中）	38524	5999	4321	816	276	383	203

续表23-9

学校名称	学校占地面积（平方米）	一、教学及辅助用房（平方米）					
		小计	教室	实验室	图书室	微机室	语音室
新城中心小学	22692	4102	3375	173	277	277	—
龙河中心小学	9200	1396	1190	94	56	56	—

学校名称	二、行政办公用房（平方米）		三、生活用房（平方米）						四、其他用房（平方米）
	小计	其中教师办公室	小计	教工宿舍	学生宿舍	食堂	厕所	其他	
合计	2735	2173	9429	684	4322	3086	815	522	2863
新城中学（含龙中）	1473	1365	6520	684	4322	1222	292	—	487
新城中心小学	604	568	2754	—	—	1742	490	522	2232
龙河中心小学	658	240	155	—	—	122	33	—	144

2012年新城镇教育设施资源统计表

表23-10

学校名称	体育运动场（馆）面积（平方米）	计算机（台）		图书（册）	数字资源（GB）		固定资产总值（万元）		
		合计	其中		合计	其中	合计	其中：仪器设备总值	
			教学用			电子图书（GB）		小计	专业实验设备
合计	18499	617	548	85414	1792	1474	4296.13	341.59	191.92
新城中学（含龙中）	5711	305	266	39484	384	112	1361.04	156.52	99.02
新城中心小学	8988	223	193	33674	728	682	2696.45	142.67	89.00
龙河中心小学	3800	89	89	12256	680	680	238.64	42.40	3.90

第二十四章　文化　体育

新城历来人文荟萃，艺文为盛，文化底蕴深厚。唐宋以来，贡奎、王皞、纪映钟、石涛、曾燠等数十位文化名人足迹遍新城，与新城结下诗文书画之缘，留下许多诗文佳作，尤以清乾嘉文化鼎盛时“主持风会数十年”的阮元，在多首名诗中吟及新城，诗意博深，影响后世。民国时期，涌现出吴遐伯、吴粹一等一批知名学者、教授，著作颇丰。由于农村文化事业发展缓慢，几乎没有文化娱乐设施，直到民国后期，才有一座设施简陋的戏院。

解放后，新城镇的文化和体育事业有很大发展。1952年，新城、龙河文化站先后成立，组织开展群众文化活动。1958年，新城、龙河公社开通有线广播。60年代初，新城、龙河文化活动室、图书室、影剧院、广播站和学校运动场地等文化体育设施已基本配套和完善。“文化大革命”期间，文化体育事业受到冲击，发展停滞不前。1978年以后，文化体育事业开始回到健康发展的轨道上来，群众文化体育活动丰富多彩、欣欣向荣。80年代，文艺演出活动丰富多彩，体育竞赛捷报频传。90年代，乡土文艺、全民健身活动蓬勃开展。2000年后，文化体育设施进一步完善达标，文学诗歌创作硕果累累。2012年，有线电视进村入户，普及率达95%，互联网入户率达72%。新城镇先后获得扬州市“体育先进乡”、江苏省“体育强镇”称号。

第一节　文化机构

一、文化体育中心

新城文化体育中心　1951年，新城农民俱乐部成立，组织民众开展文化娱乐活动。翌年，更名为新城文化站，公办性质，有工作人员1人，站址在新城街道西街，3间办公用房和几张办公桌，因陋就简开展活动，配合乡政府各个时期中心工作，办街头黑板报，书写张贴标语，组织业余剧团开展文艺演出。60年代，组织公社、大队文艺宣传队宣传毛泽东思想。1960年，新城公社文化站被评为仪征县文化系统先进单位。1978年后，陆续恢复报刊阅读，图书借阅等服务项目，还组织业余宣传队，不定期开展宣传演唱活动。1983年，组建成立新城文化中心，统一管理全乡文化事业，活动内容由宣传娱乐为主发展为时政宣传、科学普及、业余教育、文化娱乐、群众体育等方面，有工作人员2人。1985年开办塑料加工厂，以工助文。1993年，迁址新农东街新建3层文化站大楼，建筑面积865平方米。1994年，建卡拉OK歌舞厅，录像放映室，开展群众娱乐活动。1996年，购置电脑6台，建立电子阅览室。1998年，通过

图24-1 新城文化中心 （摄于2009年）

省二级文化中心验收，为全民事业性质。2000年4月，龙河、十二圩文化中心并入（十二圩于2005年2月复又划出），时有工作人员4人。2001年，文化中心下放至属地管理，并与镇广播电视站合并组建成立新城文化广播电视中心，时有工作人员6人。2008年，广播电视站划出，重新成立新城文化体育中心，有工作人员3人。2012年，新城文体中心有图书阅览室、电子阅览室、老年活动中心、乒乓球室、健身房，以及健身广场等设施，站长赵大东。

龙河文化中心 1952年，龙河文化站成立，有工作人员1人，位于龙河街道北首，4间房屋，开办识字班，配合乡政府中心工作，开展时政宣传、张贴标语、文艺演出等活动。60年代，培训农村文艺骨干，开展广播宣传，出黑板报，组织业余宣传队宣传毛泽东思想和好人好事。1970年，迁址街道中心，面积扩大至125平方米，建有图书阅览室、报刊阅览室、乒乓球室等文化设施。1985年，建歌舞厅，录像放映室，帮助各村办起农民俱乐部、图书室。1990年，迁址乡政府大院内。1999年，迁址于街道南首新建2层500多平方米的文化中心大楼。2000年4月，并入新城文化中心。

二、文艺表演团队

解放后，新城、龙河相继成立农民业余剧团，主要演唱扬剧和香火戏。1952年，新城业余剧团有30余人，龙河业余剧团有27人，演出的剧目有《王贵与李香香》《小二黑结婚》《枯井沉冤》等。剧团还配合政府中心工作编演土改、抗美援朝等新人新事节目。1955年后，业余剧团陆续解散。1958年人民公社成立后，新城、龙河公社各成立1支文艺小分队，人员来自各企事业单位，有20多人，演出节目有歌曲、演唱、舞蹈、快板等，内容大都结合“大跃进”、人民公社、总路线等政治运动和中心工作。“文化大革命”期间，各生产大队、工厂、企业都成立毛泽东思想宣传队，每队约有18人，人员大都在本单位选调，经费由所在单位提供，演出节目形式多样，有扬剧、表演唱、歌舞等，宣传毛泽东思想，反映革命、生产形势，表扬新人新事。1976年后，宣传队逐渐减少，一般只在节日期间演出。80年代中期，龙河农村出现民间艺人团队，五六人一组，起初为农户上梁进宅、婚寿喜庆助兴，后发展为企业开业、庆典表演，为乡间红白喜事唱戏、演奏乐曲。90年代，新城、龙河文化中心，挖掘整理传统文艺，组成锣鼓队、腰鼓队、舞龙队等，成员来自农村，一般只在春节或者重大活动时演出。2003年9月，新城秧歌舞表演队参加全市首届现代秧歌舞比赛获得优秀表演奖。2006年3月，新城农民艺术团成立，由街道和6个村的农民艺术队组成，成员有200多人，团长由文体中心负责人兼任。艺术团有威风锣鼓队、舞龙舞狮队、荡湖船打莲湘民俗队、高跷队、女子腰鼓队、说唱表演队等6支表演队，配备各种乐器及音响、灯光设备，多次参加镇工业集中区招商项目开工仪式和市文化旅游节庆典演出。2012年，镇农民艺术团有220多人。此外，还有八九支民间艺人团队，成员100多人，活跃在农村社区。

三、图书室（馆）

解放前，新城地区私人藏书较多，其中吴氏家藏书万册以上，成为文化名人之家。

解放后，乡文化站提供书报阅览、图书借阅服务。60年代，图书、报刊数量种类增加，阅读人数大幅增加。农村学校、大队陆续建立小型图书室，供学生、社员借阅。“文化大革命”期间，不少私人藏书被当作“四旧”“毒草”收缴。1978年后，各级图书室得到恢复和发展，一些工厂、企业也相继建立图书室。1983年，新城、龙河文化中心成立后，图书室规模扩大，面积80平方米以上，藏书达千余册，中小学校图书室设图书管理员。90年代，乡镇图书室开辟阅读区，配桌椅、日光灯。村图书室面积扩大至20～30平方米，图书有500多册，且以农业科技书籍为主。学校图书室儿童文学类、科普知识类书籍分别占28%、31%。1995年，新城镇图书室获扬州市“农村乡镇一级图书馆”称号。2000年后，新城图书室新购图书6000多册，配有照明、书桌等设施。2006年，实施“农家书香”工程，当年郁桥村图书室藏书达千余册，并由团支部书记兼任图书管理员。至2009年，全镇13个行政村图书室均达到省级农家书屋要求。其中，新华村图书室被评为江苏省三星级农家书屋，丁冲村图书室被评为仪征市文明文化室。2012年8月，新城图书室升格为市图书馆新城分馆，配兼职图书管理员1人，馆藏书籍1.2万册，并配备30台电脑，建有电子阅览室，电子图书347GB。当年年底，全镇有图书馆室（馆）17个，其中村办13个、校办3个，有图书11.24万册，电子图书2139GB，其中村图书室1.5万册、学校图书室8.54万册，电子图书1792GB。有专兼职图书管理员17人。另有私人藏书户100余户，其中王锡昌家藏书有千余册。

四、书　店

民国时期，新城、龙河有数家文具店、纸店兼营图书销售业务，出售的书籍有《三字经》《百家姓》《千字文》《幼学琼林》等少儿读物。民国38年（1949年）6月，国营仪征新华书店在龙河、新城设立分销处，经营书刊发行。1956年，新城、龙河供销社开始经营代销图书业务。1978年，龙河新华书店建成开业，3间门市约100平方米，发行的图书从最初的100多种扩大到8类2000多种。1980年，新城、龙河图书发行网点除供销社建有图书门市部外，农村47个“双代店”亦经营代销图书业务，年发行图书2万多本（册）。90年代中后期，龙河新华书店以及供销社图书门市部相继停业，改由个体经营取代。同时，学生书籍课本及辅导教材由学校统一向市新华书店和教育部门订购。市文化局、新华书店、科协等部门开始组织送书送科技送文化下乡活动。1995年，新城镇、龙河乡人均购书量达2～3本（册），居全市前列。2000年后，图书发行由个体文化用品商店代销经营。2012年，镇内有3家文化用品店兼营图书销售业务，品种多为幼儿、少儿读物，图片、挂历等。

五、档案室

解放后，新城、龙河乡政府设有档案专柜（木橱），配兼职管理员管理文书档案材料。1983年起，新城、龙河乡政府设立档案室，明确专人负责管理文书档案。1993年，新城镇档案室面积60平方米，有文件柜20个。后陆续增添电脑、传真机、复印机、照相机等设备。1998年向市档案局移交新城镇永久性文书档案（1959.01~1997.12）324卷，长期档案（1956.08~1997.12）460卷；龙河乡永久档案（1956.01~1995.12）312卷，长期档案（1957.01~1997.10）472卷。2005年，再次向市档案局移交长期性婚姻档案（1998.01~2004.12）113卷。2012年，镇政府档案室，有档案信息员1人，保管有永久性档案1391件，长期性档案481件，短期性档案1010件，图照档案395张。

1983年后，政府所属站所、企事业单位均建立档案室，配备专兼职档案管理员，管理文书和财会档案。1991年起，新城、龙河站所档案室开始达标升级工作，规范档案分类、组卷，管理工作，并增加档案设施。至1995年，共有11个站所档案管理达到仪征市级标准，7个达到扬州市二级标准。1996年开始村级建档工作，至1998年有25个行政村完成建档工作，占97%。这期间，乡镇企业改制为民营后，档案工作削弱。2000年后，基层档案工作有所加强，要求档案室、库房不少于30~50平方米，并配备专兼职档案工作人员。2003年，镇财政所、农经站、农技站、水利站、计生站、村建所和文体中心均对档案库房维修改造，面积扩大至60平方米，并增加电脑、空调、复印机及灭火防盗等设备，运用电脑检索，方便档案查阅。之后，驻镇单位如公安派出所、国土资源所、工商分局、地税分局等站所也陆续完成档案室升级改造工作。2012年，全镇有基层站所、村档案室28个，专兼职档案工作人员28人。其中，镇财政所档案室达到省二星级标准。

六、诗词社

2011年4月成立，有会员80人，年底编纂出版《山圩同歌》诗集1册。2012年，诗词社组织会员到农村采风，全年收到会员创作诗词近400首。

第二节　文化场所

一、影剧院（场）

清道光年间，龙河集南临河有座古庙，四角翘檐，内有平台，台面进深8米，宽12米，后台有化妆室、住房，台前空地可容纳千人。乡里称其为戏台，名万年台，实为香火道场。除祭祀日外，逢年过节有戏班、杂耍艺人到此演出。民国36年（1947年），新城镇乡绅张锡坤等人出资建造新声大戏院，有长木条座位350个，常有十二圩、扬州戏班到此演出。此外，新城还有七八家茶楼，供评话、弹词艺人演出。解放后，龙河“万年台”被龙河搬运社占用。新城新声大戏院成为业余剧团演出场所，1956年停用。

1959年，新城、龙河先后建起大会堂，建筑面积分别为800平方米和1000平方米，有舞台，各有木板座位800个。除用于开会外，也放电影和接待剧团演出。1986年，新城乡投资将长木板座位换成活动座椅，座位减少至630个，更名为新城影剧院。1990年，龙河大会堂被鉴定为危房后停止使用。2004年，新城影剧院因年久失修而弃用。

图24-2　新城影剧院（摄于2000年）

二、歌舞厅、游戏室、网吧

80年代后期，新城、龙河相继有三四家录像放映室开业，放映室约40多平方米，有三四十张座椅，每人每场收费0.5元。90年代初，新城始有大众歌舞厅，对外营业收费。之后，新城、龙河先后出现有包厢的卡拉OK舞厅和环境优雅的音乐茶座，收取包厢费或按人头收座位费，并有偿提供舞伴服务。1997年起，经过几次综合治理，舞厅、音乐茶座有偿陪侍服务消失。1999年，新城开办3家KTV舞厅。2000年起，街头出现露天健身舞、交谊舞场，舞者多为中老年人。2012年，镇内露天舞场12处，KTV歌舞厅2家，营业面积180平方米。

90年代，新城、龙河先后由文化中心开办电子游戏室，各有3台小型电子游戏机，按时收费。之后，个体游戏室开业，拥有中型游艺机20台。1997年，新城、龙河共有游戏室7家，拥有游戏机100多台。2000年，游戏室减少为4家。2012年，镇内有游戏室2家。

1999年，新城、龙河同时出现网吧，每家网吧经营面积约50平方米，有电脑15~20台。至2000年，发展到8家，电脑150台。后经几次清理整顿，关闭不合格网吧2家。2012年，镇内有网吧3家，各有电脑80台。

三、棋牌室

赌博是旧社会陋习，解放后被人民政府明令禁止。80年代，农村少数地方赌博之风时有兴起，遭到公安机关收缴查处。90年代起，家庭或朋友相聚打麻牌视为不以盈利为目的的一种娱乐方式，之后，退休老人也参加。2000年后，一些经营性棋牌室应运而生，不仅有优雅的场所，还提供茶水、点心等服务，按场数收取服务费。在此期间，公安、工商行政管理部门介入管理，发现有赌博行为立即查处。2007年10月，三将村本庄组屠丽萍领取全镇首张棋牌室营业执照。为招揽顾客，有的棋牌室更换使用全自动麻将机，免费供应中晚餐，并按积分领取鸡蛋、食油等物品。2012年，镇内有营业执照的棋牌室84家，约有麻将机500台。

第三节 群众文艺

一、文艺活动

旧时新城、龙河农村流行劳动时打号子，一人领头其余人唱和，有挑担号子、打夯号子等。民间艺人常会在集会、赛会、庙会时演唱香火调、对子戏、唱花鼓，正月里有唱麒麟等民间文艺表演。相传至今，仍有人在村头田间传唱民歌小调。

1951年，新城、龙河农民业余剧团经常下乡演出，带动村里也组织演出小分队，在村头场头演唱扬剧、民歌小调，深受群众喜爱。1958年，新城、龙河公社组织文艺爱好者成立文艺演出小分队，在农村巡回演出，每月演出20多场次，既有歌舞、曲艺，也有扬剧演唱新人新事，受到群众欢迎。“文化大革命”期间演唱革命歌曲，背诵毛主席诗词，成为群众演唱会主要内容。80年代起，乡政府在重大节日期间举办革命歌曲演唱会，参加演唱会群众多达几百人。1986年，新城乡举办民歌演唱会，有三四十人参赛。供销社吴纯华，砖桥村尤碧分获一、二名。1987年8月，新城、龙河分别举办扬剧表演唱比赛，选拔农民扬剧歌手，参加全省扬剧大赛。90年代，相继举办社区卡拉OK演唱会、“五四”青年歌手赛和“七一”歌咏比赛等。1997年，在新城影剧院举办迎香港回归文艺晚会，有机关、企业、学校文艺爱好者登台演出节目。晶体管厂演出的扬剧《香港踏上新航程》，新城中心小学表演的舞蹈《春天的故事》分获一、二等奖。1999年10月，军民联欢庆祝国庆五十周年。2000年元旦，在新城文化广场组织大型群众演唱会，机关企事业单位、行政村组队参演。2008年，在新城中学操场举行纪念改革开放30周年广场文艺表演，全镇各行各业文艺爱好者登台表演秧歌舞、快板、说唱等节目，观众达2000多人。2011年9月26日，在新城中心小学操场举行“迎国庆、幸福新农村”文艺演唱会，既有机关干部、大学生村官，也有农民、学生上台演出。他们精彩的表演，博得观众阵阵掌声。2012年，新城农民艺术团进村进社区演出，与当地群众同台演唱民歌、流行歌曲，气氛热烈。

二、文艺汇演

1952年，仪征县举办农村文艺会演，新城、龙河均派业余剧团参加，有的节目还获奖。60年代，新城、龙河组织优秀节目参加县举办的群众文艺会演，多数节目获优秀奖。1979年春，新城、龙河选送的节目参加县群众文艺创作会演，获2个一等奖、1个二等奖。1988年，仪征市举办首届乡镇文艺汇演，新城表演的《老

图24-3 踩高跷（摄于2012年）

皮匠上街》《四大嫂看信》分获三等奖，龙河获得1个二等奖。1992年5月，新城、龙河参加市举办的纪念毛主席《在延安文艺座谈会上的讲话》发表五十周年文艺会演，新城乡表演唱《上新城》、歌舞《新城春茶美》，分获二、三等奖，龙河乡二胡演奏、集体舞均获三等奖。2001年2月，市举办“希望的田野”乡镇文艺表演比赛，新城、龙河参赛的节目有歌舞、小品、曲艺、表演唱、戏曲、打莲湘等8个，其中有2个获一等奖，3个获二、三等奖。2003年9月，仪征举办首届现代秧歌舞大赛，新城代表队30人参赛，经过角逐，获得优秀表演奖。2004年10月，市举办仪征首届民间艺人文艺汇演，三茅村陶明镜表演的方言韵白小品《领证风波》和歌舞《新城何处不风光》，分获一、三等奖。2005~2012年，新城镇12次参加市举办的乡镇群众文艺汇演、广场舞比赛等，获得3个一等奖，2个二等奖和1个三等奖。

三、民间灯会

新城、龙河地区民间灯会历史悠久，渐成习俗。民国时期流行的灯舞有10多种。

跑驴舞　流行于龙河和新集一带，源于清道光年间的哑剧《黑叫驴》，1955年，龙河集艺人郭吉星将其改编成歌舞，该舞表现的是春节新婚夫妻回娘家拜年，新娘骑在驴上，新郎牵着毛驴，一路歌一路舞的欢快心情。该歌舞1956年代表仪征县参加镇江专区文艺汇演，获导演、表演、演员三个一等奖。1998年编入江苏省《舞蹈志》。

荡湖船　又称跑旱船。湖船以竹片、绸布和彩纸制作，长约2米，头尾尖翘，中间有一花顶亭，船身围以绿绸。表演时，盖花亭间的村姑或少妇身着艳装，以变化的舞步表演湖船行进逆水、搁浅、推舟和靠岸等一系列动作，表现船民与风浪搏斗的勇敢精神。撑船、掌舵者扮为一对夫妻，随船同行，打情骂俏幽默风趣，另有4名村姑挑着花担随船演唱。歌词曲调随现场气氛临场发挥，灵活多变。

图24-4　跑驴舞（摄于2010年）

龙　舞　道具就是一条龙，龙头至尾13节，黄缎饰身，鳞片分明，形神俱备。舞动时每人手持一节，群体动作协调配合。一人高举龙珠，在龙前逗舞。龙头逐珠，时而高昂，如入云端，时而俯冲，如潜海底。在鼓乐声中，龙身腾挪转越，直至首尾相连，形成游龙盘柱之势，然后再龙身舒展，穿插有余。解放以后舞龙多为男性，2006年新城农民艺术团成立后，成立女子舞龙队。2009

图24-5　荡湖船（摄于2011年）

年该队被评为市特色团队。

图24-6　打莲湘（摄于2010年）

打莲湘　打莲湘又称舞花棍。初时，常由两人手持花棍对打对舞表演，经常以卖艺形式出现在庙会、集市街头。在传统节日期间也常与“唱麒麟”“送花灯”的艺人们在一起走村串户，边唱边舞，气氛欢乐热烈。后来逐渐发展为人数多少不限的男女合舞，形成集体性表演。莲湘舞的花棍长约4尺，两头挖空部分装置铜钱，敲打时发出清脆声音。表演时常排列变换队形，舞动翻滚，掷扔传递花棍，或击地或击对方或击自己身体部位。有“上八盘”“下八盘”“前八盘”“后八盘”套路。每盘又有“开四门”程序。打莲湘原始伴奏曲调用戏剧鼓伴随敲打，后来多用民间乐器演奏民间小调作为伴奏乐曲，也有边舞边唱的表演形式。2007年新城地区恢复这一传统技艺表演。

锣鼓器乐　民国年间在新城、龙河两地流行。锣鼓由铜锣、铜钗、响钹、大鼓配套，打击成乐。起先是运用在车水等农业生产活动中，用以鼓舞劳动士气，后逐步在民俗节日里敲打演奏。50年代至60年代敲锣打鼓送喜报，庆祝游行较多。70年代开始，民间锣鼓表演较少。2006年，新城农民艺术团成立威风锣鼓队，2007年代表仪征参加中国·扬州“世界运河名城博览会”开幕式表演，气势磅礴震撼人心的表演，受到与会国内外嘉宾的赞赏。2008年，参加仪征纪念改革开放30周年的彩车巡回游展和“绿杨春早茶”文化节开幕式。2009年参加扬州市“世界运河城市博览会”水上花船巡游展演和仪征第四届运动会开幕式演出。2010~2012年，威风锣鼓队多次受邀到外地演出。

灯　谜　新城、龙河两地有元宵节以花灯置谜语竞猜的传统习俗。旧时，大户人家置谜语让家人竞猜，引导子孙增长知识。商家举办灯谜竞猜为聚集人气，招徕客源。新中国建立后，一些乡村俱乐部在春节期间举行过猜灯谜活动。60年代，灯谜竞猜活动趋于淡化。1985年，新城乡恢复灯谜竞猜活动。元宵节期间挂出200只谜语灯笼，下设谜面，猜中者即可提走。至2000年，共举办过10次灯谜活动，后停办。

四、传统艺人及技艺

旧时，新城、龙河地区有不少散落在农村的民间艺人。他们擅长吹拉弹唱、音乐舞蹈，自发参加每年春节、灯会、庙会和农村集市开市等喜庆活动，以此谋生，世代相传。50年代，新城和龙河有说唱艺人22人、演奏艺人27人、歌舞艺人18人。其中凌桥陈大松、陈德刚是家传第五代吹奏艺人，林果村陈宏科、陈万青也是五代相传。1986年，经调查，新城、龙河共有民间艺人88人。2003年，经考核有50人获得演出资格证书，其中有3人获得国家三级演员证书。2012年，全镇有民间艺人112人，其中歌舞类33人、曲艺类39人、演奏类40人。

艺人技艺大多是家传，也有拜师学艺，经过自己勤学苦练，熟练掌握表演技巧后，登台演出。原浦新村艺人李元喜儿时随父、少时投师学艺，后带队唱麒麟、司大鼓和头唱。龙河集郭吉星读过几年私塾，后拜师学秧歌舞、话剧和京剧，掌握多种演出技能。1956年将舞蹈哑剧《黑叫驴》，改编成小歌剧《跑驴舞》，身兼导演、主演数职。三茅村陶明镜自小喜听扬州评话。由于悟性好，成年后便能讲上几段。后经苦练说功，摹拟当地方言语言特点、技巧和口技的运用，形成自己的方言韵白特色。80年代以后，随着民间艺人老年化，其技艺开始失传。

第四节　文艺创作

一、文　学

新城有好学习文的传统。清代晚期，新城籍吴遐伯完成论述《诗经》《左传》的学术文稿百余篇，其中有《释周易晋、明夷、损益诸卦》《释葵燕燕诗作于何时》《秦誓之作从书序柳从史记》和《易·春秋为周礼考》等名作。其兄吴粹一民国时期，在从事学术研究的同时，创作许多诗文，得到文学界的较高评价。

新城文学创作的繁荣，也得益于众多外来文人雅士在这里的创作活动。宋代，徐铉、贡奎等曾在这里游览吟咏，留下很多诗作。明代，王皞、杜俊、费密、蒋山卿、吕夔、戴贤、黄瓒等先后在这里结下诗文之缘。清时，曾燠、屠倬、石涛、袁枚、吴锡麟、阮元等，创作不少描绘新城风物的诗作，为人们长久传诵。

解放后，在党和政府的关心支持下，新城的文学创作不断发展。50年代，新城、龙河出现诗词创作热潮，广大农民、职工、干部握笔写诗，两公社先后创办诗刊和《新城文化》《龙河文化》期刊。刊登来自群众的作品，其中大多是即兴创作，情感洋溢，充满对美好生活的向往，但较为粗糙，且有当时浮夸风的痕迹。60年代，出现众多青年诗歌创作者，写作质量有所提高。青年农民基良田的《锣鼓喧天唱丰年》，教师张传浩的《独木舟》等诗作相继被省《雨花》刊用。这一时期，业余作者开始涉猎小说、散文、报告文学等，一些作品在省市文学刊物上发表，其中有马可、张传浩合写的报告文学《你从雪谷中来》。1978年改革开放后，新城、龙河文学爱好者发表在省市报纸刊物上的作品逐年增多。80年代，农民文学爱好者蒋万忠的短篇小说《苦涩的情思》在仪征《化纤报》上连载并出版发行。张传浩的诗集《让我们荡起双桨》《绿色抒情》《如歌的行板》《烽火岁月》亦先后出版。90年代，新城、龙河文学创作欣欣向荣，多部长篇小说、散文集、诗集出版面市，并获得省级以上奖项。教师王巨成的中篇小说《七个少女和一只白鸽》（1995年浙江少儿出版社），1995年8月获第三届冰心儿童图书新作奖大奖，成为全市获此大奖的首位作家。此后，《校园牛皮》《浪漫的暑假》先后发表在《未来》《儿童文学》上，并于1996年和1998年分获该期刊优秀作品奖。教师肖光亮的武侠小说《刀光剑影话了缘》出版发行。扬州作家协会会员三将村村民蒋万忠的短篇小说《亮剑》《出路口》《钓鱼》等5部作品相继在省和扬州市报纸杂志上发表，并出版发行。冷红村姑娘肖鹤梅酷爱文学，1995年起开始在《金陵晚报》《成都晚报》上发表散文作品。新城籍人仪征市文联原副主席、扬州作协会员黄为民1992年与张传浩合作出版《红蜻蜓》诗集，1993年出版个人《深秋的土地》诗集，共收录诗歌53首。仪征市原文联副主席、扬州作协会员张传浩的《小城一颗新星在升腾》《踏着这一片人生舞台》等10多篇诗作在省以上刊物上发表，至1999年成为首位百篇诗人。2000年后，文学创作硕果累累，获省以上奖项作品达50余篇（部）。中国作家协会会员王巨成连续出版《穿过忧伤的花季》《我们的青葱岁月》《王巨成名作精品集》等儿童文学作品50多部，至2012年，累计出版文学作品80多部，曾获第八届全国优秀儿童文学奖、陈伯吹儿童文学奖、金近儿童文学奖、中华优秀读物提名奖、江苏紫金文学奖、江苏省“五个一工程奖”、中国作协“跨世纪优秀儿童文学作品奖”，以及《儿童文学》《少年文艺》《东方少年》等刊物优秀作品奖。王巨成之女王旭，文学硕士，其小说《寻物启事》2005年发表在《中外童话故事》上。2007年，出版小说集《纯真的年代》。2008年，创作短篇小说《光明》，2009年获冰心儿童文学新作奖，2011年获江苏第四届紫金山文学奖。与其父王巨成成为全市首个同获全国最高儿童文学奖与省内最高文学奖的父女俩。省作家协会会员、仪征市作协名誉会长张传浩编著有《红蜻蜓》《五味人生》《遥远的呼唤》等诗集10部，参与编写《庙山汉文化》《文化新城集》《西山小扬州》等地情文化书籍10多部，《画梦集》散文集1部，其作品《那道风景》2012年获中外作家诗歌散文邀请赛一等奖。蒋万忠接连出版中篇小说《隐衷》《隐私》2部和长篇小说《情祭》《白洋山之恋》等3部。职工杭阿静2002年起涉足文学创作，先后在《仪征信息》《白沙》报纸杂志上发表散文20余篇。职工王家驹退休后开始写诗，《鼓楼吟》等8首作品先后在《扬州诗词》上发表。肖光亮退休后专心作诗，《农家除夕》《反哺吟》《润扬大桥》等8首作品先后被省以上报刊采用。其女肖鹤梅编著散文集《日子里的香味》由中国文联出版社出版（2012年），其子肖飞先后出版《路边独语》《行走的天空》散文集2部。他们被誉为新城文

图24-7　王巨成文学作品集
（摄于2012年）

图24-8　张传浩诗歌集　（摄于2012年）

化一家子。退休干部刘德平潜心钻研格律诗，常有诗词在《中华诗词》《江海诗词》《扬州诗词》上发表。2012年主编《山圩同歌》《銮水清风》诗集2部，同年成为中华诗词协会会员。大学生村干部周同、张蕾耕耘文坛，脱颖而出，其诗作《留守孩子的期盼》《农村不文明现象扫描》，被仪征市宣传部编辑的《文明之风》收录。在此期间，新城籍在外地工作的邑人学术著作颇丰。尤其是吴静安完成仪征刘氏及父辈未竟的注疏《左传》事业，使刘文淇“三世一经”形成完璧，2005年5月由东北师范大学出版社出版，成为海内外学人瞩目的《左传》最为完整的注释专著。

二、艺 术

在书法、绘画、音乐、舞蹈等领域新城代有人杰。清时，文化名家在新城挥毫泼墨，留下不少名家书画。著名学者阮元楷书《宋返魂梅花观》匾额，名画家石涛常来白沙翠竹江村作画赋诗，其13幅《白沙翠竹江村》诗画成为经典之作。名画家褚乃方所绘新城桃坞，为真州八景之一。民国初期，新城街道吴同书、王绪武善书法，吴同书常为富甲盐商展纸挥毫巨幅，而王绪武精小楷，细若毫发。时有大字吴同书、小字汪绪武之说。民国后期，吴氏二子吴粹一早年学颜体，后习北碑，长期临摹古篆，晚年工隶篆，风韵古俊，其大篆甲骨钟鼎十二篇传于下代留存。在这一时期，新城、龙河农村流传着不少农歌、秧歌、车水唱、栽秧号子等民歌民曲，曲调高亢宛转，十分动听，世代相传，久唱不衰。

解放后，绘画、书法、音乐、舞蹈等方面出现一批新人，呈现新的繁荣。50年代，新城美术工作者赵树德的书法作品在全国和省市展会上展出。周营村农民基良田随父学车水唱，边唱边写，整理出民歌20多首。郭吉星将哑剧《黑叫驴》改编成小歌剧《跑驴舞》，在镇江地区演出，获得导演、演出、演员三个一等奖。“文化大革命”期间艺术未有新成就。1978年后，新城、龙河地区中小学生开始练字、绘画、唱歌、跳舞，逐步形成一支业余书画和歌舞、摄影爱好者队伍。龙河公社黄为民喜爱书法，临摹字帖，先学唐楷，后练隶书，再习行书，常有书法作品在报刊上发表。80年代以后，黄为民成为新城、龙河地区首位中国书画家协会会员，1997年书法作品在扬州参展。2004年，其魏碑体《将进酒》获“翰墨情深”全国书画大赛金奖，被湖

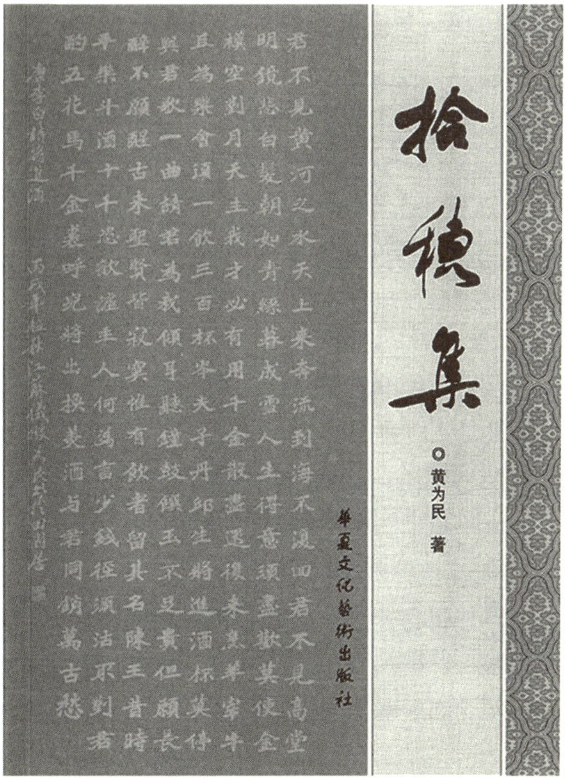

图24-9　黄为民书法作品集（摄于2000年）

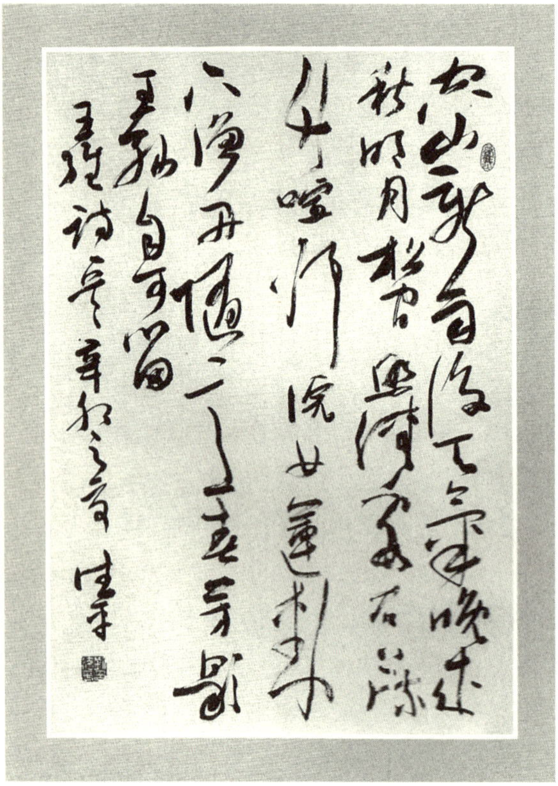

图24-10 刘德平书法作品 （摄于2012年）

南省美术研究院收藏。乡文化干部任广松多次参加扬州群众书画比赛，其书法作品获1个二等奖、2个三等奖。镇机关干部刘德平坚持业余书画，先后成为省和扬州市书法家协会会员，退休后成为市老年大学书法课教师，2012年春在扬州群众书法篆刻大赛上其书法作品《山居秋暝》获优秀奖。2010年，新城中心小学纸工美术作品“梅兰竹菊”获江苏省纸黏土造型设计一等奖。同时，张传浩、肖光亮潜心剧本创作，多部新剧本相继问市。张传浩的《但愿人长久》《梨花泪、梨花恨》，获2011年扬州市扬剧创作二等奖；肖光亮的《孪生太守》《傻干老子》《女杰传奇》《血泪匾》先后发表在扬州《绿杨剧作》上，受到好评。基良田2000年后双目失明，但创作民歌的热情未减，在市残联、市文联帮助下，挖掘整理地方民歌18首，新创作民歌11首，2010年11月汇辑成《基良田新城民歌选编》。

三、诗文选介

文 选 主要收录出版发行的文学作品，以发表时间为序。

绿纱巾

王巨成

在电话铃响起来的那一刻，祁先忽然有一种预感，他急忙走过去，可惜他还是迟了一步。电话被母亲接去了。

果然，母亲变了脸色。

放下电话，母亲定定地看着祁先的脸，说：“是你们俞老师，叫我明天去……叫我去做什么？”母亲压抑着她的感情。

事情到底来了！祁先平静下来说：“你去了就知道了。”

“你究竟在学校做了什么？”母亲突然大声地问。

祁先闭上嘴巴，回到自己的房间。他只能这样。后来他听到母亲在厨房把锅碗瓢盆弄得很响，并且一个人说着什么。再后来听见母亲跟电话那头的父亲说话，好像在吵架一样。

第二天，看着祁先单薄的身子骑上单车，母亲在他身后喊：“告诉你们老师，我过一会儿就来！”

母亲转过身，进了儿子的房间。她希望在去学校之前，能有儿子的什么蛛丝马迹。老师在电话里并没有告诉她什么事，只是无奈地说：“唉，你到学校来就知道了。可一定来呀！”这是老师第一次打电话到家里，也是第一次叫家长到学校。老师的这句话让母亲六神无主，一夜没睡好。

母亲在儿子的枕头里发现了几封信，还有一条绿纱巾——一条美轮美奂的绿纱巾。是不是准备送给女孩子的？

“天哪！”母亲在心里惊呼一声，便拿起一封信。

祁先同学：

告诉你，我也曾经有过你这般大的年龄，那是我要是遇到这样的事，我也会做的。那可真是一条漂亮的绿纱巾，让它挂在树上，实在太可惜了，它应该从树上重新回到梅雪红的脖子上——只有她才配系着这条绿纱巾。我没有责备你的意思，我知道，一个男孩子在一个漂亮的女孩子面前所做的事有时是不经过大脑的，血一热就去做了，不计后果。能这么做的男孩，是一个有热血的男孩。我真的是这么认为。不过，作为一个老教师，我还是希望你注意安全。如果被树枝绊伤，或者不慎从树上落下来。那可绝不是一件好事了，懂吗？

为学校有你这样的学生，我感到高兴！

郑国栋

5月20日

母亲的目光跌落在“郑国栋”三个字上。这可是校长给小先的信呀！她忙拿起第二封信。

小祁：

在全班同学面前，我当然要批评一下你。否则，别人会觉得我是鼓励你这么做了。这怎么行呀？其实我挺欣赏你的，别看你平日没有多少话，也不善于在别人面前表现自己，可在关键时刻，你总是让自己的行动来说话。我家先生你见过吧，看上去一个挺实在的人。他打动我的，就是一次在风雪中等了我整整两个小时。就这件事，使我爱上了他——可别把这事告诉别人呀，那样可破坏了我在同学面前的威信！嘻！我当然不会认为你对梅雪红有那种意思才会爬树的，你只是尽一个小男子汉的责任。你应该这么做，你做得好！要是我是一个男孩，我也会这么做，真难为你了！可别生老师的气哦！

关心你的俞老师

5月20日

母亲的心里生起了一种激动，因为校长、班主任俞老师的话，让她看到了儿子祁先身上从未发现过的东西。

母亲想想，然后点点头，说："小先可不就是这样吗？"

然而，俞老师在电话里又为什么用那样的语气跟她说话呢？似乎小先把天捅了一个洞。

妈妈又拿起一封信。

先：

谢谢你，真的谢谢你！你不知道我多么喜欢这条绿纱巾。这是我生日那天，我最好最好的朋友送给我的。现在这位朋友到了远方，只要看到这条绿纱巾，我就仿佛看到我们在一起的快乐时光。当我第一次系着绿纱巾出现在同学面前时，不少女生都跑到我跟前，问我哪儿买的，她们那眼热的样子你都看见了。也怪她们，要不是她们偏要从我的脖子上解下绿纱巾，绿纱巾怎么会被风从四楼吹落到树上去？我怀疑有人是出于嫉妒，才故意这么做的。当时没有一个人替我想办法，甚至有几个浅薄的男生幸灾乐祸地说："瞧那棵树现在变得多漂亮呀！"说出来不怕你笑话，那时我气得眼泪直在眼眶里打转。幸亏这时你出现了——这是我压根没有想到的。作为同学，我们几乎没有什么接触，而且我平时也没怎么在意你，请原谅。只见你低头看看那棵树，又看看我，什么话也没有说，然后就下楼了，直到你来到那棵树跟前，脱掉皮鞋，我才知道你要做什么。那么高的树呀，可是你硬是爬了上去。当时我只顾看着树上的你，没有注意到谁把你的鞋拿走了。等你拿着绿纱巾站到地面上时，你脸红了，像做错了一件事一样。要不是校长来，你会不会就那么穿着袜子回到教室？告诉你，我要好好珍藏着这条绿纱巾。它既是我朋友的友情见证，更是我一个同学热情！现在我才知道，看一个人不能仅仅看外表，比如你。这虽然是一件小事，可能觉得微不足道，可我却因此认识了一个真正的你，我真的好开心！

再一次谢谢你！

梅雪红

5月20日

母亲的激动已经开始变为骄傲，一个崭新的祁先正一步步走到她的面前。与此同时，母亲的心里升起对儿子的歉疚，他对自己儿子的了解，连校长、俞老师，包括这个"梅雪红"都不如。更多的时候，她对儿子的态度是无可奈何。

母亲用手抚摸着绿纱巾，看来这条绿纱巾是梅雪红送给儿子的了。

怎么，还有封信？母亲放下绿纱巾，拿起信。

祁先：

这个游戏好玩吗？

说实话，一开始你觉得这是一件非常有味道的事——你的生活里少了的正是这种味道！于是你以极大的热情来做了，并且决定以后就采用这种方式与别人"交往"。料想不到俞老师会这么快把电话打到家里来，还叫妈妈去。你一下子对这件事失去了兴趣，并且觉得挺无聊，而且很蠢。你在写前面三封信的时候，你居然还想有一天把信给校长、俞老师、梅雪红看一看，也许会使他们改变对你的看法。真是天真呀！妈妈一到学校，就会知道事情的真相。她回来会说些什么呢？无论说什么都不重要，反正你已经做了，你不后悔。被校长批评，挨了俞老师的训斥，你仍不后悔。你只是奇怪，你不过爬到树上，替个女孩拿了被风吹到树上的绿纱巾，可校长与俞老师的意思，好像你喜欢上了梅雪红，否则你不会违反校纪冒着被摔伤的危险去拿一条绿纱巾。真不知他们为什么如此小题大做，难道他们没有做过少年吗？那么漂亮的女孩会看上你？你这点自知之明还是有的。要说真正的原因，大概因为你一直是一个默默无闻的人，想出一下风头罢了，想博得梅雪红的一点好感。谁知梅雪红并不领你的情，你把绿纱巾给她时，她竟不要了，好像那是非常肮脏的一件东西，在这种情况下，别人嘲笑你，而你还是没有后悔。虽然没有后悔，但你还是做了一些可笑的事——假借校长、俞老师、梅雪红的名义给你写信。他们怎么会给你写这样的信？

你终于决定不再把这个游戏做下去。告诉你，你不是一个坏男孩！一点都不是！

写了这封信，你有了长大的感觉了。

祝你今晚有个好梦！

祁先

5月21日

“天呐！”母亲拿信的手抖了一下。

（本文入选《2005年中国年度儿童文学》）

刀茅草

张传浩

不知在植物学家笔下，应当怎么称谓，我只知道在我的孩提时代，家乡人都叫它刀茅草。

刀茅草，严格地说更像剑，像一柄柄直指蓝天的绿色宝剑。在春夏秋三个季节里，你都可以领略到它的高大伟岸和勃勃英姿。特别是早晨，当太阳刚刚升起，刀茅草的叶片上顶着颗颗露珠，阳光一照，闪闪烁烁，犹如宝剑锋刃上的闪闪寒光。

刀茅草不仅外形上像宝剑，还具备宝剑的一种威力。小时候，我们一帮孩子经常玩打仗的游戏，每人都要准备一件武器。有人拿棍子，有人拿竹竿子，而我却别出心裁地拿上一根刀茅草。那刀茅草这种防卫与进攻性能兼而有之的武器所具有的那种威慑力量。所以在玩游戏时，我常常打胜仗，一直到把对方的阵地占领。有一回，我小舅从南京到乡下来，他只比我大两岁，我们一起玩打仗的游戏。他不知刀茅草厉害。就冲上来，结果手被划了一个小口子，还流了血呢，为这我被妈妈揍了一顿，所以至今还记得。

如果说，春夏秋三季仅仅展示了刀茅草青春的骄傲的话，那么初冬，则是刀茅草的黄金时节。因为这时候它完全成熟了。它要做出自己应有的奉献了，也就是说它在这样的季节追求一种永恒的生命价值。我曾亲眼看见母亲把刀茅草扎成一小把一小把的，然后把一小把一小把塞进灶膛之中，先是呲呲声，接着是呼呼声，进而是一阵噼里啪啦的混响声，犹如一支交响乐章。这么说是一点也不过分的。那个特定的历史时期，“三分天灾，七分人祸”，多少人家缺吃少穿，烧锅柴严重缺乏，几乎威胁着每一个家庭。寒冬腊月，如果家里有了十捆八捆刀茅草，那也算得上是一笔不小的家当。在那大雪封门的日子里，缸里无米，草堆上无柴，又饥又寒，有了刀茅草进灶膛，生活也仿佛有了活力，人心里也有了几分温暖。当然那是绝无白居易笔下的那“绿蚁新醅酒，红泥小火炉”的诗意。我只记得一个堂房伯父，孤独一人，平常少不了舀水不上锅的日子，却因为有了得天独厚的一大片刀茅草地，长着一大片郁郁葱葱的刀茅草，便使他的生活有了转机。每当刀茅草成熟季节，他就请人家来收割，三七分成，他把那七成刀茅草的一大半换回所需的油盐酱醋和大米，一般三个月不愁吃用，所以他便安然地度过了大家都勒紧裤腰带，甚至有的老人成为路倒的那个不堪回首的艰难岁月。

我不止一次看见他一个人坐在小矮桌旁，一边呷着老白干酒，一边嚼着猪耳朵边子，眯着两眼，点头晃脑，“甘食其土之有”。而每每这以后，他的兴趣来了，还要哼上一段西皮二黄，或拉上一阵子二胡……在那困顿的年代里，刀茅草竟成了孤寡老人生活的一根支柱，心灵的一份慰藉，欢乐的一方温床。

我家也受到过刀茅草的小小恩泽。记得那年月土地都经过丈量，只有生地，即荒山野地及边头边脑的十边隙地不算账。由于这我家才沾了点小便宜。当时，母亲叫那片隙地为“老鼠刺”。所谓老鼠刺者，是因为那片地上矗着一株锋芒毕露，一蓬蓬刺叶向四处扩散的老鼠刺树。树因地而生，地因树而得名。那里也有一片刀茅草。不过那刀茅草是人工的杰作，是母亲偷偷地栽上去的。虽然栽时只有一两撮根，第二年春天便爆出一片葱茏。到了夏季，便出落得像一柄柄绿光莹莹的宝剑了。冬天，有了第一次收成，凑合着有了一个星期的燃料。灶膛里有了活力，我们全家也有了欢乐。“冷水要人挑，热水要人烧。”我总忘不了母亲挂在嘴边上的那句口头禅。以后，我家那片刀茅草地里的刀茅草越来越多，割一次长一次，越长越盛旺，挥镰刈不尽，春风吹又生，到后来居然能同我堂伯父家那片地盘比美了。即便远远地站着，也能感受到那块地方的绿色的繁富。特别夏天，刀茅草长势极好，南风过处，起起伏伏，形成了多种层次，决无单调的感觉。自然地，它也成了一些野生动物的庇护所。山鸡、野兔经常光顾这块宝地。黄鼠狼也利用这个地盘向鸡们发动“闪电战”。我们家那几只（那个年月也只能养上几只）已经长到水车拐子那大的鸡，就在刀茅草地边境上成了黄鼠狼嘴边的美味佳肴。

当然到了纳凉的夜晚，望着那黑压压的一大片刀茅草地，听蟋蟀的叫声和不知名的鸟雀的聒噪声，心中又添了一段神秘感。有时听见沙沙声，生怕蹿出一条蛇来。大人们说有鸡冠蛇出没其中，那蛇有一丈多长，还会叫呢，可惜我从来未看见过。

文革期间，所有的刀茅草地收归生产队了。据说这是资本主义尾巴，要狠狠割掉。后来因“大办粮食”，向荒地要粮，刀茅草也就从家前屋后抹去了。也许这是顺乎自然的事情，然而，我童年生活中的见闻，却留在我的记忆里，无论它是美好的还是苦涩的。刀茅草，都是一种见证。

（摘自《画梦集》时代出版社　2006年）

光明（节选）

王　旭

直到费庄出现在眼前，阿丑才发现她今天做了一件多么了不起的大事——她带回来一个女娃，一个遭到亲生母亲遗弃的双目失明的女娃。

阿丑浑身的劲儿在这一刻好似都用光了，她刚想着歇一歇，双腿一软，一屁股坐到了田埂头上。

"秀秀，歇一歇……"阿丑虚脱地说。阿丑把手伸向头上的方巾，看了秀秀，手又缩了回来。她觉得秀秀能看见她的脸，她的脸会吓着秀秀的。

"娘……"秀秀越发不安，"娘，你不要把秀秀丢下呀，秀秀听娘的话，秀秀不淘气，秀秀能帮娘做事，秀秀会做好多好多事……"秀秀的记忆里，爹曾把她带到集市上，放到一个地方，然后爹不晓得躲到哪儿去了。后来是秀秀的哭叫声把娘唤来了。

秀秀的声音像一支无形的手，揪着阿丑的心一阵一阵的抽搐：真是一个可怜的娃呀！世上竟有那么狠心的妈！在那个女人把纸条和包裹递到阿丑的手上时，阿丑便模糊地意识到她和这个女娃有缘分，除了眼睛，那女娃真漂亮呀，简直跟画出来似的，阿丑一下子喜欢上了她——她喜欢一切漂亮的东西，尽管她是方圆百里出了名的丑人儿。但她并没有答应那个女人自己要收养秀秀，那女人也不要阿丑答应，她对阿丑讲了她把秀秀送人的理由，丢下包裹，塞给阿丑一张写着秀秀名字、生日的纸条，双手合十谢了阿丑，便逃也似的走了，好像她认准阿丑会收留秀秀一样。

不能像扔一件不要了的东西一样，再把秀秀给丢了！阿丑在心里很坚决对自己说。一个可怜的人，对另外一个可怜的人，会有深切的感受。

"娘不会丢下秀秀！"阿丑双手揽着秀秀。

做这个女娃的娘！这个主意轰地在阿丑的头脑里生根发芽了。

做这个女娃的娘！尽管阿丑到目前为止还没有做娘的经历。

又一个问题摆在了阿丑的面前：她如果对费庄的人说这件事儿？

阿丑看着费庄，思忖着。

秀秀嗅着鼻子，问："你真是娘吗？"

"娘还有假吗？"阿丑柔声地说，拿出那张纸条，眼睛看着上面的字，"你叫秀秀，是桃花开的时候生的，属兔子的，今年七岁……对不对？"

"是呢，是呢，是娘，真是娘！"秀秀欢欣地说。

……

院子里只有秀秀一个人，阿丑去了责任田里，鸡鸭们去了外面，也不会有村上的娃来，村上的娃去了学校。

大树不说话，树上的鸟儿到说话了，说的是鸟儿们的语言。秀秀觉得她听懂了，鸟儿告诉她阿丑是她的娘，比亲娘还亲的娘。

秀秀已经知道了阿丑娘不是她的亲娘，细想起来，那天在街上秀秀就有了预感，只是她的心被恐惧占领了，她不愿意相信——谁愿意相信她会被自己的亲娘有预谋地扔了，扔在一个完全陌生的大街上？在那种情况下，她能抓住一只手，那只手就是她的救命稻草。阿丑娘虽然一再说她是秀秀的亲娘，但秀秀心里亮堂着呢。她从阿丑娘说的话里，从阿丑娘做的事里，很容易知道了真相。而且秀秀总跟阿丑娘睡在一头，阿丑娘丰满的身体，阿丑娘身体的味道，阿丑娘一点也不粗糙的皮肤，都在告诉秀秀阿丑娘是个比娘要年轻的女人。秀秀还从阿丑娘的脸，知道阿丑娘不是亲娘。再一次睡觉时，秀秀摸到了阿丑娘的脸，那半边被野猪撕了的脸。

阿丑娘对秀秀真是好啊，从来没有第二个人对秀秀这么好过，给她做好吃的，给她穿新衣服，不给别人欺负她，每天晚上看电视时，阿丑娘一边看，一边把她看见的讲给秀秀听。阿丑娘还说她要挣足了钱把秀秀送进城里读书，是那个专门供秀秀这样的娃读书的地方。

秀秀简直不敢相信这一切都是真的。

"你真是娘吗？"好多次，这句话到了秀秀的嘴边，都被秀秀咽了回去。阿丑娘不喜欢秀秀的这个问题，秀秀想只要她说出阿丑娘不是自己的亲娘，阿丑娘会很伤心很伤心，秀秀希望阿丑娘高兴。

秀秀仰起头，对大树上的鸟儿说："她就是咱的亲娘！"

大树上的鸟儿又发出一阵叽叽喳喳的声音，好似在说是哩，是哩……

秀秀摸索着到了大树跟前，这是一颗有水桶粗的大树，秀秀绕着树摸了一圈，想象大树那个高啊，要高到云上面了，站在树顶上，一准能摸到天，还能抓到一把云。想到鸟儿能站在天上，能站在云上，想飞到哪儿就飞到哪儿，什么也挡不住鸟儿的翅膀，哪怕是一只眼睛看不见的鸟。

秀秀对鸟儿生了羡慕，不过秀秀马上说："咱才不愿做一只鸟呢，咱要是飞走了，娘会想咱的，咱也想娘呀！"

院门口有一双眼睛滚出了热泪。那是阿丑，她是不放心，回来看看秀秀的。

（本文选自《2009年冰心儿童文学新作奖获奖作品集》）

栀子花开

肖鹤梅

黄梅雨，来了，嘀嘀嗒嗒的。

它，滴在草上，滴在树上，滴在院中竞相怒放的栀子花瓣上。

哦，栀子花开了，栀子花开了。

栀子花，白的，很白的那种。色虽不艳，却奇香无比。那个香哟，一如她的容颜，清丽，素雅。嗅着，便直钻你的鼻腔，沁入你的心脾。即刻间，人，便醉了。

碧野的乡村，喜花的人家，门前都要栽着一株栀子花，蓬蓬勃勃的。家家户户插秧忙的季节，田野里长大的年轻乡妇，三三两两的，手里攥着新麦面烙出来的葱花饼。吃着，笑着，嬉闹着，走向水汪汪的田野。

看到喜花人家门前的栀子花，她们大呼小叫起来：栀子花！栀子花！便一头涌扑过来，采摘起来。欣喜挂在脸上，嘴里还一个劲地：哟，啊哟，真香，真香哟。

花的主人，坐在门口旧旧的藤椅上，手捧一碗稀饭，爽爽地喝着。脆脆的萝卜干，嚼得咯嘣响。看着摘花乡妇的掬态，脸，舒展了，笑着：摘，摘，摘，喜欢就多摘些，香呢。

一捧清香在手，乡妇犯难了，直嘟哝：啊哟！这么多！放哪儿呢？

低头俯视全身。于是，纽扣的缝里，浓密的发间，全插上了。余下的，小心翼翼地放进自己的衣兜兜。谢谢哦，谢谢喽。谢完了花的主人，又一路嬉笑而去。

栀子花，香得迷人。路上，有个女孩童，手抓一个大水蜜桃，对着她母亲插秧的田野哭着，哭着。哭得不住地咳嗽，小脸涨得通红。

乡妇见了，从衣兜兜里掏出两朵香喷喷的栀子花：伢伢乖，回家，妈妈要插秧。

孩子破涕为笑，小鼻翼不住地嗅着，嗅着，香，香，香呢。一转身，飞跑着，眼一眨，不见了踪影。

孩提的时候，我问母亲，平时，女孩的发上，是不可戴素色的花的。可为何白色的栀子花，却例外？

母亲笑了，栀子花好，因为栀子花太香了。这个解释，我不满意，不够透彻。直到长大，我才明白，女人，之所以撇开忌讳，将白色的栀子花戴在发间，是因为实在敌不过她的魅力清香。因为，这缕清香，能将世俗冲淡。

晚上，邻家的女孩，赴心上人之约，来到江边的苇滩上。在江风摇拂的苇叶香中，男孩还是闻着了栀子花的清香。他惊异，鼻翼使劲地嗅着，嗅着。栀子花，栀子花，哪儿来的栀子花香？

身边的她，莞尔一笑，抿着嘴，不吱声。因为，在见他之前，她将一朵栀子花，悄悄插在内衣的缝扣间。

步履蹒跚的老太太，也喜欢栀子花。花白的头发上，色彩暗淡的布褂上，闭目养神的蚊帐里，都飘着栀子花的清香。时间长了，栀子花干瘪了，干的似老太太饱经沧桑的脸，皱巴巴的。可那缕清香，犹在。

香，真香。栀子花的美，就美在香上。香得清丽，香得高雅，香得令人痴迷。人们对她流露出的欢喜，不是冲她不太惹眼的外表，而是这缕袭人的清香。这缕清香，让我想到生活中，有许多平凡甚至卑微的人，却做出了撼人心魄的不平凡之事。折射出来的人格魅力，就似栀子花的这缕清香。

早上，我醒在黄梅雨的嘀嗒声中，也醒在栀子花的清香里。打开门，便见到文字开头的那一幕。夜里透透的一场雨，使我的小院越发的清新。花更艳了，叶更绿了。栀子花满满地将那抹嫩绿覆盖，密密匝匝的。原来，催我醒来的阵阵清香，硬是从门窗的缝隙中，钻进了我的卧室里。

雨停了，我端着篾盘，一朵朵地采摘着，采摘着。房间里，床头柜上丢几朵；客厅里，茶几上搭几朵；楼上，儿子的房间也搁几朵。还要摘上几朵，藏进我随身携带的包包，带至我办公的案头。让我的顾客，在清香袅绕中高兴地到来，快乐地离开。还有，还有，我要再摘些，给周边的好邻居送过去。我要让这缕缕的清香，萦绕在浓浓的乡情里，久久地弥漫着，弥漫着，弥漫着……

（摘自《日子里的香味》中国文联出版社　2012年）

访师问道

杭阿静

秋季如苍劲的草书一笔带过，冬天早已潜伏在寒风里，凛冽萧瑟的季节，更能够让人宁静沉思。我走在长长的路上，带着一种别样的心情，去拜访我的老师。老师早在十多年前调入机关里工作，三年前，他又再度当起了我的老师，帮我进行面试辅导。这次去见他，是为了重温学生时代的美好感觉，聆听他的声音，回归当初的简单与平静。

来到老师的办公室，他亲切地招呼我坐下，问我应该不喝绿茶吧，我点了点头，他随即给我倒了一杯白开水，没有放一片茶叶。或许在他心里，学生永远都是学生，犹如这杯中的清水，干净清透、一眼见底。他在我对面坐下，办公室好像成了教室，我们聊起了工作，我谈了一些自己真实的想法，他含蓄地道出了我的阅历太浅，还需要更多的磨练，才能适应社会环境。但是我们有很多观点，几乎一致，这大概是师生的缘故，思想是相承相接的。

我们师生最感兴趣的话题，莫过于写作。他原本就是语文老师，曾经也写过一篇寓意深刻的文章，主题是一个人不小心跌到了，旁边有人嘲笑，也有人将他扶起。他写这篇文章的用意，是与社会现状紧密相关的。每个人都很难一帆风顺，挫折在所难免，别人尴尬的境遇，有可能会发生在自己身上，所谓峰回路转、柳暗花明，谁都不要嘲讽谁，朋友"跌倒"了，只要自己还站着，就应该去扶一下。

时光如梭，与二十年前相比，老师没有变。唯一变化的是，我们可以像朋友一样地聊天。以前上学时，但凡他单独找我谈话，都是因为我成绩下降，一边他在严厉地训斥，一边是我伤心地啜泣。现在自己如果做错了事情，不会有人再像老师那样担忧地斥责，及时纠正自己的错误。

老师现在已经是机关里的领导，曾在学校任教时，他博学多才，钻研教学，不仅文采出众，而且还擅长书法，深得我们学生的崇敬和喜爱。那些真正有才华的人，总是谦逊豁达、光而不耀，像老师这样，虚怀若谷，把自己放得很低。最后，老师在写作上给我一些建议，鼓励我多读书，同时还增加社会阅历。老师的话让我有所感悟：写作，是一种修行，有乐也有苦，贵在坚持。

离开老师的办公室，已是华灯初上，感觉好像是下了课。仰首是春，俯首是秋，很多年了，我竟然又做回了学生，求学若饥，静静地倾听老师对我的淳淳教导，带着内心的收获，满载而归。

〔本文发表于《仪征信息（文萃版）》2012年12月28日〕

诗　选　以在仪征市级以上报刊上发表的或出版发行的诗集、吟咏新城风物的诗词为主，以发表时间为序。

相见欢

厉以宁

仪征新城途中　一九四七年

桨声篙影波纹，
石桥墩，
蚕豆花开，一路水乡春。
长跳板，小河岸，
洗衣人，
绿裤红衫都道是新婚。

（选自《厉以宁词一百首》，民主与建设出版社出版）

水龙吟

黄为民

是一只龙头
伸进了水池
喝水　还是戏水
飞进偏僻的山村
拧一拧
切断了屡屡思绪
松一松
打开了感情的闸门

严冬
流出一股股暖流
盛夏
淌出了清甜阵阵
姑娘们同你结下了不解之缘
洗衣机咕咕伴着银铃般笑声
小伙视你为琼浆玉液
深情地一回回同你亲吻
你荡涤着陈污旧迹
千家万户　面目一新

你流淌着美的生活
池水似镜　照出山里人的真诚
儿童争得面红耳赤　议论声声
有的说你从村后水厂游来
有的说你发源于山南的清泉
有的说你通往深深的地层
老人们听着笑着
一句话说醒了一代人
该是中国南海的神水
流进农民的家门

（选自《深秋的土地》，作者为扬州市作协会员）

喜看淮南第一洲

基良田

（一）

古称仪征第一洲，历史昌盛数春秋。
曹丕曹山练兵马，乾隆御驾泗源沟[①]。

（二）

盛成阮元芳名留，二度梅开救忠厚。
仪征八景名四海，月塘英烈永不朽。

（三）

喜看今日第一洲，商客盈门凤满楼。
产品畅销国内外，仪征化纤誉全球。

（四）

城市美化不胜收，交通国道火车走。
科学发展展宏图，三争目标声如流。

（五）

苏中独树一支秀，跨江景物苏南手。
全国招商进百强，广交天下好朋友。

（六）

外贸码头长江口，宁仪扬沪系一舟。
市政鹏程领航向，万众一心定新州。

①仪征城南江边口之名

（发表于2006年1月18日《白沙报》第一期）

沁园春 咏新城

丁雪海

江淮之间，古镇新城，历代著称。数风流人物，颇多俊杰，谢安筑城，以表忠诚；袁枚吟诗，桃源难舍；翰墨石涛把笔横。莫忘那，赏桃花坞景、翠竹琴声。传承古代文明，开辟那，小康新路程。改革弘大志，筑巢引凤，精心打造，大众名城。经济腾飞，绿色纷呈，政畅人和风气清。朝前迈，看千军万马，奋力奔腾。

（选自《山圩同歌》，作者时任新城镇党委书记）

新城吟

刘德平

谢安东晋新城筑，成败兴衰千百年。
历代王朝写残卷，一朝华夏著新篇。
昔时康乐[①]烟灰灭，今日新西火正燃。
古旧老街冰一角，新区集镇半边天。

①康乐，指明代新城境内康乐园

（刊载于《山圩同歌》，作者为中华诗词学会会员）

新城感赋

张传浩

追寻您当年的脚印，
我忆起了谢公城，
据说是东晋谢安筑了您，
史家争论不休，毕竟事出有因。
县志明白地记载，
您是扬子县治。
曾交通发达，商贾云集，
以至今日，您依然延续大名鼎鼎！
哦，新城，我的故乡，
哦，新城，我的梦境！
童年的苦苦甜甜都成了化石，

青春时节，我开始把您当成美文，
一读便花费几十年光景。

有那么多咏叹赞美您的诗句，
浓彩的，重墨的、平淡的、轻松的，
无论咏物、怀古、抒情，……
每个字在我心中掷地有声！
"真州八景"之一是"新城桃坞"，
"新城桃坞"，留下我一回回的游踪！
英雄传奇小说《粉妆楼》里通真观，
一直通向白沙翠竹村！

古老的仪扬河记得我的年龄，
一个花甲，新城在推陈出新。
三十年改革开放，三十年播种耕耘，
历史悠悠，新城又一次焕发青春！

坐落镇区的汽车工业园区，
夜晚灯光如昼，闪动新城的光荣！
坡山用塔的史话，
继续装点新城文化的厚重。

千年老龙河，让人回想当年的陈登，
当今的陈登们，又为新城的发展，
沥血呕心！
新城的明日，必然繁花似锦！

呵，新城，新城
我的梦境，我的追寻。
谁能忘怀自己的衣胞之地，自己的根？
我的诗，永永远远的为新城绕梦牵魂！

（作者为江苏省作协会员）

新 貌

徐福稳

农村出现新面貌，新村建设把喜报。
山清水秀好人居，洁美家园夸自妙。
农村出现新面貌，电视网络普及了。

书屋静幽进社区，精神文明谱新调。
农村出现新面貌，条条公路村村到。
交通便捷利物流，勤劳致富自荣耀。
农村出现新面貌，林木副渔齐欢笑。
种田实现机械化，农业生产再飞跃。

（选自《山圩同歌》，作者为新城镇诗词社会员）

桂 花

朱　静

九月圆时花正梦，百花残后何花颂？
此花本应月魂中，扑鼻清香迎风动，

（选自《山圩同歌》，作者为龙河小学六年级学生）

游思新城仪扬河

王德钧

东晋犁通一古河，千年风流蕴其中。
春秋西水邗沟道，大宋贾商聚码头。
元置官邸扬子县，清时日夜运漕舟。
欣闻铺建风光带，迎得四方众杰游。

（选自《山圩同歌》，作者为新城镇诗词社会员）

新西缘

陈立春

（一）

奇花异草四时馨，生肖精灵祈太平。
佛祖如来莲上坐，"缘牌" 巨石兀门庭。

（二）

古色古香吊竹楼，飞檐翘角接江流。
亭台小巧飞来阁，休闲度假四方求。

（三）

红波绿浪百花稠，碧水蓝天环境优。
诗画琳琅高雅士，养生健魄亨千秋。

（选自《山圩同歌》，作者为市老干部诗词协会会员）

留守孩子的期盼

周　同

我把沉沉的秘密藏进书包
我把湿湿的忧伤写进日记
亲爱的爸爸妈妈
你们在哪里
你们可知道
我与年迈的爷爷奶奶相依为命

摔跤的时候
只能独自爬起
别人夸我勇敢
我却偷偷哭泣
我哪里不想得到你们的疼惜
寂寞的时候
听到邻居一家甜蜜的欢声笑语
我仰望星空
向星星起诉吟语
我哪里不想向你们撒娇

天下的日出又日落
亲爱的爸爸
我想问你一个问题
我能计算出老师布置的数学题
为何却难以计算出你们的归期
门前的花开又花谢
亲爱的妈妈
我也想问你一个问题
我知道你们奔波在外日晒雨淋
能否将爱的阳光多照一点在我心上

（选自《文明之风》，作者为新城镇冷红村大学生村干部）

第五节　族　谱

一、修　谱

清至民国，新城、龙河乡民素重宗族，编修家谱、族谱。解放后，不少家庭仍有家谱、族谱传存。“文化大革命”时期，被视为“四旧”（旧思想、旧文化、旧习俗、旧习惯），多遭没收，幸存无几。1978年改革开放以来，编修家谱、族谱在民间自发兴起。至2012年镇内已发现有《濯锦堂潘氏家谱》《赵氏琴鹤堂家谱》《赵氏太平堂家谱》《周氏郁文堂家谱》《三槐堂王氏族谱》《孙氏树德堂族谱》等家谱10余本，族谱8本。

二、谱书选介

林果村《潘氏家谱》　该谱为1993年重修本，原谱失传，重修于新城镇林果村，32开精装彩印本。以明洪武十九年（1386年）潘姓叔侄4人从淮阴泗州迁徙到龙河凌西夏营、潘家营定居为始祖，堂号为“濯锦堂”。20代世系辈字为：大、禹、益、恒、常、元、文、芝、宗、良、学、道、明、兴、德、国、字、咸、正、方。后又增20代世系辈字为：华、仁、在、乾、广、聚、龙、庆、吉、强、宏、安、家、宝、富、盛、世、永、繁、昌。《潘氏家谱》共记有族规8条，族训48句，其中有“守德行、诚做人、持家俭、戒骄淫、善恶清、建功业”等训言。

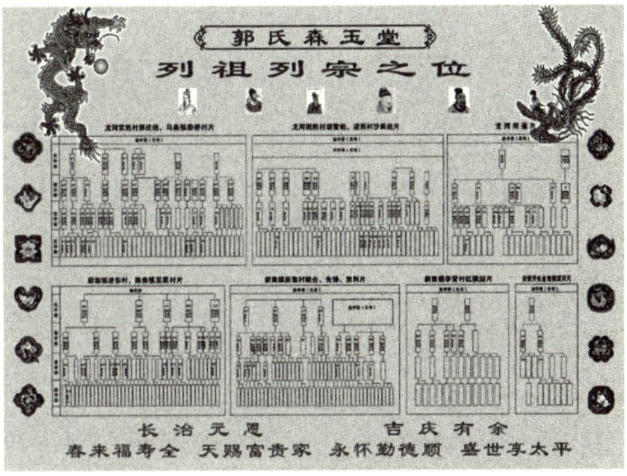

图24-11　郭氏家谱世系图
（制于2010年）

三将村《蒋氏族谱》　该谱创修于2005年，全谱记有序、文、传、世系等内容。族谱世系表以清代从扬州南门外迁徙至朴树湾麻线港蒋家庄的清高祖为始祖，分立堂号为“乐安堂”。1990年蒋氏朴席宗支蒋学林迁居新城三将村。20代世系辈字为：开、云、甫、国、道、学、士、万、家、中、庆、发、兆、生、平、志、远、德、正、荣，至2005年排到“万”字辈。《蒋氏家谱》记有89名蒋氏后裔人员简况，成为研究蒋氏人文的地情史料。

丁冲村《赵氏家谱》　赵氏家谱原谱失传。2006年续修，续修谱本为32开简装印刷本，记有序、文、世系等内容。赵氏家族乃新城望族之一，于宋赵抃（约1055年）后人立“琴鹤堂”为堂名，其后从河南开封散居各地。清顺治17年（1660年），赵氏祖籍江南句容宗支迁徙来到龙河赵巷村定居，后部分家族又分居月塘、马集、陈集、新城等处。赵氏家谱立有30代辈序字：唐、宋、庭、必、维、玉、德、正、有、修、国、定、长、安、在、家、康、诚、世、昌、仁、荣、明、宏、庆、义、立、兴、志、祥。2012年，已排序至“长”字辈，居新城境内约1500人。

丁冲村《周氏家谱》　该谱于1986年续修。原谱惜在“文化大革命”中焚毁，续谱为16

开印刷简装本，谱内记有序、文、世系表等内容，立有28代辈序字：士、芝、文、祥、进、如、天、正、世、连、云、大、有、长、家、礼、发、成、方、圆、宝、庆、富、聚、财、稳、太、平。谱书还记有周氏“传承美德、遵纪守法、勤俭持家、孝亲睦邻”等家规祖训，体现周氏家族在待人处世、道德修养方面的文明进步。

官胜村《王氏族谱》 该谱于2002年续修，原谱已失传。王氏家族祖籍清时立堂号为“三槐堂”，后由四川迁徙到龙河官胜村王山头。民国初年，王氏部分家族迁居镇江茅山王家庄及仪征刘集大棚村、新城凌桥村、三茅村等处。现族谱为轴式长卷，仅有代系沿革谱表、堂号、代系等内容。谱表制作精良，长2.6米，宽1.8米，为挂谱，中上部为祖先遗像，表中代系沿革表排列有序。

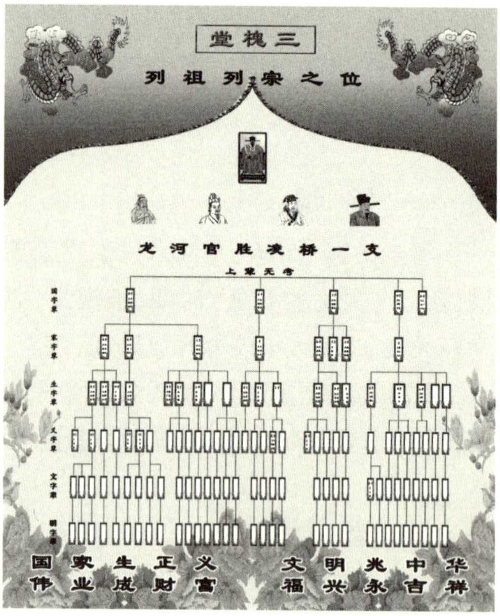

图24–12　王氏家谱世系图
（制于2002年）

官胜村《孙氏族谱》 该谱续修于1986年。孙氏祖籍世业洲，明末宗族立堂号“树德堂”。后迁徙到龙河官胜村孙家营定居，后有部分家族迁居三茅村及马集镇邱营、张山，刘集镇夏窑等地。《孙氏族谱》记有序、文、世系等内容，立有30代辈序字：云、霞、田、玉、碧、勇、士、志、大、开、万、福、来、朝、庆、立、守、仁、义、德、怀、存、忠、厚、心、家、齐、国、泰、平。2012年至“立”字辈，居住在新城一带的孙氏家族至16代约300户1500余人。

第六节　广播　影视

一、广　播

1952年，新城区、凌桥区建立收音站，用高音喇叭向附近乡村广播宣传。1956年县有线广播站成立后，新城、龙河乡借用电话线路传输信号，开通广播节目。1959年，新城、龙河公社自建广播放大站，有工作人员各1人。配置150瓦扩音机各1台，集镇及周边大队、生产队利用电话杆线首先接通广播。至年末，两公社共有广播喇叭120个（其中龙河55个）。1960年至1962年经济困难时期，农村有线广播网处于瘫痪状态。1963年，放大站恢复正常广播。1965年，有线广播发展迅速，放大站扩音机功率增加到300瓦，广播喇叭入户率达85%。1967年，掀起大办广播热潮，到1970年末，两站工作人员分别增加到3人，扩音机功率增加到500瓦，并配备柴油发电机。各大队置有二级功率放大器，广播员定时播放新闻和音乐节目。1974年，广播线路架设专线，全部换成水泥杆，线路长度达240千米（其中龙河127千米）。两公社32个大队、633个生产队（龙河18个大队355个小队）全部开通广播。至1987

年，新城有广播喇叭7846个，龙河有4965个，入户率分别达到88.7%和87.9%，其中约有四分之一为动圈式喇叭。1994年，广播站机房实行标准化建设，按照二级站标准更新设备。1995年，乡镇广播放大站更名为广播电视站。随着电视的普及，有线广播逐渐减少。2009年10月，从有线电视线路上开通智能广播传输信号，在各村主要区域分布架设高音喇叭。2012年，13个行政村布设广播喇叭130个，新城、龙河街道设智能广播音柱各8个。广播电视站负责全镇广播工作，站长张兆兵。

二、电 影

1956年以前，新城、龙河地区群众要跑二三十里路到县城看电影。1956~1959年，电影放映队每年下农村到新城、龙河露天放映，一年仅有三四场，难以满足群众需求。1959年，新城、龙河大会堂建成以后，每年放映次数增至30~40场。60年代，县电影放映队开始延伸到生产大队放映，每年不少于两场。

1974年，新城、龙河公社分别购置8.75毫米放映机2台，配备放映人员，成立电影队，在公社大会堂定点放映和到各大队巡回放映，当年放映410场次，观众达11.8万人次，人均看电影4场以上。1976年，龙河添置16毫米放映机2台，放映人员增加至5人，放映队扩大到4支。1979年起，新城先后两次添置16毫米放映机2台。1980年，龙河又添置16毫米放映机2台，当年龙河有放映员8人，新城6人。1986年，新城影剧院成立，领取“电影放映许可证”，购置2台35毫米电影放映座机，开展电影放映业务，当年共放映450场。观众人数在14.1万人次。90年代，新城、龙河定点放映和巡回放映平均700场，观众人数约15万人次。1999年龙河大会堂拆除后，改以巡回放映为主。2000年以后，电影观众减少，电影放映以学生专场为主。2002年、2004年，龙河、新城电影放映队相继解散。2005年，市文化部门开展送电影进社区、下乡村活动，全镇村民平均每年免费观看露天电影2场。2006~2009年，平均每年3~4场。2010年起，每个村每月放映1场，至2012年共放映156场。

三、电 视

1969年，新城、龙河公社机关及少数部门单位购置黑白电视机，收看江苏电视台节目。70年代中期，黑白电视机在新城、龙河的企事业单位、生产大队逐步普及，有的农村家庭开始购置电视机收看节目。1985年，彩色电视机出现，仅有少数单位和家庭拥有，收看彩色电视节目。此后，黑白电视机与彩色电视机逐渐向农村普及。1986年，仪征市电视差转台建立后，有线电视渐入居民家中。1990年，新城、龙河农村住户每百户拥有电视机55台，其中彩电约占30%。1995年，新城、龙河共有有线电视用户8355户，占50.2%。1997年10月，新城镇率先开通光纤传输有线电视，开始收看数字电视，电视频道增至32个。2000年，有线电视入户率为70%。2003年，全镇实现有线电视“村村通”。2005年，全镇实现有线电视“户户通”，多数人家拥有两台以上电视机，且以大屏幕彩色电视机居多。2012年，全镇有线电视入户率达95%，多数人家拥有液晶大屏幕彩色电视机。镇广播电视站负责全镇电视收视管理。

第七节　体　育

一、管理机构

解放初期，新城、龙河的体育事业由乡文教卫工作委员会负责。1957年后，改由乡文教卫助理负责。人民公社成立后，由文教福利部分管体育工作。1975年起，由文卫科负责，1983年后，由科教文卫科负责。1988年，新城、龙河分别成立体育领导工作小组，组长由乡长担任，这是首次成立的体育工作专门机构，以加强群众体育运动的开展和体育发展规划制订与实施。1992年4月，新城、龙河乡分别组建成立体育工作委员会，进一步强化群众体育工作管理与指导。2008年，新城镇文化体育中心成立，负责体育设施建设与管理，组织开展全民健身活动。2012年，新城镇文体中心有工作人员3人。

二、体育设施

解放后，各级政府对体育运动设施投入增加。50年代，新城、龙河各中小学校均有操场、篮球场、跳高跳远等体育设施。60年代，逐步增加乒乓球、投掷手榴弹、铅球以及双杠、高低杠等运动器械。70年代，各学校建成标准体育运动场所，开展赛跑、篮球、乒乓球等田径、球类竞赛活动。1975年4月，国家体委颁布《国家体育锻炼标准》（简称《标准》）在新城、龙河中小学校施行。90年代，新城、龙河不少企业、村自建篮球场、乒乓球室，开展群众体育活动。学校开始建设标准化操场、田径场地及水泥篮球场、羽毛球场和乒乓球室。2000年以后，随着体育运动和全民健身活动的广泛开展，镇村、企业、学校体育设施进一步健全完善，不仅有室外运动健身器械、场地，而且还有室内乒乓球室、健身房等运动锻炼场所。2012年，全镇有运动健身场所15处，运动器材180件，标准篮球场4个。学校体育场所3处，面积1.85万平方米，其中塑胶操场及跑道1.24万平方米，室内乒乓球馆1个，面积165平方米。

三、体育活动

农民体育　解放前，新城、龙河农村流传的民间体育活动项目有：武术、石锁、石担、风筝、拔河、踢毽、龙灯、秋千等。平时单独活动，逢年过节在村头赏玩会友。解放后，田径、球类等体育运动开始为农民接受，逐步传开。在场头和水利工地，时有农民展开体育活动的场景。从1951年起，新城、龙河公社开始组织农民篮球队参加县举办的篮球友谊赛。“文化大革命”期间，农民体育活动减少。70年代后期

图24-13　新城中学体育运动场（摄于2008年）

至80年代，比赛逐步走向经常化，一些优秀选手在仪征、扬州地区比赛中取得佳绩。1989年起，新城、龙河相继开展“丰收”杯农民篮球赛和象棋比赛活动。1990年10月，新城乡举办首届农民运动会，设田径10个项目，球类3个项目（篮球、羽毛球、乒乓球）、体操项目4个（广播体操、单杠、双杠、鞍马）、民间比赛项目5个（拔河、踢毽子、自行车慢骑、玩石担、挑担赛）。各村组及工厂都组队参赛，比赛时间一天。1991年1月，新城农民体育活动被江苏电视台拍摄成《莫须扬鞭自奋蹄》专题播放。1993年起，新城镇制订每年冬季各村组织开展一次拔河比赛的方案，比赛分青年组、老年组、女子组和少儿组。1994年，新城镇成立篮球协会、乒乓球协会和象棋协会，并开展竞赛活动，各村成立代表队参加。1995年，新城镇农民象棋队代表仪征市参加扬州市农民象棋比赛，获团体第三名。2000年，新城镇参加江苏省第四届农民运动会女子象棋比赛。1997~2009年，新城镇和龙河乡都组成代表队参加仪征市第一届至第四届体育运动会，新城镇共获团体第一名1个、第二名2个、第三名1个，另获优秀组织奖1次。2012年，在仪征市举办的第十一届全民健身节上，新城镇乒乓球比赛获团体总分第三名，象棋比赛获团体总分第四名。

图24-14　新城乡举办首届农民运动会（摄于1990年）

图24-15　新城镇在市第四届运动会上获拔河比赛第一名　（摄于2009年）

1990~2012年新城镇（乡）参加仪征市体育竞赛成绩一览表

表24-1

参赛名称	项目	等次	获奖人	获奖时间
仪征市“丰收”杯篮球赛	篮球	冠军	团体	1990.05
仪征市首届农民运动会	象棋	冠军	团体	1997.05
仪征市第三届运动会	乡镇部男子乒乓球	第二名	团体	2005.04
	乡镇部女子乒乓球	第六名	团体	2005.05
	拔河比赛	第三名	团体	2005.05
	中国象棋	第一名	团体	2005.06
	乡镇部篮球	第五名	团体	2005.09
	田径	第三名	团体	2005.10
仪征市第四届运动会	拔河比赛	第一名	团体	2009.04
	拔河	第六名	女子团队	2009.04

续表 24-1

参赛名称	项目	等次	获奖人	获奖时间
仪征市第四届运动会	女子乒乓球	第二名	团体	2009.05
	男子乒乓球	第三名	团体	2009.05
	中国象棋	第二名	团体	2009.06
	篮球	第四名	团体	2009.10
	田径	第三名	团体	2009.10
	团体总分	第三名	团体	2009.10
“中国体育彩票”杯十一届全民健身节	乒乓球	第三名	团体	2012.05
	中国象棋	第四名	团体	2012.10

学校体育 解放前，新城、龙河地区小学仅有简易的小操场，没有体育教学器材，体育课无法正常教学。解放后，学校体育受到重视，除每周开2节体育课外，还安排学生参加课外文体活动。1954年起，各学校推广国家颁布的第一套少年儿童广播体操。1958年“大跃进”开始后，部分学校出现以劳动课代替体育课现象。1966年“文化大革命”开始后，学校体育课改为军体课。1976年后，恢复体育课，每周2课时，按《标准》实施教学。新城、龙河乡开始举办学生体育运动会，各学校组队参加，前六名在全乡张榜公布。80年代，实施《标准》的学校达100%，达标学生占83.1%。1989年，开始使用江苏省教育厅编写的体育课教材，年末，龙河中心小学达标率97.5%，优秀率18.5%；新城中心小学达标率为96.76%，优秀率19.80%。90年代，初中升学考试增加体育测试，测试项目4项（推铅球、立定跳远、50米短跑、800米跑），满分为30分。1998年起，开展学校体育四项计划和学科评比。2002年，推行学校体育课程改革，小学使用体育与健康教材，初中使用普通版教材。教学突出学生个性，注意培养学生参与能力、运动技能和健身健康等方面的兴趣，课外体育活动也蓬勃开展。2004年，在全市中小学校广播操比赛中，新城中学和龙河中心小学分别获得中学组第二名、小学组第三名。至2005年，新城镇共举办31届学生运动会。至2012年，新城中心小学已举办14届少儿艺术节。在市第四届体育运动会上新城中学、中心小学分获团体第三名、第四名。新城中心小学乒乓球队获团体冠军、篮球队获小学团体第二名、游泳队获团体第一名、象棋队获第三名。

职工体育 解放后，职工体育活动于50年代后期逐步开展起来，以球类、棋类活动为主，并组队参加县体育运动会。60年代后期至70年代，一些工厂成立工人俱乐部自建篮球场、乒乓球室，开展篮球、乒乓球比赛和棋牌比赛，参加体育锻炼的人越来越多。1993年，新城镇首次举办职工广播体操比赛，共有12家企业组队参赛。1995年，新城润扬机械厂举办职工运动会，除球类比赛项目外，还有自行车慢骑、滚油桶、呼啦圈等趣味比赛项目。2000年后，职工体育以退休职工棋牌比赛为主。2006年，新城镇退休职工棋牌协会成立，同时，各社区老年活动中心相继成立。每年举办一次退休职工象棋、扑克比赛，有二三十名退休干部、教师、职工参加。至2012年，未停办过。

1982~1996年新城镇（乡）职工象棋比赛成绩一览表

表24-2

届　次	举办时间	报名对象	报名人数（人）	参赛人数（人）	比赛时间（天）	获奖人数（人）	冠军获得者
第一届	1982年	街道居民	27	25	3	6	王守农
第二届	1983年	街道厂站	32	25	3	6	王守农
第三届	1985年	街道厂站	29	25	3	6	王守农
第四届	1986年	街道厂站	26	20	3	6	樊同钺
第五届	1987年	城乡棋手	28	26	3	6	赵正平
第六届	1988年	城乡棋手	32	30	2	6	樊同钺
第七届	1989年	城乡棋手	31	29	2	6	余信义
第八届	1992年	农民职工	36	36	3	6	樊同钺
第九届	1994年	城乡棋手	27	24	2	6	黄久斌
第十届	1996年	城乡棋手	27	25	2	6	肖春军

全民健身　80年代，随着人们生活水平的提高，晨练在集镇居住区兴起，锻炼项目以跑步、散步、广播体操为主，亦有少数人练气功、拳术，以中老年人居多。90年代，参加健身活动的人群逐渐扩大，中青年人增加，且自发形成晨练集中点。1997年，新城、龙河贯彻国家《全民健身计划纲要》，新建镇村晨练场所13处。2004年，新城镇组织实施“八个一”〔建立一个健身组织网络、每年开展一次全民健身周活动、建设一个全民健身工程（点）、建成一批晨练健身点、建设一支社会体育指导员队伍、建设一个国民体质测试站、每年举办一次科学健身系列讲座、形成一个特色体育项目〕工程。运动时间由早晨发展到晚间，运动项目增加到放风筝、抖空竹、健身舞、韵律操等。2006年，新城镇通过扬州“八个一”工程验收。2008年10月，郁桥、三将、新华、新北等8个村成立健身俱乐部，设乒乓球协会和健身协会，村党支部书记兼任俱乐部主任。2009年，新城镇文化中心广场建成，到此早晚锻炼者达1000多人。2012年，全镇有社区健身站点19个，健身指导员38人，每天早晚锻炼者达5000多人次。

图24-16　广场舞　（摄于2010年）

附：古代诗词选

经故秘书监崔南塘旧居

唐·温庭筠

昔年曾识范兴成，松竹风姿鹤性情。
曲掖曙沟横漏响，北山秋月照江声。
乘舟觅吏经舆县，为酒求官得步兵。
千顷水流通故墅，至今留得谢公名。

注：舆县，仪征古时地名，其中心在龙河一带，故墅，新城古时一地名

寒食宿陈公塘上

五代·徐铉

垂柳界官道，茅屋倚高坡。
月下春塘水，风中牧竖歌。
折花闲立久，对酒远情多。
今夜孤亭梦，悠扬奈尔何。

注：陈公塘，东汉建安二年广陵太守陈登（元龙）主持兴建，为我国较早建造的大型水利设施，遗址在今新城周营村境内。

〔徐铉（916—991），字鼎晨，广陵人。精小学、善诗文，有集30卷〕

蜀冈

宋·王安石

城郭千家一弹丸，蜀冈拥肿作龙蟠。
眼前不道无苍翠，偷得钟山隔水看。

注：蜀冈，在新城镇北部

新城

宋·贡奎

一雨淮南霁，新城喜暂登。
江平流浩浩，山远路层层。
大舶连樯发，高楼列槛凭。
北居殊觉久，眼畏火云蒸。

新城有感

明·王皞

百里政惭劳抚字，一身强半属将迎。
征袍带雨行西郭，虚舫牵风出旧城。
水色遥连烟幢小，柳阴深护晚蝉鸣。
故山盟会成希阔，短梦长歌无限情。

新城怀古

明·王皞

虚舟坐傍杨柳阴，山雨欲来风欲迎。
吊占空劳寻旧迹，逢人犹自说新城。
笑看水上浮沤影，厌听山中杜宇声。
认到弄丸真乐处，沧桑从此不关情。

（王皞，字天氏，安徽人，明嘉靖年间仪真知县）

新城赋

明·欧大任

谢公镇广陵，
甘棠人勿翦。
君见东山云，
何似邵伯堰。

〔欧大任（1516—1596），字桢伯，号仑山。广东顺德陈村人，别称欧虞部。〕

新城看桃花

明·费密

夹岸红桃花，荒原树成列。
风忽散吹来，满地湿如血。
曾无爱情人，往往相攀折。
此中有大家，家中生好女。
罗衣行春光，灼灼复楚楚。
家破物尽毁，白昼狸鼠出。
种桃何辛勤？邻媪收桃实。
惜亦不在实，惜此花飞时。
飞花鸟迹内，行尽水之涯。

〔费密（1623—1699），字此度，号燕峰，四川新繁人，明末清初著名学者、诗人和思想家〕

过地藏寺

明·蒋山卿

野寺荒凉客倦登，水烟山霭暮层层。
月明犹记留禅榻，日落空怜见佛灯。
院里栖松无老鹤，门前扫叶有闲僧。
所嗟幻境今如此，人世茫茫那可凭。

注：地藏寺在新城西侧仪扬河北岸，宋建炎年间建。

〔蒋山卿（1486—1548），字子云，号江津，江苏仪征人。以诗文自娱，著有《南冷集》《休园集》等〕

憩地藏寺

明·吕夔

郭外停挠问上方，水清通径人青苍。
翻林日出秋蝉咽，近刹风声晚支香。
谈梵拟因公事了，煮茶真遣老僧忙。
清江浩森乡山隔，极目清明思欲狂。

（吕夔，字祖邦，永丰人，弘治进士。有诗名，著有《草堂余兴集》）

准提庵看返魂梅

明·戴贤

冰魂久已属飞天，又返人间十几年。
花放高低香近月，枝横新旧碧浮烟。
却教名士仍留韵，更与山僧续断缘。
老我不知还少否？鬓丝禅榻愧幽妍。

（戴贤，名序，字琴渡，扬州人，布衣）

游通真观

明·黄瓒

闭门春色有无中，明发招寻仗寓公。
花近奎江怜蓓蕾，人于丹观觅腔嗣。
郊原久渴锄梨雨，樵牧新瞻蛙旗风。
我亦旧人回白首，十年修竹漫西东。

注：通真观，又名通贞观，在卧虎闸南，建于汉初，是新城最早的道教场所。

（黄瓒，仪征人。成化年间进士，著有《雪洲集》）

游白沙翠竹江村

清·屠倬

白沙江头春色新，真州城下水粼粼。
花飞底急莺自语，潮落无声鸥已驯。
文字因缘伤阔绝，另离身世笑风尘。
佳游此段非容易，相对十年前故人。

（屠倬，字翼坞，浙江钱塘人，清嘉庆年间任仪征知县）

真州道情词选（二）

清·朱晴初

出东门，过吊桥，东岳庙①，殿宇高，十殿阎罗分衙道②，挡军楼下仙人洞③，一带溪河水滔滔④，二郎庙前穿心过，桃花坞⑤，名人游玩，通真观学把丹烧⑥。

注：①在东门城外，大殿供武成王黄飞虎像。②前供着从一殿秦广王到十殿转轮王及二十四司阎罗像等。③挡军楼（又名挡君楼），在今泗源沟船闸附近。④指东门至新城的一条干河，可通行小木船，现已改道。⑤即“新城桃坞”。⑥通真观系道士观，原址在今越江村境内。

真州新城赋得十里桃花留别畛石

清·杜浚

椅棹望遥天，晚霞涨一川。
同惊分手日，莫记种桃年。
绿是江南树，青为渡江烟。
无劳更相送，缓缓向归船。

〔杜浚（1611—1687年），原名诏先，字于皇，号茶村，又号西止，晚号半翁，湖北黄冈人。明崇祯时大学士，著有《变雅堂诗集》〕

游新城桃坞

清·纪映钟

谢公城不见，仿佛见桃源。
十里飞霞绮，一溪通水村。
日迟行酒促，风静落红翻。
薄暮登前阜，清江露远痕。

〔纪映钟（1609—1681），字伯紫，号戆叟，上元人，崇祯间诸生，善诗词、古文、书法〕

新城看桃花（二首）

清·吴锡麟

（一）

杨柳湾湾送棹声，看花人指谢公城。

一村社燕客扶醉，几个纸鸢天放晴。

（二）

花发前林接后林，花多不怕峭风侵。

暝烟吹过水车去，红得夕阳如许深。

〔吴锡麟（1746—1818年），字圣征，号谷人，浙江钱塘人，乾隆进士。先后担任扬州安定书院、仪征乐仪书院由长。善文，工诗词，著有《有正味斋集》〕

新城桃坞

清·诸乃方

欲作踏莎行，须向新城。游踪陌上马蹄轻。

双桨绿波停泊处，柳暗花明。满坞绛云横，莺转初晴。

新妆林际笑相迎。恍入武陵溪口路，看饷春耕。

（诸乃方，号嗣香，浙江杭州人，诸祈子，清代仪征籍画家，太谷学门派人，尤工写照，作有《真州八景图》8幅，并题浪淘沙词8首）

图24-17 新城桃坞 （清·诸乃方）

新城桃坞

清·厉惕斋

沿堤十里谢公城，千万桃花无尽情。
才过一丛花下立，又看前路众花迎。

白沙翠竹江村泛舟

清·石涛

江上危风青可招，急呼艇子共消摇。
新秋野水石桥畔，随意轻桡荡晚潮。
翠竹白沙江上村，晚风花气水侵门。
归来素月娟娟好，茗色疎香静不言。

注：白沙翠竹江村，为清时仪征著名园林，遗址在今新城镇境内。

白沙翠竹江村十三首

清·石涛

耕烟阁

迢递好江村，上我耕烟阁。
黄犊柳阴眠，藕花浮略彴。
不尽鸟飞来，风断歌声错。

香叶山堂

观望著山堂，大方响云汉。
双双挺立间，徘徊明月畔。
秦封亦浮荣，婆娑影光灿。

见山楼

远案晴如黛，空江天际横。
淡烟拖未了，群鹭点苍明。
若不乘招隐，身轻那得轻。

华黍斋

怪石堆古壁，止水投文鱼。
抱琴闲不弹，炉焚静有馀。
达人自高淡，妙悟迥如如。

小山秋

树树珠光起，客醉广寒里。
花覆比肩齐，氤氲香十里。
老去独悲秋，清见杯中底。

东溪白云亭

白云如幽人，日日亭上见。
过岭叠千层，学水分一线。

溉 岩

隔江开五丁，载石列奇硔。
就手天成窦，崆峒未必工。
溉岩苔藓碧，题字墨难丰。

芙蓉汫

我来荷出水，住久叶渐凋。
日午蜻蜓立，夜阑萤火飘。
芙蓉虽满岸，来看拍秋潮。

箖箊径

入望何非节，烟封雨后敲。
出墙初脱粉，拔尾玉如抄。
果尔琅玕食，凤鸾当结巢。

度鹤桥

声振翻千里，摩天不可招。
乍来双月下，照水立溪桥。
莫慢丹青影，风神破寂寥。

因是庵

凿土种梅花，藏真可是庵。
花时趺月上，散影人满龛。
香泛何堪寐，语外悉非贪。

寸草亭

如云都可惜，关心上此亭。
东风才匝地，四野色胶青。
过客谁呼酒，光阴实可停。

乳桐岭

空惜万人力，五年香壑冷。
石泼云过溪，岩虚洞接岭。
秋风叶乱飘，扫榻我先肯。

〔石涛（1642—1707），清著名画家，法名原济，一作元济。本姓朱，名若极。字石涛，又号苦瓜道人，工书法，能诗文。著有《苦瓜和尚画语录》及后人所辑的《大涤子题诗画跋》〕

留题香叶山堂

清·曹寅

白沙翠竹江村口，栏楯纡回似我家。
当户幽丛红滴滴，西风开满断肠花。

（曹寅，清代著名文学家，曾任两淮巡盐御史）

真州竹枝词

（八首选二）

清·袁枚

都天会起赛神忙，儿女沿堤尽点香。
绝似嫦娥颁令甲，一齐月色着衣裳。

何必桃源放桨行？此中仙景足幽清。
何时小构三间屋，闲倚雕阑过一生。

（袁枚，字子才，号简斋，又随园老人，浙江仁和人。著有《小仓山房诗文集》《随园诗话》等）

白沙翠竹江村八景

清·曾燠

溉　岩

假山若临画，生气苦索然。
不图槛户闲，日夕浮岚烟。
古人一邱壑，自谓得所偏，

客去主不来，岩先空自鲜。

见山楼

园里山易穷，园外山逾多。
江南无数山，江北能收罗。
飞云湿画栋，远翠摇帘波。
我思拄颊看，不免桓公诃。

箖箊径

炎曦不到地，苍雪乱如雨。
天半声玲珑，时闻凤鸾语。
坐深使人淡，始觉尘嚣苦。
且复效子猷，终当作蒋诩。

芙蓉汫

冉冉清露气，泛泛初日光。
桥下千芙蓉，桥上人衣香。
何时谢簪绂？集之以为裳。
毋令茱萸汫，专名但裴王。

桃花潭

红芳逐水去，绿树映水深。
风燕新引雏，徘徊此亭阴。
对时感韶光，窥景空尘心。
渔父可曾到？窈愁无处寻。

香叶山堂

悬崖屋三间，其前有双柏。
檐端发竽籁，白昼起暝色。
想经凤鸟栖，足供山人食。
葆此后凋性，媿彼先零质。

因是庵

一切有是因，皆以无因结。
一切无是因，皆以有因灭。

如是观自在，去来两无涉。
我虽门外汉，言下能了彻。

小山秋

淮南王去后，仙种留人间。
隐者招不来，坐使秋光闲。
我家华子冈，桂树凌寒山。
山灵应见怪，问我何处还。

真州准提庵老梅行

清·曾燠

白沙江村有老梅，百年劫火余枯荄。
春风一夜忽鼓动，玉勾旁迸千枝开。
天地有心试冰雪，龙蛇偶蛰惊霆雷。
令人争说月观树，往日谁踏僧廊苔。
廿四桥边万花海，我无暇去翻远来。
名姿往往寄幽独，相赏故不从尘埃。
疑是仙人萼绿降，返魂自得真香催。
惜缘酒酹花前怀，参横月落人空回。

〔曾燠（1759–1830年），字宾谷，南城人。乾隆四十六年进士，曾任两淮盐运使〕

白沙翠竹江村咏

清·洪嘉植

耕烟阁

天上种瑶草，龙见之为耕。
参昏杏花白，戴胜桑烟轻。
叒耜乘土膏，照水牵牛星。

香叶山堂

双柏荫山堂，天骨表梁栋。
根柯屈虬龙，枝叶宿鸾凤。
霜露百年心，传是先朝种。

（洪嘉植，字去芜，安徽洪源人，侨居仪征，晚清名儒）

寸草亭

清·吴敬梓

斯园最高处，惟见云舒卷。
凭栏一御见，不觉冷然善。

〔吴敬梓（1701—1754），字敏轩，一字文本，号粒民，全椒人，《儒林外史》作者〕

准提庵

清·薛雳人

寂寞春江上，孤标孰与同？
幽情何处著？清梦有时空。
魂返仍依月，香浮不碍风。
横斜常自在，老矣梵王宫。

〔薛雳人（1720—1795），又名薛延吉，字雳人，号渔庄〕

淝水诗

（节选其二段）

清·阮元

谢安后裔仪征籍，新城留有康乐园。
元代扬子故县治，我识明哥桃坞源。

船宿真州旧江口宋梅花院

清·阮元

宋代梅花得返魂，江船夜宿旧江村。
苏公病卧真州日，终是回头儋瘴根。

〔阮元（1764—1849），字伯元，号芸台，又号雷塘庵主，仪征人，体仁阁大学士。在学术研究上有很大成就，著有《揅经室全集》等〕

第二十五章　历史文化遗产

新城镇南濒长江，北依蜀冈，东临扬州，西界南京，物产丰饶。得天独厚的自然条件和地理优势，赋予新城悠久而灿烂的历史，成为繁荣兴盛千年的古镇。地面地下拥有丰富的历史文化遗存，从商周遗址、西汉墓葬到明清建筑等，境内出土精美文物数百件，有青铜器，陶器、瓷器、玉器、漆木器和石雕等。在众多的文物中，尤以西周青铜器和汉代文物最为特色，精品迭出，凸现新城独特的历史文化底蕴。除物质遗产外，非物质文化遗产也很多。至2009年已申报非物质文化遗产有15项，成为全市申遗项目较多的乡镇之一。

第一节　出土文物

迄今为止，新城地区出土地下文物有数百件之多，按照《中华人民共和国文物保护法》有关规定，均上交县（市）级以上文管部门收藏，其中有些珍贵物件已作为国家文物精品藏馆。

一、金属器

主要是青铜器、铁器等，计58件。其中1930年在新城镇破山口出土西周青铜器42件，现仅存18件，有四凤盘、双鱼盘、蟠虬纹尊、兽面纹尊、饕餮纹尊、带鋬鬲、双耳直足素鼎、铲、锫、

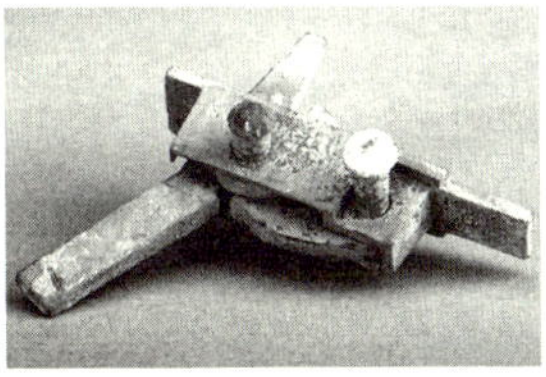

图25–1　西汉·铜弩机，1990年丁冲寸赵二组出土

图25–2　东汉·铸图铜簋，1985年林果村出土

图25–3　西汉·铜鐎斗，1965年破山口出土

图25–6　西汉·龟鹤铜博山炉，1990年丁冲村赵庄出土

图25–4　西汉·漆鞘铁剑，2007年官胜村2号汉墓出土

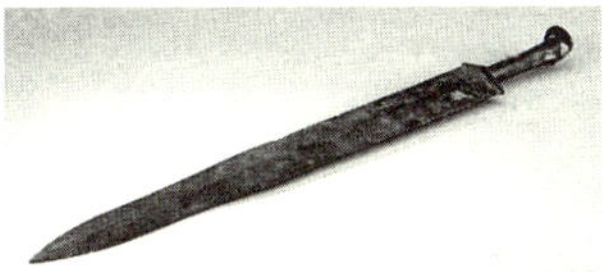

图25–5　战国·铜剑，1972年马坝魏庄出土

戈、甗、簇等各1件(只)。这些青铜器有8件保存于中国历史博物馆,10件保存于南京博物院。1965年,在破山口出土西汉铜鐎斗1只。1971~1972年,在破山口和马坝村分别出土青铜剑各1柄。该剑为春秋时期吴国所造,曾在日本和西欧5国展出,现保存于扬州博物馆和仪征市博物馆。1985年,在新城林果村出土东汉铸图铜簋1件,同年在林果村、丁冲村交界处的烟袋山出土铜纺2只,卧虎铁镇1只,棺盖内侧面铜质鎏金泡钉饰北斗星图案一组,并出土古钱币若干。据考证为五铢钱且是"武帝五铢"。1990年,先后在丁冲村赵庄赵二组出土西汉龟鹤铜博山炉、铜鐎斗各1只。2002年后,在新城潘家营出土西汉中晚期铜镜、铜带钩、铁剑、铁钺各1件。2007年,在新城官胜村2号汉墓出土西汉漆鞘铢剑1柄。以上文物保存于仪征市博物馆。

二、陶瓷器

主要是以汉代青釉陶器为主,数量可观,约占出土文物的三分之一。器形有鼎、盒、壶、瓿、罐、甗和盘、盆,以及盉、虎子等,品类较多。这些青釉陶器大多烧成火候高,质地坚硬,釉呈青色或青黄色,纯净光洁,器形端庄。如2002~2003年,在丁冲村烟袋山汉墓出土的成套青釉陶鼎、盒、壶、瓿组合,多数仿铜礼器式样,反映西汉承袭战国礼乐制度的丧葬习俗,其代表器物凤鸟纹青釉陶壶、熊钮青釉陶瓿,反映汉代釉陶高超的工艺水平。此外,也出土少量青瓷器。1964年,在三茅村和林果村分别出土西晋、东晋时期的青瓷狮形水柱、鸡笼、虎子、船形灶和青瓷口壶、唾盂各1件,另有一些破碎青瓷器。2003年,新城凌桥郭庄唐代砖室墓出土酱釉钵盂、三彩钵盂残件100多件。

图25-7 西汉·凤鸟纹青釉陶壶,2002年丁冲村烟袋山出土

三、漆 器

新城地区出土的汉代漆器胎质以木胎、夹纻胎为主,有盘、耳杯、壶、鼎、案、几、笥、奁等生活用器,其中以奁最为常见,纹饰丰富多彩,题材广泛。1985年,在烟袋山汉墓出土的漆器有大耳杯和盒盖,盒盖长50多厘米,宽30多厘米,中部绘有一龙,遨游于云气之中,大部分漆器虽已残损,但全部都是描金彩绘。

图25-8 西汉·母子螭纹玉具剑璏,1999年丁冲村烟袋山出土

四、玉 器

新城出土的玉器有礼玉、葬玉、佩玉等。主要出土于新城烟袋山汉墓等广陵王侯及其家族墓中。1985年出土龙纹青玉璧1只,造型独特。1999年,在烟袋山出土的母子螭纹玉剑璏,以子母螭相向而戏为主题,设计独特,集浮雕、镂雕、阴线琢技法于一体,可见汉代广陵

国玉雕工艺的高超水平。

五、玻璃器具

2000年以来，在新城丁冲村汉墓中出土一批玻璃葬具。这些玻璃器具应是从阿拉伯地区输入的物品，印证宋代新城因漕盐运而兴盛，对外贸易及文化交流昌盛的历史。

图25-9　西汉·琉璃眼盖、塞、蝉形琀（一套），2007年丁冲村高阳扬组出土

图25-10　西汉·蝉形琀，2007年丁冲村高扬组出土

六、石　雕

新城出土的汉代石雕有虎、羊、砚等，采用凿、刻、雕等技法，线条粗犷，求其形似，具有明显的时代特点。2005年，在林果烟袋山26号汉墓出土的石砚、研石造型简洁古朴。

图25-11　西汉·石砚、砚石，2005年林果村烟袋山出土

七、木　器

新城出土的汉代木器物多为木俑、木马、木车等，计144件（套）。1985年10月至12月，在烟袋山出土的西汉木器，有车、彩绘木马、木牛、木俑、木船、木磨、木碓（舂米工具）等，其中木碓为迄今出土最早的陪葬木碓模型明器，是具有代表性的精品，为研究农业、粮食加工业及碓形器提供宝贵的实物。

第二节　古迹遗址

一、名园胜迹

新城枕江襟水，景色宜人，元至明清时期建有大型园林七八座，清末民初渐毁。解放后又遭毁废，尚存少量遗迹。

白沙翠竹江村　建于明代之前，坐落在新城都天庙东南。清时为郑氏私家花园，占地数百亩，园内有景点13处。清道光三年（1823年）后，因频遭水患，渐废。解放后，1958年仅存1株大树被毁，现遗址尚存有乱砖碎瓦片。

康乐园 在新城镇东南，明代修建，为张桀别墅。清道光三年重修。园内有左公池，其大数亩，还有安遗堂，延芳亭等。清末后渐毁。现遗址存有碎石瓦片。

休 园 在新城南滨江，建于明代。园中央为玉山草堂，左为飞丽阁，东为紫薇亭，后为竹里馆、梅花坞，草堂后为平台，刻有《休园诗集》。曾为明代工部主事、广西参政蒋山卿罢官归乡隐居处。清末民初渐毁。

蒋 园 在新城镇东，明嘉靖初年（约1523年），蒋氏筑。知县李鹏举尝与邑内人士在此雅集唱和。清道光年间渐毁。

东津别墅 又名东津草堂，在新城旧江口，明代知府柳琰所筑。清末废毁。

新城桃坞 隋时新城运河两岸广植桃树，至清代已成桃林，每到春季桃花盛开，鸟语花香，游人如织，被冠名“真州八景”之“东门桃坞”（又称新城桃坞）。清代学者厉惕斋在《真州竹枝词引》中描述道，“沿堤十里谢公城，千万桃花无限情，才过一丛花下立，又看前路众花迎。”清画家诸乃方专为“真州八景”绘画、题诗。1958年，桃林渐毁。

二、寺庙遗迹

宋到明清，境内建有坛庙祠和寺观院庵30多座。其中，宋代建有清元真君庙、地藏寺、西方寺、接引庵、普照寺、山光寺、恭爱王庙、五龙庙和准提庵等9座，元代建有通真万寿宫等4座，明代建有三将军庙、三官庙、都天庙等7座，清代建有竹隐庵、延寿寺、大悲庵、先农坛、月宫庵、太平庵、长生庵、观音庵、三茅观和华林寺等12座。多数庙宇香火旺盛，信众甚多，名声远播。解放后，有的被改为其他用房，有的被拆毁。50年代、60年代又遭拆毁，现仅存少量遗迹。

恭爱王庙 俗名恭爱庙、陈公庙，位于陈公塘南。宋熙宁五年（1072年）冬，为祭祀广陵太守陈登而建。年久失修后明末清初众人捐资重建，前后大殿五幢，僧房100多间，取名延寿庵。新中国成立后，曾作粮站，后被拆毁。

清元真君庙 俗名二郎庙，建于南宋嘉定年间（1208~1224年）。位于真扬运河南岸，卧虎闸西侧。清乾隆五十三年（1788年）毁。羽士李鉴募修，改山门于河干，升真君于南位。相传真君姓赵名昱，峨眉人，隋炀帝时为嘉州太守，为除蛟害入水，隋末隐去。蜀人感其德，立庙祭祀，称其为二郎神（水神）。宋时追封为清元妙道真君。1958年拆毁。现尚存少量遗迹。

地藏寺 位于真扬运河北岸与二郎庙一河之隔，建于南宋建炎年间（1127~1130年）。清康熙五十年（1711年）重建，又名宝善禅林。寺内有许多和尚塔林，葬有寺内和真州天宁寺历代高僧。新中国成立后，曾作油米厂、粮站用房，“文化大革命”中拆毁。

准提庵 又称梅花庙，位于新城旧江口，宋时修建。庵中有株老梅，一本五干，高出屋檐。花时，香闻数里。相传梅为刘宋时栽，后萎，至北宋时复苏。清康熙末枯，四十余年后复活，人称返魂梅，题咏者甚多，清太傅阮元题“宋返魂梅花观”。解放后拆毁，梅树被砍伐。

西方寺 南宋淳祐初年（1241年）建，位于运河南（今东升村金庄组），后毁于兵乱。明洪武初年（1368年）复建，后没于江洪中。明崇祯年间（约1637年）移址镇东二里（今桃坞村）重建，有寺庙6间。1958年拆毁。

山光寺　南宋淳祐年间（约1247年）建，位于运河南（今东升村境内）。后毁于兵火，明洪武中期（约1384年）重建，后废。永乐初年（1463年）复兴。解放后曾作小学校舍。1958年拆毁。

通真万寿宫　又名通真观，位于新城南卧虎山（今越江村境内）。元大德年间（1297~1307年）建，明洪武年间（1368~1398年）重建，后屡修屡圮。清乾隆十年（1745年）复修，重塑道祖，勒石以志。相传通真观为清话本小说《粉妆楼》的原型，许多情节与当地风土人情有相似之处，一时传为佳话。通真观毁于1958年，现存门碑额一块。

图25-12　清张两炎书通真观门碑额　（摄于2005年）

宝坊寺　原名五台庵，位于新城南旧江口，清康熙初年（1662年）重建，康熙赐名。乾隆六十年（1795年）重修大殿，东西两楼及廊舍。解放后拆毁。

太平庵　建于清乾隆十七年（1752年），位于新城街东，有大殿三进，供奉财神爷。解放后曾作镇乡政府办公用房，1958年拆毁。

接引庵　建于清光绪十七年（1891年），位于桃坞村，四合院房两进，供奉观世音菩萨。1966年“文化大革命”期间拆毁。

三、文化遗址

2007年10月，新城镇开展实地文物调查，至2009年，共调查登记古遗址8处，被列为仪征市历史文化遗址。

虎山遗址　位于新城镇西北2千米，在马坝村南与林果村西相接处，东距林果村委会约1.2千米，是仪征市一处重要的西周时期聚落遗址，1987年被公布为仪征市文物保护单位。该遗址地处蜀冈南沿，遗址平面为近似长方形的高台地，东西长约400米，南北宽约260米，总面积约10万平方米。地势北高南低，坡势渐缓。遗址东侧为南北向的马坝河，南侧为东西向的沿山河，还有西侧南北向的梅家沟河，三河之间相互通贯。遗址地中西部在70年代建有砖瓦厂，导致遗址严重破坏，现仅存西南部长约200米、宽约40米、相对高度约3~7米的高台地，台地断面可明显观察到西周时期文化层堆积，文化层堆积1米多厚。2011年，因工业开发，遗址南侧遭到破坏。2012年

图25-13　虎山遗址　（摄于2012年）

4月，扬州市文物考古研究所与仪征市博物馆联合对遗址西南侧局部实行考古试掘，试掘面积50平方米。此次发掘共清理灰坑3个、墓葬1座，出土一批陶器残片。从器形种类和纹饰分析，其遗址的年代应为西周早期至春秋战国时期。

马坝、林果窑址群 2012年，新城镇马坝村、林果村境内发现3座古代窑址，扬州市文物考古研究所和仪征市博物馆联合实行考古发掘，在原沿山河北岸马坝村金二组发现唐五代白沙窑遗址1座，窑址北侧为虎山遗址。窑址现存窑身、操作坑、水池，窑身平面呈马蹄形，长约9米、宽4.8米、残高约2.4米，由窑门、火膛、窑室、烟道等组成。窑壁上发现多块戳印有“白沙窑”铭文的青砖，火膛内也出土戳印“白沙窑”“迎銮”铭文的青砖及板瓦，青砖规格、铭文与扬州城遗址出土的唐、五代城砖相同。根据史料记载，真州唐代为白沙镇，五代杨吴时期改白沙镇为迎銮镇，由此可以判断这座窑的时代为晚唐至五代杨吴时期，而窑烧造的砖瓦很有可能用于当时扬州城的修筑。同年，在原沿山河北岸林果村刘庄组发现唐代窑址2座，其中1号窑长3.85米、宽3.52米，窑门宽0.85米，2号窑长4.90米、宽2.95米、窑门宽0.90米。两座窑址平面呈马蹄形，历经风雨遭到破坏。窑址内出土大量的唐代板瓦、青砖，伴出土有青釉瓷碗、盏等文物标本。马坝、林果窑址群的发现证明新城镇沿山河一带自唐代中期至五代时期是一处重要的砖瓦烧造基地，对于研究仪征乃至整个扬州地区唐至五代时期的建筑业、手工业生产具有很高的价值。

图25-14 马坝（上）、林果（下）窑遗址（摄于2012年）

永庵遗址 位于新城镇林果村同心组北350米，西侧约200米处为虎山遗址。遗址面积约500平方米，高出地面约4.5米，文化层厚度3.5米。地表和剖面可见夹砂红陶袋形鬲足、鼎扁足、黑皮陶片、几何印纹陶片，属商周时期遗址。该处遗址于2011年工业建设时被毁。

磨盘山遗址 位于新城镇马坝村刘一组南侧，沿山河以北750米处。封土墩直径为80米，形似磨盘，故名磨盘山。磨盘山封土为人力夯筑，内含有大量灰陶残片，在封土堆南侧一长1.5米、宽0.4米、深0.2米的土坑内，曾出土春秋晚期铜剑一件。

图25-15 陈公塘“龙埂”遗址（摄于2012年）

陈公塘堤坝遗址 位于新城镇周营村龙埂组及塘田组。陈公塘始建于东汉建安二年（197

年），由广陵太守陈登组织开挖。塘三面倚山，东南面筑堤890多丈，沿山挖有36汊，引蓄山水，并有斗门、石埭各1座。塘建成后灌溉周围大量农田，并可放水入运河，提高水位，便利漕运。后几次兴废，明嘉靖年间废塘为田。陈公塘遗址现存南侧堤坝，长度约2055米，当地人称其为“龙埂”。“龙埂”分为两段，其中龙埂组段长2000米、宽15.6米，高2~3米，塘田组段长55米，宽36.5米，高2.5米。作为古代大型水利工程，陈公塘堤坝遗址为研究古代水利发展史提供重要的实物资料。

新城都天庙遗址　位于运河南（今越江村曹庄组）。始建于明代，都天庙坐南朝北。清同治十三年（1874年）重建，殿宇扩至九十九间半，并于农历四月初一举办庙会。解放后改作小学校舍。“文化大革命”中又遭破坏，院墙主体尚存，呈不规则长方形，占地面积4000平方米。北大门两侧一对石狮，石狮高265厘米、长60厘米、宽80厘米，左侧石狮怀抱幼狮，右侧石狮作戏球状。遗址南侧有一块高台地，为原寺庙大殿所在位置，中西部有一口古井，井栏为青石质，八角形，直径60厘米，高约40厘米。井侧有方残碑，刻有四字，因长年风化字迹模糊不清，只可辨“天囗帅府”“都天宫”字样。

图25-16　古都天庙遗址　（摄于2012年）

三将军庙遗址　原在胥浦桥东，明迁至新城焦家山，此地改称“三将”。庙中所祀为抗击金军而战死的南宋梁渊、元宗、张昭三将领。“文化大革命”期间被拆毁，现仅存庙前一口塘。

王家祠堂遗址　位于新城镇三茅村人三组。建于清末民国初，占地约6666平方米。祠堂坐北朝南，前后三进，大门前有对石狮子，每进4间，每进有天井，砖铺地。头进正中为客厅，两侧为住房，二进正间为祭祀大堂，挂有先祖王天官和两位夫人的画像，供奉有列祖列宗的灵牌。第三进为停放灵柩之处，祠堂院内植有树木、花草。民国31年（1942年）毁于火灾，1958年残垣拆除。

四、古墓葬

新城依山面水，被称为风水宝地。西周以来新城蜀冈地区葬有历代名人及王公贵族墓，成为江淮一带古文化遗址。

名人墓　西周时期新城蜀冈一带建有多座王公贵族墓园。明代户部侍郎杨汲墓建在陈公塘，朝议郎张汝贤墓在陈公塘西，中奉大夫、嘉兴府知府柳琰墓在陈公塘柳家松园祖茔。兵部尚书单仁安墓在旧江口。乡贡进士蒋鑛墓在窦家山（今新城破山口）。工部员外郎蒋鏸墓亦安于此山。明指挥使黄钟太夫人邢氏墓及旌表孝子黄正鸿墓在三官庙东祖茔。清代，开化知县李文墓在都天庙东北，赠中宪大夫刘正实墓在三官庙庄家茔，旌表贞女陈黄氏墓在焦家山。

古墓群　迄今为止，境内共发掘古墓群8处。

磨盘山春秋墓群 位于新城镇马坝村刘一组南侧，沿山河以北750米处。1971年开挖春秋时期墓葬3座，上封土墩直径为80米，形似磨盘，故名磨盘山。封土为人力夯筑，曾出土春秋晚期铜剑一柄，剑残长10.5厘米，宽6厘米。

丁冲墓群 位于新城镇丁冲村高场制砖厂取土场内，北距龙河街道约1000米，西南距仪征市区约9千米，地属蜀岗小丘陵地带。2007~2008年，仪征市博物馆在此处共抢救性发掘汉代墓葬5座。出土的玻璃琀、玻璃眼盖、包金玻璃塞等器物保存完整，造型精美，装饰讲究，特别是镶有金箔的玻璃塞在扬州地区较为罕见，对研究扬州地区玻璃器物有重要的价值。

林果墓群 位于新城镇林果村新沟组，占地面积约5000平方米。1983~1998年，共发掘9座墓葬，以西汉时期的小型土坑木椁墓居多。一般长度约在2.2米，宽2米，出土釉陶壶、瓿等。东汉墓一座，为小型砖室墓，平面长方形，长2.5米，宽1.5米，墓内出土铜洗、灰陶罐、壶等遗物。

西营庄墓群 位于新城镇凌桥村西营庄南80米处，2001年发现，现场盗坑8个，周围有大量西汉中晚期木椁板，釉陶器残片。墓群东部有一高墩，为明显人工堆土，墩高8米，底径26米。顶部有一盗洞，深约1米，未达底部，为该墓群主墓。

南庄墓群 位于新城镇凌桥村南庄组东南方向。2001~2003年，发现现场盗坑23个，遍地散布西汉中晚期釉陶片。墓葬分布密集，范围较广，应为家族墓群。2007年经农村土地平整，现已成为一片良田。

官胜墓群 位于新城镇官胜村利民组和青年组，西距龙河2200米，北距龙张路400米。2010年8月23日至9月4日，官胜村利民组和青年组发生古墓葬被盗案件，被盗古墓葬4座。仪征市博物馆对其抢救性清理发掘，清理被盗古墓葬2座（青年组被盗2座墓葬因承包人阻止未能清理）。共出土文物19件（套），其中包括大量汉代釉陶器、灰陶器及铜钱、铁剑等。官胜村利民组及青年组地处新城西北部丘陵高岗地带，墓葬分布密集，证明这里是一处汉代墓群埋藏区域。

烟袋山墓群 位于新城镇林果村、丁冲村交界的烟袋山南北坡。1985年，在此发掘一座西汉中期诸侯王夫妇合葬墓。1999年以来，结合当地砖瓦厂及沿江高等级公路取土建设，文物部门在此先后抢救性发掘汉代墓葬24座，出土文物160多件。出土的刻划纹釉陶大壶、瓿，器型硕大，釉色光洁，纹饰生动。彩绘漆器纹饰流畅，造型别致，具有较高的历史、艺术、科学研究价值。

潘家营墓群 位于新城镇凌桥村潘西组、潘东组地界，旧称潘家营。2002年以来，结合宁启铁路建设，先后抢救性发掘汉代墓葬13座，出土文物百余件，有釉陶器、铜器、漆器等。墓葬时代为西汉中晚期。

五、古建筑

东晋，新城临古邗沟筑城，后建有为数不少的楼阁，别墅、寺庙等建筑物。至解放初期，古建筑大多湮灭圮废，残存的少数庙宇，于60年代又遭拆毁。2007年，新城地区经文物普查的古建筑有3处，并发现近现代重要史迹及代表性建筑8处。

古庙　旧桥闸

三官庙　位于新城镇马坝村庙东组，始建于明永乐年间（1403~1424年），有大殿三进。原为道教，因供奉尧舜禹得名。明代遭战乱毁坏，嘉靖十五年（1536年）重建。清雍正十年（1732年）由龙门道者朱扬震、朱扬濡主持庙宇，把前后三殿整旧如新。民国33年（1944年）地方绅士王生扬等10人捐资助勒修庙，改行佛教。1993年，将中后两殿拆除重建作为小学教室。1999年重修前殿，2007年新修大雄宝殿。2012年，庙有前后两进，东西两厢回廊，面阔17米，进深33.5米，占地605平方米。前大殿供奉四大天王神座和二十四孝塑像，后殿供奉三官：尧为天官，天官赐福，舜为地官，地官赦罪，禹为水官，水官解厄。庙门上方镶嵌着一块汉白玉石，上书“古三官庙”，为清光绪元年（1875年）重修时由杭州吴人灏先生敬书题写。庙门前有1株“怀中抱子”银杏树，树龄约600年，周长5.35米，高约17米。

图25-17　古三官庙　（摄于2007年）

人民桥　始建于清嘉庆七年（1802年），取名金家大桥，为横跨龙河木桥。1965年，改建为3孔双曲拱形桥，桥长80米，宽7米。更名为人民桥。桥拱中央书有“人民桥”，拱圈上刻有12颗五星浮雕。1985年弃用。

图25-18　张氏民居旧貌　（摄于2012年）

卧虎闸　位于新城镇仪扬河与沙河交汇处，东距新城大桥130米。明嘉靖十四年（1535年）建，崇祯七年（1634年）重建。闸孔宽4.30米，双槽门，木叠梁门，条石垒砌。解放后数次修葺，1971年配置闸门和启闭机。1974年改造，东西长13.4米，南北宽8.7米，扩建东孔，净宽4.5米，闸底高程1米，上下扉闸门，配3台8吨螺杆启闭机，下扉门2台同步运转。

古民居

张氏民居　位于新城街道48号，南距仪扬河约50米，建于清末民初。房屋为3进，两厢一院结构，硬山顶，面阔3间，东西宽9.2米，南北长20.5米。后进保存较好，瓦当滴水以及后门前的一对方形石鼓较有特色。石鼓高40厘米、长30厘米、宽13厘米。

图25-19　吴氏民居旧貌　（摄于2012年）

吴氏民居　位于新城街道42号，建于民国

初期。民居坐北朝南，硬山顶，面阔三间，分前、中、后三进。前进经过较大改造，后进基本保留有原来风貌。前进原为三间，后改为两间，中间保留一过道通往中进及天井。天井内有一口井，为民国时期开凿。后进带两厢房，内部结构保留较好，除大门、木隔板等木制构件，还有少量雕花木板装饰在窗及门上。后门上方镶有各式花砖，造型精致，保留有部分民国时老式家具。

芮氏民居　位于新城街道57号，建于民国中期。坐南朝北，砖木结构。面阔三间8.30米，总长23米，深两进。前进五架梁，后进七架梁，后进深8.2米，硬山顶，两侧有高大的马头墙。后门门楣上镶有精美的砖雕。民居内部木制构件也较有特色，各色的雕花档板雕刻精细。

吴氏民居　位于新城街道南侧63号，建于民国中期。后院紧靠仪扬运河。房屋坐南朝北，面阔三间宽9.5米，南北长约18米，深2进，七架梁，小四合院结构，硬山顶。屋内保留原始木质隔板、木门等其他构件，前进大门为木质插板门，后进屋檐滴水瓦当较有特色，绘有吉祥图案。

于氏民居　位于新城镇桃坞村大于组9号，1960年，由日籍华侨于氏回乡兴建。房屋坐北朝南，砖木结构，面阔3间12.3米。前后两进，前进五檩，后进七檩，进深16.6米。带两间厢房，中间一天井，硬山顶，典型的四合院建筑风格。门前立一对长方形石鼓，石鼓上雕刻有亭台、竹、鹤、花卉以及云气纹等吉祥图案。正门上方镶有三块砖雕，中间为八卦形图案，两边台阶型砖雕上刻有凤凰展翅图案。后进房屋大门为六扇三对开雕花木板门，门上刻有各式花卉等图案。两侧厢房门梁上雕刻有八仙图案，神态各异，十分精致。

周氏民居　位于新城镇新北村14号，建于1961年。面阔五间，硬山顶，东西长18.2米，南北宽14.8米，砖木结构，分前后两进，前进西侧经过改造，天井青砖铺地，两侧各有一厢房，后进保存较好。东侧房屋采用六扇对开雕花板门，雕工精美。西侧大门前植两株广玉兰约有50年树龄。

周氏民居　位于新城镇新北村周庄组19号，建于1957年。民居坐南朝北，四合院，砖木结构，硬山顶。前进面阔三间11.6米，进深5檩5.2米，后进进深5檩6.5米，为三扇对开木门，两侧门以及椽柱上均有雕花，内外墙体均有部分改动。

新城供销合作社房屋　建于1956年，位于新城老街西首，现仅存门市房以及食堂。门市房临街而建，坐北朝南，面阔6间40米，进深7米，硬山顶。房屋西北侧设有食堂，食堂大门用水泥砌成弧形顶，中间镶有五角星。

第三节　非物质文化遗产

2005年1月，新城镇成立非物质文化遗产保护组织，并开展非物质文化遗产普查。经过近2年的调查和专家认证，全镇确定非物质文化遗产12项，其中民间文学3项、传统美术1项、传统音乐1项、传统舞蹈1项、传统技艺3项、人生礼俗2项、传统医药1项。

一、民间文学

古都天庙的传说　讲述人新城街道王德钧。该故事流传于新城及仪征、扬州一带，已有500余年。故事分为《古都天庙的来历》《都天菩萨的传说》《都天菩萨显灵的传说》和《嫁妆抬进古都天庙》四段。故事情节曲折生动，富寓哲理，深受老百姓喜爱，深深地烙印在民间，广为传播。随着时代的发展，能够讲述这个传说的人越来越少。2009年，被列入仪征市级非物质文化遗产名录。

张公百忍的传说　讲述人新城街道高存德。该故事是流传于新城、仪征、扬州及苏北地区古老的民间传说，具有相当的区域特色，世代相传的经典话题，已成为本地区做人处事的基本准则。1988年被整理编入《中国民间文学集成——仪征市资料本》。2009年，被列入仪征市级非物质文化遗产名录。

二度梅的故事　讲述人新城镇冷红村殷乃能、王能志和仪征市区文化干部孙庆飞。故事发源地在真州东门外新城旧江口一带，讲述的是唐朝肃宗年间梅魁、陈东初两家悲欢离合及其子女梅良玉与陈杏元艰难曲折的爱情故事。吏部给事梅魁为官清正，不趋炎附势奸相卢杞，遭斩，家破妻散，其子梅良玉投奔从小定亲的岳父仪征知县侯鸾却遭迫害，在逃亡中入陈东初家，拜为干爹，与其女陈杏元相识、相爱，立志为父报仇。其赤诚之心，感动玉帝，令花仙子带花仙到陈东初家令梅开二度，但两人爱情却遭奸相卢杞活活拆散。陈杏元远嫁塞外，在以死殉情之际被王昭君娘娘神灵救护。之后梅良玉金榜题名，除掉卢杞，与陈杏元完婚团圆。故事曲折复杂，情节引人入胜、扣人心弦，曾被改编成扬剧、扬州评话、京剧、陕西秦腔等，在江苏、浙江、上海、安徽、河南、陕西等10多个省市自治区演出。2009年，被列入扬州市级非物质文化遗产名录。

图25-20　扬剧《二度梅》（摄于2009年）

二、传统美术、音乐、舞蹈

花鸟虫书字　传承人新城镇冷红村碾房组李长胜。花鸟虫书字就是把花鸟虫鱼融入到字体的笔画结构中，形成字像一幅画，画由字组成的艺术效果。据史料记载，早在秦书八体中就有“虫书”。李长胜是由爷爷传授写花鸟虫书字，而爷爷是20年代从苏州学来的。花鸟字由最初文人墨客聚会时激情书写，渐渐进入庙会、集市、摆摊设点，根据顾客需要现写现卖。

随着时代发展，色彩融入画面，整个字体显得五彩缤纷，惹人喜爱。2009年，被列入仪征市级非物质文化遗产名录。

新城民歌 传唱人新城镇蒲新村（2005年划归于十二圩办事处）河东组13号李元喜和弓尾村（2005年划归十二圩办事处）15号杨敏义。俩人少时均拜师学艺，常在劳动时、集会上，春节及喜庆场合演唱麒麟，表演对子戏。新城民歌演唱形式有号子（“挑担号子”“起重号子”“叫卖号子”）、民间小调、新城花鼓、对子戏四种。演唱歌词有《跌怀》《十二月花》《挑担号子》《秧号子》《打夯号子》《挑水号子》《推山子》《十二月探妹》等。新城民歌流传于当地及十二圩、朴席等地。2009年，被列入仪征市级非物质文化遗产名录。

图25-21 演唱新城民歌 （摄于2012年）

跑驴舞 传承人新城镇龙河街道郭吉星。他从艺65年，为国家三级演员。跑驴舞起源于清道光年间，至今有200多年历史。原形式为《黑叫驴》哑剧，双人舞，一男一女（男扮女装）。1955年由郭吉星改编创作成《跑驴舞》，1956年赴镇江地区演出获得好评。从此，该舞剧在各地传开。1998年，经龙河文化站两次挖掘整理，增添唱词、音乐及舞蹈动作，当年被编入江苏《舞蹈志》。《跑驴舞》属男女对口戏，两人即兴表演，题材不限，唱两段表演一个舞蹈动作。整体舞剧表演夸张、逗趣、幽默、诙谐，为群众喜闻乐见。“黑毛驴”用竹篾扎成框架，用布绸蒙成驴耳、驴颈，驴尾采用弹簧装置便于活动，驴铃铛、妇女假裤鞋挂在驴身边，像真人骑在驴身上。男女演员身穿民族服装，男扎头巾，身系腰带，手执赶鞭，女演员头戴红花，手拿罗帕，撑把小花伞。舞蹈过程有主弦乐，唱什么词配什么调，轻松活泼。2009年，跑驴舞被列入扬州市级非物质文化遗产名录。

图25-22 跑驴舞 （摄于2008年）

三、传统技艺

水车制作技艺 传承人新城镇马坝村夏西组夏巨恩和林果村西营组周德荣，俩人均出生在水车制作世家。水车是一种传统提水工具，分为牛

图25-23 水车 （摄于2000年）

力水车、人力水车和手摇水车。水车制作工艺复杂，涉及多种模数计算。其制作过程主要掌握四大部件的制作技艺。一是两个核心部件，即车活，是龙骨的主件，至少要经过27道制作工序；车轴，是水车的转动主件。二是转轮与轴齿部件的模数计算。要依照龙骨系列要求，计算确定轴径、齿高、齿数和齿距。水车制作技艺是一门绝活，一般以家族传承为主。目前掌握此项技艺的仅有10多人。2009年，该技艺被列入扬州市级非物质文化遗产名录。

图25-24　麦芽糖制作　（摄于2011年）

赵氏麦芽糖制作技艺　传承人新城镇郁桥村合兴组赵树权和赵志刚，俩人为父子关系。赵氏糖坊开办于民国年间，已有百余年历史。麦芽糖又叫饴糖，其工艺流程有制麦芽、磨芽浆、浸泡大米、蒸煮米饭、芽饭搅拌、加温糖化、一上泡汤（第一次放浆）、二上泡汤、熬制糖稀、炒制糖饼、拉白拉泡、摘粒等12道工序。糖稀是食品加工原料，糖饼可直接食用。麦芽糖制作主要靠传统工艺操作，季节性生产，既苦又累。2000年后，市场需求量逐年减少。2009年，该技艺被列入仪征市级非物质文化遗产名录。

吴记陶器烧制技艺　传承人新城镇林果村张塘组吴正水。吴出生于吴记陶器制作世家，13岁学艺，1975年主持吴记陶器的制作与烧制。1981年先后创造出“范芯制作法”“内托制作法”“木模挤压法”“层次粘接法”等新工艺，使吴记陶器制作与烧制技艺达到新的水平。其生产程序有：选泥取泥、堆积浸泡、练泥揉锭、初坯成形、压印装配、修刮磨光、盖榫配合，雕花刻纹、入库阴干、装窑焙烧、出窑浸水等11道工序。吴记陶器制作技艺是祖辈父子相传，传至吴正水已是第四代。吴正水制陶技艺超群，其代表作有镂空雕刻薰炉、虎型绳纹尿壶、猪形聚宝钱罐、龙纹陶砚等。2009年，该技艺被列入仪征市级非物质文化遗产名录。

四、传统礼俗与医药

二月二送花灯习俗　传承人新城镇凌桥村友二组王广祥。新城地区二月二送花灯习俗历史悠久，是春节期间女方娘家人送花灯给结婚一年没有生小孩的小夫妻俩，祈盼早生贵子的传统习俗，至今还在流行。送灯人由娘家亲戚朋友、庄邻组成，并有吹拉弹唱的乐队跟随，送的东西有：花灯、宫灯（喻意红红火火，升官发财），米升子（要有裂缝的，喻意破生），存子（木头做的，喻意生一个活一个），盐钵子（喻意不止生一个），舀子（喻意要生儿子），马桶盖（喻意团团圆圆），张仙（石兽，喻避邪），磙脐子（磙子两边木头，喻意避邪）。花灯是要从子孙多的人家中“偷来”。所有东西要染红或用红纸包起来，里面放些枣子、花生、白果、豌豆、大麦等，喻意早生贵子。送灯须在晚上七八点钟到达人家门口，放鞭炮，边走边说唱，进门到

图25-25 花灯送进门 （摄于2002年）

达新娘房后将花灯物品送上，稍憩后就唱堂会，直至10点钟后散去。2009年，该习俗被列入仪征市级非物质文化遗产名录。

丧葬习俗 传承人新城镇越江村（2005年划归十二圩办事处）李塘组顾长炎。顾长炎年轻时拜师学艺，后从事丧葬礼仪主持近60年。丧葬活动一般是从死者奄息断气之时开始，到安葬后的七七期满结束。其过程要经历送终、请丧主、报丧、送饭、戴孝、入殓、出殡、入葬、回避、做七等26道程序，有的还做百日道场，周年脱孝，冥寿祭祀等仪式。丧葬习俗由来已久，但新城丧葬习俗与其他地方不尽相同，有着独特的做法与传统，具有浓重的孝道礼仪及宗教迷信色彩。2009年，该习俗被列入仪征市级非物质文化遗产名录。

姚氏中医肝胃诊疗法 传承人新城镇街道姚志新。姚志新从小随父学艺，其父是仪征县名中医，有“姚半仙”之称。得其父真传，医技大有长进，现任新城卫生院中医内科医师。姚氏中医内科辩证论治病人，由表及里找出病因根源，并依据脉象定势，掌握病症机理，再制订医案，遣方用药，攻补相济，先攻后补，阴阳调和。姚氏中医诊疗第一代创建人姚鹏云治肝胃有独到之处，能使奄息之人起死回生，名扬四方。第二代潘秋翔、姚志豪、薛永康、黄公彝等在脾胃、肝胆诊治上颇有建树。第三代姚志新，行医30年对肝胆病症有深入研究，曾治愈病毒性肝炎、肝硬化病例无数。2006年6月，该疗法被列入扬州市级非物质文化遗产名录。2011年6月，姚志新被认定为姚氏中医肝胃诊疗法第三代传人。

第二十六章　卫　生

清代以后，新城地区沿袭中医坐堂看病，药店按方配药的医药结合习俗。民国后，始有西医，新城、龙河设有私人诊所。民国35年（1946年），新城地区有私人诊所4家、龙河有8家。境内沿江地区血吸虫病流行猖獗，群众因缺医少药，无钱医治，沙河、冷红、桃坞等村患病者达37%，死亡31人，幸免者多数丧失劳动力。

解放后，党和政府恢复发展医疗卫生事业。50年代初，新城、龙河乡成立联合诊所。1954年6月在龙河成立凌桥区卫生所。1958年新城、龙河联合诊所、凌桥区卫生所分别组建成立人民公社卫生院，生产大队成立卫生室。当年，龙河公社卫生院升级为中心卫生院（农村地段医院）。60年代，农村开始实行合作医疗制度，大队卫生室配备1~2名赤脚医生，建立健全县、乡、村三级医疗卫生保健网。医疗防疫治病、妇幼保健和爱国卫生运动均取得较好成绩。80年代，乡卫生院医务人员队伍扩大，医疗技术水平提高，农民普遍享受医疗保健福利。90年代起，进一步推进农村卫生保健工作，开展环境卫生治理和创建文明卫生单位活动，城乡卫生面貌改观较大。各级医疗机构设备、技术日臻先进，功能进一步完善。2000年后，农村医疗卫生单位进行体制改革，全面实施农村新型合作医疗。农村初级卫生保健制度逐步完善，全面开展妇幼保健、计划免疫接种、传染病防治、农村改水改厕，以及以“清洁家园”为中心的爱国卫生运动和创建卫生镇村活动，人民健康水平明显提高。2012年，全镇有各级各类医疗保健机构21个，医技职工98人，其中医技人员76人。

第一节　医疗机构

一、卫生院

新城镇卫生院　1951年成立，位于新农西街61号。其前身是新城联合诊所，位于老街道东首，时有医技职工10人，租用民房10间，设西药房。1955年，名中医姚鹏云加入联合诊所，业务量增加。1958年，在联合诊所基础上组建成立新城人民公社卫生院，有医技职工18人，房屋19间，病床4张，设中西药房、化验室。1968年，该院能够开展下腹部手术、诊治上消化道出血，抢救有机磷农药中毒等危重病人。1969年，新建医疗用房11间。1974年添置30毫安X光机1台。1976年，卫生院建立医疗组、财务组、防疫保健组和后勤组。1978年新建房屋22间。1985年，添置50毫安X光机1台，有医技职工42人，房屋73间，病床31张。90年代，先后添置200毫安X光机、B超机、麻醉呼吸机、心电监护仪、尿液自动分析仪、光电比色计等医疗器械设备，能够开展中毒急救、心律失常治疗以及胸腔、腰椎穿刺、下腹部等手术，在上级医疗机构医生的指导下，能够施行胆囊切除，也能对胃癌、直肠癌、骨折内固定、剖腹产、妇科良性肿瘤等进行手术。当年门诊2.59万人次。1998年，新建门诊楼落成。1999年，建成住院楼，全院占地5200平方米，建筑面积2439平方米，床位38张。设有内科、外科、妇产科、儿科、中医科、针灸推拿科、口腔科、五官科等临床科室以及放射、检验、B超、心电图等功能检查科室。中医科是卫生院的特色科室，擅长肝脾胃病治疗。2000年，有医技职工40人，其中医技人员36人，当年门诊1.77万人次，住院496人次，手术124人次，业务总收入182.1万元。2005年起，设备不断更新，添置500毫安X光机、彩色B超机、全自动生化分析仪、2K-DR数字化X光摄影机等设备。2012年，有病床25张，医技职工38人，其中主治医师7人、主管检验师1人、中药师及中医师7人、医士2人、主管护师4人、主管助产士1人、护士4人。年门诊2.65万人次，住院356人次，手术28人次，业务收入279.61万元。院长刘跃明。

新城镇龙河中心卫生院 1951年成立，位于龙河街道，其前身是龙河联合诊所。1954年6月，新民区卫生所迁至龙河，更名为凌桥区卫生所。1958年，龙河联合诊所与区卫生所合并，成立龙河人民公社卫生院，后升级为中心卫生院，为农村地段医院。1965年，有医技职工11人，房屋10余间，病床4张，能开展下腹部手术和计划生育手术。1966年新建门诊室、病房各8间，次年投入使用。1973年，县卫生局派遣14名医生组成的医疗队到卫生院蹲点帮扶3个月，开展手术1864例，卫生院医技水平明显提高。1976年，医技职工增至48人，病床增加至30张，能开展上腹部手术。1984年8月，龙河中心卫生院划出11名职工和部分医疗器械，成立张集乡卫生院。1985年，牛角山名中医外科张劲松进入医院工作，门诊业务量大增，当年门诊3.5万人次，住院1082人次，手术123人次，业务收入23.7万元。1993年，新建门诊楼。与深圳郑文友中医肿瘤医院联合办院，开办仪征分院。当年门诊2.45万人次，住院698人次，业务收入86.9万元。1990年后，添置进口B超诊断仪、200毫安X光机、心电图机、半自动生化分析仪、激光治疗仪、多功能微波治疗仪、裂隙灯等医疗设备。1994年建成一级甲等医院、爱婴医院。2000年5月，龙河中心卫生院更名为新城镇龙河中心卫生院。当年，卫生院建筑面积2786平方米，固定资产100万元，医疗设备39台套，其中万元以上5台套。2005年以后，医疗设备不断更新，黑白B超更新成彩色多普勒B超机，新增2K—DR数字化X光摄影机、全自动生化分析仪等先进医疗设备。2012年，卫生院有病床30张，医技职工25人，其中主治医师7人、主管检验师1人、中药师1人、中医师3人、主管放射技师1人、医士2人、主管及副主管护师4人、药剂士5人、护士1人，门诊3.51万人次，住院298人次，手术18人次，业务收入171.86万元。院长牛凤军。

二、卫生室

1956年，古都高级农业生产合作社建立保健室，是仪征县第一个农村保健室，有医生和接生员各1人，学员2人，房屋5间，设简易观察室，为社员防病治病，推广新法接生。此后，在各农业社逐步推广。至60年代初，新城公社有大队保健室6个，其中郁桥、三将、砖桥3个

图26-1　周营村卫生室　（摄于2011年）

大队合办的保健室设在郁桥大队屠庄。龙河公社有大队保健室6个，每个保健室有医生2~3人，学徒工1~2人，接受社员来室诊治，也经常出诊。1968年，新城、龙河两公社推行农村合作医疗制度，各生产大队相继建立合作医疗卫生室，配备1~2名赤脚医生和接生员。各生产队配1名不脱产卫生员。至1969年3月，新城公社东升、越江、金桥、新华、郁桥、砖桥、三将等大队，龙河公社马坝、三官、周营、丁冲、官胜、人民、三茅、凌桥等大队共自建或联合办起合作医疗卫生室16个。1970年，新城的卫生室增至14个，龙河增至18个，共有"赤脚医生"（报酬靠记工分的半农半医人员）71人。之后，根据中共中央关于"将医疗卫生工作重点放到农村去"的指示，新城、龙河卫生院抽调一些有一定医技水平的医生到大队卫生室工作。其中新城有姚鹏云、于伯春、赵洗、时永珍、屠国正等名中医，龙河有张劲松等名中医。同时赤脚医生经过培训考核，医技水平提高，能够诊治常见病和多发病。1974年，龙河公社建设大队赤脚医生韩家兰被评为全省赤脚医生先进个人。1983年，大队合作医疗卫生室改称村卫生室，赤脚医生改称乡村医生。农村实行联产承包责任制后，卫生室运作机制发生变化。新城、龙河26个村卫生室实行合医合药的17个，9个村卫生室实行看病收费，以弥补经费不足。新城有14个村卫生室直至80年代末运作情况都较好。1989年，大楼村卫生室被扬州市卫生局表彰为文明村卫生室。1990年，新城、龙河两乡实施农村初级卫生保健。1995年，整顿村卫生室，开展达标建设活动。1996年，新城镇东升、冷红、大楼、八一、三将、郁桥、新华、大兴、桃坞、金桥村和龙河乡三茅、官胜、凌桥、凌西、丁冲、马坝、三官、周营村18个卫生室被评为仪征市甲级卫生室。2000年，实行村卫生室标准化建设，2006年，标准化村卫生室更名为社区卫生服务站（室）。2012年，新城镇有标准化村级卫生服务站2个、村卫生室11个，乡村医生30人，承担全镇村民的卫生保健工作。

三、医务室

70年代，新城、龙河中小学校均配备保健药箱。1977年，新城砖瓦厂设立厂医务室，有兼职医务人员1人。1980年，新城、龙河社办厂设医务室共计7家，以后随着企业改制而撤销。90年代，新城中心幼儿园始设保健室，配保健医生1人。2012年，全镇幼儿园保健室2处，保健医生2人。

四、个体诊所

民国22年（1933年），桃坞人于伯春在本村开诊所行医。民国35年（1946年）新城注册的私人诊所有4家，分别是新城惠民诊疗所，李运来西医内外科诊所，萧衡先中医内科诊所，葛明斋中医、周鸣山西医内外科诊所。还有居家行医或走方行医的医生，如新城浦耀山、余茂三、王养之、赵连山等人和郁桥王继宗夫妻等。龙河有朱晓福、程希仲中医诊所，朱万国中医儿科诊所，另有高恩年、陈福林、基白、刘有年、马志德诊所兼中西医药房5家。

解放后，人民政府将私人诊所医生组织起来成立联合诊所。1951年，新城联合诊所有5家，龙河有6家。1958年人民公社化后，部分联合诊所与卫生院合并成立公社卫生院，未被组合的成为社会医生，经政府批准成立个体性质的诊所，统一收费标准，参与防疫保健工作。60年代后期，社会医生先后被安排进入公社卫生院或大队卫生室。只有胡江友等4名牙医由工商部门发给私营户营业执照，从事镶牙、拔牙业务。1990年，整顿社会办医和医疗市场，取缔游医、药贩。同时，推荐个体医生参加扬州市卫生局执业医师资格考核，有2人领取个体医疗机构执业许可证。2000年，新城个体诊所有振刚内科诊所和杨桂兰内科诊所2家。2012年，镇内个体诊所有胡宏福口腔诊所和振刚内科诊所2家，医师3人。

五、队 伍

解放前，新城地区医疗卫生人员主要是中医，医生来源于私人带徒。民国35年（1946年），新城、龙河共有中医15人。

解放后，党和政府采取多种措施发展壮大医疗卫生队伍，每年分配卫校毕业生到卫生院工作，对医务人员进行在职培训、进修，组织老中医（药）带徒。名中医姚鹏云先后带徒5人，于柏春授徒2人。1956年，新城、龙河卫生技术人员增加到16人，其中医技人员12人、药剂师2人、助产士2人。另有护理员1人。1962年，龙河公社卫技人员增至27人、新城14人。“文化大革命”期间，贯彻中央关于加强农村基层卫生工作的指示，地、县级医疗单位的医务人员下放到新城2人、龙河3人，充实医技队伍，医技水平明显提高。同时，公社卫生院抽调人员到大队卫生室工作，帮助提高医疗水平。70年代起，陆续有医学院校毕业生分配到卫生院工作，医技人员学历结构改变。1977年，新城、龙河有大专学历以上医务人员3人。1982年，实行卫生室赤脚医生持证上岗制度，新城、龙河有66名赤脚医生参加全县统考，有58人领取合格证，任村保健医生，不合格者定为保健员。1987年，新城、龙河共有医技人员65人，其中医师4人（中医师2人）、医士5人（中医士1人）、护士4人、药剂士4人（中药剂士1人）、检验技士3人，乡村医生24人、乡村保健员21人。2000年后，医疗技术队伍逐步扩大，素质逐渐提高。而护理人员有所减少。2005年，具有大专以上学历比重为63%，与2000年相比提高11个百分点，具有中级以上技术职称占比为46%，提高18个百分点。2012年，全镇医疗技术人员76人，其中镇级医疗机构主治医师14人、主管检验师2人、主管放射师1人、主管护师9人、主管助产师1人、中医中药师11人、医士4人、药剂士1人、护士5人、私人诊所执业医师及村卫生室医生28人。医技队伍中具有高级职称的1人、中级职称的23人。2000~2012年，全镇医技人员在省级上医学刊物上发表论文25篇。

1976~2012年新城镇医技人员发表论文情况表

表26-1

姓名	论文题目	刊物名称	发表时间
杜志昌	割治疗法治疗小儿疳症	江苏医药	1976
程春晓	上睑倒睫矫正术的单人操作法	实用眼科杂志	1986年第4期
杜志昌	针刺督脉反应点治疗颜面部疔疮	江苏中医	1986
杜志昌	祛风活血汤治疗坐骨神经痛	江苏中医	1988
	“东金汤”治疗小儿泄泻50例	江苏中医	1994
杜志昌	通气活血益肾汤治疗阻塞性肺气肿50例	实用中医内科	1994
	重症脑病验案二则	江苏中医	1994
程春晓	板兰根滴眼液治疗单纯疱疹性角膜炎	中国中医眼科杂志	1994
杜志昌	温中健脾开胃汤治疗小儿厌食症45例	中国农村医学	1995
	急性腹痛验案三则	江苏中医	1995
	“消癖汤”治疗乳癖52例	江苏中医	1995
	《内经》养生方法初探	中国中医老年学杂志	1995
	久病从瘀论治医医案二则	当代中医医理发挥	1995
	运用活血化瘀法治疗疑难症的体会	当代中青年医论精华	1996
杜志昌	四子散贴脐治疗喘息型支气管炎45例	当代中医外治法集锦	1996
	慢性萎缩性胃炎证治体会	中国农村医学	1996
程春晓	疏通睑板腺排泄口治疗睑缘霰粒肿	临床眼科杂志	1996
周正彬	多虑平与阿莫西林治疗非溃疡性消化不良	江苏医药	1998
杜志昌	久咳从肝论治医案二则	中华当代优秀论文荟萃	1998
	虚寒口疮治验	江苏中医	1999
	清热凉血软坚汤治疗淋巴结炎55例	实用新医学	2001
	以葛根为主治疗颈椎病	中国临床医生	2001
	从540例癌症病人看精神因素的影响	中国卫生杂志	2002
	慢性肺心病证治体会	中国医疗杂志	2004
邹　键	针灸治疗膝骨性关节炎的临床疗效观察	按摩与康复医学	2012
	针灸治疗三叉神经痛的临床体会	中国中医药咨讯	2012

第二节　设施设备

一、房　屋

解放前，新城、龙河私人诊所和社会医生在家或借租一两间民房作诊所，设施十分简陋。1951年，新城联合诊所租用东街民房10间作门诊室、观察室和药房，龙河联合诊所仅有房屋

5间。1954年6月，凌桥区卫生所有房屋5间，其他联合诊所房屋仅有2~3间。1958年，新城卫生院有房屋19间，设挂号室、中西医门诊室、化验室、中西医药房、住院病房，龙河卫生院有房屋10间。1966年，县政府统一为新城、龙河新建四合院式卫生院，设门诊、病房各8间。1969年，新城卫生院扩建房屋11间用作病房。1978年，新建集门诊、生化、X光放射检查、中西药房、行政办公用房为一体的综合业务楼1座，1100平方米。是年，新城卫生院共有房屋1629平方米。1982年，龙河中心卫生院共有房屋1093平方米。1987年，新城、龙河卫生院医疗卫生用房增至1879平方米和2046平方米，房屋功能进一步细化、适用。1990年起，市卫生局启动乡镇卫生院建设规划，有计划地推进医疗设施建设，以提高医疗服务质量。1993年，龙河中心卫生院新建门诊楼1093平方米，年末房屋面积2786平方米。1995年，整顿村级合作医疗，各村卫生室房屋面积均达60平方米标准。1998年，新城卫生院在新农西街南新建门诊楼1375平方米，1999年建成住院楼1065平方米。至2000年，新城卫生院房屋增至4347平方米，龙河卫生院2786平方米。2008年，龙河卫生院翻建病房楼2365平方米。2012年末，新城卫生院（不含旧址建筑）有房屋2439平方米，龙河卫生院房屋面积3458平方米。马坝、周营、凌桥3个村社区卫生服务站和其他村卫生室房屋建筑面积均在80平方米以上，分别设有诊疗室、治疗室、注射室、预防保健室、药房和值班室。

二、病 床

解放前，新城、龙河的私人诊所以及1951年成立的新城、龙河联合诊所和1954年成立的凌桥区卫生所都没有病床。1958年，新城、龙河两公社卫生院成立后共设简易病床7张，其中龙河卫生院3张。1964年6月龙河卫生院病床增加到6张。1966年，龙河卫生院病房扩建后，床位增加到18张。1969年，新城卫生院病房扩建后，床位增加到20张。70年代，基础设施投入增加，医疗条件改善，病床逐渐增加。到1978年，龙河卫生院有病床30张，新城卫生院病床31张。80年代，病房设施改善，住院病人增加，床位使用率提高。90年代，新城、龙河实际开放床位63张，每千人拥有病床2.52张。2005年起，新城地区病员流出增加，住院病员减少，病床也相应减少。2012年，全镇医疗单位拥有病床55张，其中新城25张、龙河30张，每千人拥有病床1.15张，比2005年每千人减少0.35张。

三、医疗设备

解放以前和50年代初期，新城、龙河两地区的私人诊所、联合诊所，医疗器械很少，除体温表、听诊器外没有其他医疗器械。1958年后至60年代，公社卫生院陆续添置出诊箱、贮洗槽、显微镜和小外科器械。1968年，新城卫生院新添置手术床、氧气瓶等医疗设备。70年代，省卫生厅将仪征列为重点装备县，为新城、龙河卫生院免费安装X光机、高压消毒器、电动吸引器等医疗器械，为大队卫生室免费配备听诊器、血压表和丁种刀包。两卫生院始有消毒锅、水温箱、恒温箱。龙河卫生院增添手术床、氧气瓶。1974年，新城卫生院添置30毫安X光机1台。80年代，两卫生院先后购置电动吸引器、电冰箱、光电比色计、电烘箱等医疗器械。1991年龙河卫生院始有心电图机、黑白B超机。1994年新城卫生院有心电图机，1995年有黑白B超机。2000年，新城卫生院单位价值超1万元的医疗仪器设备有200毫安X光机、黑白B超机、半自动生化分析仪、麻醉机、尿液分析仪和电解质分析仪各1台；龙河卫生院有半自动生化分析仪、200毫安X光机、激光治疗仪、麻醉机和裂隙灯、显微镜各1台。2000年后，两卫生院相继购置或更新医疗仪器设备。2012年，全镇主要医疗器械设备共有28台（套），其中单位价值1万元以上设备16台，分别安置在新城镇卫生院和新城镇龙河中心卫生院。

2012年新城、龙河卫生院主要医疗仪器设备统计表

表26-2　　单位：台、张

新城中心卫生院		龙河中心卫生院	
仪器设备名称	数量	仪器设备名称	数量
500MAX 光机	1	彩色 B 超机	1
彩色 B 超机	1	多参数监护仪	1
全自动生化分析仪	1	九孔无影灯	1
血凝仪	1	血球计数仪	1
血糖仪	1	血凝仪	1
多参数监护仪	1	心电监护仪	1
2K-DR 数字化 X 线摄影机	1	500MAX 光机	1
高压灭菌器	1	口腔科综合治疗机	1
电解质分析仪	1	2K-DR 数字化 X 线摄影机	1
尿十项检测仪	1	全自动生化分析仪	1
血球计数仪	1	电动手术床	1
妇科治疗仪	1	眼科裂隙灯	1
眼科裂隙灯	1	眼科手术显微镜	1
多功能牵引床	3	—	—
手术床	1	—	—

第三节　医疗技术

一、中医中药

新城的中医技术历史悠久。清至民国年间，新城、龙河一带盛行中医。解放后，新城、龙河乡村成立联合诊所，仍以中医为主，新老中医发挥所长，为群众治病，疗效良好。1958年，新城、龙河公社卫生院先后设立中医科，大队卫生室有中医坐诊。1984年，姚鹏云、于柏春、

王幼川（中药）被确认为仪征县名老中医（药），并批准带徒。新城卫生院开设特色门诊，专治疑难重症，名声远播。2006年，新城镇卫生院申报的姚氏肝脾胃诊疗法被列入扬州市级非物质文化遗产名录。2009年，新城镇社区卫生服务中心创建成扬州市中医特色社区卫生服务中心。2012年，中医分设内科、肛肠科、针灸科，年门诊量1.48万人次。

内 科 清末民国时期，新城、龙河地区有多名中医为民治病。医术疗效甚佳。解放后，新城、龙河成立多家联合诊所，均以中医内科为主。新城金桥人姚鹏云刻苦钻研医术，博采众长，独创处方特色，能将奄息病人转危为安，人称其为“姚半仙”。1956年，新城卫生院设立中医内科，姚鹏云为第一任内科医生，经多年积累，著《姚铸人医案》2册，《鹏云医话》2册，渐创立姚氏中医内科门派，先后授徒10多人。2000年，新城镇卫生院开设中医特色门诊，由姚鹏云徒弟薛永康、姚志新坐诊，求医者众多。2011年，新城镇卫生院中医内科医生姚志新被命名为扬州市级非物质文化遗产姚氏中医肝胃病疗法项目第三代传承人。2012年，新城镇卫生院中医内科有主治医生1人。

龙河中心卫生院于1958年设中医内科，程希仲为第一任中医内科医生。1985年，杜志昌坐诊中医内科，研制祛风活血定痛汤治疗坐骨神经痛88例，清癖汤治疗乳癖52例，健脾开胃汤治疗小儿厌食症45例，其成果先后在省中医刊物上发表。2008年，中医内科撤销。

肛肠科 新城镇卫生院2010年设立，坐诊医生黎强。

外 科 清末至民国期间，龙河境内有多名中医外科医生善治各类疑难杂症，牛角山张氏外科比较著名。1958年，龙河公社卫生院成立，设立中医外科，由牛角山中医外科后人张俊松坐诊，他擅长治疗各类痈、疽、疔、痰、对口、搭背及风、寒、湿痹的筋骨疼痛，断症准、定痛快、收效速，就医者无不称绝。1985年，张氏中医传人——张劲松接任坐诊，日门诊量大增，名扬周边乡镇。1998年，中医外科撤销。

针灸科 1998年，新城镇卫生院开设中医针灸科。该科是以中医针灸理疗、推拿、中药内服外敷康复为一体的专科，设有针灸、理疗室、推拿室、康复室。配备6805-D型电针仪、TDPA-CA型特定电磁波治疗仪、多功能艾灸治疗仪、DM-200B型超声治疗仪、颈腰椎多功能牵引床、飞利浦红外线治疗仪等治疗康复器材，治疗颈腰椎病、骨关节病、风湿病、中风病、面瘫等五大专病。主治医师邹键，师从南京中医药大学吴门医派费国瑾、龚正丰教授，采用针刺、艾灸、穴位贴敷、刮痧、拔罐、针刀闭合手术、挑治、火针、放血梅花针、穴位注射、推拿等理疗方法，治疗各种疼痛、功能性疾病和感觉、运动障碍性疾病。2000年，门诊量约1000人次。2012年，增设颈肩腰腿痛专科，治疗颈椎病、腰椎骨质增生症、腰椎间盘突出症、腰椎管狭窄、肩周炎、肌筋膜炎、关节炎、腰腿痛、软组织扭挫伤、落枕、痉挛性斜颈、坐骨神经痛、腕管综合症、腱鞘炎、网球肘、膝骨关节炎等运动系统疾病。全年门诊量增至2545人次。

特色门诊 金桥村姚鹏云中医肝胃科名扬仪征县及宁镇扬地区，以治疗肝腹水、肝硬化、肝脾肿大、胃肠炎为主，对症配方，疗效显著。1958年，姚鹏云进入新城公社卫生院中医内科后，博采众长，精通大小方脉，形成独特医术风格。70年代，新城卫生院加强宣传，提供房屋等支持，开展姚鹏云名中医门诊。姚善作医案，论术精辟、谨严，在中医界享有较高声誉。80年代，由姚鹏云徒弟薛永康、黄公彝坐诊。他们秉承姚氏中医内科门派，善用经方治疗脾胃、呼吸等内科杂症，治者无不见效。1992年起，姚志新（姚鹏云之子），接任坐诊。结合姚氏中医特长及自身专研，在肝胆脾胃等疾病治疗上形成独特体系，对病毒性肝炎、肝纤维化、肝硬化、脂肪肝及各种急慢性胃肠疾病等均有较好疗效，尤其在治疗消化道肿瘤上有独到专长，得到众多患者的认可。2000年后，姚志新挂牌姚氏中医内科第三代传人坐诊，成为新城镇卫生院的特色门诊。

1958年，龙河中心卫生院中医外科先后由张氏中医外科传人张俊松、张劲松挂牌坐诊，专治外科疑难杂症。后由杜志昌接任，擅长治疗坐骨神经痛，疗效明显，龙河中医外科特色门诊名扬周边乡村。

秘方验方 新城、龙河民间中医在长期临床实践中研制出不少疗效显著的单方、秘方、验方。有的世代相传，治病救人，为百姓所推崇。

中药炮制 从清末至民国直到解放初，新城天德堂、泰和堂和龙河同仁堂、高万年等10余家药店，聘用技艺高超的中药工，手工从事挑拣、浸润、切片以及炒、炙、煅等方法，加工炮制中药材。龙河药工王幼川不但能制作丸、散、膏、丹，而且掌握炮制乳香的独特方法。乳香有调气活血，舒筋止痛的功效，炮制目的主要去除原材料中的杂质和油脂，及减少其刺激性，便于粉碎及制剂。常用制法有清炒、煮制法和灯芯炒制法。1964年4月，王幼川在全县中药工作会上现场传授加工炮制技术，后受南京等地邀请作中药加工炮制示范操作。省卫生厅药品检验所药师沈蕴清根据王幼川中药加工和配方经验，整理成文，并予以推广。龙河卫生院药房成立中药炮制室，加工整理中药材，代加工制作中药汤剂、膏、丸等。70年代后期，中药炮制减少，代煎中药，代制丸、粉、片剂以及膏方的增多。至2012年，冬令进补，制作膏方成为中药炮制的一大特色。

专记： 新城姚氏中医内科

新城姚氏中医内科是仪征名医姚鹏云历经二代人磨砺而形成的一支中医内科门派，具有辨证透析、临证准确、用药到位的特点，现已传至第三代。

第一代姚鹏云（1919.8—1982.8），18岁时矢志从医，闭门攻读中医典籍，历时三载，作《医学领悟记》3册，熟记方剂2000余首。姚鹏云22岁投师镇江名医王泽亭，深悟临证辩裁，方随证变，逐渐形成施治疑难重症有独到的中医内科特色。1945年秋，旧港一李姓老妪奄息之际来治，姚察看切诊后断其所患属温病，应泻其污秽痰浊，复得矢气，遂服万氏牛黄丸一粒，2小时后，神智渐清，后续服中药数贴竟康复行走，被视为神奇，姚鹏云被誉为“姚半仙”。1971年，韩战平（福州军区司令员韩先楚之子）患肝脾肿大重症，久治无效，尚存一息，后寻访求医到新城。姚从诊断到理、法、方、药，缕析分明，遣用虫类药治之，果见奇效，调治2月后竟如常人，众人佩服，称其有识有胆，堪称一代名医。1972年，姚受南京军区总医院邀请，会诊一名患重症血液病的军官，在29份全国中医名家开出的医案中唯一选中姚的医案，服用“犀角地黄汤”，5日后病症缓解，不久康复出院。后方知姚用的汤剂与众择方相同，所不同处是在该方中增加紫油、安桂，且用量超常增1倍。姚称：“法以犀角地黄汤清热解毒治其标，用紫油安桂导火归宅治其本。”其医案遂成为名医案例广为流传。

图26-2 姚志新接诊病人（摄于2012年）

姚氏医案医治，章法严谨，剔透精辟，直达谛义。案语长短不一，长者，繁而不杂，短者，简约明捷，皆出奇制胜，不越准绳，一生著《铸人医案》2册，收有潘秋翔、姚志豪、薛永康、黄公彝、崔明、姚志新6位徒弟，其事迹生平记入《仪征市卫生志》《文化新城集》。

第二代传人是潘秋翔（姚氏外甥）、姚志豪（姚氏侄子）。潘秋翔7岁随姚学医，1956年考入江苏省中医进修班（现为南京中医药大学），毕业后留校任教，80年代晋升中医学教授，出版多部学术专著。姚志豪满师后随父去福建省，后在建瓯市中医院工作，历任主治中医师、副主任医生、主任医生，曾发表多篇学术论文。

第三代传人是薛永康、黄公彝（姚氏外甥）、崔明、姚志新（姚氏长子）。薛永康受姚氏传授，在中医脾胃治疗方面有较深研究和建树，曾任新城卫生院中医科主治医生。黄公彝投拜姚氏学医，不仅具有古文功底、真学识，而且在临床识症治疗肝胆病症方面亦有较深的造诣，曾任仪征市第二人民医院中医副主任医师，扬州名医。姚志新从小受父严教，善古文，通药理，20岁时到新城卫生院坐诊，曾多次到江苏省中医院进修深造，编研经典，在肝胆病症治疗方面深入研究，诊断准确，施治到位。曾治愈病毒性肝炎、肝硬化、胆囊炎、胆石症病例无数，在仪征、扬州及南京、镇江、苏州、上海等地享有较好声誉。

新城姚氏中医内科坚持以辩证论治病人，望、闻、问、切到位，形成初级诊断，再通过切准4大主脉，联系归类于27分脉，依据脉象定势，掌握病症机理。针对病症程度，明确主攻与调和方向，制定医案，遣方用药。在用药方面姚氏中医内科有独到见解，认为须灵活运用君、臣、佐、师配伍法，宜攻则攻，攻补相济，先攻后补，阴阳调和。家传“奔豚汤”具有攻补兼施，寒热并用，温阳利湿，行气化痰之功效，疗效显著。“破格救心汤”治疗心衰，疗效明显。姚氏中医内科擅长使用山药、当归、白术、赤芍、地鳖虫等药材治疗肝类疾病，应用全蝎配伍黄芪等品治疗肺痿、肺痨、肝痈等肺肝系疾疾病，用附子、肉桂、太子参、丹参、黄芪等药物治疗心脑血管类疾病，效果十分明显。

2005年《新城姚氏中医内科》申报非物质遗产，2006年6月被批准列入扬州市级非物质文化遗产项目。2011年6月，姚志新被扬州市文化部门批准成为姚氏中医肝胃病诊治法第三代传承人。

二、西 医

内 科 民国初年，西医相继传入新城、龙河，求医看病的民众日渐增多。各地诊所和医生使用的西药主要有消治龙、阿司匹林、鸭蛋丸（抗疟药）、九一四膏（外用消炎）、十滴水、万金油等。且始用听诊器辅助诊断。至50年代初，内科诊断水平不高，只能看头痛脑热、伤风感冒、打摆子（疟疾）、气喘等常见病，对疑难重症卫生院都建议转院。1960年后，由于正规卫生学校毕业生不断充实以及新药品、新疗法、新技术的推广使用，内科医疗技术不断提高。70年代初，新城、龙河两卫生院开始有本科、大专学历的医生调进或分配进来，诊断水平明显提高，能够治疗上消化道出血，抢救有机磷农药中毒患者。80年代，新城、龙河卫生院能够医治肺炎、中毒性菌痢、伤寒、流脑、乙脑、上消化道出血、农药中毒等疾病。90年代至2012年，运用200毫安X光机、心电图机、B超机等仪器开展疾病检测和研究，对疑难杂症诊断准确率明显提高，能够诊断和治疗心律失常、肿瘤等高难病症，以及开展胸腰穿刺。2012年，新城、龙河两卫生院均开设内科，共有医务人员17人。

外 科 1958年起，新城、龙河两卫生院开设外科，能够治疗疔、疮、疖肿和简单的外伤处理。1965年，龙河卫生院能够开展下腹部手术和计划生育手术。1968年，新城卫生院能够做下腹部手术。1973年，县卫生局组成医疗队到龙河卫生院指导开展手术1000多例，龙河卫生院外科水平明显提高。1993年龙河卫生院与深圳郑文友中医肿瘤医院联合办院，开展肿瘤切除等手术210例。90年代起，新城卫生院在上级医院医生的指导下可进行胆囊切除、胃癌、直肠癌、骨折内固定、剖腹产、妇科良性肿瘤切除等手术。1998~2003年每年手术达100例以上。2004年起，两卫生院手术量呈下降趋势。2012年，新城卫生院手术28例、龙河中心卫生院41例。

妇（产）科 民国至解放初期，新城、龙河两地没有专门的产科，仅有当地接生婆上门为产妇接生，遇到难产胎儿死亡率较高，有时产妇生命也难保。1955年，新城、龙河乡选送30余人参加县接生员培训班，各乡配备1名接生员，并成立接生小组，负责全乡新生儿接生工作，每接生一胎收费1.5元。1958年后，公社卫生院设立妇产科，开展妇科和产科治疗。1968年起，各大队卫生室配备1名接生员，上门为产妇接生。70年代开始，卫生院开展产前检查和妇女病防治。对胎位不正的孕妇一般都动员到卫生院生产。80年代中期，新城、龙河卫生院妇产科医生增至3人，能够开展计划生育刮、扎、引等手术。绝大多数产妇愿意到乡卫生院生养，妇产科还能开展一般妇科手术。1994年，龙河中心卫生院创建成“爱婴医院”，能够开展剖腹产手术。新城卫生院能够开展子宫肌瘤、附件炎切除手术。2000年以来，新城、龙河卫生院入院分娩的产妇数量逐年减少。新城卫生院于2008年，龙河卫生院于2010年相继停办产科业务，孕产妇一律到市级医院分娩。2012年，新城卫生院设有妇科，有医生2人，龙河卫生院妇科有医生1人。

五官科 解放前至50年代，新城有牙医7人，摆摊从事拔牙和镶牙业务。1960年，龙河中心卫生院设立口腔科，有医生1人。1965年，取缔社会游医，个体牙医减少。新城卫生院吸收1人，成立口腔科。80年代，新城卫生院口腔科改设五官科，开展拔牙、补牙、镶牙、装义齿（假牙），以及诊治眼、耳、鼻、喉等疾病。90年代，新城、龙河两卫生院五官科能开展白内障摘除术、虹膜根部部分切除术、鼻息肉摘除术、下鼻甲部切除术、翼状胬肉切除术和抗青光眼术等手术。2008年开始，根据上级医疗机构相关规定，乡镇卫生院停止眼科和耳鼻喉的切除和摘除手术。只进行较简单的咽部、鼻腔和外耳道异物取出手术。2012年新城、龙河两卫生院五官科医生各1人。

三、医技检查

民国后期，新城、龙河两地西医开始使用听诊器助诊。50年代末，两公社卫生院开始用血压计测量血压。60年代，两卫生院设化验室，进行粪检，提供化验报告单。1975年起，龙河、新城卫生院相继成立放射科，进行胸透，提供胸透报告单。1985年，两卫生院拥有50毫安X光机，可以做胸透、摄片、胃肠和妇科检查。1989年，龙河卫生院成立B超室，进行肝、胆、脾、胰、肾及妇科检查。1994年，新城卫生院B超室成立，拥有黑白B超机1台。1996年，使用尿液分析仪，进行尿常规检验。1997年，使用200毫安X光机，胸透、摄片使诊断正确率明显提高。2000年，新城卫生院运用RT-1904A半自动生化分析仪和AC901电解质分析仪，进行肝功能、血常规检查。龙河卫生院运用裂隙灯、显微镜的检查，开展显微手术。2001年后，两卫生院先后使用500毫安X光机、胸透、摄片，诊断正确率进一步提高。2012年，更新使用2K-DR数字化X光摄影机。2001~2012年，两卫生院拥有血糖仪、血凝仪、血球计数仪、电解质分析仪、全自动生化分析仪等设备，能够做肝功能、甘油三脂、尿常规等检测，提供质量较高的检测报告。2012年，新城、龙河两卫生院均设有生化室，检验员各2人；放射科新城2人、龙河1人；B超室新城2人、龙河1人。

四、护 理

50年代，新城、龙河两地卫生院常用的护理技术只有肌肉注射、皮下注射和静脉输液3项。60年代开始，两地卫生院病房不分病种统一护理，各有护理员2人，要求护理人员掌握全面技能，能够操作输血、输氧、插胃管、导尿、灌肠、洗胃等技术，并参与农药中毒等危重病人抢救。70年代起，护理人员分护士和护理员。开展操作技术练兵，参与县护理操作技术考核、比赛。1987年，两地卫生院分别成立护理组，承担护理管理。强化制度落实和考核，坚持护士值班制度，保证病房有护士值班，分别有护士7~8人。1993年，开始推广“三基”（基本知识、基本理论、基本技能）护理标准，提高护理人员理论知识和操作实践，规范护理文件书写（五种表：体温单、医嘱记录、医嘱本、护士交班本、护理记录单）。实行分级护理制，新城、龙河两卫生院设有二、三级护理规程，建立护理制度20多项。至2012年，新城卫生院护理组参加市组织的考核、竞赛，获二、三等奖各3次。龙河卫生院获二等奖1次，三等奖2次。年末，2卫生院有护理人员15人（龙河6人），其中主管护师9人、护士5人。

1990~2012年新城镇(含原龙河乡)卫生院医疗业务统计表

表26-3　　单位:人次

年份	门诊		住院	
	新城	龙河	新城	龙河
1990	25936	26901	634	798
1991	23386	25999	726	803
1992	26417	26798	654	912
1993	25773	24451	514	698
1994	23894	29217	496	573
1995	25265	26112	459	476
1996	25617	20045	481	394
1997	22796	16106	394	420
1998	26391	20066	451	467
1999	24689	14779	567	352
2000	17727	14389	496	374
2001	15492	22145	333	283
2002	25606	13765	291	292
2003	21357	13296	314	315
2004	15219	13555	298	348
2005	19071	16572	321	405
2006	16732	21571	242	314
2007	23339	21059	463	422
2008	20765	18330	464	514
2009	24187	16591	382	516
2010	29702	23836	446	424
2011	27988	30189	613	465
2012	26483	35134	356	298

第四节　血吸虫病防治

解放前,新城沿江一带血吸虫病流行猖獗,村民深受其害。蒲新乡弓尾村陈家庄15户人家,家家有血吸虫病患者,57人有48人患病,其中晚期腹水患者22人,3年内全部死亡,有6户死绝,汤周氏一家祖孙三代7人全部被血吸虫病夺去生命。解放后,党和人民政府高度重视血吸虫病防治工作。县委成立血吸虫病防治领导小组,新城区建立血吸虫病防治工作小组，各乡村成立血防队伍，开展查灭螺、查防治工作工程。至1975年，新城达到基本消灭血吸虫病标准。后由于多次长江洪涝涨滩，江滩钉螺有所回升。90年代，新城开展大规模植树代芦工程，改变江滩生态环境，消灭钉螺滋生繁殖条件，灭螺取得明显成效。

一、查螺灭螺

1954年秋起，新城区抽调人员参加全县螺情调查。经过一年多实地调查，发现新城乡和冷红、桃坞、新北、新华、郁桥、三将、古都等地的江滩、河沟、渠有钉螺分布，并以乡为单位绘制1：5000的钉螺分布图。1955年起，新城区乡开始组织灭螺。先后采用土埋、药灭、火烧等方法杀灭。古都乡结合冬春水利建设，采取开拓沟渠，铲草积肥，深埋覆盖等综合性措施灭螺。同时，开展血防宣传活动，建立粪便管理、饮用水管理、船民粪便管理等制度，形成良好的卫生习惯。1958年，在县部署下，新城公社组织古都、冷红等大队人员参加江滩灭螺，面积39.5万平方米。1959~1961年，查螺灭螺工作处于停滞状态。1965年起，按照扬州、仪征联合工作组“全面规划、点面结合、分期分批，灭一块、清一块”的部署，采取领导、群众、科技人员“三结合”的办法培训人员组成血防专业队，到所属26个生产大队全面查螺，共查出内陆有螺面积276.13万平方米，分别采取土埋、药浸灭杀等方法灭螺。经过一年多时间的多次灭螺，全公社有螺面积减少99.62%。1970年12月，根据县灭螺指挥部的布置，新城公社以开沟、铲高填低办法进行灭螺，在江滩上苦战20天，开沟铲土217万平方米，耕翻、铲高填低107万平方米，共计灭螺261万平方米。1971年春，县指挥部复查钉螺密度下降68% ~97%，但有螺面积未见下降。在县卫生部门指导下，新城公社采取新的江滩筑堤、分框隔圩、平整滩面、动力提水、出口投药、先高后低的江滩药浸灭螺方法，获较好效果。经现场计时，灭螺效果观察记录是：中东滩，用药物浓度15% ~25%，观察螺300只，24小时死亡螺287只，死亡率95.7%；48小时死亡螺300只，死亡率100%。此灭螺方法被县委认可在血防地区推广。1972年，县血防领导小组对新城中东滩进行远期灭螺效果调查，结果是：药浸前调查框数4447个，提螺505只，平均密度0.11只/框，药浸后调查框数11737个，均无钉螺，取得钉螺密度下降100%和有螺面积下降100%的优良效果。1972年和1973年连续进行药浸灭螺，江滩钉螺密度下降99.8%，芦苇也长势良好，达到国家提出的“保芦灭螺”的要求。1974年新城公社中东滩药浸灭螺实体模型在广州交易会上展出。据不完全统计，1955~1980年，新城累计投入劳动工日28.64万个，完成灭螺土方75.13万立方米，灭螺面积821.64万平方米。沿江圩区5个大队连续5年未查到钉螺。1989年起，因洪水冲击，灭螺堤埂破溃，长江上游流淌下来的钉螺在沿江落户扩散。1983年，在新北村查出钉螺，最高一框达1000只。乡政府立即组织20人的专业查灭螺队伍，历时1个月，查清有螺面积1.3万平方米，采取填埋、药灭等方法将其灭杀。1990年后，加大查螺工作力度，每年春季乡村举办查螺培训班，统一查螺方法。江滩由市卫生部门组织查螺，内陆由村组织专人对河、沟、塘、渠开展普查，实行村干部带队，村医生跟班，乡卫生院防保医生分片包干的责任制，确保查螺质量。1993年，采取以五氯酚钠药浸灭螺为主，同时配合喷洒灭螺。1996年6月，新北村内陆发现钉螺后进行大规模的五氯酚纳药浸灭螺，钉螺面积和密度大幅度下降。以后，每年只出现零散的螺点。1996年，省血地办及扬州地区各县血地办领导专家到新北观摩灭螺现场，给予积极评价。1998年起，改用氯硝柳胺喷洒灭螺，减少对环境影响。2002年，全镇组织60人专业队伍，投入查螺工日4923个，查螺面积457万平方米，投入灭螺工日2665个，灭螺13.48万平方米。2005~2012年，新城共投入查灭螺工日6240个，查螺641.36万平方米，灭螺41万平方米，有效控制阳性钉螺和血吸虫病急性感染的发生。

图26-3 灭杀钉螺在行动 （摄于2011年）

二、查病治病

1953年，县血吸虫病防治站成立后，开始收治新城地区血吸虫病患者。并经县血防站普查确定新城古都、冷红、桃坞、新北、新华、郁桥、三将以及新城街道为血吸虫流行地区。1955年10月，对古都乡297户1218人进行筛查，共查出血吸虫病患者63人。1956年，新城乡成立血吸虫病查治中心，当年治愈50人。1961年，新城公社确定流行区域人口19342人，历年检查20257人，累计患者1569人，其中早中期1563人、晚期6人，当年经治疗治愈639人，其中早中期637人、晚期2人、待治病人930人。后经多次普治，均全部治愈。1969年，开展普查普治，对流行区内3周岁以上人口进行1至2次“三送三检”或“五送五检”粪便孵化检查，共粪检24655人，占应检人数的93%，查出患者74人，后全部治愈。1970年起，新感染血吸虫病人数逐年下降。1972年，新城公社输送兵员80人中没有1人患血吸虫病，这在流行区内尚属首次。至1975年，新城基本消灭血吸虫病。1977年，县卫生部门在新城开展综合查病试点，即用“血吸虫新鲜成虫抗原”皮试，呈阳性者再进行体检确认，取代粪检法。1978年起，推广使用低毒高效且副作用小的吡喹酮新药，提高群众查病治病积极性。1979年10月开始进行复查复治，共复查21687人，查出需复治者188人，其中晚期4人。1981年起，新城已无新血吸虫病感染者发生。1983年起，全面普查改为三年一轮查制度。2002年，新城沿江村组新发现有血吸虫病感染者，立即组织普查，受检28961人，查出新发病人12人，即入院治疗。2003年和2004年，共查出急性感染病人21人和5人，均入院治疗。2005年，全镇首次出现血吸虫病急性感染零发生，但仍做好重点地区查病分户账记录工作。2006~2012年，无血吸虫病急性感染发生，重点地区查病分户账记录为零，正常上报。

1956年起，新城还开展耕牛血吸虫病普查普治工作。1969~1981年，共检查耕牛6619头次，查出病牛169头次，对查出的病牛都及时进行治疗或处理。1982年后，无血吸虫病牛发生。

第五节　疫病防治

1952年起，乡和村始建疫情报告制度，一旦发现传染病患者，立即由诊所医生报告县防疫部门。1956年，各联合诊所、卫生所建立传染病登记制度，按规定报告上级，并做好扑灭与管理工作。1958年起，公社建立防疫保健小组，开展爱国卫生运动，加强防疫和治疗工作。之后，坚持经常性的预防工作，制订预防接种等有效措施，加强对传染病等疾病的防治。

一、疾病防治

传染病　解放前，新城、龙河地区天花、霍乱、麻疹流行，死者众多。1950年，新城、龙河农村开始普种牛痘。1952年，注射预防霍乱、伤寒菌药、鼠疫疫苗、白喉菌苗。1954年，接种牛痘，注射霍乱、白喉疫菌人数达82%。至此霍乱、天花、鼠疫基本消灭。1969年，对4周岁以下儿童给予口服脊髓灰质炎糖丸，预防小儿麻痹症。至1980年，无小儿麻痹症病例发生，白喉基本消灭。流脑、乙脑、麻疹、百日咳、伤寒、副伤寒等偶有病例发生。痢疾、疟疾发病率逐年下降。1974年，扬州市卫生局在新城公社进行计划免疫试点，对7周岁以上儿童实施计划预防免疫接种。1975年，新城、龙河卫生院进行各种预防注射4.5万人次。80年代，乡卫生院和村卫生室先后开设计划免疫门诊。1992年，将乙肝疫苗接种纳入计划免疫范围，实行有偿接种。1995年，新城镇、龙河乡先后制定《关于消灭脊髓灰质炎强化免疫实施意见》，对儿童进行两轮强化服药。1998年，将麻风疫苗、腮腺炎疫苗纳入计划免疫之内，实行有偿接种。2000年，全镇儿童计划免疫“四苗”[卡介苗、小儿麻痹症糖丸、百白破(百日咳、白喉、破伤风)、麻(疹)苗]覆盖率达100%。2001年起，性病、肝炎呈增长发展趋势，市卫生防疫站对病人及时收治，疫情得到有效控制。2008年，发生手足口病14例，2011年达150例，镇防保组及时介入防治，新发生病例大幅减少。2012年发生98例，发生率比2011年下降34.67%。

结核病　解放前，结核病，俗称“痨病”，发病率较高，新城、龙河为肺结核病流行地区。解放后，结核病患者得到及时医治，新发生病例逐年减少。1982年，通过对郁桥村605人的胸透，仅发现陈旧性患者1人。1992年，在龙河乡人民村进行结核病流行情况监测，新发现结核病患者3人，后获免费治疗。2000年，全国结核病流动调查办公室确定龙河乡人民村为全国第四次结核病流行学抽样调查点，共检查1350人，发现活动性肺结核病人12例，其中菌阳7例，发病率为860/10万，病人均获免费治疗。2005年，全镇发生结核病45例，之后，逐年减少。2012年，发生21例，患者均得到免费治疗。

麻风病　解放前，新城一带有麻风病流行史。1958年，三将村发现麻风病患者5人，县政府在该村建立麻风村，收治患者。1959年，在新城破山口甘草庵建立县麻风病防治院，收治病人45人。1985～1987年，新城进行3次麻风病人和线索调查，均未发现新的麻风病人或疑似病人，因此新城乡申报基本消灭麻风病。

丝虫病　新城为丝虫病低发病率地区。1970年全县丝虫病普查。新城受检22960人次，受检率74.29%，阳性229人，患病率1%；龙河受检20926人次，受检率59.78%，阳性157人，患病率0.75%，患者均免费服药治疗。1984年10月，省寄生虫病防治所组织专家采血检查，新城乡5个村、1927人，仅查到阳性1人，低于省级基本消灭丝虫病1%的标准。

二、抗击"非典"

2003年春，全国多个省市相继暴发非典型肺炎（简称"非典"）疫情。患者初期出现持续高烧，呼吸困难等症状，后引起肺功能衰竭死亡，具有极强传染力。根据上级部署，新城镇政府成立"抗非"工作领导小组，下设宣传组、巡查组、后勤保障组，并制订"抗非"防控预案，在新城、龙河卫生院设立发热门诊。4月17日起在各交通道口设立检查站，对进入车辆消毒、人员登记测体温，开展健康教育，提高防范意识，暂停公共活动，取消各种集会，停止网吧、舞厅营业，加强中小学校消毒处理措施，坚持24小时值班制度、"防非"疫情上报制度。至6月中旬，全镇直接参与"抗非"工作的有3720人，印发宣传材料3万多份，张贴标语1000多条，出宣传栏，黑板报100余期，40人的专业消毒队对公共活动场所每天消毒2次，对过往车辆消毒1.3万车次，先后对外地疫区返乡流入人员体检4358人次，劝阻在外打工人员暂不返乡1854人次。有1名工作人员因违反"抗非"规定受到撤职处分。6月底，"抗非"工作结束。8月，新城镇被扬州市委评为抗击非典型肺炎工作先进单位，龙河卫生院吴立兵被仪征市政府评为"抗非"先进个人。

第六节　妇幼保健

一、妇女保健

生育保健　解放前，新城、龙河地区孕产妇分娩多采用旧法接生，妇婴死亡率较高。解放后，联合诊所开始推行新法接生。1952年，区卫生所配备助产士，组织接生婆学习新法接生和消毒知识，并培训新法接生员，配发接生包。1953年年初，开始推广无痛分娩法，接生员队伍扩大，接受新法接生人数不断增多。1956年，采用新法接生49人，孕期检查133人次，产后检查110人次，婴儿检查90人次。同年11月，县妇幼保健站为新城、龙河乡培训新法接生员14人（新城12人、龙河2人），配发消毒包、油布等接生器材，新法接生率52%。1958年，公社卫生院设立产科，新法接生率增至65%。1969年，产科配有床位接收孕产妇住院分娩。1970年，各大队卫生室共配备接生员32人，新法接生率98%。此后，新法接生向科学化、系统管理化方向发展。1984年起，实行孕产妇围产期保健管理，由村妇女主任为每名孕妇建卡片，产前检查至少5次，产后访视3次，产后42天后母婴到卫生院进行健康检查。当年新城有孕妇357人，建卡率50%；龙河有孕妇205人，建卡率48.5%。1988年，两乡有孕妇

826人，建立孕产妇系统管理卡的801人，占总人数的97%。1990年，两乡有孕产妇882人，实行系统管理的91%。产前5次检查率79.5%，住院分娩率新城82%、龙河75%，产后3次访视率新城为70%、龙河68%，产后42～56天接受健康检查新城为39%、龙河38%。1992年开始使用省统一的孕产妇系统管理登记簿、高危妊娠登记簿等围产保健管理表（卡），规范妇幼保健资料管理。1999年，两镇乡孕妇366人，孕产妇产前建卡率100%，其中早孕建卡率为92.5%，产前5次检查率89.8%，住院分娩率100%，产后3次访视率90.5%，孕产妇系统管理率93.2%。2007年，镇计划生育服务站对孕妇实行一对一服务，建立孕前保健系统管理卡。当年，新婚、计划内生育二胎的妇女有328人，其中孕前建卡270人，建卡率82.32%。2010年，提倡优生优育，对准备生育的妇女实行免费孕前体检。是年，孕前建卡201人，体检190人，占准备怀孕人数的85%。2012年，镇计划生育服务站开展生育知识宣传培训工作，发放生育保健资料2200份。

妇女病查治 1959年10月，新城、龙河两公社开始妇女病普查普治工作，查出子宫下垂患者280人，其中患病1年内的有64人、1～3年的71人、3～5年的34人、5～10年的83人、10年以上的28人。公社卫生院组成5个治疗小组，采用针灸、中药、中西医结合等治疗方法给予治疗。同时，对经济困难的患者，每人补助大米2.5千克、食用油400克，给予免费治疗。有273人接受治疗，治愈率93%。1960年起，新城、龙河两公社每年都进行妇女病查治。同时制订妇女"六期"（青春期、经期、孕期、产期、哺乳期、患病期）保健制度，对妇女的劳动强度和例假期等作出有关规定。1971年6月，新城公社组织18人的妇女病普查普治队伍，历时27天，对全公社7642名妇女进行普查，占应检人数的83.4%，查出妇女病患者5787人，治愈5465人，为645名妇女上节育环，对患有子宫息肉、肌瘤的20名患者及时入院治疗。1985年和1987年再次开展妇女病普查，新城查出各种妇科病患者618人和1065人，龙河查出388人和665人，分别得到门诊和住院治疗。1990年建立市、乡、村三级妇女病预防网，每3年进行两轮妇女病普查普治，普查率达80%以上。对查出滴虫性、霉菌性阴道炎等妇女常见病给予适当免费治疗。治疗方法仍以药物、手术治疗为主，对部分慢性宫颈炎施以冷冻治疗。2000年后，市卫生局、市总工会、市劳动局联合印发《关于进一步加强妇女病普查普治工作通知》和《关于进一步加强妇女保健工作的通知》，全镇妇女病查治工作更加规范化、制度化。新城、龙河卫生院妇科医生协助镇计划生育服务站，每3年进行两轮普查工作。2001~2009年普查率达75%～80%，对查出妇科疾病、性病的患者都给予及时治疗。2010~2012年，镇卫生院在承担农村合作医疗参加者定期体检的同时，还专门进行妇女病普查，并形成制度。

二、儿童保健

解放后，政府重视儿童保健工作。50年代末起，学校坚持晨间卫生检查；春季流行病发生前，对口腔喷洒防疫液。"六一"前后对儿童进行体检，主要检查身高、体重、眼病、耳病、牙病、扁桃体肿大，听心率，查肺病、寄生虫等。1958年，各大队自办临时托儿所，对3～6周岁儿童实施保健教育。80年代开始，小学、幼儿园配兼职保健老师，学校配有保健箱，内有体温表、碘酒、创可贴（胶布）。两卫生院对中心小学和中心幼儿园，村卫生室保健医生对村小学和幼儿班儿童注射防疫疫苗。90年代，开展对幼儿园的卫生保健管理，健全各项制度，包括一人一巾一杯、全日观察制度。对合格幼儿园发给卫生保健合格证，并要求进行儿童健康体检、儿童计划免疫。小学生口服“肠虫清”驱灭蛔虫、口服碘油丸防止碘缺乏症。每年开展一次体检。卫生院防保组根据体检情况，按年龄组儿童健康情况作评价报告，学校存档。2010年开始，幼儿园儿童实行免费体检。2012年，各幼儿园普遍建立幼儿晨检制度和体温记录制度，入园儿童健康系统管理率99.9%，均达到卫生保健合格幼儿园标准。

第七节　医疗制度

解放后，新城、龙河先后实行公费医疗、城镇职工医疗保险和农村合作医疗制度。1991年起，开始组织实施农村初级卫生保健。至2012年，全镇参加城镇职工医疗保险的有11643人，占应参保人数95.3%。参加农村合作医疗的有35047人，参保率97.39%。

一、城镇职工医疗保险

详见第二十章《劳动人事　社会保障》。

二、农村合作医疗

1969年年初，新城、龙河各生产大队建立卫生室，全面实行合作医疗，凡本大队社员均可参加，每人每年交0.7元，在集体公益金中每人提取0.8元，统一纳入年终分配方案，以大队为单位统筹，作为医疗专项经费，用于社员医疗。社员在大队卫生室看病拿药不收费，转院治疗根据大队制订的管理办法，视医疗经费情况酌情报销。至1970年，全部实行自费。1973年6月，实行社队联办，大队在合作医疗经费中按每人0.5元额度集中上缴公社卫生院，作为患病社员在公社卫生院的医疗费用，按规定报销比例支付。1983年，农村实行联产承包责任制，集体筹资困难，合作医疗开始改为合医不合药，医务人员报酬在公益金中开支或实行看病收费自收自支，医药费由农民自己负担。1987年，贯彻扬州市卫生局印发的《扬州市农村文明卫生室标准（试行）》。10月，新城乡制定《村卫生室实施暂行办法》，整顿恢复合作医疗，实行村办乡管。医疗统筹每人每年5元，2元在村公益金中列支，3元由村民交纳，列入承包合同由村委会收取，资金50%留村卫生室，50%上缴乡卫生院作为住院治疗费用。建立医疗费用账户，以村核算，专款专用。村民在村卫生室看病每次收取挂号费0.05元、出诊费0.25元、夜间出诊费0.3元，并规定免费药品目录。对住院医药费规定是：在乡卫生院半年内第一次住院的可报销30元，第二次报销20元；转市医院的，半年内第一次住院报50元，第二次住院报30元，超过部分一律自费。通过整顿，村卫生室做到门诊、药房、治疗室、观察室四室分开，医疗

图26-4 老人享受免费体检 （摄于2012年）

器械齐全。1988年，新城乡参加合作医疗人数达2.7万人，参保率85%。1989年，大楼村卫生室被评为扬州市文明卫生室。1990年，新城、龙河乡组织实施农村初级卫生保健，进一步整顿合作医疗，至年底，合医合药卫生室分别达到14.3%和10%。1995年，新城镇实行农民住院医疗保险制度，龙河乡仍实行合作医疗，合医不合药集资医疗制度。1997年，贯彻仪征市实施农民医疗保险暂行办法，新城镇成为全市试点乡镇，成立以镇长为组长的合作医疗领导小组。经费筹集标准为农村每人15元、企业职工每人20元，做到应保尽保，由村、企业包干筹集到账，共有2.52万人参保，筹集资金38.85万元，其中市、乡和村级公益金投入分别按人均1元标准补助计2.52万元，农民个人按人均8元标准缴纳计24万元。至1998年，共补偿医药费用35.4万元，受益人数4559人次，其中补偿在1000元以下的有4494人，1000~2000元的有54人次，2000元以上的有11人，有15人住院2次，住院病人比1990年增加32%。1998年，新城镇、龙河乡贯彻《仪征市农村合作医疗管理暂行办法》，全面推行合作医疗制度，规定农民以户为单位参加，乡镇、村办企业职工以单位集体参加。合作医疗基金筹集标准暂定每人每年25元，农民个人缴22元，村集体经济补助1元，市、乡两级财政各补助1元，并规定患者“凭卡就诊，划区医疗，逐级转诊，分级管理”和“先缴费、后看病、现金就诊，凭票报销”等办法。在村卫生室和乡镇卫生院门诊的可报销医药费的20%，在乡镇卫生院住院治疗的报销40%，在市医院住院治疗的报30%，在市外医院住院治疗的报20%，住院医疗费报销补偿达2000元时，其超过部分可享受市级合作医疗基金报销补助，报销比例为30%，但每人每年累计报销不超过1500元。后由于发生洪涝灾害，农业歉收，参加人数减少，造成合作医疗统筹费难以收取。1999年，新城镇参加合作医疗的有4641户、1.26万人，参保率40%。龙河乡参保率仅有21%。

2003年11月，市政府在新城镇开展新型农村合作医疗试点，医疗基金收费标准为人均30元，其中个人缴纳15元，市财政补助10元，镇财政补助5元。享受农村低保的家庭和五保户个人缴纳部分由镇政府从民政资金中代缴。合作医疗基金主要用于患病住院的医药费和慢性病门诊医药费的报销补助，其中22元用于患者1万元以内医药费报销补助，8元用于1万元以上医药费的报销补助。2004年，全镇参保人数49264人，参保率86%，共筹集基金147.8万元。当年，共有1329人次报销76.3万元，报销率27%，最高报销1.1万元。其中市级报销补助69人，计10.4万元。后由于政府财政支持投入不断增加，报销比例逐年提高，参加新农合人数逐渐增加，参保率基本保持在93%以上。2011年，筹资标准提高到每人每年245元，其中个人缴45元，市镇财政分别补助140元和60元。2011年4月起，在镇卫生院住院报销比例5000元内为70%，5000元~2万元报75%，2万元以上报80%。提高普通门诊补助比例和报销限额，在镇卫生院门诊医药费报销比例为30%，限额提高到每人每年90元。对转院治疗医药费在市医院治疗的按镇卫生院报销比例的80%报销，在市外医院治疗的限定病种按镇卫生院报销比例的80%报销，非限定病种按镇报销比例的65%报销。大病报销补助限额提高到每人每年9万元。2012年，新农合筹资标准提高至每人每年300元，其中个人缴60元，市、镇财政分别补助160元和80元。门诊补助比例和年补助限额标准提高。在村卫生室就诊可报销35%，镇卫生院和市医院可报销30%，全年最高报销限额为1200元。新农合慢性病种报销范围扩大到16种，年补助限额提高到3000元，全镇有221人享受慢性病医药费补助。当年，全镇新农合参保率97.39%，医药费报销241万元，其中门诊60.1万元、住院180.9万元。常规免费体检11373人。

第八节　公共卫生

一、爱国卫生

1952年，新城镇成立爱国卫生委员会，组织各行业商铺、居民大扫除，并开展卫生大检查活动。1955年，新城、龙河和现境内各行政小乡健全卫生组织，制订卫生公约，粪缸搭蓬加盖，明确专职饮水消毒员，建垃圾坑6个，卫生状况大为改善。1959年，两公社开展以除“四害”（鼠、蝇、蚊、麻雀，1960年麻雀改为臭虫）为主要内容的爱国卫生活动，新城参加活动的人数有6.18万人次，室内熏烟2.3万间次，开展灭蚊、灭蝇、灭蛆活动。堵鼠洞1318个，灭麻雀3967只。清除垃圾2929吨，疏通阴沟3428条，填坑塘317个，修建厕所411座，迁移粪缸1955个，设垃圾箱20个。龙河公社进行三天三夜的灭雀总体战，投入人员4160人次，消灭麻雀2186只，捣雀窝699个，捕杀老鼠15.98万只，塞鼠洞3.44万个，还开展灭蝇、挖蛹、灭蛆、灭蚊活动。室内烟熏2.65万间次，室外烟熏1450处，清除垃圾654吨。60年代至70年代，每逢“五一”“十一”和春节等重大节日前夕，机关、学校和企业单位都要组织突击性的卫生大扫除活动。1984年10月，新城、龙河乡分别成立乡爱国卫生运动委员会。90年代，开展卫生村创建活动。2000年起，相继开展创建文明生态镇、村和星级庄台活动，环境卫生水平极大提高。

图26-5　水清岸绿（摄于2012年）

二、家庭卫生

改　水　解放前，境内农村饮水向以沟塘、河流为主要水源，多数农户习惯在河里放养鹅

图26-6 农户用上自来水（摄于2008年）

图26-7 农村改厕（摄于2006年）

鸭，在河边建茅厕粪坑，饮用水卫生状况较差。1952年，新城在血吸虫病防治中，率先对水源实行管理，建立饮水塘和用水塘，饮水塘边无粪缸和垃圾堆，严禁放养鹅鸭，并设立标志牌，确保饮水清洁卫生。1979年，在县爱卫办指导下，郁桥大队开始试打水井，每口井深约5米，造价约200元，出水量较大，得到推广。至80年代，农村多数人家都有小水井，饮用水十分方便。1984年，龙河乡率先建成全县第一座乡镇自来水厂，为街道居民和周边农户供应自来水。1987年4月，新城乡自来水厂建成供水，农村饮用水状况大为改善。后受仪扬河水污染影响，自来水质日渐恶化。1997年，新城投资320万元，接上仪征自来水公司水源，受益人口达1.46万人，占全镇总人口的42.5%。同年，龙河乡在三官组，周营村顾庄组打出两口深井，解决当地30多个村民小组5800人的饮用水问题。1998年，将自来水管道铺设到龙河街道，解决因龙河水污染深受其害的5000多人饮用水困难。2005年，马坝村百姓组打出深井一口，建加压站1座，铺设供水管道31千米，并与三官组供水联网，供水范围进一步扩大。2007年，全镇自来水供应人口达4万人，普及率86.8%。2008年，镇政府成立农村改水领导小组，集中财力、物力解决最后52个村民小组接用上自来水。2012年，全镇实现组组接通自来水，户户饮用自来水。

改　厕　50年代，新城“血防”地区粪坑开始搭蓬加盖，农村学校，大队部以及新城街道，龙河集镇大多建有公共厕所。60年代，新建厕所为砖木结构，水泥石灰粉墙砖铺地，建有蹲坑、小便池，定期有人冲刷、清扫。70年代，农村开始使用沼气，一些农户厕所、猪圈建在一起，厕所改为水冲式，清洁卫生。80年代后期，农村兴起建楼房热，建有卫生间或室内水冲式卫生厕所。1994年，市政府印发《关于切实做好农村建房户厕所改造工作的通知》，新城镇、龙河乡开始采用“五有式”或“三格式”户厕模式。1995年9月，新城镇、龙河乡分别成立改水改厕工作领导小组，推进农村全面实施改厕工作。至2000年，全镇有“五有式”户厕4429座，占全镇总户数的18%，无害化户厕2466座，占10%。2006年，加大改厕工作力度，提高户厕改造补助标准，户厕改造进度加快。至2012年，共改厕12425座，占应改厕总数的98.3%，实现仪征市改厕普及镇目标。

三、食品卫生

解放初期，食品卫生监管由镇爱卫会负责。1952年，开展全民卫生知识宣传教育活动，教育群众改变喝生水、吃变质食物等不良卫生习惯。1959年，新城、龙河分别举办饮食行业以及企业学校炊事员培训班，制订卫生管理制度和食品制作、销售规定。60年代，食品卫生监管改由公社防疫保健小组负责，重点贯彻卫生部、商业部颁发的卫生“五四制”（一是食品由原料到成品实行“四不制度”、二是食品存放实行“四隔离”、三是食品用具实行“五过关”、四是环境卫生采用“四定办法”、五是个人卫生做到“四勤”）规定，各餐饮单位建立卫生管理小组，签订卫生公约，接受县卫生防疫部门监督和检查，禁止传染病患者从事餐饮行业工作。1980年起，食品、餐饮行业和学校食堂开始设立防蝇、防尘、防腐和消毒设施，禁止出售腐烂变质和不符合卫生标准的食品，并订立食品、餐饮卫生经营守则。1983年开始，执行食品、餐饮行业“卫生许可证”“健康证”制度，亮证经营、持证上岗。1985年，新城、龙河乡配备食品卫生检查员，负责食品卫生监督工作。1990年，两乡食品、餐饮单位领取卫生许可证的有43家，占单位总数的72.3%，持证上岗率90%。1994年，会同市卫生防疫部门全面检查食品加工和餐饮业卫生情况，对11家个体经营户提出限期整改意见。1998年，组织从事食品加工、饭店、小吃、副食品经营、屠宰、豆制品、熟食、粮油等行业的1728人进行体检，参检率97%。2000年，镇成立食品卫生管理领导小组，建立市、镇、村三级卫生监督网。对全镇食品加工厂、面食小吃店、超市散装食品、鲜肉零售，豆制品、熟食等行业实行监管，监管覆盖面96%。2006年4月，镇成立食品安全领导小组，下设办公室，各村、街道社区选聘15名食品安全信息员，建立全镇食品安全信息网络。2007年3月，开展创建扬州市食品安全放心消费乡镇活动，设立农产品检测站，对蔬菜、水果、茶叶实行随机抽检，对药店、食品加工、餐饮业经营的药品、副食品、菜肴实行不定期抽检。2011年11月，成立新城镇食品药品“双创”工作领导小组，参加仪征市创建省餐饮服务、食品安全示范市和创建国家食品药品安全示范市活动。2012年，镇政府印发《新城镇食品安全工作意见》，与村、街道社区签订《食品安全工作目标责任书》16份，建成标准化农家店（村级放心消费店）119家，占农家店总数的98.2%。食品安全监督逐步规范化、常态化。

图26-8　检查食品卫生（摄于2012年）

四、学校卫生

1951年，新城、龙河各学校贯彻中央政务院《关于改善各学校卫生状况的决定》。1954

年“六一”儿童节前，组织小学一年级学生进行体检，查出患有皮肤病学生2人，并得到及时医治。1968年，新城、龙河各学校配备保健教师参加县举办的学习培训班，提高保健技能。各学校建立学校、班级卫生管理制度。坚持开展早操、课间操、眼保建操等活动，提高学生健康水平。1979年起，贯彻执行教育部、卫生部颁布的《中小学生卫生工作暂行规定》，重点改善学校教室采光照明和课桌椅状况，开展学生近视眼防治和体检，矫治常见疾病。1987年，对学生头虱、疥疮进行普查普治，成效显著。1990年起，各中小学校配有兼职卫生保健教师，配备卫生箱，及时为学生提供卫生保健服务。1993年，开设健康教育课程，并列入课程考查。1996年，组织学生口服“肠虫清”药驱杀蛔虫，有效率达51%。2006年，组织全镇中心小学学生进行贫血筛查，查出贫血患者16人，后给予免费治疗而痊愈，并采用氟化泡沫预防龋齿，受治人数达2230人。2012年，全镇有计划地对各中心校开展经常性卫生监督、监测评价，主要监测教室采光、照明、温度、湿度、每生面积、课桌椅卫生状况等。保健教师坚持暑假参加市举办的培训班，提高保健业务水平。

五、场所卫生

80年代前，境内公共场所较少，其场所卫生由所在单位管理。1987年，国务院颁布《公共场所卫生管理条例》，乡防保组开始加强宣传教育活动，所有旅馆、理发店、浴室、商场、车站等公共场所制订卫生制度。1988~1991年，公共场所从业人员共体检312人次，体检率74%，检出“六病”（痢疾、伤寒、病毒性肝炎、活动性肺结核、化脓性或渗出性皮肤病及其他有碍公共场所卫生的疾病）人员4人，领取卫生许可证416份，领证率91%。1995年，对理发、浴室和旅社等行业用品用具例行检查，对不合格的单位要求限期整改到位。1998年起，各公共场所张贴有禁止吸烟、乱吐痰、乱扔垃圾果壳等标牌。每年要求新进从业人员参加市卫生知识培训。2000年后，休闲服务和文化娱乐场所有所增加，领取卫生许可证和参加体检人数也逐年增多。2012年，加强对公共场所卫生监督管理，对公共场所用品用具施行抽检，要求2家不合格单位限期整改。

图26-9 村庄保洁（摄于2011年）

第二十七章　人民生活

新城虽有丰富的自然资源，但在旧社会劳动人民却长期过着贫困的生活。民国34年（1945年），新城地区贫苦农户占农村总户数的88.9%，大多数农民住房简陋、衣着褴褛，粮食不够多以瓜菜代。集镇市民多从事商业、手工业，收入甚少，仅能勉强维持生计。

新中国成立后，人民政府组织和领导人民发展生产，不断改善生活。特别是改革开放以后，人民生活水平提高较快。至2012年，农民人均纯收入由1978年的172元增加到15660元，增长90倍。城镇职工人均纯收入由1978年的494元增加到34095元，增长68倍，人民衣食住行状况明显改善。2012年，新城镇恩格尔系数（食物消费占家庭总消费的比重）为36.5%，比1988年下降15.2个百分点。其中，服饰、电信、教育、文化娱乐和休闲旅游消费占比逐年提高。

第一节　农村居民生活

一、收　入

民国时期，新城、龙河两地95%以上的住户务农，多数农民少地无地，耕作条件很差，饱受自然灾害和疫病侵害，生活相当贫困。除少数较富裕的农户外，多数农户每年缺粮达3个月之久，即使有粮月份也要吃山芋、南瓜、青菜、萝卜来弥补粮食不足，更谈不上有余钱。

解放后，新城、龙河实行土地改革，无地的农民分得土地，劳动成果归自己所有，生活开始从有所保障到逐步改善和提高。农业合作化以后，农民的收入主要依靠集体收益分配。1955年，农民人均纯收入40元，人均口粮245千克。1958年人民公社化以后，一度曾不切实际地提出"跑步进入共产主义"，实行"一大二公"体制，大炼钢铁、吃公共食堂，社员收入由生产大队统一分配。1961年起，贯彻中共中央"关于农村人民公社当前问题的紧急指示"，生产得以恢复发展。1962~1966年，农民年人均纯收入以每年平均增长14.1%的幅度提高。"文化大革命"期间，生活虽有提高，收入有所增加，但幅度不大。1977年，农民人均纯收入新城132元、龙河109元，人均口粮分别是240.5千克、247.5千克。1978年起，农民经济收入和生活水平逐步提高。1979年，新城公社农民人均纯收入239元，比1978年增长24.48%，龙河公社农民人均纯收入176元，比1978年增长15.79%。1983年，实行农村家庭联产承包责任制后，农民收入水平迅速提高，当年新城乡农民人均纯收入384.24元，比1982年净增125.24

元，增长32.59%，龙河乡农民人均纯收入247.53元，比1982年增加31.53元，增长12.74%。1985年，新城乡有专业户256户，其中年产值1万元以上的专业户有40户，占15.63%，全家收入最高的是运输专业户林果村王道平，年家庭总收入5万元，个人收入最高的是新华村养鸡专业户金铜章，人均收入11788元，手工业者收入最高的是从事饴糖生产的专业户郁桥村赵树宝，人均纯收入3558元。当年全乡人均纯收入800元～3000元的专业户有208户，占81.25%。1986年，新城乡有专业户177户，占全乡农村总户数的2.1%。专业户人均纯收入954元，高于全乡人均纯收入344.97元近1.8倍。龙河乡有专业户18户，家庭人口83人，劳动力50人，人均纯收入947元，比全乡人均纯收入458.86元高出1倍多。

90年代开始，新城、龙河两乡农村经济总收入逐年提高，农民年人均纯收入呈逐年上升态势。1990年，新城富裕村郁桥村人均纯收入1027元，高于全乡人均纯收入34.6%。1994年，两镇（乡）农民人均纯收入首次突破1000元大关，新城镇为1333元，龙河乡为1167元。1995年，新城镇农民人均纯收入超2000元。2000年后，农民收入构成呈多元化，除农业收入外，还有劳务性工资收入、财产性收入和转移性支付收入。2001年起，农民年人均纯收入每年以9%以上的幅度递增。2005年，农业税减征5%，又有政府水稻直补。2006年，国家取消农业税，农民负担进一步减轻，收入增加。2012年，全镇农民人均纯收入15660元，其中农业收入1485元、占9.48%；劳务性工资收入9457元、占60.39%；其他收入（财产性收入、转移支付收入、惠农政策让利补贴收入）4718元、占30.13%。

表27-1 2001~2012年新城镇农民年人均纯收入统计表 单位：元

年份	农民人均纯收入	净增额	增幅（%）
2001	3149	300	9.00
2002	3468	319	10.13
2003	4031	563	16.23
2004	4743	712	17.66
2005	5607	864	18.22
2006	6731	1124	20.05
2007	7700	969	14.40
2008	8878	1178	15.30
2009	10280	1402	15.79
2010	11668	1388	13.50
2011	13595	1927	16.52
2012	15660	2065	15.19

二、消 费

民国及以前，新城、龙河两地绝大多数农民生活艰难，除维持一日三餐外，基本无其他消费。解放后，50年代和60年代初期，除食盐、火柴、煤油等生活必需品消费之外，也无其他消费。在穿着方面，很少添置新衣服，当时流传着“新三年、旧三年，缝缝补补又三年”的习俗。60年代中期开始，经济有所好转，农民消费支出增加。进入70年代部分农户开始翻修房屋，拆草房建瓦房，衣着上开始购买皮鞋、塑料凉鞋、拖鞋，化纤面料服装和家用电器等物品。70年代末和80年代初期，农村中大宗消费支出是翻修房屋和结婚支出。结婚费用除家具外一般人家花费在800~1000元之间，家庭经济条件好一些的在1000~1500元左右，同时人们对衣着的要求提高，开始购买皮鞋、呢绒服装等贵重物品。80年代中期，手表、自行车、收音机、电视机、收录机开始进入农村家庭，农村居民消费结构发生较大变化。1988年两乡农民人均消费668元，其中食品占51.7%、穿着占6.1%、住房占27.3%、日用占10.6%，文化服务占1.9%。1990年，食品消费上升占63.7%，衣着占9.9%，住房占17.25%，日用占9.3%，炊事燃料占0.3%，文化服务消费下降0.45%。进入90年代，收入提高，农民消费呈现吃讲营养、穿讲漂亮、住讲宽敞的消费特色。1991年，食品消费占比超1990年达67.7%，其次衣着占6.5%，住房占10.8%，日用占10.2%。有部分农户用上液化气，使炊事燃料占消费总额的比重增至4.8%，人均文化服务消费比上年净增3.65元。此后几年食品消费量下降，水产品、禽肉蛋、水果消费量加大，生活用品、炊事燃料、文化服务支出增加。1996年，人均年消费2594元，食品消费占58.6%，位列第一。2000年后，消费结构发生较大变化，食品消费2004年占44.4%，2006年占42.7%，2007年占39.9%。文教娱乐服务消费支出增加，2006年文教娱乐服务支出占消费总额的14.2%，2007年占16.8%。2008年黄金饰品占衣着类的33%，比2000年提高18个百分点。2012年，人均年消费10976.09元，占人均收入的70.09%，其中食品消费支出占36.5%，略低于全市农村居民平均消费水平。

第二节　城镇居民生活

一、收　入

解放前，新城和龙河集镇街道有少数工商业户，收入较多，吃穿有余。一般小摊小贩、手工业者，收入较少，勉强维持生计。学徒无收入，店铺伙计收入很少。无业市民生计艰难。

解放初期，新城、龙河两地乡公所和供销社干部职工的工资待遇分供给制和薪水制两种：供给制每月发大米45千克，另按规定供给单棉衣物；薪水制按月领取大米60~75千克，伙食费、日用品等均由自己负担。公办教师实行实物工资制，每人每月发大米60~80千克。1953年，实行定量货币工资分制，乡公所和供销社最多的160个工资分，最低的80个工资分，人均月工资收入22.92元。公教人员改行按工资分计酬的货币工资制。1955年1月，供销合作社、粮站、搬运站等单位调整工资，年人均工资330元，同年7月1日，乡公所干部实行工资制，年人均工资342元。1958年，新城、龙河有公社干部，供销社、粮站、合作商业、社办企业职工2581人，人均月工资26.72元。1965年1月，根据省人委《关于提高粮食销价后发给职工生活补贴的规定》，发给职工每人每月粮贴2元。1972年6月，根据县革委会《关于调整部分工人和工作人员工资的通知》精神，对社办企业、供销社、粮站、合作商业职工调一级工资，晋级面达63%。级差平均为4.83元。1978年以后，工资标准调整，发放奖金，提高福利待遇，副食品补助等，职工收入逐步提高。1982年12月，新城、龙河40%的职工晋升一级工资，年人均增资88.12元。1983年调整机关和企事业单位职工工资，年人均工资收入达540元。1987年，根据中共中央、国务院〔1985〕中发9号《关于国家机关事业单位工作人员工资制度改革问题的通知》精神，实行基本工资加附加工资、岗位津贴、副食品补贴和生活津贴。1986年，新城、龙河乡机关干部人均收入1184.4元，1987年达1384.8元，增长16.92%。教育系统公办教师1986年人均工资1299.6元，1987年达1723.2元，年人均增资423.6元。卫生系统1986年人均工资1164元，1987年人均工资1323.6元，年人均增资159.6元。1994年7月，开展工资制度改革，机关工作人员实行由基础工资、职务工资、级别工资、工龄工资构成的新的工资制度，同时规范工资津贴、生活补贴和奖金发放标准。机关工作人员工资年人均收入5911.2元，教育系统4434元，卫生系统5140.8元。供销社、粮站、商业社实行承包经营后，已不发工资，保留档案工资。

1996年起，政府对私营个体企业实行政府指导性工资制。2003年，全镇第二产业职工8612人，其中工业企业职工年人均工资收入8122元，建筑业职工年人均收入12793.6元。第三产从业人员9312人，其中商业餐饮业年人均收入9184元，外出三产人员年人均收入11587元。2004年，行政机关、事业单位相继推行“阳光”工资，隐性收入减少。同时，教育、卫生系统相继实行绩效工资。2012年，镇政府公务员人均工资收入48828.6元，教师人均工资收入45770元，医务人员人均工资收入37389.8元。

二、消 费

解放前，新城、龙河有少数商业大户吃穿有余，居住砖墙瓦屋，有高档家具和金银首饰。一般手工业者，买米打油后所剩无几，勉强维持生计。店铺伙计、无固定职业者吃上顿无下顿，生计艰难，有的甚至举债度日。公职、公教人员的生活水平高于一般百姓，但有时不能按月领取薪俸，养家糊口仍有困难。

解放后，人民政府恢复和发展生产。城镇居民生活主要消费品实行计划定量供应，凭票证购买粮油、棉布及生活用品。1955年，居民人均生活消费支出136元。1966年，人均生活消费支出为183元。1978年，改革开放后，市场活跃，人民购买力提高。80年代初期，居民生活消费开始由以吃穿为主向住用消费转变，普通居民家庭中电风扇、电子管收音机、收录机、自行车、手表、黑白电视机等高档耐用工业品迅速普及。1983年，人均生活消费347元。1987年，新城乡城镇职工居民人均生活消费支出为762元，较1983年增长1.2倍；龙河乡城镇居民人均生活消费738元。90年代，城镇居民生活消费主要投向住房、高档家用电器，黑白电视机更换为彩色电视机，单缸洗衣机更换为双筒洗衣机，有些家庭还购买空调、冰箱、摩托车、以及卡拉OK家庭影院等高档耐用品，并开始转向教育、文化娱乐方面投资。3~4岁幼儿就送到幼儿园上学，有的还送到仪征城里。高中毕业后80%以上继续上大学，教育支出逐年增加。1998年，新城镇居民人均生活消费6872元，其中住房占22%、日用占15%、食品占14%、衣着占12%、教育占13%、文化娱乐占10%、交通占8%、其他占6%。2000年以后，交通消费支出增加，有60%的家庭购买摩托车、电动自行车，还有少数家庭购买轿车，交通消费占比较1998年提高4个百分点。文化娱乐中旅游、娱乐、健身消费增加较大，占比较1998年提高3个百分点。2005年，城镇居民人均生活消费支出7864元，占年收入的53.1%

2012年，城镇居民人均住房面积36.5平方米，85%以上居民住进单元式楼房，彩色电视机、全自动洗衣机、电冰箱、空调机、电脑、电话、手机等成为居民家庭常用电器。私人轿车增加到114辆。当年，居民人均生活消费支出8146元，占年收入的56.2%。

第三节　住房　耐用物品

一、住　房

城镇住房　民国时期，新城、龙河街道两侧住房均为平房，有瓦房，也有草房。沿街面开门做生意，货架后面搭铺睡觉。解放前夕，新城集镇房屋多为乱砖青灰砌墙，盖小瓦。沿街商铺为砖木结构平房，前店后宅，前进作店铺，后进中间为客堂（俗称堂屋），两侧做卧室，地面铺方砖（俗称箩地砖），石灰粉墙，每进之间以厢房或土墙相隔，自成院落。经商大户人家住房宽敞明亮，设有客厅、厨房、柴房。后进为卧房，房内铺有方砖或木地板，厢房为佣人住房。另有牲口棚、仓库或库房。街巷位置较佳处为富家住房，多为3~4进。新城名门吴姓人家，房有4进，砖墙瓦盖，高大宽敞，除客厅、卧室、小花园外，专设有书房，藏书千册。街头巷尾或后街是大片贫民住房，土墙瓦盖，或土墙草屋，吃住一间房内，十分简陋。据老人回忆，解放前新城镇居民人均住房面积约9平方米，龙河约8平方米。

解放后，随着生产的恢复和发展，人民生活水平的提高，新城、龙河集镇居民住房开始改善。50年代，土墙换成砖墙，草房翻建成瓦房。无房户开始住进新房。60年代末，住房投资增加，有的旧平房翻新，有的建成单门独院的四合头住房，多数人家是加接一间扩大住房面积。1969年，新城集镇人均住房面积12平方米，龙河为10平方米。70年代后期，企事业单位、学校建起职工宿舍，水电配套。有的居民家庭老人与小孩分居，客厅与厨房分设，有的平房加盖成楼房，水电配套，住房条件大为改善。1979年，新城集镇居民人均住房面积增至15.3平方米，龙河为14.1平方米。进入80年代，私人建房投资增加。集镇住房趋向客厅与卧室分设，内部设施配套，木窗改为钢窗，宽敞明亮。90年代，新城、龙河街道先后易地新建。新

图27-1　街道商住楼（摄于2010年）

街道宽敞，两旁二层楼商住房，底层为门市房，上层为住家。居民住宅区，学校、医院、商店相配套。新住房趋向单元或套房式，户型有3房2厅、1厨2卫，面积约110平方米，开始接近市区居民住房水平。1996年，新城镇城镇居民人均住房面积19.40平方米，龙河乡为18平方米。2000年开始，在城镇化建设中，居民住宅建设发展较快，相继建成凌桥、丁冲等住宅小区，至2007年城镇居民人均住宅面积增加到27平方米。2012年，城镇居民人均住房面积36.5平方米，其中拥有房屋产权的占92%，接用自来水的占100%，有卫生间的占86%，有洗浴设施的占78%，居住条件明显改善。住宅门窗为铝合金或不锈钢、塑钢，不少家庭室内装饰讲究，地面铺木地板或釉面砖，墙壁装墙裙、墙纸或粉刷涂料漆，客厅上挂吊灯，室内家具及家用电器配套。室内装潢一般每平方米1000元，因主人喜好和经济状况而拉开档次。

图27-2 50年代农村草房
（摄于1995年）

图27-3 80年代农村平瓦房
（摄于1999年）

农村住房 解放前，农民住房大都为低矮的二三间茅舍，一家人吃住在一间屋内，有的甚至几代人住一间房，居住条件十分落后。只有少数地主、富农住有瓦房。

解放后，50年代至60年代，农村住房稍有改善，但变化不大。直到70年代中期，农村住房才有所改善，自建房大都是黄泥砌斗子墙，水泥桁条芦柴旺，盖平瓦，3~4间面积85平方米左右。80年代，农村出现建房热，1985~1987年，新城乡新建住房13.2万平方米，龙河建9万平方米，且大都为瓦房，也有少数楼房，草房基本绝迹。90年代，农民住房观念改变，在建房结构上，砖木结构房比重由1985年占67%，下降到1988年的22%，砖混结构由10%上升至58%，木窗改用钢窗的占42%。选用点式楼户型的占73%，选用条式楼的仅占27%。有独立厨房的占44%，独用厕所的占70%，家有水井或饮用自来水的占90%。2000年后，在新农村建设中，农村住房建设发生根本性变化。2003年，郁桥村建成联排别墅梅苑小区，每套3层200多平方米，自来水、电源、电话、有线电视入户，

图27-4 90年代农村楼房
（摄于1999年）

图27-5 2011年农村联排别墅
（摄于2012年）

图27-6　城东名苑（摄于2012年）

铝合金窗。艺术工艺大门、后门为防盗门，院门为不锈钢双开门。院子面积40平方米，另有车库20平方米。农民住上别墅已不是新闻。之后，新城加大农民住宅小区建设的投入，先后建成占地22万平方米的新北花苑，其中有8幢小高层楼房，一梯两户，户型多为3室2厅1厨1卫，另配有停车库。小区内大路平坦，小道弯曲幽静，路灯、草坪灯配套，小桥流水，亭台搭配有致，成为花园小区。占地16万平方米的郁桥集中居住区和五一花苑AB两个集中居住区，并在龙河建成丁冲村、马坝村、凌桥村和周营村4个农民集中居住区。住房多为多层、多室、多厅套房，采光好、绿地活动空间大，物业管理服务完善，居住舒适度不断提高。2012年，镇内农民人均住房面积55平方米，农户瓦房率100%，楼房率96%。

二、耐用消费品

城镇耐用品拥有量　60年代，新城、龙河集镇上始有人购买手表、自行车、缝纫机，俗称“三大件”等。70年代至80年代，老三大件基本普及。90年代后期，85%以上家庭拥有彩电、冰箱和洗衣机“新三大件”，30%的家庭购置放像机、VCD影碟机，35%的家庭购置沙发等成套家具。90年代中期，空调、电话、摩托车“时新三大件”兴起，1995年，新城、龙河乡分别拥有3辆玉河轻便摩托车。至1998年，两地拥有摩托车417辆。2000年以后，普及率达87%以上。2005年起，兴起电脑、智能手机和轿车“现代三大件”。新的家用电器如太阳能热水器、油烟机、微波炉、燃气灶具、电动自行车、电动三轮车开始进入普通居民家中。2012年，每百户城镇居民家庭耐用消费品拥有量是：自行车198辆（电动自行车181辆）、摩托车68辆、电风扇256台、油烟机92台、微波炉85台、彩色电视机132台、冰箱98台、空调122台、洗衣机100台、太阳能热水器95台、数码相机41架、电脑61台、手机135部、固定电话88部、家用轿车37辆。一些中高档耐用品，如黄金饰品、健身器械、名表、名牌服装、高档家具、乐器等也陆续被城镇居民所拥有。

农村耐用品拥有量　70年代末，新城、龙河农村对中高档耐用消费品的购买力较低。1981年，新城百户农民耐用品拥有量为：手表81块、自行车66辆、电视机7台、洗衣机1台、收录机2台。之后购买力有所提高。至1990年，百户农民耐用品拥有量增至为：手表306块、自行车256辆、电视机101台、洗衣机43台、收录机72台。1991年起，农村家用电器更新加快，轻便摩托车更换成豪华踏板摩托车，吊扇换为落地扇，黑白电视换为彩色电视机。同时也陆续添置一批新的家用电器如双筒洗衣机、电冰箱、液化气灶具、电饭煲等。2000年后，随着农村生活水平的提高、居住条件改善，农民家庭对中高档耐用品需求日益提高，逐渐与城镇居民差距缩小。2012年,农村每百户农民家庭耐用消费品拥有量为:自行车186辆(电动自行车140辆)、摩托车85辆、轿车9辆、洗衣机98台、冰箱96台、空调110台、油烟机69台、微波炉65台、太阳能热水器84台、固定电话86部、手机101部、彩色电视机148台、电脑12台、数码照相机23架。还有一些中高档耐用品如黄金首饰,中高档家具及乐器等被少数家庭所拥有。

第四节 生活保障

一、城乡居民最低生活保障

1996年,仪征市开始探索建立城乡最低生活保障制度,市政府印发《关于建立仪征市城乡最低生活保障制度的实施意见》。1997年,新城镇对51户165人,龙河乡对34户101人因劳动致残、患重大疾病致贫、年老体弱多病等原因丧失劳动能力,全年劳动收入难以维持生活的特困户以及人均收入低于当地生活保障线标准的贫困户,按每年人均1000元标准予以补足,实施最低生活保障。1998~1999年,新城镇发放生活保障金7.8万元,48户162人受益;龙河乡发放生活保障金4.85万元,35户98人受益。2000年,有街道居民4户10人享受城镇居民最低生活保障待遇。2002年10月,城镇低保标准调整为人均每月180元。2004年7月调整为人均每月200元;农村低保标准提高到每年人均1200元。2006年1月,城镇低保标准再次调整为人均每月220元。城镇低保金由市财政全额发放,农村低保资金市财政负担40%,乡镇财政负担60%。当年全镇城镇有87户152人,农村有275户859人享受最低生活保障。全年支出城镇居民最低生活保障金23.12万元,农村居民最低生活保障金37.48万元。2010年全镇城镇和农村居民实行应保尽保。当年城镇96户154人,农村361户754人享受最低生活保障,共支付保障金84.58万元。2012年,全镇共有城镇和农村低保户414户、736人,支付保障金90.77万元。

2000~2012年新城镇城乡最低生活保障统计表

表27-2

年份	城镇低保		农村低保		支出保障金(万元)		
	户数(户)	人数(人)	户数(户)	人数(人)	合计	城镇	农村
2000	4	10	95	258	8.14	1.12	7.02
2001	11	27	119	372	10.64	2.50	8.14
2002	28	62	233	721	19.75	6.85	12.90
2003	31	65	232	719	21.06	9.72	11.34
2004	78	127	326	1011	44.54	17.51	27.03
2005	83	135	284	877	58.46	20.01	38.45
2006	87	152	275	859	60.60	23.12	37.48

续表 27-2

年份	城镇低保		农村低保		支出保障金（万元）		
	户数（户）	人数（人）	户数（户）	人数（人）	合计	城镇	农村
2007	81	141	229	865	34.15	20.21	13.94
2008	93	162	302	812	66.86	31.52	35.34
2009	89	141	255	583	63.01	32.11	30.90
2010	96	154	361	754	84.58	37.72	46.86
2011	101	163	330	690	85.60	42.20	43.40
2012	88	140	326	596	90.77	42.55	48.22

二、被征地农民基本生活保障

1988年，仪征市汽车厂征用郁桥村合兴组、薛庄组大部分土地建厂房，至1992年，该组18～44周岁的劳动力安置进厂工作，剩余32名45周岁以上的劳力由合兴组通过开办麦芽厂、啤酒厂、酱品厂、养猪场，建商店、饭店、旅社和汽车停车场积累资金解决。1993年起，发给每人每月生活补助费100元，直到1998年被征地农民享受基本生活保障待遇时停止。

2005年4月，市政府建立被征地农民基本生活保障制度。2009年1月起，镇政府对被征地村组人均耕地不足1分地的女年满55周岁和男年满60周岁的人员，每人每月发给50元生活补助。2012年1月起，每人每月增加7.5元。4年中累计发放被征地农民基本生活保障金计409人、78.56万元。其中，郁桥村合兴组29人，新华村余营组53人、包庄组40人、毛庄组16人、后庄组19人、陈庄组16人、曹庄组34人、庞庄组35人、中心组30人、潘庄组32人、刘庄组25人、黄庄组1人，街道玉兰组32人，三将村朱庄组17人、杜营组29人、亭庄组1人。由仪征汽车工业园发放保障金232人、44.56万元，由镇政府发放保障金177人、34万元。

2009～2012年，全镇被征地失地农民需享受基本生活保障的有5859人，其中郁桥村1707人、三将村977人、冷红村225人、新华村348人、林果村1068人、新北村955人、马坝村175人、周营村56人、丁冲村206人、凌桥村32人、官胜村102人、桃坞村8人。至2012年12月底，有2806人根据四个不同年龄段享受被征地农民基本生活保障待遇，其中90人为16周岁以下人员，不纳入基本生活保障体系，一次性每人发给生活费4000元；女16~44周岁的和男16~49周岁的计942人，每人每月领取120元生活补助费；女45~54周岁的和男50~59周岁的计446人，每人每月领取100元生活补助费；女55周岁以上和男60周岁以上的计1328人，每人每月领取238元生活保障金；其余3053人的保障手续正在审批中。被征地人员的基本生活保障金纳入财政专户管理，按月发放至被征地农民基本生活保障金银行卡中。

三、住房保障

农村危房改造　1965年，龙河公社为20户困难群众维修房屋，补助木材4立方米、现金

500元。1971年起，新城、龙河公社相继制订农村危房改造规划，有计划地帮扶困难群众改造危房。70年代至80年代，新城、龙河乡（公社）政府为“三老”（老烈属、老复员军人、老伤残军人）等困难群众解决或部分解决维修房屋的资金和材料（折合现金）计27.3万元。

1989年，新城乡为2户烈属修房9间，3名回乡退伍士兵建房3间、维修住房5间。龙河乡投入1600元为1名烈属、3名老复员军人修房7间。

90年代，新城、龙河乡全面维修改造“五保户”危房，达到1人户住房1间以上，2人户住房不少于2间。1990年，新城乡14个村108户“五保户”共有住房153间，人均1.42间。1992~1995年，新城镇为越江村、砖桥村、林果村3户困难户筹集资金1.2万元（国家扶助资金5500元、镇村资助6500元），加上亲友资助部分，自筹一些，每户新建瓦房3间。另为桃坞村、冷红村3名散居“五保”老人每人新建瓦房2间30平方米，为6户“三老”人员维修和新建房屋9间。龙河乡为10户贫困户筹集资金1.97万元（国家扶助金9200元、村集体资助7000元、干部群众捐助3500元），亲友资助5.83万元，自筹8.35万元，新建瓦房27间675平方米。

2000年，市民政部门下达新城镇41户农村贫困户危房改造任务，实际改造危房65户（其中翻建58户，修房7户），共用资金66万元，除国家拨付部分外，其余由镇政府筹措解决。2001~2005年，根据1人户住房不少于2间、2~3人户不少于3间的标准，帮助123户低保户、贫困户翻建或改造住房计271间。2006~2012年，筹集资金86万元，改造危房户94户，改造后的房屋有铝合金或塑钢门窗，地面铺地板砖。2010年，为马坝村糜营组低保户费龙洋家翻建住房时还建有无障碍通道，方便其肢残妻子轮椅通行。

经济适用房 2003年，建立经济适用房管理制度，帮助有特殊困难的弱势群体有房住、生活安定。2005~2010年，新城街道先后批准因住房困难3户特困户居民，购买经济适用房。2010年。镇政府分别批准四代同堂家庭人口多的，有家庭成员瘫痪、残疾的，外嫁女户籍仍在娘家离异后无住房寄居娘家的计16户，先后入住幸福家园经济适用房。

第五节 健康养生

一、文化娱乐

60年代，农村文化娱乐活动广泛开展，新城、龙河大会堂经常放映电影，每年春节期间县扬剧团会演出3~4场，放电影和演出都是场场爆满。“文化大革命”期间，许多故事片被停映，8个样板戏充斥舞台，文化娱乐生活单调乏味。1978年后，群众文化娱乐活动逐渐增多。同年1月，新城乡电影放映队成立，经常送电影下乡，外地的演出剧团、歌舞团每年也演出3~5场。80年代，新城、龙河始有录像放映厅、歌舞厅。1993年，新城镇有舞厅3家、龙河1家、每天下午、晚上对外营业。1995年，有线电视开始进入乡村居民家庭。2010年，有线电视升级成数字电视，入户率93%，可收看80个频道节目，群众文化娱乐生活更加丰富多彩。2005年，互联网宽带通村入户，村民可以网上看新闻、聊天、下棋、玩电子游戏等。

新城民间有舞狮、踩高跷、荡湖船、打莲湘的娱乐习惯。春节期间民间艺人和文艺爱好者自发组织，到各村各户家门前耍弄一番，俗称“玩麒麟”，以示拜年。这种民间娱乐方式从50年代一直延续到60年代中期。“文化大革命”开始后，大队成立文艺宣传队到各生产队巡回演出，表演形式有快板、三句半、说唱歌舞等具有乡土气息的节目。90年代，随着农村生活水平的提高，精神生活更加丰富，茶余饭后打麻将成为一种娱乐方式。2006年，新城成立农民艺术团，其成员来自各村爱好业余文艺活动的农民，以中老年人为主，经过整理挖掘、刻苦训练，威风锣鼓、舞龙、腰鼓成为具有地方文化特色的表演节目，不仅在当地演出还到市里汇演，在当年仪征市茶文化节开幕式上表演的威风锣鼓和舞龙获得好评。同年9月，受邀参加扬州市举办的首届世界运河城市博览会开幕式的威风锣鼓气势磅礴，震撼人心，获得阵阵喝彩。2008年新北村、林果村、郁桥村相继成立农民艺术队，定期演练，在村里巡回演出。2009年2月，新北艺术队连续两天在村部广场为村民进行民俗文化表演。同年10月，镇农民艺术团在市第四届运动会上表演威风锣鼓。2011年9月，郁桥村艺术队和新城中心小学共同承办《歌颂亲爱的祖国，歌唱幸福生活》幸福新农村文艺晚会，观看的群众有2000多人。

图27-7　群众演唱红色颂歌（摄于2011年）

二、休闲健身

旧时，农村有玩石锁、石担的，春夏秋冬坚持不懈，富户则讲究冬令进补养生。解放后，20多年无太大变化。80年代，新城、龙河两地仍有玩石锁和石担的，强身健体。90年代，新城、龙河两地街道开始兴起晨练活动，以跑步、散步为主。1998年，新城镇修建立交桥游园，晨练做操、散步、打太极拳的人增多。2000年后，集镇市民晚上出来快步走、散步的人增多，一些上班族加入此行列。随着乡村道路硬化后，村民晚饭后也走出家门，或夫妻慢步行走或三五结伴快步疾走。郁桥村梅园农民集中居住区的居民晚饭后几乎倾家出动，健身行走队伍成为一道亮丽的风景线。2008年后，群众广场舞从镇区向农村延伸，新城街道丁字路口、郁桥集中居住小区休闲广场、新北村部广场，以及龙

图27-8　秧歌舞（摄于2010年）

图27-9 晨练 （摄于2012年）

河农贸市场广场每到夜晚都有几十人在跳健身舞。保健品和保健器材开始风行，购买者多为中老年人。

2008年，开展全民健身活动工程，新建镇健身中心，农村13个村都建有篮球场、乒乓球室，以及配备其他健身器材。2009年，新城镇通过省体育局的检查验收，被命名为体育强镇，全民健康水平提高。2012年，全镇人均寿命男性为71.3岁，女性为76.11岁。

三、旅 游

90年代，新城、龙河的中小学每年春季都要组织学生到扬州、镇江等地游览名胜古迹，或参观纪念馆，凭吊南京中山陵和雨花台，接受革命传统教育。暑期有条件的学校也组织教师外出旅游3～5天。2000年后，因安全因素，组织学生旅游活动停止。一些经济基础较好的村开始组织村级干部外出考察旅游，镇政府在重阳节（敬老日）组织离退休干部到市区参观游览或省内一日游。

2000年后，有新婚夫妇到云南丽江、四川九寨沟、广西桂林等地度蜜月。有退休的职工、公务员、教师以及市民结伴跟随旅游团外出旅游，每年或两年旅游一次。上班族青年则利用“五一”、清明节小长假和国庆节长假出行旅游。每年芍药花开的时节，镇内一些青年、老人，带着孩子或孙辈，到仪征枣林湾观赏芍药，到登月湖坐游艇观赏湖光山色，品尝农家菜肴。郁桥集中居住小区有不少家庭还购买扬州瘦西湖的年票，利用双休日游玩，早上尝富春早点后看景点，下午到曲江商品城购物。

2010年后，新城有家庭孩子考上重点中学或高考达本科分数线的就会带孩子外出旅游几天，以示对孩子的奖励。同时，也出现自驾游一族，喜欢旅游的有车族，或全家或三五位好友驾车外出旅游，领略自然风光、愉悦身心，畅享幸福生活。

第二十八章　民风　民俗

新城人民在长期生产劳动和社会活动中，逐渐形成质朴的家风和崇礼尚义的社会风尚，并从时令活动到衣食住行约定成俗，相沿积久，形成许多淳朴的民间风俗，传统规矩和民谚谣、歇后语及传说。解放后，一些陈规陋习不断革除，孝老爱亲、助人为乐、见义勇为、诚实守信、勤劳致富、崇尚科学等成为社会新风尚。1978年以后，随着改革开放和经济的快速发展，新城镇通过持续不断地开展群众性的精神文明建设活动，城乡文明程度和全民素质逐步提高，涌现出一批精神文明镇村、行业、单位和家庭，以及新人新事。传统美德、新风尚得到发扬、新风良俗持续传承至今。

第一节　社会风尚

一、传统美德

新城人民自古勤劳淳朴，尚义恭俭，社会上流传着力农务本，勤劳节俭，讲礼义、敦孝悌、邻里和睦、与人为善、尊师重教、刻苦求学等优良传统美德，世代传承。旧时，境内居民聚族而居，大多四代、五代同堂，家族定族规、立家训，遵循孝老爱亲、教子读书、勤俭持家、仁厚待人，修其身、安其分、勤其业等家风。清道光《仪征县志》记载，明时，新城人闵氏，夫溺于江，遗孤尚在襁褓，终身守节训子，躬纺绩、养舅姑、终得善果，永乐四年旌表："如兰之芳、如雪之洁、秉素志以弗移，职妇道而无阙。"清代，破山口有一门人称孙百万的大户人家，世奉"遵祖训，正家风，克勤克俭；教儿孙，行正道，唯耕唯读"的家训，温良恭俭，励精治家，聚有良田千顷，家财万贯，曾富甲一方。清末，新城儒商吴衡峰，其子孙五岁皆入塾，每日鸡鸣即起，寒暑无间，攻读诸子百家典籍，后进学堂和大学求学，广读博学。吴家先后三代人培养出7名教授，致力于教育事业和著书立说，被誉为"新城教育世家"，传承新城地方身体力行、循良子弟的优良传统家风家教。

二、社会新风尚

50年代，新城、龙河相继开展破除陈规陋习，禁赌肃毒，扫盲识字，宣传新婚姻法，开展劳动竞赛，厉行节约等活动。在农村逐渐出现改男尊女卑为男女平等，同工同酬；改包办婚姻为恋爱自由，婚姻自主，婚事新办；改"好男不当兵"为参军光荣，卫国有责；改听天由命为事在人为等社会新风尚。经过不懈努力发扬，新风良俗蔚然成风。

助人为乐 1964年以后，新城公社、龙河公社开展学习雷锋活动，广大干部群众以雷锋为榜样，以多做好事和做好事不留名为荣，社会上出现拾金不昧、助人为乐、尊老爱幼、礼貌待人的新风气。“文化大革命”期间，学习雷锋活动流于形式。80年代，“学雷锋，树新风”活动恢复开展。1986年，新城乡团委为烈军属、“五保户”送煤送米。1987年夏收夏种农忙时，新北村团支部组织15名共青团员义务为贫困户收割小麦2.40公顷。90年代，学校教师和学生走上街头捡拾废物清扫垃圾，受到居民好评。2000年后，新城中学、龙河中学以“争当雷锋式的好学生”为中心内容，开展“祖国在召唤，四化要人才”“树理想，话未来”“莫让韶华付流水”等活动，使学雷锋助人为乐的雷锋精神得到丰富和发展。

2000年后，新城镇在开展精神文明活动中，涌现出一批助人为乐的新人新事。周维忠是新城供电所维护班的副班长，从参加工作起，他以爱岗敬业、助人为乐为荣，在朴席供电所工作期间自己掏钱为一户生活拮据的残疾人家庭缴纳10年电费，编织出一个“政策性照顾免交电费”的谎言。调到新城供电所后，他为电力维修服务区内的村做好事，调解村民矛盾纠纷，被群众誉为“编外村官”。他还主动帮助村里困难家庭和“五保”老人，十几年如一日义务照顾十几户“五保”老人生活起居。郭敏忠老人患病住院后，周维忠像亲人一样为老人喂药，炖汤，并支付医药费500多元。他为桂德九老人修房、买蚊帐，经常自费给敬老院老人送牛奶、八宝粥。其助人为乐的事迹被中央电视台等多家媒体报道。2009年起，周维忠相继获扬州市“首届慈善之星”、“五一”劳动奖章和“十佳文明职工标兵”“江苏省优秀志愿者”等称号。此外，镇内还有一批学雷锋做好事不留姓名的人群，有的捐钱为村里修筑新路，有的帮助贫困户修建危房，有的帮扶穷困老人安度晚年。在这些人的带动下，镇内出现以雷锋为榜样多做好事，礼貌待人，尊老爱幼的新风气。

图28-1 志愿服务活动（摄于2011年）

“五讲四美三热爱” 1982年，新城公社、龙河公社开展以“讲文明、讲礼貌、讲道德、讲纪律、讲团结”和“语言美、行为美、心灵美、环境美”为内容的“五讲四美”活动。当年，龙河公社团委、新城中学团支部，新北大队团支部及9名共青团员在活动中成绩突出，受到共青团仪征县委的表彰。1983年，又将“五讲四美”和热爱党、热爱祖国、热爱社会主义“三热爱”统一起来，作为建设社会主义精神文明的主要内容。1985年，新城、龙河两乡成立“五讲四美三热爱”活动委员会，引导人们把语言美、行为美、环境美视为时尚，自觉落实在言行之中，涌现出一批先进个人、先进单位。1986年，新城和龙河有8家企业、3个村和7人受到市委市政府表彰。

“五好家庭” 80年代，新城、龙河两乡（公社）开展“五好家庭”（政治思想好，工作好，家庭和睦好，尊敬老人、教育子女、计划生育好，勤俭持家、邻里团结、文明礼貌好）评选活动。1982年，龙河公社勤丰大队赵登芳家被评为全国“五好家庭”。1985年，新城、龙河两乡有8户被评为仪征县“五好家庭”。此后，每年开展“五好家庭”评选活动。1994年以后，在评选中增加“讲文明，树新风”内容，开展“家家学，文明礼仪进家庭；家家乐，展示家庭新生活；家家议，建立和睦新关系；家家评，争当家庭好成员”等系列家庭道德实践活动。2002年，将“爱国守法、明礼诚信、团结友爱、勤俭自强、敬业奉献”的公民基本道德规范融入“五好文明家庭”争创活动中，同时倡议建立学习型家庭。当年，新城镇还举办家庭妇女电脑培训班，参学人员260多人次。2004年，倡导绿色生活，共建生态家园。2002~2009年，全镇共评选出“五好家庭”“文明户”372户，其中受到市委表彰的有21户。

星级文明户　90年代，新城、龙河在农村群众性精神文明建设中，由突击性的活动转为经常性、规范性活动。1997年3月，新城镇在林果村进行创建十星文明户评选试点。“十星”为互爱、致富、重教、守法、计生、和睦、科技、新风（移风易俗）、有文化和讲卫生。经过层层评选，全村共评选出“十星文明户”45户、“九星文明户”53户、“八星文明户”81户。随后在全镇推广，每年评选一次，获得“十星文明户”由镇党委张榜表彰。2000~2012年，全镇共评出“十星文明标兵户”553户次。

图28-2　“十星文明户”授牌
（摄于2011年）

见义勇为　见义勇为传统风尚，解放后仍为社会推崇。1967年，新城公社四新生产队长徐道义，为救3名落水儿童，不幸溺水身亡。1998年4月23日凌晨，新华村村民曹正举奋不顾身帮邻居捉拿窃贼，在与3名歹徒搏斗中，身负重伤，仍紧紧抓住歹徒不放，被赶到的民警相救，后被扬州市授予“见义勇为”先进个人称号。1999年2月2日下午，三将村退伍军人蒋坤军面对2名持刀入室盗贼，毫不畏惧，不顾受伤流血，奋力搏斗将其制服，被市政府嘉奖为见义勇为先进青年。1999年3月16日，郁桥小学学生董伟放学回家途中见到一儿童落水，立即跳入河中将女童救起，受到市教育局的表彰。

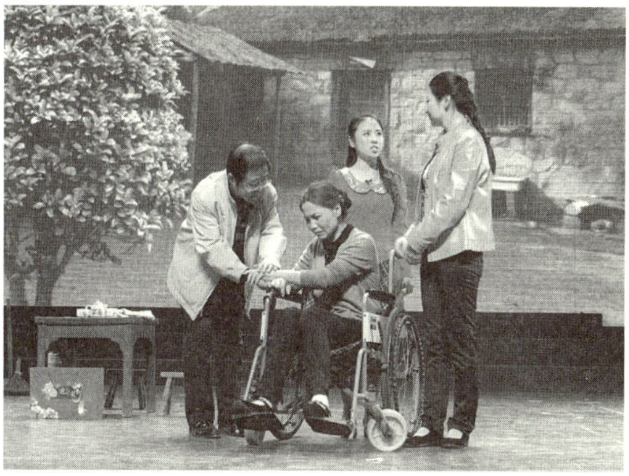

图28-3　谢桂香事迹被搬上舞台
（摄于2012年）

孝老爱亲　这是新城地区传统美德，成为处世治家、接人待物的行为规范，世代相传，形成新风良俗。郁桥村村民韩恩霞孝敬公婆，妯娌和睦，二十年如一日，受到村民们好评，2010年被市文明委等三部门授予“孝老文明好儿女”称号。冷红村村民谢桂香1990年丈夫突患重病去世，面对上有年老体弱需要照顾的公公婆婆、下有未成年的女儿，她不离不弃毅然挑起家庭重担，起早摸黑种田、养殖、打工，艰难地维持着这个家。婆婆中风后，她求医问药，按摩翻身，照顾公婆无微不至，教育女儿刻苦读书，2010年女儿考上大学。2012年10月，谢桂香在有对象后，决定带上公婆改嫁，受到乡邻们的赞扬，其事迹被市电视台专题报道。至2012年，全镇共评选出7名孝老爱亲好媳妇，受到新城镇党委、镇政府的表彰。

诚实守信 长期以来，新城地区的个人、企业讲求诚信、以信誉为第一。尤其在改革开放中，靠诚实守信赢得客户信赖，产销两旺。工人出生的陶为民，1998年身居董事长后，坚持诚信办企业，公司签约率、产品质量合格率和客户满意率一直保持在100%、99.9%和100%，从未发生客户投诉现象。从1999年起，公司一直拥有国家级“重合同守信用企业”称号，“润扬”商标也成为省著名商标。他还关注弱势群体，招收农村富余劳动力和残疾人就业500多人，每年为所有员工缴纳各项社会保险达200多万元。2005年后，新城工商企业及个人在企业转型升级和社会活动中，恪守诚实守信道德观，获得经济发展和人生价值的提升，诚实守信成为全镇工商企业及个人的新风良俗。

图28-4 老党员高仁礼走上“道德讲堂”（摄于2011年）

乐善好施 新城地区历来有行善乐施的传统。在荒年或春节期间，村民见到逃荒者、乞讨者大多都会尽力施舍相济。乡邻之间见到困难者也会给予一定的帮助。解放后，济困助危成为社会美德。80年代起，陆续出现民间爱心人士资助困难家庭、贫困学生的好人好事。新城建筑公司有热心人士自1982年起，资助新华村梁勇从小学上到大学毕业，资助月塘乡潘姓学生上大学、读到硕士博士。20多年间，他共捐资36万元，先后资助20多名贫困学生完成学业，受到扬州市、仪征市关工委的表彰。90年代，新城乡50多家企业负责人结对帮扶困难家庭、弱势群体，帮助他们摆脱困境，一些私营个体经营者也慷慨解囊，援助一些需要帮助的困难者。2000年后，镇机关、企事业单位工作人员踊跃参加“慈善一日捐”活动，民营企业、退休人员乐于捐资助学的逐年增多。至2012年，每年捐资约10万元，资助困难学生约20多人。

图28-5 纵横机械厂向镇福利院捐款（摄于2011年）

三、文明村镇创建

1982年，新城、龙河公社按照“领导班子好、社会风尚好、计划生育好、文体活动好和促进生产好”等标准开展文明村、镇创建活动。1985年，龙河乡凌西村首次被命名为县级文明村。1987年2月，新华村、新北村首次被命名为市级双文明村。1997年，扬州市确定新城镇及林果村为创建文明镇村示范点。按照“经济不断扩大，思想教育成效显著，镇容村貌整洁优美，社会治安秩序良好，科教文卫稳步发展、领导班子坚强有力”的创建标准，扎实推进省和扬州市级文明镇村的创建活动。1999年12月，新城镇和林果村分获扬州市首批“文明镇、村”称号，2000年，被评为江苏省创建文明镇村先进镇、村，2006年又被命名为省文明镇、文明村。2008年，郁桥村被省文明委评为创建文明村工作先进村。2012年，镇政府及林果村、新城建设工程有限公司、新城国土所、新城工商分局分获扬州市“文明镇”“文明村”“文明单位”和“文明行业”称号。

第二节　风　俗

一、农业生产和行业习俗

农业生产习俗　新城历来以农耕为主。农民供奉土地神，祈求赐福免灾，五谷丰登，六畜兴旺，在生产活动中逐渐形成多种习俗，世代相传。解放后，随着农业生产科学技术推广和农业基础设施逐步完善，祭天求神活动不禁而止，唯“了秧酒”习俗延续至今。

看串星　新城地区农村，旧时流行正月初七八“看串星”，根据月牙周围七星预测年成，有“上角仓仓满，下角水连天，对口刀兵动，背后是荒年”的说法。

炸蚂虫　正月十五夜，用芝麻秸和鞭炮扎在一起，在田间烧炸，称“炸蚂虫”，祈求庄稼不遭虫害。

开秧门　每年首次栽秧，田主备酒菜招待雇工，在稻秧田里鸣放爆竹，叫“开秧门”，栽秧结束时办“了秧酒”。收获庄稼前，在打谷场焚香祭拜场神，祈求“打场盛”。

青苗会　举办青苗会，祭拜神灵，保佑五谷丰登。如遇旱灾，搭台打醮，祭天求雨。

打　春　清道光年间，新城郁桥建有先农坛。每当仲春之时，知县率众官员前来祭祀，知县打牛开犁，寓意全年农耕开始，俗称“打春”。

行业习俗　旧时，各个行业有自己信奉的神。建筑业是鲁班，理发业是罗祖，屠宰业是张飞等，赵公元帅则是各行各业共同的财神，每月初一、十五都要点烛焚香祭供。一些行业还有自己的暗语，如一、二、三、四、五、六、七、八、九、十，粮行读作齐、必、飞、盘、根、雍、草、木、羊、非。饮食行业把鸡叫做报晓，鸭叫做扁嘴，鱼称为划水，筷子叫篙子。商店、作坊都有拜师学艺的习俗，学徒进店要举行拜师仪式，拜业师，拜业神，办晋师酒，还要纳晋师礼，一般要学3年。满师办“谢师酒”后，才能独立“站店”做师傅。解放后，各行业中的迷信活动均被革除，对学徒工的待遇亦有所改善。近年来，有些工商户兴起供奉关公神像，喻保平安。

二、生活习俗

饮 食 新城地区历来以稻米为主食，兼食麦面、山芋、豆类等杂粮。解放前，贫苦农民节衣缩食，只在农忙时吃干饭，平时用大米掺以麦仁、豆类、南瓜、山芋、蔬菜等煮成菜饭、稀粥或烂面条果腹。集镇居民一般一日三餐，一干两稀，农村农民在青黄不接或农闲时一般一天两餐，夏秋两季农忙时，一日三餐均吃干饭。富裕农户还增加"中顿"（上午10时许加餐小吃或点心）和"晚茶"（下午4时许加餐点心）。平时菜肴，农家多食自家种的蔬菜，只有在过节或来客人时才杀鸡、买肉。富家则追求时鲜，刀鱼、鲥鱼上市必先上富家餐桌。新城地区菜肴烹调属维扬风味，清淡偏甜，腴而不腻。沿江一带喜爱水产，北部丘陵山区有野鸡、野兔、獾子等野味。农村有腌冬菜的习惯，腌制大棵菜、雪里蕻、萝卜干等，富裕人家腌肉、鱼、鸡、鹅。

解放后，人民生活逐步改善，除60年代三年经济困难时期外，正常年景一日三餐均以大米为主，杂粮逐步减少。特别是80年代以后，人们饮食由吃饱转向吃好，讲究吃得精美和有营养。城镇家庭早餐有的吃面条、包子、烧卖，有的吃牛奶、豆浆、鸡蛋辅以杂粮，偏远农村多吃稀饭、咸菜。有的晚餐还吃稀饭或面条。荤菜除传统的猪肉、鸡鸭鹅、鱼虾外，增加牛羊肉以及海产品等，品种繁多，种类齐全。蔬菜除本地品种外，外来品种如菌类、西芹、兰花菜等逐年增加，即使在冬季也能吃到新鲜茄子、黄瓜、辣椒等反季节蔬菜。餐饮业除当地"土菜"外，四川火锅、沙县小吃、快餐汉堡、炸鸡腿、烧烤、煲汤等粤菜、川菜先后进入新城市场，受到年轻人的追崇。各式糕点、饼干、饮品琳琅满目，供城乡居民选购。以前饮茶的人很少，如今很多人已养成饮茶习惯。可口可乐、雪碧、冰红茶、奶茶、各式果汁饮料基本成为人们日常生活中的饮品。酒的消费档次也越来越高，喜庆宴席一般用150~200元1瓶的中档酒，高档宴席也有用500元以上1瓶的名酒。2000年后，葡萄酒、外国洋酒成为富裕家庭饮用酒，但在农村仍以中低档酒为主。

服装鞋帽 清末，男着装多为大襟长衫、长袍，摺腰大筒裤，外罩马褂，头戴瓜皮帽、脚穿布鞋、布袜。妇女为大襟褂子、大腰裤，绣花布鞋。士绅富户穿绸裘，富贵女衣着旗袍。农民多穿手工纺织的土布缝制的短襟对衫、大腰裤。贫苦人多衣着不周，破不蔽体，冬着毛窝子，雨着钉鞋或赤脚。民国时期，街道、学校开始有人着中山装，女人着花布镶边襟衫。男人戴礼帽，老年人戴罗宋帽，妇女扎头巾，亦有雨天着胶鞋雨靴的。解放后，干部、教师、学生穿灰色蓝色布制中山装或列宁装，戴工人帽或解放军式样帽，穿布鞋或者胶底鞋，农民仍着中式褂裤。60年代，青年男女一般穿西式衣裤，衣料用卡其布、花布。"文化大革命"期间，男女青年都喜穿黄军装。肩挎黄军包，头戴黄军帽视为"革命"和时尚。绸裘装不敢穿，服装颜色多为黄色、灰色和蓝色，脚穿黄球鞋。70年代初，时行的确良和涤咔布料，但价格较高。后来涤纶、化纤布和混纺布增多，价格便宜，逐渐取代纯棉布，但到2000年后，复又采用纯棉布。80年代以后，服装不断翻新，款式渐多。男性的春秋服装基本完成从中山装、青年装、解放装到西装、休闲装、夹克的更新换代，裤子主要是西装裤、休闲裤和牛仔裤。80年代中期还时兴花呢长短大衣、皮革服装及风衣，后期开始流行有内胆羽绒服、腈纶棉防寒服和滑雪衫。此时裤子变化较大，花式很多，有马裤、港裤、直筒裤、西装短裤、灯笼裤、太子裤、沙滩裤等。男性夏天服装仍以衬衫、短袖衫为主。90年代开始出现多种款式的羽绒服和中空棉为内胆的保暖服，并逐步流行T恤衫，但不少中老年人仍穿圆领衫和背心。女性服装几乎年年流行新款式，从起初的幸子衫、束腰服到后来的娃娃衫、太婆衫、蝙蝠衫、吊带衫、牛仔衫，花样不断翻新。女裤亦紧随其变，80年代崇尚的紧身裤、踩脚裤、连袜裤、直筒裤到90年代又转变为宽松型的裙裤、宽脚裤、高腰裤，以后又发展为萝卜裤等。其间女裙更是五花八门，有百褶裙、西装裙、喇叭裙、皮裙、呢裙、背心裙、短褶裙、婚纱裙、工装裙、一步裙、套装裙、超短裙、迷你裙、牛仔裙、长筒裙等。男女都穿的绒线编织衣衫，起初以腈纶线、“开司米”编织各式开衫、套衫、背心，后随着羊毛衫的兴起而淘汰，羊毛衫由起初内穿，逐步时装化改为外穿。老年人仍是毛线衣，羊毛衫混合穿。鞋帽变化最大反映在鞋子上，80年代布鞋，棉布鞋和力士鞋、球鞋、胶鞋逐步被皮鞋、棉皮鞋、皮凉鞋、人造革鞋、旅游鞋、运动鞋、拖鞋取代。帽子由80年代戴呢帽、鸭舌帽到90年代时兴戴遮阳帽、旅游帽，冬季戴毛线帽、皮帽。袜子由尼龙袜、涤纶袜过渡到丝袜、涤棉混纺袜，最后到纯棉袜。

2000年后，男女服装趋向时装化、高档化、夏季以轻薄、凉爽、时尚型为主。冬季以保暖、轻质、时装化为主。鞋类以四季功能分类，更适用、更轻便，帽子变化不大，有的衣帽相连，方便耐用。

发式妆饰　旧时，未婚女子梳长辫，扎红头绳，已婚的挽髻。男子剃平头或西装头。妇女首饰有发钗、发簪、凤蝶、木梳、花夹、耳环、手镯、戒指。婴儿套戴项圈、长命锁，帽绊“长命富贵”等字样或龙凤吉祥图案。饰品质地分金、银、铜、玉等，因城乡贫富殊异。解放前，新城、龙河地区金银首饰一般家庭都有。解放后，戴金银首饰者仍不少见。“文化大革命”期间一度将金银首饰视为“四旧”。80年代起，女青年开始带胸花、别花，少数人戴金戒指、金耳环、金项链，讲究烫发、染发、化妆，男青年流行“飞机头”“大包头”，少数青年时尚长发披肩。2000年后，男女都讲究个性化发型和护肤，有的女性更追求美容、美甲，佩玉、戴钻戒、手链、脚链，一身珠光宝气。

居　住　解放前，村落零散。圩区房屋多择高地、河岸而建，山区则选缓坡傍水地，均坐北朝南，土墙草盖，一般是三间两厢、五架梁、丈六进深，通常中间为堂屋，两侧是卧室，右厢作灶间，左厢有的人家作猪圈、茅坑或堆放杂物。“明灶暗室”卧室前后不开窗，屋内光线幽暗，利于收藏钱物。贫困户多居两间，草房低矮，右室作卧室，左室为堂屋，锅灶砌在左前檐披房内。集镇富户或农村地主居住的是砖木结构的瓦房，青砖小瓦，砖望地板，东西山墙砌为封火山墙，与邻家隔断。解放后的10多年中，城镇和农村住房状况基本没有多大变化，进入80年代后，农村兴起建房热，草房、瓦房都翻建成大瓦房或楼房，草房基本绝迹。楼房朝南有走廊、晒台，外墙用水泥钩缝。90年代以后，新建楼房都为多层点式楼，用预制钢筋水泥横梁，楼板用多孔预制板或整体现浇，砖墙外贴釉面砖或马赛克，门窗由木门，钢窗发展为铝合金或塑钢门窗，窗外都安纱窗，且由塑料纱改为钢丝纱。室内装潢大多讲究客厅铺大理石或者镜面地砖，卧室铺强化地板或实木地板。农村楼房外另砌厨房、厕所和猪圈。2000年起，兴建农民集中居住区，新建房一般水电、电话、电视管线入户，三室二厅一厨一卫格局，室内装饰更加考究，除卫生间外全铺地板、大玻璃窗、餐厅、客厅分设、厨房、卫生间亦分设，居住更加舒适、宽敞明亮。2006年后，搬迁安置户增多，除近点安置住房外，还有人进城购买商品房。农村危旧房逐渐消失，居住条件大为改善。

农村视建房为大事仍保留着传统习俗。建房前要请风水先生看地基，看门向，择破土和上梁日期，上梁时燃放鞭炮，正梁披红，中柱多贴吉祥联楹，瓦木匠上梁时散发糖果、糕点、招人哄抢、以示庆贺。主家当日要办“上梁酒”，招待工匠和亲朋好友。新房落成后，还要办“了工酒”。解放后，建房习俗从简，至60年代，新建房屋多由主家自行定向，选农历双日开工、上梁，梁木横幅、柱木楹联一般写“万事如意”“架正梁福星高照，竖中柱千秋万代”。80年代后，砌楼房盖人字顶，仍用房梁，上梁程序如同平房上梁。新房建成后择吉日“进宅”，先“热锅”，再办“进宅酒”，亲朋好友前来道贺乔迁之喜，礼金以往几十元，90年代要100~200元。2000年后，随着农民集中居住区和搬迁安置小区建成，入住现房就没有“上梁酒”，但“进宅酒”仍要办，一般是在装修新房后择日操办，大多改在饭店集中办酒，请司仪主持乔迁酒宴，前来祝贺礼金上升至200~500元，至亲好友数额更多。

用 具 解放前，家具多为木质，富户堂屋有条桌、八仙桌、太师椅、方凳，房内有架子床、梳妆台、衣箱、衣橱等，有的床架雕花，床上有搁板、帐顶板、床侧有小柜。一般人家堂屋置福柜、大桌，卧室有架子床和箱柜，贫困人家的床用土基砌成床腿，上搁板，铺上芦席和稻草，除瓦盆泥罐外很少有家具。多数家庭砌砖灶或土灶，锅铲、勺等炊具均为铁制，少数铜制，用植物油点灯照明。解放后，农村人民生活逐步改善，一般人家在建新房或结婚时添置一些新家具用具，并不断更新换代。至80年代，西式高低床、五斗橱、装饰橱、书橱、床头柜、沙发等新式家具相继进入农民家庭。90年代，购置电风扇、电视机、录音机、洗衣机等家用电器的农户也日益增多。集镇居民大都使用煤球炉、部分使用液化气灶，铝制炊具逐渐普及，农村普遍使用电灯照明、有吊灯、壁灯和台灯。家具大多不再自制，而是按新房布局和实际需要到商店购买或订做。2000年后，大多数家庭购买成套家具、实木家具或者钢木家具，沙发有布艺、皮革或者靠背舒适型高档沙发。厨房卫生间用具更新更快。农村基本不用柴烧锅灶或煤球炉，而改用液化气灶或使用电器炊具如电饭锅、电水壶、压力锅、排油烟机。洗衣机从单缸、双缸转变为全自动的。卫生间装有坐便器、淋浴器、台式洗脸盆等。普遍使用太阳能热水器，有的还安装电热水器、燃气热水器。冬天还使用浴霸在家中洗澡。除此，家用电器中还有电话机、电视机、空调以及电取暖器、电按摩器等。2005年以后，手机、电脑逐步普及。家庭床上用品更新亦很快，80年代前，大多人家被子用被面、被胎、被里缝合。冬天铺稻草，夏天挂蚊帐。90年代以后，逐步改用套被，被胎棉花为中空棉、鸭绒等轻柔保暖性能好的材质取代。冬天铺垫棉花被，泡沫床垫或席梦思，加盖毛毯等，夏天多用驱蚊器，而不挂蚊帐。2000年后，床上用品时兴被套、床单、枕套和床罩（简称“四件套”），冬夏使用空调，卧室更显舒适、整洁。

出 行 旧时，离家远行，必选“黄道吉日”。一般民众出行多为步行，富裕户外出骑驴、骑马或坐人力车、轿子。解放后，交通状况逐年改善，人力车、牲口等代步工具被淘汰，人们出门办事、走亲访友，或乘公共汽车或坐拖拉机或骑自行车。80年代起，骑摩托车者渐多。1999年，新城开通城市公交车，乘坐人渐多。2000年后乘坐出租车的增多。2010年后，电动自行车、私家车和公交车增多，人们出行方式多样化，更加便捷。

三、岁时习俗

春　节　是民间最隆重的传统节日。农历正月初一，俗称过大年，又称过年。晨起，主人开门放爆竹，点烛焚香，敬天地、拜祖宗，接着到土地庙烧香敬"土地爷"。随后，晚辈向长辈拜年，然后全家人吃面条、汤圆、糕、馒，意为长寿团圆、一年比一年好。初一，邻里串门拜年，互道"恭喜""发财"，并以烟茶糕点等热情相待。初二起，亲友之间相互拜年，向长辈拜年要叩头，平辈相互作揖，一般都留客人吃新年饭，最后一道菜必是鱼，但照例不吃，以示主人祝福"年年有余（鱼）"。正月里，乞丐较多，一般人家给铜元或糕馒，还有5~6人组成的名叫"玩麒麟"的集体讨要，扛着纸扎的麒麟，挨村逐户敲锣打鼓，唱着小调，说着吉利话，讨要钱币和年糕馒。拜年活动一直持续到正月十五。正月初五叫过小年，传说这天是财神爷的生日，凌晨，家家开门烧香，放鞭炮，抢早去挑水，谓之抢财水。商店开门纳客，富户相互请吃春卮酒，店主宴伙计。是日，新媳妇回娘家拜年，当晚必归叫"正月不空房"。解放后，春节为法定假日，放假3天，拜年、宴请等习俗仍保留至今，敬土地爷、祀财神等迷信活动逐渐消失。初一这天，企业单位相互团拜，互致"新年"问候，青年人则给烈军属、"五保"老人拜年，相沿成习，同时组织丰富多彩的群众娱乐活动，舞龙灯、玩花船、跑驴舞、演小戏等形式多样，呈现一派节日喜庆气氛。90年代起，外出务工人员，亲朋好友之间开始使用电话、短信拜年。

元宵节　农历正月十五，元宵节，又称灯节。十三上灯，十五正灯，十八落灯，持续6天。清代，家家门前挂灯笼，富户挂八角宫灯，门前挂走马灯，乡村农民拥向集镇、街道看灯、赏灯、买灯。有艺人上街献技表演要龙灯、舞狮子、踩高跷、荡湖船，此起彼伏，热闹非凡。此外，尚有"上灯圆子落灯面"的习俗，十三炒元宵，十五包汤圆，十八吃完面条后，意味着年事结束，工农商学均恢复正常劳动、学业。民国后，灯会时有时无，规模较小。解放后，元宵节吃汤圆，看灯买灯习俗仍保留至今。90年代，纸扎灯改为塑料灯，有声光的彩灯，汤圆改手工制作为超市购买。除市区举办过几次灯会外，乡村已无灯会和娱乐活动，元宵节气氛逐渐淡化。

二月二　农历二月初二，俗称"年把子"。新城有"二月二，接女儿"说法。这一天，家家接女儿回家来吃顿饭。娘家还要给新婚女儿送灯，大小花灯或宫灯各一对，谓之"子孙灯"，祝福子孙绵延。还有"二月二，龙抬头"之说，传说这天"龙"开始活动，男人当日须剃头，意为轻装上阵，祈盼"风调雨顺"。族人修缮土地庙，家家要到土地庙上香，祈望保平安、五谷丰登。至今，接女儿回家吃饭的习俗仍存在。

清明节　往昔，清明前后三天，家家做"羹饭"，去坟地扫墓祭祖。若是新坟须"不过限"，在"惊蛰"前"上坟"。坟头复新土，悬五色纸，烧纸钱，放鞭炮。同时，各家中午还在家中备饭菜摆供、烧纸化钱、祭祀祖先。户户门前插柳条，祈求青春常在。清明这天一般不洗不晒衣被，据说这一天要让亡人洗晒衣服。解放后，扫墓仍然承袭，机关学校组织人员祭扫烈士墓。2008年，国务院规定清明节休假一天，人们除扫墓外还结伴踏青游春，也有家族趁此聚会商议重续家谱之事。

端午节 农历五月初五，又称端阳节。早上，家家吃粽子、绿豆糕，门前插菖蒲、艾蒿，贴神符，屋内悬挂钟馗像，驱魅镇邪。孩童穿虎头鞋、戴老虎兜，脖挂五色丝络，腕系五彩绳。中午、老少均不外出，叫“躲午”，并聚饮雄黄酒，吃“五红”（咸鸭蛋、虾、黄鳝、咸火腿和苋菜）菜。清末民初，新城这天上午还举行龙舟竞渡，围观者数千人。现今仍保留端午节吃粽子、备“五红”菜、插艾蒿之习俗。

中元节 农历七月十五，俗称“七月半”，民间叫“鬼节”。这一天，农村家家中午前祭拜祖宗，有“早清明、晚大冬、七月半等不到中”之说，还有人晚上到外面、路边烧纸给“孤魂野鬼”。解放后，此习俗仍存。

中秋节 农历八月十五，俗称“八月节”，又称团圆节。家家吃团圆酒、吃月饼。夜间，圆月当空，家家设香案于庭院或场头，供月饼、藕、菱、柿、石榴等，焚斗香祭月，祀后分食供品，团坐赏月，叫“圆月”。经常外出的人祀月时尤为虔诚，有“在家不祀月，出门遭雨雪”的说法。解放后，月饼成为馈赠亲友的必备礼品。农村还有用糯米面或小麦面包糖、菜馅烧饼的习惯。

重阳节 农历九月初九，又称重九节。旧有登高、赏菊、插茱萸、吃重阳糕之俗。这一天，店家宴请伙计吃重阳酒，开始夜作，赶制年货。解放后，此节逐渐淡化，1989年起，国家把重阳节定为老人节，开展各种尊老敬老活动。

冬 至 新城人极重冬至，称作“大冬”，有“大冬大似年”之说。这天要拜祭祖宗，家人团聚。富户邀请亲友饮酒作乐，店主请伙计吃“冬至酒”，布置清收债务，并宣布解雇人员。穷苦人视冬至为一大难关。

腊 八 腊月初八，为释迦牟尼成道日。是日，各寺庙煮粥供佛，并分送施主结缘，称“腊八粥”。后民间效仿，每年这天，用栗子、白果、莲子、枣、花生、黄豆等8样煮粥，贫苦人家则用豇豆、蚕豆、胡萝卜、青菜等。黎明前即煮成，先祭祖宗灶神，然后全家分食，说是可祛病延年。吃“腊八粥”习俗至今尚存。

送 灶 旧时，新城送灶为“军三民四”，意为祖上是军户的为腊月二十三日送灶，民户为二十四日。民间认为灶神掌管一家祸福，送灶日晚，灶台供米饭、糕点、白果、花生等，点烛焚香送灶神上天，求其“上天奏好事”。至除夕年夜饭前，再次祭拜取下供品，接灶神回家，求其“下界保平安”。送灶后春节将近，家家开始置办年货。至今农村还尚存送接灶神的习俗。

除 夕 腊月最后一天称除夕，或叫“大年三十”，是春节的组成部分。除夕前数日，家家杀猪、磨豆腐、蒸糕、馒头，户户“掸尘”，洒扫庭院，清洗被褥，洗澡理发，俗话说“有钱没钱，干干净净过年”。门庭贴春联，门头贴挂禄。晚间，点烛焚香、祀天地、放爆竹，然后，阖家团聚，饮守岁酒、吃年夜饭，菜肴丰盛。一般家庭必有鱼、肉圆、豌豆苗等，烧鱼寓意年年有余，炒豌豆苗象征安安稳稳。饭后，主人用写着“开门大发”或“恭喜发财”的红纸条封贴前后门，谓之“封财门”。全家老小围着火盆团坐在堂屋“守岁”。长辈用红纸包钱放在孩子枕头下，叫压岁钱。解放后，多数人家保留掸尘、贴春联、吃年夜饭、给孩子压岁钱等习俗。80年代后，全家人同看中央电视台春节联欢晚会，成为除夕守岁新年俗。当新年钟声敲响后，家家燃放爆竹，打电话，发短信，相互祝贺新年到来。

此外，解放后还新增五一国际劳动节和十一国庆节等新的岁时习俗。90年代起，人们利用节假日外出旅游、休闲娱乐。2005年后，有些节日期间公路免收过路费，更助长旅游消费、休闲度假之风。

四、礼仪习俗

社会交往　新城人注重礼尚往来，见长辈要鞠躬，叫称呼，见熟人相互拱手问候，点头示意。解放后，改为握手，皆面带微笑，招呼“早”“您好”等语句。吃饭时招呼“您吃过没有”，见到干部，以官职相称，以示尊重。走亲访友一般为老人小孩带些茶食礼物，雨天将雨具搁置门外。到别人家去不擅自入门，如门开着，先问“有人在家吗”？如门关着，必先敲门，待主人应允后再进门。进门后不东张西望，不擅入卧室，不随便搬弄东西，言谈举止恭敬大方。家中来客，主人出门相迎，让客人进家让座，敬烟敬茶。客人在家，主人不随便离开，不打骂孩子，不看钟表，不吐唾沫，不扫地，客人出门时不能泼水。留客吃饭，必以酒菜款待，邀尊长首席就座，劝酒夹菜，常说“酒不好”“菜不合口味”。客人离开时，先热情挽留，再起身相送，分别时说“慢走”“常来”。同伴进门或出门，要先长后幼，先宾后主；路上行走或过桥时，少让老，男让女，健康人让残疾人，行人让车辆；上船乘车，给老人、孕妇、残疾人让座。农家杀猪，邀邻居亲友吃“杀猪饭”。邑人喜结“干亲”，一家人认另一家人的儿子或者女儿做干儿子或干女儿，大人互称“干亲家”，相互按至亲往来。俗话说“干亲，干亲，全靠篮拎”，如不常走动，干亲就不热乎。新婚后的第一个夏天，女方家长要送给女儿女婿夏装各一身，扇子、凉帽、粽子、咸鸭蛋等，谓之“送夏”。农村建新房上梁和进宅时，岳父家一般送红绸缎被面、爆竹和中堂匾额，亲友送礼金，主家办酒请客。看望病人宜择上午，携带保健品、水果、慰问金等。90年代后，青年人参军入伍，学子考上大学，盛行办酒请客，送礼祝贺。

婚姻嫁娶　旧时，女子结婚称“出嫁”，男子结婚称“娶老婆”，其礼俗沿袭古制。订婚又称“订亲”，男女双方父母，认为门当户对，在孩提之时便包办订婚，甚至“指腹为婚”“娃娃定亲”，然后请人做媒。一般由男方家请媒人到女方家提亲，如女方同意，则将女儿生辰八字用红纸写成“年庚帖”由媒人带给男家。经算命先生“合婚”，若属相“相克”，如“龙配虎，一辈苦”“马配马，如刀剐”等作罢。若属相相宜，如“马配猴，不用愁”“猪狗同盆而食”等则合婚。然后，男女家长相互见面“相亲”，如双方满意，男方即遣媒议聘，择吉日，将聘金、首饰、衣料和鸡、鱼、肉、酒、果品、糕点、茶叶等礼品，由媒人送至女方家。富裕人家是四捧四抬四挑，鼓乐相随。穷人家仅一提一挑。到结婚年龄后，由男方家确定迎娶日期后，由媒人携带礼物至女方家告知，一般女方家都会认可合适。接着，发奁即发嫁妆。结婚前一日，媒人带领男方家人将女方家陪嫁的嫁妆接回来，由婆母“抄箱点妆”，布置新房。富户陪嫁有橱箱桌櫃、四时服装、被褥8床及化妆品。穷人家很少发奁，但马桶、脚盆必备。民间有“争彩礼、不争嫁妆”

之说。结婚前一天晚，男方家办“暖房酒”，请“全福太太”（夫妻双全、子孙满堂的妇女）为新人铺床，床上放红枣、花生、桂圆、糖等，意为团团圆圆、甜甜蜜蜜、早生贵子。夜晚，有一童男陪新郎就寝叫“压床”。女方婚前三日内禁吃烟火食，只以干果充饥，叫“饿嫁”。最后一天还禁饮水，禁忌“出门”大小便。上轿前，用粉线绞去脸上汗毛，称“开脸”。将长辫盘成髻，自此已由姑娘称谓妇女。经梳妆打扮，新娘穿上男方家置办的红嫁衣，头顶红盖头，凌晨，由挽亲太太请出闺房，舅父或哥哥抱上轿，意为脚上不沾一点土，不把娘家的财气带到婆家，此时父母及新娘皆哭泣，称“哭嫁”。新娘出大门，女方家派姑姨表姐妹相送，叫“送亲”，男方家派姑娘（伴娘）迎接，双方人数须相等。新娘坐入花轿后，即鸣锣开道，新郎披红戴花骑马迎娶。花轿入门，男方家鸣炮奏乐，点燃花烛，新郎新娘依次拜天地、拜高堂（父母），然后新人对拜，礼毕，双双入洞房。新郎揭掉红盖头，同饮交杯酒，双坐床沿，称“坐富贵”。是夜，男女老少涌入新房祝贺逗乐取闹，称闹新房“三天无大小”，说是“越闹越发”。当日设中面、晚酒盛宴招待宾客。婚后次日，新娘的伯、叔、舅、姑父母和兄弟姐妹在媒人陪同下到男方“会亲”，男方家亦以对等亲属出场，放鞭炮迎接，并由媒人逐一介绍，奉茶设酒宴款待。婚后第三天，叫“回门”，新婚夫妇携礼偕行，回娘家拜见父母，午后双双返回，日落前到家，忌在女方家过宿。

解放后，禁止纳妾、童养媳、买卖婚姻，提倡婚姻自主、自由恋爱、婚事新办。50年代，党团员、干部带头移风易俗，不拜堂、不办酒、不收礼。70年代后，婚期多选在“五一”“七一”“十一”或春节假日。80年代彩礼要“三转一响”（手表、自行车、缝纫机和收音机）。90年代要“三金”（金项链、金耳环、金戒指），还要“过大礼”即礼金（数额6000元至1万元不等）。2000年后，女方不仅要礼金，还要彩电、冰箱、洗衣机，有的还要房子、小轿车。结婚酒宴男女双方合办，有的在家请厨师，搭喜棚办酒宴，多数人家到酒店办婚宴，举行新婚仪式。婚前时兴拍婚纱照，花车迎娶新娘，摄像师拍摄婚礼全过程，成为新的婚俗，但还保留着“压床”“闹新房”“回门”等传统习俗。

生 育 旧时，孕妇临产前，娘家须送红糖、鸡蛋、草纸、馓子等，有的还送婴儿衣服、抱被、尿布“催生”。婴儿出生后，男方家备红鸡蛋（生男单数，生女双数）到岳父母家及亲友家报喜，并带回一块土基坯（喻小孩长得墩实）、白菜（喻小孩嫩白）、万年青（喻小孩长寿）。出生后第三天，叫“洗三”，要为婴儿洗澡、穿衣、开奶，家主人焚香供神，祀求母婴平安。产妇从生产之日起一个月内叫“红人”，禁忌串门，只能在卧室内休息，叫“坐月子”。在“月子”里，亲友备猪肉、京果粉、红糖等营养品送“月菜”，也有长辈及近亲馈赠婴儿长命锁、手镯、脚镯等饰品。现今习俗从简，盛行办满月酒，亲友送礼金或礼品。

生日寿辰 婴儿出生100天，称之“百露”，亲友上门庆贺、赠百岁锁、手镯等，祝愿孩子长命百岁。周岁时，俗称“抓周”，需办酒席，宴请亲友。此后，每10年一庆。过生日一般以虚岁计算。有“男不做三（十）、女不做四（十）”之说。花甲以上老人，多提前一年过寿，叫“做九”。庆寿礼仪历来隆重。寿辰前一日下午亲友子女赠送贺礼，当天晚上，为寿星办酒“暖寿”。主食为面条叫“寿面”，席间闹酒闹面称“闹寿”。席后，寿星接受子孙晚辈“拜寿”。现今寿庆一般由家人或晚辈购买生日蛋糕、衣服、寿面等。高龄老人过寿，堂屋挂寿轴，摆寿馒、寿桃，点寿烛、燃寿香，讲究中面晚酒宴请客人。90年代起，寿酒多改在酒店举办，农村还有在家请厨师办的，亲友送礼金、保健品，家人回馈蛋糕、寿面。80岁、90岁老人过寿还要赠送寿碗。女青年20岁生日，家人要为其办最后一个娘家生日酒席，宴请叔伯姑舅等亲戚。

丧　葬　旧时，新城地区乡民重丧礼，木棺土葬，其礼仪繁杂，迷信色彩浓重，大致须经历五个阶段26道程序。

送终守夜　（1）搁铺。死者弥留之际，即在堂屋西侧设置灵铺，并将人移置灵铺上。（2）穿寿衣。寿衣即为死者缝制的服饰，也称“老衣”，寿衣优劣依贫富及死者的身份而定，一般为“三腰五领”（腰为裤，领为衣），女性还要系围裙、戴头饰，死者均穿软底布鞋。（3）送终。死者气绝前所有家属子女应守候在旁，气绝后，全部下跪，给死者左手套上“打狗饼”，右手拿“子孙袜”，在足前置“引路灯”和“倒头饭”，门口烧“引路钱”。（4）设灵堂。在正堂屋披白挂黑，家人换穿素服，女人扎白头巾。（5）制作棺柩。一般都是事前制作好的，此时拿出来清理待用。（6）坐夜报更。灵铺前须有人守灵，夜间报五更（又叫哭更，即自一更天开始，每到一更哭一次）。（7）诵经赎罪。请僧人做法事，放“挺尸焰口”。

报丧请丧主　（1）报丧。孝子去亲友家门口下跪（忌进门），哭告丧讯，请其参加关殓。（2）请丧主。死者如为男性，丧主由其兄弟的长者担任，女性则为娘家兄弟的长者。孝子向其行大礼，哀求主持丧事，丧主接受后即去给死者盖“蒙脸纸”。（3）丧主派人用黄纸封土地庙门，然后主持丧事。

治丧戴孝　（1）奏哀乐。由女儿请来的吹鼓手奏哀乐。（2）制作孝布。缝制各种规格的孝布、腰带和孝帽。（3）破孝。由丧主主持发孝布，孝布按辈分有长有短，并发给亲友。（4）戴孝。父母死亡，儿子戴麻布做的帽子，穿白衣长衫，称“披麻戴孝”；夫亡，妻全身穿白，布上扎麻；妻死，夫不戴孝，长辈不戴孝，儿女、子孙均戴重孝。（5）送饭。死者三天内灵魂由土地神看管，故送饭到土地庙给死者吃，送饭共进行3次。送时，孝子捧碗饭领先，其余晚辈随后。最后一顿饭在烧祭纸扎的轿马后，将饭碗摔碎。

入殓出殡　（1）入殓。入殓前，为死者揩身、整衣、整容，“闭龙口”，由抬重工将尸体装入棺内。（2）钉棺。封棺的主钉上裹着孝子的头发和红布，由孝子叩请丧主钉入，然后由抬重工敲打封棺。（3）起柩。在移动灵柩前哀乐长鸣，众亲属子女下跪哭哀，抬重工端上四样酒菜，孝子吹热气作送行祭供，如此反复三次，称“三叩九围”。然后。众人出门列队，丧主用茶叶、酒、米为灵柩开光，抬重工齐声吆喝“起动”，孝子趴门坎让灵柩从上方通过。灵柩抬出门，即清除灵堂。（4）出殡。长孙扛“招魂幡”前导，孝子执“哭丧棒”于后，诸亲友女眷戴孝号泣随从，沿途撒“买路钱”。灵柩出门后要“三起三落”，才能正式上路，出殡途中至亲好友可摆设“路祭”。（5）建造墓穴。一般事前请风水先生定穴位，再修建墓坑。（6）下葬。入葬前，孝子烧芝麻桔暖墓坑，兜土、头顶棺材入土，最后由抬重工掩土。孝子须带回一兜土放入米缸内。出殡队伍归来时不走原路，不能回望，进家时要跨火而过。

祭祀悼念　（1）回避。回避日由风水先生推定，这天家中不能生火做饭，晚上点长明灯，外出居住，次日日出后放鞭炮才能进门。（2）做七。人死后每七天为一个“七”，自头七至七七，逢七悼念。六七最隆重，请僧道念经，做道场，超度亡灵。其余“七”期，家人供饭菜祭祀。（3）百日道场。请僧道念经做道场，女死者还要做“破血池”，远房亲戚可脱孝。（4）周年脱孝。死者去世一周年时，家人均要脱孝。（5）整年祭祀。一般在清明期间上坟祭拜。

解放后，丧事习俗有较大改变。50年代，逐步用追悼会代替吊孝，用遗像代表丧主牌位，用黑纱、白花代替披麻戴孝，用花圈挽联代替焚香摆供。60年代中期，推行火葬，废除土葬，按旧俗操办丧事者渐少。80年代厚葬之风渐起，农村恢复戴孝，送葬时动用拖拉机、汽车，一路哀乐，散发纸钱、放爆竹，还要大摆酒席。2000年后，丧葬旧习不仅重新恢复，且有新发展，停尸灵铺改用冰棺，除吹奏哀乐外，还要搭台唱戏或文艺演出。办丧事请人帮忙，前后庄邻都来，前后三天，每天中午晚上少则10多桌，多则几十桌，还要备酒。高寿老人去世，吃过后连饭碗都带走，叫“讨寿”。前来吊唁者，过去送孝幛居多，现为送花圈或花篮，还要出礼金，少则100元、200元，多则800元、1000元。丧家回馈一包生活用品，内有毛巾、肥皂等，或送一壶色拉油。送葬队伍攀比讲排场，比阔气，有的轿车三四十辆，一路放鞭炮、撒纸钱。“六七”要办酒，还要请和尚做佛事，烧纸扎的祭品有楼房、别墅、彩电、冰箱、轿车，还有大学文凭、出国护照、房契、甚至还有“二奶”、保姆、宠物等，无奇不有。整个丧事要花费3万至5万元，有的多达10多万元，是一笔沉重负担。

五、陋 习

裹 足 民国时，仍有女子缠足，女孩从幼年五六岁起即以布条裹足，致足背弓起，足趾如笋尖，双足畸形，步行艰难。解放前夕渐少，解放后禁绝。

赌 博 旧时赌博盛行，种类有斗纸牌、打麻将、推牌九、掷骰子，都以钱币为赌注。农村中有“正月忙过年，二月忙赌钱”的说法，常有庄稼人“请局”抽头聚赌，有的典产卖田作赌本，甚至沦为抢劫犯、盗窃犯，俗话说“毁家的牌九，败家的麻将”。解放后，人民政府明令禁赌，赌博基本绝迹。近几年，赌博又悄然出现。

吸 毒 解放前，新城街道、龙河集设有烟馆3~4家，供吸食鸦片（大烟）、“白面”（海洛因）者吸食。民国36年（1947年），境内有吸毒者约200余人，开始多为殷商富户，后涉及平民百姓。吸毒成瘾者，意志消沉，骨瘦如柴，家财破产。解放后，人民政府严令禁绝。

迷 信 旧时，当地有巫婆“关亡”、神汉“下差”，说是鬼魂附身，与死者“对话”。另有算命、打卦、相面预测生人吉凶祸福，请阴阳先生寻宅基、墓地，请“七姑娘”驱灾治病等迷信习俗。解放后，提倡科学，破除迷信，这些习俗逐渐消亡。近年又在少数农村复萌。

六、民间禁忌

旧时，境内民间禁忌内容繁多，意在祈福避灾，有些禁忌往往伴有浓厚的迷信色彩。现今，有些禁忌逐渐转化或消亡，但仍有不少禁忌在民间流传。

正月初一，忌扫地、看病吃药、打破碗碟、向门外泼水，以避蚀财、犯病、晦气、灾凶。妇女忌用针启剪，避伤财神。

正月里，忌剃头，谓之“留头去尾”。

冬至日、立春日，忌掘地动土，避伤土地神，免遭灾祸。

端午节晌午，小孩忌出门，以避“毒午”。

岁末杀猪，忌杀第二刀，讨来年顺当。

祭祖时，忌家人碰撞桌凳，免对先人不恭。

吃饭时，忌用筷子敲碗碟，免触犯灶神。

农村建房，忌左邻高于右邻房屋，忌前后进异向砌房造屋。房前忌栽桑，屋后忌种楝，以避白虎星入室降灾。

打制家具，忌用桑、楝木材，民间有“桑树不登堂、楝树不打床”之说，以避灾祸。

店铺柜台，忌坐卧，避堵财路。

老人健在，儿女忌穿白鞋、戴白帽，避免不敬孝。

产妇未满月，忌串门和进祠堂庙宇，免污秽人家和亵渎神灵。

晾晒妇女内裤，忌悬挂行人道高处，以避晦气。

妇女，忌跨坐扁担、犁耙、水车、石磙等农具。

插秧时忌“秧把”抛至人身，以免晦气，庄稼不盛。

农户养猪，忌猪入别人家堂屋，以避贫穷。

第三节　宗　教

一、佛　教

东汉建安年间，广陵太守陈登在龙河陈公塘附近建龟淙寺（宋时改称禅慧寺），这是仪征地区有文字记载最早的佛寺。南北朝后，佛教渐兴，刘宋年间在新城旧江口建准提庵。宋时先后建有地藏寺、山光寺，元代建有观音庵，明代建有宝坊寺（原大楼村境内）、西方寺、接引庵（桃坞村境内）、龙河庵、慈慧庵，清时建有甘露寺、太平庵、翠竹庵、竹隐庵（今旧港）、延寿庵、草庵。民国初年，境内有文字记载修建的寺庙庵堂有20多座。民国年间，都天庙、三官庙等道观先后改行佛教。抗日战争时期，新城地区寺庙大多被毁或失修废圮，僧尼出走。至解放前夕，境内仅有僧尼20余人，佛教活动基本停止。

除僧尼外，境内还有居家信佛念经吃斋的人，俗称“斋公”“斋婆”，每逢寺庙举行佛事活动，他们身背“朝山进香”的黄布袋前往“朝圣”。

解放后，寺庙改做学校、粮库用房，有的被拆除，部分僧尼还俗转业。80年代初，宗教政策得到落实，有些僧尼开始恢复佛事活动。90年代后，重修三官庙，新建三茅庵。2012年，镇内有佛教寺庙2座，僧尼4人。

三官庙　位于马坝村三官组，始建于明永乐年间，清光绪年间重修，原为道教，供奉天地水三官、故名。民国年间改为佛教。解放后，庙宇曾被用作小学校舍，后渐废，仅存庙前1株银杏树。1999年，重修前殿。2007年，由当地僧尼润慧发起重修大殿3间，东西寮房、客堂7

间，大殿内供奉释迦牟尼、四大金刚。正月十五日为释迦牟尼生日，当日信徒聚集，周围百姓蜂拥而至，届时锣鼓喧天，舞龙舞狮登台表演，场面热闹。农历六月十九日、七月十五日、九月十五日为香会期，善男信女络绎不绝。

图28-6 三茅古寺（摄于2012年）

三茅庵 位于三茅村团结组，原为道观，始建于明末，传说句容茅山道观有兄弟三人北上传道，在三茅落脚后建观，取名“三茅观”后改名为三茅庵。起初规模较小，仅有三间房屋，供奉玉皇大帝。每逢大旱，乡民抬出玉帝像，搭台打醮、祭天求雨。“文化大革命”期间被毁。1998年，由当地信徒捐款重建房屋3间，改为佛教。供奉观世音、释迦牟尼、地藏王、西方三圣、弥勒佛等十二尊木身佛像。常住僧人昌悟1人。2010年，释慧昊法师任主持。2012年建成天王殿，又改名为三茅古寺。每年农历二月初一日、六月十九日，举行华严法会和佛事活动，香火旺盛，善男信女较多。

二、道 教

宋时，新城、龙河地区民众多信道教。嘉定年间在运河南岸建清元真君庙，俗名二郎神庙，宋真宗封其为清元妙道真君。明末衰落，民国时破败后拆除。汉唐时建通真万寿宫，又名通真观，位于卧虎闸南半里，元大德年间修复，重塑道祖太上老君，勒石以志。民国27年（1938年），庙内宝物遭日寇盗挖破坏，至解放前夕，仅存几间房屋，有道士2人、信徒10人，穿着和生活习俗与俗家人无异，以巫术、咒法等进行迷信活动，亦为死者做功德道场。

解放后，境内无职业道教人员，仅存的通真观于“文化大革命”期间拆除。

三、基督教

1990年，三将、砖桥、林果等村开始有基督教信徒聚会。随后，基督教逐步传播，以家庭聚会的方式开展活动。2004年，林果村北山基督教聚会点建立，有房屋五间，义工传道人员1人，参加聚会活动的有90多人。2006年，该聚会点被市宗教局批准登记。2012年，有北山基督教聚会点1处，有教徒80余人，另设三将建邺小区聚会分点1处，有信徒30多人。

四、神 祇

旧时，新城地区民众有许多信仰的神，如祈求风调雨顺祭供龙王爷，祈望发财致富祭供赵元帅，求子继嗣祭供观音菩萨，驱邪逐鬼祭供钟馗，驱除瘟疫祭供张、刘、赵、钟、史五神爷，砌房造屋祭供太岁殷元帅，祀免火灾祭供火神祝王爷，祈求六畜兴旺祭供马王爷、牛王爷等等。

解放后，反对迷信活动，神祭活动均废止。

第二十九章　方言　俗语

新城镇位于扬州和仪征之间。地方方言系北方方言中江淮官话洪巢片，其主要特点声母浊音清化，古全浊声母逢塞音、塞擦音平声读送气清音，仄声读不送气清音，疑母、影母混同，舒声韵母系统较华北官话更接近早期官话代表《中原音韵》音系。区别于其他官话地区的主要特点是保留古入声韵。新城镇方言n、l大部分不分，不分平舌和卷舌，北片较南片保留古音更完整，原因是北片丘陵地区交通不便，经济相对落后，南片地区紧邻高速公路，交通便捷，经济相对发达，受普通话影响较重，古入声有舒化趋势。为获取较认可的新城方言，新城镇分别在周营、郁桥村召集多名60岁以上老人，听取他们讲话及语音特征，整理出具有代表性的新城方言。

新城谚语、民谣、歇后语极富地方特色，在民间仍广泛使用。

第一节　语　音

一、声　母

新城方言声母18个，零声母在内。

p 吧被饱并　p‘ 趴皮票谱　m 妈米门木　f 分飞方风　t 第大端道　t‘ 他偷陶土

l 拉玲泥狼　ʦ 资张庄作　ʦ‘ 错查闯唱　s 丝沙森山　z 人惹软绕　ʨ 机讲见九

ʨ‘ 起邱群强　ɕ 溪小心夏　k 更公开挂　k‘ 卡康敲空　x 哈喊很鞋　ø 而恩赢以

二、韵　母

新城方言韵母共有39个。

ɿ 字资吃事　i 比皮泥理　u 补铺都姑　y 鱼句去许　iɪ 车姐蛇写　ɛ 呆该鞋挨

uɛ 踹帅怪歪　ɑ 把爬马傻　iɑ 爹家虾雅　uɑ 哇瓜花抓　ɔ 报炮到烧　iɔ 刁挑交妖

o 波多罗锅　ei 被陪梅费　uei 队推灰追　ɤɯ 斗周搜欧　iɤɯ 丢由就邱　ɛ̃ 班敢山

iɛ̃ 点间钱先　yɛ̃　元娟圈萱　õ 搬短奴官　ɑŋ 帮旁张汤　iɑŋ 养娘将想　uɑŋ 庄窗王框

ən 奔灯整很　in 兵丁经心　uen 春混孙困　yn 军群熏　oŋ 崩风董中　ioŋ 窘穷胸庸

æʔ 八发杂辣　iæʔ 鸭甲侠掐　uæʔ 挖刷滑刮　əʔ 德日吃格　ieʔ 别密迪急

yeʔ 律曲月薛　oʔ 白麦扑服　uoʔ 国阔活勿　yoʔ 欲育蓄

三、声 调

新城方言单字调有5个,不含轻声在内:

表29-1

调类	调型	调值	声调符号	例字
阴平	低降调	31	˧˩	波坡诗梯
阳平	中升调	24	˨˦	人成平情
上声	平调	33	˧	古体免晚
去声	升调	45	˦˥	是第替用
入声	短调	5	˥	说博麦读

新城方言阴平为低降调,调值为31,或21,本文记为31,阳平为中升调,调值为24,上声为平调,收尾略降,实际调值为43,本文记为33,去声为升调,调值记为45,入声短促,调值记为5,轻声调值为3。

四、语音特点

新城方言和普通话相比最大的语音特点是有入声,即有喉塞音[ʔ]一个入声韵尾;绝大多数人n、l不分,本文记作[l]。平舌、卷舌不分,卷舌音读如平舌,前鼻音与后鼻音不分,本文记为前鼻音。不分尖团,精组声母和见晓组声母在今细音前没有分别,读音相同,如精母字“津”和见母字“斤”,在新城方言里同音。阴平调值为31或21的低降调。老派新城人知三章三在咸山摄和假摄中保留[tɕ]、[tɕ‘]、[ɕ]的读法,如“遮”“缠”“扇”的声母分别为[tɕ]、[tɕ‘]、[ɕ];新派知组、章组咸山摄先天韵有被同化为寒山韵的趋势,如“展”“缠”“闪”读成“斩”“蚕”“散”,没有儿话韵。

图29-1 方言韵白表演 (摄于2011年)

第二节 词 汇

一、词汇特点

新城方言词汇与与普通话相比,有许多特殊的带有浓郁地方特点的词语,如称“太阳”为

"太阴",称"月亮"为"凉月子",称"叔叔"为"爷",称"外祖父"为"公公",称"外祖母"为"婆婆","被单"叫"单被","逃学"叫"赖学","草帽"叫"凉帽","草席"叫"暖席","回家"叫"走家","青蛙"叫"田鸡"。

新城方言里保存许多古语词,如"卯韭菜"的"卯",就是割、杀的意思。说人小气的"啬",称"去世"为"不在","小汪子""灰汪""脚汪子"里的"汪",表示污水坑等。

新城方言里还有不少合音词,如"的啊"合音为"[tiɑ˨˩]"等。

二、方言词汇选

收录经常使用的方言词汇,与普通话词语相同者不收。按词语个数排列。

方言词汇选录

表 29-2

新城话	语音	普通话	语义
整	tsən˧	挤压	用力绞去毛巾、衣物上的水分
哇	uɑ˨˩	鸬鹚	捕鱼的鱼鹰
卯	mɔ˨˩	母亲	妈妈
爷	iɪ˧˦	叔父	父亲的弟弟
摸	mo˨˩	慢	行动迟缓
赞	tsɛ̃˥	赞扬、赞许	用言语激发别人
作	tsuoʔ˥	糟蹋	(贬) 故意作为
骚	sɔ˧˦	故意卖弄	言语活跃且行为过分
挨	ɛ˧˦	呆板	不灵活
虚	ɕy˨˩	不实在	性子急躁
戽	xu˧	浇	泼水或浇水
啬	səʔ˥	小气,吝啬	①惜财 ②待人不大方
拽	tsuɛ˧˦	富裕	(贬) 摆富
拗	liɤɯ˥	任性	①不干脆 ②性格疲沓
熊	ɕioŋ˧˦	训斥	①批评 ②指责
拔	pæʔ˥	冷却	用冷水使热的东西冷却
川	ts'õ˨˩	借	临时向他人借钱急用
拓	t'uoʔ˥	两臂伸开的长度	两臂伸开的最大长度
拃	tsɑ˨˩	食指与大拇指张开之长	食指和大拇指张开的最大距离
今儿 / 今个	tɕin˨˩ ɑ˧ / tɕin kɤɯ˥	今天	今日

续表 29-2

新城话	语音	普通话	语义
昨个	tso˨˦ kɤɯ˧	昨天	昨日
斜个	tɕ‘iɪ˨˦ kɤɯ˧	前天	前天
梅个	mei˨˦ kɤɯ˧	明天	明日
后个	xɤɯ˥ kɤɯ̃˧	后天	后天
间才、才间	tɕiɛ̃˧˩ ts‘ɛ˨˦ / ts‘ɛ˨˦ tɕiɛ̃˧˩	刚才	刚刚一会
擦黑	ts‘əeʔ˩ xəʔ˩	天色刚黑	天色将晚
日天	ləʔ˩ t‘iɛ̃˧˩	白天	大白天
临了	lin˨˦ liɔ˧	最后	①最迟　②末了
年下	liɛ̃˨˦ ɕiɑ˥	春节前的一段时间	春节时期
好天	xɔ˧ t‘iɛ̃˧˩	晴天	晴朗天气
提冻	t‘i˨˦ toŋ˥	结冰	气温零下，水冰冻结冰
化冻	xuɑ˥ toŋ˥	解冻	气温上升，冰面融化
焐躁	u˥ tsɔ˥	闷热	天气闷热令人烦躁
出杠	ts‘uɔʔ˩ kɑŋ˥	雨后彩虹	雨后天空出现彩虹
住点	tsu˥ tiɛ̃˧	雨停	雨不下了
凉月	liɑŋ˨˦ yeʔ˩	月亮	月亮
太阴	t‘ɛ˥ in˧˩	太阳	太阳
扛风	k‘ɑŋ˨˦ foŋ˧˩	顶风	挡住风
塘灰	t‘ɑŋ˨˦ xuei˧˩	扬尘　灰尘	细末状尘土
垡子	fəeʔ˩ tsɛ˧	农田硬土块	较大的硬土块
垩田	iɑ˥ t‘iɛ̃˨˦	肥田	往田里施肥
牙花	iɑ˨˦ xuɑ˧˩	牙龈	牙根软组织
眊子	mɔ˧˩ tsɛ˧	近视眼	眼睛近视的人
考较	k‘ɔ˧ tɕiɔ˧˩	考究，讲究	要求标准高
惹脏	zɤɯ˧ tsɑŋ˧˩	衣物容易脏	衣物容易弄脏，如白色的衣服。
耐脏	lɛ˥ tsɑŋ˧˩	衣物不容易脏	不容易弄脏
早茶	tsɔ˧ ts‘ɑ˨˦	早点	早上吃的点心
晚茶	uɛ̃˧ ts‘ɑ˨˦	下午吃的点心	晚饭前的一顿便餐
零嘴	lin˨˦ tsuei˧	零食	随便吃的休闲食品
烫饭	t‘ɑŋ˥ fɛ̃˥	水烫饭	米饭加水煮成的饭

续表29-2

新城话	语音	普通话	语义
浇头	tɕiɔ˨˩ tʻɤɯ˦	盖浇在饭（面）上的菜	加在盛好的面条或米饭上面的菜
香油	ɕiɑŋ˨˩ iɤɯ˧˥	食油	泛指食用油
恶水	əʔ˥ suei˧	泔水	餐饮业废弃物
灌鼓	kõ˥ ku˧	水喝太多涨肚子	骂人喝得太多
哇污	uɑ˨˩ u˨˩	肮脏	不整洁、不卫生
马子	mɑ˧ tsɛ˦	马桶	马桶
杌子	uoʔ˥ tsɛ˦	小桌子	小方桌子
暗病	ɛ̃˥ pin˥	妇科病　性病	羞于告人的妇女病
疰夏	tsu˥ ɕiɑ˥	夏季食欲不好	夏天食量减少，人消瘦，称苦夏
厥病	tɕyeʔ˥ pin˥	癫痫病	癫痫病
香茶	ɕiɑŋ˨˩ tsʻɑ˧˥	中药汤剂	中药汤剂
纰漏	pʻi˧˥ lɤɯ˥	（喻）闯祸	①闯祸　②犯错误
潮人	tsʻɔ˧˥ zən˧˥	胃消化不良	胃子不舒服
牸牛	tsɿ˧ liɤɯ˧˥	母牛	母牛
草狗	tsʻɔ˧ kɤɯ˧	母狗	母狗
咬狗	ɔ˧ kɤɯ˧	公狗	雄性狗
草驴	tsʻɔ˧ ly˧˥	母驴	雌性驴
叫驴	tɕiɔ˥ ly˧˥	公驴	雄性驴
起草	tɕʻi˧ tsʻɔ˧	动物发情交配	动物发情
收窝	sɤɯ˨˩ o˨˩	牲畜交配怀孕	牲畜配种
锥柳	tsuei˨˩ liɤɯ˧	知了	蝉
河歪	xo˧˥ uɛ˨˩	河蚌	水生蚌壳
老哇	lɔ˧ uɑ˨˩	乌鸦	乌鸦
刮锅	kuəeʔ˥ ko˨˩	布谷鸟	杜鹃
脚鱼	tɕyeʔ˥ y˧˥	鳖	黑鱼
漫菜	mɛ̃˥ tsʻɛ˥	小青菜	青菜秧
旺蛋	uɑŋ˥ tɛ̃˥	头（二）照蛋、全鸡蛋	未孵化出小鸡的蛋
公公	koŋ˨˩ koŋ˨˩	外公	外公
婆婆	pʻo˧˥ pʻo˧˥	外婆	外婆

续表 29-2

新城话	语音	普通话	语义
爹爹	tiɪ˨˩ tiɪ˨˩	祖父	祖父
嗲嗲	tiɑ˨˩ tiɑ˨˩	父亲	父亲
大大	tɑ˥˧ tɑ˥˧	伯父	伯父
娘娘	liɑŋ˧˥ liɑŋ˧˥	婶母	婶婶、婶娘
姑姑	ku˨˩ ku˨˩	姑父	姑父
孃孃	liɑŋ˨˩ liɑŋ˨˩	姑母	姑母
家门	tɕiɑ˨˩ mən˧˥	同一族姓的人	同一宗族的人
伢子	iɑ˧˥ tsɛ˦	小孩	儿童
做亲	tso˥˧ tɕ‘in˨˩	结亲	①做媒　②结亲
下茶	ɕiɑ˥˧ ts‘ɑ˧˥	订婚	送订婚聘礼
下礼	ɕiɑ˥˧ li˧	送女方结婚彩礼	婚前男方到女方家送彩礼
解怀	tɕiɛ˧ xuɛ˧˥	怀孕	妇女怀孕生第一胎
偷人	t‘ɤɯ˨˩ zən˧˥	女方有婚外情	女子有外遇
红人	xoŋ˧˥ zən˧˥	做月子的女人	做月子的女人
报老	pɔ˥˧ lɔ˧	报丧	报丧
坐夜	tso˥˧ i˥˧	夜间守灵	为死者守夜
出田	ts‘uoʔ˥ t‘iɛ̃˧˥	出殡	出葬
亨吞	xən˨˩ t‘ən˨˩	办事拖拉，敷衍了事	行动迟缓
哨刮	sɔ˥˧ kuɛ̃˨˩	手脚麻利	做事利索
穷嘴	tɕ‘iiŋ tsuei˧	唠叨	反复说　不停嘴
尿尿	suei˨˩ suei˨˩	解小便	要小便
屙屎	o˨˩ sʅ˧	解大便	要大便
眯妈	mi˨˩ mɑ˦	不认真	做事马虎不顶真，为人随和
拉瓜	lɑ˨˩ kuɑ˨˩	衣衫不整齐	形容不修边幅
望呆	uɑŋ˥˧ tɛ˨˩	发呆	发愣
冲冷	ts‘oŋ˥˧ lən˧	打瞌睡	充盹
捉把	tsuoʔ˥ pɑ˧	厉害，狠	厉害，狠
抽千	ts‘ɤɯ˨˩ tɕ‘iɛ̃˨˩	（贬）大声喊叫	骂人喊声太大
值价	tsəʔ˥ tɕiɑ˥˧	有骨气	形容人有骨气
波俏	po˨˩ tɕ‘iɔ˥˧	小巧玲珑，得体	①物体小巧玲珑　②女人打扮漂亮

续表 29-2

新城话	语音	普通话	语义
抱整	pɔ˥ tsən˧	①固执 ②死板	执拗，不善变通
醋乎	ts'u˥ xu˥	忌讳、在意	对……不高兴
绞毛	tɕiɔ˧ mɔ˧	纠缠不清	各执一端，互相纠缠不清
开味	k'ɛ˨ uei˥	下意识开玩笑	①取笑 ②取闹
哨快	sɔ˥ k'uɛ˥	赶快	（说话、做事）速度快
活抽	xuoʔ˩ ts'ɤɯ˨	放声大哭	骂人叫喊声太大
高头	kɔ˨ t'ɤɯ˧	上面	方位名词，上面
下头	ɕia˥ t'ɤɯ˧	下面	方位名词，下面
后头	xɤɯ˥ t'ɤɯ˧	后面	后面
挺尸	t'in˧ sɿ˨	睡觉	骂人话睡觉喊不醒
木拙	mɔʔ˩ tsuoʔ˩	呆板	呆板，不灵活
怄气	ɤɯ˥ tɕ'i˥	生气	生闷气
齁人	xɤɯ˨ zən˧	盐重咸死人	形容食品太咸让人呢受不了
八败	pæʔ˩ pɛ˥	败家子	败家子
冥服	min˧ fuoʔ˩	心悦诚服	口服心服
歹怪	tɛ˧ kuɛ˥	偏偏	①厉害、狠 ②偏偏
卖话	mɛ˥ xua˥	闲聊	闲聊
打坝	ta˧ pa˥	阻挠	从中阻拦
好佬	xɔ˧ lɔ˧	（贬）厉害的人	称有某种特殊本领或不讲理的人
尖头	tɕiɛ̃˨ t'ɤɯ˧	讨巧	爱沾便宜的人
作兴	tsuoʔ˩ ɕin˥	可能、应该	（情理或风俗上）适宜、应当
犯嫌	fɛ̃˥ ɕiɛ̃˧	①令人讨厌 ②对不起，麻烦您	形容惹人讨厌
结皱	tɕieʔ˩ tsɤɯ˥	不顺利	办事不顺利，遇到麻烦
架事	tɕia˥ sɿ˥	帮忙	帮忙
趁手	ts'ən˥ sɤɯ˧	顺手，趁便	顺手、趁便
白大	poʔ˩ ta˥	白送的，不需付钱的	不花钱得到的东西
卖呆	mɛ˥ tɛ˨	发呆	注意力不集中
装佯	tsuaŋ˨ iaŋ˧	装模作样	装模作样
带劲	tɛ˥ tɕin˥	卖力	用劲、出力

续表 29-2

新城话	语音	普通话	语义
哇苦	uɑ˩ k'u˧	诉苦	诉苦
讨鲜	t'ɔ˧ ɕiɛ̃˧	夸耀自己	抢先夸耀自己
拢共	loŋ˧ koŋ˥	总共，一起	全部、总共
来斯	lɛ˦ sɿ˩	有能力，有本领	有本事、有办法
胎气	t'ɛ˩ tɕi˧	干脆，爽快	讲义气、够朋友
算歇	sõ˥ ɕieʔ˦	拉倒	不要、作罢
该应	kɛ˩ in˩	本该如此	该派如此
搭手	təeʔ˦ sɤɯ˧	动手	①开始做 ②吃
板嶄	pɛ̃˧ tsɛ̃˥	做事认真	①东西漂亮 ②活做的漂亮
巴巴	pɑ˩ pɑ˩	烧饼	①烧饼 ②既然
嚼蛆	tɕyeʔ˦ tɕ'y˩	闲聊	背后乱说
上好	sɑŋ˥ xɔ˧	讨好	说别人坏话以讨好对方
井干	tɕin˧ kɛ̃˩	怎样	怎么样
转经	tsõ˥ tɕin˩	①无目的乱走 ②乱支配	没有目的乱转
间交	tɕiɛ̃˩ tɕiɔ˩	把握分寸	做事有分寸
二显	ɑɔ ɕiɛ̃˧	等同于“差窍”	（骂人的话）说话做事没有分寸的人
回乎	xuei˦ xu˩	倒霉	完蛋、倒霉
搭浆	təeʔ˦ tɕiɑŋ˩	马虎	做事马虎、敷衍了事
锅上	ko˩ sɑŋ˦	厨房	烧锅煮饭
恼人	lɔ˧ zən˦	得罪人	得罪人
把脸	pɑ˧ liɛ̃˧	给面子	给面子
现世	ɕiɛ̃˥ sɿ˥	出丑	出丑
带灾	tɛ˥ tsɛ˩	跟着别人受害	给人带来灾难
走家	tsɤɯ˧ tɕiɑ˩	回家	回家
该债	kkɛ˩ tsɛ˥	欠债	欠债
苦钱	k'u˧ tɕ'iɛ̃˦	挣钱	挣钱
汤瓢	t'ɑŋ˩ p'iɔ˦	汤匙	汤匙
哪个	lɑ˧ ko˥	谁	问人
哪块	lɑ˧ k'uɛ˥	哪儿	问地点
一起	ieʔ˦ tɕ'i˧	总共、合计	①全部②一阵子③一同④总共

续表29-2

新城话	语音	普通话	语义
充军	ts‘oŋ˥ tɕyn˨	(贬)无目的乱走路	骂人无目的乱走路
夯货	xɑŋ˨ xo˥	缺乏理智的人	缺乏理智、没有分寸的人
搅神	tɕiɔ˧ sən˧	蛮不讲理的人	胡搅蛮缠、不讲理的人
热说	zəʔ˥ suoʔ˥	胡说八道	胡说
大头	tɑ˥ t‘ɤɯ˧	鲁蛮、头脑简单	头脑简单、愚笨
走手	tsɤɯ˧ sɤɯ˧	一时大意出差错	因疏忽而发生差错
叉嘴	ts‘ɑ˨ tsuei˧	(贬)插话	插话
作死	tsuoʔ˥ sɿ˧	找死	找死
出门	ts‘uəʔ˥ mən˧	出嫁	姑娘出嫁
裹嘴	ko˧ tsuei˧	替人争气	替人争气
解手	tɕiɛ˧ sɤɯ˧	解大便或小便	解大便或小便
过头	ko˨ t‘ɤɯ˧	①超出 ②多、出头	超出常规
雷堆	luei˧ tuei˨	事情搞砸了	事情办坏了
拿乔	lɑ˧ tɕ‘iɔ˧	看相、摆架子	摆架子
瘪色	pieʔ˥ səʔ˥	穷得一分钱都没有	①一分钱没有②事情没有结果
老姜	lɔ˧ tɕiɑŋ˨	说话老练	为人老成，说话老练
活寿	xuoʔ˥ sɤɯ˥	(贬)白过日子	骂人白过日子
惠东	xuei˥ toŋ˨	做东	请客吃饭或替人付账
散板	sɛ̃˧ pɛ̃˧	乱了套路	乱了套，散了架
孬种	lɔ˧ tsoŋ˧	没骨气的人	没有骨气
损德	suən˧ təʔ˥	损人利己，没有道德	其行为损害了普遍的道德规范
卖乖	mɛ˥ kuɛ˨	卖弄撒娇表现自己	撒娇、过分表现
老油条	lɔ˧ iɤɯ˧ t‘iɔ˧	屡教不改者	屡说屡犯、屡教不改者
半吊子	põ˥ tiɔ˥ tsɛ˧	做事有头无尾	一知半解、似懂非懂的人
炮子子	p‘ɔ˥ tsi˧ tsɛ˧	骂小孩的话	骂小孩的话
做关目	tso˥ kuɛ̃˨ moʔ˥	搞迷信活动	①做小动作 ②搞迷信活动
上烂药	sɑŋ˥ lɛ̃˥ yeʔ˥	背后捣鬼，说坏话	背后捣鬼、说坏话
打精光	tɑ˧ tɕin˨ kuɑŋ˨	上身赤裸	赤膊
花头经	xuɑ˨ t‘ɤɯ˧ tɕin˨	耍花招	耍花招
绝八代	tɕyeʔ˥ paeʔ˥ tɛ˥	骂人无后人	咒骂人断子绝孙
蜡烛坯	laeʔ˥ tsɔʔ˥ p‘ei˨	不知好歹的人	不知好歹和轻重的人
吃软饭	tɕ‘ieʔ˥ lõ˧ fɛ̃˥	(喻)靠女人过日子	指靠女人过日子

续表29-2

新城话	语音	普通话	语义
戳蹩脚	ts‘uoʔ˥ pieʔ˥ tɕyeʔ˥	背后说坏话，出别人洋相	背后说坏话、做坏事
夹棍气	kəeʔ˥ kuən˥ tɕ‘i˥	夹在中间两头受气	夹在中间两头受气
撞木钟	tsuɑŋ˥ moʔ˥ tsoŋ˧˩	瞎碰、蒙骗	做事考虑不周到，碰运气
悬踏悬	ɕyɛ̃˧˥ təeʔ˥ ɕyɛ̃˧˥	差一点	差一点
多玩子	to˧˩ uɛ̃˧ tsɛ˧	什么时候	什么时候
早半天	tsɔ˧ põ˥ t‘iɛ̃˧˩	上午	上午
小中时	ɕiɔ˧ tsoŋ˧˩ sɿ˧˥ xɤɯ˧	午饭前	午饭前
晚茶下	uɛ̃˧ ts‘ɑ˧˥ ɕiɑ˥	傍晚	傍晚时分
毛花亮	mɔ˧˥ xuɑ˧˩ liɑŋ˥	临晨天刚亮	天快要亮
一复时	ieʔ˥ fɔʔ˥ sɿ˧˥	一昼夜	一天一夜
水汪子	suei˧ uɑŋ˧˩ tsɛ˧	积水坑	水洼坑
湊湊的	suaŋ˧˥ suɑŋ˧˥ tieʔ˥	（喻）瓢泼大雨	形容大雨淋漓的样子
撮簸子	ts‘o˧˥ po˧˩ tsɛ˧	簸箕	簸箕
手捏子	sɤɯ˧ lieʔ˥ tsɛ˧	手帕	儿童手帕
背搭子	pieʔ˥ təeʔ˥tsɛ˧	背心	背心
毛窝子	mɔ˧˥ o˧˩ tsɛ˧	芦苇花编织的棉鞋	芦苇花编制的棉鞋
包被子	pɔ˧˩ pei˥ tsɛ˧	婴儿小被子	婴儿盖的小被子
棉凳子	miɛ̃˧˥ tən˥ tsɛ˧	棉袄	棉衣
中顿子	tsoŋ˧˩ tən˥ tsɛ˧	午饭前的便餐	午饭前的一顿便餐
夜顿子	i˥ tən˥ tsɛ˧	夜餐	夜餐
小爬爬	ɕiɔ˧ p‘ɑ˧˥ p‘ɑ˧˥	小板凳	小板凳
小量子	ɕiɔ˧ liɑŋ˥ tsɛ˧	小水桶	打水的小桶
见痧子	tɕiɛ̃˥ sɑ˧˩ tsɛ˧	出麻疹	出麻诊
打摆子	tɑ˧ pɛ˧ tsɛ˧	患疟疾	患疟疾
害伢子	xɛ˥ iɑ˧˥ tsɛ˧	怀孕	妊娠反应
绞肠痧	tɕiɔ˧ ts‘ɑŋ˧˥ sɑ˧˩	阑尾炎	阑尾炎
土狗子	t‘u˧ kɤɯ˧ tsɛ˧	蝼蛄	蝼蛄
蛐蛐子	tɕ‘yeʔ˥ tɕ‘yeʔ˥ tsɛ˧	蟋蟀	蟋蟀
叫油子	tɕiɔ˥ iɤɯ˧˥ tsɛ˧	蝈蝈	蝈蝈子
洋山芋	iɑŋ˧˥ ɕiɛ̃˧˩ y˥	马铃薯	马铃薯

续表29-2

新城话	语音	普通话	语义
老公公	lɔ˧ koŋ˧˩	公公	丈夫的父亲
老婆婆	lɔ˧ pʻo˧˥	婆婆	丈夫的母亲
大妈妈	tɑ˥ mɑ˧˩ mɑ˧˩	伯母	伯母
马马子	mɑ˧ mɑ˧ ʦɛ˧	妻子	老婆
奶欢子	lɛ̃˧ xõ˧˩ ʦɛ˧	婴儿	吃奶的孩子
拖油瓶	tʻo˧˩ iɤɯ˧˥ pʻin˧˥	带着孩子改嫁	女子改嫁时带去的孩子
老巴子	lɔ˧ pɑ˧˩ ʦɛ˧	最小的子女	排行最小的儿子
老丫头	lɔ˧ ɑ˧˩ tʻɤɯ˧	最小的女儿	排行最小的女儿
半边人	pɛ̃˥ piɛ̃˧˩ zən˧˥	寡妇	寡妇
把人家	pɑ˧ zən˧˥ kɑ˧˩	出嫁	①出嫁　②将孩子给人家领养
望屋梁	uɑŋ˥ uoʔ˥ lɛ̃˧˥	骂人躺在床上不睡觉	（骂人的话）指睡懒觉的人
老人饭	lɔ˧ zən˧˥ fɛ̃˥	丧饭	丧家办的饭
甩大料	suɛ˧ tɑ˥ liɔ˥	办事不规矩的人	举止非常轻浮随便的人
嘴马子	ʦuei˧ mɑ˧ ʦɛ˧	口才	耍嘴皮子的人
打哨语	tɑ˧ sɔ˥ y˧	行业暗语	①以手势暗示他人　②行话
铁头犟	tʻieʔ˥ tʻɤɯ˧˥ ʨiɑŋ˥	性格倔强	（喻）性格倔强的人
焉巴巴	iɛ̃˧ pɑ˧˩ pɑ˧˩	萎靡不振	精神萎靡的样子
戒口饭	kɛ˥ kʻɤɯ˧ fɛ̃˥	骂人吃饭多	骂人吃饭多
捣嗓子	tɔ˧ sɑŋ˧ ʦɛ˧	骂人吃东西	骂人吃东西多了
小儿抠	ɕiɔ˧ ɑ˧˥ kʻɤɯ˧˩	小气，吝啬	小气、吝啬
胡得人	xu˧˥ təʔ˥ zən˧˥	骗人	捉弄人、骗人
一票货	ieʔ˥ pʻiɔ˥ xo˥	（贬）一路货色	形容一路人
塞牙花	sɛ˧˩ iɑ˧˥ xuɑ˧˩	（喻）食物太少	形容食物太少
里外里	li˧ uɛ˥ li˧	反正	①横竖只不过，②反正
亡是亡	uɑŋ˧˥ sɿ˥ uɑŋ˧˥	孤注一掷	形容孤注一掷
刮鼻子	kuəeʔ˥ pieʔ˥ ʦɛ˧	被训斥	①受批评　②受训斥
盘鬼话	pʻõ˧˥ kuei˧ xuɑ˥	搬弄是非	搬弄是非
玩意头	uɛ̃˧˥ i˥ tʻɤɯ˧˥	花招	花样头
不相干	pəʔ˥ ɕiɑŋ˧˩ kɛ̃˧˩	没有关系	①没关系，没联系　②不牵涉其他人

续表 29-2

新城话	语音	普通话	语义
活德性	xuoʔ˩ təʔ˩ ɕin˥	丢人现眼	讥讽别人仪表、行为、作风
做拦停	tso˥ lɛ̃˧˩ tʻin˧˩	调解矛盾	劝解
促刮佬	tsʻɔʔ˩ kuəeʔ˩ lɔ˧˩	待人刻薄、阴险	指奸猾刁钻的人
啬巴子	səʔ˩ pɑ˨˩ tsɛ˨	小气鬼	小气的人
活流尸	xuoʔ˩ liɤɯ˧˩ sɿ˨˩	不务正业	比喻四处游荡的人
舅舅理	tɕiɤɯ˥ tɕiɤɯ˥ li˧	歪理	歪理邪说
急吼吼	tɕieʔ˩ xɤɯ˧ xɤɯ˧	急得很	急不可耐的样子
估猫猫	ku˧ mɔ˨˩ mɔ˨˩	粗略估计	估计马虎
窝里鸡	o˨˩ li˧ tɕi˨˩	自己人	自己人
刮刮叫	kuəeʔ˩ kuəeʔ˩ tɕiɔ˥	好	最好的意思
落踏油	luoʔ˩ tʻəeʔ˩ iɤɯ˧˩	办事不认真	做事马虎不认真
趣格格	tɕʻy˥ kuoʔ˩ kuoʔ˩	自以为了不起	不愿与人合作的样子
赫了得	xəʔ˩ liɔ˧ təʔ˩	（喻）了不起	还了得，表示惊讶的语气词。
黑嘟咙咚	xəʔ˩ tu˨˩ loŋ˧˩ toŋ˨˩	非常黑暗	形容光线黑暗
乌漆马黑	u˨˩ tɕʻieʔ˩ mɑ˧ xəʔ˩	漆黑一片	形容漆黑一片
雷打霍显	luei˧˩ tɑ˧ xuoʔ˩ ɕiẽ ˧	打雷闪电	打雷打闪
二道毛子	ɔ˥ tɔ˥ mɔ˧˩ tsɛ˨	短头发女人	齐耳短发，也指齐耳短发的女子
精股郎当	tɕin˨˩ ku˧ lɑŋ˨˩ tɑŋ˨˩	一丝不挂	光屁股
扎绠绳子	tsəeʔ˩ kən˧ sən˧˩ tsɛ˨	女人扎头绳	扎辫子的绒线
大巴舌头	tɑ˥ pɑ˨˩ ɕieʔ˩ tʻɤɯ˨	结巴子	称舌头大的人（发音不清）
麻癞鼓子	mɑ˧˩ lɛ˥ ku˧ tsɛ˨	蟾蜍	蟾蜍
鸡头果子	tɕi˨˩ toɤɯ˧˩ ko˧ tsɛ˨	芡实	芡实
公鸡头子	koŋ˨˩ tɕi˨˩ tʻɤɯ˧˩ tsɛ˨	男孩	小男孩
小大娘子	ɕiɔ˧ tɑ˥ liɑŋ˧˩ tsɛ˨	新媳妇	刚结婚女人
大头呆子	tɑ˥ tʻɤɯ˧˩ tɛ˨˩ tsɛ˨	（贬）头脑简单的人	没有心计的人
幺五神六	iɔ˨˩ u˧ sən˧˩ luoʔ˩	神气活现	神气活现
小乐逸当	ɕiɔ˧ luoʔ˩ ieʔ˩ tɑŋ˥	稍快乐就行	安闲，惬意
翻尸倒骨	fɛ̃˨˩ sɿ˨˩ tɔ˥ kuoʔ˩	到处乱翻	到处翻找
拙里拙害	tsuoʔ˩ li˧ tsuoʔ˩ xɛ˥	非常笨拙	十分笨拙

续表 29−2

新城话	语音	普通话	语义
稀奇不拉	ɕi˩ tɕʻi˧˥ pəʔ˩ lɑ˩	稀罕	稀罕得很
修五脏庙	ɕiɤɯ˩ u˧ tsɑŋ˥ miɔ˥	吃	吃
鬼六三腔	kuei˧ lɔʔ˩ sɛ̃˧ tɕʻiɑŋ˩	有本事	形容有点本领
丁头搭脚	tin˩ tʻɤɯ˧˥ təeʔ˩ tɕyeʔ˩	连头到脚	连头带尾一起算
二五郎当	ɔ˥ u˧ lɑŋ˧˥ tɑŋ˩	（贬）不知轻重、随便的人	称不懂事理的人
偷尖麻滑	tʻɤɯ˩ tɕiɛ̃˩ mɑ˧˥ xuəeʔ˩	做事投机取巧	形容做事不卖力
二姨娘形	ɔ˥ i˧˥ liaŋ˩ ɕin˧˥	（贬）男做女人事	指女性化的男人
花里胡糙	xuɑ˩ li˧ xu˧˥ tsʻɔ˥	眼花缭乱	一塌糊涂
肉头才头	zɤɯ˥ tʻɤɯ˧˥ tsʻɛ˧˥ tʻɤɯ˧˥	（贬）缺乏灵活性的人	说话冲人的人
折头六怪	tsɤɯ˧˥ tʻɤɯ˧˥ luoʔ˩ kuɛ˥	性格别扭、不合群	形容性格较犟的人
六鼻兽子	luoʔ˩ pieʔ˩ sɤɯ˥ tsɛ˧	性格怪异	性格怪异不合群的人
孃孃怪怪	liɛ̃˩ liɛ̃˩ kuɛ˥ kuɛ˥	扭捏	过分做作、异于常人
撩骚豆子	liɔ˧˥ sɔ˩ tɤɯ˥ tsɛ˧	挑逗、招引	喜欢惹是生非的人
冈丧吵死	kɑŋ˩ sɑŋ˩ tsʻɔ˧ sɿ˧	吵架	吵架
神姿舞姿	sən˧˥ tsɿ˩ u˧ tsɿ˩	张扬、炫耀、卖弄	神气活现的样子
稀大六缸	ɕi˩ tɑ˥ luoʔ˩ kɑŋ˩	做人做事不严肃不认真	做事不认真
六角争争	luoʔ˩ kuoʔ˩ tsən˩ tsən˩	一本正经	一本正经的样子
油嘴打花	iɤɯ˧˥ tsuei˧ tɑ˧ xuɑ˩	油腔滑调	油嘴滑腔
呜呜哇哇	u˩ u˩ uɑ˩ uɑ˩	①不清洁　②说话不清楚	①说话不清楚　②不清洁
不颠不失	pəʔ˩ tiɛ̃˩ pəʔ˩ səʔ˩	做事规矩、作风正派	知轻重、明理
日之，了戏	zəʔ˩ tsɿ˩ liɔ˧ ɕi˥	事情没指望	事情没有指望了
泥糊蚂鳅	li˧˥ xu˧˥ mɑ˧ tɕʻiɤɯ˧	满身泥污	满身泥污
鼻塌嘴歪	pieʔ˩ tʻəeʔ˩ tsuei˧ uɛ˩	①无地自容　②形象不佳	（喻）说人一无是处或形象不佳
夹三罗四	kəeʔ˩ sɛ̃˩ lo˧˥ sɿ˥	累赘、多余	累赘、多余
老憨脾味	lɔ˧ xɛ̃˩ pʻi˧˥ uei˥	摆老资格	比喻人摆老资格
抛高失低	pʻɔ˩ kɔ˩ səʔ˩ ti˩	办事不认真	说话办事不靠谱
杵头杵脑	tsʻu˩ tʻɤɯ˧˥ tsʻu˩ lɔ˧	说话冲人缺乏分寸	说话缺乏分寸
假马日鬼	tɕiɑ˧ mɑ˧ zəʔ˩ kuei˧	装模作样	装模作样

续表29-2

新城话	语音	普通话	语义
搞七捻三	kɔ˧ tɕʻieʔ˩ liɛ̃˧ sɛ̃˩	纠缠不清	纠缠不清
一踏刮子	ieʔ˩ tʻəeʔ˩ kuəeʔ˩ tsɛ˧	所有东西	所有东西
三当六面	sɛ̃˩ taŋ˩ luoʔ˩ miɛ̃˥	当面说清楚	有人在场当面说清楚
以歪就歪	i˧ uɛ˩ tɕiɤɯ˥ uɛ˩	（喻）破罐破摔	破罐破摔
木里木拙	moʔ˩ li˧ mɔʔ˩ tsuoʔ˩	做事呆板、行动迟钝	肢体不灵活，喻做事呆板
不得过身	pəʔ˩ təʔ˩ ko˥ sən˩	无法解决、无法通过	①不得过关②没有通过，无法脱身
日嗨日嗨	zəʔ˩ xɛ˩ zəʔ˩ xɛ˩	没精打采样子	有气无力，没精打采
老三老四	lɔ˧ sɛ̃˩ lɔ˧ sɿ˥	①假充内行 ②卖老	卖老，充内行
老卵式气	lɔ˧ lõ˧ səʔ˩ tɕi˥	卖老	卖老资格
污七八糟	u˩ tɕʻieʔ˩ pəeʔ˩ tsɔ˩	乱七八糟	形容肮脏，见不得人
鸡巴啰嗦	tɕi˩ pa˩ lo˩ so˩	（贬）说话啰嗦	（贬）说话太多
依大若歪	i˩ ta˥ lo˥ uɛ˩	不正经、大而化之	办事不认真，大而化之
虚爆日鬼	ɕy˩ tʻɤɯ˧ zəʔ˩ kuei˧	性情急躁地做事	过分性急地处理事情
跷奇古怪	tɕʻiɔ˩ tɕʻi˧ ku˧ kuɛ˥	稀奇古怪	稀奇，令人难以相信
滴角崭方	tieʔ˩ kuoʔ˩ tsɛ̃˧ faŋ˩	非常整齐的样子	非常规整的正方形
嚼舌头根子	tɕyeʔ˩ ɕieʔ˩ tʻɤɯ˧ kən˩ tsɛ˧	（贬）搬话、造谣	造谣、搬弄是非
乖乖糊乖乖	kuɛ˩ kuɛ˩ xu˧ kuɛ˩ kuɛ˩	做事敷衍搪塞	做事敷衍、搪塞
歪瓜裂萝卜	kuɛ˩ kuɛ˩ xu˧ kuɛ˩ kuɛ˩	东西不像样子	做出来的东西不像样子
二姑娘倒贴	a˥ ku˩ liaŋ˧ tɔ˥ tʻieʔ˩	帮人做事反贴本钱	帮人做事不要钱，反而贴本钱
九腔十八调	tɕiɤɯ˧ tɕʻiaŋ˩ səʔ˩ pəeʔ˩ tiɔ˥	（喻）话多腔调多变	（喻）话多而乱
人嘴两块皮	zən˧ tsuei˧ lɛ̃˧ kʻuɛ˥ pʻi˧	说话随意、没主见	说话随意，反说正说都似乎有理
日说大山光	zəʔ˩ suoʔ˩ ta˥ sɛ̃˩ kuaŋ˩	胡说八道	胡说八道
包打熟西瓜	pɔ˩ ta˧ soʔ˩ ɕi˩ kua˩	胡乱承诺有把握	胡乱承诺，却没有把握
有两把刷子	iɤɯ˧ lɛ̃˧ pa˧ suəeʔ˩ tsɛ˧	办事办法多、主意多	办事有办法，主意多
抄手卖饺子	tsʻɔ˧ sɤɯ˧ mɛ˥ tɕiɔ˧ tsɛ˧	有事当没有、悠闲自得	有事当没事，悠闲自得的样子
放屁怕伸腰	faŋ˥ pʻi˥ pʻa˥ sən˩ iɔ˩	（喻）懒惰、怕动	（喻）人懒惰、怕动
到过九交毛	tɔ˥ ko˥ tɕiɤɯ˧ kɔ˩ mɔ˧	（讽）遇事老辣、遇险不惊	（讽）遇事老辣、遇险不惊的人
癞猴妈乌子	lɛ˥ xɤɯ˧ ma˩ u˩ tsɛ˧	蝌蚪	蝌蚪
虚虚糟糟的	ɕy˩ ɕy˩ tsɔ˩ tsɔ˩ tieʔ˩	急于求成	做事急于求成的样子
板板六十四	pɛ̃˧ pɛ̃˧ luoʔ˩ səʔ˩ sɿ˥	一本正经	做事规矩、上路子

续表 29-2

新城话	语音	普通话	语义
屙屎离你八丈	o˩ sɿ˧ li˦ li˧ pəeʔ˩ tsɑŋ˥	（喻）远离犯错误的人	形容离某人远远的
大家马大家骑	tɑ˥ kɑ˩ mɑ˧ tɑ˥ kɑ˩ tɕʻi˦	按一个标准大家执行	（喻）平均分配
石头往山上搬	səʔ˩ tʻɤɯ˧ uɑŋ˧ sɛ̃˩ sɑŋ˥ põ˩	（喻）做无用之事	（喻）做徒劳无益的事
犁不上耙不上	li˦ pəʔ˩ sɑŋ˥ pɑ˥ pəʔ˩ sɑŋ˥	不上规矩	（喻）人没规矩
二百五、八折货	ɑ˥ poʔ˩ u˧　pəeʔ˩ tɕieʔ˩ xo˥	不知好歹的人	骂人傻、呆
家门口塘晓得深浅	kɑ˩ mən˦ kʻɤɯ˧ tʻɑŋ˦ ɕiɔ˧ təʔ˩ sən˩ tɕʻiɛ̃˧	（喻）庄邻根底，邻居清楚	（喻）庄邻根底，大家都清楚
懒牛上架屎尿直撒	lɛ̃˧ liɤɯ˦ saŋ˥ tɕiɑ˥ suei˩ sɿ˧ tsə ʔ˩ sɑ˩	（喻）懒人见到做事，就找借口溜走	（喻）懒人见到做事，就找借口逃避
钓鱼的不急，背壶篓急	tiɔ˥ y˦ tieʔ˩ pəʔ˩ tɕieʔ˩，pei˩ x u˧ lɤɯ˧ tɕieʔ˩	遇事主事人不急，旁人不该急的却急了	遇事该着急的人不急，不该急的人急了
三鞭子抽不出一闷屁来	sɛ̃˩ piɛ̃˩ tsɛ˩ tsʻɤɯ˩ pəʔ˩ tsʻuoʔ˩ ieʔ˩ mən˥ pʻi˥ lɛ˦	遇事半天说不出一句话	形容人性格内向，半天不说一句话
半夜上扬州，天亮还在屋山头	põ˥ i˥ sɑŋ˥ iɑŋ˦ tsɤɯ˩，tʻiɛ̃˩ liɑ ŋ˥ xɑ˦ tsɛ˥ uoʔ˩ sɛ̃˩ tʻɤɯ˦	（喻）谋事早，效果差	（喻）谋事早，但无结果

第三节　谚谣　歇后语

一、谚　语

新城流行的地方谚语，言简意深，真切生动，无论表述天气、生产或反映生活、人文，都极富哲理，是劳动人民世代生产生活经验的积累，也是新城文化的珍贵传承。

农事谚语

千行万行，种田上行。

人勤地不懒，遍地出黄金。

庄稼一枝花，全靠肥当家。

稻要养，麦要抢。

奶多伢子胖，肥多禾苗壮。

处暑萝卜白露菜，秋后茄子算外快。

三九四九，沿河插柳。

门前千棵竹，根根肋巴骨。

立夏十八天，大麦上扬掀。

芒种到夏至，老少一起忙。

养猪不赚钱，回头看看田。

官塘漏，官牛瘦。

气象谚语

早霞不出门，晚霞行千里。

南风吹暖北风寒，东风多湿西风干。

春风多有雨，夏寒井底干。

天上钩钩云，地下雨淋淋。

天上鲤鱼斑，明日晒谷不用翻。

日晕三更雨，月晕午时风。

春雾暖，夏雾热，秋雾凉风冬雾雪。

霜后暖，雪后寒。

清明断雪，谷雨断霜。

一年三季东风雨，唯有夏日东风晴。

雨中知了叫，晴天马上到。

鸡愁要下雨，鸭愁要刮风。

山戴帽，蛇挡道，大雨要来到。

不怕初一下（雨），单怕初二阴，初三下雨月半晴。

西风不过酉，过酉连夜吼。

三伏不热，五谷不结。

春前有雨花开早，秋后无霜叶落迟。

正月里雨泼泼，稀麦变稠麦；二月里雨泼泼，稠麦变稀麦；三月雨泼泼，有麦变无麦。

一天一暴（雨），田埂头收稻。

社会生活谚语

出门看天色，进门看脸色。

金旮旯，银旮旯，不抵我家土旮旯。

穷家难舍，故土难离。

穷不会长根，富不是天生。

十年河东，十年河西，暴灰还有发热时。

穷人无灾就是福。

屋漏单怕连天雨，神仙也怕脑后风。

有志不在年高，无志空长百岁。

一口吃不成胖子，一步跑不到天边。

火到猪头烂，功到自然成。

井淘三遍水质好，人从三师技艺高。

跟好人学好人，跟叫花子学讨饭。

礼多人不怪，油多不坏菜。
一人有福，带起一屋。
铲草不除根，春风吹又生。
篱笆扎得紧，野狗钻不进。
狗眼看人低，专咬破衣人。
为人不做亏心事，半夜敲门心不惊。
不懂装懂，一世饭桶。
人到屋檐下，谁能不低头。
火要空心，人要忠心。
钱财如粪土，仁义值千金。
粒米成箩，滴水成河。
生姜老的辣，醋是陈的酸。
劈柴劈小头，问路问老头。
家有百口，主事一人。
家无主，扫帚舞。
邻居好，赛金宝。
至亲不如好友，远亲不如近邻。
瓜无滚圆，人无完人。
冤家宜解不宜结。
不当家不知柴米贵，不养儿不知报娘恩。
良言一句三冬暖，恶语伤人六月寒。
人怕伤心，树怕剥皮。
吃不穷，穿不穷，不会算计一世穷。
穷锅堂，富水缸（防火）。
吃了端午粽，才把棉衣送。
一年稀粥买条牛，三年烂饭砌高楼。
一夜吃个猪，不如一觉呼。
男怕入错行，女怕嫁错郎。
枪打出头鸟，出檐椽子先烂。
愿为慷慨人家牵马，不为吝啬鬼家当家。
新城无城，龙河无龙，铜山无铜。

二、民 谣

农夫四季忙

春季农夫为春忙，赶买叉耙和扫帚，水车农具备停当，早买蓑衣防下雨，担绳耕绳两大筐，一年四季春为首，早耕田来粮不愁。

夏季农夫最是忙，又要割麦又栽秧，男人匆忙去下粪，女人赶快去栽秧，一天黄秧栽到晚，夜里还要打麦场，大麦伏晒上窝折，小麦晒干装进缸，

秋季农夫分外忙，花生芝麻黄绿豆，各样五谷要进仓，籼稻糯稻抢收割，太阳下山磙子响，家家户户打秋场，稻子收完种麦忙，麦子种完忙整墒。

冬季农夫冷难挡，要盖草房要泥墙，儿孙读书进学堂，男人磨米舂糕粉，女人裁剪做衣裳，一年四季都辛苦，眼睛一睁到点灯。

图29-2 民谣说唱 （摄于2011年）

车水唱

锣鼓一打闹噪噪，小小水车支得高，只怪老天不下雨，车不上水来好心焦。小小水车红捺担，这班不如那一班，那班车水龙戏水，这班车水爬刀山。小小车轴两头尖，一对踏基竖上天，六个汉子齐用力，车得河水冒上天。小小车轴两头尖，当中有道铁箍圈，十二根闩子穿心过，二十四个榔头颠倒颠。小小锣儿一块铜，七斤四两下炉烘，只怪老天不下雨，把它吊在半虚空。小小鼓儿圆溜溜，出生淮安府里头，三股麻绳耳朵系，带到长江水码头。

栽秧号子（两首）

秧歌好唱口难开，樱桃好吃树难栽，白米饭好吃田难种，粑粑好吃磨难挨。要我唱歌并不难，不是描花绣牡丹，绣花千针和万线，唱歌只要嘴动舌头弯。秧歌越唱越好听，田靠田来较一把劲，唱得妹妹栽秧快，唱得哥哥动了心。秧歌越唱越好听，前后三庄都听见，瘸子听了撂拐杖，瞎子听了双眼明。

哥在田中把秧挑，妹在栽秧弯下腰，栽秧人多难搭话，妹妹歪头把眼瞟。锣鼓一打闹噪噪，哥哥车水汗湿腰，妹妹送水哥解渴。暗放白糖一小包。等到九月菊花黄，收割稻子上了场，妹与哥哥脸对脸，梿枷声响心里想，哥是青松妹是藤，愿作鸳鸯水上漂。妹在灯下扎绣针，郎在窗外咳两声，细听爹妈睡着了，轻手轻脚去相会。

上梁道喜

今日今时上金梁，红绸绿缎挂梁上，三寸安在龙口里，还有五寸歇凤凰，凤凰歇在梁中央，状元出在你府上。日出东方暖洋洋，八宝地上砌华堂，前边砌的状元府，后边砌的宰相堂，东边砌的金银库，西边砌的积谷仓，金银库里财宝多，积谷仓里万担粮，前边栽上千棵柳，后边栽上万株椿，千棵柳上栓牛马，万株椿上落凤凰，东家富贵万年长。

蔬菜谣

正月里紫菜上市鲜，二月里韭菜才冒尖，三月里荠菜出了地，四月里竹笋初出林，五月里黄瓜长街卖，六月里葫芦压满街，七月里茄子往下挂，八月里大椒红艳艳，九月里毛豆粒粒饱，

十月里萝卜脆又甜，冬月里水芹三尺长，腊月咸菜户户藏。

童谣（四首）

小板凳，矮墩墩，我是外婆的小外孙，婆婆留我吃中饭，舅母听了不吱声。小板凳，两头翘，妈妈叫我捉疙蚤，疙蚤跳来又蹦去，奶奶说我烂无用。

拉磨带磨，吃过粑粑再来磨，吃一半留一半，哪一半呢？猫含走了，猫呢？猫爬树了，树呢？砍成柴了，柴呢？烧成灰了，灰呢？灰垩田了，田呢？田种菜了，菜呢？菜被鸡吃了，鸡呢？鸡生蛋了，蛋呢？蛋被我吃了。

一个老头到河南，挑也难，挖也难，种旱地，又怕干，种水田，又怕淹，养老鸭，又怕不生蛋，养小鸡，又怕连本掼，弄大船，又怕转不过弯，弄小船，又怕被浪翻，怕苦怕累必讨饭。

一根线通过江，奶奶教我学栽秧，秧苗一路栽到头；奶奶要我去放牛，牛肚放的饱；奶奶叫我去割草，割了一大担；奶奶叫我煮晚饭，晚饭煮得稀；奶奶叫我喂小鸡，小鸡喂得饱，奶奶说我好。

三、歇后语

小葱拌豆腐—— 一清二白

捡芝麻凑斗——积少成多

草帽没得边——顶好

猴子爬旗杆——高攀

猪八戒照镜子——里外不是人

猪八戒的武艺——倒打一耙

和尚打伞——无发（法）无天

哑巴吃黄连——有苦说不出

两个哑巴睡一头——没得话说

飞机上吹喇叭——高调

叫花子唱歌——穷开心

回民赶集——猪（诸）事不问

半夜里摘豆角——老少一把揪

高射炮打蚊子——大材小用

驼子跌跟头——两头不着地

阴沟里鸭子——顾嘴不顾身

两个胖子睡一床——合肥

船头上打鼓——震（镇）江

飞机送信——高邮

张果老倒骑毛驴——背道而驰

肉包子打狗——有去无回

板凳桌子一样高——平起平坐
象牙筷子拌凉粉——两头滑
茶壶里盛汤圆——有货倒不出
小鬼晒太阳——影子都没有
鸡窝里搂棍子——捣蛋
大腿上搓汤圆—— 一手一脚
光屁股坐板凳——有板有眼
三十晚上看黄历——没得日子了
被窝里放屁——能闻（文）能捂（武）
胸口挂钥匙——开心
山墙上挂狗皮——不像画（话）
狗撵老鼠——多管闲事
竹筒倒豆子—— 一干二净
冷水烫鸡—— 一毛不拔
和尚不吃荤——肚子里有素（数）
丈二和尚——摸不着头脑
汤罐里煮猪头——调不过脸来
头发丝扣老虎——以理服人
屁眼插芦花——假充大公鸡
老鼠洞里倒拔蛇——难
按牛头喝水——勉强不得
打肿脸——充胖子
大姑娘坐轿子——头一回
老公公背媳妇——吃力不讨好
后心贴膏药——前（钱）心重
木匠吊线——睁一只眼闭一只眼
三十晚上送灶——快去快回
过年娶媳妇——双喜临门

第三十章　村委会　社区居委会

1983年4月，新城、龙河乡开展农村基层管理体制改革，实行村组制。新城乡建立15个村民委员会、265个村民小组，龙河乡建立12个村民委员会、192个村民小组。同时分别建立新城、龙河街道居委会。1999年10月新城镇太平居委会成立。2000年4月，龙河乡所辖11个村委会和龙河街道居委会，以及十二圩镇的5个村委会和东风、胜利、工农3个居委会并入新城镇。是年新城镇辖30个村民委员会、5个居民委员会、521个村民小组。2001年4月，调整撤并9个村委会，2004年9月再撤并3个村委会。2005年2月，原十二圩镇3个村委会及3个居委会重又划出。2006年4月，划出越江、东升2个村委会归十二圩办事处。2012年，新城镇辖三将、郁桥、新华、冷红、桃坞、新北、林果、马坝、丁冲、周营、官胜、凌桥和三茅13个村民委员会，新城街道和太平2个社区居民委员会。

2012年新城镇各村经济收入情况表

表30-1

项目数量/村名	经济总收入（万元）	其中										农民年人均纯收入（元）
		种植业	林业	牧业	渔业	工业	建筑业	运输业	商业	服务业	其他	
三将	25982.00	226.00	521.00	375.00	112.00	15404.00	1870	1480	2804	1516	1675	16908
郁桥	10991.00	469.00	151.00	195.00	78.00	5282.00	945	885	760	1544	682	16931
新华	23585.70	136.30	94.00	40.90	28.50	20063.00	1335	728	255	578	327	16808
冷红	16737.80	1001.10	216.00	1662.70	339.00	5016.00	1784	459	2474	2169	1617	15417
桃坞	13765.50	1549.50	111.00	567.00	556.00	6998.00	1537	384	1428	234	401	15115
新北	22434.00	330.00	13.00	88.50	105.50	20142.00	535	165	337	367	351	15401
林果	13344.20	605.50	131.00	449.70	122.50	8105.50	2270	312	205	648	495	16732
马坝	8830.00	1148.00	61.00	939.00	136.00	3174.00	1198	300	261	1048	565	15352
丁冲	13555.62	747.03	28.80	647.59	75.20	7789.00	1048	329	1305	1351	235	15832
周营	8749.80	519.00	33.00	321.80	75.00	5112.00	1199	190	183	872	245	14752
官胜	10122.50	727.00	53.00	554.50	127.00	6546.00	865	192	45	787	226	14695
凌桥	6354.00	527.00	19.00	673.00	93.00	1783.00	1057	186	390	1551	75	14342
三茅	10686.00	780.00	91.00	825.00	145.00	5069.00	899	640	792	1343	102	14357

第一节 村民委员会

一、三将村村委会

位于镇西部，西与市区真州镇相邻，东至中心沟，北界茶篷村，南临仪扬运河。总面积5.24平方千米。该村因有三将军庙而得名。村域民国18年（1929年）属仪征县第一区甘露乡，民国21年（1932年）属县第一区先农乡和三将乡，1950年属新城区，之后属新城乡、公社、镇。1949年9月成立三将乡，为行政小乡，辖8个村。1956年撤乡后分别成立三将等5个高级社，1958年成立三将生产大队。1966年更名为立新大队，1981年恢复原名，1983年改称三将村村民委员会（简称村委会），2004年9月砖桥村并入。2012年，村委会驻蒋营组，辖陈庄、王洼、邓营、甘露、徐庄、曹庄、花园、绣花、磨坊、杨庄、林业、亭庄、蒋营、严庄、石桥、太平、中庄、本庄、马庄、汪庄、蔡庄、张庄、王庄、尤庄、刘河、沿河、杨沟、砖桥、董庄、睢庄和农科31个村民小组，1786户、5756人。村委会主任印志奎。

村域地势北高南低，有耕地147.07公顷，南部平原以种植稻麦为主，常受内涝。50年代建排灌站，70年代开挖沿山河，农田方整化，建成千亩旱涝保收丰产田，粮食产量大幅度提高。2009年，建成无公害农田200公顷，农作物秸秆综合利用率96.4%。2012年，粮食亩产921千克，总产463吨，农业经济收入1234万元。

村办工业发展较早，60年代建有镇流器厂、五金修配厂。之后，相继开办水泥预制厂、建材加工厂。2000年后入驻的市属工业企业增多。2002年，镇工业园设立三将工业片区，入驻工业企业、房地产开发企业及仓储物流企业30多家。2012年，工业及建筑业收入17274万元。

境内路网纵横，国道宁通高速公路、县道仪扬公路、荣威大道横贯东西，省道曹圩公路以及军民路、东园路纵贯南北。其间建有7条村道、支干相连，总长11千米。90年代，邻近市区军民路周边成为房地产开发热土，相继建成建业苑、东郊花苑、新城教师公寓、城东名苑、明月苑、和景印象城等居住小区15个。2009年，农村无害化厕所入户率97.6%，森林覆盖率18.3%。2010年获扬州市级"生态村"称号。2011年市残疾人康复中心落户村内建成使用。2012年，市内最大的安置搬迁居民社区——五一花苑C区动工兴建。招商引资开发带动商业服务业的发展。沿仪扬公路北侧建成东郊农贸市场，分别有汉源大酒店、时代家具城、石桥木材建材市场、雪浪休闲广场等大型商场、餐饮服务业，另有各类商店、

图30–1 三将村村委会 （摄于2010年）

美容店、宾馆、饭店、家政服务、物流快递业、金融服务业等100多家，形成繁华的石桥街区。2012年，全村商业服务收入7475万元。民生服务体系健全完善。

2012年，全村经济总收入25982万元，居全镇首位。农民人均纯收入16908元，人均住房面积61平方米，参加新农合、新农保投保率均达100%。

境内曾有三将军庙，“文化大革命”中遭拆毁。

二、郁桥村村委会

位于镇西部，东接新城镇区，南临仪扬运河，西界中心沟，北倚蜀冈丘陵，总面积3.86平方千米。该村因民国时有座郁家桥而得名。村域民国17年（1928年）属仪征县第一区甘露乡，民国21年（1932年）先后属第一区先农乡、三将乡，民国37年（1948年）属新城区三将乡。1950年属新城区三将乡，之后，分属新城乡、公社、镇。1957年始建郁桥高级社。1958年并入三将大队，1959年划出成立郁桥生产大队，1983年撤队后成立郁桥村村民委员会。2012年，村委会驻小庄组，辖郁庄、薛庄、姚庄、吕庄、史营、李营、汪庄、刘庄、尚庄、周庄、屠庄、范庄、张闻、高庄、万庄、小庄、乔营、郑西和郑东19个村民小组，1041户、3377人。村委会主任董卫林。

村域地势北高南低，耕地35.13公顷，平原以种植稻麦为主。60年代，通过低产田改造，粮食产量逐年增长。丘陵岗地栽桑养蚕，年产茧4.5吨。90年代初，开发茶园33.33公顷，创建坡山茶厂，生产“绿扬春”系列名茶。2002年，生产秀峰牌茶叶获得全国“中茶杯”特等奖。2009年，建成无公害农田200公顷。2012年，全村农业经济收入893万元。

村内工副业生产起步较早，早在民国时期开办有塘坊，生产麦芽糖。60~70年代，相继开办柳条厂、木器厂、砖窑厂、水泥制品厂等队组工业。1982年，合兴生产队创办麦芽厂，成为全县首家生产队办工厂。1988年，仪征黎明汽车厂落户该村，2010年，上海大众年产30万辆整车项目落地建设。至2012年，有工业企业11家，工业及建筑业收入6227万元。村内商业服务业发展较早，网点较多。2012年，有商业服务企业38家，三产服务业收入3871万元。当年农民人均纯收入16931元，居全镇各村首位。

村内民生服务体系逐步建立健全。1969年建立大队卫生室。1986年，建成郁桥小学2层教学楼。2000年后，村容村貌整洁美观，村组道路硬质化，总长4千米，自来水、程控电话覆盖率100%，有线电视入户率98%。新建搬迁安置农民集中居住区——梅苑新村及安置小区4个，入住农户750户，成为镇内首座城市别墅区。2005年，村域森林覆盖率在19%以上，无害

图30-2　郁桥村村委会（摄于2012年）

化厕所改造率96.6%，当年获扬州市“生态村”称号。至2009年全村计划生育率一直保持在100%。通过开展以“十星文明户”为主题的群众性精神文明创建活动，至2012年，有近60%的农户被评为“十星文明户”。2011年，该村被评为江苏省文明村。

境内有4处古文化遗址：著名的破山口西周墓，民国19年（1930年）出土42件西周青铜器，均属国家一级文物。先农坛，位于乔营组南，清雍正四年（1726年）诏建，为知县祭先农之神之地，50年代遭毁。旗杆山，地处破山口东侧，因太平天国在山顶竖立信号旗杆而得名；孙百万庄园，位于破山脚下，建于清顺治年间，传说孙家财产过百万，人称“孙百万”。庄园四周环水，吊桥通行，百间房屋错落有致、假山叠石、奇花斗艳，为典型的江南水乡风格。1958年遭拆毁。

三、新华村村委会

位于镇中南部，东与新北村接壤，西至梅家沟，南临仪扬运河，北界林果村。总面积2.32平方千米。村域民国38年（1949年）属新城区新城镇、新北乡和蒋圩乡。1950年后属新城乡、公社、镇。1956年，建立新华高级生产合作社，1958年，新城人民公社成立，建立新华生产大队。1983年撤队后成立新华村村民委员会。2012年，村委会驻徐庄组，辖周庄、劳动、张庄、姜西、余营、姜东、徐庄、后庄、松柏、郭庄、陈庄、前庄、毛庄和包庄14个村民小组，781户、2264人。村委会主任郭庆东。

村域地势平坦，属圩区平原，有耕地45.8公顷，向以种植稻麦和油料为主。60年代先后建立排灌站2座及配套水利设施。70年代，开展农田方整化建设，逐步建成高产稳产农田。80年代，粮食产量逐年增长，成为新城乡主要产粮村。2010年，建成无公害农田49.4公顷。2012年，粮食亩产929千克，总产348吨，全村农业经济收入299.7万元。

村办工业起步较早，70年代办有纸盒厂、玻璃纤维厂、汽车改装厂。90年代办有麦芽厂、包装厂等工业企业6家。2001年，镇政府在村境内建立新华工业片区。2004年，园区向东扩展。2012年，园区面积2.14平方千米，入驻企业56家，当年全村工业及建筑业收入2.14亿元。

图30-3 新华村村委会（摄于2011年）

新城镇街道坐落在村南，仪扬河北岸，集市天天开市，人员、物资往来昼夜不停，民国时期是仪征县六大集镇之一。民国17年（1928年）起新华村成为新城镇公所、乡公所、乡政府及镇政府驻地。教育文化事业得到全面发展。50年代建有小学，家家有照明电灯。60年代建有卫生室；80年代通入自来水。90年代开通程控电话，有线电视，开始修建村民休闲广场，城市型农民集中居住区。2004

年起，先后建成润扬、张庄、新怡花苑居住小区3个。2009年，村农家书屋获省“三星级书香工程”称号。2010年，农作物秸秆综合利用率96.4%，无害化厕所改厕率97.2%，森林覆盖率为19.1%，当年获扬州市级“生态村”称号。2012年，全村农民人均纯收入16808元，人均住房面积61平方米。参加新农合、新农保率分别达99%和98%，享受失地农民生活保障率达100%，是镇内富裕的小康村。

四、冷红村村委会

位于镇西南部，东抵沙河（新圩河），南至仪泗河，西与十二圩红旗村接壤，北至仪扬运河。总面积6.46平方千米。村域民国17年（1928年）属县第三区旧港乡。抗日战争时期一度属汪伪县政府第一区。民国38年（1949年）属民国县政府新城区。解放后，先后属新城区、乡、公社和新城镇（乡）。民国34年（1945年）3月始建冷红乡。因境内刘宋时有株梅花高出屋檐，幽香远飘，百年后梅开二度，被清代大学者阮元称为返魂梅，故名冷红。后虽经多次政权更迭但冷红行政建制未变。至1956年农业合作化时撤销冷红乡，1958年成立冷红大队，1966年更名为跃进大队，1981年恢复原名。1983年，撤队建村，成立冷红村村民委员会。2004年9月，大楼村并入。2012年，村委会驻高涵组，辖竹园、小王、罗庄、花二、董庄、周庄、小楼、楼庄、侯庄、大朱、周纪、小成、睢庄、桂一、大王、张尹、汪庄、旧港、桂二、大楼、扬庄、陶庄、黄庄、高涵、大成、徐马、石庄、花园、方庄、北海、肖庄、碾坊、花一和二尤34个村民小组，1731户、5684人。村委会主任睢加庆。

村域地势低平，沟河纵横，有耕地313.93公顷，常受内涝灾害。70年代，十二圩翻水站建立后，逐渐建成高产稳产农田。改革开放以来，蔬菜种植及漂鱼花传统得到发扬，1988年成立渔业队，年产鱼苗1000万尾，远销全国各地。生产的蔬菜除供应新城镇集贸市场外，销往县城、南门市场等地。90年代发展高效农业，扩大种植水芹菜、茨菇、藕、荸荠等水生蔬菜，面积超67公顷。2000年后，转向发展生态农业，建成休闲渔业。2009年，建成无公害农田266.67公顷。2012年，粮食总产2073吨，农业经营收入3218.8万元。

村内工业70年代有村办厂2家，80年代发展至13家，以修理加工业为主。同时，商业、建筑业也得到较快发展。至2012年，村内有工业企业11家，建筑装潢企业3家，当年工业及建筑业收入6800万元。商业服务业31家，全年三产服务业收入6719万元。

图30-4　冷红村村委会　（摄于2010年）

民国18年（1929年）建有旧港小学和三条埂小学，办学历史较早。1969年建立村卫生室。90年代相继开通程控电话，接入自来水和有线电视。2006年，开展新农村建设、整治环境，农作物秸秆综合利用率96.2%，无害化厕所改造率

96.3%，森林覆盖率19.5%，当年获扬州市级“生态村”称号。2009年，省道S333改道经村境纵贯南北，建有村道8条，长15.2千米，交通便捷。当年，仪征市区东扩，境内成开发热土。至2012年，开发建成城市型农民集中居住区2个、搬迁安置小区3个，开工建设仪征技师学院教学楼，以及房地产开发楼盘2个。2012年，农民人均纯收入15417元，人均住房面积61.7平方米，新农合、新农保参保率均达98%，是富足的小康之村。

境内曾有建于宋代的准提庵（亦称梅花庵），庵中有株老梅树，一本五干，花开香飘数里，至清康熙年间先后枯萎两次，复活两次，引众多观梅者赋诗，于是便有二度梅的传说，庵因梅而成名。解放后，庵遭拆毁。还有一处是建于清康熙初年的宝坊寺，1958年拆毁。

五、桃坞村村委会

位于镇东南部，东临龙河，南至仪扬河，西以唐家沟为界，北接宁通公路，总面积5.65平方千米。该村因仪征《真州八景》之一东门桃坞而得名。村域清末明初属归仁乡。民国17年（1928年）属东桃坞乡，民国21年（1932年）属桃坞乡。抗日战争时期一度属汪伪政府二区。1950年后，属新城区、乡、公社、镇。1956年，桃坞乡撤销后分别成立新民、劳动、联盟、金桥和七一5个高级农业生产合作社。1958年，新城人民公社成立，成立桃坞生产大队。1959年，划出17个生产队成立金桥生产大队。1983年，成立桃坞村村民委员会。2001年4月，金桥村并入桃坞村。2012年，村委会驻孔庄组，辖姜庄、农科、童庄、大于、小于、杨庄、薛庄、丁庄、凡庄、麻庄、陈庄、赵庄、戴庄、唐庄、西周、徐庄、常庄、曹庄、孔庄、永庄、蔡庄、黄庄、黄营、新民、庆庄、李庄、小营、联盟、东周、元庄、睢庄、龙窝、荷花、夏庄和七一35个村民小组，1208户、3832人。村委会主任周金红。

村域地势平坦，沟渠纵横，耕地面积344.73公顷，向以种植水稻而著称，被誉为鱼米之乡。然而，在旧社会，水利失修，这里又是受涝重灾区，粮食产量每亩仅100多千克。1955年，水利建设加强，培堤筑埂，开挖排灌水系，防涝降渍。1964年，建成排灌电站。70年代至80年代率先在全县建成高产农田。2012年，粮食亩产达946千克，总产4484吨，占全镇粮食总产量的18%。90年代起调整产业结构，发展高效农业。2000年后，引进绿海生态园等现代农业产业园项目3个。2005年起，发展现代渔业，建成休闲渔业垂钓中心1个，观赏鱼繁育基地1个，鱼塘面积1.20公顷。2008年，建成无公害农田333.33公顷。2012年，农业经济收入2783.5万元。

图30–5 桃坞村村委会（摄于2010年）

70年代，村办塑料厂、机械加工维修厂先后开业，村民亦工亦农，收入增加。80年代，组、户工业迅速发展，建有建筑工程队、编织厂、炕坊等，80%的农户置有织席机，形成男女老少织席忙的景象，成为新城有名的织席村，年产草席50万条。90年代，外出务工的增多，主要从事沐浴修足擦背传统行业。2000年后，村内商业服务业增多。2012年，村内有工业企业16家，建筑装潢企业3家、商业服务企业18家，当年工业及建筑业收入8535万元，三产服务业收入2447万元。

村境内宁通高速公路横贯东西，跨龙河建有金家大桥3座。位于中间的老桥，始建于唐宋年间，1987年在老桥北侧新建第二座高速公路大桥，由著名书法家赵朴初题写金家大桥桥名。1988年，于老桥南侧建造第三座辅道桥。解放前后老桥处开设邮政代办处，1968年设立客运代办站。90年代，村内开始修筑砂石路。2002年，铺筑水泥路。2012年，形成三纵四横村道，全长30千米。各庄台之间水泥路相通，交通便捷。

1956年开始接通有线广播，1958年，村部有第一部电话。1965年，接入高压电源始用电动脱粒机。1967年夏，家家电灯照明。1993年秋程控电话进村。1997年，有线电视开通。1998年，自来水进庄入户。2006年，27户贫困户修建新房84间，家家翻新房盖楼房，人均居住面积增至61平方米。2008年，在农民居住区建有垃圾池和绿化带。农村无害化厕所改造率达97.3%，森林覆盖率19.4%，当年获得扬州市“生态村”称号。2012年，全村学龄儿童入学率100%，有卫生服务站，病床5张，新农合参合率98%，新农保参保率96%。全村经济总收入1.38亿元，农民人均纯收入15115元。

境内曾有庙宇2座，分别是建于明崇祯年间的西方寺（置屋六间）和清代建的接引庵。两庙一度香客络绎不绝，民国后期渐衰。两座庙分别于1958年、1966年拆毁。

六、新北村村委会

位于镇东部，东临老龙河，南至仪扬河并有部分与桃坞村接壤，西至新龙公路与新华村相邻，北接九条沟与林果村交界。总面积3.24平方千米。该村因地处新城北而得名。村域民国18年（1929年）始设为新北乡。民国21年（1932年）撤销新北乡，分属新城镇、桃坞乡和紫竹乡。民国38年（1949年）9月复建新北乡。1950年，新北乡属新城区。1956年，撤乡成立新北高级农业生产合作社。此后，新北分属新城人民公社、新城乡和新城镇。1983年，成立新北村村民委员会。2012年，村委会驻董庄组，辖陈庄、姜庄、小薛、老薛、赵庄、孙庄、周庄、方庄、章庄、董庄、宝塔、后双、前双、双塘、顾庄、经庄、联合、睢一、睢二、唐庄和河边21个村民小组，818户、2626人。村委会主任汤长根。

图30-6　新北村村委会（摄于2010年）

新北村地势平坦，沟塘密布，耕地面积101.27公顷，以种植稻麦和油料为主。解放后，兴建排灌站及排灌沟渠，70年代起，实行土地方整化改造，粮食产量逐年提高。2000年以后，实行农业产业结构调整，大力发展蔬菜种植。2006年，建成仪征市绿篱无公害蔬菜生产试验场，66.67公顷蔬菜基地采取“企业+基地+农户”的经营模式，年产蔬菜2700吨。2009年建成无公害农田200公顷，农作物秸秆综合利用率96.1%。2012年，全村粮食总产632吨，油料40吨，蔬菜500吨，农业经济收入537万元。

新北村工业起步较早。60年代，建立新北农具厂，70年代成立建筑站。80年代，有村组办工业企业16家，年产值2000万元。90年代，村内商业服务业迅速发展，网点普及到村组、居住小区。2004年起，新建新北工业区，成为新城镇工业园区主要片区。2012年，村内有工业企业15家，建筑业企业4家，工业及建筑业收入2.08亿元。商业服务业29家，三产服务业收入1220万元。

1958年，新北村开办新北小学。1965年建办新北农业中学。60年代末，学龄儿童入学率96%。1966年，实现户户用电灯照明。70年代，家家通广播。1987年成立红白理事会，节俭办婚丧喜事蔚然成风。1988年成立计划生育协会，此后，无一例超生现象。90年代，出现建房热，家家建新房翻楼房，不仅开通程控电话，自来水入户，而且1997年接入光纤有线电视。2000年后，开展新农村建设，进行庄台整治，呈现水清岸绿、道路整洁、树林成行新景象。同时成立农民艺术队，修建休闲娱乐场所，成为远近闻名的小康村。新北村境内宁通高速公路横贯东西，县道仪圩曹公路由南向北从村西北角通过。有村道3条，总长2.8千米，交通便捷。2007年，农村无害化厕所改造率96.5%，森林覆盖率19.2%，当年获扬州市首批“小康建设示范生态村”称号。2009年，随着扬州（仪征）汽车工业园东扩，新北村有14个村民小组605户住户需搬迁让地，村民们服从大局，主动按期搬迁支持国家重点工程建设。同时，新的农民集中居住区——新北花苑同期开工。2012年，全村人均纯收入15401元，人均住房面积达60平方米，参加新农保、新农合率均为98.5%。

七、林果村村委会

位于镇北部，东至新集镇王营村，南与新华村、新北村接壤，西至马坝村，北界丁冲村，总面积5.28平方千米。该村因曾建有经济林木场而得名。村域民国18年（1929年）属第五区蒋圩乡、草荡乡。抗日战争时期属新城区蒋圩乡。1950年后，分属新城区、乡、公社、镇。1962年建立林果生产大队。1983年，撤队后成立林果村村民委员会。2001年4月，大兴村并入。2012年，村委会驻大圩组，辖先进、同心、朱庄、吴庄、东营、张营、王庄、李庄、大吴、张塘、金庄、大圩、一心、金圩、大刘、新沟、陶庄、贾营、长沟、团结、龙河、宋营、和平、北山、赵庄、西营、胜利、韩塘和张庄29个村民小组，1093户、3662人。村委会主任张万庭。

图30–7　林果村村委会　（摄于2011年）

村域半山半圩，有耕地212.07公顷。南部以种植稻麦和油料为主，北部岗地多种植旱谷杂粮。70年代，大搞农田方整化，沟渠配套，粮食产量逐年提高。80年代，开发荒山坡地生产茶叶，并兴办花木苗圃场。90年代，个体花木场迅速发展。2008年，建成无公害农田266.67公顷，农作物秸秆综合利用率96.4%。当年获扬州市级“生态村”称号。2012年，粮食总产1296吨，油料54吨，有茶场6家、花木场1家。全村农业经济收入1308.7万元。

境内有烧窑制砖的传统。60年代，建有队办砖瓦厂2家，80年代，相继建办塑料厂、陶器厂、竹器厂等工业企业7家。90年代，村内商业服务业迅速发展。2012年，村内有工业企业12家、建筑装饰企业3家、商业服务业14家，全村工业收入8105.50万元、建筑业收入2270万元、三产服务业收入1660万元。

村内交通方便，50年代仪圩曹公路纵贯南北。1958年建办村小学。1969年，建立卫生室。90年代，先后开通程控电话，接入自来水和有线电视。2000年，被评为省级创建文明村先进村。2004年，开展新农村建设，新建农民集中居住区2个，农民居住条件大为改观。2009年，开展村庄环境整治，建农家书屋2个，组建农民艺术队，铺设村通组水泥道路，并率先实现村道亮化、绿化。农村无害化厕所改造率96.9%，森林覆盖率18.6%。当年获扬州市级“生态文明村”称号。2010年大圩庄台被评为省级三星级庄台。2012年，全村农民人均纯收入16732元，人均住房面积60.8平方米，参加新农合、新农保率达99%和95%。

境内有虎山古遗址、唐代晚期白沙窑址和永庵遗址3处，林果东汉墓群1处，其中虎山遗址被列为仪征市级文物保护单位。

八、马坝村村委会

位于镇西部，东与林果村、丁冲村和周营村接壤，南至林果村，西邻真州镇茶蓬村和马集镇金营村，北至马集镇张山村，呈南北长廊形，总面积8.13平方千米。村域民国17年（1928年）属三官乡、马坝乡。抗日战争时期曾属新城区三官乡。解放战争时期属国民党县政府第五区康五乡（后划分为三官乡和陈塘乡）。解放后，1950年属新民区三官乡，1954年6月属凌桥区三官乡，1957年3月属龙河乡三官、马坝高级社，此后属龙河公社、乡。2000年属新城镇。1958年9月成立龙河人民公社时建立马坝生产大队。1983年4月撤队建村，成立马坝村村民委员会。2004年9月三官村并入。2012年，村委会驻王东组，辖庞营、王西、顾周、糜营、三官、百姓、夏西、田营、王东、马下、赵山、庙一、百二、夏东、周庄、刘一、马上、臧西、庙二、坝南、孔庄、周一、刘二、马营、臧东、红旗、朱庄、周二、金一、戚三、

图30-8　马坝村村委会　（摄于2011年）

王庄、朱山、河坝、徐营、金三、戚二、瓦房、高庄、余营、魏庄、金二、戚一、孙庄、百一和碾坊45个村民小组，983户，3417人。村委会主任王正慧。

村域多岗坡地，属蜀冈丘陵地区。有耕地421.78公顷，向以种植旱谷、棉花为主。50年代，逐步旱改水，开始种植水稻。60年代，建成破山电灌站，兴修沟渠，粮食产量稳步增长。70年代，发展渔业生产，年产鱼苗400万尾。1999年，被定为中国林科院长江中下游低丘综合治理与开发示范园，整治中低产田16.7公顷，开发荒山坡地20公顷，建成果品生产基地100公顷和茶叶试验场10公顷。2005年起，发展高效农业，建成尚马农庄垂钓休闲中心。2009年，建成无公害农田289.53公顷。2012年，全村粮食总产3002吨、油料138吨，农业经济收入2284万元。村内工业发展缓慢。80年代，建有砖瓦厂、煤球加工厂和刀剪厂。90年代，开发建材生产。2012年，有门窗加工企业4家、建筑装修企业3家，当年工业、建筑业收入4372万元。

90年代，每年有近千人外出务工经商。2000年后，为汽车工业园服务企业增多。2012年，从事三产业企业17家，当年商业服务业收入2174万元。

村内60年代末期建立卫生室。90年代开通程控电话，部分村庄通上自来水。2005年，开通有线电视。2006年开展新农村建设，修筑通村通组硬化道路，解决长期以来困扰村民的出行难问题，村容村貌发生根本性改变，当年获扬州市级“生态村”称号。2010年，全村通上自来水。无害化厕所改厕率98%，森林覆盖率19.3%。2012年，农民人均纯收入15352元，人均住房面积63平方米，参加新农合、新农保率分别为99%和95%。

境内有唐至五代时期古窑遗址，磨盘山春秋墓葬和建于明代的三官庙。1972年，在魏庄出土一柄战国时期青铜剑，为仪征地区少见的文物珍品。

九、丁冲村村委会

位于镇中西部，南与林果村接壤，北界周营村和马集镇恒华村，东临凌桥、新集李营村，西至马坝村，总面积5.18平方千米。村域民国18年（1929年）属第五区三官乡、马坝乡、龙河镇。抗日战争时期属仪征县抗日民主政府二区、二五区和龙河区的龙河镇。1950年，属凌桥区龙河乡，1957年3月属龙河乡，此后分属龙河公社、乡。1957年，成立丁冲高级农业生产合作社。1958年，龙河人民公社成立时成立丁冲生产大队。1983年，撤队建村，成立丁冲村村民委员会。2001年4月，街胜村并入。2012年，村委会迁移到丁冲农民集中居住区驻赵一组，辖赵一、西营二、前营、东街、赵二、西街、后营、丁冲、张庄、王一、红旗、长塘、夏西、王二、河西、北沙田、夏东、山西、河南、西营一、东营、山东、高场、西营三和沙田

图30–9　丁冲村村委会　（摄于2010年）

25个村民小组，1180户，3633人。村委会主任汪广海。

村域为蜀冈丘陵地带，有耕地260公顷，50年代以前以种植旱谷为主。60年代建成烟袋山电灌站，实现旱改水。70年代开展岗坡地整治，修建水利工程。粮食产量逐年增加。80年代开始调整农业结构，扩大蔬菜瓜果种植面积。90年代通过丘陵地区小流域整治，建成千亩林果园。1998年，开辟茶园20公顷，发展茶叶生产。2009年，发展观光农业、高效农业3家，休闲农庄1家，苗木花卉基地多个，建成无公害农田213.33公顷。2012年，粮食总产2060吨，油料96吨，全年农业经济收入1500万元。

境内村办工业起步较早，90年代建有砖瓦厂3家，每年有近800人次外出务工经商。2000年后，村内商业服务逐步发展。2012年，村有工业企业6家、建筑装饰业企业2家、运输商贸餐饮服务业13家。全年工业、建筑业经营收入8837万元，三产服务业收入3220万元。

村内文化、卫生、教育事业发展全面。60年代末普及合作医疗。70年代，家家通广播，90年代后饮上自来水、开通程控电话。2006年，开通有线电视。开展新农村建设，整治环境卫生，修筑村组道路和村民健身休闲场地。2009年，农作物秸秆综合利用率96.1%，无害化厕所改厕率97.1%，森林覆盖率18.4%。当年获扬州市级“生态村”称号。2010年，建成新型农民集中居住区4个。2012年，农民人均纯收入15832元，人均住房面积62.1平方米，参加新农合、新农保参保率均达98%。

境内有烟袋山汉墓和丁冲汉墓群5座，出土精美文物100多件，造型独特，装饰讲究，在扬州地区较为少见，成为研究仪征汉文化的重要实物。

十、周营村村委会

位于镇西北部，东至龙河集，南与丁冲村接壤，西与马坝村相邻，北界马集镇恒华村，总面积5平方千米。村域民国17年（1928年）属仪征县第五区野鸭乡、基山乡，1957年3月属龙河乡周营高级社，1958年后相继属龙河公社、乡。1983年4月，撤队建村，成立周营村村民委员会。1993年，林场村并入。2012年，村委会驻联合组，辖下王、一组、塘田、河西、金莲、鸭赵、水竹、高庄、顾庄、小基营、潘庄、二组、祝庄、王西、龙埂、曹庄、周营、王东、联合、赵庄、汪庄、老营、上王、团结和老基营25个村民小组，666户、2270人。村委会主任赵云飞。

村域地势北高南低，以岗塝地为主，有耕地295公顷，以种植旱谷杂粮，栽桑养蚕为主。60年代修建电灌站引水上山，开挖引水渠5.3千米，至1976年建成电灌站5座，彻底解决农田灌溉用水。80年代开始农田方整化改造，此后，粮食产量逐年增长。蚕茧产量也逐年提高。2000年后，大力发展现代农业。2009年，建成无公害农田200公顷。

图30-10　周营村村委会（摄于2010年）

2012年，粮食总产量2623吨、油料112吨，农业经济收入948.8万元。

村内工业发展于70年代，办有砖瓦厂、铆钉厂、花盆厂和玻璃纤维厂。90年代发展建筑装修业，先后建办企业4家。2012年有工业企业7家、建筑装潢企业2家，全年工业及建筑业收入6311万元。

90年代，外出务工经商人员增多，每年有400多人外出从事沐浴服务业。2000年后，村内开始建立商业销售网点以及服务业。2012年，三产服务业收入1490万元。

村内民生服务体系逐步完善，60年代通电照明，70年代建立卫生室，90年代开通程控电话，建立自来水厂供村民引用自来水。2002年后实现自来水供水全覆盖。2005年，开通有线电视。2006年，该村开展新农村建设，整治环境卫生，建设农民集中居住区，修筑通村通组水泥路，村容村貌发生根本性改观。2010年，农作物秸秆综合利用率96.4%，无害化改厕率96.7%，森林覆盖率19.6%，当年被评为扬州市生态村。2012年，农民人均纯收入14752元，人均住房面积56平方米，参加新农合、新农保率为99%和94%。

境内现存有陈公塘堤坝遗址。

十一、官胜村村委会

位于镇东北部，东与新集镇凌东村接壤，南临凌桥村，西至龙河，北界三茅村，总面积5.3平方千米。村域民国17年（1928年）属仪征县第五区官塘乡。抗日战争时期属仪征县抗日民主政府二区、二五区和官塘乡。1950年，属凌桥乡、三茅乡，1957年3月属龙河乡官胜高级社，此后属龙河公社、乡。2000年属新城镇。1958年9月，成立龙河公社时建立官胜大队。“文化大革命”期间更名为胜利大队，1981年12月恢复原名。1983年，撤队建村，成立官胜村村民委员会。2001年4月，农科村并入。2012年，村委会驻北头组，辖胜利、吴庄、李山、夏庄、大王、南头、许井、秦庄、上营、北头、徐庄、官塘、中营、胡营、前进、刘庄、利民、下营、赵庄、郭庄、先锋、韩庄、青年、高庄、潘庄、张庄和范庄27个村民小组，810户、2696人。村委会主任王长明。

村域多岗冲地，有耕地313.6公顷，以种植旱谷杂粮为主，少数村庄种稻麦。1958年，建成姚墩水库，1961年，通新集电灌站开始供水。1973年，修建官塘电灌站，彻底解决全村农田灌溉用水，实现旱改水，粮食产量逐年增长。2000年后，进行大规模农田改造，建成高产稳产农田。2009年，建成无公害农田256.67公顷。2012年，粮食总产2549吨、油料106吨，全年农业经济收入1461.5万元。

图30-11 官胜村村委会（摄于2009年）

村内工业发展缓慢。70年代建有砖瓦厂1家，80年代开办玩具厂5家。

90年代发展建筑装饰业。2012年，有工业企业7家，建筑装修企业4家，全年工业及建筑业收入7411万元。90年代，外出务工经商者达600多人次。2000年后，从事运输、经商的增多。2012年，全村三产服务业收入1250万元。

80年代，开始修筑通外机耕路，90年代铺筑砂石路，基本解决村民出行难问题。与此同时，1970年建卫生室，通电照明。90年代通自来水，开通程控电话。2000年后，开通光纤有线电视、自来水普及，铺设通村组水泥路5.8千米。2005年，开展新农村建设，整治环境。农民居住条件大为改善。2009年，无害化厕所入户率96.8%，森林绿化率19%。2012年，农民人均纯收入14695元，人均住房面积61.8平方米，参加新农合、新农保率达98%和95%。

境内宋代建有恭爱庙，祭祀修建陈公塘的广陵太守陈登，后改称官塘庵。1958年遭拆毁。另有汉代墓群古墓葬4座，出土大量釉陶器、灰陶器、铜钱以及铁剑等。

十二、凌桥村村委会

位于镇中东部，东与新集镇凌东村接壤，南至沿山河，西抵龙河，北界官胜村。总面积6.74平方千米。村域民国17年（1928年）属仪征县第五区凌桥乡，抗日战争时期属仪征县抗日民主政府二区、二五区、龙河区的凌桥乡，一度属汪伪仪征县第五区凌桥乡。1950年，属凌桥区凌桥乡，1957年3月，属龙河乡凌桥高级社。1958年9月，成立龙河人民公社时建立凌桥大队。1959年，划分成立凌桥、凌东、凌西3个大队。1983年4月，撤队建村，成立凌桥村村民委员会。2000年后属新城镇。2001年4月，凌西村并入。2012年，村委会驻洪庄组，辖友一、对过、东组、东营、曹山、沙田、友二、前朱、西组、先进、松元、潘东、友三、郭庄、胡灯、赵庄、曹庄、潘西、友四、山头、胡庄、陈庄、柳沟、小任、后朱、张东、河北、陆庄、孔庄、刘庄、张西、洪庄、团结、姜庄、小庄、南庄、夏营和西营38个村民小组，村委会主任王慧华。

村域多岗塝冲地，有耕地376.93公顷，以种植旱谷杂粮为主。50年代，兴办机电灌站，解决农田灌溉用水。70年代，改造中低产田，开挖沟渠，当家塘。80年代，建办村组小电站9座，开展农田方整化改造。2000年后建成高产农田近200公顷。2009年，建成无害化农田333.33公顷。2012年，粮食总产量3526吨、油料121吨，全年农业经济收入1312万元。

图30-12　凌桥村村委会（摄于2009年）

村内工业以碾坊、油坊、豆腐坊和制香、制作篾器为主，50年代有20多家，60年代停业，70年代后期恢复发展。90年代，新增猪鬃加工厂、玩具加工厂、机械加工厂5家。2012年，工业及建筑业收入2840万元。

90年代，外出务工经商以及从事沐浴业人员每年达500人以上。2000年后，村内开店办企业的增多。2012年，有商业网点11家、服务业8家，全年商业服务业收入2202万元。

村内民生服务体系逐步健全。70年代建立卫生室并修筑通外机耕路。80年代修筑砂石路。90年代开通程控电话，2000年后接通自来水和有线电视。2006年，开展新农村建设，整治环境卫生，开辟健身休闲场所，建设农民集中居住区，修筑通村通组水泥路。2009年，无害化改厕97%，森林覆盖率19.1%。2012年，农民人均纯收入14342元，人均住房面积56平方米，参加新农合、新农保率达99%和96%。

境内有潘家营汉代墓葬13座，出土文物百余件。当地《二月二送花灯习俗》2009年被列入仪征市非物质文化遗产名录。

十三、三茅村村委会

位于镇北部，东与新集镇长春村接壤，南至官胜村，西与马集镇秦桥村相邻，北界刘集镇白羊村。总面积4.79平方千米，该村因有三茅庵而得名。村域民国17年（1928年）属仪征县第五区三茅乡，抗日战争时期属仪征县抗日民主政府龙河区三茅乡，一度属汪伪县政府第五区三茅乡。1950年，属凌桥区三茅乡，1957年3月，属龙河乡人民高级社。1958年，成立龙河人民公社时建立三茅大队，此后，属龙河乡。2000年后属新城镇。1983年4月，撤队建村，成立三茅村村民委员会。2001年4月人民村并入。2012年村委会驻三茅组，辖上营、永三、孙庄、秦南、秦北、猪场、永二、三茅、北良、朱庄、肖庄、人一、丁庄、中组、小营、人五、和平、赵庄、下营、人四、后组、占庄、王庄、人三、基庄、永一、团结、人二和农科29个村民小组，727户、2347人。村委会主任赵福存。

村域为丘陵岗地，有耕地289.20公顷，以种植旱谷杂粮为主，也有少量田块种植稻麦和油料。解放后，兴建水利工程，发展粮食生产。1959年，建办林木场、蚕桑场和万头猪场。2000年后，调整农业产业结构，开辟中药材生产基地。2011年起，发展绿色农业，建成86.67公顷无公害粮油生产基地以及全镇首个食用菌生产基地，年产各种菌类100吨，建成大棚蔬菜生产基地，年产新鲜蔬菜1000吨。2012年，全村有农业产业园3个，粮食总量1685吨、油料100吨，农业经济收入1841万元。

图30-13　三茅村村委会　（摄于2010年）

村内工业基础薄弱，发展迟缓。80年代，始有村办玩具加工厂。90年代，开始陆续有私营加工厂建成投产。2012年，有工业企业5家，全年工业及建筑业收入5968万元。

三茅集在村东，抗日战争时期一度集市交易兴旺。解放后，仪征县政府批准设立耕牛交易所，70年代后，市面逐渐冷落，但仍有20多家（处）商店和农贸市场。2006年，成立村便民服务中心，供应化肥农药等农用物资和日用百货。2012年,全村三产服务业收入2877万元。

村内民生服务体系逐步完善。60年代建立卫生室,用电灯照明,90年代开通程控电话,2000年后接通自来水和有线电视。2006年,开展新农村建设,修筑通村通庄水泥路,县道仪圩曹路和龙刘路纵横穿越境内,交通便捷。2009年,整治庄台,改水改厕,改厕普及率达96.9%,生活垃圾综合利用率62.8%,森林覆盖率19.5%。2010年,获扬州市级"生态村"称号。2012年,农民人均纯收入14357元,人均住房面积56.3平方米,参加新农合、新农保率为98%和95%。

境内有建于明末的三茅庵和清代的王家祠堂遗址,以及晋代墓葬1座,出土精美文物数十件,为研究晋代文化发展提供珍贵的实物资料。

第二节　社区居委会

一、新城街道社区居委会

位于镇中心区,东至巫家沟,南与十二圩办事处越江村接壤,西接梅家沟与郁桥村为邻,北与新华村为界,总面积3.2平方千米。居委会驻新农西街2号。2012年,辖居民一组、二组、三组、四组、五组、六组、七组、八组和九组9个居民小组,以及花亭、玉兰2个村民小组,社区常住居民1354户、2280人。居委会主任曾福顺。

该社区原系1959年成立的新城街道办事处,1963年,改称新城街道居民委员会。1983年后,居委会改为届期制,由居民代表大会投票选举产生。2000年,龙河街道居委会并入,并成立龙河街道办事处。2002年4月,居民委员会更名社区居民委员会。社区居委会为居民自治组织,开展社区管理和社区服务工作。2012年,被评为仪征市达标示范社区。

1959年,接入电灯照明,80年代接通自来水,90年代开通程控电话,1997年,开通有线电视,2000年,饮用长江自来水普及率100%。2008年,在全镇区环境整治中,千年古镇焕发新姿,街巷道路整洁、铺设污水管网2.5千米,重点工业污染源排放达标率100%,生活污水处理率为82.4%,主要街道绿化普及率达96.8%。2012年,社区实现三产产值5.6亿元。

解放后,新城街道为新城区、新城乡政府驻地。1958年后,为新城公社、乡、镇政府驻地。2012年,社区除驻有镇党政机关部门20多家外,还有市驻镇机构10多家,有各类工业、商业、服务业企业480多家。

二、龙河街道办事处

东边紧绕龙河西岸与凌桥村隔河相望。南北西三面与丁冲村接壤,面积0.35平方千米。2012年,辖东街、西街、南街和北街4个居民小组,440户、704人,办公地点在龙河集北街,负责人王正海。

解放后,龙河街道配备1名副街长和1名治安员,管理街道行政事务和治安。1956年,配备一名私改员对工商户进行管理。龙河公社成立后,建立街道办事处。至1981年,办事处主任一直由龙河供销社负责人兼管。1982年,街道办事处归龙河公社管辖。1983年,街道居委会单独成立党支部,设社会治安综合治理领导小组、青少年关心教育工作小组、民事调解小组,具体负责集贸市场管理、居民矛盾纠纷调解、户口迁移(1990年前)、环境卫生管理。1990年起,承担计划生育管理工作(1990年前乡计生办管理)。

街道居委会成立之前,上级民政部门每月每人补贴办公经费30元,非财政供养人员工资从收取的集贸市场管理费中列支。1986年,成立劳动服务公司,为全乡外出务工农民服务,兴办青年商店。1990年,兴办青年饭店,增加收入。2000年4月,龙河乡并入新城镇后,龙河街道居委会建制撤销,成立龙河街道办事处,原工作班子工作职责不变。2001年起,经费由镇财政支付,实行报账制,收支两条线。

1959年,通电,居民用电灯照明,1984年,饮用龙河水厂生产的自来水。90年代开通程控电话,2000年,开通有线电视。2008年,街道进行环境整治,异地新建农贸市场、街道环境整洁。2012年,街道社区内有龙河社区中心卫生院、龙河初级中学、中心小学和幼儿园,农村商业银行支行、邮政储蓄银行支行和邮政、电信支局近10家。

三、太平社区居委会

1999年10月18日,新城镇太平居民委员会成立,翌年更名为太平社区居民委员会。办公地址位于真州东路东郊花苑内,辖东郊花苑、城东名苑、建邺小区、教师公寓、明月苑、三将小区和农民一条街居民区等7个居民小组,居民住户437户、1592人。

社区内无生产企业和民生服务机构,居委会负责居民矛盾纠纷调解,社区环境卫生管理。2012年,居委会主任尤碧。

第三十一章　人　物

新城历史悠久、人才辈出。清代吴遐伯、吴粹一，民国时期吴静安以及外籍人东汉陈登、东晋谢安等历史名人，至今仍为人们推崇。在抗日战争、解放战争和社会主义建设时期，朱鹏、费放天等76位革命烈士为祖国和人民献出自己宝贵的生命，受到全镇人民敬仰。解放后，一批先进典型人物，分别受到国家和省、扬州市表彰奖励。有140多位新城人在外地作出杰出的贡献，成为家乡人民的骄傲。本章以传略、简介和名录等形式，分别记述对新城经济和社会发展有影响的人物以及新城籍旅外有贡献的人物。

第一节　人物传略

本节选录自东汉以来，新城籍和在新城生活、工作的客籍已故名人、革命志士以及对新城经济、社会发展有一定影响或贡献的典型人物，计18人。按其卒年先后排序。

陈　登

图31–1

陈登（171—210年），字元龙，下邳（今睢宁西北）人，25岁时举孝廉，任东阳（治所在今山东武城东北）县令，在任上养老育孤，扶贫救苦，深得众望。后任徐州典农校尉，专管农事，政绩显著。建安二年（197年）被曹操任为广陵太守后，致力于农事，在蜀冈（今龙河集以北官塘庵一带）兴建规模浩大的陈公塘，能够解决周围50里内农田的灌溉用水。塘里放养成鱼，塘边种植芦草，每年可提供大量的水产品。唐宋时引塘水入漕河（今仪扬河前身），抬高水位，发挥“流通漕运”的作用。宋嘉定十四年（1221年）大修陈公塘时，沿西湫故道修浚渠道二十里，将塘水引入真州城壕。明嘉靖三十一年（1552年）陈公塘废弃。

陈登兴建这项著名的灌溉工程，受到人们的尊敬和爱戴，为纪念陈登，人们把这项工程称为陈公塘、爱敬陂，把下游河道叫做元龙河，还在塘边建起恭爱庙，供奉他的塑像。

陈公塘是仪征历史上最早由人工建造的大型水利工程，列古代“扬州五塘”之首，作为全国著名的古塘之一，载入《文苑英华》《全唐文》《古今图书集成》和《中国水利史稿》等多部典籍，在中国水利史上占有一席之地。

陈登2006年入选《仪征市水利志》历史人物。

谢　安

图31-2

谢安（320—385年），字安石，汉族，浙江绍兴人，祖籍陈郡阳夏（今河南太康），东晋政治家、军事家。谢安出身名门世家，从小受家庭教育，4岁时被乡间名士誉为“风神秀彻”。青少年时期已在上层社会中享有较高的声誉。升平四年（360年）谢安步入仕途，担任征西大将军桓温帐下的司马。咸安元年（371年），谢安担任侍中，不久升任吏部尚书。宁康元年（373年），谢安阻止桓温篡权的图谋。当年谢安被任命为尚书仆射兼吏部尚书，数月后又兼任总中书省，实际总揽东晋的朝政。太元元年（376年），孝武帝司马曜亲政，谢安任中书监，录尚书事，总揽朝政。当时的东晋地域在长江流域，上游由桓氏掌握，下游则属谢氏当政。太元八年（383年），谢安指挥淝水之战，大败秦军，阵斩符融，晋军取得全面胜利。翌年八月，谢安起兵北伐，收复大片土地、城池。至此，淝水之战前秦晋以淮河—汉水—长江一线为界改为以黄河为界，黄河以南重新归入晋朝。北伐节节胜利，引起司马氏皇室的恐慌，时会稽王司马道子专权，竭力排挤谢安，以致淝水战功，谢安竟然没有得到封赏。东晋太元十年四月，谢安自请率军10万人马出镇广陵（今扬州）的步丘，筑垒新城以避之，并着手造泛海船只，准备从海路返回故里。八月，谢安病重，自广陵还京医治，八月二十二日病逝建康（今南京），享年66岁，谥号曰“文靖”。葬礼同皇帝级别，太元十二年，追封谢安以庐陵郡公，表彰其淝水之战功。

谢安筑新城，《晋书谢安传》中记载：“安出镇广陵之步丘，筑垒曰新城以避之。”司马光《资治通鉴》记载：“安于步丘筑土曰新城。”《嘉靖维扬志》载：“东晋太元十年，太保谢安镇广陵，筑新城。”清雍正元年（1723年）《仪征县志》记载：“新城在东关外，本谢安出镇广陵所筑也。”清朝一代宗师阮元，在其《淝水诗》中写道，“谢安后裔仪征籍，新城留有康乐园，元代扬子故县治，我识明哥桃坞源。”明示谢安是仪征新城的缔造者。

朱　鹏

朱鹏（1922—1940年），原名朱启铭，仪征龙河人。早年就读扬子中学，成绩优异，多次获演讲竞赛奖。民国27年（1938年）与同学杨再兴、费天放等赴苏南茅山地区联络新四军，参加新四军教导队短期集训后编入一支队二团政治处，在金坛、丹阳、句容等地参加抗日游击战争。民国29年（1940年）朱鹏随部队渡江到苏中，参加郭村保卫战，后任苏北指挥部第二纵队政治部组织科青年干事，同年9月上旬在营溪反击顽军韩德勤部队进攻黄桥地区的战斗中，因脚负伤，染破伤风牺牲，后被追认为革命烈士。1987年，入选《仪征市志》（1993年版）人物简介。

图31-3

吴遐伯　吴粹一　吴静安

吴遐伯（1881—1941年），名锡龄，字遐伯，别号远，以字行，仪征新城人。少时聪慧勤奋，19岁熟读经史，21岁拜刘师苍为师，完成论述《诗经》《左传》的学术文稿百余篇。之后，吴师事刘师培半年，为刘师培所器重。后初入宁属师范，继入两江优级师范农博科，成绩优异。毕业后留两江优师附中任教。辛亥革命后返扬州，先后在淮扬合一中学、省立第八中学、扬州中学执教，教学注重实践，培养学生野外采集和制作标本能力。吴遐伯知识渊博，才思横溢，上课口讲画图并举，讲解透彻，通俗易懂，推动大批学生发展成才。吴遐伯旧学造诣很深，为当时文史学界推崇。他指导子侄学习文史古籍有良法，指点读书门径及各家学术源流，使他们从小打下良好基础。读高中二年级的侄儿吴静安的论文《离骚草木鸟兽名解》，就是在他指导下完成的。吴遐伯擅书画，书法大师李梅庵是其两江优师时老师，对吴影响甚巨。吴长期研习、临摹郑文公碑、得其神似。吴又好游览名山大川，益增所绘山水之气韵。吴酷爱买书，扬州寓所藏书逾万卷。抗战期间吴遐伯避居乡间，身患重病，逝世前一再告诫后辈毋忘民族大义。吴遐伯1987年编入《仪征市志》（1993年版）传记人物。

图31-4

吴粹一（1887—1945年），名锡纯，后单名纯，字粹一，以字行，仪征新城人。吴粹一早年随兄遐伯师事刘师苍、刘师培，后毕业于南京高等师范工科，曾在泰州明德中学、镇江江阳中学、苦儿院高级班任教。民国12年（1923年）秋应聘回十二圩盐栈参与创办县第一所中学——扬子初中，出任校长兼数学教师。学校初创时适遇战乱，盐业衰落，经费无着，中途又三迁校址，办学十分困难，吴粹一借校舍，募经费，自制教具，聘请良师，精心办学，取得良好效果，获历任盐栈栈长和省、县督学好评。仪征沦陷后，吴粹一先后在徐集、谢集教低年级幼童和当家庭教师。他讲求以身作则，教课准备周密，要言不繁，分析透切，和蔼可亲，课后辅导因材施教，深入浅出，方法独特。学生后来成才者众多，有的几十年后犹感谢吴老师指导打下深厚基础。吴粹一多才多艺，能教多门课程，课余教学生装矿石收音机和制作幻灯，讲解照相原理及技艺，拓宽知识面，丰富课余生活。他辅导子女学习旧学有独到之法，使他们少年时就具备扎实的文史基本功。子吴静安为生物专家，竟完成刘氏开创的疏证《左传》大业，子吴延之为地质学博士研究生导师，均得益于早期家教。他的5个子侄分别献身大中学校教业，均有成就，亦是受其影响。吴粹一喜购书，藏书逾万卷，又喜种花、照相，书法亦佳。书法早年学颜体，后又习北碑；又长期临摹古篆、甲骨钟鼎文字，至晚年工隶篆。著有《力学初编》《工艺教程》等书。吴粹一1987年编入《仪征市志》（1993年版）传记人物。

吴静安（1915—2007年），新城街道人。幼承家学渊源，6岁起开始读书，13岁时随父在十二圩扬子初级中学就读，继而转入扬州中学读高中，居住在伯父吴遐伯的书屋里，饱读书屋里所藏经史子集，又师从张羽屏先生习大篆、甲骨文、钟鼎文等，打下深厚的史学和文字学基础。吴静安高中二年级时能独立完成业余课题《离骚草木鸟兽名解》，这一专业性很强的学术论文，高三年级时又写成《战国纪年》一书。民国22年（1933年），吴静安以优异成绩考入浙江大学生物系，毕业后曾在中央研究院动植物研究所工作，后到扬州中学任教生物、数学，担任南京第三中学校长。解放后到南京市教师进修学院、南京晓庄师范学院任副教授、教授。在繁重的教学之余，他广泛涉猎先秦的历史、地理、氏族、历法、礼制、文字训诂及聘问、会盟、征伐、搜狩等方面文献，进行考据，先后完成《广春秋世族谱》《春秋地名今释》《三传徵礼》《春秋地名解诂补》《世本集解》《纪年集解》等著作20多部，200多万字。1957年，吴被错划为“右派”，“文化大革命”中旧作全部被毁，1969年被下放到苏北农村，接受贫下中农再教育。1976年，吴静安落实政策后返回南京市教师进修学院工作。在此期间他仍坚持在小书房中伏案疾书，完成仪征刘氏及父辈未竟的注疏《左传》事业，补齐自宋襄公六年至鲁哀公二十七年几百年间注释，考证180余家旧注、50多家旧注辑录，终于在1982年写成160万字的《春秋左氏传旧注疏证续》初稿，使刘文淇“三世一经”形成完壁。全书依照刘文淇原作体例，疏注兼治，例精义博，以汉诂为宗，更利于学术界的利用和研究。该著作2005年5月由东北师范大学出版社出版，成为海内外学人瞩目的《左传》最完整的注释专著。吴静安一生淡泊名利，崇尚俭素，埋头读书，是一位学术造诣深厚的著名学者，享受国务院政府特殊津贴。吴静安是中国民主同盟江苏省委员会委员，曾任省、南京市政协委员，并编入《仪征市志》（2012年版）传记人物。

图31-5　吴静安著作

吴　萍

图31-6

吴萍（1923—1946年），原名吴振霆。仪征县城人，出身菜农。吴萍少时在乐仪小学读书，因日军侵仪辍学，民国28年（1939年）到新集高德隆杂货铺当学徒，该杂货铺成为仪征县二区抗日民主政府在敌占区的联络点后，吴萍常与党的干部姚一青等接触，接受革命教育。民国29年（1940年）下半年到淮南抗日根据地中心区半塔集学习，6个月后分配在仪征县抗日民主政府任会计，翌年参加中国共产党，先后担任乡长、区委副书记等职，解放战争期间担任新城区委副书记。民国35年（1946年）国民党军队大举进攻淮南解放区，8月11日，国民党军整编二十五师3个连及仪征县县长李康五率领的自卫队、还乡团共600余人，围攻新城区委、区署所在地大焦营以东的草牛王庄，吴萍率区干部和区队奋勇还击，战斗持续几个小时，吴萍射出最后一粒子弹后，将枪拆散抛进水塘，徒手与敌人搏斗，不幸被捕。反动分子嘲笑他“堂堂共产党区委书记，穿得像个要饭的，你图个什么？”吴萍横眉冷对，怒斥国民党反动派卖国求荣，鱼肉人民的罪行，国民党军恼羞成怒，开枪将他杀害。1987年，吴萍入选《仪征市志》（1993年版）传记人物。

费放天

费放天（1922—1946年），原名费兴宝，仪征曹山乡牌楼村人。他出身贫苦农家，幼年丧父，少时一边劳动一边读书，在扬子初中上学时阅读《大众生活》等进步书刊，向往革命。民国27年（1938年）秋冬，与杨再兴等同学到江南茅山地区寻找抗日队伍，参加新四军并在那里接受训练。第二年，费放天返回仪征，与余雷、卞竞武、赵坚等人组织仪征抗日救国青年团和救亡宣传队，到谢集、刘集、龙河等地开展宣传活动。苏皖支队到仪征后，他奉命做游击队的工作。民国29年（1940年）2月参加中国共产党，先后担任抗日民主政府的乡长、科员、区员，解放战争期间任新城区区长。民国35年（1946年）8月11日，国民党军3个连及县自卫队、还乡团共600余人，围攻新城区署所在地大焦营以东的草牛王庄。区干部和区队战士奋勇还击，费放天弹尽被捕，押送途中反动分子嘲笑他“费区长，还上哪里开会去？”他大义凛然回答：“革命烈火是扑不灭的，我不能开会，自有人来开会，发动群众把你们打倒！”敌人用铁丝穿扎他锁骨，在龙河街上“示众”后推上轮船，拟押送外地。费放天不屈，一路怒斥反动派，被抛入江中溺死。1987年，费放天编入《仪征市志》（1993年版）传记人物。

徐道义

徐道义（1937—1967年），新城三将人。小学毕业后在农村劳动，做过生产队食堂会计、粮食保管员。学瓦工满师后，上级要他放弃瓦工活，任立新大队（即三将村）四新生产队队长。由于徐带头苦干，四新生产队在生产、管理等方面均见起色。平时爱读介绍雷锋等英雄事迹的图书，乐于助人，尤其同情困难户和老年人，常帮人割麦、挑粪。社员文昌杰家失火，他奋勇抢救，后又主动送物，帮助文家克服困难。1967年10月15日中午，在塘里采摘菱角的3个孩子盆翻落水，徐闻迅即赶去，跳入水塘抢救。孩子得救了，徐因力竭溺水牺牲。1987年，徐道义编入《仪征市志》（1993年版）人物简介。

王幼川

王幼川（1885—1971年），龙河街道人，名中医药师。王幼川祖籍邗江李典，少年时在武汉中药行学艺，30岁落户仪征龙河集，当药工，一生从事中药加工和配方60余年，积累丰富经验。龙河卫生院中药房在他的主持下，加工中药的质量，享誉全县。60年代，在大搞中草药活动中，他已80岁高龄，多次受县卫生科委托，在中药徒工和中药工作会议上，现场传授加工炮制技术，同时，受南京等地邀请，作中药加工炮制示范操作，受到中药同行的一致好评。王一生讲究“药德”，确保中药加工和配方的质量，他常说：“积德虽无人见，存心自有天知”。2000年，王幼川入选《仪征市卫生志》传记人物。

图 31–7

金福涛

金福涛（1959—1979年），新城大兴人，1976年3月入伍，在边防某部八连任战士，1978年任一连二班班长。1979年2月，在云南边防保卫战中，金带领全班战士坚守435高地，面对敌人一个加强连的轮番冲锋，金勇猛顽强，一人使用3支冲锋枪、1挺机枪、打退敌人11次冲锋，最后全班战士壮烈牺牲。部队党委给予金福涛追记二等功，追认其为中共正式党员，当年3月31日，省政府追认他为革命烈士。

姚一青

姚一青（1915—1980年），原名庆云，曾用名华山，江苏丹徒县人。姚一青少时在家乡读私塾，民国18年（1929年）到苏州做工，抗战初期回家乡发起组织青年救亡团。民国28年（1939年）春，在丹阳参加新四军江南挺进纵队，加入中国共产党，当年7月任扬中县委书记，不久调挺纵三团任民运股长。民国29年（1940年）1月，随三团到仪征，任中共仪征县委委员、中共龙河区委书记、苏皖支队驻龙河办事处主任。4月，任中共仪征县二区（在龙河一带）区委书记兼区长，翌年夏二区撤销，调任六区区长。民国31年（1942年）夏，建二五区（在龙河、新集一带），仍任该区区委书记、区长。民国32年（1943年）1月，二五区划属湖西办事处，任中共湖西工委委员、办事处副主任，兼二五区区委书记、区长。6月，湖西办事处改为甘泉县，仍任二五区区委书记。姚一青长期在龙河、新集、张集等地从事开辟抗日根据地工作，善于发动群众，亦擅做统战和伪方人员工作，率领武工队深入敌占区，作战身先士卒，且足智多谋，神出鬼没地打击敌人，还培养一批当地干部，深受地方各界的敬重。民国34年（1945年）调离仪征到华中分局工作。解放后历任上海电业管理局人事处副处长、上海南市发电厂厂长、华东电业管理局基建处副处长和组织处处长等职。1980年2月病逝。

图 31–8

于柏村

于柏村（1908—1981年），新城桃坞人，幼年随父阅读中医书籍。民国15年（1926年）在县城随陆樵学习中医，民国22年（1933年）回本村行医兼做塾师，民国27年（1938年）在县城大码头庆余堂药店坐堂应诊。民国29年（1940年）转至龙河同生堂药店行医。1951年参加医学会，次年加入三将联合诊所，积极从事中医学术活动，踊跃献方和献书，1958年在真州卫生院任内科中医师。1963年调至曹山卫生院工作，1969年在新城桃坞大队卫生室行医。

于柏村一生行医谨慎，态度亲切和蔼，对待经济困难病人，主动给予关心和照顾。杜春元、吴广荫等曾随其学习中医。2000年，于柏村入选《仪征市卫生志》传记人物。

姚鹏云

图31–9

姚鹏云（1919—1982年），原名姚同元，号铸人，新城金桥人，为仪征名中医，人称“姚半仙”。

姚鹏云出生世代农家，家境贫寒，自幼聪明好学，9岁入接引庵学堂读书，15岁熟读古文，皆能倒背如流。18岁他矢志为良医，闭门攻读中医典籍，鸡声灯影，寒暑无间，历时三载，作“医学读悟记”盈尺，熟记两千方剂，并能独立处方，25岁时得镇江名医王泽田等指点，便外出游方行医，医技日益精进。他不墨守医术成方套路，而博采众长，汇通各家名方，形成自己的处方特色，民国34年（1945年）回乡设立门诊行医。有一李姓老妪，病入膏肓、危在旦夕，姚上门察看后断其所患是温病，证属痰热蒙心，理当泻其污秽痰浊，复得矢气，乃给患者急服万氏牛黄丸1粒。2小时后，老妪神志渐清，转危为安，众皆哗然。1955年，姚鹏云进入新城联合诊所（1958年更名为新城公社卫生院），坐诊中医内科，1969年下放到金桥大队卫生室。1970年，丹徒朱姓患者得慢性结肠炎，病经五载，求医无数，终不见效。姚问其苦、观其色、切其脉后，以四逆散加大黄四钱（12克）二贴服后，痛苦消失，后竟痊愈，病家万分感谢，姚医名气传至江南。1971年春，福州军区司令韩先楚之子韩战平，因患肝脾肿大症，遍治无效，尚存一息。姚诊断后遣用虫类药物治之，果见奇效，调治两月竟如常人，众人佩服姚大夫有识有胆，堪称一代名医。1972年2月23日，姚参加南京军区总医院为一位身患血液病的军官中医会诊会，有20多位上海、北京、南京等中医名家，在轮流为患者诊脉后，各写医案传阅。姚之医案得到众专家认可，用其之方投治，五日后斑稀、色淡、衄止，继以清营理血而痉。其医案遂成为名医案例广为流传。1973年调回新城卫生院。1983年获县“名老中医”称号，并获准带徒。

姚鹏云在实践中善作医案、论述谨严，剔透精辟，著有《姚铸人医案》2册、《鹏云医话》2册，在中医学术理论界享有较高的知名度，历经多年磨砺逐渐创立姚氏中医内科门派。2000年，姚鹏云入选《仪征市卫生志》传记人物。

周宪进

周宪进（1962—1989年），新城新北人。1980年11月参军，1985年8月入党，任南京军区后勤部第一船舶运输大队内河中队N1114船机电专业军士。服役期间，立三等功1次，嘉奖7次，多次被评为红旗船员和优秀士兵。在1989年“四二八”海难中为保护战友和群众英勇献身，5月13日，南京军区后勤部批准他为革命烈士，追记二等功。

1989年4月28日下午二时许，完成运输任务，返航至苏沪交界的长江浏河口附近江面，突然遇到10级以上狂风和百年未遇的大暴雨袭击。油船被高达八九米的巨浪吞进、吐出，设备严重受损，巨浪从甲板上方压进辅机舱，涌进泵舱和锚链舱，导致船头慢慢下沉，船尾螺旋桨露出水面。在呼救无效，船体迅速下沉的情况下，共产党员、机电班长周宪进不顾个人安危，让4名战友和3名群众先上救生筏，自己最后离船。当8个人抓住单片救生筏的绳索，向距离2千米的岸边游动时，周宪进见救生筏因人多难以承受，便对身边的战友说："这样下去恐怕一个也活不成，你们走吧！"主动推开救生筏。干部学员季和平和驾驶班副班长李拥华也相继松开手，只身与风浪搏斗。两个小时后，救生筏上的战士和群众得救了，周宪进等3人却献出了年轻的生命。

《解放军报》《新华日报》《解放日报》刊登周宪进在海难中"把生的希望让给别人，死的危险留给自己"英勇献身的事迹。南京军区后勤部第一船舶运输大队党委作出向周宪进烈士学习的决定。2003年，烈士骨灰安葬于仪征市烈士陵园。

梁　飞

图31-10

梁飞（1978—1998年），新城街道人，1996年12月入伍，同年加入共青团，1997年分配到海军37711部队，上等兵军衔。1998年8月22日上午在湿爬演练时牺牲，后被追认为烈士。

梁飞所在的是两栖侦察部队，每一项训练都具有高难、奇险、特苦的特点。他积极参加各项训练活动，不断提高自己的实战技能，1997年11月向所在党支部递交入党申请书。1998年年初，部队组织转场训练，梁飞从不叫苦叫累，虚心地向老战友学习请教，有些高难动作，一遍不行，主动要求做第二遍，直到熟练掌握。每个科目都取得优异成绩。尤其是三千米武装泅渡训练负重8千克一直坚持游在队伍的最前面。梁飞入伍一年多来，经过几十个科目的摸爬滚打，锻炼成为一名合格的两栖侦察兵，公认的"爱军习武积极分子"。8月中旬，进行潜艇输送侦察兵爬管演练，要求高、危险性大，为不错过这次难得的训练机会，梁飞先后找到分队和中队的领导，主动要求参加潜艇爬管训练，领导综合他一年多来的军事素质，经研究后，满足他的愿望。8月22日，梁飞作为第八管小组长把自己安排在该组第一名位置上。在训练中，由于巨大回流造成的反推作用，梁飞不幸牺牲。他用自己的实际行动，履行自己入党申请书中所写的"甘愿吃亏，不怕吃苦，勇于献身"的誓言。2006年，梁飞入选《仪征市志（1988~2006）》传记人物。

李德星

李德星（1921—2006年），新城街道人，出生于小商贩家庭，民国17年（1928年）7月就读于新城小学。民国25年（1936年）6月，小学毕业后便在都天庙小学任代课老师。民

图31–11

国26年（1937年）9月，日军侵占新城后，学校解散。李德星随同几位老师、学生参加抗日救国的宣传活动，辗转由仪征经淮阴、宿迁到达徐州，适逢胡宗南在招考学生军，便报名参加考试，后被录取。民国27年（1938年）1月，经过复试后编入中央陆军军官学校第七分校十五期二总队的特科大队工兵队二区队四班，民国28年（1939年）10月，学习期满毕业，随后开赴各抗日战场。李德星被分配到27军45师补充团二营四连任少尉见习官，一天傍晚参加打伏击炸毁日军车5辆，打死日军13人，缴获大批物资，因有功提升为排长。民国28年（1939年）12月11日，李德星率领一个排夺取长子县1688高地。消灭日军一个班，活捉军曹（班长）小野一郎。民国29年（1940年）2月，参加围歼日军驻扬家寨小岛师团战斗，击毙少佐军官中村太郎，后被提升为中尉排长、中尉连副。民国32年（1943年）5月，夜袭河南辉县薄壁镇日伪军，消灭日军2个连队和伪军300多人。9月，李德星投奔胡宗南，任司令部道路破坏技术班少校指导员，民国33年（1944年）7月，调至后勤部第五兵站总监部十一分站任兵站站员，先后参加两次对日会战。民国35年（1946年）12月，面对内战，李德星选择逃避离开部队回乡。新中国成立后，李德星在新城街道做零工。1982年，任扬州市黄埔同学会会员，仪征黄埔同学会组长，2006年7月8日病逝。

张玉林

图31–12

张玉林（1935—2007年），新城郁桥人，1958年参加工作，先后任滨江公社总账会计、大队总账会计。1963年，参加社教工作队，加入中国共产党。1964年8月任郁桥大队党支部书记。1972年先后任新城公社党委副书记、党委书记。其间，张玉林深入各村田头场头察看农业生产和农民生活情况，及时解决生产中出现的问题，保持农林牧副渔各业稳定发展。张玉林1987年调任市人民法院院长，1992年任市政协副主席。在任职期间，张玉林加强调查研究，倾听各方进言献策，贯彻落实党对人民政协的方针政策，认真履行工作职责。1996年退休。

第二节　人物简介

人物简介主要记述2012年年底健在的党政军副处（副团）级及以上人物，以及著名教授、知名学者、专家、文化名人、作家、名医、名厨、全国优秀教师、全国道德模范等计48人，以出生年月排序。

吴继宗

吴继宗，新城龙河人，1921年8月出生。大学文化，教授级高级工程师。曾任江苏省电力局基建处处长，江苏省电力设计院院长、总工程师。

吴继宗出身贫寒家庭，民国20年（1931年）在十二圩扬子小学读书。民国22年（1933年），考上江苏省立扬州中学。依靠老师、同学帮助及学校颁发的清寒奖学金学习至抗日战争爆发学校停办，当年12月，吴继宗偕同乡同学3人，从龙河集徒步西上汉口，于民国27年（1938年）到达，进入教育部流亡学生收容处，后编队至四川合川国立四川中学继续学习。民国28年（1939年）以优异成绩毕业考入浙江大学电机系（当时在贵州遵义）。民国32年（1943年）以电机系第一名成绩毕业，被选送至时为后方第一大厂的四川宜宾电厂，以后一直在电力部门工作。1958年，调入江苏省电力设计院，从事江苏省电力建设的规划、设计工作，并将江苏省电力设计院引入全国先进设计行列。其间，1974年，曾指导过仪征第一个110千伏变电所的设计。1981年退休。此后曾于1986年至1993年负责华能南通电厂引进国外项目的技术工作。

吴继宗1978年至1983年任省第五届人大代表，1983年至1988年任省第五届政协委员。

郁良高

郁良高，新城郁桥人，民国17年（1928年）4月出生。民国33年（1944年）参加新四军，在七师五团任战士，参加过黄桥之战。民国38年（1949年）3月参加解放仪征战斗。1950年，任解放军野战军某部排长。1953年，任团长。1964年，任某部师长。

郁良高在军营十分重视学习，他自学完成大专学业，同时也教导官兵加强专业学习，提高军事战斗能力。他从不搞特殊化，回家探亲不惊动地方政府，也不接受宴请，常讲革命年代艰苦斗争的故事，教育子女不要忘记过去，要珍惜和平年代大好时光。在他的教育下，各个子女都在自己岗位上勤奋工作，事业有成。

徐永成

徐永成，新城桃坞人，1930年2月出生。中共党员，名厨师，全国商业劳动模范。

徐永成10岁起读私塾，3年后回家务农。民国35年（1946年）春到仪征学厨艺。民国37年（1948年），学徒期满后，经师傅推荐到南京投奔时为南京四大名厨之一的尹长贵，在南京意记饭店（后改名为江苏酒家）学徒，师从徐攸波，逐步融入“京苏帮”，掌握一手较为完整的京苏大菜烹饪技艺。师满后留店担任大厨。1960年，在苏州黄鹤楼举办的全国烹饪技艺表演赛会上，徐永成以一道独特的京苏大菜风格，得到中国烹饪协会会长、特一级厨师胡长龄的赞许，被胡收为关门弟子。在胡老的悉心指导下，徐永成不仅烹调技艺更加精湛，而且在饮食文化、菜肴艺术上更有深刻的领悟，形成自己的厨艺风格，在业界名气大震。1980年，接任江苏酒家总厨、厨师长，在他带领下，菜肴不断推陈出新，按季节推出酒店招牌菜、特色菜，全鱼宴、全鸭宴更是风盛一时，成为南京餐饮潮流的引导者。1985年4月被南京市政府授予“劳动模范”称号，同年8月获全国“商业劳动模范”称号。

徐永成多次参加全国、江苏省组织的烹饪大赛，获全国金奖8块，省级金奖12块。退休后，1990年被金陵饭店首任总经理聘为首席总厨。

吴延之

吴延之，新城街道人，1930年3月7日出生，中南大学著名教授、博导。

吴延之3岁起开始接受启蒙教育。抗战期间，随家逃难，在父亲吴粹一指导下学习语文、数学、英语等小学和初中课程。民国35年（1946年）2月，考入扬州中学高中部。1949年，参加高考被南京大学地质系录取。1952年8月，大学毕业后被分配到正在筹建的全国第一所矿冶类高等学府——中南矿冶学院（中南工业大学的前身），与同事们一起，边教学，边编写教材，按期把新课程开设起来。他从教50年中，共计开课程10余门，编写教材参考书10余部，专题讲座20多种，多次被评为优秀教师。1958年，任中南工业大学教授、博士研究生导师，共培养本专科生上万人、指导博硕士研究生和青年教师200多人。1985年，获全国优秀教师奖章。

吴延之长期从事矿床学，成矿理论及找矿预测研究，每年都要深入到野外地质实地调研，75岁的高龄，还远赴新疆阿勒泰等地进行野外考察，堪称矿床界的“活地图、活字典”。多次主持出席国内外学术会议、主持和参加国家、省部级重点科技攻关项目研究，是国内外知名的矿床学家。1980~2000年，主持参加国家重点科技攻关项目4次，其中担任课题负责人3次，项目总顾问1次。吴延之撰写和发表研究报告、学术专著40余部，学术论文300余篇。获国家、部级科技奖10项。

吴延之曾担任中国地质学会矿床专业委员会委员、中国有色金属学会地质专业委员会副主任。1992年，被列入“剑桥世界名人录”。1993年，获得国家人事部和国家教委颁发的全国优秀教师证书及奖章。2006年，应邀到中国有色金属矿产地质调查中心担任技术顾问，为该中心在西部和海外的地质勘查项目作出重大贡献。2006年，吴延之入选《仪征市志（1988~2006）》人物简介。

吴慎宗

吴慎宗，龙河街道人，1934年2月出生，民国36年（1947年）考入省立扬州中学，1949年6月，参加中国人民解放军，并进入华东军政大学学习，预科结业后留校工作。1955年，考入中国人民大学法律系。1959年，大学毕业后分配到北京日报任见习记者，助理编辑、编辑、副主任。1984年，任《北京日报》副总编辑，1985年后，兼任《法制日报》常务副主编、主编，1993年，创办《中国律师报》。

吴慎宗长期在报界工作，积累大量的办报经验，成为高级编辑。曾任中华全国新闻工作者协会（即全国记协）第四届理事会常务理事，中国法学会理事，新闻高级职称评委会委员等职。1993年起，享受国务院政府特殊津贴，1999年离休。2006年，吴慎宗入选《仪征市志

（1988~2006）》人物简介。

丁在禄

丁在禄，新城三茅人，1938年2月出生。中共党员，高级农艺师，曾任仪征市政协主席。

丁在禄于民国36年（1947年）春起读私塾及小学。1953年，随父学茅匠。1954年起，任三茅乡水利技术员、仪征信用社会计。1958年，在白羊山公社办公室工作，后兼任官胜大队大队长。1963年，在省公安学校培训半年，结业后任龙河公社公安特派员。1968年，参加龙河公社三结合领导班子。1970年起，历任龙河公社党委副书记，真州镇党委副书记、党委书记兼革委会主任等职。1976年5月，任仪征县委副书记、县革委会副主任。1990年4月，任仪征市政协主席。2000年，任仪征市关心下一代工作委员会主任。2010年6月被评为全国关心下一代先进工作者。9月，任市关工委名誉主任。

丁在禄长期负责农业工作，善于抓科研，促高产稳产，先后在省以上刊物上发表科技论文3篇，其中1篇获农业部小麦综合丰产技术三等奖。他注重搞调查，联系实际，促进农业生产，撰写20多篇调查报告和经验总结文章。他善于树样板，以点带面，亲自种好示范田，用事实说话，在全县推广示范，效果十分明显。在此期间，他先后获得农经师、高级农艺师技术职称。

吴春寅

吴春寅，新城三官人，1938年9月出生，中共党员，南京大学教授。

吴春寅1953年9月考入仪征中学。1959年7月，考入南京大学地质系。1964年7月，毕业留校任教，1999年3月退休。在职期间，吴春寅曾担任地矿部水文地质课程指导委员会委员，江苏省地质学会水文工程第四纪地质专业委员会秘书，南京大学地球科学系水文地质与工程地质专业教研室主任兼党支部书记。

吴春寅长期致力于地下水资源的形成条件与分布规律的研究，尤其在新构造断裂对基岩地区地下水资源的控制作用以及矿泉水资源的勘探、评价与开发等方面的研究，首次提出“只有扭张性新构造断裂带才能形成富水断裂带”的独特见解，从而丰富和发展中国“三大水理论”之一的新构造水理论，为缺水单位和找水难度大的地区准确地选定水文钻井位置，成功率达80%~90%。此外，吴春寅对溶岩地区地面塌陷的分布规律与形成机理也有较为深入的研究，并提出切实可行的防治措施。其研究成果先后发表在《水文地质工程地质》1998年第5期和《中国岩溶》1998年6月第6期。其主要著作有《新构造分析及其在地下水勘察中的应用》（第二作者，地质出版社，1986），参加撰写《当代百科知识大词典》《自然科学简明手册》中有关水文地质与工程地质学科方面的条目诠释。先后在国内外核心刊物及重要杂志上发表学术论文16篇。曾主持6个课题的研究与开发工作，撰写研究报告6份，其中3项获得国家级评审鉴定通过，3项获省级评审鉴定通过。1978年，获江苏省重要科技成果一等奖，1985年，获国家科技进步二等奖（吴为主要成员）。1987年，由他主持的“宁、仪、扬地区地下水资源勘探、开发与研究”课题，获国家教委科技进步二等奖。1994年、

1996年与同行合作的课题两次获国家教委科技进步二等奖。他参与领导的“南京大学水研究小组”曾两次获得南京市“先进班组”称号，一次获得江苏省“先进班组”称号。在此期间，吴春寅多次到仪征青山、龙河等乡镇为家乡人民服务，帮助选定深井位置，均全部打出水来。

肖立功

肖立功，新城街道人，1938年9月出生，中共党员，大专文化，曾任仪征市人大常委会副主任。

肖立功于民国34年（1945年）7月进入新城小学读书，1950年9月，考入仪征中学，1952年9月，考入南京师范大学附属中学高中读书。1954年7月起，先后在新城、朴席等地任农业会计辅导员、辅导组副组长，1958年9月调至谢集乡任财务科长、秘书。其间，1957年9月至1959年7月到南京农学院大专函授班学习。1976年6月，调至仪征县委政策研究组任副组长，1980年2月起，任县委办公室副主任、主任。1990年9月起，任仪征市人大常委会副主任。1999年10月退休。

肖立功在担任会计辅导组副组长期间，经常步行到区、乡辅导会计业务，担任财务科长后工作认真，账目清楚，同时深入大队，生产队辅导会计业务。调任县（市）委办公室副主任后，他能认真做好办公室工作，当好领导参谋和助手。1985年，被县委、县政府记一等功。1986年10月，他向市委、市政府提交专题调研报告，提出将市汽车制造厂从市区迁出至市东郊新城郁桥，以促进仪征汽车工业规模发展的建议。该建议后被市委采纳，仪征汽车工业得以迅速发展成为全国大型汽车制造业十强之一。1986年，肖立功获高级农经师职称。2000年后，任市计生协会名誉会长。

薛有祝

薛有祝，新城三将人，1939年2月出生，大学文化，高级工程师，曾任林业部森林资源和林政管理司副处长、处长、监督办副主任。

薛有祝民国35年（1946年）至1952年在绣花店小学读书。1952年至1955年在仪征县初级中学读书，1955年至1958年在南京市五中读书。1958年，考入南京林学院，1962年，大学毕业后分配到中央林业部森林综合调查队。1982年，调入中央林业部森林资源和林政管理司，先后在调查处、资源管理处、消耗处、规划设计处任副处长、处长，并在森林资源监督办公室任副主任。

薛有祝参加工作后，主要从事全国的森林资源调查、森林资源管理及森林资源监督工作。1986年参加中国农业百科全书（林业卷）编纂工作，撰写“森林抽样调查”等4个条目。1989年，主持“森林资源连续清查技术体系的研建”项目，获林业部科技进步一等奖。1987年，参加赴匈牙利考察该国森林资源管理，并主笔起草考察报告，提出在中国建立森林资源监督工作的建议，结果1989年起中国开始建立起森林资源监督体系。1997年，赴德国考察森林资源监督管理工作并主笔起草考察报告，提出发挥森林资源监督作用，完善中国森林资源监督制度的建议。薛有祝先后在国家级刊物上发表《巩固、完善省级森林资源连续清查体系》《关于加强我国森林资源管理问题的探讨》《建立采伐限额计划管理制度，全面管理森林资源过量消耗》等论文。薛有祝2006年入选《仪征市农林志》人物简介。

王 瑞

王瑞，新城街道人，1939年3月出生，大学文化，教授级高级工程师，曾任国家电力公司中国电力杂志社主任、主编（正处级）。

1953年9月至1959年8月王瑞在仪征中学读初中、高中。1959年9月，考入南京工学院动力工程系。1964年9月，在水电部电力科技情报研究所工作。1969年9月，至水电部青铜峡干校劳动、学习。1971年8月，分配到宁夏中宁电厂从事电力基本建设工作。1978年4月，在水电部情报研究所（现为国家电力信息中心）从事电力科技信息调研工作，任《中国电力》杂志社副主任、主任，副主编、主编等职。1999年5月退休。

1975年12月，王瑞在宁夏中宁发电厂工作，成绩突出，获宁夏回族自治区水电系统“先进工作者”称号。1986年，调研报告“国外大容量火电机组”专题，获水电部科技情报二等奖。1988年，其调研报告《国外超临界压力机组》专题获电力工业部科技进步三等奖。1994年起，王瑞享受国务院政府特殊津贴。

王宗元

王宗元，仪征新城人，1940年8月出生。大学文化，教授，曾任扬州大学农学院教授，扬州市政协副主席、九三学社扬州市主委。

1965年8月，王宗元于苏北农学院兽医专业毕业，后分配到江苏函授大学任助教。1969年，该校并入南京农学院。1971年，南京农学院与苏北农学院在扬州合并成立江苏农学院。其间，王宗元先后任助教、讲师、副教授，1992年任教授。1984~1987年，受教育部派遣到爱尔兰共和国都柏林大学三一学院（TRINITY）作为访问学者进修2年，被该校聘请工作1年。1990年，受皇家爱尔兰科学院、法国国家农业研究院之邀作为高级客座研究员，作为期3个月的讲学与科研。回国后，先后4次主持国家自然科学基金研究项目，以及省研究基金项目多项，先后获教育部、江苏省、上海市科技进步奖4项。王宗元任教的课程分别被评为江苏省大学本科一类优秀课程和百门优秀研究生课程，获得江苏省优秀教学成果奖3次。1981年以来先后发表科技论文近百篇（8篇以英文在国外发表，有些研究成果被收入英国和加拿大科技年鉴）。其中“金属硫蛋白在铜、镉中毒与解毒中作用”获1993年国家教委科技进步三等奖，“镉中毒分子机理研究”获1998年江苏省科技进步三等奖。其主编出版专著5部（参编多部），其中1部获国家科技图书出版二等奖，先后主编大学生、研究生教材6部。1992年起，王宗元享受国务院特殊津贴，并被评为优秀研究生导师。2006年，王宗元入选《仪征市志（1988~2006）》人物简介。

麻巨有

麻巨有，新城桃坞人，1941年4月出生，大专文化，曾任上海海关调研员。

1951年9月起，麻巨有先后在桃坞常庄小学、新城小学读书。1958年9月，考入仪征中学读初中。1959年10月，参军入伍，在南京军区司令部南字329部队警卫连服役，1965年4月，转业至上海海关，在海关货运监管处调查科工作。1981年9月起，先后任上海吴淞海关办事处副主任、吴淞海关副关长、吴淞海关关长。1989年9月，任上海海关办公室主任。1990年4月，兼任上海宝山海关关长。1997年，任上海海关调研员，2001年5月退休。其间，1982年至1983年8月在海关总署天津干部学校学习，1988年10月至1990年7月在上海电视大学学习行政管理。

麻巨有工作踏实认真，严格执行政策，特别是在海关缉私查私工作中成绩突出，1989年受到国家海关总署的嘉奖。

吴春宾

吴春宾，仪征新城人，1941年8月出生，大学文化，高级教师，曾任黑龙江省牡丹江林区电大理工部主任。

1949年8月起吴春宾在三官小学读书。1955年9月，考入仪征中学读书，1961年9月，高中毕业考入扬州师范学院物理系。1965年8月，毕业后分配至黑龙江省穆棱林业局工作。1966年4月，加入中国共产党。1972年10月，调至黑龙江省八面通林业局职工子弟中学任物理教师。1980年6月，调至江苏省连云港市新浦中学工作。1987年10月，调至黑龙江省牡丹江林业管理局，任党委宣传部通讯干事、党委办公室政研员和秘书。1989年7月，吴春宾调至牡丹江林区广播电视大学，任理工部主任，从事物理课课程教学与管理。1996年年初退休。

吴春宾教学严谨，待人诚恳，生活俭朴，虚心好学，积极进取，受到上级领导和群众的好评，多次获得有关方面的表彰和奖励。其在《物理通报》《中学生物理》《江苏教育》等中央省级刊物上发表的专业论文有10多篇，报纸、电台录用的散文、通讯等文稿30多篇。1995年，吴春宾编入《中国广播电视大学高级专家名录》。

张　定

张定，女，新城龙河人，1941年4月出生，大学文化，副研究员。曾任北京市成人教育学会副会长，中国成人教育学会企业教育研究会常务理事。

民国37年（1948年）张定在龙河小学读书，1954年9月，考入仪征中学读初中、高中。1960年8月，考入北京师范大学物理系。1965年6月，加入中国共产党，同年8月大学毕业分配到建工部北京建筑机械学校，任教师、校团总支副书记。1970年6月，在建工部五七机修厂任机要秘书、党支部委员。1972年8月，在北京机械施工公司任团委干部、技校教师。1978年8月，在北京市上山下乡知识青年办公室任教师。1980年2月，在北京市工农教育研究室任教师、党支部委员。1984年2月起，任北京成人教育局人事处副处长、处长，办公室主任，副局级调研员兼成人教育科学研究所常务副所长。1995年12月，任北京教育科学研究院副司局级调研员。2001年12月退休，并任北京市成人教育学会副会长。

张定长期从事教育、管理和研究工作，承担国家教委和北京市教育科学研究规划课题多项，出席过海峡两岸现代化建设与成人教育学术研讨会、海峡两岸企业人力资源开发与成人教育学术研讨会、中美妇女问题研讨会等，并发表论文。她先后主编《妇女教育概论》《妇女教育专论》等书，发表《现代化建设与学习化社会》《试论学习型企业的构建》《北京市妇女成人教育研究》等论文，先后获全国第二届教育科学优秀成果奖二等奖，全国优秀教育图书二等奖、三等奖，中国高等教育管理研究会第二届优秀科研成果奖一等奖等。曾被评为北京市成人教育局优秀共产党员、北京市国家机关工委系统优秀共产党员。

邓维理

邓维理，曾用名邓鸿发，新城龙河人，1942年3月出生，大学文化，高级工程师，曾任武汉市新产品研究会副理事长、武汉市机械工艺协会副理事长。

1954年，邓维理龙河小学毕业，考入仪征中学。1960年，考入扬州大学（原扬州工专）内燃机设计与制造专业学习。1965年4月，进入武汉冶金设备制造公司工作，先后任设计科科长、技术处处长、副总工程师、设计研究所所长。1995年10月，任武汉中山集团股份有限公司副总工程师、技术中心副主任。2000年10月，任外资企业广州台旺科技开发股份有限公司设备部经理。2001年7月，任中外合资企业武汉奥格氧有限公司总工程师。2002年3月退休。

邓维理长期从事起重机设计、制造，其中“7.5+7.5t·31.5M双向挂梁电磁吊”等两项成果被列为冶金部新产品，并参加三峡高层塔吊制造可行性报告的编写。1979年起，先后参与宝钢轧钢用的冷床引进、合作制造与外商谈判工作、宝钢冷轧厂的罩式退火炉和炼铁厂的二号、三号高炉的部分设备的设计与制造。1987年与德国德马克公司代表共同解决马钢高速线材厂煤气换热器设计中的问题。他还对武钢硅钢厂与法国斯达因公司合作制造的取相硅钢加热炉，以及大冶钢厂、攀钢、广钢、梅山铁厂等大型钢铁企业的新建、改造的冶金设备制造组织攻关，取得良好成果。在这期间，取相硅钢加热炉获武汉市优秀新产品二等奖。电化学制氧器被列为国家级新产品，化学氧催化器获得国家发明专利。邓维理先后被评为武汉市新产品开发先进个人、武汉市“七五”期间新技术推广应用先进个人、武汉市机械工艺先进工作者等。

邓维理先后在国家级刊物《工业炉》《电炉》《工业加热》上发表论文10多篇，省级刊物上发表论文10多篇。

沈耀宗

沈耀宗，龙河丁冲人，1944年5月出生，中共党员，工学硕士，曾任中国人民武装警察学院指挥系主任、党委书记，北京武警学院教授和教学专家组组长。

1968年10月，沈耀宗于西安交通大学毕业。1981年10月，西北工业大学研究生毕业，获工学硕士学位，留校任教。1984年，调到中国人民武装警察部队技术学院任教，曾任教研室副主任、主任。1990年，调至中国人民武装警察部队学院，先后任指挥系副主任、主任和党委书记。同年6月，任武警学院教授和教学专家组组长，并先后任中国建筑学会防火综合分会理事、防排烟学术研究会主任、中国消防协会灭火救援技术专业委员会副主任兼秘书长、中国地震学会地震社会学专业委员会副主任等职。担任全国性刊物《消防技术与产品信息》杂志主编。2003年，被定为军队技术4级。

沈耀宗始终坚持在教学和科研工作的第一线，在国内外各种会议和刊物发表论文40余篇，主编和参编各种消防专著、教材16部。他参加的"D–4无人驾驶飞机"科研项目，1983年12月通过技术鉴定，1985年获国家科技进步三等奖，1995年获公安部优秀教材一等奖。同年，获武警学院学术、科研一等奖。1996年获公安部教学成果一等奖。

沈耀宗1991年被中共中央宣传部、国家教委授予"八十年代优秀大学毕业生"称号，1992年，被中共中央国家机关工委授予"优秀共产党员"称号。1996年，入典《当代中国科学家与发明家》。2001年，享受公安部特殊津贴，2004年6月退休。2006年，入选《仪征市志》（1988~2006）简介人物。

汪松传

汪松传，新城龙河人，1944年9月出生，大学文化，副主任医师，曾任常州市第一人民医院ICU病区主任。

1952年9月，汪松传进入龙河小学，1958年9月，考入龙河中学读书，1961年9月，考入仪征中学读高中。1964年8月，考入第二军医大学。1969年12月，在海军航空兵宁波场站任军医。1973年10月，在海军航空兵义乌场站任军医、主治军医、医疗所所长、卫生队副队长。1983年10月，在海军航空兵奔牛场站任主治军医、副队长、队长、党支部书记。1989年4月，被授上校军衔，任正团职主治军医。1990年10月，转业至常州第一人民医院，任办公室主任。1995年4月起任ICU病区主任、副主任医师。

汪松传从事医疗临床工作20多年，在普外、骨科、重症病人的抢救、治疗中积累丰富的经验，立三等功1次，并在国内医学杂志上发表10多篇学术论文。

吴有德

吴有德，新城大楼人，1944年10月出生，大专文化，曾任上海市闸北区公安分局后勤保障处副处级干部。

吴有德自幼在三条埂小学上学，1955年，随母迁至上海父亲处继续读书。1964年，于上海宝山区顾村中学高中毕业，同年考入上海市人民警察学校，任副大队长，毕业后分配到闸北区公安分局，在基层派出所任户籍民警，负责治安管理。吴有德在基层工作中，密切联系群众，经常穿街走巷，访问了解军烈属、群众的疾苦，为他们办实事。1983年，调到闸北区公安分局治安科负责治安工作，后又被调到后勤保障处工作。吴有德在公安战线的42年中，顺利、圆满完成各项任务，先后多次评为先进个人，受到上级表彰。

薛有鹏

薛有鹏，新城三将人，1945年8月出生，大学学历，研究员级高级工程师，曾任汉中航空工业集团有限公司副总工程师。

1958年，薛有鹏就读于三将小学，1964年9月，于仪征中学高中毕业，同年考入成都电讯工程学院无线电专业。1969年10月，毕业后分配到航空工业部所属二〇二厂，历任技术员、工程师、计量仪表科科长等职。1984年7月，调任航空工业部〇一二基地（1999年改制为汉中航空工业集团有限公司）任副总工程师，先后兼任质量管理处处长、制造工程部部长等职。1990年，被聘为高级工程师，2000年，被评聘为研究员级高级工程师。2005年退休。

薛有鹏在基地工作期间，主要负责航空产品和骨干民品的技术质量和生产工作。他先后参与运八飞机改造为海上巡逻机（获国家科学技术进步二等奖）、运八气密型飞机（获航空工业总公司科学技术进步二等奖）的研制和运八F100型飞机（获航空工业总公司科学技术进步二等奖）的适航取证，是这3个获奖项目研制的组织和协调主要成员之一。他先后获航空航天工业部运八飞机改气密舱研制首飞个人三等功、航空工业总公司“优秀质量工作者”称号。他所撰写的论文《与国际标准接轨，加快质量管理体系建设》获中国航空工业质量管理协会优秀论文奖。2004年，获得国家注册质量管理体系审核员资格。

张传浩

张传浩，新城东升人，1946年2月出生，大学学历，省作家协会会员，曾任仪征市文联副主席、中国民主促进会仪征市委副主席。

1965年9月，张传浩高中毕业，先后任都会小学教师，铜山中学、青山中学教师。1976年8月，调入仪征中学，任语文教师。1991年，调至市文化局，任创作室主任。1998年，调入市文联，任秘书长、副主席。在此期间，1986年在扬州师范学院中文系学习3年，本科毕业。1995年，加入江苏省作家协会，中国民主促进会仪征市委员会。

1970年起张传浩开始文学创作，先后在省级以上刊物上发表诗歌作品600多首，发表报告文学6篇，编著有诗集10部，散文集1部，主编地情文化书籍10多部。其作品《绿色抒情》（组诗）获2010年全国生态文学大赛三等奖，诗集《让我们荡起双桨》获2011年全国第二届中山图书奖。2012年《那道风景》（二首）获中外作家诗歌散文邀请赛一等奖。1995~1996年，创作戏剧作品《但愿人长久》《梨花泪、梨花恨》获扬州市扬剧创作二等奖。

张　玉

张玉，女，新城龙河人，1946年7月出生，中共党员，大学文化，高级工程师，曾任南京工苑建设监理咨询有限公司董事、副总经理。

1972年9月，张玉毕业于浙江大学光仪系激光镀膜专业，后分配至中国科学院沈阳507厂任技术员。1980年，调至南京华东光学仪器厂任工程师、工艺负责人。1998~2001年，任南京工苑建设监理咨询有限责任公司董事、副总经理，ISO 9000质量管理者代表、高级工程师、注册咨询专家。2001年7月退休。

张玉在科研工作中研制的《SDY-l型色度实验仪》，获第二届全国高教物理教学仪器优秀研究成果三等奖，研发的色度测量仪获国家专利，被授予“技术革新、新品开发能手”称号。她主持《YSD-l型多光谱组合摄影机多通道干涉光片》的研制课题，其研究成果在国家《光仪技术》上发表，撰写的论文《颜色光学中颜色的混合和匹配》分别被《全国物理实验会议论文集》和《江苏省薄膜技术学术交流会论文集》收录。她从事监理咨询工作后，完成《监理企业的人力资源开发》的研究课题，撰写出版《监理企业ISO 9000质量管理手册》等技术文件，被江苏省科学技术厅和江苏省科技咨询协会聘为江苏省注册咨询专家。

辛长生

辛长生，新城越江人，1946年7月出生，大专文化，曾任南京希尔顿国际大酒店工会主席、党支部书记。

1954年9月起，辛长生在新城旧港小学、十二圩小学、十二圩中学读书。1964年12月，参军入伍，在南京军区后勤部警卫连当战士，历任班长、排长。1970年8月，调至南京军区军事医学研究所任干事。1971年4月，调至南京军区后勤部直属政治处，先后任干事、副主任、主任，后勤部直属机关党委委员、纪委副书记、团委书记等职。l987年7月至1990年7月，在南京政治学院政工系学习。1991年立三等功1次。1993年10月起，先后任南京国际大酒店有限公司董事、副总经理，南京希尔顿国际大酒店工会主席，酒店党支部书记。

郭广胜

郭广胜，新城东升人，1947年10月出生，中共党员，大专学历，曾任中国人民保险公司江苏省分公司培训中心副总经理。

1966年，郭广胜参加工作，1968年3月参军，在部队先后任排长、连长、司令部参谋、军教导大队教研室参谋，多次获得通令嘉奖。1978年，转业至南京木器厂，任党支部书记。郭广胜始终与职工在生产一线，以身作则，带领职工完成各项工作任务，工厂多次被南京市二轻局评为先进集体。1985年，郭广胜由南京市二轻局委派组建南京莫愁洗衣机总厂，在较短的时间内就研制生产“莫愁”牌洗衣机，成为地方品牌。1986年，调至中国人民保险公司江苏省分公司，从事保险业务行政管理，先后担任工会副主席、培训中心副总经理。他认真学习保险业务知识，提高专业工作能力，注意学用相结合，爱岗敬业，工作成绩突出，多次被评为先进个人。在此期间，被江苏省中医药大学聘为客座教授，兼职从事教育工作，还曾担任江苏省泗洪县扶贫工作组副组长。

黄国栋

黄国栋，新城新华人，1948年10月出生，中共党员，大学学历，曾任海军东海舰队训练基地主任，大校军衔，党委副书记。

1956年9月起，黄国栋在新城小学、朴席中学、龙河中学读书。1966年9月，初中毕业后参军入伍，在空军第一预校和空军第五航空学院学习飞行理论和飞行技术，任飞行学员。1970年2月，任海军航空兵六师十八团飞行员。1971年11月，任海军东海舰队“五七”干校副连长、队长。1976年9月，任海军东海舰队“五七”干校校务部副部长。1979年3月起，先后任海军东海舰队第三训练团副团长、训练基地第七大队大队长、训练基地副主任。1993年2月，任训练基地主任。其间，1980年3月，在南京海军指挥学院轮训，1992年2月，在中央党校地厅级班轮训。

黄国栋在部队主要从事组织海军专业技术兵的培训、基层干部的轮训、外国海军人员的培训等工作，1976年、1991年立三等功2次。1994年，黄国栋所在的海军东海舰队训练基地被总参谋部评为训练先进单位，2000年，黄国栋被海军评为训练优等师旅指挥员。

赵有春

赵有春，新城丁冲人，1949年11月出生，中共党员，大专文化，曾任仪征市人大常委会副主任。

1957年9月起赵有春先后在丁冲小学、龙河中学、仪征中学读书。1969年12月，参军入伍，历任江苏省军区警备营一连战士、副班长、班长。1974年3月，任江苏省军区长征制药厂班长。1975年6月，任苏州第一〇〇医院政治处保密员、干事。1979年5月起，任江苏省军区后勤部政治处干事、政治部保卫处干事。1986年3月，调任仪征市人武部政委、党委副书记、党委书记。1998年12月起，任市委常委、市人武部政委、党委书记。2000年7月起，任市人大常委会党组成员，2001年1月，任市人大常委会副主任。2010年12月退休。

赵有春长期保持艰苦奋斗的优良传统，不搞特殊化，不谋私利，与基层战士、群众打成一片，平易近人。他在人大工作期间加强调查研究、执法督查，履行职责，退休后积极参加社会活动，做公益事业。2012年，担任扬州新四军研究会仪征分会会长，组织开展仪征地区新四军抗日斗争、民众抗击日军暴行史料整理研究。

曹正才

曹正才，曾用名曹阳，新城龙河人，1951年10月出生，大学文化，中共党员，曾任兰州军区68065部队高级工程师（技术五级），大校军衔。

1971年，曹正才高中毕业。1972年，参军入伍。1973年5月，加入中国共产党，先后任兰州军区242部队勤务连文书、业务处保管员、统计助理员。1981年，在西安陆军学院后勤系学习。1985年后，历任兰州军区军械技术兵训练大队一队政治教导员，军区某守备师军械科科长，军区后勤部军械部助理员，军区联勤部司令部军械仓库管理处参谋、处长等职。

曹正才对军队后方军械仓库和部队军械装备管理有较深的理论研究和丰富的实践经验，

先后编著《后方武器仓库实用手册》《部队军械装备管理安全使用手册》等专著10多部，约200余万字，曾获军队科技进步三等奖2次。他是中国人民解放军总装备部后方军械仓库和兰州军区装备部军械专家组成员，曾被聘为兰州军区高级职称评审军械专业委员，兰州军区联勤部高级职称评审委员、兰州军区军队科学技术革新进步奖评审委员会委员。

陈秋萍

陈秋萍，女，新城三将人，1955年8月出生，中共党员，全国优秀教师。

1972年7月，陈秋萍仪征中学高中毕业后回家务农。1974年，任三将小学民办教师。1978年9月，考取扬州师范学院函授班。1982年7月，获大专毕业证书。1985年8月，调入新城中学，任物理课教师、初三年级班主任。当年全县中考中新城中学物理课成绩排名倒数第四名。她决心改变这种面貌，首先认真备课，上好每一堂课，做好每一次实验。还利用业余时间为差生补课，晚自习坚持到班辅导。同时掌握学生的思想动向，逐个解决他们的困难和情绪，使他们集中精力专心学习。经过一年的努力，在全县中考中新城中学物理成绩名列全市第三名，在教育界引起轰动。此后，她担任全校毕业班班主任，物理任课老师，她不断改进教学方法，提高学生学习自觉性，第二年物理中考又取得好成绩，被誉为物理课教学中的“长青树”。1989年9月，陈秋萍被国家教委授予“全国优秀教师”称号。1990年1月，转为国家正式教师。在此后的教学中，她始终爱岗敬业，把教育当作自己毕生的事业，每年中考成绩及格率、优秀率均居全市前三名。

肖 飞

肖飞，新城冷红人，1957年6月出生，中共党员，大学文化，现任省旅游局党组成员。

1963年9月，肖飞进入冷红小学读书。1968年9月，考入仪征中学，1974年高中毕业。1975年1月，进入新城公社做宣传报道工作。1976年12月，参军入伍，历任战士、排长、宣传干事、副处长。其间，考入安徽滁州学院，大学本科毕业。1994年10月，转业至江苏省旅游局工作，先后任人事教育处副处长、处长。2007年5月，任南京旅游职业学院党委书记、省旅游局党组成员。

肖飞热爱文学创作，先后出版发行杂文集1部，主编出版发行旅游书籍20多本，在报刊杂志上发表散文、杂文等文章数百篇，有多篇作品被收录《江苏文学50年》《上海杂文选》等丛书。

余如进

余如进，新城大楼人，1957年1月出生。中共党员，大学文化，现任扬州市教育局局长。

余如进1974年8月参加工作，先后任仪征县新城公社大楼大队农技员，县农业学大寨工作队队员。1978年3月，在扬州师范学校读书。1980年2月，任仪征县教育局教研室教研员。1981年9月，在扬州教育学院中文系读书。1983年8月起，先后任陈集中学副校长、校长。1992年6月，任市教育局副局长。1993年3月，任市委宣传部副部长。1994年11月，任十二圩镇党委书记、人大主席。1996年9月，任市人民政府办公室主任、市双拥办主任。1998年5月起，任中共仪征市第九、第十届委员会常委、宣传部部长。2001年5月起，任中共仪征市第十届委员会常委，宣传部部长兼仪征经济开发区党工委书记，常委兼开发区工委书记。2002年10月起，任中共仪征市第十届委员会常委、副书记、开发区工委书记。2004年12月起，任扬州市教育局局长。

蒋万忠

蒋万忠，1959年1月出生，新城三将人，初中文化，农民文学爱好者。

蒋万忠出生在刘集大房村一个世代务农的家庭。1967年9月，在大房小学读书。1972年9月，在刘集联合司徒中学读书，后辍学到县航运公司学木匠手艺。1974年，回乡务农、做木匠。1980年，入赘新城三将村，在妻子支持下开始涉足文学创作，经过不懈努力，翌年，首部短篇小说《苦涩的情思》发表，并陆续在《仪征化纤报》上刊登。之后，蒋万忠又相继发表《隐私》《隐衷》《亮剑》《岔路口》《钓鱼》《羊毛》等短篇小说和《情祭》《白羊山之恋》等长篇小说。1998年，成为仪征市作家协会会员，2000年，成为扬州市作家协会会员。

乔宝朝

乔宝朝，新城郁桥人，1960年8月出生，中共党员，研究生学历，曾任青海西宁96351部队后勤部副部长。

1978年3月，乔宝朝高中毕业，在家乡入伍。他在部队先后任战士、班长、排长、连长、军级机关党委秘书、后勤部助理员、审计处处长、财务处处长等职务。曾就读于北京解放军后勤学校、西安陆军学院、二炮指挥学院、北京化工学院、四川大学、中央党校以及北京工商大学研究生班等院校。乔宝朝从一名普通的战士成长为具有研究生学历的军队干部，国家注册会计师、审计师，副师职、大校军衔的领导干部。2003年秋，遭遇车祸，身受重伤经抢救后康复，后转业休养。

王巨成

王巨成，新城官胜人，1961年出生，大专学历，中国作家协会会员，现任扬州市文化局创作员。

1979年起，王巨成任龙河小学教师。1991年起，开始发表文学作品，主要作品有少儿小说8部，中篇小说18部。1995年8月，其作品《七个少女和一只白鸽》获第三届冰心儿童图书新作奖大奖。1996年2月，《故事》获江苏《少年文艺》优秀作品奖。1998年1月，《浪漫的暑假》获《儿童文学》优秀作品奖。2000年5月，《1978年的故事》获中国作协新世纪儿童文学作品奖，8月，《七个少女和一只白鸽》获江苏省首届紫金山文学奖，11月，《减法》获《东方少年》优秀作品奖，12月，《我是丁冬》获北京市优秀图书奖。2005年3月，《你离善良有多远》获陈伯吹儿童文学奖、《半夜的星星会说话》获《东方少年》系列文学大赛2004童话作品奖三等奖，8月，《玫瑰的呻吟》获《儿童文学》精短小说大赛铜奖。《吹口哨的女孩》入选《中国当代创意性儿童小说选》,《可耻》入选《儿童文学选刊》,《震惊》载入《江苏文学50年》,《青春的眼睛》及《男孩的抢》入选《中国儿童文学》《中国当代儿童小说精品文库》《中国当代儿童文学名家作品选》。《半夜的星星会说话》入选《2005年中国年度童话》,《绿纱巾》入选《2005年中国年度儿童文学》。

2003年,王巨成加入中国作家协会,2008年,调至扬州市文化局工作。

邵　卫

邵卫,龙河街道人,1962年11月出生,中共党员,党校研究生学历,现任仪征市副市长。

1981年2月起,邵卫在十二圩中学任教。1984年8月,调至仪征团市委工作。1992年起,先后任古井乡党委副书记、纪委书记,新城镇党委副书记、镇长、党委书记等职。2002年5月起,先后任仪征市政府办公室主任、财办主任、市双拥办主任等职。2003年12月,任市委办公室主任。2006年4月起,先后任仪征市委政法委书记、仪征经济开发区党工委书记、市行政服务中心党工委书记、市招商中心党工委书记、市人民政府副市长。2007年9月起,任市人民政府副市长、兼任扬州化工园管委会副主任。

邵卫在2010年度和2012年度优秀党政领导绿化工程(仪征市砂石矿复绿工程、仪征市天宁大道绿化工程)中被扬州市政府评为先进工作者。

闻金海

闻金海,仪征新城人,1963年6月出生,大学文化,现任海军指挥学院政治系十二队队长。

1981年10月,闻金海参军入伍,在海军潜艇第十二支队新兵连服役,任战士。1982年1月,调至支队岸勤部食堂任炊事员。1984年12月,进入海军北海舰队第二训练团司务长班学习。1985年6月起,在海军潜艇第十二支队229潜艇任司务长。1986年6月,在十二支队岸勤部先后任食堂科管理员、财务科助理员。1994年5月,调至海军南京半山园干休所,任财务助理员。2002年7月,调至海军指挥学院政治系十队任副队长(副团职)。2003年2月起,任海军指挥学院政治系十二队队长。

闻金海入伍后到大连军港,在2个月的新兵训练中表现突出,受到连党支部的嘉奖,训练结束后成为一名炊事员。他干一行,爱一行,精一行,工作成绩优异,1984年12月,被支队选送到舰队司务长学习班深造。无论在什么岗位上,闻金海对工作一丝不苟,爱岗敬业,尽职尽责,先后16次受到嘉奖。在1992年全军审计工作中被旅顺基地评为审计先进个人,在学院组织的财务综合评比竞赛中连续两次获得第一名。1994年5月,调入海军南京半山园干休所工作,继续从事财务工作,他热情为老干部提供财务服务和规范财务管理。1997年,因工作成绩突出立三等功1次。

周国义

周国义,龙河马坝人,1964年10月出生,中共党员,研究生学历,推广研究员,现任江苏省农业行政执法总队副总队长。

1982年9月，周国义考入南京农业大学植保系学习，1986年9月起，在南京农业大学植保系攻读硕士学位。1989年8月，进入江苏省植物保护站，从事农作物病虫预测预报和植物检疫管理工作。2001年1月，调至江苏省农药检定所从事农药管理工作。2010年5月，调至江苏省农业行政执法总队从事农业执法工作。其间，2001年12月至2002年8月，赴埃塞俄比亚执行农业部援非农业职业教育培训项目。

2001年，周国义主持省"九五"科技攻关项目"美洲斑潜蝇发生及防治技术研究"，获省政府科技进步三等奖，参加农业推广项目"麦类纹枯病发生规律及其综合防治技术与应用"，获省第二届农业科技成果转化奖二等奖。作为主要完成人参加的"江苏省小麦全蚀病的发生及控害技术应用""水稻细菌性条斑病的灾变规律、监控及扑灭技术研究"分别获省政府科技进步二、三等奖。2000年，周国义被列为省"333"工程培养对象。周国义在埃塞俄比亚援非执教期间，负责昆虫学和植物保护两门课程教学和田间实习。他主编的《植物病理学》及参编的《农业昆虫学》讲义，被埃塞俄比亚农业部作为农业职业培训教材，受到中、埃双方农业部的充分肯定，也受到中国驻埃塞俄比亚大使馆的表彰。2006年，周国义入选《仪征市农林志》人物简介。

夏　军

夏军，新城马坝人，1964年10月出生，中共党员，大学学历，现任武警江苏省边防总队长，武警大校警衔。

1971年9月，夏军在三官庙小学读书。1976年9月，考入朴席中学，1982年9月高中毕业，10月，应征入伍，任武警连云港边防站战士。其间，在部队军校完成大学本科学历。1986年8月，调至武警江苏边防总队司令部通信技术处任干事、副处长、处长等职。1990年起，先后任常州边防检查站政委、镇江边防检查站站长，南京港边防检查站政委、站长，武警江苏省边防总队后勤部部长等职。2010年7月起，任武警江苏省边防总队副总队长（副师职）、总队长。

夏军长期从事边防部队一线指挥工作，其任职的常州、镇江、南京港边检站连续被江苏省边防总队评为先进党委。其首创的港区流动执勤车、实名制警务室、边检五色通道、爱民固边模范港区等执法执勤模式，受到公安部领导的肯定，并在全国边检系统推广应用。他在担任总队后勤部长期间，大力推进基层基础设施建设，全省边防部队营区面貌焕然一新。就任副总队长以后，指导推进总队综合基地、经济适用住房、连云港海防基地等大项工程建设，为江苏边防长远发展奠定坚实基础。2009年，夏军任职的南京港边检站成为全国公安边防部队政治教育试点单位，其边检政治工作方法在全部队学习推广。2010年，夏军首创的爱民固边模范港区做法得到公安部批示肯定，并在全国边防部队推广。他先后在《人民公安报》《边防警察报》《边防研究》《中国边防警察》等报刊杂志发表理论文章12篇。

杭春华

杭春华，新城龙河人，1964年12月出生，博士研究生学历，副教授，现任南京军区南京总医院神经外科副主任医师，南京大学和南方医科大学博士研究生导师。

1976年9月，杭春华考入龙河江宁中学初中。1979年9月，考入仪征中学高中。1982年9月，考入上海第二军医大学军医系，本科毕业，获学士学位。1987年考入上海第二医科大学，攻读硕士研究生，获硕士学位。1990年7月，任南京军区南京总医院神经外科医师，1992年11月，任神经外科主治医生，1999年12月，任神经外科副主任医师、副教授。

1990年，杭春华到南京军区南京总医院神经外科工作，师从全国著名神经外科专家刘承基教授，从事神经外科临床、教学和科研工作。2001年，被聘为上海第二军医大学临床医学院副教授和南京大学医学院硕士研究生导师，担任南京军区神经外科专业委员会委员兼学术秘书。他每年主刀或参加手术100余例，在颅脑外伤、颅内肿瘤、脑血管疾病、脊髓俨瘤、颅脑先天性疾患、脊椎病等的诊治方面积累较丰富的临床经验，同年考取南京大学博士研究生，师从国际知名专家、中国工程院院士黎介寿教授。博士答辩论文《创伤性脑损伤对肠粘膜屏障和胃肠动力的影响及其发生机制的研究》，获得答辩委员会专家的一致好评。2004年5月，赴美国参加颅底外科学习班。除临床工作外，他还承担南京大学医学院研究生班和上海第二军医大学本科生的授课、见习和实习任务，承担并完成全军"八五"颅脑、创伤攻关课题《颅脑创伤后颅内顺应性的变化及其评价》，参与世界首例脑垂体移植的临床研究。在各类学术期刊上公开发表学术论文30余篇，其中5篇论文发表在国际专业学术期刊上，并被SCI和多种数据库收录，有10余篇学术论文在全国和全军神经外科学术会议上交流，其中3篇获优秀论文奖，4篇论文在国际神经外科学术会议上交流，参加编写神经外科专著3部。杭春华先后获江苏省科技进步二等奖一项（第二贡献人），全军医疗成果三等奖二项，参与全军科技进步四等奖二项、参与全军科技进步二等奖三项及全军医疗成果二等奖一项。

王道荣

王道荣，新城林果人，1966年2月出生，医学博士，现任江苏省苏北人民医院胃肠外科主任医师，扬州大学、南通大学博士生导师。

1972年9月，王道荣进入新城林果小学读书。1978年9月，在新城林果学校读初中。1980年9月，考入仪征中学读书。1983年9月，考入南京医科大学。1988年9月毕业获学士学位，同年9月，到仪征市人民医院普外科工作。1997年9月至2003年9月，在南京医科大学学习，先后获硕士学位、博士学位。2003年9月，至苏北人民医院工作，先后任普外科副主任、胃肠外科主任。

王道荣在临床工作中精益求精，钻研前沿学科，逐步成为江苏省重点专科、扬州市重点学科普外科学科带头人。2006年至2009年，承担中国医学科学院肿瘤医院胰腺癌科研协作课题，2007年10月至2010年10月，承担江苏省卫生厅指导性项目手术治疗Ⅱ型糖尿病的基础和临床研究，2009年1月至2011年10月，承担南京医科大学肿瘤中心招标课题资助项目和扬州大学临床医学院苏北人民医院院级基金项目，2010年1月至2011年1月，先后承担黎介寿院士肠道屏障专项研究基金2项。

王道荣先后发表学术论文180多篇，获省人民政府科技进步三等奖1次，省卫生厅新技术引进二等奖5次，扬州市科技进步二等奖和三等奖9次。主编、参编中英文教材2部，获实用性国家发明专利2项。

刘春华

刘春华，郁桥刘庄人，1966年2月出生，中共党员，党校研究生学历，现任仪征市委常委、政法委书记。

1976年9月，刘春华考入仪征中学读书。1982年9月，考入苏州大学中文专业学习。1986年8月起，在仪征中学任语文教师，在教学中用启发式引导学生阅读、写作兴趣，提高语文水平。1996年9月，任市教委教研室副主任，从事教育科学研究、教育教学改革和教育信息化，指导学校德育、体育、卫生以及政治思想工作。1997年8月，调入市政府工作，历任市政府办副主任、研究室主任。2003年5月起，调至新城镇工作，任新城镇党委书记，兼市汽车工业园管委会副主任。他带领一班人扎实抓好发展现代农业，建立高产稳产水稻生产基地和林果、茶叶产业园，通过招商引资，调整产业结构，推进工业生产快速发展，教育和卫生事业也得到全面进步。2006年5月，调任仪征市委办公室副主任、主任。2011年12月，任仪征市委常委、市政法委书记。

袁小平

袁小平，新城冷红人，1966年6月出生，中共党员，博士研究生学历，教授，中国图像图形学会会员。

1983年起，袁小平在中国矿业大学信电学院从事教学与科研工作。1999年7月至2004年1月，先后担任中国矿业大学电工电子教学实验中心副主任、兼电子科学与技术系党支部副书记，教学效果优秀。他先后获得中国矿业大学教学成果（质量）奖等10多项，校级科技进步奖2项，教书育人先进个人1次。他主讲的“微机原理与应用、模拟电子技术”课程分别获得江苏省一类、二类优秀课程。他先后参与江苏省应用基础研究计划项目“煤矿多媒体安全监测监控系统及其相关技术研究”和江苏省自然科学基金项目“信息融合及其相关技术在煤炭企业的应用研究”。在《中国图象图形学报》《东南大学学报》《煤炭学报》《中国矿业大学学报》等刊物上发表科学研究论文20多篇，工程检索5篇，科学引文检索1篇，参编教材2部，出版专著1部，获得实用新型国家授权专利10项。

崔学锋

崔学锋，新城砖桥人，1966年8月出生，中共党员，党校大学文化，现任仪征市副市长。

1986年7月，崔学锋高中毕业后进入新城财政所工作，先后任预算会计、副所长、所长等职。1996年12月，任新城镇副镇长。2001年1月起，任新集镇党委副书记、镇长、党委书记。2007年12月，任仪征市人民政府副市长。其间，1992~1995年在市委党校完成大学学业，获党校本科学历。

常凤莲

常凤莲，女，新城郁桥人，1967年4月出生，博士学位，副教授。

1974年，常凤莲在郁桥小学读书。1979年，在新城中学读书，初中毕业。1982年，考入仪征中学。1985年，高中毕业考入哈尔滨工程大学金属材料系。1989年7月，继续读研究生三年半，后到东南大学攻读博士。1995年，获得博士学位，留校任教。1997年，任南京大学副教授，同年随丈夫定居美国密斯康州，进入美国通用汽车公司研究所，专门研究汽车金属材料和医疗器械金属材料，发表论文10多篇。其科研成果达到世界领先水平。

周维忠

周维忠，仪征真州人，1969年11月出生，中共党员，省劳动模范，现任新城供电所抄表班副班长。

1997年，周维忠参加工作，在抄收唐有富家电表时，发现唐右眼瞎盲，且老婆和儿子都是三级、二级智残，生活十分拮据，无钱缴纳电费。周维忠不忍心断他家电，便以“政策减免”为由自己掏钱为唐家代缴电费，这一缴就是10年，累计代缴电费4000多元。这对于月工资只有1000多元的他来说是一个不小的负担，他上有年迈的母亲，下有上学的女儿，但他对谁都没有说过代交电费的事。直到唐有富向人说起政策减免他家10多年电费之事，人们才知道周维忠10年来不仅代缴电费，还照顾他儿子唐久亮洗澡、理发、买新衣服的事，邻居们对此赞不绝口。2008年，周维忠被授予扬州市“首届慈善之星”称号。其实他在做好本职工作的同时还为村民做好事，照顾村里2位“五保”老人，为他们养老送终，帮助村里化解矛盾200多次，被村民们赞誉为“编外村官”。2009年，他获扬州市“五一”劳动奖章和“十佳文明职工标兵”称号。同年，周维忠调入新城供电所，担任抄表班副班长。他除起早贪黑地做好抄表收取电费、电力线路维修外，还利用业余时间照顾孤寡老人。2011年，他先后获得“全国百城市道德模范”“江苏省劳动模范”“江苏省电力公司爱心典型”和“扬州供电公司十佳农电工”称号。2012年6月28日，新城供电所成立“周维忠党员服务队”，照顾桂德九、郭敏忠等10多位“五保”老人，问寒问暖，像照顾亲人一样照顾他们。2012年12月，周维忠被省文明委评为省优秀志愿者。

张长明

张长明，新城马坝人，1970年11月出生，中共党员，医学博士，硕士生导师。

1986年9月，张长明进入仪征中学读书。1989年9月，考入南京中医药大学。1999年9

月，大学本科毕业，同年9月，考入上海中医药大学。2002年7月，获硕士学位。2009年9月，考入上海中医药大学，2012年7月获博士学位。1993年7月，进入上海市中医院工作，主要从事慢性肾衰、慢性尿感、尿路结石、肾虚症等的调理工作，长期进行活血化瘀法治疗慢性肾衰的临床和科研工作。1997年，任肾病科副主任。

2004年起，张长明在上海中医药大学为本科生授课，2011年，参加上海市中医规培医师出站考核，多次举办院内规培医师的讲座，用日语临床带教三批日本留学生，传授中医辨证论治内科疾病，被上海中医药大学评为优秀骨干教师，先后在《中华中医药》《中华中医》杂志上发表论文5篇。2012年，《抗纤灵方延缓慢性肾脏病三期（CKD3）进展的临床多中心大样本远期及体内外肾纤维化作用机制》科研项目，获上海市中医药科技一等奖。

顾万勇

顾万勇，新城新北人，1970年6月出生，硕士研究生，经济师，现任江苏省人民政府办公厅处长。

1977年9月，顾万勇就读于新北小学。1982年9月，考入仪征市第二中学。1990年9月，考入苏州大学历史系。1994年9月，在苏州大学社会学院攻读硕士研究生。1997年8月，进入苏州市社会保障局工作，历任秘书、办公室副主任、主任。2003年12月，任苏州市人民政府办公室副处长。2009年5月，调任江苏省政府办公厅处长。顾万勇工作勤奋踏实、勇于创新，2000年后，连续4年受到嘉奖，并被记三等功1次。

顾万勇在工作之余，长期从事经济学和社会保障学学术研究，并在苏州大学、苏州科技学院等高校兼授社会保障学，出版专著有《中国杂技》《天国陨落》。他参与编著有《中国"入世"与苏州经济》《中国加入WTO与苏州经济发展》和《苏州经济发展论纲》等专著。在省部级杂志上发表劳动经济学、社会保障学方面论文10多篇。此外，还在各类报刊杂志发表散文、随笔、杂文、影评100多篇。

顾万勇是中国管理科学院特约研究员、《中国劳动保障报》特约撰稿人、苏州市经济学会理事、苏州市劳动和社会保障学会理事。

陆有锋

陆有锋，新城街道人，1971年6月出生，大学文化，现任武警上海政治学院十一队队长（少校军衔）。

1988年7月，陆有锋于市第二中学高中毕业。1989年10月，参军入伍，1990年年初，调入武警上海总队第五支队防暴队，同年7月，参加上海大世界56公斤级散手比赛获第一名，立三等功一次，10月，被任命为班长。1992年3月，参加上海公安武警防暴演习成绩突出，立三等功一次，同年9月，考入武警上海指挥学院。1994年7月，任武警上海总队第五支队五中队排长，1994年10月，调入武警上海指挥学院任战术教官。2002年9月，考入武警广州指挥学院学习参谋专业。2004年9月，任武警上海指挥学院十一队队长。

王　兵

王兵，新城金桥人，1975年11月出生，硕士学位，现任扬州职业大学土木工程学院副教授，国家一级建造师、房地产估价师、江苏省政府采购评标专家。

1983年9月，王兵进入金桥小学读书，1988年9月起，先后在新城中学读初中、仪征市第二中学读高中。1994年9月，考入南京建筑工程学院建筑工程系，毕业获学士学位。1998年9月，到扬州市职业大学建工系任教，2011年起，任扬职大土木工程学院实验室主任。其间，2004年9月至2007年6月在东南大学土木工程学院攻读结构工程专业，获研究生、硕士学位。

王兵在教学中，参加教改和科研活动，2009年起，先后主持参加校级、扬州市和省高校科研成果产业化推进项目4项，发表论文或专著7篇，其中2篇独立著作发表在扬职大学报上，其余为第一作者参编发表在学术期刊上，主编《工程测量》由重庆大学出版社发行。2007年，在中国实践教学方案设计大赛中被中国教育技术协会评为团体二等奖，其作品排名第二。王兵2次被扬州职业大学评为教学先进个人、优秀工作者。

陆海鸣

陆海鸣，新城三将人，1980年2月出生，副教授，硕士生导师。

1991年起，陆海鸣先后在新城初级中学、仪征中学读书。1997年9月，考入南京理工大学，毕业获学士学位。2001年，考入吉林大学硕博连读，毕业获博士学位。其博士论文获2010年全国优秀博士学位论文。2007年起，在南京大学物理学博士后流动站工作。2009年，被南京大学材料科学与工程系聘为副教授、硕士生导师。2011年，入选教育部《新世纪优秀人才名录》。

陆海鸣在教学科研中主要研究纳米材料热学、力学、磁学等物理参量的形貌、维度、尺寸和界面等效应，主持过国家自然科学基金面上项目1项，教育部"新世纪优秀人才计划"项目1项、高等学校全国优秀博士论文作者专项1项、霍英东教育基金会高等院校青年教师基金基础性研究课题1项，教育部博士点新教师基金1项、江苏省自然科学基金面上项目2项、国家及江苏省博士后科学基金资助项目3项等。他先后获教育部科技进步二等奖1项，省科技进步一等奖1项，陆海鸣发表科学引文索引论文50多篇，获发明专利5项，参编专著2部。

第三节　人物名录

一、革命英烈名录

新城儿女，英才辈出。据仪征市民政局档案记载，自抗日战争以来，有69名优秀儿女，为祖国和人民英勇牺牲，被追认为革命烈士。另有外籍在新城、龙河牺牲的烈士11人。兹将烈士、英雄英名记述入志，以昭告后世。以牺牲时间排列为序。

新城(含原龙河乡)籍革命烈士名录

李桂和(1918—1941.4),男,龙河凌西人。1940年参加抗日民主政府地方武装,任县模范营战士。1941年4月,在谢集铁坝与日伪军作战时牺牲。

陈德兴(1925—1943.7),男,龙河官胜人。1943年2月7日参加抗日政府地方武装,任凌桥区龙河镇民兵。1943年7月7日,在许家井反击日伪扫荡战斗中牺牲。

张小宝(1924—1943.9),男,龙河周营人。1940年3月参加新四军,任一师三旅三团战士。1943年9月,在海门县海福镇与日军作战时牺牲。

赵万根(1920—1943.10),男,龙河凌桥人。1942年参加抗日民主政府地方武装,任仪扬大队战士。1943年10月,在龙河官塘集与日伪军作战时牺牲。

徐照东(1917.10—1943),男,新城街道人。1938年参加新四军,历任战士、新四军一师三团一营班长。1943年在南通县石港镇与日军战斗中牺牲。

刘兴洲(1919.2—1944),男,新城越江人。1940年参加抗日民主政府地方武装,任新城区队战士。1944年在反日伪扫荡战斗中牺牲。

胡长福(1919—1944.10),男,龙河凌东人。1941年6月在抗日民主政府甘泉货管局公路分局工作,任填票员。1944年10月,在天扬公路刘庵段执行任务时,被化装成商人的日军掳去,后在天长县东门被日军杀害。

李学成(1921—1944.10),男,龙河街胜人。1942年参加抗日民主政府地方武装,任二分区分队战士。1944年10月在龙河东与日伪军作战时牺牲。

马元宗(1919—1944.10),男,龙河凌西人。1942年参加抗日民主政府地方武装,任仪扬支队三连战士。1944年10月,在谢集与日伪军作战时牺牲。

万大朝(1922—1944),男,龙河大王庄人。1942年参加抗日民主政府地方武装,任龙河区队炊事员战士。1944年在官塘集遭日军扫荡时牺牲。

王某某(1923—1944),男,龙河凌桥村人。1943年参加抗日民主政府地方武装,任龙河区队战士。1944年在反扫荡战斗中牺牲。

王金元(1918—1944.10),男,龙河凌西人。1943年参加抗日民主政府地方武装,任仪扬大队战士。1944年10月在龙河张山反扫荡战斗中牺牲。

李克余(1923—1945.2),男,龙河三茅村人。1941年参加抗日民主政府地方武装,任仪扬支队三连战士。1945年2月,在安徽乌山与日伪军战斗中牺牲。

李吉(1922.5—1945.3),男,新城街道人。1944年参加抗日民主政府,任县税务局新集税务所填票员。1945年3月新集税务所遭日军袭击,在作战中牺牲。

秦在元(1925—1945.4),男,龙河三茅村人。1945年参加抗日民主政府地方武装,任仪扬支队三连战士。1945年4月在攻打六合东沟日伪军据点战斗中牺牲。

夏永成(1926—1945.4),男,龙河三官人。1944年参加抗日民主政府地方武装,任仪扬大队一连班长。1945年4月在六合东沟与日伪军战斗中牺牲。

邱宏富（1925—1945.4），男，龙河三茅村人。1944年参加抗日民主政府地方武装，任仪扬支队战士。1945年4月在攻打六合东沟日伪军据点战斗中牺牲。

卢道宏（1922—1945.8），男，龙河三茅村人。1943年参加淮南津浦路东军分区13团3连任战士。1945年8月在安徽定远县与日伪军战斗中牺牲。

曹有庆（1923—1945.8），男，龙河凌西人。1944年参加抗日民主政府地方武装，任仪扬支队一连战士。1945年8月在安徽天长与日军战斗中牺牲。

王立龙（1917—1945.8），男，龙河人民人。1941年11月参加抗日民主政府，任龙河三茅乡乡长。1945年8月在与日军作战中牺牲。

朱广田（1917.3—？），男，新城桃坞人。1942年参加抗日工作，任新集地区游击队交通站交通员，1945年秋后失踪。1958年12月被追认为革命烈士。

鸦正富（1923.4—1945.10），男，龙河凌桥人。1940年参加抗日民主政府地方武装，任仪扬支队三连战士。1945年10月在六合东沟与日军作战中牺牲。

汪忠传（1922.7—1946.8），男，龙河凌桥人。1946年5月参加抗日民主政府地方武装，任仪扬大队战士。1946年8月在六合东王庙战斗中牺牲。

王广山（1925.9—1946.8），男，龙河官胜人。1944年参加抗日民主政府地方武装，任仪扬支队战士。1946年8月在淮南津浦路西战斗中牺牲。

陈永义（1923.4—1946.10），男，龙河凌桥人。1944年参加新四军，任七师五团战士。1946年北撤至安徽定远县白龙塘时牺牲。

张开桃（1927.10—1946.10），男，龙河凌桥人。1944年参加新四军，北撤后整编为华中野战军，任七纵队战士。1946年10月在涟水县城战斗中牺牲。

谢开义（1925.6—1947.8），男，龙河凌桥人。1944年参加新四军，北撤后整编为华中野战军，任某部战士。1947年8月在山东战役中牺牲。

张玉海（1925.6—1947.9），男，龙河凌桥人。1944年参加新四军，1947年整编为华中野战军，任七纵队战士。1948年9月在山东新泰县战斗中牺牲。

韩义兴（1923.4—1948.3），男，龙河街胜人。1947年参加解放军，任一师三旅班长。1948年3月在解放战斗中牺牲。

徐长木（1919.3—1948.3），男，龙河凌西人，1942年参加抗日民主政府地方武装，任苏皖支队战士，1948年任解放军战士。1948年3月在解放战斗中牺牲。

潘良才（1918.7—1948.4），男，龙河凌桥人。1944年9月参加新四军，1947年整编为华中野战军，任七纵队战士。1948年4月在攻打山东诸城县战斗中牺牲。

王长元（1921.11—？），男，龙河官胜人。1944年参加抗日民主政府地方武装，任苏皖支队战士，后失踪，1961年追认为革命烈士。

张有才（1920.12—1948.5），男，龙河周营人。1943年参加新四军，1947年整编为中原野战军，任六纵十八师某团战士。1948年5月在安徽龙安县战斗中牺牲。

张应元（1927.5—1948.10），男，龙河凌桥人。1947年参加解放军，任十二师战士。1948年10月在肥河口战斗中牺牲。

郭宝义（1920.4—1948.12），男，新城冷红人，1942年8月参加抗日民主政府地方武装，任苏皖支队战士。1947年任整编后的中国人民解放军华东野战军七纵19师55团一连三排排长。1948年12月7日在淮海战役小周庄战斗中牺牲。

刘宝华（1921.7—1949.1），男，新城街道人。1943年8月参加新四军，任某部战士。1947年任整编后的中国人民解放军华东野战军二纵67师200团二营战士。1949年1月在淮海战役中牺牲。

朱德录（1924.6—1949.1），男，龙河人。1946年参加解放军，1949年1月在仪扬公路战斗中牺牲。

邱德胜（1922.6—1949.5），男，新城古都人。1944年6月参加新四军。1947年任整编后的中国人民解放军华东野战军29军86师257团二营五连战士。1949年5月在解放上海战斗中牺牲。

任天录（1926.10—1949.7），男，龙河凌桥人。1946年参加中原野战军，任某部战士。1949年7月在陕西临潼县战斗中牺牲。

陈德胜（1925.1—1951.10），男，新城人。1949年参加人民解放军，1951年转为中国人民志愿军入朝参战，任某部战士。同年10月在朝鲜战场上牺牲。

李庆龙（1931.2—1952.6），男，新城三将人。1951年参加中国人民志愿军，任24军72师214团战士。1952年6月11日在朝鲜战场上牺牲。

王长科（1926.11—1952.6），男，新城三将人。1950年参加中国人民志愿军，任24军72师214团战士。1952年6月12日在朝鲜战场上牺牲。

潘宗才（1934.4—1952.7），男，龙河官胜人。1951年4月参加中国人民志愿军，任24军72师警备二团二连战士，1952年7月3日在朝鲜战场上牺牲。

张长银（1926.10—1953.2），男，新城冷红人。1949年3月参加中国人民解放军。1952年转为中国人民志愿军，任五大区十三分站三连战士。1953年2月15日在朝鲜战场上牺牲。

严德才（1928.7—1953.2），男，龙河凌桥人。1942年参加新四军，后转为中国人民解放军，1952年转入中国人民志愿军，任12军34师102团战士。1953年2月在朝鲜战场上牺牲。

秦康太（1931.11—1953.2），男，龙河街胜人。1951年参加中国人民志愿军，任24军72师214团战士。1953年2月在朝鲜战场上牺牲。

秦德义（1925.8—1953.3），男，龙河丁冲人。1951年5月参加中国人民志愿军，任24军72师214团一营五连战士，1953年3月3日在朝鲜战场上牺牲。

臧桂桃（1936.7—1953.4），男，龙河三官人。1951年参加中国人民志愿军，任24军72师214团战士，1953年4月1日在朝鲜上甘岭战斗中牺牲。

裴广清（1931.8—1953.5），男，龙河官胜人。1951年参加中国人民志愿军，任24军72师214团战士。1953年5月7日在朝鲜上甘岭战斗中牺牲。

冯宝金（1927.8—1953.6），男，新城冷红人。1951年3月参加中国人民志愿军，任24军72师214团战士，1953年6月1日在朝鲜战场上牺牲。

王朋银（1932.4—1953.6），男，新城八一人。1951年参加中国人民志愿军，任24军72师214团三连机枪班战士。1953年6月23日在朝鲜战场上牺牲。

李连怀（1931.9—1953.6），男，新城冷红人。1951年3月参加中国人民志愿军，任24军72师214团六连战士，1953年6月24日在朝鲜战场上牺牲。

於学宏（1929.5—1953.6），男，新城东升人。1951年5月参加中国人民志愿军，任24军72师214团二营四连战士，1953年6月24日在朝鲜战场上牺牲。

朱在扬（1929.10—1953.6），男，新城新北人。1951年参加中国人民志愿军，任24军72师214团战士，1953年6月在朝鲜战场上牺牲。

李长标（1931.2—1953.6），男，新城林果人。1951年参加中国人民志愿军，任24军72师214团战士，1953年6月12日在朝鲜战场上牺牲。

蔡天六（1932.4—1953.6），男，新城三将人。1951年参加中国人民志愿军，任24军72师214团战士，1953年6月24日在朝鲜战场上牺牲。

钱贵田（1928.2—1953.6），男，新城三将人。1950年参加中国人民志愿军，任24军72师214团战士，1953年6月16日在朝鲜战场上牺牲。

彭长兴（1933.5—1953.6），男，新城越江人。1951年3月参加中国人民志愿军，任24军72师214团炮连战士，1953年6月27日在朝鲜战场上牺牲。

陶玉银（1926.7—1953.6），男，新城冷红人。1951年参加中国人民志愿军，任24军72师214团一营二连炊事员，1953年6月27日在朝鲜上甘岭战场上牺牲。

王春如（1930.4—1953.6），男，龙河马坝人。1951年5月参加中国人民志愿军，任24军72师214团五连战士，1953年6月25日在朝鲜战场上牺牲。

李敬川（1924.9—1953.7），男，新城古都人。1951年参加中国人民志愿军，任24军72师214团战士，1953年7月1日在朝鲜战场上牺牲。

徐德官（1936.11—1956.7），男，龙河林扬人。1955年3月参加中国人民解放军，任其部队战士，1956年7月在辽宁庄河因公牺牲。

潘忠元（1932.3—1958.3），男，龙河周营人。1950年参加中国人民解放军空军2049部队，1958年3月在北京因公牺牲。

曹玉贵（1943.3—1971.9），男，新城越江曹庄人。1970年1月参加中国人民解放军空军高射炮兵某部，任军械管理员。1971年9月在中国老挝边境执行任务时牺牲。

周顺（1955.7—1976.5），男，龙河街胜人。1974年参加中国人民解放军，在530工程指挥部工作，1976年5月在青海因公牺牲。

金福涛（1956.4—1979.2），男，新城大兴人。1976年3月参加中国人民解放军，在11军某师某团某连任战士，共青团员，后任班长，1979年2月28日在云南边防保卫战中牺牲。

张才国（1954.3—1979.2），男，龙河长春人。1976年3月应征入伍，1978年调入11军某团某营，任机枪连副班长，1979年2月17日在云南边防保卫战中牺牲，所在部队给他记一等功，追认其为中共党员。

周宪进（1962.12—1989.4），男，新城新北周庄人。1980年11月参加中国人民解放军，在上海83517部队，任专业军士。1989年4月28日在执行军事运输任务中牺牲。

梁飞（1978.9—1998.8），男，新城街道人。1996年12月参加中国人民解放军，在海军37711部队两栖侦察中队任战士。1998年8月22日在37531部队278艇进行湿爬训练时牺牲。

在境内牺牲的外籍革命烈士名录

史兆昌（1923.4—1944.3），男，新集光明村人。1943年参加抗日民主政府地方武装，任东南支队三连战士。1944年3月在龙河三茅集伏击王子安带队到龙河一带扫荡的日伪军，在战斗中牺牲。

谢开文（1920.9—1944.3），男，新集庙山村人。1942年参加仪征抗日民主政府地方武装，任龙河区队战士。1944年3月，在龙河三茅集伏击下乡扫荡日伪军战斗中牺牲。

张世祥（1917.8—1944.3），男，新集庙山村人。1942年参加仪征抗日民主政府地方武装，任龙河区队战士，1944年3月在龙河三茅集反扫荡战斗中牺牲。

李朝贵（1927.3—1944.3），男，刘集五星人。1943年参加仪征抗日民主政府地方武装，任甘泉支队战士，1944年3月在龙河三茅集阻击下乡扫荡日伪军战斗中牺牲。

张文和（1917.4—1944.3），男，新集庙山人。1942年参加仪征抗日民主政府地方武装，任龙河区队战士，1944年3月在三茅集反击日伪军扫荡中牺牲。

李朝海（1919.6—1944.3），男，天长县人。1942年参加仪征抗日民主政府地方武装，任甘泉支队战士，1944年3月在三茅集反击日伪军扫荡中牺牲。

耿国荣（1923.12—1944.8），男，邗江酒甸西人，1942年参加革命，后任抗日民主政府区长，1944年8月在龙河集与日伪军作战时牺牲。

周某某（1922—1945.3），男，安徽天长人，参加革命后任淮南区党委交通员，1945年3月在执行任务途径龙河时遭遇日军杀害。

唐浩（1921.3—1945.4），男，安徽天长街道人，1942年参加仪征抗日民主政府，任龙河税务所所长。1944年11月在龙河收税时被日伪军抓捕，1945年4月杀害于铜山。

侯威（1925.8—1945.7），男，六合八百镇官塘村人，1945年在仪征抗日民主政府新城坡山口税务所任税务所长，1945年7月日伪军偷袭坡山口税务所时牺牲。

柏吉和（1924.1—1946.8），男，高邮湖西人。1945年参加仪征抗日民主政府地方武装，任仪征县大队侦察排长。1946年8月8日与另1名战士去龙河一带侦察敌情，经大塘赵庄时，遭遇还乡团袭击被捕，后遭杀害。

二、先进人物名录

新中国成立后，新城地区涌现出一大批先进模范人物。他们在平凡的岗位上勤奋工作，无私奉献，为新城经济和社会发展作出突出贡献，受到上级党委、政府奖励和表彰。本节收录的对象是在新城镇（含原龙河乡）工作期间获得国家、省级和扬州市委、扬州市政府奖励、表彰的先进人物，计43人次，以获得表彰时间排列为序。

1976~2012年新城镇（含原龙河乡）先进人物名录

表31-1

姓名	性别	工作单位	荣誉称号	授予单位	授予时间
韩家兰	女	龙河牌楼卫生室	省卫生先进工作者	江苏省革命委员会	1976.10
刘举明	女	龙河公社	江苏省劳动模范	省政府	1978.04
陈开银	男	新城公社	江苏省劳动模范	省政府	1980.04
赵登芳	女	龙河乡勤丰村	全国“五好”家庭	全国妇联	1982.03
周忠海	男	新城乡	江苏省劳动模范	省政府	1985.03
杨凤珍	女	新城乡计划生育助理	全国计划生育先进个人	国家计划生育委员会	1986.03
董志诚	男	新城乡	优秀党务工作者	江苏省委	1989.09
陈秋萍	女	新城中学	全国优秀教师	国家教委	1989.09
张德斌	男	龙河乡教育办公室	江苏省先进教育工作者	省教委	1989.10
王向东	男	新城税务所	省财税系统先进工作者	省财政厅	1989.12
赵大林	男	新城乡金桥村	抗洪救灾先进个人	江苏省委、省政府	1991.11
任广才	男	龙河乡凌西村	抗洪救灾先进个人	扬州市委、市政府	1991.12
吴长山	男	龙河乡粮管所	抗洪救灾先进个人	扬州市委、市政府	1991.12
王向东	男	新城税务所	江苏省劳动模范	省政府	1991.12
刘德平	男	新城乡	省优秀党组织工作者	省委组织部	1992.07
王向东	男	新城税务所	江苏省优秀共产党员	江苏省委	1992.11
王向东	男	新城税务所	扬州市优秀共产党员标兵	扬州市委	1993.12
王向东	男	新城税务所	江苏省双十佳税务官	省文明办	1994.12
肖巨祥	男	龙河中学	扬州市教育先进个人	扬州市政府	1995.10
陶维民	男	新城镇	明星企业家	扬州市政府	1998.03
陈恒忠	男	新城包装制品公司	青年科技兴农带头人	团省委	1998.05
崔学斌	男	新城教办	优秀教师	省教委	1998.09
边家福	男	新城镇林果村	民族团结先进个人	省民族事务委员会	1998.10
朱旭才	男	新城镇	基层武装工作先进个人	扬州市政府、扬州军分区	2000.01
张锦花	女	新城镇马坝村	江苏省劳动模范	省政府	2001.04
陆永余	男	新城镇	防洪抗洪先进个人	扬州市委、市政府	2003.08
刘德平	男	新城镇	全国计划生育协会先进工作者	中国计划生育协会	2003.10

续表31-1

姓名	性别	工作单位	荣誉称号	授予单位	授予时间
陈礼斌	男	新城镇	铁路建设工作先进个人	扬州市委、市政府	2004.04
赵立东	男	新城镇丁冲村	铁路建设先进个人	扬州市委、市政府	2004.04
方　江	男	新城中学	全国优秀教师、全国优秀班主任	国家教委	2004.08
方　江	男	新城中学	扬州市劳动模范	扬州市政府	2005.04
方　江	男	新城中学	扬州市优秀教师	扬州市委、市政府	2005.09
廖　标	男	新城镇	2001 ~ 2005年全市法制宣传教育工作先进个人	扬州市委、市政府	2006.10
郭秀芳	女	新城镇计生协会	“十五”人口和计划生育先进工作者	扬州市政府	2008.05
赵春香	女	新城镇	省巾帼植绿护绿示范户	省妇联、省绿化办	2008.12
夏德林	男	新城镇	“十一五”扬州市人口和计划生育工作先进个人	扬州市政府	2011.01
薛桂平	男	新城镇	2011年度全市信访工作先进个人	扬州市委	2011.02
周维忠	男	市供电公司新城供电所	江苏省劳动模范	省政府	2011.04
朱庆友	男	新城镇	“十一五”农村清洁能源建设先进个人	扬州市政府	2011.08
丁雪海	男	新城镇	2011年度乡镇党管武装好书记	扬州市委、扬州军区党委	2011.10
丁雪海	男	新城镇	服务上海大众整车项目功臣	扬州市委、市政府	2012.06
徐德金	男	新城镇	全市粮食生产突出贡献农业科技人员	扬州市政府	2012.06
周维忠	男	市供电公司新城供电所	江苏省优秀志愿者	省文明委	2012.12

三、获得高级职称人员名录

1980年，仪征开始科学技术人员职称评定工作，新城、龙河各行各业科技人员、经济管理人员和教师积极申报，参加技术职称评审。至2012年年末，全镇共有副高级及以上职称者（包括已退休人员）57人，以获得职称时间排列。

2012年新城镇高级职称人员名录

表31-2

姓名	性别	工作单位	职称	授予（聘任）时间
袁尚余	男	新城中学	中学高级教师	1992.12
张德斌	男	龙河中学	高级讲师	1994.12
赵有良	男	新城中学	中学高级教师	1998.03

续表31-2

姓名	性别	工作单位	职称	授予（聘任）时间
杜志昌	男	龙河卫生院	副主任中医师	1998.10
辛长龙	男	建安总公司新城建筑公司	高级经济师	1999.07
王长年	男	龙河中学	中学高级教师	1999.08
瞿成明	男	龙河初级中学	中学高级教师	2000.12
杨恩富	男	新城教育协管员办公室	中学高级教师	2004.11
胡玉娣	女	新城初级中学	中学高级教师	2006.11
杨　宁	男	新城建设工程有限公司	高级工程师	2007.11
陈德平	男	新城中学	中学高级教师	2007.12
汤定江	男	新城中学	中学高级教师	2007.12
周晓琳	女	新城初级中学	中学高级教师	2008.12
费恩银	男	新城初级中学	中学高级教师	2008.12
魏　红	女	龙河初级中学	中学高级教师	2008.12
徐　斌	男	龙河初级中学	中学高级教师	2008.12
肖巨祥	男	新城初级中学	中学高级教师	2008.12
夏定珍	女	新城中学	中学高级教师	2008.12
赵树苑	男	新城初级中学	中学高级教师	2008.12
时在平	男	新城初级中学	中学高级教师	2008.12
李端田	男	新城建设工程有限公司	地方高级工程师	2009.10
刘祖殿	男	龙河初级中学	中学高级教师	2009.12
赵有玉	女	龙河初级中学	中学高级教师	2009.12
丁宝香	女	龙河初级中学	中学高级教师	2009.12
简卫东	男	新城初级中学	中学高级教师	2009.12
任正勇	男	新城初级中学	中学高级教师	2009.12
朱永进	男	新城初级中学	中学高级教师	2009.12
杨秀平	男	新城初级中学	中学高级教师	2009.12
吴桂琴	女	新城初级中学	中学高级教师	2009.12
周文忠	男	新城初级中学	中学高级教师	2009.12
刘建国	男	新城初级中学	中学高级教师	2009.12
李忠才	男	新城初级中学	中学高级教师	2009.12
李宝珍	女	新城初级中学	中学高级教师	2009.12
蒋　全	男	新城初级中学	中学高级教师	2009.12
王庆松	男	新城初级中学	中学高级教师	2009.12
施玉平	男	新城初级中学	中学高级教师	2009.12

续表 31-2

姓名	性别	工作单位	职称	授予（聘任）时间
曹平桢	男	新城初级中学	中学高级教师	2009.12
耿　平	男	新城初级中学	中学高级教师	2009.12
赵文娟	女	新城初级中学	中学高级教师	2009.12
赵红霞	女	新城初级中学	中学高级教师	2009.12
宋爱凤	女	新城中心小学	中学高级教师	2009.12
施华康	男	新城中学小学	中学高级教师	2009.12
吴杏琴	女	新城镇龙河中心卫生院	社区副主任护师	2010.09
王　军	男	新城初级中学	中学高级教师	2010.12
崔学勤	女	新城初级中学	中学高级教师	2010.12
雷秀梅	女	新城初级中学	中学高级教师	2010.12
程楼燕	女	新城初级中学	中学高级教师	2010.12
程幼虹	女	新城初级中学	中学高级教师	2010.12
王　东	男	新城初级中学	中学高级教师	2010.12
周福松	男	龙河中心小学	中学高级教师	2010.12
崔小兵	男	龙河中心小学	中学高级教师	2010.12
詹大勇	男	新城初级中学	中学高级教师	2010.12
凌　虹	女	新城初级中学	中学高级教师	2010.12
吴立勤	女	新城中心小学	中学高级教师	2010.12
夏士平	男	龙河中心小学	中学高级教师	2011.12
谢庆林	男	新城中心小学	中学高级教师	2011.12
徐　红	女	新城中心小学	中学高级教师	2011.12

四、在外乡贤名录

新城人文荟萃，名家辈出。解放后，求学上进，蔚然成风，相继走出一批优秀人才，在祖国各地事业有成，成为家乡人民的荣耀。至2012年年末，在外乡贤有91人。以出生年月及所在村组排列。

新城镇在外乡贤名录

表 31-3

出生地		姓　名	性别	出生年月	工作单位、职务（最高）
三将	蔡庄	崔学良	男	1939.10	扬州大学广陵学院党委书记
	砖桥	王　伟	男	1969.07	扬州市国家粮食储备库主任
	中庄	薛大文	男	1986.12	南京理工大学瞬态物理重点实验室党支部书记

续表31-3

出生地		姓　名	性别	出生年月	工作单位、职务(最高)
郁桥	郑西	李有才	男	1930.07	北京火车站总调度长，1988年病逝。
	范庄	张玉田	男	1931.04	驻秦皇岛部队某部后勤部(正团级)
	郁庄	郁良才	男	1934.06	驻新疆部队70师后勤部某部主任(副团级)，2003年病逝。
	乔营	陈恒炳	男	1942.02	仪征市文化局党委书记
	乔营	乔宝山	男	1965.10	仪征市交通局副局长
	吕庄	郭道银	男	1950.07	仪征市粮食局党委书记、局长，市粮食购销总公司总经理
	万庄	赵承钧	男	1971.04	仪征市纪委常委
新华	周庄	周大胜	男	1953.05	广西自治区国家安全厅
	后庄	陈玉祥	男	1967.02	成都西南大学教授、行政处处长
冷红	小楼	宋鹏飞	男	1946.10	新城乡、龙河乡副乡长、仪征市多管局主任科员
	石庄	石远华	男	1949.10	仪征市工商局局长
	石庄	石远龙	男	1950.05	仪征市经济和信息化委员会副主任
	石庄	石永义	男	1953.04	仪征市教育局党组书记
	大楼组	马明全	男	1957.01	西安军分区空军飞行大队大队长(副师级)
	罗庄	韩秀宏	男	1962.02	仪征市粮食局局长
	小王庄	石　维	男	1974.05	南京下关梦非美容美发院总经理
	徐庄	杜　军	男	1980.08	江阴市协和新型建材有限公司副总经理
桃坞	睢庄	睢长庚	男	1938.11	四川绵阳工程物理研究院五级技术骨干
	薛庄	薛恩亮	男	1939.10	新疆阿克苏市人民医院办公室主任
	睢庄	赵大金	男	1943.08	仪征市税务局局长
	睢庄	王国明	男	1958.04	扬州市人力资源和社会保障局科长
	薛庄	戴正秋	男	1951.11	扬州一级公路仪征管理站站长
	陈庄	杨立荣	男	1963.07	南京市交通运输局路政处副处长
	陈庄	张小平	男	1963.10	浙江省宁波市公安局副局长
	凡庄	杨　明	男	1965.10	仪征市卫生局副局长、党委副书记
	七一	陈万生	男	1967.10	仪征市保密局副局长
新北	周庄	周加兵	男	1951.12	仪征市地税局局长
	周庄	周加琪	男	1964.10	江苏仪征农村商业银行党委书记、董事长
	小薛	薛长福	男	1956.07	仪征市民政局副局长
	赵庄	王德斌	男	1970.09	仪征市经济技术开发区党政办副主任
林果	团结	张　军	男	1962.09	南京扬子乙烯有限公司总经理
	宋营	宋圣福	男	1963.07	海军专业技术八级、上校军衔，2005年转业到仪征市地税局

续表31-3

出生地		姓　名	性别	出生年月	工作单位、职务(最高)
林果	张庄	王元彬	男	1969.11	常州武进区党委组织部部长
	新沟	边晓斌	男	1974.10	仪征市人民法院副院长
	吴庄	张书平	男	1989.11	东南大学能源与环境学院博士研究生
马坝	马上	马志才	男	1931.10	仪征市纪委巡视员
	夏西	夏永根	男	1933.09	仪征市环保局局长
	夏西	夏永军	男	1969.08	上海市宝山区高境镇副镇长
	百姓	王正平	男	1965.02	仪征市人大内务司法工委主任
	王庄	王洪俊	男	1972.06	江苏省委宣传部网络宣传处副处长
丁冲	山东	臧富友	男	1913.02	黄埔军校毕业，国民党航空兵中尉，1998年12月病逝。
	西街	王慧国	男	1922.05	国民党台北空军副司令，现居美国洛杉矶
	西街	吴传春	男	1947.11	仪征市卫生局局长
	老街	吴济东	男	1923.08	江苏省电力总公司总指挥、高级工程师
	赵二	赵有宏	男	1952.06	仪征市真州建筑装饰工程有限公司董事长兼总经理、高级工程师
	王二	潘宗明	男	1955.01	仪征市农业资源开发局局长
	王二	潘　峰	男	1981.10	中国驻尼泊尔大使馆武官
	丁冲	潘良怀	男	1966.07	仪征市地税局四分局副局长
	北沙	吴立强	男	1968.08	福建漳州江苏商会秘书长、国家三级技师
	赵一	赵　俊	男	1972.06	仪征市检察院政治处主任
周营	小基营	基成飞	男	1961.08	仪征市委档案局副局长
	龙埂	基国平	男	1962.10	扬州市公安局政治处主任
	龙埂	基国林	男	1968.05	江苏省技术师范学院党委组织部部长
	下王	王　平	男	1962.11	2000年团职转业任仪征市人民法院执行局副局长
	周西	方晓兵	男	1968.03	仪征市城市管理局副局长
	河西	吴立祥	男	1978.06	某部空军大队团长飞行员
官胜	吴庄	吴春宝	男	1944.10	六合区林业局局长
	韩庄	潘道海	男	1953.07	常州矿山机械厂高级工程师
	大王	孙国民	男	1953.09	新集镇人武部长
	南头	王长健	男	1964.01	新集镇副镇长
	北头	包文权	男	1964.11	仪征市农委副主任、农业资源开发局副局长
	刘庄	刘定平	男	1965.08	仪征市城市管理局副局长
	刘庄	刘玉兵	男	1971.11	仪征市地税局副局长

续表31-3

出生地		姓　名	性别	出生年月	工作单位、职务(最高)
官胜	徐庄	王长才	男	1968.04	扬州市中国银行中信保险公司经理
	官塘	姚祥林	男	1968.12	仪征市人力资源和社会保障局纪检组长
	上营	孙来山	男	1970.09	解放军27集团军某部团长
	中营	王小新	男	1973.12	新疆阿勒泰地区招商局副局长
	潘庄	潘良勇	男	1973.12	仪征市人大财政经济工委副主任
	郭庄	郭　威	男	1974.04	仪征市委办副主任
凌桥	后朱	高仁玉	男	1949.08	吉林省长春市供热发展有限公司安装公司党支部书记、总经理
	曹山	唐明亮	男	1962.03	仪征市卫生局副局长
	东营	周定扣	男	1962.06	浙江省统计局处长
	孔庄	孔繁纶	男	1964.02	仪征市人大常委会人事代表工委主任
	友一	潘道田	男	1969.08	江苏省镇江监狱监狱长、党委书记
	前朱	朱志松	男	1977.06	仪征市委办研究室副主任
	前朱	任秉东	男	1984.09	上海东海舰队某部人事处干部
三茅	三茅	丁　广	男	1926.06	河南省信阳市市长
	和平	曹　阳	男	1951.09	兰州军区后勤部军械管理处处长
	人三	刘正东	男	1952.10	扬州市统计局副局长
	人二	张开宏	男	1953.02	仪征市经贸局主任科员
	王庄	王长宏	男	1954.07	浙江杭州市总工会调研员
	王庄	詹德智	男	1954. 12	仪征市人大农村工作委员会主任
	王庄	王巨兵	男	1974.06	江苏省纪委办公厅处长
	团结	丁雪峰	男	1963.02	江苏仪征经济开发区管委会副主任
	秦北	秦志忠	男	1963.10	仪征市人民医院副主任医师
	永三	马立华	男	1965.05	扬州市宗教事务局主任科员
	永三	马立新	男	1967.11	仪征市委办公室主任
新城街道		袁文生	男	1966.06	《扬州日报》社副总编、扬州时报总编

五、能工巧匠名录

新城人民勤劳智慧，在各个历史时期的各行各业中造就出一批能工巧匠。他们技艺高超、服务乡里，造福一方，在当地有着较好口碑，被广为流传。本节共收录能工巧匠63人，以出生年月及所在村组排列。

新城镇能工巧匠名录

表31-4

出生地		姓　名	性别	生卒年月	职业	主要经历、业绩、擅长绝活、绝技
三将	石桥	刘长银	男	1909.05—1996.10	理发师	少年拜师学理发，为人谦和，童叟无欺。1937年后，他帮新四军传递情报，解放后，除门店理发外，还上门为孤寡老人、病残者理发，从不多收一分钱，在群众中留有较好口碑。他去世后，理发店由其儿子经营，生意如常
	甘露	徐兆贵	男	1914.07—1989.10	瓦匠	自幼跟随父亲学瓦匠手艺，他擅长砌锅灶，不仅好用而且美观耐用。他为人诚恳，乐善好施，穷困人家砌灶收一半钱，周边几十里户家70%的锅灶都是他砌的，闻名一方
	亭庄	陈炳三	男	1920.07—1999.11	中医师	自幼年随父学习中医，22岁时坐堂问诊，擅长治疗疑难重症。砖桥人民庄张氏患病数月，先后到仪征、扬州医院求治不见效果。后找陈求治，陈仔细诊断，对症下药，3月后痊愈，被人称之"妙手回春"。他一生获锦旗无数，从不自满，仍用心看病，当好乡村医生
	杨沟	石明堂	男	1948.02—	瓦匠	初中毕业后学瓦匠，自学建筑业务知识，1970年，创建村建筑站，到县城搞建筑，80年代，他建造高达45米烟囱，被称为奇迹。他一生带徒十几个，个个成为建筑能手
郁桥	合兴	周忠贵	男	1929.07—1987.12	瓦匠	16岁时到邻村学瓦匠，20岁后便能独当一面。他带领副业队外出干活，擅长石块垒墙，砌电灌站、建水闸、建涵洞无所不精。人称"土工程师"
	合兴	赵树权	男	1950.07—	制糖技师	赵氏糖坊世代相传，1970年，赵树权随父学麦芽糖生产技艺，经过不断钻研创新，仅凭他的眼看、手摸就知道糖的老嫩与口感，堪称一绝技。他制作的麦芽糖自然纯净、原味清爽，畅销周边方圆百里
	吕庄	姚文龙	男	1911.03—1994.08	理发师	13岁到上海学理发，20岁时已能剪时尚发式。1941年在上海开设11家理发店。解放后，店面转为国营，找他理发的人很多，都要排队等候，60年代参加上海市发艺技术比赛获好发艺第一名
	郑东	张天寿	男	1907.07—1994.10	理发师	16岁到无锡学理发，30岁时自开理发店，不断推陈出新，在无锡小有名气。到解放前夕，已有9家店面。解放后，作为资本家接受改造，落实政策后重操旧业，生意如前。1968年退休
	万庄	常立志	男	1933.08—2002.09	瓦匠	从小随父学瓦匠，20岁成为一名大师傅。干出来的活，不仅快，而且干净利索。他穿一身西装，粉墙刮大白，干完活衣服不沾一点泥灰，人呼叫绝，称之为"西装瓦匠"
新华	余营	张文州	男	1898.09—1990.10	瓦匠	家庭世代支锅，12岁起随父学艺，他支的锅灶省柴好烧，久经耐用，之后，又发展到支烘炕、浴池锅炉等，被称之为支锅大师傅
	余营	简长余	男	1906.02—1976.02	茅匠	15岁时随父学茅匠，20岁起已能盖车篷、土园仓、草房，他盖房每道工序都紧扣严密，从不偷工减料，受到当地百姓的尊敬
	余营	周善才	男	1919.06—1993.02	理发师	少年随父在上海学艺。1945年起在上海有两间店面。解放后，回乡重操旧业，烫发、染发、采耳，推拿等技艺超群，在当地小有名气

续表31-4

出生地		姓 名	性别	生卒年月	职业	主要经历、业绩、擅长绝活、绝技
新华	余营	张元山	男	1923.03—	瓦匠	18岁外出学瓦、木匠建造房屋，1945年到仪征、扬州从事瓦、木匠手艺，会看图纸，组织施工。1953年县建筑站成立时，任技术员，后担任生产科科长，先后参与了县化肥厂、钢铁厂、铝器厂的建设，担任技术总监
新华	张庄	张文和	男	1921.05—1985.09	篾匠	自幼刻苦好学，练就一副好手艺。他制作的稻萝，坐2个人都不塌，竹席密不漏水，筛孔均匀，经久耐用，成为抢手货。解放后，参加铁木竹社，任篾匠组组长，带徒传艺，在新城一带颇有名气
新华	劳动	赵正宝	男	1939.01—2006.06	铁匠	从小跟随叔父学做铁匠，22岁成打铁能手，他打制的镰刀、浇铸的犁头等灵巧好使，堪称上乘，逐渐成名，产品远销仪扬一带
新华	周庄	马永禄	男	1916.04—1980.07	木匠	15岁学手艺，他擅长建造车篷、犁耙、惯床、古式家具，在当地较有名气
冷红	周纪	詹明义	男	1944.02—2008.07	制秤	出生在一个世代制秤之家，幼时随父母学制秤手艺，18岁被人称为“小师傅”、21岁在新城街上开一家制秤店，詹家制作的秤误差在0.1%左右，用料考究，外观精美，从不做“鬼秤”（假秤），信誉好。也常为百姓修旧秤，不收钱，被当地人称为“公心秤”，在仪征、扬州一带较有名气
冷红	张尹	王正荣	男	1924.11—	补缸师傅	自幼聪明好学，偷看师傅补缸技巧，用家里的水缸做试验，不久手艺娴熟。他足迹遍布仪征、扬州等地，一次扬州齐氏酱园一口大缸四分五裂，多位师傅看后束手无策，而王正荣却将它修补完好如初，名气大振
冷红	碾庄	代松林	男	1901.07—1974.10	炕坊师傅	代松林与代寿朋是父子，自代松林起可谓三代祖传炕孵手艺。他家年产雏禽40万~60万只，出壳率在93%以上，高于其他炕户。其秘诀在于掌握炕孵期的温度变化，因而他家雏禽成活率高，上门求购者络绎不绝，占据周边大部分市场
冷红	碾庄	代寿朋	男	1921.04—1980.12	炕坊师傅	
冷红	石庄	石永富	男	1942.06—	养殖能手	16岁随父捕捞鱼花，之后，一生以漂鱼花为生，他家的鱼花成活率比别人家要高出10% ~15%，年产鱼花50万花以上，被称为漂鱼花高手
桃坞	永庄	宜德干	男	1912.10—1979.04	厨师	1927年到上海学厨艺，1931年留店做厨工，1943年进入上海华侨饭店任白案总厨，擅长于雕刻艺术造型与菜肴的搭配，细腻精美的刀工形成独特的冷盘风格，被誉为“冷盘大王”“冷菜艺术家”，在上海餐饮界享有很高的声望
桃坞	孔庄	吴正全	男	1893.02—1963.04	木匠	16岁随父学艺，擅长木艺雕刻、古典园林建造。1942年曾参加镇江焦山寺修缮，名气大振。一生带徒众多，成为一代名师
桃坞	曾庄	曾良海	男	1913.08—1992.09	理发师	17岁到上海学理发，满师后做客师，他的发艺技巧、时尚的发型与人物相配恰当堪称一绝，成为上海“海派”发型发源地。1941年创立夜上海理发厅，营业面积120平方米，20多张座椅，每天顾客盈门。1964年退休
桃坞	曾庄	曹广达	男	1916.11—1998.03	厨师	20岁到南京龙潭饭店任厨师，1941年转至南京老万全菜馆任大厨，专做京苏大菜，名噪一时。1979年5月西哈努克亲王访问南京，他任主厨掌勺做菜受到好评

续表31-4

出生地		姓　名	性别	生卒年月	职业	主要经历、业绩、擅长绝活、绝技
桃坞	童庄	李正南	男	1914.07—1990.03	石匠	幼年随父当帮手，逐渐入门，掌握了做石磨、石碾、石锁、石�等技艺。1935年开始做各种石狮、石鸟、石龟等动物石器，以及石碑、石牌坊等古典石器，成为乡里名气很高的石匠
新北	老薛	薛正春	男	1922.07—2011.04	茅匠	从小拜师学茅匠，他为人忠厚，手快腿勤，做活比人家快，质量比人家好，经他盖的草房，不仅屋面平板整齐，而且包10年不漏，在当地渐有名气
新北	小薛	道　田	男	1933.08—	瓦匠	16岁学瓦匠手艺，20岁后由砌房造屋，转向水利桥梁，涵闸建筑。他巧用地形，严格施工，不仅省工省料，而且10年不塌不陷不变样，在当地小有名气
新北	章庄	陆广生	男	1927.10—	木匠	从小随父学艺，主要做车篷、水车、棺材等。他做出来的物件，结实耐用，精致美观，受到乡人称赞
新北	前双	李汉章	男	1930.03—2011.09	篾匠	15岁时学篾匠，20岁能编制各种篾筛、稻箩、凉席及日用炊具，件件精致耐用。他诚实可信，不偷工减料，留有较好口碑
官胜	郭庄	陆广山	男	1883.05—1960.07	木匠	15岁拜师学木匠，满师后开始做造房木匠，30岁后转向木雕，无论房梁、柱、门、窗皆能雕龙画凤，生动活泼，后专雕刻飞禽走兽，惟妙惟肖，观者赞不绝口，堪称一绝，名声鹊起
官胜	郭庄	刘长河	男	1928.07—2007.08	木匠	少年时学艺3年，专做园木，擅长箍桶，大至酒厂酒桶，小至家用木桶盆，抛高十几米摔下，箍不炸、形不散，被称绝技
官胜	大王	吴长成	男	1887.04—1995.03	篾匠	16岁随父学篾匠，满师后便能独自做活，擅长编织凉席、竹篮等。凉席盛水不漏，夏不蛀虫；竹篮丝如发，小巧玲珑，时尚美观，人称绝活。加之他矮小、机灵，被乡里人称为“老鼠皮”，成为艺名
官胜	李山	王广福	男	1919.04—2004.07	茅匠	17岁拜师学徒，他把脊精密牢固，七八级大风吹不散，草屋面平整顺滑，一把黄豆撒上去，颗颗滑落地面，人称好手艺，名扬新城、龙河一带
官胜	潘庄	潘忠顺	男	1927.12—2007.10	篾匠	17岁学篾匠，手脚勤快，他制作的箩、筐、笼、席等，样样精致、灵巧、耐用，在当地渐有名气，他待人厚道，做活认真，从不多要价，口碑较好
林果	张塘	吴正水	男	1953.07—	制陶	出生于吴记陶器制作世家。1966年随父学艺。1975年独立主持吴记陶器制作与烧造。1980年后，创造“范芯制作法”、“内拖制作法”、“木模挤压法”、“层次粘结法”等新工艺，产品逐渐由民用转向园林、名胜仿古花盆、仿古建筑陶件。其代表作有镂空雕刻熏炉、虎型绳纹尿壶、猪型聚宝罐、龙纹陶砚等，成为扬州陶器精品
林果	西营	周德荣	男	1931.07—	木匠	15岁起随父学水车制作技艺，后在镇江、句容一带从事水车的制作与维修，享有较好的名声。1972年，为镇江市轻工业局制作高6米、直径4.5米，容载36吨的巨型木桶，堪称一绝。1980年后，致力于古典园林、古迹的设计与修复
林果	大刘庄	王学淦	男	1919.11—2001.05	中医师	16岁学中医，熟读《内经》等医书。20岁拜名医程慎之为师，1945年开设“养芝诊所”，解放后，先后在新北诊所、曹山卫生院、岔镇浮肿病疗养院任医师

续表31-4

出生地		姓　名	性别	生卒年月	职业	主要经历、业绩、擅长绝活、绝技
林果	胜利	宗洪志	男	1938.07—	篾匠	18岁随父学篾匠，30岁带徒，他做出的篾器农具、生活用具有100多种，大到箩、筛、小到篦梳，粗到扁担，细到绣花盒，百件百样，美观大方，人人称赞
	朱庄	赵巨升	男	1925.10—2004.05	木匠	18岁拜师学艺，后进入南京木器厂专做寿材（棺材），30岁返乡，专做各种嫁床、水车及车板、车合子等，经久耐用。几十年中，他做活认真，技艺精湛，远近闻名
	同心	俞德海	男	1928.03—	铁匠	16岁学徒做铁匠，1954年进入天长机械厂，1962年调到仪征纺机厂，1966年下放回乡劳动，后开办小铸造厂，制作各种铁制农机。80年代，他带徒10多人，年产值达100多万元，成为村里致富带头人
马坝	夏西	夏巨恩	男	1938.09—	木匠	出生于水车制作世家，从11岁便参加水车制作，20多岁已小有名气。解放后，从事木艺雕刻，多次被国家重点工程聘用。1969年，负责北京火车站巨型钟楼的设计制作木雕造型，受到好评
	刘一	朱玉林	男	1936.06—	篾匠	15岁学篾匠，他手脚勤快，悟性强，制作各种竹制农具，尤其能搭建大型毛竹房屋。他为人诚恳，随喊随到，从不多要工钱。他带徒十几个，热心施教，个个成为篾匠能手
	金二	金忠元	男	1946.02—	弹棉花	17岁学弹棉花，他弹的棉花松泡，被胎网线均匀，无死结棉、板结块。冬天弹棉花，他经常打赤膊干活、出货多，找他弹棉花的人日渐增多，在当地口碑较好
丁冲	王一	王春赴	男	1921.07—1992.10	乡医	少年学中医，21岁单独行医。30岁时对治疗瘤、肿疑难杂症有独到之处，诊断准确，疗效显著，经他救治的重病患者数十人，在龙河、张集一带有很好名气，对穷苦人药价低廉，人称“王善人”
	前营	赵成明	男	1919.09—1980.11	篾匠	15岁随父学篾匠，专做箩、筐、篇、筛、笼等篾器，美观耐用，深受村民喜爱，十分畅销。有人赶十几里路购买
	前营	赵必洲	男	1954.10—	修理工	初中毕业后学铁匠，后学钳工、电焊，30岁开办修理店，制作模具，修理搅拌机。1990年后，转向机电、机械修配，年收入达50多万元，成为村里有名的修配专业户
	山东	臧荣义	男	1943.02—	瓦匠	自小学徒做瓦匠、木匠。30岁后搞承包工程，建平房、楼房、厂房，他精于设计和工程管理，所做工程从未出现过质量问题和安全事故，人称“土工程师”
	山西	周士浪	男	1945.11—	茅匠	幼年时常跟父亲外出做活，20岁就上房盖屋，出活快，一次刮台风，经他盖的茅草没被刮落，而别人家就被掀掉大半，由此，找他干活的人渐多，他仍做活认真从不马虎
	东街	张　俊	男	1962.03—	机修工	初中毕业后学铁匠，1980年起，专修大型农机具，年收入达20多万元。90年代，经销手扶拖拉机配件，修理业务进一步扩大，成为村里修理专业户
周营	老营	焦祥松	男	1944.06—	中医师	自幼拜师学中医，20岁已坐堂问诊，后自开诊所，诊治病人仔细认真，切准病源，对症下药，他擅长中医针灸，对治疗顽固性风湿痛有独到疗效，在当地小有名气

续表31-4

出生地		姓　名	性别	生卒年月	职业	主要经历、业绩、擅长绝活、绝技
周营	鸭赵	赵孝明	男	1951.11—	篾匠	出生世代篾匠之家，18岁便能独自外出做活，专做各种竹制农具，编制各式生活用品，从艺30多年勤劳忠厚，从不多要工钱，从不偷工减料，人称他“大好人”
	河西	基良权	男	1951.03—	木匠	少年时拜师学木匠，擅长做寿棺。70年代，他常到外省山区去做活，生活虽艰苦，但他做出来的寿棺质量上乘，受到当地人的好评。90年代，回乡后改做园木家具
凌桥	郭庄	周国昌	男	1923.11—1998.09	瓦匠	从小学瓦匠手艺，他支的锅灶不仅省柴火旺，而且灶面平整清洁，灶间宽敞通气，形成新一支周氏锅瓦匠手艺门派
	郭庄	周加云	男	1963.02—2011.05	瓦匠	16岁随父学瓦匠，他擅长砌锅灶，无论老虎灶、浴室灶、工厂锅炉灶、农家柴灶无所不精，方圆几十里都找他做活。他打造的锅灶，既省柴好烧，而且美观大方。他做活认真，手脚勤快，从不多收钱，乡里人信任他，也从不讨价还价
	大团结	吴春明	男	1931.06—	民间艺人	12岁随父学吹唢呐，逐渐练就一口绝技，唢呐吹得高亢有力，委婉低沉，一口气能吹数十首，因而远近闻名。重大场合、盛会、县里比赛都会指名要他参加，乡里人家有红白喜事也会请他去吹奏
	陈庄	陈天保	男	1952.03—	瓦匠	少年时学做瓦匠，20岁在安徽桐城成为一名技术员，识图纸，造预算，成为一名“土专家”，被当地建筑公司竞相聘用，在业界渐有名气。2000年成为桐城建筑有限公司总经理，他经常回乡把村里人带去做工，培养人才
三茅	小营	李国友	男	1928.11—2006.10	篾匠	少年时学篾匠，1964年进入龙河农具厂，专做稻箩、大匾、簸箕等农具，美观耐用，十分畅销。他带徒十多人，热心传授，徒弟十分尊敬他，称他为“师爷”
	人三	刘志奎	男	1953.06—	茅匠	23岁开始学茅匠，他盖房栓草整齐、扎扣紧，房面整齐美观，风刮不飞，下雨不漏。1982年，他承包官胜粮站土粮仓盖顶工程，要求高、时间紧，他常一天干12小时，最终按时按质完成8座土圆仓盖顶任务，受到县粮食部门领导的称赞
	人五	谈春田	男	1965.01—	木匠	高中毕业后随父学木匠，先做普通橱柜家具，后逐步做组合家具。2000年开办家具店，前店后作，专做实木家具，美观新潮，环保安全。扬州、仪征人都上门求购，年销售收入80多万元
	三茅	王永桃	男	1916.07—1989.10	铁匠	16岁学铁匠，30岁开铁匠店，打造各种铁制农具，当时农村大锹用木拐，他却用铁拐，相当好用，受到农民的青睐。他精益求精，打造的铁器用具，美观耐用，被称是工艺品
	永一	李国祥	男	1949.02—	铜匠	25岁学做铜匠，后开店对外补锅、修锁、配钥匙，做铁门、铜器物，工艺精湛。2000年后，改做仿古青铜栅栏、柱、灯架、衣架等，十分畅销，年收入90多万元
	朱庄	朱国玉	男	1952.01—	操作能手	1975年当手扶拖拉机操作手，1983年后，他购买插秧机、收割机以及大型拖拉机，不仅自用，还代种他人家的田，2000年后，种植面积发展到100多亩，全靠农业机械完成种植、收割、运输等农活，成为远近闻名的种粮大户、农机操作能手

附 录

一、文 告

仪征县政府关于划分调整区乡的训令

为适应工作发展需要加强与提高工作效能，经研究与呈请上峰批准，决定恢复城区建制与添设一新民区机构，现将区域划分及调整决定于后：

一、朴席区划出蒲新乡全部、三乙乡一部分与十二圩直属镇之河西街归新城区管辖。

二、凌桥区划出方桥、紫竹、扁松、新集四个乡全部归朴席区管辖，划恒华、新民两乡归新民区管辖。

三、陈集区划出刘集、盘古两乡归凌桥区管辖。

四、胥浦区划出长山乡归月塘区管辖，划妯青水乡归新民区管辖。

五、月塘区划出捺山、巴祀、铜山三个乡钱部归新民区管辖。

六、新城区划出岔镇、永庆、三官三个乡人部归新民区管辖。

划出划进及现辖乡数：

一、朴席区划出一个办乡划进四个乡，现有紫竹、新集、扁松、方桥、青龙、双桥、隆觉、徐集、天安、五星、朴席、三乙计十二个乡镇

二、凌桥区划出六个乡，划进两个乡，现有刘集、盘古、龙河，白羊、庙山、三茅、龙王、凌桥计八个乡镇

三、陈集区划出两个乡，现有界墩、沙集、丁桥、青莲、铁牌、司徒、高集、陈集计八个乡镇

四、胥浦区划出两个乡，现有佐安、安墩、枣林、古湄、农歌、永安、大安、青山、滨江、胥浦计十个乡镇

五、月塘区划出三个乡，划进一个乡，现有长山、谢集、月塘、乌山、九里、曹集、移居、铁坝、长兴、龙山计十个乡镇

六、新城区划出三个乡，划进一个半乡，现有蒲新、沙河、冷红、蒋圩、三将、桃坞、带子、新北、新城计九个乡镇

七、新民区接受新民、恒华、青水、三官、永庆、岔镇、铜山、巴祠、捺山计九个乡镇

八、城区管辖真州、都会、十二圩三个乡镇

九、大仪区不动

以上各区划进、划出三乡包括全部人员武器、弹药账册（未结清之公粮账目仍由原区负

责结清），档案等一律原封不动，列入移交。目前新民区正在建立机构，因此除各区划给新民区管辖之乡份交接手续暂缓数目移交，有待另行订期正式移交外，其他各区之间划出划进之乡份于文列日开始办理交接工作，并将交接情形报府备案，仰即遵照为要！

此令

县　长　周元林

副县长　赵　刚

一九五〇年四月十七日

（原件收藏于仪征市档案馆）

中共仪征县委关于宣布新城乡划为县直属乡的通知

（一九五六年十月十七日）

为工作便利，减少组织层次起见，县委决定将新城乡划为县直属乡。希朴席区在文到后将新城乡的有关材料及具体情况，分别移交给县委会和县人委会；县直有关部门也应将新城境内企、事业单位划给该乡。今后新城乡直接与县联联系，特此通知。

（原件收藏于仪征市档案馆）

仪征县人民委员会关于併乡规定的通知

各乡、镇人民委员会，县直各单位：

拟从现有28个乡（镇）中撤去双澗、铁牌、高集、枣林、佐安、古都、天安7个乡的建制，合并为21个乡。具体是：

（1）大仪乡：略

（2）杭集乡：略

（3）陈集乡：略

（4）古井乡：略

（5）谢集乡：略

（6）移居乡：略

（7）月塘乡：略

（8）铜山乡：略

（9）青山乡：略

（10）岔镇乡：略

（11）胥浦乡：略。

（12）新城与古都合併为新城乡。除古都乡划出汴河、黄泥、冯庄3个社划给土桥乡外，下辖古都、二闸、罗庄、大楼、七一、荷花、金桥、联盟、劳动、新北、新华、新民、大兴、坡山、郁桥、严桥、砖桥、三将18个农业社，5418户，24396人，乡住新城镇。

（13）土桥乡：略

（14）朴席乡：略

（15）新集乡：略

（16）恒华乡：略

（17）刘集乡：略

（18）原庙山乡不动，下辖国庆、华丰、江宁、长春、庙山、中心、勤丰7个社，计2492户，12064人，乡住庙山。

（19）原龙河乡不动，下辖街胜、凌桥、胜利、丁冲、马坝、周营、人民7个社，计3030户，13735人，乡人委住龙河集。

（20）真州镇不动，下辖边江、五一、永庆、八一、三元、都丰、同兴、五星10个社，共计农业户1422户，6266人。

十二圩镇不动，下辖红旗、沙河、永兴、头圩、蒲薪、热心、弓尾7个社，共计农业户1664户，6395人。

1957年10月14日

（原件收藏于仪征市档案馆）

仪征县人民政府
关于新城公社实行政社分设的批复

仪政发〔1983〕97号

新城人民公社管理委员会：

经扬州市人民政府扬政复〔1983〕13号文件批复同意：

建立仪征县新城乡人民政府，撤销仪征县新城人民公社管理委员会。

建立仪征县新城人民公社经济联合委员会，下设一室四公司：

经营管理办公室、农业生产服务公司、多种经营服务公司、工业联合公司、建筑公司。

一九八三年四月二十日

（原件收藏于仪征市档案馆）

仪征县人民政府
关于龙河公社政社分设的批复

仪政发〔1983〕224号

龙河人民公社管理委员会：

根据扬州市人民政府〔1983〕69号文件批复，经研究，同意撤销龙河人民公社管理委员会，分别建立龙河乡、张集乡人民政府和龙河人民公社、张集人民公社经济联合委员会。以生产大队建立村民委员会。龙河、张集人民公社经济联合委员会均下设经营管理办公室和农业生产服务公司、多种经营服务公司、工业公司、建筑公司。

此复。

一九八三年九月二十二日

（原件收藏于仪征市档案馆）

仪征市人民政府
关于朴席乡、新城乡撤乡设镇的通知

仪政发〔1994〕1号

各乡镇人民政府、国营场圃，市各委、办、局（公司）、行、社：

接扬州市人民政府扬政复〔1993〕第36号文件批复，经省政府批准，同意撤销朴席乡、新城乡，分别以其原辖区域设立朴席镇、新城镇，实行镇管村体制。

特此通知。

一九九四年元月十五日

（原件收藏于新城镇政府档案室）

仪征市人民政府
市政府关于调整乡镇行政区划的通知

仪政发〔2000〕38号

各乡镇人民政府，各场圃，市各委、办、局（公司）、行、社，市属各企事业单位：

根据省扬州市政府扬政复〔2000〕13号文件批复，现对我市乡镇行政区划作如下调整：

1.略

2.撤销十二圩镇、龙河乡，将原龙河乡的所辖区域和原十二圩镇的红旗村、沙河村、沿河村、浦新村、弓尾村及东风居委会、胜利居委会、工农居委会并入新城镇，实行镇管村体制，镇政府驻新城。区划调整后新城镇行政区域94平方公里，人口6.64万，辖5个居委会、30个村委会。

3.将原十二圩镇的汴河村、黄泥村、三益村并入朴席镇。区划调整后朴席镇行政区域55平方公里，人口3.62万，辖1个居委会、19个村委会。

4.略

5.略

6.略

7.略

8.略

9.略

二〇〇年四月九日

（原件收藏于新城镇政府档案室）

市政府常务会议纪要

第2期
市政府第19次常务会议纪要

仪征市人民政府办公室编　2005年2月18日

2月16日晚，市长陈扬在市政府五楼西会议室主持召开市政府第19次常务会议，专题研究设立仪征市十二圩办事处、滨江办事处相关事宜。现纪要如下：

会议分别听取了市民政局、人事局关于设立仪征市十二圩办事处、滨江办事处工作方案和办事处机构设置的情况汇报。市委、市政府对设立十二圩办事处、滨江办事处十分重视，多次组织调研，广泛征求意见，在此基础上形成工作方案。会议认为，设立十二圩办事处和滨江办事处，是支持和服务于园区建设的迫切需要，是整合沿江资源、协调园区、乡镇布局和管理体制的重要举措，对加快沿江开发、构筑五大经济板块具有重要推动作用。会议明确：

1.会议决定成立仪征市十二圩办事处、滨江办事处，为市政府派出机构，正局级建制。十二圩办事处委托仪征市经济开发管理委员会管理，滨江办事处委托扬州化工园区管理委员会管理。

2.同意将市大豆原种场、水产养殖场、新城镇红旗村、浦新村、沙河村和十二圩街道三个居委会划归十二圩办事处管辖。同意将市经济开发区农歌、沙洲、沙窝、滨江四个村和巴庄、甘草、中桥三个居委会以及真州镇肖山村划归滨江办事处管辖。市经济开发区长江村复归真州镇管辖。

3.十二圩办事处和滨江办事处的主要职能是根据市经济开发区和扬州化工园区的授权管理辖区内的经济发展、村镇规划建设和相关社会事务。这次管理体制调整后，两个办事处管辖的村、居委会的部分社会管理职能仍由原所辖的新城镇、真州镇承担，具体管理内容、管理方式由两个办事处与新城镇、真州镇政府商定。两个办事处要集中精力做好市经济开发区、扬州化工园区开发建设的相关服务工作，特别是对农民的协调服务工作，全力支持市经济开发区和扬州化工园区集中精力抓好开发建设和招商引资工作。

4.市编办、民政局牵头，市经济开发区和扬州化工园区协助，进一步理顺、协调好十二圩办事处和滨江办事处管辖范围内的社会事务与原属乡镇的关系。本着精简、效能的原则，十二圩办事处、滨江办事处对目前难以管好的部分社会管理职能可以委托乡镇管理。

5.本着便民、就近的原则，由市民政局牵头，市经济开发区和扬州化工园区的协助，确定两个办事处为办公地点。

6.略

7.略

8.略

（原件收藏于新城镇政府档案室）

二、文　献

中共新城乡委员会
新城乡人民政府
新城公社经济联合委员会
关于社队企业实行经济责任制的暂行办法

为了进一步完善社队企业的经济责任制，充分调动干部、职工的积极性，挖掘企业生产潜力，加强企业管理，大力提高经济效益，加快社队企业的发展步伐，实现“三者”同时增收，做到“国家得大头，集体得中头，个人偿甜头”，特制订本办法。

一、承包的原则

企业承包必须在“一坚持”（坚持走社会主义道路）、“四不变”（集体所有制性质不变、隶属关系不变、按劳分配的原则不变、财务制度不变），“三兼顾”（兼顾国家、集体、个人三者利益，兼顾长远利益和当前利益、兼顾社会效益和企业效益），“两不准”（不准擅自提高工资含量、不准以非法手段谋取个人收入）的前提下，在发展生产的基础上，使国家多收、社队多得、企业多留、职工多分。

二、承包形式和内容

企业承包的主要形式有：经济承包责任制，联产联本计酬责任制。承包主要搞集体承包，也可以一人为主，数人联合承包。产业企业不搞个人承包。承包内容为“八定一包”，即定产值、定人员、定固定资产、定流动资金、定销售率、定成本、定应提费用、定资金周转率，包利润。并规定定包利润的留交比例和超额利润的奖赔办法。企业还必须同时承包资源保护、公害处理、安全生产和计划生育等。对失职者酌情予以经济惩罚和纪律处分。

三、利润分配

定包利润在税前核销呆账损失的全部或部分，其净利进行比例分配。社办企业的分配比例原则为四、三、二、一，即四成留企业作积累，三成上交公社，二成交工业公司统筹，一成作企业集体福利基金；队办企业原则上为五、五分成，五成留作企业积累，五成交大队。

四、奖赔办法

超利，其净利全部留厂。实行比例分成，原则上四六分成，六成作企业发展基金，四成作职工奖金，具体比例因厂而定。欠利按超利奖奖励的比例赔偿，除服务性行业外，一律不搞全奖全赔，全员职工的奖金分配比例，原则上分别为厂级干部、车间干部和技术业务骨干，一般职工为：二、一点五、一，欠利按同样比例赔偿。职工工资实行浮动，上浮不封顶，下浮有个底，原则上下浮不超过本人工资的20%。

安全事故费（扣除肇事者赔偿部分），超标准公害处理费和浪费资源所造成的经济损失，由工业公司负责酌情处理。超计划生育，除本人按规定罚款外，每超生一个，承包者各罚款20元（包括计划生育专职干部在内）。

五、健全合同制

承包经济指标，定包利润分配和超欠利润的奖赔办法以及承包的年限等，必须订立合同，履行手续，遵照执行。

合同期间，对企业积极走挖潜、革新、改造的路子，在不增加人员、设备的条件下，扩大老产品生产能力，开发新产品，开辟新项目，不另追加承包指标，但其盈利必须入账，统一结算，按合同规定进行分配。对“双革”、“四新”有贡献者，应予奖励。如上级部门决定增加人员和设备，扩大生产能力，应酌情追加承包指标。

合同期间，如发生不可抗拒的天灾人祸，市场行情剧变，产品和材料价格大幅度调整等特殊情况，经协商，可在年末对承包的经济指标作相应调整。

年终分配时，对于大修理费、职工教育费、贷款利息、工商税、上交管理费等项应按财务规定提留提足，计入成本。在承包期间，各单位的会计、供销员和技术人员等要保持相对稳定，如需个别调整，必须报请公社工业公司批准。企业和大队不得随意变动他们的工作，以保证承包的严肃性和持续性。

六、承包人的责任和权利

承包人应尽以下责任：

服从企业党支部的统一领导，坚持执行党和国家的政策法令；坚持企业的社会主义方向；维护企业的集体所有制，不断巩固和扩大集体资产；逐步改善职工物质、文化生活条件；严格执行财务制度和财经纪律，贯彻按劳分配的原则，兼顾好国家、集体、职工利益；对原有职工保持相对稳定；信守合同，按时完成各项经济指标，按月（季）向上级主管部门上报统计财务报表，如实反映企业经营情况；保护国家资源，认真处理公害，抓好安全生产，做好计划生育工作。

承包人享受以下权利：

有人事管理和劳动调配权。在企业定员范围内，经上级批准，可以招聘、引进技术人员；有权任免科室、车间负责人和主办会计以外的管理人员；有权对职工进行奖惩和工种调配（辞退和开除职工，要报上级批准）。

有财产使用和经济支配权。对核定给企业的固定资产、流动资金、专用基金以及所有物质，有权安排使用。企业的利润留成部分，也由企业支配，但要编造预算，报上级备案，并按期编造财务报表，接受财政、银行部门监督。用于基本建设和技术改造的投资，要按规定程序报批。有权拒绝公社、大队、和其他部门违反规定任意抽调企业的物资、设备、资金和劳力，以及无偿或低价占有产品。

有生产经营管理权。有权开辟新的生产门路，扩大经营范围。

七、财务管理

1.坚持执行农业部和财政部规定的财会制度，健全账册，严格成本核算。各企业必须如实反映经营情况，不准弄虚作假，骗取收入。违反者必须停产整顿，追究责任，并给予一定的处分。

2.企业的固定资产和流动资金，必须清理核实，登记造册，承包人只有使用权，没有所有权。损坏固定资产要负责维修，保持完好率，损坏和丢失要照价赔偿。不准以变卖固定资产的收入或坐支流动资金，发放工资和奖金。

3.专用基金应按规定定额提取，专款专用，不得移作它用。由企业统筹使用的，不得承包给车间班组或个人使用。

4.超利奖金，必须在销售入账，做好财务予决算，报经上级批准后发放。企业发给职工的工资，超过计税工资部分，应在超利奖金总额内扣除。平时发放超利奖金，只能预发部分，余额年终决算兑现。

八、内部承包

企业必须在内部落实各种形式的经济责任制，发挥层层包，人人包的作用。要把各项经济技术指标和相应的责任制，分解落实到车间、班组和科室，其形式主要有：车间核算、联产联本计酬、计件工资加材料、车间费用定额奖赔制，几定奖赔制，提本拆账分成制等。对生产工人一般实行计件工资制、定额奖赔制、提本拆账分成制，对供销人员实行三基本两包干奖赔制，即定基本任务、定基本价格、定基本工资，包业务费用，包资金回笼，任务超欠奖赔。对行管人员以及服务人员、无定额生产任务的工人，一般实行岗位考核，百分计奖。有条件的单位经批准可对承包人和技术业务骨干，给予一定的岗位津贴。

内部的各级各种经济责任制，必须服从企业的统一领导，实行统一计划，统一经营，统一结算。企业对外只能有一个户头、一本账，车间、班组和个人不得同外部直接发生经济往来。

企业和车间必须配齐专职或兼职的经济考核员，认真抓好原始记录，如考勤记录、计量记录、质检记录、材料领退记录和厂内往来记录，搞好车间班组核算，保证工资和奖金的结算，发放有凭有据，准确无误。

九、加强思想政治工作

在实行经济责任制的过程中，要抓好四项基本原则教育、全局观念教育和遵纪守法教育，深入持久地开展“五讲四美三热爱”活动，制订并执行厂规厂纪，不断提高干部职工的思想政治觉悟，清除“一切向钱看”的精神污染，自觉地接受国家计划指导，搞活经济，发展生产，提高效益，兼顾好国家、集体、个人和消费者的利益，坚持企业的社会主义方向，保证经济责任制的健康发展。

十、加强对完善和落实经济责任制工作的领导

工业公司（大队）要及时地向企业传达党和国家的政策、法令，指导企业坚持社会主义方向；要核定企业的职工人数、固定资产、流动资金和承包的经济指标及利润分配办法；要抓好生产调度，帮助企业解决发展生产的重大难题，要加强经营管理指导，检查各项指标的执行情况。进行财务辅导和监督、组织财务互审。审批财务决算和利润分配方案，要搞好调查研究，认真总结经验，不断完善经济承包责任制。

工业公司要积极创造条件，实行经济承包责任制，把工作人员的切身利益同全乡社队企业经营好坏联系起来，上下一致，同心协力，为开创我乡社队工业的新局面而努力奋斗。

一九八三年十一月二十六日

（原件收藏于仪征市档案馆）

新城乡人民政府
关于对重点村办企业实行乡村共管的意见

新政发〔1992〕第9号

各村：

为了加速我乡工业发展的步伐，使村办工业管理上水平上台阶，经研究决定，对部分村办重点企业实行乡村共管，特提出以下四个方面意见：

一、人事管理

1.厂长由乡村共同考察、选拔。支部提名，党委把关。（报组织科备案）

2.总账会计、副厂长由村支部研究决定。（村、组织科备案）

3.对生产厂长、财会人员、供销人员，公司帮助业务培训。

二、财务管理

1.实行一支笔审批。（主管厂长）

2.按时上报当月生产报表及资金平衡表

3.公司派员参加协助村工办室进行正常的财务审计工作。（半年审、年审）

4.定期开展财务分析活动

5.工办室收取企业1%的管理费，按0.5%上交工业公司，公司根据具体情况，部分返还给企业，作为扶持资金。

三、生产管理

1.月、季生产任务。由村工办室下达，报公司备案。

2.参照乡办厂管理程序，严格各项传递手续，建立健全各项规章制度，做到按章按制度办事

3.制订企业发展升级规划、产品创优、新品开发、技改论证、质量监督、统一规划、检查落实完成情况

四、分配

1.乡村两级共同制定承包方案，承包基础，村工办室与企业签订合同，工业公司监证，应纳入工业公司考核范围

2.参照乡办企业签订的承包合同(产值、利润、产销率、上交提留、分配等)实行奖惩,年终审计考核、分配兑现。

乡村共管村办企业名单如下:

1.南航仪征联管厂	2.新北精铸厂	3.新北农机厂
4.新华制盒厂	5.郁桥轮窑厂	6.郁桥玩具厂
7.郁桥包装厂	8.郁桥预制厂	9.林果茶厂
10.越江电镀厂		

一九九二年三月二十三日

(原件收藏于仪征市档案馆)

新城乡人民政府
关于印发《新城乡农村社会养老保险实施细则》的通知

新政发〔1992〕第35号

各村、企事业单位:

根据仪征市《关于开展我市农村社会养老保险事业的意见》和《农村社会养老保险暂行办法》精神,结合本乡实际,研究制定《新城乡农村社会养老保险实施细则》,现发给你们,希认真贯彻执行。

改革和建立农村社会养老保险制度,对于促进社会稳定、解除职工、农民的养老之忧,缩小城乡差别,进一步落实计划生育基本国策,促进城乡经济发展具有十分重要的意义。为切实做好这项工作,各村、企事业单位要加强领导,认真制定好本单位的实施办法,按时完成任务。对于各村、单位已制定的实施办法,如内容和本《细则》精神不符的,一律以本《细则》为准,作适当修改。

附:《新城乡农村社会养老保险实施细则》

仪征市新城乡农村社会养老保险实施细则

第一章 总 则

第一条 根据《仪征市农村社会养老保险暂行办法》,特制定本细则

第二条 坚持以农民自我保障为主,自助与互济相结合,社会保障和家庭养老相结合,以保障老年人基本生活为目的

第三条 走储备积累型的道路,坚持个人交纳为主,集体补助为辅,国家予以政策扶持。

第二章 投保对象

第四条 凡本乡农村户口年满20周岁至60周岁的公民(包括农民、乡村办企业职工、合作医疗医生、民办教师、乡招聘干部及其他企事业人员),均应参加本乡的社会养老保险。外籍农民在本乡从业的,只要本人和单位同意的,也可就地参加投保。

第五条　户口在本乡的外出务工、经商、服兵役者，户口新迁入者，应参加本乡保险。

第六条　投保年龄一般为20周岁起至60周岁停止缴费

第三章　保险费缴纳

第七条　保险费以个人缴纳为主，集体给予适当的补助，同一投保的单位，投保对象平等享受集体补助，集体补助的金额不得超过投保总额的50%，个人缴纳和集体补助的保费，分别记在投保者名下，投保标准各单位自定，可随集体经济状况的变化而变化，。

第八条　乡村企业对职工的集体补助，按计税工资总额的15%~20%税前列支，按月或按季提取；村对村民的集体补助金，在集体公共积累或村办企业上交利润中列支。提取资金补助后的尚余部分，作为乡、村统筹的补助资金，继续用于解决其他对象的集体补助。

第九条　投保费月标准设2、4、6、8、10、12、14、16、18、20元，共十个档次，每个档次由个人缴纳和集体补助两部分构成。乡、村企业投保档次原则上不低于8元，村民投保档次原则上不低于6元，高投保不限。档次选定后，原则上两年不变；个人或集体如需变动缴纳档次，应经市、乡农村社会保险事业管理处、所批准调整。

第十条　乡村企业年龄较大的老职工，交保险费终止后，领取的养老金低于本人退休后的折扣工资，差额部分由集体按月补足。乡村干部等人员可参考此办法。

第十一条　独生子女且签订合同不再生二胎的父母投保，独生子女保健费可作为父母养老保险费，违反合同的，追回全部本息。

第十二条　投保人在服刑期间不再享受集体补助，刑期停交保险费，刑满后可继续投保。

第十三条　投保人因灾害、病残或其他原因不能缴纳保费时，经市、乡农村社会保险事业管理处所批准，可以在规定时间内暂停缴费，恢复保险后，停缴期的保费和利息要补交齐。

第十四条　投保人可一次缴纳最高不超过三年的保费，也可补交数年，但补交后的总投保期限不得超过40年。

第十五条　保费缴纳时间，村民以村为单位，于每年6月30日前缴清；乡办企业职工以及其他人员以集体为单位按半年缴纳，分别于3月20日、9月20日前交清（均含集体补助部分）。

第十六条　投保人不能按期缴齐保费（含集体补助部分），按滞纳天数每日加收5‰的滞纳金。

第四章　养老金的给付

第十七条　投保人原则上自年满60周岁后按月或按季领取养老金，乡村企业职工领取养老金可以与退休年龄同步，女职工须年满五十周岁以上，养老金的标准，根据国家规定按投保档次和投保年限来确定。

第十八条　投保人领取养老金保证期为十年。领取养老金期不足十年身亡者，保证期内的养老金余额可以继承。无法定继承人或指定受益人，由保险机构按有关规定付给丧葬补助费。保证期满投保人仍健在，可继续领取养老金，享受终身，身亡后不再发给丧葬补助费。

第十九条　投保人在服刑期间，停止领养老金，刑满后可一次性补领。

第二十条　养老金权益不得转让、抵押或偿还欠贷，任何人不得顶替、冒领养老金，违者一经查出，除追回冒领资金外，追究当事人责任。

第五章　转保与退保

第二十一条　投保人户口变动（迁往外地或“农转非”），或经过保险机构批准同意，可以退保、转保（转入迁入地农村社会保险代理机构）或保留保险关系。

第二十二条　投保人在交费期间内身亡的，其法定继承人或指定受益人按规定标准领取退保金。

第六章　机构设置与资金管理

第二十三条　乡设立农村社会保险事业管理所。在市农村社会保险事业管理处指导下，负责承办和开展农村社会养老保险的日常业务工作，负责保险金的收缴，并在规定时间内存入银行专户；负责发放保险金，记账建档和指导乡办企业、村养老保险代办员工作。

第二十四条　乡办企业、村设立农村社会养老保险代办员，由主管会计或出纳会计兼任。负责本村、本单位养老保险金的收取和发放。掌握投保人员花名册、协助乡农村社会保险事业管理所拓展业务、开展工作。

第二十五条　乡办企业和村代办员负责收取的保费在规定时间内及时上交乡社会保险事业管理所，管理所再集中划转市管理处指定银行账户。

第二十六条　乡农村社会保险事业管理所应建立健全各项财务管理制度，明确所、代办员的分工职责，定期向主管部门报告保险金的收支、积存和运营情况，接受审计机关和金融部门的监督检查。

第二十七条　农村社会养老保险基金实行专户储存、专账记载和专款专用，任何单位和个人不得侵占、转借和挪用。

第二十八条　农村社会养老保险基金和个人领取的养老金，免征税费。

第七章　附　则

第二十九条　凡属本保险对象，但已参加其他形式的养老保险者暂予保留，作为农村社会养老保险的补充层次，维持现状，不得扩大，以后按国家规定逐步理顺关系。

第三十条　凡属应保对象，不参加投保的，乡村企业职工在职期内不享受本单位福利待遇，退休后不享受退休待遇；村民不享受集体福利，独生子女补助，不安排招工指标、建房宅基地等。

第三十一条　各单位应根据本《实施细则》，结合本单位实际情况，制定具体实施办法，并报乡政府批准后执行。

第三十二条本细则由乡民政部门及乡农村社会保险事业管理处负责解释。并根据上级有关规定和本乡实际情况及时予以修改、补充。

第三十三条　本细则自公布之日起施行。

一九九二年十月二十日

（原件收藏于仪征市档案馆）

新城乡人民政府
关于推行股份制和股份合作制企业工作实施意见

新政发〔1993〕第29号

各村、各企事业单位：

为了深入贯彻落实市委经济工作会议精神，深化企业改革，增强企业活力，经党委、政府研究决定以乡晶体管厂和金桥席厂为龙头的股份制和股份合作制企业工作，正在逐步深入地展开，为切实扩大改革面，保质保量地完成市下达的指标，为明年全面执行企业的改革工作奠定基础，现提出具体实施意见如下：

一、指导思想

通过改革企业的产权制度，组织制度及领导体制，从根本上促进企业经营机制的转换，实现政企分开，把企业真正推向市场，成为自主经营、自负盈亏、自我约束和自我发展的独立的法人经济实体和市场竞争主体，同时聚合各方面的生产要素，促进优化配置，扩大横向经济联合，开辟新的融资渠道，推动企业扩大生产规模，提高经济效益，加速经济的发展。

二、工作部署

按市政府要求，大体用两个月的时间，分三个阶段进行。

（一）准备阶段（9月10日~15日），包括宣传发动，培训骨干（9月10日），建立组织（乡已建立由贾有福任组长，胡明云、陈玉高任副组长，曹德庆、赵永祥、赵文明、石有珍、税所、工商所、银行、财政所、经管办负责人参加的领导小组）。要求这一次改制的乡办厂成立以厂长为组长的3~5人领导小组，改制的村办企业成立以村支书、厂长为正副组长的领导小组，负责本单位的改制工作，制订计划。

（二）组织实施阶段（9月16日~10月10日），包括清产核资，验资评估；设置股权，测算方案；上报审批，认股吸股。

（三）规范运行阶段（10月11日~25日），包括建立董事会和股东大会制度，实行董事会领导下的厂长（经理）负责制；实行股、包结合，加强监督管理；深化企业内部三项制度改革；健全会计上报制度。这次改制的企业有：乡晶体管厂、金桥席厂、乡砖瓦厂、服装厂、黎明制衣厂、乡农机厂。对南鹰化工燃料有限公司和新秀泛太塑料色材有限公司两个合资企业的股份制工作进一步完善。

三、具体要求

1.加强领导、精心组织。改建股份制和股份合作制工作是一项新课题，要求各有关村和乡办企业在市指导小组直接指导下，一把手亲自抓，亲自指挥，并组建强有力的工作班子组织实施，保证如期完成改制任务。

2.加强思想政治工作。要分别召开党员大会，车间主任以上骨干会和职工大会，进行宣传发动，并贯穿始终，通过反复宣传解释，帮助干部职工克服各种疑虑，增强主人翁责任感和风险意识。

3.改制工作要规范化。包括资产评估、利益分配、内部管理都要规范，确保改制一个、成功一个、见效一个。

4.建立目标责任制。村、企业向乡负责，乡向市负责，十月底前后组织检查考核。

以上意见，希遵照实施。

一九九三年九月十日

（原件收藏于仪征市档案馆）

中共新城镇委员会
新城镇人民政府
关于股份合作制企业内部机构设置及工作职责的暂行办法

新委发〔1996〕第32号

各村、企事业单位：

为适应建立现代企业制度的需要，保证股份合作制企业的规范运行和健康发展，必须在其内部建立职责明确、精干、统一、高效的组织机构，现根据《公司法》和上级有关规定，结合我镇实际，制定本办法。

一、股东大会

股东大会是企业的最高权力机构，由全体股东组成，股东在300人以上的，可以召开股东代表大会。股东大会主要行使下列职权：决定（修改）企业章程；选举或罢免董事会、监事会成员并决定其报酬；审议和批准董事会提出的发展规划、年度财政决算方案，投资、收益分配等重大事项及董事会、监事会的报告等。

二、董事会

董事会是企业常设权力机构（即决策机构），对股东大会负责。负责召集股东大会并作出相应决议，制定企业的基本管理制度；决定企业内部管理机构的设置；聘任或者解聘企业厂长（经理）、副厂长（副经理）、财务负责人并决定其报酬等。

三、监事会

监事会是企业监督机构，主要行使下列职权：检查企业的财务；提议召开临时股东大会；监督、纠正董事、厂长（经理）履行职责时违法违章行为；并负责向股东大会报告工作。监事会主席或执行监事，一般需列席董事会议。

四、内部科室设置

企业根据生产经营管理需要，一般可设立四科两室，即生产科、经营科、技术科、财务科、党群办公室和厂部办公室、生产科主要工作职能和范围：生产计划、生产调度、生产统计、生产定额、设备、安全、现场管理、环境保护及仓储物资管理。财务科主要工作职能和范围：资金筹集运用、经济活动分析、对企业下属部门财会监督检查，固定资产及流动资产的管理和核算，受益分配，会计报告。经营科的主要工作职能和范围：生产物质供应、产品的销售、货款的回收、信息的收集、报废闲置物资处理、对外开展经营业务。技术科的主要工作职能和范围：负责原辅材料、外涉件、外购件、产成品的检验，编织新品开发和老产品改造计划，工艺图纸设计，文件资料的整理，技术培训，技术开发和产品的质量。党群办公室的主要工作职能和范围：组织、宣传、纪监、信访、工、青、妇、人武、治安保卫、计划生育、精神文明建设。厂部办公室主要工作职能范围：企业管理、内部审计、文秘档案、劳动人事、公关接待及后勤工作。职工总数在500人以上的，其管理人员不超过总数的6%；职工总数在300~500人之间的，其管理人员不超过总数的7%；职工总数在100~300人之间的，其管理人员不超过总数的8%；职工总数在100人以下的，其管理人员不超过总数的10%。

一九九六年十月二十四日

（原件收藏于新城镇政府档案室）

中共新城镇委员会
关于进一步加强股份合作制企业党的建设的意见

新委发〔1996〕第33号

各村、企事业单位：

为保证党的路线方针政策和国家法律法规在股份合作制企业的贯彻执行，保障企业物质文明和精神文明的健康发展，必须进一步加强党的建设，以发挥企业党组织作用。现根据《党章》和有关规定，结合我镇实际情况，提出如下意见：

一、建立健全党组织，合理设置党务工作机构和人员配备

1.企业实行党支部股份合作制以后，党组织的隶属关系不变，继续接受原上级党委的领导。

2.企业党支部领导班子主要成员，应具备做好党建工作和经济工作的双重素质。党支部负责人，可选举产生，也可以由镇党委任命；任职形式上，以董事长兼任为主，董事长不是党员的，由一名是党员的董事兼任，做到宜兼则兼，也可以是专职的。凡属兼职要设专职副书记具体抓党建工作。

3.企业党务机构的设置和人员配备，坚持精干、高效、协调和有利于加强党的建设和思想政治工作的原则，一般应综合设立“党群工作办公室”，或将职能相近的部门合署办公，纪检、组织、宣传等党务工作都应明确专人管理、专人负责。

4.党务政工人员是企业管理人员的重要组成部分，在使用和待遇上，与行政管理干部同工同酬，企业党支部书记、副书记分别与厂长（经理）、副厂长（副经理）享受同等级别待遇。重视加强对党务政工人员的政治理论和业务技术培训，不断提高他们参与企业管理的能力。

二、明确党组织职能，保证党支部班子参与企业重大问题决策

1.企业党组织是企业领导班子的重要组成部分，处于政治核心地位。其主要职能是：保证、监督党的路线、方针、政策和国家法律法规在本企业的执行；参与企业重大问题决策，支持保证董事会、监事会和经营班子依照有关规定和企业章程行使职权；负责抓好企业领导班子的思想作风建设和干部队伍教育、培训、考察、监督，提出群团组织干部和企业中层以上行政干部的调整、任免意见和建议；改进和加强党支部自身建设，在企业改革发展中充分发挥党支部的战斗堡垒作用和党员的先锋模范作用；领导企业的思想政治工作和精神文明建设；领导企业工会、共青团、妇代会等群团组织，支持和指导他们依照各自章程独立自觉地开展工作。

2.党支部参与企业重大问题决策的范围包括：企业经营方针、长远规划和年度计划；基本建设方案；重大技术改造、技术引进方案；承包租赁经营责任制方案；工资调整、奖金分配和股东分红方案；员工福利基金方案；企业重要规章制度的制订和修改；企业内部机构的设置和调整；提请职代会、股东大会、董事会审议决定的其他重要事宜等。

3.为保证党支部充分履行职能，参与企业重大问题的研究和决策，必须建立必要的制度，主要包括：召开支委（扩大）会、党政联席会、党支部负责人参加董事会、厂长（经理）办公会等共同研究企业重大问题的制度；党支部负责人、董事长、监事会主席、厂长（经理）、工会主席重大问题决策前共同磋商的制度；党员、厂长（经理）主动向党支部汇报工作，听取党支部意见和建议的制度；通过党组织生活，发动党员关心和参与企业重大问题的讨论制度。

4.党建工作经费要优先列入企业年度计划。

三、坚持党管干部原则，加强和改进对企业干部的管理。

1.企业干部的管理，既要依照《公司法》和企业章程规定的程序选用降免，又要体现党管干部的原则，董事会、监事会换届之前，组织人事部门要会同企业主管部门到企业进行民主测评考察，帮助酝酿推荐董事、监事候选人，充分体现股东意愿和企业实际需要。选举中，企业党组织要召开支部会或党员骨干会，通报上级和企业党组织考察酝酿情况，加强正面引导。

2.镇股份制企业正职由镇党委管理，选聘任免前，由组织部门进行考察，提请党委会研究把关，按法定程序选聘。企业的副职和财务主管由党委委托组织科管理，由企业负责人提出任免意见，组织部门与企业党支部共同考察，按法定程序选聘。企业党务干部按照同级行政干部管理权限管理，其任免要根据企业实际，按《党章》规定办理。

3.企业领导班子和领导干部，要建立实绩档案，实行目标管理制度和定期考核、定期审计和离任审计制度。经济工作和党建工作两项指标，要坚持一块制订，同步考评，同等奖惩。对发生经营性亏损、因责任问题造成重大事故与损失或思想作风出现重大问题的企业领导干部，镇党委或有关部门有责任按照一定程序采取必要的措施。要坚持干部队伍“四化”方针和德才兼备的原则，引入竞争机制，打破行业、所有制、区域、身份、年龄、级别等界限，面向全社会选拔企业高级管理人员。

四、强化管理措施，组织党员发挥先锋模范作用

1.企业党支部要不断加强对党员的建设有中国特色社会主义理论、党章、科技、业务、法律教育，组织党员干部认真学习贯彻十四届六中全会决议精神，加强精神文明建设，提高党员队伍的整体素质。要健全党员联系职工、党内生活监督、民主评议党员、党员责任目标管理制度。

2.发展党员应坚持标准，保证质量，特别注意吸收一线职工、技术能手、业务骨干和青年、妇女入党。要从基层抓起，加强对职工的教育培养，壮大入党积极分子队伍。对党员数量少的车间、科室、班组，要落实措施，尽快改变某些环节党的力量薄弱的状况。

3.要配合企业的中心工作，组织党员围绕强化管理，开拓市场，节能降耗等方面，开展一些具有针对性的活动，为党员发挥作用提供舞台。企业党支部开展活动应本着坚持“经常、形式多样、讲求实效”的原则，注重发挥党小组的作用。

4.企业中的共产党员，不论在哪个岗位上工作，都要接受党支部的领导，认真执行党支部的决议，按党内生活准则和党员标准规范自己的言行。

一九九六年十月二十四日

（原件收藏于仪征市档案馆）

新城镇人民政府
关于镇村改制企业资产出售价款和租赁金管理的暂行办法

新政发〔1996〕第66号

各村、企事业单位：

为了巩固和完善企业产权制度改革，统一规范镇村企业集体资产的管理，进一步优化资源配置，提高资产运营效益。现依照有关规定，结合本镇实际，特制定本办法。

第一条　凡镇办、村办企业出售资产的价款、租赁金，其所有权、使用权归镇村集体经济组织，镇政府委托财政所管理。

第二条　对企业出售的净资产收入实行分档收缴。50万（含50）元以下的企业，创立时一次性缴清；51万~100万元（含100）的企业，创立时一次性缴清80%以上；100万元以上的企业创立时一次性缴清70%，余款借给企业有偿使用一年后上缴。

第三条　凡租赁企业，在签订协议时，必须按年租金的50%缴纳风险抵押金，租赁金每年分两次缴清，上半年缴纳50%，下半年缴纳50%，如不按期缴纳，其风险抵押金冲抵租赁金，租赁方可终止租赁合同。

第四条　对镇办、村办企业出售的净资产价款和租赁金，实行专户储存，专款专用，不准用于非生产性开支，不准用作消费基金，也不准作为工资基金用于平衡财政预算。

第五条　对镇办企业出售净资产收入的使用，由镇财政所与企业签订借款合同，报镇审批。村办企业出售净资产收入的使用，由村委会与企业签订借款合同，报财政所审查，报镇审批。使用期间，按照略低于同期银行贷款利率收取有偿使用费。

第六条　资金有偿使用应遵循下列原则：

1、择优扶持的原则。终点扶持主导产业、骨干企业和产品适销对路的企业，促进企业由粗放型经营向集约型经营转变，保证集体资产保值增值。

2、培植财源的原则。对主动缴纳有关税费，为国家财政增加收入的单位和项目，予以优先扶持。

3、讲究信誉的原则。各单位接受有偿使用的资金，做到有借有还，按期归还。凡不按期归还的，按银行贷款利率加罚20%的使用费。

第七条　本办法自发文之日起执行。

一九九六年十月二十四日

（原件收藏于仪征市档案馆）

新城镇人民政府
关于股份合作制企业人事、劳动用工、分配和社会保障的暂行办法

新政发〔1996〕第64号

各村、企事业单位：

为了加速建立现代企业制度，进一步规范企业运行，依照《公司法》和上级有关规定，结合本镇实际，特制定本办法。

一、企业人事制度

1.企业应严格按程序选聘高级管理人员。董事和监事任期不超过3年，由股东大会选举或罢免，任期届满可连选连任。董事长由董事会选举。以全体董事的过半数当选。监事会主席由监事会选举，全体监事的三分之二以上当选。监事不得兼任董事、厂长（经理）、财务负责人。董事长可以兼任党支部书记，监事会主席可以兼任工会主席。

2.厂长（经理）由董事会聘任或解聘；副厂长（副经理）及财务负责人由董事会根据厂长（经理）提名聘任或解聘；其他管理人员由厂长（经理）聘任或解聘。厂长（经理）在任期内一般不得调动工作，特殊情况必须调动的，须征得董事会同意，报主管部门备案，并进行必要的离任审计。

3.股份合作制企业干部的管理，既要依照《公司法》和企业规定的程序选用降免，又要体现党管干部的原则，企业成立或换届选举董事会、监事会成员之前，镇组织部门会同企业主管部门对企业进行民主测评，帮助酝酿，推荐董事、监事、厂长（经理）等候选人，然后按程序选聘。镇办企业的董事长、厂长（经理）、财务负责人报镇党委备案，其他正副职由主管部门备案。党组织和工会等群团组织负责人按原管理权限进行管理。企业的中层干部，由厂长（经理）提名或党支部推荐，经领导班子集体讨论后，由企业厂长（经理）任免。

4.董事长任职期间如发生渎职、失职或违法违纪，给企业造成重大经济损失的，董事会应提请股东大会对其罢免，按程序增选董事、选举董事长。

5.建立董事长、厂长（经理）任期目标责任制，定期进行综合测评，考核结果记入档案，作为奖惩的基本依据，对有突出贡献的给予表彰奖励。对因经营管理不善或主管臆断、决策失误造成企业损失的，董事长、厂长（经理）应向股东大会检查，并提出改进措施，一年内不能扭亏的，应由股东大会讨论，作出相应处理。

二、企业劳动用工制度

1.企业有接收镇退伍军人、国家统配的大中专毕业生安置任务，对安置人员和新招的职工，入企业时不得把预收股金作为前提条件（扩招的除外），但允许缴纳一定数额的风险抵押

金。对不按国家规定接收统配人员和违背劳动合同管理等行为，按有关规定处理。

2. 企业招聘职工，应坚持“面向社会、公开招收、全面考核、择优录用”的原则，企业根据生产发展的需要，自主确定招工的数量、条件、时间和方式。对招用的职工，必须实行同工同酬。

3. 股份合作制企业一律实行全员劳动合同制，用工应在规定时间内签订劳动合同，合同一经签订，双方必须严格履行，不得随意解除合同或擅自开除职工。股东调动，其股金可以保留，可以按《章程》规定转让给他人，也可以由企业收购；调出职工保留的股份，与其他股东享有同等权利，承担相应义务。

4. 企业对违纪职工的处罚、辞退或解除合同，应遵循国家有关法规和企业章程，并征求工会的意见，报主管部门备案。用人单位违反劳动法规随意解除合同、辞退职工的，主管部门有权责令其收回，补发被辞退期间的工资福利待遇，保障和维护劳动者的合法权益。

三、企业分配制度

1. 企业工资总额的提取，应按照“总额增长幅度低于本企业经济效益增长幅度，职工平均实际收入增长幅度低于本企业劳动生产率增长幅度”的原则，自主确定，并报镇审计领导小组审核。对拒报超发或匿报瞒报工资总额，按超过工资实际部分的40%予以处罚上交。

2. 建立合理的工资结构，全面推行岗位技能工资制。企业应根据劳动技能、劳动强度、劳动条件、劳动贡献，确定职工工资收入。合理确定企业管理人员的工资水平。董事长、厂长（经理）的工资，应根据企业效益情况，分别由股东大会和董事会决定，但最高不能超过本企业职工平均工资收入的4倍。

3. 企业税后利润的分配，首先用于弥补亏损，再提取10%的住房公积金和5%的法定公益金，应根据企业经济效益情况，提取任意盈余公积金后，才能分配红利。股本分红率超过50%的，任意盈余公积金提取不低于25%。公积金累计额超过注册资本50%的不再提取。法定公积金和任意公积金主要用于扩大再生产，公益金用于职工的集体福利。企业的利润分配方案，必须经过股东大会审议批准，对违反规定未弥补亏损，不提取公积金、公益金进行股利分配，除责令如数补足应当提取的金额外，并按《公司法》的有关规定予以处罚。

4. 企业分配红利必须于年度财务决算结束，经镇审计领导小组审查后一次分配，年内不准预分。

四、企业社会保障制度

1. 养老保险。企业对职工按规定实行基本养老保险，按时足额提取养老保险。企业按不低于工资总额10%提取交纳（职工个人负担2%，企业负担8%），经济效益好的企业可对职工实行补充养老保险。

2. 工伤保险。凡企业中的合同制职工，均列入工伤保险统筹范围，实行按行业伤亡事故发生频率，确定差别费率，一般按上年度工资总额0.6%计提，并依据企业安全生产状况，调整浮动费率，由企业主管部门鉴定，保障职工的合法权益。

3. 职工医疗保险。根据企业上年度工资总额的4%计提，1%由职工个人负担，3%由企业在职工福利基金中列支，企业中的在职人员（包括退休工人）均可享受。企业中的在册职工

（包括退休工人）都可参加镇农民住院医疗保险。超过规定的部分由企业报销50%，企业计提医疗保险金设立专户管理，专项使用。

一九九六年十月二十四日

（原件收藏于仪征市档案馆）

中共新城镇委员会
新城镇人民政府
关于加速发展镇村工业的十项暂行办法

新委发〔1996〕第14号

各村、企事业单位党支部（总支）：

为了进一步调动全镇干部职工的积极性，增强竞争和开拓进取意识，促进镇村企业上规模、上水平、增效益，特制定以下办法：

一、企业升档升级指标标准

企业以九五年度末审计利税总额多少为基点分为四级十二档，起点级第十二档为年利税两万元（利润占利税总额的30%以上）。年终按照当年的利税增长额进行升档升级考核。

二、镇办企业承包人奖励标准。

1.上年审计考核利税基数在15万元以上，年增长幅度60%以上的，给予企业承包人实行养老金保险（保险数额为5000元）。

2.在三级九档的基础上，当年一次升三档的奖给企业承包人价值40000元商品房一套。

3.产值过1000万元，利税过100万元，完成各项税费上交，归还到期贷款的，承包除晋升一级工资外，符合条件的优先照顾“农转非”。

三、村办企业承包人奖励标准。

1.产值实现100万~300万元，销售利润率在4%以上的按税后利润5%奖励给企业承包人。

2.产值实现300万~500万元，销售利润率在3.5%以上的按税后利润5%奖励给企业承包人。

3.产值实现500万元以上，销售利润率在3%以上的按税后利润5%奖励给企业承包人，并给予规模奖1000元。

四、村越位奖励标准。

各村在上年按产值、利润（30%、40%）比例积分排定位次。经年终审计考核后，在不亏损前提下，利润增30%以上：产值在100万元~200万元，位次向前超越两位的，奖励村支书、村委主任各2000元，位次向前超越三位的，奖励村支书、村委主任各3000元；产值在200万元以上的村，位次向前超越两位的，奖励村支书、村委主任各3000元，位次向前超越三位的，奖励村支书、村委主任各5000元。

五、规模企业奖励标准

1.工业产值在1000万元以上的企业或村，产销率（含税）在90%以上，销售利润率在3%

以上；年增长幅度在50%以上的，奖励给企业厂长或村支书或村委主任各10000元；每增加10个百分点，奖励标准提高2000元，增幅翻一番的，奖给企业厂长或村支书和村委主任各20000元。

2.工业产值首次超过1000万元的企业或村，奖给厂长或村支书和村委主任各2000元；工业产值首次超过2000万元的企业或村，奖给厂长或村支书和村委主任各4000元；工业产值首次达5000万元的企业或村，奖给厂长或村支书和村委主任各5000元（以不亏损为前提）。

3.工业产值首次达5000万元的企业或村，产销率（含税）在90%以上的，销售利润率在5%以上，厂长或村支书、村委主任在该单位连续任职3年以上的，享受副镇级待遇；工业产值首次超过1个亿的企业或村，产销率（含税）在90%以上，销售利润率在5%以上的，厂长或村支书、村委主任在该单位连续任职3年以上的，享受正镇级待遇。

六、企业管理奖励标准

企业管理首次获"三星"级的企业，奖给厂长1000元，企业管理首次获"五星"级的企业，奖给厂长3000元。

七、产品质量管理奖励标准

年产值500万元以上的企业为一类企业，按扬州市重点乡镇产品质量工作考核标准二十五项进行考核，合格85%以上，打"★"号主要项目必须合格，奖给企业质量工作负责人300元；

年产值500万元以下的企业为二类企业，按扬州市乡镇工业企业质量合格基本要求的六项进行考核，考核合格的奖励给质量工作负责人200元；

年产值30万元以下的企业（指单项产品），消灭"四类产品"，即国家明令淘汰的产品；不按标准生产的产品；国家规定有许可证生产而该企业无许可证生产的产品；假冒伪劣产品。任何一级机关产品质量监督抽查不出现不合格产品，没有重大质量和安全事故，奖励给质量工作负责人100元。在考核中，质量考核不合格的，坚决实行质量管理一票否决权，厂长及相关人员不得评为各级先进个人，并根据情节轻重作相应的处罚。

八、集体资产保值增值奖赔标准

1.集体资产总额在100万元以上，净资产增值的，按增值的部分奖给承包人2%，减值的，按减值的部分赔0.5%。

2.企业资产总额在500万元以上，净资产增值的，按增值的部分奖给承包人1.5%，减值的，按减值的部分赔0.4%。

3.企业资产总额在1000万元以上，净资产增值的，按增值的部分奖给承包人1%，减值的，按减值的部分赔0.3%。

九、应收款及非生产性支出的奖赔标准

1.应收款1年收不回的，按收不回部分的10%扣除当年利润政绩；2年收不回的，按收不回部分的20%扣除当年利润政绩；3年收不回的，按收不回部分的30%扣除当年利润政绩。

分配中，只扣除承包人和财会人员及相关人员的报酬，生产人员及不相干人员不在其中。

2.非生产性支出根据各企业近三年来非生产性支出占销售收入的比例，重新确定96年的比例标准，超出标准的部分在当年利润中扣除后进行分配。

十、对镇村工业发展有功人员的奖励标准。

1.引进资金奖。凡积极为本镇引进资金的人员，引进资金使用期在1年以上，在不超过工商银行规定的利息前提下，按引进资金（包括外资）的1%奖励。

2.引进项目奖。引进新项目、新产品投产后，当年新增利润50万元以下的，奖税后利润的5%，当年新增利润50万~100万元的，奖税后利润的10%，当年新增利润100万元以上的，奖税后利润的15%。

3.引进人才优惠政策。凡来镇承包企业或联办企业的同志（包括技术人才），全家户口可在集镇附近落户，择优安排宅基地。凡政治上要求进步，符合入党、提干的条件可优先安排。

注：企业厂长奖金总额最高不超过本厂当年税后利润的30%。

一九九六年三月二十七日

（原件收藏于新城镇政府档案室）

中共新城镇委员会
新城镇人民政府
关于鼓励扶持个体私营经济发展的意见

新委发〔1997〕第20号

各村、企事业单位：

个体私营经济是国民经济的重要组成部分，是拓宽就业渠道、活跃城乡经济、方便群众生活、增加地方财政收入的重要途径。为进一步解放思想、统一认识，真正在全镇上下形成关心、支持个体私营经济发展的共识，促进个体私营经济上规模、上档次、上水平，根据市委市政府（1997）第2号文件精神，结合我镇的实际情况，提出如下鼓励扶持个体私营经济发展的意见：

一、放宽放开经营

1.除党纪政纪明确规定不允许经商、办企业的人员外，其他人员均可申请从事个体经营或开办私营企业。

2.个体私营企业可以生产经营除国家法律和政策明文规定不能经营的项目外的所有项目；鼓励兴办流通服务业、旅游业等；经有关部门批准，也可开办私立幼儿园、学校、诊所、健身房、游泳池等文化教育卫生体育事业。

3.允许个体私营企业灵活选择生产经营方式，允许一业为主、跨行业综合经营；可以通过联合、参资、入股等形式参与集体企业经营；鼓励个体私营主承包、租赁、兼并、购买集体企业；支持个体私营企业发展外向型经济。

二、简化登记手续

4.新办个体、私营企业，凭个人身份证到镇工商所登记办照后，即可开业。其它限制性的规定和许可证，除法律法规有明确规定的外不作为核发营业执照的前置条件。对必须办理的许可证，可先发照后补证。

5.个体工商户、私营独资、合伙企业申办营业执照时，其注册资金以申报为主。除生产药品、易燃易爆品、爆炸物品和有污染的产品外，可先发营业执照，后补办审批手续，允许试营业半年，半年内有关部门不得以无证经营为由对其处罚。

6.本着“先发展、后规范，先扶持、后管理，先放开、后完善”的原则，加快办照速度，提高办事效率。审批部门在接到开业申请全部证件之日起3天内办完登记手续。

三、实行税收优惠

7.对所有新办的生产型、加工型私营企业，自开业之日起一年内给予所得税先征后返的照顾。对私营企业的税后利润，直接用于扩大再生产的，经申报批准，可不征收个人所得税。外地来镇从事工业生产、加工，固定资产投资额在15万元以上的私营企业，自开业之日起对所得税给予两年先征后返的优惠照顾。除所得税给予先征后返的优惠照顾情况外，实行所得税年度定税制，即定额征收，增加税收透明度。

8.除所得税外，所有个体、私营企业实行年度按实征收、适当照顾。残疾人个体户进行加工、修配、修理给予免税照顾。个体、私营企业购买专利费、技术转让费及按规定缴纳的社会养老保险金，可在税前列支；对用于光彩事业、希望工程、救灾扶贫等社会福利事业的支出，经税务机关批准，可按实在所得税前列支。租用生产、营业用房，可按实际发生费用进入成本。

四、提供信贷扶持

9.镇合作基金会、信用社在当年贷款指标中切出一块重点向个体、私营企业倾斜，财政所每年安排财政周转金的25%，扶持个体、私营企业发展。

五、改善经营场地

10.个体、私营企业生产、经营场地要纳入镇村总体规划，合理布局。鼓励个体、私营业主进集镇经商办厂，推动“农民一条街”的建设。

11.鼓励兴办和发展具有地方特色的各类专业市场，逐步创造条件，因地制宜新建新华农贸市场和茶叶、服装等专业市场。积极引导，认真组织，办好传统的“五一”物资交流会。

12.个体工商户、私营企业因生产经营需要，视同集体企业办理用地手续。对进镇从事生产加工型私营企业所建厂房和生活设施的配套及土地征用费等实行优惠。用地手续可由镇政府统一办理，取得使用权后，依法转让、出租、抵押。

六、切实减轻负担

13.严禁向个体工商户、私营企业乱收费、乱摊派、乱罚款，除国务院、省、市政府规定的收费项目外，任何部门不得擅自制定收费项目。

14.提高收费透明度，坚持亮证收费制度，统一收费票据，切实减轻个体、私营企业负担。

七、强化各项服务

15.积极帮助个体私营业主解决后顾之忧，解决子女入托入学难、住房难等问题，对外来个体私营业主子女就学一律享受本镇居民同等待遇，不收附加费用；对生活必要设施，如自来水、有线电视、程控电话等提供优惠，并及时安装。

16.工商、财税部门要加强对个体私营经济的宏观管理和积极扶持，司法部门要主动为个体私营业主提供法律服务，各有关部门都要尽力为个体私营经济发展提供主动、真诚、高效的服务。

八、建立健全激励机制

17.对守法经营、文明经商、经济效益好、社会效益显著，为我镇经济建设作出较大贡献的个体私营企业和个体私营业主，授予“先进个体工商户”、“先进私营企业”等荣誉称号，推荐参加市劳动模范和先进人物的评选，可作为镇人大代表候选人。

18.对当年纳税、技改投入、光彩事业等方面贡献较大、成绩突出的个体、私营企业，镇政府可给予一定的物质奖励。

19.凡当年上缴税收超过5万元的个体私营业主，可奖励给本人或其亲属一名“农转非”户口指标；从第二年开始，上缴税收增长40%以上，再安排一名“农转非”户口指标。

20.年产值超过100万元或上缴税金超过3万元的个体私营企业，由镇政府确定为重点个体私营企业，政府将对其给予重点扶持。

九、加强组织领导

21.要进一步加强对我镇发展个体私营经济工作的领导和协调。镇里已成立了领导小组和第三产业办公室，各村、各单位要建立相应的工作班子，坚持一把手负责，把发展个体私营经济摆上重要位置，协调解决发展中碰到的问题。

（此件发至全镇个体私营大户）

一九九七年四月十日

（原件收藏于新城镇政府档案室）

关于龙河乡改制企业运行情况的汇报
中共龙河乡委员会

（一九九七年十月二十七日）

自去年7月份至今年初，我乡在市委、市政府的统一部署下，对全乡19个企业进行产权制度改革，8个乡办企业其中有4个实行股份合作制，3个实行租赁承包制，1个实行集体承包，4个实行股份合作制企业，通过清产核资，资产评估共得净资产53.3万元，募得股金89.4万元，参股股民148人。11个村办企业有5个实行集体承包，6个实行个人承包。如今我乡的工业产品以铝制品、建筑机械、理发刀具、金属铸件和布绒玩具为主，全乡工业拥有总资产1193.01万元，其中固定资产599.25万元，流动资产593.76万元。现有在厂职工1000多人。

一、改制后企业运行状况

我乡的企业告知工作于今年初结束，到现在虽然时间不长，但总体看来，企业运行基本正常，运行质态有所提高，企业改制已取得了初步成效。今年1~9月份，全乡实现工业产值

1800万元，销售1342万元，利税32.61万元，同比增长了7.46%，完成了年计划的64.28%，乡铸造有限责任公司首次实现扭亏为盈。

（一）新的企业机制初步建立。这次企业改制旨在转换企业的产权，使企业真正成为独立的法人实体和真正的市场竞争主体。改制后，我乡企业基本能按照新机制运行，董事会基本能正常开始活动。企业的技改投入、重大项目的决策、以及人员调整、工资报酬等重大事项，一般都能提交集体研究。乡铝厂对总账会计是否留用，就是通过数次董事会、民主表决后解决的。

（二）企业干部职工的责任意识明显增强。改制后企业职工通过购股，成为企业投资主体和产权主体职工与企业的关系更加紧密，基本上形成了利益共享、风险共担的机制。而改制企业的领导一般都是持大股的股东，又是通过民主选举产出负责厂领导工作的，他们的责任意识和民主意识增强了。乡建设机械厂厂长张有良同志说：一般股东只投4000元，而我已投了4万元，企业效益不好别人损失1000元，而我就要损失1万元，反之别人赚了1000元，我就赚1万元，从集体利益来看，一个地区工业不好，集体经济实力薄弱，农民致富奔小康就难以实现，无论从哪一角度来看，作为企业的领导，我们没有理由不尽心尽力地把厂搞好。乡铝材厂改制后，厂里的设备、人员、制度在未作调整的情况下，企业产品的质量明显提高了，产品报废率一下就下减了9个百分点。乡铸造有限责任公司以往有一台中频炉由于年久老化，导致产品成品率一直不高，加上厂里效益一直不好，集体无力大修，改制后厂领导和职工主动想方设法，通过职工集资，银行贷款，筹集了5万多元，对此炉进行全面整修，不仅提高了产品质量，也提高了产品产量，由于该厂使用电炉，年用电量有20万千瓦时以上，为了降本增效，职工主动提出多上夜班，多用谷期电，减少用电费用。

（三）企业自身求发展的动力明显加大。企业改制彻底改变了以往企业“生产靠计划、销售靠政府、亏损有财政”的机制，企业已成为自主经营、自负盈亏、自我发展、自我约束的市场主体。企业效益的好坏，后劲的强弱直接关系到每一股东眼前和长远的利益。我乡工业产品主要是配套件，科技含量低，附加值少，企业后劲明显不足，改制后，不少企业的干部职工都很重视市场调研和新品开发力度，积极寻求增强后劲，壮大实力，提高效益的好途径。乡建设机械厂以往以生产250、350料斗为主，产品属配套件，效益很低，改制后，他们以今年从产品结构调整为契机主动走出去，攀高亲、找靠山，十月份，与扬州建筑机械厂集团公司正式联营，生产QT20米起重机，目前产品已投入市场10多台，不仅提高了企业的效益，而且较大地增强了企业发展的后劲。乡铝材厂以往只生产18~26型铝壶嘴，产品品种单一，不能满足市场需求，改制后，他们立足厂情，积极调整产品结构，围绕现有产品搞开发，使原有产品逐步实现更新换代，向前延伸，形成系列，三月份，他们投入5万元，上马了14号、15号小号壶嘴生产线，新产品投入市场供不应求。乡铸造有限责任公司对闲置的厂房、场地，积极盘活存量资产，优化资源配置，主动招商引资，兴办民营企业，今年初，他们引进了邗江县的刁富金前来投资30多万元，利用厂内闲置的场地，兴办起泡花碱厂，今年就可实现产值80多万元，利润8万元，上交该厂0.6万元。另外他们又将临街的6间仓库，改为门面房出租，让人开店经商，年底租金有1万多元。

（四）企业管理得到进一步加强。（1）是内部机构得到精简。企业改制后，乡铸造有限责任公司全面推行定员定岗，该厂仅有50人的小厂，一下就精简了8人，乡建设机械厂针对厂内行政人员过多，人浮于事的状况，改制后，迅速减少了二线人员，有4名行政人员充实到一线工作。（2）进一步明确岗位责任，强化承包经营，乡铸造有限责任公司将车间、工序、机台都进行了承包，明确了奖惩措施，使得个人收入和个人贡献紧密挂钩，厂监事会主席承包了一直亏损的铸造车间，由于管理得力，干群团结，目前该车间已上交厂部1.5万元。（3）非生产性支出得到有效控减，现在我乡企业干部吃喝、送礼普遍减少，客户来往招待也尽量在厂内食堂。乡铝材厂，改制前，月招待费用有4000元左右，改制后猛降到500元左右，仅此项节省支出4万元。（4）集体资产流失减少，广大股民拥有企业的股权后，都像关心自己的财产一样关心企业的财产，对破坏、盗窃、骗取厂里财务的主动反映到厂部或上级有关部门，要求及时制止或追究有关人员的责任。

（五）确立了效益首位的思想。改制后，企业都改变了过去重产值轻效益的观念和做法，把追求效益放在首要的位置上，乡刀具厂改制后，在生产经营上实行了"三不干"即：通过"倒逼成本法"做到没有利润的业务不干，没有信誉，贷款不能及时兑现的活不干，技术含量较高，生产能力跟不上，得不偿失的产品不干。

二、改制企业存在的问题

1.运作不够规范。改制后的企业仍处在新机制运行的探索阶段，企业仍有"穿新鞋、走老路"的现象。有些企业监事会名存实亡不能正常开展活动，不敢监督，有关企业前途的重大决策未经股东会就拍板定案，部门企业不能按规定章程运作，股东利益得不到保障。

2.部分董事、监事、股东素质不高。个别董事长不能很好地驾驭全厂工作，企业领导班子不团结，内部管理混乱，产品质量下降，客户定贷不能按时交付，企业生产一度处于停滞状态，效益明显滑坡，企业亏损额加大。一些监事会成员文化较低，对企业财务、管理知识知之甚少。无法起到监督作用。一些股东缺乏远见，只重视眼前利益，而忽视长远利益，主人翁意识淡薄，不能很好地行使股东权利。

3.配套设施不健全。有关资产管理，新"三会"工作等制度尚不健全，一些企业财务没有及时公布，厂里的重大活动透明度不高，少数企业仍有资产流失，企业监督机制还不完善。极少数企业以改制为借口，企图避开政府及有关部门的管理和监督，不愿意缴纳法定管理费和承担合理义务。

三、下一步工作打算

根据我乡工业基础和现有生产状况，1998年全乡工业生产指标实现产值3400万元，（乡办企业2500万元，村办企业600万元，民营企业300万元）销售2930万元，利税81.2万元。

为实现上述目标并切实解决改制企业运行过程中存在的问题，确保企业在健康有序的轨道上运行，我们将采取如下三条措施。

1.进一步巩固改制成果，规范企业运作。改制后的企业应当是产权明晰，权责明确，政企分开，管理科学的新型模式，按照这一要求，我们将继续做好企业改制后的完善工作，帮助企业完善章程，健全制度，理清“新三会”的关系，按照法律、法规规定，明确董事、监事、股东享有的权利和职责，通过举办培训班，利用墙报栏、资料卡、广播等形式进一步宣传有关法律、法规，不断提高企业干部职工的素质，教育股东正确运用自己应有的权利，确保改制企业规范运作。

2.政府和有关部门进一步转变职能，加强引导和服务。（1）进一步加强政府对企业发展的规划引导、监督功能，变注重生产管理为注重资产管理，着重抓好会计统计、审计规范制度化以及资产动态管理的实施和完善工作，每年对企业资产审计不少于两次，督促企业严格执行统计和财务制度，确保集体资产保值增值。（2）进一步强化政府的服务功能。主动帮助企业完善配套设施，改善企业生产的外部环境，解决企业生产实际困难，为企业保驾护航。（3）进一步强化政府的领导功能。对个别企业出现混乱的局面，主动介入，迅速采取措施，协调矛盾，稳定生产。

3.强化企业管理，努力培植新的增长点。企业管理是企业的生命，改制是为了更有效地加强企业管理，我们将不断强化企业管理，切实降低消耗，增加效益，支持企业积极走向市场，寻找靠山，提高产品市场占有率，认真搞好市场调研，积极慎重地开发新产品，计划：乡铝材厂明年投入150万元，上马高能超细氧化铝粉的生产线，建设机械也将进一步完善QT20米起重机生产线，以不断壮大企业实力，增强企业发展后劲。

上述汇报如有不当之处请纠正。

（原件收藏于新城镇政府档案室）

新城镇人民政府
关于建立新城镇农村最低生活保障制度的实施意见

新政发〔1997〕第93号

各村、企事业单位：

为了切实保障和维护人民群众的基本生活权益，建立健全多层次社会保障体系，为全镇改革开放和经济发展创造稳定的社会环境，根据上级有关规定，结合本镇实际，经研究决定，从1997年12月起在我镇农村建立最低生活保障制度。现提出如下实施意见：

一、指导思想和基本原则

建立最低生活保障制度是我国社会主义制度的本质要求，也是市场经济特别是农村经济发展的客观要求，是加快建立和完善社会保障体系、保持城乡稳定的需要，是进一步落实扶贫解困措施的一项“民心工程”。建立此项制度，要以党的十五大精神为指导，以保障全体人民的基本生活权益为目标，统一认识，加强领导，积极稳定地建立起与全镇经济和社会发展水平相适应的城乡最低生活保障制度。

建立我镇农村最低生活保障制度应遵循的基本原则：

1.政府保障的原则。市和镇两级政府将重点抓好保障资金的落实，保证及时、足额发放，做好最低生活保障制度各项保障政策的检查落实工作。

2.以村委会为主的基层组织保障的原则。村委会是社会向农民提供救助和服务的第一道防线，各村要确保村负担的保障资金到位，重点落实好保障对象的吃、穿、住等基本生活，还要因户制宜，落实好助耕助种等帮扶措施。

3.社会帮扶原则。农村最低生活保障制度需要社会各界的关心和支持，要动员社会各方面力量，为保障对象提供资金、技术、信息等多方面的服务，形成社会合力，保障其基本生活。

4.基本生活保障原则。把着眼点放在贫困户基本生活保障上，既要保证贫困户的最低生活需求，又要与社会生产力水平和各方面的承受能力相适应，实事求是，循序渐进，逐步提高和完善。根据市政府〔1997〕203号文件规定，我镇1997~1998年农村最低生活保障线标准定位年人均800元。

二、保障对象和保障资金的负担及兑现方法

农村保障对象主要是劳动力病残或死亡，年老体弱，天灾人祸等原因丧失劳动能力后，全年收入难以维持基本生活的特困户和人均年收入低于生活保障线标准的贫困户。各村保障对象的保障资金由市、镇、村三级按比例负担，市负担30%，镇负担40%，村负担30%。村级负担的部分从公益金和工副业上交款中列支，实行以镇统筹，经济薄弱的村可以社减、灾减款作补充，保障资金的发放采取补差法，即在保障对象原有收入的基础上补足到最低生活保障线标准，由保障对象持最低生活保障补助证到镇民政按季领取。

三、落实配套措施

建立农村最低生活保障制度，是为了保障救济对象的基本生活，但这部分人所面临的困难很多，还要制定相配套的优惠政策，努力提高保障对象的生活水平，切实落实“帮”、“扶”、“优”等综合扶持措施。

帮——组织帮工队，种好责任田。帮助特困户解决劳动力、技术、化肥、农药等实际困难，做到耕种不务农时，管理及时指导，收割颗粒归仓，力争达到一般农户产量水平，以解决吃饭问题。

扶——按照每户实际情况，适当扶持其力所能及的小型家庭副业生产，或照顾进厂做辅助工，以增加其收入。

优——各村及有关部门、单位应尽可能对保障（特困户）实行以下优惠政策：

1.免除当年村提留、乡统筹款；

2.免除当年公益的事业集资款；

3.对缺乏劳动力的特困户减免义务工、免除以资代劳；

4.发展多种经营和农业开发项目，免征农业特产税；

5.子女入学免除学杂费和捐、集资款；

6.看病就诊免缴挂号费、注射费，免费进合作医疗，减半收检查费，手术费及住院床位费。

7.对缺少棉衣、棉被的，冬季发放救济衣被时，优先安排；

8.对住房破漏户要发动社会力量，多渠道筹资，多方减免照顾有计划地帮助保障对象翻建新房，确保住房安全牢固。

四、切实加强领导

建立农村最低生活保障制度时扶贫救助工作的深化，是一项政策性强、涉及面广、工作量大的社会工作。根据上级要求，镇成立领导小组，负责对全镇实施最低生活保障工作的领导和协调。各村应建立相应的组织，加强领导、精心组织、周密安排，有关部门单位要通力协作，积极配合，为全镇人民致富奔小康，实现共同富裕努力奋斗。

一九九七年十二月十五日

（原件收藏于新城镇政府档案室）

新城镇人民政府
关于搞好土地二轮承包工作的计划

新政发〔1998〕第38号

为了全面贯彻落实农村土地承包政策，切实做好我镇二轮土地承包工作，根据仪委发（1998）第33号文件精神，现对我镇搞好土地二轮承包工作，提出如下工作计划：

第一阶段：（7月5日~7月15日）建立组织、宣传发动。

土地二轮承包工作涉及面广，政策性强，各村必须高度重视，切实加强领导，认真做好服务工作。

1.各村要建立以村委会主任为组长的土地二轮承包工作领导小组。

2.广泛宣传延长土地承包期的政策，通过召开会议，运用广播、标语等多种宣传工具大张旗鼓地宣传延长土地承包期政策，真正把党的政策宣传到千家万户，做到人人明白。

3.制定好本村实施土地二轮承包工作计划。

第二阶段（7月16日~8月6日）落实方案，处理问题。

1.各村要深入调查研究，组织村组干部深入到户，对人口、劳力、土地等生产要素进行全面调查核实。（7月24日前完成）

2.针对调查中存在的问题矛盾，对照意见，进行梳理、处理、归类，确定参加二轮土地承包的耕地、人口、劳力、制定二轮土地承包草案。（7月28日前结束）

3.召开各村民小组会议，公开土地承包政策，公开人口，土地核实情况，公开土地测算情况，公开土地调整方案，公开划分地块等形成正式的土地调整方案。要求出席会议的户主达到80%以上，进行表决，形成记录。（8月4日前结束）

4.根据80%以上户主同意的调整方案，报镇人民政府审核批准。（8月5日~8月6日结束）

第三阶段：调整到户，确权发证（8月7日~8月26日）

1.按镇批准的方案，调整到户。（8月7日~8月12日结束）

2.按调整方案，落实划拨好到户承包清单。（8月12日~8月18日结束）

3.按承包清单确权填写好（农村集体土地承包经营权证书）。（8月19日~8月25日）

4.审证发证阶段：（8月24日~8月26日结束）

第四阶段：检查验收、总结归档（8月27日~9月6日）

1.8月30日前，镇组织有关力量，在村里自查的基础上，组织力量，进行全面检查验收。

2.各村对土地二轮承包中的文件、表格、合同、文本等资料认真整理、归档，搞好土地承包档案管理。（9月6日结束）

一九九八年七月五日

（原件收藏于新城镇政府档案室）

新城镇人民政府
关于全面推进农村土地流转工作的实施意见

新政发〔2009〕第94号

各村民委员会、各有关部门：

为认真贯彻党的十七届三中全会《决定》精神，扎实推进农村土地流转，加速产业发展，确保农业增效，农民增收，农村发展目标的实现，特提出实施意见如下：

一、指导思想

以《中共中央关于推进农村改革发展若干重大问题的决定》精神为指针，深入贯彻落实省委《关于贯彻落实党的十七届三中全会《决定》加快推进农村改革发展的意见》，以《农村土地承包法》、《江苏省农村土地承包经营权保护条例》为准绳，全面落实科学发展观，强化农村土地流转规范管理，遵循"依法、平等、协商、自愿、有偿"的原则，进一步完善以家庭承包经营为基础，统分结合的双层经营体制，紧紧围绕"各项制度健全，操作程序规范"的管理目标，切实引导做好土地流转规范服务工作，促进农业和农村经济结构战略性调整，增加农民收入，推进社会主义新农村建设。

二、基本原则

1.坚持农村家庭承包基本经营制度不变的原则。稳定完善土地承包关系，既是家庭承包经营制度长期稳定的关键，也是推进农村土地流转的前提。在承包期内，严格按照法律法规，在不改变土地集体所有制性质，不改变土地用途，不损害农民土地承包权的前提下，尊重农民意愿，任何组织和个人都无权单方面解除农户土地承包合同、强迫或阻碍流转土地，不准用少数服从多数的办法，强迫农户放弃承包权或改变承包合同，不准收回农户承包地搞招标承包，不准收回农户的承包地抵顶欠款，不准借土地流转改变土地的经营性质，确保农村基本经营制度稳定不变。

2.坚持"依法、自愿、有偿"的原则。农户是土地流转的主体，在承包期内对承包土地依法享有使用权，收益权和流转权，土地流转要按照"依法、自愿、有偿"的原则进行，承包期内，农户有权依法自主决定其承包地的流转和流转形式，任何组织和个人不得强迫和阻碍。

3.坚持因地制宜推进土地流转的原则。农村土地流转在不改变承包土地的农业用途的前提下，要尊重农民的种植习惯，引导和鼓励农民通过土地流转交易自主选择转包、出租、互换、转让、股份合作或符合有关法律和国家规定的土地流转形式流转土地承包经营权，提倡和鼓励有利于促进农业结构调整，有利于提高土地产出率和劳动生产率，有利于加快农村经济发展和农民增收的土地流转形式。

4.坚持不断规范和完善土地流转的原则。加强土地流转规范化管理，规范操作程序，严格履行合同规定的权利和义务，流转期限不得超过承包期剩余期限，土地流转要自愿协商确定，不得损害利益关系人和村集体经济组织的合法权益，土地流转要签订统一的《土地流转合同》，合同中必须明确土地的用途、流转形式、土地的位置及面积，流转的价格及支付方式、流转年限和双方责任权利关系，同时镇经管站要进行合同鉴证，并立卷归档，分类管理，妥善保管。

三、工作内容

1.建立和完善农村土地流转机制。强化农经部门的农村土地承包管理职能，健全农村土地流转交易服务网络，完善农村土地流转交易服务体系和信息平台。镇成立农村土地流转工作领导小组，负责全镇土地流转工作的组织指导、统筹协调、检查督导。研究制订镇农村土地流转工作各项管理制度。以镇农发中心为依托，成立镇农村土地流转交易服务所，负责全镇土地流转交易服务工作。各村成立相应的土地流转工作班子，召开村两委会、村组干部会、村民代表会，广泛宣传土地流转工作。

2.规范农村土地流转手续。各村要按照有关要求，做好户数、地块、面积的核定工作，对土地现状登记造册，把基础情况摸真做实并制定可行性流转计划。开展农村土地流转交易，必须在协商一致的基础上签订镇统一的规范文本合同。对土地流转代耕户时间不超过一年的，可以不签订书面合同，承包农户委托发包方统一流转的，必须签订书面的委托流转协议。

3.建立备案登记制度。完善各项管理制度，规范土地流转合同文本。严格按照土地流转的方式、范围及操作程序，认真开展土地流转交易服务工作。发包方对承包方以转包、出租或者其他方式流转承包土地的，应当及时办理登记备案手续；以转让、互换方式流转承包土地的，应当及时办理相关变更手续；及时准确记载农村土地流转交易情况，落实专人负责流转情况的登记、流转资料的收集、整理、立卷、归档和管理工作。

4.维护承包农户的合法权益。土地流转的收益归承包方所有，任何组织和个人不得擅自截留、扣缴。流转价格由当事人双方协商确定，集中统一流转的，可综合当地经济社会发展水平和土地产出等因素，采取招标、公开协商等方式确定。

5.加强土地流转交易风险防范。农村土地流转交易的受让方应当具备农业经营能力。农村土地流转交易给集体经济组织以外农业经营实体的，在土地流转合同签订前，出让方可申请农村集体经济组织和土地承包管理部门提供协助，对受让方的农业经营能力、资信情况、履约能力进行核查，加强土地流转交易的风险防范。

6.妥善处置土地流转遗留问题。充分发挥农村土地流转纠纷调处机制的职能，对目前已流转的土地，要组织开展全面的清理，对流转手续不完备、合同要款不齐全的，要引导双方修订合同并及时做好备案、登记、归档工作；对已经出现的土地流转纠纷，要切实加强农村土地承包纠纷仲裁职能，依照法律，加强疏导，坚持调解为主，裁决为辅的原则，有效化解矛盾。

四、组织保障

1.建立组织

为切实加强领导，规范管理。镇建立由政府主要领导任组长，分管领导任副组长，镇纪检、监察、农经、财政、信访、农业、国土资源、水利、林业等部门负责人为成员的土地流转工作领导小组，同时成立镇农村土地流转交易服务所，由农发中心主任兼任土地流转交易服务所所长，负责日常工作。各村要成立由支部书记、村民主任、主办会计、民主理财小组及村务公开监督小组为成员的土地流转工作班子，支部书记为第一责任人，村民主任主抓主管，主办会计负责业务。

2.明确责任

要强化宣传力度，增强土地流转工作责任感，加大考核力度，落实土地流转工作措施。为确保土地流转工作有序进行，镇将切实加强指导监督。镇全体分工干部到村指导督查员，帮助制定工作计划和具体措施，各村主要负责人要及时研究和落实工作任务，明确责任，确保土地流转工作有序进行。

3.规范管理

为了加强农村土地流转的规范化管理，镇将以农发中心为依托，成立“仪征市新城镇农村土地承包经营权流转交易服务所”，配备微机和流转信息电子显示屏，设立服务窗口，建立镇农村土地流转信息库，为供求双方提供信息发布、合同鉴证、法律政策咨询等服务，各村主办会计兼任土地流转服务员，负责及时收集农户土地供需信息，每周汇总一次，报镇农村土地流转交易服务所。通过一整套规章制度体系，规范农村土地流转交易行为，保护农民合法权益，推进我镇农业适度规模经营和高效农业的全面实施，促进全镇的经济和谐发展和社会稳定。

二〇〇九年九月二十八日

（原件收藏于新城镇政府档案室）

三、荣誉榜

新中国成立后新城镇（含原龙河乡）受扬州市委、市政府及以上表彰荣誉榜

附录-1

被授予单位名称	授予奖项、荣誉称号	授予单位	授予时间
龙河供销社	农业先进单位	省政府	1980.02
新城公社	农业先进单位	省政府	1983.01
新城公社郁桥大队合兴生产队	农业先进单位	省政府	1983.01
新城镇	1993年度双拥模范乡	扬州市政府、扬州军分区	1994.04
新城建筑公司	先进企业	扬州市政府	1998.03
新城容器厂	明星企业	扬州市政府	1998.03

续表附录-1

被授予单位名称	授予奖项、荣誉称号	授予单位	授予时间
新城包装制品公司	明星企业	扬州市政府	1998.03
新城镇	执行标准优秀乡镇	省技术监督局	1998.03
新城镇财政所	文明财政所	江苏省委、省政府	1998.04
新城镇纪委、监察室	先进纪检监察组织	扬州市委、市政府	1998.04
新城镇组织科	党员电化教育先进乡镇	省委组织部	1998.04
新城镇建筑管理站	建筑业先进管理站	扬州市政府	1998.04
新城镇政府	征兵工作先进单位	扬州市政府	1998.04
新城镇宣传科	先进基层党校	省委宣传部	1998.05
新城镇	安全文明乡镇	省社会治安综合治理委员会	1998.05
新城镇村镇建设管理所	新型小城镇	扬州市政府	1998.05
新城镇	社会治安安全乡镇	扬州市委、市政府	1998.05
新城镇建筑工程公司	质量管理先进乡镇	省建筑工程管理局	1998.07
新城镇	安全生产综合治理先进乡镇	省地方工业厅	1998.08
新城镇	村民自治模范镇	扬州市政府	1999.05
新城镇党委	先进基层党组织	扬州市委	1999.06
新城镇	江苏省创建文明乡镇工作先进乡镇（1997年、1998年）	省精神文明建设指导委员会	1999.09
市容器厂	文明单位	扬州市委、市政府	1999.10
新城镇	1997~1998年先进乡（镇）	省文明委	1999.12
新城镇建筑管理站	建筑业先进管理站	扬州市政府	2000.02
新城镇	“九五”期间发展乡镇企业先进单位	江苏省委、省政府	2000.04
新城镇人民政府	在第三次争创全国双拥模范城活动中成绩突出	扬州市委、扬州市政府、扬州军分区	2000.07
新城镇党委	先进基层党组织	扬州市委	2001.06
新城镇	2001年度执行标准优秀乡镇	省质量技术监督局	2001.12
新城镇	1999~2000年江苏省文明乡（镇）	省文明委	2001.12
新城镇	江苏省第五次全国人口普查先进单位	江苏省人口普查领导小组	2001.12
新城建筑工程有限公司	2002年度扬州市建筑业先进企业	扬州市政府	2003.01
新城镇人民政府	2002年全市农民增收先进乡镇	扬州市政府	2003.03
新城镇人民政府	通报表扬的非典型肺炎防治工作先进集体	扬州市委、市政府	2003.08
新城镇	2001~2002年江苏省文明村镇	省文明委	2003.12
新城镇蒲新村	2001~2002年江苏省文明村镇	省文明委	2003.12

续表附录-1

被授予单位名称	授予奖项、荣誉称号	授予单位	授予时间
新城中学	“冬季三项锻炼”活动先进单位	省教育厅、省体育厅	2003.12
新城镇	2001~2002年扬州市依法治理示范乡镇	扬州市委、市政府	2003.12
新城镇	2002年度征兵工作先进单位	扬州市政府、扬州军分区	2004.02
新城镇	2003~2004年计划生育红旗乡（镇）	扬州市政府	2004.09
新城中学	省示范初中	省教育厅	2005.03
新城镇	双拥模范镇	扬州市委、市政府、扬州军分区	2005.08
新城中学	2003~2004年市级文明单位	扬州市委、扬州市政府	2005.10
新城国土管理所	2003~2004年市级文明单位	扬州市委、扬州市政府	2005.10
新城润扬机械厂	2003~2004年市级文明单位	扬州市委、扬州市政府	2005.10
新城镇	2003~2004年省文明镇	省文明委	2005.12
新城镇郁桥村	2003~2004年省文明村	省文明委	2005.12
新城镇	2005年度社会治安安全乡镇	扬州市委、扬州市政府	2006.01
新城供电所	电费回收先进农村供电所	省电力公司	2006.03
新城建设工程有限公司	扬州市先进企业	扬州市政府	2006.03
新城镇	扬州市老龄工作先进乡镇	扬州市委、扬州市政府	2006.11
新城镇	江苏省2005年人口抽样调查先进单位	江苏省人口抽样调查领导小组	2006.11
新城建设工程有限公司	2006年度建筑业先进企业	扬州市政府	2007.02
新城镇郁桥村	2006年度全面小康先行村	扬州市委、扬州市政府	2007.02
新城镇新华村	2006年全面小康先行村	扬州市委、扬州市政府	2007.02
新城工商分局	扬州市2005~2006年文明单位	扬州市委、扬州市政府	2007.12
新城初级中学	扬州市2005~2006年文明单位	扬州市委、扬州市政府	2007.12
新城派出所	扬州市2005~2006年文明单位	扬州市委、扬州市政府	2007.12
新城国土所	扬州市2005~2006年文明单位	扬州市委、扬州市政府	2007.12
市润扬机械厂	扬州市2005~2006年文明单位	扬州市委、扬州市政府	2007.12
新城镇司法所	江苏省规范化司法所	江苏省司法厅	2007.12
新城镇	扬州市2005~2006年文明乡镇	扬州市委、扬州市政府	2007.12
新城镇郁桥村	扬州市2005~2006年文明村	扬州市委、扬州市政府	2007.12
新城建设工程有限公司	2007年度扬州市建筑业先进企业	扬州市政府	2008.02
新城供电所	2007年度一流农村供电所	省电力公司	2008.03
新城镇	创建文明乡镇工作先进乡镇	省文明委	2008.03

续表附录-1

被授予单位名称	授予奖项、荣誉称号	授予单位	授予时间
新城镇郁桥村	创建文明村工作先进村	省文明委	2008.03
新城镇	第二次全国农业普查先进单位	国务院第二次农业普查领导小组办公室、国家统计局	2008.04
新城建设工程有限公司	2008年度江苏省建筑业先进企业	江苏省建筑行业协会	2008.12
新城镇	双拥模范镇	扬州市委	2009.01
新城镇	实施教育现代化工程先进乡镇	扬州市政府	2009.01
新城镇	2008年度社会治安安全乡镇	扬州市委	2009.02
新城初级中学	扬州市2007~2008年文明单位	扬州市委、扬州市政府	2009.05
新城国土所	扬州市2007~2008年文明单位	扬州市委、扬州市政府	2009.05
市润扬机械厂	扬州市2007~2008年文明单位	扬州市委、扬州市政府	2009.05
新城派出所	扬州市2007~2008年文明单位	扬州市委、扬州市政府	2009.05
新城工商分局	扬州市2007~2008年文明单位	扬州市委、扬州市政府	2009.05
新城供电所	扬州市2007~2008年文明单位	扬州市委、扬州市政府	2009.05
新城镇	扬州市2007~2008年文明乡镇	扬州市委、扬州市政府	2009.05
新城镇郁桥村	扬州市2007~2008年文明村	扬州市委、扬州市政府	2009.05
新城中学	江苏省平安校园	省教育厅、省公安厅、省综合治理委员会	2009.12
新城镇	扬州市农村党风廉政建设示范乡镇	扬州市纪委	2009.12
仪征新城镇绿篱无公害蔬菜示范园	2009年度农业农村工作专项评比（十佳高效农业园区）先进单位	扬州市政府	2010.01
新城镇	江苏省放心消费创建活动先进（街道）乡镇	省放心消费创建活动领导小组办公室	2010.03
新城镇	2007~2009年江苏省创造文明乡镇工作先进乡镇	省文明委	2011.01
新城镇郁桥村	2007~2009年江苏省创造文明村工作先进村	省文明委	2011.01
新城建设工程有限公司	2010年度扬州市建筑业先进企业	扬州市政府	2011.01
新城镇人民政府	“十一五”扬州市人口和计划生育工作先进集体	扬州市政府	2011.01
新城镇	2008~2010年全省预防青少年违法犯罪工作先进集体	省综治委预防青少年违法犯罪工作领导小组	2011.02
新城镇	2010年度社会治安安全乡镇	扬州市委	2011.02
新城初级中学	2009~2010年扬州市文明单位	扬州市委、扬州市政府	2011.04
新城供电所	2009~2010年扬州市文明行业	扬州市委、扬州市政府	2011.04

续表附录-1

被授予单位名称	授予奖项、荣誉称号	授予单位	授予时间
新城镇	2009~2010年扬州市文明乡镇	扬州市委、扬州市政府	2011.04
新城镇郁桥村	2009~2010年扬州市文明村	扬州市委、扬州市政府	2011.04
新城镇党委	先进基层党组织	扬州市委	2011.06
新城镇	全市纪检监察先进单位	扬州市委、扬州市政府	2011.07
新城镇人民政府	2010年征兵工作先进单位	扬州市政府、扬州军分区	2011.09
新城镇	2006~2010年社会治安综合治理先进集体	扬州市委、扬州市政府	2011.10
新城镇党委	创先争优、科学发展争一流先进基层党组织	中共江苏省委组织部	2012.06
新城镇党委	服务上海大众整车项目建设先进单位	扬州市委、扬州市政府	2012.06
新城镇政府	服务上海大众整车项目建设先进单位	扬州市委、扬州市政府	2012.06
新城镇建设工程有限公司	2011~2012年扬州市文明单位	扬州市委、扬州市政府	2013.04
新城国土所	2011~2012年扬州市文明单位	扬州市委、扬州市政府	2013.04
新城工商分局	2011~2012年扬州市文明行业	扬州市委、扬州市政府	2013.04
新城镇	2011~2012年扬州市文明乡镇	扬州市委、扬州市政府	2013.04
新城镇林果村	2011~2012年扬州市文明村	扬州市委、扬州市政府	2013.04

索 引

说 明

本索引按照要目、图表、人名等内容制作成词条，分类编排。要目索引以各章中的节、目、子目为词条；图表索引以文中图照、表格标题为词条；人名以传略、简介人物、选介人物姓名和各类人物名录为词条。

各类索引所列词条历戒冗繁，有的酌情简化，以求方便实用。如一般略去“新城镇”等字，采用常用简称；标题前的年份一般省略，有必要的年份插在标题内或在标题后括注。

索引词条排列按汉语拼音声母为序，首字相同的按第二字母排列，余类推。词条重复出现时，在该词条后加标页码（索引词条后的阿拉伯数字表示页码）。

要目索引

C

D

E

F

H

J

K

L

M

N

R

S

T

W

X

Y

Z

图照索引

P

Q

R

S

Y

Z

其 他

表格索引

B

C

F

G

L

S

X

Z

人名索引

M

Q

S

W

X

Y

Z

编后记

2012年7月新城镇党委、政府决定编纂《新城镇志》，成立镇地方志编纂委员会，下设办公室，开始组建编纂班子。2013年4月编纂人员进行分工，市直机关退休干部、《仪征市志（1988~2006）》编辑俞宏松任执行主编，镇文化站退休干部王德钧、镇中心小学退休教师朱永亮和农技站退休干部曹连华任编辑。5月召开镇志编纂工作推进会，镇志编纂工作全面展开。通过制订镇志篇目，收集资料，分章撰稿，执行主编统稿，修改补充，镇内评审，执行主编再分纂、总纂，于2016年5月形成送审稿，分送镇党政班子领导征求意见，报送仪征市、扬州市地方志办公室审查，当年7月召开镇志联合评审会，然后再进行修改、编排彩页图照和文中插图，最后经镇政府和市方志办审查后印刷出版。

编修镇志是一项全新的工作，在编纂工作中遇到了不少困难，主要是记事时间长，分类体量难以平衡；区划多变，记事范围难以把握；资料缺乏，断层难以弥补；编辑新手多、业务生疏，且人手少后期仅有3人。但编纂人员以高度负责的态度，发扬求实存真、谨严勤勉、敬业奉献的精神，团结一心，任劳任怨，精益求精，历经四个春秋，终于众手成志。在资料收集阶段，先后查阅和收集资料2000多万字，手抄摘录资料3万多字。建立由各部门单位、行政村、居委会配备1名资料采编人员组成的修志队伍，共102人。在编写撰稿阶段，每位编辑承编8章，实行编辑负责制。2015年6月王德钧离任后，执行主编接手承编4章，其他编辑各承编2章。初稿形成后由执行主编一支笔统稿，并与撰稿编辑反复切磋，修改和补充，不少章节作了较大的调整和充实。各章志稿修改一般在5次以上。有13章58节由执行主编改写或重写，一般统稿在3次以上。在志稿评审阶段，初审于2015年8月在镇内开展，对提出的400多条审稿意见逐一修改完善，在此基础上进行分纂、总纂。终审在2016年7月由扬州、仪征两级方志部门组织联合评审，在此基础上作再次修改补充、完善，并穿插图片，排定版面，设计封面。全书除概述、大事记、附录、索引、编后记外，共31章155节、112万字。志书在与时俱进，探索修志规律、处理传统与创新关系；在反映时代特色，贯穿改革开放主旋律；在力求思想性、科学性和资料性的统一；在篇目创新、突出地方特色和专业特色等方面作了一些尝试。如增设《汽车名镇建设》《历史文化遗产》《人民生活》《方言俗语》等专章。同时还增设“物候”“姓氏家族”“家庭”“流动人口”“优生优育”“土地定级与地价评估”“土地保护与复垦”“集镇形成与演变”“公用事业”“市容管理”“环境保护”“信息化建设”“农村水务”“农业产业化经营”“工业所有制结构与产业结构”“工业园区”“建筑市场”“房地产业”“集市与会市”“现代服务业”“侵仪日军在新城罪行选”“革命斗争事迹选”“社会保障”“社会风尚”等内容，凸显新城是“三地”（运河文化发源地、仪征龙河抗日根据地、乡镇企业发祥地）、“三乡”（鱼米之乡，茶乡，建筑之乡）、“三镇”（工业重镇、汽车名镇、历史文化古镇）的特色主线，彰显新城精神和新城智慧。志书坚持以人为本，增加人文内容的记述，其记载量约占全书的三分之一。尤其把“记人”作为志书的一个突出点，如人物章中除设《人物传略》《人物简介》外，还设有革命英烈、先进人物、获高级职称人员，在外乡贤、能工巧匠名录等，不少“小人物”被记入志书。在加强志书著述性的同时，拓展内涵，深化记述，如增加企业选介、专记新城姚氏中医内科、血吸虫病防治、最低生活保障、健康养身、地名史话及传说等民生内容，将老百姓身边的事记入志书，提高实用性、可读性和传承性。在追求志书自身特色，即在体例完备，资料翔实的基础上，力求文字严谨、简洁、流畅，图文并茂。志书在扬州市、仪征市联合审评会上，获领导、专家一致好评，认为政治观点正确，主旨鲜明，全面真实地记述了新城镇自然、政治、经济、文化和社会的历史和现状，内容丰富、分类科学，结构合理，地方特色突出，体裁运用完整，文风朴实，语言流畅，行文规范，是一部相对成熟、不可多见的优秀志稿。

编纂镇志得到镇党委、政府的高度重视，把镇志编纂工作列入议事日程，考核工作进度，帮助解决编纂工作中的困难。同时得到了仪征市方志办的关心和支持，除加强业务指导外，还参与志稿审评修改，严把志书质量关。也得到了各部门单位及老领导和社会各界人士的支持和帮助，值此志成之际，谨向关心和支持编纂工作的单位和个人致以衷心的感谢。

初涉修志，深感修志之难，惟恐记述有疏，校核有漏。敬请各位读者批评指正。

《新城镇志》编纂组

2016年10月